TAXNET
세무/회계 전문 재경비즈니스 포털 서비스

2023
원천징수
실무

실무자가 반드시
읽어야 할
필독서!

개정 13판

공인회계사 **이항수** 저

 조세통람

공인회계사 40년의 노하우를 총망라하여 원천징수업무에 대한
이해를 최대한 높이고자 충실히 설명하였습니다.

본서는 원천징수업무를 담당하는 실무자들이 정말 실무에 필요로 하는 저서를 만들자는 생각으로 집필했습니다.

원천징수실무와 관련된 모든 내용을 보다 이해하기 쉽게 쓰고자 공인회계사로서 40년차인 저자의 모든 역량을 쏟았습니다. 그 노력이 여러분에게 진심으로 받아들여져 업무에 도움이 되기를 바라는 마음입니다.

본서의 특징은 다음과 같습니다.

1. 원천징수업무에 대한 이해를 높이고자 단순한 세법의 나열이 아닌 충실한 설명을 하였습니다. 여러분이 꼭 이해해야 하는 내용을 저자주, 중점사항, Expert Opinion Summary, Approach to field work의 제목하에 기술했습니다.

2. 2023년 적용 개정세법에 대한 충실한 설명을 하였습니다.

올해 주요 세법 개정 내용은 다음과 같습니다.

① 식대 비과세 한도가 20만원으로 확대됩니다.

② 가상자산의 과세가 2025년으로 2년 유예됩니다.

③ 퇴직소득 시 근속연수공제가 증가하여 세금부담액이 감소합니다.

④ 소득세 세율적용 과세표준 구간이 조정되어 세금부담액이 일부 경감됩니다.

⑤ 근로소득세액공제 한도가 축소됩니다.

⑥ 자녀세액공제대상연령이 만 8세로 조정됩니다.

⑦ 연금계좌세액공제금액이 증가합니다.

⑧ 수능응시료 등이 교육비세액공제대상에 포함됩니다.

⑨ 기부금의 명칭이 특례·일반기부금으로 신설됩니다.

⑩ 복권 당첨금의 과세최저한금액이 200만원으로 인상됩니다.

⑪ 비실명 비영업대금의 이익 원천징수세율이 45%로 인상됩니다.

⑫ 2024년부터 상용근로소득 간이지급명세서 제출주기가 매월로 단축됩니다.

원천징수이행상황신고서 · 자기주식 및 차등배당에 대한 상세한 설명

⑬ 벤처기업 스톡옵션 비과세금액이 2억원으로 인상됩니다.

⑭ 외국인근로자 19% 세율적용기간이 20년으로 연장됩니다.

⑮ 중소기업 취업자 소득세 감면한도가 200만원으로 인상됩니다.

⑯ 주택청약저축 소득공제 적용기한이 연장됩니다.

⑰ 청년도약계좌가 신설 적용됩니다.

⑱ 월세세액공제율이 15% · 17%로 인상됩니다.

⑲ 신용카드 등 사용금액에 영화관관람료가 추가되며 소득공제 한도금액이 인상됩니다.

⑳ 금융투자소득세의 도입이 2년간 유예됩니다.

㉑ 적격집합투자기구의 분배금을 배당소득으로 일원화합니다.

㉒ 고향사랑기부금의 세액공제가 적용됩니다.

3. 원천징수 신고 · 납부와 관련한 수정신고 · 경정청구방법(특히 연말정산 관련업무 위주)에 대한 상세한 사례설명을 통해 직접 수정신고서 · 경정청구서를 작성할 수 있게 하였습니다.

4. 연말정산 시 지급명세서 제출에 있어 연도 중 제출한 원천징수이행상황신고서와의 연관검토에 대한 자세한 설명을 하였습니다.

5. 원천징수업무의 가장 중요한 내용인 원천징수이행상황신고서의 작성에 대한 충실한 사례를 첨부하였습니다.

6. 자기주식 및 차등배당에 대해 충분한 설명을 하였습니다.

7. 이자 · 배당소득이 2천만원이 넘어 금융소득합산과세가 이루어지는 경우 실무자들이 직접 소득세신고를 할 수 있게 실지 사례로 신고서작성업무를 설명하였습니다.

8. 연말정산업무 시 국세청의 편리한 연말정산을 활용하는 내용을 기술하였습니다.

9. 국제조세 적용 시 제한세율 적용 및 기업에서 주로 이루어지는 국내원천소득의 원천징수방법과 서식에 대해 설명하였습니다.

머리글

    결론적으로 저자는 누구라도 원천징수업무를 담당하게 되면 본서 한 권으로 원천징수와 관련한 모든 내용을 이해하고 원천징수세율 적용, 이행상황신고서의 제출, 지급명세서의 제출, 매월 간이세액표에 의한 급여에 대한 원천징수방법, 금융소득 종합과세방법 등을 완벽히 익히도록 하려 했습니다. 실지 사례와 서식작성을 통해 실무자들이 이 모든 업무를 직접 수행할 수 있었으면 하는 마음으로 집필된 저서라는 것을 여러분이 인정해주기만을 바랍니다.

    부디 본서를 통해 진정 훌륭한 실무자들이 되길 진심으로 기원합니다.

    본서가 출간될 수 있게 도움을 주신 ㈜조세통람 서동혁 대표님과 임직원들께 진심으로 깊은 감사를 드립니다.

    저의 모든 것인 사랑하는 아내 김현정과 아들 병준에게, 함께 할 수 있는 모든 것이 좋고 행복하며 앞으로도 영원히 함께 하기를 바란다고 전합니다.

2023년 3월
역삼동 사무실에서 이항수

CONTENTS

Part 01 원천징수 개정세법

CONTENTS

Part 02 거주자 및 내국법인에 대한 원천징수

CONTENTS

Chapter 02 **근로소득에 대한 원천징수 · 208**

제1절 근로소득 원천징수 · 208

Ⅰ. 원천징수의무자 · 208

CONTENTS

CONTENTS

CONTENTS

CONTENTS

CONTENTS

Chapter 04 **이자소득에 대한 원천징수** · 837

CONTENTS

CONTENTS

CONTENTS

Chapter 07 **사업소득에 대한 원천징수 · 1059**

Ⅰ. 사업소득의 범위 · 1059

CONTENTS

Chapter 08 기타소득에 대한 원천징수 · 1094

CONTENTS

CONTENTS

Part 03 비거주자 및 외국법인에 대한 원천징수

원천징수 관련
개정세법

원천징수 개정세법

☺ 소득세법
- 법　　률 : 법률 제19196호, 2022.12.31. 공포
- 시 행 령 : 대통령령 제33267, 2023.2.28.; 제32516호, 2022.3.8. 공포
- 시행규칙 : 기획재정부령 제***호, 2023.3.**. 공포

☺ 조세특례제한법
- 법　　률 : 법률 제19199호, 2022.12.31. 공포
- 시 행 령 : 대통령령 제33264호, 2023.2.28. 공포
- 시행규칙 : 기획재정부령 제***호, 2023.3.**. 공포

☺ 농어촌특별세법
- 법　　률 : 법률 제19196호, 2022.12.31. 공포

1. 식대 비과세 한도 확대　　　[소법 §12 3호 러목, 2022.8.12. 개정, 소령 §19]

비과세되는 식사대 범위

(1) 근로자(종교관련종사자 포함)가 사내급식 또는 이와 유사한 방법으로 제공받는 식사 또는 음식물

(2) 사내급식 등을 제공받지 않는 근로자가 받는 월 10만원 이하의 식사대 ➡ **월 20만원 이하**

[적용시기] 2023.1.1. 이후 받는 식사 또는 식사대부터 적용

2. 가상자산 과세 2년 유예　　　[소법 §37 ⑤, 소법 부칙, 법법 부칙 등]

종 전	개 정
가상자산소득에 대한 과세 　1. 과세대상 : 가상자산을 양도 또는 대여함 　　　으로써 발생하는 소득 　2. 소득구분 : 기타소득 　3. 과세방법 : 250만원 기본공제를 적용한 　　　소득에 대해 20% 세율로 분리과세 　4. 시행시기 : 2023.1.1.	시행시기 유예 （좌 동） 　4. 2025.1.1.

3. 퇴직소득세 부담 완화

종 전		개 정	
퇴직소득 근속연수공제액		근속연수공제액 확대	
근속연수	공제액	근속연수	공제액
5년 이하	30만원×근속연수	5년 이하	100만원×근속연수
6~10년	150만원+50만원×(근속연수-5년)	6~10년	500만원+200만원×(근속연수-5년)
11~20년	400만원+80만원×(근속연수-10년)	11~20년	1,500만원+250만원×(근속연수-10년)
20년 초과	1,200만원+120만원×(근속연수-20년)	20년 초과	4,000만원+300만원×(근속연수-20년)

적용시기 2023.1.1. 이후 퇴직하는 분부터 적용

4. 주택임차차입금 원리금 상환액 및 주택청약종합저축 소득공제 한도 상향

[소법 §52 ④, 조특법 §87 ⑤]

(1) 대상 : 무주택 근로자가 차입한 주택임차차입금의 원리금상환액과 주택청약종합저축 납입액

(2) 소득공제율 : 40%

(3) 소득공제 대상금액

주택임차차입금 원리금 상환액×40%+주택청약종합저축(연 240만원 한도)×40%

(4) 공제한도 : 300만원 ➡ **400만원**

적용시기 2023.1.1. 이후 신고하거나 연말정산하는 분부터 적용

5. 주택임차자금차입금의 기준이자율 인상

[소칙 §57]

(1) 연 1.2% → 연 2.9%

(2) 규칙 시행일 이후 차입하는 분부터 적용

6. 소득세 과세표준 구간 조정 [소법 §55 ①]

종 전		개 정	
소득세 과세표준 및 세율		과세표준 조정	
과세표준	세 율	과세표준	세 율
1,200만원 이하	6%	1,400만원 이하	6%
1,200만원~4,600만원 이하	15%	1,400만원~5,000만원 이하	15%
4,600만원~8,800만원 이하	24%	5,000만원~8,800만원 이하	24%
8,800만원~1.5억원 이하	35%	8,800만원~1.5억원 이하	35%
1.5억원~3억원 이하	38%	1.5억원~3억원 이하	38%
3억원~5억원 이하	40%	3억원~5억원 이하	40%
5억원~10억원 이하	42%	5억원~10억원 이하	42%
10억원 초과	45%	10억원 초과	45%

적용시기 2023.1.1. 이후 발생하는 소득 분부터 적용

7. 근로소득세액공제 한도 축소 [소법 §59]

종 전	개 정
근로소득세액공제 1. 공제율 　－산출세액 130만원 이하 : 55% 　－산출세액 130만원 초과 : 30% 2. 공제한도 　－총급여 3,300만원 이하 : 74만원 　－총급여 3,300만원~7,000만원 이하 : 　　74만원~66만원* 　　* Max{74만원－(3,300만원 초과 총급여액 　　×0.8%), 66만원} 　－총급여 7,000만원 초과 : 66~50만원* 　　* Max{66만원－(7,000만원 초과 총급여액 　　×1/2), 50만원} 　　〈신 설〉	최고 급여구간 공제한도 축소 　(좌 동) 　－총급여 7,000만원~1.2억원 이하 : 　　66~50만원* 　* (좌 동) 　－총급여 1.2억원 초과 : 50~20만원* 　　* Max{50만원－(1.2억원 초과 총급여액 　　×1/2), 20만원}

적용시기 2023.1.1. 이후 발생하는 소득 분부터 적용

8. 자녀세액공제 대상 연령조정 [소법 §59의 2 ①]

종 전	개 정
자녀세액공제 　만 7세 이상 자녀 1인당 15만원 　(셋째부터 30만원) 공제	공제대상 연령 조정 　만 7세 이상 ➡ 만 8세 이상 　※ 2022. 4월부터 만 8세 미만 아동에 대해 매월 　　10만원의 아동수당이 지급되는 점을 감안

적용시기 2023.1.1. 이후 발생하는 소득 분부터 적용

9. 연금계좌 세제혜택 확대

[소법 §59의 3·§64의 4 신설, 소령 §40의 2, 소칙 §16의 2·§16의 3]

종 전	개 정
1. 연금계좌 세액공제 대상 납입한도	1. 세액공제 대상 납입한도 확대 및 종합소득금액 기준 합리화

종 전 — 1. 연금계좌 세액공제 대상 납입한도

연금저축 + 퇴직연금

총급여액 (종합소득금액)	세액공제 대상 납입한도 (연금저축 납입한도)		세액 공제 율
	50세 미만	50세 이상	
5,500만원 이하 (4,000만원)	700만원 (400만원)	900만원* (600만원*)	15%
1.2억원 이하 (1억원)			12%
1.2억원 초과 (1억원)	700만원 (300만원)		

* 2022.12.31.까지 적용

2. 연금계좌 납입한도
　① 연금저축＋퇴직연금 : 연간 1,800만원
　② 추가납입 가능
　　ISA계좌* 만기 시 전환금액
　　　* 개인종합자산관리계좌
　　　　　　〈추 가〉

개 정 — 1. 세액공제 대상 납입한도 확대 및 종합소득금액 기준 합리화

연금저축＋퇴직연금

총급여액 (종합소득금액)	세액공제 대상 납입한도 (연금저축 납입한도)	세액 공제 율
5,500만원 이하 (4,500만원)	900만원 (600만원)	15%
5,500만원 초과 (4,500만원)		12%

2. 연금계좌 추가납입 확대
　① (좌 동)
　② 추가납입 항목 신설
　　가. (좌 동)

　　나. 1주택 고령가구*가 보유주택(연금주택)을 매각하고 가격이 더 낮은 주택(축소주택)을 취득하거나 취득하

종 전	개 정
	지 않은 경우 그 차액(1억원 한도) *부부 중 1인 60세 이상

구분	내 용
대상자	부부 중 1명 60세 이상&부부 합산 1주택자* *연금주택 양도일 기준으로 판단, 신규 주택을 연금주택 양도일 이전 6개월 내에 취득한 경우 포함
대상 주택	기준시가 12억원 이하인 주택 *연금주택 기준
납입 금액	연금주택 양도가액에서 축소주택 취득가액(취득하지 않은 경우는 0으로 함)을 차감한 금액 *1억원 한도(누적 기준)
납입 기간	연금주택 양도일부터 6개월 이내 납입
사후 관리	연금주택보다 큰 가액의 주택을 취득하는 등의 경우에는 납입액을 연금계좌에서 배제(5년간 사후관리)

개정 (계속):
· 주택 지분을 양도·취득하는 경우 주택 전체의 가액* 계산
   =지분의 가액 ÷ 지분비율
 * 연금주택 양도가액 및 축소주택의 취득가액
· 납입 시 제출서류
  ㄱ. 주택차액연금계좌 납입신청서
  ㄴ. 1주택 확인서
  ㄷ. 축소주택을 일반 매매 외의 방식으로 취득한 경우 취득가액 등을 알 수 있는 증빙서류(잔금영수증 등)
  ㄹ. 연금·축소주택 매매계약서

종 전	개 정
3. 연금계좌에서 연금수령 시 과세방법	3. 연금소득 1,200만원 초과 시에도 분리과세 선택 가능
① 1,200만원 이하 : 저율·분리과세* 또는 종합과세 * (55세~69세) 5%, (70~79세) 4%, (80세~) 3%, (종신수령) 4%	① (좌 동)
② 1,200만원 초과 : 종합과세	② 종합과세 또는 15% 분리과세

적용시기 1. 공제 대상 납입한도 : 2023.1.1. 이후 납입하는 분부터 적용

2. 추가납입 : 2023.7.1. 이후 납입하는 분부터 적용

연금주택의 양도는 2023.7.1. 전에 양도한 경우에도 적용

3. 연금수령 시 분리과세 선택 : 2023.1.1. 이후 연금수령하는 분부터 적용

10. 교육비 세액공제 대상 확대   [소법 §59의 4, 소령 §118의 6]

종 전	개 정
교육비 특별세액공제	교육비 세액공제 대상 확대
1. 공제율 : 본인 또는 부양가족 교육비 지출액의 15% 세액공제	(좌 동)
2. 공제대상	
① 본인 : 대학(원) 학비, 직업능력개발 훈련비 등	
② 취학전 아동 : 유치원 · 어린이집 수업료, 학원비 등	
③ 초중고 · 대학생 : 수업료, 교재비, 입학금 등	
〈 추 가 〉	④ 대학입학전형료, 수능응시료 (고등교육법 §34 ③ 시험응시료)

적용시기 2023.1.1. 이후 지급하는 분부터 적용

11. 필요경비 한도별 기부금의 명칭 설정   [소법 §34 · §59의 4]

종 전	개 정
필요경비 대상 기부금 종류	필요경비 대상 기부금 명칭 설정
1. 소득의 100% 한도 필요경비 산입 기부금 국가, 지자체, 국방헌금, 이재민 구호금품 등	1. 명칭 : "특례기부금" (좌 동)
2. 소득의 30% 한도 필요경비 산입 기부금 사회복지 · 문화 · 예술 · 교육종교 · 자선 · 학술 등 공익성을 고려하여 대통령령으로 정하는 기부금	2. 명칭 : "일반기부금" (좌 동)

적용시기 2023.1.1. 이후 개시하는 과세기간 분부터 적용

12. 기부금 세액공제율 한시 상향
[소법 §59의 4 ⑧]

종 전	개 정
기부금 세액공제율 1. 1천만원 이하 : 15% 　1천만원 초과분 : 30% 2. 2021년에 한해 공제율 5%p* 상향 　* 15% ➡ 20%, 30% ➡ 35%	공제율 한시 상향기한 연장 1. (좌 동) 2. 2022년 말까지 1년 연장

적용시기 2022.1.1.~2022.12.31.에 기부하는 분에 대해 적용

13. 지급명세서 제출 확대
[소령 §214]

종 전	개 정
지급명세서 제출 면제 대상 비과세 소득 1. 국가유공자 보훈급여금, 북한이탈주민에 대한 정착금 등 2. 병급여, 산업재해에 따른 요양급여, 배상·보상금 등 3. 실업급여, 육아휴직급여, 출산전후휴가 급여 등 4. 식사 또는 식사대	제출 면제대상 조정 (좌 동) 4. 〈삭 제〉

적용시기 2023년 과세기간 분에 대한 지급명세서를 제출하는 경우부터 적용

14. 연말정산 간소화 자료 제출범위 확대
[소령 §216의 3]

종 전	개 정
연말정산 간소화 자료 제출 1. 제출기관 : 소득·세액공제* 관련 증명서류를 발급하는 자 　* 의료비, 보험료, 연금계좌 납입액 등 2. 제출항목 : 연금계좌 납입액, 보험료, 의료비, 교육비 등 　　　　　〈추 가〉	제출범위 확대 1. (좌 동) －「고용보험법」에 따라 근로자가 부담하는 보험료

적용시기 2023년 과세기간 분에 대한 자료를 제출하는 경우부터 적용

15. 근로소득 간이세액표 조정

[소령 별표 2]

〈법 개정내용(소법 §55 · §59)〉

소득세 과세표준 구간 및 근로소득 세액공제 한도 조정

  1. 과세표준 : 1,200만원 이하 6% → 1,400만원 이하 6%

             1,200~4,600만원 이하 15% → 1,400~5,000만원 이하 15%

  2. 근로소득세액공제 : 총급여 1.2억원 초과자에 대한 한도 축소(50만원 → 20만원)

종 전	개 정
근로소득 간이세액표* * 매월 급여 지급 시 급여수준 및 가족 수에 따라 원천징수할 세액을 계산한 표	소득세 과표구간 및 근로소득세액공제 한도 조정 반영

적용시기 2023.2.28(영 시행일) 이후 원천징수하는 분부터 적용

16. 복권 당첨금 과세최저한 상향

[소법 §84 2호]

종 전		개 정	
기타소득금액 과세최저한		복권 당첨금 과세최저한 상향	
구 분	과세최저한	구 분	과세최저한
승마 · 경륜 · 경정 · 소싸움 · 체육진흥 투표권의 환급금	배당률 100배 이하 & 환급금 200만원 이하인 경우	승마 · 경륜 · 경정 · 소싸움 · 체육진흥 투표권의 환급금	(좌 동)
슬롯머신등 당첨금품	건별 200만원 이하인 경우	슬롯머신등 당첨금품	(좌 동)
복권 당첨금	건별 5만원 이하인 경우	복권 당첨금	건별 200만원 이하인 경우
그 밖의 기타소득금액	건별 5만원 이하인 경우	그 밖의 기타소득금액	(좌 동)

적용시기 2023.1.1. 이후 복권 당첨금을 지급받는 분부터 적용

17. 비거주자 · 외국법인의 국채 등 이자 · 양도소득 비과세

[소법 §119의 3, 법법 §93의 3 신설]

비거주자 · 외국법인의 국채 및 통화안정증권 이자 · 양도소득* 비과세

  * 국내사업장이 없거나 국내사업장에 귀속되지 않는 비거주자 · 외국법인의 이자 · 양도소득

(1) 대상채권 : 국채(국채법 §5 ①), 통화안정증권

(2) 투자방법
  ① 직접 투자 : 국내 보관기관에 직접 계좌를 개설하고 국채 등 투자
  ② 간접 투자 : 적격외국금융회사*를 통해 국채 등 투자
    * 적격외국금융회사 자격, 승인절차 등은 소령 제179조의 5에서 규정

(3) 신청절차 : 납세지 관할 세무서장에 비과세 적용 신청

(4) 원천징수의무 특례 : 국외공모펀드의 투자자 중 거주자 · 내국법인이 포함되어 있는 경우 원천징수의무자가 원천징수하지 않고 해당 투자자가 직접 신고 · 납부

  적용시기 2023.1.1. 이후 이자를 지급받거나 국채 등을 양도하는 경우부터 적용

18. 비실명 비영업대금의 이익에 대한 원천징수세율 인상

[소법 §129 ②]

42% ➡ <u>45%</u>

  적용시기 2023.1.1. 이후 지급하는 소득분부터 적용

19. 간접투자회사 등으로부터 지급받은 소득에 대한 외국납부세액공제 계산방식 합리화

[소법 §129 ④~⑦, 법법 §57 ① · §73, 소법 · 법법 §57의 2 신설, 소령 §117의 2 · §189의 2, 법령 제32418호 §94의 2 · §111, 소칙 §60의 2, 법칙 §48의 2 신설]

종 전	개 정
간접투자회사등로부터 지급받은 배당 · 금융투자소득(이하 '펀드소득')에 대한 외국납부세액공제(2023.1.1. 시행) 1. 개인투자자의 경우 　간접투자회사 · 신탁 등이 소득지급 시 투자자가 납부할 세액에서 외국납부세액 차감 후 원천징수	투자자별 외국납부세액공제 계산방식 합리화 1. 개인투자자 펀드소득 및 법인투자자 투자신탁이익에 대한 원천징수세액 계산 　: (펀드소득[1] × 원천징수세율) − 조정 외국납부세액[2]

종 전	개 정
	1) 외국납부 법인세액이 있는 펀드로부터 지급받은 소득으로서, 펀드 세후 기준가로 산정(이하 동일)
	2) 외국납부세액 × 조정비율(원천징수)

	＊ 조정비율(원천징수) : 시행령 규정
	① 국내 ≥ 외국원천징수세율 :
	   $1 -$ 국내원천징수세율
	② 국내 〈 외국원천징수세율 :
	   $\dfrac{\text{국내원천징수세율}}{\text{외국원천징수세율}} -$ 국내원천징수세율

	－조정 외국납부세액의 공제한도＊
	＊ 한도초과분에 대해 10년간 이월공제 가능, 다만 환매·양도 시 소멸
	·배당소득(투자신탁이익 포함) : 펀드소득 × 원천징수세율
	·금융투자소득 : 반기별 산출세액 × (펀드소득 ÷ 금융투자소득)
2. 법인투자자의 경우 ① 투자신탁 이익 : 지급 시 외국납부세액 차감 후 원천징수 ② 투자신탁 이익外 : 투자자의 외국납부세액공제 대상에 간접투자회사 등이 납부한 외국법인세액을 포함	2. 개인투자자 종합·금투소득 및 법인투자자 법인세 확정신고 시 납부세액 계산 : 산출세액－원천징수세액[1]－조정 외국납부세액[2] 1) 원천징수된 세액(기납부세액) 2) 외국납부세액 × 조정비율(확정신고)

	＊ 조정비율(확정신고) : 시행령 규정
	① 국내 ≥ 외국원천징수세율 :
	   $1 -$ 국내종합소득세율 등
	② 국내 〈 외국원천징수세율 :
	   $\dfrac{\text{국내원천징수세율}}{\text{외국원천징수세율}} -$ 국내종합소득세율 등
	※법인투자자의 투자신탁 이익 외 펀드소득 : $1 -$ 국내법인세율

	－조정 외국납부세액의 공제한도＊
	＊ 한도초과분에 대해 10년간 이월공제 가능, 다만 환매·양도 시 소멸 : 산출세액 × (펀드소득 ÷ 종합·금융투자소득금액 또는 법인세 과세표준)
3. 개정규정 적용 전인 2024.12.31.까지 발생하여 지급하는 소득의 경우	3. 투자자의 펀드별 외국납부세액 계산 －펀드의 일별 좌당 외국납부세액 × 투자자의 펀드 보유 좌수(주식 수)

01

종 전	개 정
국내 투자자 —(투자)→ 펀드 —→ 국외 투자 (이자소득 100 발생, (−)원천징수 10) 국내 투자자 ← 배당지급 86 (−)원천징수 14 ← 펀드 ← 이자지급 90 ↑ 국세청 (펀드에 원천징수세액 10을 환급지급하고 펀드가 원천징수하여 납부)	일별 좌당 외국납부세액 $= \dfrac{\text{펀드 납부 외국법인세액}}{\text{펀드 총좌수}}$ • 펀드가 다른 펀드에 투자한 경우 다른 펀드의 외국납부세액을 포함
4. 2025.1.1. 이후 발생 발생분 국세청이 펀드에 외국원천징수세액 10을 환급하지 않고 펀드는 원천징수세액 4를 징수(펀드소득 90×원천징수세율 14%)−조정외국납부세액[10×(1−0.14)]=12.6−8.6=4	4. 펀드별 외국원천징수세율 계산 ① 펀드가 직접 납부한 외국법인세액 : 펀드별 직전 사업연도 외국납부 실효세율[*] * 외국납부세액 ÷ 국외원천과세대상소득 ② 펀드가 다른 펀드에 투자한 경우 다른 펀드가 납부한 외국법인세액: Σ(다른 펀드별 직전 사업연도 외국납부실효세율×펀드의 다른 펀드에 대한 직전 사업연도 투자비율) ③ ①·② 모두 있는 경우 외국법인세액 : ①·②에 대해 투자비율로 가중평균 5. 외국납부세액 환급 시 처리 외국에서 납부한 세액을 해당 국가에서 환급받은 경우 펀드가 국세청에 납부 ① 납부기한 : 외국납부세액 환급금을 지급받은 날이 속하는 분기의 마지막 달의 다음 달 말일까지 납세지 관할 세무서장에게 납부 ② 제출서류 : 간접투자회사 등의 외국납부세액 환급금 신고 및 납부계산서를 작성·제출

적용시기 2025.1.1. 이후 발생하여 지급되는 소득분부터 적용

* 간접투자회사 등의 외국납부세액공제 및 환급특례(법법 §57의 2) 폐지 등 종전 개정내용도 2025.1.1.로 시행 유예

20. 비거주자·외국법인에 대한 조세조약상 비과세·면제 및 제한세율 적용절차 보완 [소법 §156의 2·6, 법법 §98의 4·6, 소령 §207의 2·8, 법령 §138의 4·7]

종 전	개 정
비거주자·외국법인의 조세조약상 비과세·면제 및 제한세율 적용 신청	조세조약상 비과세·면제 및 제한세율 적용 신청 서류 및 절차 보완
1. 신청절차 : 비과세·면제 및 제한세율 신청서를 소득지급자·원천징수의무자에게 제출 → 세무서장에 제출 ① 첨부서류 : 거주자증명서	1. (좌 동) ② 첨부서류 추가(국내원천소득의 실질귀속자임을 증명하는 서류) −외국법인 설립 및 사업, 국내원천소득 관련 서류 등
〈신 설〉	③ 절차 보완 가. 세무서장은 비과세 등 요건 미충족 또는 신청서 내용이 사실과 다른 경우 결정·경정 나. 세무서장은 요건 충족 여부 검토가 불가능한 경우 서류 보완 요청 가능 다. 소득지급자 등은 비거주자·외국법인에게 자료 제출 요구 가능

2. 경정청구 : 실질귀속자 등은 원천징수된 날이 속하는 달의 말일부터 5년 이내 경정청구 가능
 ① 첨부서류 : 비과세·면제 등 신청서, 거주자증명서
	2. (좌 동)
	
	 ② 첨부서류 추가
	 −비과세·면제를 적용받고자 하는 세액이 10억원 이상*인 경우는 '가.~다.' 추가 제출(국외투자기구 제외)
	   * 소득지급일부터 소급하여 1년간 비과세·면제 적용받은 세액이 10억원 이상인 경우 포함
	 가. 외국법인 설립정보
	   * 이사회 구성원·주주 현황 등
	 나. 외국법인 사업정보
	   * 최근 3년 내 거주지국에 제출한 감사보고서 등

01

종　전	개　정
	다. 사용료소득의 경우 : 무형자산의 실제 소유권자 등을 확인할 수 있는 서류 * 사용허가 계약서, 무형자산의 등록지·소유권자 등을 확인할 수 있는 서류 등

적용시기 2023.1.1. 이후 비과세 등 적용을 신청하는 분부터 적용

21. 온라인투자연계금융업자를 통해 지급받는 비영업대금 이익에 대한 원천징수 세율 인하　　　　　　　　　　　　　　　　　　　　　　　　[법법 §73]

종　전	개　정
이자소득 원천징수세율 1. 금융회사의 예·적금 등 : 14% 2. 내국법인에게 지급하는 　① 비영업대금 이익 : 25% 　　　　　〈신 설〉	온라인투자연계금융업자*를 통한 지급 시 원천징수세율 인하 * 온라인플랫폼을 통하여 차입자와 투자자를 중개하는 자 1. (좌 동) 2. 　② 온라인투자연계금융업자를 통해 내국법인에 지급하는 비영업대금 이익 : 14%

적용시기 2023.1.1. 이후 지급하는 분부터 적용

22. 일용근로소득 원천징수영수증 발급기한 단축　　　　　　　　　[소법 §143]

종　전	개　정
근로소득에 대한 원천징수영수증 발급기한 1. 상용근로소득 : 해당 과세기간의 다음 연도 2월 말일까지 2. 일용근로소득 : 소득의 지급일이 속하는 분기의 마지막 달의 다음 달 말일까지	일용근로소득의 경우 발급기한 단축 1. (좌 동) 2. 소득 지급일이 속하는 달의 다음 달 말일까지

적용시기 2023.1.1. 이후 지급하는 소득분부터 적용

23. 간이지급명세서 제출주기 단축 및 가산세 완화

(1) 간이지급명세서 제출주기 단축(소법 §164의 3 ①)

종 전	개 정

간이지급명세서* 제출
* 소득자 인적사항, 지급금액 등 기재
  1. 원천징수대상 사업소득 : 매월
 	
  2. 상용근로소득 : 매 반기
〈추 가〉
	제출주기 단축
	
	  1. (좌 동 : 지급일이 속하는 달의 다음 달 말일)
	  2. 매월
	  3. 소득세법 제21조 제1항 제19호 인적용역 관련 기타소득 : 매월

적용시기 2024.1.1. 이후 지급하는 소득분부터 적용

(2) 간이지급명세서 미제출·불분명 가산세 적용대상 추가(소법 §81의 11 ①, 법법 §75의 7)

종 전	개 정

간이지급명세서 미제출·불분명 가산세(0.25%*)
적용대상
* 연 1회 제출하는 지급명세서 가산세율(1%) 대비 낮은 수준
  1. 원천징수대상 사업소득
  2. 상용근로소득
〈추 가〉
	적용대상 추가
	
	  (좌 동)
	
	  3. 인적용역 관련 기타소득

적용시기 2024.1.1. 이후 지급하는 소득분부터 적용

(3) 간이지급명세서 지연제출 가산세 적용요건 보완(소법 §81의 11 ① 1호 나목, 법법 §75의 7)

종 전	개 정

간이지급명세서 지연제출 가산세(0.125%)
적용요건
  1. 원천징수대상 사업소득 :
     제출기간 경과 후 1개월 내 제출
  2. 상용근로소득 :
     제출기간 경과 후 3개월 내 제출
〈추 가〉
	적용요건 보완
	
	  1. (좌 동)
	
	  2. 3개월 내 ➡ 1개월 내 제출
	
	  3. 인적용역 관련 기타소득 :
	     제출기간 경과 후 1개월 내 제출

적용시기 2024.1.1. 이후 지급하는 소득분부터 적용

(4) 간이지급명세서 불분명 가산세 면제 대상 추가(소법 §81의 11 ④, 법법 §75의 7)

종 전	개 정
지급금액 중 불분명금액이 5% 이하인 경우 가산세 면제 대상 　1. 원천징수대상 사업소득 　　　〈추 가〉 　　　〈추 가〉	가산세 면제 대상 추가 　1. (좌 동) 　2. 상용근로소득 　3. 인적용역 관련 기타소득

적용시기 2024.1.1. 이후 지급하는 소득분부터 적용

(5) 간이지급명세서 미제출 가산세 한시적 특례(소법 §81의 11 ③, 법법 §75의 7)

　1) 상용근로소득 간이지급명세서에 대한 가산세 특례

　　① 적용내용 : 소득지급일이 속하는 반기의 다음 달 말일까지 간이지급명세서 제출 시 미제출 가산세 면제

　　② 적용대상 : 2024.1.1.~2024.12.31.에 지급하는 상용근로소득

　　　－소규모사업자*의 경우 2024.1.1.~2025.12.31.에 지급하는 소득

　　　　* 직전연도 상시고용인원이 20인 이하로서 원천징수세액 반기별 납부자

　2) 인적용역 관련 기타소득 간이지급명세서에 대한 가산세 특례

　　① 적용내용 : 기타소득 지급명세서를 소득지급일이 속하는 과세연도 다음연도의 2월 말일까지 제출 시 미제출 가산세 면제

　　② 적용대상 : 2024.1.1.~12.31.에 지급하는 인적용역관련 기타소득

적용시기 2024.1.1. 이후 지급하는 소득분부터 적용

(6) 간이지급명세서·지급명세서 가산세 중복적용 배제 신설(소법 §81의 11 ⑤, 법법 §75의 7)

　1) 원천징수대상 사업소득 및 인적용역 관련 기타소득 지급명세서·간이지급명세서 제출 불성실* 가산세 중복적용 배제

　　* ① 기한까지 제출하지 아니한 경우, ② 지급사실이 불분명하거나 기재된 금액이 사실과 다른 경우

　2) 지급명세서(가산세율 : 1%)와 간이지급명세서(가산세율 : 0.25%)를 모두 미제출하거나 불분명한 경우 높은 가산세율 1%만 적용

　　※다만, 연말정산 사업소득은 지급명세서(1%)·간이지급명세서(0.25%) 제출 불성실 가산세를 중복적용

적용시기 　1. 원천징수대상 사업소득 : 2023.1.1. 이후 지급하는 소득분부터 적용
　　　　　　　2. 인적용역 관련 기타소득 : 2024.1.1. 이후 지급하는 소득분부터 적용

(7) 간이지급명세서 제출시 지급명세서 제출 면제 신설(소법 §164)

간이지급명세서 제출 사업자에 대한 지급명세서 제출 특례

① 적용대상 : 원천징수대상 사업소득, 인적용역 관련 기타소득

② 적용방법 : 간이지급명세서(매월)를 모두 제출 시 지급명세서(연 1회) 제출 면제

※ 다만, 연말정산 사업소득은 간이지급명세서와 지급명세서를 모두 제출하여야 함

적용시기 1. 원천징수대상 사업소득 : 2023.1.1. 이후 지급하는 소득분부터 적용
2. 인적용역 관련 기타소득 : 2024.1.1. 이후 지급하는 소득분부터 적용

24. 벤처기업 투자에 대한 소득공제 과세특례 적용기한 연장   [조특법 §16]

2025.12.31.까지로 연장

25. 스톡옵션 세제지원 강화   [조특법 §16의 2 · 3]

종 전	개 정
벤처기업 스톡옵션* 행사이익** 비과세 및 분할납부 특례 * 비상장 벤처기업 및 코넥스상장 벤처기업 임직원이 부여받은 주식매수선택권 ** 행사 시 시가와 행사가액의 차액	비과세 한도 상향 및 분할납부 특례 대상 확대

1. 비과세
    ① 행사이익에 대해 연간 5천만원 한도 비과세
〈신 설〉
	1.
	  ① 비과세 한도 상향 : 연간 5천만원
	    ➡ 2억원
	  ② 누적한도* : 5억원(벤처기업별 총누적금액)
	    * 근로자가 해당 벤처기업으로부터 받은 스톡옵션 행사이익의 누계액

2. 분할납부
    ① 행사이익(비과세금액 차감)에 대한 소득세 5년간 분할납부 가능
〈추 가〉
	2.
	  ① (좌 동)
	
	  ② 분할납부 대상에 코스피 · 코스닥상장 벤처기업 스톡옵션 행사이익 포함(비과세대상에서는 제외)

적용시기 2023.1.1. 이후 스톡옵션을 행사하는 분부터 적용

비과세 누적한도 적용 시 2023.1.1. 전에 스톡옵션을 행사하여 얻은 이익은 누적금액에 포함하지 않음.

26. 벤처기업 스톡옵션 과세이연 특례(양도 시 양도세 과세) 명확화

[조특법 §16의 4, 조특령 §14의 4]

종 전	개 정
벤처기업 스톡옵션 과세이연 특례*	양도소득금액, 대상 및 특례배제 사유 명확화
* 행사차익(행사 시 시가−행사가액)에 대하여 근로소득으로 과세하지 않고, 양도 시까지 과세 이연	양도소득금액＝A−B−(C−D) A : 적격주식매수선택권 행사에 따라 취득한 주식의 양도가액 B : 적격주식매수선택권 행사 당시의 실제 매수가액과 적격주식매수선택권 부여 당시의 시가 중 큰 금액 C : 제16조의 2에 따라 비과세되는 금액 D : 시가 이하 발행이익에 대하여 제16조의 2에 따라 비과세를 적용받은 금액
1. 대상 : 「벤처기업법」에 따른 벤처기업 〈추 가〉	1. (좌 동) 행사 시점에 벤처기업이 아닌 경우도 포함
2. 요건 : 　① 3년간 행사가액 5억원 이하 　② 부여 후 2년간 재직, 행사 후 1년간 보유	(좌 동)
3. 특례배제* 사유 　* 행사차익을 과세이연하지 않고, 근로·기타소득세로 과세 　① 행사 후 1년 경과 전에 처분 　② 행사가액 5억원 초과 〈추 가〉	(좌 동) 　③ 전용계좌(조특령 §14의 4 ⑩ 신설) 요건* 미충족 　　* 가. 본인 명의의 별도 전용계좌를 개설·관리 　　　나. 스톡옵션 행사로 취득한 주식만이 거래될 것 　　※ 전용계좌 요건을 미충족한 날에 행사차익이 귀속된 것으로 보아 과세

적용시기 　1. 대상 : 2023.1.1. 이후 행사분부터 적용

　　2. 특례배제 : 2023.1.1. 이후 요건 미충족(전용계좌를 통해 주식거래)분부터 적용

27. 외국인기술자 소득세 감면기간 확대

[조특법 §18]

종 전	개 정
외국인기술자에 대한 소득세 감면 　1. 감면기간 : 5년 　2. 감면율 　　(1) 일반 : 50% 　　(2) 소재 · 부품 · 장비관련 : 3년간 70% 　　　　　　　　　　　　　2년간 50%	1. 10년으로 연장 　2. 　　(1) (좌동) 　　(2) 2022.12.31.로 일몰 종료

특례규정 2023.1.1. 당시 국내에서 최초로 근로를 제공한 날부터 5년이 지나지 아니한 외국인기술자에 대해서도 적용

28. 외국인근로자 과세특례 적용기한 연장

[조특법 §18의 2]

01

종 전	개 정
외국인근로자 소득세 과세특례 　1. 내 용 : 19% 단일세율* 적용 　　* 종합소득세율(6~45%) 선택 가능 　2. 적용기간 : 국내 근무시작일부터 5년간 　3. 적용기한 : 2023.12.31.	적용기간 연장 　1. (좌 동) 　2. 5년간 ➡ 20년간 　3. (좌 동)

적용시기 2023.1.1. 이후 발생하는 소득분부터 적용

특례규정 2023.1.1. 현재 국내에서 최초 근로제공일부터 20년이 지나지 아니한 경우에도 적용

29. 내국인 우수인력 국내복귀자 소득세 감면 기간 확대 및 적용기한 연장

[조특법 §18의 3]

종 전	개 정
내국인 우수 인력 국내복귀시 소득세 감면 　1. 대상 : 자연 · 이공 · 의학계 박사 학위 소 　　지 내국인으로서　관련 외국대학 · 연구 　　기관 등에서 5년 이상 근무한 자	감면기간 확대 및 적용기한 연장 　(좌 동)

종 전	개 정
2. 취업기관 : 연구기관 등* 　* 관련법에 따른 기업부설 연구소, 정부출연 　　연구기관, 대학 등	(좌 동)
3. 감면율 : 5년간 50%	3. 10년간 50%
4. 적용기한 : 2022. 12. 31.	4. 2025. 12. 31.

적용시기 2023. 1. 1. 이후 국내에서 최초로 근로를 제공한 분부터 적용

특례규정 2023. 1. 1. 현재 감면을 적용받고 있는 분(취업일부터 5년이 지나지 아니한 경우)에도 적용

30. 특정사회기반시설 집합투자기구 투자자에 대한 과세 특례 적용기한 종료

[조특법 §26의 2]

특정사회기반시설*에 대한 의무투자 비율(50%)을 충족하는 공모 집합투자기구의 배당소득 9%(투자금액 2억원 한도) 분리과세 적용기한 종료

　* 「사회기반시설에 대한 민간투자법」상의 사회기반시설로서, 뉴딜인프라심의위원회의 심의를 통해 정보통신산업·녹색산업과의 관련성이 인정된 것

31. 공모 인프라펀드 분리과세 특례 적용기한 연장

[조특법 §27]

종 전	개 정
공모 인프라펀드 저율 분리과세 특례 　1. 대상 : 「민간투자법」에 따른 공모 　　　　투·융자집합투자기구 　2. 세제지원 : 배당소득 14% 분리과세 　　　　(원천징수로 납세의무 종결) 　3. 한도 : 투자금액 1억원	적용기한 연장 (좌 동)
4. 적용기한 : 2022. 12. 31.	4. 2025. 12. 31.

32. 중소기업 취업자에 대한 소득세 감면한도 확대

[조특법 §30]

종 전	개 정
중소기업 취업자에 대한 소득세 감면	감면한도 확대

종 전	개 정
1. 대상 : 청년 · 노인 · 장애인 · 경력단절여성	
2. 감면율 : 70%(청년은 90%)	
3. 감면기간 : 3년(청년은 5년)	(좌 동)
4. 대상업종 : 농어업, 제조업, 도매업, 음식점업 등	
5. 감면한도 : 연간 150만원	5. 감면한도 : 연간 200만원
6. 적용기한 : 2023.12.31	6. (좌 동)

적용시기 2023.1.1. 이후 발생하는 소득분부터 적용

33. 주택청약종합저축에 대한 소득공제 적용기한 연장 등   [조특법 §87 ② · ③]

(1) 주택청약종합저축 소득공제

① 대상

　－무주택 세대주

　－총급여액 7,000만원 이하인 근로소득자*

　　* 직전 3개연도 중 1회 이상 금융소득종합과세 대상자 제외

② 세제지원 : 납입액의 40%를 종합소득금액에서 공제

　납입한도 : 연 240만원

③ 적용기한 : 2022.12.31. ➡ <u>2025.12.31.</u>

(2) 청년우대형 주택청약증권종합저축 이자소득 비과세 요건 정비

① 직전 과세기간 총급여액이 3,600만원 이하인 근로소득자

② 직전 과세기간 종합소득금액이 2,600만원 이하인 **사업소득자**(단 비과세 소득만 있는

　자는 제외) ➡ <u>2,600만원 이하인 자</u>

34. 소기업 · 소상공인 공제부금 부득이한 해지 사유 추가   [조특령 §80의 3 ⑤]

종 전	개 정
공제부금에 대한 과세 1. 아래 사유로 공제금을 지급받는 경우 퇴직소득으로 과세 　－폐업 · 해산 　－가입자 사망	퇴직소득으로 과세되는 부득이한 사유 추가 1. (좌 동)

종 전	개 정
− 만 60세 이상이며, 10년 이상 납입자의 지급 청구 등 2. 임의 해지할 경우 기타소득(15%)으로 과세 − (예외) 부득이한 사유로 임의 해지 시 퇴직소득으로 과세 　• 천재ㆍ지변의 발생 　　■ 해외이주 　　■ 3월 이상 입원치료 등 〈추 가〉	2. (좌 동) (좌 동) • 사회재난지역*에서 재난으로 15일 이상 입원치료가 필요한 피해 * 「재난안전법」 제66조 ① 2에 따른 사회재난 중 특별재난 선포지역

적용시기 2023.2.28.(영 시행일) 이후 해지하는 분부터 적용

35. 이자ㆍ배당소득 과세특례 적용기한 연장

[조특법 §87의 2 · §88의 2 · §88의 5 · §89의 3]

이자소득 및 배당소득 비과세 특례

(1) 대상 : ① 농어가목돈마련저축, ② 비과세종합저축, ③ 조합 등 예탁금, ④ 조합 등 출자금

(2) 적용기한 : 2022.12.31. ➡ 2025.12.31.

36. 조합 등 출자금ㆍ예탁금에 대한 분리과세 적용기한 연장

[조특법 §88의 5 · §89의 3]

종 전	개 정
1. 조합 등 출자금에 대한 배당소득 분리과세 　(1) 2023.1.1.~2023.12.31. : 5% 　(2) 2024.1.1. 이후 분 : 9% 2. 조합 등 예탁금에 대한 이자소득 분리과세 　(개인지방소득세 비과세) 　(1) 2023.1.1.~2023.12.31. : 5% 　(2) 2024.1.1. 이후 분 : 9%	1. (2025년분까지는 비과세) 　(1) 2026.1.1.~2026.12.31. : 5% 　(2) 2027.1.1. 이후 분 : 9% 2. (2025년분까지는 비과세) 　(1) 2026.1.1.~2026.12.31. : 5% 　(2) 2027.1.1. 이후 분 : 9%

37. 개인종합산관리계좌 운용재산 확대
[조특령 §93의 4]

종 전	개 정
개인종합자산관리계좌(ISA) 과세특례 　1. 운용재산 : 예·적금, 펀드, 파생결합 　　사채, 상장주식 등 〈추 가〉 　2. 내용 : 소득금액 200만원*까지 비과세, 　　초과분 9% 분리과세 　　* 농어민·서민은 400만원	운용재산 추가 　1. (좌 동) 　－회사채 및 K－OTC* 주식 　　(중소·중견기업에 한정) 　　* 한국금융투자협회가 개설·운영하는 비상 　　장주식의 장외시장(자본시장법 §286 ①) 　2. (좌 동)

적용시기 2023.2.28.(영 시행일) 이후 소득을 지급하는 경우부터 적용

38. 세금우대저축 자료제출 보완
[조특법 §89의 2]

01

종 전	개 정
세금우대저축 자료 제출 　1. 제출대상 특례상품 　　① 비과세종합저축, ISA 등 〈추 가〉 　2. 제출의무자 : 특례상품을 취급하는 금융 　　회사 등 　3. 제출자료 : 저축자 성명 및 주민등록번 　　호, 저축 체결·해지·권리이전 내용 등	제출대상 특례상품 추가 　② 청년도약계좌(조특법 §91의 22) (좌 동)

적용시기 2023.1.1. 이후 가입분부터 적용

39. 고위험고수익채권투자신탁에 대한 이자·배당소득 과세특례(분리과세) 신설
[조특법 §91의 15]

(1) 대상

　　거주자가 2024.12.31.까지 고위험고수익채권투자신탁에 가입하여 지급받는 이자소
　　득·배당소득은 분리과세로 과세 종결

(2) 투자금액

각 금융회사를 통하여 가입한 고위험고수익채권투자신탁 투자금액의 합계액 3천만원까지 분리과세 적용

(3) 계약기간 및 적용기간

① 계약기간 : 1년 이상

② 분리과세 적용기간 : 가입일로부터 3년까지 발생한 소득

(4) 추징

가입일로부터 1년 이내에 해약·환매 또는 그 권리를 이전하는 경우 감면세액(종합과세 해당 세액 − 분리과세 세액)을 추징

(5) 적용시기

① 시행일(2023.1.1.) 후 2개월이 경과한 날 이후 가입하는 경우부터 적용

② 시행일 전에 종전 제91조의 15에 따른 고위험고수익투자신탁에 가입한 경우의 과세특례는 종전의 규정을 따름

40. 청년형 장기집합투자증권저축 소득공제 요건 정비   [조특법 §91의 20]

종 전	개 정
소득요건 ① 총급여액이 5,000만원 이하일 것 (근로소득만 있거나 근로소득과 종합소득 과세표준에 합산되지 아니하는 종합소득만 있는 경우로 한정) ② 종합소득금액이 3,800만원 이하일 것 (근로소득 또는 사업소득이 있고, 총급여액이 5,000만원을 초과하지 아니하는 경우로 한정)	① (좌동) (비과세소득만 있는 경우는 제외 추가) ② (좌동) (총급여액이 5,000만원을 초과하는 근로소득이 있는 경우 및 비과세소득만 있는 경우는 제외)

41. 청년희망적금 이자소득 비과세 적용기한 종료   [조특법 §91의 21]

청년희망적금* 이자소득 비과세 특례

* 저소득 청년에 대해 시중이자에 더하여 정부에서 저축장려금(2~4%p 수준의 가산이자)을 지급

(1) 가입요건 : 만 19~34세이며, 총급여 3,600만원 또는 종합소득금액 2,600만원 이하일 것

* 직전 3개연도 중 1회 이상 금융소득종합과세 대상자 제외

(2) 세제지원 : 만기(2년) 보유 시 이자소득 비과세(2024.12.31.까지 받는 이자소득)

한도 : 연 납입액 600만원

(3) 적용기한 : 2022.12.31.까지 가입

42. 청년도약계좌 과세특례 신설   [조특법 §91의 22, 조특령 §93의 8]

청년도약계좌* 과세특례 신설

* 청년의 저축금액에 대해 정부에서 매칭지원금을 지급하는 상품

(1) 가입요건 : ① 만 19~34세 ② 직전 과세기간 총급여액 7,500만원 또는 종합소득금액 6,300
만원 이하

* 직전 3개연도 중 1회 이상 금융소득종합과세 대상자 제외

(2) 세제지원 : 계좌에서 발생하는 손익을 통산하고 계좌 만기 해지 시 이자·배당소득 비과세

(3) 운용재산 :

① 예·적금, 펀드, 국내상장주식 등

② 환매조건부매수 계약으로 운용하는 채권·증권

③ 「부동산투자회사법」상 부동산투자회사 주식

④ 계좌 내 상장주식을 통하여 배정받은 신주인수권증서

⑤ 내국법인이 발행한 회사채, 국채 및 지방채

(4) 납입한도 : 연 840만원

(5) 의무가입기간 : 5년

* 의무가입기간 경과 전 인출·해지 시 감면세액 추징

(6) 특별중도해지사유* : 감면세액 추징 배제되는 해지사유

* ①의 사유는 사유 발생 후 해지가 가능하며, ②의 사유는 사유 발생 후 6개월 내로 해지 가능

① 가입자의 사망, 해외이주

② 천재지변, 가입자의 퇴직, 가입자의 3개월 이상 입원치료가 필요한 질병 발생, 생애
최초 주택* 구입 등

* 국민주택규모 이하이면서, 기준시가 5억원 이하인 주택

(7) 적용기한 : 2025.12.31.까지 가입분

43. 월세 세액공제율 상향   [조특법 §95의 2, 조특령 §95]

종 전	개 정
월세세액 공제	
1. 대상 : 총급여 7천만원 (종합소득금액 6천만원) 이하 무주택근로자 및 성실사업자	1. (좌 동)
2. 공제율 : 월세액의 10% 또는 12% * 총급여 5,500만원 또는 종합소득금액 4,500만원 이하자	2. 월세액의 15% 또는 17% * 총급여 5,500만원 또는 종합소득금액 4,500만원 이하자
3. 공제한도 : 750만원	3. (좌 동)
4. 대상주택 : 국민주택규모(85㎡) 이하 또는 기준시가 3억원 이하	4. 국민주택규모(85㎡) 이하 또는 기준시가 4억원 이하

적용시기 1. 공제율의 개정은 2023.1.1. 이후 신고하거나 연말정산하는 분부터 적용
2. 대상주택의 개정은 2023년 과세기간 분부터 적용

44. 기관전용 사모집합투자기구(PEF)의 비거주자 · 외국법인인 수동적 동업자에 대한 과세제도 변경   [조특법 §100의 18, 조특령 §100의 18 · §100의 24 삭제]

종 전	개 정
동업기업의 동업자에 대한 과세제도	소득원천에 따라 과세되는 수동적 동업자 범위 확대
1. 일반 동업자 : 동업기업으로부터 배분받은 소득금액을 소득원천별로 구분하여 과세	1. (좌 동)
2. 수동적 동업자 : 배분받은 소득금액을 배당소득으로 과세 다만, 기관전용 PEF의 수동적 동업자 중 우리나라와 조세조약이 체결된 국가에서 설립된 연 · 기금 등으로서 배분받는 소득이 해당 국가에서 과세되지 않는 경우 일반 동업자와 같이 소득원천에 따라 과세	2. 다만, 기관전용 PEF의 수동적 동업자 중 비거주자 또는 외국법인인 수동적 동업자는 일반 동업자와 같이 소득원천에 따라 과세

적용시기 2023.1.1. 이후 개시하는 과세연도 분부터 적용

45. 성실사업자 등에 대한 의료비 및 월세 세액공제율 상향 [조특법 §122의 3 ①]

종 전	개 정
1. 성실사업자 등*에 대한 의료비 세액공제 　 * 성실사업자(조특법), 성실신고확인대상자	
① 일반의료비 : 15%	① 일반의료비 : 15%
〈신 설〉	② 미숙아 · 선천성이상아 의료비 : 20%
② 난임시술비 : 20%	③ 난임시술비 : 30%
2. 월세세액공제	
① 종합소득금액 4천5백만원 이하 : 12%	17%
② 종합소득금액 4천5백만원 초과 : 10%	15%

적용시기 2023.1.1. 이후 신고하는 분부터 적용

46. 신용카드 등 사용금액 소득공제 지원 강화 　　　[조특법 §126의 2]

종 전	개 정
신용카드 등 사용금액 소득공제	공제체계 단순화, 영화관람료 신규공제, 대중교통 이용분 공제율 인상 및 적용기한 연장 등
1. 공제대상 : 총급여의 25% 초과 사용금액	1. (좌 동)
2. 공제율 : 결제수단 · 대상별 차등	2. 대중교통 사용분 공제율 한시상향 및 영화관람료 30% 공제율 적용

구 분	공제율
① 신용카드	15%
② 현금영수증 · 체크카드	30%
③ 도서 · 공연 · 신문 · 미술관 · 박물관 등*	30%
④ 전통시장 · 대중교통	40%

* 총급여 7천만원 이하자만 적용

구 분	공제율
① 신용카드	15%
② 현금영수증 · 체크카드	30%
③ 도서 · 공연 · 신문 · 미술관 · 박물관 · 영화관람료 등*	30%
④ 전통시장 · 대중교통 (2022. 7.1.~2023.6.30. 대중교통 이용분)	40% (80%)

* (좌 동)

종　전				개　정		
3. 공제한도 : 급여수준 · 항목별 차등				3. 공제한도 통합 · 단순화		

종전

공제한도＼총급여	7천만원 이하	7천만원 ~1.2억원	1.2억원 초과
기본공제 한도	Min (총급여 ×20%, 300만원)	250	200
추가 공제 한도	전통시장 100	100	100
	대중교통 100	100	100
	도서 공연등 100	–	–

4. 적용기한 : 2022.12.31.

개정

공제한도＼총급여	7천만원 이하	7천만원 초과
기본공제 한도	300	250
추가 공제 한도 전통시장	300	200
대중교통		200
도서공연등		–

4. 2025.12.31.

적용시기 공제한도 : 2023.1.1. 이후 발생하는 소득 분부터 적용

대중교통 사용분 : 2023.1.1. 이후 연말정산하는 분부터 적용

영화상영관 사용분 : 2023.7.1. 이후 사용하는 분부터 적용

47. 금융투자소득세 도입 2년 유예　　　　　　　[소법 §4 ②, 소법 부칙 등]

금융투자상품*으로부터 실현된 소득을 합산과세하는 금융투자소득세 도입 시행일을 2023.1.1.에서 **2025.1.1.**로 유예함

* 주식, 채권, 펀드, 투자계약증권, 파생결합증권, 파생상품 등

48. 적격집합투자기구의 분배금을 배당소득으로 일원화

[소법 §17 ① · §87의 6 ① · §87의 14]

종　전	개　정
적격집합투자기구 분배이익은 원천에 따라 소득구분 1. 원천이 금융투자소득 : 금융투자소득 2. 원천이 금융투자소득 외 : 배당소득	적격집합투자기구 분배이익을 배당소득으로 일원화 1. 원천이 금융투자소득 : 배당소득 2. (좌 동)

종 전			개 정		
구 분		소 득	구 분		소 득
분	원천 : 금융투자소득	금융투자소득	분	원천 : 금융투자소득	배당소득
배	원천 : 금융투자소득 外	배당소득	배	원천 : 금융투자소득 外	
환매 · 양도		금융투자소득	환매 · 양도		금융투자소득

적용시기 2025.1.1. 이후 발생하는 소득분부터 적용

49. 금융투자소득세 양도의 정의 보완 [소법 §87의 2]

종 전	개 정
금융투자소득세 양도의 정의 1. 자산의 매도 · 교환, 법인에 대한 현물출자, 계좌간 이체, 계좌의 명의변경 등을 통해 자산을 유상으로 사실상 이전 2. 부담부증여시 수증자가 부담하는 채무액에 해당하는 부분 <center>〈추 가〉</center>	양도의 정의 보완 <center>(좌 동)</center> 3. 채권등의 상환, 신주인수권의 권리 소멸

적용시기 2025.1.1. 이후 발생하는 소득분부터 적용

50. 국내상장주식의 포괄적 교환 · 이전 소득(금융투자소득)에 대한 기본공제 합리화 [소법 §87의 18]

종 전	개 정
금융투자소득 기본공제 1. 5,000만원 공제대상 　① 국내 상장주식을 장내 양도하여 발생한 소득 　② 공모 국내주식형 적격집합투자기구에서 발생한 소득 　③ 중소 · 중견기업 비상장주식을 장외 K–OTC를 통해 거래하여 발생한 소득	5,000만원 기본공제 대상 추가 <center>(좌 동)</center>

종 전	개 정
〈추 가〉	④ 국내 상장주식의 장외 교환·이전·주식매수 청구권 행사에 따른 양도소득
2. 250만원 공제대상 기타 금융투자상품	(좌 동)

적용시기 2025.1.1. 이후 발생하는 소득분부터 적용

51. 금융투자소득세 예정신고 기한, 원천징수 신고·납부기한 일원화

[소법 §87의 21·§128]

종 전	개 정
1. 예정 신고기한 ① 금융회사등을 통하여 지급받지 않은 소득 : 지급일이 속하는 반기의 말일부터 2개월 ② 금융회사등을 통하여 지급받은 금융투자소득 중 원천징수되지 않은 소득 : 지급일이 속하는 달의 말일부터 2개월 ③ 부담부증여시 채무액에 해당하는 부분 : 양도일이 속하는 달의 말일부터 2개월	1. 예정 신고기한 일원화 지급일 또는 양도일이 속하는 반기의 말일부터 2개월 * (상반기) 7.1.~8월 말일 　(하반기) 1.1.~2월 말일
2. 원천징수세액 납부기한 ① 일반 : 반기 종료일이 속하는 달의 다음 달 10일 ② 중도 해지 : 계좌해지일이 속하는 달의 다음 달 10일	2. 납부기한 일원화 반기 종료일이 속하는 달의 다음 달 10일

적용시기 2025.1.1. 이후 발생하는 소득분부터 적용

52. 금융투자소득세 원천징수 시점 신설(명확화)

[소법 §148의 2]

금융투자소득세 원천징수 시점 : 금융투자소득 원천징수기간 종료일*

* 반기 종료일, 계좌 해지일

적용시기 2025.1.1. 이후 발생하는 소득분부터 적용

53. 금융투자소득세 시행 유예에 따른 관련 조세특례 조문 정비 　[조특법 부칙]

금융투자소득세 과세특례

(1) 관련 조문
　　① 주식 양도차익 관련 특례
　　　　• 창업자 등에 출자(조특법 §14)
　　　　• 벤처기업 스톡옵션 과세이연(조특법 §16의 4)
　　　　• 지주회사 설립(조특법 §38의 2)
　　　　• 벤처기업 재투자(조특법 §46의 8) 등
　　② 펀드 관련 특례
　　　　• 비과세종합저축(조특법 §88의 2)
　　　　• 투ㆍ융자펀드(조특법 §27)
　　　　• 공모부동산펀드(조특법 §87의 7) 등
　　③ 집합투자기구 등 과세특례 개편(조특법 §91의 2)
　　　　• 자기의 적격집합투자증권 환매 시 증권거래세 과세 제외
　　　　• 비적격 집합투자기구 과세 합리화

(2) 시행시기 : 2023.1.1. ➡ 2025.12.31.

54. 조세특례제한법상 금융투자소득 감면 등의 농특세 부과 규정 시행 유예

[농특법 부칙]

금융투자소득 감면에 대한 농어촌특별세 부과

(1) 과세대상 : 금융투자소득에 대한 소득세 특례세율 추가

(2) 비과세 : 조특법상 금융투자소득세에 대한 감면 중 열거된 것

(3) 세율 : 금융투자소득의 감면세액의 10%

(4) 감면세액의 계산 : (감면 전 소득금액 × 20%) − 납부세액

(5) 시행시기 : 2023.1.1. ➡ 2025.12.31.

PART

2

거주자 및 내국법인에 대한 원천징수

원천징수제도의 개요

I 원천징수제도

1. 의의

원천징수란 세법에 따라 원천징수의무자가 국세(이에 관계되는 가산세는 제외)를 징수하는 것을 말한다(국기법 §2). 즉 원천징수란 조세를 징수하는 방법의 하나로서 본래의 납세의무자(담세자)로부터 직접 조세를 징수하는 것이 아니라 납세의무자의 과세표준에 속하게 되는 소득 또는 수익이 되는 금품 등을 지급하는 자(원천징수의무자)가 소정의 방법에 의하여 계산한 조세를 납세의무자로부터 징수하여 국가에 납부하게 하는 제도이다. 또한 원천징수라는 의미는 그 소득 또는 수익의 발생원천에서 조세를 징수한다는 의미이기도 하다.

📎 원천징수의무자 : 원천징수제도에 의하여 조세를 징수하여 납부할 의무가 있는 자
　원천징수대상자 : 담세자. 즉 원천징수에 의해 세금을 납부할 의무가 있는 자

> **저자주**
> **원천징수제도에 대한 이해**
>
> 1. 국가의 조세징수(납세의무 확정)방법은 일반적으로 다음과 같습니다(국기법 §22, 국기령 §10의 2).
>   - 자진신고(납부)
>   - 정부 결정(고지)
>   - 납세의무 성립(과세기간 종료일 또는 특정 행위·거래발생 등)이 발하는 때
> 2. 사업자(사업자등록에 의한 사업자)는 자신의 소득을 자진신고(납부)합니다.
>   개인 또는 법인에 대한 소득은 원칙적으로 자신의 소득에 대한 세금을 자신이 직접 자진신고(납부)하게 함으로써 조세를 징수하고 있습니다.
>   이러한 세금을 직접세(납세자=담세자)라고 하는데, 직접세의 납세의무자는 일반적으로 사업자등록을 통한 사업자입니다.
>   요약하자면 사업자등록에 의한 사업자는 자신의 소득을 자신이 직접 자진신고(납부)하

는 방법으로 국가는 조세를 징수합니다.

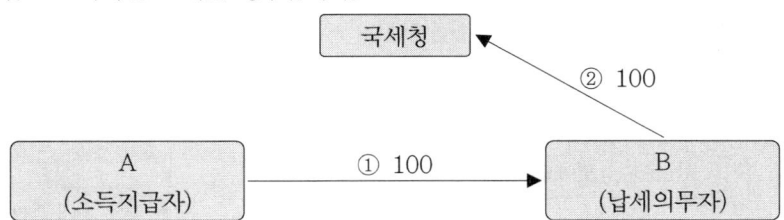

① 소득금액 지급

② 소득금액에 대한 세금의 자진신고 · 납부

∴ B는 사업자등록에 의한 사업자

3. 소득의 주체가 상기 2와 같이 자신의 소득 등에 대한 세금을 자신이 직접 자진신고(납부)하기 어려운 경우에도 조세의 징수는 하여야 할 것입니다.

따라서 자신의 세금을 자진해서 신고(납부)하지 않을 개연성이 높은 경우는 소득을 지급하는 자(A, 원천징수의무자)가 소득의 원천이 되는 소득금액 등을 지급하는 시점에 세법의 규정(원천납세의무자가 개인인 경우 소득세법, 법인인 경우 법인세법)에 의하여 일정액을 미리 징수하여 국가에 납부하는 것입니다.

이렇게 원천징수의무자가 소득세법 및 법인세법에 의해 지급하는 금액의 일부를 국가에 납부하는 것을 원천징수라 하며 지방세도 함께 납부하는데 이를 특별징수라 하는 것입니다.

여기서 생각해 볼 수 있는 것은 '자신의 세금을 자진해서 신고(납부)하지 않을 개연성이 높다'는 의미는 소득 등이 발생된 주체(B)가 사업자등록에 의한 사업자가 아닌 경우(법인 이자 · 배당소득과 특정 개인의 사업소득 제외)라는 의미로 이해할 수 있을 것입니다.

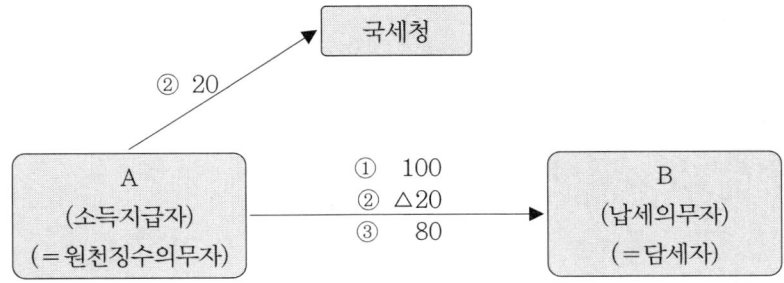

① 소득금액

② 원천징수(세율 20% 가정)세액을 원천징수하여 신고 · 납부. 실지로는 특별징수△2도 있어 78만 지급하게 됨

③ 소득지급액

∴ 사업자등록 등을 통한 사업자가 아닌 주체(B)에게 소득 등이 발생하는 경우에는 자신이 직접 자진신고(납부)하는 방법으로는 조세를 징수하기 어렵기 때문에 소득 등을 지급하는 자(A)가 지급시점에 미리 원천징수에 의해 조세를 징수하여 납부하여

야 합니다.

4. 원천징수대상소득(원천징수금액에 10% 특별징수)

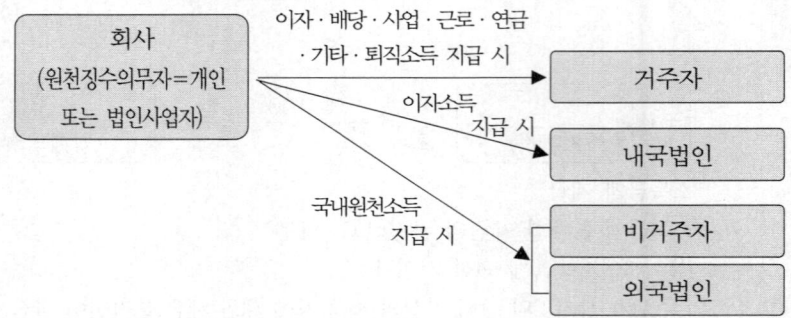

① 원천징수(특별징수) 시점
   소득금액 지급 시
② 신고
   원천징수내용합계표인 원천징수이행상황신고서를 매월 10일까지 월별로 과세관청
   (국세청)에 신고(전자신고로 이루어짐)
③ 납부
   원천징수 다음 달 10일까지 납부서에 의해 원천징수(특별징수)세액 납부
④ 원천징수영수증 교부
   소득별 일정기한까지 상대방 소득자에게 원천징수영수증을 교부
⑤ 지급명세서 제출
   다음연도 2월 말일[근로·퇴직·사업소득·종교인소득(기타소득)은 3월 10일]까지
   지급명세서를 전자제출

5. 앞으로의 설명내용
   본서는 앞으로 소득별 원천징수세율(특별징수는 무조건 원천징수세액의 10%임), 원천
   징수세액의 신고·납부방법, 이행상황신고서의 작성, 지급명세서의 제출, 원천징수업
   무의 수정신고 및 경정청구방법 등에 대해 상세한 설명을 하도록 할 것입니다.

2. 원천징수제도의 장·단점

(1) 장점

① 국가의 징세비 절감과 납세의무자(B, 담세자)의 편의를 제공한다.
   국가는 사업자등록에 의한 사업자가 아닌 자(B)가 소득을 자진신고(납부)하지 않을
   개연성이 높음에 따라 조세징수의 어려움과 비용이 많이 발생할 것이나, 원천징수

의무자(A)로 하여금 국가를 대신하여 조세를 징수하게 함으로써 징세비를 절감할 수 있고, 동시에 납세의무자 입장에서도 복잡한 신고납부 절차없이 간편하게 자신의 소득에 대한 납세의무를 이행할 수 있다.

② 조세 누락 방지 및 과세자료의 파악(근거과세의 구현)

원천징수의무자(A)가 소득이 발생되는 시점에 원천징수를 통해 조세를 징수함으로써 조세의 누락을 방지하고, 원천징수와 동시에 근거자료인 원천징수 대상소득금액, 소득자의 인적사항, 지급시기 등의 과세자료를 과세당국에 신고함으로써 과세자료를 파악하여 근거과세를 확립할 수 있다.

③ 국가의 재정수요를 조기에 확보할 수 있다.

일반적으로 소득세와 법인세는 과세기간 종료 후 법정신고ㆍ납부기한(중간예납은 중간예납기한)까지 신고ㆍ납부함으로써 조세를 징수하고 있다. 그러나 원천징수제도는 원칙적으로 소득을 지급하는 때에 원천징수하여 다음 달 10일까지 납부하도록 함으로써 연중 매월 조세를 납부하게 되어 세수의 조기확보가 가능하다.

(2) 단점

① 국세징수의 협력비용부담이 증가한다.

소득의 주체는 원천납세의무자(B)이나 원천징수의 신고(납부)주체는 원천징수의무자(A)이다. 즉 원천징수의무자는 자신의 소득에 대한 세금신고(납부)가 아니지만 원천징수의무자로써 이에 따른 인력 및 경비가 발생하게 된다.

② 완납적 원천징수의 경우에는 세율이 일정함으로써 과세형평에 저해될 수 있다.

3. 원천징수세액(납세의무)의 성립ㆍ확정ㆍ소멸

> **저자주**
>
> 앞으로 설명하는 원천징수세액의 성립ㆍ확정ㆍ소멸에 대한 내용은 너무나 어려운 내용입니다. 원천징수업무를 처음 접하시는 실무자님들은 지금 보시지 말고 추후 세법에 대한 이해도가 높아졌을 때 보시기 바랍니다.
>
> 단, 국세부과 제척기간의 설명은 꼭 읽어주십시오.

납세자가 행한 경제적 행위나 사실이 세법에서 정하는 과세요건을 충족하면 자동적으로 납세의무가 성립되며 이를 추상적 납세의무라고 한다. 추상적인 납세의무는 아직 납세의무의 이행 내용과 범위가 구체화되지 않은 상태이므로 납세의무자는 그 내용에 따른 조세채무의 이행을 할 수 없고 조세당국도 징수권을 발동할 수 없는 단계로, 국가(자진신고납세조세는 납세의무자)가 납세의무의 이행을 구체적으로 청구하기 위하여는 납세의무액을 확정하여야 한다. 확정된 납세의무는 납세자가 이를 납부함으로써 납세의무가 소멸된다. 이처럼 납세의무는 납세의무의 성립·확정·소멸 등 일련의 단계를 거치는 동태적 과정으로 파악할 수 있다.

(1) 납세의무의 성립

납세의무는 각 세법이 규정하고 있는 과세요건(납세의무 성립요건)을 충족하는 사실이 발생하는 때에 성립된다. 즉 일정한 시점에 있어서 어떠한 사람에게 과세물건이 귀속함으로써 세법이 정한 바에 따라 이를 측정하여 과세표준을 산정하고 이에 세율을 적용할 수 있는 상태에 이르면 그 사람에게 당연히 납세의무는 성립한다. 납세의무의 성립과 그 성립된 납세의무를 이행하는 것과는 다르므로 납세의무의 성립을 추상적 조세채무라고 하며, 국가가 이에 대하여 이행을 청구할 수 있는 구체적인 것이 되기 위하여는 그 성립된 조세채무의 내용을 구체적으로 검토·확인하는 확정절차를 밟아야 한다. 이러한 절차로서는 납세자의 신고행위 또는 과세관청의 부과처분이 있다.

사법상의 채권·채무는 법률행위(계약 등)에 의하여 성립하고 그 이행의 시기는 법률행위에 의하여 정한 바에 따르는 것이나, 조세채권·채무는 그 성립요건이 법률에서 정하여지고 그 요건이 충족되면 당연히 성립되고 그 이행시기 또한 법률에서 정한 때로 하는 점에서 다르다.

여기서 과세요건이란 납세의무 성립에 필요한 법률상의 요건을 말한다. 과세요건으로는 일반적으로 납세의무자·과세대상·과세표준·세율 등을 들고 있다.

1) 납세의무의 성립시기

납세의무의 성립시기는 과세기간의 종료 시 성립하는 경우와 법소정의 과세사실의 발생 시 성립하는 경우로 나누어지는바, 그 내용은 다음과 같다(국기법 §21).

① 과세기간의 종료 시 성립하는 경우
- 소득세 : 과세기간이 끝나는 때
- 법인세 : 과세기간이 끝나는 때. 다만, 청산소득에 대한 법인세는 법인이 해산 또는 합병하는 때로서 해산·합병등기와는 무관하다.
- 부가가치세 : 과세기간이 끝나는 때. 다만, 수입재화의 경우에는 세관장에게 수입신고를 하는 때
- 교육세 : 국세에 부과되는 교육세(해당 국세의 납세의무가 성립하는 때)
  금융·보험업자의 수익금액에 부과되는 교육세(과세기간이 끝나는 때)

② 과세사실의 발생 시 성립하는 경우
- 상속세 : 상속이 개시되는 때
- 증여세 : 증여에 의하여 재산을 취득하는 때
- 종합부동산세 : 과세기준일
- 개별소비세, 교통·에너지·환경세 : 과세물품을 제조장으로부터 반출하거나 판매장에서 판매하는 때 또는 과세장소에 입장하거나 과세유흥장소에서 유흥음식행위를 한 때. 다만, 수입물품의 경우에는 세관장에게 수입신고를 하는 때
- 주세 : 주류를 제조장에서 반출하는 때. 다만, 수입주류는 세관장에게 수입신고를 하는 때
- 인지세 : 과세문서를 작성한 때
- 증권거래세 : 증권의 매매거래가 확정되는 때
- 농어촌특별세 : 농어촌특별세법 제2조 제2항에 따른 본세의 납세의무가 성립하는 때
- 가산세 : 가산세를 가산할 국세의 납세의무가 성립하는 때
  다음의 국세는 그 성립시기를 다음과 같이 한다. 이는 납세의무 성립시기의 예외적 규정이다.
- 중간예납하는 소득세·법인세, 예정신고기간·예정부과기간에 대한 부가가치세 : 중간예납기간·예정신고(부과)기간이 끝나는 때
- 수시부과(隨時賦課)하여 징수하는 국세 : 수시부과할 사유(각 세법에서 규정)가 발생한 때

2) 원천징수하는 소득에 대한 납세의무의 성립시기

원천징수하는 소득에 대한 세액의 성립시기는 다음과 같다

① 원천징수하는 소득세 · 법인세 : 소득금액 또는 수입금액을 지급하는 때

② 납세조합이 징수하는 소득세와 예정신고 납부하는 소득세 : 그 과세표준이 되는 금액이 발생한 달의 말일

③ 국세부과의 제척기간과 원천징수의무(국기통 26의 2-0…2) : 법인세법에 의하여 처분되는 상여는 소득세법 제135조 제4항 및 동법시행령 제192조 제1항 및 제2항에 따라 법인이 소득금액변동통지서를 받은 날에 그 소득금액을 지급한 것으로 의제되어 법인의 원천징수의무가 성립한다. 그러나 그 소득금액의 귀속사업연도 소득에 대한 국세부과의 제척기간이 만료되면 원천징수의무도 소멸한다.

> ● **예규 및 판례**
>
> ▶▶ 인정상여 등에 대한 (갑종)근로소득세의 납세의무 성립시기는 당해 소득금액변동통지를 받은 날이므로 소득금액변동통지서를 받기 전에 납세자가 사망한 경우 : 납세의무가 성립되지 않음 소득귀속자가 소득금액변동통지서를 받기 전에 사망하였는지가 불분명하나, 법인소득 금액 결정에 따라 법인세법시행령 제106조(소득처분)의 규정에 의거 상여로 처분된 소득의 귀속자가 당해 법인이 소득세법시행령 제192조에 규정하는 소득금액변동통지서를 받기 전에 사망한 경우에는 원천징수하지 아니하는 것임(서면2팀-1144, 2006.6. 19.; 법인 22601-2453, 1992.11.14.; 법인 91누9527, 1992.3.13.).

(2) 납세의무의 확정

납세의무의 확정이란 추상적으로 성립한 납세의무의 내용을 구체적으로 확인하는 절차를 말한다. 납세의무의 성립은 조세채무가 발생하였을 뿐이고 발생된 채무를 현실적으로 이행하기 위하여는 국가 또는 납세자 중 어느 일방이 이를 확인할 필요가 있다. 확인이라 함은 과세요건충족 여부와 과세표준 및 세액계산의 법 적합성을 검토하여 결정하는 것을 말한다.

1) 납세의무의 확정시기

추상적으로 성립된 납세의무를 확인하여 확정하는 절차로는 두 가지 방법이 있다. 하나는 납세의무자의 신고에 의하여 세액을 확정하는 자진신고납세제도이고 다른 하나는 과세관청의 결정에 의하여 세액을 확정하는 정부부과과세제도이다. 그 외에 인지세와 같이 특별한 절차 없이 납세의무 성립 시 자동 확정되는 것도 있다(국기법 §22, 국기령 §10의 2).

① 자진신고납세제도

자진신고납세제도란 납세의무자의 신고에 의하여 과세표준과 세액을 확정하는 제도를 말한다. 자진신고납세제도에 있어서 과세표준과 세액의 1차적인 확정권은 납세의무자에게 있으나, 납세의무자가 과세표준과 세액을 신고하지 않거나 신고내용이 사실과 다른 경우에는 제2차적 지위에 있는 과세관청이 세액을 확정할 수 있다. 이와 같이 자진신고납세제도에 있어서 납세의무자의 신고는 세액을 확정시키는 효력이 있다는 점에서 단지 협력의무에 불과한 정부부과과세제도에 있어서 납세의 신고와는 다르다.

자진신고납세제도를 취하고 있는 세목으로는 소득세 · 법인세 · 부가가치세 · 개별소비세 · 주세 · 증권거래세 · 교육세 · 종합부동산세(자진신고납부를 선택한 경우) 및 교통 · 에너지 · 환경세가 있다.

② 정부부과과세제도

정부부과과세제도란 과세관청의 처분에 의하여 과세표준과 세액을 확정하는 제도를 말한다. 정부과세제도에서의 납세의무자의 신고는 세액을 확정시키는 효력이 없고 과세관청이 부과처분을 하는 데 필요한 과세자료를 제출하는 협력의무의 이행효과밖에는 없다. 정부부과과세제도에서는 과세관청의 조사 · 결정 · 납세고지의 절차로서 세액을 확정하며, 현행 상속세 · 증여세와 종합부동산세가 이에 해당한다.

2) 원천징수하는 소득에 대한 납세의무의 확정시기

원천징수하는 소득세 · 법인세의 납세의무의 확정시기는 특별한 절차 없이 확정된다. 즉 원천징수하는 소득(납세조합이 징수하는 소득세 포함)은 소득금액 등을 지급하는 때에 납세의무가 성립하고, 납세의무가 성립하는 때에 특별한 절차 없이 그 세액이 확정된다. 이렇게 특별한 절차 없이 납세의무가 성립하는 세액에는 인지세, 중간예납하는 법인세(세법에 따라 정부가 조사 · 결정하는 경우는 제외)가 포함된다(국기법 §22 ②).

(3) 납세의무의 소멸

과세요건의 충족으로 인하여 추상적으로 성립된 납세의무는 신고 · 조사결정 등 세법이 정한 절차에 따라 확정된다. 확정된 납세의무는 국가의 조세채권이 실현되었거나 실현 불가능한 법정사유로 인하여 국가와 국민간의 국세채권·채무관계는 종료되는바, 이를 납세의무의 소멸이라 한다.

납세의무가 이행됨으로써 소멸하는 경우는 납부 또는 충당이 일반적이고 그 외에 부과의 취소·국세부과 제척기간의 만료·국세징수권 소멸시효의 완성 등이 있다.

납세의무가 소멸되는 사유를 구체적으로 설명하면 다음과 같다.

① 납부

납부(納付)란 세액을 국고에 납입하는 것으로서 궁극적인 조세채권의 실현절차이다. 조세는 특별한 규정이 없는 한 통화나 수표에 의하여 납부하여야 하며, 이를 금전납부라고 한다. 금전납부의 예외로 상속세및증여세법에서 물납(物納)에 관한 규정을 두고 있다.

② 충당

충당(充當)이란 납세의무자가 납부할 세액과 환급세액을 상계(相計)하는 것을 말한다. 국세기본법상 국세환급금은 체납된 국세·가산금·체납처분비 등에 먼저 충당하고 잔여금을 환급하여야 한다. 이와 같이 국세환급금과의 충당에 의하여 납세의무는 소멸한다.

③ 부과의 취소

부과의 취소란 유효하게 성립한 부과처분에 대하여 그 성립에 흠결이 있음을 이유로 그 처분의 효력을 상실시키는 것을 말한다. 부과가 취소되면 부과한 날에 소급하여 취소의 효력이 발생하므로 납세의무는 소멸하게 된다.

④ 국세부과 제척기간의 만료

국세는 이를 부과할 수 있는 날로부터 국세기본법 제26조의 2에 규정한 기간이 끝난 날 이후에는 이를 부과할 수 없다.

⑤ 국세징수권 소멸시효의 완성

한번 부과된 국세에 대한 징수권은 국가가 일정한 기간 이를 행사하지 않으면 소멸시효가 적용된다.

⑥ 공매의 중지

매각결정통지 전에 체납자 또는 제3자가 체납액을 완납하거나, 여러 재산의 일괄 공매시 그 일부의 공매대금으로 체납액에 충당 시 공매를 중지하며(국징법 §71), 이 경우 납세의무가 소멸된다.

⑦ 소득이 몰수된 경우

법인의 자금이 유출되어 그 귀속자에게 인정상여로 처분된 소득금액에 상당하는 자금이 부패방지몰수법에 따라 추징되어 환수되더라도, 그 상여처분에 따라 이미 귀속자에 대하여 성립한 소득세 납세의무에는 영향이 없는 것이다(기준법령소득−293, 2020.12.10.).

> **중점사항**
>
> **1. 국세부과의 제척기간**
>
> (1) 부과권
>
> 정부부과과세조세의 납세의무를 정부가 확정하거나, 자진신고납세조세의 무신고 또는 오류·탈루에 대한 과세관청의 납세의무확정에 대한 권리를 국세부과권이라 하며, 부과취소를 포함한다.
>
> (2) 제척기간
>
> 제척기간(除斥期間)이란 일정한 권리에 관하여 법이 예정해 놓은 존속기간으로서 그 기간 내에 권리가 행사되지 않으면 그 권리는 소멸 내지 실효가 되는 기간을 말한다. 즉 국세부과의 제척기간이란 국가가 성립된 납세의무에 대하여 국세를 부과(=확정)할 수 있는 권리가 존속하는 기간을 말하며, 이는 국세채권에 대한 권리관계를 조속히 확정시키기 위하여 설정한 기간으로서 이 기간이 경과하면 부과권은 당연히 소멸된다. 부과권이 행사되어야 국가는 징수권을 행사할 수 있는 것이므로 부과권이 소멸되면 징수권은 생성되지 않는다. 부과제척기간은 시간의 경과에 의하여 권리가 소멸되는 점에서 소멸시효와 비슷하나, 권리의 존속기간이 예정되어 있고 그 기간 만료에 의하여 권리가 당연히 소멸된다는 단순한 시간의 경과에 불과하다는 점과 권리불행사라는 사실상태의 계속을 요건으로 하지 않는다는 점에서 차이가 있다. 따라서 제척기간에 대하여는 시효와 같이 원용이나 포기 또는 중단·정지라는 문제가 발생하지 않는다.
>
> (3) 국세부과의 제척기간
>
> 국세기본법은 세목과 내용에 따라 다음과 같이 여러 가지의 제척기간을 두고 있다(국기법 §26의 2 ①). 다만, 조세조약의 규정에 의하여 상호합의절차를 진행하는 경우에는 상호합의절차가 종료한 날의 다음 날부터 1년간과 해당 국세의 본래의 제척기간 중 나중에 도래하는 기간이 만료된 날 후에는 국세를 부과할 수 없다(국조법 §25 ①).
>
> 1) 상속세·증여세 이외의 국세
>
>   ① 15년 : 역외거래가 수반되는 부정행위가 있는 경우
>
>   • 역외거래(국기법 §26의 2 ① 1호)
>
>   역외거래란 국제조세조정에관한법률 제2조 제1항 제1호에 따른 국제거래 및 거래당사자 양쪽이 거주자(내국법인과 외국법인의 국내사업장을 포함)인 거래로서 국외에 있는 자산의 매매·임대차, 국외에서 제공하는 용역과

관련된 거래를 말함.

② 10년

- 납세자가 사기나 그 밖의 부정한 행위(뒤 3. 참조)로써 국세를 포탈(逋脫)하거나 환급·공제받은 경우에는 그 국세를 부과할 수 있는 날부터 10년간. 이 경우 사기나 그 밖의 부정한 행위로 포탈하거나 환급·공제받은 법인세와 관련하여 소득처분(법법 §67)된 금액에 대한 소득세·법인세는 법인세와 마찬가지로 그 소득세·법인세를 부과할 수 있는 날부터 10년간(2012.1.1. 이후 최초로 소득처분하는 금액부터 적용)

- 납세자가 사기나 그 밖의 부정한 행위로 (세금)계산서의 미발급·가공수수 및 위장수수와 관련된 가산세(소법 §81 ③ 4호, 법법 §76 ⑨ 4호, 부법 §22 ③·⑥)의 부과대상이 되는 경우 해당 가산세는 부과할 수 있는 날부터 10년간

③ 7년 : 납세자가 법정신고기한까지 과세표준신고서를 제출하지 아니한 경우에는 해당 국세를 부과할 수 있는 날부터 7년간(역외거래는 10년)

- 2개 이상의 회사로부터 근로소득을 지급받은 근로소득자가 근로소득을 합산하여 종합소득세 확정신고를 하지 않은 경우에는 7년의 국세부과제척기간에 해당하는 무신고에 해당하여 국세기본법 제47조의 2에 해당하는 무신고가산세가 부과됨이 타당함(감심 2018-96, 2019.5.10.).

④ 5년 : 상기 '①, ②, ③'에 해당하지 아니하는 경우에는 해당 국세를 부과할 수 있는 날부터 5년간(역외거래는 7년)

⑤ 상기 '③·④'의 기간이 끝난 날이 속하는 과세기간 이후의 과세기간에 이월결손금을 공제하는 경우(소법 §45 ③, 법법 §13 1호·§76의 13 ① 1호·§91 ① 1호) : 해당 결손금이 발생한 과세기간의 소득세 또는 법인세는 '②·③'에도 불구하고 이월결손금을 공제한 과세기간의 법정신고기한으로부터 1년간

⑥ 1년 : 뇌물·알선수재·배임수재로 인한 소득에 대한 형사판결이 확정된 경우 확정판결일부터 1년

2) 상속세·증여세

① 원칙 : 부과할 수 있는 날부터 10년간

② 예외 : 15년

다음의 하나에 해당하는 경우에는 부과할 수 있는 날부터 15년간으로 한다.

- 납세자가 사기나 그 밖의 부정한 행위로 상속세·증여세를 포탈하거나 환급·공제받은 경우
- 상속세및증여세법 제67조 및 제68조에 따른 신고서를 제출하지 아니한 경우
- 상속세및증여세법 제67조 및 제68조에 따라 신고서를 제출한 자가 거짓신고 또는 누락신고를 한 경우(그 거짓신고 또는 신고누락한 부분만 해당)
- 부담부증여에 따라 증여세와 함께 양도소득세가 과세되는 경우(소법 §88 ① 후단) 그 양도소득세 : 2013.1.1. 이후 양도소득세를 부과할 수 있는

날이 개시하는 분부터 적용

3) 제척기간의 기산일

국세부과의 제척기간은 국세를 부과할 수 있는 날부터 기산한다(국기령 §12의 3).

① 과세표준과 세액을 신고하는 국세 : 해당 국세의 과세표준과 세액에 대한 신고기한 또는 신고서제출기한의 다음 날. 이 경우 중간예납·예정신고기한과 수정신고기한은 과세표준신고기한에 포함되지 아니하므로 중간예납·예정신고 및 수정신고기한의 다음 날은 국세부과제척기간의 기산일이 아니다.

② 종합부동산세(2008.1.1. 이후 최초로 납세의무가 성립하는 분부터) 및 인지세 : 해당 국세의 납세의무가 성립한 날

③ 원천징수의무자 또는 납세조합에 부과하는 국세 : 해당 원천징수세액 또는 납세조합징수세액의 법정납부기한의 다음 날

④ 과세표준신고기한이나 위 '③'의 법정납부기한이 연장되는 경우 : 그 연장된 기한의 다음 날

⑤ 공제·면제·비과세 또는 낮은 세율의 적용 등에 따른 세액(소득공제를 받은 경우에는 공제받은 소득금액에 상당하는 세액을 말하고, 낮은 세율을 적용받은 경우에는 일반세율과의 차이에 상당하는 세액을 말하며, "공제세액 등"이라 함)을 의무불이행 등의 사유로 징수하는 경우 : 해당 공제세액 등을 징수할 사유가 발생한 날

⑥ 제2차납세의무자에 대한 납부고지는 징수처분으로서의 성격과 함께 주된 납세의무자에 대한 부과처분과는 독립된 부과처분으로서의 성격도 가지므로(대법원 98두4535, 1998.10.27.; 87누375, 1988.6.14.), 제2차납세의무는 주된 납세의무와는 별도로 그 부과제척기간이 진행하는 것이어서 그 부과제척기간은 제2차납세의무가 성립한 날인 '주된 납세의무의 납부기한이 경과한 날'부터 기산한다(대법원 2003두13083, 2005.4.15.; 2006두 11750, 2008.10.23.).

* 정리채권으로 신고되지 않아 실권소멸된 조세채권의 경우 국세부과권 소멸 여부 : 회사정리법에 따라 정리채권으로 신고되지 아니하여 실권소멸된 조세채권의 경우에는 국세기본법에 따른 국세부과의 제척기간 이내일지라도 국세부과권을 행사할 수 없음(제도 46019-12347, 2001.7.24.).

(4) 제척기간 기타사항

국세부과의 제척기간은 권리관계를 조속히 확정시키려는 것이므로 국세징수권의 소멸시효와는 달리 진행기간의 중단이나 정지가 없다.

국세는 제척기간이 경과하기 전에 부과되어야 한다. 과세요건을 충족하여 추상적으로 성립한 조세채무에 대하여 부과권이 행사되지 아니한 채 제척기간이 만료하면 납세의무가 소멸하게 된다. 납세의무가 확정되지 아니한 상태에서 소멸하였으므로 징수권은 발생하지 아니한다.

제척기간이 만료한 후에는 국세를 부과할 수 없을 뿐만 아니라 이미 부과한 과세표준이나 세액을 변경시키는 어떠한 결정(경정)도 할 수 없다.

✐ 거주자가 법원의 판결에 의하여 부당 해고기간의 급여를 일시에 지급받는 경우 당해 급여액에 대한 원천징수세액은 국세기본법 제26조의 2 및 동법시행령 제12조의 3의 규정에 따라 실제 지급한 급여액에 대한 원천징수세액의 법정납부기한(통상 실제 급여를 지급한 날의 다음 달 10일)의 다음 날부터 5년이 경과한 후에는 이를 부과할 수 없는 것임(조세정책과-285, 2004.3.18.).

✐ 원천징수이행상황신고서는 국세기본법상 과세표준신고서가 아니어서 같은법 제45조의 2에 의한 경정 등의 청구를 할 수 없으므로 내국법인이 국내사업장이 없는 비거주자에게 국내원천소득을 지급하면서 조세조약상의 제한세율을 잘못 적용하여 과오납한 세액은 국세기본법 제51조 제4항 및 소득세법시행규칙 제93조의 규정에 의거 국세부과제척기간 내에 수정분신고서를 제출하여 당해 과오납세액을 다른 원천징수세액에서 조정하여 환급받을 수 있는 것임. 여기서 국세부과제척기간은 당해 원천징수세액의 법정납부기한의 다음 날부터 기산하여 5년을 말하는 것임(제도 46019-11700, 2001.6.25.).

2. 국세징수권의 소멸시효

(1) 징수권

구체적으로 확정된 조세채권을 실현하기 위하여 납세자에게 그 이행을 청구하고, 자진이행이 이루어지지 않을 경우 체납처분에 의해 그 이행을 강제하는 등 세액수납과 관련된 일련의 과세권자의 권리를 징수권(徵收權)이라 한다.

국세부과권과 국세징수권은 동일한 조세채권의 실현을 위한 실체적 측면과 절차적 측면으로 구분되기는 하나, 동시에 진행되는 양면성을 갖는다.

(2) 소멸시효

시효란 일정한 기간이 경과하는 동안에 일정한 사실상태가 그대로 계속되는 경우에 그 상태가 진실한 권리관계에 부합되는지의 여부를 묻지 않고 그 사실상태를 존중하여 그것을 그대로 권리관계로 인정하는 제도이다. 이때 권리를 얻게 되는 경우를 취득시효(取得時效)라 하고 권리를 잃게 되는 경우를 소멸시효(消滅時效)라고 한다. 따라서 국가가 확정된 조세채권의 실현을 위하여 구체화된 납세의무를 이행하도록 청구할 수 있는 권리를 국세의 징수권이라 하는데, 국세징수권의 소멸시효라 함은 그 국세의 징수를 목적으로 하는 국가의 권리가 일정기간 경과함으로 인하여 소멸하는 법적인 기간을 말한다.

이는 확정된 납세의무에 대하여 국가가 장기간 징수권을 행사하지 아니함으로 인하여 납세의무가 없었던 것과 같은 사실상태가 오래 계속된 경우에 그 사실상태를 인정함으로써 납세자의 거래의 안전 및 법적 안정성을 도모하고, 장기간 징수권 불행사로 인하여 사실상 실현이 곤란한 부실조세채권의 정리근거를 마련하기 위하여 국세징수권의 소멸시효 규정이 존재하는 것이다.

(3) 소멸시효 기간

국세의 징수를 목적으로 하는 국가의 권리는 이를 행사할 수 있는 때부터 5년간(5억원 이상의 국세는 10년 : 2013.1.1. 이후 신고 또는 고지하는 분부터) 행사하지 아니하면 소멸시효가 완성되며, 동 소멸시효에 관하여는 국세기본법 또는 세법에 특별한 규정이 있는 것을 제외하고는 민법에 따른다(국기법 §27 ① · ②).

(4) 소멸시효의 기산일

국세징수권의 소멸시효는 이를 행사할 수 있는 날부터 기산한다. '징수권을 행사할 수 있는 날'은 자진신고납세제도를 취하고 있는 세목과 정부부과과세제도를 취하고 있는 세목이 상이하다.

자진신고납세제도에 의하는 경우에는 법정납부기한까지 납세의무자가 세액을 자진 납부하여야 하므로 신고한 국세의 법정납부기한까지 세액을 납부하지 아니하면 그 다음 날부터 소멸시효가 기산하나 정부부과과세제도에서는 정부의 납세고지에 의하여 세액을 징수하므로 납세고지에 의한 납부기한의 다음 날이 소멸시효의 기산일이 된다.

국세기본법상 국세징수권의 소멸시효기산일은 다음과 같으며(국기령 §12의 4), 아래 '③·④'의 경우 부정한 방법에 의해 원천징수세액 등을 포탈한 경우 국세부과 제척기간(10년)이 종료되기 전에 국세징수권의 소멸시효(5년)가 먼저 완성되어 국세채권이 일실되는 문제점을 개선하기 위해 현행 규정으로의 개정이 이루어졌다.

① 과세표준과 세액의 신고에 의하여 납세의무가 확정되는 국세 : 신고한 세액에 대해서는 그 법정신고납부기한의 다음 날

② 과세표준과 세액을 정부가 결정·경정 또는 수시부과 결정하는 경우 : 납세고지 한 세액에 대해서는 그 고지에 따른 납부기한의 다음 날

③ 원천징수의무자 또는 납세조합으로부터 징수하는 국세 : 납세고지한 원천징수세 액 또는 납세조합징수세액에 대해서는 그 고지에 따른 납부기한의 다음 날 (2007.2.28. 이후 최초로 납세의무가 성립하는 분부터 적용)

④ 인지세 : 납세고지한 인지세액에 대해서는 그 고지에 따른 납부기한의 다음 날 (2007.2.28. 이후 최초로 납세의무가 성립하는 분부터 적용)

⑤ '①'의 법정신고납부기한 또는 법정납부기한이 연장되는 경우 : 그 연장된 기한 의 다음 날

(5) 시효의 중단과 정지

① 시효의 중단

시효의 중단이란 권리행사로 볼만한 사실이 있는 경우에 이미 경과한 시효기간의 효력을 상실시키는 것을 말한다. 시효중단의 사유는 피고의 주장이 없더라도 행정 소송법에 의하여 법원이 직권으로 심리판단하여야 할 사유이다.

국세기본법에 의한 시효중단사유는 다음과 같다(국기법 §28 ①).

㉠ 납세고지

㉡ 독촉 또는 납부최고(納付催告)

㉢ 교부청구

㉣ 압류(참가압류 포함)

중단된 소멸시효는 고지한 납부기간, 독촉이나 납부최고에 의한 납부기간, 교부청구 중의 기간, 압류해제까지의 기간이 지난 때부터 새로 진행한다(국 기법 §28 ②).

② 시효의 정지

시효의 정지란 일정기간 동안 시효의 완성을 유예하는 것을 말하며, 이 경우에는 그 정지사유가 종료된 후 잔여기간이 경과하면 시효가 완성한다. 이와 같이 시효의 정지는 이미 진행된 기간이 무효로 되지 않는다는 점에서 시효중단과 다르다.

시효정지의 사유는 다음과 같다(국기법 §28 ③).

㉠ 분납기간

㉡ 징수유예기간

㉢ 체납처분유예기간

㉣ 연부연납(年賦延納)기간

㉤ 세무공무원이 국세징수법 제30조에 따른 사해행위(詐害行爲) 취소소송이나 민법 제404조에 따른 채권자대위소송을 제기하여 그 소송이 진행 중인 기간 동안

  1. 사해행위 취소소송 : 2007.1.1. 이후 최초로 소송을 제기하는 분부터 적용

  2. 채권자대위소송 : 2010.1.1. 이후 최초로 소송을 제기하는 분부터 적용

  * 사해행위취소소송 또는 채권자대위소송의 제기로 인한 시효정지의 효력은 소송이 각하 · 기각 또는 취하된 경우에는 효력이 없다(국기법 §28 ④).

㉥ 체납자가 국외에 6개월 이상 계속 체류하는 경우 해당 국외체류기간

(6) 소멸시효완성의 효과

소멸시효가 완성되면 국세징수권이 소멸되어 납세의무도 소멸된다.

3. 사기 기타 부정행위(국기령 §12의 2, 조세범처벌법 §3 ⑥)

사기나 그 밖의 부정한 행위란 다음에 해당하는 행위로서 조세의 부과와 징수를 불가능하게 하거나 현저히 곤란하게 하는 적극적 행위를 말한다.

① 이중장부의 작성 등 장부의 거짓 기장

② 거짓 증빙 또는 거짓 문서의 작성 및 수취

③ 장부와 기록의 파기

④ 재산의 은닉, 소득 · 수익 · 행위 · 거래의 조작 또는 은폐

⑤ 고의적으로 장부를 작성하지 아니하거나 비치하지 아니하는 행위 또는 계산서, 세금계산서 또는 계산서합계표, 세금계산서합계표의 조작

⑥ 조세특례제한법 제5조의 2 제1호에 따른 전사적 기업자원 관리설비의 조작 또는 전자세금계산서의 조작

⑦ 그 밖에 위계(僞計)에 의한 행위 또는 부정한 행위

  ✎ 사기 기타 부정행위판단(조심 2016중256, 2016.6.23.)

  사기 기타 부정한 행위란 조세의 부과징수를 불가능하게 하거나 또는 현저히 곤란하게 하는 위계 기타 부정한 적극적인 행위를 말하는 것이므로 어떤 다른 행위를 수반함이 없이 단순히 세법상의 신고를 하지 아니하거나 허위의 신고를 함에 그치는 것은 사기 기타 부정한 행위에 해당하지 아니하는 것인바, 처분청의 조사대상자 선정 과정이나 결과에서도 알 수 있듯이 실적이 없는 청구법인이 인건비를 배우자, 장모, 외국인 명의로 계상한 것은 조세에 관한 전문

가가 아니더라도 잘못된 것으로 판단할 수 있는 사항이며 세무조사 전에 이미 청구법인이 가공으로 인건비를 계상한 사실을 확인한 사항으로 세무조사 없이도 과세할 수 있었던 사항으로 사기 기타 부정한 방법으로 조세의 부과징수를 불가능하게 하거나 또는 현저히 곤란하게 한 것으로 보기는 어려우므로 10년의 부과제척기간을 적용하여 과세한 처분은 잘못이 있다고 판단된다.

국세기본법 제47조의 3 및 같은 법 시행령 제27조에서 부당과소신고가산세를 일반과소신고가산세와 달리 이중장부의 작성 등 허위기장이나 허위증빙 등의 작성 및 수취, 장부와 기록의 파기, 재산 은닉이나 소득·수익·행위·거래의 조작 등, 사기 그 밖에 부정한 행위 등 적극적인 방법에 의한 악의적인 신고의무 위반에 대하여 가산세를 중과하도록 규정하고 있는 점을 감안할 때 청구법인의 경우 단순히 장부에 가공경비를 계상한 것으로서 이중장부를 작성한 것으로 볼 수 없어 부당과소신고가산세를 부과하는 것은 가혹하므로 일반과소신고가산세를 적용하는 것이 타당하다고 하겠다.

4. 조세범처벌법상 조세포탈 등에 대한 규정(제3조 제1항 및 제2항)

사기나 그 밖의 부정한 행위로써 조세를 포탈하거나 조세의 환급·공제를 받은 자는 2년 이하의 징역 또는 포탈세액, 환급·공제받은 세액의 2배 이하에 상당하는 벌금에 처한다(정상에 따라 징역형과 벌금형 병과). 다만, 다음의 어느 하나에 해당하는 경우에는 3년 이하의 징역 또는 포탈세액 등의 3배 이하에 상당하는 벌금에 처한다.

① 포탈세액 등이 3억원 이상이고, 그 포탈세액 등이 신고·납부하여야 할 세액(납세의무자의 신고에 따라 정부가 부과·징수하는 조세의 경우에는 결정·고지하여야 할 세액을 말한다)의 100분의 30 이상인 경우

② 포탈세액 등이 5억원 이상인 경우

02

Approach to Field Work 근무하지 않은 대표이사의 배우자에게 급여지급 시 과세문제

1. 자료
① A법인의 대표이사 갑, 갑의 배우자 을
② A법인은 실지 근무하지 않은 을에게 10년간 급여를 매년 60,000,000원씩 급여로 회계처리하고 연말정산을 수행함.
③ 2023년 세무조사 시 ②에 대한 금액 전액을 손금불산입·상여처분됨.

2. 법인세법상 과세
① 이는 부정신고에 해당되어 10년의 국세부과제척기간을 적용하여 2013년부터 2022년까지 매년 60,000,000원을 손금불산입·상여처분함.
② 가산세
　가. 부정신고불성실가산세 : 법인세 해당액의 40%
　나. 납부지연가산세 : 신고일 익일부터 납부일까지 2019.2.11.까지는 3/10,000, 2019.2.12.~2022.2.14.까지는 2.5/10,000, 2022.2.15. 이후 기간은 2.2/10,000 적용

3. 소득세법상 과세
① 소득처분(상여)의 주체 : 대표이사 갑
② 을에 대한 연말정산 경정청구

을은 실지 근로소득자가 아니므로 2018년~2022년까지 5년 동안의 연말정산분에 대한 경정청구를 통해 세액을 환급함.

③ 갑에 대한 연말정산 수정신고

갑에 대한 소득처분은 10년간이므로 2012년~2021년까지 10년 동안의 갑의 근로소득에 상여처분금액을 합산하여 10년간의 소득세를 추가납부함.

④ 결론적으로 2013년~2017년까지 상여처분액에 대해 갑은 상당액의 소득세를 추가납부하여야 하고 을은 환급받을 수 없는 문제가 발생함(갑과 을의 소득세율 차이로도 많은 추징세액 발생).

Ⅱ 원천징수대상소득과 납세의무자

1. 원천징수대상소득

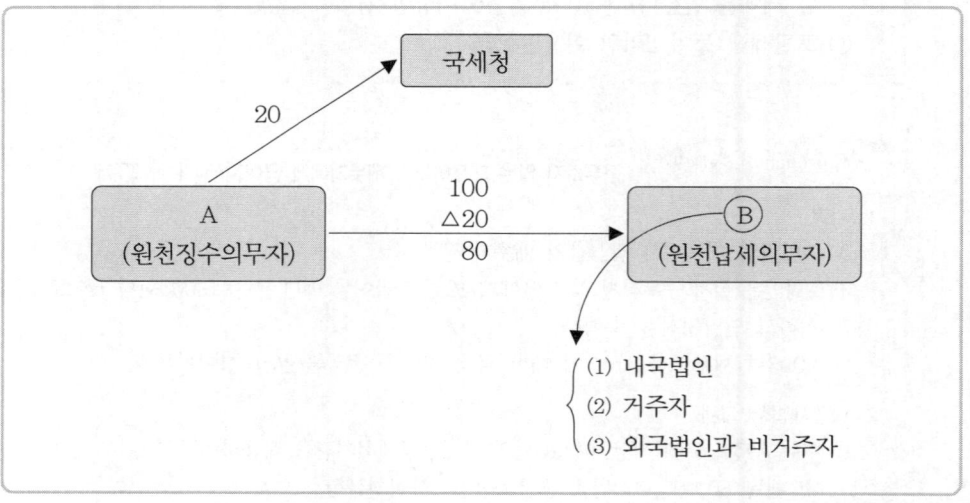

상기 그림에서 보듯이 원천징수대상 소득금액의 구분은 원천징수의무자(A)의 기준이 아니라 (원천)납세의무자(B)가 누구(내국법인, 거주자, 외국법인 및 비거주자)인지, 그 소득이 무엇인지에 따라 구분된다.

✎ 거주자와 비거주자의 구분 및 내국법인과 외국법인의 구분은 본서 "3부. 비거주자 및 외국법인에 대한 원천징수"의 "1장. 비거주자의 납세의무" 및 "2장. 외국법인의 납세의무" 참조

원천징수는 소득자에게 소득을 지급하는 자(A)가 소득자(B)의 세금을 미리 징수하여 국가에 납부하는 제도로서 소득자(B)가 거주자 또는 비거주자인 경우에는 소득세, 내국법인 또는 외국법인인 경우에는 법인세가 원천징수대상소득이 되며, 농어촌특별세와 지방소득세의 특별징수도 포함된다고 볼 수 있다.

원천징수대상이 되는 소득과 원천징수대상이 아닌 소득 간의 세금 부담자(담세자), 세금 납부자, 세금 납부절차의 차이는 다음과 같다.

구 분		원천징수대상이 되는 소득	원천징수대상이 아닌 소득
세금 부담자(담세자)		소득자(B)	소득자(B)
세금 납부자		소득을 지급하는 자(A)	소득자(B)
세금납부 절차	세액계산	소득을 지급하는 자(A)	소득자(B)
	신고서 제출	소득을 지급하는 자(A)	소득자(B)
	납부시기	원칙적으로 소득을 지급할 때	신고시기에 납부

그러나 원천징수 관련 규정을 파악하고 각 세법에 따라 원천징수하여 신고 · 납부할 의무는 원천징수의무자(A)에 있다는 것에 유의해야 한다.

(1) (원천)납세의무자(B)가 내국법인인 경우

다음의 금액을 내국법인에 지급하는 자가 그 금액을 지급하는 경우에는 법인세를 원천징수하여 납세지 관할 세무서 등에 납부하여야 한다(법법 §73 ①).

(원천)납세의무자(B)	대 상 소 득
내국법인	이자소득금액(소법 §127 ① 1호)
	집합투자기구로부터의 이익 중 투자신탁의 이익

법인은 특별히 규정하고 있는 것을 제외하고는 법인의 순자산을 증가시키는 모든 수익을 소득에 포함한다(법법 §15 ①). 즉 법인은 원칙적으로 모든 소득에 대해 법인세를 자진신고 · 납부한다.

그러나 예외적으로 법인에게 소득을 지급하더라도 이자소득과 집합투자기구로부터의 이익 중 투자신탁의 이익에 대한 소득은 소득을 지급하는 자(원천징수의무자)가 원천징수하여 신고 · 납부한다.

법인이 지급받은 소득 중 원천징수된 세액은 법인세 자진신고 · 납부 시 기납부세액으로 공제(환급)한다.

> ● **관련 기본통칙**

▶▶ 원천징수대상이 되는 이자소득의 범위(법통 73−0…1)
- 다음의 금액은 원천징수대상이 되는 이자소득으로 한다.
  ① 채권자가 불분명한 사채의 이자로서 손금불산입된 이자. 다만, 가공차입금에 대한 이자임이 명백한 것은 제외한다.
  ② 공탁법의 규정에 의한 공탁금의 이자
  ③ 금융기관의 여신관리자금에 대한 환출이자
- 법원의 판결에 의하여 지급하는 손해배상금에 대한 법정이자는 원천징수대상이 되는 이자소득이 아닌 것으로 한다.
- 물품을 연불조건으로 매입함에 따라 이자상당액을 가산하여 지급하는 경우에는 다음에 의하여 처리한다.
  ① 당초 계약내용에 의하여 이자상당액을 가산하여 매입가액을 확정하고 연불방법에 따라 이자를 포함한 가액을 매입대금으로 지급하는 경우에는 이자소득이 아닌 것으로 한다.
  ② 당초 계약내용에 의하여 매입가액이 확정된 후 그 대금의 지급 지연으로 실질적인 소비대차로 전환되어 발생되는 이자는 이자소득으로 한다.

> ● **예규 및 판례**

▶▶ 비영리 내국법인에게 이자소득금액을 지급하는 경우 법인세법 제73조의 규정에 따라 법인세를 원천징수하는 것임(원천−787, 2009.3.13.).

▶▶ 법인 간의 금전소비대차계약에 따라 발생한 비영업대금의 이익은 소득세법의 이자소득에 해당하며, 내국법인에게 지급하는 경우 법인세법 제73조에 따라 총이자소득금액에 25% 세율을 적용하여 원천징수하는 것임(원천−785, 2009.3.13.).

▶▶ 차입금과 이자의 변제에 관한 특별한 약정이 없이 일부 금액만을 변제하는 경우에는 이자를 먼저 변제한 것으로 보는 것이며, 비영업대금의 이익은 소득세법시행령 제51조 제7항 규정(회수할 수 없는 경우에 해당될 때에는 원금을 먼저 회수할 것으로 봄)을 준용하는 것임(법인−75, 2012.1.19.).

(2) (원천)납세의무자(B)가 거주자인 경우(소법 §127)

(원천)납세의무자(B)	대상소득	원천징수대상 구분	
		사업자등록	원천징수대상 여부
거주자	이자소득	×	○
	배당소득	×	○

(원천)납세의무자(B)	대상소득	원천징수대상 구분	
		사업자등록	원천징수대상 여부
거주자	사업소득	○	△
	연금소득	×	○
	근로소득	×	○
	기타소득	×	○
	퇴직소득	×	○
	양도소득	×	×

① 거주자와 국내에 고정사업장이 있는 비거주자를 포함한다.

② 거주자인 납세의무자(B)의 사업자등록 여부를 통해서 원천징수 대상소득인지의 여부를 파악할 수 있다.

즉 원천징수란 사업자등록을 통한 사업자가 아닌 거주자에게 소득 등이 발생하는 경우에는 자신이 직접 자진신고(납부)하는 방법으로는 조세를 징수하기 어렵기 때문에 소득 등을 지급하는 자(원천징수의무자)가 지급시점에 미리 원천징수에 의해 조세를 징수하여 납부하는 것이다.

③ 사업소득은 원칙적으로 (사업자등록을 통한) 사업자로서 발생한 소득에 대해 자진신고·납부를 통해서 조세를 징수한다.

그러나 예외적으로 다음의 특정 인적사업소득에 대해서는 원천징수의 방법으로 조세를 징수한다.

• 부가가치세법 제26조 제1항 제5호 및 동항 제15호에 따른 용역(동령 제42조 제1호 바목에 따른 용역 및 동령 제35조 제4호에 따른 조제용역의 공급으로 발생하는 사업소득 중 의약품가격이 차지하는 비율에 상당하는 소득은 제외)의 공급에서 발생하는 사업소득

• 봉사료수입

④ 우리나라의 소득세법은 개인의 소득에 대하여 소득세법에 열거된 소득에 대하여만 과세하는 방법(소득원천설 : 열거주의, 단 이자·배당·연금소득에 대하여는 열거되지 아니한 경우에도 과세할 수 있는 유형별 포괄주의 적용)을 채택하고 있다. 그러므로 소득세법에 열거되지 않은 상장법인 등의 주식양도차익(대주주는 소득세과세) 및 위자료 등에 대하여는 소득세가 과세되지 않는다.

⑤ 현행 소득세법상 열거되어 있는 소득은 다음과 같다.

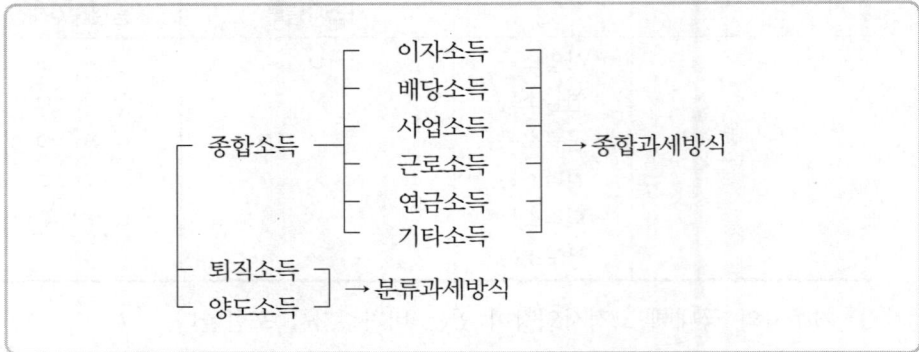

- 이자소득 : 예금 등을 하고 받는 이자금액
- 배당소득 : 주식 등에 투자하여 배당금으로 받는 소득금액
  🖋 이자소득과 배당소득을 금융소득이라고 한다.
- 사업소득 : 다른 사람에게 고용되지 않고 독자적으로 사업을 하여 얻는 소득금액
- 근로소득 : 다른 사람에게 고용되어 근로를 제공한 대가로 받는 소득금액
- 연금소득 : 연금을 지급받음으로써 얻는 소득금액
- 기타소득 : '이자, 배당, 사업, 근로, 연금' 이외의 소득으로 소득세법에 열거된 소득금액
- 퇴직소득 : 근로자가 퇴직하면서 받는 소득금액
- 양도소득 : 부동산 등을 양도하면서 발생된 소득금액

⑥ 종합과세란 소득을 그 종류에 관계없이 일정한 기간을 단위로 합산하여 과세하는 방식을 말한다. 현행 소득세법은 원칙적으로 종합과세방법을 채택하고 있다. ㉠ 이 자소득 ㉡ 배당소득 ㉢ 사업소득 ㉣ 근로소득 ㉤ 연금소득 ㉥ 기타소득을 인별(人別)로 종합하여 인적공제를 한 후 소득금액의 크기에 따라 최저 6%부터 최고 45% 까지의 8단계 초과누진세율을 적용하여 과세하고 있다.

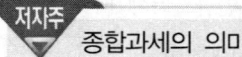 종합과세의 의미

개인이 1년 동안(1.1.부터 12.31.까지를 말하며 과세기간이라 칭함)에 발생한 6가지의 소득금액을 종합하여 과세한다는 것은 그 소득금액들을 합산하여 소득세법상 세율을 곱한 금액을 소득세로 납부하라는 뜻입니다. 우리나라의 소득세법상 세율은 최고 6%부터 15%, 24%, 35%, 38%, 40%, 42%, 45%로 8단계 세율로 되어 있어 높은 소득금액에 대하여 높은 세율을 적용하게 됩니다. 그러므로 6가지 각각의 소득을 각각의

누진세율에 적용하는 것이 아니라 6가지 소득을 다 합하여 높아진 소득금액을 누진세율에 적용하라는 의미로서 이렇게 종합과세할 경우에는 개별과세에 비해 높은 누진세율이 적용되어 소득세의 부담이 늘어나게 됩니다.

종합과세방식을 채택하고 있는 종합소득금액에 대하여는 소득이 발생된 다음 연도의 5.31.까지 소득자 개인의 주소지관할세무서에 신고·납부하도록 되어 있다.

⑦ 분류과세

퇴직소득 및 양도소득은 상기 '⑥'의 종합소득과 합산하지 않고 별도로 과세하는바, 이를 분류과세라 한다.

• 퇴직소득 : 퇴직소득 지급 시 원천징수로 과세
• 양도소득 : 양도일이 속하는 달의 말일부터 2개월 이내(주식 등의 경우 양도일이 속하는 분기의 말일부터 2개월 이내)까지 예정신고하고 내년 5.31.까지 확정신고한다.

● **관련 기본통칙**

▶▶ 인정상여에 대한 원천징수세액의 납세의무자(소통 127-0…2)
귀속이 불분명하여 법인세법시행령 제106조의 규정에 따라 대표자에 대하여 상여로 처분하는 경우 그 상여처분이 귀속되는 대표자는 법인의 당해 결산사업연도 중 그 상여가 발생한 시점의 대표자로 한다.

▶▶ 비거주자에 처분된 인정상여에 대한 원천징수세액의 납세의무자(소통 127-0…3)
인정상여의 지급일로 보는 소득금액 변동통지일 또는 법인세과세표준신고일 현재에는 그 상여처분을 받는 대표자가 퇴직하여 비거주자가 된 경우에도 납세의무가 있다.

(3) (원천)납세의무자(B)가 외국법인 및 비거주자인 경우

(원천)납세의무자	대 상 소 득
외국법인	국내원천소득 중 다음의 10가지 소득 이자소득　　　　배당소득　　　　부동산임대소득　　선박 등 임대소득 사업소득　　　　인적용역소득　　사용료소득　　　　양도소득 유가증권양도소득　기타소득
비거주자	국내원천소득 중 다음의 13가지 소득 이자소득　　　　배당소득　　　　부동산임대소득　　선박 등 임대소득 사업소득　　　　인적용역소득　　사용료소득　　　　양도소득

(원천)납세의무자	대 상 소 득			
	유가증권양도소득	기타소득	근로소득	퇴직소득
	연금소득			

① 외국법인 또는 비거주인 경우 국내사업장과 실질적으로 관련되지 아니하거나 그 사업장에 귀속되지 아니하는 소득(국내에 고정사업장이 없는 외국법인 또는 비거주자에게 지급하는 소득 포함)의 소득금액

② 비거주자 및 외국법인에 대한 원천징수는 '제3부'에서 구체적으로 설명한다.

Approach to Field Work 거주자 및 비거주자의 구분과 과세방법

1. 소득세법상 납세의무자

우리나라의 소득세법상 납세의무자인 개인은 거주자와 비거주자로 구분됩니다(한국인과 외국인으로 구분하지 않으며 외국인의 경우 소득세 과세특례인 근로소득의 19%로 과세를 선택할 수 있는 경우에 사용되는 개념임).

거주자에 해당하는 경우에는 우리나라에서 발생된 국내원천소득과 국외에서 발생한 국외원천소득을 합산하여 산출세액을 계산하고 국외에서 납부한 소득세 등을 차감하여 우리나라의 납부세액을 계산합니다.

> (국내원천소득＋국외원천소득)×소득세 세율－외국납부세액공제(한도 있음)＝납부세액

2. 거주자에 해당하는 경우
   ① 한국인으로서 우리나라에서 근로를 제공하는 경우
   ② 한국인으로서 우리나라 기업의 해외 지점·사무소에서 근무하거나 국외근무 승무원
   ③ 한국인으로서 우리나라 기업이 직·간접적으로 100%를 출자하는 해외현지법인에 근무하는 경우
   ④ 한국인으로서 ③에 해당하지 않는 외국법인에 근무(외국근무를 말함)하고 국내에 가족 및 자산 등과 관련하여 생활의 근거가 국내에 있는 것으로 볼 때
   ⑤ 외국인이 우리나라에 입국하여 내국법인 또는 외국법인의 국내현지법인에서 근무하는 경우

3. 비거주자의 국내원천소득에 해당하는 경우
   ① 외국인이 외국에서 내국법인의 업무를 수행(국내에서 근로계약 체결)하고 근로소득을 지급받는 경우(비거주자에 대한 연말정산업무 수행)
   ② ① 중 국외에서 근로계약을 체결하고 지급받는 소득은 국내원천소득에 해당하지 않아 우리나라에서 소득세 납세의무가 없음.

2. 원천징수대상소득과 납세의무의 관계

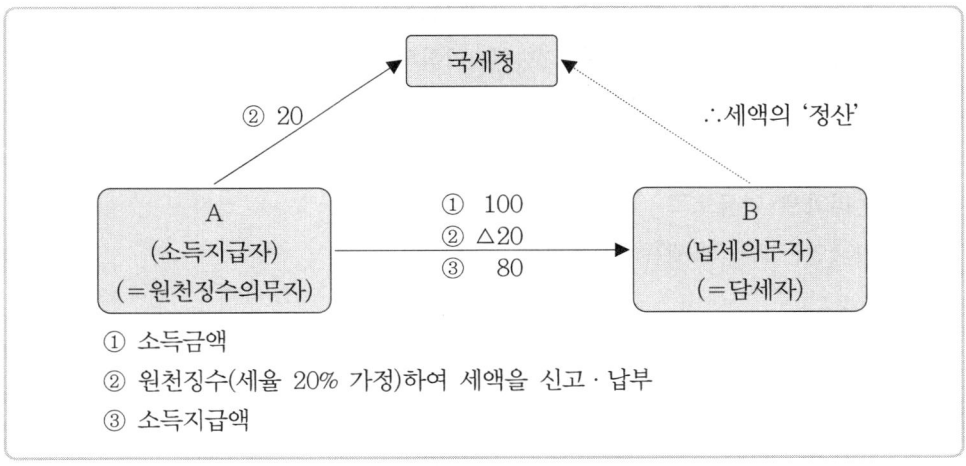

세액을 미리 징수하는 원천징수세액은 대상 소득금액과 일부 공제금액 그리고 세율만
으로 계산한다.

원천징수로 인한 세액은 납세의무자(B)의 정확한 세액이 아니므로 원천징수 이후 당해
소득금액(지급금액이 아닌 원천징수 전 금액)을 각 세법의 과세방법(법인은 사업연도소득금
액, 개인은 종합과세 대상금액에 포함)에 따라 산출세액을 계산하고, 원천징수된 세액을
기납부 세액으로 공제한 후 나머지 세액을 최종적으로 납부(환급)해야 한다.

> ▼저자주
> **원천징수의무자(A)의 지급명세서 제출의무**
>
> 다음 (1)의 분리과세대상 소득을 제외하고는 대부분의 소득금액은 법인세법 및 소득세
> 법의 규정에 의하여 본래의 소득금액에 대한 세액을 신고·납부하여야 합니다. 즉 원천징
> 수로 세금의 납부의무가 종결된 것이 아니므로 과세당국에서도 차후 과세절차가 남아 있
> 어 과세근거가 되는 소득금액에 대한 정확한 과세자료를 확보하여야 합니다. 따라서 원천
> 징수의무자(A)에게 그 지급된 소득에 대한 과세자료를 지급명세서(원천징수영수증과 동
> 일서식임)를 통해 제출하도록 규정하고 있습니다.

(1) 완납적 원천징수(분리과세)

원천납세의무자(B)는 원친징수를 당함으로써 그에 대한 납세의무를 완결하는 것이다.
즉 원천징수대상이 되는 소득 등에 대하여 차후 그에 대한 '세액의 정산' 절차없이 납세

의무가 완결되는 것이다.

이러한 완납적 원천징수(분리과세)는 다음과 같다.

① 무조건 분리과세되는 이자소득 및 배당소득

② 금융소득종합과세기준금액(2천만원) 이하의 이자·배당소득

③ 일용근로자의 근로소득

④ 특정금액 미만 및 연금저축계좌에서의 연금외인출의 기타소득

⑤ 분리과세 연금소득

⑥ 외국인근로자 과세특례적용하는 근로소득

> **저자주**
> **개인(거주자)의 금융기관 이자소득 세액정산 방법**
>
> 개인의 경우 종합소득과세대상(이자, 배당, 사업, 근로, 연금, 기타) 소득에 대해 내년 5.31.까지 모두 합산하여 최종적으로 종합소득으로 과세(=세액의 정산)하는 것이 원칙이지만, 개별적인 소득의 특성을 고려하여 정책적인 측면에서 금융소득(이자소득과 배당소득) 2,000만원 미만까지는 원천징수로 완납하여 분리과세합니다(소법 §14 ③).
>
> 즉 원천징수로 납세의무가 종료되었다는 것인데 만일 원천징수가 이루어지지 않은 경우에는 종합소득세신고를 통해 소득세를 납부하여야 합니다.

(2) 예납적 원천징수

원천납세의무자(B)는 원친징수를 당하였다 하더라도 그 원천징수를 당한 소득과 기타의 소득을 종합합산하여 과세표준과 세액을 새로이 계산(=세액의 정산)하고, 그 새로이 계산된 세액에서 원천징수당한 세액을 기납부 세액으로 차감한 세액을 추가로 납부(환급)한다. 현행 소득세법과 법인세법상의 원천징수는 위의 완납적 원천징수의 경우를 제외하고는 원칙적으로 예납적 원천징수의 성격을 지니고 있다.

Ⅲ 원천징수의무자

1. 원천징수의무자

원천징수의무자란 세법에 규정한 원천징수대상 소득 또는 수입금액을 지급하는 자(개

인 또는 법인)이다. 즉 원천징수의무자(A)는 사업자등록(또는 고유번호등록) 여부에 관계
없이 원천징수대상 소득을 지급받는 자(원천납세의무자, B)가 개인이면 소득세법, 법인
이면 법인세법에 따라 원천징수하여 국고에 납부하여야 할 의무를 지는 자를 말한다(소
법 §127 ①, 법법 §73 ①). 다만, 원천징수대상 소득 또는 수입금액이라 할지라도 징수의
무가 면제 또는 배제되는 경우에는 예외이다(소법 §154·§155, 법령 §111 ①).

 관련 집행기준

▶▶ **원천징수의무자의 범위(소법 집행기준 127-0-1)**
① 국내에서 거주자나 비거주자에게 세법에 따른 원천징수대상 소득을 지급하는 자는
   그 거주자나 비거주자에 대한 소득세를 원천징수해야 한다.
② 소득을 지급하는 자가 사업자등록번호 또는 고유번호가 없는 경우에도 원천징수의
   무자에 해당되는 경우 원천징수납부의무가 있다.
③ 원천징수를 해야 할 자를 대리하거나 그 위임을 받은 자의 행위는 수권(授權) 또는
   위임의 범위에서 본인 또는 위임인의 행위로 보아 원천징수의무규정을 적용한다.
④ 사업자(법인을 포함한다)가 음식·숙박용역이나 서비스용역을 공급하고 그 대가를
   받을 때 봉사료를 함께 받아 해당 소득자에게 지급하는 경우에는 그 사업자를 원천
   징수의무자로 보아 원천징수의무규정을 적용한다.

2. 특수관계인에 대한 이자소득 원천징수방법

저자주

　다음에서 설명하고 있는 내용은 법인과 법인세법상 특수관계인인 개인(법인의 임직원,
1% 이상 개인주주, 임직원과 주주의 친족 등) 간의 금전대차거래(차입금 및 대여금거래)
에 있어 법인세법에서 규정하고 있는 시가(가중평균차입이자율 또는 당좌대출이자율 중
선택)와 실지 수수되는 이자금액과의 차이금액에 대한 법인세와 소득세의 처리내용입니다.
　실지로 이러한 내용은 원천징수담당자의 업무가 아닌 법인결산담당자의 업무에 해당되
므로 원천징수업무를 많이 접하지 않은 실무자님들은 깊이 들어가지 않으셔도 되는 내용
입니다.
　원천징수담당자들께서는 법인이 개인에게 이자금액을 지급 시 이를 비영업대금이익이
라 칭하고 소득세 25%, 지방소득세 2.5%를 차감하여 지급하고 다음 달 10일에 신고·납
부하는 내용을 이해하시면 됩니다.

(1) 법인이 특수관계인에게 대여한 대여금 이자에 대한 원천징수의무자

법인이 법인의 특수관계인(임직원, 1% 이상 보유 주주 등)에게 약정에 따라 대여를 하고 그에 따른 이자를 지급받기로 한 경우에는 이자를 지급하여야 하는 특수관계인은 약정에 따른 이자를 지급할 때 비영업대금의 이익으로 보아 25%의 세율(지방소득세 특별징수를 포함할 경우 27.5%)로 이자소득금액에 대하여 법인세를 원천징수한다.

이자소득을 지급하는 자는 특수관계인에 해당하므로 특수관계인 개인이 원천징수의무자가 되어 특수관계인의 주소지 관할세무서에 이자를 지급하는 날이 속하는 달의 다음 달 10일까지 원천징수이행상황신고서를 작성하여 제출하고 원천징수한 법인세를 납부하는 것이며 이자소득이 발생한 연도의 다음 연도 2월 말일까지 이자소득지급명세서(원천징수영수증)를 제출하여야 한다.

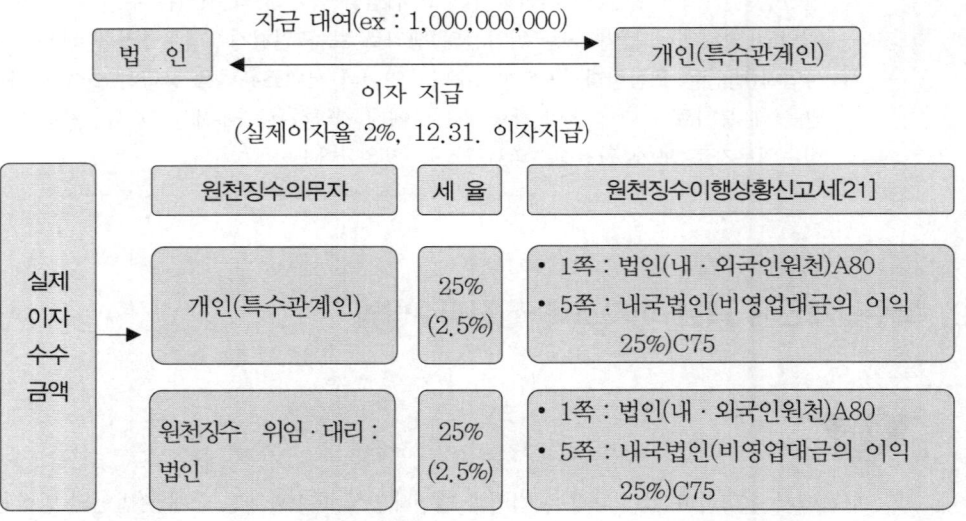

1) 특수관계인(개인)이 원천징수, 납부 및 지급명세서 제출하는 경우

법인에 이자를 지급하는 특수관계인(개인)이 사업자등록이 있을 경우에는 사업자번호를 이용하여 사업장관할세무서에 원천징수이행상황신고서를 제출, 원천징수한 법인세를 납부하고 지급명세서를 제출한다.

① 원천징수이행상황신고서[별지 제21호 서식] 작성

원천징수이행상황신고서상의 '내·외국인법인원천(A80)'란에 인원, 지급금액, 징수세액, 납부세액을 기재하며, 지급하는 이자가 비영업대금의 이익에 해당하므로 원천징수이행상황신고서 부표 5쪽의 법인원천란의 C75(내국법인-비영업대금의 이익(25%))에도 기재한다.

② 원천징수세액의 납부

지급하는 달의 다음 달 10일까지 상기 원천징수이행상황신고서를 신고하고 납부한다.

③ 지급명세서의 신고

다음 연도 2월 말일까지 이자소득·배당소득지급명세서[별지 제23호 서식(1)]를 제출해야 한다.

법인에 이자를 지급하는 특수관계인(개인)이 사업자등록(번호)이 없을 경우에는 주민등록번호를 이용하여 주소지 관할세무서(소득세과)에 제출, 납부하고 지급명세서를 제출한다.

2) 법인이 특수관계인(개인)의 원천징수에 대해 위임 또는 대리하는 경우

특수관계인(개인)은 법인에 원천징수의무를 위임할 수 있는바, 법인과 특수관계인 간에 원천징수에 대한 위임 또는 대리계약이 있는 경우에는 법인이 특수관계인을 대신하여 이자소득에 대해서 원천세 신고 및 납부, 지급명세서 제출을 할 수 있다.

> ✎ 원천징수의무의 대리, 위임 시 필요한 서류가 세법에 규정된 것은 아니므로 차후 책임소재를 위하여 법인과 특수관계인(개인) 당사자 간에 원천징수의무를 대리한다는 약정서를 작성하여 보관하면 될 것이다.

① 원천징수이행상황신고서[별지 제21호 서식] 신고, 납부, 지급명세서의 신고

상기 원천징수이행상황신고서와 지급명세서의 작성은 '1)'의 '① 원천징수이행상황신고서[별지 제21호 서식] 작성' 및 '③ 지급명세서의 신고' 작성과 동일하며, 대리 또는 위임받은 법인이 원천징수한 법인세는 본인(법인)을 원천징수의무자(대리 또는 위임받은 자의 인적사항 명기)로 하여 관할하는 세무서에 납부한다(서면1팀-161, 2006.2.6.; 법인 232601-1302, 1987.5.19.).

② 원천징수 신고 납세지

원천징수하는 자가 법인인 경우 소득세법 제7조와 법인세법 제9조에 따라 그 법인의 본점 또는 주사무소의 소재지가 원천징수납세지가 되는 것이므로 원천징수의무를 대리하는 법인의 사업장소재지를 납세지로 하면 될 것이며, 소득자는 법인이므로 원천징수의무자와 소득자를 모두 법인으로 하여 제출한다.

> **저자주**
>
> **일반개인의 원천징수의무이행**
>
> 현행 법인세법에서는 법인에게 이자를 지급하는 자는 원천징수의무를 부여하고 있습니다. 그러므로 이자지급자가 개인(사업자 불문)이든 법인이든 상기 1)의 ①, ②, ③에 대한 절차를 수행하여야 합니다.
>
> 그러나 실무상 사업자가 아닌 개인이 법인에게 이자지급 시 원천징수를 이행하는 것은 사실상 불가능한 사항인데 현행법상 지급명세서 미제출가산세(지급금액의 1%) 대상이 되는 것도 문제가 아닐 수 없습니다.
>
> 그러므로 상기 2)의 내용처럼 개인이 이자를 수수하는 법인에게 원천징수업무를 위임하여 처리하면 되는데 이 또한 실무상 상당히 어려운 내용이어서 대부분의 경우에는 원천징수가 이루어지지 않고 있는 상황임을 유의하시기 바랍니다.

3) 법인이 특수관계인에게 대여한 대여금에 대한 인정이자

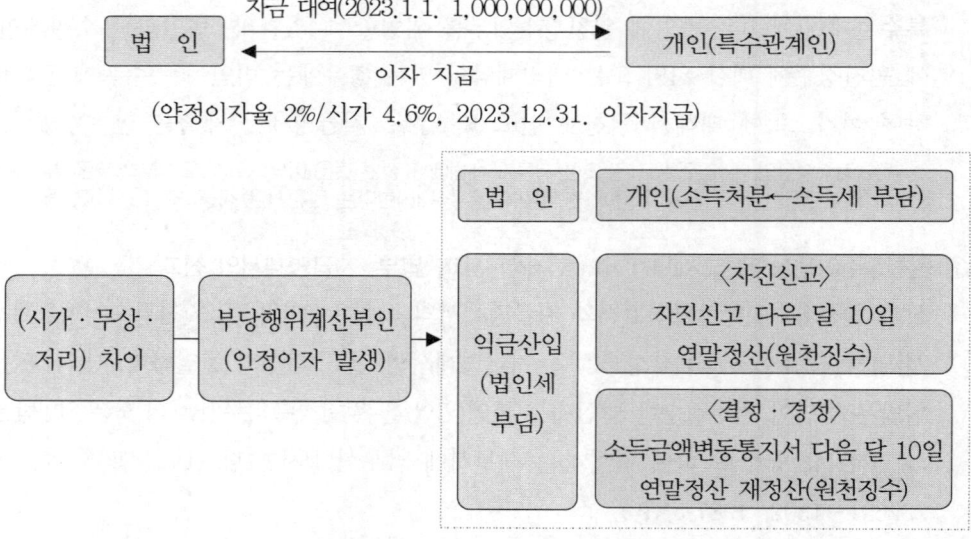

법인세법상 특수관계인에 대한 대여금을 가지급금이라 하며 법인세법상 인정이자해당금액만큼 장부에 이자수익이 계상되지 않으면 그 차이금액인 인정이자를 세무조정으로 익금산입하고 소득자에게 소득처분하게 된다.

이러한 소득처분된 인정이자에 대해서는 지급명세서 제출의무는 없다.

① 2023.12.31. 회사의 회계처리

　　(차) 현금·예금　　　20,000,000　　(대) 이자수익　　　20,000,000

② 2023년 회사의 세무조정 시 가지급금인정이자 익금산입

익금산입 · 인정이자 · 26,000,000 · 상여 등

　가. 부당행위금액

　　인정이자해당액 46,000,000 − 장부이자계상액 20,000,000 = 26,000,000

　나. 소득처분

- 특수관계인이 임직원이면 상여
- 특수관계인이 주주면 배당
- 특수관계인이 친족이면 기타소득

③ 2024.4.10. 소득처분에 대한 원천징수 신고 및 납부

(2) 법인이 특수관계인인 개인으로부터 차입한 차입금에 대한 이자지급

법인이 법인의 특수관계인으로부터 약정에 따라 차입을 하고 그에 따른 이자를 지급하기로 한 경우에는 이자를 지급하여야 하는 법인은 약정에 따른 이자를 지급할 때 비영업대금의 이익으로 보아 25%의 세율(지방소득세 특별징수를 포함할 경우 27.5%)로 이자소득금액에 대하여 소득세를 원천징수한다.

이자소득을 지급하는 자는 특수관계인에 해당하므로 특수관계인 법인이 원천징수의무자가 되어 법인의 주소지 관할세무서에 이자를 지급하는 날이 속하는 달의 다음 달 10일까지 원천징수이행상황신고서를 작성하여 제출하고 원천징수한 소득세를 납부하는 것이며 이자소득이 발생한 연도의 다음 연도 2월 말일까지 이자소득 지급명세서를 제출하여야 한다.

이때 법인이 특수관계인인 개인한테 이자를 지급하지 않거나 저리로 지급한 경우에 법인에게도 세무조정이 발생하지 않고 개인에게도 소득세의 추가부담이 발생하지 않음에 유의하여야 한다.

1) 법인의 원천징수, 납부 및 지급명세서 제출하는 경우

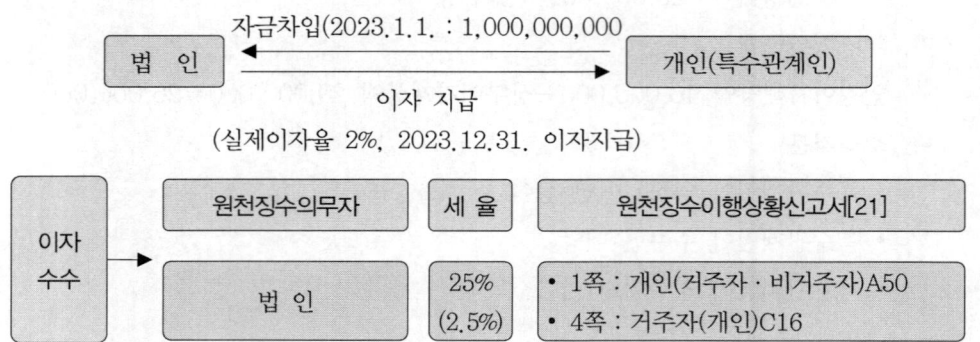

① 원천징수이행상황신고서[별지 제21호 서식] 작성

원천징수이행상황신고서상의 '개인(거주자 · 비거주자), 이자소득(A50)'란에 인원, 지급금액, 징수세액, 납부세액을 기재하며, 지급하는 이자가 비영업대금의 이익에 해당하므로 원천징수이행상황신고서 부표 4쪽의 '거주자(개인), 이자 · 배당소득, 비영업대금이익 C16'에 기재한다.

② 원천징수세액의 납부

지급하는 달의 다음 달 10일까지 상기 원천징수이행상황신고서를 신고하고 납부한다.

③ 지급명세서의 신고

다음 연도 2월 말일까지 이자소득 · 배당소득지급명세서[별지 제23호 서식(1)]를 제출해야 한다.

2) 법인이 특수관계인으로부터 무상 · 저리로 차입한 차입금에 대한 인정이자

법인이 특수관계인으로부터 무상 · 저리로 차입한 차입금은 법인세법과 소득세법상 부당행위부인규정에 해당되지 않으므로 인정이자가 발생하지 않는다.

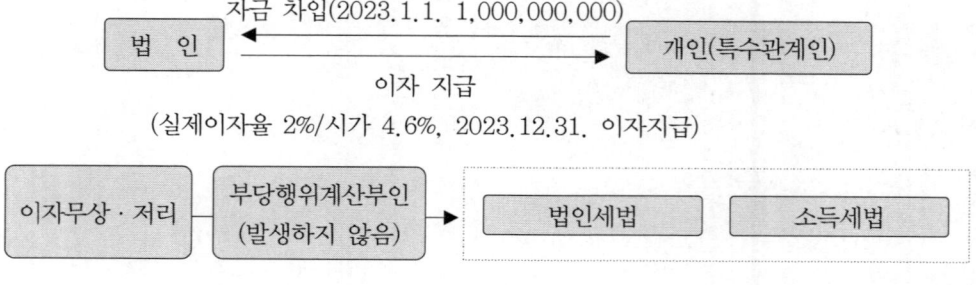

중점사항 – 법인이 개인인 특수관계인으로부터 차입 시 부당행위계산부인 규정

1. 법인세법시행령 제88조 【부당행위계산의 유형 등】

① 법 제52조 제1항에서 "조세의 부담을 부당하게 감소시킨 것으로 인정되는 경우"란 ….

6. 금전 …을 무상 또는 시가보다 낮은 이율·요율로 … 대부하거나 제공한 경우

7. 금전 …을 시가보다 높은 이율·요율로 … 차용하거나 제공받은 경우

※ 금전을 차입하는 경우 낮은 이율·요율로 차입하는 경우는 규정이 없음.

2. 소득세법 제41조 【부당행위계산】

① 납세지 관할 세무서장 또는 지방국세청장은 배당소득(제17조 제1항 제8호에 따른 배당소득만 해당), 사업소득 또는 기타소득이 있는 거주자의 행위 또는 계산이 그 거주자와 특수관계인과의 거래로 인하여 그 소득에 대한 조세부담을 부당하게 감소시킨 것으로 인정되는 경우에는 그 거주자의 행위 또는 계산과 관계없이 해당 과세기간의 소득금액을 계산할 수 있다.

※ 소득세의 경우 부당행위계산부인규정은 배당소득, 사업소득, 기타소득만 열거되어 있고, 이자소득에 대해서는 규정이 없음.

예규 및 판례

▶▶ 소득금액변동 통지를 받은 시점에 대표자가 이미 퇴직하여 현실적으로 상여처분에 대한 원천징수가 불가능하였더라도 이러한 사정이 법인에 대한 원천징수의무를 소멸시키는 것은 아님 (대법원 2010두27431, 2011.3.24.; 서울고법 2010누18972, 2010.11.24.).

▶▶ 강제집행으로 법원 및 한국자산관리공사가 채무자의 재산을 경매하여 경락대금을 채권자에게 배당하는 때 배당액에 채권자의 이자소득이 포함되어 있는 경우 원천징수의무자가 없음(재소득-325, 2010.6.29.).

▶▶ 명예퇴직수당이 일부 확정되지 않아 변동이 된 경우에 퇴직소득금액을 재정산하는 경우 원천징수방법(원천-433, 2009.5.21.)
공무원연금법에 의해 공무원연금관리공단에서 지급하는 퇴직일시금과 연금취급기관에서 지급하는 명예퇴직수당이 있는 경우 소득세법시행령 제203조에 따라 먼저 지급하는 기관에서 해당 퇴직소득에 대해 원천징수하고 최종 지급하는 기관에서는 먼저 지급한 기관의 퇴직소득금액을 합산하여 원천징수하는 것이며, 퇴직소득금액이 변경되어 수정하는 경우에도 각 해당 기관이 원천징수의무자로서 위와 동일한 방법으로 하는 것임.

▶▶ 근로소득을 지급하는 단체는 법인격 여부에 불구하고 원천징수의무가 있는 자에 해당하고 원천징수 갑근세와 지급조서미제출가산세를 부과할 수 있는 것임(서면1팀-772, 2007.6.11.).

▶▶ 원천징수대상 사업소득의 수입금액 및 기타소득금액을 지급하는 사업자는 사업자등록 유무에 관계없이 원천징수의무가 있는 것임(서면1팀 – 1286, 2005.10.25.).

▶▶ 의료법인이 외부기관 등으로부터 연구기금을 지원받아 의학연구소 직원에게 급여지급 시 소득세법 제127조의 규정에 의하여 원천징수 및 납세의무자는 당해 의료법인임(서이 46013 – 10743, 2003.4.9.).
의료법인인 병원의 조직도상 하나의 부서인 의학연구소가 정부의 과학기술기본법에 따른 프로젝트에 선정되어 정부의 연구기금 및 미국NIA(미국 국립보건원)의 연구기금을 지원받아 연구를 수행하게 됨. 그런데 본 연구소는 독립적인 사업자등록증이나 고유번호증이 없으며, 전반적인 관리업무는 병원에서 하고 회계관리는 독립적으로 처리해 각각 해당 기관에 보고(동 기금은 지정된 용도로만 사용 가능)하게 되어 있음.

▶▶ 보험모집인이 개인적으로 고용한 자에게 근로소득 지급 시 소득세를 원천징수해야 하며, 그 납세지는 보험모집인의 사업장 또는 주소지 등임(서이 46013 – 10595, 2001.11.24.).

3. 원천징수의무의 대리 또는 위임

원천징수의무자를 대리하거나 그 위임을 받은 자의 행위는 수권 또는 위임의 범위에서 본인 또는 위임인의 행위로 보아 원천징수의무의 규정을 적용한다(소법 §127 ②, 법법 §73 ④). 예를 들면, 상장법인이 배당소득을 지급함에 있어서 투자매매업자에 예탁된 주권에 대한 배당소득을 투자매매업자(ex. 증권회사)에 지급하고 투자매매업자가 고객에게 당해 배당소득을 지급하는 경우 투자매매업자의 고객으로부터 당해 배당소득에 대한 소득세를 원천징수하여 납부한 때에는 상장법인이 원천징수의무를 이행한 것으로 본다.

① 금융회사 등이 내국인이 발행한 어음, 채무증서, 주식 또는 집합투자증권을 인수·매매·중개 또는 대리하는 경우에는 그 금융회사 등과 해당 어음 등을 발행한 자 간에 대리 또는 위임관계가 있는 것으로 보아 원천징수의무 규정을 적용한다(소법 §127 ③, 법법 §73 ⑤).

② 자본시장과금융투자업에관한법률에 따른 신탁업자가 신탁재산을 운용하거나 보관·관리하는 경우에는 해당 신탁업자와 해당 신탁재산에 귀속되는 소득을 지급하는 자 간에 원천징수의무의 대리 또는 위임관계가 있는 것으로 보아 원천징수의무 규정을 적용한다(소법 §127 ④).

③ 외국법인이 발행한 채권 또는 증권에서 발생하는 이자소득 또는 배당소득(법인은 투자신탁의 이익)을 거주자(내국법인)에게 지급하는 경우에는 국내에서 그 지급을 대리하거나 그 지급권한을 위임 또는 위탁받은 자가 그 소득에 대한 소득세(법인세)를 원천징수하여야 한다(소법 §127 ⑤, 법법 §73 ⑥).

④ 사업자(법인을 포함)가 음식·숙박용역이나 서비스용역을 공급하고 그 대가를 받은 때 봉사료를 함께 받아 해당 소득자에게 지급하는 경우에는 그 사업자가 그 봉사료에 대한 소득세를 원천징수하여야 한다(소법 §127 ⑥).

⑤ 퇴직소득을 지급할 때 다음에 해당하는 금융회사 등과 사용자 간에는 원천징수의무의 대리 또는 위임의 관계가 있는 것으로 보아 원천징수의무 규정을 적용하며, 동시에 퇴직소득세액의 정산 등을 적용한다(소령 §184의 3).

　가. 공적연금 관련법에 따라 공적연금을 취급하기 위하여 설립된 연금공단 및 연금관리단

　나. 연금계좌취급자

⑥ 자본시장과금융투자업에관한법률 제294조에 따른 한국예탁결제원에 예탁된 증권등[같은 조 제1항에 따른 증권등(법 제127조 제4항이 적용되는 신탁재산은 제외한다)을 말함]에서 발생하는 이자 및 배당소득에 대해서는 다음의 구분에 따른 자와 해당 증권등을 발행한 자 간에 원천징수의무의 대리 또는 위임의 관계가 있는 것으로 보아 법 제127조 제2항을 적용한다(소령 §184의 4).

　가. 자본시장과금융투자업에관한법률 제309조에 따라 한국예탁결제원에 계좌를 개설한 자(이하 이 조에서 "예탁자"라 함)가 소유하고 있는 증권등의 경우 : 한국예탁결제원

　나. 자본시장과금융투자업에관한법률 제309조에 따라 예탁자가 투자자로부터 예탁받은 증권등의 경우 : 예탁자

🔵 관련 기본통칙

▶▶ **증권회사가 지급하는 배당금에 대한 원천징수의무자**(소통 127-0…1)
상장법인주식의 신용거래로 인하여 한국증권금융주식회사 또는 증권회사 명의로 되어 있는 주식의 배당금에 대한 소득세의 원천징수의무자는 상장법인 또는 한국증권금융주식회사로부터 배당금을 수령하여 사실상의 주주에게 지급하는 증권회사로 한다.

▶▶ **원천징수의무 대리·위임관계의 성립과 존속**(소법 집행기준 127-0-3)
원천징수의무의 대리 또는 위임관계는 의사표시의 형식에 불구하고 원천징수를 해야

할 자의 수권행위 또는 위임계약 등에 의하여 그 관계가 성립되는 것이며, 원천징수의무를 대리하거나 위임을 받은 자의 행위는 수권 또는 위임의 범위 안에서 그 후 별도의 의사표시가 없는 한 대리 또는 위임관계가 계속된다.

▶▶ 대리·위임받은 원천징수의무자의 범위(소법 집행기준 127－0－4)
① 금융회사 등이 내국인이 발행한 어음 또는 채무증서를 인수·매매·중개 또는 대리하는 경우에는 그 금융회사 등과 해당 내국인 간에 대리 또는 위임의 관계가 있는 것으로 본다.
② 외국법인이 발행한 채권 또는 증권에서 발생하는 이자 또는 배당소득금액을 거주자에게 지급하는 경우에는 국내에서 그 지급을 대리하거나 그 지급권한을 위임 또는 위탁받은 자를 원천징수의무자로 본다.

● 예규 및 판례

▶▶ 원천징수해야 할 자를 대리 또는 위임받은 자(갑)가 원천징수세액을 부족징수·납부하거나 원천징수하지 아니한 경우 원천징수세액의 추징 여부 및 방법(재소득－147, 2011.4.22.)
(질의)
(사실관계) A법인은 유흥업소에 주류를 판매하는 법인으로 주류를 포장한 박스의 표식을 유흥업소로부터 회수하는 행사의 진행과 관련하여 B법인과 대행계약을 체결하여 해당 행사와 관련하여 박스의 표식을 수거하였던 유흥업소 직원에게 사례금을 지급함.
행사대행계약에 따라 유흥업소 직원에게 사례금을 지급하는 자는 B법인이고 그에 따른 원천징수의무도 B법인이 부담하는바, B법인이 원천징수신고 내역을 A법인에게 통보하면 A법인은 B법인이 유흥업소 직원에게 지급한 사례금(원천징수세액상당액이 포함된 금액)을 지급함. B법인은 유흥업소 직원에게 지급한 사례금에 대하여 소득세법 제21조 제1항 제19호에 해당하는 기타소득으로 보아 의제필요경비(총지급액의 80%)를 적용하여 총지급액의 4%를 원천징수하여 관할세무서에 납부함. 과소신고 납부한 원천징수세액(총지급액의 16% 상당액) 및 원천징수납부불성실가산세를 과세하고자 하나, B법인은 현재 사실상 폐업 중에 있어 원천징수세액을 과세할 경우 징수가 불가능한 상태임.
질의1) 원천징수를 하여야 할 자를 대리하거나 그 위임을 받은 자가 원천징수세액을 부족징수·납부한 경우 본래의 원천징수의무자에게 부족징수한 세액을 추징할 수 있는지 여부
－제1안 : 본래의 원천징수의무자에게 추징 가능
－제2안 : 본래의 원천징수의무자에게 추징 불가

질의 2) 원천징수를 하여야 할 자를 대리하거나 그 위임을 받은 자가 원천징수하지 아
니한 경우 원천징수세액의 추징방법
- 제1안 : 본래의 원천징수의무자에게 추징
- 제2안 : 대리인(또는 위임을 받은 자)에게 추징
- 제3안 : 본래의 원천징수의무자와 대리인(또는 위임을 받은 자) 중 선택하여
추징

(회신)
귀 질의 1과 질의 2의 경우 모두 제2안이 타당함.

▶▶ **원천징수하여야 할 자를 대리하거나 위임받은 경우 대리인 또는 위임받은 자가 수권 또는
위임의 범위 안에서 원천징수의무자가 되는 것임**(원천-599, 2009.7.13.)
(사실관계)
부산광역시 소속 직장운동경기부를 부산광역시체육회로 위탁하여 운영함에 따라 부산
광역시와 근로계약을 체결한 선수단의 급료지급 등 제반업무를 수탁운영자가 처리
(질의내용)
위탁운영에 따른 원천징수의무자가 위탁자인지 수탁자인지 여부
(회신)
원천징수하여야 할 자를 대리하거나 위임받은 경우 대리인 또는 위임받은 자가 수권
또는 위임의 범위 안에서 원천징수의무자가 되는 것이며 원천징수의무 불이행 시 그
무납부, 미달납부세액과 가산세의 납세자는 그 대리인, 위임받은 자가 되는 것으로 귀
질의와 유사한 기질의 회신문(서면1팀-884, 2006.6.29. 및 서면1팀-885, 2006.6.
29.)을 참고하기 바람.

▶▶ **외국법인이 자사가 발행한 채권의 인수기관인 금융기관에 지급하는 이자에 대하여는 당해
금융기관이 원천징수해야 함**(서면2팀-224, 2004.2.17.)
금융실명거래및비밀보장에관한법률 제2조 제1호 각목의 1에 해당하는 금융기관이 발
행채권을 인수하는 기관으로서 외국법인이 국내법규에 따라 발행한 채권을 총액 또는
분할인수한 경우 외국법인이 당해 채권의 인수기관인 금융기관에 지급하는 이자에 대
하여는 당해 금융기관이 원천징수해야 함.

▶▶ **신탁업 겸영 금융기관(갑)이 수탁받은 신탁재산에 귀속되는 이자소득의 원천징수의무자는 '갑'
이며, 그 이자소득 지급자(을)는 원천징수의무없어 '갑'이 아닌 '을'이 원천징수한 경우 '을'은
환급되며 '갑'은 원천징수불성실가산세를 포함해 추징됨**(국심 2002서699, 2002.7.11.).

4. 원천징수의무의 승계

(1) 청산인 등의 납세의무 승계

법인이 해산한 경우 원천징수를 하여야 할 소득세 또는 법인세를 징수하지 아니하였거나 징수한 소득세 또는 법인세를 납부하지 아니하고 잔여재산을 분배한 때에는 청산인은 그 분배액을 한도로 하여 분배를 받은 자와 연대하여 이를 납부할 책임을 진다(소법 §157 ①, 법령 §116 ①).

(2) 합병법인의 납세의무 승계

법인이 합병한 경우에 합병 후 존속하는 법인이나 합병으로 설립된 법인은 합병에 의하여 소멸된 법인이 원천징수를 하여야 할 소득세 또는 법인세를 납부하지 아니하면 그 소득세에 대하여 납세의무를 진다(소법 §157 ②, 법령 §116 ②).

> ● **예규 및 판례**
>
> ▶▶ 법인분할의 경우 분할로 인하여 설립되는 법인이 동 법인의 주주에게 분할대가를 지급하는 것이므로 분할로 인한 의제배당의 원천징수의무자는 분할로 인하여 설립되는 법인이 되는 것임. 다만, 분할 후 존속법인 또는 증권회사 등이 분할신설법인의 주주에게 신주교부 또는 기타 대가를 지급하는 업무를 대리하거나 그 위임을 받은 경우에는 그 대리자 또는 위임을 받은 자가 원천징수의무자가 되는 것임(재소득 46073 – 162, 2000.10.5.).
> 상장법인인 A법인이 인적분할을 하여 A법인은 존속하고 신설상장 B법인으로 분할한 경우 A법인의 구주주가 1주당 4,000원에 매입한 주식에 대하여 신설상장 B법인의 주식 1주를 교부받은 경우 세법에 의하여 1주당 차익(@5,000 – @4,000 = 1,000원)을 의제배당으로 원천징수를 하도록 되어 있음.
>
> ▶▶ 사업을 포괄양도 시 상여처분을 받은 법인에 원천징수의무가 있으나 양수받은 법인도 제2차 납세의무 있음(법인 22601 – 738, 1989.2.28.)
> 법인이 사업을 포괄적으로 양도·양수한 경우 양도법인에 대한 법인소득금액을 결정 또는 경정함으로써 처분되는 상여 등의 원천징수의무는 당해 처분을 받은 법인에게 있는 것이나, 양도법인이 원천징수하여 납부할 세액을 납부하지 않은 경우에는 국세기본법 제41조의 규정에 의거 양수받은 법인이 제2차납세의무가 있음.
>
> ▶▶ 사업의 양도·양수 시 퇴직금 원천징수의무(법인 22601 – 948, 1988.4.2.)
> 사업을 포괄적으로 양도·양수함에 따라 사용인을 계속 고용하고 당해 사용인에 대한 퇴직급여충당금을 승계받은 경우에는 사용인이 현실적으로 퇴직함으로 인하여 퇴직소득을 지급할 때 양수법인이 퇴직소득세를 원천징수하는 것임.

> ▶▶ 합병법인이 피합병법인의 추가퇴직금을 지급하는 경우 원천징수(법인 22601-92, 1986. 1.13.)
> 합병법인이 지급한 피합병법인의 퇴직금 추가지급액은 합병법인의 소득금액계산상 손금에 산입할 수 없는 것이나, 원천징수의무는 합병법인에게 승계되는 것임.

Ⅳ 원천징수세액의 징수

1. 원천징수세액의 징수

원천징수의무자는 당해 원천징수 대상소득에 대하여 소정의 방법에 의하여 계산한 세액을 원천납세의무자로부터 징수하여야 한다(소법 §127 ①, 법법 §73 ①).

2. 소득세 · 법인세 및 농어촌특별세의 소액부징수(소법 §86)

① 원천징수하여야 할 소득세 · 법인세 및 농어촌특별세가 1,000원 미만인 때에는 해당 소득세, 법인세 및 농어촌특별세를 징수하지 아니한다(납세조합의 징수세액이 1,000원 미만인 경우 포함).

② 소득세법 제127조 제1항 제1호(이자소득)를 제외한다. 즉 이자소득의 경우 원천징수세액이 1,000원 미만이더라도 원천징수하여야 한다.

③ 이 경우 특별징수하는 지방소득세에 대하여도 소액부징수 규정(2,000원 미만)이 적용된다(지법 §103의 60).

● 관련 기본통칙

▶▶ 소액부징수 적용기준(소법 집행기준 86-0-1)
① 다음에 해당하는 경우 해당 소득세를 징수하지 않는다.

구　　　　분	금액기준
원천징수세액(이자소득에 대한 원천징수세액 제외[*])	
납세조합의 징수세액	1천원 미만
비거주자의 국내원천소득에 대한 원천징수세액	

구 분	금액기준
중간예납세액	30만원 미만

* 따라서 이자소득의 경우 해당 소득에 대한 원천징수세액이 1,000원 미만이더라도 원천징수한다.

② 원천징수세액 소액부징수는 지급시점에서 소득자별로 지급액에 대해 원천징수할 세액의 합계액을 기준으로 판단한다.

〈사례〉
- 국민건강보험공단이 의료기관으로부터 청구받은 금액(원천징수대상 사업소득)을 지급함에 있어 소액부징수 해당 여부는 해당 의료기관에 대한 지급일별 금액(동일 지급일에 서로 다른 지급이 있는 경우 해당 지급금액별)에 의하여 판단함.
- 일용근로소득을 매일 지급하지 않고 일정기간 단위로 일괄지급하는 경우에 있어서는 일괄지급하는 시점에서의 징수할 소득세액의 합계액을 기준으로 소액부징수 여부를 판단함.
- 채권 등의 보유기간 이자상당액의 소액부징수 해당 여부는 채권의 종목별(동일한 종목의 채권의 경우는 매수일자별)로 계산한 각각의 원천징수세액을 기준으로 판단함.
- 연금소득의 소액부징수 적용은 연간 종합과세 대상소득의 규모와는 관련없이 매월 간이세액표 적용 시 소득자별로 소액부징수를 적용함.

3. 원천징수세액의 선택

근로자가 「근로소득 간이세액표」 해당란 세액의 100분의 120 또는 100분의 80의 비율에 해당하는 금액의 원천징수를 신청하는 경우에는 그에 따라 원천징수할 수 있다(소령 §194 ① 단서). 이 경우 근로자는 '소득세 원천징수세액 조정신청서'를 작성하여 원천징수의무자에게 제출하거나, 근로소득자 소득 · 세액 공제신고서에 원천징수세액의 비율을 기재하여 원천징수의무자에게 제출하여야 한다. 이 경우 그 제출일 이후 지급하는 근로소득부터 변경된 원천징수세액의 비율을 적용한다(소령 §194 ③).

① 원천징수세액의 비율을 변경하려는 경우
② 변경한 원천징수세액의 비율을 다른 비율로 변경하려는 경우

4. 국고금관리법에 의한 절사

소득세·법인세·농어촌특별세 및 지방소득세로서 원천징수하거나 환급하여야 세액 중 10원 미만의 금액은 국고금관리법에 의하여 절사하여야 한다(국고금관리법 §47).

5. 원천징수면제 등

(1) 소득세의 경우

1) 비과세 및 면제소득에 대한 원천징수면제

원천징수의무자가 소득세가 과세되지 아니하거나 면제되는 소득을 지급할 때에는 소득세를 원천징수하지 아니한다(소법 §154).

2) 원천징수의 배제

원천징수의 대상이 되는 소득으로서 발생 후 지급되지 아니함으로써 소득세가 원천징수되지 아니한 소득이 종합소득에 합산되어 종합소득에 대한 소득세가 과세된 경우에 그 소득을 지급할 때에는 소득세를 원천징수하지 아니한다(소법 §155).

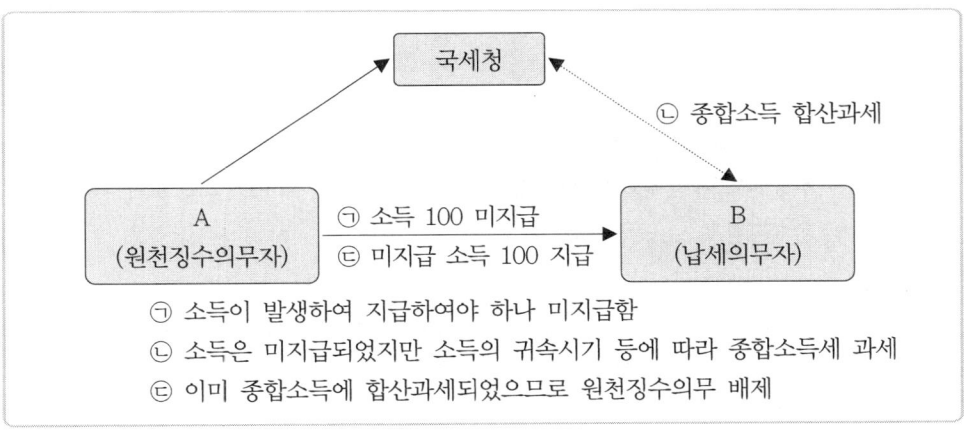

3) 기타소득금액의 과세최저한(소법 §84)

① 한국마사회법에 의한 승마투표권, 경륜·경정법에 의한 승자투표권, 전통소싸움경기에관한법

률에 의한 소싸움경기투표권 및 국민체육진흥법에 따른 체육진흥투표권의 구매자가 받는 환급금(발생 원인이 되는 행위의 적법 또는 불법 여부는 고려하지 아니하고 모두 포함)으로서 건별로 승마투표권·승자투표권·소싸움경기투표권·체육진흥투표권의 권면에 표시된 금액의 합계액이 10만원 이하로서 다음에 해당하는 경우

가. 적중한 개별투표당 환급금이 10만원 이하인 경우

나. 단위투표금액당 환급금이 단위투표금액의 100배 이하이면서 적중한 개별투표당 환급금이 200만원 이하인 경우

② 슬롯머신 등에 따른 당첨금품 등

　건별로 200만원 이하

③ 복권당첨금

　건별로 200만원 이하

④ '①' 내지 '③' 이외의 기타소득금액이 건별로 50,000원 이하인 경우

　단, 연금계좌에서 발생하는 기타소득은 기타소득금액의 과세최저한 적용에서 제외한다.

🔵 관련 기본통칙

▶▶ 기타소득 과세최저한의 건별 적용범위(소법 집행기준 84-0-1)

① 기타소득금액이 건별로 5만원 이하인 경우 소득세를 과세하지 않는다.

② 과세최저한 기준의 건별은 기타소득의 발생근거, 지급사유 등을 고려하여 거래건별로 판단한다.

〈사례〉

- 형식적으로 2개 이상의 계약이 존재하는 경우라 하더라도 실질적으로 1개의 계약에 해당하는 경우 전체를 1건으로 보아 과세최저한 적용 여부를 판단함.
- 종업원 제안제도에 의한 상금의 경우 제안 1건을 매건으로 보아 과세최저한을 판단함.

▶▶ 기타소득 과세최저한의 경우 원천징수이행상황신고(소법 집행기준 84-0-2)

과세최저한으로 소득세가 과세되지 않은 소득을 지급할 때는 원천징수를 하지 않는 것이나 원천징수이행상황신고서에는 원천징수하여 납부할 세액이 없는 자에 대한 것도 포함하여 신고해야 한다.

---

(2) 법인세의 경우

다음의 소득에 대하여 법인세를 원천징수하지 아니한다(법령 §111 ①).

1) 법인세가 부과되지 아니하거나 면제되는 소득

2) 신고한 과세표준금액에 이미 산입된 미지급소득

> **중점사항 – 법인의 미수이자에 대한 원천징수 및 세무조정**
>
> 법인세법상 이자소득의 수입시기와 원천징수의 배제규정은 다음과 같다.
>
> ① 법인세법상 이자소득의 수입시기(귀속시기)
>
> 　법인이 수입하는 이자 및 할인액의 수입시기(귀속시기)는 소득세법시행령 제45조에 따른 수입시기[제2부, 제1장, Ⅴ. 원천징수시기, 2. 원천징수시기에 대한 특례(지급시기의 의제) 참조]에 해당하는 날(금융보험업을 영위하는 법인의 경우에는 실제로 수입된 날로 하되, 선수입이자 및 할인액은 제외)이 속하는 사업연도로 한다. 그러나 결산을 확정함에 있어서 이미 경과한 기간에 대응하는 이자 및 할인액(법법 §73에 따라 원천징수되는 이자 및 할인액은 제외)을 해당 사업연도의 수익(미수이자)으로 계상한 경우에는 그 계상한 사업연도의 익금으로 한다(법령 §70 ① 1호).
>
> ② 법인세 원천징수의 배제
>
> 　원천징수의무자가 법인소득자에게 소득을 지급하여야 할 경우(아직 지급하지 않음)로서 법인소득자가 아직 지급받지 않은 미지급소득을 결산시점에 수익(익금)으로 계상함으로서 과세표준금액에 산입된 경우에는 해당 소득금액에 대해서는 실제 지급할 때 원천징수를 배제한다.
>
> ③ 요약
>
> 　법인세 원천징수의 배제규정을 적용할 경우 원천징수의무자가 법인소득자에게 소득을 지급할 때 법인소득자가 직전 결산기에 미수이자로 계상한 이자소득을 숙지하여 이를 차감한 금액에 대하여 원천징수하여야 한다. 금융기관 이외에 일반법인의 경우 수입이자 등은 대부분 원천징수대상이 되는 이자소득에 해당하므로 원천징수를 적용하는데 있어서 실무적으로 많은 어려움이 발생한다.
>
> 　따라서 법인세법에서 원천징수대상이 되는 이자소득에 대해 결산을 확정함에 있어서 이미 경과한 기간에 대응하는 이자 및 할인액을 해당 사업연도의 수익(미수이자)으로 계상한 경우에는 그 계상한 사업연도의 익금항목으로 보지 않는다. 이에 법인이 원천징수대상 이자소득에 대해 미수수익으로 계상하는 경우 세무조정(신고조정)에 의해 익금불산입으로 처리하도록 규정하고 있다. 단, 원천징수대상이 되지 아니하는 퇴직연금예치금 또는 퇴직보험예치금의 이자 등과 관련하여 기간경과분에 대한 이자 등을 미수이자로 계상한 경우에는 이를 계상한 사업연도의 익금으로 보기 때문에 신고조정에 의하여 익금불산입할 수 없다.

3) 법령 또는 정관의 규정에 의하여 비영리법인이 회원 또는 조합원에게 대부한 융자금과 비영리법인이 당해 비영리법인의 연합회 또는 중앙회에 예탁한 예탁금에 대한 이자수입

109

4) 법률에 따라 설립된 기금을 관리·운용하는 법인으로서 기획재정부령으로 정하는 법인(이하 "기금운용법인")과 법률에 따라 공제사업을 영위하는 법인으로서 기획재정부령으로 정하는 법인 중 건강보험·연금관리 및 공제사업을 영위하는 비영리내국법인(기금운용법인의 경우에는 해당 기금사업에 한정함)이 국채법 또는 공사채등록법에 따라 등록한 다음의 국공채 등을 발행일부터 이자지급일 또는 상환일까지 계속하여 등록·보유함으로써 발생한 이자 및 할인액

① 국가 또는 지방자치단체가 발행한 채권 또는 증권

② 한국은행통화안정증권법에 의하여 한국은행이 발행한 통화안정증권

③ 기획재정부령이 정하는 채권 또는 증권

5) 다음의 어느 하나에 해당하는 조합의 조합원인 법인(한국표준산업분류상 금융보험업을 영위하는 법인은 제외함)이 당해 조합의 규약에 따라 조합원 공동으로 예탁한 자금에 대한 이자수입

① 상장유가증권에 대한 투자를 통한 증권시장의 안정을 목적으로 설립된 조합으로서 기획재정부령이 정하는 조합

② 채권시장의 안정을 목적으로 설립된 조합으로서 기획재정부령이 정하는 조합

6) 한국토지주택공사법에 의한 한국토지주택공사가 주택도시기금법 제6조 제2항에 따라 주택도시기금에 예탁한 자금(국민연금법에 의한 국민연금 및 우체국예금·보험에관한 법률에 의한 우체국예금으로부터 사채발행을 통하여 조성한 자금을 예탁한 것으로서 이자소득 지급당시 국민연금 및 우체국예금이 그 사채를 계속 보유하고 있는 경우에 한함)에 대한 이자수입

7) 금융보험업을 하는 법인의 수입금액(금융보험업을 하는 법인이 지급받는 모든 이자수입)에 대하여 원천징수가 면제된다.

단, 채권이자에 대하여는 원천징수대상이 되며 자세한 사항은 "제4장 이자소득에 대한 원천징수, Ⅱ. 2. 내국법인 및 외국법인의 채권 등 이자소득에 대한 원천징수" 참조

예규 및 판례

▶▶ 소비대차약정에 의한 수입이자가 발생하여 수입이자로 계상하였으나 수입시기가 도래하지 아니하여 익금불산입한 경우는 법인세법시행령 제111조 제1항 제3호 규정의 원천징수가 제외되는 '신고한 과세표준에 이미 산입된 미지급 소득'이 아님(서면2팀-2229, 2007.12.10.).

Ⅴ 원천징수시기

1. 원칙적인 경우

원천징수시기는 원천징수의무자가 원천징수대상 소득금액 또는 수입금액을 납세의무자에게 실제로 지급하는 때이다. 따라서 원천징수의무자는 현실적으로 소득금액 또는 수입금액을 지급하는 때에 원천징수를 하여야 한다. 이때 원천징수의무자는 그 받는 자에게 원천징수영수증을 교부하여야 한다.

2. 원천징수시기에 대한 특례(지급시기의 의제)

일정한 소득에 있어서는 원천징수대상 소득금액 또는 수입금액을 실제로 지급하지는 아니하였지만 지급한 것으로 보아 원천징수를 하는 경우가 있다. 이를 '원천징수시기에 대한 특례(지급시기의 의제)'라고 하며, 총수입금액의 수입시기와는 다를 수가 있다(소법 §131 · §135 · §145의 5 · §145의 2 · §147).

① 근로소득 지급시기의제(소법 §135)

② 퇴직소득 지급시기의제(소법 §147)

③ 이자소득, 배당소득 지급시기의제(소법 §131)

④ 연말정산대상 사업소득 지급시기의제(소법 §144의 5)

⑤ 기타소득 지급시기의제(소법 §144의 2)

이러한 원천징수시기에 대한 특례(지급시기의제)에 해당되는 경우 원천징수의무자(A)는 원천징수대상 소득금액 등을 원천납세의무자(B)에게 실제 지급하지 않았지만 지급한 것으로 보아 원천징수세액을 신고 · 납부하여야 한다.

> ● **관련 기본통칙**
>
> ▶▶ **원천징수의 시기**(소통 127-0…5)
> ① 소득세를 원천징수할 시기는 원천징수대상이 되는 소득금액 또는 수입금액을 실제로 지급하는 때 또는 지급의제시기이다.
> ② 실제로 지급하는 때는 다음에 따른 날로 한다.
> • 계약의 위약 또는 해약으로 인하여 이미 지급한 계약금 또는 계약보증금이 기타소득으로 되는 경우에는 그 계약의 위약 또는 해약이 확정된 날

02

- 원천징수대상이 되는 소득금액을 어음으로 지급한 때에는 해당 어음이 결제된 날
- 원천징수대상이 되는 소득금액으로 지급할 금액을 채권과 상계하거나 면제받은 때에는 상계한 날 또는 면제받은 날
- 원천징수대상이 되는 소득금액을 다른 물건으로 변제하는 경우에는 그 변제하는 날
- 원천징수대상이 되는 소득금액을 당사자 간의 합의에 의하여 소비대차로 전환한 때에는 그 전환한 날
- 원천징수대상이 되는 소득금액을 법원의 전부명령에 의하여 귀속자가 아닌 제3자에게 지급하는 경우는 그 제3자에게 지급하는 날

Ⅵ 원천징수세액의 납부

1. 원천징수한 소득세 · 법인세 및 농어촌특별세의 납부

(1) 일반적인 경우

원천징수한 소득세 · 법인세 및 농어촌특별세는 그 징수일이 속하는 달의 다음 달 10일까지 국세징수법에 의한 납부서에 따라 원천징수관할세무서 · 한국은행(국고수납을 대리하는 은행 등을 포함) 또는 체신관서에 납부하여야 한다(소법 §128, 법령 §115, 농특법 §7).

(2) 원천징수세액의 납부특례(반기별 납부)

1) 일반적인 경우

직전 과세기간(신규로 사업을 개시한 사업자의 경우 신청일이 속하는 반기)의 상시고용인원(1월부터 12월까지의 매월 말일 현재의 상시 고용인원의 평균 인원수)이 20인 이하인 원천징수의무자(금융 및 보험업자 제외) 및 종교단체로서 원천징수액의 납세지관할세무서장으로부터 원천징수세액을 매 반기별로의 납부할 수 있도록 승인을 얻거나 국세청장이 정하는 바에 따라 지정받은 자의 경우에는 원천징수한 소득세를 그 징수일이 속하는 반기의 마지막 달의 다음 달 10일까지 납부할 수 있다(소법 §128 ②, 소령 §186).

① 승인신청

원천징수세액을 매 반기별로 납부하고자 하는 자는 반기별로 납부하고자 하는 반기의

직전월(6월, 12월)의 1일부터 말일까지 원천징수세액의 납세지관할세무서장에게 '원천
징수세액 반기별 납부 승인신청서'로 신청하여야 한다.

② 승인 및 통지

위 '①'의 규정에 의한 신청을 받은 원천징수세액의 납세지관할세무서장은 당해 원천징
수의무자의 원천징수세액 신고·납부의 성실도 등을 참작하여 승인 여부를 결정한 후
신청일이 속하는 반기의 다음 달 말일까지 이를 통지하여야 한다. 기한 내 미통지 시
승인한 것으로 간주된다.

③ 포기

반기별 납부사업자가 매월 납부하고자 하는 경우에는 '원천징수세액 반기별 납부 포기
신청서'를 관할세무서에 제출하면 승인절차없이 매월별로 신고·납부할 수 있다.

2) 원천징수세액의 납부특례(반기별 납부) 적용에 해당되지 않는 것

다음의 원천징수세액은 반기별 납부특례를 적용받지 않는다.
즉 원천징수시기(지급의제시기)에 원천징수하여 다음 달 10일까지 납부하여야 한다.
① 법인세법 제67조에 따라 소득처분된 상여·배당 및 기타소득에 대한 원천징수세액
② 국제조세조정에관한법률 제9조 및 제14조에 따라 소득처분된 배당소득에 대한 원
천징수세액
③ 소득세법 제156조의 5 제1항·제2항의 비거주연예인 등의 용역제공과 관련된 원천
징수특례에 따른 원천징수세액

2. 특별징수한 지방소득세의 납부

원천징수의무자는 소득세법 또는 법인세법에 따른 국세를 원천징수하면서 동시에 지방
세법에 따른 지방소득세(구 소득할 주민세)를 특별징수(원천징수세액의 10%)한다.
특별징수한 지방소득세는 그 징수일이 속하는 달의 다음 달 10일까지 관할 지방자치단
체에 납부하여야 한다(지법 §103의 13 ② · §103의 29 ③). 다만, 소득세법 제128조 제2
항 단서에 따라 원천징수한 소득세를 반기(半期)별로 납부하는 경우에는 반기의 마지막
달의 다음 달 10일까지 신고·납부할 수 있다.
특별징수는 본서 '제9장 지방소득세의 특별징수'를 참조하기 바란다.

소득세법시행규칙 [별지 제21호의 2 서식] (2018.3.21. 개정)

원천징수세액 반기별납부 승인신청서

(앞쪽)

접수번호	접수일자			처리기간	
징 수 의무자 인 적 사 항	상 호(법인명)		[ ] 종교단체 * 해당되면 √표기	대 표 자	
	사 업 장 주 소			업 종	
	사업자등록번호			전 화 번 호	

상 시 고 용 인 원 수 의 계 산		
① 반기별 납부를 적용하려는 연도의 직전 연 도 1월부터 12월까지의 매월 말일 현재 고용인원 누계(신규사업자의 경우 신청일 이 속하는 반기의 매월 말일 현재의 고용 인원 누계를 적습니다)		② 평균인원수 (① / 월수)

근로소득 및 종교인소득 지급 및 징수 현황
(일용근로 소득은 제외)   (단위 : 원)

월	인원	적 용 연 도		직 전 연 도		비 고
		총지급액	소득세 징수액	총지급액	소득세 징수액	
1월						
2월						
3월						
4월						
5월						
6월						
7월						
8월						
9월						
10월						
11월						
12월						
합 계	명					

　　　　　년   월부터 매월 원천징수하는 세액을 반기별로 납부하기 위하여 「소득세법 시행령」 제186조 제3항에 따라 승인을 신청합니다.

　　　　　　　　　　　　　　　　　　　　　　　　　　　　　　　　　　　　년   월   일

　　　　　　　　　　　　원천징수의무자　　　　　　　　　　　　　　　(서명 또는 인)

　　　세 무 서 장 귀하

작 성 방 법

1. "② 평균인원수"란에는 평균인원수 계산결과 소수점 이하가 있을 경우 소수점 이하는 버리고 기재합니다.
2. "적용연도"의 총지급액(비과세 포함)은 신청월의 전월까지 지급분을 기재합니다. 다만, 비과세 근로소득의 경우 「소득세법 시행령」 제214조 제1항 제2호의 2 및 제2호의 3에 해당하는 금액은 제외하며, 비과세 종교인소득의 경우에는 「소득세법」 제12조 제5호 아목에 해당하는 금액은 제외합니다.
   ※ "적용연도"란은 6월에 반기별납부 승인 신청을 하는 경우에 작성합니다. 다만, 신규사업자는 12월에 반기별 납부 승인 신청을 하는 경우에도 작성합니다.
3. 종교단체의 경우에는 상시 고용인원을 기재하지 않아도 됩니다.

210mm×297mm[백상지 80g/㎡(재활용품)]

원천징수사무처리규정 [별지 제4호 서식] (2020.9.21.)

원천징수세액 반기별납부 포기신청서					
징수의무자	인적사항	상 호(법인명)		대 표 자	
		사 업 장 주 소		업 종	
		사업자등록번호		전화번호	
반기별 납부 포기 신청사항					
매월 납부하고자 하는 기간			년 월 징수분부터		

반기별로 납부하던 원천징수세액을 매월 납부하기 위하여 반기별납부 포기 신청서를 제출합니다.

년 월 일

원천징수의무자 : 인

세무서장 귀하

※ 유의사항

- 매월별로 납부하려는 달의 직전월 말일까지 신청서를 제출하여야 합니다.
- 반기중에 신청서를 제출한 경우에는 해당 반기의 첫 번째 달부터 포기신청서를 제출한 달까지의 징수내용을 1장의 신고서에 기재하여 신청서를 제출한 달과 다음 달 10일까지 제출하고 징수한 세액을 납부하여야 합니다.

210㎜×297㎜(신문용지 54g/㎡(재활용품))

02

소득세법시행규칙 [별지 제24호의 2 서식] (2015.6.30. 신설)

소득세 원천징수세액 조정신청서

관리번호				처리기간	즉시

기본사항	성 명		주 민 등 록 번 호		
	주 소				
	① 신청일 현재 원천징수방식 (소득세법 시행령 별표2 근로소득 간이세액표에 따른 세액의 120%, 100% 또는 80% 중에서 선택합니다)		120%	100%	80%

조정신청 내용	② 조정하고자 하는 원천징수방식 (소득세법 시행령 별표2 근로소득 간이세액표에 따른 세액의 120%, 100% 또는 80% 중에서 선택합니다)	120%	100%	80%
	③조정하고자 하는 시기	년 월 원천징수분부터 별도의 변경신청 전까지		

「소득세법 시행령」 제194조 제3항에 따라 소득세 원천징수세액 조정신청서를 제출합니다.

년   월   일

신고인   (서명 또는 인)

원천징수의무자   귀하

작 성 방 법

1. "① 신청일 현재 원천징수방식"란에는 신청일 현재 적용하고 있는 원천징수방식에 "○"표시를 합니다.
2. "② 조정하고자 하는 원천징수방식"란에는 신청일 이후 조정하고자 하는 원천징수방식에 "○" 표시를 합니다.
3. "③ 조정하고자 하는 시기"란에는 신청일 이후 조정하고자 하는 시기를 적습니다. 이 경우 새롭게 조정한 원천징수방식은 해당 과세기간종료일까지는 변경할 수 없습니다.

210mm×297mm[백상지 80g/㎡]

Ⅶ 원천징수세액의 납세지

원천징수는 납세의무자(담세자)의 소득에 대한 세금이지만, 원천징수세액을 신고·납부하는 주체는 원천징수의무자이다. 따라서 원천징수세액의 납세지는 원천징수의무자를 기준으로 규정된다.

원천징수 의무자		납세지
개인	거주자	• 거주자의 주된 사업장 소재지 • 주된 사업장 외의 사업장에서 원천징수하는 경우 : 그 사업장의 소재지 • 사업장이 없는 경우 : 그 거주자의 주소지 또는 거소지
	비거주자	• 비거주자의 주된 국내사업장 소재지 • 주된 국내사업장 외의 국내사업장에서 원천징수하는 경우 : 그 국내사업장 소재지 • 국내사업장이 없는 경우 : 그 비거주자의 거류지 또는 체류지
법인	원칙	• 법인의 본점 또는 주사무소의 소재지
	독립채산제 지점 등	• 지점 등에서 독립채산제에 의해 독자적으로 회계사무를 처리하는 경우 : 그 사업장 소재지(그 사업장 소재지가 국외에 있는 경우는 제외)
	원천징수 세액의 본점 일괄계산	• 지점 등에서 지급하는 소득에 대한 원천징수세액의 납세지를 본점 또는 주사무소의 소재지로 관할 세무서장에게 신고한 경우 또는 부가가치세법에 따라 사업자단위로 등록한 경우 : 그 법인의 본점 또는 주사무소의 소재지를 납세지로 할 수 있음
비거주자의 국내원천소득의 원천징수 의무자*(상기 납세지를 가지지 않은 경우)		• 유가증권을 발행한 내국법인 또는 외국법인의 국내사업장의 소재지 • 기타의 경우 : 국세청장이 지정하는 장소
납세조합		• 납세조합의 소재지

* 비거주자의 국내원천소득에 대한 원천징수의 특례(소법 §156), 비거주자의 채권 등에 대한 원천징수의 특례(소법 §156의 3), 비거주자의 원천징수의 절차 특례(소법 §156의 4), 비거주연예인 등의 용역제공과 관련된 원천징수의 절차 특례(소법 §156의 5), 비거주자에 대한 조세조약상 제한세율 적용을 위한 원천징수절차 특례(소법 §156의 6), 외국법인에 대한 원천징수 또는 징수의 특례(법법 §98), 외국법인의 원천징수대상채권 등에 대한 원천징수의 특례(법법 §98의 3), 외국법인에 대한 원천징수절차 특례(법법 §98의 5), 외국법인에 대한 조세조약상 제한세율 적용을 위한 원천징수 특례(법법 §98의 6)에 따른 원천징수의무자(소법 §7 ① 5호, 법법 §9 ④)

1. 독립채산 사업장과 본점일괄납부

원천징수의무자인 법인의 본점 또는 주사무소의 소재지로 한다. 그러나 해당 법인의 지점·영업소, 그 밖의 사업장이 독립채산제에 따라 독립적으로 회계사무를 처리하는 경우에는 그 사업장의 소재지(그 사업장의 소재지가 국외에 있는 경우에는 제외)로 한다. 다만, 본점 또는 주사무소에서 해당 법인의 지점·영업소, 그 밖의 사업장에서 지급하는 소득에 대한 소득세원천징수세액을 전자계산조직 등에 의하여 일괄계산하는 경우로서 본점 또는 주사무소의 관할 세무서장에게 신고한 경우 및 부가가치세법에 따라 사업자단위로 관할세무서에 등록한 경우에는 해당 법인의 본점 또는 주사무소의 소재지를 납세지로 할 수 있다(소법 §7 ① 3호·4호, 소령 §5 ③).

본점일괄납부신청은 법인의 본점 등의 관할세무서장에게 원천징수세액을 일괄납부하려는 달의 말일부터 1개월 전까지 '원천징수세액 본점일괄납부 신청서'를 제출하여야 한다.

2. 원천징수의무자가 법인으로 보는 단체 또는 국내사업장이 있는 외국법인인 경우

(1) 법인으로 보는 단체

원천징수하는 법인이 법인으로 보는 단체인 경우 원천징수세액의 납세지는 당해 단체의 사업장 소재지로 하며, 당해 단체의 사업장이 없는 단체의 경우 그 대표자 또는 관리인의 주소로 한다.

(2) 국내사업장이 있는 외국법인

원천징수하는 법인이 외국법인인 경우인 경우 원천징수세액의 납세지는 당해 외국법인의 주된 국내사업장 소재지로 한다.

3. 특별징수한 지방소득세의 납세지

특별징수하는 지방소득세의 납세지는 다음과 같다(지법 §89 ③).

① 근로소득 및 퇴직소득에 대한 지방소득세 : 납세의무자(근로자)의 근무지를 납세지로 본다. 여기서 근무지란 본래의 소속된 근무지를 말하며 파견근무의 경우에는 급여 등을 본래의 소속된 근무지에서 지급하더라도 그 파견지를 근무지로 본다(지법통칙 §87-1).

② 이자소득 및 배당소득 등에 대한 지방소득세의 원천징수사무를 본점 또는 주사무소에서 일괄처리하는 경우 그 소득에 대한 지방소득세 : 그 소득의 지급지

③ 복권및복권기금법 및 국민체육진흥법에 따른 법소정의 당첨금 또는 환급금 소득에 대한 지방소득세 : 해당 복권 또는 체육진흥투표권의 판매지

④ 연금소득에 대한 지방소득세 : 그 소득을 지급받는 사람의 주소지

⑤ 국민건강보험공단이 지급하는 사업소득에 대한 지방소득세 : 그 소득을 지급받는 사람의 사업장 소재지로 한다.

4. 납세지를 달리하여 납부한 경우의 취급

원천징수한 소득세·농어촌특별세 및 법인세의 경우에는 납세지관할세무서 이외의 세무서에 납부한 경우에도 당해 납부의 효력에는 영향이 없으나(법인 1246.64-15555, 1982.5.19.), 특별징수하는 지방소득세의 경우에는 납세지를 관할하는 시·군 이외의 시·군에 납부한 지방소득세는 환급받아야 하며, 납세지를 관할하는 시·군에는 납부하여야 할 지방소득세에 대하여는 특별징수 불이행에 따른 가산세를 가산한 금액을 납부하여야 한다(세정-351, 2005.1.21.).

5. 원천징수의무 위임·대리 시 원천징수세액의 납세지

원천징수를 하여야 할 자를 대리하거나 원천징수를 위임받은 경우 원천징수한 세액의 납세지를 그 대리인 또는 수임인의 납세지로 한다(소통 7-0…1).

법인세법시행규칙 [별지 제62호의 2 서식] (2019.3.20. 개정)

원천징수세액 본점일괄납부신고서

접수번호	접수일자	처리기간

신고인	①법 인 명		②사업자등록번호
	③본점소재지		
	④대표자성명		⑤주 민 등 록 번 호

일괄납부적용 개시일	년 월 귀속분(년 월 일 납부분) 부터

	구 분	소득세							법인세
		이자소득	배당소득	사업소득	근로소득	기타소득	퇴직소득	연금소득	
원천징수세액신고납부실적	합 계								
	본 점								
	지점계								
	지점( )								
	지점( )								
	지점( )								

「법인세법 시행규칙」 제2조의 3에 따라 원천징수세액 본점일괄납부 신고서를 제출합니다.

년   월   일

신 고 인   (서명 또는 인)

세 무 서 장 귀하

작 성 방 법

1. 신고납부실적은 신고일이 속하는 연도의 직전 연도의 실적을 적습니다.
2. ( )에는 지점의 사업자등록번호를 적습니다.

210mm×297mm[백상지 80g/㎡ 또는 중질지 80g/㎡]

원천징수사무처리규정 [별지 제5호 서식] (2020.9.21.)   (앞면)

원천징수세액 본점일괄납부 철회신청서

문서번호 :

시행일자 :

수   신 : 국세청장
(경   유) : ○○ 지방국세청장

참   조 : 원천세과장

제   목 : 본점일괄납부 철회승인 신청

      우리 법인은   년 월 귀속 (년 월 일 납부분)부터 원천징수세액을
본점 · 지점에서 각각 납부하고자 하오니 승인하여 주시기 바랍니다.

〈인적사항〉

○ 본점 소재지 :
○ 법 인 명 :
○ 대 표 자 :
○ 사업자 등록번호(본점) :
○ 지점 등 점포수 :

〈첨   부〉

○ 직전연도 본 · 지점 세목별 원천징수납부명세서

주 식 회 사   × × × ×

× × × × 장   인

210mm×297mm(신문용지 54g/㎡(재활용품))

첨부 (뒷면)

본 · 지점 세목별 원천징수 납부명세서

(금액단위 : 백만원)

세목별 구분	지 점 등록번호	이 자 소득세	배 당 소득세	사 업 소득세	근 로 소득세	기 타 소득세	퇴 직 소득세	법 인 원천세	연 급 소득세
합 계									
본 점									
지 점 계									
○○지점									
○○지점									
○○지점									
○○지점									
○○지점									
○○지점									
○○지점									
○○지점									
○○지점									
○○지점									
○○지점									
○○지점									
○○지점									
○○지점									

※ 본점의 영업부를 지점으로 사업자등록을 한 경우에는 본점란에 기재

210㎜×297㎜(신문용지 54g/㎡(재활용품))

Ⅷ 원천징수·납부절차 및 자료제출

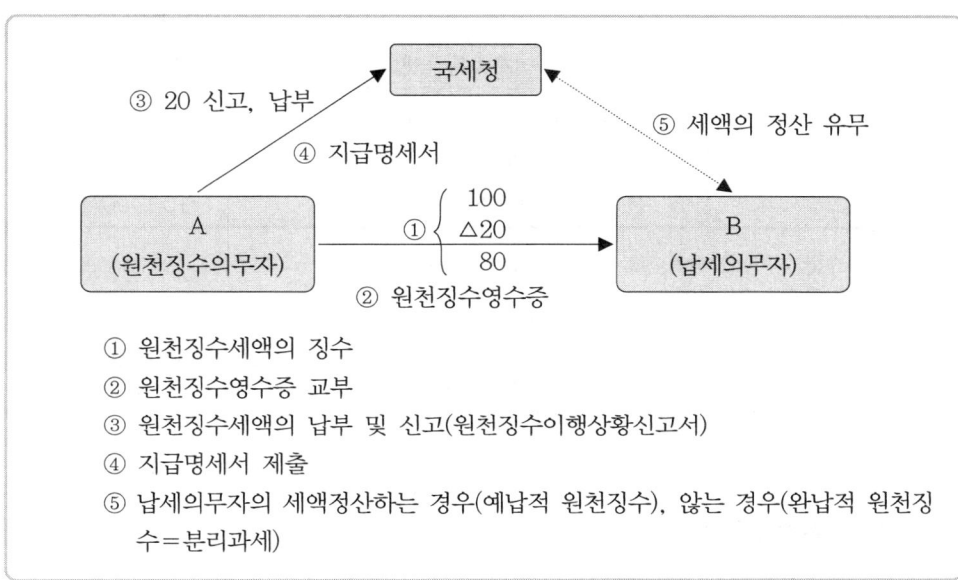

① 원천징수세액의 징수
② 원천징수영수증 교부
③ 원천징수세액의 납부 및 신고(원천징수이행상황신고서)
④ 지급명세서 제출
⑤ 납세의무자의 세액정산하는 경우(예납적 원천징수), 않는 경우(완납적 원천징수=분리과세)

✎ 납세의무자의 정산 등에 대한 과세자료 확보를 위해 지급명세서 자료 제출이 필요

1. 원천징수세액의 징수

국내에서 원천징수대상 소득금액 또는 수입금액을 지급하는 자는 규정에 따라 소득세 또는 법인세를 원천징수하여야 한다(소법 §127, 법법 §73).

원천징수 시 적용하는 세율은 다음과 같다.

소득구분		원천징수세율
근로소득	거주자, 비거주자	근로소득 간이세액표[1]
	일용근로자	6/100(실지는 2.7%)
퇴직소득	퇴직자	기본세율
사업소득	특정 사업소득	3/100(5/100[2])
기타소득	일반적 기타소득금액	20/100
	복권당첨금소득 등	30/100(15/100[3])

소득구분		원천징수세율
연금소득	국민연금, 공무연금 등 공적연금	연금소득 간이세액표
	퇴직연금, 연금저축 등 사적연금	60% 또는 70%[4], 3/100~5/100 또는 15%[5]
이자소득	일반적 이자소득금액	14/100, 25/100
	그 외 이자소득금액	15/100~90/100
배당소득	일반적인 배당소득금액	14/100
	그 외 배당소득금액	5/100~90/100

[1] 외국인은 신청에 의해 19% 단일세율로 원천징수 가능
[2] 일부 봉사료 수입금액
[3] 연금저축계좌에서 연금외인출하는 경우
[4] 퇴직소득의 과세이연으로 원천징수되지 않은 퇴직소득을 연금수령하는 경우 해당 연금소득(연금소득을 연금외수령하였다고 가정할 때 원천징수액을 연금외수령한 비율)의 60% 또는 70%
[5] 연간 연금소득금액이 1,200만원 초과 시 15%로 선택적 분리과세 적용 가능

2. 원천징수영수증 교부

> **저자주**
>
> **원천징수영수증＝지급명세서**
>
> 원천징수실무에서 가장 중요한 서식은 원천징수영수증입니다. 이 서식은 원천징수의무자가 원천징수대상소득을 지급 시 차감한 원천징수세액에 대한 상세내용을 기재한 서식으로 원천징수지급명세서라고도 합니다.
>
> 즉 서식명칭이 두 개인데 보통 소득을 지급받는 자에게는 원천징수영수증이라 하며 과세관청과는 지급명세서라 합니다.
>
> 원천징수의무자는 반드시 특정시점에 원천징수영수증을 상대방에게 교부하여야 하며 (일부는 교부의무 면제) 과세관청(국세청)에 다음 시기까지 전자로 지급명세서를 제출하여야 합니다.
>
> 1. 국세청 메일 : www.hometax.go.kr
> 2. 근로·퇴직·사업소득·종교인소득(기타소득) : 익년 3월 10일까지 제출
> 3. 일용근로소득 : 지급월의 다음 달 말일까지 제출
> 4. 나머지 소득 : 익년 2월 말일까지 제출
>
> 지급명세서를 제출하지 않으면 소득금액의 1%(지연제출 시는 0.5%)의 가산세(일용근로자에 대한 지급명세서 가산세는 0.25%, 0.125% 적용)가 부과됩니다.

원천징수영수증은 원천징수대상 소득별로 다음과 같이 구분하여 교부한다.

① 이자·배당소득 : 이자·배당소득 원천징수영수증 [별지 제23호 서식(1)]

② 사업소득

- 거주자의 사업소득 지급명세서(발행자보고용) [별지 제23호 서식(2)]

- 사업소득 원천징수영수증(사업소득 지급명세서) [별지 제23호 서식(3)]

③ 기타소득 : 거주자의 기타소득 지급명세서 [별지 제23호 서식(4)]

　　　　　　종교인소득 지급명세서 [별지 제23호 서식(6)]

④ 근로소득

- 근로소득 원천징수영수증 [별지 제24호 서식(1)]

- 일용근로소득 지급명세서(원천징수영수증) [별지 제24호 서식(3)]

⑤ 퇴직소득 : 퇴직소득원천징수영수증 [별지 제24호 서식(2)]

⑥ 연금소득

- 연금계좌 원천징수영수증 [별지 제24호 서식(6)]

- 연금소득 원천징수영수증(연말정산용) [별지 제24호 서식(5)]

⑦ 유가증권양도소득 : 유가증권양도소득 원천징수영수증 [별지 제24호 서식(7)]

⑧ 납세조합이 원천징수하는 소득

- 납세조합 영수증 [별지 제27호 서식(1)]

- 납세조합 징수이행상황신고서 [별지 제27호 서식(4)]

한편, 원천징수영수증 교부시점은 다음과 같다.

구 분	원천징수영수증 교부시점
근로소득	1. 원칙 : 해당 과세기간의 다음 연도 2월 말일 2. 중도퇴사자 : 퇴직한 날이 속하는 달의 근로소득의 지급일이 속하는 달의 다음 달 말일 3. 일용근로소득 : 소득 지급일이 속하는 달의 다음 달 말일
퇴직소득	퇴직금 지급일이 속하는 달의 다음 달 말일 ✍ 다만, (퇴직소득 과세이연에 따라) 퇴직소득에 대한 소득세를 원천징수하지 아니한 때에는 그 사유를 적어 발급
사업소득	1. 원칙 : 소득을 지급하는 때 2. 연말정산 대상 사업소득 : 연말정산일이 속하는 달의 다음 달 말일
기타소득	1. 원칙 : 소득을 지급하는 때 2. 원고료, 일시적인 인적용역(강연료, TV해설료) : 기타소득이 100만원 이하인 경우는 발급을 요구하는 때 3. 종교인소득 : 연말정산일이 속하는 달의 다음 달 말일

구 분	원천징수영수증 교부시점
연금소득	1. 국민연금, 공무원연금 등 공적연금 : 지급일이 속하는 과세기간의 다음 연도 2월 말일 2. 퇴직연금, 연금저축 등 사적연금 : 연금소득을 지급하는 때 다만, 다음 연도 2월 말일까지 원천징수영수증 대신 통장 등에 지급내용과 원천징수의무자의 사업자등록번호 등을 기재하여 통보할 수 있음. 수령자의 동의가 있는 경우 이메일 등으로 통보 가능
이자소득 배당소득	원칙 : 소득지급시점 다만, 지급한 날이 속하는 과세기간의 다음 연도 3월말까지 이자소득 등을 받는 자에게 통지하는 경우 원천징수영수증을 발급한 것으로 간주

소득자 본인은 다음 연도 5월 이후부터 원천징수의무자가 제출한 지급명세서를 홈택스 (www.hometax.go.kr/조회서비스/지급명세서)를 통해서 조회할 수 있다.

3. 원천징수세액의 납부 및 신고(원천징수이행상황신고서)

① 원천징수의무자는 원천징수한 소득세 또는 법인세를 그 징수일이 속하는 달의 다음 달 10일까지 국세징수법에 의한 납부서(상세설명은 제2장 제1절 Ⅳ. 8. 참조)와 함께 원천징수관할세무서·한국은행 또는 체신관서에 납부하여야 하며, 원천징수이행상황 신고서를 원천징수관할세무서장에게 제출하여야 한다(소령 §185 ①).

② 위 원천징수이행상황신고서에는 원천징수하여 납부할 세액이 없는 자에 대한 것도 포함하여야 한다(소령 §185 ②).

③ 서식(상세설명은 뒤 Ⅸ. 참조)

원천징수이행상황신고서 [별지 제21호 서식]

> **중점사항** −신용카드 납부
> 1. 대상세목 및 세액 : 모든 세목에 대해 전액 결제가능
> 2. 납부가능한 신용카드(총 13개)
>   비씨, 신한, 삼성, 현대, 롯데, 국민(KB), 씨티, 전북은행, 광주은행, 제주은행, 수협은행, 하나카드, 농협(NH)
> 3. 납부방식
>   국세납부대행기관(금융결제원)의 인터넷 홈페이지에 접속하여 납부할 수 있고, 전국의 세무관서에 설치된 신용카드 단말기로도 납부 가능

> 신용카드 국세납부 홈페이지 주소(http://www.cardrotax.or.kr), 이용시간 : 00:30
> ~22: 00(365일 연중무휴)
> 4. 납부대행수수료(납부세액의 0.8%, 단 체크카드는 0.7%)는 납세자 부담

4. 지급명세서 제출

(1) 지급명세서의 의의

지급명세서란 일정한 소득금액 또는 수입금액을 지급받는 자의 인적사항, 소득금액 또는 수입금액의 종류와 금액, 소득금액 또는 수입금액의 지급시기와 귀속연도 등을 기재한 과세자료이다.

일정한 소득금액 또는 수입금액을 지급하는 자는 지급명세서를 세무당국에 제출하여야 한다(소법 §164 ①). 이러한 지급명세서의 제출의무는 소득자(소득을 지급받는 자)의 소득금액 또는 수입금액에 관한 과세자료를 수집하기 위하여 당해 소득금액 또는 수입금액을 지급하는 자에게 지운 협력의무이다.

(2) 지급명세서의 제출대상 및 제출의무자

1) 개인에게 원천징수대상소득을 지급하는 경우 지급명세서 제출대상

소득세 납세의무가 있는 개인에게 다음의 어느 하나에 해당하는 소득을 국내에서 지급하는 자는 지급명세서를 제출하여야 한다(소법 §164).

① 이자소득
② 배당소득
③ 원천징수대상 사업소득
④ 근로소득(일용근로자 포함) 또는 퇴직소득
⑤ 연금소득
⑥ 기타소득('⑦'의 봉사료 수입금액은 제외)
⑦ 음식·숙박용역 등의 봉사료 수입금액
⑧ 장기저축성보험의 보험차익

단, 일용근로자의 경우 일용근로자에 대한 근로내용 확인신고서(고용보험법시행령 §7

①)를 고용노동부장관에게 제출한 경우에는 지급명세서를 제출한 것으로 본다(이에 대한 상세설명은 제2장 제2절 Ⅱ. 2. 참조).

2) 내국법인에게 원천징수대상 소득을 지급하는 경우 지급명세서 제출대상

내국법인에 이자소득 또는 배당소득의 소득을 지급하는 자는 납세지 관할세무서장에게 지급명세서를 제출하여야 한다. 이 경우 자본시장과금융투자업에관한법률의 적용을 받는 법인의 신탁재산에 귀속되는 소득은 법인세법 제5조 제2항에도 불구하고 그 법인에 소득이 지급된 것으로 보아 해당 소득을 지급하는 자는 지급명세서를 제출하여야 한다(법법 §120 ①).

✎ 법인세법 제5조 제2항 : 자본시장과금융투자업에관한법률의 적용을 받는 법인의 신탁재산(보험회사의 특별계정은 제외)에 귀속되는 수입과 지출은 그 법인에 귀속되는 수입과 지출로 보지 아니한다.

> **저자주**
> **내국법인에게 배당금 지급 시 지급명세서 제출**
>
> 내국법인인 주주에게 배당금을 지급하는 경우 집합투자기구로부터의 이익 중 투자신탁의 이익을 제외하고 원천징수를 하지 않습니다. 즉 내국법인에게는 기본적으로 이자소득의 지급에 대하여만 원천징수가 이루어지고 지급명세서를 제출하여야 합니다. 그러나 배당소득의 지급에 대하여는 원천징수의무는 없으나 지급명세서는 제출의무(미제출 시 가산세 부과)가 있음에 특히 유의하여야 합니다.

3) 지급명세서 제출의무자

지급명세서를 제출의무자에는 법인, 외국법인이 발행한 채권 또는 증권에서 발생하는 소득의 지급는 경우 원천징수를 대리하거나 그 지급 권한을 위임 또는 위탁받은 자, 납세조합, 원천징수세액의 납서지를 본점 또는 주사무소의 소재지로 하는 자, 부가가치세법 제4조에 따른 사업자단위과세사업자도 포함한다(소법 §164 ①, 법법 §120 ①).

(3) 지급명세서 제출기한

지급명세서의 제출기한은 다음과 같다(소법 §164 ①).

구 분	지급명세서 제출기한
근로소득	1. 원칙 : 다음 연도 3월 10일 2. 중도퇴사자 : 다음 연도 3월 10일

구 분	지급명세서 제출기한
근로소득	3. 일용근로자 : 근로소득의 지급일이 속하는 달의 다음 달 말일(휴업, 폐업 또는 해산 시는 휴업일, 폐업일 또는 해산일이 속하는 달의 다음 달 말일)
퇴직소득	다음 연도 3월 10일
사업소득	원천징수대상 사업소득 및 봉사료 : 다음 연도 3월 10일
기타소득	1. 다음 연도 2월 말일 2. 종교인소득 : 다음 연도 3월 10일
이자소득 배당소득	다음 연도 2월 말일
연금소득	다음 연도 2월 말일
휴업, 폐업 또는 해산	원천징수의무자가 휴업, 폐업 또는 해산한 경우에는 휴업일, 폐업일 또는 해산일이 속하는 달의 다음다음 달 말일

연간 1회만 지급명세서를 제출기한까지 제출함에 따른 원천징수의무자의 불편을 해소하기 위해 근로·퇴직·사업·기타소득에 대한 지급명세서를 국세청 홈텍스를 통해서 수시 분할하여 제출할 수 있다.

(4) 지급명세서 제출방식

① 전자제출 원칙

지급명세서를 제출하여야 하는 자는 지급명세서의 기재사항을 국세기본법에 따른 정보통신망에 의하여 제출하거나 디스켓 등 전자적 정보저장매체로 제출하여야 한다.

② 문서(수기)제출

일정 업종 또는 일정 규모 이하에 해당되는 자는 지급명세서를 문서로 제출할 수 있다. 즉 일정 업종 또는 일정 규모 이하에 해당되는 자란 직전 과세기간에 제출한 지급명세서의 매수가 50매 미만인 자 또는 상시 근무하는 근로자의 수(매월 말일의 현황에 따른 평균인원수)가 10명 이하인 자를 말한다.

다만, 한국표준산업분류상의 금융보험업자, 국가·지방자치단체 또는 지방자치단체조합, 법인, 복식부기의무자에 해당하는 자는 제외한다.

③ 현금영수증 발급장치를 통한 제출

다음의 소득을 지급하는 자가 조세특례제한법에 따른 현금영수증 발급장치를 통하여 급여의 귀속연도, 일용근로자 또는 거주자의 주민등록번호, 급여액, 소득세(결정세액)

를 모두 제출하는 경우 지급명세서를 제출한 것으로 본다.

가. 일용근로자에게 지급하는 근로소득

나. 총급여액이 근로소득공제액, 본인에 대한 기본공제액 및 표준세액공제액의 합계액 이하인 거주자에게 지급하는 근로소득. 다만, 종된 근무지가 없는 거주자만 해당하며 과세기간 중에 취직 또는 퇴직한 자에 대하여는 연으로 환산한 총급여액을 기준으로 적용한다.

● 현금영수증 발급장치를 통한 지급명세서 제출에 관한 고시(국세청고시 제2019-22호, 2019.6.3.)

제2조【용어의 정의】 이 고시에서 사용하는 용어의 뜻은 다음의 각 호와 같다.

1. "원천징수영수증"이라 함은 「소득세법 시행령」 제213조의 2 제1항에 규정된 소득 중 원천징수세액이 발생하지 아니하는 소득(이하 "근로소득"이라 한다)을 지급하고 조세특례제한법 제126의 3의 규정에 의한 현금영수증 발급장치(이하 "현금영수증발급장치"라 한다)를 통하여 발급된 영수증으로서 근로소득을 지급하는 자(이하 "소득지급자"라 한다)가 보관하는 영수증과 근로소득을 지급받는 자(이하 "근로소득자"라 한다)가 교부받는 영수증을 말한다.

2. "지급명세서"라 함은 소득지급자가 현금영수증발급장치를 통하여 입력한 근로소득의 지급내역으로서 「조세특례제한법」 제126조의 3 제1항에 따른 현금영수증사업자(이하 "현금영수증사업자"라 한다)가 국세청장에게 전송한 소득자료를 말한다.

제3조【지급내역의 입력】 ① 소득지급자는 현금영수증발급장치에 주민등록번호를 입력하는 방식으로 근로소득자의 인적사항을 입력할 수 있으며, 이 때 일용근로의 경우 "10", 일반상용근로의 경우 "30", 반기상용근로의 경우 "40"을 주민등록번호 앞에 첨부하여 입력하여야 한다.

② 소득지급자가 현금영수증발급장치를 통하여 입력한 지급내역을 수정하고자 하는 경우에는 그 지급내역을 취소한 후 수정하고자 하는 내용을 입력하여야 한다. 다만 현금영수증발급장치 기종에 따라 지급내역의 취소가 불가능한 경우에는 소득세법 제164조 제3항의 전단 또는 같은 조 제4항 및 같은 법 제164조의 3 제2항 전단 또는 같은 조 제3항의 규정에 의한 방법에 따라 지급명세서를 수정 제출하여야 한다.

③ 근로제공일이 속하는 귀속연도 종료일(반기상용근로의 경우 반기 마지막 달의 다음 달 10일) 또는 폐업일이 경과한 후에는 현금영수증발급장치를 통하여 지급내역을 입력할 수 없다.

제4조【원천징수영수증 발급】 ① 소득지급자가 현금영수증발급장치를 통해 지급내역을 입력하는 경우에는 현금영수증발급장치를 통해 원천징수영수증을 출력하여 근로소득자에게 교부하여야 하며, 해당 원천징수영수증에는 다음 각 호의 내용이 표기되어야 한다.

---

1. 지급명세서 또는 원천징수영수증임을 확인할 수 있는 문구
2. 일용근로소득자 또는 일반상용근로소득자를 확인할 수 있는 문구
3. 취소거래의 경우 이를 확인할 수 있는 문구
4. 소득지급자의 사업자등록번호, 성명, 상호, 사업장 소재지, 지급일자, 지급금액, 소득세
5. 근로소득자의 주민등록번호
6. 지급명세서 제출과 관련된 사항을 문의할 수 있는 안내전화번호 등 문구

② 제1항 제4호의 지급일자는 현금영수증전표의 거래일자란에 표기하고, 지급금액은 합계란에 기재하여야 한다. 다만, 거래금액을 금액란과 부가가치세란에 자동으로 분리하여 기재하는 현금영수증발급장치를 사용하는 경우에는 지급금액을 금액란과 부가가치세란에 분리하여 기재한 후 합계란에 표기할 수 있다.

③ 근로소득자의 정보 유출을 방지하기 위하여 필요한 경우에는 원천징수영수증 상에 주민등록번호의 일부가 표시되지 않도록 할 수 있다. 다만, 소득지급자는 근로소득자의 인적사항을 확인할 수 있도록 근로소득자의 인적사항이 모두 기재된 원천징수영수증을 보관하여야 한다.

④ 현금영수증사업자는 현금영수증거래와 지급명세서 제출거래를 구분할 수 있는 시스템과 제1항부터 제3항까지의 규정된 기재사항을 표기할 수 있는 전산시스템을 구축하여야 한다.

제5조【결제내역 보관 및 지급명세서 제출】① 현금영수증사업자는 소득 지급자로부터 지급명세서 결제승인내역을 실시간으로 전송받고 결제건별로 승인번호를 부여하여 이를 소득지급자에게 즉시 재전송하고 그 내역을 전산시스템에 수록·보관하여야 한다.

② 현금영수증사업자는 제3조에 의한 지급내역을 실시간으로 조회할 수 있도록 3개월 동안 보관하고, 3개월이 경과한 후에는 별도 매체에 수록하여 지급일로부터 1년 동안 보관하여야 한다.

③ 현금영수증사업자는 소득지급자로부터 제출받은 근로소득 지급내역을 아래의 전산제출 형식에 의하여 국세청장에게 통보하여야 한다.

1. 승인번호(9바이트) : 사업자고유번호(2바이트 : 국세청에서 부여한 번호), 거래일련번호(7바이트)
2. 가맹점 사업자등록번호(10바이트)
3. 거래일자(12바이트) : 연, 월, 일, 시, 분, 초(단, 반기상용근로의 경우 연, 근로시작 월, 근로기간 종료 월(6바이트)과 거래일자 연, 월, 일(6바이트)을 입력한다) (각 2바이트)
4. 지급금액(9바이트)
5. 소득세(9바이트)
6. 입력방식(1바이트) : 주민등록번호(1)
7. 소득자구분(2바이트) : 일용근로자(10), 일반상용근로자(30), 반기상용근로자(40)
8. 거래구분(1바이트) : 승인거래(0), 취소거래(1)
9. 인적사항(18바이트) : 주민등록번호

> 10. 예비(39바이트)
>
> ④ 현금영수증발급장치에 의하여 제출된 지급명세서 중 근로소득자의 인적사항이 확인되지 않는 등 오류사항이 발생한 경우에는 현금영수증사업자 또는 소득지급자가 그 내역을 확인하여 입력된 지급내역을 취소하거나 수정된 지급명세서를 제출하여야 한다.

④ 고용보험법에 따른 근로내용 확인신고서 제출에 따른 지급명세서 제출간주

일용근로소득에 대한 지급명세서를 제출하여야 하는 자가 「고용보험법 시행령」 제7조 제1항 후단에 따라 '근로내용 확인신고서'를 고용노동부장관에게 제출한 경우에는 지급명세서를 제출한 것으로 본다(소령 §213 ④).

(5) 지급명세서 제출특례

원천징수의무자가 원천징수를 하여 다음과 같이 제출한 원천징수 관련 서류 중 지급명세서에 해당하는 것이 있으면 그 제출한 부분에 대하여 지급명세서를 제출한 것으로 본다(소법 §164 ⑤, 소령 §215 ①).

즉 원천징수의무자는 원천징수에 관한 명세서, 그 밖의 관계서류를 제출함으로써 지급명세서의 제출에 갈음하려고 할 때에는 그 원천징수영수증 부본을 그 지급일이 속하는 과세기간의 다음 연도 2월 말일까지 원천징수 관할세무서장에게 제출하여야 한다.

① 근로소득

총급여액이 근로소득공제액, 본인에 대한 기본공제액의 합계액 이하인 거주자에 대하여는 지급명세서에 갈음하여 국세청장이 정하는 '근로소득지급명세서[원천징수사무처리규정(별지 제7호 서식), 국세청훈령 제2387호, 2020.9.21.]'를 제출할 수 있다(소령 §215 ②).

② 이자소득 및 배당소득

이자소득이나 배당소득에 대하여는 지급명세서에 갈음하여 기획재정부령이 정하는 '이자·배당소득지급명세서[별지 제30호 서식(1)]'를 제출할 수 있다(소령 §215 ③).

③ 사업소득

연말정산되는 사업소득의 소득금액(연으로 환산한 소득금액)이 본인에 대한 기본공제의 합계액 이하인 사업자에 대하여는 지급명세서에 갈음하여 국세청장이 정하는 '사업소득지급명세서[원천징수사무처리규정(별지 제6호 서식)]'를 제출할 수 있다.

원천징수사무처리규정 [별지 제7호 서식] (2020.9.21.)

근 로 소 득 지 급 명 세 서

정본 : 발행자 보고용
부본 : 발행자 보관용

관리번호												③ 성명	
지급자	① 사업자등록번호			② 법인명 또는 상호										
	④ 주민(법인)등록번호			⑤ 소재지 또는 주소										
⑥ 일련 번호	⑦ 성 명	⑧ 주민등록번호	⑨ 귀속연도	⑩ 근무기간	근 소 득								비 고
					⑪ 급 여 총 액		⑫ 상 여 총 해		⑬ 총 해				
1													
2													
3													
4													
5													
6													
7													
8													
9													
10													
11													
12													
13													
14													
15													
16													
17													
18													
19													
20													

297㎜×210㎜ (인쇄용지(특급) 34g/㎡(재활용품)

133

■ 소득세법 시행규칙 [별지 제30호 서식(1)] <개정 2021. 10. 28.>

이자·배당소득지급명세서

①제출자료명		③법인명(상호·성명)	③-1 영문 법인명(상호)(상호)	④사업자(주인) 등록번호
②자료 관리 번호	징수 의무자	⑤소 재 지(주 소)		⑥제출대상연도

⑦일련 번호	⑧성명 (법인명)	⑨주인(사업자) 등록 번호	⑨-1 비거주자 생년월일	⑩소득자 구분코드	⑪주소(소재지)	⑫거주자국	⑬거주지국 코드	⑭계좌번호(발행번호)	⑮신탁이익여부	⑯지급일자	⑰귀속연월	⑱과세구분	⑲소득종류	⑳조세특례등	㉑유가증권표준코드 금융상품코드(발행사항번호)	㉒채권이자구분	㉓지급대상기간	㉔이자율등	㉕이자금액(배당금액)(단위:원)	㉖세율(%)	원천징수세액(단위:원)			
																					㉗소득세	㉘법인세	㉙지방소득세	㉚농어촌특별세	㉛계
1																									
2																									
3																									
4																									
5																									

작성방법

1. 이 서식은 이자소득 또는 배당소득을 지급하는 경우에 이자소득자료와 배당소득자료를 각각 별지에 구분하여 작성하여야 하며, 이자소득 또는 배당소득을 지급하는 경우에는 원천징수 등 납부지연 가산세 정보(사업장 단위로 원천징수세액을 신고·납부하는 경우에는 사업장별 정보)를 별표의 구분하여 작성합니다. 지급하는 소득이 이자소득인 경우에는 이자소득을 지급받는 지가 변경된 경우라도 자기 변경전의 지급받은 자에게 지급한 성명과 주소도 함께 작성합니다.
2. 제출자료명란 : "이자소득" 또는 "배당소득"으로 구분하여 적습니다.
3. 자료 관리번호란 : 국세청이 자료 사항이므로 적지 않습니다.
4. 법인명(상호·성명)란 : 법인은 법인명을, 개인사업자는 상호를 적고 대표자성명을 적습니다.
5. 사업자(주인)등록번호란 : 원천징수의무자의 사업자등록번호(사업자가 아닌 경우에는 주민등록번호)를 적습니다.
6. 제출대상연도란 : 과세자료를 제출하여야 하는 대상연도를 적습니다.

257mm×364mm (백상지 80g/㎡)

원천징수사무처리규정 [별지 제6호 서식] (2020.9.21.)

사 업 소 득 지 급 명 세 서

정본 : 발행자 보고용
부본 : 발행자 보관용

관리번호		

지급자	① 사 업 자 등 록 번 호	② 법 인 명 또 는 상 호	③ 성 명
	④ 주 민(법 인)등 록 번 호	⑤ 소 재 지 또 는 주 소	

소득자				당해연도 소득금액(연 환산소득금액)			
⑥ 일련번호	⑦ 성 명	⑧ 주민등록번호	⑨ 귀속연도	⑩ 사업구분	⑪ 발생기간	⑫ 4천만원이하분	⑬ 4천만원초과분	⑭ 총 액	비 고
1								
2								
3								
4								
5								
6								
7								
8								
9								
10								
11								
12								
13								
14								
15								
16								
17								
18								
19								
20								

297㎜×210㎜ (인쇄용지(특급) 34g/㎡(재활용품)

(6) 지급명세서 제출면제대상

1) 법인에게 지급하는 경우

내국법인에 이자·배당소득을 지급하는 자(법인세법 제73조 제4항부터 제6항에 따라 원천징수 위임을 받은 자 및 동법 제73조의 2에 따라 원천징수를 하여야 하는 자 포함)는 납세지 관할 세무서장에게 지급명세서를 제출하여야 한다. 이 경우 자본시장과금융투자업에 관한법률의 적용을 받는 법인의 신탁재산에 귀속되는 소득은 제5조 제2항에도 불구하고 그 법인에 소득이 지급된 것으로 보아 해당 소득을 지급하는 자는 지급명세서를 제출하여야 한다(법법 §120, 법령 §162).

단, 다음의 경우에는 제출의무가 면제된다.

① 금융회사 등에 지급하는 이자소득 중 원천징수대상이 아닌 소득금융회사에 지급하는 이자소득에 대하여는 채권이자소득(만기 1개월 이내의 전자단기사채에서 발생하는 이자소득은 제외)에 대하여만 원천징수대상에 해당

② 한국예탁결제원이 증권회사 등 예탁자에게 지급하는 의제배당

2) 거주자에게 지급하는 경우(소령 §214 ①, 소칙 §97)

다음의 소득에 대하여는 지급명세서 제출의무를 면제한다.

① 비과세 기타소득(소법 §12 5호)

② 경품권 기타 추첨권에 의하여 받는 당첨금품의 가액이 10만원 이하인 기타소득

③ 소득세가 과세되지 않는 다음의 기타소득(소법 §84)

　가. 승마투표권 등의 환급금이 건별로 권면에 표시된 금액의 합계액이 10만원 이하 및 단위투표금액당 환급금이 단위 투표금액의 100배 이하이면서 적중한 개별투표당 환급금이 200만원 이하인 경우

　나. 슬롯머신의 경우 1건당 당첨금품 등이 건별로 200만원 이하인 경우

　다. 복권당첨금의 경우 건별로 200만원 이하인 경우

　라. '가, 다' 외의 기타소득금액이 건별로 5만원 이하인 경우(소법 집행기준 84-0-1) 단, 다음의 기타소득은 기타소득금액(=기타소득-필요경비)이 5만원 이하인 경우에도 지급명세서는 제출하여야 한다.

　　㉠ 문예·학술·미술·음악 또는 사진에 속하는 창작물에 대한 원작자로서 받는 다

음의 대가(소법 §21 ① 15호)

- 원고료 및 인세
- 미술 · 음악 또는 사진에 속하는 창작품에 대하여 받는 대가

ⓒ 인적용역을 일시적으로 제공하고 지급받는 다음의 대가(소법 §21 ① 19호)

- 고용관계 없이 다수인에게 강연을 하고 강연료 등 대가를 받는 용역
- 라디오 · 텔레비전방송 등을 통하여 해설 · 계몽 또는 연기의 심사 등을 하고 받은 보수 등 대가
- 변호사, 공인회계사, 세무사, 건축사, 측량사, 변리사, 그 밖에 전문적 지식 또는 특별한 기능을 가진 자가 그 지식 또는 기능을 활용하여 보수 또는 그 밖의 대가를 받고 제공하는 용역
- 그 밖에 고용관계 없이 수당 또는 이와 유사한 성질의 대가를 받고 제공하는 용역

④ 근로소득 비과세항목 중 지급명세서 제출대상은 다음에 한한다(소령 §214 ①)

가. 근로자가 받는 학교와 직업능력개발훈련시설의 입학금 · 수업료 등

나. 실비변상적 성질의 급여 중

- 특수분야에 종사하는 군인이 받는 수당, 선원이 받는 수당(20만원 이내), 광산근로자가 받는 입갱수당, 교원의 연구보조비, 취재수당, 벽지수당, 천재지변으로 받는 급여

다. 외국정부 · 국제기관에 근무하는 자가 받는 급여

라. 외국에 주둔 중인 군인 · 군무원이 받는 급여

마. 국외에서 근로를 제공하고 받는 급여

바. 생산직근로자 등의 연장근로 · 야간근로 · 휴일수당

사. 10만원 이하 출산 · 보육수당

아. 근로장학금

자. 우리사주조합 관련 비과세

차. 직무발명보상금

카. 식사 또는 식사대

저자주

비과세근로소득 중 지급명세서 기재항목

근로소득지급명세서에는 비과세근로소득을 기재하는 난이 있습니다(1쪽 ⑱, ⑱ - 1~39, ⑲).

거기에 모든 비과세근로소득을 기재하는 것이 아니고 상기의 비과세만 기재한다는 내용입니다. 국가가 모든 회사의 비과세금액을 파악할 필요가 없어 특정항목만을 기재하라는 의미이고 다음 Ⅸ.에서 설명하고 있는 원천징수이행상황신고서의 A01(간이세액), A04(연말정산)의 ⑤에도 지급명세서에 기재되는 비과세근로소득은 과세근로소득과 합산하여 기재하도록 되어 있습니다.

(7) 비거주자의 국내원천소득 등에 대한 지급명세서 제출(소법 §164의 2)

국내원천소득을 비거주자에게 지급하는 자는 지급명세서를 납세지 관할세무서장에게 그 지급일이 속하는 과세기간의 다음 연도 2월 말일(국내에서 제공하는 근로소득과 퇴직소득의 경우에는 다음 연도 3월 10일, 휴업 또는 폐업한 경우에는 휴업일 또는 폐업일이 속하는 달의 다음다음 달 말일)까지 이를 제출하여야 한다.

> **저자주**
>
> ▼ 비거주자의 정의
>
> 소득세법에서는 사람을 한국인 · 외국인이 아닌 거주자 · 비거주자로 구분하여 거주자는 전세계에서 발생한 소득을 국내에서, 비거주자는 국내원천소득만 국내에서 과세하도록 규정하고 있습니다. 이의 상세설명은 제3부 제1장을 참조하시기 바랍니다.

1) 비거주자의 국내원천소득 등에 대한 지급명세서 제출 특례

다음의 소득을 비거주자에게 지급하는 경우에는 지급명세서를 제출하지 아니한다(소령 §216의 2).

① 법 또는 조세특례제한법에 따라 소득세가 과세되지 아니하거나 면제되는 국내원천소득(소령 §216의 2 ① 1호)

다만 다음의 국내원천소득은 소득세를 면제하지만 지급명세서는 제출하여야 한다.

가. 국가 · 지방자치단체 또는 내국법인이 국외에서 발행하는 외화표시채권의 이자 및 수수료

나. 외국환거래법에 따른 외국환업무취급기관이 같은 법에서 정하는 바에 따라 외국금융기관으로부터 차입하여 외화로 상환하여야 할 외화채무에 대하여 지급하는 이자 및 수수료

다. 금융회사 등이 외국환거래법에서 정하는 바에 따라 국외에서 발행하거나 매각하는

　　　　외화표시어음과 외화예금증서의 이자 및 수수료

　　라. 비거주자 또는 외국법인(비거주자 또는 외국법인의 국내사업장은 제외)이 계약기간 1년 이상인 외국환업무취급기관이 금융감독원의 장의 약관심사를 거쳐 취급하는 정기외화예금에 2015.12.31.까지 가입하는 경우 해당 예금에서 계약기간 내에 발생하는 이자

　　마. 경과규정에 따라 2014.1.1. 이전에 조세감면을 신청하였던 부분으로서 외국인투자촉진법 제2조 제1항 제5호에 따른 외국투자가가 취득한 주식 또는 출자지분에서 생기는 배당금 또는 분배금에 대한 법인세 또는 소득세를 해당 외국인투자기업의 각 과세연도의 소득에 대하여 그 기업이 감면대상이 되는 사업을 함으로써 발생한 소득의 비율에 따라 감면하는 세액에 상당하는 소득

② 이자소득, 배당소득, 선박 등 임대소득, 사용료소득, 유가증권양도소득, 기타소득(경품 등 기타소득과 슬롯머신 등 기타소득은 제외)의 국내원천소득으로서 국내사업장과 실질적으로 관련되거나 그 국내사업장에 귀속되는 소득(소득세법 제46조의 규정에 의해 채권 등에 대한 소득금액의 계산특례에 따라 원천징수되는 소득은 제외)

③ 부동산소득의 국내원천소득(소법 §119 3호·9호)

　　국내에 있는 부동산 또는 부동산상의 권리와 국내에서 취득한 광업권, 조광권, 지하수의 개발·이용권, 어업권, 토사석 채취에 관한 권리의 양도·임대, 그 밖에 운영으로 인하여 발생하는 소득(다만, 토지, 건물 및 법소정의 유가증권 양도소득은 제외)

④ 비거주자가 경영하는 사업에서 발생하는 소득(조세조약에 따라 국내원천사업소득으로 과세할 수 있는 소득을 포함)으로서 소득세법시행령 제179조 제2항에 열거된 것

⑤ 국내에서 다음의 인적용역을 제공함으로써 발생하는 소득(국외에서 제공하는 인적용역 중 기술용역 등을 제공함으로써 발생하는 소득이 조세조약에 따라 국내에서 발생하는 것으로 간주되는 경우 그 소득은 포함하며 소득세법 제156조의 규정에 의하여 원천징수되는 소득은 제외함). 이 경우 그 인적용역을 제공받는 자가 인적용역 제공과 관련하여 항공회사·숙박업자 또는 음식업자에게 직접 지급한 항공료·숙박비 또는 식사대의 비용을 부담하는 경우에는 그 비용을 제외한 금액

　　가. 변호사·공인회계사·세무사·건축사·측량사·변리사 기타 이와 유사한 전문직업인이 제공하는 용역

　　나. 과학기술·경영관리 기타 이와 유사한 분야에 관한 전문적 지식 또는 특별한 기능을 가진 자가 당해 지식 또는 기능을 활용하여 제공하는 용역(기술용역 등)

    다. 직업운동가가 제공하는 용역

    라. 배우·음악가 기타 연예인이 제공하는 용역

⑥ 국내법에 따른 면허·허가 또는 그 밖에 이와 유사한 처분에 따라 설정된 권리와 그 밖에 부동산 외의 국내자산을 양도함으로써 생기는 소득

⑦ 슬롯머신 등을 이용하는 행위에 참가하여 받는 당첨금품 등
  외국법인의 경우 국내에서 발행된 복권·경품권, 그 밖의 추첨권에 의하여 받는 당첨금품과 승마투표권·승자투표권·소싸움경기투표권·체육진흥투표권의 구매자가 받는 환급금(법령 §162의 2 ① 5호, 법법 §93 10호 사목)

⑧ 조세조약에 따라 비과세 또는 면제신청을 한 국내원천소득(소법 §156의 2)

⑨ 원천징수세액이 1천원 미만인 소득(부동산 양도소득 및 유가증권 양도소득은 제외하며 양도차손발생 시도 지급명세서 제출의무가 있음, 조심 2016서3808, 2017.2.14.)

⑩ 그 밖에 지급명세서를 제출할 실효성이 없다고 인정되는 다음의 소득
    가. 예금 등의 잔액이 30만원 미만으로서 1년 이상 거래가 없는 계좌에서 발생하는 이자소득 또는 배당소득
    나. 계좌별로 1년간 발생한 이자소득 또는 배당소득이 3만원 미만인 경우의 당해 소득
    다. 국내원천소득으로서 일용근로자의 소득

2) 채권 등에 대한 소득금액의 계산특례와 투자매매업을 통한 유가증권 양도의 경우

채권 등에 대한 소득금액의 계산특례(소법 §46) 또는 투자매매업(투자중개업자)을 통한 유가증권의 양도(소법 §156 ⑥)에 따라 소득세를 원천징수하는 경우에는 해당 원천징수의무자가 그 지급금액에 대한 지급명세서를 제출하여야 한다(소령 §216의 2 ③).

3) 지급명세서의 서식

국내원천소득을 비거주자에게 지급하는 자는 납세지 관할세무서장에게 지급명세서를 제출하여야 한다.

소득구분	지급명세서 서식	비 고
이자·배당소득	이자·배당소득 지급명세서 [별지 제23호 서식(1)]	이자·배당소득 지급명세서 [별지 제30호 서식(1)]
사업·선박 등 임대·사용료· 인적용역· 기타소득	비거주자의 사업·선박 등 임대· 사용료·인적용역·기타소득 지급명세서 [별지 제23호 서식(5)]	
근로소득	근로소득 지급명세서 [별지 제24호 서식(1)]	
퇴직소득	퇴직소득 지급명세서[별지 제24호 서식(2)]	
유가증권 양도소득	유가증권양도소득 지급명세서 [별지 제24호 서식(7)]	유가증권양도소득 지급 명세서 [별지 제30호 서식(2)]
양도소득	양도소득 지급명세서[별지 제24호 서식(8)]	

각 소득에 대하여 지급명세서를 제출하여야 하며 이자·배당소득과 유가증권 양도소득의 경우 상기 표의 '비고'란의 양식으로 제출할 수 있다(소령 §216의 2 ④, 소칙 §100 32호·32의 2호).

4) 지급명세서 기타

비거주자의 국내원천소득 등에 대한 지급명세서 제출에 관하여는 소득세법상 지급명세서 제출특례 규정과 지급명세서 제출기한의 연장 규정을 준용한다(소령 §215).

02

■ 소득세법 시행규칙 [별지 제23호 서식(5)] (2022.12.31. 개정)

(5쪽 중 제1쪽)

귀속 연도	년	비거주자의 사업·선박등 임대·사용료·인적용역·기타소득 지급명세서(발행자보고용)	관리 번호

비거주자의 사업·선박등 임대·사용료·인적용역·기타소득 지급명세서(발행자보고용)

(비거주자의 사업소득 원천징수영수증 발행자 보관용 소득자별 연간집계표)

❶ 원천징수의무자 인적사항 및 지급내용 합계사항

① 법인명 (상 호) ※영문으로 적습니다.	② 주민 (사업자) 등록번호	③ 소 재 지 (주 소)	④ 연간 소득 인원	⑤ 연간 총지급 건수	⑥ 연간 지급총액 계 / ⑦ 연간 소득금액 계	⑧ 세 액 집 계 현 황			⑬ 계
						⑨ 소득세 / ⑩ 법인세	⑪ 지방소득세 / ⑫ 농어촌특별세		

❷ 소득자 인적사항 및 연간 소득내용

일련 번호	⑭ 소득 구분 코드	영문표기		내·외국인 ⑲	⑳ 지급 년도	㉑ 지급 일	㉒ 지급 총액	㉓ 요 필요경비 / ㉔ 소득금액	㉕ 세율	㉖ 소득세 / ㉗ 법인세	㉘ 지방소득세 / ㉙ 농어촌특별세	㉚ 계
		⑮ 소득자 성명(상호) / ⑯ 소득자의 주소	⑰ 주민(사업자)등록번호 / ⑱ 거주지국 코드									
1												
2												
3												
4												
5												
6												
7												

작 성 방 법

1. 이 서식은 비거주자(외국법인을 포함)에게 사업·선박 등 임대·인적용역·사용료 및 기타소득을 지급하여 관할 세무서에 제출하는 경우에만 작성합니다.
2. 거주지국과 거주지국코드는 소득자가 비거주자(외국법인을 포함)에 해당하는 경우에만 적으며, 국제표준화기구(ISO)가 정한 국가별 ISO코드 중 국명약어 및 국가코드를 적습니다. 다만, 소득자의 거주지가 말레이시아 라부안인 경우에는 라부안 코드(사전승인을 받은 경우에는 LM, 사전승인을 받지 않은 경우에는 LN)를 적습니다.
3. ②,⑰ 주민(사업자)등록번호란: 아래의 표를 참조하여 적습니다.

	구 분	기 재 번 호
(1)	원 칙	주민등록번호 또는 사업자등록번호
(2)	(1)의 기재번호를 부여받지 않은 경우	[개인] 국내거소신고증상의 국내거소신고번호(재외국민, 외국국적동포인 경우) 또는 외국인등록표상의 외국인등록번호(외국인인 경우)를 적고, 그 번호가 없는 경우 여권상의 여권번호를 적습니다.
(3)	(1), (2)의 기재번호를 부여받지 않은 경우	투자등록증상의 투자등록번호를 적고, 그 번호가 없는 경우 해당 거주지국의 납세번호(Taxpayer Identification Number)를 적습니다.

4. ⑭ 소득구분코드란은 아래와 같이 구분하여 해당코드를 적습니다(가상자산소득에 관하여는 2025년 1월 1일 이후에 발생하는 경우부터 적용합니다).

소득	사업소득	선박 등 임대소득	인적용역소득	사용료소득	기타소득-가상자산 외	기타소득-가상자산
구분코드	40	41	61	42	62	63

5. 가상자산소득(소득구분코드 63)의 경우 4쪽의 가상자산소득 명세서를 반드시 작성하여 제출해야 합니다.
6. ⑲ 내·외국인란은 내국인의 경우 "1"을, 외국인의 경우 "9"를 각각 적습니다.
7. ㉔ 소득금액란은 ㉒ 지급총액에서 ㉓ 필요경비(인적용역소득에 한정합니다)를 뺀 금액을 적습니다.

210mm×297mm[백상지 80g/㎡ 또는 중질지 80g/㎡]

(5쪽 중 제2쪽)

| 귀속
연도 | 년 | 비거주자의 사업 · 선박등 임대 · 사용료 · 인적용역 · 기타소득
지급명세서(발행자보고용) 부표
(비거주자의 사업소득 원천징수영수증 발행자 보관용 소득자별 연간집계표 부표) | | | | | | | | | 관리
번호 | |

❷ 소득자 인적사항 및 연간 소득내용 (원천징수의무자 사업자(주민)등록번호 :   )

일련 번호	⑭ 소득 구분 코드	영 문 표 기		⑲ 내· 외국인	⑳ 지급 년도	㉑ 지급일	㉒ 지급 총액	㉓ 필요경비 또는 취득가액 등	㉕ 세율	㉖ 소득세	㉘ 지방 소득세	㉚ 계
		⑮ 소득자 성명(상호)	⑰ 등록번호 (인식번호)					㉔소득 금액		㉗ 법인세	㉙ 농어촌특 별세	
		⑯ 소득자의 주소	⑱ 거주지국 코드									
8												
9												
10												
11												
12												
13												
14												
15												
16												
17												
18												
19												
20												

210mm×297mm[백상지 80g/㎡ 또는 중질지 80g/㎡]

02

(5쪽 중 제3쪽)

		비거주자의 사업·선박등 임대·사용료· 인적용역·기타소득 원천징수영수증/지급명세서 ([ ]소득자 보관용 [ ]발행자 보관용)	소득자 구분		

소득자 구분		
거주자구분	비거주자 2	
내·외국인	내국인1 외국인9	
거주 지국		거주지 국코드

징 수 의무자	① 사 업 자 등 록 번 호		② 법인명 또는 상호		③ 성명
	④ 주민(사업자) 등록번호		⑤ 소재지 또는 주소		
소득자	⑥ 성 명		⑦ 주민(사업자)등록번호		
	⑧ 주 소				

⑨ 소득구분코드	

⑩ 지급			⑪ 소득 귀속		⑫ 지급 총액	⑬ 필요경비 또는 취득가액 등	⑭ 소득 금액	⑮ 세율	원 천 징 수 세 액				
연	월	일	연	월					⑯ 소득세	⑰ 법인세	⑱ 지방소득세	⑲ 농어촌특별세	⑳ 계

㉑ 세액감면 및 제한세율 근거	
㉒ 영문법인명(상호)	

위의 원천징수세액(수입금액)을 정히 영수(지급)합니다.

년   월   일

징수(보고)의무자

(서명 또는 인)

세 무 서 장   귀하

작 성 방 법

1. 이 서식은 비거주자(외국법인을 포함)의 사업·선박 등 임대·인적용역·사용료 및 기타소득을 지급하는 경우에 사용하는 서식입니다.
2. 거주지국과 거주지국코드는 비거주자(외국법인을 포함)에 해당하는 경우에만 적으며, 국제표준화기구(ISO)가 정한 국가별 ISO코드 중 국명약어 및 국가코드를 적습니다. 다만, 소득자의 거주지가 말레이시아 라부안인 경우에는 라부안 코드(사전승인을 받은 경우에는 LM, 사전승인을 받지 않은 경우에는 LN)를 적습니다.
3. ④·⑦ 주민(사업자)등록번호란: 아래의 표를 참조하여 적습니다.

	구 분	기 재 번 호
(1)	원 칙	주민등록번호 또는 사업자등록번호
(2)	(1)의 기재번호를 부여받지 않은 경우	[개인] 국내거소신고증상의 국내거소신고번호(재외국민, 외국국적동포인 경우) 또는 외국인등록표상의 외국인등록번호(외국인인 경우)를 적고, 그 번호가 없는 경우 여권상의 여권번호를 적습니다.
(3)	(1), (2)의 기재번호를 부여받지 않은 경우	투자등록증상의 투자등록번호를 적고, 그 번호가 없는 경우 해당 거주지국의 납세번호(Taxpayer Identification Number)를 적습니다.

4. ⑨ 소득구분코드란은 아래와 같이 구분하여 해당 코드를 적습니다(가상자산의 구분은 2025년 1월 1일 이후 발생한 소득분부터 적용합니다).

소득	사업소득	선박 등 임대소득	인적용역소득	사용료소득	기타소득-가상자산 외	기타소득-가상자산
구분코드	40	41	42	61	62	63

5. ⑯란부터 ⑲란까지 중 세액이 소액 부징수(1천원 미만을 말합니다)에 해당하는 경우에는 세액을 "0"으로 적습니다.
6. ㉒ 영문법인명(상호)란은 지급받는 자가 비거주자(외국법인을 포함합니다)인 경우에만 징수의무자의 법인명(상호)을 영문으로 적습니다.

210mm×297mm[백상지 80g/㎡ 또는 중질지 80g/㎡]

(5쪽 중 제4쪽)

가상자산소득 명세서

① 자료관리번호			
징수의무자	② 법인명(상호, 성명)	③ 주민(사업자)등록번호	
	④ 소재지(주소)	⑤ 제출대상 연도	

⑥ 일련번호	⑦ 양도 등 일자	⑧ 소득귀속 연월	⑨ 거래유형	⑩ 소득자 구분코드	⑪ 성명(법인명)	⑫ 주민(사업자)등록번호	⑬ 주소(소재지)	⑭ 거주지국	⑮ 거주지국 코드	⑯ 종목명	⑰ 단가	⑱ 양도 등 수량	⑲ 수입금액 (단위 : 원)	⑳ 필요경비 또는 취득가액 등 (단위 : 원)	㉑ 소득금액 (단위 : 원)	㉒ 세율	㉓ 소득세	㉔ 법인세	㉕ 지방소득세	㉖ 설명 구분	㉗ 비고
																	원천징수세액(단위 : 원)				
1																					
2																					
3																					
4																					
5																					
6																					
7																					
8																					
9																					
10																					

210㎜×297㎜[백상지 80g/㎡ 또는 중질지 80g/㎡]

02

작성방법

이 서식은 비거주자 또는 외국법인이 국내세법 및 조세조약에 따라 과세되는 가상자산소득에 대하여 작성하는 것으로, 가상자산소득에 대한 제19조제2항호단목에 따른 가상자산사업자등을 포함하며, 이하 같습니다)가 작성하여 하며, 양도·대여·인출일자순으로 해당항목을 정확히 작성해야 합니다.

① 지급관리번호란: 국세청에 직접 신고이므로 공란으로 둡니다.

② 법인명(상호, 성명)란: 법인명, 개인상호는 ® 작성방법과 같이 작성합니다.

③ 주민(사업자)등록번호란: ® 작성방법과 같이 작성합니다.

④ 소재지(주소)란: 원천징수의무자로서 법인인 경우는 본점 또는 주사무소 소재지(지점, 영업소등에서 독자적으로 회계처리하는 경우에는 그 사업장소재지), 개인인 경우는 주민 사업장소재지(비거주자인 경우는 국내사업장소재지)를 작성합니다.

⑤ 저출대상년도란: 과세표를 제출해야 하는 대상연도를 작성합니다.
(예: 2023년 중에 지급한 경우이면 2023으로 작성합니다.

⑥ 일련번호란: 지급명세서별로 일련번호를 작성합니다.

⑦ 양도 등 일자란: '소득세법', 제150조의 및 '법인세법', 제90조의에 따라 가상자산소득을 소득자에게 지급하는 날(이하 가칙 '지급'이라 합니다.)을 작성합니다.

⑧ 소득귀속연도란: 가상자산소득을 지급받은 자의 소득귀속시기(수입시기)를 작성합니다.
(예: 2023년 1월0일 2020로 작성합니다.

⑨ 거래유형란: 양도거래인 경우 '양도', 대여거래인 경우 '대여', 인출거래인 경우 '인출'을 각각 작성합니다.

⑩ 소득자구분코드란: 가상자산소득을 지급받은 자의 유형을 구분하기 위한 것으로 다음 해당코드를 작성합니다.

실제명의구분		명의	번호	코드
개인	재외국민등록증 소유자	성명	재외국민등록번호	122
	외국인등록증 소유자	성명	외국인등록번호	131
	국내거소신고증 소유자	성명	국내거소신고번호	141
	기타	성명	여권번호, 거주지국의 납세번호	121
법인	국내사업자등록번호가 부여된 외국법인	법인명	사업자등록번호	211
	사업자등록번호가 미부여된 외국법인	법인명	거주지국 납세번호	222
단체	외국단체	단체명	외국법인등록번호 또는 거주지국의 납세	321
기타	기타(개인)	대표자성명(단체명)	대표자 주민등록번호	331
	비거주 외국인(단체)의 종중개체	성명, 단체명	투자등록증 고유번호	411
	열의 명의를 위한 외국인(단체)	성명, 단체명	관련문서번호	413
	열의 또는 번호등이 없는 또는 비실명인 경우		공란	999

⑪ 성명(법인명)란: 소득자가 개인인 경우에는 성명을 적고, 법인인 경우에는 법인명을 적으며, 단체인 경우 어는 단체명을 적고, 외의 단체명이 없는 경우에는 대표자성명을 적습니다. ( )내에 단체임을 부기합니다. 다만, 외국인 성명을 영문으로 작적 어려운 경우에는 기록된 영문성명 전부를 작성합니다.

⑫ 주민등록번호 또는 사업자등록번호

구분		기재번호
(1)	주민등록번호 또는 사업자등록번호	
(2)	(1)의 기재번호를 부여받지 않은 경우	[개인] 국내거소신고증상의 국내거소신고번호(재외국민,외국국적동포)를, 외국인등록표상의 외국인등록번호(외국인인 경우)를 각각 적고, 그 번호가 없는 경우 여권상의 여권번호를 적습니다.
(3)	(1),(2)의 기재번호를 부여받지 않은 경우	투자등록증상의 투자등록고유번호를 적고, 그 번호가 없는 경우 해당 거주자국의 납세번호(Taxpayer Identification Number)를 적습니다.

⑬ 주소란: 주소가 외국인 경우 번지(number), 거리(street), 시(city), 도(state), 국가(country) 순으로 영문으로 작습니다.

⑭ 거주지국코드란: 거주자국과 거주지국코드는 소득자가 비거주자 외국법인 경우에 해당인을 포함에 작성하며, 국제표 준화기구(ISO)가 정한 국가별 ISO 코드 중 의 국가약어 및 국가코드를 작습니다. 다만, 소득자의 거주지가 일제이나아이 러나인 경우에는 다부인 코드(사전승인을 받은 경우에는 LM, 사전승인을 받지 않은 경우에는 LN)를 적습니다.

⑮ 종목명란: 거래대상 가상자산의 종목(상품명)을 적습니다.

⑯ 단가란: 거래대상 가상자산 1개의 양도·대여·인출가액을 적습니다. 다만, 가상자산사업자를 통한 가상자산 인출의 경 우 가상자산사업자에 표시한 가상자산 1개의 가액을 적습니다.

⑰ 양도 등 수량란: 거래대상 가상자산의 양도·대여·대여수량을 적습니다.

⑱ 수입금액란: 해당 가상자산의 양도·대여·인출에 따른 수입금액을 말합니다. 비거주자 또는 외국법인이 가상자산입자 등이, 보관·관리하는 가상자산을 인출하는 경우에는 인출시점의 가상자산시가를 말합니다.

⑲ 필요경비 또는 취득가액 등란: 해당 가상자산의 실제 취득가액 및 부대비용의 합계액을 적습니다. 이 경우 먼저 거래된 것에 대한 것으로 봅니다. 다 순서로의 것으로 양도·대여·인출된 것으로 봅니다.

⑳ 소득금액란: 수입금액에서 취득가액 등을 공제한 금액을 말합니다.

㉑ 세율란: 원천징수세율(취득가액 등이 확인되지 않는 경우에는 지급금액의 10%, 또는 취득가액 등이 확인되는 경우에는 지급금액의 10%와 소득금액의 20% 중 지방소득세를 포함하는 세율)을 적습니다. 원천징수세율은 지급금액의 10%(지방소득세 불포함)

㉒ 소득세란: 개인으로부터 원천징수한 세액을 적습니다.
 - 소득세: 법인세, 농어촌특별세, 지방소득세는 원단위에서 이하는 이하는 버리고 적습니다.

㉓ 법인세란: 법인이거나 법이의 지방소득세로 또는 단체로부터 원천징수한 세액을 적습니다.

㉔ 지방소득세란: 지방소득세로 원천징수한 세액을 적습니다.

㉕ 확인란: 제출·증빙 등 실물로 직접 보유하는 경우에는 "실명"으로 적고, 그 외의 계좌는 "비실명"이라고 적습니다. 배당소득을 지급받는 경우에 실지명의를 확인한 경우에는 "실명"으로 적고, 그 외의 경우에는 "비실명"이라고 적습니다.

210mm×297mm[백상지 80g/㎡ 또는 중질지 80g/㎡]

(8) 외국법인의 국내원천소득 등에 대한 지급명세서 제출(법법 §120의 2)

국내원천소득을 외국법인에게 지급하는 자는 지급명세서를 납세지 관할세무서장에게 그 지급일이 속하는 연도의 다음 연도 2월 말일(휴업 또는 폐업한 경우에는 휴업일 또는 폐업일이 속하는 달의 다음다음 달 말일)까지 이를 제출하여야 한다.

1) 외국법인의 국내원천소득 등에 대한 지급명세서 제출특례

비거주자의 국내원천소득에 대한 지급명세서 제출특례를 준용하여 적용한다.

2) 채권 등에 대한 소득금액의 계산특례와 투자매매업을 통한 유가증권의 양도의 경우

외국법인의 채권 등에 대한 소득금액의 계산특례(법령 §138의 3) 또는 투자매매업(투자중개업자)을 통한 유가증권의 양도(법법 §98 ⑦)에 따라 법인세를 원천징수하는 경우에는 해당 원천징수의무자가 그 지급금액에 대한 지급명세서를 제출하여야 한다(법령 §162의 2 ③).

3) 지급명세서의 서식

국내원천소득을 외국법인에게 지급하는 자는 납세지 관할 세무서장에게 지급명세서를 제출하여야 하며 관련 서식은 비거주자의 국내원천소득 등에 대한 지급명세서 제출규정을 준용한다(법령 §162의 2 ④, 법칙 §82 ⑰·⑱).

4) 지급명세서 기타

내국법인의 국내원천소득 등에 대한 지급명세서 제출에 관하여는 소득세법상 지급명세서 제출특례(소령 §215) 규정과 지급명세서 제출기한의 연장(소령 §215) 규정을 준용한다(법령 §162의 2 ⑤).

5) 해당 판결

내국법인이 외국법인으로부터 다른 내국법인의 주식을 취득 시 외국법인이 양도차손이 발생한 경우에도 지급명세서를 제출하여야 하며 미이행 시 지급명세서미제출가산세가 부과된다(조심 2016서3808, 2017.2.14.).

① 내용

외국법인으로부터 내국법인주식을 취득한 경우 법인세법 제98조 제1항 제5호에 따라 다음 중 적은 금액을 원천징수하여 납부하고 내년 2월 말일까지 지급명세서를 제출하여야 한다.

> Min(①, ②)
> ① 양도금액×10%
> ② 양도차익×20%

외국법인이 취득가액보다 낮게 양도하여 양도차손이 발생한 경우 원천징수 해당금액은 없으나 지급명세서를 제출하여야 하는지 여부

② 결정

법인세법시행령 제162조의 2 제1항 제7호에서 국내원천소득을 외국법인에게 지급한 자는 원천징수세액이 1천원 미만인 경우에도 부동산·유가증권 양도소득의 경우에는 지급명세서를 제출하도록 규정하고 있어 가산세 부과는 타당하다.

(9) 지급명세서 제출 유의사항

원천징수의무자, 원천징수이행상황신고서의 신고 및 납부, 지급명세서 제출자를 요약하면 다음과 같다.

구 분		원천징수 의무자	원천징수이행 상황신고서 신고, 납부	지급명세서 제출자 및 지급명세서상 원천징수의무자
개인		개인	사업장	개인(사업자등록번호)
법인	본점	본점	본점	본점(사업자등록번호)
	(독립채산제)지점	지점	지점	지점(사업자등록번호)
	본점일괄납부자의 (독립채산제)지점	지점	본점	제출자 : 본점(사업자등록번호) 원천징수의무자 : 지점(사업자등록번호)
사업자단위과세자		본점, 주사무소	본점, 주사무소	본점, 주사무소 (사업자등록번호)

본점일괄납부승인을 얻은 경우 원천징수이행상황신고서의 신고, 납부 및 지급명세서의 제출을 본점에서 한다. 즉 지급명세서 제출의무자와 원천징수이행상황신고서상 사업자등록번호와 일치해야 한다.

하지만 이 경우에도 원천징수의무자는 지점이므로 지급명세서상 원천징수의무자의 사업자등록번호는 지점사업자등록번호를 기재한다. 따라서 본점일괄납부의 경우 원천징수이행상황신고서 사업자등록번호는 본점이므로 지급명세서에 사업자등록번호가 지점번호가 들어가더라도 지급명세서를 본점에서 전산매체로 일괄제출 시 전산매체상 제출자(A레코드 – 본점)와 원천징수의무자(B레코드 – 지점)를 구분 입력한다.

(10) 지급명세서 및 근로소득간이지급명세서 제출기한의 연장

① 천재지변 또는 그 밖에 특수한 사유가 발생한 경우에 해당 원천징수 관할세무서장·관할지방국세청장 또는 국세청장은 지급명세서의 제출을 다음의 구분에 따라 면제하거나 그 제출기한을 연장할 수 있다(소령 §216 ①).

　가. 천재지변 등 불가항력인 사유로 장부나 그 밖의 증빙서류가 없어진 경우에는 그 사유가 발생한 달의 전월분부터 해당 사업이 원상으로 회복된 달의 전월분까지 지급명세서의 제출을 면제할 수 있다.

　나. 권한 있는 기관에 장부나 그 밖의 증빙서류가 압수 또는 영치된 경우에는 그 사유가 발생한 당월분과 그 전월분에 대하여 지급명세서 또는 근로소득간이지급명세서를 제출할 수 있는 상태로 된 날이 속하는 달의 다음 달 말일까지 제출기한을 연장할 수 있다.

② '①'에 따라 지급명세서 제출 면제 또는 연장을 받으려는 자는 지급명세서 제출기한 내에 해당 원천징수 관할세무서장·관할지방국세청장 또는 국세청장에게 신청하여야 한다.

5. 근로소득간이지급명세서의 제출

개인에게 다음의 어느 하나에 해당하는 소득(상용근로소득은 반기 동안 지급한 과세소득을 말하며 비과세소득은 미제출하고 2024년부터는 매월 제출함)을 국내에서 지급하는 자(법인, 소득세법 제127조 제5항에 따라 소득의 지급을 대리하거나 그 지급 권한을 위임 또는 위탁받은 자 및 제150조에 따른 납세조합, 제7조 또는 법인세법 제9조에 따라 원천징수세액의 납세지를

본점 또는 주사무소의 소재지로 하는 자와 부가가치세법 제8조 제3항 후단에 따른 사업자 단위
과세 사업자를 포함)는 근로소득간이지급명세서를 원천징수 관할 세무서장, 지방국세청
장 또는 국세청장에게 제출하여야 한다(소법 §164의 3 ①).

① 일용근로자가 아닌 근로자에게 지급하는 근로소득

② 원천징수대상 사업소득

③ 인적용역관련 기타소득(소법 §21 ① 19호)

 • 2024.1.1. 이후 지급하는 소득분부터 간이지급명세서 제출대상에 해당

비거주자에게 소득세법 제119조에 규정된 국내원천 선박등임대소득, 국내원천 사업소
득, 국내원천 인적용역소득, 국내원천 사용료소득을 지급하는 경우에는 소득세법 제
164조의 3에 따른 간이지급명세서 제출의무가 없다(서면법규소득−5082, 2022.1.24.).

저자주

간이지급명세서 제출기한

1. **근로자에게 지급하는 간이지급명세서**

   지급일(소득세법 제135조「근로소득 원천징수시기 특례」또는 소득세법 제144조의 5
   「연말정산 사업소득의 원천징수시기 특례」를 적용받는 소득에 대해서는 해당 소득에 대한
   과세기간 종료일)이 속하는 반기 마지막 달의 다음 달 말일(휴업, 폐업 또는 해산한 경우
   에는 휴업일, 폐업일 또는 해산일이 속하는 반기 마지막 달의 다음 달 말일). 2024.1.1.
   이후 지급하는 소득분부터는 지급일이 속하는 달의 다음 달 말일까지로 변경

2. **원천징수대상 사업소득 및 인적용역관련 기타소득에 대한 간이지급명세서**

   지급일이 속하는 달의 다음 달 말일(휴업 · 폐업 · 해산의 경우에는 휴업일 · 해산일 · 폐
   업일이 속하는 달의 다음 달 말일)

---

(1) 서식

근로소득간이지급명세서의 서식은 그 소득을 지급받는 소득자별로 구분하여 다음과 같다.

① 별지 제24호의 4 서식(1) 근로소득간이지급명세서(근로소득)

② 별지 제24호의 4 서식(2) 근로소득간이지급명세서(거주자의 사업소득)

③ 별지 제24호의 4 서식(4) 근로소득간이지급명세서(비거주자의 사업소득)

(2) 제출

근로소득간이지급명세서를 제출하여야 하는 자는 근로소득간이지급명세서의 기재 사항을

국세기본법 제2조 제18호에 따른 정보통신망을 통하여 제출하거나 디스켓 등 전자적 정보저장매체로 제출하여야 한다. 이 경우 소득을 지급하는 자는 조세특례제한법 제126조의 3에 따른 현금영수증 발급장치 등의 방법을 통하여 제출할 수 있다(소법 §164의 3 ②).

① 해당 소득(소령 §213의 2 ①)

　가. 일용근로자에게 지급하는 근로소득

　나. 총급여액이 근로소득공제액 및 본인에 대한 기본공제액의 합계액 이하인 거주자에게 지급하는 근로소득

② 해당 방법(소령 §213의 2 ③)

조세특례제한법 제126조의 3에 따른 현금영수증 발급장치를 통해 다음 각 호의 사항을 모두 제출하는 것

　가. 급여의 귀속연도 및 귀속반기

　나. 소득자의 주민등록번호

　다. 급여액

(3) 문서제출

① 국세청장은 '(2)'에 불구하고 다음에 해당되는 자에게는 근로소득간이지급명세서를 문서로 제출하게 할 수 있다(소법 §164의 3 ③).

② '①'에 의한 자는 직전 과세연도에 제출한 지급명세서가 20매 미만인 자 또는 상시 근무하는 근로자의 수(매월 말일의 현황에 따른 평균인원수를 말함)가 5명 이하인 자를 말한다(소령 §214 ④).

다만 다음 각 호의 어느 하나에 해당하는 자는 제외한다.

　가. 한국표준산업분류상의 금융보험업자

　나. 국가 · 지방자치단체 또는 지방자치단체조합

　다. 법인

　라. 복식부기의무자

(4) 근로소득간이지급명세서 가산세(소법 §81의 11 ①, 법법 §75의 7 ①)

① 근로소득간이지급명세서 미제출가산세 : 지급금액의 0.25%[제출기한 경과 후 3개월(사업소득에 대한 간이지급명세서의 경우는 1개월) 이내에 제출 시 0.125%]

- 2024.1.1. 이후 지급하는 소득분부터 지연제출가산세는 상용근로소득·인적용역 관련 기타소득도 1개월 이내 제출 시 적용

② 근로소득간이지급명세서 불분명·허위기재가산세 : 지급금액의 0.25%

　가. 지급금액 중 불분명금액이 5% 이하인 경우 불분명가산세 적용 면제(2023년은 사업소득만 적용)

　나. 2024.1.1. 이후 지급하는 분부터는 상용근로소득·인적용역관련 기타소득도 면제적용

③ 소득세법 제164조의 3 제1항에 따라 제출대상 소득을 기재하여 근로소득간이지급 명세서를 제출해야 하며 소득세법시행령 제214조 규정에 따른 제출 면제대상을 포 함하여 제출한 경우에는 수정제출하여야 함. 제출된 근로소득간이지급명세서가 법 인세법 제75조의 7 및 동법시행령 제120조에 의거 대통령령으로 정하는 불분명한 경우에 해당하거나 제출된 근로소득간이지급명세서에 기재된 지급금액이 사실과 다른 경우 가산세를 부과하여야 함. 다만, 소득세법시행령 제214조 규정에 따라 제 출 면제 대상 식대, 자가운전보조금을 비과세소득에 포함하여 착오 제출하였고 그 사유가 국세기본법 제48조 제1항에 따른 가산세 감면의 정당한 사유에 해당할 경 우 가산세가 면제되는 것임(서면소득지원-2416, 2019.8.22.).

④ 소득세법 제164조의 3 제1항 제2호에 따라 원천징수대상 사업소득의 지급일이 속 하는 달의 다음 달 말일까지 간이지급명세서를 제출한 경우 간이지급명세서의 미제 출·기한후제출 가산세를 부과할 수 없음. 이는 서식의 작성방법을 어겨도 본법에 부합하면 가산세를 부과하지 않겠다는 의미의 해석임(조세및고용보험소득정보연계추 진단-132, 2022.9.16.)

(5) 간이지급명세서 미제출 가산세 한시적 특례(소법 §81의 11 ③, 법법 §75의 7)

1) 상용근로소득 간이지급명세서에 대한 가산세 특례

① 적용내용 : 소득지급일이 속하는 반기의 다음 달 말일까지 간이지급명세서 제출 시 미제출 가산세 면제

② 적용대상 : 2024.1.1.~2024.12.31.에 지급하는 상용근로소득

　－소규모사업자*의 경우 2024.1.1.~2025.12.31.에 지급하는 소득

　　* 직전연도 상시고용인원이 20인 이하로서 원천징수세액 반기별 납부자

2) 인적용역 관련 기타소득 간이지급명세서에 대한 가산세 특례

① 적용내용 : 기타소득 지급명세서를 소득지급일이 속하는 과세연도 다음연도의 2월 말일까지 제출 시 미제출 가산세 면제

② 적용대상 : 2024.1.1.~12.31.에 지급하는 인적용역관련 기타소득

③ 2024.1.1. 이후 지급하는 소득분부터 적용

(6) 간이지급명세서 · 지급명세서 가산세 중복적용 배제(소법 §81의 11 ⑤, 법법 §75 의 7)

1) 원천징수대상 사업소득 및 인적용역 관련 기타소득 지급명세서 · 간이지급명세서 제출 불성실* 가산세 중복적용 배제

* ① 기한까지 제출하지 아니한 경우, ② 지급사실이 불분명하거나 기재된 금액이 사실과 다른 경우

2) 지급명세서(가산세율 : 1%)와 간이지급명세서(가산세율 : 0.25%)를 모두 미제출하거나 불분명한 경우 높은 가산세율 1%만 적용

※다만, 연말정산 사업소득은 지급명세서(1%) · 간이지급명세서(0.25%) 제출 불성실 가산세를 중복적용

3) 적용시기

① 원천징수대상 사업소득 : 2023.1.1. 이후 지급하는 소득분부터 적용

② 인적용역 관련 기타소득 : 2024.1.1. 이후 지급하는 소득분부터 적용

(7) 간이지급명세서 제출 시 지급명세서 제출 면제(소법 §164)

간이지급명세서 제출 사업자에 대한 지급명세서 제출 특례

① 적용대상 : 원천징수대상 사업소득, 인적용역 관련 기타소득

② 적용방법 : 간이지급명세서(매월)를 모두 제출 시 지급명세서(연 1회) 제출 면제

※ 다만, 연말정산 사업소득은 간이지급명세서와 지급명세서를 모두 제출하여야 함

③ 적용시기

　　가. 원천징수대상 사업소득 : 2023.1.1. 이후 지급하는 소득분부터 적용

　　나. 인적용역 관련 기타소득 : 2024.1.1. 이후 지급하는 소득분부터 적용

(8) 기타

① 원천징수 관할 세무서장, 지방국세청장 또는 국세청장은 필요하다고 인정할 때에는 근로소득간이지급명세서의 제출을 요구할 수 있다(소법 §164의 3 ④).

② 제출기한의 연장

상기 '4. ⑩'과 동일(소령 §216)

Expert Opinion Summary 원천징수 업무의 이해

원천징수 업무를 처음 접하시는 실무자님들께 원천징수란 실무가 무엇인지를 먼저 정리해보도록 하겠습니다. 일반적으로 원천징수는 회사에서 임직원에게 급여 또는 퇴직금을 지급 시 일정액의 세금을 징수하여 납부하는 절차로 이해하고 있으나 실지로는 훨씬 다양한 소득금액을 개인 또는 법인에게 지급 시 원천징수가 이루어지고 있습니다. 앞으로 원천징수 및 특별징수(원천징수세액의 10%를 지방소득세로 징수하는 것을 말함)에 대한 이해를 통해 진정한 실무자가 되시길 바랍니다.

1. 세법상 자진 신고 · 납부의무

우리나라 소득세법은 올해 벌어들인 개인의 소득에 대해 내년 5.31.까지 주소지관할세무서에 소득세를 자진 신고 · 납부하도록 하고 있습니다.

법인세법에서는 법인소득에 대해 내년 3.31.까지 본점관할세무서에 법인세를 자진 신고 · 납부하도록 하고 있습니다.

2. 원천징수 의미

개인과 법인이 과세소득이 있음에도 불구하고 5월과 3월에 세금을 납부하지 않고 파산하게 되면 국가는 세금을 수령할 수 없게 되므로 법에서 열거하고 있는 일정 소득에 대해 지급하는 자는 소득금액 지급 시 일정 금액을 차감하여 지급하고 차감한 금액을 국가에 납부하는 것을 원천징수라 합니다. 이때 개인에 대한 원천징수 시 지방자치단체를 위하여 소득세의 10%(이를 지방소득세라 함)를 추가징수하는데 이는 특별징수라 합니다.

3. 원천징수대상 열거소득

(1) 회사 → 개인(거주자)[*]

[*] 거주자는 한국에 주소를 둔 자로 한국에 거주하는 한국인과 외국인을 말함

　　① 이자소득
　　　가. 금융기관에서 이자지급 시
　　　　: 원천징수세율 14%(소득세) + 특별징수세율 1.4%(지방소득세)
　　　나. 비금융기관에서 이자지급 시
　　　　: 25%(소득세) + 2.5%(지방소득세)
　　② 배당소득
　　　14%(소득세) + 1.4%(지방소득세)

---

③ 특정(법에서 열거된 면세관련) 사업소득

　　3%(소득세)+0.3%(지방소득세)

④ 연금소득

　가. 공적연금소득(국민연금 등의 소득으로 종합과세)

　　　연금소득 간이세액표에 의해 원천징수

　나. 사적연금소득(연금저축 등, 연 1,200만원 초과 시는 15% 분리과세 원천징수 또는 종합과세 선택, 1,200만원 이하 시는 선택적 분리과세)

　　　3%~5%(소득세)+0.3%~0.5%(지방소득세)

　다. 의료목적 및 사망 등 부득이한 사유로 연금계좌에서 연금외수령 시(분리과세)

　　　3%~5%(소득세)+0.3%~0.5%(지방소득세)

　라. 퇴직연금계좌에서 연금수령 시(분리과세)

　　　이연퇴직소득세×연금수령액/이연퇴직소득×60% 또는 70%

⑤ 근로소득

　가. 매월분 근로소득

　　　근로소득 간이세액표에 의해 원천징수

　나. 연말정산

　　　내년 2월에 연말정산을 통해 소득세확정 추가납부 또는 환급

⑥ 기타소득

　가. 연금저축계좌가입금액을 연금외수령 시(분리과세)

　　　15%(소득세)+1.5%(지방소득세)

　나. 상기 이외 기타소득

　　　20%(소득세)+2%(지방소득세)

⑦ 퇴직소득

　가. 과세표준=퇴직소득금액－근속연수공제

　나. 환산급여액='가.'×$\dfrac{12}{근속연수}$

　다. 산출세액=('나.'－환산급여공제액)×기본세율(6~45%)

　라. 연승 산출세액='다.'×$\dfrac{근속연수}{12}$

(2) 회사 → 내국법인에게 이자소득 지급

　① 금융기관에서 이자지급 시

　　가. 원천징수세율 14%(법인세)

　　나. 특별징수세율 1.4%(지방소득세)

　② 비금융기관에서 이자지급 시 : 25%(법인세)+2.5%(지방소득세)

(3) 회사 → 비거주자 또는 외국법인

　비거주자 또는 외국법인에게 국내원천소득(이자·배당·부동산임대·선박 등 임대·사업·인적용역·사용료·양도·근로·퇴직·연금·유가증권양도·기타소득)을 지급하는 자는 조세조약 및 우리나라세법에 따라 일정액의 원천징수 및 특별징수를 하여 납부하여야 합니다.

4. 원천징수세액의 납부

매월별 원천징수세액을 합산하여 다음 달 10일까지 은행에 납부하여야 합니다. 납부서는 소득종류별로 각각 작성하여야 하고 보통 인터넷을 통한 전자납부를 하고 있습니다.

5. 근로소득간이지급명세서의 제출

2023년에는 근로소득을 지급하는 자는 해당 소득에 대해 반기별로 반기의 마지막 달(원천징수대상 사업소득은 지급일이 속하는 달) 다음 달 말일까지 근로소득간이지급명세서를 국세청에 제출하여야 합니다.

6. 원천징수영수증(지급명세서)의 교부

소득을 지급받는 자에게 원천징수영수증(소득종류별)을 교부하여야 하며 원천징수영수증(지급명세서라고도 함)을 다음과 같이 국세청에 File로 전자신고하여야 합니다.
① 근로소득 · 퇴직소득 · 원천징수대상 사업소득 및 봉사료 · 종교인소득(기타소득)
  내년 3.10.까지 전자신고(3.10.이 휴일인 경우에는 그 다음일)
② 일용근로소득 : 지급월의 다음 달 말일까지 전자신고
③ '①, ②' 이외 원천징수소득 내년 2월말일까지 전자신고

7. 원천징수이행상황신고서 전자신고

매월별 원천징수한 내용에 대해 소득별 합계금액을 기재한 서식으로 다음 달 10일까지 국세청에 전자신고하여야 합니다.

8. 홈택스 원천세 신고 및 납부

홈택스(www.homemtax.go.kr)를 통하여 원천징수이행상황신고서를 인터넷으로 전송하는 신고방법에는 신고서를 직접 작성하여 전송하는 방식과 회계프로그램에서 생성한 파일을 오류검증 후 변환하여 전송하는 방식이 있습니다.
(1) 홈택스 원천세 신고 접수일정
  ① 정기분 신고납부기한 : 지급월의 다음월 10일까지 신고납부
  ② 수정, 기한 후 전자신고 : 제출월(기한 후 신고는 지급월)의 다음월 25일부터 신고 가능
  ③ 이용시간 : 신고기간 중 06:00~24:00(휴일, 공휴일 포함)
(2) 원천세 세금신고 유의사항
  ① 동일 귀속, 지급연월의 원천세 신고서를 여러 번 전송한 경우 신고기한까지 최종 전송한 자료만 인정
    -정기신고서는 법정신고기한 내, 기한 후 신고서는 월말까지 최종으로 전송한 1건을 인정
  ② 홈택스로 전송한 신고서를 삭제하려면 홈택스에서 '전자신고 삭제요청서'를 작성하여 제출
    -홈택스 → 신고/납부 → 세금신고 삭제요청
  ③ 휴 · 폐업한 사업자도 홈택스를 통해 신고할 수 있음

④ 귀속, 지급연월은 신고서를 구분하는 항목이므로 정확하게 작성해야 합니다. 잘못 작성한 신고서는 수정할 수 없으며 삭제요청한 후 정확한 귀속, 지급연월로 작성하여 다시 신고해야 합니다.

(3) 세금신고 후 납부할 세액을 홈택스(www.homemtax.go.kr → 신고/납부 → 세금납부 → 국세납부 → 납부할 세액 조회납부)를 통해 납부할 수 있습니다.

① 전자납부 이용시간 : 365일 07:00~22:00

② 지방소득세는 지방세로 해당 지방자치단체에 납부합니다.

* 지방소득세 전자납부 : 서울시(이택스 : http://etax.seoul.go.kr), 서울시 외(위택스 : http://wetax.go.kr)

홈택스 세금납부방법

구 분		내 용
조회납부	신고분납부	홈택스에서 신고한 세금신고분 납부
	고지분납부	고지한 내역을 조회하여 납부
자진납부		신고하거나 고지받은 세금에 대하여 자진납부
타인세금납부		다른 사람의 세금을 납부

02

■ 소득세법 시행규칙 [별지 제24호의 4 서식(1)] <개정 2023. 3. **.>   (3쪽 중 제1쪽)

간이지급명세서
(근로소득)
([ ]지급자 보관용 [ ]지급자 제출용)

❶ 지급자 인적사항 및 지급내용 합계사항

① 상호 (법인명, 성명)	② 사업자(주민) 등록번호	③ 소재지 (주 소)	④ 소득 인원	⑤ 총지급액

⑥ 귀속연도		⑦ 지급월 (해당월에 ○)	[ ]1월 [ ]2월 [ ]3월 [ ]4월 [ ]5월 [ ]6월 [ ]7월 [ ]8월 [ ]9월 [ ]10월 [ ]11월 [ ]12월

❷ 소득자 인적사항 및 근로소득 내용

일련 번호	⑧ 성명	⑨ 주민등록번호	⑩ 외국인 여부 (외국인 ○)	⑪ 비거주자 여부 (비거주자 ○)	⑫ 퇴사일	⑬ 근무기간	⑭ 급여 등	⑮ 인정상여
1						–		
2						–		
3						–		
4						–		
5						–		
6						–		
7						–		
8						–		
9						–		
10						–		
11						–		
12						–		
13						–		
14						–		
15						–		

지급자는 「소득세법」 제164조의3제1항에 따라 위의 내용을 제출하며,
위 내용을 충분히 검토하고 지급자가 알고 있는 사실 그대로를 정확하게 적었음을 확인합니다.

년   월   일

제출자: (서명 또는 인)

※ 서식작성에 관한 설명은 뒷면의 작성방법을 참고하시기 바랍니다.

210mm×297mm(백상지 80g/㎡)

작성방법

■ 이 서식은 인터넷을 이용한 홈택스(www.hometax.go.kr), 스마트폰 손택스(앱)을 이용하면 간편하게 작성할 수 있습니다.

1. 이 서식은 「소득세법」에 따른 일용근로자가 아닌 근로자(상용근로자)에게 근로소득을 지급하는 경우에 작성합니다.

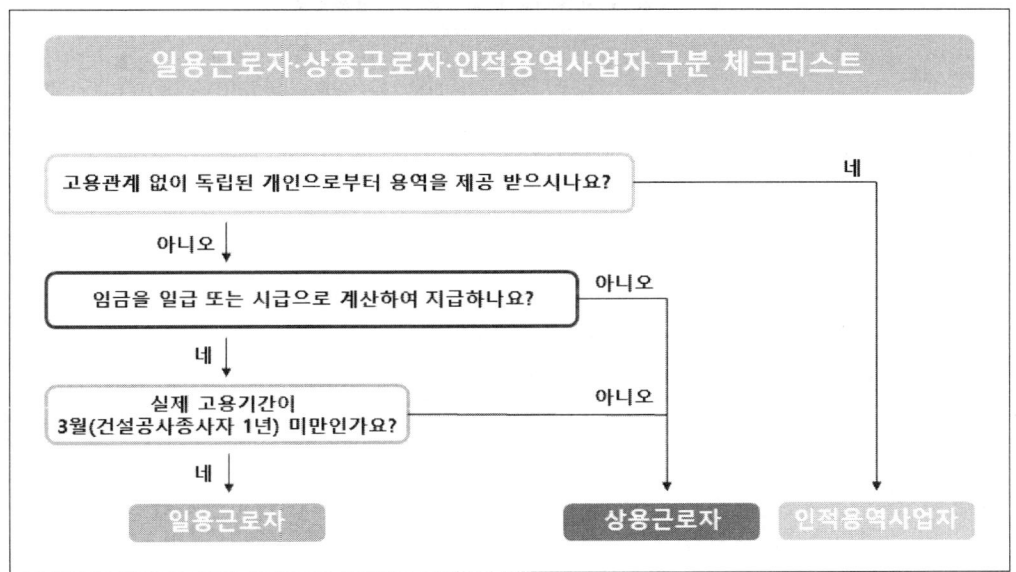

2. 지급자는 소득을 지급한 달의 다음 달 말일(휴업, 폐업 또는 해산한 경우에는 휴업일, 폐업일 또는 해산일이 속하는 달의 다음 달 말일)까지 작성하여 제출해야 합니다.

3. 이 서식은 아래 순서에 따라 작성합니다.

가. ⑥ 귀속연도란은 근로를 제공받은 연도를 적습니다.

나. ⑦ 지급월란은 지급일이 속하는 월에 [○]를 표시합니다.

　- 12월 지급분을 제출하는 경우 해당 귀속연도의 근로소득을 12월 말일까지 미지급한 금액도 12월에 지급한 것으로 작성하여 다음연도 1월 31일까지 제출해야 합니다.(예: 2024년 12월 근무에 대한 소득을 2025년 1월에 지급한 경우, 2024년 12월 지급분에 포함하여 제출하고 2025년 1월 지급분 제출시에는 제외)

다. ⑤ 총 지급액란은 소득자별 ⑭ 급여 등 및 ⑮ 인정상여의 합계를 모두 더해서 적습니다.

라. ⑩ 외국인 여부란은 소득자가 외국인일 경우에는 "○"를 표시해야 하며 내국인일 경우에는 표시하지 않습니다.

마. ⑪ 비거주자 여부란은 소득자가 비거주자일 경우에는 "○"를 표시해야 하며 거주자일 경우에는 표시하지 않습니다.

바. ⑫ 퇴사일란은 근로자가 퇴사한 경우 퇴사일을 월일로 적습니다.(예: 5월 20일 퇴사한 경우 05.20.로 적습니다)

사. ⑬ 근무기간은 월일로 적습니다.(예: 01.01. - 01.31.)

아. ⑭ 급여 등란에는 근로소득(식사대 등 비과세소득 제외)에서 ⑭ 인정상여를 차감한 금액을 적습니다.

자. ⑮ 인정상여란에는 「법인세법」에 따라 상여로 처분된 금액을 적습니다.

　- 지급월의 근로소득이 근무기간 한달 이상을 초과하여 지급받는 경우(여러달 근무기간의 근로소득을 한 월에 지급받는 경우) ⑬ 근무기간과 ⑭ 급여 등 및 ⑮ 인정상여를 월별로 구분하여 적습니다.(예 : 03.01. - 04.30. 두달 근무기간의 근로소득을 5월에 지급받는 경우, ⑦ 지급월란은 5월에 [○]를 표시하고 ⑬ 근무기간 03.01. - 03.31.⑭ 급여 등 및 ⑮ 인정상여를 적고 ⑬ 근무기간 04.01 - 04.30.⑭ 급여 등 및 ⑮ 인정상여를 월별로 구분하여 적습니다.

간이지급명세서 부표
(근로소득)
([ ]지급자 보관용 [ ]지급자 제출용)

⑥ 귀속연도		⑦ 지급월 (해당월에 "○")	[ ]1월 [ ]2월 [ ]3월 [ ]4월 [ ]5월 [ ]6월 [ ]7월 [ ]8월 [ ]9월 [ ]10월 [ ]11월 [ ]12월

❷ 소득자 인적사항 및 근로소득 내용 (사업자등록번호 :   )

일련 번호	⑧ 성명	⑨ 주민등록번호	⑩ 외국인 여부 (외국인 "○")	⑪ 비거주자 여부 (비거주자 "○")	⑫ 퇴사일	⑬ 근무기간	⑭ 급여 등	⑮ 인정상여
13						−		
14						−		
15						−		
16						−		
17						−		
18						−		
19						−		
20						−		
21						−		
22						−		
23						−		
24						−		
25						−		
26						−		
27						−		
28						−		
29						−		
30						−		
31						−		
32						−		
33						−		
34						−		
35						−		

※ 소득자가 많아서 제1쪽의 「❷ 소득자 인적사항 및 근로소득 내용」란이 부족한 경우 이 서식에 이어서 작성합니다.

210mm×297mm(백상지 80g/㎡)

■ 소득세법 시행규칙 [별지 제24호의 4 서식(2)] <개정 2023. 3. **.>　　　　　　　　　(4쪽 중 제1쪽)

간이지급명세서
(거주자의 사업소득)
([ ]지급자 보관용 [ ]지급자 제출용)

❶ 지급자 인적사항 및 지급내용 합계사항

① 법인명 (상호, 성명)	② 사업자(주민) 등록번호	③ 소재지 (주 소)	④ 소득인원	⑤ 총지급액 (⑫번 합계)

⑥ 지급연월	년	월 ⑦ 귀속연도	년

❷ 소득자 인적사항 및 월별 소득내용

일련 번호	⑧ 귀속 월	⑨ 업종 구분	⑩ 소득자 성명(상호)	⑪ 주민(사업자) 등록번호	⑫ 외국인 여부 (외국인 '○')	⑬ 지급액	⑭ 세 율	⑮ 소득세	⑯ 지방 소득세	⑰ 계 (⑮+⑯)
1										
2										
3										
4										
5										
6										
7										
8										
9										
10										
11										
12										
13										
14										
15										
16										
17										
18										

지급자는 「소득세법」 제164조의3제1항에 따라 위의 내용을 제출하며,
위 내용을 충분히 검토하고 지급자가 알고 있는 사실 그대로를 정확하게 적었음을 확인합니다.

년　　월　　일

제출자:　　　　　　　　　　　　　　　　　　　　　　　(서명 또는 인)

※ 서식작성에 관한 설명은 뒷면의 작성방법을 참고하시기 바랍니다.

210mm×297mm(백상지 80g/㎡)

작 성 방 법

1. 이 서식은 「소득세법」 제2조에 따라 소득세 납세의무가 있는 거주자에게 원천징수대상 사업소득(연말정산 사업소득 포함)을 지급한 경우에 작성합니다.

　– 비거주자(국내에 주소가 없고 183일 미만 거소를 둔 개인)인 인적용역사업자에게 지급한 소득은 작성대상이 아닙니다.

　– 「소득세법」 제14조제3항제2호에 따른 일용근로자(예: 식당주방보조원, 시간제 편의점근무자, 건설노동자 등)에게 지급한 소득에 대해서는 이 서식을 작성하지 않고 일용근로소득지급명세서를 작성합니다.(아래 체크리스트 참조)

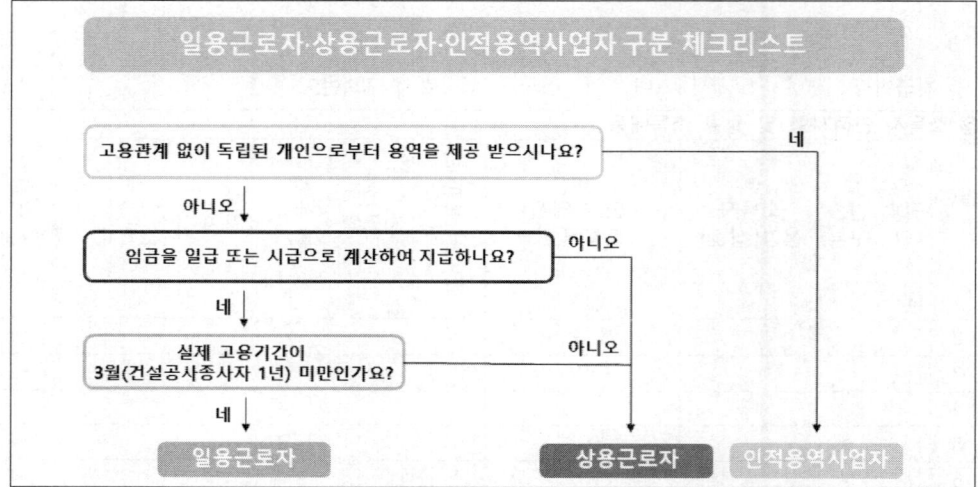

2. 지급자는 소득 지급일이 속하는 달의 다음 달 말일(휴업, 폐업 또는 해산한 경우에는 휴업일, 폐업일 또는 해산일이 속하는 달의 다음 달 말일)까지 제출해야 합니다.

3. 이 서식은 아래 순서에 따라 작성합니다.

　가. ⑥ 지급연월란은 소득을 지급한 연도와 월을 적습니다.

　나. ⑦ 귀속연도란과 ⑧귀속월란은 용역을 제공받은 연도와 월을 적습니다.

　　※ 연말정산 사업소득(보험모집인, 방문판매원, 음료배달원)의 경우, 해당 귀속연도의 사업소득을 12월 말일까지 미지급한 경우 12월에 지급한 것으로 작성하여 다음연도 1월 31일까지 제출해야 합니다.
　　　(예: 2022년 12월 근무에 대한 소득을 2023년 1월에 지급한 경우 2022년 12월 지급분 간이지급명세서에 포함하여 제출하고, 2023년 1월 지급분 간이지급명세서 제출 시에는 제외)

　다. ⑨ 업종구분란은 소득자의 업종에 해당하는 다음 페이지(4쪽 중 제3쪽)의 업종코드번호를 적습니다.

　라. ⑩~⑪란은 소득자의 성명, 주민등록번호를 적습니다. 다만, 소득자가 병의원(851101)인 경우에만 상호, 사업자번호를 적습니다.

　마. ⑫ 외국인 여부란은 소득자가 외국인일 경우에는 "○"를 표시해야 하며 내국인일 경우에는 표시하지 않습니다.

　바. ⑬ 지급액란에는 소득자를 기준으로 해당 월에 지급한 금액을 적습니다.

　　[건별 소액부징수(⑮ 소득세액이 1천원 미만인 경우를 말합니다)되는 지급액도 적어 제출합니다.]

　　※ 계약의 해지 등으로 인해 수당 환수액이 있는 경우 환수액을 차감하지 않은 금액을 적습니다.
　　　(예: 해당 월의 수당이 100만원이나 전월 계약해지로 인한 환수액 5만원을 차감한 후 95만원을 지급한 경우, ⑬ 지급액란에는 100만원을 적습니다.)

　자. ⑭ 세율란에는 3%를 적습니다. 다만, 직업운동가(940904) 중 프로스포츠 구단과의 계약기간이 3년 이하인 외국인 직업운동가는 20%, 봉사료 수취자(940905) 중 「소득세법 시행령」 제184조의2에 해당하는 봉사료 수입금액은 5%를 적습니다.

4. 이 서식은 인터넷을 이용한 홈택스(www.hometax.go.kr), 스마트폰 손택스(앱)을 이용하면 간편하게 작성할 수 있습니다.

작 성 방 법

□ 업종코드번호

종목	업종코드	적용범위	종목	업종코드	적용범위
가수	940304	가수	자문·고문	940600	자문, 감독, 지도료, 교정, 고증, 필경, 타자 등
성악가 등	940305	성악가, 국악인, 무용가, 고전음악연주가, 악사, 영화감독, 연출가	바둑기사	940901	바둑기사
작곡가	940301	작곡·작사가, 편곡가, 각색영화편집	꽃꽂이교사	940902	꽃꽂이, 무용, 음악, 사교댄스 및 요리교사
저술가/작가	940100	학술·문예에 관한 번역수입금액 포함	학원강사	940903	학원강사, 강사, 과외교습자, 재단사
화가관련 예술가	940200	회화, 서예가, 조각가, 만화가, 삽화가, 도예가	학습지 방문강사	940920	학습지 회원의 가정을 방문하여 학습내용 지도
배우	940302	탤런트, 성우, MC, 코미디언, 개그맨, 만담가	교육교구 방문강사	940921	유아/아동에게 학습지가 아닌 교재/교구를 활용지도
모델	940303	탤런트, 배우 등의 광고모델수입 포함	방과후강사	940925	학교 정기수업 외 방과후 학교 프로그램 종사
연예보조	940500	연예보조출연자, 조명, 촬영, 장치, 녹음, 분장 등	대리운전	940913	대리운전용역을 직접 제공
1인미디어 콘텐츠창작자	940306	유튜버, BJ, 크리에이터 등	퀵서비스	940918	퀵서비스배달원, 배달대행업체배달원
소프트웨어 프리랜서	940926	소프트웨어개발, 제작, 생산, 유통, 운영 및 유지·관리	심부름용역	940917	심부름센터, 말벗서비스
기타 모집수당	940911	증권매입권유, 저축권장 분양알선, 모집알선, 채권회수수당	물품운반	940919	의류(직물)운반, 이삿짐운반, 짐운반원
대출모집인	940923	대출관련 업무수행 (금융회사, 대출모집법인)	캐디	940914	골프장 경기자의 보조용역수행
신용카드 회원모집인	940924	신용카드발급 관련 업무수행	직업운동가	940904	운동지도가, 역사(심판포함), 경륜·경정선수, 기수, 경기기록원, 감독 등 포함
음료배달	940907	우유배달판매, 요구르트배달판매	보험설계사	940906	보험가입자의 모집 등 활동
방문판매원	940908	서적외판원, 학습지·화장품·정수기·자동차 등 방문판매	대여제품 방문점검원	940922	가정/사무실 등 방문하여 대여제품의 정기 점검활동
중고자동차 판매원	940929	중고자동차의 매입과 알선 및 판매	관광통역 안내사	940927	외국인 관광객을 대상으로 국내관광 안내
다단계판매	940910	다단계 판매원의 후원수당	어린이 통학버스기사	940928	어린이(13세미만) 통학버스를 운전
간병인	940912	개인간병, 방문간호, 파출간병인서비스 등	봉사료수취자	940905	유흥접객원, 댄서
목욕관리사	940915	목욕관리사	병의원	851101	요양병원, 정신병원, 병원급 장애인 의료 재활시설
행사도우미	940916	상품 및 시설의 장점, 기능 등 홍보	기타자영업	940909	조율사, 전기·가스검침원 등 달리 분류되지 않는 업종

※ 기타자영업 코드(940909)는 고용관계 없이 독립된 자격으로 일정한 고정보수를 받지 않고 그 실적에 따라 수당 또는 이와 유사한 성질의 대가를 지급받는 경우로서 위 표에서 기타자영업을 제외한 39개 업종코드 중 어느 하나로 분류되지 않는 업종[예: 컴퓨터 프로그래머(소프트웨어 프리랜서 제외), 전기·가스검침원 등]인 경우 적습니다.

※ 업종코드를 정확히 기재하지 않을 경우 소득자의 소득세가 과다 계산되거나 고용보험 가입이 누락될 수 있습니다.

02

간이지급명세서 부표
(거주자의 사업소득)
([　]지급자 보관용 [　]지급자 제출용)

⑥ 지급연월		년	월	⑦ 귀속연도	년

❷ 소득자 인적사항 및 월별 소득내용 (사업자등록번호 :　　　　　)

일련 번호	⑧ 귀속 월	⑨ 업종 구분	⑩ 소득자 성명(상호)	⑪ 주민(사업자) 등록번호	⑫ 외국인 여부 (외국인 "○")	⑬ 지급액	⑭ 세율	⑮ 소득세	⑯ 지방 소득세	⑰ 계 (⑮+⑯)
19										
20										
21										
22										
23										
24										
25										
26										
27										
28										
29										
30										
31										
32										
33										
34										
35										
36										
37										
38										
39										
40										

※ 소득자가 많아서 제1쪽의 「❷ 소득자 인적사항 및 월별 소득내용」란이 부족한 경우 이 서식에 이어서 작성합니다.

[210mm×297mm(백상지 80g/㎡)]

Ⅸ 원천징수이행상황신고서 작성방법

1. 신고구분(①신고구분)

(1) 매월

매월 원천징수하여 지급일이 속하는 달의 다음 달 10일까지 신고·납부하는 경우

> • A01(간이세액) : 근로소득간이세액표에 의한 원천징수
> • A02(중도퇴사) : 당월 중도퇴사자의 원천징수(연말정산)
> • A03(일용근로) : 일용근로자에 대한 원천징수
> • A21(연금계좌) : 퇴직소득 중 연금계좌(퇴직연금＋연금저축)에서 지급된 금액에 대한 원천징수
> • A22(그 외) : 연금계좌 외 지급된 퇴직소득에 대한 원천징수
> • A25(매월징수) : 원천징수대상 사업소득의 지급월에 대한 원천징수
> • A41(연금계좌) : 연금저축계좌에서 연금외인출 시 15% 원천징수
> • A42(그 외) : 기타소득에 대해 20% 원천징수
> • A43(매월징수) : 종교인소득간이세액표에 의한 원천징수
> • A45(공적연금 : 매월) : 연금소득 간이세액표에 의한 원천징수
> • A48(연금계좌) : 연금계좌를 통해 지급된 연금소득에 대해 3~5% 원천징수
> • A49(가상자산) : 비거주자 가상자산소득에 대한 원천징수
> • A50(이자소득) : 이자소득 지급에 대한 원천징수
> • A60(배당소득) : 배당소득 지급에 대한 원천징수
> • A69(저축 등 해지 추징세액 등) : 벤처기업투자신탁, 장기주택마련저축, 연금저축, 소기업·소상공인공제부금, 주택청약저축 및 장기집합투자증권저축 가입자의 소정기간 내 중도해지 시 해지가산세 등의 추징세액
> • A70(비거주자 양도소득) : 비거주자에게 유가증권 및 부동산양도소득 지급 시 원천징수
> • A80(내·외국법인원천) : 내국·외국법인에 대한 원천징수

(2) 반기

원천징수세액의 납부특례(반기별 신고·납부자)에 해당하는 경우

가. 인원
- 간이세액(A01) : 반기(6월)의 마지막 달의 인원을 입력
- 중도퇴사(A02) : 반기(6개월) 중 중도퇴사자의 총인원을 입력
- 일용근로(A03) : 월별 순인원의 6개월 합계인원을 입력
- 사업(A25) · 기타소득(A40) : 지급명세서 제출대상인원(순인원)을 입력
- 퇴직(A20) · 이자(A50) · 배당(A60) · 법인원천(A80) : 지급명세서 제출대상 인원을 입력

나. 지급액 : 신고 · 납부 대상 6개월 합계액을 입력

다. 귀속월, 지급월, 제출일자는 다음과 같이 입력
- 귀속연월 : 반기 개시월
- 지급연월 : 반기 종료월
  ex) 1월 신고 · 납부 : 귀속월 200X년 7월, 지급월 200X년 12월, 제출일자 200Y년 1월
  ex) 7월 신고 · 납부 : 귀속월 200X년 1월, 지급월 200X년 6월, 제출일자 200X년 7월

라. 매월 신고 · 납부하기 위해 반기납을 포기하는 경우
- 반기납 개시월부터 포기월까지의 신고서를 한 장으로 작성
  ex) 2022년 4월 반기납 포기 : 귀속연월에는 반기납 개시월(2022년 1월), 지급연월에는 반기납 포기월(2022년 4월) 입력

(3) 수정

당초 신고분 자체의 오류정정으로 인한 수정신고의 경우

1. 당초 신고분 자체의 오류정정만 수정신고대상에 해당된다. 따라서 추가지급 등에 의한 신고는 귀속연월을 정확히 적어 정상 신고한다.
2. 수정신고서는 별지로 작성 · 제출하며, 귀속연월과 지급연월은 반드시 수정 전 신고서와 동일하게 적는다.
3. 수정 전의 모든 숫자는 상단에 빨간색으로, 수정 후 모든 숫자는 하단에 검정색으로 적는다.
4. 수정신고로 발생한 납부 또는 환급할 세액은 수정신고서의 [A90]란은 적지 아니하며, 동 세액은 수정신고하는 월에 제출하는 당월분 신고서의 수정신고 [A90]란에 옮겨 적어 납부 · 환급세액을 조정한다.

(4) 연말

매월분 신고서에 계속근무자의 연말정산분이 포함된 경우

> - 이 경우 "매월" 및 "연말"란 두 곳에 모두 "〇" 표시
> - A04(연말정산) : 12.31. 근무 계속근로자의 연말정산으로 인한 원천징수
> - A05(분납신청)는 연말정산 납부세액이 10만을 초과하여 분납신청한 근로자에 대한 내용기재
> - A06(납부금액)은 분납신청하지 않은 근로자에 대한 내용기재
> - A26(연말정산) : 보험모집인 등 사업소득자(중도해약자 포함)의 원천징수
> - A44(연말정산) : 종교인소득자의 연말정산으로 인한 원천징수
> - A46(연말정산) : 연금소득자의 연말정산으로 인한 원천징수

(5) 소득처분 : 소득처분에 따른 신고를 하는 경우(지정법인, 국가기관 및 개인은 제외)

(6) 환급신청 : 원천징수세액을 환급신청하는 경우

02

2. 귀속연월(②귀속연월)

⑴ 소득발생 연월 입력
⑵ 귀속연월이 다른 소득을 당월분과 함께 원천징수하는 경우에는 이 서식을 귀속월별로 각각 별지로 작성하여 제출한다.

3. 지급연월(③지급연월)

지급한 월(또는 지급시기 의제월) 입력

4. 총지급액(⑤총지급액)

- 비과세 및 과세미달을 포함한 총지급액을 입력
  다만, 비과세 근로소득의 경우 소득세법시행령 제214조 제1항 제2호의 2, 제2호의 3
  [지급명세서 제출 면제 등]에 해당하는 금액은 제외한다(ex, 자가운전보조금, 식사대 등).
- 근로소득(A02, A04) 퇴직소득(A20), 사업소득(A26) : 주(현), 종(전) 근무지 등으로부
  터 지급받은 소득을 합산하여 원천징수하는 경우에는 총지급액의 합계액

5. 징수세액(⑥~⑧)과 납부세액(⑨~⑪)

(1) 일반적인 작성방법

- (A01~A90)란의 ⑥~⑧란 : 소득별로 발생한 납부 또는 환급할 세액
  주의) 환급할 세액은 해당란에 "△" 표시하여 적은 후 환급할 세액("△")만을 합계하여
  ⑮일반환급란에 입력
- A99(총합계)의 ⑥~⑧ : 납부할 세액의 합계
  주의) "△" 표시된 세액은 어떠한 경우에도 총합계를 (A99의 ⑥~⑪)란에는 적지 않음. 즉
  납부할 세액("△"가 아닌 "+"금액)만을 합계하여 입력

(2) 근로소득·사업소득 및 연금소득의 작성방법

- 납부할 세액 또는 환급할 세액의 판단은 A10, A30, A47의 금액을 기준으로 한다.
- 징수세액(⑥~⑧)란에 납부할 세액만 있는 경우에는 소득별로 납부세액(⑩·⑪)란에 입력
- 징수세액(⑥~⑧)란에 환급할 세액만 있는 경우에는 그 합계를 ⑮일반환급란에 입력
- 징수세액(⑥~⑧)란에 각 소득종류별로 납부할 세액과 환급할 세액이 각각 있는 경우
  - (납부할 세액의 합계>⑱조정대상 환급세액보다 큰 경우
    : ⑱조정대상환급세액란의 금액을 ⑨당월조정환급세액란에 코드[A10, A20, …]순서
    대로 적어 조정환급하고, 잔액은 납부세액(⑩·⑪)란에 입력
  - 납부할 세액의 합계<환급할 세액인 ⑱조정대상환급세액보다 작은 경우
    : 위와 같은 방법으로 조정하여 환급하고, 그 나머지는 납부세액(⑩·⑪)란에 적지 아

니하며, ⑳차월이월환급세액란에 입력

> 🖉 (주의) 이러한 세목(소득세·법인세 및 농어촌특별세) 간 조정환급은 그 조정환급 내역을 원천징수이행상황신고서에 적은 경우에만 가능하며, 원천징수이행상황신고서에 적지 아니하고 임의조정하여 충당한 경우에는 무납부로 처리된다.

• ⑨당월조정환급세액란의 합계액[A99코드의 ⑨] : ⑲당월조정환급세액계란에 입력

(3) 금융회사 등 작성방법

• 근로소득·사업소득 및 연금소득의 작성방법은 상기 (2)와 동일
• 신탁재산의 경우 당월발생 환급세액(⑮~⑰)란의 ⑯신탁재산
  신탁재산이 원천징수된 세액에서 신탁재산분등법인원천세액환급(충당)계산서(법인세법 시행규칙 별지 제69호 서식) ⑦법인세란의 계 금액을 뺀 금액을 적어 먼저 법인세부터 ⑨당월조정환급세액란에서 조정환급하고, 나머지는 상기 (2)의 방법과 같이 조정한다.
• ⑰그 밖의 환급세액
  금융회사 등이 소득세법시행령 제102조에 따라 환매조건부채권의 매매거래에 따른 원천징수세액을 환급하는 금액 및 법인세법시행령 제114조의 2에 따라 환매조건부채권 등의 매매거래에 따른 원천징수세액을 환급하는 금액을 '금융기관'란에 적어 먼저 법인세부터 ⑨당월조정환급세액란에서 조정환급하고, 나머지는 상기 (2)의 방법과 같이 조정한다.
• 당월 발생 환급세액 중 ⑯신탁재산과 ⑰그 밖의 환급세액 모두 조정환급하려는 경우에는 ⑯신탁재산부터 조정하여 환급한다.

🖉 금융회사의 기타 작성방법

• 우측하단에 "신고서 부표 등 작성 여부"에 "부표(4쪽~5쪽)"를 "ㅇ" 표시
  즉 이자소득(A50), 배당소득(A60), 법인원천(A80)에 해당하는 소득을 지급하거나 저축해지추징세액(A69) 및 연금저축해지가산세를 징수한 원천징수의무자는 반드시 원천징수이행상황신고서(부표)를 작성하여 신고하여야 한다.
• 저축 등 해지추징세액 등 (A69)란은 4쪽(원천징수이행상황신고서 부표)의 C41, C42, C43, C44, C45의 합계를 입력한다.

(4) 합병 등의 경우 작성방법

합병법인이 피합병법인의 최종 차월 이월 환급세액을 승계하거나, 사업자단위과세로 지

점 등의 최종 차월이월 환급세액을 승계하는 경우

: 승계금액을 ⑫ '합병 등'란에 적을 수 있으며, '합병 등'란에 피합병법인 및 지점 등의 최
종 차월 이월 환급세액을 적은 경우에는 합병 및 사업자 단위과세 전환 등에 따른 차월이
월환급세액 승계 명세서[별지 제21호 서식 10쪽]를 제출하여야 한다.

6. 환급 신청 시

- ⑳차월이월 환급세액 중 환급받고자 하는 금액을 ㉑환급신청액에 입력
- 우측하단에 "신고서 부표 등 작성여부"에 "환급(7쪽~9쪽)"을 ○ 표시
- (7쪽~9쪽) : 원천징수세액환급신성서 부표, 기납부세액 명세서, 전월미환급세액 조정
  명세서 작성(작성방법 : 서식 내 작성방법 참조)
- 환급금액이 5,000만원 미만인 경우 우측하단에 "국세환급금 계좌신고"를 입력
- 환급금액이 5,000만원 이상인 경우 계좌개설신고서[국기법 별지 제20호 서식] 제출

7. 비거주자 등의 국내원천소득에 대한 원천징수

- 우측하단에 "신고서 부표 등 작성 여부"에 "부표(4쪽~5쪽)"를 "○" 표시
  즉 비거주자 또는 외국법인에게 국내원천소득을 지급한 원천징수의무자는 반드시 원천
  징수이행상황신고서 부표(5쪽)를 작성하여 신고하여야 한다.
- 비거주자(개인) : 소득종류별로 거주자분과 합산하여 해당 소득란에 입력
  ⓐ 임대·인적용역·사용료소득 등 : 사업소득[A25, A26, A30]란
  ⓑ 유가증권양도소득 등 : 비거주자 양도소득[A70]란
- 비거주자(법인) : 법인원천[A80]란에 합산하여 입력

8. 납부서

납부세액의 납부서는 신고서·소득종류별(근로소득세, 퇴직소득세 등)로 별지에 작성한다.

■ 소득세법 시행규칙 [별지 제21호 서식] <개정 2023. 3. XX.> (10쪽 중 제1쪽)

① 신고구분						[ ]원천징수이행상황신고서 [ ]원천징수세액환급신청서		② 귀속연월	년 월
매월	반기	수정	연말	소득 처분	환급 신청			③ 지급연월	년 월

원천징수 의무자	법인명(상호)		대표자(성명)		일괄납부 여부	여, 부
					사업자단위과세 여부	여, 부
	사업자(주민) 등록번호		사업장 소재지		전화번호	
					전자우편주소	@

❶ 원천징수 명세 및 납부세액

(단위: 원)

소득자 소득구분			코드	원 천 징 수 명 세					납부세액	
				소 득 지 급 (과세 미달, 일부 비과세 포함)		징수세액			⑨ 당월 조정 환급세액	⑩ 소득세 등 (가산세 포함)	⑪ 농어촌 특별세
				④ 인원	⑤ 총지급액	⑥ 소득세 등	⑦ 농어촌 특별세	⑧ 가산세			
개인 (거주자·비거주자)	근로소득	간이세액	A01								
		중도퇴사	A02								
		일용근로	A03								
		연말정산	합계	A04							
			분납신청	A05							
			납부금액	A06							
		가감계	A10								
	퇴직소득	연금계좌	A21								
		그 외	A22								
		가감계	A20								
	사업소득	매월징수	A25								
		연말정산	A26								
		가감계	A30								
	기타소득	연금계좌	A41								
		종교인 소득	매월징수	A43							
			연말정산	A44							
		가상자산	A49								
		그 외	A42								
		가감계	A40								
	연금소득	연금계좌	A48								
		공적연금(매월)	A45								
		연말정산	A46								
		가감계	A47								
	이자소득		A50								
	배당소득		A60								
	금융투자소득		A71								
	저축 등 해지 추징세액 등		A69								
	비거주자 양도소득		A70								
법인	내·외국법인원천		A80								
수정신고(세액)			A90								
총 합 계			A99								

❷ 환급세액 조정

(단위: 원)

전월 미환급 세액의 계산			당월 발생 환급세액					⑱ 조정대상 환급세액 (⑭+⑮+⑯+⑰)	⑲ 당월 조정 환급세액계	⑳ 차월이월 환급세액 (⑱-⑲)	㉑ 환급 신청액
⑫ 전월 미환급세액	⑬ 기환급 신청세액	⑭ 차감잔액 (⑫-⑬)	⑮ 일반 환급	⑯ 신탁재산 (금융 회사 등)	⑰ 그 밖의 환급 세액						
					금융 회사등	합병 등					

원천징수의무자는 「소득세법 시행령」 제185조제1항에 따라 위의 내용을 제출하며, 위 내용을 충분히 검토하였고 원천징수의무자가 알고 있는 사실 그대로를 정확하게 적었음을 확인합니다.

년 월 일

신고인 (서명 또는 인)

세무대리인은 조세전문자격자로서 위 신고서를 성실하고 공정하게 작성하였음을 확인합니다.

세무대리인 (서명 또는 인)

세 무 서 장 귀하

신고서 부표 등 작성 여부		
※ 해당란에 "○" 표시를 합니다.		
부표(4~5쪽)	환급(7쪽~9쪽)	승계명세(10쪽)

세무대리인	
성 명	
사업자등록번호	
전화번호	

국세환급금 계좌신고	
예입처	
예금종류	
계좌번호	

210mm×297mm[백상지80g/㎡ 또는 중질지80g/㎡]

작성방법 (1)

※ 참고사항

○ 신고서(부표 등) 작성 여부란에는 원천징수이행상황신고서(부표) 작성 여부를 해당란의 ( )안에 "○"표시를 합니다. 다만, 근로소득 (A01,A02,A03,A04,A10) 중 파견근로에 대한 대가, 기타소득 중 비거주자의 가상자산소득(A49), 이자소득(A50), 배당소득(A60), 금융투자소득(A71), 법인원천(A80)에 해당하는 소득을 지급하거나 저축 등 해지 추징세액 등(A69) 및 연금저축해지가산세를 징수한 원천징수의무자 및 비거주자 또는 외국법인에게 국내원천소득을 지급한 원천징수의무자는 반드시 원천징수이행상황신고서(부표)를 작성하여 신고해야 합니다.

○ 원천징수 세액을 환급신청하는 경우 원천징수세액환급신청서 부표, 기납부세액 명세서, 전월미환급세액 조정명세서, 환급신청대상 소득 지급명세서 등을 제출해야 합니다.

○ 「소득세법」 제21조제1항제26호에 따른 종교인소득에 관하여는 2018년 1월 1일 이후에 발생하는 종교인소득에 대하여 원천징수하는 경우부터 적용됩니다.

○ 「소득세법」 제119조제12호타목에 따른 비거주자의 가상자산소득에 관하여는 2025년 1월 1일 이후에 발생하는 가상자산소득에 대하여 원천징수하는 경우부터 적용됩니다.

○ 「소득세법」 제4조제1항제2호의2에 따른 금융투자소득(A71)에 관하여는 2025년 1월 1일 이후에 발생하는 금융투자소득에 대하여 원천 징수하는 경우부터 적용됩니다.

1. 원천징수대상소득을 지급하는 원천징수의무자(대리인, 위임받은 자 또는 「소득세법」 제164조 및 「법인세법」 제120조에 따라 지급명세서를 작성하여 제출해야 하는 자를 포함합니다)는 납부(환급)세액의 유무와 관계없이 이 서식을 작성하여 제출해야 하며, 귀속연월이 다른 소득을 당월분과 함께 원천징수하는 경우에는 이 서식을 귀속월별로 각각 별지로 작성하여 제출합니다.

   • 「부가가치세법」 제5조제2항 및 제3항에 따라 사업자단위로 등록한 경우 법인의 본점 또는 주사무소에서는 사업자단위과세사업자로 전환되는 월 이후 지급하거나, 연말정산하는 소득에 대해 원천징수이행상황신고서를 작성하여 제출합니다.

2. 기본사항 및 소득구분

   가. ① 신고구분란은 매월분 신고서는 "매월"에, 반기별 신고서는 "반기"에, 수정신고서는 "수정"에, 소득처분에 따른 신고 시에는 "소득처분"에 "○"표시(지점법인 • 국가기관 및 개인은 제외합니다)를 하며, 매월분 신고서에 계속근무자의 연말정산분이 포함된 경우에는 "매월" 및 "연말"란 두 곳에 모두 "○"표시를 합니다. 원천징수세액을 환급신청하려는 경우 "환급신청"란에도 "○" 표시를 합니다.

   나. ② 귀속연월란은 소득발생 연월[반기별납부자는 반기 개시월(예: 상반기는 ××년 1월)을 말합니다]을 적습니다.

   다. ③ 지급연월란은 지급한 월(또는 지급시기 의제월)[반기별납부자는 반기 종료월(예: 상반기는 ××년 6월)을 말합니다]을 적습니다.

   라. ⑤ 총지급액란은 비과세 및 과세미달을 포함한 총지급액(금융투자소득의 경우 금융투자소득금액)을 적습니다. 다만, 비과세 근로소득의 경우 「소득세법 시행령」 제214조제1항제2호의2 및 제2호의3에 해당하는 금액은 제외하며, 비과세 종교인소득의 경우 「소득세법」 제12조제5호아목에 해당하는 금액(「소득세법 시행령」 제19조제3항제3호에 따른 금액을 제외한 금액을 말합니다)은 제외합니다.

   마. [A26]연말정산란은 보험모집인 등 사업소득자(중도해약자를 포함합니다) 연말정산분을 함께 적습니다.

   바. 가산세(⑧ • ⑩)란에는 소득세 • 법인세 또는 농어촌특별세의 가산세가 있는 경우 이를 포함하여 적습니다.

   사. 비거주자 국내원천소득 중 02개인분은 아래의 예와 같이 소득종류별로 거주자분과 합산하여 해당 소득란에 적고, 비거주자 중 법인분은 법인원천[A80]란에 합산하여 적습니다.

      예) 임대 • 인적용역 • 사용료소득 등은 사업소득[A25, A26, A30]란, 유가증권양도소득 등은 비거주자 양도소득[A70]란에 합산합니다.

3. 원천징수 명세 및 납부세액(❶)과 환급세액 조정(❷)

   가. 소득지급(④ • ⑤)란에는 과세미달분과 비과세를 포함한 총지급액(금융투자소득의 경우 금융투자소득금액)과 총인원을 적고, 퇴직 • 기타 • 연금소득의 연금계좌란은 연금계좌에서 지급된 금액을 적습니다(그 외는 연금계좌 외로 지급되는 금액을 적음). 다만, 총지급액은 근로소득(A02, A04) 퇴직소득(A20), 사업소득(A26), 기타소득(A44)의 경우에는 주(현), 종(전) 근무지 등으로부터 지급받은 소득을 합산하여 원천징수하는 경우에는 총지급액의 합계액을 적습니다.

   나. 징수세액(⑥ • ⑧)란에는 각 소득별로 발생한 납부 또는 환급할 세액을 적되, 납부할 세액의 합계는 총합계 (A99의 ⑥ • ⑧)에 적고, 환급할 세액은 해당란에 "△"표시하여 적은 후 그 합계액은 ⑮ 일반환급란에 적습니다["△"표시된 세액은 어떠한 경우에도 총합계를 (A99의 ⑥ • ⑪)란에는 적지 않습니다].

작성방법 (2)

다. 근로소득 연말정산 분납신청(A05)은 분납할 인원(④), 징수세액(⑥ ~ ⑧)만 기재, 징수세액란은 A04 = A05 + A06이 되도록 기재합니다.
  1) 인원(④), 총지급액(⑤)의 가감계(A10) = (A01 + A02 + A03 + A04), 징수세액(⑥ ~ ⑧)의 가감계(A10) = (A01 + A02 + A03 + A06)
  ※ 3월 신고분 분납신청(A05) = 4월 신고분 납부금액(A06) + 5월 신고분 납부금액(A06)

라. 근로소득·사업소득·기타소득, 연금소득 경우 납부할 세액 또는 환급할 세액의 계산은 코드별 가감 계[A10, A30, A40, 또는 A47]의 금액을 기준으로 합니다.
  1) 징수세액(⑥ ~ ⑧)란에 납부할 세액만 있는 경우에는 소득별로 납부세액(⑩·⑪)란에 옮겨 적습니다.
  2) 징수세액(⑥ ~ ⑧)란에 환급할 세액만 있는 경우에는 그 합계를 ⑮ 일반환급란에 적습니다.
  3) 징수세액(⑥ ~ ⑧)란에 각 소득종류별로 납부할 세액과 환급할 세액이 각각 있는 경우는 다음과 같이 적습니다.
    가) 납부할 세액의 합계가 조정대상 환급세액보다 큰 경우에는 ⑱ 조정대상환급세액란의 금액을 ⑨ 당월조정환급세액란에 코드[A10, A20, ··]순서대로 적어 조정환급하고, 잔액은 납부세액(⑩·⑪)란에 적습니다.
    나) 납부할 세액의 합계가 환급할 세액인 ⑱ 조정대상환급세액보다 작은 경우에는 위와 같은 방법으로 조정하여 환급하고, 그 나머지는 납부세액(⑩·⑪)란에 적지 아니하며, ⑳ 차차월이월 환급세액란에 적습니다.
    ※ 위의 가) 및 나)에 따른 세목(소득세·법인세 및 농어촌특별세)간 조정환급은 그 조정환급 명세를 원천징수이행상황신고서에 적은 경우에만 가능하며, 원천징수이행상황신고서에 적지 않고 임의 조정하여 충당한 경우에는 무납부로 처리됩니다.
    다) ⑨ 당월조정환급세액란의 합계액[A99코드의 ⑨]은 ⑲ 당월조정환급세액계란에 옮겨 적습니다.
  4) 금융회사 등 신탁재산의 경우 당월발생 환급세액(⑮ ~ ⑰)란의 ⑯ 신탁재산의 금액은 신탁재산이 원천징수된 세액에서 신탁재산등비법인원천세액환급(충당)계산서(「법인세법 시행규칙」 별지 제69호서식) ⑥ 법인세란의 계 금액을 뺀 금액을 적어 먼저 법인세부터 ⑨ 당월조정환급세액란에서 조정환급하고, 나머지는 위 3)의 방법과 같이 조정합니다.
  5) ⑰ 그 밖의 환급세액란은 금융회사 등이 「소득세법 시행령」 제102조에 따라 환매조건부채권의 매매거래에 따른 원천징수세액을 환급하는 금액 및 「법인세법 시행령」 제114조의2에 따라 환매조건부채권 등의 매매거래에 따른 원천징수세액을 환급하는 금액을 "금융회사 등"란에 적어 먼저 법인세부터 ⑨ 당월조정환급세액란에서 조정환급하고, 나머지는 위 3)의 방법과 같이 조정합니다. 또한 합병법인이 피합병법인의 최종 차월 이월 환급세액을 승계하거나, 사업자단위과세로 지점 등의 최종 차월이월 환급세액을 승계하는 경우 그 승계금액을 "합병 등"란에 적을 수 있습니다. "합병 등"란에 피합병법인 및 지점 등의 최종 차월이월 환급세액을 적은 경우에는 합병 및 사업자단위과세 전환 등에 따른 차월이월 환급세액 승계 명세서(제8쪽)를 제출해야 합니다.
  6) 4)번 및 5)번 모두 조정환급하려는 경우에는 4)번부터 조정하여 환급합니다.
  7) ⑳ 차월이월 환급세액 중 환급받으려는 금액을 ㉑ 환급신청액에 적고 원천징수세액환급신청서 부표를 작성합니다.

마. 저축 등 해지 추징세액 등(A69)란은 이 서식 부표의 [C41, C42, C43, C44, C45]의 합계를 적습니다.

바. 납부세액의 납부서는 신고서·소득종류별(근로소득세, 퇴직소득세 등)로 별지에 작성하여 납부합니다.

4. 반기별 신고·납부자의 신고서 작성방법
  가. 인원
  1) 간이세액(A01): 반기(6개월)의 마지막 달의 인원을 적습니다.
  2) 중도퇴사(A02): 반기(6개월) 중 중도퇴사자의 총인원을 적습니다.
  3) 일용근로(A03): 월별 순인원의 6개월 합계 인원을 적습니다.
  4) 사업(A25)·기타소득(A40): 지급명세서 제출대상인원(순인원)을 적습니다.
  5) 퇴직(A20)·이자(A50)·배당(A60)·및 법인원천(A80): 지급명세서 제출대상 인원을 적습니다.
  나. 지급액: 신고·납부 대상 6개월 합계액을 적습니다.
  다. 귀속월, 지급월, 제출일은 다음과 같이 적습니다.
  1) 1월 신고·납부: 귀속월 201X년 7월 , 지급월 201X년 12월 , 제출일 201X년 1월
  2) 7월 신고·납부: 귀속월 201X년 1월 , 지급월 201X년 6월 , 제출일 201X년 7월
  라. 반기납 포기를 하는 경우 반기납 개시월부터 포기월까지의 신고서를 한 장으로 작성합니다.
  (예) 2010년 4월 반기납 포기: 귀속연월에는 반기납 개시월(2010년 1월)을, 지급연월에는 반기납 포기월(2010년 4월)을 적습니다.

※ 수정원천징수이행상황신고서 작성방법(① 신고구분란에 수정으로 표시된 경우를 말합니다)
1. 처음 신고분 자체의 오류정정만 수정신고대상에 해당합니다(따라서 추가지급 등에 의한 신고는 귀속연월을 정확히 적어 정상신고해야 합니다).
2. 수정신고서는 별지로 작성·제출하며, 귀속연월과 지급연월은 반드시 수정 전 신고서와 동일하게 적습니다.
3. 수정 전의 모든 숫자는 상단에 빨강색으로, 수정 후 모든 숫자는 하단에 검정색으로 적습니다.
4. 수정신고로 발생한 납부 또는 환급할 세액은 수정 신고서의 [A90]란은 적지 않으며, 그 세액은 수정신고하는 월에 제출하는 당월분 신고서의 수정신고 [A90]란에 옮겨 적어 납부·환급세액을 조정해야 합니다.

210mm×297mm[백상지 80g/㎡ 또는 중질지 80g/㎡]

원천징수이행상황신고서 부표

사업자등록번호 □□□-□□-□□□□□ (단위 : 원)

소득자 소득구분			코드	소득지급		징수세액			조정환급세액	납부세액	
				인원	총지급액	소득세 등	농어촌특별세	가산세		소득세 등(가산세)	농어촌특별세
거주자(개인)	이자·배당소득	비과세소득 장기주택마련저축	C01								
		비과세종합저축	C02								
		개인연금저축	C03								
		장기저축성보험차익	C05								
		조합 등 예탁금	C06								
		조합 등 출자금	C07								
		농어가목돈마련저축	C08								
		우리사주 배당소득	C10								
		농업회사법인 배당소득	C20								
		영농·영어조합법인 배당소득	C23								
		재형저축 이자·배당소득·	C40								
		개인종합자산관리계좌 이자·배당소득	C60								
		청년우대형 주택청약종합저축	C27								
		장병내일준비적금	C31								
		기타 비과세이자소득	C19								
		기타 비과세배당소득	C29								
		세금특례 기타 이자·배당소득	C11								
		영농·영어조합법인 배당소득	C54								
		농업회사법인 배당소득	C55								
		부동산집합투자기구 등 집합투자증권외 배당소득	C56								
		고위험·고수익투자신탁 배당소득	C57								
		개인종합자산관리계좌 이자·배당소득	C93								
		공모부동산집합투자기구의 집합투자증권의 배당소득	C94								
		세금우대 이자소득(9%)	C12								
		배당소득(9%)	C22								
		특정사회기반시설 집합투자기구 배당소득(9%)	C95								
		일반세율(14%) 분리과세 기타 분리과세 이자소득	C13								
		직장공제회 초과반환금(기본세율)	C18								
		부동산집합투자기구 등 집합투자증권의 배당소득	C58								
		기타 분리과세 배당소득	C39								
		투융자집합투자기구 배당소득	C96								
		일반과세 이자소득	C14								
		배당소득	C24								
		고배당기업 배당소득(9%)	C91								
		배당소득(25%)	C92								
		비실명소득 비실명이자소득	C15								
		비실명배당소득	C25								
		비영업대금이익 (25%)	C16								
		출자공동사업자(25%)	C26								
		이자·배당소득 계	C30								
	금융투자소득	비과세소득 비과세종합저축	C32								
		재형저축	C33								
		개인종합자산관리계좌	C34								
		기타 비과세 금융투자소득	C47								
		분리과세 9% 특정사회기반시설집합투자기구	C35								
		공모부동산집합투자기구	C36								
		세금우대종합저축	C37								
		개인종합자산관리계좌	C78								
		14% 투융자집합투자기구	C38								
		일반과세	C79								
		금융투자소득 계	C80								
	개인종합자산관리계좌 중도해지 등 추징세액		C97								
	근로	파견근로에 대한 대가 19%	C59								
	해지추징세액 등	벤처기업투자신탁 3.5%	C41								
		장기주택마련저축 4,6%	C42								
		연금저축 2%	C43								
		소기업·소상공인공제부금 2%	C44								
		주택청약종합저축 6%	C45								
		장기집합투자증권저축 6%	C46								
		해지추징 계	C50								

210mm×297mm[백상지 80g/㎡ 또는 중질지 80g/㎡]

소득자 소득구분				코드	소득지급		징수세액			조정환급세액	납부세액	
					인원	총지급액	소득세 등	농어촌특별세	가산세		소득세 등 (가산세)	농어촌특별세
비거주자(개인)		이자	제한, 20%	C61								
		배당	제한, 20%	C62								
	사업	선박 등 임대, 사업	2%	C63								
		인적용역	20%, 3%	C64								
		사용료	제한, 20%	C65								
	양도	유가증권 양도	10%, 20%	C66								
		부동산 양도	10%, 20%	C67								
	기타	가상자산	10%, 20%	C77								
		가상자산 외	20%	C68								
	근로	파견근로에 대한 대가	19%	C69								
		비거주자 계		C70								
법인원천	내국법인	이자	14%	C71								
		투자신탁의 이익	14%	C72								
		신탁재산 분배	14%	C73								
		신탁업자 징수분	14%	C74								
		비영업대금의 이익(25%)		C75								
		비과세 소득 등		C76								
	외국법인(국내원천소득)	이자	제한, 20%	C81								
		배당	제한, 20%	C82								
		선박 등 임대, 사업	2%	C83								
		인적용역	20%, 3%	C84								
		사용료	제한, 20%	C85								
		유가증권양도	10%, 20%	C86								
		부동산 양도	10%, 20%	C87								
	기타	가상자산	10%, 20%	C89								
		가상자산 외	20%	C88								
		법인세 계		C90								

210mm×297mm[백상지 80g/㎡ 또는 중질지 80g/㎡]

원천징수이행상황신고서 부표 작성방법

◇ 이 서식은 원천징수이행상황신고서 제1쪽의 근로소득(A01,A02,A03,A04,A10) 중 파견근로에 대한 대가, 기타소득 중 가상자산소득(A49), 이자소득(A50), 배당소득(A60), 금융투자소득(A71), 비거주자양도소득(A70), 법인원천(A80) 원천징수명세(④ ~ ⑧) 및 납부세액(⑩ · ⑪) 저축해지추징세액(A69), 사업소득(A25, A26, A30), 기타소득(A40) 중 비거주자분에 대한 원천징수명세 및 납부세액 대하여 아래의 작성방법에 따라 적어야 합니다.

◇ 이 서식의 신고내용이 변경되는 경우에는 원천징수이행상황신고서 제1쪽의 내용도 수정하여 작성해야 합니다.

1. [C01-C10, C20, C23, C27, C31, C40, C60] : 「조세특례제한법」의 장기주택마련저축, 비과세종합저축, 개인연금저축, 조합 등 예탁금, 조합 등 출자금, 농어가목돈마련저축, 우리사주 배당소득, 농업회사법인 배당소득, 영농(영어)조합법인 배당소득, 재형저축, 개인종합자산관리 계좌, 청년우대형 주택청약종합저축, 장병내일준비적금 등 비과세 이자·배당소득과 「소득세법」의 저축성보험차익에 해당하지 않은 비과세 보험차익으로 소득세가 비과세되는 해당 저축상품의 소득지급란의 인원, 총지급액을 적으며 이자소득 또는 배당소득의 합계액을 적습니다.
2. [C19, C29]는 「조세특례제한법」 및 「소득세법」에 따라 비과세되는 저축상품([C01-C10, C20, C23, C28, C40] 작성대상 저축상품 제외)에 해당되는 소득에 대하여 소득지급란의 인원, 총지급액을 적으며 이자 또는 배당소득의 해당란에 각각 적습니다.
3. [C11, C54, C55, C56, C57, C93, C94]은 장기채권(30%), 「조세특례제한법」의 영농(영어)조합법인 배당소득 등 특례세율이 적용되는 이자 또는 배당소득의 소득지급란의 인원, 총지급액을 적으며 이자 또는 배당소득의 해당란에 각각 적습니다.
4. [C12, C22, C95]는 「조세특례제한법」의 세금우대종합저축 및 특정사회기반시설 집합투자기구의 소득지급란의 인원, 총지급액을 적으며 이자 또는 배당소득의 해당란에 각각 적습니다.
5. [C13, C18, C39, C58]은 「조세특례제한법」 또는 「소득세법」에 따라 일반세율이 적용되면서 분리과세되는 소득과 직장공제회초과 반환금(기본세율)으로 분리과세 해당되는 소득의 소득지급란의 인원, 총지급액을 적으며 이자 또는 배당소득의 해당란에 각각 적습니다.
6. [C14, C24]는 일반세율(22%,20%,15%,14% 등)이 적용되고, 거주자에 지급하는 소득지급란의 인원, 총지급액을 적으며 이자 또는 배당 소득의 해당란에 적습니다.
7. [C15, C25]는 「금융실명거래 및 비밀보장에 관한 법률」에 따라 90% 세율이 적용되는 비실명 거래분과 「소득세법」에 따라 비실명 소득에 대한 원천징수명세를 이자소득 또는 배당소득의 해당란에 적습니다.
8. [C16]은 비영업대금의 이자소득에 대한 원천징수명세를 적습니다.
9. [C26]은 「소득세법」 제17조제1항제8호에 따라 출자공동사업자의 배당소득에 대한 원천징수명세를 적습니다.
10. [C30]은 이자·배당소득의 원천징수합계액을 적으며 C30, C61, C62의 합계액과 A50, A60의 합계액과 일치해야 합니다.
11. [C59], [C69] 란은 원천징수이행상황신고서 근로소득(A01,A02,A03,A04,A10) 중 사용내국법인이 파견외국법인에게 지급한 파견근로에 대한 대가의 원천징수 명세를 적습니다.
12. [C41](벤처기업투자신탁)란은 벤처기업투자신탁의 수익증권에 투자하여 소득공제를 받은 거주자가 투자일부터 3년이 지나기 전에 벤처 기업투자신탁의 수익증권을 양도하거나 환매하는 경우 벤처기업투자신탁을 취급하는 금융기관이 추징하는 해지 추징세액을 적고, 해당 금융회사 등이 추징하는 배당소득은 [C24](일반과세)란에 적습니다.
13. [C42](장기주택마련저축추징세액)란은 장기주택마련저축에 가입하고 주택자금공제를 받은 자가 계약일부터 5년 이내에 중도해지 하는 경우에는 해당 저축기관이 추징하는 해지 추징세액(근로소득)을 적고, 해당 금융회사 등이 추징하는 이자소득은 [C14](일반과세)란에, 배당소득은 [C24](일반과세)란에 적습니다.
14. [C43](연금저축해지가산세)란은 연금저축을 계약일부터 5년 이내에 중도해지하는 경우에는 해당 저축취급 금융회사 등이 추징하는 해지 가산세(세목: 근로소득)를 적고, 저축납입계약만료 전에 해지되거나 연금 외의 형태로 지급받아 기타소득으로 과세되는 경우에는 (제1쪽) [A40](기타소득)란에만 적습니다. 연금소득은 (제1쪽) [A45](연금소득 매월징수)란에만 적습니다.
15. [C44](소기업·소상공인공제부금 해지가산세)란은 소기업·소상공인공제계약이 가입일부터 5년 이내에 중도해지하는 경우에는 중소 기업중앙회가 추징하는 해지가산세(세목:근로소득)를 적으며, 공제해약되로 인한 기타소득은 [A40](기타소득)란에만 적습니다.
16. [C45](주택청약종합저축추징세액)란은 주택청약종합저축에 가입하고 주택자금공제를 받은 자가 계약일부터 5년 이내에 중도해지하거나 국민 주택규모 초과 주택에 당첨된 경우에는 해당 저축기관이 추징하는 해지 추징세액(근로소득)을 적고, 해당 금융회사 등이 추징하는 이자소득은 [C14](일반과세)란에 적습니다.
17. [C46](장기집합투자증권저축추징세액)란은 장기집합투자증권저축에 가입하고 장기집합투자증권저축 소득공제를 받은 자가 계약일부터 5년 이내에 중도해지하는 경우에는 해당 저축기관이 추징하는 해지 추징세액(근로소득)을 적고, 해당 금융회사 등이 추징하는 이자소득은 [C14](일반과세)란에 적습니다.
18. [C50]란은 저축 등 해지 추징세액의 합계액을 적으며 추징세액은 근로소득세로 납부합니다.
19. [C61-C70, C77](비거주자)란은 「소득세법」상 비거주자에게 지급하는 이자소득·배당소득·사업소득·양도소득·기타소득 및 근로 소득에 대한 원천징수명세를 적으며, 신고서 제1쪽의 해당 [A25],[A40],[A50],[A60],[A69],[A70]란에 각각 적습니다.
20. [C71](이자)란은 내국법인에 지급하는 일반세율의 이자소득의 원천징수세액을 적습니다. [C72](투자신탁의 이익)란은 「소득세법」 제17조 제1항제5호에 따른 집합투자기구로부터의 이익 중 투자신탁의 이익에 대한 원천징수세액을 적습니다.
21. [C73](신탁재산 분배)란은 「자본시장과 금융투자업에 관한 법률」에 따른 신탁업자가 신탁이익을 분배하면서 원천징수한 명세를 적습니다.
22. [C74](신탁업자 징수분)란은 「자본시장과 금융투자업에 관한 법률」에 따른 신탁업자가 집합투자업자의 신탁재산에 원천징수한 명세를 적고, 신탁업자가 신탁재산 귀속소득에 대하여 원천징수한 명세는 [C72]투자신탁의 이익란에 적습니다.
23. [C75](비영업대금의 이익)란은 내국법인에 지급한 비영업대금의 이익에 대한 원천징수명세를 적습니다.
24. [C76](비과세법인소득)란은 내국법인에 지급한 비과세 소득금액을 적습니다.
25. [C81-C89]란은 외국법인의 국내원천소득에 대한 원천징수명세를 적습니다.
26. [C90](법인세계)란은 법인(외국법인 포함)에 지급한 소득에 대한 원천징수 합계액을 적습니다[법인원천(A80)=법인세 계(C90)]
27. [C32, C33, C34, C47]란은 「조세특례제한법」에 따른 비과세종합저축, 재형저축, 개인종합자산관리계좌 등으로부터 발생한 비과세 금융투자소득의 소득지급 인원과 금융투자소득금액의 합계액을 각각 적습니다.
28. [C35, C36, C37, C78]란은 「조세특례제한법」의 분리과세(9%) 적용 특정사회기반시설집합투자기구, 공모부동산집합투자기구, 세금우대 종합저축, 개인종합자산관리계좌로부터 발생하여 지급한 금융투자소득을 [C38]은 「조세특례제한법」의 분리과세(14%) 적용 투융자집합 투자기구로부터 발생한 금융투자소득을 소득지급 인원과 금융투자소득금액의 합계액을 각각 적습니다.
29. [C79]란은 일반세율(20%)이 적용되고, 금융투자소득의 소득지급 인원과 금융투자소득금액의 합계액을 적습니다.
30. [C80]란은 금융투자소득 총지급액의 합계액을 적으며 A71의 금액과 일치해야 합니다.
31. [C97]란은 개인종합자산관리계좌를 중도해지 또는 계약기간 중 납입한 금액의 합계액을 초과 인출하는 경우 조세특례제한법 제91조 의18제8항제2호에 따라 계산한 금융투자소득 추징세액을 적습니다.(해지에 따른 이자,배당소득 제외)

◇ 채권 등의 중도매매 관련 원천징수이행상황신고 시에는 아래와 같은 방법으로 원천징수이행상황신고서를 작성하기 바랍니다.
　　ㅇ 「소득세법」 제46조가 적용되는 채권의 중도매매의 경우 채권 등을 거주자으로부터 매수한 법인은 개인보유기간의 이자상당액에 대하여 원천징수를 하며, 거주자에게 원천징수영수증을 발급하고 지급명세서를 제출합니다.
　　ㅇ 채권과세 특례의 경우 비거주자는 [C61]소득지급란의 인원 및 총지급액에 개인보유기간의 이자상당액을 포함하여 작성하며, 「소득세법 시행령」 제102조에 따른 환매조건부채권의 매매거래 시 원천징수한 세액을 포함하여 적고, 환급세액을 조정환급세액란에 적습니다.

(10쪽 중 제7쪽)

사업자등록번호 □□□-□□-□□□□□	**원천징수세액환급신청서 부표**											

(단위: 원)

소득의 종류	귀속 연월	지급 연월	코드	인원	소득 지급액	① 결정 세액	기납부 원천징수세액			③ 차감 세액	④ 분납 금액	⑤ 조정 환급 세액	⑥ 환급 신청액
							② 계	기납부세액 [주(현)]	기납부세액 [종(전)]				
합계													

작성방법

1. 「소득세법 시행규칙」 제93조 등에 따라 제출합니다.
2. 이 부표는 원천징수세액환급신청서(제1쪽)의 ㉑ 환급신청란에 환급신청액을 적어 환급신청을 한 경우 작성합니다.
3. 소득의 종류란은 환급대상 원천징수 세목의 소득을 적습니다.
4. 귀속연월은 신청한 환급세액이 발생한 "원천징수이행상황신고서(제1쪽)"의 ② 귀속연월을 적습니다.
   지급연월은 신청한 환급세액이 발생한 "원천징수이행상황신고서(제1쪽)"의 ③ 지급연월을 적습니다.
5. 코드란은 환급 신청대상 원천징수 소득의 해당 코드(제1쪽의 코드 참조)를 적으며, 인원란은 환급대상 소득에 해당하는 원천징수이행상황신고서(제1쪽)의 소득자 소득구분 및 코드에 해당하는 인원을 적습니다. 소득지급액란은 "원천징수이행상황신고서(제1쪽)의 ⑤ 총지급액의 작성방법을 준용하여 작성합니다.
6. ① 결정세액, 기납부 원천징수세액(② 계, 기납부세액[주(현)], 기납부세액[종(전)]란은 환급대상 소득에 해당하는 지급명세서의 결정세액, 기납부원천징수세액의 합계액을 적어야 하며, 기납부세액[주(현), 종(전)]이 있는 경우에는 "기납부세액 명세서(제8쪽)"를 작성해야 합니다.
7. ③ 차감세액란은 환급대상 소득에 해당하는 지급명세서의 차감징수세액의 합계액과 일치해야 합니다.
8. ④ 분납금액란은 "원천징수이행상황신고서(제1쪽)"의 ⑥소득세 등(A05)의 금액과 일치해야 합니다.
9. ⑤ 조정환급세액란은 환급할 세액에서 차감한 같은 세목의 납부할 세액을 포함하여 적으며, ④ 분납금액에서 ③ 차감세액과 ⑥ 환급신청액을 각각 차감한 금액과 일치해야 합니다.
10. 합계의 ⑥ 환급신청액란은 "원천징수이행상황신고서(제1쪽)"의 ㉑ 환급신청액란의 금액과 일치해야 합니다. "환급신청 시 원천징수이행상황신고서(제1쪽)"의 2. 환급세액 조정의 ⑫ 전월미환급세액란에 금액이 있는 경우에는 "전월미환급세액 조정명세서(제9쪽)"를 작성하여 제출해야 합니다.
11. 환급신청서 부표에 포함되는 소득지급명세서는 별도로 제출합니다. 다만, 지급명세서 법정제출기한 내에 해당 지급명세서를 제출한 경우에는 별도로 제출할 필요가 없습니다.
12. 환급신청자가 "기납부세액 명세서(제8쪽)" 및 "전월미환급세액 조정명세서(제9쪽)"를 제출하지 않은 경우에는 원천징수 관할 세무서장은 즉시 해당 명세서를 추가로 제출할 수 있도록 안내하고, 그 제출기간은 환급처리기간에 포함하지 않습니다.

210mm×297mm[백상지 80g/㎡ 또는 중질지 80g/㎡]

사업자등록번호 □□□-□□-□□□□□　　**기 납 부 세 액 명 세 서**

(단위: 원)

❶ 원천징수 신고 납부 현황

소득의 구분	귀속연월	지급연월	코드	인원	총지급액	징수세액		
						① 소득세 등	② 농어촌특별세	가산세
합 계								

❷ 지급명세서 기납부세액 현황

소득의 구분	성명	주민등록번호	주(현)근무지		종(전)근무지 결정세액				계	
			③ 소득세 등	④ 농어촌특별세	종(전)근무지	사업자등록번호	소득세 등	농어촌특별세	소득세 등	농어촌특별세
합 계										

❸ 기납부세액 차이 조정 현황

소득세 등			농어촌특별세			사 유
① 소득세 등 합계	③ 소득세 등 합계	차이금액 (③ - ①)	② 농어촌특별세 합계	④ 농어촌특별세 합계	차이금액 (④ - ②)	

작 성 방 법

1. 「소득세법 시행규칙」 제93조 등에 따라 제출합니다.

2. [1. 원천징수 신고 납부 현황]은 환급신청 대상 세목에 대한 원천징수 신고 납부 현황을 적습니다. 작성대상이 많은 경우 [1. 원천징수 신고 납부 현황]에 대해 합계를 적고 해당 명세에 대한 형식을 참고하여 별지 형식으로 제출할 수 있습니다.

3. [2. 지급명세서 기납부세액 현황]은 환급신청 대상 세목에 대한 지급명세서 기납부세액을 적습니다. 작성대상이 많은 경우 [2. 지급명세서 기납부세액 현황]에 대하여 합계를 적고 해당 명세에 대한 형식을 참고하여 별지 형식으로 제출할 수 있습니다.

4. [1. 원천징수 신고납부 현황]의 ① 소득세 등의 합계와 [2. 지급명세서 기납부세액 현황]의 주(현)근무지 ③ 소득세 등의 합계와 일치해야 합니다. 또한 [1. 원천징수 신고납부 현황]의 ② 농어촌특별세의 합계와 [2. 지급명세서 기납부세액 현황]의 주(현)근무지 ④ 농어촌특별세의 합계와 일치해야 합니다.

5. [1. 원천징수 신고납부 현황]의 ① 소득세 등의 합계, ② 농어촌특별세의 합계와 [2. 지급명세서 기납부세액 현황]의 주(현)근무지 ③ 소득세 등의 합계, ④ 농어촌특별세의 합계가 일치하지 않는 경우에는 [3. 기납부세액 차이 조정 현황]을 작성해야 합니다.

6. [3. 기납부세액 차이 조정 현황]은 [1. 원천징수 신고 납부 현황]과 [2. 지급명세서 기납부세액 현황]을 비교하여 작성하여 차이금액이 발생하는 경우 해당 사유를 명확히 적고 적을 내용이 많은 경우 별지로 작성하여 제출할 수 있습니다.

210mm×297mm[백상지 80g/㎡ 또는 중질지 80g/㎡]

사업자등록번호 □□□-□□-□□□□□

전월미환급세액 조정명세서

(단위: 원)

❶ 환급 신청 시 전월미환급세액 명세

귀속연월	지급연월	신고구분	세목 및 코드	① 발생환급세액	② 같은 세목의 납부할세액	③ 당월발생 환급세액 (① - ②)

❷ 환급세액 조정 현황

귀속연월	지급연월	전월미환급세액			⑦ 당월발생 환급세액	⑧ 조정대상 환급세액	⑨ 당월조정 환급세액	⑩ 차월이월 환급세액
		④ 전월미 환급세액	⑤ 기환급 세액	⑥ 차감잔액				

작 성 방 법

1. 「소득세법 시행규칙」 제93조 등에 따라 제출합니다.
2. "전월미환급세액 조정명세서"는 환급신청 시 전월미환급세액이 있는 경우에 작성합니다.
3. [1. 환급 신청시 전월미환급세액 명세]는 환급신청 시 「원천징수이행상황신고서 2. 환급세액 조정」의 ⑫ 전월미환급세액란에 금액이 있는 경우에는 해당 ⑫ 전월미환급세액의 최초 발생 시의 명세를 적습니다. 신고구분란에는 해당 ⑫ 전월미환급세액의 발생 사유를 연말정산, 수정신고 등 해당되는 사유를 구분하여 적습니다.
   세목 및 코드는 해당 ⑫ 전월미환급세액의 세목 및 해당 세목의 코드를 적습니다.
4. [환급세액 조정현황]은 「원천징수이행상황신고서 2. 환급세액 조정」란을 참고하여 작성합니다.
   ⑦ 당월발생환급세액란에는 [1. 환급 신청시 전월미환급세액 명세]의 ③ 당월발생금액을 적습니다. ⑩ 차월이월 환급세액란은 환급 신청 시 「원천징수이행상황신고서 2. 환급세액 조정」의 ⑫ 전월미환급세액과 일치해야 합니다.

210mm×297mm[백상지 80g/㎡ 또는 중질지 80g/㎡]

사업자등록번호 □□□-□□-□□□□□

합병 및 사업자단위과세 전환 등에 따른 차월이월 환급세액 승계 명세

(단위 : 원)

승계대상 사업자		차월이월 환급세액 승계근거		승계대상 차월이월 환급세액 명세		
사업자등록번호	상 호	일자	근거	귀속연월	지급연월	차월이월 환급세액
합 계						

작 성 방 법

1. 합병 또는 사업자단위과세 전환 등으로 인해 피합병법인 또는 지점 등의 차월이월 환급세액을 합병법인 또는 사업자단위과세 본점(또는 주사무소) 등이 승계하는 경우에 합병 및 사업자단위과세 전환 등에 따른 차월이월 환급세액 승계 명세를 작성해야 합니다.
2. 승계대상 사업자등록번호 및 상호란은 피합병법인 및 지점 법인의 사업자등록번호를 적습니다.
3. 차월이월 환급세액 승계 근거란은 차월이월 환급세액 승계 근거가 발생한 일자와 근거(코드)를 적습니다.

승계근거	합병	사업자과세전환	그 밖의 원인
코드	1	2	3

4. 승계대상 차월이월 환급세액 명세란은 승계할 차월이월 환급세액이 "원천징수이행상황신고서(제1쪽)"의 ② 귀속연월, ③ 지급연월, ⑳ 차월이월 환급세액란의 금액을 적습니다.
5. 합병 및 사업자단위과세전환 등에 따른 차월이월 환급세액 승계 명세를 착오 또는 거짓으로 적은 경우 과소납부 등으로 가산세를 부담할 수 있으므로 정확히 작성해야 합니다.

210mm×297mm[백상지 80g/㎡ 또는 중질지 80g/㎡]

Expert Opinion Summary

원천징수 실무에서 가장 중요한 서식은 이번 달에 발생된 원천징수의 대상소득·인원수·소득금액·원천징수세액을 기재하여 다음 달 10일에 국세청에 전자신고로 제출하는 원천징수이행상황신고서입니다.

이 서식 역시 당연하게 전산 Program을 이용하여 작성하여야 하며 한 달에 한 장씩 작성되니 1년에 총 12장이 작성되고 국세청에 전자신고로 제출됩니다.

그러므로 이행상황신고서 12장의 합계내용은 당연히 지급명세서 제출건별합계금액과 일치하여야 하며 이는 국세청에서도 자동적으로 확인하여 차이 발생 시 이를 해당 회사에 통보하며(이를 불명자료라 함) 회사는 이에 대한 소명절차를 이행하셔야 합니다.

1. 근로소득

(1) 이행상황신고서상 내용

① 해당 연도 1월~12월분 간이세액 A01란의 합계

가. ④ 인원 : 매월 근로소득을 지급받는 자의 12개월 합계이므로 지급명세서와 check 시는 의미가 없는 숫자임

나. ⑤ 총지급액 : 매월 근로소득을 지급받는 자의 과세대상 총급여액과 비과세근로소득 중 지급명세서 기재대상 비과세소득의 1년치 합계액임

② 해당 연도 1월~12월분 중도퇴사 A02란의 합계

가. ④ 인원 : 해당 월에 퇴사하여 연말정산 대상인원수

나. ⑤ 총지급액 : ④ 인원에 대한 퇴사월까지의 총급여액과 비과세근로소득 중 지급명세서 기재대상 비과세근로소득의 합계액

③ 다음 연도 2월분 연말정산 A04란의 합계

가. ④ 인원 : 해당 연도 12.31. 현재 계속 근무하여 2월 연말정산 대상인원수

나. ⑤ 총지급액 : ④ 인원에 대한 총급여액과 비과세근로소득 중 지급명세서 기재대상 비과세근로소득의 합계액

(2) 근로소득 원천징수영수증(지급명세서)상 내용

① 지급명세서 전자신고

다음 연도 3.10.까지 연말정산을 마감하여 전자신고하며 중도퇴사자에 대한 지급명세서도 함께 제출

② 총급여액(㉑=⑯)

지급명세서상 ⑬, ⑭, ⑮, ⑮-1, 2, 3, 4의 합계액인 ⑯은 과세대상급여인 총급여액을 의미함

③ 비과세근로소득(⑳)

비과세근로소득 중 지급명세서에 기재하여야 하는 것은 ⑱, ⑱-1~31(⑱-12, ⑱-26, ⑱-27은 제외), ⑲의 합계액인 ⑳임

   (3) 검증방법
    ① 인원수
      이행상황신고서상 1월~12월분 A02 ④ 합계＋내년도 이행상황신고서상 2월분 A04 ④＝3.10. 근로소득지급명세서 제출건수
    ② 금액
      이행상황신고서상 1월~12월분 A01 ⑤ 합계
      ＝이행상황신고서상 1월~12월분 A02 ⑤ 합계＋내년도 이행상황신고서상 2월분 A04 ⑤＝3.10. 근로소득지급명세서 제출건수의 ⑯＋⑳
    ② 차이금액의 소명
      차이금액의 발생요인은 주로 매월 근로소득지급 시 A01란에 기재를 누락하고 세액을 납부하지 않은 금액에 대해 연말정산 시는 이를 포함하여 연말정산이 이루어지는 경우 및 연말정산 시 인정상여 등을 급여대장에 미포함금액을 연말정산 시 총급여액에 합산하여 신고하는 경우 등에서 발생하므로 차이금액에 대한 분명한 내용을 미리 파악·관리하여야 한다.

2. 퇴직소득의 검증방법
   ① 인원수
    이행상황신고서상 1월~12월분 A20 ④ 합계
    ＝3.10. 퇴직소득지급명세서 제출건수
   ② 금액
    이행상황신고서상 1월~12월분 A20 ⑤ 합계＝⑭(퇴직급여액)＋⑮(비과세소득)

3. 사업소득 등 검증방법
   상기 '2. 퇴직소득의 검증방법'과 동일함

Ⅹ 원천징수 등 납부지연가산세

1. 원천징수 등 납부지연가산세

1) 원천징수 등 납부지연가산세 계산

원천징수의무자가 원천징수하였거나 원천징수하여야 할 세액을 법정납부기한까지 납부하지 아니하거나 과소납부한 경우에는 납부하지 아니한 세액 또는 과소납부분 세액의 50%(①과 ② 중 법정납부기한의 다음 날부터 납부고지일까지의 기간에 해당하는 금액을

합한 금액은 10%)에 상당하는 금액을 한도로 하여 ①과 ②를 합한 금액을 가산세로 한다. 납세조합에 대하여도 동일하게 계산한다(국기법 §47의 5, 국기령 §27의 4).

> ① 납부하지 아니한 세액 또는 과소납부분세액의 100분의 3에 상당하는 금액
> ② 납부하지 아니한 세액 또는 과소납부분세액×법정납부기한의 다음 날부터 납부일까지의 기간(납부고지일부터 납부고지서에 따른 납부기한까지의 기간은 제외한다)×1일 25/100,000(2022.2.15. 이후 기간은 22/100,000)

상기 내용을 적용할 때 납부고지서에 따른 납부기한의 다음 날부터 납부일까지의 기간(국세징수법 제13조에 따라 지정납부기한과 독촉장에서 정하는 기한을 연장한 경우에는 그 연장기간은 제외한다)이 5년을 초과하는 경우에는 그 기간은 5년으로 하며, 체납된 국세의 납부고지서별·세목별 세액이 100만원 미만인 경우에는 ②의 가산세를 적용하지 아니한다.

 사례

㈜원천은 2023년 5월 10일 4월 급여 지급 시 원천징수한 세액 20,000,000원을 누락하여 납부하였고 해당 연도 8월 10일에 누락한 세액을 납부하였는바 이에 대한 납부지연가산세는 다음과 같다.

≫ 20,000,000(과소납부세액)×3%+20,000,000(과소납부세액)×(22/100,000)×92일(5.11.~8.10.)=1,004,800원

단, 과소납부세액의 최대 10%(2,000,000원) 한도

따라서 납부지연가산세는 1,004,800원이다.

✎ 기간의 계산 : 국세기본법 또는 세법에서 규정하는 기간의 계산은 국세기본법 또는 그 세법에 특별한 규정이 있는 것을 제외하고는 민법을 따른다(국기법 §4). 따라서 민법 규정에 따라 초일불산입 말일산입(법령의 시행과 연령의 계산은 제외)에 의한다.

 사례

1. 내용

A법인은 B법인에게 자금을 차입하고 2016.12.31. 이자 지급함

A법인은 원천징수를 이행하지 아니했고 B법인은 2017.3.31. 해당 이자소득을 소득금액에 포함하여 법인세를 신고·납부함

A법인에 대해 원천징수납부지연가산세 적용 시 B법인의 법인세납부일인 2017.3. 31. 을 자진납부일로 할 수 있는지 여부

> **2. 답변**
>
> 원천징수의무자가 부담하는 원천세와 소득귀속자가 부담하는 법인세 또는 소득세 등은 부담의 주체와 내용 등이 서로 상이한 것이므로 소득귀속자의 납부를 원천징수의무자의 납부지연가산세 계산 시 '자진납부'에 포함된다고 볼 수 없음(서면법령소득−266, 2017. 4.19.).

2) 원천징수 등 납부지연가산세가 적용되지 않는 경우

① 소득세를 원천징수하여야 할 자가 우리나라에 주둔하는 미군인 경우
② 공적연금(국민연금, 공무원연금 등)에 따른 연금소득과 일시금으로 받음에 따른 소득을 지급하는 경우
③ 소득세 또는 법인세를 원천징수하여야 할 자가 국가, 지방자치단체 또는 지방자치단체조합인 경우(단, 아래의 원천징수납부지연가산세 특례에 해당되는 경우는 제외)

3) 원천징수 등 납부지연가산세 특례

원천징수의무자 또는 소득세법 제156조(비거주자의 국내원천소득에 대한 원천징수의 특례) 및 제156조의 3(비거주자의 채권 등에 대한 원천징수의 특례), 제156조의 4(비거주자에 대한 원천징수절차 특례), 제156조의 5(비거주연예인 등의 용역제공과 관련된 원천징수절차 특례), 제156조의 6(비거주자에 대한 조세조약상 제한세율 적용을 위한 원천징수절차 특례)의 규정에 따라 원천징수하여야 할 자가 국가 · 지방자치단체 또는 지방자치단체조합(국가 등)인 경우로서 국가 등으로부터 근로소득을 받는 사람이 근로소득자 소득 · 세액공제신고서를 사실과 다르게 기재하여 부당하게 소득공제를 받아 국가 등이 원천징수하여야 할 세액을 정해진 기간에 납부하지 아니하거나 미달하게 납부한 경우에는 국가 등은 징수하여야 할 세액에 원천징수납부불성실 가산세액을 더한 금액을 그 근로소득자로부터 징수하여 납부하여야 한다.

2. 연말정산에 대한 경정

연말정산을 통해 소득세를 과소신고 · 납부한 근로자에 대해서는 원칙적으로 원천징수의무자에게 경정처분하나 다음 사유에 해당되는 경우에는 해당 근로자에게 직접 관할 세무서장 또는 지방국세청장이 경정한다(소법 §80 ② 2호 · 3호).

① 연말정산 내용에 탈루 또는 오류가 있는 경우로서 원천징수의무자의 폐업·행방불명 등으로 원천징수의무자로부터 징수하기 어렵거나 근로소득자의 퇴사로 원천징수의무자의 원천징수 이행이 어렵다고 인정되는 때

② 근로소득자 소득·세액공제신고서를 제출한 자가 다음과 같은 부당한 방법으로 종합소득공제 및 세액공제를 받은 경우로서 원천징수의무자가 부당공제 여부를 확인하기 어렵다고 인정되는 때

　가. 허위증거자료 또는 허위문서의 작성 및 제출

　나. 허위증거자료 또는 허위문서의 수취(허위임을 알고 받는 경우에 한함) 및 제출

이때 2008년 귀속 연말정산분부터 상기 '②'에 해당되는 경우에는 해당 근로자에게 직접 부당과소신고가산세(부당신고세액의 40%) 및 납부지연가산세(1일 3/10,000; 2019.2. 12.~2022.2.14.까지 기간분은 25/100,000, 2022.2.15. 이후 기간분은 22/100,000 적용)가 부과됨에 유의하여야 한다.

저자주 ▽ 수정신고

　　연말정산 시 소득·세액공제를 과다하게 신고하여 소득세를 과소납부한 경우에 추후 과세관청이 이를 발견하여 회사와 근로자에게 스스로 소득세를 추가납부하도록 하는 것을 수정신고라 합니다.

　　기본적으로는 회사에 통보하여 수정신고하도록 하고 있으며 이때 과소납부한 소득세(이를 본세라 함)와 가산세(상기 1.에 의한 원천징수납부지연가산세)를 회사가 납부하고 이를 근로자에게 징수하는 것입니다.

　　이때 근로자 본인이 수정신고할 수도 있는데 이 경우에는 가산세가 신고불성실가산세(본세의 10% 또는 40%)와 납부지연가산세를 부담하게 되어 회사가 수정신고하는 것보다 가산세부담이 늘어나게 됩니다.

　　그래서 부당한 방법으로 소득·세액공제를 받은 경우에는 회사가 수정신고·납부를 한 경우에도 근로자 본인에게 부당과소신고가산세(본세의 40%)를 직접 부과하도록 되어 있는데 현행 실무상으로는 잘 이루어지지 않고 있습니다.

Approach to Field Work　근로소득에 대한 종합소득세 미신고시 가산세 적용

1. 무신고가산세 및 과소신고가산세
　① 무신고가산세 : 납부세액의 20%(국기법 §47의 2), 제척기간 7년 적용(국기법 §26의 2)
　② 과소신고가산세 : 납부세액의 10%와 5년의 제척기간 적용

2. 1인으로부터 받은 근로소득 중 연말정산에서 누락된 다른 근로소득(상여처분에 따른 근로소득)에 대해 종합소득세 확정신고를 하지 않은 경우
   ① 과소신고가산세 및 5년의 제척기간 적용
   ② 대법원 2013.7.11. 선고 2013두5555 판결
   ③ 기획재정부조세법령-324, 2022.3.30.
      * 저자의 판단으로 연말정산 시 과다 공제된 소득·세액공제에 대하여 종합소득세 기한 후 신고를 하는 경우에도 동일하게 판단하여야 한다고 봄.

3. 2인 이상으로부터 받은 근로소득을 합산하여 종합소득세 확정신고를 하지 않은 경우
   ① 무신고가산세 및 7년의 제척기간 적용 주장 판례
      가. 부산고등법원 2010.9.29. 선고 2010누2111 판결; 대법원 2011.1.27. 선고 2010두22481
      나. 감심 2018-96, 2019.5.10.
   ② 과소신고가산세 및 5년의 체적기간 적용 주장 판례
      서울행정법원 2014.11.25. 선고 2014구합9370 판결; 서울고등법원 2015.10.1. 선고 2014누73878 판결(항소기각 2015.10.9. 확정)

4. 회사가 수정신고·납부 시 근로소득자에 대한 가산세 부과 여부
   납세의무자가 종합소득세 확정신고 의무가 없는 근로소득자인 경우로서, 연말정산 시 누락된 일부 근로소득에 대해 과세관청이 원천징수의무자에게 부과·징수하거나, 원천징수의무자가 원천징수이행상황신고서를 수정하여 제출·납부한 경우에는 해당 근로자에게 국세기본법상 과소신고가산세 및 납부지연가산세가 부과되지 않는 것임.
   납세의무자가 종합소득세 확정신고 의무가 있는 근로소득자인 경우로서, 누락된 일부 근로소득에 대해 원천징수의무자가 원천징수이행상황신고서를 수정하여 제출 및 납부한 경우, 이후 해당 근로자가 종합소득세 수정신고를 하면서 부담하는 국세기본법상 과소신고가산세 및 납부지연가산세는 원천징수의무자가 수정신고를 통해 기납부한 세액(본세에 한함)을 차감한 후의 추가납부한 세액을 기준으로 하여 계산하는 것임(서면법규기본-2548, 2022.12.14.).

3. 지방소득세의 특별징수 납부지연가산세

① 소득세법 또는 조세특례제한법에 따른 원천징수의무자가 거주자로부터 소득세를 원천징수하는 경우에는 원천징수하는 소득세(조세특례제한법 및 다른 법률에 따라 조세감면 또는 중과세 등의 조세특례가 적용되는 경우에는 이를 적용한 소득세)의 100분의 10에 해당하는 금액을 소득세 원천징수와 동시에 개인지방소득세로 특별징수하여야 한다. 이 경우 같은 법에 따른 원천징수의무자는 개인지방소득세의 특별징수의무자로 한다(지법 §103의 13 ①).

② 특별징수의무자가 상기 '①'에 따라 개인지방소득세를 특별징수하였을 경우에는 그

징수일이 속하는 달의 다음 달 10일까지 납세지를 관할하는 지방자치단체에 납부하여야 한다. 다만, 소득세법 제128조 제2항 단서에 따라 원천징수한 소득세를 반기(半期)별로 납부하는 경우에는 반기의 마지막 달의 다음 달 10일까지 납부할 수 있다(지법 §103의 13 ②).

③ 상기 '①'에 따른 개인지방소득세의 특별징수의무자가 지방세법 제89조 제3항 제3호부터 제5호까지의 규정에 따라 납부한 지방자치단체별 특별징수세액에 오류가 있음을 발견하였을 때에는 그 과부족분을 해당 지방자치단체에 납부하여야 할 특별징수세액에서 가감하여야 한다. 이 경우 가감으로 인하여 추가로 납부하는 특별징수세액에 대하여는 지방세기본법 제56조에 따른 가산세를 부과하지 아니하며, 환급하는 세액에 대하여는 지방세환급가산금을 지급하지 아니한다(지법 §103의 13 ③).

④ 특별징수의무자가 특별징수하였거나 특별징수하여야 할 세액을 상기 '②'에 따른 기한까지 납부하지 아니하거나 부족하게 납부한 경우에는 그 납부하지 아니한 세액 또는 부족한 세액에 지방세기본법 제56조에 따라 산출한 금액을 가산세로 부과한다. 다만, 국가 또는 지방자치단체와 주한 미국군이 특별징수의무자인 경우에는 의무불이행을 이유로 하는 가산세는 부과하지 아니한다(지법 §103의 14).

⑤ 특별징수의무자가 징수하여야 할 세액을 법정납부기한까지 납부하지 아니하거나 과소납부한 경우에는 납부하지 아니한 세액 또는 과소납부분 세액의 100분의 50(다음 1. 및 2.에 따른 금액을 합한 금액은 100분의 10)을 한도로 하여 다음 각 호의 금액을 합한 금액을 가산세로 부과한다. 이 경우 '3.'의 가산세로 부과하는 기간은 60개월(1개월 미만은 없는 것으로 봄)을 초과할 수 없다(지기법 §56, 지기령 §34).

1. 납부하지 아니한 세액 또는 과소납부분 세액×100분의 3
2. 납부하지 아니한 세액 또는 과소납부분 세액×법정납부기한의 다음 날부터 자진납부일 또는 납세고지일까지의 일수×22/100,000(2022.6.6. 이전분은 25/100,000)
3. 다음 계산식에 따라 납세고지서에 따른 납부기한이 지난 날부터 1개월이 지날 때마다 계상한 금액

$$\text{납부하지 아니한 세액 또는 과소납부분 세액(가산세는 제외한다)} \times \frac{22}{100,000}$$

이때 납세고지서별·세목별 세액이 30만원 미만인 경우에는 '3.'의 가산세를 적용하지 아니한다.

상기 '1. 1)'에 의한 사례의 특별징수 납부지연가산세는 다음과 같다.

Min(①, ②)=100,480원

$$① \ 2,000,000 \times 3\% + 2,000,000 \times \frac{22}{100,000} \times 92일 = 100,480원$$

$$② \ 2,000,000 \times 10\% = 200,000원$$

4. 지급명세서 제출 불성실 가산세

(1) 지급명세서 미제출

지급명세서를 제출하여야 할 자(내국법인 및 외국법인)가 지급명세서를 법정제출기한까지 제출하지 아니한 경우 가산세는 다음과 같으며, 조세특례제한법 제90조의 2(세금우대자료 미제출가산세)의 가산세가 부과되는 분은 적용하지 않는다(소법 §81의 11 ①, 법법 §75의 7 ①, 국기법 §48 ② 3호 나목).

① 소득세법 : 제출하지 아니한 분의 지급금액의 100분의 1

　단, 제출기한이 지난 후 3개월 이내에 제출하는 경우에는 지급금액의 1천분의 5

② 법인세법 : 제출하지 아니한 분의 지급금액의 100분의 1

　단, 제출기한이 지난 후 3개월 이내에 제출하는 경우에는 지급금액의 1천분의 5

(2) 지급명세서불분명 또는 사실과 다른 경우

제출된 지급명세서가 불분명한 경우 그리고 제출된 지급명세서에 기재된 지급금액이 사실과 다른 경우에는 불분명한 분의 지급금액 또는 사실과 다른 지급금액의 1%에 상당하는 금액을 가산세로서 징수하여야 한다(소법 §81의 11 ①, 소령 §147 ①·②).

여기서 불분명한 경우란 다음과 같다.

① 제출된 지급명세서에 지급자 또는 소득자의 주소·성명·납세번호(주민등록번호로 갈음하는 경우에는 주민등록번호)나 사업자등록번호·소득의 종류·소득의 귀속연도 또는 지급액을 기재하지 아니하였거나 잘못 기재하여 지급사실을 확인할 수 없는 경우

② 제출된 지급명세서 및 이자·배당소득 지급명세서에 유가증권표준코드를 적지 아니하였거나 잘못 적어 유가증권의 발행자를 확인할 수 없는 경우

③ 이연퇴직소득을 연금외 수령하는 경우 원천징수의무자가 제출한 지급명세서에 이연 퇴직소득세를 적지 아니하였거나 잘못 적은 경우

하지만 다음의 지급금액은 불분명한 금액에 포함하지 아니하는 것으로 한다.

① 지급일 현재 납세번호를 부여받은 자 또는 사업자등록증의 교부를 받은 자에게 지급한 금액

② '①' 외의 지급금액으로서 지급 후에 그 지급받은 자의 소재가 불명된 것이 확인된 금액

(3) 일용근로소득 지급명세서 제출 불성실 가산세

상기 '(1), (2)'와 달리 일용근로소득에 대해 매월 제출하여야 하는 일용근로소득 지급명세서 제출 불성실 가산세는 다음과 같다.

① 제출기한까지 미제출 : 지급금액의 0.25%

② 제출기한 경과 후 1개월 내 지연제출 : 지급금액의 0.125%

③ 지급사실 불분명 등 : 불분명 등 금액의 0.25%

(4) 매월 제출하는 지급명세서등*에 대한 가산세 특례

* 일용근로소득 지급명세서, 원천징수대상 사업소득 간이지급명세서

① 지급사실 불분명 금액* 등이 5%* 이하 시는 불분명가산세의 적용을 면제한다(소법 §81의 11 ④).

* 소득자의 인적사항, 지급액 등을 잘못 적어 지급사실을 확인할 수 없는 경우

② 2024.1.1. 이후 지급하는 소득분부터는 상용근로소득 및 인적용역소득 기타소득에 대한 간이지급명세서에도 적용된다.

(5) 지급명세서미제출가산세 적용 시 지급명세서 제출의무

원천징수의무자가 지급명세서 제출기한까지 의무 불이행하여 지급명세서미제출가산세를 신고·납부하였더라도 지급명세서 제출의 면제 및 특례에 열거되어 있지 않은 경우는 지급명세서 제출이 면제되는 것은 아니다(소법 집행기준 81-147-5).

(6) 조세심판원 등 결정사례

① 지급명세서를 제출하여야 할 의무가 있는 자가 제출하지 않거나 그 제출한 지급명세서상 기재내용이 사실과 다른 경우에는 관련 가산세를 부과할 수 있으나, 지급명세서 제출의무가 없는 자에게는 관련 가산세를 부과할 수 없는 것인바, 처분청이 손금부인한 쟁점금액 중 일부 금액은 대표이사 상여로 소득처분하고 경비로 추인하지 아니한 이상 그 금액에 대하여 지급명세서 제출 불성실 가산세를 부과한 처분은 잘못이 있다(조심 2017중2780, 2017.10.10.).

② 보험대리점을 영위하는 내국법인이 보험업법을 위반하여 해당법인 소속 보험설계사 이외의 자인 자동차딜러와 타사 소속 보험설계사 등 비적격자에게 보험가입 등의 대가를 지급하고 일부는 사업소득 지급명세서를 미제출 또는 과소제출하고, 일부는 모집인 수당 등을 지급한 사실이 없는 해당법인 소속 보험설계사 명의로 사업소득 지급명세서를 작성하여 제출한 경우 사업소득 지급명세서의 미제출가산세 및 불분명가산세를 각각 적용하는 것이 타당함(조심 2018서2683, 2019.4.29.).

③ 원천징수의무자가 부당해고기간의 급여를 지급할 의무가 있다는 법원의 판결내용을 이행하면서 근로소득이 아닌 기타소득으로 과다 원천징수하고 신고·납부한 경우 원천징수납부 불성실가산세는 적용하지 않는 것이며, 근로소득을 기타소득으로 지급명세서를 제출한 경우 근로소득 지급명세서를 제출하지 아니하였으므로 지급명세서 미제출가산세를 적용하는 것임(원천세과-259, 2012.5.11.).

5. 가산세의 감면 및 한도

(1) 전액 감면(면제, 국기법 §48 ①)

1) 국세기본법에 따른 기한연장 사유(국기법 §6)에 해당하는 경우

2) 납세자가 의무를 이행하지 아니한 데 대한 정당한 사유가 있는 경우

2007.1.1. 이후부터 법제화된 정당한 사유(단, 정당한 사유에 대한 주장 또는 입증책임은 납세자가 부담)는 다음과 같다.

① 고의나 과실 및 납세자의 세법에 대한 부지·착오는 정당한 사유에 해당하지 아니함
② 납세자에 있어서 진정으로 어쩔 수 없는 사정이 있고 가산세를 부과하는 것이 부당

또는 가혹한 경우에만 정당한 사유를 인정하는 것으로 신고할 과세표준이나 세액 등의 단순계산상의 오류나 착오는 정당한 사유에 해당하지 아니함

③ 납세자에 대한 과세관청의 회신이나 납세지도가 잘못된 경우 과세관청의 태도변경 에 대해서는 정당한 사유로 인정함

3) 기타 면제사유(국기령 §28 ①)

① 세법해석에 관한 질의·회신 등에 따라 신고·납부하였으나 이후 다른 과세처분을 하는 경우

② 공익사업을위한토지등의취득및보상에관한법률에 따른 토지등의 수용 또는 사용, 국토의계획및이용에관한법률에 따른 도시·군계획 또는 그 밖의 법령 등으로 인해 세법상 의무를 이행할 수 없게 된 경우

③ 소득세법시행령 제118조의 5 제1항에 따라 실손의료보험금(같은 영 제216조의 3 제7 항 각 호의 어느 하나에 해당하는 자로부터 지급받은 것을 말한다)을 의료비에서 제외할 때에 실손의료보험금 지급의 원인이 되는 의료비를 지출한 과세기간과 해당 보험금을 지급받은 과세기간이 달라 해당 보험금을 지급받은 후 의료비를 지출한 과세기간에 대한 소득세를 수정신고하는 경우(해당 보험금을 지급받은 과세기간에 대한 종합소득 과세표준 확정신고기한까지 수정신고하는 경우로 한정한다)

(2) 일부감면 사유 및 감면율(국기법 §48 ②)

수정신고 시기 (법정신고기한 지난 후)		감면대상 가산세	감면비율
1. 수정신고 시 (국기법 §45)	1개월 이내	과소신고가산세, 초과환급신고가산세[1]	90%
	1개월 초과 ~ 3개월 이내		75%
	3개월 초과 ~ 6개월 이내		50%
	6개월 초과 ~ 1년 이내		30%
	1년 초과 ~ 1년 6개월 이내		20%
	1년 6개월 초과 ~ 2년 이내		10%
2. 기한후신고 시 (국기법 §45의 3)	1개월 이내	무신고가산세[1]	50%
	1개월 초과 ~ 3개월 이내		30%
	3개월 초과 ~ 6개월 이내		20%

3. 과세전적부심사 결과 통지기간 지연 시	국세기본법 제81조의 15에 따른 과세전적부심 결정·통지가 지연 : 해당기간에 부과되는 납부·환급불성실가산세의 50%
4. 세법에 따른 제출 등	세법에 따른 제출, 신고, 가입, 등록, 개설의 기한이 지난 후 1개월 이내에 해당 의무를 이행하는 경우 : 해당 의무위반에 대하여 세법에 따라 부과되는 가산세[*2]의 50%

*1 과세표준과 세액을 경정할 것을 미리 알고 과세표준수정신고서를 제출한 경우는 제외한다.
*2 지급명세서제출불성실 가산세, 주식 등 변동상황명세서제출불성실가산세, 계산서의 미교부 미제출가산세

(3) 가산세의 감면 등의 신청과 승인

가산세 감면 등을 받으려는 법인은 '가산세 감면 등 신청서[법칙 별지 제17호 서식]'를 관할세무서장(세관장 또는 지방자체단체의 장을 포함)에게 제출하여야 하며, 관할세무서장은 신청서를 제출받은 때에는 그 승인 여부를 통지하여야 한다(국기령 §28 ②·③·④).

> **예규 및 판례**
>
> ▶▶ 원천징수의무자가 소득세법 제127조의 규정에 따라 소득세를 원천징수하여 신고·납부한 경우 단순착오로 원천징수의무자와 소득자 명의를 잘못 기재한 사유만으로는 원천징수납부불성실가산세를 적용할 수 없는 것이고, 제출된 지급명세서에 원천징수의무자와 소득자를 바꿔 기재하여 지급사실을 확인할 수 없는 경우 소득세법시행령 제147조 제1항에 따른 보고불성실가산세가 적용되는 것임(원천세과-590, 2012.11.2.).

(4) 가산세 한도

지급명세서 제출불성실가산세에 대하여는[*] 그 의무위반의 종류별로 각각 5천만원(중소기업기본법 제2조 제1항에 따른 중소기업이 아닌 기업은 1억원) 한도로 가산세를 부과한다. 다만, 해당 의무를 고의적으로 위반한 경우에는 그러하지 아니한다(국기법 §49 ①).
* 이와 같이 가산세 한도를 적용받는 것은 다음과 같다.

구 분	한도 적용 가산세
소득세법	지급명세서 제출불성실가산세, 근로소득간이지급명세서 제출불성실가산세, 계산서 불성실가산세, 면세사업자 매입처별세금계산서합계표미제출가산세, 증빙불비가산세, 영수증수취명세서미제출가산세, 사업장현황신고 불성실가산세, 기부금영수증 불성실가산세
상속세및증여세법	공익법인출연연재산보고서제출 불성실가산세, 공익법인출연재산의 공익목적 사용여부 외부확인 및 보고의무, 의무이행 신고 불이행가산세, 지급명세서불성실 가산세

구 분	한도 적용 가산세
조세특례제한법	창업자금면세서제출 불성실가산세, 세금우대자료제출 불성실가산세
법인세법	주주 등의 명세서 불성실가산세, 정규증명서류불비가산세, 주식등변동상황명세서제출 불성실가산세, 지급명세서 제출불성실가산세, 계산서 불성실가산세(단, 계산서 미발급 및 위장 또는 가공계산서의 수수는 제외), 면세사업자 매입처별세금계산서합계표미제출가산세, 기부금영수증불성실가산세
부가가치세법	미등록가산세, 타인명의사업자등록가산세, 세금계산서교부 불성실가산세, 세금계산서·신용카드매출전표 경정제출확인매입세액공제가산세, 공급시기 이후 매입세액 공제로 인한 가산세, 매출처별세금계산서합계표제출 불성실가산세, 수입금액명세서제출 불성실가산세

XI 원천징수세액의 충당 및 환급

1. 조정환급

원천징수의무자가 원천징수하여 납부한 세액에서 환급받을 환급세액이 있는 경우 그 환급액은 그 원천징수의무자가 원천징수하여 납부하여야 할 세액에 충당(다른 세목의 원천징수세액에의 충당은 소득세법상의 원천징수이행상황신고서에 그 충당·조정내역을 기재하여 신고한 경우에 한하여 충당할 수 있음)하고, 잔여금을 환급한다. 다만, 그 원천징수의무자가 그 환급액을 즉시 환급하여 줄 것을 요구하거나 원천징수하여 납부하여야 할 세액이 없는 경우에는 즉시 환급한다(국기법 §51 ⑤).

2. 연말정산 시 조정환급 사례

■ 소득세법 시행규칙 [별지 제21호 서식] (2023.3.**. 개정)　　　　　　　　　(10쪽 중 제1쪽)

| ① 신고구분 | [　]원천징수이행상황신고서 | ② 귀속연월 | 2024년 2월 |
| 매월　반기　수정　연말　소득처분　환급신청 | [　]원천징수세액환급신청서 | ③ 지급연월 | 2024년 2월 |

원천징수의무자	법인명(상호)	(주)원천	대표자(성명)		일괄납부 여부	여, 부
					사업자단위과세 여부	여, 부
	사업자(주민)등록번호	201-81-12345	사업장 소재지	서울시 강남구 청담동	전화번호	
					전자우편주소	@

❶ 원천징수 명세 및 납부세액　　　　　　　　　　　　　　　　　　　　　　　　　　(단위: 원)

소득자 소득구분			코드	원천징수명세					⑨ 당월 조정 환급 세액	납부세액	
				소득지급 (과세 미달, 일부 비과세 포함)		징수세액				⑩ 소득세 등 (가산세 포함)	⑪ 농어촌 특별세
				④인원	⑤ 총지급액	⑥ 소득세 등	⑦ 농어촌 특별세	⑧ 가산세			
개인 (거주자·비거주자)	근로소득	간이세액	A01	56	155,380,000	5,232,260					
		중도퇴사	A02								
		일용근로	A03	5	13,000,000	567,200					
		연말정산 합계	A04	62	2,060,000,000	△27,000,000					
		연말정산 분납신청	A05								
		연말정산 납부금액	A06								
		가감계	A10	123	2,228,380,000	△21,200,540					
	퇴직소득	연금계좌	A21								
		그 외	A22								
		가감계	A20								
	사업소득	매월징수	A25	2	7,000,000	210,000					
		연말정산	A26								
		가감계	A30	2	7,000,000	210,000			210,000		
	기타소득	연금계좌	A41								
		종교인 매월징수	A43	30	4,500,000	900,000			⊕		
		종교인 소득 연말정산	A44	30	4,500,000	900,000			900,000		
		가상자산	A49								
		그 외	A42								
		가감계	A40								
	연금소득	연금계좌	A48								
		공적연금(매월)	A45								
		연말정산	A46								
		가감계	A47								
	이자소득		A50								
	배당소득		A60								
	금융투자소득		A71								
	저축 등 해지 추징세액 등		A69								
	비거주자 양도소득		A70								
법인	내·외국법인원천		A80								
수정신고(세액)			A90		①						
총합계			A99	155	2,289,880,000	1,110,000			1,110,000		

❷ 환급세액 조정　　　　　　　　　　　　　　　　　　　　　　　　　　　　(단위: 원)

전월 미환급 세액의 계산			당월 발생 환급세액				⑱ 조정대상 환급세액 (⑭+⑮+⑯+⑰)	③			
⑫ 전월 미환급세액	⑬ 기환급 신청세액	⑭ 차감잔액 (⑫-⑬)	⑮ 일반환급	⑯ 신탁재산 (금융회사 등)	⑰ 그 밖의 환급세액			⑲ 당월조정 환급세액계 ④	⑳ 차월이월 환급세액 (⑱-⑲)	㉑ 환급신청액 ⑤
					금융회사 등	합병 등				
			② 21,200,540				21,200,540	1,110,000	20,090,540	20,090,540

원천징수의무자는 「소득세법 시행령」 제185조 제1항에 따라 위의 내용을 제출하며, 위 내용을 충분히 검토하였고 원천징수의무자가 알고 있는 사실 그대로를 정확하게 적었음을 확인합니다.

2024년　3월　10일

신고인　　　　　　　　　(서명 또는 인)

세무대리인은 조세전문자격자로서 위 신고서를 성실하고 공정하게 작성하였음을 확인합니다.

세무대리인　　　　　　　　⑥　(서명 또는 인)

세 무 서 장　　　귀하

신고서 부표 등 작성 여부		
※ 해당란에 "○" 표시를 합니다.		
부표(4~5쪽)	환급(7~9쪽)	승계명세(10쪽)
세무대리인		
성명		
사업자등록번호		
전화번호		
국세환급금 계좌신고		
예입처		
예금종류		
계좌번호		

210mm×297mm[백상지80g/㎡ 또는 중질지80g/㎡]

〈주석① 징수세액〉

　"징수세액 ⑥ 소득세 등 ⑦ 농어촌특별세 ⑧ 가산세"의 입력

- 각 코드별(A01~A80)로 발생한 납부 또는 환급(△)할 세액 입력
- 각 소득별(근로소득, 퇴직소득, 사업소득 등) 가감계 : 각 소득 내 코드별 소득을 합계하여 납부 또는 환급(△)할 세액 입력
- 총합계(A99) : 소득별 금액(근로, 퇴직, 사업, 기타, 연금소득은 가감계 금액) 중 납부할 세액의 합계를 입력

　즉 환급(△) 세액은 어떠한 경우에도 총합계(A99이 ⑥~⑪)란에 입력하지 않는다.

〈주석② 일반환급〉

　징수세액 ⑥~⑧ 중에서 소득별 금액(근로, 퇴직, 사업, 기타, 연금소득은 가감계 금액) 중 환급할 세액의 합계를 입력

〈주석③ 당월 조정환급세액〉

　"⑨ 당월조정환급세액" : 주석① 징수세액을 주석② 일반환급세액과 충당(조정환급)하는 것으로 충당, 즉 조정환급대상 원천징수세액 중 조정환급할 금액을 "⑨ 당월조정환급세액"란에 기재하며 총합계(A99) 금액은 "⑲ 당월조정환급세액계"란에 입력한다. 조정환급 순서는 코드별로 위에서부터 순서대로(A10, A20, A30…) 적용한다.

〈주석④ 차월이월 환급세액〉

　⑱의 조정대상 환급세액에서 ⑲ 당월조정환급세액계를 차감해도 금액이 (+)인 경우 당월에 환급신청하지 않고 다음월에 납부하여야 할 원천징수세액에서 차감하고자 할 때에는 ⑳란에 기재하고 다음 달에 "⑫ 전월미환급세액"란에 기입한다.

〈주석⑤ 환급신청액〉

　'㉑ 환급신청액'란에 환급신청액이 있는 경우 "서식 제7쪽 원청징수세액환급신청서 부표"를 작성한다.

02

(10쪽 중 제7쪽)

소득의 종류	귀속 연월	지급 연월	코드	인원	소득 지급액	① 결정 세액	기납부 원천징수세액			③ 차감 세액	④ 조정 환급 세액	⑤ 환급 신청액
							② 계	기납부세액 [주(현)]	기납부세액 [종(전)]			
근로	24년 2월	24년 2월	A04	62	2,060,000,000	44,000,000	71,000,000	71,000,000		△27,000,000	6,909,460	20,090,540

원천징수세액환급신청서 부표 (단위 : 원)

사업자등록번호 □□□-□□-□□□□□

[서식21 1쪽]
② 귀속연월
③ 지급연월

합계

[서식21 1쪽]
근로소득 연말정산
코드, ④인원 ⑤총지급액

환급할 세액에서 차감한
같은 세목의 납부할 세액을 포함한 합계

근로소득 간이세액	5,232,260
근로소득 일용근로	567,200
사업소득 매월징수	210,000
기타소득 그 외	900,000
합계	6,909,460

〈주석⑥ 환급금액〉

•환급금액이 5천만원 미만인 경우에 기재한다.

•환급금액이 5천만원 이상인 경우에는 국기법 시행규칙 별지 제22호 서식 "계좌계설(변경)신고서"를 제출한다.

■ 국세기본법 시행규칙 [별지 제22호 서식] 〈개정 2021.3.16.〉

계좌개설(변경)신고서

접수번호		접수일		처리기간	
신 고 인	상호(법인명)		사업자등록번호		
	성명(대표자)		주민(법인)등록번호		
	사업장소재지/주소	(전화번호 :　　　　　　　　　　　)			
구　분		□ 계좌신고　　　□ 계좌변경			
		당초		변경	
개설은행 또는 체신관서명					
계좌번호					
변경사유					
신고세목		□ 모든 세목 □ 종합소득세 □ 부가가치세 □ 법인세 □ 그 밖의 세목 (　　　세)			

「국세기본법 시행령」 제34조제1항에 따라 계좌개설(변경)신고를 하오니 본인에 대한 국세환급금이 발생하면 신고(변경)한 위의 계좌로 송금해 주시기 바랍니다.

※ 계좌이체방식으로 국세환급금이 지급된 경우에는 별도로 국세환급금통지서를 우편송달하지 않습니다.

　　　　　　　　　　　　　　　　　　년　　　　월　　　　일

　　　　　　　　　신고인　　　　　　　(서명 또는 인)

대리인　　　　(생년월일:　　　　　) 관계(직책) :

주　소　　　　　　　　　　　　　　전화번호 :

　세무서장 귀하

첨부서류	1. 통장 사본 1부 2. 신고인 신분증 사본 1부 3. 위임장 원본 1부 ※ 2번과 3번 서류는 대리인이 신청하는 경우에만 제출합니다.	수수료 없음

210mm×297mm[백상지(80g/㎡) 또는 중질지(80g/㎡)]

XII 원천징수의무자 등에 대한 경정청구 허용

1. 대상

과세표준확정신고가 면제되는 다음의 자 또는 그 원천징수의무자에게 경정청구를 허용하여 연말정산 등으로 납세의무가 종결된 자에 대하여도 경정청구권을 인정한다(국기법 §45의 2).

① 근로소득만 있는 자

② 퇴직소득만 있는 자

③ 연금소득만 있는 자

④ 원천징수되는 사업소득만 있는 자

⑤ 분리과세 이자소득 원천징수

⑥ 분리과세 배당소득 원천징수

⑦ 분리과세 연금소득 원천징수

⑧ 분리과세 기타소득 원천징수

⑨ 원천징수대상 국내원천소득[*]이 있는 비거주자 또는 외국법인

  [*] 경정청구대상이 되는 국내원천소득
    -2008년 이전 : 선박·항공기 등 임대소득, 사업소득, 인적용역소득, 근로소득, 퇴직소득, 사용료 소득, 유가증권양도소득
    -2009년 이후 : 이자소득, 배당소득, 기타소득도 포함

2. 경정청구요건

근로소득자 또는 원천징수의무자는 신고제출하는 것이 없으므로 다음의 납부일까지 납부하고 지급명세서를 제출한 경우 경정청구를 인정한다.

① 근로·연금·사업소득세액의 법령에서 정한 연말정산납부일

② 퇴직소득 원천징수납부일(퇴직급여 지급일의 익월 말일)

3. 경정청구기간

납부일 후 5년 이내(2023년분 근로소득에 대하여는 2029.3.10.까지 경정청구 가능함)

> 연말정산을 포함한 원천징수에 있어 세액을 과다하게 납부한 경우에는 추후 이를 인지 시 과세관청에 세액환급을 신청하게 되는데 이를 경정청구라 합니다. 경정청구 시에는 소정의 환급가산금(2021년 현재 1.2%)도 함께 받으시게 됩니다.
> 2014.12.31. 이전에는 경정청구기간이 3년이었으나 2015.1.1. 이후 경정청구분부터 5년으로 연장되었습니다. 연말정산의 경우 법정신고기한이 3월 10일이므로 2017년 연말정산분의 경정청구기간은 2023.3.10.까지입니다. 그러므로 2023.3.11. 이후에는 2017년까지의 연말정산분에 대하여 경정청구를 할 수 없는 것입니다. 경정청구기간이 경과한 경우에도 과세관청에 고충민원을 제기하여 환급받으실 수 있으며 이 경우에는 환급가산금은 지급되지 않습니다.

4. 원천징수대상자의 경정청구

원천징수의무자가 다음의 사유로 경정을 청구하기 어렵다고 인정되는 경우에는 다음의 원천징수대상자가 경정청구서를 원천징수의무자 납세지 관할 세무서장에게 제출하여야 한다(국기법 §45의 2 ⑤, 국기령 §25의 3 ② · ③).

(1) 해당사유

① 원천징수의무자의 부도 · 폐업 또는 그 밖에 이에 준하는 경우
② 원천징수대상자가 정당한 사유로 원천징수의무자에게 경정을 청구하도록 요청하였으나 원천징수의무자가 이에 응하지 않은 경우

(2) 원천징수대상자

① 소득세법 제73조 제1항 제8호 또는 제9호에 해당하는 원천징수대상자(분리과세소득 등으로 과세표준확정신고하지 않는 거주자)가 해당 소득에 대해 경정을 청구하는 경우
② 비거주자 또는 외국법인이 '(1)'의 어느 하나에 해당하여 경정을 청구하는 경우

'②'의 경우에는 경정청구서에 다음의 서류를 첨부하여 제출해야 한다.

① '(1)'의 어느 하나에 해당한다는 것을 입증하는 자료

② 국내원천소득의 실질귀속자임을 입증할 수 있는 해당 실질귀속자 거주지국의 권한 있는 당국이 발급하는 거주자증명서

상기 '(2)'에도 불구하고 원천징수대상자가 경정청구서를 원천징수의무자의 납세지 관할 세무서장이 아닌 세무서장에게 제출한 경우 그 경정청구서를 제출받은 세무서장은 이를 원천징수의무자의 납세지 관할 세무서장에게 지체 없이 송부하고, 그 사실을 적은 문서로 해당 원천징수대상자에게 통지해야 한다.

5. 제출서류

① 경정청구서

② 당초 제출서류
- 지급명세서
- 소득 · 세액공제신고서
- 공제관련 영수증 사본

③ 경정청구제출분
- 지급명세서수정작성분
- 추가공제관련증빙

XIII 과세자료 수집협조의무

대리운전, 소포배달 등 일정용역을 제공하는 자에게 용역의 제공과 관련된 사업장을 제공하는 자는 용역제공자에 관한 과세자료를 작성하여 수입금액 또는 소득금액이 발생하는 달의 다음 달 말일까지 사업장소재지 관할세무서장 등에게 제출하여야 한다(소법 §173, 소령 §224).

1. 해당 용역

① 대리운전용역

② 소포배달용역

③ 간병용역

④ 골프장 경기보조용역

⑤ 파출용역

⑥ 상기와 유사용역으로써 수하물운반원, 중고자동차판매원, 욕실종사자 및 스포츠 강사 및 트레이너(한국표준직업분류 코드 28691, 2024.1.1. 이후 발생 소득분부터 적용)가 직접 제공하는 용역

2. 해당 사업장

용역 제공과 관련된 사업장을 제공하는 자 등은 '1.'의 용역(해당 용역의 제공으로 발생하는 소득이 법 제127조에 따른 소득세 원천징수대상이 되는 경우는 제외한다)의 제공과 관련하여 다음의 어느 하나에 해당하는 자를 말한다. 이 경우 '①'에 해당하는 자와 '②'에 해당하는 자가 모두 있는 경우에는 '②'에 해당하는 자를 말한다.

① 골프장사업자, 병원사업자 등 '1.'의 용역을 제공하는 자에게 용역 제공과 관련된 사업장을 제공하는 자

② 직업소개업자, 고용보험법 제77조의 7 제1항에 따른 노무제공플랫폼사업자 등 '1.'의 용역을 알선·중개하는 자. 이 경우 해당 용역을 알선·중개하는 자가 노무제공플랫폼사업자와 고용보험법 제77조의 7 제1항에 따른 노무제공플랫폼이용계약을 체결하고 그 계약에 따라 알선·중개하는 경우에는 노무제공플랫폼사업자를 해당 용역을 알선·중개하는 자로 본다.

3. 제출내용

사업장 제공자는 용역제공자의 수입금액 또는 소득금액에 대한 과세자료를 포함하여 과세자료제출명세서에 용역제공자 인적사항, 용역제공기간 및 용역제공대가 등을 기재하여 제출하여야 한다. 단, 원천징수된 경우에는 제외한다.

4. 용역제공자에 관한 과세자료의 제출에 대한 세액공제

소득세법 제173조 제1항에 따른 용역제공자에 관한 과세자료를 제출하여야 할 자가 기한 내에 국세기본법 제2조 제19호에 따른 국세정보통신망을 통하여 2023.12.31.까지 수입금액 또는 소득금액이 발생하는 용역에 관한 과세자료를 제출하는 경우 소득세법 제173조 제1항에 따른 용역제공자의 인원수(소령 §224 ③에 따른 용역제공자 인적사항 및 용역제공기간 등 기재해야 할 사항에 모두 기재된 인원수로 한정)에 300원을 곱하여 계산한 금액의 합계액(200만원 한도)을 해당 용역에 대한 수입금액 또는 소득금액이 발생한 달이 속하는 과세연도에 대한 소득세(사업소득에 대한 소득세만 해당한다) 또는 법인세에서 공제한다(조특법 §104의 32, 조특령 §104의 29).

5. 명령사항 위반에 대한 과태료

관할 세무서장은 다음 각 호의 어느 하나에 해당하는 명령사항을 위반한 사업자(제3호의 경우에는 법인을 포함한다)에게 2천만원 이하의 과태료를 부과·징수한다(소법 §177).
① 제162조의 2 제5항에 따른 신용카드가맹점에 대한 명령
② 제162조의 3 제8항에 따른 현금영수증가맹점에 대한 명령
③ 제173조 제2항에 따른 과세자료를 제출하여야 할 자에 대한 명령(2022.1.1. 시행)

저자주

용역제공자에 관한 과세자료 제출의무 위반자에 대한 과태료 양정 및 부과·징수 규정

제4조 【과태료 양정기준】
① 납세지 관할 세무서장 등이 사업장제공자 등에게 시정명령을 하였으나, 이를 위반한 경우 사업장제공자 등에게 2천만원 이하의 과태료를 부과하며, 영 [별표 5]에 따른 과태료의 양정기준은 아래 표와 같다.

위반행위	과태료 양정기준
제출명세서를 제출하지 않거나 제출명세서에 기재해야 할 용역제공자에 관한 사항의 전부를 누락한 경우에 대한 명령	제출명세서 건별 20만원
제출명세서의 일부를 제출하지 않은 경우에 대한 명령(기재해야 할 용역제공자에 관한 사항의 일부를 누락한 경우를 말하며, 해당 인원수가 전체 인원수의 5%	제출명세서 건별 10만원

위반행위	과태료 양정기준
초과한 경우로 한정)	
제출명세서를 사실과 다르게 제출한 경우에 대한 명령 (기재해야 할 용역제공자에 관한 사항의 전부 또는 일부를 사실과 다르게 기재하여 제출한 경우를 말하며, 해당 인원수가 전체 인원수의 5% 초과한 경우로 한정)	제출명세서 건별 10만원

② 시정명령은 귀속월에 따른 제출명세서별로 구분하여 실시한다.

③ 시정명령 위반에 대한 과태료는 시정명령 위반행위별로 구분하여 제출명세서 건별로 부과한다.

■ 소득세법 시행규칙 [별지 제33호의 2 서식] 〈개정 2023.3.**.〉

관리 번호		

사업장 제공자 등의 과세자료 제출명세서
([ ] 제출자 보관용   [ ] 제출자 보고용)

※ 2쪽의 작성방법을 읽고 작성하시기 바랍니다.   (3쪽 중 제1쪽)

1. 제출자 인적사항 및 총 제출 인원

① 법인명(상호)		② 사업자등록번호	
③ 사업장 소재지		④ 총 제출 인원	
⑤ 귀속연도	년	⑥ 귀속월	[ ]1월 [ ]2월 [ ]3월 [ ]4월 [ ]5월 [ ]6월 [ ]7월 [ ]8월 [ ]9월 [ ]10월 [ ]11월 [ ]12월

2. 용역제공자 인적사항 및 용역제공 자료내용

일련 번호	⑦ 성명	⑧ 주민등록번호	⑨ 내·외국인 (외국인"○")	⑩ 용역구분	용역제공기간			⑭ 용역제공대가
					⑪ 개시일	⑫ 종료일	⑬ 용역제공 일수(횟수)	
1							( )	
2							( )	
3							( )	
4							( )	
5							( )	
6							( )	
7							( )	
8							( )	
9							( )	
10							( )	

「소득세법」제173조제1항 및 같은 법 시행령 제224조제3항에 따라 사업장 제공자 등의 과세
자료 제출명세서를 제출합니다.

　　　　　　　년　　　　월　　　　일　　　　　　제출자:　　　　　　　　　　(서명 또는 인)

210mm×297mm(백상지(80g/㎡) 또는 중질지(80g/㎡))

Expert Opinion Summary

이제까지 '제1장 원천징수제도의 개요'에서 원천징수업무에 대한 기본적인 내용을 습득하셨습니다. 다시 한 번 원천징수업무를 담당하시는 분이 처리하는 내용에 대해 정리해 보도록 하겠습니다.

1. 원천징수대상소득

회사(개인 또는 법인)가 개인 또는 법인에게 어떠한 소득을 지급 시 원천징수대상에 해당하고 몇%의 원천징수(원천징수세액의 10% 특별징수)를 하여야 하는지에 대한 이해

(1) 회사 ─────────────────────▶ 개인(거주자)

이자 · 배당 · 특정사업 · 연금 · 근로 · 기타 · 퇴직소득

지급 시 원천징수

① 부가가치세 과세대상 사업영위 사업소득에 대해서는 원천징수 없음

② 양도소득에 대해서는 원천징수없이 전액 지급

(2) 회사 ─────────────────────▶ 내국법인

이자소득 및 집합투자기구의 이익 중 투자신탁의 이익

지급 시 원천징수

① 이자소득 등 외의 소득에 대해서는 원천징수 없음

② 배당소득에 대해서는 원천징수 없으나 지급명세서는 제출

(3) 회사 ─────────────────────▶ 비거주자 · 외국법인

국내원천소득인 이자 · 배당 · 부동산임대 · 선박 등 임대 · 사업 · 인적용역 · 사용료 · 양도 · 근로 · 퇴직 · 연금 · 유가증권양도 · 기타소득지급 시 원천징수

2. 원천징수세액의 신고 및 납부

(1) 원천징수이행상황신고서의 작성 및 전자신고

① 원천징수이행상황신고서는 거주자, 내국법인, 비거주자, 외국법인에 대해 매월 지급된 원천징수대상소득금액, 대상자 수, 원천징수세액 등을 기재하여 익월 10일까지 국세청 홈택스(www.hometax.go.kr)에 전자신고하는 서식입니다.

② 원천징수이행상황신고서 4~5쪽은 부표로서 거주자에 대한 이자 · 배당소득, 내국법인에 대한 이자소득 등 및 비거주자와 외국법인에 대한 국내원천소득지급 시에만 기재합니다.

③ 원천징수이행상황신고서 미제출 시 이에 대한 가산세납부의무는 없으나 미제출에 따른 원천징수세액이 미납부되었을 것이므로 이에 따른 원천징수 등 납부지연 가산세를 부담하게 됩니다.

④ 실무자님들은 반드시 원천징수이행상황신고서의 작성방법과 전자신고하는 방법을 숙지하셔야 합니다.

(2) 원천징수세액의 납부

① 매월 10일 전월에 이루어진 원천징수에 따른 세액을 과세관청에 납부(특별징수세액은 관할 시·군에 납부)하여야 합니다.

납부는 납부서를 작성하여 한국은행(국고수납대리점인 은행 포함) 또는 우체국에 납부하는데 대부분 홈택스를 통한 전자납부가 이루어지고 있으므로 실무자님들은 납부서 작성요령 및 전자납부방법을 정확히 숙지하셔야 합니다.

② 납부서 작성요령 및 전자납부방법은 '제2절 Ⅳ. 8.' 참조

3. 원천징수영수증(=지급명세서)의 작성·교부 및 전자신고

① 회사는 원천징수대상 소득을 지급 시 소득별로 원천징수영수증을 법에서 정한 교부시점에 소득의 수령자에게 교부하여야 합니다.

② 원천징수영수증의 또다른 이름인 지급명세서는 근로·퇴직·특정사업소득·종교인소득인 경우 내년 3.10.까지, 일용근로소득은 지급 다음 달 말일까지, 다른 소득의 경우에는 내년 2월 말일까지 국세청 홈택스에 전자신고하여야 합니다.

③ 지급명세서의 미제출·불분명 또는 사실과 다른 제출의 경우에는 해당 지급금액의 1%(일용근로자의 경우에는 0.25%)를 가산세로 납부하여야 하므로 실무자님들은 반드시 지급명세서의 전자신고에 대해 확실한 내용을 숙지하셔야 합니다.

4. 근로소득간이지급명세서 제출

① 국내에서 일용근로자가 아닌 근로소득자에게 지급하는 근로소득 및 원천징수대상 사업소득을 지급하는 자는 반기별로 반기(사업소득은 지급월)의 마지막 달의 다음 달 말일까지 국세청에 근로소득간이지급명세서를 제출하여야 합니다.

② 근로소득간이지급명세서는 반기별 근무기간의 과세소득금액만을 기재하여 제출하는 것으로 원천징수이행상황신고서의 작성과 동일하게 실지 지급분에 대한 금액을 신고하여야 합니다.

③ 2024년부터는 인적용역 기타소득에 대하여도 간이지급명세서를 제출하여야 하고 모든 간이지급명세서는 지급월의 다음 달 말일까지 제출하여야 합니다.

5. 특별징수

(1) 특별징수의무자

소득세법 또는 법인세법상의 원천징수의무자는 지방소득세의 특별징수의무자가 되며 지방소득세 특별징수대상은 ① 소득세법 및 법인세법상의 원천징수, ② 법인세법 제98조의 원천징수(외국법인에 대한 원천징수)에 해당됩니다.

(2) 특별징수의 시기

소득세법·법인세법에 관한 규정에 의하여 소득세·법인세를 원천징수하는 경우 함께 지방소득세를 특별징수합니다.

(3) 세율

① 소득세액의 10%

② 법인세액의 10%

(4) 세액의 납부

개인지방소득세의 특별징수 시 특별징수의무자는 특별징수일이 속하는 날의 다음달 10일까지 지방소득세 특별징수 납부서[별지 제42호 서식], 특별징수 계산서 및 명세서[별지 제42호의 2 서식]를 첨부하여 납세지를 관할하는 지방자치단체에 납부하는 것이 원칙이며, 소득세법 제128조 단서규정에 의하여 반기별로 원천징수하는 경우에는 그 징수일이 속하는 반기의 마지막 달의 다음 달 10일까지 신고납부가 가능합니다. 다만, 이자소득과 근로소득 및 연금소득의 경우에는 개인별 명세서를 첨부하지 아니할 수 있습니다.

내국법인에 대한 특별징수 시 다음 달 10일까지 납부서로 납부하는 것은 거주자의 경우와 동일하나 법인지방소득세 특별징수의무자는 특별징수 시 납세의무자에게 법인지방소득세 특별징수영수증[별지 제42호의 4 서식]을 발급하여야 합니다. 다만, 원천징수영수증에 법인지방소득세 특별징수액과 그 납세지 정보를 포함하여 발급하는 경우 및 이자소득금액 또는 배당소득금액이 계좌별로 1년간 1백만원 이하로 발생한 경우에는 발급하지 아니할 수 있습니다.

특별징수의무자는 납세의무자별로 법인지방소득세 특별징수명세서[별지 제42호의 4 서식]를 다음해 3.31.까지 특별징수의무자 소재지 관할 지방자치단체의 장에게 우편 또는 지방세정보통신망으로 제출하여야 합니다.

02

근로소득에 대한 원천징수

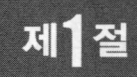
제1절

근로소득 원천징수

Ⅰ 원천징수의무자

국내에서 거주자나 비거주자에게 매월분의 근로소득을 지급하는 자는 소득세법의 규정에 따라 소득세를 원천징수하여 납부하여야 한다(소법 §127).

이 경우 일반 근로소득자의 근무지가 변경됨에 따라 월급여액이 동일한 고용주에 의하여 분할지급되는 때에는 변경된 근무지에서 그 월급여액 전액에 대하여 간이세액표에 의한 근로소득세를 원천징수하여야 한다.

● 예규 및 판례

▶▶ 회생회사의 사용자 등에 대한 근로소득세 원천징수업무는 관리인이 수행하게 되지만, 회생절차가 개시되더라도 회사는 해산되지 않고 법인격을 유지하므로 원천징수의무자는 관리인이 아니라 회생회사이고, 그 원천징수한 근로소득세의 납세의무자도 회생회사라 할 것임(대구고법 2012누295, 2012.9.14.).

▶▶ 외국법인이 국내에 수익사업을 하지 않는 연락사무소를 설치하고 근무직원에 대한 급여를 연락사무소가 해외법인에서 송금받아 지급하는 경우 원천징수 및 지급명세서 제출의무를 이행하여야 함(원천 - 593, 2010.7.16.).

외국법인이 국내에 수익사업을 하지 않는 연락사무소를 설치하고 근무직원에 대한 급여를 외국 본점에서 거래은행을 통하여 각 직원의 계좌로 직접 송금하는 경우에는 소득세법 제20조 제1항 제2호 나목의 규정에 의하여 을종[*] 근로소득에 해당되는 것이나, 외국법인 연락사무소에서 근무하는 직원의 급여를 동 연락사무소 명의의 통장을 통하여 대표자가 각 직원 개인별로 지급하는 경우에는 같은법 제20조 제1항 제1호에 규정하는 갑종* 근로소득에 해당하는 것임.

* 갑종 또는 을종근로소득 명칭 폐지

2009년까지는 근로소득의 구분을 갑종 또는 을종근로소득으로 구분하였으나 2010년부터 명칭의 불명확성을 이유로 폐지하였다. 이는 명칭만 폐지되었을 뿐 근로소득 지급주체가 원천징수의무가 있는지 없는지의 구분은 종전 규정과 동일하다.

▶▶ 파견근로자를 사용하는 사용사업주가 직접 파견수당을 지급할 때에는 파견수당지급 내역을 원 소속기관에 통보하며 원 소속기관에서는 파견사업장의 소득을 합산하여 신고하는 것임(원천-249, 2009.3.27.).

▶▶ ○○협동조합을 결성, 임원회를 구성하여 조합을 운영하고 있으며 정관에 의거하여 이사장에게 업무수당 및 업무추진비를 매달 지급 시 거주자에게 원천징수 대상소득을 지급하는 경우에 해당하므로 원천징수의무가 있는 것임(원천-368, 2009.4.24.).

▶▶ 항만하역회사가 근로단체인 항운노조를 통하여 항만노무자를 사용인으로 고용하고 그에 따른 급여를 항운노조에 일괄 지급하는 경우에도 당해 항만하역회사는 실제 근로인원의 1인당 일용급여를 기준으로 소득세법 제127조 및 같은법 제134조 제3항의 규정에 따라 소득세를 원천징수 납부하여야 하는 것임(서면1팀-237, 2008.2.25.).

▶▶ 근로소득을 지급하는 단체는 법인격 여부에 불구하고 원천징수의무가 있는 자에 해당하고 원천징수 갑근세와 지급명세서미제출가산세를 부과할 수 있는 것임(서면1팀-772, 2007.6.11.).

▶▶ 의료법인이 외부기관 등으로부터 연구기금을 지원받아 의학연구소 직원에게 급여 지급 시 원천징수 납부의무자는 당해 의료법인임(서이 46013-10743, 2003.4.9.).

(상황)

의료법인인 병원의 조직도상 하나의 부서인 의학연구소가 정부의 과학기술기본법에 따른 프로젝트에 선정되어 정부의 연구기금 및 미국NIA(미국 국립보건원)의 연구기금을 지원받아 연구를 수행하게 됨.

그런데 본 연구소는 독립적인 사업자등록증이나 고유번호증이 없으며, 전반적인 관리업무는 병원에서 하고 회계관리는 독립적으로 처리해 각각 해당 기관에 보고(동 기금은 지정된 용도로만 사용 가능)하게 되어 있음.

Ⅱ 원천징수대상 근로소득

매월분의 근로소득을 지급하는 때에 원천징수대상 근로소득은 당해 월의 급여총액에서 비과세소득을 공제한 월급여액이다(소령 §194 ①).

다만, 다음에 해당하는 소득은 제외한다(소법 §127).

① 외국기관 또는 우리나라에 주둔하는 국제연합군(미군은 제외)으로부터 받는 근로소득

② 국외 비거주자 또는 외국법인(국내지점·영업소는 제외)으로부터 받는 근로소득. 다만, 다음에 해당하는 소득은 제외한다. 즉, 원천징수한다.

　가. 비거주자 및 외국법인의 국내사업장의 국내원천소득금액을 계산할 때 필요경비 또는 손금으로 계상되는 소득

　나. 국외에 있는 외국법인(국내지점 또는 국내영업소는 제외)으로부터 받는 근로소득 소득세가 원천징수되는 파견근로자의 소득

> **중점사항 - 파견외국법인 소속 근로자에 대한 대가지급 시 원천징수**
>
> 　내국법인과 체결한 근로자파견계약에 따라 근로자를 파견하는 국외에 있는 외국법인의 소속 근로자는 개인별로 또는 납세조합을 통하여 근로소득세를 신고·납부하고 있으나 일부 고소득 파견근로자의 경우에는 급여를 과소신고 하는 등 조세회피 문제가 발생하였다. 따라서 일정 자산규모 이상의 사용내국법인에서 급여를 받는 파견근로자에 대하여 사용내국법인이 파견외국법인에 근로의 대가를 지급하는 때에 그 지급하는 금액의 100분의 19에 해당하는 금액을 원천징수하도록 하고, 해당 과세기간의 다음 연도 2월분의 근로소득을 지급할 때 파견외국법인이 연말정산을 하도록 규정함으로써 조세회피 등의 문제를 미리 차단하였다.
>
> 본 개정규정은 2016.7.1. 이후 사용내국법인이 파견외국법인에 지급하는 금액부터 적용한다.

● 예규 및 판례

▶▶ 국내지점의 임직원이 파견된 해외관계회사의 업무만을 수행하며, 국내지점에서 그 임직원의 급여를 지급하고 해외관계회사에 청구하여 회수하는 경우 그 급여를 국내지점의 손금으로 계상하지 않는 경우 국내지점에서 원천징수의무가 없음(원천-219, 2012.4.23.)

(사실관계)
- 내국법인 A는 금융업을 주업으로 하는 외국법인의 국내지점 법인임.
- A법인은 해외파견근무계약에 따라 직원 갑을 일본 소재 해외 관계회사 B에 파견하여 직원 갑은 일본에 거주하면서 B법인의 업무를 전담함.

- 직원 갑의 해외파견 근무계약 내용
  - 파견기간은 1년으로 하고 파견기간 종료 후 A의 직원으로 복직
  - 파견기간 동안 A와 갑의 법률상 고용관계는 계속하여 유지됨.
  - A는 해외 파견기간 동안 갑의 급여를 매월 갑의 기존은행 계좌에 원화로 직접 송금함.
  - A는 해외파견기간 동안 갑의 급여를 지급하지만, 매월 A의 지급액을 B에게 청구하여 받음.
- 갑에 대한 급여지급 시 A법인과 B법인의 회계처리
  - 갑에게 급여지급 시
    - A : (차) 미수금　×××　　(대) 현　금　×××
    - B : (차) 급　여　×××　　(대) 미지급금×××
  - A가 B에게 대금회수 시
    - A : (차) 현　금　×××　　(대) 미수금　×××
    - B : (차) 미지급금×××　　(대) 현　금　×××
- A법인은 갑의 해외 파견기간 중 B법인으로부터 받아 대신 지급한 금액에 대하여 당사의 급여로 책정하지 않았음에도 원천징수 신고하였고
  - 이에 따라 4대보험(국민연금, 건강보험, 고용보험, 산재보험)을 부담하게 된 바 4대보험 납부금도 B법인으로부터 사후 정산받음

(질의)
내국법인의 임직원이 해외 관계회사에 파견되어 파견회사의 업무를 전담함으로서 받는 급여를 내국법인이 해외 관계회사로부터 받아 대신 지급하는 경우 내국법인의 원천징수의무 여부

(회신)
귀 질의의 경우 외국법인의 국내지점(A)이 해외 관계회사(B)와 A법인과 고용관계가 있는 근로자가 B법인에 파견되어 B법인에 파견되어 B법인의 업무만을 수행하며, A법인이 해외 파견직원의 급여를 지급하고 B법인에 청구하여 회수하는 경우 소득세법 제127조 제1항 제4호 나목 단서에 해당하지 않으면 원천징수대상에 해당하지 아니하는 것임.

▶▶ 국내에서 수익사업을 하지 않는 외국법인 연락사무소의 근무직원에 대한 급여를 연락사무소가 해외법인에서 송금받아 지급하는 경우 원천징수대상 근로소득에 해당하며, 과세기간 익년 3월 10일까지 근로소득지급명세서를 제출하여야 함(국제세원-151, 2011.4.6.).

▶▶ 거주자가 근로를 제공하고 받는 급여 중 외국법인이 부담하는 급여는 소득세법 제20조 제1항 제2호 나목의 단서를 제외하고는 을종근로소득에 해당하므로 소득세법 제127조의 원천징수대상이 아님(서면2팀-1457, 2007.8.3.).

(질의)
내국법인이 중국자회사에 직원을 파견하여 근로를 제공하게 하고 파견직원의 급여를 내국법인이 선지급한 후 중국자회사에게 청구하여 실질적으로는 중국자회사가 부담하

게 하는 경우 파견직원이 지급받는 급여가 원천징수대상에 해당하는지 여부

(회신)

거주자가 근로를 제공하고 지급받는 급여 중 외국법인(국내지점 또는 국내영업소를 제외)이 부담하는 급여의 경우 소득세법 제20조 제1항 제2호 나목의 단서에 해당하는 부분을 제외하고는 소득세법 제20조 제1항 제2호에서 규정하는 을종근로소득에 해당하는 것으로 소득세법 제127조의 규정에 따라 원천징수대상에 해당하지 아니하는 것임.

▶ 실질은 근로소득자에 해당하는 원고 을은 ★★★치과네트워크 소속 각 치과병원의 실질적인 소유자인 갑과의 약정에 따라 을명의의 사업자등록을 내고 을명의의 치과병원을 영위하고 발생된 매출액의 20%를 근로의 대가로 받기로 하였고, 이에 따른 사업소득세를 신고·납부하였음. 과세관청이 이에 대해 실지 소유자인 갑에게 을사업장에서 발생된 소득에 대해 사업소득으로 과세하고 을이 납부한 세액을 체납세액으로 충당하고 을에게 근로소득세와 무신고가산세 및 납부불성실가산세를 부과한 건에 대하여 대법원은 을이 이 사건 병원에서 근로자로 근무하면서 근로소득을 얻었음에도 자신이 직접 이 사건 병원을 운영하여 사업소득을 얻은 것처럼 법정신고기한 내에 이 사건 신고서를 제출하였더라도, 이는 자신이 얻은 근로소득을 사업소득에 포함하여 종합소득 과세표준을 신고한 것으로 볼 수 있으므로, 을이 종합소득 과세표준을 무신고하였음을 전제로 한 이 사건 무신고가산세 부과처분은 위법하다고 판결하였음. 또한 납부불성실가산세에 대하여도 을의 기납부세액 납부의 법률효과는 을에게 귀속되고 실제사업자인 갑이 을의 명의로 직접 납부행위를 하였다고 하여 달리 볼 수 없으며, 을의 기납부세액이 을의 체납세액을 초과하는 이상, 을이 납부의무를 해태하여 얻은 금융이익이 있다고 볼 수 없어 과세관청이 을에게 을의 체납세액에 대한 납부불성실가산세를 부과한 것은 납부의무 없는 자에 대한 처분으로 그 하자가 중대하고 객관적으로 명백하여 당연 무효로 봄이 타당하다고 판결함(대법원 2018두34848, 2019.5.16.).

Ⅲ 근로소득 귀속시기 및 지급시기

1. 근로소득 귀속시기(수입시기)

(1) 의의

'귀속시기(수입시기)'는 소득에 대한 과세연도를 결정하기 위한 기준을 말한다. 따라서 근로소득 귀속시기는 회사에 근로를 제공함으로써 받은 근로소득이 몇년도 근로소득에 해당하는지를 결정하는 기준이 되는 것이다. 즉 근로소득이 몇년도 귀속분인지를 결정하여 이를 근거로 원천징수나 연말정산을 하여야 하는지를 결정하는 것을 말한다.

저자주

귀속시기(수입시기) VS. 지급시기(의제)

귀속시기(수입시기)	지급시기(의제)
How much? 즉 원천징수를 얼마할 것인가? '연말정산'과 관련	When? 즉 원천징수를 언제 신고, 납부할 것인가? '원천징수'와 관련
귀속시기(수입시기)란 과세기간을 결정하는 것으로 각각의 과세기간에 따라 소득공제 및 세율 등이 차이가 발생하므로 동일한 금액이라도 귀속시기(수입시기)가 언제인지에 따라 원천징수금액이 다르게 발생한다.	원칙 : 지급하는 때 예외 : 지급시기의제(실제 지급하진 않았지만 지급한 것으로 보는 때)
일반적인 경우 : "귀속시기(수입시기) = 지급시기" 일치 예외적인 경우 : "귀속시기(수입시기) ≠ 지급시기" 불일치	

✐ 지급시기(의제)는 "1절 Ⅲ. 2. 근로소득 원천징수 지급시기" 참조

(2) 원칙

근로소득의 수입시기는 다음과 같다(소령 §49 ①).

구 분	수입시기
급여(일반적인 급여)	근로를 제공한 날
잉여금처분 상여	당해 법인의 잉여금처분결의일
해당 사업연도의 소득금액을 법인이 신고하거나 세무서장이 결정·경정함에 따라 발생한 그 법인의 임원 또는 주주·사원, 그 밖의 출자자에 대한 상여(인정상여)	해당 사업연도 중 근로를 제공한 날. 단, 2개 연도에 걸친 경우는 월평균금액에 대해 각각 해당 연도 중 근로를 제공한 날
퇴직으로 인하여 받는 소득으로서 퇴직소득에 속하지 않아(퇴직위로금·퇴직공로금 소정의 임원퇴직금 한도초과액 등) 근로소득에 해당하는 급여	지급받거나 지급받기로 한 날
부당해고기간 급여	법원의 판결·화해 등에 의하여 부당해고기간의 급여를 일시에 지급받는 경우에는 해고기간에 근로를 제공하고 지급받는 것으로 봄

구 분	수입시기
급여를 소급인상하고 이미 지급된 금액과의 차액을 추가로 지급하는 경우	근로제공일이 속하는 연·월
성과급 상여	−자산수익률·매출액 등 계량적 요소에 따라 성과급상여를 지급하기로 한 경우 당해 성과급상여의 귀속시기는 계량적 요소가 확정되는 날이 속하는 연도 −계량적·비계량적 요소를 평가하여 그 결과에 따라 차등 지급하는 경우 당해 성과급상여의 귀속시기는 개인별 지급액이 확정되는 연도
사이닝보너스 (기업이 우수한 인재를 스카우트하기 위해 연봉 외에 지급)	근로계약 체결 시 일시에 선지급(계약기간 내 중도퇴사 시 일정금액 반환 조건)하는 경우 당해 선지급 사이닝보너스를 계약조건에 따라 근로기간 동안 안분
도급 기타 이와 유사한 계약에 의하여 급여를 받는 경우에 당해 과세기간의 과세표준 확정신고기간 개시일 전에 당해 급여가 확정되지 아니한 때	그 확정된 날에 수입된 것으로 봄(다만, 그 확정된 날 전에 실제로 받은 금액은 그 받은 날로 한다)

(3) 유형별 귀속시기와 원천징수

1) 연차수당

① 근로기준법에 따른 연차 유급휴가일에 근로를 제공하고 지급받는 연차수당의 수입시기는 소정의 근로일수를 개근한 연도의 다음 연도가 되는 것이며 그 지급대상기간이 2개 연도에 걸쳐 있는 경우에는 그 지급대상 연도별로 안분하여 해당 연차수당의 근로소득 수입시기를 판단한다(소법 집행기준 24−49−3).

  ✎ 연차수당 : 연차유급휴가를 1년간 사용하지 못한 경우 휴가청구원은 소멸하지만 임금청구권이 발생하게 되며 이때 발생하는 임금으로서 연차유급휴가미사용수당을 의미함.

〈소정의 근로일수를 개근한 다음 연도〉

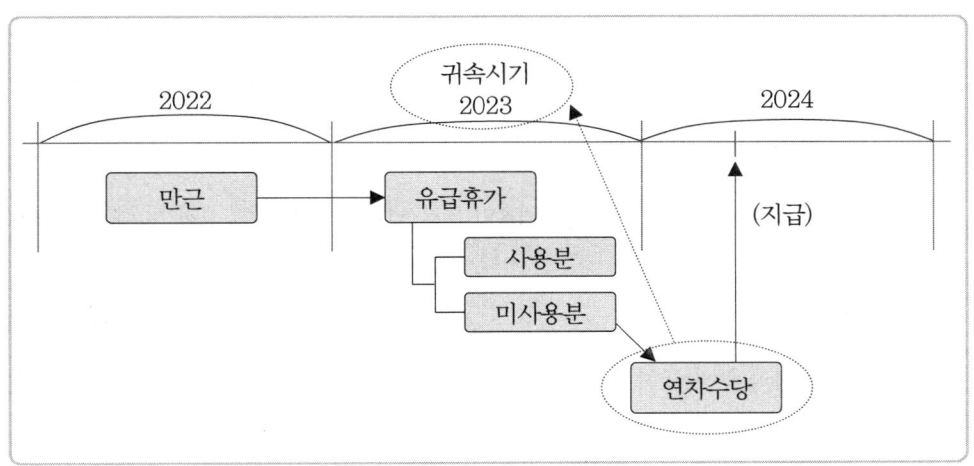

〈대상기간이 2개 연도에 걸쳐 있는 경우 – 지급대상연도별로 안분〉

02

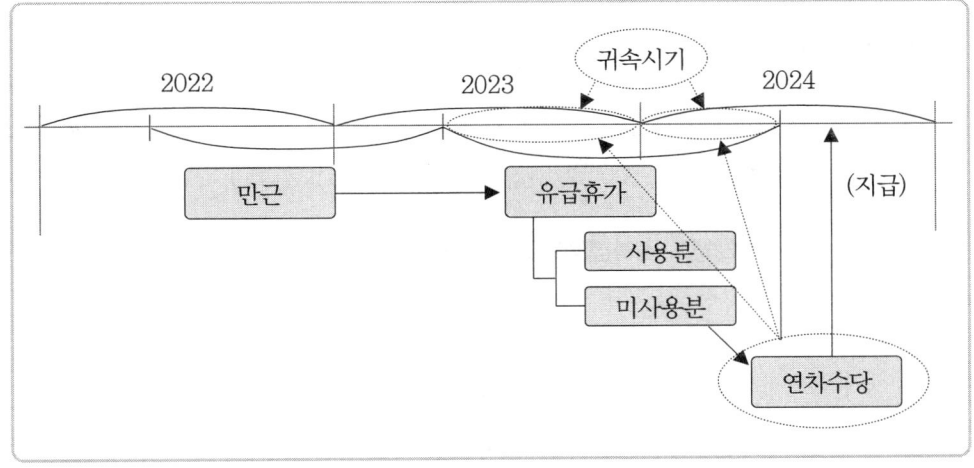

215

> 사례
>
> **1. 자료**
>
> 　2021년 3월에 근로자가 입사를 한 경우 2021년 3월~2022년 2월까지 개근하고 2022년 3월~2023년 2월까지에 대해 연차를 받은 후 사용하지 않아 2023년 3월에 연차수당을 지급받은 경우
>
> **2. 연차수당의 귀속시기**
>
> 　2022년 3월~2023년 2월이며 귀속이 2022년과 2023년도에 걸쳐 있으므로 근무일수로 연차수당을 안분하여 귀속시기를 2022년도와 2023년도로 구분함

② 연월차휴가를 미사용한 퇴직근로자에게 퇴직일을 지급기준일로 하여 그 미사용에 따른 보상금을 지급하는 경우 해당 보상금의 수입시기는 퇴직일이 속하는 연도로 한다(법규소득-17, 2010.2.19.).

③ 법인이 근로기준법의 개정으로 근로자의 연차보상일수가 감소함에 따라 단체협약에 의해 향후 근로자별 예상 재직기간에 해당하는 연차수당 감소액 중 일부를 보상금으로 지급하는 경우 해당 보상금은 단체협약에 의해 개인별 지급액이 확정되는 날이 속하는 연도의 근로소득으로 본다(서면1팀-708, 2007.6.1.).

2) 성과급상여

① 성과급상여의 수입시기는 다음과 같다(원천-1075, 2009.12.29.; 소득-2614, 2008.7.30.; 서면1팀-361, 2008.3.19.; 소득-2614, 2008.7.30.).

〈2022년도 성과급상여를 2023년 2월에 지급하는 경우 귀속시기〉

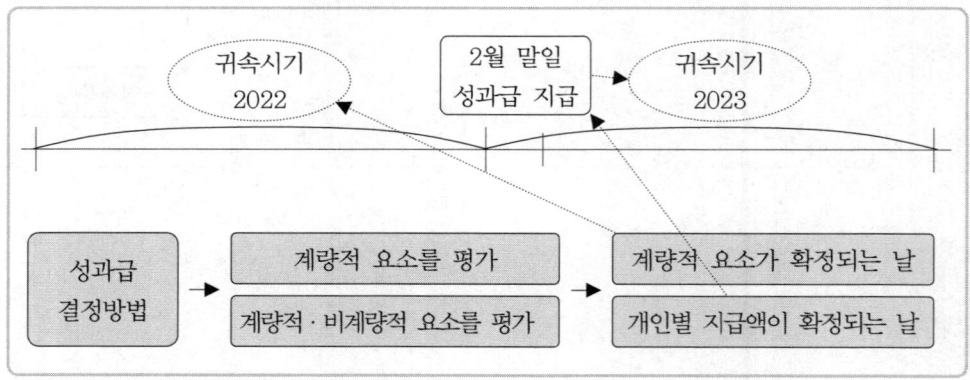

즉 매출액·영업이익률 등 계량적 요소에 따라 성과급상여를 지급하기로 한 경우 해당

성과급상여의 귀속시기는 계량적 요소가 확정되는 날이 속하는 연도가 되는 것이고, 영업실적과 인사고과에 따른 계량적·비계량적 요소를 평가하여 그 결과에 따라 차등 지급하는 경우 해당 성과급상여의 귀속시기는 직원들의 개인별 지급액이 확정되는 연도가 되는 것이며, 이때 재직 중 성과에 따라 퇴직 후 지급받는 경우도 포함한다(소법 집행기준 24-49-2).

 사례

1. 자료

⑴ 성과급 대상기간은 2022.1.1.~2022.12.31.이며, 지급약정일은 2023.3.10.이다.

⑵ 성과급 지급조건은 세전이익이 목표금액 초과 시 초과금액의 일정비율을 성과급으로 근로자에게 배분하는 것이며, 성과급 지급액 기준금액의 산정은 2023년 2월중 이루어진다.

2. 원천징수

2023년에 성과급이 지급된다 하더라도 계량적 요소인 2022년의 세전이익을 바탕으로 지급되는 것이므로 2022년의 근로소득에 해당된다.

② 근로자가 재직 시의 경영성과에 따라 퇴직 후 지급받는 성과급으로서 직전연도 영업실적에 따른 경상이익의 일정비율에 대해 익년도의 노사합의를 통하여 그 지급방법과 지급금액을 확정하는 경우 당해 성과급의 귀속시기는 노사합의에 의하여 개인별 지급금액이 확정되는 연도가 되는 것이다(서면1팀-1133, 2006.8.18.).

③ 퇴직근로자가 지급받는 성과급의 수입시기는 성과평가가 완료되어 근로자별 지급액이 확정되는 연도로 하는 것이다(법규소득-17, 2010.2.19.).

④ 직무범위에 포함되는 실적과 관련하여 제공받은 대가는 근로소득이며, 근로계약관계에 있던 법인과의 민사소송을 통해 그 금원을 지급받는 경우 분쟁의 경위나 사안의 성질이 명백히 부당하다고 볼 수 없는 이상 민사소송이 확정되는 때를 소득의 귀속시기로 본다(대법원 2017두56575, 2018.9.13.).

가. 내용

- 2016.7.1. 회사입사(임원)
- 2007.10.8. 회사와 성공보상금 약정체결

  2007.12.3.까지 2억원

  2008년부터 일정기간 10억원
- 2010년 회사상대 소송제기

- 2012.5.4. 쟁점금액 수령 후 2013년 5월 2012년분 종합소득세 신고
- 2014.8.4. 과세관청상대로 소득의 귀속시기를 2007년으로 주장하여 경정청구하였으나 거부당함

나. 판결

과세대상 소득이 발생하였다고 하기 위하여는 소득이 현실적으로 실현되었을 것까지는 필요 없다고 하더라도 소득이 발생할 권리가 실현의 가능성에 있어 상당히 높은 정도로 성숙·확정되어야 하고, 따라서 그 권리가 이런 정도에 이르지 아니하고 단지 성립한 것에 불과한 단계로서는 소득의 발생이 있다고 할 수 없으며, 소득이 발생할 권리가 성숙·확정되었는지는 개개의 구체적인 권리의 성질이나 내용 및 법률상·사실상의 여러 사항을 종합적으로 고려하여 결정하여야 하고, 특히 소득의 지급자와 수급자 사이에 채권의 존부 및 범위에 관하여 다툼이 있어 소송으로 나아간 경우에 그와 같은 분쟁이 경위 및 사안의 성질 등에 비추어 명백히 부당하다고 할 수 없는 경우라면 소득이 발생할 권리가 확정되었다고 할 수 없고, 판결이 확정된 때 권리가 확정된다고 보아야 한다(대법원 96누2200, 1997.4.8. 참조).

3) 부당해고기간 급여

① 법원의 판결·화해 등에 의하여 부당해고기간의 급여를 일시에 지급받는 경우에는 해고기간에 근로를 제공하고 지급받는 근로소득으로 본다(소통 20-38…3, 원천-124, 2011.2.25.; 소득-256, 2010.2.22.).

② 법원판결로 가산보상금 및 지연이자의 50%를 담보공탁하고 50%는 변제공탁을 하라는 판결을 받은 경우 민법 제487조 등에 의한 '변제공탁'인 때에는 공탁 시에 원천징수를 하여야 한다. 이 경우 회사가 승소할 경우 납부한 세금에 대한 환급은 지급명세서를 제출한 경우에는 경정청구를 하여야 하고 지급명세서 제출기한 전에는 원천징수 납부세액에서 조정환급한다(서면1팀-498, 2005.5.11.; 법인 46013-924, 1999.3.15.).

③ 법인이 법원의 임금지급가처분 결정에 따라 당해 법인으로부터 면직처리된 자에게 임금을 매월 지급하는 경우에는 소득세법 제127조에 따라 그 지급하는 때에 소득세를 원천징수하는 것이다.

④ 임금채권 또는 퇴직금의 산정 및 지급기준 등은 고용계약·사규·퇴직금지급규정

등에 따라 당사자 간에 규정할 사항이며, 회사에서 확정된 임금채권과 퇴직금을 지급하지 않는다면 이것은 세법에서 별도로 강제수단을 정한 바 없으므로 체불임금(노동부 소관)으로 받아 내야 할 사항이고, 법원의 판결에 의해 추가로 지급할 임금 및 퇴직금은 그 지급의무가 확정된 과세연도의 경비(근로소득)에 속한다(서면1팀-100, 2006.1.25.).

⑤ 해고가 부당해고로 결정되어 복직하는 경우에도 반환하지 않는 해고예고수당은 근로소득에 해당한다(기획재정부 소득세제과-221, 2021.4.5., 사전법령소득-522, 2021. 4.9.).

참고로 부당해고기간의 급여에 대해 당해 원천징수는 다음과 같이 한다(소통 20-38…3; 서일-244, 2007.2.15.; 법인 46013-2620, 1998.9.16.).

판결시점	원천징수
당해 과세기간 경과 후	판결·화해 등이 있는 날의 다음 달 말일까지 연말정산
당해 과세기간 내	1. 매월분 근로소득에 포함하여 간이세액표에 따른 세액 원천징수 2. 해당 연도 근로소득에 포함하여 1월분 급여를 지급할 때 연말정산

4) 소급인상급여

근로자에 대한 급여를 소급인상하여 이미 지급된 금액과의 차액을 추가로 지급하는 경우 소급인상분 급여의 귀속시기는 '근로제공일이 속하는 연도'로 한다. 이 경우 그 귀속시기가 서로 다른 경우에는 귀속연도별로 구분하여 원천징수(직전연도분은 근로소득연말정산 재정산, 금년도분은 월별로 간이세액 재계산)하여 이미 납부한 세액과의 차액을 납부불성실가산세 없이 납부하되 추가로 지급하는 달의 다음 달 10일까지 납부한다. 이때 소급인상급여를 해당 월의 급여에 각각 포함시켜 월정액급여를 다시 계산하여야 하며 월정액급여가 변동됨에 따라 비과세금액 또는 세액공제액이 변동되는 경우에는 원천징수세액도 재계산하여야 한다(소법 집행기준 134-0-2, 법인 46013-1841, 1997. 7.8.; 소득 46011-4668, 1995.12.22.; 법인 46013-830, 1995.3.28.).

5) 사이닝보너스(스카우트대가)

근로계약 체결 시 연봉 이외에 별도로 지급받는 전속계약금 또는 선지급한 사이닝 보너스는 근로소득으로 보아 계약조건에 따른 근로기간 동안 안분하여 계산한다(서면2팀-1738, 2006.9.11.; 국심 2005서1845, 2005.10.14.).

단, 의무근무기간을 채우지 못하고 중도퇴사하여 계약금의 일부를 반환하는 경우 반환하는 금액은 근로소득에서 제외한다(국심 2004서652, 2004.7.8.).

이 경우 근로기간 동안에 안분된 금액을 근로소득으로 보아 원천징수(연말정산)한다.

6) 도급 기타 이와 유사한 계약

도급 기타 이와 유사한 계약에 의하셔 급여를 받는 경우는 다음과 같다.

구 분	수입시기(귀속시기)
원칙	근로를 제공한 날
해당 과세기간의 과세표준확정신고기간 개시일 전(다음해 5월 1일)에 당해 급여가 확정되지 아니한 때	확정된 날. 단, 확정된 날 전에 실제로 받은 금액은 그 받은 날

7) 기타

법인이 우수인력 확보를 위해 대학원재학생에게 등록금 · 수업료 및 매월 일정금액의 학비보조비를 장학금 명목으로 대여하고 졸업 후 당초 계약조건의 이행 여부에 따라 당해 장학금을 반환받거나 반환을 면제해주는 경우의 조건부 대여 장학금은 계약조건에 의해 당해 법인에 근로를 제공한 기간에 안분한 금액 상당액을 근로를 제공한 자의 근로소득으로 보아 원천징수하는 것이며 법인의 각사업연도 소득금액 계산 시 안분한 사업연도별로 손금산입한다(원천-151, 2012.3.26.; 법인 46012-2377, 1997.9.9.).

2. 근로소득 원천징수시기 지급시기

근로소득에 소득세를 원천징수할 시기는 다음과 같다.

• 원칙 : 원천징수대상이 되는 소득금액 또는 수입금액을 실제로 지급하는 때
• 예외 : 원천징수시기 특례(지급시기의제). 즉 근로소득을 실제 지급하지 않았지만 지급하는 것으로 보는 시기

(1) 원칙

원천징수대상이 되는 근로소득에 대한 소득세의 원천징수시기는 해당 근로소득을 실제로 지급하는 때이다(소법 §127).

다음의 경우는 실제로 지급하는 때에 해당된다.

구 분	지급시기
원천징수대상이 되는 소득금액을 어음으로 지급한 때	해당 어음이 결제된 날
원천징수대상이 되는 소득금액으로 지급할 금액을 채권과 상계하거나 면제받은 때	상계한 날 또는 면제받은 날
원천징수대상이 되는 소득금액을 다른 물건으로 변제하는 경우	그 변제하는 날
원천징수대상이 되는 소득금액을 당사자 간의 합의에 의하여 소비대차[*1]로 전환한 때	그 전환한 날
원천징수대상이 되는 소득금액을 법원의 전부명령[*2]에 의하여 귀속자가 아닌 제3자에게 지급하는 경우	그 제3자에게 지급하는 날

*1 소비대차(消費貸借) : 빌려주는 사람은 돈이나 물건의 소유권을 이전하고, 빌리는 사람은 빌린 물건과 동일한 종류·질·양의 물건을 반환할 것을 약속함으로써 성립하는 계약
*2 전부명령(轉付命令) : 채무자가 제3자에 대하여 가지고 있는 금전채권을 압류한 경우 채권자에게 채무액의 변제를 대신하여 압류한 금전채권을 이전시키는 법원의 명령

(2) 원천징수시기 특례(지급시기 의제)

구 분	내 용	원천징수시기 특례(지급시기 의제)
미지급 급여	1.1.~11.30. 미지급 급여	12.31.
	12.1.~12.31. 미지급 급여	다음 연도 2월 말일
연말정산 (2인 이상으로부터 받는 경우, 재취직 포함)		해당 과세기간의 다음 연도 2월분 근로소득을 지급할 때(2월분의 근로소득을 2월 말일까지 지급하지 아니하거나 2월분의 근로소득이 없는 경우 2월 말일)
일용근로소득		일용근로자의 근로소득을 지급할 때
이익처분에 의한 상여 미지급분	1.1.~10.31. 처분된 상여	처분 결정일[*1]로부터 3개월이 되는 날
	11.1.~12.31. 처분된 상여	다음 연도 2월 말일
법인세법상 인정상여[*2]	법인세 신고에 따른 인정상여	법인세 과세표준 및 세액의 신고기일
	수정신고에 따른 인정상여	수정신고일
	결정·경정에 따른 인정상여	소득금액변동통지서를 받은 날

*1 처분결정일 : 잉여금의 처분결정은 주주의 고유권한으로써 주총 결의일을 의미한다.
*2 인정상여(사례)
  - 법인세 신고에 따른 인정상여 : 회사의 근로자에게 세법상 인정이자율보다 낮게 주택자금대여가 발생한 경우 등

─수정신고에 따른 인정상여 : 결산일 이후 확정된 전년도 해당 상여지급액 등
─결정·경정에 따른 인정상여 : 과년도 세무조사결과 발생된 상여처분 등

● 관련 기본통칙

▶▶ 법인세를 수시부과하는 때의 소득금액변동통지(소통 135-192…1)
법인세법 제69조(수시부과)의 규정에 의하여 법인세를 수시부과한 경우에도 소득금액 변동통지를 하여야 한다.

▶▶ 법인소재불명 시 인정상여에 대한 원천징수(소통 135-192…2)
법인세법의 규정에 의하여 처분하는 상여·배당·기타소득에 대하여 소득금액변동통지를 하는 경우에 영 제192조 제1항 단서(법인소재불명 등)의 규정에 해당하는 때에는 원천징수를 이행할 법인이 없으므로 원천징수는 할 수 없는 것이며, 당해 거주자가 변동된 소득금액에 대하여 영 제134조의 규정에 의하여 추가신고자진납부를 하여야 한다.

▶▶ 인정상여에 대한 연말정산(소통 135-192…3)
법인세법시행령 제106조의 규정(소득처분)에 의하여 처분되는 상여에 대하여 원천징수할 소득세는 당해 과세기간에 귀속한 동 상여 외의 근로소득과 합산하여 소득세법 제137조 또는 제138조의 규정에 의하여 연말정산을 다시 하여야 한다.

● 예규 및 판례

▶▶ 소득금액변동통지 당시 대표이사가 이미 퇴직한 경우에도 법인은 대표이사 인정상여처분에 따르는 갑종근로소득세 원천징수의무를 부담하는 것이 타당함(조심 2011구885, 2011. 5.4.).

▶▶ 지급받지 못한 급여는 비록 장기체불상태에 있다 할지라도 사업자가 파산하거나 폐업된 상태가 아니고 현재도 계속 사업 중이므로 미지급급여는 근로를 제공한 날에 근로소득으로 봄이 타당함(조심 2010부690, 2010.4.29.).

▶▶ 소득금액변동통지서를 받고 원천징수의무를 불이행한 경우 법인 대표자의 관할세무서장이 대표자로부터 소득세를 직접 징수할 수 있음(심사소득 2011-9, 2011.4.22.).

▶▶ 급여를 지급받지 못하였다고 하더라도 근로를 제공한 것으로 확인되므로 근로소득지급시기의 의제규정을 적용하여 미수령한 급여를 종합소득세에 합산하여 과세한 처분은 정당함(조심 2009중1233, 2009.5.20.).

▶▶ 법원의 면직 무효판결에 따라 파면기간 동안의 급여를 일시에 지급할 경우 그 판결이 있는 날이 속하는 달의 다음 달 말일까지 소득세를 원천징수함(징세-5491, 2008.11.14.).

▶▶ 법인소득금액 결정에 따라 상여로 처분된 소득의 귀속자가 그 소득금액변동통지서를 수령하기 전에 사망한 경우에는 원천징수하지 않음(서면2팀-1144, 2006.6.19.).

▶▶ 매출누락액을 대표이사에게 상여로 소득처분함에 있어 법인이 원천징수하여야 하나, 법인이

폐업한 경우에는 상여처분받은 자에게 직접 통지하여 징수하는 것임(국심 2004중373, 2004.6.7.).

▶▶ 영화감독료 등에 대한 소득구분 및 원천징수시기(서면1팀-441, 2004.3.22.)

영화흥행 등 법인의 경영성과에 따라 임직원의 지위에서 지급받는 성과급은 소득세법 제20조 규정에 의한 근로소득에 해당되며, 소득세법시행령 제49조 규정에 의하여 근로를 제공한 날 또는 잉여금처분결의일(잉여금처분에 의한 상여인 경우) 등을 수입시기로 하여 소득세법 제134조 및 제135조의 규정(연말정산 재정산)에 의하여 원천징수하는 것임.

▶▶ 당해 연도 미지급상여금에 대하여는 지급시기 의제규정에 의해 원천징수해야 함(법인 46013-4000, 1998.12.31.).

회사 경영상의 어려움으로 인하여 노사단체협약에 의해 상여금지급을 약속하였으나 당해 연도에 지급을 하지 못할 경우 소득세법 제135조에 의해 원천징수를 하여야 하는지 여부를 질의함.

(3) 원천징수이행상황신고서[별지 제21호 서식] 작성사례

서식의 '②귀속연월 및 ③지급연월'의 작성과 연관되어 있으며 작성사례는 다음과 같다.

 사례 – 미지급 급여

1. 자료

㈜원천은 2023년도 12월분 급여 500,000,000원 중 미지급 급여 200,000,000원 발생하였으며 해당 미지급 급여는 2024년 4월에 지급함.

2023년 12월분 실제 지급 급여 300,000,000원에 대한 원천징수세액은 40,000,000원임.

2023년 12월 미지급 급여 200,000,000원에 대한 원천징수세액은 15,000,000원임.

2024년 2월 급여 500,000,000원은 실제 지급하였으며 원천징수세액은 55,000,000원임.

2. 원천징수 방법

(1) 2023년 12월

① 원천징수 대상 근로소득 및 원천징수세액 : 300,000,000원, 40,000,000원

② 원천징수이행상황신고서[별지 제21호 서식] 작성방법

－②귀속연월(2023년 12월), ③지급연월(2023년 12월)

－A01(간이세액) : ⑤총지급액 300,000,000원, ⑥소득세 등 40,000,000원

(2) 2024년 2월

① 원천징수 대상 근로소득 및 원천징수세액 : 총 700,000,000원, 70,000,000원

㉠ 2024년 2월 급여분 : 500,000,000원, 55,000,000원

㉡ 2023년 12월 미지급 급여분(지급시기의제) : 200,000,000원, 15,000,000원

② 원천징수이행상황신고서[별지 제21호 서식] 작성방법 : 다음 ㉠, ㉡ 각각 작성
  ㉠ 2024년 2월 급여분
    -②귀속연월(2024년 2월), ③지급연월(2024년 2월)
    -A01(간이세액) : ⑤총지급액 500,000,000원, ⑥소득세 등 55,000,000원
    -A04(연말정산) : 2023년 연말정산 대상금액(동 금액은 지급시기의제에 해당
     하는 미지급급여 200,000,000원이 포함된 금액임)
     즉 2023년(A01의 연간 합계＋아래 ㉡ 금액)
  ㉡ 2023년 12월 미지급 급여분(지급시기의제)
    -②귀속연월(2023년 12월), ③지급연월(2024년 2월)
    -A01(간이세액) : ⑤총지급액 200,000,000원, ⑥소득세 등 15,000,000원

3. 검토내용

상기 사례는 원래 2023년 근로소득을 2024년 2월에 지급한 경우의 이행상황신고서 작성과 2023년 연말정산에의 포함 여부에 대한 내용이다.

(1) 2023년 2월분 원천징수이행상황신고서 작성(2장 작성)
  ① 귀속연월(②) 2024년 2월(원 신고서)
     지급연월(③) 2024년 2월
  ② 귀속연월(②) 2023년 12월(별지로 첨부)
     지급연월(③) 2024년 2월
(2) 2023년 연말정산대상소득에 포함
   2023년 12월분 급여미지급금액도 2024년 2월 연말정산 시 포함하여야 한다. 2024년 2월분 이행상황신고서 A04란에 합산하여 기재한다.

3. 주요 사례별 귀속시기 및 지급시기

(1) 법인 세무조사 후 소득처분

① 귀속시기

법인이 세무조사로 인하여 소득금액변동통지서를 받은 경우에는 귀속시기는 근로를 제공한 날이 속하는 연도로서 소득처`분금액에 대해 근로소득지급명세서를 제출하고 이에 따른 원천징수이행상황신고서를 납부한다.

② 지급시기

법인세법에 의한 소득처분이 있는 경우 소득금액변동통지서를 받은 날이 속하는 달의 다음 달 10일까지 해당 소득처분금액에 대한 원천징수세액을 원천징수이행상황신고서

와 함께 제출해야 한다.

③ 작성사례

2023년 8월에 2020년분 법인세 세무조사를 받아 2023년 9월에 인정상여에 대해 소득금액변동통지서를 받은 경우 2023.10.10.까지 인정상여를 포함한 금액으로 2020년분 연말정산을 재정산하여 원천세 신고 및 납부를 하고 수정된 지급명세서를 제출한다. 2023년 9월 귀속 정기분 원천징수이행상황신고서와 별도로 다음과 같이 원천징수이행상황신고서를 작성하여 제출한다(별지로 첨부하는 것이므로 신고서가 2장 제출되는 것임).

- 신고구분 : 매월, 소득처분
- 귀속연월 : 당초 연말정산 시 귀속연월(해당 귀속연도의 다음 연도 2월, 2021년 2월)
- 지급연월 : 2023년 9월
- 제출연월일 : 2023.10.10.
- A04연말정산 항목
  - 인원 : 소득처분 인원
  - 총지급액 : 인정상여 금액
  - 소득세 등 : 연말정산 재정산 결과 추가로 납부할 금액

④ 소득처분받은 개인의 종합소득세 추가신고납부

상여처분을 받은 대표자의 경우 근로소득 이외에 다른 소득이 없는 경우라면 별도의 종합소득세 신고를 할 필요가 없지만, 근로소득 이외에 다른 소득이 있는 종합소득세 신고대상자일 경우에는 상여처분에 따른 소득의 증가분에 대하여 수정신고를 해야 한다. 소득금액변동통지서를 받은 날이 속하는 달의 다음다음 달 말일(2021년 11월 말일)까지 주소지 관할세무서에 추가신고납부한 때에는 기한 내 신고납부한 것으로 보는 것이므로 신고불성실가산세 및 납부불성실가산세가 적용되지 않는다.

⑤ 결정경정에 의한 원천징수이행상황신고서 작성사례

- 2023년 8월 2018년분 법인세 세무조사
- 2023년 9월 소득금액변동통지서 통지 : 2019년분 대표이사 인정상여 30,000,000원
- 2019년분 대표이사 인정상여에 대한 (연말정산)소득세 추납액 : 9,000,000원
  1. 2023년 9월 귀속 정기분 원천징수이행상황신고서를 2023.10.10.에 제출
  2. 소득처분된 인정상여분에 대해 다음과 같이 원천징수이행상황신고서를 별도로 제출함

①신고구분				소득처분	환급신청	☐ 원천징수이행상황신고서		②귀속연월	2023년 2월		
매월	반기	수정	연말			☐ 원천징수세액환급신청서		③지급연월	2023년 9월		
원천징수 의무자	법인명(상호)					대표자(성명)		일괄납부 여부	여, 부		
								사업자단위과세 여부	여, 부		
	사업자(주민) 등록번호					사업장 소재지		전화번호			
								전자우편주소	@		

❶ 원천징수 명세 및 납부세액 (단위 : 원)

소득자 소득구분			코드	원천징수명세						⑨ 당월 조정 환급세액	납부세액	
				소득지급 (과세 미달, 일부 비과세 포함)		징수세액					⑩ 소득세 등 (가산세 포함)	⑪ 농어촌 특별세
				④ 인원	⑤ 총지급액	⑥소득세등	⑦농어촌 특별세	⑧가산세				
개인 (거주자·비거주자)	근로소득	간이세액	A01									
		중도퇴사	A02									
		일용근로	A03									
		연말 정산 합계	A04	1	30,000,000	9,000,000						
		연말 정산 분납신청	A05									
		연말 정산 납부금액	A06									
		가감계	A10									

(2) 주식매수선택권 행사(상세설명은 제2절 Ⅲ. 17. 참조)

근로소득에 해당하는 주식매수선택권 행사이익은 해당 법인으로부터 부여받은 주식매수선택권(스톡옵션)을 해당 회사에서 근무하는 기간 중 행사함으로써 얻은 이익이며, 이를 지급하는 회사는 주식매수선택권 행사당시의 시가와 실제 매수가액과의 차액에 대하여 근로소득으로 보아 원천징수한다. 이 경우 주식매수선택권의 행사일이란 '주식매수선택권을 사용하겠다는 의사표시를 한 날'이다.

이때 해당 주식매수선택권의 원천징수시기는 당해 주식을 교부하는 때에 간이세액표에 따라 근로소득세 등을 원천징수한다. 주의할 것은 주식매수선택원의 행사일과 주식교부일까지의 기간이 상당 기간 소요되더라도 실제 주식교부일이 원천징수 시기가 된다. 다만, 지급시기가 원천징수시기 특례(지급시기 의제)에 해당하는 경우에는 해당 규정을 적용하여 근로소득세 등을 원천징수한다(조심 2010중1987, 2010.12.30.; 서면1팀-431, 2008.3.28.; 소득 46011-191, 2000.2.9.).

(3) 퇴사로 인한 우리사주 인출 시

① 귀속시기

우리사주조합원이 우리사주조합으로부터 배정받은 우리사주를 퇴사로 인해 인출하는 경우에는 근로소득으로 보고 소득세를 부과하는 것이며, 이 경우 그 소득의 귀속(수입시기)

은 퇴직한 근로자가 증권금융회사로부터 자사주를 인출하는 날이다(조특법 §88의 4 ⑤).

② 지급시기

귀속시기와 동일하게 본다.

③ 작성사례

2022년말 퇴직으로 인해 우리사주를 2023년 1월에 지급(인출)하는 경우

2023년 1월 귀속 정기분 원천징수이행상황신고서와 별도로 다음과 같이 원천징수이행 상황신고서를 작성하여 제출한다(서면1팀-260, 2007.2.21.).

- 신고구분 : 매월
- 귀속연월 : 2023년 1월
- 지급연월 : 2023년 1월
- 제출연월일 : 2023.2.10.
- A02 중도퇴사 항목
    - 인원 : 퇴사자 인원
    - 총지급액 : 2023년 1월분 급여와 과세인출주식에 대한 인출금
    - 소득세 등 : 중도퇴사 시 연말정산 세액

(4) 법원판결에 의한 급여지급

① 귀속시기

법원판결에 의한 지급액 중 근로소득에 해당하는 급여부분에 대하여는 당초에 근로를 제공한 날이 귀속시기이다.

② 지급시기

소득을 지급하는 자(회사)가 판결일의 다음 달 말까지 원천징수하여 그 다음 달 10일까지 신고납부한다.

③ 작성사례

- 2018년 7월 법원판결에 의해 과거 2015년, 2016년, 2017년 과소지급한 수당을 지급하라는 명령을 받은 경우
- 판결일의 다음 달 말까지 원천징수하여 그 다음 달 10일까지 정기분 원천징수이행상황신고서와는 별도로 근로를 제공한 날을 귀속시기로 하고 실제 지급일을 지급시기로

한 원천징수이행상황신고서를 제출하면서 원천징수납부한다(서면1팀-1118, 2007. 8.10.; 법인 46013-2620, 1998.9.16.).

Ⅳ 원천징수방법

1. 일반급여에 대한 원천징수방법

(1) 일반적인 경우

매월분의 근로소득을 지급하는 때에 근로소득세를 원천징수하는 경우에는 당해 월의 급여총액에서 비과세소득을 공제한 월급여액에 대하여 소득세법시행령 [별표 2] 간이 세액표의 해당란의 세액을 기준으로 하여 원천징수한다(소령 §194 ①, 간이세액표 적용 요령).

(2) 비과세급여

소득세법 제12조 제3호에 규정하는 급여로 한다.

(3) 간이세액표의 의미

근로소득금액은 과세기간인 1년간의 금액을 기준으로 하여 계산하는 것이나 근로소득 은 매월 지급되는 급여액에 대하여 기본세율을 적용하여 산출될 세액을 예측하여 계산 된 간이세액표를 적용하여 매월 원천징수하도록 규정하고 있다(소법 §134).

간이세액표의 해당세액은 소득세법에 따른 근로소득공제, 기본공제, 특별소득공제 및 특별세액공제 중 일부, 연금보험료공제, 근로소득세액공제 및 해당 세율을 반영하여 계산한 금액이다. 이 경우 '특별소득공제 및 특별세액공제 중 일부'는 다음의 계산식에 따라 계산한 금액을 소득공제하여 반영한 것이다.

총급여액	공제대상가족의 수가 1명인 경우	공제대상가족의 수가 2명인 경우	공제대상가족의 수가 3명 이상인 경우	
3,000만원 이하	310만원+연간 총급여액의 4%	360만원+연간 총급여액의 4%	500만원+연간 총급여액의 7%	+연간 총급여액 중 4천만원을 초과하는 금액의 4%
3,000만원 초과 4,500만원 이하	310만원+연간 총급여액의 4%-연간 총급여액 중 3천만원을 초과하는 금액의 5%	360만원+연간 총급여액의 4%-연간 총급여액 중 3천만원을 초과하는 금액의 5%	500만원+연간 총급여액의 7%-연간 총급여액 중 3천만원을 초과하는 금액의 5%	
4,500만원 초과 7,000만원 이하	310만원+연간 총급여액의 1.5%	360만원+연간 총급여액의 2%	500만원+연간 총급어액의 5%	
7,000만원 초과 1억2,000만원 이하	310만원+연간 총급여액의 0.5%	360만원+연간 총급여액의 1%	500만원+연간 총급여액의 3%	

따라서 상기의 공제내역을 제외한 추가공제와 신용카드 등 사용금액에 대한 소득공제 등 조세특례제한법에 의한 소득공제 등은 간이세액표에 의하여 근로소득세액을 원천징수하는 때에는 개별적으로 공제하지 아니하고 연말정산을 하는 때에 일괄공제한다.

(4) 간이세액표의 적용

간이세액표의 적용 요소는 '해당 월의 급여총액에서 비과세소득을 공제한 월급여액'과 '기본공제대상 배우자의 유무 및 부양가족의 수' 및 '8세 이상 20세 이하 자녀의 유무'이다(소칙 §89, [별표 2] 근로소득간이세액표).

① 해당 월의 급여총액에서 비과세소득을 공제한 월급여액

단, 원천징수의무자는 근로소득에 해당하는 학자금을 지급하는 때에 원천징수하는 소득세의 계산을 해당 학자금을 제외한 월급여액(비과세 제외)을 기준으로 하여 계산할 수 있다.

② 기본공제대상 배우자의 유무 및 부양가족의 수의 적용

구 분	적용방법
계속근로자	직전 과세기간분의 연말정산을 위하여 제출받는 근로소득자 소득·세액공제신고서를 기준을 적용

구 분	적용방법
기본공제대상 배우자 또는 부양가족의 인원수에 대하여 변동이 있는 때	해당 연도에는 당해 근로자가 근로소득자 소득·세액공제신고서를 새로이 제출할 수 있으며, 그 새로이 제출받은 날이 속하는 달
신규입사자	입사한 때에 근로소득자 소득·세액공제신고서를 받아 이에 의하여 적용

③ 자녀세액공제 적용

공제대상가족 중 8세 이상 20세 이하 자녀가 있는 경우에는 다음의 산식에 따라 공제대상가족의 수를 적용한다.

> 공제대상가족 수=실제 공제대상가족의 수+8세 이상 20세 이하 자녀의 수

Case	공제대상가족수 산정
공제대상가족의 수 3명(8세 이상 20세 이하 자녀가 1명 포함)	(3+1)=4
공제대상가족의 수 4명(8세 이상 20세 이하 자녀가 2명 포함)	(4+2)=6
공제대상가족의 수 5명(8세 이상 20세 이하 자녀가 3명 포함)	(5+3)=8

④ 공제대상가족의 수가 11명을 초과하는 경우 세액적용

공제대상가족의 수가 11명을 초과하는 경우의 세액은 다음과 같이 적용한다.

(㉮－㉯)

㉮ 공제대상가족의 수가 11명인 경우의 세액

㉯ (공제대상가족의 수가 10명인 경우의 세액－공제대상가족의 수가 11명인 경우의 세액)×11명을 초과하는 가족의 수

⑤ 원천징수의무자가 근로소득에 해당하는 학자금을 지급할 때에 원천징수하는 소득세의 계산은 해당 학자금을 제외한 월급여액(비과세 제외)을 기준으로 하여 계산

> ● 예규 및 판례
>
> ▶▶ 근로자가 고용계약 등에 의하여 비독립적 지위에서 근로를 제공하고 받는 대가에 해당되는 경우 명칭이나 지급방법에 불구하고 근로소득으로 보는 것이며, 연봉제하에서 1년을 초과하는 기간에 대한 급여액은 급여의 선지급액으로 당해 선지급액은 근로기간(계약서상의 근로제공기간)에 안분하여 근로수입금액으로 해야 할 것이며, 원천징수는 소득세법시행규칙 제89조에 따라 하면 될 것임(서이 46013－10653, 2002.3.28.).

■ 소득세법 시행령 [별표 2] (2023.2.28. 개정)

근로소득 간이세액표(제189조 제1항 관련)

주 : 1. 이 간이세액표의 해당 세액(제6호의 월급여액별·공제대상가족수별 금액을 말한다)은 소득
세법에 따른 근로소득공제, 기본공제, 특별소득공제 및 특별세액공제 중 일부, 연금보험료공
제, 근로소득세액공제 및 해당 세율을 반영하여 계산한 금액임. 이 경우 "특별소득공제 및
특별세액공제 중 일부"는 다음의 계산식에 따라 계산한 금액을 소득공제하여 반영한 것임.

총급여액	공제대상가족의 수가 1명인 경우	공제대상가족의 수가 2명인 경우	공제대상가족의 수가 3명 이상인 경우	
3,000만원 이하	310만원＋연간 총급여액의 4%	360만원＋연간 총급여액의 4%	500만원＋연간 총급여액의 7%	＋연간 총급여액 중 4천만원을 초과하는 금액의 4%
3,000만원 초과 4,500만원 이하	310만원＋연간 총급여액의 4%－연간 총급여액 중 3천만원을 초과하는 금액의 5%	360만원＋연간 총급여액의 4%－연간 총급여액 중 3천만원을 초과하는 금액의 5%	500만원＋연간 총급여액의 7%－연간 총급여액 중 3천만원을 초과하는 금액의 5%	
4,500만원 초과 7,000만원 이하	310만원＋연간 총급여액의 1.5%	360만원＋연간 총급여액의 2%	500만원＋연간 총급여액의 5%	
7,000만원 초과 1억2,000만원 이하	310만원＋연간 총급여액의 0.5%	360만원＋연간 총급여액의 1%	500만원＋연간 총급여액의 3%	

2. 공제대상가족의 수를 산정할 때 본인 및 배우자도 각각 1명으로 보아 계산함.

3. 자녀세액공제 적용방법

   가. 공제대상가족 중 8세 이상 20세 이하 자녀가 있는 경우의 세액은 다음 "나목"의 계산식
   에 따른 공제대상가족의 수에 해당하는 금액으로 함.

   나. 자녀세액공제 적용 시 공제대상가족의 수＝실제 공제대상가족의 수＋8세 이상 20세 이
   하 자녀의 수

   〈적용사례〉

   1) 공제대상가족의 수가 3명(8세 이상 20세 이하 자녀가 1명)인 경우에는 "4명"의 세액
   을 적용함.

   2) 공제대상가족의 수가 4명(8세 이상 20세 이하 자녀가 2명)인 경우에는 "6명"의 세액
   을 적용함.

   3) 공제대상가족의 수가 5명(8세 이상 20세 이하 자녀가 3명)인 경우에는 "8명"의 세액
   을 적용함.

4. 공제대상가족의 수가 11명을 초과하는 경우의 세액은 다음 "가목"의 금액에서 "나목"의 금액
   을 공제한 금액으로 함.

   가. 공제대상가족의 수가 11명인 경우의 세액

　　나. (공제대상가족의 수가 10명인 경우의 세액 − 공제대상가족의 수가 11명인 경우의 세액) × 11명을 초과하는 가족의 수
　5. 원천징수의무자가 근로소득에 해당하는 학자금을 지급하는 때에 원천징수하는 소득세의 계산은 해당 학자금을 제외한 월급여액(비과세 제외)을 기준으로 하여 계산할 수 있음.

(단위 : 원)

월급여액(천원) [비과세 및 학자금 제외]		공제대상가족의 수										
이상	미만	1	2	3	4	5	6	7	8	9	10	11
775	780	−	−	−	−	−	−	−	−	−	−	−
...	...	...	...	...	...	...	...	...	...	...	...	...
1,115	1,120	−	−	−	−	−	−	−	−	−	−	−
...	...	...	...	...	...	...	...	...	...	...	...	...
1,340	1,345	5,560	1,060	−	−	−	−	−	−	−	−	−
1,345	1,350	5,670	1,170	−	−	−	−	−	−	−	−	−
...	...	...	...	...	...	...	...	...	...	...	...	...
2,010	2,020	19,850	14,950	6,800	3,420	−	−	−	−	−	−	−
2,020	2,030	20,170	15,160	6,990	3,620	−	−	−	−	−	−	−
...	...	...	...	...	...	...	...	...	...	...	...	...
3,000	3,020	74,350	56,850	31,940	26,690	21,440	17,100	13,730	10,350	6,980	3,600	−
3,020	3,040	76,060	58,560	32,600	27,350	22,100	17,530	14,150	10,780	7,400	4,030	−
...	...	...	...	...	...	...	...	...	...	...	...	...
4,000	4,020	195,960	167,950	109,590	91,670	78,550	65,420	52,300	39,170	33,570	28,320	23,070
4,020	4,040	198,630	170,600	112,040	93,380	80,260	67,130	54,010	40,880	34,250	29,000	23,750
...	...	...	...	...	...	...	...	...	...	...	...	...
5,000	5,020	335,470	306,710	237,850	219,100	200,350	181,600	162,850	144,100	125,350	106,600	87,850
5,020	5,040	338,270	309,500	240,430	221,680	202,930	184,180	165,430	146,680	127,930	109,180	90,430
...	...	...	...	...	...	...	...	...	...	...	...	...
6,020	6,040	510,440	468,880	398,360	379,610	360,860	342,110	323,360	304,610	285,860	267,110	248,360
6,040	6,060	514,980	471,700	401,000	382,250	363,500	344,750	326,000	307,250	288,500	269,750	251,000
...	...	...	...	...	...	...	...	...	...	...	...	...
7,000	7,020	732,700	684,290	557,350	527,350	497,350	471,470	452,720	433,970	415,220	396,470	377,720
7,020	7,040	737,240	688,800	561,570	531,570	501,570	474,110	455,360	436,610	417,860	399,110	380,360
...	...	...	...	...	...	...	...	...	...	...	...	...
8,020	8,040	964,040	914,400	772,770	742,770	712,770	682,770	652,770	622,770	592,770	562,770	532,770
8,040	8,060	968,580	918,920	777,000	747,000	717,000	687,000	657,000	627,000	597,000	567,000	537,000
...	...	...	...	...	...	...	...	...	...	...	...	...
10,000천원 초과 14,000천원 이하		(10,000,000원인 경우의 해당 세액) + (10,000,000원을 초과하는 금액 중 98퍼센트를 곱한 금액의 35퍼센트 상당액)										
14,000천원 초과 28,000천원 이하		(10,000천원인 경우의 해당 세액) + (1,397,000원) + (14,000천원을 초과하는 금액 중 98퍼센트를 곱한 금액의 38퍼센트 상당액)										
28,000천원 초과 30,000천원 이하		(10,000천원인 경우의 해당 세액) + (6,610,600원) + (28,000천원을 초과하는 금액 중 98퍼센트를 곱한 금액의 40퍼센트 상당액)										
30,000천원 초과 45,000천원 이하		(10,000천원인 경우의 해당세액) + (7,394,600원) + (30,000천원을 초과하는 금액의 40퍼센트 상당액)										
45,000천원 초과 87,000천원 이하		(10,000천원인 경우의 해당 세액) + (13,394,600원) + (45,000천원을 초과하는 금액의 42퍼센트 상당액)										
87,000천원 초과		(10,000천원인 경우의 해당 세액) + (31,034,600원) + (87,000천원을 초과하는 금액의 45퍼센트 상당액)										

저자주

매월 급여지급 시 간이세액표에 의한 원천징수

원천징수업무 중 가장 기본적이고도 중요한 업무는 임직원에 대한 매월 급여지급 시 간이세액표에 의한 원천징수입니다. 이에 대한 내용을 업무진행순서대로 설명해 보도록 하겠습니다.

1. 신입임직원 입사 및 근로계약서 체결

신입임직원 입사 시 제일 먼저 수행되는 일은 근로계약서의 체결입니다. 이 계약서에 의하여 그 분의 연봉(매월분 급여, 상여금, 성과급, 제수당 등)이 결정되며 4대보험에 가입하게 됩니다.

2. 급여대장의 작성

'1.'에 의해 정해진 연봉에 의하여 급여대장이 작성됩니다. 급여대장은 해당 월의 급여, 제수당, 상여금 등이 기재되며 뒤에서 설명되는 과세, 비과세 여부도 함께 파악됩니다.

3. 근로소득자 소득·세액공제신고서 제출

새로 입사하신 분들께 근로소득자 소득·세액공제신고서를 배포하시고 그 분들이 신고서에 연말정산 시 파악되는 기본공제대상자의 인적사항(관계, 성명·주민번호)을 기재하시어 회사에 제출하게 되고 회사는 이를 급여대장에 입력합니다.

4. 간이세액표 적용

회사의 급여대장에 입사하신 분의 해당 월 급여(과세소득＋비과세소득)가 기재되고 '3.'에 의하여 기본공제대상자가 파악되므로 급여 Program에 의해 간이세액표상 해당 월 급여에 대한 소득세 원천징수금액이 계산됩니다.

간이세액표는 소득세법시행령에 규정되어 있는 표로서 매월 급여 중 과세되는 급여와 공제대상가족 수(＝실제 기본공제대상가족 수＋8세 이상 20세 이하 자녀 수)에 의하여 원천징수세액을 계산하는 표입니다.

5. 원천징수이행상황신고서의 작성

'4.'에 의하여 당해월에 납부하여야 할 소득세원천징수금액은 해당 월의 원천징수이행상황 신고서에 다음과 같이 작성되어 다음 달 10일까지 과세관청에 전자신고하여야 합니다.

④ 인원　⑤ 총지급액[*]　⑥ 소득세 등

간이세액 A01

> [*] 이행상황신고서에 근로소득과 관련하여 기재되는 ⑤ 총지급액은 과세되는 근로소득과 비과세근로소득 중 근로소득지급명세서에 기재되는 비과세 근로소득을 합산한 금액을 기입함

6. 원천징수세액의 납부

'4.'에 의하여 원천징수된 금액은 다음 달 10일까지 납부서에 의하여 과세관청에 납부하셔야 합니다.

7. 특별징수세액의 납부

'4.'에 의하여 원천징수된 금액의 10%는 개인분 지방소득세 특별징수에 해당하여 다음 달 10일까지 납부서에 의하여 관할시·군에 납부하셔야 합니다.

8. 예제

(1) 서초동에 위치한 태성㈜에 2023.7.1. 이수진이 입사함

① 7월분 급여액 6,300,000원(지급일 7.31.)

② '①' 중 비과세소득 해당액

　가. 식대보조금 200,000원

　나. 연구보조비 100,000원

③ 기본공제대상자(본인, 배우자, 8세 이상 20세 이하 자녀 2) 4명

④ 간이세액표에 의한 원천징수세액 339,470원

월급여액(천원) (비과세 및 학자금 제외)	공제대상가족의 수 6*
6,000	339,470

　　　* 기본공제대상자 4명＋20세 이하 자녀 2명＝6명

(2) 원천징수이행상황신고서의 작성

소득세법시행규칙 [별지 제21호 서식] (2023.3.**. 개정)　　　　　　　　　　　　　　(10쪽 중 제1쪽)

① 신고구분						[ ]원천징수이행상황신고서 [ ]원천징수세액환급신청서	② 귀속연월	2023년 7월
(매월)	반기	수정	연말	소득처분	환급신청		③ 지급연월	2023년 7월

원천징수 의무자	법인명(상호)	태성㈜	대표자(성명)		일괄납부 여부	여, 부
					사업자단위과세 여부	여, 부
	사업자(주민) 등록번호		사업장 소재지		전화번호	
					전자우편주소	@

❶ 원천징수 명세 및 납부세액　　　　　　　　　　　　　　　　　　　　　　　　　　(단위 : 원)

소득자 소득구분		코드	원천징수명세						⑨ 당월 조정 환급세액	납부세액	
			소득지급(과세 미달, 일부 비과세 포함)		징수세액					⑩ 소득세 등 (가산세 포함)	⑪ 농어촌 특별세
			④ 인원	⑤ 총지급액	⑥ 소득세 등	⑦ 농어촌 특별세	⑧ 가산세				
근로 소득	간이세액	A01	1	6,100,000	339,470						
	중도퇴사	A02									
	일용근로	A03									
	연말 정산 합계	A04									
	연말 정산 분납신청	A05									
	연말 정산 납부금액	A06									
	가감계	A10	1	6,100,000	339,470						

(3) 원천징수세액 납부서

국세징수법시행규칙 [별지 제1호 서식] (2021.3.16. 전부개정) (앞쪽)

영수증서(납세자용)

납부번호					수입징수관서			
분류기호	납부연월	납부구분	세목	발행번호	세무서명	서코드	계좌번호	QR코드
0126	2308	4	14		서초세무서	214	180658	

성명 (상호)	태성㈜		주민등록번호 (사업자등록번호)		회계 연도	2023
주소 (사업장)			일반회계	기획재정부 소관	조세	

연도/기분	2023년 7월분														왼쪽의 금액을 한국은행 국고(수납)대리점인 은행 또는 우체국 등에 납부합니다. (인터넷 등에 의한 전자납부 가능) 납부기한 2023년 8월 10일
세목명	납부금액														
	조	천	백	십	억	천	백	십	만	천	백	십	일	
근로소득세									3	3	9	4	7	0	
농어촌특별세															
계									3	3	9	4	7	0	

년   월   일
은 행   지점   수납인
우체국 등

(4) 특별징수세액 납부서

지방세법시행규칙 [별지 제42호 서식] (2022.6.7. 개정)

지방소득세 특별징수 납부서 및 영수필통지서

특별 징수 의무자	성 명(상호명)	태성㈜
	주민(법인)등록번호	
	대 표 자	
	사업자등록번호	
	주 소(소재지)	
	전화번호	

귀속 2023년 7월(지급 2023년 7월)

① 세 목	지방소득세	② 신고하는 특별자치시 · 특별자치도 · 시 · 군 · 구		서초구청
③ 납부액	일금	33,940		원정

구분		인원	과세표준	지방소득세
④ 이자소득				
⑤ 배당소득				
⑥ 사업소득				
⑦ 근로소득		1	339,470	33,940
⑧ 연금소득				
⑨ 기타소득				
⑩ 퇴직소득				
⑪ 저축해지추징세액 등				
⑫ 비거주자 양도소득				
⑬ 법인원천	내국법인			
	외국법인			
⑭ 가감세액(조정액)				
⑮ 가산세				
계		1	339,470	33,940

위 금액을 납부합니다. 2023년 8월 10일 ○○○ 인 특별자치시장 · 특별자치도지사 시장 · 군수 · 구청장 귀하	위의 금액을 영수하였음을 통지합니다. 년 월 일 ○○○ 수납기관 특별자치시장 · 특별자치도지사 시장 · 군수 · 구청장 귀하

2. 근무지가 2 이상인 근로소득자에 대한 원천징수방법

(1) 주된 근무지의 원천징수의무자

원천징수의무자가 지급하는 근로소득에 대하여 위 '1.'의 일반급여에 대한 원천징수방법에 따라 근로소득세를 원천징수한다.

(2) 종된 근무지의 원천징수의무자

① 방법 1 : 주된 근무지의 원천징수의무자와 동일한 방법으로 원천징수한다.
② 방법 2 : 근로소득에 대한 소득공제를 주된 사업장에서 하게 되므로 종된 근무지의 원천징수의무자는 당해 근로자의 소득공제금액이 없는 것으로 보고 간이세액표상의 인적공제 대상인원이 없는 자의 해당란의 세액을 적용하여 원천징수한다.

(3) 근무지(변동)신고서 제출

소득세법시행령 제196조의 2에 의해 근로자는 주된 근무지와 종된 근무지를 정하여 근무지신고서를 원천징수의무자에게 제출하여야 한다.

> ● 예규 및 판례
>
> ▶▶ 파견근로자를 사용하는 사용사업주가 직접 파견수당을 지급할 때에는 파견수당지급 내역을 원 소속기관에 통보하며 원 소속기관에서는 파견사업장의 소득을 합산하여 신고하는 것임(원천-249, 2009.3.27.).
> 근로자파견계약에 의하여 파견근로자를 사용하는 사용사업주가 직접 파견근로자에게 별도의 수당을 지급하는 경우에는 수당지급내용을 파견사업주에게 통보하여야 하며, 통보받은 파견사업주는 동 파견근로자의 수당을 근로소득과 합하여 매월 간이세액표에 의한 세액을 원천징수하여 납부하는 것임.

소득세법시행규칙 [별지 제26호 서식] (2013.2.23. 개정)

근무지(변동)신고서

관리번호		처리기간	즉시

신고인	①성　　　명		②주 민 등 록 번 호	
	⑤주　　　소			

주된 근무지	④법인명 또는 상호		⑤대표자성명	
	⑥사업장소재지			
	⑦입사일	년　　월　　일		

종된 근무지	⑧법인명 또는 상호		⑨대표자성명	
	⑩사업장소재지			
	⑪입사일	년　　월　　일		

「소득세법 시행령」 제196조의 2에 따라 근무지(변동)신고서를 제출합니다.

　　　　　　　　　　년　　월　　일

　　　　　　　　　　신고인　　　　　　　　　　(서명 또는 인)

　　　　귀하

210mm×297mm[백상지 80g/㎡]

3. 상여 등에 대한 원천징수방법

(1) 지급대상기간이 있는 상여 등에 대한 원천징수

그 상여 등의 금액을 지급대상기간의 월수로 나누어 계산한 금액과 그 지급대상기간의 상여 이외의 월평균 급여액을 가산한 금액에 대하여 간이세액표에 의하여 계산한 금액을 지급대상기간의 월수로 곱하여 계산한 금액에서 그 지급대상기간의 근로소득에 대하여 이미 원천징수하여 납부한 세액(가산세액을 제외)을 공제한 것을 그 세액으로 한다. 그 산식은 다음과 같다(소칙 §91 ①).

$$\left[\frac{\text{상여 등의 금액} + \text{지급대상기간의 상여 등 외의 급여의 합계액}}{\text{지급대상기간의 월수}} \right] \text{에 대한 간이세액표상의}$$

해당 세액 × 지급대상기간의 월수 − 지급대상기간의 상여 등 외의 급여에 대한 기원천징수액

 사례

(1) ㈜원천의 김과장 급여내역은 다음과 같다.
 - 2023년 1월~3월 매월 급여(비과세급여 제외) : 3,000,000원
 - 매 분기별 상여금 : 3,000,000원
(2) 김과장의 원천징수 적용 부양가족수는 4명임
 [별표 2] 근로소득간이세액표상 급여액 및 원천징수금액
 급여 3,000,000원 → 원천징수세액 26,690원
 급여 4,000,000원 → 원천징수세액 106,050원
(3) 월별 원천징수대상 급여 및 원천징수액
 - 1월 : 3,000,000원, 26,690원
 - 2월 : 3,000,000원, 26,690원
 - 3월 : 106,050* × 3개월 − (26,690원 × 2개월) = 264,770원

  $* \left[\dfrac{3,000,000원 + 3,000,000원 × 3}{3} \right]$ = 4,000,000에 대한 간이세액표상 해당세액

이 경우 지급대상기간이 1년을 초과하는 경우에는 1년으로 보고 1개월 미만의 끝수가 있는 경우에는 1개월로 본다(소법 §136 ①). 또한 지급대상기간의 마지막 달이 아닌 달에 지급되는 상여 등은 지급대상기간이 없는 상여 등으로 본다.

238

(2) 지급대상기간이 있는 상여 등에 대한 원천징수특례

위 '(1)'의 지급대상기간이 있는 상여 등에 대한 원천징수의 경우에 있어서 상여액과 그 지급대상기간이 사전에 정하여져 있는 때에는(중간지급 경우 포함) 매월분의 급여에 상여액을 그 지급대상기간으로 나눈 금액을 합한 금액에 대하여 간이세액표에 의한 매월분 근로소득세를 원천징수할 수 있다(소칙 §91 ③).

(3) 지급대상기간이 없는 상여 등에 대한 원천징수

그 상여 등을 지급하는 과세기간의 1월 1일부터 그 상여 등의 지급일이 속하는 달까지를 지급대상기간으로 하여 위 '(1)'의 지급대상기간이 있는 상여 등에 대한 원천징수의 규정에 의하여 계산한 것을 근로소득세액으로 한다. 이 경우 그 과세기간에 2회 이상의 상여 등을 받았을 때에는 직전에 상여 등을 지급하는 날이 속하는 달의 다음 달부터 그 후에 상여 등을 지급하는 날이 속하는 달까지를 지급대상기간으로 하여 근로소득세액을 계산한다. 이때에도 지급대상기간이 1년을 초과하는 때에는 1년으로 하고 1월 미만의 단수가 있는 때에는 1월로 한다(소법 §136 ①).
그 산식은 다음과 같다.

$$\left[\frac{\text{상여 등의 금액} + \text{지급대상기간의 상여 등 외의 급여의 합계액}}{\text{과세기간 1.1.}\sim\text{상여 등의 지급일이 속하는 달까지 월수}} \right] \text{에 대한 간이세액표상의}$$
해당 세액×(과세기간 1.1.~상여 등의 지급일이 속하는 달까지 월수)* -(과세기간 1.1. ~상여 등의 지급일이 속하는 달까지 기간의 상여 등 외의 급여에 대한 기원천징수액)

* 그 과세기간에 2회 이상의 상여 등을 받았을 때에는 직전에 상여 등을 지급하는 날이 속하는 달의 다음 달부터 그 후에 상여 등을 지급하는 날이 속하는 달까지 월수

 사례

(1) ㈜원천의 김과장 급여내역은 다음과 같다.
  - 2023년의 매월 급여(비과세급여 제외) : 3,000,000원
  - 상반기 실적이 좋아짐에 따라 9월에 지급한 특별상여금 : 6,750,000원
(2) 김과장의 원천징수 적용 부양가족수는 4명임
  [별표 2] 근로소득간이세액표상 급여액 및 원천징수금액
  급여 3,000,000원 → 원천징수세액 26,690원
  급여 3,750,000원 → 원천징수세액 78,610원

(3) 월별 원천징수대상 급여 및 원천징수액

　－1월~8월 : 3,000,000원, 26,690원

　－9월 : 78,610*×9개월－(26,690원×8개월)＝493,970원

$$* \left[\frac{6,750,000원+3,000,000원\times9}{9}\right] = 3,750,000에 대한 간이세액표상 해당세액$$

● 예규 및 판례

▶▶ 주식매수선택권을 행사함으로써 발생하는 이익이 갑종근로소득에 해당하는 경우에는 소득세법 제136조의 '지급대상기간이 없는 상여금'으로 보아 원천징수하는 것임(서면1팀－504, 2006.4.21.).

(4) 지급대상기간이 있는 상여 등과 지급대상기간이 없는 상여 등을 같은 달에 지급하는 경우의 원천징수

지급대상기간이 있는 상여 등과 지급대상기간이 없는 상여 등을 같은 달에 지급하는 경우에는 지급대상기간을 다음의 산식에 의하여 계산하여 위 '(1)'의 규정을 적용하여 세액을 계산한다. 다만, 지급대상기간을 계산함에 있어 1월 미만의 단수가 있을 때에는 1월로 한다(소령 §195 ①).

$$지급대상기간 = \frac{같은 \ 달에 \ 지급받은 \ 상여 \ 등의 \ 지급대상기간의 \ 합계}{같은 \ 달에 \ 지급받은 \ 상여 \ 등의 \ 개수}$$

 사례

(1) ㈜원천의 김과장 급여내역은 다음과 같다.

　－2023년 1월~9월 매월 급여(비과세급여 제외) : 3,000,000원

　－매분기별 상여금 : 3,000,000원

　－상반기 실적이 좋아짐에 따라 9월에 지급한 특별상여금 : 6,750,000원

(2) 김과장의 원천징수 적용 부양가족수는 4명임

　별표 2 근로소득간이세액표상 급여액 및 원천징수금액

　급여 3,000,000원 → 원천징수세액　26,690원

　급여 4,000,000원 → 원천징수세액 106,050원

　급여 5,125,000원 → 원천징수세액 253,030원

(3) 월별 원천징수대상 급여 및 원천징수액

－1월~2월 : 3,000,000원, 26,690원

－3월 : 106,050×3개월－(26,690원×2개월)=264,770원

－4월~5월 : 3,000,000원, 26,690원

－6월 : 106,050×3개월－(26,690원×2개월)=264,770원

－7월~8월 : 3,000,000원, 26,690원

－9월 : 253,030^{*1}×6개월^{*2}－(26,690원×4＋264,770)=1,217,090원

$$*1 \left[\frac{3,000,000+6,750,000+(3,000,000×6+3,000,000)}{6} \right]=5,125,000$$

에 대한 간이세액표상 해당세액

$$*2 \ 지급대상기간 = \left[\frac{정기상여 \ 3개월＋특별상여 \ 9개월}{2} \right]=6$$

(5) 잉여금처분에 의하여 지급하는 상여 등에 대한 원천징수

잉여금처분에 의한 상여 등을 지급하는 때에는 그 상여 등에 기본세율을 적용하여 계산한 금액을 근로소득세로 원천징수하여야 한다(소령 §195 ②).

(6) 연봉제에 의하여 지급하는 급여에 대한 원천징수방법

연봉제 등의 채택으로 급여를 매월 1회 지급하는 방법 외의 방법으로 지급하는 근로소득에 대한 소득세의 원천징수는 다음 각 호의 방법에 의한다.

① 정기적으로 분할하여 지급하는 경우
- 분할지급대상기간이 1월을 초과하는 경우 : 상기 '(1)'에 의한 지급대상기간이 있는 상여 등에 대한 소득세원천징수 적용
- 분할지급대상기간이 1월 미만인 경우 : 매월 지급하는 총액에 대하여 간이세액표 적용

② 부정기적으로 지급하는 경우
상기 '(2)'에 의한 지급대상기간이 없는 상여 등에 대한 소득세원천징수 적용

4. 외국인근로자 급여에 대한 원천징수방법(제2절 Ⅳ. 20. 참조)

외국인근로자는 매월분의 근로소득을 지급할 때 근로소득간이세액표와 19%의 단일세율 중 선택할 수 있으며, 19%의 단일세율을 선택한 경우에는 원천징수의무자에게 근로를 제공한 날이 속하는 달의 다음 달 10일까지 단일세율적용 원천징수신청서(조특칙 별지 제8호의 2 서식)를 제출하고 원천징수의무자는 이를 다시 원천징수관할세무서장에게 제출하여야 한다(조특법 §18의 2, 조특령 §16의 2).

단일세율적용을 선택한 외국인근로자가 단일세율적용을 포기하고자 하는 경우에는 단일세율적용원천징수포기신고서를 원천징수의무자를 거쳐 원천징수관할세무서장에게 제출하며 이 경우 제출일이 속하는 과세기간의 다음 과세기간부터 단일세율을 적용하지 않는다(조특령 §16의 2 ③).

5. 외국기관 등으로부터 받는 근로소득에 대한 원천징수방법

외국기관 또는 우리나라에 주둔하는 국제연합군(미군은 제외)으로부터 받는 근로소득과 국외 비거주자 또는 외국법인(국내지점·영업소는 제외)으로부터 받는 근로소득(단, 국내사업장의 국내원천소득금액 계산 시 필요경비 또는 손금으로 계상되는 소득은 제외)의 원천징수 및 근로소득세 신고는 다음과 같다(소법 §150 ③, 소칙 §94).

(1) 납세조합에 가입한 경우

납세조합을 원천징수의무자로 하여 상기 '1.'의 일반적인 원천징수방법과 동일하게 원천징수하며 연말정산도 일반급여자와 동일한 방법으로 한다(소법 §152 ②).

(2) 납세조합에 가입하지 아니하거나 납세조합이 없는 경우

납세조합에 가입하지 않았거나 납세조합이 없는 경우(납세조합이 연말정산에 의한 소득세 납부를 하지 않는 경우 포함)에는 근로자가 익년도 5월 31일까지 종합소득세과세표준확정신고를 한다.

조세특례제한법시행규칙 [별지 제8호의 2 서식] (2019.3.20. 개정)

외국인근로자 단일세율적용 원천징수(포기)신청서

❶ 원천징수 의무자	법인명(상호)	대표자(성명)
	사업자등록번호	주민등록번호
	소재지(주소)	

❷ 소득자	성 명	외국인등록번호 또는 여권번호
	국 적	
	주 소	

❸ 구 분	[ ] 단일세율적용 신청 [ ] 단일세율적용 포기

　　위의 소득자에 대하여 「조세특례제한법」 제18조의 2 제5항 및 같은 법 시행령 제16조의 2 제5항 또는 제6항에 따라 매월분의 근로소득을 지급할 때 단일세율의 적용(포기)을 신청합니다.

년　　월　　일

신청인(소득자)　　　　　　　　　　　　　　　　(서명 또는 인)

세 무 서 장　　귀하

02

210mm×297mm[백상지 80g/㎡ 또는 중질지 80g/㎡]

6. 일용근로자의 근로소득에 대한 원천징수방법

(1) 원천징수세액의 계산

일용근로자의 근로소득을 지급하는 때에는 그 근로소득에서 비과세급여와 근로소득공제(일 150,000원)를 공제한 금액에 원천징수세율(6%)을 적용하여 계산한 소득세 산출세액에서 근로소득세액공제(산출세액의 55%)를 한 이후의 금액을 원천징수한다(소법 §14 ③ 2호 · §47 ② · §59 ② · §129 ① 4호).

이를 산식으로 나타내면 다음과 같다.

● 일용근로자에 대한 원천징수세액의 계산 산식
1. 일급여액 – 비과세급여 = 과세대상 급여
2. 과세대상 급여 – 근로소득공제(일 150,000원) = 근로소득 과세표준
3. 근로소득 과세표준 × 원천징수세율(6%) = 근로소득 산출세액
4. 근로소득 산출세액 – 근로소득세액공제(산출세액의 55%) = 원천징수세액(결정세액)

중점사항 – 일용근로자의 원천징수
1. 약식 계산방법 : (일급 – 150,000원) × 2.7%
2. 소액부징수 규정(소법 §86)에 따라 원천징수세액이 1,000원 미만인 경우에는 원천징수하지 않는다. 따라서 일급이 187,037원{(1,000원 ÷ 2.7%) + 150,000원}까지는 원천징수세액이 발생하지 않는다. 그러나 원천징수이행사항신고서 및 일용근로소득에 대한 지급명세서는 반드시 제출하여야 함에 유의하여야 한다.
   1일 2 이상 사업장에서 일용근로 제공 시 세액계산은 사업장별로 계산하여 소액부징수를 판단한다.
3. 이행상황신고서 작성
   일용근로자에 대한 150,000원 공제는 비과세소득이 아니라 소득공제에 해당하기 때문에 모든 일용근로자에게 일급으로 지급하는 금액은 이행상황신고서 A03란 ⑤란에 기재하여야 한다.
4. 일용근로소득 지급명세서 제출
   일용근로자에 대한 근로소득의 지급내용은 지급일의 다음 달 말일까지 지급명세서를 제출하여야 한다.
5. 원천징수영수증 발급
   일용근로자에게 지급하는 원천징수영수증은 소득지급일이 속하는 달의 다음 달 말일까지 발급한다(소법 §143 ①).

> **New Tax**
> 일용근로소득자에 대한 원천징수영수증의 분기별 교부를 소득지급일이 속하는 달의 다음 달 말일까지로 단축

일용근로자의 근로소득은 완납적 원천징수(분리과세)대상이므로 원천징수로써 납세의무가 종결됨에 따라 연말정산 및 종합소득세과세표준확정신고를 하지 않는다.

⬤ 예규 및 판례

▶▶ 일용근로소득금액을 매일 지급하지 않고 일정기간 단위로 일괄지급 시 원천징수세액은 일용근로자별로 매일 단위로 계산한 후 더하는 것이며, 더한 원천징수세액을 납부하는 때에 10원 미만의 끝수가 있는 경우 절사하여 납부하지 아니하는 것임(원천-240, 2012.5.2.)

〈사실관계〉

• 일용근로자로부터 근로를 제공받고 근로소득을 지급하는 사용자가 일용근로소득을 '일 단위'로 지급하지 않고 '월 단위' 등으로 모아서 지급하는 경우 원천징수세액 계산방법에 대한 이견이 있음.

-[질의 1] 관련

1일 기준 일당이 150,000원이며 월 중 3일 근로를 제공했으며 근로시간이 다음과 같은 경우 원천징수세액 계산방법

1일	2일	3일	총공수 신고품수	일당(원)	노무비총액(원)
1.5	1	0.5	3	150,000	450,000

(제1안) 일당 지급액을 기준으로 계산함(원천징수세액 1,350원).

구 분	1일	2일	3일	총 계
일급여액	200,000	150,000	100,000	−
근로소득공제	150,000	150,000	150,000	−
근로소득금액	50,000	−	−	−
세율	6%	6%	6%	−
산출세액	3,000	−	−	−
근로소득세액공제	1,650	−	−	−
소득세	1,350	−	−	1,350

(제2안) 월 지급액을 기준으로 계산함(원천징수세액 없음).

구 분	1일	2일	3일	총 계
일급여액	200,000	150,000	100,000	450,000
근로소득공제	150,000	150,000	150,000	450,000
근로소득금액	−	−	−	−
세율	−	−	−	−
산출세액	−	−	−	−

구 분	1일	2일	3일	총 계
근로소득세액공제	–	–	–	–
소득세	–	–	–	–

–[질의 2] 관련

1일 기준 일당이 165,000원이며 월 중 4일 근로를 제공했으며 근로시간이 다음과 같은 경우 원천징수세액 계산방법

1일	2일	3일	4일	총공수 신고품수	일당(원)	노무비총액(원)
1	1	1	1	4	165,000	660,000

(제1안) 월 단위 합계액으로 원단위 절사함(원천징수세액 1,620원).

구 분	1일	2일	3일	4일	총 계
일급여액	165,000	165,000	165,000	165,000	–
근로소득공제	150,000	150,000	150,000	150,000	–
근로소득금액	15,000	15,000	15,000	15,000	–
세율	6%	6%	6%	6%	–
산출세액	900	900	900	900	–
근로소득세액공제	495	495	495	495	–
소득세 (총계 원단위 절사)	405	405	405	405	1,620

(제2안) 일 단위로 원단위 절사한 후 월 합계함(원천징수세액 1,600원).

구 분	1일	2일	3일	4일	총 계
일급여액	165,000	165,000	165,000	165,000	–
근로소득공제	150,000	150,000	150,000	150,000	–
근로소득금액	15,000	15,000	15,000	15,000	–
세율	6%	6%	6%	6%	–
산출세액	900	900	900	900	–
근로소득세액공제	495	495	495	495	–
소득세	405→400	405→400	405→400	405→400	1,600

(질의내용)

[질의 1]

• 일용근로자에 대한 근로소득을 '월 단위'로 지급 시 원천징수세액을 '일 단위'로 계산하여 원천징수세액을 산출하여 합산하는지 또는 '월 단위'의 일용근로소득 합계액을 기준으로 원천징수세액을 산출하는 것인지 여부

[질의 2]

• '일 단위'로 일용근로자의 원천징수세액을 계산하는 경우 일별 소득세의 원단위를 절사한 금액을 합산하여 원천징수하는지 또는 일별 소득세의 원단위를 절사하지 않고 합산하여 '월 단위' 합계액에서 원단위를 절사하는 것인지 여부

(회신)

귀 질의의 경우 소득세법시행령 제20조에 따른 일용근로소득자로부터 근로를 제공받고 근로소득금액을 지급하는 자가 일용근로소득금액을 매일 지급하지 않고 일정기간 단위로 일괄지급하는 경우에 있어서 원천징수세액은 일용근로자별로 매일의 일급여액에서 소득세법 제47조 제2항에 따른 근로소득공제를 차감한 근로소득금액에 같은 법 제129조 제1항 제4호에 따른 원천징수세율과 같은 법 제59조 제2항에 따른 근로소득세액공제를 적용하여 계산한 후 더하는 것임. 이때 매일의 일급여액에서 산출된 원천징수세액을 더하고, 더한 원천징수세액을 납부하는 때에 10원 미만의 끝수가 있는 경우 절사하여 납부하지 아니하는 것임.

즉 [질의 1]과 [질의 2]는 모두 (제1안)으로 적용하는 것임.

▶▶ 일용근로소득을 매일 지급하지 않고 일정기간 단위로 일괄지급하는 경우에 있어서 일용근로자 근로소득 과세표준은 근로를 제공한 날별로 계산하는 것임(법인 46013-2326, 1997. 9.2.).

▶▶ 일용근로소득의 소액부징수(재소득 22601-327, 1986.4.18.)
일용근로소득을 매일 지급하지 않고 일정기간 단위로 일괄지급하는 경우에 있어서는 일괄지급하는 시점에서의 징수할 소득세액의 합계액을 기준으로 소액부징수 여부를 판단하는 것임.

02

(2) 일용근로소득 지급명세서의 제출

일용근로자에게 근로소득을 지급하는 자는 근로소득의 지급일이 속하는 달의 다음 달 말일(휴업, 폐업 또는 해산 시는 휴업일, 폐업일 또는 해산일이 속하는 달의 다음 달 말일)까지 일용근로소득 지급명세서(지급자제출용)를 국세청에 제출하여야 한다.

소득세법시행규칙 [별지 제24호 서식(3)] (2023.3.**. 개정)　　　　　　　　　　(3쪽 중 제1쪽)

일용근로소득 지급명세서(원천징수영수증)

([　] 소득자 보관용　[　] 지급자 보관용)

외국인 여부
(예, 아니오)

원천징수 의무자 (지급자)	① 상 호 (법인명)		② 성 명 (대표자)	
	③ 사업자등록번호		④ 주민등록번호 (법인등록번호)	
	⑤ 소재지 (주 소)		⑥ 전화번호	
소득자	⑦ 성 명		⑧ 주민등록번호	
	⑨ 주 소		⑩ 전화번호	

⑪ 귀속연도		⑫ 지급월 (해당월에 "○")	[　]1월　[　]2월　[　]3월　[　]4월　[　]5월　[　]6월 [　]7월　[　]8월　[　]9월　[　]10월　[　]11월　[　]12월	

귀　속		⑮ 과세소득	⑯ 비과세소득	원천징수세액	
⑬ 근무월	⑭ 근무일수			⑰ 소득세	⑱ 지방소득세

위의 일용근로소득(원천징수세액)을 지급(영수)합니다.

　　　　　　　　　　　　　　　　　　　　　　　　　　　年　　　月　　　日

　　　　　　　　　　　징수의무자(지급자)　　　　　　　　(서명 또는 인)

※ 서식작성에 관한 설명은 제2~3쪽의 작성방법을 참고하시기 바랍니다.

210mm×297mm[백상지 80g/㎡ 또는 중질지 80g/㎡]

■ 소득세법 시행규칙 [별지 제24호 서식(4)] 〈개정 2021. 5. 17.〉　　　　　(3쪽 중 제1쪽)

일용근로소득 지급명세서(지급자제출용)

[일용근로소득 지급명세서(원천징수영수증) 월별 제출집계표]

지급자	① 상 호 (법인명)		② 성 명 (대표자)		③ 사업자 등록번호
	④ 주민(법인) 등록번호		⑤ 소재지 (주 소)		
	⑥ 전화번호		⑦ 전자우편주소		

❶ 월별 원천징수 집계현황

⑧ 귀속연도		⑨ 지급월	[　]1월　[　]2월　[　]3월　[　]4월　[　]5월　[　]6월 [　]7월　[　]8월　[　]9월　[　]10월　[　]11월　[　]12월		
⑩ 일용근로자수 (⑰번에 적은 칸의 개수, 단 동일인의 경우 1명으로 합계)	⑪ 제출자료건수 (㉑번에 적은 칸의 개수)	⑫ 과세소득 합계 (㉓번 합계)	⑬ 비과세소득 합계 (㉔번 합계)	원천징수세액 합계	
				⑭ 소득세 (㉕번 합계)	⑮ 지방소득세 (㉖번 합계)
명	건				

❷ 소득자 인적사항 및 일용근로소득 지급내용

[일용근로소득 지급명세서(원천징수영수증)에 적은 지급명세와 동일하게 작성합니다]

⑯ 번호	⑰ 성명 ⑱ 전화 번호	⑲ 외국인 여부	⑳ 주민등록 번호	귀속		㉓ 과세소득	㉔ 비과세소득	원천징수세액	
				㉑ 근무월	㉒ 근무 일수			㉕ 소득세	㉖ 지방소득세
1			－						
2			－						
3									
4			－						
5									
6									
7									
8			－						

위와 같이 제출합니다.

년　　월　　일

징수의무자(지급자)　　　　　　　　　　　　　(서명 또는 인)

※ 작성방법은 제2쪽을 참고하시기 바랍니다.

210mm×297mm[백상지80g/㎡ 또는 중질지80g/㎡]

7. 소득별 근로소득원천징수부의 비치

매월분의 근로소득을 지급하는 원천징수의무자는 소득세법시행규칙 [별지 제25호 서식]의 '근로소득원천징수부'를 비치·기록하여야 한다. 이 경우 근로소득원천징수부를 전산처리된 테이프 또는 디스크 등으로 수록·보관하여 항시 출력이 가능한 상태에 둔 때에는 근로소득원천징수부를 비치·기록한 것으로 본다(소령 §196).

소득세법시행규칙 [별지 제25호 서식(1)] (2014.3.14. 개정)　　　　　　　　　　　(3쪽 중 제1쪽)

| ①귀속연도 | |

소득자별 근로소득 원천징수부

징수의무자	② 법 인 명 (상호)			
	③ 사업자등록번호			
④ 근무처				
소 득 자	⑤ 성　　　　　명	⑥ 주민등록번호		⑦ 입사일 퇴사일
	⑧ 내외국인 구분　　내국인1/외국인9	⑨ 국적		(국적코드 :　　　　)
	⑩ 공제대상가족의 수(본인·배우자를 각각 1명으로 봄)			명
	⑪ 20세 이하 자녀의 수			명
	⑫ 감면 적용 여부　여 1, 부 2	⑬ 감면규정	⑭ 감면기간	～

Ⅰ. 근 로 소 득 지 급 명 세

월별	⑮ 지급연월	1. 총　　급　　여									2. 징수세액					
		⑯ 급여	⑰ 상여	⑱ 인정상여	⑲ 주식매수선택권 행사이익	⑳ 우리사주 조합 인출금	㉑ 임원 퇴직 소득 금액 한도 초과액	㉒ ～	～ ㉙	㉚ 계	간이세액표 적용 대상		그 외	㉞ 소득 세계 (㉜＋㉝)	㉟ 지방 소득세
											㉛ 급여 구간	㉜ 소득 세	㉝ 소득 세		
1															
2															
3															
4															
5															
6															
7															
8															
9															
10															
11															
12															
계															

297mm×210mm[백상지 80g/㎡(재활용품)]

02

(3쪽 중 제2쪽)

Ⅱ. 비과세소득

※ 「소득세법 시행규칙」 별지 제24호 서식(1) 근로소득 원천징수영수증(제5쪽) 비과세 및 감면소득 코드 참조

월별	1. 지급명세서 작성 대상 비과세 소득								2. 지급명세서 작성 제외대상 비과세 소득 ※ 해당 원천징수의무자가 지급한 소득을 적음			
	⑮ 지급연월	국외근로소득 (코드 :)			㊴ 야간근로 수당 등 (O01)	㊵ 출산 보육수당 (Q01)	㊶~㊾ (코드 :)	㊿ 합계 (㊳+~+㊾)	(51) 일직료 등 (H02)	(52) 자가운전 보조금 (H03)	(53)~(59)	(60) 합계 ((51)+~+(59))
		㊱ 외화	㊲ 환율	㊳ 원화								
1												
2												
3												
4												
5												
6												
7												
8												
9												
10												
11												
12												
계												

297mm×210mm[백상지 80g/㎡(재활용품)]

Ⅲ. 근 로 소 득 원 천 징 수 액 등

월별	1. 감면세액		⑥³ 납세조합 공제세액	2. 차 감 원 천 징 수 액				3. 징수의무자 자체 증빙 지출액(소득공제)				
	⑥¹ 감면 소득	⑥² 감면 세액		⑥⁴ 소득세	⑥⁵ 지방 소득세	⑥⁶ 농어촌특 별세	⑥⁷외국 납부 세액	⑥⁸ 연금 보험	⑥⁹ 건강 보험	⑦⁰ 고용 보험	⑦¹ 기부금	⑦² 비고
1												
2												
3												
4												
5												
6												
7												
8												
9												
10												
11												
12												
계												

작성일 :   년   월   일   징수의무자 :   (서명 또는 인)

※ ⑦² 비고란에는 ⑦¹ 기부금에 해당하는 기부금유형 및 코드를 적습니다.

297mm×210mm[백상지 80g/㎡(재활용품)]

8. 납부서 작성요령(국세청 「법인세 신고 · 납부절차」)

국세징수법시행규칙 [별지 제1호 서식] (2021.3.16. 전부개정)　　　　　　　　　　　　　　　(앞쪽)

영수증서(납세자용)

납부번호					수입징수관서			
분류기호	납부연월	납부구분	세목	발행번호	세무서명	서코드	계좌번호	QR코드
성명 (상호)				주민등록번호 (사업자등록번호)			회계 연도	
주소 (사업장)					일반 회계	기획재정부 소관		

연도/기분	2020년　　5월분														왼쪽의 금액을 한국은행 국고(수납)대리점인 은행 또는 우체국 등에 납부합니다. (인터넷 등에 의한 전자납부 가능)
세목명	납부금액														
	조	천	백	십	억	천	백	십	만	천	백	십	일		납부기한　　　년　　월　　일
세															년　　　월　　　일
농어촌특별세															은 행　　　지점　　　(수납인)
계															우체국

(1) 기재요령

① 분류기호 : 0126[국세, 국세청]

② 납부연월 : [사례 2023.03.→ 2303]

③ 납부구분 :

　　1 [확정분 자납 : 부가세 확정신고, (소득 · 법인)세 정기신고분]

　　2 [수시분 자납 : 수정신고, 추가신고, 정정신고 등 수시로 자진납부하는 것]

　　3 [예정신고 및 중간예납 : (부가가치, 양도소득)세 예정신고, 법인세 중간예납신고분]

　　4 [원천분 자진납부 : 원천징수의무자가 원천징수한 세액을 납부, (소득 · 법인)세 원천분]

④ 수입징수관서 및 계좌번호 : 관할 세무서명과 세무서 계좌번호

⑤ 서코드 : 관할세무서 3자리

⑥ 상호(성명) : 법인은 상호, 개인은 성명

⑦ 사업자(주민)등록번호 : 법인은 사업자등록번호, 개인은 주민등록번호

⑧ 사업장(주소) : 법인은 사업장 소재지, 개인은 주민등록상 주소

(2) 세목코드

세 목	코드	세 목	코드	세 목	코드	세 목	코드
종합소득세	10	부당이득세	34	교육세		가산금	81
이자소득세	11	부가가치세	41	주세분	63	기타경상이익전수입	83
배당소득세	12	특별소비세	42	교통세분	64	관유물 대여료	85
사업소득세	13	개별소비세	47	금융	65	기타 잡수입	87
근로소득세	14	주세	43	보험	66	수입대체경비수입	88
근로소득세(납세조합)	15	전화세	44	특별소비세분	67	건물매각대	89
기타소득세	16	증권거래세	45	기타교육세	68	기타고정자산	91
연금소득세	17	인지세	46	토지대여료	70	매각대	
퇴직소득세	21	방위세	51	건물대여료	72	토지매각대	93
양도소득세	22	교통세	53	기타 재산수입	74	임야매각대	95
산림소득세	23	종합부동산세	57	(금융자산, 무형자산의		기타 토지 및	97
법인세	31	교통·에너지·환경세	59	소유로 인한 수입)		무형자산 매각대	
상속세	32	농어촌특별세	55	벌금	77	(광산자원, 인업,	
증여세	32	교육세		몰수금	78	광업, 특허권)	
자산재평가세	33	이자분	61	변상금	79		
		배당분	62	위약금	80		

02

(3) 세무서 코드 및 계좌번호

세무서명	세무서 코드	세무서 계좌번호	세무서명	세무서 코드	세무서 계좌번호	세무서명	세무서 코드	세무서 계좌번호
강　남	211	180616	광　주	408	060639	남 대 구	514	040730
강　동	212	180629	구　로	113	011756	남 대 문	104	011785
강　릉	226	150154	구　미	513	905244	남 양 주	132	012302
강　서	109	012027	군　산	401	070399	남 인 천	131	110424
거　창	611	950419	금　정	621	031794	노　원	217	001562
경기광주	233	023744	금　천	119	014371	논　산	308	080473
경　산	515	042330	기　흥	236	026178	대　전	305	080486
경　주	505	170176	김　천	510	905257	도　봉	210	011811
고　양	128	012014	김　포	234	023760	동　래	607	030481
공　주	307	080460	김　해	615	000178	동　작	108	000181
관　악	145	024675	나　주	412	060642	동 고 양	232	023757
광　명	235	025195	남　원	407	070412	동 대 구	502	040769

세무서명	세무서코드	세무서계좌번호	세무서명	세무서코드	세무서계좌번호	세무서명	세무서코드	세무서계좌번호
동 대 문	204	011824	성 남	129	130349	의 정 부	127	900142
동 수 원	135	131157	성 동	206	011905	이 천	126	130378
동 안 양	138	001591	성 북	209	011918	익 산	403	070425
동 울 산	620	001601	세 종	320	025467	인 천	121	110259
동 청 주	317	002859	속 초	227	150170	잠 실	230	019868
동 화 성	151	027684	송 파	215	180661	전 주	402	070438
마 산	608	140672	수 성	516	026181	정 읍	404	070441
마 포	105	011840	수 영	617	030478	제 주	616	120171
목 포	411	050144	수 원	124	130352	제 천	304	090324
반 포	114	180645	순 천	416	920300	종 로	101	011976
보 령	313	930154	시 흥	140	001588	중 랑	146	025454
부 천	130	110246	아 산	319	024688	중 부	201	011989
부 산 진	605	030520	안 동	508	910365	중 부 산	602	030562
북 광 주	409	060671	안 산	134	131076	진 주	613	950435
북 대 구	504	040772	안 양	123	130365	창 원	609	140669
북 대 전	318	023773	양 산	624	026194	천 안	312	935188
북 부 산	606	030533	양 천	117	012878	청 주	301	090337
북 인 천	122	110233	여 수	417	920313	춘 천	221	100272
북 전 주	418	002862	역 삼	220	181822	충 주	303	090340
분 당	144	018364	연 수	150	027300	통 영	612	140708
삼 성	120	181149	영 덕	507	170189	파 주	141	001575
삼 척	222	150167	영 동	302	090311	평 택	125	130381
상 주	511	905260	영 등 포	107	011934	포 천	231	019871
서 산	316	000602	영 월	225	150183	포 항	506	170192
서 초	214	180658	영 주	512	910378	해 남	415	050157
서 광 주	410	060655	예 산	311	930167	해 운 대	623	025470
서 대 구	503	040798	용 산	106	011947	홍 성	310	930170
서 대 문	110	011879	용 인	142	002846	홍 천	223	100285
서 대 전	314	081197	울 산	610	160021	화 성	143	018351
서 부 산	603	030546	원 주	224	100269			
서 인 천	137	111025	은 평	147	026165			

(4) 전자납부절차 및 요령

1) 홈택스를 통한 전자납부

① 이용방법

가. 홈택스 홈페이지에 접속, 공인인증서로 로그인 후 [신고/납부] → [국세납부] 선택

단, 전자납부하고자 하는 본인의 공인인증서와 본인명의의 통장 필요

〈전자납부 방법〉

- 관할세무서에 서면신고한 경우 : [자진납부] 선택 후 납부내역 직접 입력
- 홈택스를 이용해 전자신고한 경우(분납포함) : [납부할세액 조회납부] 선택 후 납부내역 확인(분납 포함)
- 세무대리인 등 타인이 납부하고자 하는 경우 : [타인세금납부] 선택 후 납부내역 직접 입력

나. '납부하기'를 선택하고 금융결제원 지로시스템 화면으로 이동하면 계좌정보 입력

다. [조회/발급] → [납부내역 조회] 메뉴에서 납부결과 확인 및 국세전자납부확인서 출력

　🖉 납부할 세금보다 잔고가 부족한 경우라도 금액을 수정하여 일부만 납부하고 나머지는 신고기한 내에 차후 납부 가능하다.

라. 법인세 전자신고분에 대하여 지방소득세(법인세분)은 [신고/납부] → [지방소득세 납부]에서 행정안전부 위택스와 연계하여 세금납부

② 이용시간

365일(07:00~23:30) : 우리, 국민, 신한, 하나, 산업, SC제일, 한국씨티, 부산, 대구, 광주, 전북, 제주, 경남, 상호저축은행, 농협, 수협, 신협, 우체국, 새마을금고, 외환, 기업

2) 인터넷 및 ARS·ATM에 의한 납부

① 인터넷 등에 의한 전자납부

가정이나 직장에서 인터넷·ARS 등의 전자납부 수단에 의하여, 은행창구에서는 ATM 을 이용하여 납부할 수 있다.

② 이용절차

　가. 인터넷뱅킹 또는 폰뱅킹을 가입하지 않는 원천징수의무자

　　최초 한 번은 거래은행을 방문하여 인터넷뱅킹 또는 폰뱅킹 이용신청을 하여야 한다(이후는 방문 불필요).

　나. 현재 인터넷뱅킹 또는 폰뱅킹을 이용하는 원천징수의무자

　　거래은행의 인터넷사이트 또는 ARS에 바로 접속

③ 납부절차 및 요령

　가. 고지서 또는 납부서 준비

　　국세납부는 입력항목이 다소 많으므로 반드시 고지서나 내용이 기재된 납부서를 준비한 후 납부신청(입력)하여야 한다.

　나. 납부할 방법을 선택

　　은행잔고를 이용한 계좌이체를 하고자 할 때에는 인터넷, ARS전화에 의하여 접속하거나 은행창구의 자동입출금기(ATM)를 이용

　　📎 현금이나 수표는 직접 은행이나 우체국을 방문하여 납부

　다. 납부절차

　　• 인터넷에 의한 납부

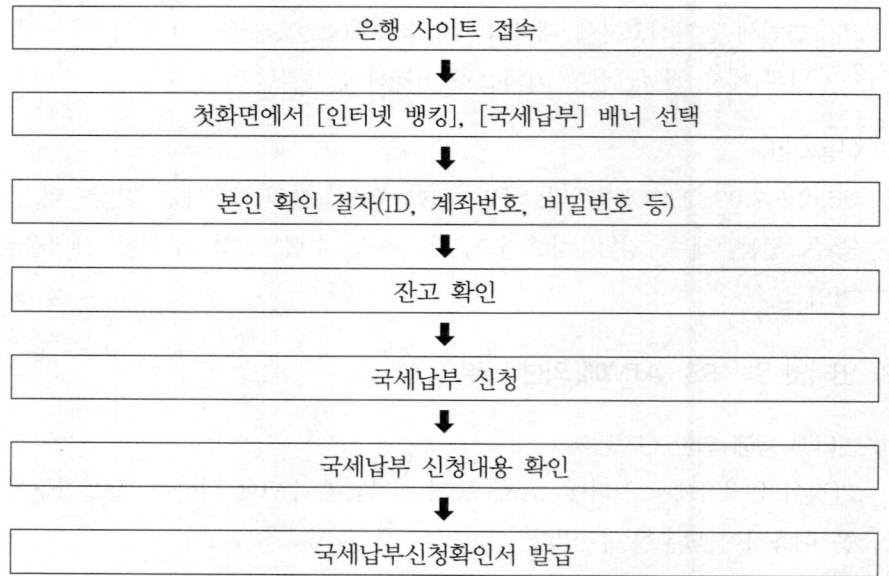

　　• ARS에 의한 납부

　　거래은행에 전화를 한 후 [국세납부] 선택(이하 절차는 인터넷과 동일)

- 공과금수납기에 의한 납부

  거래은행의 창구에 설치된 자동입출금기를 이용, 계좌이체를 한다(이용가능은
  행 : 우리 · 신한 · 국민 · 기업 · 경남 · 광주은행, 수협, 농협).

라. 국세전자납부확인서 발급

  전자납부 신청 종료시점에서 〈국세납부신청확인서〉를 출력하여 영수증으로 사용
  할 수 있다.

3) 신용카드에 의한 납부

① 신용카드에 의한 납부

모든 국세는 신용카드(포인트 포함), 직불카드 등에 의해 납부할 수 있다(수수료 0.8%.
단, 체크카드는 0.7% 부담해야 함).

② 납부절차 및 요령

가. 신용카드납부 전용 홈페이지(www.cardrotax.or.kr)에 접속하여 납세자가 필요한
   기본정보(납세자정보, 세목, 납부금액 등)를 조회 또는 입력한 후 카드결제 방식으로
   세금을 납부한다.

나. 신용카드납부 경로

> 국세납부 → 납부유형 선택 → 공인인증서 확인 → 납부정보 입력 →
> 납부하기 → 신용카드번호 입력 → 납부확인 → 국세전자납부확인서 출력

4) 지방소득세 위택스(WeTax) 전자신고납부

2011년 1월 신고분부터 납세자가 홈택스에 법인세, 소득세(종합소득세, 원천징수)를 전
자신고한 후에 「지방소득세 납부」를 선택하면 바로 관련된 지방소득세를 위택스
(WeTax)로 이동하여 납부 가능하다.

신고납부 절차

> 납세자 → 홈택스 접속 → 위택스(WeTax) 지방소득세 신고정보 연계 →
> 지방소득세 신고 → 신고완료

Expert Opinion Summary

1. 소득세법상 근로소득 원천징수의무자

국내에서 거주자나 비거주자에게 매월분의 근로소득을 지급하는 자는 소득세법의 규정에 따라 소득세를 원천징수하여 납부하여야 합니다.

이때 거주자와 비거주자의 구분은 너무 어려운 내용입니다(비거주자의 설명은 추후 '제3부'에서 설명). 실지로 저는 이의 구분이 별 실익이 없다 보여집니다. 그냥 외국인이더라도 국내에 들어와 근로를 제공하면 당연히 그 소득에 대한 소득세납세의무가 발생하는 것이며 내국인이 해외에서 근로를 제공한다면 우리나라 내국법인이 지급하는 근로소득에 대하여는 원천징수의무가 발생한다고 이해하시면 됩니다.

이를 사례로 설명하면 다음과 같습니다.

(1) 내국인이 출국하여 외국법인에서 근로 제공 시

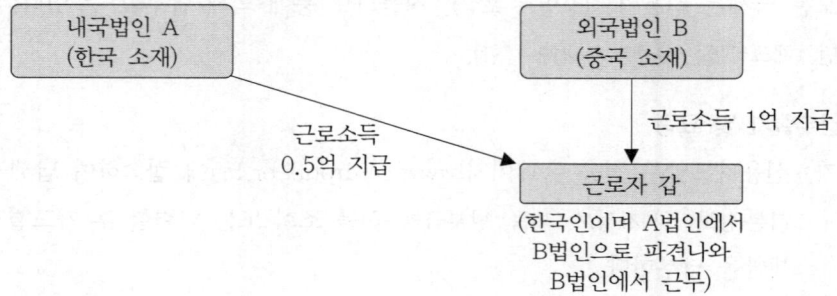

① 중국법인 B의 원천징수

중국에서 갑에게 지급한 1억원에 대해 중국세법에 따라 원천징수함

② 중국 과세관청의 소득세 부과

중국에서 근로를 제공하고 있는 갑에게 한국법인에서 지급한 소득이 있음을 파악하면 중국에서의 과세소득에 해당해 추가로 소득세를 부과함

③ 한국법인 A의 원천징수

한국법인 A의 직원인 갑에게 지급한 0.5억원에 대해 연말정산을 실시함.

이때 절대로 중국법인 B에서 지급한 1억원을 합산하여 한국에서 연말정산을 수행하면 안되는 것임에 유의하여야 하며, 만일 중국에서 0.5억원에 대해 소득세를 부과하였다면 이에 대한 외국납부세액공제를 적용하여야 함(국외근로소득비과세도 당연히 적용하여 연말정산하며 외국납부세액공제를 적용받기위한 서류가 미비하여 연말정산 시 외국납부세액공제를 적용받지 못한 경우에는 추후 경정청구로 환급받아야 함)

④ 갑의 한국에서의 종합소득세(5월) 신고의무

갑은 한국의 주소지관할세무서에 종합소득세신고를 통해 A법인과 B법인에서 받은 금액을 합산하여 소득세 신고를 하여야 함

(A법인소득＋B법인소득－국외근로소득비과세－근로소득공제－소득공제)×소득세세율－세액공제(특히 외국납부세액공제) · 감면－기납부세액(A법인 연말정산 시 결정세액)

(2) 외국인이 입국하여 한국법인에서 근로 제공 시

내국인과 동일하게 한국법인에서 지급한 근로소득에 대하여 원천징수(연말정산 포함)함. 이때 외국법인에서 직접 외국인에게 지급한 금액은 연말정산대상에 포함하면 안되며 외국인이 직접 종합소득세신고를 통해 합산하여 소득세 신고 및 납부를 하여야 함. 이를 위반 시 한국의 과세관청이 소득세를 부과함

2. 간이세액표의 적용

① 매월 근로소득지급 시 간이세액표에 의해 원천징수가 이루어지므로 실무자님들은 Program에 의해 원천징수금액이 계산된다 하더라도 간이세액표(소득세법시행령 별표2)의 구조에 대한 완벽한 이해를 하셔야 할 것입니다.

    가. 월급여액(비과세 및 학자금 제외)

    나. 공제대상가족의 수

② 근로자들은 매년 간이세액표의 적용을 80%, 100%, 120% 중 선택할 수 있으므로 매년 1월에 근로자가 회사에 제출하는 소득·세액공제신고서상 간이세액표 선택 비율을 확인하여 매월분 간이세액표에 의한 원천징수금액을 결정하시기 바랍니다.

3. 일용근로자에 대한 원천징수

① 일용근로자는 동일한 고용주에게 3월 이상(건설업은 1년 이상) 계속하여 고용되어 있지 아니한 자로서 일 150,000원의 근로소득공제를 적용하고 6%의 세율과 산출세액의 55%를 세액공제하여 매일의 원천징수세액을 산출하도록 하고 있습니다.

② 일별 원천징수금액이 1,000원 미만 시는 소액부징수규정에 적용되어 원천징수하지 않으나 일당을 매일 지급하지 않고 정기적으로 합산하여 지급 시는 매일 원천징수세액의 합계액으로 소액부징수규정을 적용함에 유의하셔야 합니다.

③ 일용근로자에 대한 원천징수는 분리과세대상에 해당되어 다른 소득이 있는 경우에도 합산하여 종합소득세신고를 하지 않으며, 연말정산 시 기본공제대상자 판단시도 소득이 없는 것으로 공제대상에 해당됩니다.

④ 3개월 이상 동일 고용주에게 일당수령 시는 일용근로자에 해당하지 않고, 일반 근로소득자에 해당되어 매일 급여합산을 근로소득으로 보아 간이세액표로 원천징수하고 연말정산대상에 해당됩니다.

    가. 2023.5.10.부터 12.31.까지 계속 일당지급하는 경우

    나. 2023.5.10.~2023.8.9.까지는 일용근로자에 해당됨

        2023.5.10.~2023.6.30.까지 지급분 일용근로소득 지급명세서 제출

        2023.7.1.~2023.8.9.까지 지급분 일용근로소득 지급명세서 제출

    다. 2023.8.10.부터 2023.12.31.까지는 간이세액표적용 원천징수

    라. '다.'의 기간 중 퇴사한 경우 또는 12.31.까지 계속 근로자는 연말정산 수행. 이때 일용근로자 해당기간분도 합산하여 연말정산 실시

    마. '라.'에 의한 연말정산이 수행되면 2023.5.10.~2023.8.9.까지의 소득이 중복 신고되므로 일용근로소득 지급명세서를 감액수정신고하여야 함

Approach to Field Work   해외현지법인 주재원급여에 대한 세금신고

1. 적용사례

상기 「Expert Opinion Summary」에서 설명한 한국법인 A의 한국인 근로자 갑이 A의 자회사인 중국법인 B에 파견되어 근로를 중국에서 행하고 급여를 중국법인 B에서 1억원, 한국법인 A에서 0.5억원을 수령하는 사례입니다.

2. 한국거주자 해당 여부 판단

① A법인이 B법인 지분을 직접·간접으로 100% 보유 시

　갑은 한국의 거주자에 해당

② ①에 해당하지 않은 경우

　갑이 한국에 가족 및 자산 등과 관련하여 생활의 근거가 국내에 있는 것으로 판단 시 한국의 거주자에 해당

※ 그러므로 한국인 근로자가 국내의 자산 등을 모두 처분하고 가족과 함께 외국으로 이주하여 외국법인에 근무하는 경우를 제외하고는 '1.'의 근로자 갑은 한국거주자에 해당합니다.

3. 중국거주자 해당 여부 판단

갑은 중국에서 중국법인 B에 근무하고 상당기간을 중국에 근로를 제공할 것이므로 중국세법상 갑은 중국의 거주자에 해당됩니다.

4. 거지주국의 판단

'2.' 및 '3.'에 의하여 한국인 근로자 갑은 한국과 중국 모두의 거주자에 해당됩니다. 이 경우에는 한·중조세조약 제4조 제2항에 따라 갑의 항구적 주거가 한국에 있음을 중국국세청에 신고양식(Form)으로 신고하면 갑은 한국의 거주자로 인정받으실 수 있습니다. 그러므로 중국법인 B의 세무대리인에게 협조를 요청하여 신고하시기 바랍니다(실무상 신고하지 않으셔도 중국 과세관청이 한국에서의 소득금액을 파악하지 못하면 차이 없음).

5. 중국에서의 소득세 신고

① '4.'에 의한 신고를 하지 않은 경우 갑은 중국세법상 거주자로 판단되어 갑이 A법인으로부터 받은 근로소득 0.5억원 및 한국에서 발생한 다른 과세대상 소득에 대하여도 중국 과세관청이 소득발생자료를 요청하고 중국발생소득 1억원과 합산하여 중국에서 과세할 것임에 유의하셔야 합니다.

② '4.'에 의한 신고를 한 경우에는 갑은 중국세법상 비거주자로 판단됩니다. 일반적으로 비거주자에 대하여는 원천지국 과세원칙에 따라 과세대상 국내원천소득에 대하여만 그 국가에서 세금부담을 하면 되는데 이때 한국법인 A에서 지급한 근로소득 0.5억원이 중국의 국내원천소득에 해당되느냐는 문제가 발생됩니다. 국내원천소득은 국내에서의 근무로 인해 국외에서 수령한 금액도 국내원천소득에 해당되는 것이 타당하므로 중국 과세관청이 한국에게서 갑에게 지급된 0.5억원이 파악되면 이를 중국의 국내원천소득으로 보아 중국에서 과세권을 행사할 것이며 현재에도 한국의 중국현지법인에 근무하는 한국인 근로자에 대해 한국에서 지급된 소득금액을 중국 과세관청에 신고하라는 요구를 받고 있는 실정입니다.

6. 소득세 계산
   ① 중국에서 납부한 소득세 등 0.2억원 전제
   ② 한국법인 A 연말정산(중국에서의 소득을 합산하면 안됨)

가.	근로소득	50,000,000원
나.	국외근로소득 비과세금액	12,000,000원(월 100만원 비과세 적용)
다.	총급여액	38,000,000원
라.	근로소득공제	10,950,000원
마.	근로소득금액	27,050,000원
바.	소득공제액	4,050,000원(전제 금액)
사.	과세표준	23,000,000원
아.	산출세액	2,370,000원
자.	세액공제액	1,170,000원(전제 금액)
차.	결정세액	1,200,000원
카.	기납부세액	2,000,000원
타.	환급세액	800,000원

   ③ 한국 갑의 주소지 관할 세무서에서의 종합소득세 신고·납부

가.	근로소득	150,000,000원
나.	국외근로소득 비과세금액	12,000,000원
다.	총급여액	138,000,000원
라.	근로소득공제	15,510,000원
마.	근로소득금액	122,490,000원
바.	소득공제액	4,050,000원
사.	과세표준	118,440,000원
아.	산출세액	26,554,000원
자.	세액공제액	20,412,028원
	1. 연말정산 시 세액공제	1,170,000원
	2. 외국납부세액공제	19,242,028원

   ■ 국외근로소득금액의 계산

   $$= 근로소득금액 \times \frac{국외근로소득\ 총급여액}{국내근로소득\ 총급여액 + 국외근소득\ 총급여액}$$

   $$= 122,490,000 \times \frac{100,000,0000}{38,000,000 + 100,000,000}$$

   $$= 88,760,869원$$

   ■ 외국납부세액공제 한도액

   $$= 산출세액 \times \frac{국외원천근로소득금액}{종합소득금액}$$

$$= 26,554,000 \times \frac{88,760,869}{122,490,000}$$

$$= 19,242,028원$$

■ 외국납부세액공제 = Min(20,000,000원, 19,242,028원)

$$= 19,242,028원(757,972원은 10년간 이월공제)$$

차.	결정세액	6,141,972원
카.	기납부세액	1,200,000원(연말정산 시 결정세액)
타.	납부세액	4,941,972원(10%는 개인지방소득세로 납부)

7. 6. ③ 종합소득세 신고 시 외국납부세액이 확정되지 않은 경우

종합소득세 신고 시 외국납부세액이 확정되지 않은 경우에는 일단 외국납부세액공제를 계산하지 않고 소득세 등을 납부 후 외국납부세액이 확정되는 시점부터 3개월 이내에 서류 등을 구비하여 경정청구절차를 통해 해당액을 환급받으면 됩니다.

8. 추천방법

한국인 근로자 갑에 대한 급여를 한국법인이 지급하지 않고 전액을 외국법인이 지급하고 한국에서는 5월에 종합소득세 신고를 하는 방법을 추천드립니다.

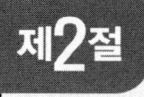

근로소득

I 의의

1. 근로소득의 개념

근로소득이란 명칭 여하에 불구하고 고용관계 기타 이와 유사한 계약에 의하여 근로를 제공하고 지급받는 모든 대가로서 해당 과세기간에 발생한 다음의 소득으로 한다(소법 §20).

① 근로를 제공함으로써 받는 봉급·급료·보수·세비·임금·상여·수당과 이와 유사한 성질의 급여

② 법인의 주주총회·사원총회 또는 이에 준하는 의결기관의 결의에 따라 상여로 받는 소득

③ 법인세법에 따라 상여로 처분된 금액

④ 퇴직함으로써 받는 소득으로서 퇴직소득에 속하지 아니하는 소득

⑤ 종업원 등 또는 대학의 교직원이 받는 직무발명보상금(퇴직한 후에 지급받는 직무발명보상금은 기타소득에 해당)

● **관련 기본통칙**

▶▶ **근로소득의 구분**(소통 20-0…1)
근로계약상 근로제공에 대한 시간 또는 일수나 그 성과에 의하지 아니하고 월정액에 의하여 급여를 지급받는 경우에는 그 고용기간에 불구하고 일용근로자가 아닌 자(일반급여자)의 근로소득으로 본다.

▶▶ **사용자가 부담한 소득세 등의 소득구분**(소통 20-0…4)
근로자가 부담하여야 할 급여에 대한 소득세 등을 사용자가 부담한 경우에는 이를 당해 근로자의 근로소득으로 본다.

◉ 예규 및 관례

▶▶ 한국산업인력공단의 지원금과 기업이 부담하는 부담금을 재원으로 하여 기업이 직업능력개발 사업의 결과 소속근로자에게 지급하는 학습리더수당과 우수학습활동 포상금의 소득구분, 근로자직업능력개발법시행령 제19조 제1항 제1호 및 고용보험법시행령 제52조 제1항 제11호에 따라 중소기업이 직업능력개발사업을 수행하면서 지급하는 학습리더수당과 우수학습활동 포상금은 소득세법 제20조에 따른 근로소득에 해당하는 것임(원천-463, 2012.9.6.).

▶▶ 지방자치단체의 세입징수포상금 지급에 관한 조례에 따라 소속공무원이 체납업무와 관련하여 세입증대에 기여함으로써 지급받는 포상금은 소득세법 제20조에 따른 근로소득에 해당하는 것으로 기 질의회신문(법규소득 2010-375, 2011.2.18.)을 참조하기 바람(원천-436, 2012.8.23.).

▶▶ 근로자가 초과근무수당을 미지급 받음에 따라 법원에 미지급초과근무수당과 지연지급에 따른 이자상당액의 지급을 청구하여 판결에 따라 받는 이자상당액은 소득세법 제20조와 같은 법 시행령 제38조 제1항 제9호에 따른 근로소득에 해당하는 것임(소득-194, 2012.3.9.).

▶▶ 명칭이나 명목 여하에 불구하고 근로를 제공하고 대가로 받는 금액은 근로소득에 해당하는 것이며, 주재특파원의 체재비 및 자녀학자금은 비과세소득으로 열거하고 있지 아니하므로 과세대상 근로소득에 해당하는 것임(조심 2010서1763, 2012.2.28.).

▶▶ 업무와 관련하여 지출되었다고 볼 수 없는 직급보조비는 근로소득에 해당하나 월정직책급의 경우 청구법인이 관련 사용처 증빙을 제시하고 있어 사용처 증빙자료를 재조사하여 업무관련 지출로 인정되는 경우에는 비과세대상으로 보아야 함(조심 2011중1861, 2011.10.24.).

▶▶ 선택적복지제도 운영지침에 따라 복지후생제도를 시행함에 있어 각 종업원에게 개별로 포인트를 부여하여 이를 사용하게 하는 경우 당해 포인트사용액(소득세법 제12조 제4호의 규정에 의한 비과세소득 및 같은 법 시행령 제38조 제1항 각 호 중 단서 규정에 의하여 근로소득으로 보지 않는 것을 제외)은 같은 법 제20조의 규정에 의한 근로소득으로 과세되는 것임(원천-650, 2011.10.12.; 서면1팀-1417, 2006.8.14.).

▶▶ 교사가 정규교육과정 외 방과후학교에 참여하고 학교로부터 강사료를 지급받는 금액은 근로소득에 해당함(원천-608, 2011.9.30.).

▶▶ 비영리법인인 한국전기산업기술연구조합이 국가연구기술개발을 주관하면서 기술실시계약에 따라 참여기업으로부터 지급받은 기술료를 그 연구기술개발에 참여한 해당 연구조합의 직원인 연구원에게 성과금으로 지급하는 경우 소득세법 제20조 및 같은 법 시행령 제38조에 따른 근로소득에 해당하는 것임(소득-434, 2011.5.27.).

▶▶ 텔레마케터들에 대한 교육 및 관리를 총괄하는 등 법인에 소속된 근로자로서 관련 업무를 추진하고 수수료를 지급받은 것으로 사업소득이 아닌 근로소득으로 과세한 것은 정당함(조심 2011서825, 2011.4.28.).

▶▶ 해고 근로자가 해고무효 및 미지급임금 청구소송 결과 법원의 조정결정에 따라 사용자로부터

지급받는 금액은 근로소득에 해당하는 것이며, 해당 근로소득은 해고기간에 근로를 제공하고 지급받는 것으로 보는 것임(법규소득 2010-317, 2010.11.19.).

▶▶ 객관적이고 신빙성 있는 자료에 의하여 실지 귀속자가 확인되지 아니하는 한 대표자에게 상여처분을 한 것은 정당함(심사소득 2010-40, 2010.7.12.).

▶▶ 객관적이고 구체적인 퇴직위로금 지급기준을 마련하지 아니한 채 퇴직위로금을 지급한 것이므로 근로소득에 해당함(조심 2009서4128, 2010.6.30.).

▶▶ 법인이 계약자 및 수익자를 법인으로 임원을 피보험자로 하여 퇴직보험 외의 보험(저축성보험)에 가입하고 해당 임원의 퇴직 시 보험계약자 및 수익자를 해당 임원으로 변경하는 경우 보험료는 근로소득에 해당함(소득-675, 2010.6.7.).

▶▶ 급여 외에 근로자의 명예를 해하거나 기타 정신상의 고통 등을 가한 것과 같이 재산권 외의 손해에 대한 배상 또는 위자료로서 받는 금액은 소득세가 과세되지 아니함(소득-625, 2010.5.27.).

▶▶ 국민기초생활보장법에 따른 자활급여사업 중 근로능력의 향상 및 기능습득의 지원 등을 위한 게이트웨이 과정에 참가한 자활근로사업 참여자에게 지급되는 훈련수당 성격의 자활급여는 소득세법 제20조에 따른 근로소득에 해당하지 않음(기획재정부 소득세제과-233, 2020.5.19.).

▶▶ 고용보험법에 따라 사업주가 무급휴가·휴직을 실시하고 정부가 근로자에게 직접 지급하는 고용유지지원금은 소득세 과세대상에 해당하지 않음(소득세제과-407, 2020.8.5.).

▶▶ 고용보험법 제21조 제1항 전단 및 같은 법 시행령 제22조의 2에 따라 노사합의를 통해 고용을 유지하기로 한 경우, 같은 법에 근거하여 정부가 사업자를 통해 근로자에게 지급하는 고용안전협약지원금은 소득세 과세대상에 해당하지 않음(서면법령소득-152, 2021.5.17.).

▶▶ 근로복지기본법에 규정되어 있는 선택적 복지제도에 따라 근로자에게 지급한 복지포인트에 대해 대법원의 판결에서는 근로기준법상 임금에 해당하지 않는다고 판결하였으나(대법원 2019.8.22., 선고 2016다48785 전원합의체판결) 쟁점포인트의 경우 직급, 근무부분, 담당업무 등에 따라 차등 지급되고 있어 근로의 대가 또는 근로조건의 내용을 이루는 것이 아니라고 단정하기 어려워 쟁점복지포인트가 급여가 아닌 복리후생비로서 비과세대상이라는 주장은 받아들이기 어려움(조심 2021서3550, 2021.10.18., 조심 2021서6849, 2022.1.19.).

▶▶ 국민기초생활보장법 제7조 제1항 제7호에 따른 자활급여가 근로의 제공에 대한 대가에 해당하는 경우에는 소득세법 제20조에 따른 근로소득에 해당하는 것임(소득세제과-60, 2022.1.24.).

▶▶ 원고가 회사를 상대로 해고무효 확인과 함께 복직 시까지 매월 급여 상당액의 지급을 구하는 소송에 있어 원고는 1심에서 근로기준법상 회사의 근로자에 해당하지 않는다는 청구기각 판결을 받고 항소하였으며, 항소심법원에서는 원고와 회사에 회사는 원고에게 ○○○원의 화해권고결정금액을 지급하되, 원고와 회사는 이를 제외하고는 상호간에 어떠한 채권, 채무도 존재하지 않음을 확인한다는 화해권고결정을 하였고 확정되었다. 이 경우 화해권고결정금액이 소

득세법 제21조 제1항 제17호상 기타소득인 사례금에 해당하는지 여부에 대하여 이 금액은 사무처리 또는 역무의 제공 등과 관련하여 사례의 뜻으로 지급된 금품으로 보기 어려워 기타소득인 사례금에 해당하지 않는다(대법원 2018다286390, 2022.3.31.).

2. 고용관계

고용관계인지 여부, 즉 근로자에 해당하는지 여부를 판단함에 있어서는 그 계약이 민법상의 고용계약이든 또는 도급계약이든 그 계약의 형식에 관계없이 그 실질에 있어 임금을 목적으로 종속적인 관계에서 사용자에게 근로를 제공하였는지 여부에 따라 판단해야 하고, 종속적인 관계가 있는지 여부를 판단함에 있어서는 다음의 내용을 종합적으로 고려하여 판단해야 한다(소법 집행기준 20-0-1, 근로자 여부의 판단기준).

① 업무의 내용이 사용자에 의하여 정해지고 취업규칙·복무규정·인사규정 등의 적용을 받으며 업무수행과정에 있어서도 사용자로부터 구체적이고 직접적인 지휘·감독을 받는지 여부
② 사용자에 의하여 근무시간과 근무장소가 지정되고 이에 구속을 받는지 여부
③ 근로자 스스로가 제3자를 고용하여 업무를 대행케 하는 등 업무의 대체성 유무
④ 비품·원자재·작업도구 등의 소유관계, 보수가 근로 자체의 대상적 성격을 갖고 있는지 여부와 기본급이나 고정급이 정해져 있는지 여부 및 근로소득세의 원천징수 여부 등 보수에 관한 사항
⑤ 근로제공관계의 계속성과 사용자에의 전속성의 유무와 정도
⑥ 사회보장제도에 관한 법령 등 다른 법령에 따라 근로자로서의 지위를 인정받는지 여부
⑦ 양 당사자의 경제적·사회적 조건 등

> **저자주**
> ▼ 근로기준법상 '근로' 등 용어 정의
> ① 근로 : 정신노동과 육체노동을 말한다.
> ② 근로계약 : 근로자가 사용자에게 근로를 제공하고 사용자는 이에 대하여 임금을 지급하는 것을 목적으로 체결된 계약을 말한다.
> ③ 임금 : 사용자가 근로의 대가로 근로자에게 임금, 봉급, 그 밖에 어떠한 명칭으로든지 지급하는 일체의 금품을 말한다.

고용관계 여부 등에 따른 소득을 구분하여 보면 다음과 같다(서일-135, 2006.2.3.).

구 분		소득구분
고용관계 있음		근로소득
고용관계 없음(독립적)	계속적 · 반복적	사업소득
	일시적 · 우발적	기타소득

근로소득은 그 지급된 금액의 명목이 아니라 성질에 따라 결정되어야 할 것으로서 그 금액의 지급이 근로의 대가가 될 때는 물론이고 근로를 전제로 그와 밀접히 관련되어 근로조건의 내용을 이루고 규칙적으로 지급되는 것이라면 근로소득에 해당한다.

관련 기본통칙

▶▶ 시간강사료의 소득구분(소통 20-0…2)
학교 등과의 근로계약에 의하여 정기적으로 일정한 과목을 부담하고 강의를 한 시간 또는 날에 따라 강사료를 지급받는 경우에는 동일한 학교에서 3월 이상 계속하여 강사료를 지급받는 경우에 한하여 법 제20조에 규정하는 일반급여자의 근로소득으로 본다.

▶▶ 근로자가 지급받는 출제수당의 소득구분(소통 20-38…2)
신규채용시험이나 사내교육을 위한 출제 · 감독 · 채점 또는 강의교재 등을 작성하고 근로자가 지급받는 수당 · 강사료 · 원고료 명목의 금액은 근무의 연장 또는 특별근로에 대한 대가로서 법 제20조에 규정하는 근로소득으로 본다.

예규 및 판례

▶▶ 공무원 등이 직무와 관련하여 해당 기관으로부터 받은 포상금 명목의 금액은 근로소득에 해당하며, 불법입찰의 징후를 포착하여 신고한 자에게 해당 기관이 지급하는 불법입찰 신고포상금은 비과세기타소득에 해당하지 아니함(법규소득 2010-375, 2011.2.18.).

▶▶ 부당해고기간의 급여는 근로소득으로, 손해배상금과 지연이자상당액은 기타소득, 부당해고 등 명예훼손이나 정신적 고통에 대한 손해배상금은 과세대상에서 제외함(원천-237, 2010.3.17.).

▶▶ 노동조합및노동관계조정법 제24조 제2항에 따라 노동조합의 업무에만 종사하는 '노동조합의 전임자'가 해당 조합으로부터 직무를 수행하고 지급받는 급여성 금원은 소득세법 제20조에 따른 근로소득에 해당하는 것임(소득-951, 2010.9.2.).

▶▶ 교육과학기술부에서 추진하는 방과후학교 운영과 관련하여 방과후학교 외부강사가 학교장과의 개별계약에 의해 채용되어 방과후학교에서 강의하고 지급받는 강사료와 방과후학교 운영 참여자(학부모 코디네이터, 엄마품 멘토)가 방과후학교 행정업무 보조 및 학습지도 등의 활동을 하고 지급받는 대가는 소득세법 제20조에 따른 근로소득에 해당하는 것임(소득-948, 2010.9.1.).

▶▶ 택시기사의 급여로 지급된 정액사납금의 초과액은 근로소득세 원천징수 대상소득임(조심 2009서4195, 2010.2.16.).

▶▶ 비거주자(미국 거주자)를 채용하여 미국에서만 근로를 제공하게 하고 대가를 지급하는 경우 동 대가는 비거주자의 국내원천 근로소득에 해당하지 아니하는 것이나, 비거주자가 임원으로서 보수의 지급원인이 되는 직무가 국내에서 행해지는 경우에는 해당 비거주자에게 지급하는 보수는 소득세법 제119조 제7호 및 한미조세조약 제19조에서 규정하는 국내원천 근로소득에 해당하는 것임. 이때 해당 비거주자의 직무가 국내에서 행해지는 것인지 여부는 이사회에 참석하여 회사의 중요 의사결정사항에 의결권을 행사하는지 여부 등을 종합적으로 고려하여 사실판단할 사항임(사전법령국조-61, 2019.2.20.).

▶▶ 미국 거주자가 내국법인으로부터 이사회의 구성원 자격으로 수취하는 임원의 보수는 해당 임원으로서의 용역을 미국에서만 수행하는 경우에는 한·미조세조약 제19조 1항에 따라 국내에서 과세되지 아니함(서면법령국조-2116, 2020.7.28.).

3. 근로대가

근로의 제공으로 인해 받는 모든 대가는 근로소득으로써 일반적으로 지급하는 현금뿐 아니라 현물급여(각종 기념일 선물, 명절 선물, 회사제공여행 등)도 포함한다. 즉 근로자가 회사로부터 받는 모든 경제적 이익이 이에 해당된다.

일반적인 현금 외의 근로대가를 지급하면서 회사가 급여로 회계처리하지 않고 복리후생비 등의 다른 계정과목으로 처리한 경우에도 근로대가에 해당되는 경우 근로소득으로 본다. 다만, 후술하는 근로소득으로 보지 아니하는 것과 근로소득 중 비과세되는 것은 과세대상에서 제외된다.

 사례

1. 자료

   (1) 회사 제품(원가 10,000,000원, 시가 12,000,000원)을 장기근속기념으로 종업원에게 지급하다. 이때 다음과 같이 회계처리하다.

   (차) 급   여   11,200,000   (대) 제 품   10,000,000
                                            부가세예수금   1,200,000

   (2) 추석선물로 시가 10,000,000원(VAT 별도)을 구입하여 종업원에게 지급하다. 이때 다음과 같이 회계처리하다.

- 구입 시

(차) 복리후생비	10,000,000	(대) 보통예금 등	11,000,000
부가세대급금	1,000,000		

- 지급 시

(차) 복리후생비	1,000,000	(대) 부가세예수금	1,000,000

2. 근로소득의 계산

(1) 회사제품

회계처리한 급여금액은 11,200,000원이지만, 근로소득은 제품의 시가 12,000,000원에 부가가치세 1,200,000원(부가가치세법상 개인적공급 해당)을 합한 13,200,000원이 된다.

(2) 추석선물

회계처리상 계정과목은 복리후생비이지만 11,000,000원(1,000,000원 부가가치세법상 개인적공급 해당) 모두 근로소득에 해당된다.

4. 근로소득의 계산

(1) 금전으로 지급받는 경우

근로자가 급여를 금전으로 받는 경우에 당해 금전가액이 근로소득이 된다(소법 §24 ①).

(2) 외화로 지급받는 경우

외화로 지급받는 경우에는 다음과 같이 환산한다(소칙 §16 ①).

구 분	환율기준일	적용환율
정기지급일 전에 지급받은 경우	급여 지급받은 날	외국환거래법에 의한
정기지급일 이후에 지급받은 경우	정기지급일	기준환율 또는 재정환율*

* 서울외국환중개(주) 홈페이지(http://www.smbs.biz)의 메뉴 중 '환율조회'에서 조회

> **중점사항** – '기준환율' 및 '재정환율'의 의미
>
> 1. 기준환율 : 미화(美貨, US $)의 매매기준율
>   前거래일에 외국환매매 중개기관을 통하여 이루어진 현물환매매 중 매매율과 그 거래량을 가중평균하여 산출된 율

2. 재정환율(재정된 매매기준율, 裁定換率, arbitrage rate of exchange) : 미화 이외의 통화
   최근 주요 국제금융시장에서 형성된 미화 이외의 통화와 미화와의 매매중간율을 시장평균환율로 재정한 율
   🖉 서울외환중개㈜의 www.smbs.biz에서 조회 가능

1) 정기급여 외에 상여금을 외화로 지급하는 경우

근로자에게 외화로 상여금을 지급하는 경우에는 실제 지급하는 날의 환율을 적용하여 환산한다.
예를 들면, 정기급여일이 익월 5일인데, 4월 20일에 외화로 상여를 지급하였다면 환율적용은 4월분급여 지급일(5/5)이 아닌 실제 상여지급일(4/20)의 기준환율 또는 재정환율을 적용한다.

2) 급여계약을 외화로 하고 실제 지급은 원화를 외화로 환전하여 송금할 경우

근로자와 연봉계약 금액을 USD로 하고, 정기 급여일에 원화를 외화로 환산하여 외화로 지급하는 경우 송금당시의 환율이 아닌 급여일의 외국환관리법에 의한 기준환율 또는 재정환율에 의하여 환산한 금액이 근로소득이다.

(3) 금전 외의 것으로 지급받는 경우

근로자가 급여를 금전 외의 것으로 지급받는 경우 근로소득은 다음과 같이 계산한다(소법 §24 ②, 소령 §51 ⑤·⑥, 소칙 §22의 2, 법령 §89).

구 분		근로소득 계산
물품	제조업자·생산업자 또는 판매업자가 제공	당해 업자의 판매가액
	이외	그 지급당시의 시가
이익배당으로 받은 주식		액면가액
발행법인으로부터 받은 신주인수권 (주주로서 받은 경우 제외)		납입한 날의 신주가액 − 당해 신주발행가액
이외		법인세법시행령 제89조(시가의 범위 등)를 준용

272

예규 및 판례

▶▶ 국내자회사의 임직원이 외국모회사로부터 일정기간 경과 후 정해진 조건에 따라 주식을 지급받을 수 있는 제한조건부 가상주식(Restricted Stock Unit)을 부여받은 경우의 근로소득 수입시기는 조건이 성취되어 주식을 부여받은 날이며, 이때 근로소득은 조건이 성취되어 주식을 부여받은 날의 주식의 시가로 하는 것임(원천-600, 2011.9.30.; 서면2팀-177, 2004.2.7.; 조심 2009서180, 2009.6.30.).

▶▶ 외국기업 국내지점의 종업원이 해당 지점으로부터 급여의 일부를 해외 모법인의 국외상장주식(일정기한까지 양도가 제한된 주식)으로 지급받는 경우 당해 종업원의 근로소득인 주식의 가액은 해당 주식을 지급받은 날의 시가로 하는 것임(원천-1085, 2009.12.30.).

Approach to Field Work 회사보유 상품·제품을 원가해당액으로 임직원에게 매매 시 비과세 해당 여부

1. 의료업의 경우

의료기관 종사자에 대한 의료비경감액은 근로소득에 해당하여 현재 의료업에 대한 세무조사 시 전부 소득세를 과세하고 있습니다.

2. 일반 도·소매, 제조업 등의 경우

원가해당액으로 임직원에게 매매 시 시가와 매매가액과의 차액은 상기 '1.'의 해석에 따라 근로소득에 해당함이 타당하다 할 것이나 현재 세무조사시 근로소득 해당 여부가 다를 수 있음에 유의하시기 바랍니다.

중점사항 – 법인세법시행령 제89조, 법인세법시행규칙 제43조에 의한 시가 등

1. 해당 거래와 유사한 상황에서 해당 법인이 특수관계인 외의 불특정다수인과 계속적으로 거래한 가격 또는 특수관계인이 아닌 제3자 간에 일반적으로 거래된 가격이 있는 경우에는 그 가격(주권상장법인이 발행한 해당 주식의 시가는 그 거래일의 한국거래소 최종시세가액)에 따른다.

2. 시가가 불분명한 경우에는 다음을 차례로 적용하여 계산한 금액에 의한다.

   ① 부동산가격공시및감정평가에관한법률에 의한 감정평가법인 및 감정평가사가 감정한 가액이 있는 경우 그 가액(감정한 가액이 2 이상인 경우에는 그 감정한 가액의 평균액). 다만, 주식 등을 제외한다.

   ② 상속세및증여세법을 준용하여 평가한 가액

3. 금전의 대여(또는 차용) 시 시가는 다음과 같이 적용한다.

   금전의 대여(또는 차용) 시에는 가중평균차입이자율을 시가로 한다. 다만, 예외의 경우에는 당좌대출이자율을 적용한다(법령 §89 ③).

(1) 가중평균차입이자율(법칙 §43 ①, 법법 집행기준 52-89-3)

$$가중평균차입이자율 = \frac{\Sigma(대여시점\ 현재\ 차입금^{*1} \times 차입당시\ 이자율^{*2})}{대여시점\ 현재\ 차입금^{*1}\ 잔액의\ 총액}$$

*1 차입금잔액은 자금대여시점별로 계산하되, 특수관계인으로부터의 차입금과 채권자 불분명 사채, 비실명채권 등의 발행으로 조달된 차입금, 연지급수입 이자 발생 차입금의 경우에는 제외한다.
*2 차입당시 각각의 이자율을 적용하되 변동금리로 차입한 경우에는 차입당시의 이자율로 차입금을 상환하고 변동된 이자율로 그 금액을 다시 차입한 것으로 본다.

① '할인발행된 일반사채의 차입당시의 차입금에 대한 이자율'은 사채할인발행차금에 상당하는 이자를 당해 이자율의 계산에 포함하여 산정하나, '전환사채의 차입당시의 차입금에 대한 이자율'은 상환할증금에 상당하는 이자와 전환권 조정에 상당하는 이자를 동 이자율의 계산에 포함하지 않는다(서이-1412, 2007.7.30.).

② 특수관계자로부터 대여금을 전액 상환받은 후 일정기간 경과하여 2007.2. 28. 이후 동일인에게 같은 금액으로 대여금을 지급하는 경우 법인세법시행령 부칙 제18조 제2항(대통령령 제19891호, 2007.2.28.)의 규정에 의해 상기와 같이 산정된 가중평균차입이자율을 '시가'로 보며, 여러 특수관계자에게 대여금이 발생된 경우에는 대여자별로 대여시점 현재의 가중평균차입이자율을 각각 '시가'로 본다(서이-1370, 2007.7.25.; 서이-1363, 2007.7.24.; 서이-1178, 2007.6.18.).

(2) 예외적인 경우 당좌대출이자율

2009.1.1.~2011.12.31.	2012.1.1.~2016.3.6.	2016.3.7.~
8.5%	6.9%	4.6%

당좌대출이자율은 다음과 같이 적용한다.

① 다음과 같이 가중평균차입이자율 적용이 불가능한 경우 : 해당 대여금(또는 차입금)에 한정하여 당좌대출이자율을 적용한다.

- 특수관계인이 아닌 자로부터 차입한 금액이 없는 경우
- 차입금 전액이 채권자가 불분명한 사채 또는 매입자가 불분명한 채권·증권의 발행으로 조달된 경우
- 대여법인의 가중평균차입이자율과 대여금리가 대여시점 현재 차입법인의 가중평균차입이자율보다 높아 대여법인의 가중평균차입이자율이 없는 것으로 보는 경우(차입한 법인의 차입금이 없는 경우 포함)

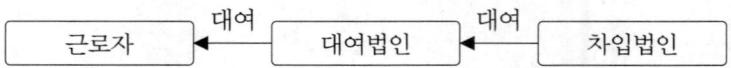

② 대여기간이 5년을 초과하는 대여금이 있는 경우

대여한 날(계약을 갱신한 경우에는 그 갱신일)부터 해당 사업연도 종료일(해당 사업연도에 상환하는 경우는 상환일)까지의 기간이 5년을 초과하는 대여금이 있는 경우 해당 대여금(또는 차입금)에 한정하여 당좌대출이자율을 적용한다.

③ 법인세 신고 시 당좌대출이자율을 시가로 선택한 경우 : 당좌대출이자율을 시가로 선택한 사업연도와 이후 2개 사업연도는 당좌대출이자율을 시가로 적용한다.

4. 자산(금전 제외) 또는 용역의 제공자산(금전 제외) 또는 용역의 제공에 있어 시가를 산정하기 어려운 경우에는 다음과 같이 시가를 산정한다.

(1) 유형 또는 무형의 자산을 제공하거나 제공받는 경우

> (해당 자산 시가×50%−수령한 전세금 또는 보증금)×정기예금이자율(1.2%)

(2) 건설 기타 용역을 제공받는 경우

> 용역제공에 소요된 금액(직접비, 간접비 포함)×[1+수익률]

상기 산식에서 '수익률'은 당해 사업연도 중 특수관계인 외의 자에게 제공한 유사한 용역제공거래에 있어서의 수익률로 기업회계기준에 의하여 계산한 매출액에서 원가를 차감한 금액을 원가로 나눈 율을 말한다.

사례

■ 근로소득의 계산(1)

1. 자료

회사는 무주택사용인에게 국민주택규모 이하 주택구입자금으로 다음과 같이 5천만원을 대여하다.

(1) 대여일은 2023.7.1.이며, 만기는 3년이다.

(2) 이자율은 연 3%로 하여 매년 6.30.과 12.31.에 지급받기로 약정하다.

(3) 회사는 차입금이 없다.

(4) 가중평균차입이자율의 적용이 불가능한 경우로서 해당 연도에 한해 당좌대출이자율을 적용한다.

2. 근로소득의 계산

당좌대출이자율 연 4.6%를 시가로 보므로 다음의 금액이 근로소득에 해당하게 된다.

근로소득 해당액 $= 50,000,000 \times (4.6\% - 3\%) \times 184/365 = 403,287$원

3. 인정상여(근로소득지급명세서 ⑮란의 금액)

상기 2.에 의하여 계산된 금액은 연말정산 시 근로소득에 합산하여 세액을 계산하여야 한다. 근로소득지급명세서 제1쪽 ⑮ 인정상여란에 입력하여 일반적인 급여와 상여금에 합산하여 근로소득(총급여액)을 구성하게 된다.

이는 법인세법상 부당행위부인에 의해 계산되어 인정상여라 부르는 내용이며 법인결산팀
이 계산하여 연말정산담당자에게 전해지는 금액이다.

■ **근로소득의 계산**(2)

1. 자료

(1) 회사(중소기업이 아님)는 임원에게 주택구입자금으로 다음과 같이 1억원을 대여하다.
  ① 대여일은 2023.3.1.이며 만기는 3년이다.
  ② 무이자부로 대여하다.

(2) 회사의 대여시점 차입금 내역은 다음과 같다.

이자율(A)	차입금(B)
3%	100,000,000
2%	300,000,000
합 계	400,000,000

(3) 회사는 원칙대로 가중평균차입이자율을 시가로 적용한다.

2. 근로소득의 계산

가중평균차입이자율을 시가로 보므로 근로소득은 다음과 같다.

(1) 대여금의 적수
  대여금 적수 = $100,000,000 \times (365 - 31 - 28) = 30,600,000,000$원

(2) 가중평균차입이자율(시가)
  가중평균차입이자율 = (1억원 × 3% + 3억원 × 2%)/(1억원 + 3억원) = 2.25%

(3) 근로소득 계산
  근로소득 해당액 = $30,600,000,000 \times 2.25\%/365 = 1,886,301$원

Ⅱ 근로소득의 구분

1. 근로소득의 범위

근로소득은 해당 과세기간에 발생한 다음의 소득으로 한다(소법 §20 ①).

① 근로의 제공으로 인하여 받는 봉급 · 급료 · 보수 · 세비 · 임금 · 상여 · 수당과 이와
  유사한 성질의 급여

② 법인의 주주총회 · 사원총회 또는 이에 준하는 의결기관의 결의에 의하여 상여로 받
  는 소득(잉여금처분에 의한 상여)

③ 법인세법에 의하여 상여로 처분된 금액(인정상여)

④ 퇴직함으로써 받는 소득으로서 퇴직소득에 속하지 아니하는 소득

⑤ 종업원 등 또는 대학의 교직원이 받는 직무발명보상금(퇴직한 후에 지급받는 직무발명 보상금은 기타소득에 해당)

2. 일용근로자

(1) 구분

일용근로자의 근로소득이란 근로를 제공한 날 또는 시간에 따라 급여를 계산하거나 근로를 제공한 날 또는 시간의 근로성과에 따라 급여를 계산하여 지급받는 자로서 다음의 자의 근로소득을 말한다(소령 §20).

종사업무	일용근로자의 범위
건설공사	다음의 자를 제외한 자 1. 동일한 고용주에게 계속하여 1년 이상 고용된 자[1] 2. 다음 업무에 종사하기 위하여 통상 동일한 고용주에게 계속하여 고용되는 자[2] 　① 작업준비를 하고 노무에 종사하는 자를 직접 지휘·감독하는 업무 　② 작업현장에서 필요한 기술적인 업무, 사무·타자·취사·경비 등의 업무 　③ 건설기계의 운전 또는 정비업무
하역작업 (항만근로 포함)	다음의 자를 제외한 자 1. 통상 근로를 제공한 날에 근로대가를 받지 아니하고 정기적으로 근로대가를 받는 자[2] 2. 다음 업무에 종사하기 위하여 통상 동일한 고용주에게 계속하여 고용되는 자[2] 　① 작업준비를 하고 노무에 종사하는 자를 직접 지휘·감독하는 업무 　② 주된 기계의 운전 또는 정비업무
이외 업무	근로계약에 따라 동일한 고용주에게 3월[3] 이상 계속하여 고용되어 있지 아니한 자

[1] 근로자가 근로계약에 따라 일정한 고용주에게 1년 이상 계속하여 고용되어 있지 아니하고 근로단체를 통하여 여러 고용주의 사용인으로 취업하는 경우 일용근로자로 본다(소칙 §11).

[2] 근로자가 근로계약에 따라 일정한 고용주에게 3월 이상 계속하여 고용되어 있지 아니하고 근로단체를 통하여 여러 고용주의 사용인으로 취업하는 경우 일용근로자로 본다(소칙 §11).

[3] '3월'이라 함은 민법 제160조에 따라 역에 의하여 계산한 기간을 의미한다(서일-657, 2006.5.22.).

[4] 민법 제160조에서 규정하는 '역에 의한 계산'은 다음과 같다.
　① 기간을 주, 월 또는 연으로 정한 때에는 역에 의하여 계산한다.
　② 주, 월 또는 연의 처음으로부터 기간을 기산하지 아니하는 때에는 최후의 주, 월 또는 연에서 그 기산일에 해당한 날의 전일로 기간이 만료한다.
　③ 월 또는 연으로 정한 경우에 최종의 월에 해당일이 없는 때에는 그 월의 말일로 기간이 만료한다.

따라서 일용근로자가 3월 이상(건설공사와 하역작업 제외) 동일 고용주에게 고용된 경우로 통상 동일한 고용주에게 계속하여 고용된 자가 아닌 경우 3월 이상이 되는 월부터 일반급여자로 보는 것이다(서일-1590, 2006.11.24.).

> **중점사항 – 일용근로소득 지급명세서(원천징수영수증) 제출**
>
> 1. 일용근로소득 지급명세서(지급자제출용) [별지 제24호 서식(4)]를 일용근로자의 근로소득 지급일이 속하는 달의 다음 달 말일(휴업, 폐업 또는 해산한 경우에는 휴업일, 폐업일 또는 해산일이 속하는 달의 다음 달 말일)까지 제출한다(소법 §164 ① 단서).
> 2. 일용근로소득에 대한 지급명세서를 제출하여야 하는 자가 「고용보험법 시행령」 제7조 제1항 후단에 따라 '근로내용 확인신고서'를 고용노동부장관에게 제출한 경우에는 지급명세서를 제출한 것으로 본다(소령 §213 ④).
> 3. 고용보험법상 일용근로자 관련내용
>   (1) 고용보험법 제2조 제6호
>   일용근로자란 1개월 미만 동안 고용되는 자를 말한다.
>   (2) 고용보험법시행령 제7조 제1항
>   사업주나 하수급인(下受給人)은 법 제15조에 따라 고용노동부장관에게 그 사업에 고용된 근로자의 피보험자격 취득 및 상실에 관한 사항을 신고하거나 법 제16조에 따라 고용노동부장관에게 피보험 단위기간, 이직 사유 및 이직 전에 지급한 임금·퇴직금 등의 명세를 증명하는 서류(이하 "이직확인서"라 한다)를 제출하려는 경우에는 그 사유가 발생한 날이 속하는 달의 다음 달 15일까지(근로자가 그 기일 이전에 신고하거나 제출할 것을 요구하는 경우에는 지체 없이) 신고하거나 제출하여야 한다. 이 경우 사업주나 하수급인이 해당하는 달에 고용한 일용근로자의 근로일수, 임금 등이 적힌 근로내용 확인신고서를 그 사유가 발생한 날의 다음 달 15일까지 고용노동부장관에게 제출한 경우에는 피보험자격의 취득 및 상실을 신고하거나 이직확인서를 제출한 것으로 본다.
> 4. 근로내용 확인신고서와 일용근로자 지급명세서의 연관
>   소득세법에서는 기본적 3개월 미만(건설업은 1년 미만) 근로를 제공한 자로 근로의 대가를 근로제공일 또는 시간에 따라 급여를 계산하여 지급받는 자를 말하며, 이를 지급하는 자는 일용근로자 지급명세서를 분기별로 제출하여야 한다.
>   고용보험법에서는 1개월 미만 동안 고용되는 자를 말하며 다음 달 15일까지 근로내용 확인신고서를 제출하여야 하는데 소득세법에서는 이를 제출한 경우 지급명세서를 제출하지 않아도 되는 규정을 두고 있다.
>   실무상 소득세법과 고용보험법의 일용근로자의 정의에 차이가 있어 기본적으로 각각의 법규정에 따른 지급명세서 및 확인신고서를 따로 제출하는 것이 바람직하다.

관련 기본통칙

▶▶ 1년 이상 계속 고용된 건설노무자를 일반급여자로 보는 시기 및 연말정산의 취급(소통 20 – 20…1)

건설공사에 종사하는 자가 1년 이상 계속하여 동일한 고용주에게 고용된 경우 일용근로자 또는 일반급여자로 보는 시기 등은 다음과 같다.

1. 근로소득에 대한 원천징수는 계속 고용으로 1년이 되는 날이 속하는 월부터 일반급여자로 본다.

2. 연말정산 시는 1년이 되는 날이 속하는 과세기간의 초일부터 일반급여자로 본다.

중점사항 – '일용근로자 → 일반급여자'로 된 경우 차이

구 분	일용근로자	일반근로자
단위	일급	월급여액(비과세 제외)
원천징수방법	(일급－150,000원)×2.7%	간이세액조견표
연말정산	없음(분리과세 대상)	과세기간 초일부터 일반급여자로 보아 당해 연도의 모든 근로소득을 합산하여 연말정산함
지급명세서 제출	지급일이 속하는 달의 다음 달 말일	다음 연도 3월 10일

02

■ 고용보험법 시행규칙 [별지 제7호 서식] (2022. 6. 30. 개정)

[ ]고용보험 [ ]산재보험 근로내용 확인신고서(일용근로자용)(년 월분)

※ 2쪽의 유의사항과 작성방법을 읽고 작성하기 바라며, [ ]에는 해당되는 곳에 "√" 표시를 합니다.　　　(3쪽 중 1쪽)

접수번호		접수일		처리기간: 7일

공통사업장	사업장관리번호		명칭	
	사업자등록번호 ※ 국세청 일용근로소득지급명세서 갈음하여 제출하는 경우에만 적습니다.		하수급인관리번호 (건설공사등 미승인 하수급인에 한함)	
			공사명(유기사업명)	
	소재지		보험사무대행기관 번호	보험사무대행기관 명칭
	전화번호 (유선)　　　　　(휴대전화)		FAX번호	
	고용관리 책임자 (※건설업만 해당)	(성명)	(주민등록번호)	(직위)
		(직무내용)	(근무지)[ ]본사 [ ]해당 사업장(현장) [ ]다른 사업장(현장)	

성명																					
주민등록번호 (외국인등록번호)		–					–					–					–				
국적	체류자격																				
전화번호(휴대전화)																					
직종 부호																					
근로일수 ("○"표시)	1 2 3 4 5					1 2 3 4 5					1 2 3 4 5					1 2 3 4 5				
	6 7 8 9 10					6 7 8 9 10					6 7 8 9 10					6 7 8 9 10				
	11 12 13 14 15					11 12 13 14 15					11 12 13 14 15					11 12 13 14 15				
	16 17 18 19 20					16 17 18 19 20					16 17 18 19 20					16 17 18 19 20				
	21 22 23 24 25					21 22 23 24 25					21 22 23 24 25					21 22 23 24 25				
	26 27 28 29 30					26 27 28 29 30					26 27 28 29 30					26 27 28 29 30				
	31					31					31					31				

근로일수	일평균 근로시간	일	시간	일	시간	일	시간	일	시간
보수지급기초일수		일		일		일		일	
보수총액		원		원		원		원	
임금총액		원		원		원		원	
이직사유 코드									

보험료부과구분(해당자만)									
부호	사유								
국세청 일용 근로 소득 신고	지급월	월		월		월		월	
	총지급액 (과세소득)	원		원		원		원	
	비과세소득	원		원		원		원	
	원천 징수 액　소득세	원		원		원		원	
	지방 소득세	원		원		원		원	

일자리안정자금 지원 신청	[ ]예　　[ ]아니오	[ ]예　　[ ]아니오	[ ]예　　[ ]아니오	[ ]예　　[ ]아니오

「고용보험법 시행령」 제7조제1항 후단, 같은 법 시행규칙 제5조제2항 및 「고용보험 및 산업재해보상보험의 보험료징수 등에 관한 법률 시행규칙」 제16조의7제2항제1호에 따라 위와 같이 확인하여 신고합니다.

　　　　　　　　　　　　　　　　　　　　　　　　　　　　　　년　　　월　　　일

　　　　　　　　　신고인(사용자 · 대표자)　　　　　　　　　　　　(서명 또는 인)
　　　　　　　　　　　[ ] 보험사무대행기관　　　　　　　　　　(서명 또는 인)
근로복지공단○○지역본부(지사)장 귀하

297mm×210mm[백상지(80g/㎡) 또는 중질지(80g/㎡)]

사례

1월~3월까지 일용근로자(일용급여총액 6,000,000원, 원천징수세액 40,000원)였으나 계속근로에 따라 4월부터 일반근로자로 된 경우(4월~12월동안 급여총액 30,000,000원, 원천징수세액 270,000원)

연말정산은 1월 ~ 12월 기간 동안의 모든 근로소득(36,000,000원＝일용근로소득 6,000,000원＋일반근로소득 30,000,000원)을 합산하여 연말정산하며, 기납부세액은 일용근로소득 원천징수세액(40,000원)과 일반급여자의 원천징수세액(270,000원)으로 한다.

* 사례와 같이 일반급여자로서 연말정산 및 지급명세서를 제출하여야 하나, 그렇지 않은 경우 원천징수세액 및 연말정산세액은 없거나 미미할 수 있으나, 지급명세서와 관련된 가산세가 추징될 수 있다는 점에 유의하여야 하며 연말정산을 이행하는 경우에는 일용근로소득 6,000,000원이 중복하여 신고되므로 기제출된 일용근로소득지급명세서를 감액 수정신고하여야 한다.

(2) 구분사례

① 시간강사

근로소득자 중 강의시간 또는 강의일수에 따라 지급받는 경우로서 3월 이상 계속하여 고용되어 있지 아니하는 때에는 일용근로자에 해당하는 것이다(소득－1392, 2009.9.9.). 따라서 학교 등과의 근로계약에 의하여 정기적으로 일정한 과목을 부담하고 강의를 한 시간 또는 날에 따라 강사료를 지급받는 경우에는 동일한 학교에서 3월 이상 계속하여 강사료를 지급받는 경우에 한하여 법 제20조에 규정하는 일반급여자의 근로소득으로 본다(소통 20－0…2, 시간강사료의 소득구분).

② 가내수공 가정주부

가정주부가 고용관계 없이 부업으로 수출물품 등의 가공 등 가내수공업적인 용역을 제공하고 받는 대가는 일용근로자의 급여로 본다(소통 14－20…1, 가내부업으로서의 임가공 용역대가 소득구분).

③ 연구보조원

대학원생 등을 연구업무에 직접 참여시키지 않고 시장조사 등 단순업무를 매일 매일의 필요에 의하여 맡기고 시간급 또는 일당을 지급하는 경우에는 일용근로자로 보아 원천징수하며, 3개월을 초과하여 계속 근무하는 경우에는 일반근로자와 동일하게 근로소득으로 보아 원천징수하여야 하는 것이다(법인 46013－3593, 1998.11.23.).

④ 건설회사 모델하우스의 안내원

건설회사 모델하우스의 안내원으로 단기간(3월 미만) 고용된 거주자가 안내업무를 담당하고 그 근로제공의 대가를 근무일수에 따라 계산하여 지급받는 경우 당해 거주자가 지급받는 대가는 소득세법 제20조 제1항 및 같은법 시행령 제20조 제3호의 규정에 의하여 일용근로자의 근로소득에 해당하는 것이다(소득 46011-3236, 1996.11.21.).

⑤ 일용근로자가 받는 작업도구사용료

일용근로자가 리어카 등 작업도구를 가지고 근로를 제공하는 경우에 있어서 근로제공에 부수적인 작업도구의 사용료는 근로의 대가에 포함되는 것으로 본다(소통 20-0…3).

(3) 일용근로소득 적용 시 유의사항

① 일용직 급여 지급에 따른 원천징수

일용근로소득자로부터 근로를 제공받고 근로소득금액을 지급하는 자가 일용근로소득금액을 매일 지급하지 않고 일정기간 단위로 일괄지급하는 경우에 있어서 원천징수세액은 일용근로자별로 매일의 일급여액에서 근로소득공제를 차감한 근로소득금액에 원천징수세율과 근로소득세액공제를 적용하여 계산한 후 더하는 것이다.

이때 매일의 일급여액에서 산출된 원천징수세액을 더하고, 더한 원천징수세액을 납부하는 때에 10원 미만의 끝수가 있는 경우 절사하여 납부하지 아니하는 것이다(원천-240, 2012.5.2.).

② 계속근로로 인해 일반급여자가 된 경우 연말정산 및 지급명세서

일용근로자가 동일한 고용주에게 3월 이상 계속하여 고용된 경우에는 3월이 되는 날이 속하는 월부터 일반급여자로 보아 원천징수하되, 당해 과세기간의 초일(1월 1일)부터 12월 31일까지 지급받은 급여(일용근로소득 포함)에 대하여 연말정산과 지급명세서의 제출의무를 이행하여야 하는 것이다(원천-599, 2011.9.30.; 서면1팀-488, 2007.4.16.).

③ 일용근로자에게 지급한 성과급

일용근로자에게 근로소득을 지급하는 자가 당해 일용근로자와의 근로계약에 따라 근로를 제공한 기간의 근로성과에 따른 성과급 성격의 포상금을 지급하기로 하고 근로계약기간 종료 후 이를 지급한 경우 당해 포상금은 근로제공일수에 배분하여 원천징수하고 동 금액을 포함한 근로소득금액에 지급명세서를 제출하여야 하는 것이다(서면1팀-491, 2007.4.16.).

④ 일용근로자의 국외근로수당 비과세

국외 등에서 근로를 제공하고 받는 보수 중 월 100만원(원양어업 선박 또는 국외 등을 항행하는 선박에서 근로를 제공하고 받는 보수의 경우에는 월 300만원) 이내의 금액은 일용근로자 여부에 관계없이 비과세하는 것이다(서면1팀－1324, 2007.9.27.).

또한 남북교류협력에관한법률에 의한 북한지역에서 근로를 제공하고 받는 보수 중 월 100만원 이내의 금액은 일용근로자 여부에 관계없이 비과세하는 것이며 일용근로소득을 일정기간 단위로 일괄지급 시 동 금액을 소정의 근로일수에 배분하여 공제하고 원천징수하는 것이다(서일 46011－10643, 2002.5.15.; 원천 46013－159, 2002.5.10.).

⑤ 생산직 일용근로자의 야간근로수당 등 적용 범위

(질의)

소득세법시행령 제17조 제1항(생산직근로자가 받는 야간수당 등의 범위)에서 규정하는 월정액급여 210만원 이하인 근로자(일용근로자를 포함)에서 일용근로자도 210만원 이하여야 하는지 아니면 금액에 관계없이 적용되는지 여부

(회신)

생산직 일용근로자가 근로기준법에 의한 연장·야간·휴일근로로 인해 통상임금에 가산해 받는 급여는 월정액급여에 관계없이 비과세된다(소득 46011－2615, 1997.10.10.).

⑥ 건설업 일용근로자가 받는 야간근로수당 등

건설업을 영위하는 업체의 건설현장에서 근로를 제공하는 일용근로자는 소득세법시행령 제17조 제1항 제1호(생산직근로자가 받는 야간근로수당 등)에 규정하고 있는 '공장 또는 광산에서 근로를 제공하는 자'에 해당하지 아니하므로 동 건설업 일용근로자에게 지급되는 연장시간근로·야간근로 또는 휴일근로로 인하여 받는 급여는 과세대상 근로소득에 해당하는 것이다(원천－218, 2011.4.8.; 재소득－501, 2007.9.1.; 2011.3.21. 개정 소통 12－17…1).

⑦ 일용근로자가 근로기준법 제54조의 유급휴일에 대하여 지급받는 유급휴일수당은 당해 법령에서 정한 기간의 근로일수에 배분하여 원천징수하는 것이며, 당해 일용근로자가 근로기준법 제59조 제2항의 유급휴가에 대하여 지급받는 유급휴가수당은 당해 개근 월의 익월 근로일수에 배분하여 소득세를 원천징수하는 것이다(서면1팀－396, 2006.3.27.).

⑧ 일용근로자가 근로를 제공하는 날(0시부터 오후 24시까지)에 고용주로부터 지급받는 모든 급여는 그 지급방법이나 명칭에 불구하고 일급여(일당)에 해당하는 것이므로 사내지급규

정 등에 의거 근로일수에 따라 일정액을 지급하는 여비 및 숙식비는 일용근로자의 일급 여에 포함되는 것이며, 동 여비 및 숙식비 중 식대에 해당하는 금액으로서 실비상당액은 소득세가 비과세되는 것이다(법인 46013-3242, 1996.11.21.).

⑨ 원천징수하지 아니한 원천징수대상 소득금액에 대해 납세의무자 관할 세무서장이 그 납세의무자에게 직접 소득세를 부과·징수하도록 규정하고 있는 소득세법 제80조 제2 항 제2호는 소득세를 원천징수한 내용이 있을 것을 전제로 하나, 청구법인은 쟁점 일용 노무자(근무기간이 1년 이상 계속 고용된 일반노무자에 해당)에 대하여 근로소득세액을 원천 징수한 사실(연말정산을 의미함)이 없어 해당 규정의 적용대상으로 보기 어려운 점 등에 비추어 과세관청이 청구법인에게 원천징수분 근로소득세를 부과한 처분은 잘못이 없다 고 판단된다(조심 2020부1081, 2021.1.13.).

> **소득세법 제80조 제2항 제2호**
> 제137조, 제137조의 2, 제138조, 제143조의 4, 제144조의 2, 제145조의 3 또는 제146 조에 따라 소득세를 원천징수한 내용에 탈루 또는 오류가 있는 경우로서 원천징수의무자 의 폐업·행방불명 등으로 원천징수의무자로부터 징수하기 어렵거나 근로소득자의 퇴사 로 원천징수의무자의 원천징수 이행이 어렵다고 인정되는 경우

⑩ 의료인력이 근로일수에 따라 근로의 대가를 계산하여 지급받는 경우 동일한 고용주에게 3월 미만 계속하여 고용된 경우에는 일용근로자에 해당하는 것이며, 해당 의료인력이 고용계약에 따라 의료업무를 종료하고 모니터링 기간 중에 지급받는 소득도 근로소득에 해당하는 것이다(서면법령소득-1796, 2020.12.18.).

> **중점사항** - 4대보험에서의 일용근로자 정의 및 일용근로자에 대한 퇴직금지급의무 여부
>
> **1. 4대보험 가입 제외자**
> (1) 국민연금(국민연금법시행령 제2조, 근로자에서 제외되는 사람)
>   일용근로자나 1개월 미만의 기간을 정하여 사용되는 근로자. 다만, 1개월 이상 계 속 사용되는 경우는 그러하지 아니하다.
> (2) 건강보험(국민건강보험법 제6조 제2항, 2015 사업장업무편람)
>   고용기간이 1개월 미만인 일용근로자
>   * 2015 사업장업무편람(2014.12.) : 고용기간의 보장 없이 1일 단위로 고용되어 그 날로 고 용계약이 종료되는 자, 즉 다음 날의 고용이 확정되지 아니한 상태로 근무하는 근로자

(3) 고용보험(고용보험법 제2조 제6항)

'일용근로자'란 1개월 미만 동안 고용되는 자를 말한다.

이때 '1개월 미만 동안 고용'은 현실적으로 1월 미만 고용된 경우를 말하는 것이 아니며, 근로계약기간이 1일 단위 또는 1월 미만인 경우를 말하는 것이고 임금의 산정이나 지급형태가 일 단위로 이루어진다 하여 일용근로자로 분류되는 것은 아니다.

2. 일용근로자 국민연금 적용기준 변경

2016.7.11.부터 일용근로자로서 1개월간 근로일수가 8일 이상 또는 근로시간이 월 60시간 이상일 경우(2015.5.6. 이후 2016.7.10.까지는 근로일수가 8일 이상이고 근로시간이 월 60시간 이상일 경우가 적용) 가입대상자에 해당함(국민연금법 제21조).

3. 일용근로자의 근로자성 인정여부 관련 대법원 판례(대법원 93다2618, 1995.7.11. 전원합의체 판결)

(1) 판시사항

① 매달 4, 5일 내지 15일 정도 근무한 근로자가 상용근로자인지 여부

② 형식상으로는 일용직 근로자로 되어 있으나 일용관계가 중단되지 않고 계속되어 온 경우 상용근로자로 보아야 하는지 여부

(2) 판결요지

① 원래 근로자가 반드시 월 평균 25일 이상 근무하여야만 근로기준법상 퇴직금 지급의 전제가 되는 근로자의 상근성·계속성·종속성의 요건을 충족시키는 것은 아니고, 최소한 1개월에 4, 5일 내지 15일 정도 계속해서 근무하였다면 위 요건을 충족한다.

② 형식상으로는 비록 일용직 근로자로 되어 있다 하더라도 일용관계가 중단되지 않고 계속되어 온 경우에는 상용근로자로 보아야 한다.

⑪ 소득세법시행령 제20조에서 정하는 일용근로자가 유급휴일에 대하여 지급하는 주휴수당 및 작업능률에 따라 지급받은 수당은 당해 법령에서 정한 기간의 근로일수에 배분하여 원천징수하는 것으로 근로소득공제 대상에 해당한다(서면소득관리-4916, 2023.1.5.).

3. 근로소득과 기타소득·사업소득의 구분

(1) 구분

다음과 같이 근로소득과 기타·사업소득과의 구분에서 가장 중요한 것은 근로계약 또는 이와 유사한 계약에 의하여 근로를 제공하는지에 대한 판단이다. 만일 근로계약에 의하여 지급받는 금액인 경우에는 명칭이나 지급방법에 불구하고 근로소득에 해당하게 된다.

구　분		소득구분
고용관계* 있음		근로소득
고용관계 없음(독립적)	계속적 · 반복적	사업소득
	일시적 · 우발적	기타소득

* 고용관계가 있는지 여부는 근로제공자가 업무 내지 작업에 대한 거부를 할 수 있는지, 시간적 · 장소적인 제약을 받는지, 업무수행과정에 있어서 구체적인 지시를 받는지, 복무규정의 준수의무 등을 종합적으로 판단한다(서일-132, 2007.1.23.).

(2) 구분사례

① 강사료

고용관계 없이 독립된 자격으로 계속적으로 용역을 제공하고 지급받는 대가는 사업소득에 해당하는 것이며, 일시적으로 용역을 제공하고 지급받는 대가는 기타소득에 해당하는 것이나, 고용관계나 이와 유사한 계약에 의하여 근로를 제공하고 지급받는 대가는 근로소득에 해당하는 것으로 고용관계가 있는지 여부의 판단은 근로제공자가 업무 내지 작업에 대한 거부를 할 수 있는지, 시간적 · 장소적인 계약을 받는지, 업무수행과정에 있어서 구체적인 지시를 받는지, 복무규정의 준수의무 등을 종합적으로 판단할 사항이다(소득-1392, 2009.9.9.).

② 상금

종업원에게 지급하는 공로금 · 위로금 · 개업축하금 기타 이와 유사한 성질의 사실상 급여에 속하는 상금은 근로소득에 해당하는 것이며, 종업원의 특별한 공로에 대하여 경진 · 경영 · 경로대회 · 전람회 등에서 우수한 자에게 지급하는 상금은 기타 소득에 해당한다. 이때 장려금, 장기근속상금, 특별 업적상금, 제안상금 등의 소득구분은 포상계획, 지급사유 등 실질내용에 따라 사실판단한다(제도 46011-10535, 2001.4.11.; 원천-129, 2010.2.8.).

직원들의 연구의욕을 고취하기 위하여 직무관련 주제를 대상으로 하는 논문의 현상모집을 실시하고, 심사결과 선발된 우수논문에 대하여 당해 직원에게 지급하는 상금은 기타소득에 해당한다(서면1팀-925, 2006.7.6.).

공장의 원가절감이나 품질향상 등의 실적에 따라 지급하는 상금은 근로소득에 해당하는 것이나, 원가절감이나 품질향상에 대한 우수제안자에게 지급하는 상금은 기타소득에 해당한다(소득 22601-1626, 1986.5.20.).

③ 원고료

신규채용시험이나 사내교육을 위한 출제 · 감독 · 채점 또는 강의교재 등을 작성하고 근로자가 지급받는 수당 · 강사료 · 원고료 명목의 금액은 근무의 연장 또는 특별근로에 대한 대가로서 법 제20조에 규정하는 근로소득으로 본다(소통 20 – 38…2).

사원이 업무와 관계없이 독립된 자격에 의하여 사내에서 발행하는 사보 등에 원고를 게재하고 받는 대가는 법 제21조 제1항 제15호 가목의 규정에 의한 기타소득에 해당한다(소통 21 – 0…4).

④ 고문료(또는 자문료)

거주자가 비영리법인에 경영자문용역을 제공하고 매월 정액으로 받은 경영고문료는 다음의 기준에 따라 소득을 구분한다(소득 – 3462, 2008.9.29.; 서일 – 567, 2007.5.3.; 서일 – 242, 2006.2.23.; 서이 46012 – 10560, 2001.11.17.; 재소득 46073 – 136, 2000.8.18.).

근로계약에 의한 고용관계에 의하여 비상임자문역으로 근로자의 지위에서 경영자문용역을 제공하고 얻은 소득은 근로소득으로 구분한다(고용관계 여부는 근로계약내용 등을 종합적으로 고려하여 판단함).

전문직 또는 컨설팅 등을 전문으로 하는 사업자가 독립적인 지위에서 사업상 또는 사업에 부수적인 용역인 경영자문용역을 계속적 또는 일시적으로 제공하고 얻은 소득은 사업소득으로 구분한다.

이외의 소득으로서 고용관계없이 일시적으로 경영자문용역을 제공하고 얻은 소득은 기타소득으로 구분한다.

⑤ 전속계약금

근로고용관계에 있는 운동선수가 소속단체와 입단계약을 체결하면서 일시에 지급받는 계약금은 근로소득에 해당하는 것이며, 동 선수가 해당 단체의 대표로서 경기대회에 참가하여 행사관계자로부터 지급받는 시상금은 기타소득에 해당한다.

한편, 고용관계에 있는 운동선수가 일시적으로 기업체의 광고 등에 출연하고 지급받는 대가는 기타소득에 해당하는 것이나, 동 선수가 사업목적으로 광고 등에 출연하고 지급받는 대가는 사업소득에 해당하는 것이다. 이 경우 사업목적이 있는지 여부는 그 활동의 내용 · 기간 · 횟수 · 태양 및 계속성과 반복성 등 거래 전반에 대한 사정 등을 종합적으로 고려하여 판단할 사항이다(소득 – 1005, 2010.9.27.).

⑥ Stock Option(주식매수선택권)

법인의 임원 또는 종업원이 당해 법인 등으로부터 부여받은 주식매수선택권을 당해 법인 등에서 근무하는 기간 중 행사함으로써 얻은 이익(주식매수선택권 행사당시의 시가와 실제 매수가액과의 차액을 말하며, 주식에는 신주인수권을 포함)은 근로소득으로 구분한다(소령 §38 ① 17호).

퇴직 전에 부여받은 주식매수선택권을 퇴직 후에 행사하거나 고용관계 없이 주식매수선택권을 부여받아 이를 행사함으로써 얻는 이익은 기타소득으로 구분한다(소법 §21 ① 22호).

⑦ 사외이사

거주자인 사외이사가 고용관계나 이와 유사한 계약에 의하여 이사로서의 직무를 수행하고 지급받는 보수는 근로소득에 해당하고, 독립된 자격으로 이사로서의 직무 외의 용역을 계속·반복하여 제공하고 지급받는 대가는 사업소득에 해당한다(소득-662, 2009.2.18.). 다만, 이사로서의 직무내용·범위와 용역·보수와 관련된 계약 등 구체적인 사실관계를 종합하여 판단하여야 한다. 또한 사외이사로서 부여받은 주식매수선택권을 당해 법인에서 근무하는 기간 중 행사함으로써 얻은 이익도 근로소득에 해당한다(서면1팀-462, 2007.4.10.).

⑧ 연구용역소득

대학교수 등의 연구용역 제공으로 인한 소득은 다음과 같이 구분한다.

구 분	내 용	소 득
대학과 관계없이 교수 등이 독립적으로 제공하는 연구용역	대학교수가 대학과 관련없이 독립적으로 연구 및 개발용역을 제공하고 그 대가를 받는 경우 '사업서비스업'에 해당(서일-975, 2007.7.10.; 소득 46011-2070, 1999.6.2.)	사업소득
대학이 연구주체가 되는 경우(원천-218, 2012.4.23.; 서일-9, 2007.1.4.; 서일-978, 2005.8.17.; 국심 2004중2705, 2005.1.19.)	고용관계에 따른 근로제공과 관련없이 교수가 연구활동의 대가로 지급받는 금액은 연구활동비·연구수당 등 그 명칭 여하에 불구	기타소득
	연구목적으로 고용된 교수 등이 고용관계에 따른 근로제공과 관련하여 연구용역을 제공하고 지급받는 대가	근로소득
	연구와 관련된 간접경비를 연구원이 위임을 받아 실제 각종 연구비용에 지출하여 해당 연구원에게 귀속되지 아니한 경우	해당사항 없음

구 분	내 용	소 득
대학이 설립한 학술진흥재단으로부터 받는 연구용역 대가	연구시설 확충 등 목적으로 설립된 학술진흥재단으로부터 교수 등이 연구용역 제공의 대가로 고용관계에 따른 근로제공과 관련없이 지급받는 금액은 그 명칭 여항에 불구(서일-978, 2005.8.17.)	기타소득
산학협력단에서 연구수행 및 계약체결의 주체가 되어 연구비를 직접 관리(서일-1347, 2007.10.4.)	연구원 등이 연구목적의 고용관계나 이와 유사한 계약에 의하여 근로를 제공하고 지급받는 대가는 그 지급방법이나 명칭 여하를 불구	근로소득
	연구목적의 고용관계 없이 일시적으로 연구용역을 제공하고 지급받는 대가	기타소득
사립대학교 교원 연구활동의 원활한 지원을 위하여 외부로부터의 위탁받은 연구용역과 연구용역의 대가를 관리하는 산학협력단으로부터 연구비의 일부(간접연구비)를 배분받아 이를 재원으로 교원에게 인센티브로 지급하는 경우(원천-217, 2009.1.21.)		근로소득

대학이 정부출연연구기관의 국가연구개발사업을 수행하는 대학산학협력단으로부터 연구비를 지원받아 대학과 근로계약을 체결한 연구교수에게 인건비를 지급하는 경우 대학이 원천징수의무자가 되는 것이다(원천세과-564, 2012.10.22.).

⑨ 부당해고임금 등

부당해고기간 동안의 임금상당액은 근로소득에 해당한다(소통 20-38…3 ①).

근로자가 소송을 제기하여 법원의 판결에 의하여 지급받는 연차휴가수당 역시 근로소득에 해당된다(서일-1434, 207.10.18.).

그러나 부당해고기간 동안의 임금상당액과 별도로 지급받는 손해배상금과 그 손해배상금을 본래의 지급기일을 초과하여 지급받음으로써 추가로 지급받는 지연이자 상당액은 기타소득에 해당하며(서일-877, 2007.6.26.; 서일-543, 2006.4.28.), 퇴직금지급채무 이행지체로 인한 지연손해금, 판결에 의하여 지급받기로 한 급여상당액을 본래 지급기일을 초과하여 지급함에 따라 추가로 지급받는 이자상당액도 기타소득에 해당된다(대법원 2004두3984, 2006.1.12.; 서일-1434, 2007.10.18.).

징계해고에 대한 소송이 진행되던 중 회사로부터 소송포기 등의 조건으로 합의한 합의각서가 불특정다수인에게 적용되는 노동조합과 회사 간의 노사합의서가 아니고 개인 자격으로 합의한 것인 경우 그 합의각서에 따른 합의금은 기타소득(사례금)에 해당한다(조심 2010광155, 2010.3.29.).

부당해고 등에 따른 명예훼손이나 정신적인 고통에 대한 배상 또는 위자료와 같이 재산권 외의 신분 및 인격에 대한 손해배상금은 과세대상에서 제외된다(소득-625, 2010. 5.27.; 원천-237, 2010.3.17.).

노동위원회 화해조서에 따른 퇴직위로금은 노동위원회의 판결이유 등 구체적인 지급사유에 따라 위로금을 지급하는 자가 퇴직·근로·기타소득 등으로 구분하여 원천징수하여야 한다(소득-1819, 2009.11.26.; 소득-218, 2010.2.18.).

⑩ 종업원 공금 횡령금

종업원이 사용자의 공금을 횡령한 경우 동 종업원과 그 보증인에 대하여 횡령금의 회수를 위하여 법에 의한 제반절차를 취하였음에도 무재산 등으로 회수할 수 없는 경우에는 동 횡령액을 대손처리할 수 있다. 이 경우 대손처리한 금액에 대하여는 종업원에 대한 근로소득으로 보지 아니한다(소통 27-55…37).

⑪ 하수급업체의 부도로 원수급자가 지급하는 임금

하수급업체의 부도로 원수급자가 하수급업체의 일용근로자에 대한 노임을 지급하는 경우 그 임금은 사례금 등에 포함되는 기타소득에 해당된다(서면1팀-867, 2008. 6.23., 소통 21-0…5).

⑫ 기타 근로소득 구분 사례

가. 기획부동산업체에 고용되어 근로를 제공하는 임직원이 텔레마케터의 토지판매실적에 따라 지급받는 판매수당은 사업소득이 아닌 근로소득에 해당하는 것이다(심사소득 2011-66, 2011.7.15.).

나. 비영리법인인 한국전기산업기술연구조합이 기술개발을 주관하면서 기술실시계약에 따라 참여기업으로부터 지급받은 기술료를 그 기술개발에 참여한 해당 연구조합의 직원인 연구원에게 지급하는 성과금은 근로소득에 해당한다(소득-434, 2011.5.27.).

다. 공무원 등이 직무와 관련하여 해당기관으로부터 받은 포상금 명목의 금액은 근로소득에 해당하며, 불법입찰의 징후를 포착하여 신고한 자에게 해당 기관이 지급하는 불법입찰 신고포상금은 비과세기타소득에 해당하지 아니한다(법규소득 2010-375, 2011.2.18.).

라. 근로고용관계에 있는 운동선수가 소속단체와 입단계약을 체결하면서 일시에 지급받는 계약금은 근로소득에 해당하는 것이며, 동 선수가 해당 단체의 대표로서 경기

대회에 참가하여 행사관계자로부터 지급받는 시상금은 기타소득에 해당하는 것이다. 한편, 고용관계에 있는 운동선수가 일시적으로 기업체의 광고 등에 출연하고 지급받는 대가는 기타소득에 해당하는 것이나, 동 선수가 사업목적으로 광고 등에 출연하고 지급받는 대가는 사업소득에 해당하는 것으로, 이 경우 사업목적이 있는 지 여부는 그 활동의 내용·기간·횟수·태양 및 계속성과 반복성 등 거래 전반에 대한 사정 등을 종합적으로 고려하여 판단할 사항이다(소득－1005, 2010.9.27.).

마. 회사 경영성과에 대한 보상으로 비상장주식을 회사대표가 최대주주로부터 지급받은 경우에는 근로소득에 해당한다(대법원 2016두39726, 2016.10.27.).

바. 대학생 현장실습 운영규정 제5조 제4항에 따라 수업으로서의 요건을 갖춘 현장실습수업에 참여하는 학생이 같은 규정 제7조에 따라 지급받는 현장실습지원비는 소득세법 제20조에 따른 근로소득 및 동법 제21조 제1항에 따른 기타소득에 해당하지 않는다(서면법령소득－4237, 2021.3.18.).

Ⅲ 근로소득의 범위

1. 근로소득에 포함되는 것

근로소득에는 다음의 금액을 포함한다(소령 §38 ①).

> 1. 기밀비(판공비 포함)·교제비 기타 이와 유사한 명목으로 받는 것으로서 업무를 위하여 사용된 것이 분명하지 아니한 급여
> 2. 종업원이 받는 공로금·위로금·개업축하금·학자금·장학금(종업원의 수학 중인 자녀가 사용자로부터 받는 학자금·장학금 포함) 기타 이와 유사한 성질의 급여
> 3. 근로수당·가족수당·전시수당·물가수당·출납수당·직무수당 기타 이와 유사한 성질의 급여
> 4. 보험회사·자본시장과금융투자업에관한법률에 따른 투자매매업자 또는 투자중개업자 등의 종업원이 받는 집금수당과 보험가입자의 모집, 증권매매의 권유 또는 저축의 권장으로 인한 대가 기타 이와 유사한 성질의 급여
> 5. 급식수당·주택수당·피복수당 기타 이와 유사한 성질의 급여
> 6. 주택을 제공받음으로써 얻는 이익
> 7. 종업원이 주택(주택에 부수된 토지 포함)의 구입·임차에 소요되는 자금을 저리 또는 무상으로 대여받음으로써 얻는 이익

8. 기술수당 · 보건수당 · 연구수당 기타 이와 유사한 성질의 급여
9. 시간외근무수당 · 통근수당 · 개근수당 · 특별공로금 기타 이와 유사한 성질의 급여
10. 여비의 명목으로 받는 연액 또는 월액의 급여
11. 벽지수당 · 해외근무수당 기타 이와 유사한 성질의 급여
12. 종업원이 계약자이거나 종업원 또는 그 배우자 기타의 가족을 수익자로 하는 보험 · 신탁 또는 공제와 관련하여 사용자가 부담하는 보험료 · 신탁부금 또는 공제부금
13. 법인세법상 임원퇴직금 한도초과(법령 §44 ④)에 따라 손금에 산입되지 아니하고 지급받는 퇴직급여
14. 휴가비 기타 이와 유사한 성질의 급여
15. 계약기간 만료 전 또는 만기에 종업원에게 귀속되는 단체환급부보장성보험의 환급금
16. 법인의 임원 또는 종업원이 당해 법인 또는 당해 법인과 특수관계에 있는 법인으로부터 부여받은 주식매수선택권을 당해 법인 등에서 근무하는 기간 중 행사함으로써 얻은 이익(주식매수선택권 행사당시의 시가와 실제 매수가액과의 차액을 말하며, 주식에는 신주인수권을 포함)
17. 공무원수당등에관한규정, 지방공무원수당등에관한규정, 검사의보수에관한법률시행령, 대법원 규칙, 헌법재판소 규칙 등에 따라 공무원에게 지급되는 직급보조비
18. 공무원이 국가 또는 지방자치단체로부터 공무수행과 관련하여 받는 상금 및 부상

2. 근로소득으로 보지 아니하는 것

다음에 해당하는 것은 근로소득으로 보지 아니한다. 즉 근로소득으로 과세하지 않는다 (소령 §38, 소칙 §10, 조특법 부칙 2007.4.11. 법률 제8367호, 개정 전 조특법 §15, 조특법 §88의 4, 원천 – 363 2010.4.29.).

1. 사회통념상 타당하다고 인정되는 범위 내의 경조금
2. 출퇴근차량 운임상당액
3. 법소정 종업원이 법소정 요건의 주식매수선택권을 행사하여 얻는 소득
4. 법소정 우리사주조합원의 우리사주 취득으로 인해 발생하는 소득
5. 사내근로복지기금으로부터 받는 장학금 등

3. 근로소득에 포함하지 아니하는 것

퇴직급여로 지급되기 위하여 적립되는 급여는 근로소득에 포함하지 아니한다.
다만, 근로자가 적립금액 등을 선택할 수 없는 것으로서 다음의 요건을 모두 충족하는
적립방법에 따라 적립되는 경우에 한정한다(소령 §38 ②).

1) 근로자퇴직급여보장법 제4조 제1항에 따른 퇴직급여제도의 가입대상이 되는 근로
   자 전원이 적립할 것. 다만, 각 근로자는 다음에 해당하는 날에 향후 적립하지 아니
   할 것을 선택할 수 있을 것
   ① 사업장에 아래 '2)'의 적립 방식이 최초로 설정되는 날(해당 사업장에 최초로 근무
      하게 된 날에 아래 '2)'의 적립 방식이 이미 설정되어 있는 경우에는 근로자퇴직급여보장
      법 제4조 제1항에 따라 최초로 퇴직급여제도의 가입대상이 되는 날)
   ② 아래 '2)'의 적립방식이 변경되는 날
2) 적립할 때 근로자가 적립금액을 임의로 변경할 수 없는 적립방식을 설정하고 그에
   따라 적립할 것
3) 상기 '2)'의 적립방식이 근로자퇴직급여보장법 제6조 제2항에 따른 퇴직연금규약,
   같은 법 제19조에 따른 확정기여형퇴직연금규약 또는 과학기술인공제회법 제16조
   의 2에 따른 퇴직연금급여사업을 운영하기 위하여 과학기술인공제회와 사용자가 체
   결하는 계약에 명시되어 있을 것
4) 사용자가 소득세법시행령 제40조의 2 제1항 제2호 가목 및 다목의 퇴직연금계좌
   (DC 확정기여형 퇴직연금계좌와 IRP 개인형 퇴직연금계좌)에 적립할 것

상기의 요건을 모두 충족하여 퇴직급여로 지급하기 위해 적립되는 급여는 근로소득에
포함되지 아니하고, 퇴직소득으로 전환될 수 있다. 반면, 상기 요건을 충족하지 않고
퇴직급여로 지급하기 위해 적립되는 급여는 근로소득에 포함된다.

> **저자주**
>
> 상기 3.의 내용은 잘 이해가 안 되실 수 있습니다. 이의 내용은 회사로부터 수령하는
> 근로소득은 연말정산에 의해 상당한 소득세 및 4대보험료를 부담하여야 합니다. 반면 퇴
> 직소득은 소득세부담이 적고 4대보험료도 부담하지 않습니다.
> 현행 소득세법에서는 근로자와 회사의 합의하에 근로소득해당액을 근로자에게 지급하
> 지 않고 근로자가 가입하고 있는 DC(확정기여형퇴직연금계좌)와 IRP(개인형 퇴직연금계
> 좌)에 적립하게 되면 이는 근로의 대가이지만 근로소득으로 보지 않고 추후 퇴직소득으로

과세하도록 규정하고 있습니다.

　다만, 이를 무분별 허용하게 되면 문제점이 있으므로 상기 요건을 모두 충족하는 경우에만 적용하도록 2015.2.3. 소득세법을 개정·적용하도록 하고 있습니다.

4. 비과세근로소득

다음에 해당하는 것은 비과세근로소득으로 한다. 즉 근로소득으로 과세되지 않는다(소법 §12, 조특법 §18의 2·§88의 4·§100).

1. 법소정 실비변상적인 성질의 급여
2. 법소정 복리후생적 성질의 급여
3. 법소정 식사 또는 식사대
4. 근로자 또는 그 배우자의 출산이나 6세 이하(해당 과세기간 개시일 기준 판단)의 자녀의 보육과 관련하여 사용자로부터 받는 급여로서 월 10만원 이내의 금액
5. 법소정 학자금
6. 법소정 근로장학금
7. 국외 또는 남북교류협력에관한법률에 따른 북한지역에서 근로를 제공하고 받는 법소정 급여
8. 생산직 및 그 관련직 등에 종사하는 근로자로서 법소정 근로자가 연장근로·야간근로 또는 휴일근로를 하여 받는 급여 중 법소정 금액
9. 국민건강보험법·고용보험법·노인장기요양보험법에 따라 국가·지방자치단체 또는 사용자가 부담하는 부담금
10. 산업재해보상보험법에 의하여 수급권자가 지급받는 요양급여·휴업급여·장해급여·간병급여·유족급여·유족특별급여·장해특별급여 및 장의비 또는 근로의 제공으로 인한 부상·질병 또는 사망과 관련하여 근로자나 그 유족이 지급받는 배상·보상 또는 위자의 성질이 있는 급여
11. 근로기준법 또는 선원법에 의하여 근로자·선원 및 그 유족이 지급받는 요양보상금·휴업보상금·상병보상금·일시보상금·장해보상금·유족보상금·행방불명보상금·소지품유실보상금·장의비 및 장제비
12. 고용보험법에 의하여 받는 실업급여·육아휴직급여·육아기근로시간단축급여·출산전후휴가급여 등, 제대군인지원에관한법률에 따른 전직지원금, 국가공무원법 또는 지방공무원법에 따른 공무원 또는 사립학교교직원연금법·별정우체국법에 의한 육아휴직수당 및 국민연금법에 의하여 받는 반환일시금(사망으로 인하여 받는 것에 한함)·사망일시금

13. 공무원연금법·군인연금법·사립학교교직원연금법 또는 별정우체국법에 따라 받는 요양비·요양일시금·장해보상금·사망조위금·사망보상금·유족보상금·유족일시금·유족연금일시금·유족연금부가금·유족연금특별부가금·재해부조금 및 재해보상금 또는 신체·정신상의 장해·질병으로 인한 휴직기간 중에 받는 급여
14. 법소정 복무 중인 병이 받는 급여
15. 작전임무를 수행하기 위하여 외국에 주둔 중인 군인·군무원이 받는 급여
16. 종군한 군인·군무원이 전사(전상으로 인한 사망을 포함)한 경우 그 전사한 날이 속하는 과세기간의 급여
17. 법률에 의하여 동원된 자가 동원직장에서 받는 급여
18. 국군포로의송환및대우등에관한법률에 따른 국군포로가 받는 보수 및 퇴직일시금
19. 국가유공자등예우및지원에관한법률에 의하여 받는 보훈급여금·학습보조비 및 전직대통령예우에관한법률에 따라 받는 연금
20. 외국정부(외국의 지방자치단체 및 연방국가인 외국의 지방정부 포함) 또는 법소정 국제기관에 근무하는 자로서 법소정의 자가 받는 급여(그 외국정부가 그 나라에서 근무하는 우리나라 공무원의 급여에 대하여 소득세를 과세하지 아니하는 경우에 한함)
21. 보유기간 2(3)년 이상 우리사주조합원의 우리사주인출 비과세특례
22. 발명진흥법 제2조 제2호에 따른 직무발명으로 받는 다음의 보상금으로서 연 500만원 이하의 금액
    ① 발명진흥법 제2조 제2호에 따라 종업원 등이 사용자 등으로부터 받는 보상금
    ② 대학의 교직원 또는 대학과 고용관계가 있는 학생이 소속대학에 설치된 산업교육진흥및산학연협력촉진에관한법률 제25조에 따른 산학협력단으로부터 같은 법 제32조 제1항 제4호에 따라 받는 보상금

저자주

근로소득·총급여액·근로소득금액의 구분

근로소득에 대한 원천징수업무 수행 시 가장 혼란스러운 것은 용어의 구분입니다. 일단 공식화하여 설명하면 다음과 같습니다.

근로소득 − 비과세근로소득 ⇒ 총급여액 − 근로소득공제 ⇒ 근로소득금액

1. 근로소득
회사에서 근로의 제공으로 받은 모든 금품·현물 등의 금액을 말함.
근로소득으로 보지 않는 것(포함하지 않는 것)은 회사에서 받았지만 소득에 해당하지 않아 원천징수대상에서 제외되는 금액을 말함

2. 비과세근로소득

소득세법에 열거되어 있는 금액은 근로소득으로는 보나 원천징수대상소득에서는 제외한다는 것임

3. 근로소득공제

근로소득에서 비과세근로소득을 차감한 총급여액에 대해 일정산식에 의해 계산된 금액을 말하며 이를 차감한 금액을 근로소득금액이라 함

따라서 유형별 근로소득은 세법에서 구체적으로 규정하고 있는 근로소득으로 보지 않는 것과 비과세근로소득을 중심으로 설명하고 있다.

Approach to Field Work 비과세 근로소득에 대한 이행상황신고서 및 지급명세서 기재

1. 회사에 적용되는 비과세 근로소득의 파악

   연말정산 업무 시 제일 먼저 파악하여야 할 내용은 회사가 지급하는 근로소득 중 소득세법 등에서 열거하고 있는 비과세 근로소득을 파악하는 것입니다.

   소득세법 별지 제24호 서식(1) 제5쪽에 비과세 근로소득의 범위가 열거되어 있고 제1쪽의 Ⅱ. 비과세란에 기재하는 내용과 숫자(기재란)가 있는 비과세항목과 기재하지 않는 비과세(숫자 없음)항목으로 구분되어 있으므로 연말정산 담당자님들은 이를 먼저 구분하시고 회사의 급여대장에 지급명세서에 기재하는 비과세와 기재하지 않는 비과세가 구분되어 있는지를 파악하셔야 합니다.

2. 원천징수이행상황신고서상 근로소득 ⑤ 총지급액의 의미

   원천징수이행상황신고서상 근로소득을 기재하는 A01~A04란의 ⑤란은 회사에서 지급하는 근로소득 중 과세되는 근로소득과 비과세 근로소득 중 지급명세서에 기재하는 비과세 근로소득을 합한 금액을 기재합니다.

3. 지급명세서 1쪽 Ⅱ. 비과세란(⑱~⑲) 기재

   지급명세서 1쪽 Ⅱ. 비과세란(⑱~⑲) 기재에는 상기 '1.'에 의한 비과세금액을 급여대장에서 옮겨 적습니다.

4. '2.'와 '3.'의 Cross-Check 실시

Ⅳ 유형별 근로소득

1. 실비변상적 급여

비과세되는 실비변상적 급여에는 다음과 같은 것이 있다(소령 §12).

1. 일직료·숙직료 또는 여비로서 실비변상 정도의 금액(자가운전보조금 포함)
2. 법소정 교원·연구원이 받는 연구보조비 또는 연구활동비 중 월 20만원 이내의 금액
3. 방송, 통신·신문기자가 취재활동과 관련하여 받는 취재수당 중 월 20만원 이내의 금액
4. 선원법에 의하여 받는 식료
5. 선원법의 규정에 의한 선원으로서 법소정의 자가 받는 월 20만원 이내의 승선수당
6. 경찰공무원이 받는 함정근무수당·항공수당 및 소방공무원이 받는 함정근무수당·항공수당·화재진화수당
7. 특수분야에 종사하는 군인이 받는 낙하산강하위험수당·수중파괴작업위험수당·잠수부위험수당·고전압위험수당·폭발물위험수당·항공수당(유지비행훈련수당 포함)·비무장지대근무수당·전방초소근무수당·함정근무수당(유지항해훈련수당 포함) 및 수륙양용궤도차량승무수당, 특수분야에 종사하는 경찰공무원이 받는 경찰특수전술업무수당 및 경호공무원이 받는 경호수당
8. 광산근로자가 받는 입갱수당 및 발파수당
9. 법령·조례에 의하여 제복을 착용하여야 하는 자가 받는 제복·제모 및 제화
10. 병원·시험실·금융회사 등·공장·광산에서 근무하는 사람 또는 특수한 작업이나 역무에 종사하는 자가 받는 작업복이나 그 직장에서만 착용하는 피복
11. 근로자가 법소정 벽지에 근무함으로 인하여 받는 벽지수당 중 월 20만원 이내의 금액
12. 국가 또는 지방자치단체가 지급하는 보육교사의 근무환경개선비, 사립유치원 수석교사·교사의 인건비, 전공의(專攻醫)에게 지급하는 수련보조수당
13. 근로자가 천재·지변 기타 재해로 인하여 받는 급여
14. 수도권정비계획법 제2조 제1호에 따른 수도권 외의 지역으로 이전하는 국가균형발전특별법 제2조 제10호에 따른 공공기관의 소속공무원이나 직원에게 한시적으로 지급하는 월 20만원 이내의 이전지원금
15. 종교관련종사자가 소속 종교단체의 규약 또는 소속 종교단체의 의결기구의 의결·승인 등을 통하여 결정된 지급 기준에 따라 종교 활동을 위하여 통상적으로 사용할 목적으로 지급받은 금액 및 물품

이하 실비변상적 급여에 대하여 살펴보기로 한다.

(1) 일직료 · 숙직료 또는 여비로서 실비변상 정도의 금액

1) 일직료 · 숙직료

일직료 · 숙직료로서 실비변상 정도의 금액이 비과세되려면 다음 요건을 충족하여야 한다(원천-374, 2009.4.30.; 원천-698, 2009.8.24.). 숙직료 등을 월단위로 지급하는 경우 1일 숙직료 등을 기준으로 비과세 여부를 판단한다(법인 46013-3228, 1996.11.19.).

> 1. 회사의 사규 등에 의하여 그 지급기준 등이 정하여져 있을 것
> 2. 사회통념상 타당하다고 인정되는 범위 내에서의 지급액일 것

소득세를 과세하지 않는 실비변상 정도의 일직비 및 숙직비란 업무수행상 실지 소요되는 비용을 충당할 정도의 범위 안에서 지급규정, 사규 등의 합리적 기준에 의하여 계산한 금액으로서 사회통념상 타당하다고 인정되는 범위 내의 금액으로 근로자에게 지급하는 것이다(원천-698, 2009.8.24.; 원천-374, 2009.4.30.; 법인 46013-3228, 1996.11.19.).

2) 여비로서 실비변상 정도의 금액

근로자가 업무와 관련하여 지급받는 여비로서 출장목적 · 출장지 · 출장기간 등을 감안하여 업무수행상 통상 필요하다고 인정되는 부분의 금액은 실비변상적인 성질의 급여로 비과세되는 것이나, 업무수행상 필요하다고 인정되는 금액을 초과하는 부분의 금액은 당해 근로자의 근로소득에 해당한다(원천-596, 2011.9.30.; 서면1팀-1499, 2004.11.8.; 소득 46011-300, 1999.11.3.; 법인 46013-3417, 1998.11.10.).

① 국내출장비

가. 소득세법상 원천징수 비과세 여부

- 실제소요비용을 정산, 즉 실비변상성격의 출장비 : 비과세

  국내출장비는 통상 숙박비, 교통비, 식대, 잡비 등으로 구성되며 회사의 출장비 규정에 따라 일정액을 지급한다. 이 경우 실제 출장에 소요되는 비용으로 회사의 여비지급규정에 따라 출장목적 · 출장지 · 출장기간 등을 감안하여 실지 소요되는 비용을 충당할 정도의 범위 내의 금액은 실비변상적인 성질의 급여에 해당하여 근로소득이 비과세되는 것이다.

- 여비출장비 등의 명목으로 정기적 지급 : 근로소득에 해당

  그러나 실제 소요된 비용과 관계없이 여비출장비 등의 명목으로 정기적으로 지급되는 금액은 근로소득으로 과세한다(원천-696, 2009.8.24.).

- 일용직근로자의 자가운전보조금 적용 여부

  일용근로자에게 근로를 제공하고 사용자로부터 지급받는 식비, 교통비 등 모든 급여는 그 지급방법이나 명칭에 불구하고 일용근로자의 일급여(일당)에 해당하는 것이며, 교통비로서 일용근로자가 업무수행을 위하여 출장함으로 인하여 실지 소요되는 비용으로 지급받는 금액은 비과세소득에 해당하는 것이나, 실지 소요된 비용과 관계없이 여비출장비 등의 명목으로 일정금액을 정기적으로 지급받는 금액은 근로소득에 해당하는 것이다(법인 46013-1556, 1997.6.11. ; 법인 46013-3242, 1996.11.21.).

- 업무수행을 위하여 비거주자 임원에게 제공된 숙박비, 항공권, 여비 등이 합리적 또는 경제적이라고 인정되는 범위를 초과하는 경우에는 실비변상적 급여에 해당하지 아니한다(서면법령국조-5505, 2017.2.8.).

  즉, 영국거주자가 내국법인의 대표이사로서 국·내외에서 제공한 근로대가 및 임원의 자격으로 내국법인으로부터 지급받은 급여는 소득세법 제119조 제7호 및 같은 법 시행령 제179조 제8항과 한·영 조세조약 제15조 및 제16조의 규정에 따라 비거주자의 근로소득으로 과세되는 것이며, 국내 근로기간 중 업무수행을 위하여 비거주자 임원에게 제공된 숙박비, 항공권, 택시비, 식비 및 여비 등이 합리적 또는 경제적이라고 인정되는 범위를 초과하는 경우에는 소득세법 제12조 제3호 자목 및 같은 법 시행령 제12조 제3호에 의한 실비변상적 급여에 해당하지 아니하는 것이다.

- 철도관련 공기업에서 근무하는 승무직원 및 유지보수직원에게 매월 4~18만원의 월액여비지급금액에 대하여 이는 실비변상적 경비가 정기적으로 발생하여 이를 변상하기 위하여 지급된 금액으로 볼 수 없어 과세근로소득에 해당한다(대법원 2017두56155, 2017.11.23.).

  (1) 내용

  철도관련 공기업 근무 승무직원 및 유지보수직원에게 회사가 여비및시험수당지급세칙이 정하는 바에 따라 업무내용 및 직급에 따라 월 4~18만원의 월액여비가 실비변상적 성질의 급여로서 비과세소득에 해당하는지 여부

② 판결

소득세법상 여비의 명목으로 받는 월액의 급여는 과세대상 근로소득에 해당해서 실비를 변상할 정도의 경비에 대하여 비과세근로소득으로 규정하고 있는바, 회사에서 지급한 월액여비액은 실비를 변상할 정도의 경비가 정기적으로 발생하여 이를 변상하기 위하여 지급되었다고 인정할 수 없어 과세대상 근로소득으로 판결한다.

나. 법인세법상 손비인정

법인이 임직원에게 지급하는 여비는 당해 법인의 업무수행상 통상 필요하다고 인정되는 부분의 금액에 한하여 사용처별로 거래증빙과 객관적인 자료를 첨부하여야만 손금산입 가능하다. 즉 거래건당 3만원을 초과는 재화 또는 용역을 공급받고 그 대가를 지급한 금액에 대하여 정규증명서류를 수취하여야 하며, 그렇지 않은 경우 정규증명서류수취가산세(2%)가 적용된다(법법 §116 ② · §76 ⑤).

증빙서류의 첨부가 불가능한 경우는 사회통념상 부득이하다고 인정되는 범위 내의 금액과 내부통제기능을 감안하여 인정할 수 있는 범위 내의 지급에 대해 손비로 인정되는 것이다. 즉 여비출장비로서 정액으로 지급되는 일비는 정규증빙서류의 대상이 아니므로(법인 46012-296, 1999.1.23.) 회사의 규모, 출장목적, 업무수행 여부 및 정도에 따라 합리적으로 적용한다.

> 🖉 법인세법기본통칙 4-0…2【법인의 거증책임】법인세의 납세의무가 있는 법인은 모든 거래에 대하여 거래증빙과 지급규정, 사규 등의 객관적인 자료에 의하여 이를 당해 법인에게 귀속시키는 것이 정당함을 입증하여야 한다. 다만, 사회통념상 부득이하다고 인정되는 범위내의 비용과 당해 법인의 내부통제기능을 감안하여 인정할 수 있는 범위내의 지출은 그러하지 아니한다.

② 해외출장비

가. 소득세법상 원천징수 비과세 여부

- 실제소요비용을 정산, 즉 실비변상성격의 출장비 : 비과세

  법인의 종업원이 업무수행을 위한 해외출장으로 인하여 실제 소요된 항공료 · 숙박비를 선지출하고 당해 법인으로부터 그 지출한 금액을 정산하여 지급받는 경우로서 당해 해외출장 비용이 정규지출증빙서류에 의하여 확인되는 때에는 동 금액은 당해 종업원의 근로소득에 해당하지 않는다(원천-696, 2009.8.24.; 서면1팀-360, 2007.3.15.).

- 해외출장비 등의 명목으로 정기적 지급 : 근로소득에 해당

  출장비 중 업무와 직접 관련하여 지출하고 사후정산하는 비용이나 업무관련 여비

등 회사지급규정에 따른 실비변상적 성격에 대해서는 비과세에 해당되나, 국외 출장기간 동안 지급하는 출장비 등의 수당은 과세 대상 근로소득에 해당된다. 즉 해외 출장에서 파견수당을 지급받는 경우 파견수당은 과세대상 근로소득이며, 지 급항목 등을 구분하지 않고 식대, 여비를 포함된 금액으로 지급받는다면 파견수 당 전액을 근로소득으로 보아 소득세 과세하는 것이며, 식사 등을 제공받지 않고 식대를 파견수당과 별도의 지급항목으로 구분하여 지급받는다면 식대에 대해서 는 월 10만원 한도로 비과세할 수 있다.

• 업무수행상 필요경비의 해외여비 판정(소통 27-55…24, 법통 19-19…23)
  임원 또는 사용인의 해외여행이 법인의 업무수행상 필요한 것인가는 그 여행의 목적, 여행지, 여행기간 등을 참작하여 판정한다. 다만, 다음에 해당하는 여행은 원칙적으로 법인의 업무수행상 필요한 해외여행으로 보지 아니한다.
  - 관광여행의 허가를 얻어 행하는 여행
  - 여행알선업자 등이 행하는 단체여행에 응모하여 행하는 여행
  - 동업자단체, 기타 이에 준하는 단체가 주최하여 행하는 단체여행으로서 주로 관광목적이라고 인정되는 것

• 해외여비의 용인범위(소통 27-55…26, 법통 19-19…25)
  사업자 또는 종업원(임원 또는 사용인)의 해외여행에 있어서 그 해외여행기간에 걸쳐 당해 사업의 업무수행상 필요하다고 인정되는 여행과 인정할 수 없는 여행을 겸한 때에는 그 여행기간 동안 해외여행에 관련하여 지급되는 여비를 법인의 업무수행상 필요하다고 인정되는 여행의 기간과 인정할 수 없는 여행의 기간과의 비에 안분하여 비율에 의해 안분하여 업무수행과 관련없는 여비는 이를 사업자에 대하여는 출자금의 인출로 하며 종업원(임원 또는 사용인)의 여비는 당해 종업원의 급여로 한다. 이 경우 해외여행의 직접 동기가 특정의 거래처와의 상담·계약의 체결 등 업무수행을 위한 것인 때에는 그 해외여행을 기회로 관광을 병행할 경우에 도 왕복교통비(당해 거래처의 소재지 등 그 업무를 수행하는 장소까지의 것에 한함)는 업무수행에 관련된 것으로 본다.

• 해외여행 동반자의 여비처리(소통 27-55…25, 법통 19-19…24)
  사업자 또는 종업원의 업무수행상 필요하다고 인정되는 해외여행에 그 친족 또는 그 업무에 상시 종사하고 있지 아니하는 자를 동반한 경우에 그 동반자와의 여비 를 사업자가 부담하는 때에는 그 여비는 사업자에 대하여는 출자금의 인출로 하

며 종업원에 대하여는 당해 자의 급여로 한다. 다만, 그 동반이 다음에 해당되는 경우와 같이 해외여행의 목적을 달성하기 위하여 필요한 동반이라고 인정되는 때에는 그러하지 아니한다.

- 사업자 또는 종업원이 상시 보좌를 필요로 하는 신체장애인인 경우
- 국제회의의 참석 등에 배우자를 필수적으로 동반하도록 하는 경우
- 여행의 목적을 수행하기 위하여 외국어에 능숙한 자 또는 고도의 전문적 지식을 갖춘 자를 필요로 하는 경우에 그러한 적임자가 종업원 가운데 없기 때문에 임시로 위촉한 자를 동반하는 경우

나. 법인세법상 손비인정

업무와 관련된 해외출장비, 즉 항공요금 및 국외에서 공급받은 재화 또는 용역은 지출증명서류수취대상이 아니므로(법칙 §79 4호, 법인 46012-1366, 2000.6.15.) 실제 지출관련 내역(항공권, 국외 영수증, 여행사 등을 통해 수취한 증빙 등)을 수취하면 된다.

3) 자가운전보조금

① 요건

다음 요건을 충족하는 자가운전보조금은 월 20만원 이내의 금액을 비과세한다(소령 §12 3호).

---

1. 종업원의 소유(본인명의로 임차한 차량 포함)차량일 것
2. 종업원이 직접 운전하여 사용자의 업무수행에 이용할 것
3. 당해 사업체의 규칙 등에 의하여 정하여진 지급기준에 따라 소요경비를 받는 것일 것
4. 시내출장 등에 소요된 실제여비를 받지 않을 것

가. 차량의 범위

차량은 종업원(임원 포함) 소유(본인명의로 임차한 차량 포함)차량이어야 한다.

따라서 타인명의나 공동명의 차량은 당해 종업원의 소유차량에 해당하지 아니하므로 자가운전보조금에 대한 비과세규정을 적용할 수 없으나(원천-688, 2011.10.28.; 서일-327, 2008.3.13.; 서일-58, 2006.1.17.; 서일-98, 2005.1.21.; 서일 46011-10263, 2003.3.6.) 종업원이 부부 공동명의의 차량을 업무수행에 이용하고 실제 여비 대신 지급받는 월 20만원 이내의 자가운전보조금은 비과세된다(재소득-591,

2006.9.20.).

하지만 종업원이 장애인인 어머니와 공동소유한 차량은 해당 종업원의 소유차량에 해당하지 아니하므로 자기차량운전보조금에 대한 비과세규정을 적용할 수 없다(법규소득 2010-338, 2010.11.19.).

또한 자기소유차량 기준을 갖추지 아니하고 단지 출장업무를 수행하였다는 사실만으로는 지급받은 자가운전보조금을 비과세소득으로 보기 어려우며(조심 2012중1901, 2012.10.15.), 차량을 소유하지 않는 종업원에게 지급하는 자가운전보조금도 전액 과세대상 근로소득에 해당한다(소득 46011-392, 1999.11.25.).

비과세되는 실비변상적인 성질의 급여인 자가운전보조금 해당 여부를 적용함에 있어 종업원 소유차량에는 자동차관리법 제3조 제1항에 따른 이륜자동차는 포함되는 것이다(원천세과-2528, 2008.11.14.).

나. 업무수행의 범위

차량을 업무수행에 사용했다는 것을 입증할 차량운행일지의 작성의무는 없다(법인 46013-2615, 1996.9.13.). 다만, 시내출장여비 대신 지급받는 것이 아니고 출퇴근 편의를 위한 종업원차량의 자가운전보조금은 과세대상 근로소득에 해당된다(심사서울 97-44, 1997.2.28.).

다. 여비와의 관계

자가운전보조금과 기타 여비를 동시에 받는 경우 과세 여부는 다음과 같다(소통 12-12…1, 원천-502, 2011.8.18.; 서일-155, 2007.1.25.; 서일-567, 2006.5.1.; 서일-52, 2006.1.16.).

구 분		과세 여부
자가운전보조금을 지급받고 동시에 시내출장여비를 실비정산받는 경우[*1]	자가운전보조금	과세
	시내출장여비	비과세(실비변상적 급여에 한함)
자가운전보조금을 지급받고 동시에 시외출장여비를 실비정산받는 경우	자가운전보조금	비과세(월 20만원 이내)
	시외출장여비	비과세(실비변상적 급여에 한함)[*2]

[*1] 종업원 소유차량으로 사업주의 업무수행에 이용하고 그에 소요된 실제비용을 지급받는 것도 포함한다(제도 46011-11668, 2001.6.23.).
[*2] 자가운전보조금을 지급받는 종업원 등이 본인이 소유하고 있는 차량을 이용하여 시외출장에 사용하고 동 출장과 관련하여 실제 소요된 경비를 사규 등에 의한 지급기준에 의해 실비정산하여 지급받는 금액 또는 여비지급규정에 의해 지급받는 여비로서 출장목적·출장지·출장기간 등을 감안하여 실지 소요되는 비용을 충당할 정도의 범위 내의 금액을 말한다(원천-1030, 2009.12.15.).

라. 자가운전보조금 사용내역

비과세대상 자가운전보조금의 구체적 지출증빙을 갖추지 않더라도 실비변상적인 성질의 급여로 비과세된다(소득 46011－1130, 1995.4.25.).

② 자가운전보조금 비과세 적용사례

가. 시내출장 여비의 일부 또는 전부를 지급받으면서 자가운전보조금 지급 시

비과세대상 자가운전보조금은 시내출장 등에 소요된 실제여비를 받는 대신에 그 소요경비를 당해 사업체의 규칙 등에 의하여 정하여진 지급기준에 따라 받는 금액 중 월 20만원 이내의 금액을 비과세 적용하는 것이다.

따라서 출장여비를 지급받으면서 자가운전보조금을 지급받는 경우 출장여비는 실비변상적인 급여로 비과세하나 해당 자가운전보조금은 비과세 대상에 해당하지 않는다(소령 §12, 소통 12－12…1).

월급여에 자가운전보조금으로 20만원을 지급하여 급여신고를 하고, 실제 업무용 주행거리를 회사규정에 근거하여 킬로미터당 일정액으로 환산하여 실비지급을 하는 경우에도 '종업원이 시내출장 등에 따른 여비를 별도로 지급받으면서 월정액의 자기차량운전보조금을 지급받는 경우'에 해당되어 실제 업무용 주행거리를 회사규정에 근거하여 킬로미터당 일정액으로 환산하여 지급하는 금액은 실비변상적인 급여로 비과세되나 자기운전보조금 20만원은 근로소득에 포함된다.

나. 시외출장 여비를 지급받으면서 자가운전보조금 지급 시

비과세되는 자가운전보조금을 지급받는 근로자의 경우에도 시외출장비를 지급받을 수 있으므로 시외출장비를 지급받는 경우에도 시내출장에 대한 실제비용을 별도 지급받지 않는다면 자가운전보조금에 대해서 비과세한다(서면1팀－52, 2006.1.16.).

다. 일용직근로자의 자가운전보조금 적용 여부

일용근로자에게 근로를 제공하고 사용자로부터 지급받는 식비, 교통비 등 모든 급여는 그 지급방법이나 명칭에 불구하고 일용근로자의 일급여(일당)에 해당하는 것이며, 자가운전보조금의 경우 일용근로자가 업무수행을 위하여 일용근로자의 소유 차량을 일용근로자가 직접 운전하여 사용자의 업무수행에 이용하고 시내출장 등에 소요된 실제여비를 받는 대신에 그 소요경비를 당해 사업체의 규칙 등에 의하여 정하여진 지급기준에 따라 받는 금액 중 월 20만원 이내의 금액은 비과세가 적용된다. 하지만 실제 출장 등 업무수행을 위하여 자기 소유 차량을 사용하지 아니하는 일용근로자에게 일정금액을 자가운전보조금 지원 명목으로 정기적으로 지급하는

경우와 일용근로자의 출퇴근 편의를 위하여 지급하는 교통비는 과세대상 근로소득에 해당된다(법인 46013-1556, 1997.6.11.; 법인 46013-3242, 1996.11.21.).

라. 야간 교통비 지원

정규시간을 초과하여 근무함에 따라 퇴근이 늦어진 직원에게 지급하는 교통비(택시비)는 근로자의 과세대상 근로소득으로 소득세 과세대상에 해당된다. 업무수행을 위해 지급받은 금액외의 교통비 지원액은 비과세가 적용되지 않는다(제도 46011-11668, 2001.6.23.; 법인 46013-3950, 1999.11.11.; 법인 46013-1688, 1995. 6.20.).

마. 차량운행과 관련된 회사 지원

회사로부터 지원받는 내역	비과세 여부
출퇴근 수당 100,000원 지급	근로소득 해당
차량리스료 - 회사 대납	회사명의 리스 - 비과세
	직원명의 리스 - 근로소득
유류대 - 선지출 후 회사에 청구하여 정산	실비변상 성격 비과세
주차비 - 회사가 대납	실비변상 성격 비과세
톨게이트비, 일시주차비 등 - 회사가 대납	실비변상 성격 비과세

🖉 회사로부터 상기의 차량관련 지원을 받으면서 자가운전보조금을 지급되는 금액은 비과세가 적용되지 않는다.

Approach to Field Work 자가운전보조금 비과세적용 시 유의

1. **공동명의 또는 타인명의 차량확인**
   자가운전보조금 월 20만원 비과세는 임직원 본인명의 차량(본인명의 임차 차량 포함)이어야만 비과세되므로 자동차등록증 등 계약서를 확인하여 공동명의(부부 공동명의는 비과세됨) 또는 타인명의인지를 확인하셔야 합니다.

2. **출퇴근용도는 비과세 제외**
   출퇴근용도의 자가운전보조비는 과세되므로 영업부서 또는 각 부서의 팀장급(출퇴근과 업무에 동시 사용)에 대한 자가운전보조비가 비과세됩니다.

3. **시외출장여비를 별도로 지급하는 경우**
   시외출장여비(유류대·톨비 등)가 증빙 등으로 확인 시는 자가운전보조금과 동시에 비과세됩니다.

(2) 교원 · 연구원의 연구보조비 또는 연구활동비

법소정 교원 · 연구원이 받는 연구보조비 또는 연구활동비(이하 "연구보조비 등") 중 월 20만원 이내의 금액은 비과세한다(소령 §12 12호).

1) 학교 등의 교원

① 대상자

유아교육법, 초 · 중등교육법 및 고등교육법에 따른 학교 및 이에 준하는 학교(특별법에 따른 교육기관 포함)의 교원으로 한다(소령 §12 12호). 이때 대학 · 전문대학 및 이에 준하는 교원[총장(학장), 교수, 부교수, 조교수, 전임강사] 해당 여부는 고등교육법의 규정에 의하여 판단한다(원천-314, 2010.4.15.).

사립유치원의 교사로 근무하는 거주자가 유아교육법 제22조 제2항에 따른 자격을 갖춘 경우(자격기준에 따른 정교사 및 준교사) 교원에 해당된다(원천-464, 2009.5.29.).

또한 평생교육법상 원격대학(사이버대학)의 교원은 포함되나(서이 46013-10764, 2002. 4.11.), 산업체 겸임교원은 비과세연구보조비 지급대상 교원에 해당되지 않는다(법인 46013-3357, 1997.12.22.).

교원만 해당되므로 학교 교원이 아닌 사무직원에게 지급하는 연구보조비(유사금액)는 비과세에 해당하지 않는다(소법 집행기준 12-12-7).

② 연구보조비 등

비과세대상 연구보조비 등의 범위를 도표로 요약하여 보면 다음과 같다.

연구보조비	해당 사례
비과세 대 상	1. 교과지도비, 보충수업비 등을 학교운영위원회 예산에 편입하고 연구보조비 지급규정에 의해 지급하는 경우(서일-278, 2005.3.11.) 2. 초 · 중등교육법에 의한 교육기관이 학교운영위원회의 심의를 거쳐 지급하는 연구보조비(재소득-50, 2007.1.22.) 3. 대학 · 전문대학 등의 교원이 기성회 예산으로 지급받거나 국 · 공립대학(기성회가 없는 사립대학)의 교원이 연구보조비 지급규정에 의해 지급받는 연구보조비(법인 46013-756, 1999.2.27.)
과 세 대 상	1. 연구보조비 지급규정 등 합리적 배부기준에 의해 지급하는 것이 아닌 수업시간당 일정한 금액으로 지급하는 경우(서일-278, 2005.3.11.) 2. 대학 등의 교원이 대학 등의 부속병원에 근무함으로써 추가로 지급받는 금액 3. 교육기관이 학생들로부터 받은 방과 후 학교수업료를 수업시간당 일정금액

연구보조비	해당 사례
과 세 대 상	으로 교원에게 지급하는 경우 당해 금액(재소득-484, 2007.8.31.) 4. 방과후 특별활동 교과지도를 하기 위하여 교과지도비(보충수업비)를 학생들로부터 징수하여 학교 운영위원회 예산에 편입하고 교원에게 지급하는 경우 당해 금액(서면1팀-200, 2008.2.12.) 5. 초·중등교육법에 따른 교육기관이 학생들로부터 받은 방과후 학교 수업료를 교원에게 수업시간당 일정금액으로 지급하는 금액(소법 집행기준 12-12-7).

2) 특정연구기관 등

다음에 해당하는 자로 한다(소령 §12 12호).

대 상 자		
연구기관	연구활동에 직접 종사하는 자	해당 연구기관에서 일하는 자 중 다음에 해당하는 자를 제외한 자
특정연구기관육성법의 적용을 받는 연구기관특별법에 의하여 설립된 정부출연연구기관	대학교원에 준하는 자격을 가진 연구원*	1. 연구활동에 직접 종사하는 자(대학교원에 준하는 자격을 가진 자에 한함) 2. 건물의 방호·유지·보수·청소 등 건물의 일상적 관리에 종사하는 자 3. 식사제공 및 차량의 운전에 종사하는 자
지방자치단체출연연구원의설립 및운영에관한법률에 의하여 설립된 지방자치단체출연연구원		

* 전문대학 졸업 이상의 학력을 가진 자를 말한다(법인 46013-435, 1999.2.2.).

3) 중소기업 또는 벤처기업의 기업부설연구소 및 연구개발전담부서

① 대상자

다음에 해당하는 자로 한다(소령 §12 12호).

연구기관	직접 종사하는 자[*1]
기초연구진흥및기술개발지원에관한법률시행령 제16조 제1항 제1호 또는 제3호에 따른 중소기업·벤처기업의 기업부설연구소와 같은조 제2항에 따라 설치하는 연구개발전담부서[*2](중소기업·벤처기업에 설치하는 것에 한정)	자격제한 없음

[*1] 특정연구기관 등의 경우 비과세 대상자는 연구활동에 직접 종사하는 자와 직접적으로 연구활동을 지원하는 자이나, 상기 중소기업·벤처기업의 경우 연구활동에 직접 종사하는 자만 해당됨에 유의한다.
[*2] 연구개발전담부서
해당 부서에 근무하는 연구전담요원을 1명 이상 늘 확보하고 교육과학기술부령으로 정하는 세무기준에 적합한 연구시설을 갖춘 연구개발부서로서 교과부령으로 정하는 사항을 신고하여 교과부장관의 인정을 받은 것

② 연구활동에 직접 종사하는 자의 범위

　가. '연구활동에 직접 종사하는 자'라 함은 연구부서의 구성원 중 연구업무 외의 다른 업무를 병행하지 않고 연구활동만을 수행하는 자를 말하는 것으로 연구부서에서 부서의 관리·기획·지원·보조업무를 담당하는 자는 이에 해당하지 않는다(서일 -207, 2005.2.15.).

　나. 연구부서(연구팀)는 그 구성원이 소속부서의 업무를 떠나 당해 팀의 연구활동에 전념하는 것이나, 연구기관의 장이 연구기관의 업무 전반을 통할하는 것만으로 연구활동에 직접 종사하는 것으로는 볼 수 없다(재소득 46073-123, 1998.8.24.).

　다. 소득세법시행령 제38조 제1항 제8호 규정에 의하여 연구활동에 직접 종사하는 자가 지급받는 연구활동비로서 근로소득에서 제외되는 금액은 해당 연구기관으로 부터 연구활동비 지급규정에 따라 지급받는 금액으로서 동 연구활동비가 당해 연구기관과의 연봉계약서에 포함되어 있는 경우 과세 제외되는 것이며, 이에 해당 하지 아니하는 경우에는 과세대상 근로소득에 해당하는 것임(서일-567, 2006.5.1.).

(3) 기자의 취재수당

기자가 받는 취재수당 중 월 20만원 이내의 금액은 비과세한다(소령 §12 14호).

① 기자의 범위

다음에 해당하는 자를 말한다. 이때 기자에는 해당 언론기업 및 방송법에 따른 방송채널사용사업에 상시 고용되어 취재활동을 하는 논설위원 및 만화가를 포함한다.

> 1. 방송법에 의한 방송을 경영하는 언론기업에 종사하는 기자
> 2. 뉴스통신진흥에관한법률에 따른 뉴스통신을 경영하는 언론기업에 종사하는 기자
> 3. 신문등의진흥에관한법률에 따른 신문*을 경영하는 언론기업에 종사하는 기자
> 4. 방송법에 의한 방송채널사용사업에 종사하는 기자

* 일반일간신문·특수일간신문 및 외국어일간신문 및 인터넷신문을 말하며 당해 신문을 경영하는 기업이 직접 발행하는 정기간행물을 포함한다.

② 비과세 취재수당

상기 '①'의 기자가 취재활동과 관련하여 받는 취재수당 중 월 20만원 이내의 금액을 비과세한다. 다만, 취재수당을 급여에 포함하여 받는 경우에도 월 20만원에 상당하는 금액을 취재수당으로 보아 비과세한다.

일간 인터넷신문을 전자적으로 간행하는 인터넷신문사가 소속기자에게 취재활동과 관련하여 지급하는 취재수당도 포함한다(원천-26, 2009.1.5.; 재소득-183, 2008.12.30.).

(4) 선원법에 의하여 받는 식료

선원법에 의하여 승선 중인 선원에게 공급하는 식료에 대하여는 비과세되는 것이나, 휴가기간 동안에 지급받는 급식비는 포함되지 아니한다(소령 §12 2호, 소통 12-12…2).

비과세되는 식료에는 현물뿐 아니라 현금도 포함하나, 현물과 현금을 동시에 제공하는 경우에는 현물로 제공하는 식료는 비과세되고 현금으로 지급하는 식대는 근로소득에 해당된다(서이 46013-11082, 2002.5.24.; 법인 46013-1570, 2000.7.13.).

(5) 승선수당

선원법의 규정에 의한 선원 중 선장과 해원으로서 '생산직근로자가 받는 야간근로수당 등' 및 '국외근로소득' 비과세규정을 적용받지 않는 자가 받는 월 20만원 이내의 승선수당은 비과세한다. 여기서 선장이라 함은 해원을 지휘·감독하며 선박의 운항관리에 관하여 책임을 지는 선원을 말하며, 해원이라 함은 선박 안에서 근무하는 선장이 아닌 선원을 말한다(소법 §12 10호, 소칙 §6의 3).

하지만 국내·외에서 해저광케이블 설치 및 유지보수 공사업을 경영하는 법인이 해외공사 발생시 국내 사무실 및 국내 공사현장 사무소에서 근무를 하는 선원이 아닌 직원들이 항공편으로 해당 공사지역 국가로 출장하여 회사소유 선박에 승선한 후 해외공사를 수행한 기간에 대하여 해당 직원들에게 지급하는 승선수당과 초과근무수당은 소득세법시행령 제16조 제1항 제1호에 따른 비과세급여에 해당하지 아니하는 것이다(원천-305, 2012.6.1.).

(6) 위험수당 등

경찰 등이 받는 다음의 위험수당은 모두 비과세한다(소법 §12 9호·10호·11호).

구 분	비과세 대상
경찰공무원	함정근무수당·항공수당, 특수분야에 종사하는 경찰공무원이 받는 경찰특수전술업무수당
소방공무원	소방공무원이 받는 함정근무수당(유지항해훈련수당 포함)·항공수당(유지비행훈련수당 포함)·화재진화수당

구 분	비과세 대상
특수분야에 종사하는 군인	낙하산강하위험수당 · 수중파괴작업위험수당 · 잠수부위험수당 · 고전압위험수당 · 폭발물위험수당 · 항공수당(유지비행훈련수당 포함) · 비무장지대근무수당 · 전방초소근무수당 · 함정근무수당(유지항해훈련수당 포함) 및 수륙양용궤도차량승무수당
경호근무원	경호수당
광산근로자	입갱수당 및 발파수당

적용 시 주의할 점은 상기에 열거된 한정된 특수분야에 대해서만 위험수당이 비과세된다는 점이다. 따라서 상기에 열거되지 않는 민간기업의 위험수당은 비과세 적용이 되지 않는다.

(7) 피복 등 지원

다음에 해당하는 경우 비과세근로소득으로 본다(소령 §12 4호 · 8호).

> 1. 병원 · 시험실 · 금융회사 등 · 공장 · 광산에서 근무하는 사람 또는 특수한 작업이나 역무에 종사하는 자가 받는 작업복이나 그 직장에서만 착용하는 피복
> 2. 법령 · 조례에 의하여 제복을 착용하여야 하는 자가 받는 제복 · 제모 및 제화

따라서 직원들에게 지급한 피복이 회사의 마크가 없고 외출복으로도 착용가능한 일반피복(동절기 잠바 및 하절기 티셔츠)의 경우 과세대상 근로소득으로 본다(법인 46013-2331, 1998.8.18.).

(8) 벽지수당

근로자가 법소정 벽지에 근무함으로 인하여 받는 벽지수당 중 월 20만원 이내의 금액은 비과세근로소득으로 본다(소령 §12 15호).

① 벽지의 범위
'법소정 벽지'는 다음 어느 하나에 해당하는 지역을 말한다(소칙 §7).

> 1. 공무원특수지근무수당지급대상지역및기관과그등급별구분에관한규칙 [별표 1] 지역
> 2. 지방공무원특수지근무수당지급대상지역및기관과그등급별구분에관한규칙 [별표 1] 지역

> (1. 벽지지역 및 2. 도서지역 중 군지역의 경우 열거된 면지역 전체를 말함)
> 3. 도서·벽지교육진흥법시행규칙 [별표]의 지역
> 4. 광업법에 의하여 광업권을 지정받아 광구로 등록된 지역
> 5. 소득세법시행규칙 [별표 1]의 의료취약지역(의료법 규정에 의한 의사, 치과의사, 한의사, 조산사, 간호사에 한정)

🖉 벽지의 범위는 부록에 게재되어 있는바 이를 참조하기 바란다.

② 벽지수당의 범위

비과세되는 벽지수당은 다음 요건을 충족하여야 한다(서일 46011-11740, 2003.12.2.).

> 1. 상기 '①'의 벽지에서 근무하는 근로자(의료취약지역은 의료법상 의료인에 한함)가 받는 것일 것
> 2. 내규로 정한 지급규정에 의하여 지급받는 수당일 것
> 3. 본점(주된 사업소 소재지 또는 기타 당해 벽지수당지급 대상지역이 아닌 곳)에서 근무하는 자의 동일직급 일반급여에 추가하여 지급받는 것일 것

비과세되는 벽지수당이란 벽지에 근무하는 근로자가 내규로 정한 지급규정에 의하여 지급받는 수당으로서 당해 수당이 본점에서 근무하는 자의 동일직급 일반급여에 추가하여 지급하는 것인 경우에 한하여 벽지수당으로 보는 것이며(서일 46011-11740, 2003.12.2.), 의료취약지역의 벽지수당 비과세는 의료법 제2조의 의료인(의사, 치과의사, 한의사, 조산사, 간호사)에 한해 적용되는 것이다(원천-595, 2011.9.30.).

따라서 벽지·도서지역에 근무하는 직원에게 실비변상적 성격의 교통비명목으로 지급한 일일 출퇴근금액은 근로소득에 해당한다(서면1팀-1217, 2004.8.31.).

(9) 국가 또는 지방자치단체가 지급하는 다음의 어느 하나에 해당하는 것(소령 §12 13호)

① 영유아보육법시행령 제24조 제1항 제7호에 따른 비용 중 보육교사의 처우개선을 위하여 지급하는 근무환경개선비

🖉 영유아보육법시행령 제24조 제1항 제7호
  ① 법 제36조에 따라 국가 또는 지방자치단체는 예산의 범위에서 다음 각 호의 비용의 전부 또는 일부를 보조한다.
    1. 어린이집의 설치, 증축·개축 및 개수·보수비용
    2. 보육교사 인건비

　3. 교재 · 교구비
　4. 지방보육정보센터의 설치 · 운영비
　5. 보수교육 등 직원 교육훈련비용
　6. 장애아 보육 등 취약보육 실시 비용
　7. 그 밖에 차량운영비 등 보건복지부장관 또는 해당 지방자치단체의 장이 어린이집 운영에 필요
　　하다고 인정하는 비용

② 유아교육법시행령 제32조 제1항 제2호에 따른 사립유치원 수석교사 · 교사의 인건비

③ 전문과목별 전문의의 수급 균형을 유도하기 위하여 전공의(專攻醫)에게 지급하는 수
　련보조수당

(10) 근로자가 천재 · 지변 기타 재해로 인하여 받는 급여

근로자가 천재 · 지변 기타 재해로 인하여 받는 급여는 비과세근로소득으로 본다(소령
§12 16호).

예를 들면, 회사가 집중폭우로 인하여 거주용 주택이 완전침수된 근로자의 생활상 어
려움을 지원하기 위해 이사회의 의결을 거쳐 지급하는 생활보조금은 비과세근로소득이
다(소득 46011 – 2326, 1998.8.18.).

재해구호법 제4조 제2항에 따라 사회복지시설의 종사자가 코호트 격리에 참여하여 지
급받는 금전은 소득세법시행령 제12조 제16호에 따른 실비변상적 성질의 급여로서 비
과세소득에 해당하는 것이다(사전법령소득-0402, 2020.9.10.).

(11) 공공기관의 소속공무원 등에게 지급하는 이전지원금

① 수도권정비계획법 제2조 제1호에 따른 수도권 외의 지역으로 이전하는 국가균형발
　전특별법 제2조 제10호에 따른 공공기관의 소속공무원이나 직원에게 한시적으로
　지급하는 월 20만원 이내의 이전지원금

② 혁신도시로 이전한 공공기관의 임직원이 주택 매입 또는 임대에 따른 대출이자를
　해당 혁신도시로부터 지원받는 경우 혁신도시로부터 지원받은 정주지원금은 근로
　소득으로 본다. 이때 원천징수는 직접 지급하는 공공기관에서 하며 연말정산 시 합
　산한다(서면법령소득-2073, 2016.5.11.).

(12) 기타

① 비과세 소득으로 특별히 규정된 것을 제외하고는 과세대상 근로소득에 해당한다. 따라서 이공계 미취업자인 인턴연수생에게 교통비·중식비 등 실비변상적인 연수수당을 지급하는 인턴연수수당 등의 경우와 같이 비과세 소득으로 특별히 규정되어 있지 않은 것은 과세대상근로소득에 해당된다(서일-808, 2007.6.14.).

② 청년강소기업체험 프로그램 참가자에게 지급한 지원금의 경우 근로계약이 아닌 연수협약에 의해 연수생에게 지급하는 연수수당은 소득세법에서 비과세소득으로 특별히 규정한 것을 제외하고는 근로소득으로 보는 것이다(서면법령소득-367, 2016.7.28.).

2. 복리후생적 급여

소득세법 제12조 제3호 저목에서 규정한 복리후생적 성질의 급여는 다음과 같다(소령 §17의 4, 소칙 §15의 2).

(1) 사택을 제공받음으로써 얻는 이익

1) 비과세 대상자

① 주주 또는 출자자가 아닌 임원

② 소액주주 등인 임원(소액주주 등은 해당 법인과 법인세법상 지배주주 등과 특수관계가 없는 주주 또는 출자자로서 주식총액 또는 출자총액의 1% 미만 보유주주 등을 말함)

③ 임원이 아닌 종업원(비영리법인 또는 개인의 종업원을 포함한다)

④ 국가 또는 지방자치단체로부터 근로소득을 지급받는 사람

2) 사택의 범위

과세제외 대상 사택의 범위는 다음과 같다(소칙 §15의 2, 소법 집행기준 20-38-2).

사택구분	사 유	사택 해당 여부
사용자 소 유	무상 또는 저가로 제공	해당(과세 제외)
	이외	제외(과세)

사택구분		사 유	사택 해당 여부
사용자 임 차	무상	임대차기간 중 종업원 등이 전근·퇴직·이사	
		→ 다른 종업원 등이 당해 사택에 입주	해당(과세 제외)
		→ 종업원 등 중에서 입주희망자가 없는 경우	제외(과세)
		임차주택 계약잔여기간	
		→ 1년 이하로서 임대인이 계약갱신을 거부	제외(과세)
		→ 이외	해당(과세 제외)
		이외	제외(과세)
이외			제외(과세)

이때 사택의 범위 판단 시 다음 사항에 유의한다.

① 사택은 사실상 상시 주거용으로 사용하는 주택을 의미한다.

레지던스 호텔이 이에 해당하는지 여부는 당해 레지던스 호텔의 건물구조, 객실의 규모와 내부설비, 요금의 산정방식 및 수준, 시설의 운영형태, 영업구조, 투숙객의 의무수준 등을 종합하여 사실판단한다(재소득−177, 2011.5.3.). 하지만 호텔은 주택에 해당하지 아니하므로 주주가 아닌 임원 등을 위하여 지급한 호텔임차비용은 근로소득에 해당한다(국제세원−224, 2010.5.6.).

② 해외에 소재하는 주택도 포함되나, 해외근무자가 주택수당을 지급받으면서 임대차 계약의 명의만을 회사로 하는 경우에는 사택에 해당되지 않는다(서일−344, 2005.3. 29.).

③ 근로자 명의로 주택을 임차하거나 공동명의로 임차한 경우 사택에 포함되지 않는다 (소득 46011−758, 2000.7.14.). 또한 내국법인이 사규에 따른 기준금액 내의 임차 보증금은 법인이 부담하고, 기준금액을 초과하는 임차보증금 또는 매월 지급하는 임차료는 종업원이 부담하는 것으로 각각 구분표시하여 법인과 종업원을 공동임차 인으로 하는 임대차계약을 체결하는 경우 근로소득의 과세대상에서 제외되는 사택 의 범위에 해당하지 않는 것이며, 내국법인이 부담하는 임차보증금은 주택임차자금 을 무상으로 대여받음으로써 얻는 이익으로서 근로소득세액의 연말정산 시 총급여 액에 포함하여 정산하는 것이다(법규소득 2012−51, 2012.3.16.).

④ 주택의 규모와 상관없다(재소득 46073−124, 2001.6.20.).

> **저자주**
>
> **외국인근로자에 대한 사택제공이익에 대한 근로소득 합산 여부**
>
> **1. 소득세법 개정내용**
>
> 2021년 소득세법 제17조의 4가 신설되어 2021 과세기간부터 비소액주주임원을 제외한 근로소득이 발생하는 임원, 종업원, 소액주주인 임원 및 외국인에 대하여 회사가 제공하는 사택제공이익은 근로소득에 해당되고(2020년까지는 근로소득으로 보지 않음) 복리후생적인 비과세 근로소득에 해당되도록 소득세법이 개정되었다.
>
> **2. 외국인근로자가 단일세율 과세특례규정을 선택한 경우**
>
> 내국법인에 근무하는 외국인근로자가 조특법 제18조의 2에 따른 단일세율(근로소득의 19%로 소득세를 결정) 과세특례규정을 선택하는 경우 상기 '1.'의 개정세법에 의하면 회사가 제공하는 사택제공이익은 근로소득에 해당되어 19%의 세율을 적용받게 된다.
>
> **3. 소득세법시행령(대통령령 제31442호) 부칙 제19조 제2항의 규정**
>
> 조세특례제한법 제18조의 2에 따른 과세특례를 적용받는 외국인근로자의 2022년 1월 1일 전에 발생한 소득분에 대해서는 소득세법 제17조의 4의 개정규정에도 불구하고 종전의 규정에 따른다고 규정하고 있다. 그러므로 본 부칙규정을 적용하면 외국인근로자에 대하여 회사가 사택을 제공하는 경우 2021년에는 이를 근로소득으로 보지 않으므로 19% 단일세율 적용대상 근로소득에 포함되지 않아 소득세 계산 시 2020년과 동일하게 계산되도록 하고 있다. 또한 2022년 세법개정 시 상기 부칙규정을 개정하여 상기 내용을 2023년까지 과세유예기간을 연장하도록 하였다.

(2) 조세특례제한법시행령 제2조에 따른 중소기업의 종업원이 주택(주택에 부수된 토지를 포함한다)의 구입·임차에 소요되는 자금을 저리 또는 무상으로 대여받음으로써 얻는 이익

(3) 종업원이 계약자이거나 종업원 또는 그 배우자 및 그 밖의 가족을 수익자로 하는 보험·신탁 또는 공제와 관련하여 사용자가 부담하는 보험료·신탁부금 또는 공제부금("보험료등") 중 다음 각 목의 보험료등

① 종업원의 사망·상해 또는 질병을 보험금의 지급사유로 하고 종업원을 피보험자와 수익자로 하는 보험으로서 만기에 납입보험료를 환급하지 않는 보험(이하 "단체순수보장성보험"이라 한다)과 만기에 납입보험료를 초과하지 않는 범위에서 환급하는 보험(이하 "단체환급부보장성보험"이라 한다)의 보험료 중 연 70만원 이하의 금액

② 임직원의 고의(중과실을 포함한다) 외의 업무상 행위로 인한 손해의 배상청구를 보험금의 지급사유로 하고 임직원을 피보험자로 하는 보험의 보험료

(4) 공무원이 국가 또는 지방자치단체로부터 공무 수행과 관련하여 받는 상금과 부상 중 연 240만원 이내의 금액

3. 식사 또는 식사대

회사에서 근로자에게 식사 또는 식사대를 제공할 경우 과세대상 근로소득에 해당 여부는 다음과 같다(소법 §12 3호 러목, 소령 §17의 2, 소통 12-17의 2…1).

구 분		요 건	과세대상 근로소득 판단
식 사 기 타 음식물 제 공	사내급식 또는 이와 유사한 방법	1. 통상적으로 급여에 포함되지 아니하는 것 2. 음식물의 제공 여부로 급여에 차등이 없는 것 3. 사용자가 추가부담으로 제공하는 것	비과세
	식권	1. 기업외부의 음식업자와 식사·기타 음식물 공급계약을 체결 2. 현금으로 환금불가	비과세 (식사 기타 음식물에 해당)
		7 이외	월 20만원 이내 비과세 (식사대에 해당)
식사대 제공			월 20만원 이내 비과세
식사 기타 음식물과 식사대 각각 제공			1. 식사 기타 음식물 비과세 2. 식사대 과세
야근 식대 등		식사 기타 음식물로 제공	비과세
		식대로 제공	과세

New Tax
식사 또는 식사대의 비과세 금액을 20만원으로 인상하고 지급명세서에 기재함

(1) 비과세되는 식사 또는 식사대(지급명세서에 기재 대상) 사례

① 국외근로소득에 대한 비과세를 적용받고 있는 해외파견근로자가 월 20만원 이하의

식사대를 그 사용자인 내국법인으로부터 지급받는 경우 당해 식사대에 대하여는 소득세 비과세를 적용받을 수 있다(원천-616, 2009.7.16.).

② 식사대가 연봉계약서에 포함되어 있고, 회사의 사규 또는 급여지급기준 등에 식사대에 대한 지급기준이 정하여져 있는 경우로서 당해 종업원이 식사 기타 음식물을 제공받지 아니하는 경우에는 비과세되는 식사대에 해당한다(서면1팀-1122, 2006.8.16.).

③ 임직원이 음식업자가 아닌 편의점 및 커피숍에서 사용하는 해당 식권의 금액과 사용자가 교부한 식권이 아닌 경우에는 비과세되는 식사·기타 음식물에 해당하지 않는다. 또한 식권의 사용없이 임직원이 인근식당에 장부를 비치하여 외상으로 식사를 하는 경우에도 비과세되는 식사·기타 음식물에 해당하지 않는다(원천-190, 2011.4.4.).

④ 근로자가 2 이상의 회사에 근무하면서 식사대를 매월 각 회사로부터 중복하여 지급받는 경우에는 각 회사에서 지급받는 식사대를 합한 금액 중 월 20만원 이내의 금액에 대하여 소득세를 과세하지 않는다(소법 집행기준 12-17의 2-1).

⑤ 법인이 종업원의 근무시간을 1일 3교대 근무조로 편성·운영하면서 주간 근무조의 종업원(이하 "현물급여자"라 함)에 대해서는 식사를 제공하고, 야간 근무조의 종업원에게는 현물급여자의 식사의 가액상당액을 식사대로 지급하는 경우 야간 근무조의 종업원이 지급받는 현금(월 20만원 이하에 한함)은 소득세법 제12조 제3호 러목의 비과세 소득에 해당하는 것이다(원천-669, 2010.8.26.).

⑥ 일용근로자에게 근로를 제공하고 사용자로부터 지급받는 식비, 교통비 등 모든 급여는 그 지급방법이나 명칭에 불구하고 일용근로자의 일급여(일당)에 해당하는 것이며, 비과세대상이 되는 식비(식사 또는 식사 기타 음식물을 제공받지 아니하고 지급받는 월 20만원 이하의 식사대 등)는 소득세가 비과세되는 것이다.

(2) 회사에서 구내식당 운영 시

① 회사는 근로자들에게 급여에 10만원을 식대로 지급하고 있으며, 동시에 회사에서 운영하는 사내식당 사용료로 10만원을 공제하는 경우

회사가 추가부담하지 않고 종업원들이 구내식당에서 식사를 하고 이를 부담하는 경우라면 종업원들에게 지급하는 식사대 10만원은 비과세 근로소득에 해당되는 것이다.

하지만 식대 중 일부는 회사가 부담하고 일부는 직원이 부담하는 경우는 '식사·기타 음식물'을 제공하는 것으로 보는 것이므로 종업원들에게 별도로 지급하는 식사대는 비과세 근로소득에 해당하지 않는다.

② 구내식당 식대의 일부만 회사에서 지급하는 경우

회사가 매월 급여지급 시 월 10만원 정액을 전임직원에게 식대 명목으로 구분하여 지급하고, 위탁경영하는 급식업체에 지급하는 식대 중 일부는 직원이 부담하고 일부는 회사에서 지급하는 경우에는 식사·기타 음식물을 제공받고 있는 근로자가 별도로 식사대를 지급받고 있는 것이므로 식사·기타 음식물에 한하여 비과세되는 급여로 본다.

③ 구내식당 등에 대한 충전카드 지급

식사를 제공하지 않는 회사에서 ID카드에 일정금액을 충전하여 식사용역업체에서 운영하는 식당에서 식사를 하거나 편의점에서 판매하는 물품을 구입할 수 있도록 한 경우 식사대는 월 10만원 한도로 비과세되는 것이나, 편의점에서 물품을 구매한 경우 해당 금액은 과세대상 근로소득에 해당하는 것이다. 이 경우 식사대와 물품구입금액이 구분되지 않는 경우 모두 과세대상 근로소득에 해당된다(법인 46013-3165, 1996.11.13.; 법인 46013-3667, 1996.12.30.).

4. 보육수당

근로자 또는 그 배우자의 출산이나 6세 이하(해당 과세기간 개시일을 기준으로 판단)의 자녀의 보육과 관련하여 사용자로부터 지급받는 급여로서 월 10만원 이내의 금액은 비과세된다(소법 §12 3호 머목). 이때 다음 사항에 유의한다.

① 지급규정

보육수당 비과세규정은 회사규정에 출산이나 보육 관련 지급한다는 규정이 있고 그 지급액 중 월 10만원만 비과세 대상이다.

② 6세 이하

6세 이하는 해당 과세기간 개시일을 기준으로 판단하므로 2023년의 경우 2017.1.1. 이후 출생한 자녀를 말한다.

③ 자녀수와 관계없이 월 10만원 한도

가족수당 중 6세 이하의 자녀의 보육과 관련한 급여로서 월 10만원 이내의 금액은 자녀수에 관계없이(자녀당 10만원이 아님) 지급월을 기준으로 10만원 이내의 금액을 비과세한다(서면1팀-567, 2006.5.1.).

④ 근로자당 비과세

동일 직장에서 맞벌이하는 근로자가 6세 이하의 자녀 1인에 대하여 각각 보육수당을 수령하는 경우에는 소득자별로 각각 월 10만원 이내의 금액을 비과세한다.

반대로 근로자가 2 이상의 회사에 근무하면서 6세 이하 자녀보육수당을 매월 각 회사로부터 중복하여 지급받는 경우에는 각 회사의 보육수당 합계금액 중 월 10만원 이내의 금액에 대하여 소득세를 과세하지 않는다.

⑤ 해당 월에 대한 미지급소득을 일시에 지급하는 금액은 해당 월 기준으로 비과세 한도를 적용함(법인 46013-1841, 1997.7.8.)

5. 법소정 학자금(교육비) 지원

(1) 비과세 요건

다음에 해당하는 근로자 본인학자금지원액은 비과세근로소득에 해당한다(소법 §12 3호 아목, 소령 §11).

요 건	해당 사유
대상 교육기관	1. 초·중등교육법 및 고등교육법에 의한 학교(외국 유사한 교육기관 포함) 2. 국민평생직업능력개발법에 의한 직업능력개발훈련시설
대상 교육비	1. 입학금·수업료·수강료 기타 공납금 2. 업무와 관련있는 교육·훈련을 위하여 받을 것 3. 사업체의 규칙 등에 의하여 정하여진 지급기준에 따라 받을 것 4. 교육·훈련기간이 6월 이상인 경우 교육·훈련 후 당해 교육기간을 초과하여 근무하지 않는 경우 지급받은 금액을 반납할 것을 조건으로 하여 받을 것
비과세 한도액	해당 과세기간에 납입할 금액

이때 다음 사항에 유의한다.

① 근로자 본인에 대한 학자금만 비과세 대상이다. 따라서 근로자 본인 외에 자녀학자금지원액은 모두 근로소득 과세대상이다(소령 §38 ① 2호).

② 근로자에는 임원도 포함된다(원천-798, 2009.9.25.).

③ 법소정 대상 교육기관이 아닌 사설 어학원 수강을 지원하는 교육훈련비는 근로소득 과세대상이다(서일-1499, 2004.11.8.).

④ 대학교 교직원의 자녀가 해당 교직원의 재직사실에 기하여 대학교로부터 받는 장학

금·학비면제액은 근로소득 과세대상이다(법인 46013-733, 1997.3.12.).

⑤ 노사협약에 의하여 회사로부터 관련 자금을 보조받은 노사학자금운영위원회(또는 노동조합)로부터 종업원 또는 종업원의 자녀가 지급받는 학자금은 근로소득 과세대 상이다(서일-1418, 2004.10.15.).

비과세되는 학자금의 사례를 요약하면 같다(소법 집행기준 12-11-1).

비과세 학자금	비과세되지 않는 학자금
-대학원에 납입한 학자금 -출자임원에 대한 학자금 -해외 MBA과정에 납입한 교육훈련비	-사설 어학원 수강을 지원하는 교육훈련비 -자치회비 및 교재비 -자녀학자금 -학비보조금(또는 연수비)

(2) 적용사례

회사의 직원이 단기간 해외로 유학(연수)을 가는 데 발생되는 기숙사비, 비행기표, 수업 료 등을 회사에서 부담하는 경우

1) 소득세법상 원천징수 비과세 여부

해외유학(연수) 관련 교육비가 비과세 대상 교육기관에 해당하고, 입학금·수업료·수 강료, 그 밖의 공납금으로서 사업체의 업무와 관련 있고 사업체의 규칙 등에 의하여 정하여진 지급기준에 따라 받는 것이며 교육·훈련기간이 6월 이상인 경우 교육·훈련 후 당해 교육기간을 초과하여 근무하지 아니하는 때에는 지급받은 금액을 반납할 것을 조건으로 하여 받는 것이어야 한다.

반면 해외 어학연수와 관련하여 교육비 등 외에 현지 체재비를 지원하는 경우 여비지 급규정·사규 등의 합리적인 기준 및 사회통념상 일반적으로 용인되는 통상적인 범위 에서 실지 소요되는 비용에 대하여 지급한 사실이 객관적인 증빙에 의하여 확인되는 경우 실비변상적인 급여로 보아 비과세 근로소득에 해당하는 것이나, 업무수행상 필요 하다고 인정되지 아니하는 여비와 업무수행상 필요하다고 인정되는 금액을 초과하는 부분의 금액은 과세대상 근로소득에 해당하는 것이다. 즉 여비로서의 실비변상적 정도 의 비과세 규정을 적용하는 것이다.

① 근로자가 업무와 관련하여 국내 및 해외에 출장할 때 지급받는 여비로서 업무수행 상 통상 필요하다고 인정되는 부분의 금액은 실비변상적인 성질의 급여로 비과세되

는 것이나, 업무수행상 필요하다고 인정되지 아니하는 여비와 업무수행상 필요하다고 인정되는 금액을 초과하는 부분의 금액은 원칙적으로 당해 근로자의 근로소득에 해당하는 것이다(소득 46011-300, 1999.11.3.).

② 해외연수 중인 근로자가 사용자로부터 여비지급규정에 의하여 실비변상 정도에 해당하는 여비·체재비 등으로 지급받는 금액은 소득세 과세대상에서 제외하는 것이다(소득 22601-1061, 1992.5.14.).

2) 법인세법상 손비인정

임직원의 개인적인 능력향상을 위한 것으로 동 임직원이 지급하여야 할 금액을 법인이 대신 부담하고 이를 비용으로 계상한 때에는 손금에 산입되지 않는 것이나, 국외교육비가 법인의 업무와 직접 관련이 있고, 소득세법상 비과세되는 학자금의 범위요건을 갖춘 형식으로 회사 내부규정에 의하여 특정 임직원 등이 아닌 경우로서 불특정 다수의 임직원이 차별없이 훈련·교육할 수 있으며, 해당 교육내용 등이 내부규정에 있다면 학자금에 대해서는 손금으로 산입가능하다.

① 법인의 주주 임원인 자가 국내 대학 등에서 6개월 이상의 장기교육이 필요한 최고경영자과정을 수업하는 경우 당해 수업내용 등으로 보아 주주 임원 개인이 부담할 것을 법인이 대신 부담하는 경우에는 업무무관비용으로 보아 손금에 산입하지 아니하는 것이나, 당해 수업내용이 업무와 관련된 것이고, 소득세법상 비과세 요건을 갖춘 형식으로 회사 내부규정에 의하여 특정임원 등이 아닌 경우에도 차별없이 수업할 수 있는 것으로서 당해 교육내용 등이 사규화되어 있는 경우에는 그러하지 아니하는 것이다. 따라서 법인의 임원이 업무와 관련되거나, 신경영 습득을 위하여 각종 단체에서 주최하는 세미나에 참석하고, 세미나 일반경비에 충당되는 사회통념의 참석비용을 지출하는 경우 그 지출비용은 법인의 손금에 해당하는 것이다(서면2팀-17, 2005.1.3.).

② 법인의 임원 또는 직원의 해외여행과 관련하여 지급하는 경비는 그 해외여행이 당해 법인의 업무수행상 통상 필요하다고 인정되는 부분의 금액에 한하여 손금으로 인정되는 것이다. 즉 이 경우 임원 또는 사용인의 해외여행이 그 여행의 목적·여행지·여행경로·여행기간 등에 비추어 법인의 업무수행상 필요한 것이면 손금으로 인정된다(법인 46012-2608, 1994.9.13.).

6. 법소정 근로장학금

교육기본법 제28조 제1항에 따라 받는 장학금(기초생활수급자 등에 대한 장학금) 중 대학생이 근로를 대가로 지급받는 장학금(고등교육법 제2조 제1호부터 제4호까지의 규정에 따른 대학에 재학하는 대학생에 한함)은 비과세 근로소득에 해당된다(소법 §12 3호 서목).

> ● 교육기본법 제28조 제1항
> 국가와 지방자치단체는 경제적 이유로 교육받기 곤란한 자를 위한 장학제도(장학제도)와 학비보조제도 등을 수립·실시하여야 한다.
>
> ● 고등교육법 제2조 제1호부터 제4호 규정에 따른 대학
> 대학, 산업대학, 교육대학, 전문대학

7. 국외근로소득

국외 또는 남북교류협력에관한법률에 의한 북한지역에서 근로를 제공하고 받는 법소정의 급여는 비과세근로소득으로 본다(소법 §12 3호 거목, 소령 §16).

국외에서 근무를 하고 받는 국외근로소득에 대한 비과세는 다음과 같다(소령 §16).

국외근로소득의 범위	비과세 한도
국외 또는 남북교류협력에관한법률에 따른 북한지역에서 근로하는 근로자	월 100만원
국외 등을 항행하는 항공기의 승무원[1]	
원양어업 선박[2]의 승무원[1]	월 300만원
국외 등을 항행하는 선박의 승무원	
국외 등의 건설현장 등[3]에서 근로하는 근로자(설계·감리업무 포함)	
공무원 등[4]	해당 근로자가 국내에서 근무할 경우에 지급받을 금액상당액을 초과하여 받는 금액 중 실비변상적 성격의 급여로서 외교부장관이 기획재정부장관과 협의하여 고시하는 금액[5]

[1] 승무원
　－해당 선박에 전속되어 있는 의사 및 그 보조원
　－해외기지조업을 하는 원양어업의 경우에는 현장에 주재하는 선박수리공 및 그 사무원

*2 원양어업 선박 : 원양산업발전법에 따라 허가를 받은 원양어업용인 선박을 말한다.

*3 국외 등의 건설현장 등 : 국외 등의 건설공사 현장(신규 및 개보수현장 포함)과 그 건설공사를 위하여 필요한 장비 및 기자재의 구매, 통관, 운반, 보관, 유지·보수 등이 이루어지는 장소를 포함한다.

*4 공무원 등 : 공무원(외무공무원법 제32조에 따른 재외공관 행정직원 포함), 대한무역투자진흥공사법에 따른 대한무역투자진흥공사, 한국관광공사법에 따른 한국관광공사, 한국국제협력단법에 따른 한국국제협력단 및 한국국제보건의료재단법에 따른 한국국제보건의료재단의 국외근로 종사자로 한다.

*5 소득세법시행령 제16조 제1항 제2호의 국외근로자의 비과세급여의 범위 및 금액[외교부고시 제2015 −2호, 2015.3.25.]

　　가. 공무원
　　　• 재외공관에 근무하는 공무원, 공무원수당등에관한규정 제4조 및 지방공무원수당등에관한규정 제3조에 정한 국외파견공무원이 외무공무원법 제21조, 공무원수당등에관한규정, 지방공무원수 당등에관한규정에 근거해 국외 등에서 근무하고 받는 수당의 전액. 다만, 공무원수당등에관한규 정 제14조 및 별표 11의 제4호 가목의 가) 및 나) 표에 규정된 재외근무수당 및 지방공무원에게 지급되는 이에 준하는 수당의 경우 그 지급액에 75%를 곱한 금액

　　나. 대한무역투자진흥공사, 한국관광공사, 한국국제협력단
　　　• 각 기관의 종사자가 사규에 근거해 국외 등에서 근무하고 받는 수당의 전액. 다만, 공무원수당등 에관한규정 제14조 및 별표 11의 제4호 가목의 가) 및 나) 표에 규정된 재외근무수당에 해당되 는 각 기관 수당 지급액의 경우 그 지급액에 75%를 곱한 금액

　　부칙 〈제2015−2호, 2015.3.25.〉
　　이 고시는 공포일이 속하는 과세기간에 지급하는 급여분부터 적용한다.

국외근로소득에 대한 과세방법은 다음과 같다(소통 12−16…4).

구 분	과세(비과세)방법
국외근로소득이 월 100만원을 초과하는 경우	월 100만원을 한도로 공제하고 초과부분은 과세대상 근로소득
해당 월의 국외근로소득*이 월 100만원(또는 300만원) 이하인 경우	그 급여를 한도로 하여 비과세
	그 부족액은 다음 달 이후의 급여에서 이월하여 공제 안됨
국외근무기간이 1월 미만인 경우	1월로 간주

* 당해 월의 국외근로소득에는 당해 월에 귀속하는 국외근로로 인한 상여 등을 포함한다.

국외근로소득에 대한 비과세소득은 다음 사항에 유의한다.

① 국외근로소득에는 그 근로의 대가를 국내에서 받는 경우를 포함한다(소령 §16 ②). 따라서 해당 월에 귀속하는 국외근로로 인한 상여 등도 포함한다(소통 12−16…4).

② 원양어업선박 또는 국외 등을 항행하는 선박이나 항공기에서 근로를 제공하고 보수를 받는 자의 급여는 원양어업선박에 승선하는 승무원이 원양어업에 종사함으로써 받는 급여와 국외 등을 항행하는 선박 또는 항공기의 승무원이 국외 등을 항행하는 기간의 근로에 대하여 받는 급여에 한한다(소령 §16 ③). 이 기간에는 해당 선박이나 항공기가 화물의 적재·하역, 그 밖의 사유로 국내에 일시적으로 체재하는 기간을

포함한다(소칙 §8 ③).

③ 국외 또는 남북교류협력에관한법률에 의한 북한지역에서 근로를 제공하고 받는 보수는 해외 또는 북한지역에 주재하면서 근로를 제공하고 받는 급여를 말하며 출장, 연수 등을 목적으로 출국한 기간 동안의 급여상당액은 국외근로소득으로 보지 아니한다(소통 12-16…1).

④ 원양어선에 승선한 선원이 근로의 대가를 보합금* 등의 방법으로 지급받는 경우에는 그 수입시기(귀속시기)는 그 수입이 확정된 날(확정일 전에 실제 지급받은 금액은 그 받은 날)로 한다. 또한 보합금으로 지급받는 금액을 어로기간의 월수로 나눈 금액을 매월 지급받은 것으로 보아 월 300만원을 비과세한다(소통 12-16…2).

   *보합금 : 배가 한 번 항해를 나가서 얻을 수 있는 총어획고를 기준으로 직급 및 능률에 따라서 일정 비율에 의해서 지급되는 성과급

⑤ 국외에서 근로를 제공할 것을 조건으로 고용된 자의 국내근로소득(ex. 대기기간 급여 등)은 국외근로소득에 포함하지 아니한다(소통 12-16…3).

⑥ 원양어업 선박 또는 외국항행선박이 수리 및 정비 등의 사유로 국내에 체재하는 기간 중 동선박의 승무원으로 고용된 거주자의 국내체재기간에 해당되는 급여는 국외근로소득에 포함한다(소통 12-16…3).

⑦ 내국법인에 고용된 거주자인 외국인근로자가 국외에 파견되어 국외에서 근로를 제공하는 경우에도 국외근로소득을 적용한다(소통 12-16…1).

⑧ 국내업체가 외국회사와의 계약에 따라 국내업체소속 직원을 외국에 파견하여 장비 등의 설치, 가동에 관한 용역을 제공하고 그 대가를 받는 경우 해당 해외파견 직원이 파견기간 중 받는 근로소득은 비과세 대상인 국외근로소득에 해당한다(소통 12-16…1).

⑨ 국외 등의 건설현장 등의 범위

   가. 국외 등의 건설현장 등의 범위

   국외 등의 건설현장 등은 국외 등의 건설공사 현장(신규 및 개보수현장 포함)과 그 건설공사를 위하여 필요한 장비 및 기자재의 구매, 통관, 운반, 보관, 유지·보수 등이 이루어지는 장소를 포함한다(소칙 §8 ②, 원천-72, 2010.1.22.).

   나. 국외 등의 건설현장 등에서 설계 및 감리업무를 수행하는 경우

   국외 등의 건설현장 등에서 설계 및 감리업무를 수행하는 근로자도 국외근로대가 중 월 300만원 이내의 금액을 비과세한다(소령 §16 ① 1호). 만약 국외 건설현장에 파견된 근로자가 감리업무 및 건설현장 지원업무를 동시에 수행하는 경

우에는 건설공사 감리기간 중 감리업무를 수행하고 받는 보수에 대해서만 월 300만원 이내의 금액을 비과세함에 유의한다(원천-447, 2013.8.27.).

다. 국외 등의 건설현장 등에 근로하는 근로자에 해당되지 않는 경우

다음에 해당하는 국외근로자는 국외 등의 건설현장 등에 근로하는 근로자에 해당되지 않으므로 국외근로대가 중 월 100만원 이내의 금액을 비과세한다.

- 정부출연연구기관의 연구원인 거주자가 국외 등의 건설현장에서 원자력기계, 원자력가동중검사 및 원자력구조 분야에 대한 공인검사원 또는 공인검사감독원으로서 근로를 제공하고 받는 보수(법규소득 2013-46, 2013.2.8.)
- 해외지사에서 근무하는 거주자가 국외 등의 건설현장 등을 위한 영업업무, 인사노무업무, 자재관리업무, 재무회계업무, 기타 공통사무업무 등에 종사하고 받는 보수(서면법규-1552, 2012.12.28.)
- 거주자가 국외 등의 건설현장 등에서 한국표준직업분류에 따른 조리 및 음식서비스직에 종사하여 근로를 제공하고 받는 보수(서면법규-1236, 2012.10.25.; 서면법규-1235, 2012.10.25.)

라. 국외 등의 건설현장 등에서 관리업무를 수행하는 경우

국외 건설현장에서 근로를 제공하고 받는 보수의 경우에 관리업무 등을 수행하는 직원의 경우 월 300만원의 비과세를 적용한다(서면법령소득-3569, 2021.5.6.).

저자주

국외 등의 건설현장 등에서 근로하는 근로자에 대한 월 300만원 비과세 적용대상에 관리직 직원이 포함되느냐에 대한 많은 논란이 있었으나 상기 유권해석에서 근로의 정의에 관리직 직원이 제공하는 근로도 당연히 포함된다고 판단하여 건설현장 등에 근무하는 조건을 충족하는 모든 관리직 직원(조리 및 음식서비스 직원도 포함)도 월 300만원의 비과세를 적용받을 수 있게 되었음.

⑩ 북한지역 근로자 : 남북사이의 소득에 대한 이중과세방지 합의서

가. 개성공단 근로자

개성공단(북한지역)에서 일을 하는 근로자는 급여 중 100만원은 국외근로로 비과세로 되나 나머지 금액에 대해서는 소득세를 납부한다. 그러나 '남북사이의 소득에 대한 이중과세방지 합의서' 제15조 및 제22조에 의해 북한지역에서 183일을 넘는 등의 경우에 해당되면 북한에서 과세할 수 있으며, 북한에서 과세하는 경우에는 해당 합의서에 따라 우리나라에서는 면제되는 것이다. 국내에

서 세금이 면제되므로 국외근로소득에 대한 비과세를 적용할 필요가 없으며, 소득세를 과세하지 않는다.

나. 금강산 근로자

내국법인의 파견근로자가 북측에서 근로를 제공하고 지급받는 급여에 대하여 북측의 금강산관광지구법 등 별도의 면세규정에 의하여 북측세금을 감면 또는 면제받는 경우 동 내국법인은 '남북사이의 소득에 대한 이중과세방지 합의서' 제22조의 규정에 따라 소득세를 원천징수하지 않는 것이다(서이-583, 2008. 4.1.).

다. 이자, 배당, 사용료 소득

'남북사이의 소득에 대한 이중과세방지 합의서' 제22조 제1항 후단에서 규정하는 이자, 배당금, 사용료에 대해서는 세액공제방식으로 이중과세를 방지하는 것이며, 그 외의 소득에 대해서는 소득면제방식으로 이중과세를 방지하는 것이다. 또한 동 합의서 제22조 제2항의 규정은 세액공제방식이 적용되는 이자, 배당, 사용료에 대해서만 적용되는 것이다(서일-53, 2006.1.17.).

● [남북사이의 소득에 대한 이중과세방지 합의서] 제15조 종속적 인적용역

1. 일방의 거주자가 상대방에서 고용의 대가로 받은 급여 및 이와 유사한 보수에 대한 세금은 상대방에서 부과할 수 있다.

2. 일방의 거주자가 상대방에서 고용과 관련하여 지급받은 보수에 대한 세금은 다음의 경우 일방에서만 부과한다.

　가. 수취인이 12개월 중 한 번 또는 여러 번에 걸쳐 상대방에 183일 이하 체류하는 경우

　나. 보수가 상대방에 거주하지 않는 고용주나 그를 대신하여 지불되는 경우

　다. 보수가 상대방에 가지고 있는 고정사업장 또는 고정시설에 의하여 지불되지 않는 경우

3. 제1항과 제2항에 관계없이 일방의 기업이 남북 사이에 운영하는 자동차, 열차, 배, 비행기에 의한 수송에 종사하여 얻은 보수에 대한 세금은 그 일방에서만 부과한다.

4. 일방의 거주자가 상대방에서 일방의 당국을 위하여 수행하는 용역과 관련하여 지급받은 급료, 임금 및 기타 유사한 보수에 대한 세금은 일방에서만 부과한다.

● [남북사이의 소득에 대한 이중과세방지 합의서] 제22조 이중과세방지방법

1. 일방은 자기 지역의 거주자가 상대방에서 얻은 소득에 대하여 세금을 납부하였거나 납부하여야 할 경우 일방에서는 그 소득에 대한 세금을 면제한다. 그러나 이자, 배당금, 사용료에 대하여는 상대방에서 납부하였거나 납부하여야 할 세액만큼 일방의 세액에서 공제할 수 있다.

2. 일방은 자기 지역의 거주자가 상대방에서 얻은 소득에 대한 세금을 법이나 기타 조치에 따라 감면 또는 면제받았을 경우 세금을 전부 납부한 것으로 인정한다.

● **예규 및 판례**

▶▶ 국내에서 출항하여 국외를 항행한 후 당일 국내로 입항하는 외국항행선박의 선원이 지급받는 급여는 국외근로자의 비과세급여에 해당하지 아니함(법규소득 2012-276, 2012.7.13.).

▶▶ 국외근로자 중 해외건설공사현장에서 직접 건설공사를 지원하는 업무와 그 건설공사를 위하여 필요한 장비 및 기자재의 구매, 통관, 운반, 보관, 유지·보수 등이 이루어지는 장소에서 업무를 수행하고 지급받는 보수는 소득세를 과세하지 아니하는 것임(원천-607, 2011.9.30.).

▶▶ 국외근로자의 비과세급여의 범위를 적용함에 있어 해외건설공사현장이 아닌 국외의 다른 장소에서 설계업무를 하는 근로자는 월 100만원의 비과세를 적용받는 것임(원천-670, 2010.8.26.).

▶▶ 외국의 선원이 국내국적의 원양어선에서 근로를 제공하고 받는 보수의 경우 우리나라 거주자가 아닌 경우에는 '국외근로자의 비과세급여'에 해당하지 않음(국제세원-2111, 2008.11.5.; 서이 46017-11548, 2002.8.20.; 재국조 46017-124, 1995.8.17.).

▶▶ 한국현지법인에 근무하는 한국직원이 해외계열사의 요청에 따라 해외계열사가 수행하는 전략컨설팅프로젝트에 참여하여 급여를 받는 경우 국외근로소득에 해당함(서면1팀-553, 2008.4.22.; 법인 46013-812, 1997.3.21.; 재소득 46073-75, 2003.5.29.).

02

8. 생산직근로자가 받는 야간근로수당 등

생산직 및 그 관련직에 종사하는 근로자로서 급여수준 및 직종 등을 감안한 법소정 근로자가 법소정 연장근로·야간근로 또는 휴일근로를 하여 받는 급여 중 연 240만원(광산근로자 및 일용근로자는 전액)은 비과세한다(소법 §12 3호 더목, 소령 §17).

(1) 대상 근로자

비과세대상 근로자는 월정액급여 210만원 이하로서 직전 과세기간의 총급여가 3,000만원 이하인 근로자(일용근로자 포함한다. 신규입사자는 3,000만원 이하로 본다. 또한 재취업자는 직전연도 근로소득 원천징수영수증의 총급여로 판단하며 연환산하지 않음)로서 다음에 해당하는 자를 말한다(소령 §17 ①, 소칙 §9). 다만, '월정액급여'는 아래 '(2)'에서 별도로 살펴보기로 한다.

소득세법시행규칙 [별표 2] 생산직 및 관련직의 범위는 다음과 같다.

직종			한국표준 직업분류번호
연번	대분류	중분류, 소분류 또는 세분류	
1	서비스 종사자	돌봄 서비스직	4211
		미용 관련 서비스직	422
		여가 및 관광 서비스직	4321
		숙박시설 서비스직	4322
		조리 및 음식 서비스직	44
2	판매 종사자	매장 판매 및 상품 대여직	52
		통신 관련 판매직	531
3	기능원 및 관련 기능 종사자	식품가공 관련 기능직	71
		섬유 · 의복 및 가죽 관련 기능직	72
		목재 · 가구 · 악기 및 간판 관련 기능직	73
		금속 성형 관련 기능직	74
		운송 및 기계 관련 기능직	75
		전기 및 전자 관련 기능직	76
		정보 통신 및 방송장비 관련 기능직	77
		건설 및 채굴 관련 기능직	78
		기타 기능 관련직	79
4	장치 · 기계 조작 및 조립 종사자	식품가공 관련 기계 조작직	81
		섬유 및 신발 관련 기계 조작직	82
		화학 관련 기계 조작직	83
		금속 및 비금속 관련 기계 조작직	84
		기계 제조 및 관련 기계 조작직	85
		전기 및 전자 관련 기계 조작직	86
		운전 및 운송 관련직	87
		상하수도 및 재활용 처리 관련 기계 조작직	88
		목재 · 인쇄 및 기타 기계 조작직	89
5	단순노무 종사자	건설 및 광업 관련 단순 노무직	91
		운송 관련 단순 노무직	92
		제조 관련 단순 노무직	93
		청소 및 경비 관련 단순 노무직	94
		가사 · 음식 및 판매 관련 단순 노무직	95
		농림 · 어업 및 기타 서비스 단순 노무직	99

✎ 위 표의 한국표준직업분류번호는 통계청 고시 제2017-191호(2017. 7. 3.) 한국표준직업분류에 따른 분류번호로서 2단위 분류번호(44, 52, 71, 72, 73, 74, 75, 76, 77, 78, 79, 81, 82, 83, 84, 85, 86, 87, 88, 89, 91, 92, 93, 94, 95, 99)는 중분류 직종, 3단위 분류번호(422, 531)는 소분류 직종, 4단위 분류번호(4211, 4321, 4322)는 세분류 직종의 분류번호임.

② 대상근로자의 적용 시 주의할 사항은 다음과 같다.

공장이라 함은 제조시설 및 그 부대시설을 갖추고 한국표준산업분류상의 제조업을 영위하기 위한 사업장을 말하는 것이므로 건설업체 등의 직원으로서 공장의 제조·생산시설의 설치 또는 유지·보수용역을 제공하는 자는 이에 포함하지 아니한다. 건설업을 경영하는 업체의 건설현장에서 근로를 제공하는 일용근로자는 '공장에서 근로를 제공하는 자'에 해당하지 않으므로 동 건설일용근로자에게 지급되는 야간근로수당 등은 비과세하지 않는다.

생산직근로자의 범위에는 제조업을 경영하는 자로부터 제조공정의 일부를 도급받아 용역을 제공하는 '소사장제' 업체에 고용되어 공장에서 생산직에 종사하는 근로자도 포함된다(소통 12-17…1).

> #### 🔵 예규 및 판례
>
> ▶▶ 지하철의 승강장스크린도어 설치현장에서 근로를 제공하는 일용근로자는 소득세법시행령 제17조 제1항 제1호에 규정하고 있는 '공장 또는 광산에서 근로를 제공하는 자'에 해당하지 아니하므로 동 설치현장의 일용근로자에게 지급되는 연장시간근로·야간근로 또는 휴일근로로 인하여 받는 급여는 과세대상 근로소득에 해당하는 것임(원천-651, 2011.10.12.; 재소득-501, 2007.9.1.; 소통 12-17…1).
>
> ▶▶ 의약품을 도매하는 법인의 근로자 중 창고에서 상품 입출고 과정에 종사하는 직원과 약국에 의약품을 배송하는 직원의 연장시간 근로수당에 대하여는 소득세법 제12조 제3호 더목에 따른 생산직근로자가 받는 야간근로수당 등의 비과세를 적용할 수 없는 것임(법규소득 2011-384, 2011.9.28.).
>
> ▶▶ 당해 사업장에 고용되거나 파견된 근로자로서 제조·생산활동에 참여하여 근로를 제공하는 자는 포함되는 것이나, 그 외 건설업체 등의 직원으로서 당해 공장의 제조·생산시설의 설치 또는 당해 시설의 유지·보수 용역을 제공하는 자는 포함되지 아니함(서면1팀-122, 2006.1.31.).
>
> ▶▶ 사업자가 발주자의 사업장 내에서 발주자로부터 공장기계시설 및 자재를 제공받아 자기의 책임하에 제조하여 주고 대가를 받는 소사장제의 경우는 제조업에 해당되며, 이러한 소사장제 업체에 고용되어 공장에서 생산직에 종사하는 근로자도 포함됨(서면1팀-367, 2007.3.16.; 소득 46011-21009, 2000.7.18.).
>
> ▶▶ 야간근로수당 등이 비과세되는 생산직 근로자란 제조업 또는 광업을 영위하는 자에게 고용된 자만을 말하는 것 아니라 공장 또는 광산에서 소정의 직종에 종사하는 근로자로 함(소득 46011-234, 1999.10.25.).
>
> ▶▶ 택배물 상하차 업무를 수행하는 근로자가 한국표준직업분류 상 중분류 코드 92의 운송 관련 단순 노무직에 종사하는 자에 해당하는 경우에는 그 근로자가 연장근로·야간근로 또는 휴일근로를 하여 받는 급여에 대해 소득세법 제12조 제3호에 따라 비과세하는 것임(사전법령해석소득-618, 2019.11.11.).

(2) 월정액급여

비과세근로소득 대상 근로자를 판단하기 위한 '월정액급여'는 다음과 같이 한다(소령 §17 ① · ④).

> 월정액급여=①－②－③－④
> ① 매월 직급별로 받는 봉급 · 급료 · 보수 · 임금 · 수당 그 밖에 이와 유사한 성질의 급여
> ② 당해 연도 중에 받는 상여 등 부정기적인 급여
> ③ 실비변상적, 복리후생적 성질의 비과세 근로소득(소령 §12)
> ④ 근로기준법상 연장시간근로 · 야간근로 또는 휴일근로로 인하여 통상임금에 가산하여 받는 급여 및 선원법에 의하여 받는 생산수당(비율급으로 받는 경우에는 월고정급을 초과하는 비율급)

① 매월 직급별로 받는 봉급 · 급료 · 보수 · 임금 · 수당 그 밖에 이와 유사한 성질의 급여

국민건강보험법 등에 의하여 사용자[*]가 부담하는 부담금은 야간근로수당 등이 비과세되는 생산직근로자의 월정액급여 산정 시 포함되지 아니한다(원천－581, 2010. 7. 16.; 원천－848, 2009. 10. 15.).

[*] 사용자란 사업주 또는 사업경영 담당자, 그 밖에 근로자에 관한 사항에 대하여 사업주를 위하여 행위하는 자를 말한다(근로기준법 §2 ① 2호).

근로자의 퇴직으로 그 퇴직하는 달의 근무일수가 1월 미만인 경우 월정액급여는 당해 근로자가 실제로 지급받는 금액(월단위로 환산하지 않음)으로 한다(원천－706, 2009. 8. 28.).

② 당해 연도 중에 받는 상여 등 부정기적인 급여

생산직근로자의 월정액급여에는 부정기적으로 받는 연 · 월차수당은 포함되지 아니하나 통상적으로 매월 지급되는 급여에 해당하는 때에는 월정액급여의 범위에 포함(서면 1팀－1040, 2006. 7. 25.)된다. 즉 근로자가 연장시간근로 · 휴일근로 등으로 인하여 지급받는 특근수당 · 잔업수당 등은 급여액의 크기가 매월 변동되더라도 매월 계산되는 급여항목인 경우에는 월정액급여에 포함한다(소통 12－17…2).

이를 구체적으로 살펴보면 다음과 같다.

정기적인 급여(월정급여액 포함)	부정기적 급여(월정급여액 제외)
연간상여금 지급총액을 급여 지급 시에 매월 분할하여 지급받는 경우(소통 12－17…2)	상여금을 분기별로 지급하는 경우(법인 22601－670, 1991. 4. 2.)
해당 연도 중 3개월을 제외한 나머지 9개월	연봉제를 실시하고 있는 법인이 일정한 기준에

정기적인 급여(월정급여액 포함)	부정기적 급여(월정급여액 제외)
동안 정기적으로 매월 지급되는 상여금(소득 46011−20015, 2000.7.15.)	의하여 매월 종업원의 업무성과를 평가하고 그 결과에 따라 실적 우수자를 별도로 선정하여 성과급상여금 지급약정에 의하여 상여금을 지급하는 경우(소득 46011−607, 2000.5.30.)
정기적으로 지급받는 연·월차수당을 포함한 각종 수당	부정기적으로 지급받는 연·월차수당을 포함한 각종 수당

③ 실비변상적 성질의 비과세 근로소득

소득세법시행령 제12조에 의한 실비변상적 성질의 급여를 말한다.

④ 비과세대상 수당 등

생산직근로자가 받는 비과세대상 수당 등의 기준이 되는 월정급여액을 판단함에는 해당 비과세대상 수당 등이 제외하여야 한다.

이러한 비과세대상 수당 등은 근로기준법상 연장시간근로[1]·야간근로[2] 또는 휴일근로로 인하여 통상임금[3]에 가산하여 받는 급여 및 선원법에 의하여 받는 생산수당(비율급으로 받는 경우에는 월고정급을 초과하는 비율급)을 말한다(소령 §17 ①, 서면1팀−1040, 2006.7.25.).

[1] 근로기준법상 연장·야간 및 휴일근로(제56조)
☑근로기준법 제53조(연장근로의 제한)
① 당사자 간에 합의하면 1주간에 12시간을 한도로 근로시간을 연장할 수 있다.
② 당사자 간에 합의하면 1주간에 12시간을 한도로 근로시간을 연장할 수 있고, 선택적근로시간제의 정산기간을 평균하여 1주간에 12시간을 초과하지 아니하는 범위에서 선택적 근로시간제의 근로시간을 연장할 수 있다.
③ 사용자는 특별한 사정이 있으면 고용노동부장관의 인가와 근로자의 동의를 받아 제1항과 제2항의 근로시간을 연장할 수 있다. 다만, 사태가 급박하여 고용노동부장관의 인가를 받을 시간이 없는 경우에는 사후에 지체없이 승인을 받아야 한다.
④ 고용노동부장관은 제3항에 따른 근로시간의 연장이 부적당하다고 인정하면 그 후 연장시간에 상당하는 휴게시간이나 휴일을 줄 것을 명할 수 있다.
☑근로기준법 제58조(근로시간계산의 특례)
① 근로자가 출장이나 그 밖의 사유로 근로시간의 전부 또는 일부를 사업장 밖에서 근로하여 근로시간을 산정하기 어려운 경우에는 소정근로시간을 근로한 것으로 본다. 다만, 그 업무를 수행하기 위하여 통상적으로 소정근로시간을 초과하여 근로할 필요가 있는 경우에는 그 업무의 수행에 통상 필요한 시간을 근로한 것으로 본다.
② 제1항 단서에도 불구하고 그 업무에 관하여 근로자대표와의 서면합의를 한 경우에는 그 합의에서 정하는 시간을 그 업무의 수행에 통상 필요한 시간으로 본다.
③ 업무의 성질에 비추어 업무수행방법을 근로자의 재량에 위임할 필요가 있는 업무로서 대통령령으로 정하는 업무는 사용자가 근로자대표와 서면합의로 정한 시간을 근로한 것으로 본다. 이 경우 그 서면합의에는 다음 각 호의 사항을 명시하여야 한다.
1. 대상 업무

2. 사용자가 업무의 수행 수단 및 시간 배분 등에 관하여 근로자에게 구체적인 지시를 하지 아니한다는 내용

3. 근로시간의 산정은 그 서면합의로 정하는 바에 따른다는 내용

☑근로기준법 제59조(근로시간 및 휴게시간의 특례)

다음 각 호의 어느 하나에 해당하는 사업에 대하여 사용자가 근로자대표와 서면합의를 한 경우에는 제53조 제1항에 따른 주(週) 12시간을 초과하여 연장근로를 하게 하거나 제54조에 따른 휴게시간을 변경할 수 있다.

1. 운수업, 물품 판매 및 보관업, 금융보험업
2. 영화 제작 및 흥행업, 통신업, 교육연구 및 조사 사업, 광고업
3. 의료 및 위생 사업, 접객업, 소각 및 청소업, 이용업
4. 그 밖에 공중의 편의 또는 업무의 특성상 필요한 경우로서 대통령령으로 정하는 사업

*2 야간근로 : 오후 10시부터 오전 6시까지 사이의 근로

*3 근통상임금 : 근로자에게 정기적이고 일률적으로 소정(所定)근로 또는 총근로에 대하여 지급하기로 정한 시간급 금액, 일급 금액, 주급 금액, 월급 금액 또는 도급 금액을 말한다(근로기준법시행령 §6 ①).

(3) 비과세 한도

상기 요건을 모두 충족하는 생산직근로자가 받는 야간근로수당 등은 다음과 같이 비과세한다(소령 §17 ②).

구 분	근로자	비과세 한도
근로기준법에 의한 연장 · 야간 · 휴일근로수당	광산근로자, 일용근로자	전액
	이외 근로자	연 240만원
선원의 생산수당	연 240만원	

이때 월정액급여가 210만원 이하인 달의 수당만 비과세함에 유의한다.

9. 각종 법령에 따라 사용자가 부담하는 부담금

국민건강보험법 · 고용보험법 또는 노인장기요양보험법에 따라 국가 · 지방자치단체 또는 사용자가 부담하는 부담금은 비과세근로소득으로 본다(소법 §12 3호 너목).

이때 국민건강보험법 및 고용보험법에 의하여 사용자가 부담하는 주주 또는 출자자인 임원의 보험료료도 비과세소득에 포함된다(소통 12-0…2).

상기 부담금에 국민연금에 대한 사용자부담금이 포함되어 있지 않은 것은 2013년부터 국민연금사용자부담금을 근로소득으로 보지 않음에 기인한다. 즉 처음부터 근로소득으로 보지 않으므로 비과세로 규정할 필요가 없기 때문이다.

일반적인 4대보험의 부담주체 및 요율은 다음과 같다.

구 분	근로자	사용자	합계
국민연금 등	4.50%	4.50%	9.00%
건강보험	3.545%	3.545%	7.09%
장기요양보험	0.454%	0.454%	건강보험료의 0.9082%
고용보험	0.9%	0.9%	1.8%
산재보험	–	0.7%~18.6%	0.7%~18.6%
부담금 처리	국민연금÷연금보험료 (전액)공제 건강보험(장기요양보험) : 보험료 (전액)공제 고용보험÷보험료 (전액)공제	사용자 부담금 : 비과세[*]	–

* 단, 근로자 부담분을 사용자가 부담하는 경우 : 근로소득에 해당됨

중점사항 – 4대보험 직장가입자 적용대상

구 분		국민연금 (영 §2 · §8 · §63)	건강보험 (영 §9)	고용보험 (영 §3)	산재보험
적용대상자		근로소득자	근로소득자	근로자	근로자
적용여부	나이제한	만 18세 미만 만 60세 이상	제한없음	제한없음[*1]	제한없음
	단시간근로자 제외	월 소정근로시간 60시간 미만이면서 근무일수가 8일 미만인 경우[*2]	월 소정근로시간 60시간 미만	월 소정근로시간 60시간 미만[*3]	제한없음
	이중근로자	각각 가입[*4]	각각 가입	소득이 높은 한 곳에서 가입	각각 가입
	외국인근로자	국적과 체류 자격에 따라 상이	원칙적으로 적용	원칙적으로 미적용[*5]	원칙적으로 적용
	비상근임원	적용[*6]	적용 제외	적용 제외	적용 제외
	대표의 배우자	적용	적용	적용 제외	적용 제외
	대표의 친족	적용	적용	적용[*7]	적용[*8]
	휴직자	적용 제외	적용 제외[*9]	적용 제외	적용 제외

*1 단, 만65세 이상 신규입사자는 고용보험 중 실업급여 미적용
*2 단, 3개월 이상 계속 근로하고, 근로자가 가입을 희망하는 경우 적용. 8일 기준은 공단의 행정공문(2016년 7월) 근거임.
*3 단, 생계를 목적으로 3월 이상 계속 근로 시 적용
*4 국민연금은 하한선 280,000원 · 상한선 4,340,000원임. 이중근로자는 양 직장 급여비례로 부과함.
*5 단, 체류자격이 F-2(거주), F-5(영주), F-6(결혼이민)의 경우에는 의무가입

*6 단, 월 고정급이 아닌 회의비 형태로 지급받는 경우에는 적용 제외
*7 단, 동거하는 경우 등 생계를 같이하여 사실상 근로자로 볼 수 없는 경우에는 적용 제외
*8 단, 동거하는 경우 등 생계를 같이하여 사실상 근로자로 볼 수 없는 경우에는 적용 제외
*9 단, 복직 시 휴직기간의 보험료를 일괄 부과

국내의 외국인투자기업에 파견된 주재원(소득세법상 거주자 해당)이 외투기업으로부터 받는 급여에 대한 소득세·지방소득세·건강보험료(이하 "소득세 등"이라 함)를 외국의 모기업이 부담하기로 한 경우 당해 모기업이 부담한 소득세 등은 당해 주재원의 근로소득에 해당하는 것이며, 소득세 등을 당해 주재원의 근로소득에 포함함으로 인하여 추가로 과세되는 소득세를 외국의 모기업이 재차 부담하는 경우에는 그 재차부담금액도 당해 주재원의 근로소득에 포함된다(서면1팀 – 272, 2007.2.22., 소통 20 – 0…4).

국내사업장에 근무하는 외국인근로자가 본국의 법에 따라 본국에서 납부하는 건강보험료를 국내 고용회사가 납부하는 경우 동 사용자 부담금은 해당 외국인근로자의 근로소득에 해당하나, 외국과의 사회보장협정에 따라 면제하는 경우에는 비과세한다(원천 – 173, 2011.3.28.).

유의할 점은 국외근로자를 위하여 법인의 비용으로 지급하는 건강보험료(해당 국가의 의무부담분 포함), 의료비, 자녀학자금은 소득세법 제20조의 근로소득에 해당하는 것이며, 동 국외근로자가 비과세를 받을 수 있는 금액은 국외근로소득에 대한 비과세이다(원천 – 707, 2011.11.2.).

10. 위자 성질의 급여

근로자가 질병, 사망, 실업 등의 사유가 발생한 경우 관련법에 따라 위자 성질의 급여를 지급받게 되는데, 다음에 해당하는 경우 당해 급여를 비과세근로소득으로 본다(소법 §12 3호 다목~사목).

근거법령(지급자)	지급받는 자	비과세근로소득
산업재해보상법	수급권자 (근로자)	요양급여·휴업급여·장해급여·간병급여·유족급여·유족특별급여·장해특별급여 및 장의비
근로기준법	근로자 or 유족	요양보상금·휴업보상금·상병보상금·일시보상금·장해보상금·유족보상금·행방불명보상금·소지품유실보상금·장의비 및 장제비
선원법	선원 or 유족	

근거법령(지급자)	지급받는 자	비과세근로소득
고용보험법	근로자	실업급여, 육아휴직급여 및 출산후휴가(배우자 출산휴가 포함)급여
제대군인지원법	제대군인	전직지원금
국가공무원법 지방공무원법 사립학교교직원연금법 별정우체국법	공무원 or 근로자	육아휴직수당
국민연금법	유족	사망에 의한 반환일시금 · 사망일시금
공무원연금법 군인연금법 사립학교교직원연금법 별정우체국법	근로자 or 유족	요양비 · 요양일시금 · 장해보상금 · 사망조위금 · 사망보상금 · 유족보상금 · 유족일시금 · 유족연금일시금 · 유족연금부가금 · 유족연금특별부가금 · 재해부조금 · 재해보상금 및 신체 · 정신상의 장해 · 질병으로 휴직기간 중 받는 급여
회사	근로자 or 유족	근로의 제공으로 인한 부상 · 질병 또는 사망으로 받는 배상 · 보상 또는 위자의 성질이 있는 급여

비과세대상인 위자 성질의 급여는 크게 두 가지로 구분한다.

첫째, 상기 표에서 언급한 산업재해보상법, 근로기준법 등 관련법령에 근거하여 지급하는 것이다. 따라서 해당 근거법 외의 기준에 따른 지급이나, 또는 상기 법령에 따른 지급액의 범위를 초과하는 급여는 근로소득에 해당한다(원천-203, 2009.3. 16.; 서면1팀-935, 2005.7.28.).

① 근로자가 산업재해로 부상을 당하여 휴직기간 중 회사로부터 받은 급여와 산업재해보상보험법에 의한 휴업급여를 상계하는 경우 산업재해보상보험으로부터 받은 휴업급여에 대하여는 소득세법 제12조 제4호 다목의 규정에 의하여 근로소득세를 비과세하는 것이다(재소득-74, 2003.12.24.).

② 거주자가 근로기준법 제46조에 따라 지급받는 휴업수당은 소득세 과세대상 근로소득에 해당하는 것이다(원천-624, 2010.7.29.).

③ 근로기준법에 따른 임산부의 보호휴가 기간 중 사용자가 지급하는 산전후휴가 급여 등은 과세대상 근로소득에 해당하는 것이나, 고용보험법에 따라 지급되는 산전후휴가 급여는 비과세소득에 해당하는 것이다(원천-624, 2010.7.29.).

④ 공무원연금법 · 군인연금법 · 사립학교교직원 연금법 또는 별정우체국법에 의한 공

02

무상 또는 직무상의 신체·정신상의 장해·질병으로 인한 휴직기간의 급여는 비과세하는 것이나 지방공무원법에 의한 신체·정신상의 장애로 휴직기간 중에 받는 급여는 비과세에 해당하지 아니한다(원천-203, 2009.3.16.).

⑤ 고용보험법 제21조 제1항 후단에 따라 사업주가 무급휴업·휴직을 실시하고 동법에 근거하여 정부가 근로자에게 직접 지급하는 고용유지지원금은 소득세 과세대상에 해당하지 않는다(기획재정부 소득세제과-407, 2020.8.5.).

⑥ 사학연금법을 적용받는 사립학교 사무직원이 학교법인 내부규정에 따라 받는 육아휴직수당은 소득세법 제12조 제3호 마목(사학연금법을 적용받는 사람이 관련 법령에 따라 받는 육아휴직수당은 비과세임)에 따른 비과세소득에 해당하지 않는다(법제처-22-612, 2022.12.19.).

둘째, 상기 근거법령에 근거한 지급과는 별개로서 근로의 제공으로 인한 부상·질병 또는 사망을 원인으로 회사로부터 받는 배상·보상 또는 위자 성질의 급여이다.

① 사내 외주업체의 직원을 피보험자로 단체보험에 가입한 법인이 업무 중에 사망으로 보험회사로부터 수령한 사망보험금을 해당 외주업체 직원의 유족에게 지급하는 경우 그 유족이 지급받는 사망보험금상당액은 소득세 과세대상소득에 해당하지 아니하는 것이다(소득-190, 2011.2.25.).

② 거주자가 근로의 제공으로 인한 사망과 관련하여 소속회사의 퇴직급여지급규정에 따라 그 유족이 지급받는 배상·보상 또는 위자료 성질이 있는 급여는 비과세소득에 해당한다(원천-244, 2010.3.17.).

③ 근로의 제공으로 인한 부상·질병 또는 사망과 관련하여 근로자나 그 유족이 지급받는 배상·보상 또는 위자료의 성질이 있는 급여는 일시금이나 연금형태로 지급받는 것과 관계없이 소득세가 비과세되는 것이나, 근로자의 업무와 관계없는 질병 등으로 인하여 지급받는 급여는 소득세가 과세되는 것이다(서면1팀-1276, 2004.9.17.).

④ 소득세 과세대상 근로소득은 급여의 명칭여하에 불구하고 근로의 제공으로 인하여 받는 모든 급여에서 소득세법상 열거된 비과세근로소득(근로소득으로 보지 않는 소득 포함)만을 제외하는 것이므로 노사 간 단체협약에 의하여 업무 외의 원인으로 인한 부상·질병 등으로 휴직한 자가 받는 급여 및 업무상 부상 등으로 요양 중에 있는 자가 산업재해보상보험법에 의한 휴업급여 등과는 별도로 매월 지급받는 생계보조금(위자료의 성질이 있는 급여 제외)은 과세대상 근로소득에 해당하는 것이다(법인

46013-1262, 1997.5.6.; 서이 46013-11035, 2002.5.15.).

⑤ 고용보험법에 따라 산전후휴가 급여를 사업자가 근로자에게 미리 지급하고 대위신청한 금액은 비과세 소득에 해당하며 산전후휴가일이 수입시기이다(원천-695, 2010.9.6.).

⑥ 「코로나19 지역고용대응 등 특별지원사업」으로 국가 및 지방자치단체에서 영세사업장 무급휴직 노동자, 특수형태근로종사자·프리랜서 등의 고용·생활안정지원을 위해 직접 지급하는 지원금은 소득세 과세대상에 해당하지 않는 것이다(사전법령소득-0413, 2020.11.19.).

11. 주택 관련 지원

(1) 사택제공이익

상기 '2. (1) 1)'에 해당하지 않는 소액주주 등(주식 또는 출자총액의 1% 미만 보유주주 등)이 아닌 주주·출자자인 임원이 사택을 제공받는 이익은 근로소득에 해당한다(소령 §38 ① 6호).

1) 주택(사택)임차자금 대여금

주택(사택)임차자금 대여금에 대해서 종전에는 종업원 명의로 임차한 주택은 사택의 범위에 해당하지 아니하므로 동 금전 대여액은 부당행위계산부인규정의 적용대상에 해당된다(서면2팀-269, 2008.2.12.)고 적용하였으나, 유권해석이 변경되어 원거리 근무 종사원에게 대여하는 사택보조금은 그 실질에 있어서는 사택의 제공과 동일시할 수 있으므로 부당행위계산부인규정이 적용되지 않는(법인세제세-166, 2008.5.28.) 것으로 국세청 해석이 변경되고, 대법원 판례 역시 사택보조금의 지급이 사택의 제공에 갈음하여 행하여진 것으로서 그 실질이 사택의 제공과 동일하므로 사택보조금의 지급이 건전한 사회통념이나 상관행에 비추어 경제적 합리성을 결한 비정상적인 거래로 볼 수 없으므로 부당행위계산부인규정 적용대상이 아니다(대법원 2007두16813, 2010.1.28.)고 변경되었다.

① 내국법인이 종업원에게 임차사택을 제공함에 있어 사규에 따른 기준금액 내의 임차보증금은 법인이 부담하고, 기준금액을 초과하는 임차보증금 또는 매월 지급하는

임차료는 종업원이 부담하는 것으로 각각 구분표시하여 법인과 종업원을 공동임차인으로 하는 임대차계약을 체결하는 경우 내국법인이 부담하는 임차보증금은 법인세법 제52조의 부당행위계산 부인규정을 적용하지 아니하는 것이다. 한편, 종업원이 선정한 임차주택이 사규로 정한 주택규모를 초과하여 내국법인이 해당 종업원에게 연 3%의 이자를 부과하는 경우 해당주택은 같은 법 시행규칙 제42조의 3에 따른 임차사택에 해당하지 아니하는 것으로 부당행위계산 부인규정이 적용되는 것이다(법규법인 2011-535, 2011.12.29.).

② 근무지 이전으로 인한 사택임차차입금 질의회신

   (질의)

   • 회사는 사업부문의 일부를 제주첨단과학기술단지에 입주할 계획에 있으며 이에 따라 서울에서 근무하는 직원의 상당수가 제주도에 근무할 예정이다.

   • 여러 가지 이유로 제주에서 근무함에 따라 직원들이 겪을 것으로 예상되는 고충 중 주거문제를 해소함과 더불어 제주로 이전하는 직원들의 복지를 향상시킴으로써 직원들의 제주 근무를 장려하고자 제주로 이전하여 근무하게 되는 모든 직원들에게 사택을 제공하고자 한다.

   • 그러나 제주의 주택상황 및 사택 임차계약의 한계 등으로 모든 직원에게 사택을 제공하기가 어려울 것으로 예상되는바, 당사는 부득이하게 사택을 제공받지 못하는 직원들을 위하여 사택제공에 준하는 주거지원제도를 함께 운영할 것을 고려 중에 있다.

당사가 고려 중인 주거지원제도

구 분	내 용
사택	대상 : 제주에 연고가 없는 직원으로 제주에 주택을 소유하지 않은 자
	방법 : 회사소유 사택 또는 임차 사택을 무상으로 제공
주택 자금 대출	대상 : 사택 제공의 대상이 되는 직원으로서 사택을 제공받지 못한 자
	방법 : 일정 한도 내에서 주택구입자금 또는 전세자금을 무이자 대출
	세무처리 : 인정상여(급여) 계산하여 연말정산 시 반영
주택 수당	대상 : 사택제공의 대상이 되는 직원으로서 사택, 주택자금대출을 제공받지 못한 자
	방법 : 매월 기혼자 80만원(미혼자 50만원) 현금 수당 지급
	세무처리 : 매월 급여에 포함하여 원천징수

(질의내용)

당사가 사택을 제공받지 못하는 직원을 위하여 주택자금대출 및 주택수당제도를 운영하는 경우에도 사택을 제공받은 직원이 얻은 이익에 대해 근로소득에서 제외되는지 여부

(회신)

이전대상 종업원 중 일부가 사택을 제공받지 못하더라도 사택을 제공받는 종업원이 얻는 이익은 근로소득에서 제외하는 것이다(원천-720, 2011.11.11.).

③ 내국법인이 법 소정의 사택을 법인이 직접 임차하여 주주가 아닌 임원(소액주주 임원은 포함) 및 사용인에게 무상제공하는 경우에는 부당행위계산부인대상이 아니나 주택임차자금을 무상대여하는 것은 부당행위계산부인대상이다(법인-839, 2011.10. 28.; 법인-1411, 2009.12.21.).

2) 사택제공이익

사택을 제공함에 따른 이익은 다음과 같이 계산한다(법령 §89 · §11, 법칙 §6).

> 사택제공이익＝주택제공시가－주택제공에 따른 회사수령액
> 주택제공시가＝(당해 자산 시가×50%－수령한 전세금 또는 보증금)×정기예금이자율(2.9%)

● 예규 및 판례

▶▶ 1. 내국법인이 사규에 따른 기준금액 내의 임차보증금은 법인이 부담하고, 기준금액을 초과하는 임차보증금 또는 매월 지급하는 임차료는 종업원이 부담하는 것으로 각각 구분 표시하여 법인과 종업원을 공동임차인으로 하는 임대차계약을 체결하는 경우 근로소득의 과세대상에서 제외되는 사택의 범위에 해당하지 않는 것이며, 내국법인이 부담하는 임차보증금은 주택임차자금을 무상으로 대여받음으로써 얻는 이익으로서 소득세법 제137조에 따라 근로소득세액의 연말정산 시 총급여액에 포함하여 정산하는 것임(법규소득 2012-51, 2012.3.16.).
   2. 법인이 임차하여 대표이사에게 제공한 아파트 관련 임대료 등을 업무무관 비용으로 보아 손금불산입함과 동시에 부당행위계산부인(익금산입)규정을 적용하여 과세한 처분은 적법함(조심 2017전1349, 2017.6.1.).
   3. 법인이 취득한 부동산을 최대주주에게 저가로 임대시(사택으로 사용) 부동산의 유지관리비 등은 손금불산입·상여처분은 타당하나 부동산 취득자금의 가지급금처리 및 업무무관부동산 해당 판단은 옳지 않음(대법원 2014두43301, 2017.8.29.).

> **Approach to Field Work**　비소액주주(소액주주 등이 아닌) 임원에 대한 사택제공 시 과세
>
> 실무상 소액주주 등이 아닌 비소액주주 임원에게 회사가 사택제공 시 소득세 과세대상은 다음과 같습니다.
> 1. 사택 유지관리비용 법인세법상 손금불산입·상여 소득처분(⑮ 인정상여로 과세)
>   법인세법상 비소액주주 임원에 대해 제공된 사택의 유지관리비용은 손금불산입항목에 해당하며 해당 임원의 상여로 소득처분됩니다.
> 2. 적정임대료를 미수취시 부당행위계산부인규정에 따라 익금산입·상여 소득처분
>   다음의 적정임대료보다 낮은 임대료를 수취 시 차액분에 대해 익금산입·상여로 소득처분합니다.
>   • 적정임대료＝(해당 자산시가×50%－수령한 보증금)×2.9%

(2) 주택 관련 대여금

종업원이 주택(주택에 부수된 토지를 포함)의 구입·임차에 소요되는 자금을 저리 또는 무상으로 대여받음으로써 얻는 이익은 과세대상 근로소득에 해당된다. 단, 조세특례제한법시행령 제2조에 따른 중소기업(중소기업기본법상 중소기업이 아닌 법인세계산 시의 중소기업을 말함)의 종업원이 대여받음으로써 얻는 이익은 비과세근로소득에 해당된다(소령 §38 ① 7호, 소령 §17의 4 2호).

회사와 종업원(특수관계자 간)의 거래(주택 관련 대여)로 인하여 각각의 소득에 대한 조세의 부담을 부당히 감소시키는 거래(자금을 저리 또는 무상으로 대여로 인한 소득 감소 및 조세부담 감소)는 부당행위계산의 부인이라 한다. 즉 이러한 거래를 부당한 거래로 보아 그 행위 또는 소득금액의 계산을 부인하는 것이다.

따라서 상기의 부당행위계산 부인에 해당하는 경우 해당 거래가격(금전대여의 경우 금리)을 부인함에 따라 세법에서 적정가격(금리)을 제시하고 있으며 이러한 기준이 '제2절 Ⅰ. 4. 근로소득의 계산'에서 언급한 법인세법시행령 제89조 및 법인세법시행규칙 제43조의 규정이다.

이를 요약하면 다음과 같다.

구 분	소 득	조세부담	소득금액 계산	세무조정
법인	이자소득 감소	법인세 감소	대여금 적수×{적정이자율 －무상(or 저리)}÷365(366)	익금산입
종업원	근로소득 감소	소득세 감소		소득처분 (인정상여)

참고로 상기와 같이 계산된 주택 관련 대여금에 대한 근로소득금액의 수입시기(귀속시

기)는 근로를 제공한 날이며, 지급시기(의제)는 법인세 신고기한이다. 따라서 12월 결산법인의 경우 연말정산시점에 상기 금액을 포함하여 계산하여 근로소득 지급명세서에도 포함하여야 한다.

12. 보험료 지원

(1) 단체순수보장성보험료

1) 의미

종업원의 사망 · 상해 또는 질병을 보험금의 지급사유로 하고 종업원을 피보험자와 수익자로 하는 만기에 납입보험료를 환급하지 아니하는 보험의 보험료를 말한다.

저자주 보험용어

용 어	의 미	비과세 요건
보험계약자[1]	보험회사에 계약을 신청하고 보험료 납입의무를 지는 자	회사
피보험자	생명이 담보로 되어 있는, 즉 보험사고 발생의 대상이 자	종업원[2]
보험수익자	보험사고가 발생 시 보험금의 청구권을 갖고 있는 자	

[1] 보험계약자는 보통 자기를 위한 보험계약을 하지만 타인을 위하여 보험을 가입하는 경우도 있다. 자기를 위한 보험계약은 보험계약자와 피보험자가 동일한 경우를 말하며, 타인을 위한 보험계약은 보험계약자와 피보험자가 다른 경우이다. 이런 경우에 타인에 대해서는 반드시 보험가입에 대한 동의를 자필서명으로 받아야 유효하다.
[2] 만기수익자(중도해지 수익자 포함)가 법인인 경우에는 종업원의 근로소득 과세 여부와는 무관하며, 보험료 납입 시 회사의 자산 또는 수수료로 처리하며 보험사고 발생 시 보험수령액과 지급액을 각각 수익(익금) 및 비용(손금)으로 처리한다.

2) 비과세근로소득에 해당하는 경우

① 단체순수보장성보험료 중 연 70만원 이하의 금액(소령 §17의 4 3호 가목)
② 주피보험자를 사용인으로 하고 종피보험자를 사용인의 가족으로 하는 경우에도 사용인에 해당하는 보험료(주피보험자분) 중 70만원 이하의 금액(서일-489, 2004.3. 30.)
③ 종업원의 범위에 임원이 포함됨(소득 46011-20007, 2000.7.14.)

3) 근로소득에 해당하는 경우

연 70만원을 초과하는 단체순수보장성보험료

(2) 단체환급부보장성보험료

1) 의미

종업원의 사망·상해 또는 질병을 보험금의 지급사유로 하고 종업원을 피보험자와 수익자로 하는 만기에 납입보험료를 초과하지 아니하는 범위 안에서 환급하는 보험의 보험료를 말한다.

2) 비과세근로소득에 해당하는 경우

① 납입보험료

단체환급부보장성보험료 중 연 70만원 이하의 금액은 근로소득으로 보지 아니하나, 초과금액은 근로소득에 해당된다(소령 §17의 4 3호 가목).

② 환급금

계약기간 만료 전 또는 만기에 종업원에게 귀속되는 단체환급부보장성보험의 환급금중 다음의 금액은 과세대상 근로소득에 해당된다(소령 §38 ① 16호, 서일−921, 2004. 7.7.).

$$\text{과세대상 근로소득}^{*} = \text{환급금} \times \frac{\text{납입보험료 중 연 70만원 이하 금액의 합계액}}{\text{납입보험료 합계액}}$$

* 단체환급부보장성보험의 보험료 1,000,000원을 납입하여 환급금이 800,000원인 경우

보험료 납입	근로소득 구분	환급금	계 산	근로소득 구분
1,000,000	700,000 (근로소득 ×)	800,000	$800,000 \times \dfrac{700,000}{1,000,000} = 560,000$	근로소득 ○
	300,000 (근로소득 ○)		$800,000 \times \dfrac{300,000}{1,000,000} = 240,000$	근로소득 ×

(3) 그 외 근로소득으로 보지 않는 보험료

① 임직원에 대한 손해배상책임보험료

임직원의 고의·중과실 외의 업무상 행위로 인한 손해의 배상청구를 보험금의 지급사유로 하고 임직원을 피보험자로 하는 보험의 보험료는 비과세근로소득에 해당된다(소령 §17의 4 3호 나목).

② 선원의 재해보상을 위한 보험료

선원법에 의한 선원의 재해보상을 위하여 선박소유자가 자기를 보험계약자 및 수익자로 하고 선원을 피보험자로 한 보험의 보험료는 근로소득으로 보지 아니한다(소통 20 - 38…1).

③ 임원 퇴직으로 계약자 및 수익자를 임원으로 변경하는 경우

법인이 계약자 및 수익자를 법인으로, 임원을 피보험자로 하는 보험(이하 '저축성보험')에 가입하고, 임원 퇴직 시 저축성보험의 계약자 및 수익자를 법인에서 피보험자인 퇴직임원으로 변경하는 경우 법인이 부담한 저축성보험(임원퇴직당시 저축성보험의 평가액)은 퇴직임원의 퇴직소득에 해당한다. 다만, 저축성보험 평가액을 포함한 임원의 퇴직소득이 과도하여 법인세법 제52조(부당행위계산의 부인)가 적용되는 경우에는 해당 규정이 적용되지 않는 범위 내에서만 퇴직소득에 해당하며, 이를 초과하는 금액은 근로소득에 해당한다(재소득 - 109, 2011.3.28.).

13. 경조금 등

사업자가 그 종업원에게 지급한 경조금 중 사회통념상 타당하다고 인정되는 범위 내의 금액은 이를 지급받은 자의 근로소득으로 보지 아니한다(소칙 §10 ①).

① 경조금의 범위

'경조금'은 일반적으로 관혼상제(冠婚喪祭), 즉 본인의 결혼이나 부모님의 사망 등의 사유로 지급되는 금액을 말한다.

② 사회통념상 타당하다고 인정되는 범위

'사회통념상 타당하다고 인정되는 범위'는 경조사비지급규정, 경조사 내용, 법인의 지급능력, 종업원의 직위·연봉 등을 종합적으로 감안하여 사실 판단한다(법인 46012 -

339, 2003.5.23.).

따라서 명절 선물, 출산보조금, 생일축하금, 집들이 선물, 돌잔치 등은 모두 근로소득에 해당된다(법인 46013-1378, 1993.5.14.; 소득 22601-2015, 1987.8.6.; 원천-296, 2009.4.9.; 서일-118, 2004.10.15.).

14. 출퇴근비 지원

종업원이 출·퇴근을 위하여 차량을 제공받는 경우 운임에 상당하는 금액은 근로소득으로 보지 않는다. 즉 이와 관련된 비용은 회사의 경비로 처리한다.

다만, 종업원이 출퇴근의 편의를 위하여 지급받는 출퇴근보조비는 과세대상 근로소득에 해당하며(서일-298, 2008.3.6.), 퇴근보조비에는 야간근무 종업원에 대하여 지급되는 차비보조금도 포함된다(법인 46013-3950, 1999.11.11.).

15. 사내근로복지기금 보조금 등

근로복지기본법(구 사내근로복지기금법)에 의한 사내근로복지기금이 사내근로자인 종업원에게 노동부장관으로부터 인가된 동 기금의 용도사업 수행으로 인해 지급하는 보조금은 당해 종원원의 근로소득으로 보지 아니한다(원천-363, 2010.4.29.; 소득 46011-3280, 1995.8.18.).

따라서 사내근로복지기금법인의 사업(근로복지기본법 제64조)에 의해 지급받은 다음의 보조금은 근로소득에 해당되지 않는다.

① 정관에 정한 목적사업에 따라 지원하는 경우(서일 46011-11333, 2003.9.22.)

② 사내근로복지기금의 수익금에서 지급받는 의료비 보조금(소득 46011-2366, 1993. 8.11.)

③ 사내근로복지기금으로부터 지급받는 학자금(서일-1522, 2004.11.11.)

④ 우리사주 주식매입자금 지원금(서일-500, 2004.3.31.)

⑤ 협력업체 근로자 등을 기금의 수혜대상에 포함(기금 정관에 명시)하여 기념품을 지급하는 경우 당해 기념품(서일-1484, 2005.12.2.)

⑥ 자사주 취득자금에 대한 대출이자 등을 지원받는 경우 그 이익(서일-677, 2005. 6.15.)

⑦ 주택의 신축·구입 또는 임차자금의 보조, 생활안정자금 등을 저리로 대부받음으로 써 얻는 이익(소득 46011-680, 1999.2.24.; 소득 46011-1073, 1998.4.28.)

> **중점사항** – 근로복지기본법 제64조에 의한 사내근로복지기금법인의 사업
> 1. 주택구입자금 등의 보조, 우리사주 구입의 지원 등 근로자 재산형성을 위한 지원
> 2. 장학금·재난구호금의 지급, 그 밖에 근로자의 생활원조
> 3. 모성보호 및 일과 가정생활의 양립을 위하여 필요한 비용 지원
> 4. 기금법인 운영을 위한 경비지급
> 5. 근로복지시설로서 고용노동부령으로 정하는 시설에 대한 출자·출연 또는 같은 시설의 구입·설치 및 운영
> 6. 해당 사업으로부터 직접 도급받는 업체의 소속근로자 및 해당 사업에의 파견근로자의 복리후생 증진
> 7. 사용자가 임금 및 그 밖의 법령에 따라 근로자에게 지급할 의무가 있는 것 외에 대통령령으로 정하는 사업

16. 부임수당(이사비 지원) 등

종업원에게 지급하는 부임수당은 회사의 경비(여비교통비)로 처리하며, 그 수당 중 이주에 소요되는 비용을 초과하는 부분은 근로소득으로 본다(소통 27-55…6).

① 전근하는 종업원이 지급받는 부임수당 중 이사에 소요되는 비용상당액은 과세대상 근로소득에 해당하지 않는 것이나 이사에 소요되는 비용상당액을 초과하는 부분과 숙박비 등 명목으로 지급받은 금액은 근로소득에 해당한다(서일-1212, 2005.10. 10.; 법인 46013-673, 1999.2.22.).

② 해외지점근무자를 국내로 전보발령 시 실제 이사 소요 비용상당액은 근로소득에 해당하지 않는다(법인 22601-390, 1991.2.27.).

③ 사택의 축소로 인하여 이주하는 종업원이 지급받는 이사보조금은 근로소득에 해당한다(서일-1362, 2004.10.5.).

17. 공로금(포상금) 등

종업원이 회사로부터 받는 여러 공로금 등은 근로소득으로 과세된다(소령 §38 ① 2호). 이에는 다음과 같은 것이 있다.

① 업무실적 우수근로자에 대한 포상성격의 해외여행경비지원액(서이 – 45, 2005.1.6.)

② 근무부서별로 지급된 포상금을 부서직원별로 배분한 경우 당해 포상금(서일 – 118, 2007.1.19.; 소득 46011 – 2332, 1994.8.18.)

③ 근로자가 기본급여 이외에 광고유치 또는 판매실적 등에 따라 사용자로부터 추가로 지급받는 수당·장려금(소득 1264 – 4444, 1982.12.28.; 소득 22601 – 395, 1985.2.6.)

④ 제품 제조사가 대리점과의 사전 합의에 따라 제품별 판매실적에 따른 장려금으로 대리점 소속직원에게 직접 지급하는 상품권(서일 – 259, 2007.2.21.)

18. 주식매수선택권(Stock Option) 행사이익

(1) 근로소득에 해당하는 경우

법인의 임원 또는 종업원이 해당 법인 또는 당해 법인과 법인세법시행령 제2조 제5항에 따른 특수관계에 있는 법인으로부터 부여받은 주식매수선택권을 해당 법인 등에서 근무하는 기간 중 행사함으로써 얻은 이익은 근로소득(행사일이 속한 과세기간의 소득, 소득 46011 – 191, 2000.2.9.)에 해당한다. 이때 주식에는 신주인수권을 포함하며(소령 §38 ① 17호), 주식매수선택권 행사이익은 지급대상기간이 없는 상여금으로 보아 당해 회사에서 원천징수한다(서일 – 504, 2006.4.21.).

> 행사이익＝주식매수선택권 행사당시의 시가 – 실제 매수가액(행사가격)

비상장법인의 행사 당시 시가는 법인세법시행령 제89조를 준용하여 계산한다(사전법령 소득 – 1128, 2021.8.18.).

1) 법인세법시행령 제2조 제5항 특수관계에 있는 법인

① 임원의 임면권의 행사, 사업방침의 결정 등 당해 법인의 경영에 대하여 사실상 영향력을 행사하고 있다고 인정되는 자(상법 제401조의 2 제1항의 규정에 의하여 이사로 보는 자를 포함)와 그 친족

② 법인세법시행령 제50조 제2항에 따른 소액주주 등이 아닌 주주 또는 출자자(비소액주주 등)와 그 친족

　＊소액주주란 발행주식총수 또는 출자총액의 100분의 1에 미달하는 주식 또는 출자지분을 소유한 주주

등(해당 법인의 국가, 지방자치단체가 아닌 지배주주 등의 특수관계인인 자는 제외).

지배주주 등이란 법인의 발행주식총수 또는 출자총액의 100분의 1 이상의 주식 또는 출자지분을 소유한 주주 등으로서 그와 특수관계에 있는 자와의 소유주식 또는 출자지분의 합계가 해당 법인의 주주 등 중 가장 많은 경우의 해당 주주 등을 말한다.

③ 다음에 해당하는 자 및 이들과 생계를 함께하는 친족

　　가. 법인의 임원·직원 또는 비소액주주 등의 직원(비소액주주 등의 영리법인인 경우에는 그 임원을, 비영리법인인 경우에는 그 이사 및 설립자를 말함)

　　나. 법인 또는 비소액주주 등의 금전이나 그 밖의 자산에 의하여 생계를 유지하는 자

④ 해당 법인이 직접 또는 그와 '①'부터 '③'까지의 관계에 있는 자를 통하여 어느 법인의 경영에 대하여 지배적인 영향력을 행사*하고 있는 경우 그 법인

⑤ 해당 법인이 직접 또는 그와 '①'부터 '④'까지의 관계에 있는 자를 통하여 어느 법인의 경영에 대하여 지배적인 영향력을 행사*하고 있는 경우 그 법인

> *지배적인 영향력 행사 여부(국기령 §1의 2 ④)
>
> 다음 요건에 해당하는 경우 해당 법인의 경영에 대하여 지배적인 영향력을 행사하고 있는 것으로 본다.
>
> 　1. 영리법인인 경우
>
> 　　가. 법인의 발행주식총수 또는 출자총액의 100분의 30 이상을 출자한 경우
>
> 　　나. 임원의 임면권의 행사, 사업방침의 결정 등 법인의 경영에 대하여 사실상 영향력을 행사하고 있다고 인정되는 경우
>
> 　2. 비영리법인인 경우
>
> 　　가. 법인의 이사의 과반수를 차지하는 경우
>
> 　　나. 법인의 출연재산(설립을 위한 출연재산만 해당)의 100분의 30 이상을 출연하고 그 중 1인이 설립자인 경우

⑥ 해당 법인에 100분의 30 이상을 출자하고 있는 법인에 100분의 30 이상을 출자하고 있는 법인이나 개인

⑦ 해당 법인이 독점규제및공정거래에관한법률에 의한 기업집단에 속하는 법인인 경우 그 기업집단에 소속된 다른 계열회사 및 그 계열회사의 임원

● 예규 및 판례

▶▶ 외국기업 국내지점의 종업원이 해당 지점으로부터 급여의 일부를 해외 모법인의 국외상장주식(일정기한까지 양도가 제한된 주식)으로 지급받는 경우 당해 종업원의 근로소득인 주식의 가액은 해당 주식을 지급받은 날의 시가로 하는 것임(원천-1085, 2009.12.30.).

▶▶ 국내자회사의 고용계약에 의하여 (고용관계가 없는)외국모회사로부터 부여받은 주식매수선택권의 행사이익은 근로의 제공에 따라 발생된 (종전) 을종근로소득에 해당됨(대법원 2007두1415, 2007.10.25.; 국심 2004구94, 2004.5.12.).

02

2) 기타소득 또는 사업소득 해당 주식매수선택권행사이익

퇴직 전에 부여받은 주식매수선택권을 퇴직 후에 행사하거나 고용관계 없이 주식매수선택권을 부여받아 이를 행사함으로써 얻는 이익은 기타소득에 해당한다(소법 §21 ① 22호). 따라서 법인의 임원 또는 종업원이 당해 법인 또는 당해 법인과 특수관계에 있는 법인으로부터 부여받은 주식매수선택권을 당해 법인 등에서 근무하는 기간 중 행사함으로써 얻은 이익은 근로소득에 해당하고, 고용관계 없이 독립된 자격으로 용역을 제공하고 그 대가로 부여받은 주식매수선택권을 행사하여 얻는 이익은 사업소득에 해당하며, 소득세법 제21조 제1항 제22호에 따라 퇴직 전에 임원이 부여받은 주식매수선택권을 퇴직 후에 행사함으로써 얻는 이익은 기타소득에 해당하는 것이다(원천－687, 2011.10. 28.; 서면1팀－504, 2006.4.21.; 서면1팀－462, 2007.4.10.).

이때 필요경비가 인정되지 않으므로 기타소득 해당액에 소득세 20%(지방소득세 2% 별도)를 원천징수한다.

중점사항 － 주식매수선택권 행사당시 시가의 정의

소득세법시행령 제38조 제1항 제17호의 규정에 따라 법인의 임직원이 부여받은 주식매수선택권의 행사이익은 근로소득에 해당되는바 다음 사항에 유의하여야 한다.

1. 행사당시 원천징수해당액을 징수하여야 함

① 2023.7.1. 주식매수선택권행사
② 행사가액 1억원
③ 행사당시 시가 5억원
④ 근로소득해당 행사이익 4억원(상여금에 따른 원천징수해당액 1.5억원)

회사는 2023.7.1. 주식매수선택권을 행사한 임직원에 대해 1억원을 행사가액으로 수령함과 동시에 원천징수해당액 1.5억원을 함께 수령하여야 한다.

(차) 현금·예금　　　　　　　1.5억원　(대) 예수금　　　　　　　1.5억원

원천징수해당액을 수령하고 신주를 교부하여야 함은 물론이다.

2. 근로소득원천징수영수증(지급명세서)상 표기

제1쪽 ⑮－1 주식매수선택권 행사이익란에 기재하여야 하는데 2023년 7월 급여대장에 이미 상여금으로 반영하였다면 ⑭상여란에 포함하게 된다.

3. 행사당시의 시가산정

소득세법시행령 제38조 제1항 제17호에서 주식매수선택권 행사당시의 시가의 범위에 대한 규정이 없어 이의 산정을 어떻게 하는지에 대한 논란이 있는바 최근의 다음 조세심판원 결정사례를 참조하여 소득세법시행령 제98조 제3항에 따라 법인세법시행령 제89조를 준용하여 산정하는 것이 타당하다 할 것이다.

(1) 법인세법시행령 제89조【시가의 범위 등】

　① 법 제52조 제2항을 적용할 때 해당 거래와 유사한 상황에서 해당 법인이 특수관계인 외의 불특정다수인과 계속적으로 거래한 가격 또는 특수관계인이 아닌 제3자 간에 일반적으로 거래된 가격이 있는 경우에는 그 가격에 따른다.

　② 법 제52조 제2항을 적용할 때 시가가 불분명한 경우에는 다음 각 호를 차례로 적용하여 계산한 금액에 따른다.

　　1. 감정평가및감정평가사에관한법률에 의한 감정평가업자가 감정한 가액이 있는 경우 그 가액(감정한 가액이 2 이상인 경우에는 그 감정한 가액의 평균액). 다만, 주식등을 제외한다.

　　2. 상속세및증여세법 제38조·제39조·제39조의 2·제39조의 3, 제61조부터 제66조까지의 규정을 준용하여 평가한 가액. 이 경우 상속세및증여세법 제63조 제1항 제1호 나목 및 같은 법 시행령 제54조에 따라 비상장주식을 평가함에 있어 해당 비상장주식을 발행한 법인이 보유한 주식(주권상장법인이 발행한 주식으로 한정한다)의 평가금액은 평가기준일의 한국거래소 최종시세가액으로 하며, 상속세및증여세법 제63조 제2항 제1호·제2호 및 같은 법 시행령 제57조 제1항·제2항을 준용할 때 "직전 6개월(증여세가 부과되는 주식등의 경우에는 3개월로 한다)"은 각각 "직전 6개월"로 본다.

(2) 상기 (1)에 의한 주식의 시가정리

　① 주권상장법인의 시가 : 거래일의 한국거래소 최종시세가액(주식매수선택권 행사일의 종가를 말함)

　② 비상장법인의 시가

　　가. 불특정다수인 간의 매매사례가액이 있는 경우 그 가액

　　나. 불특정다수인 간의 매매사례가액이 없는 경우 상속세및증여세법상 비상장주식평가금액

(3) 조심 2016중2400, 2016.9.21.

　벤처기업법령 제11조의 3은 벤처기업의 경우 주식매수선택권의 부여당시의 행사가격 및 차액보상형에 있어 지급할 금액 등을 규정한 것으로 소득세법상 주식매수선택권의 행사에 따른 소득금액의 산정과는 무관한 규정일 뿐 아니라 벤처기업에만 적용되는 법령을 일반적인 규정으로 삼기 어려우므로 쟁점주식의 시가는 소득세법시행령 제98조 제3항에 따라 법인세법시행령 제89조 제1항의 매매사례가액을 적용함이 타당한 점, 쟁점주식에 대한 주식매수선택권 행사일을 전후하여 계속적으로 제3자와의 일반적인 매매사례가액이 형성되어 있는 점 등에 비추어 처분청이 쟁점주식의 시가를 매매사례가액을 적용하여 법인세 등을 과세한 이 건 처분은 잘못이 없음

(4) 소득세법시행령 제38조(근로소득의 범위) 제1항 제17호의 주식매수선택권의 행사이익을 계산할 때 비상장법인의 시가는 법인세법시행령 제89조(시가의 범위 등)를 준용하여 계산한 금액으로 하는 것임(사전법령소득-1128, 2021.8.18.).

Approach to Field Work 　벤처기업 부여 주식매수선택권 회계 처리 및 세무조정

1. 자료
   ① A법인(벤처기업)이 직원 이수진에게 2021.7.1. 주식매수선택권 10,000주 부여
   ② 행사가능일 2023.7.1.부터
   ③ 행사가액 30,000원(액면가액 5,000원)
   ④ 주식매수선택권 추정이익 1억원
   ⑤ 행사일 2023.7.1., 행사당시 시가 65,000원(1주당)

2. 회계처리 및 세무조정
   ① 2021.12.31.
      차) 주식보상비용　25,000,000*　　대) 주식선택권(자본조정)　25,000,000
      　　* 1억원×6/24＝25,000,000

      • 손금불산입 · 25,000,000 · 기타

   ② 2022.12.31.
      차) 주식보상비용　50,000,000　　대) 주식선택권　　　　　　50,000,000
      • 손금불산입 · 50,000,000 · 기타

   ③ 2023.6.30.
      차) 주식보상비용　25,000,000　　대) 주식선택권　　　　　　25,000,000
      • 손금불산입 · 25,000,000 · 기타

   ④ 2023.7.1.
      차) 현금　　　　　300,000,000　　대) 자본금　　　　　　　50,000,000
      　　주식선택권　　100,000,000　　　　주식발행초과금　　350,000,000
      • 손금산입 · 350,000,000* · 기타
      　* 행사가액과 시가와의 차액을 손금으로 인정

3. 근로소득
   ① 2023년 근로소득해당액 3.5억원
   ② 비과세 해당금액 200,000,000원(2023년 행사분) : 지급명세서 ⑱-31.에 기재
   ③ 과세 해당금액 150,000,000원 : 지급명세서 ⑮-1.에 기재
   ④ 2023.7.1. 주식교부 시 해당 원천세액을 이수진으로부터 현금으로 수령해야 함

---

(2) 벤처기업 주식매수선택권 행사이익 납부특례(연말정산 제외 종합소득세 분할납부, 조특법 §16의 3)

벤처기업 또는 벤처기업이 발행주식 총수의 30% 이상을 인수한 기업의 임원 또는 종업원(벤처기업 임원 등)이 2024.12.31. 이전에 해당 벤처기업으로부터 부여받은 주식매수선택권을 행사(벤처기업 임원 등으로서 부여받은 주식매수선택권을 퇴직 후 행사하는 경우

를 포함)함으로써 얻은 이익(주식매수선택권 행사당시의 시가와 실제 매수가액과의 차액을 말하며, 주식에는 신주인수권을 포함. 조세특례제한법 제16조의 2에 따라 비과세되는 2억원 이내의 금액은 제외)에 대한 소득세는 다음에 따라 납부할 수 있다. 다만, 주식매수선택권의 행사가격과 시가와의 차액을 현금으로 교부받는 경우에는 그러하지 아니한다(조특법 §16의 3 ①).

① 벤처기업(코스피·코스닥 상장 벤처기업도 포함됨) 주식매수선택권의 행사이익에 대하여 벤처기업 임원 등이 원천징수의무자에게 납부특례의 적용을 신청하는 경우 소득세를 원천징수하지 아니한다.

② 상기 '①'에 따라 원천징수를 하지 아니한 경우 벤처기업 임원 등은 주식매수선택권을 행사한 날이 속하는 과세기간의 종합소득금액에 대한 종합소득과세표준 확정신고 및 확정신고납부 시 벤처기업 주식매수선택권 행사이익을 포함하여 종합소득과세표준을 신고하되, 벤처기업 주식매수선택권 행사이익에 관련한 소득세액으로서 해당 과세기간의 결정세액에서 해당 과세기간의 종합소득금액 중 주식매수선택권을 행사함으로써 얻은 이익에 따른 소득금액을 제외하여 산출한 결정세액을 뺀 금액의 5분의 4(2015.12.31.까지 부여받은 주식매수선택권은 3분의 2)에 해당하는 금액(분할납부세액)은 제외하고 납부할 수 있다(조특령 §14의 2 ①).

③ 상기 '②'에 따라 소득세를 납부하려는 벤처기업 임원 등은 주식매수선택권을 행사한 날이 속하는 달의 다음 달 5일까지 벤처기업 주식매수선택권 행사이익 납부 특례적용신청서(별지 제6호의 3 서식)를 원천징수의무자에게 제출하여야 한다.

④ 상기 '③'에 따라 특례적용신청서를 제출받은 원천징수의무자는 특례적용대상명세서(별지 제6호의 4 서식)를 주식매수선택권을 행사한 날이 속하는 달의 다음 달 10일까지 원천징수 관할세무서장에게 제출하여야 한다.

⑤ 상기 '③'에 따라 특례적용신청서를 제출한 벤처기업 임원 등은 주식매수선택권을 행사한 날이 속하는 과세기간의 종합소득금액에 대한 종합소득과세표준 확정신고를 할 때 특례적용신청서의 사본을 납세지 관할세무서장에게 제출하여야 한다.

⑥ 상기 '③'의 기간 내에 특례적용신청서를 제출하지 아니한 벤처기업 임원 등으로서 소득세를 납부하려는 자는 주식매수선택권을 행사한 날이 속하는 과세기간의 종합소득금액에 대한 종합소득과세표준 확정신고를 할 때 특례적용신청서를 납세지 관할세무서장에게 제출하여야 한다.

⑦ 소득세를 납부한 경우 벤처기업 임원 등은 주식매수선택권을 행사한 날이 속하는

과세기간의 다음 4개 연도(2015.12.31.까지 부여받은 주식매수선택권은 2개 연도)의 종합소득과세표준 확정신고 및 확정신고납부 시 분할납부세액의 4분의 1(2015.12.31.까지 부여받은 주식매수선택권은 2분의 1)에 해당하는 금액을 각각 납부하여야 한다.

⑧ 납부특례적용을 신청한 주식매수선택권 행사이익에 대해서는 원천징수하지 아니하는 것이나, 지급명세서 및 원천징수이행상황신고서에는 주식매수선택권 행사이익(⑮-1)을 포함하여 신고하는 것이다(사전법령소득-142, 2020.3.11.).

⑨ 벤처기업이 아닌 기업으로부터 부여받은 주식매수선택권을 퇴직 후 해당기업이 벤처기업요건을 충족한 시점에 주식매수선택권을 행사하는 경우 조세특례제한법 제16조의 3(벤처기업 주식매수선택권 행사이익 납부특례)을 적용받을 수 없다(사전법령소득-1296, 2021.3.8.).

중점사항 - 주식매수선택권 행사이익 분할납부

조세특례제한법 제16조의 3 제1항이 2013.8.13. 신설되어 행사이익을 상여금으로 보아 행사 시 바로 원천징수ㆍ납부되는 불이익을 완화하여 근로소득에는 해당되지만 이를 연말정산 시는 근로소득에 포함하지 않고 다음 연도 5월 종합소득세신고를 통해 행사이익에 해당되는 소득세를 다음과 같이 분할납부하도록 하였다.

1. 2013.8.13.~2015.12.31.까지 부여분
   주식매수선택권 행사이익 해당 종합소득세를 3년간 분할납부
2. 2016.1.1.~2024.12.31.까지 부여분
   주식매수선택권 행사이익 해당 종합소득세를 5년간 분할납부

■ 조세특례제한법 시행규칙 [별지 제6호의 3 서식] (2022.3.18. 개정)

벤처기업 주식매수선택권 행사이익 납부 특례적용신청서

1. 신청인 및 원천징수의무자 현황

신 청 인		원천징수의무자			
성 명		법인명			
주민등록번호		대표자			
주 소		사업자등록번호			
직 책		사업장소재지			
		벤처기업확인내역	번 호		평가기관
			확인일자		유효기간

2. 해당 연도에 행사한 주식매수선택권에 관한 사항

주식매수선택권 행사일	① 행사한 수량	② 1주당 행사가액	③ 행사일의 1주당 시가	④ 행사이익 $[①×(③-②)]$

3. 납부특례 신청내용

[ ] 원천징수 제외	[ ] 분할납부

　

「조세특례제한법」 제16조의3제1항 및 같은 법 시행령 제14조의3제2항에 따라 벤처기업 주식매수선택권 행사이익 납부특례 적용을 신청합니다.

　

년　　월　　일

신청인　　　　　　　　　　　　　　　　(서명 또는 인)

귀하

작 성 방 법

1. 벤처기업 또는 벤처기업이 발행주식 총수의 100분의 30 이상을 인수한 기업의 임직원으로서 주식매수선택권 행사이익에 대해 원천징수를 하지 않고 종합소득세 확정신고 시 납부를 하거나 분할하여 납부하려는 경우에 작성합니다.
2. 벤처기업 확인내역은 「벤처기업육성에 관한 특별조치법」 제25조에 따른 벤처기업확인서에 기재된 내용을 적습니다.
3. 주식매수선택권 행사이익을 원천징수 대상에서 제외하는 경우 원천징수 제외에 표시하고, 이미 원천징수를 한 후 분할 납부를 신청하는 경우에는 분할납부 항목에만 표시하며, 둘 다 신청하는 경우에는 양쪽 모두에 표시합니다.

210mm× 297mm[백상지 80g/㎡ 또는 중질지 80g/㎡]

조세특례제한법시행규칙 [별지 제6호의 4 서식] (2019.3.20. 개정)

벤처기업 주식매수선택권 행사이익 납부 특례적용대상명세서

1. 원천징수의무자

법인명		사업자등록번호	
사업장 소재지		(전화번호 :)	

2. 납부특례 적용대상 명세서

성 명	직 책	주민등록번호	주식매수선택권 행사일	행사이익	납부특례신청내용	
					원천징수 제외	분할납부
					[ ]	[ ]
					[ ]	[ ]
					[ ]	[ ]
					[ ]	[ ]
					[ ]	[ ]
					[ ]	[ ]

　　「조세특례제한법」 제16조의 3 제1항 및 같은 법 시행령 제14조의 3 제3항에 따라 벤처기업 주식매수선택권 행사이익 납부 특례적용대상명세서를 제출합니다.

년   월   일

원천징수의무자 　　　　　　　　　　(서명 또는 인)

세무서장 　귀하

작 성 방 법

1. 주식매수선택권 행사이익은 벤처기업 주식매수선택권 행사이익 납부특례 적용신청서의 행사이익을 적습니다.
2. 납부특례 신청내용은 신청한 납부특례 방법에 따라 표시합니다.

210mm×297mm[백상지 80g/㎡ 또는 중질지 80g/㎡]

소득세법시행규칙 [별지 제40호 서식(1)] (2023.3.**. 개정) [시행일: 2025.1.1.] 가상자산에 관한 부분

㉑ 주식매수선택권 분납할세액 계산 명세서 작성방법

1. 이 서식은 「조세특례제한법」 제16조의3에 따라 벤처기업 임원 등이 2024. 12. 31까지 벤처기업 주식매수선택권 행사이익 납부특례를 원천징수의무자에게 신청하거나 종합소득세 확정신고 시 관할 세무서장에게 신청하는 거주자에 해당하는 경우에만 작성합니다.

2. 종합소득과세표준 확정신고 및 확정신고납부 시 주식매수선택권을 행사함으로써 얻은 이익을 포함하여 종합소득 과세표준을 신고하되, 주식매수선택권을 행사함으로써 얻은 이익에 관련한 소득세액으로서 해당 과세기간의 결정세액에서 해당 과세기간의 종합소득금액 중 주식매수선택권을 행사함으로써 얻은 이익에 따른 소득금액을 제외하여 산출한 결정세액을 뺀 금액의 5분의 4에 해당하는 금액(납부특례세액)은 제외하고 납부할 수 있습니다.

3. 2.에 따라 소득세를 납부한 경우 벤처기업 임원 등은 주식매수선택권을 행사한 날이 속하는 과세기간의 다음 4개 연도의 종합소득과세표준 확정신고 및 확정신고납부 시 납부특례세액의 4분의 1에 해당하는 금액을 각각 납부하여야 합니다.

4. ■ 주식매수선택권 행사이익 현황은 주식매수선택권 행사이익이 발생하는 회사별로 작성합니다.

5. ⑫ 납부특례세액은 해당 과세기간의 종합소득 결정세액에서 해당 과세기간의 근로(기타)소득금액 중 주식매수선택권을 행사함으로써 얻는 이익에 따른 소득금액을 제외하여 산출한 종합소득 결정세액을 뺀 금액의 5분의 4에 해당하는 금액을 적습니다.

6. ⑬ 발생과세기간은 주식매수선택권 행사이익 납부특례를 적용받은 과세기간과 납부특례세액(분할납부세액)을 적습니다.

7. ⑮ 1차년도 및 ⑯ 2차년도 ⑰ 3차년도 ⑱ 4차년도는 주식매수선택권을 행사한 날이 속하는 과세기간의 다음 4개 연도에 종합소득과세표준 확정 신고·납부 시 각각 납부하여야 하는 세액(분할납부세액의 4분의 1)을 적습니다.

8. ⑲ 잔액은 ⑭ 발생당시 납부특례세액에서 ⑮ 1차년도 ⑯ 2차년도 ⑰ 3차년도 ⑱ 4차년도 납부액을 차감한 금액을 적습니다.

210㎜×297㎜(백상지 80g/㎡)

㉑ 주식매수선택권 행사이익 납부특례 세액계산 명세서

1 주식매수선택권 행사이익 현황

① 법인명	② 사업자 등록번호	주식매수선택권 부여			주식매수선택권 행사			⑨ 행사이익 $\{⑦×(⑧-⑤)\}$
		③ 일자	④ 주식 수	⑤ 주당 행사가액	⑥ 일자	⑦ 주식 수	⑧ 주당 시가	

2 납부특례세액의 계산

구 분	⑩ 주식매수선택권 행사이익 포함	⑪ 주식매수선택권 행사이익 제외	⑫ 납부특례세액 $(⑩ - ⑪)×4/5$
㉮ 근로(기타)소득금액			
㉯ 종합소득금액			
㉰ 소득공제			
㉱ 과세표준			
㉲ 세율			
㉳ 산출세액			
㉴ 세액감면			
㉵ 세액공제			
㉶ 결정세액			

3 분할납부하여야 할 세액의 계산

⑬ 발생과세기간	⑭ 발생당시 납부특례세액	납부액				⑲ 잔 액 $(⑭-⑮-⑯-⑰-⑱)$
		⑮ 1차년도	⑯ 2차년도	⑰ 3차년도	⑱ 4차년도	

210mm×297mm(백상지 80g/㎡)

(3) 2015.1.1. 이후 주식매수선택권 부여분에 대한 과세특례(양도소득세 과세, 조특법 §16의 4)

벤처기업육성에관한특별조치법 제2조 제1항에 따른 벤처기업 또는 벤처기업이 발행주식총수의 30% 이상을 출자한 기업의 임원 또는 종업원으로서 과세특례대상 임직원에 해당하는 자(벤처기업 임직원)가 2024.12.31. 이전에 해당 벤처기업(행사시점에 벤처기업이 아닌 경우도 포함됨)으로부터 부여받은 적격주식매수선택권을 행사함으로써 발생한 이익(적격주식매수선택권 행사이익)에 대해서 벤처기업 임직원이 당해 과세특례 적용받을 것을 신청한 경우에는 소득세법 제20조 또는 제21조에도 불구하고 주식매수선택권 행사 시에 소득세를 과세하지 아니할 수 있다(조특법 §16의 4). 양도소득세 과세특례적용분의 행사이익에 대하여는 법인세법상 손금산입이 허용되지 않는다. 단, 다음에서 규정하는 시가 이하 발행 주식매수선택권 발행대상의 경우 주식매수선택권의 행사 당시 실제 매수가액이 해당 주식매수선택권 부여 당시의 시가보다 낮은 경우 그 차액(시가 이하 발행이익)에 대해서는 주식매수선택권 행사시에 소득세법 제20조(근로소득) 또는 제21조(기타소득)에 따라 소득세를 과세(법인세법에서는 손금산입 허용)한다(조특령 §14의 4).

① 벤처기업육성에관한특별조치법에 따라 2022.1.1. 이후 부여할 것
② 벤처기업육성에관한특별조치법에 따른 시간 이하 발행 주식매수선택권일 것
    가. 주식매수권 행사가액이 해당 주식의 권면액(액면가액) 이상일 것
    나. 1명당 시가 이하 발행이익이 5억원 이하일 것

New Tax
1. 행사시점에 벤처기업이 아닌 경우에도 과세특례 적용됨
2. 과세특례 배제사유에 전용계좌 요건 미충족사유가 추가됨
---

1) 과세특례대상 임직원

① 과세특례대상 임직원 요건

벤처기업육성에관한특별조치법 제16조의 3 제1항에 따른 주식매수선택권을 부여받은 임직원을 말한다.

그러나 벤처기업육성에 관한 특별조치법 제16조의 3 제1항에 따른 주주총회의 결의가 있는 날 현재 다음의 어느 하나에 해당하는 자는 제외한다.

가. 부여받은 주식매수선택권을 모두 행사하는 경우 해당 법인의 발행주식 총수의 100분의 10을 초과하여 보유하게 되는 자

나. 해당 법인의 주주로서 법인세법시행령 제43조 제7항에 따른 지배주주 등에 해당하는 자

다. 해당 법인의 발행주식 총수의 100분의 10을 초과하여 보유하는 주주

라. 상기 '다'의 주주와 국세기본법시행령 제1조의 2 제1항 및 같은 조 제3항 제1호에 따른 친족관계 또는 경영지배관계에 있는 자

● 벤처기업육성에관한특별조치법 제16조의 3 제1항

벤처기업은 해당 임직원 외에 주주총회의 특별결의에 의해 법소정의 기술이나 경영능력을 갖춘 자로서 해당 기업의 설립 또는 기술 · 경영의 혁신 등에 기여하였거나 기여할 능력을 갖춘 자에게 특별히 유리한 가격으로 신주를 매수할 수 있는 권리 등을 부여할 수 있다.

● 법인세법시행령 제82조 제5항 특수관계에 있는 법인

법인과 경제적 연관관계 또는 경영지배관계 등 다음의 관계에 있는 자를 말한다. 이 경우 본인도 그 특수관계인의 특수관계인으로 본다.

① 임원의 임면권의 행사, 사업방침의 결정 등 당해 법인의 경영에 대하여 사실상 영향력을 행사하고 있다고 인정되는 자(상법 제401조의 2 제1항의 규정에 의하여 이사로 보는 자를 포함)와 그 친족

② 소액주주 등이 아닌 주주 또는 출자자(비소액주주 등)와 그 친족

③ 법인의 임원 · 직원 또는 비소액주주 등의 직원(주주 등이 영리법인인 경우에는 그 임원을, 비영리법인인 경우에는 그 이사 및 설립자를 말함)이나 직원 외의 자로서 법인 또는 주주 등의 금전 기타 자산에 의하여 생계를 유지하는 자와 이들과 생계를 함께 하는 친족

④ 해당 법인이 직접 또는 그와 ①부터 ③까지의 관계에 있는 자를 통하여 어느 법인의 경영에 대하여 지배적인 영향력을 행사하고 있는 경우 그 법인

⑤ 해당 법인이 직접 또는 그와 ①부터 ④까지의 관계에 있는 자를 통하여 어느 법인의 경영에 대하여 지배적인 영향력을 행사하고 있는 경우 그 법인

⑥ 해당 법인에 100분의 30 이상을 출자하고 있는 법인에 100분의 30 이상을 출자하고 있는 법인이나 개인

⑦ 해당 법인이 독점규제및공정거래에관한법률에 의한 기업집단에 속하는 법인인 경우 그 기업집단에 소속된 다른 계열회사 및 그 계열회사의 임원

● 국세기본법시행령 제1조의 2 제1항 및 제3항 제1호

① 국세기본법 시행령 제1조의 2 제1항

다음의 어느 하나에 해당하는 관계(친족관계)를 말한다.

가. 4촌 이내의 혈족

나. 3촌 이내의 인척

다. 배우자(사실상의 혼인관계에 있는 자를 포함)

라. 친생자로서 다른 사람에게 친양자 입양된 자 및 그 배우자 · 직계비속

마. 혼외출생자의 생부 · 생모(본인의 금전이나 그 밖의 재산으로 생계를 유지하는 자 또는 생계를 함께 하는 자로 한정)

② 국세기본법 시행령 제1조의 2 제3항 제1호

본인이 개인인 경우로서 다음의 구분에 따른 관계(경영지배관계)를 말한다.

가. 본인이 직접 또는 그와 친족관계 또는 경제적 연관관계에 있는 자를 통하여 법인의 경영에 대하여 지배적인 영향력을 행사하고 있는 경우 그 법인

나. 본인이 직접 또는 그와 친족관계, 경제적 연관관계 또는 가목의 관계에 있는 자를 통하여 법인의 경영에 대하여 지배적인 영향력을 행사하고 있는 경우 그 법인

② 과세특례대상 임직원의 특례적용 신청절차

주식매수선택권 행사이익에 대한 과세특례 적용받으려는 벤처기업 임직원은 다음의 요건을 모두 충족하는 주식매수선택권 전용계좌(조특령 §14의 4 ⑩)를 개설하고, 특례적용신청서(별지 제6호의 5 서식)에 주식매수선택권 전용계좌개설확인서(별지 제6호의 6 서식)를 첨부하여 주식매수선택권 행사일 전일까지 해당 벤처기업에 제출하여야 한다.

가. 벤처기업 임직원 본인의 명의로 개설할 것

나. 금융투자업자가 벤처기업 임직원의 다른 매매거래계좌와 구분하여 '주식매수선택권 전용계좌'의 명칭으로 별도로 개설 · 관리할 것

다. 주식매수선택권 행사로 취득한 주식만을 거래할 것

라. 계좌 개설 이후 1개월 내에 주식이 입고되지 않을 경우에는 해당 계좌를 폐쇄하는 내용으로 사전에 약정할 것

③ 과세특례 해당 회사의 신청절차

임직원으로부터 특례적용신청서를 제출받은 벤처기업은 주식매수선택권 행사로 지급하는 주식을 주식매수선택권 전용계좌로 입고하고, 주식매수선택권 행사주식지급명세서(별지 제6호의 7 서식)와 특례적용대상명세서(별지 제6호의 8 서식)를 주식매수선택권을 행사한 날이 속하는 달의 다음달 10일까지 원천징수 관할세무서장에게 제출하여야 한다.

④ 금융투자업자의 주식매수선택권 전용계좌거래현황신고서 제출

금융투자업자(자본시장과금융투자업에관한법률 제8조 제1항에 따른 금융투자업자)는 주식매수선택권 전용계좌거래현황신고서(별지 제6호의 9 서식)를 매분기 종료일의 다음 달 말일까지 본점 또는 주사무소 소재지 관할세무서장에게 제출하여야 한다.

2) 적격주식매수선택권

적격주식매수선택권이란 벤처기업으로부터 부여받은 주식매수선택권으로서 다음의 요건을 갖춘 것을 말한다.

① 벤처기업육성에관한특별조치법 제16조의 3에 따른 주식매수선택권으로서 다음의 요건을 갖출 것

    가. 벤처기업이 주식매수선택권을 부여하기 전에 주식매수선택권의 수량·매수가액·대상자 및 기간 등에 관하여 주주총회의 결의를 거쳐 벤처기업 임직원과 약정할 것

    나. '가'에 따른 주식매수선택권을 다른 사람에게 양도할 수 없을 것

    다. 사망, 정년 등 불가피한 사유가 있는 경우를 제외하고는 벤처기업육성에관한특별조치법 제16조의 3 제1항에 따른 주주총회의 결의가 있는 날부터 2년 이상 해당 법인에 재임 또는 재직한 후에 주식매수선택권을 행사할 것

② 해당 벤처기업으로부터 부여받은 주식매수선택권의 행사일부터 역산하여 2년이 되는 날이 속하는 과세기간부터 해당 행사일이 속하는 과세기간까지 전체 행사가액의 합계가 5억원 이하일 것

③ 부여 후 2년간 재직 후 행사하여야 하며 행사 후 1년간 보유할 것

3) 적격주식매수선택권의 행사로 인한 주식의 양도소득세 과세

① 양도소득세 과세

적격주식매수선택권 행사 시 소득세를 과세하지 아니한 경우 적격주식매수선택권 행사에 따라 취득한 주식(해당 주식의 보유를 원인으로 해당 벤처기업의 잉여금을 자본에 전입함에 따라 무상으로 취득한 주식을 포함)을 양도하여 발생하는 양도소득에 대해서는 양도소득세를 과세한다.

이때 양도소득세를 과세하는 경우에는 주식의 양도가액(행사 당시 시가 아님)에서 적격주식매수선택권 행사당시의 실제 매수가액을 소득세법 제97조 제1항 제1호에 따른 취득가액으로 하여 양도소득금액을 계산한다.

조세특례제한법 제16조의 4에 따른 벤처기업 주식매수선택권 행사이익에 대한 과세특례를 적용함에 있어 차액보상에 따라 자기주식을 지급받은 경우에도 해당 특례를 적용받을 수 있는 것이며, 같은 조 제2항에 따라 양도소득세를 과세하는 경우 차액보상에 따라 지급받은 주식의 취득가액은 같은 조 제3항에 따라 적격주식매수선택권 행사 당

시의 실제 매수가액(0원)으로 하는 것이다(서면법령재산 – 1043, 2021.4.1.).

> ● 소득세법 제97조 제1항 제1호에 따른 취득가액
> ① 취득 시 실지거래가액. 다만, 소득세법 제96조 제2항 각 호 외의 부분에 해당하는 경우에는 그 자산 취득당시의 기준시가
> ② 취득당시의 실지거래가액을 확인할 수 없는 경우에는 대통령령으로 정하는 매매사 례가액, 감정가액 또는 환산가액

② 특례신청확인서 제출

주식매수선택권 행사이익에 대한 과세특례에 따라 양도소득세를 납부하려는 벤처기업 임직원은 소득세법 제105조 및 제110조에 따라 양도소득과세표준을 신고하는 경우 특례적용신청서(별지 제6호의 11 서식)와 벤처기업이 발급하는 특례신청확인서(별지 제6호의 10 서식)를 납세지 관할세무서장에게 제출하여야 한다.

③ 중소기업창업투자회사 등에의 출자에 대한 과세특례에 해당하는 경우

주식의 양도소득세를 과세하는 경우에는 조세특례제한법 제14조 제1항(중소기업창업투자회사 등에의 출자에 대한 과세특례) 제7호를 적용하지 아니한다. 즉 적격주식매수선택권의 행사로 인한 주식의 양도소득세를 과세하는 경우에는 증권시장의 밖에서 양도되는 방법으로 거래되는 벤처기업의 주식 또는 출자지분(소득세법 제94조 제1항 제3호 가목의 대주주가 아닌 자가 양도하는 것으로 한정)의 양도에 대해 주식의 양도소득에 과세하지 아니하는 '중소기업창업투자회사 등에의 출자에 대한 과세특례'를 적용하지 아니한다.

4) 적격주식매수선택권 행사로 취득한 주식의 단기처분 등

벤처기업 임직원이 다음의 어느 하나에 해당하는 경우 상기 내용에도 불구하고 소득세법 제20조 또는 제21조에 따라 소득세로 과세하며(②의 경우에는 상기 2) ②에 따른 기간 내에 주식매수선택권을 행사함으로써 얻은 모든 이익을 대상으로 함), 이 경우 소득의 귀속시기는 다음 각 호의 구분에 따른 날이 속하는 과세연도로 한다.

① 적격주식매수선택권 행사로 취득한 주식을 증여하거나 행사일부터 1년이 지나기 전에 처분하는 경우(해당 벤처기업의 파산 등 다음의 부득이한 사유가 있는 경우는 제외) : 증여일 또는 처분일
　가. 주식매수선택권을 부여한 벤처기업이 파산하는 경우
　나. 채무자회생및파산에관한법률에 따른 회생절차에 따라 법원의 허가를 받아 주식을

처분하는 경우

다. 합병·분할 등에 따라 해당 법인의 주식을 처분하고 합병법인 또는 분할신설법인의 신주를 지급받는 경우

조세특례제한법 제16조의 4에 따라 주식매수선택권 행사이익에 대한 과세특례 적용을 신청한 벤처기업의 임직원이 적격주식매수선택권 행사로 취득한 주식을 행사일로부터 1년이 지나기 전에 일부 처분하는 경우 과세특례 적용을 신청한 주식매수선택권 전체 행사이익에 대하여 소득세법 제20조 또는 제21조에 따라 소득세로 과세한다(사전법령소득-260, 2021.5.11.).

② 전체 행사가액이 5억원을 초과하는 경우 : 전체 행사가액이 5억원을 초과한 날

③ 다음의 전용계좌 요건이 미충족된 경우 : 미충족일에 행사차익이 귀속된 것으로 간주 과세
　가. 본인명의의 별도 전용계좌를 개설·관리할 것
　나. 주식매수선택권 행사로 취득한 주식만이 거래될 것

5) 적격주식매수선택권 부여 시 제출서류

적격주식매수선택권을 부여하는 벤처기업 및 자본시장과금융투자업에관한법률 제8조 제1항에 따른 금융투자업자는 적격주식매수선택권의 부여 및 행사와 관련한 자료, 적격주식매수선택권의 행사로 취득한 주식의 이체자료 등 과세특례적용에 필요한 자료로서 행사주식지급명세서, 특례적용대상명세서 및 주식매수선택권 전용계좌거래현황신고서를 납세지 관할세무서장에게 제출하여야 한다.

6) 양도소득세 세율 및 신고·납부

① 주식양도소득세 적용세율
　가. 비상장법인인 중소기업 대주주(4% 이상 보유 또는 보유액 10억원 이상) 아닌 주주 : 10%
　나. 중소기업 외 법인의 대주주가 1년 미만 보유한 주식의 양도 : 30%
　다. '가, 나' 이외 : 20%(과세표준 3억원 초과분 25%, 중소기업은 2020년부터 적용)

② 신고·납부
　주식양도일이 속하는 반기 말일의 다음다음 달 말일까지 양도소득세 신고·납부

7) 2025.1.1. 이후에 주식을 양도하는 경우

① 적격주식매수선택권 행사시 소득세를 과세하지 아니한 경우 적격주식매수선택권 행사에 따라 취득한 주식(해당 주식의 보유를 원인으로 해당 벤처기업의 잉여금을 자본에 전입함에 따라 무상으로 취득한 주식을 포함한다)을 양도하는 경우에는 소득세법 제87조의 5에 따른 금융투자소득세를 과세한다(조특법 §16의 4 ②, 2021.12.28. 개정; 법률 제18634호 부칙 제1조 2025.1.1. 시행).

② '①'에 따라 양도소득세를 과세하는 경우 양도소득금액은 다음 계산식에 따라 계산한 금액으로 한다. 다만 "양도소득세"와 "양도소득금액"은 2025.1.1.부터는 각각 "금융투자소득세", "금융투자소득금액"으로 보고, 벤처기업 주식매수선택권 행사이익에 해당하는 소득에 대해서는 같은 법 제87조의 18에 따른 금융투자소득 기본공제를 적용하지 아니한다(조특법 §16의 4 ③, 2021.12.28. 개정; 법률 제18634호 부칙 제1조 2025.1.1. 시행).

> 양도소득금액=A-B-(C-D)
> A : 적격주식매수선택권 행사에 따라 취득한 주식의 양도가액
> B : 적격주식매수선택권 행사 당시의 실제 매수가액과 적격주식매수선택권 부여 당시의 시가 중 큰 금액
> C : 제16조의 2에 따라 비과세되는 금액
> D : 시가 이하 발행이익에 대해 제16조의 2에 따라 비과세를 적용받은 금액

③ 소득세법 제87조의 5에 따른 금융투자소득세를 납부하려는 벤처기업 임직원은 같은 법 제87조의 21 제1항 및 제87조의 23 제1항에 따른 신고를 하는 경우 특례적용신청서 제출에 대하여 해당 벤처기업이 발급하는 기획재정부령으로 정하는 특례신청확인서를 납세지 관할 세무서장에게 제출하여야 한다(조특령 §14의 4 ⑥).

(4) 주식매수선택권 부여분에 대한 비과세특례(조특법 §16의 2)

① 벤처기업 또는 벤처기업이 발행주식 총수의 30% 이상을 인수한 기업의 임원 또는 종업원(이하 "벤처기업 임원 등"이라 함)이 해당 벤처기업(비상장 벤처기업 및 코넥스상장 벤처기업만 적용)으로부터 2024.12.31. 이전에 벤처기업육성에관한특별조치법 제16조의 3에 따라 부여받은 주식매수선택권 및 상법 제340조의 2 또는 제542조의 3에 따라 부여받은 주식매수선택권(코넥스상장기업으로부터 부여받은 경우로 한정)

을 행사(벤처기업 임원 등으로서 부여받은 주식매수선택권을 퇴직 후 행사하는 경우를 포함)함으로써 얻은 이익(주식매수선택권 행사당시의 시가와 실제 매수가액과의 차액을 말하며, 주식에는 신주인수권을 포함. 이하 상기 (3) 및 (4)에서 "벤처기업 주식매수선택권 행사이익"이라 함) 중 연간 2억원 이내의 금액(벤처기업별 누적한도 5억원)에 대해서는 소득세를 과세하지 아니한다(조특법 §16의 2).

가. 2018.1.1.~2019.12.31.까지 부여받은 경우

    연간 2천만원 이내 비과세

나. 2020.1.1. 이후 부여받은 경우~2021.12.31.까지 행사한 경우

    연간 3천만원 이내 비과세

다. 2022.1.1.~12.31. 행사한 경우

    연간 5천만원 이내 비과세

라. 2023.1.1. 이후 행사하는 분

  • 연간 2억원 이내 비과세(벤처기업별 누적한도 5억원)

  • 비과세 누적한도 적용 시 2023.1.1. 전에 주식매수선택권을 행사하여 얻은 이익은 누적금액에 포함하지 않음

> **New Tax**
> 1. 비과세금액을 연간 5천만원에서 연간 2억원으로 상향
> 2. 비과세 누적한도 5억원(벤처기업별 누적금액) 신설

② 원천징수의무자는 '①'을 적용하는 경우 비과세특례적용명세서(별지 제6호의 2 서식)를 벤처기업 주식매수선택권 행사일이 속하는 연도의 다음 연도 2월 말일까지 원천징수 관할 세무서장에게 제출해야 한다. 다만, 조세특례제한법 제16조의 3에 따른 벤처기업 주식매수선택권 행사이익 납부특례 또는 동법 제16조의 4에 따른 벤처기업 주식매수선택권 행사이익 과세특례를 적용받기 위하여 특례적용대상명세서(조특령 §14의 3·14의 4)를 원천징수 관할 세무서장에게 제출한 경우에는 그렇지 않다(조특령 §14의 2).

③ 벤처기업육성에 관한 특별조치법 제2조 제1항에 따른 벤처기업으로부터 주식매수선택권을 부여받았으나 이를 행사할 때 그 주식매수선택권의 부여법인이 벤처기업에 해당하지 않게 되었다 하더라도, 조세특례제한법 제16조의 2(벤처기업 주식매수선택권 행사이익 비과세특례), 제16조의 3(벤처기업 주식매수선택권 행사이익 납부특례), 제16조의 4(벤처기업 주식매수선택권 행사이익에 대한 과세특례)에 규정된 각각의 요건

을 충족한 경우라면 해당 특례를 적용받을 수 있다(서면법령소득−3480, 2021.8.31., 서면법령소득−4303, 2021.10.14.).

④ 조세특례제한법 제16조의 2에 따른 벤처기업 주식매수선택권 행사이익 비과세특례의 경우 조세특례제한법시행령 제14조의 2에 따른 비과세특례적용명세서가 기한 내에 제출되지 아니한 경우에도 법정된 요건을 충족하면 적용받을 수 있는 것이나, 해당 요건을 충족하였는지 여부는 사실판단할 사항이다(서면법령소득−1341, 2021.10.27.).

■ 조세특례제한법 시행규칙 [별지 제6호의 2 서식] (2023.3.**. 개정)

벤처기업 주식매수선택권 행사이익 비과세 특례적용명세서

1. 원천징수의무자

법인명		사업자 등록번호	
사업장 소재지		(전화번호:　　　　　　　　)	

2. 과세특례 적용대상명세서

성 명	직 책	주민등록번호	주식매수선택권 행사일	주식매수선택권 행사이익	
				당해 연도	누적 금액

「조세특례제한법」 제16조의 2 및 같은 법 시행령 제14조의 2에 따라 위와 같이 벤처기업 주식매수선택권 행사이익에 대한 비과세 특례적용대상명세서를 제출합니다.

년　　　　월　　　　일

원천징수의무자　　　　　　　　　　　(서명 또는 인)

세무서장　귀하

작 성 방 법

1. 벤처기업 또는 벤처기업이 발행주식 총수의 100분의 30 이상을 인수한 기업의 임직원으로서 주식매수선택권 행사이익에 대해 소득세를 과세받는 자에 대해 작성합니다.
2. "주식매수선택권 행사이익"란은 "주식매수선택권 행사 수량 × (행사일의 1주당 시가 – 1주당 실제 매수가액)"으로 계산된 금액을 적습니다.
3. "주식매수선택권 행사이익"란의 누적 금액은 당해 연도에 발생한 행사이익을 포함한 금액을 적습니다.

210mm× 297mm[백상지 80g/㎡ 또는 중질지 80g/㎡]

■ 조세특례제한법 시행규칙 [별지 제6호의 5 서식] 〈개정 2022.12.31.〉

특례적용신청서

1. 신청인 및 원천징수 의무자 현황

신청인		주식매수선택권 부여 벤처기업 현황			
성 명		법인명			
주민등록번호		대표자			
주 소		사업자등록번호			
직 책		사업장 소재지			
주식매수선택권전용계좌		벤처기업 확인내역	번 호		평가기관
금융투자업자	계좌번호		확인일자		유효기간
자회사 임직원여부		[ ]			
자회사의 법인명		사업자등록번호			

2. 해당 연도에 행사한 주식매수선택권에 관한 사항

주식매수선택권행사일	① 행사한 수량	② 1주당 행사가액	③ 행사일의 1주당 시가	④ 행사이익 [①×(③-②)]	⑤시가 이하 발행이익	⑥과세특례 적용(④-⑤)

3. 적격매수선택권에 관한 사항

가. 부여받은 주식매수선택권을 모두 행사하는 경우 해당 법인의 발행주식 총수의 10% 초과 보유 여부			적격 여부
나. 해당 법인의 지배주주등 해당 여부	발행주식 총수의 1%이상 보유 여부	최대 주주 여부	적격 여부
다. 해당 법인의 발행주식 총수의 10% 초과 여부	본인의 해당 여부	10% 초과자와 특수관계 여부	적격 여부

4. 과세특례 신청내용

[ ] 종합소득세 과세 제외

[주식매수선택권 행사주식의 양도 시 양도소득세(2025년도 이후에는 금융투자소득세) 신고·납부]

「조세특례제한법」 제16조의4제1항 및 같은 법 시행령 제14조의4제2항에 따라 위와 같이 벤처기업 주식매수선택권 행사이익 과세특례 적용을 신청합니다.

년　　월　　일

신청인 　　　　　　　　　　　　　　　　　(서명 또는 인)

주식매수선택권부여벤처기업 　　　　　　　　　　　귀하

첨부 서류	주식매수선택권 전용계좌개설확인서(「조세특례제한법 시행규칙」 별지 제6호의6서식)	수수료 없음

작 성 방 법

1. 벤처기업 또는 벤처기업이 발행주식 총수의 100분의 30 이상을 인수한 기업의 임직원으로서 주식매수선택권 행사이익에 대해 소득세를 과세받는 대신 벤처기업 주식에 대한 양도차익으로 보아 양도소득세(2025년도 이후에는 금융투자소득세)로 신고·납부하려는 경우에 작성합니다.
2. 벤처기업이 발행주식 총수의 100분의 30 이상을 인수한 기업의 임직원이 제출하는 경우 자회사 임직원 여부에 체크[√] 후 해당 자회사의 법인명과 사업자등록번호를 추가로 기재해야 합니다.
3. "벤처기업 확인내역"란은 「벤처기업육성에 관한 특별조치법」 제25조에 따른 벤처기업확인서에 기재된 내용을 적습니다.
4. ⑤시가 이하 발행이익은 행사한 수량에 주식매수선택권 부여 당시 1주당 시가와 1주당 행사가액의 차이를 곱한 값을 말합니다.

210mm× 297mm[백상지 80g/㎡ 또는 중질지 80g/㎡]

■ 조세특례제한법 시행규칙 [별지 제6호의 6 서식] (2022.3.18. 개정)

주식매수선택권 전용계좌개설확인서

관리번호			처리기간	즉시
확인자	금융투자업자명		사업자등록번호	
	성명(대표자)		법인등록번호	
	사업장 소재지			
신청인	성명		주민등록번호	
개설계좌 내 용	금융투자업자명			
	전용계좌번호			

개설변경 내 용		당초	변경
	금융투자업자명		
	전용계좌번호		
	변경사유		

「조세특례제한법 시행령」 제14조의 4 제2항에 따라 위와 같이 주식매수선택권전용계좌를 개설(변경)하였음을 확인합니다. 본인에 대한 사후관리 결과 종합소득세 및 금융투자소득세를 과세해야 하는 경우에는 위 계좌를 근거로 과세하시기 바랍니다.

년   월   일

○○○○증권   대표이사   (서명 또는 인)

210mm× 297mm[백상지 80g/㎡ 또는 중질지 80g/㎡]

■ 조세특례제한법 시행규칙 [별지 제6호의 7 서식] (2022.3.18. 개정)

주식매수선택권 행사주식지급명세서

1. 주식매수선택권 행사내역

주식매수선택권 행사내역		주식매수선택권 부여 벤처기업 현황			
주주총회 결의일		법인명			
총 결의 수량		대표자			
총 매수 가격		사업자등록번호			
지급 대상자		사업장 소재지			
행사 기간		벤처기업 확인내역	번 호		평가기관
※ 본 주식매수선택권을 행사할 수 있는 사람은 본인으로 한정하며, 타인은 행사할 수 없습니다.			확인일자		유효기간

2. 주식매수선택권 행사주식지급명세서

성 명	직 책	주민등록번호	주식매수선택권 지급수량	매수가액	자회사 임직원 여부		
					해당여부	자회사 법인명	자회사 사업자 등록번호
					[ ]		
					[ ]		
					[ ]		
					[ ]		
					[ ]		
					[ ]		
					[ ]		
					[ ]		

「조세특례제한법」 제16조의4제1항 및 같은 법 시행령 제14조의4제3항에 따라 위와 같이 벤처기업 주식매수선택권 행사주식지급명세서를 제출합니다.

년   월   일

행사주식 지급자   ㅇㅇ 주식회사   (서명 또는 인)

대표이사   (서명 또는 인)

세무서장 귀하

작 성 방 법

1. 벤처기업 또는 벤처기업이 발행주식 총수의 100분의 30 이상을 인수한 기업의 임직원에게 주식매수선택권 행사로 주식을 지급하는 경우에 작성합니다.
2. "벤처기업 확인내역"란은 「벤처기업육성에 관한 특별조치법」 제25조에 따른 벤처기업확인서에 기재된 내용을 적습니다.
3. "2. 주식매수선택권 행사주식지급명세서"란은 주식매수선택권 행사로 주식을 지급받는 자의 성명, 주민등록번호, 수량 및 매수가액 등을 적습니다.
4. 벤처기업이 발행주식 총수의 100분의 30 이상을 인수한 기업의 임직원에게 주식매수선택권을 지급한 경우 자회사 임직원 여부에 체크[√] 후 해당 자회사의 법인명과 사업자등록번호를 추가로 기재해야 합니다.

210mm× 297mm[백상지 80g/㎡ 또는 중질지 80g/㎡]

■ 조세특례제한법 시행규칙 [별지 제6호의 8 서식] 〈개정 2022.12.31.〉

특례적용대상명세서

1. 원천징수의무자

법인명		사업자 등록번호	
사업장 소재지		(전화번호:)	

2. 과세특례 적용대상명세서

성 명	직 책	주민등록번호	주식매수 선택권 행사일	주식매수 선택권 행사이익	자회사 임직원 여부		
					해당여부	자회사 법인명	자회사 사업자 등록번호
					[ ]		
					[ ]		
					[ ]		
					[ ]		
					[ ]		
					[ ]		

「조세특례제한법」 제16조의4제1항 및 같은 법 시행령 제14조의4제3항에 따라 위와 같이 벤처기업 주식매수선택권 행사이익에 대한 과세특례적용대상명세서를 제출합니다.

년   월   일

원천징수의무자   (서명 또는 인)

세무서장 귀하

작 성 방 법

1. 벤처기업 또는 벤처기업이 발행주식 총수의 100분의 30 이상을 인수한 기업의 임직원으로서 주식매수선택권 행사이익에 대해 소득세를 과세받는 대신 주식매수선택권의 행사로 취득한 주식을 양도할 때 양도소득세(2025년도 이후에는 금융투자소득세)로 신고·납부하려는 경우에 작성합니다.
2. "주식매수선택권 행사이익"란은 특례적용신청서(별지 제6호의5서식을 말합니다)의 "④ 행사이익"을 적습니다.
3. 벤처기업이 발행주식 총수의 100분의 30 이상을 인수한 기업의 임직원인 경우 자회사 임직원 여부에 체크 [√] 후 해당 자회사의 법인명과 사업자등록번호를 추가로 기재해야 합니다.

210mm × 297mm[백상지 80g/㎡ 또는 중질지 80g/㎡]

조세특례제한법시행규칙 [별지 제6호의 9 서식] (2019.3.20. 개정)

주식매수선택권 전용계좌거래현황신고서

관리번호			처리기간	즉시

1. 제출자	① 법인명(상호)		② 사업자등록번호	
	③ 사업장 소재지(주소)		④ 제출대상 연도 및 분기	XXXX 년
				X 분기

2. 주식매수선택권 전용계좌 거래명세

일련번호	전용계좌 보유자				벤처기업 주식 변동내역								
	⑤ 성명	⑦ 주소(소재지)		⑩ 전용계좌번호	⑪ 벤처기업명	⑬ 분기 초	증가	감소					⑲ 분기 말
	⑥ 주민등록번호	⑧ 거주지국	⑨ 거주지국코드		⑫ 사업자등록번호		⑭ 입고	⑮ 이체	⑯ 인출	⑰ 양도	⑱ 기타		
1													
2													
3													
4													
5													
6													
7													
8													
9													
10													

「조세특례제한법 시행령」 제14조의 4 제4항에 따라 위와 같이 주식매수선택권 전용계좌거래현황신고서를 제출합니다.

년 월 일

제출자 (서명 또는 인)

210mm×297mm[백상지 80g/㎡]

조세특례제한법 시행규칙 [별지 제6호의 10 서식] (2019.3.20. 개정)

특례신청확인서

관리번호			처리기간	즉시

1. 주식매수선택권부여 벤처기업	① 법인명 또는 상호		② 사업자번호	
	③ 벤처기업 확인번호		④ 벤처기업 확인일(유효기간) 년 월 일 (~)	
	⑤ 주소			
	⑥ 총 발행주식수		⑦ 액면가액	

2. 주식매수선택권 부여에 관한 정관 내용

부여 주식의 종류	부여 주식의 총수 발행주식 총수의 ( ) %
행사기간	

3. 주주총회 결의 내용

연번	성명 (명칭)	생년월일 입사년월일	자격	부여방법	행사가격	행사기간	주식수
합계							

※ 부여주식의 종류 :

 「벤처기업육성에 관한 특별조치법」 제16조의 3에 따라 위와 같이 주식매수선택권을 부여하기로 결의하였으며, 「조세특례제한법 시행령」 제14조의 4 제6항에 따라 벤처기업 주식매수선택권 행사이익 과세특례적용대상자임을 확인합니다.

년   월   일

대표이사   (서명 또는 인)

 세무서장   귀하

첨부 서류	없 음	수수료 없음

210mm×297mm[백상지 80g/㎡]

■ 조세특례제한법 시행규칙 [별지 제6호의11서식] 〈개정 2022.3.18.〉

특례적용신청서

1. 신청인 및 원천징수의무자 현황

신청인		산업재산권을 출자받은 기업	
성 명		법인명	
주민등록번호		사업자등록번호	
주 소		사업장 소재지	

산업재산권 출자 전용계좌	금융투자업자	
	계좌번호	

2. 산업재산권 출자에 관한 사항

산업재산권 종류	출원번호 (등록번호)	출자일	출자시 계약금액	주식교부일	교부주식 수	교부 당시 1주당 금액

3. 적격 산업재산권 출자에 관한 사항

	출자전 보유주식비율	출자후 보유주식비율	적격 여부
가. 산업재산권 현물출자로 주식을 받은 후 해당 법인의 발행주식 총수의 30% 초과 보유 여부(현물출자 이전에 발행주식 총수의 100분의 30을 이미 초과하여 보유자 포함)			
	발행주식 총수 (출자총액)의 1% 이상 보유 여부	최대 주주 여부	적격 여부
나. 해당 법인의 주주로서 「법인세법 시행령」 제43조제7항에 따른 지배주주 등 해당 여부			
		본인의 해당 여부	적격 여부
다. 「조세특례제한법 시행령」 제14조의4제1항제4호에 따른 친족관계 또는 경영지배관계 해당 여부			

4. 과세특례 신청내용

「조세특례제한법」 제16조의5제1항 및 같은 법 시행령 제14조의5제3항에 따라 위와 같이 산업재산권 현물출자 이익에 대한 과세특례 적용을 신청합니다.

년   월   일

신청인   (서명 또는 인)

산업재산권을 현물출자 받은 기업 귀하

첨부 서류	산업재산권 출자 전용계좌개설확인서(「조세특례제한법 시행규칙」 별지 제6호의12서식)	수수료 없음

작 성 방 법

벤처기업에 산업재산권을 현물출자하고 벤처기업의 주식을 받은 경우 그 현물출자에 따른 이익에 대하여 소득세를 과세받는 대신 벤처기업 주식을 양도할 때 금융투자소득세로 신고·납부하려는 경우에 작성합니다.

210mm× 297mm[백상지 80g/㎡ 또는 중질지 80g/㎡]

19. 우리사주 관련

우리사주조합과 관련된 근로소득 여부는 크게 우리사주의 취득과 인출로 구분할 수 있으며 이를 요약하면 다음과 같다.

취 득	우리사주조합	인 출
법소정 한도 이내 : 근로소득 ×	⟶	과세인출주식 중 법소정 금액 : 근로소득 O
법소정 한도 초과 : 근로소득 O	⟶	과세인출주식 외 : 근로소득 ×
(근로소득세 비과세 효과)	(근로소득세 이연 효과)	(근로소득 비과세 효과)

① 취득시점

법소정 한도 이내까지는 근로소득으로 소득세를 부과하지 않으므로 일정부분 근로소득세의 공제효과

② 보유기간

우리사주를 취득 후 인출시점에 과세인출주식으로 과세함으로써 과세이연효과

③ 인출시점

과세인출주식의 보유기간에 따라 비과세 효과

따라서 우리사주와 관련된 내용은 취득과 인출로 구분하여 살펴보며, 동시에 취득과 인출을 연계하여 이해하여야 한다.

(1) 우리사주의 취득

우리사주조합원이 근로복지기본법 제36조 제1항에 따라 해당 법인 등에 출연(유상증자 참여 등)하거나 자본시장과금융투자업에관한법률에 따른 증권시장 등에서 매입하여 취득한 우리사주를 우리사주조합을 통하여 배정받는 경우에는 소득세를 부과하지 아니한다(조특법 §88의 4 ① · ③). 다만, 법소정의 범위를 넘어서는 부분에 대해서는 근로소득으로 과세한다(조특법 §88의 4 ④ · ⑧).

● 근로복지기본법 제36조 제1항

우리사주조합은 우리사주를 취득하기 위하여 다음 각 호의 재원으로 우리사주조합기금을 조성할 수 있다.

1. 우리사주제도 실시회사 또는 그 주주 등이 출연한 금전과 물품
2. 우리사주조합원이 출연한 금전
3. 제42조 제1항에 따른 차입금
4. 제37조에 따른 조합계정의 우리사주에서 발생한 배당금
5. 그 밖에 우리사주조합기금에서 발생하는 이자 등 수입금

우리사주조합의 취득에 따른 내용을 요약하면 다음과 같다.

우리사주 취득 재원에 따른 구분		근로소득 여부 및 계산	
법인출연(금) 등	법인 출연 자사주	법소정 한도 =(매입가액 등)−Max (직전년도 총급여 ×20%, 500만원)	법소정 한도 이내 : 근로소득 ×
	법인 주주의 출연 자사주		
	시가의 70%보다 낮게 취득		법소정 한도 초과 : 근로소득 ○
	이외 취득(출연금 등)		
우리사주조합원의 출연금으로 저가취득	출연금 400만원 이하	전액	근로소득 ×
	출연금 400만원 초과분	(기준가액 −초과분 취득가액)	(+) : 근소소득 ○
			0 or (−) : 근로소득 ×

1) 법인출연(금) 등을 재원으로 배정받은(취득한) 우리사주대상

우리사주조합원이 우리사주조합을 통하여 배정받은 우리사주가 해당 법인이 출연하거나 해당 법인의 출연금으로 취득한 것으로서 법소정의 한도를 초과하는 부분에 대해서는 소득세를 부과한다. 이 경우 근로복지기본법 제37조에 따라 당초 배정된 우리사주가 우리사주조합원으로부터 우리사주조합에 회수되어 이미 지난 과세기간에 속하는 근로소득에서 빼야 할 금액이 있는 경우 해당 우리사주조합원은 회수일이 속하는 과세기간의 근로소득세액에 대한 연말정산 시 해당 근로소득에서 그 금액을 뺄 수 있다(조특법 §88의 4 ④).

$$근로소득 = Max(매입가액 등 − 법소정 한도, 0)$$

법소정의 한도란 다음과 같다(조특령 §82의 4 ②).

우리사주조합원의 직전연도 총급여액	법소정 한도
2,500만원 초과	우리사주조합원 직전 연도 총급여액×20%
2,500만원 이하	500만원

① 매입가액 등

우리사주조합이 당해 자사주의 취득에 소요된 실지거래가액을 말한다.

다만, 해당 법인 또는 해당 법인의 주주(소령 §38 ③에 따른 소액주주를 제외)로부터 출연받거나 시가의 100분의 70보다 낮은 가액으로 취득한 자사주의 경우에는 출연일 또는 취득일 현재 시가의 100분의 70에 상당하는 가액으로 한다(조특령 §82의 4 ① 2호).

우리사주	매입가액 등
해당 법인으로부터 출연받은 우리사주	출연일(또는 취득일) 현재 시가* ×70%
해당 법인의 주주(소액주주 제외)로부터 출연받은 우리사주	
시가*의 70%보다 낮은 가액으로 취득한 우리사주	
이외(ex : 시가*의 70%보다 높은 가액으로 취득한 우리사주)	취득에 소요된 실지거래가액

* 상속세및증여세법 제63조 제1항 및 제2항의 규정을 준용하여 산정한 주식의 가액을 말한다. 이 경우 동조 제1항 제1호 가목 중 '평가기준일 이전·이후 각 2월'은 각각 '평가기준일 이전 1월'로 본다(조특령 §82의 4 ① 1호).

② 직전연도 총급여

총급여액은 해당 법인으로부터 지급받은 소득세법 제20조 제2항의 규정에 의한 총급여액, 즉 (근로소득−비과세 근로소득)을 말한다.

2) 우리사주조합원의 출자금으로 배정받은(취득한) 자사주

우리사주조합원이 우리사주조합에 출자하고 그 조합을 통하여 우리사주를 취득하는 경우 그 주식의 취득가액과 시가와의 차액(저가취득에 따른 차액)에 대한 소득세 과세는 다음과 같다(조특법 §88의 4 ⑧).

① 벤처기업 등의 우리사주조합원의 경우

우리사주조합원의 우리사주조합 출자금액	우리사주의 취득가액과 시가와의 차액에 대한 과세 여부		
	1,500만원 초과금액으로 취득한 우리사주 취득가액(A)		근로소득 해당액
1,500만원 초과	기준가액(B)보다 낮은 경우		B−Á
	기준가액(B)보다 크거나 같은 경우		과세하지 않음
1,500만원 이하	해당 사항 없음		과세하지 않음

> **중점사항**
>
> **1. 벤처기업 등**
>
> 벤처기업 등은 다음을 말한다(조특법 §16 ① 3호, 조특령 §14 ③ 각 호).
>
> (1) 벤처기업
>
> (2) 창업 후 3년 이내의 중소기업으로서 벤처기업육성에관한특별조치법 제2조의 2 제1항 제2호 다목에 따른 기업
>
> (3) 창업 후 3년 이내의 중소기업으로서 개인투자조합으로부터 투자받은 날(조세특례제한법 제16조의 5의 경우에는 산업재산권을 출자받은 날)이 속하는 과세연도의 직전 과세연도에 조세특례제한법 제10조 제1항에 따른 연구·인력개발비를 3,000만원 이상 지출한 기업. 다만, 직전 과세연도의 기간이 6개월 이내인 경우에는 조세특례제한법 제10조 제1항에 따른 연구·인력개발비를 1,500만원 이상 지출한 중소기업으로 함
>
> (4) 창업 후 3년 이내의 중소기업으로서 신용정보의이용및보호에관한법률 제4조 제1항 제1호에 따라 금융위원회의 허가를 받고 같은 법 시행령 제2조 제1항 제5호 파목의 기술신용정보를 제공하는 신용조회회사가 평가한 기술등급(같은 목에 따라 기업 및 법인의 기술과 관련된 기술성·시장성·사업성 등을 종합적으로 평가한 등급을 말함)이 기술등급체계상 상위 50%에 해당하는 기업
>
> **2. 기준가액(B)**
>
> 기준가액(B)은 우리사주의 취득일 현재 시가의 70%에 상당하는 가액을 말한다. 다만, 소액주주에 해당하는 우리사주조합원이 근로복지기본법 제38조의 규정에 의하여 우리사주를 우선 배정받는 경우에는 우리사주의 취득일 현재 시가의 70%에 상당하는 가액과 액면가액 중 낮은 금액으로 한다(조특령 §82의 4 ⑨).

② '①' 외 우리사주조합 출자금이 400만원 이하인 경우

출자금액이 400만원 이하인 경우에는 해당 차액에 대하여 근로소득세를 과세하지 아니한다.

> **중점사항** – 우리사주조합출자금 400만원(창업·벤처기업은 1,500만원) 이내에 대한 세제혜택
>
> **1. 출자금 소득공제(조특법 §88의 4 ①)**
> 근로복지기본법에 따른 우리사주조합원이 우리사주를 취득하기 위하여 같은 법에 따른 우리사주조합에 출자하는 경우에는 해당 연도의 출자금액과 400만원(창업·벤처기업은 1,500만원) 중 적은 금액을 해당 연도의 근로소득금액에서 공제한다.
>
> **2. 출자금으로 (저가)취득에 대한 근로소득세 과세이연**
> 400만원 이내의 출자금으로 (저가)취득한 우리사주는 취득시점에 근로소득으로 과세하지 아니하며 이를 인출하는 시점에 일정부분을 근로소득 과세함에 따라 과세이연효과가 있다.

③ '①' 외 우리사주조합 출자금이 400만원 초과인 경우

출자금액이 400만원을 초과하는 경우 그 초과금액으로 취득한 우리사주의 취득가액 법소정의 기준가액보다 낮은 경우에는 해당 취득가액과 기준가액과의 차액에 대하여 근로소득으로 보아 과세한다.

법소정의 기준가액이란 자사주의 취득일 현재 시가의 100분의 70에 상당하는 가액을 말한다. 다만, 소액주주(소령 §38 ③에 따른 소액주주)에 해당하는 우리사주조합원이 근로복지기본법 제38조의 규정에 의하여 자사주를 우선배정받는 경우에는 자사주의 취득일 현재 시가의 100분의 70에 상당하는 가액과 액면가액 중 낮은 금액으로 한다(조특령 §82의 4 ⑨).

즉 근로소득으로 보는 금액은 다음과 같다.

> 법소정의 기준가액[*] − 400만원(또는 1,500만원)을 초과하는 출자금으로 취득한 우리사주 취득가액

[*] 우리사주조합원이 소액주주인 경우 = Min{시가×70%, 액면가액}
그 외의 경우 = 시가×70%

우리사주조합원의 우리사주조합 출자금액	우리사주의 취득가액과 시가와의 차액에 대한 과세 여부	
	400만원 초과금액으로 취득한 우리사주 취득가액(A)	근로소득 해당액
400만원 초과	기준가액(B)보다 낮은 경우	B−A
	기준가액(B)보다 크거나 같은 경우	과세하지 않음
400만원 이하	해당 사항 없음	과세하지 않음

(2) 우리사주의 인출

우리사주조합원(소액주주 포함)이 우리사주조합으로부터 배정받은 자사주를 인출하는 경우에는 과세인출주식에 대한 인출금을 근로소득으로 보아 소득세를 부과한다(조특법 §88의 4 ⑤~⑦, 서일-104, 2007.1.17.; 서일 46011-11602, 2003.11.12.).

앞서 언급한 바와 같이 인출 시 우리사주의 근로소득 과세 여부(과세인출주식 여부)는 취득 시 근로소득 과세 여부와 연계하여 파악한다. 즉 취득 시 근로소득으로 보지 아니한 자사주 인출은 과세인출주식(과세대상 근로소득)으로 보고, 취득 시 근로소득으로 과세된 자사주의 인출은 과세인출주식(과세대상 근로소득)으로 보지 아니한다.

이를 요약하면 다음과 같다.

취득 시 과세 여부			인출 시 과세인출주식 여부
법인출연(금) 등	법소정 한도=(매입가액 등) -Max(직전년도 총급여 ×20%, 500만원)	법소정 한도 이내 : 근로소득 ×	과세인출주식 ○
		법소정 한도 초과 : 근로소득 ○	과세인출주식 ×
우리사주 조합원의 출연금으로 저가취득	출연금 400(또는 1,500)만원 이하	전액 : 근로소득 ×	과세인출주식 ○
	출연금 400(또는 1,500)만원 초과분=(기준가액-초과분 취득가액)	(+) : 근소소득 ○	과세인출주식 ×
		0 or (-) : 근로소득 ×	과세인출주식 ○
잉여금을 자본에 전입함에 따라 우리사주조합원에 무상으로 교부된 자사주(조특법 §88의 4 ②)		근로소득 ×	과세인출주식 ○

1) 과세인출주식

① 의의

'과세인출주식'은 우리사주조합원이 우리사주조합으로부터 배정받은 자사주를 인출하는 경우 해당 자사주에서 다음의 주식을 제외한 주식을 말한다(조특법 §88의 4 ⑤).

> 1. 소득공제를 받지 아니한 출자금으로 취득한 자사주
> 2. 법인의 출자 또는 법인출자금으로 배정받은 자사주 중 비과세한도를 초과하여 과세된 자사주[*]
> 3. 잉여금을 자본에 전입함에 따라 우리사주조합원에게 무상으로 교부된 자사주

② 인출로 보지 않는 경우

합병 또는 분할(분할합병 포함)[합병 등]로 인하여 증권금융회사에서의 우리사주조합원
별 계정에 예탁되어 있는 우리사주(구주식)를 새로운 주식(신주식)으로 교체하는 경우는
우리사주 인출로 보지 않는다(조특령 §82의 4 ⑦ 1호).

③ 과세인출주식의 판단

과세인출주식을 판단함에 있어 다음 순서로 인출되는 것으로 본다(조특령 §82의 4 ⑤).

> 1. 먼저 배정된 자사주
> 2. 동시에 배정된 자사주의 경우에는 과세인출주식 제외 자사주

이때 합병 등으로 인하여 구주식을 신주식으로 교체한 경우 신주식 중 과세인출주식은
구주식의 과세인출주식에 대응하는 것으로 하며, 아래 산식을 적용하여 산출한다. 다
만, 1주 미만의 주식은 없는 것으로 한다(조특령 §82의 4 ⑦ 6호).

$$과세인출\ 신주식의\ 수 = 신주식의\ 수 \times \frac{구주식\ 중\ 과세인출주식의\ 수}{구주식의\ 총수}$$

2) 과세인출주식에 대한 인출금

① 인출금

과세인출주식에 대한 '인출금'은 다음 금액으로 한다(조특령 §82의 4 ④).

> 인출금 = Min[(a), (b)]
> (a) = 과세인출주식의 매입가액 등
> (b) = 과세인출주식의 인출일 현재 시가(파산선고를 받은 경우에는 '0')

우리사주조합원이 출연금을 우리사주 취득에 사용하지 아니하고 인출하는 경우에는 해
당 금액(우리사주조합 출연금에 대한 소득공제를 받지 아니한 것은 제외)을 인출금에 포함한
다(조특령 §82의 4 ⑦).

② 인출금의 근로소득 구분

상기 '①'의 인출금을 다음과 같이 중소기업과 중소기업 외로 구분하여 근로소득으로

본다(조특법 §88의 4 ⑥, 조특법 부칙 §22, 2015.12.15.).

㉠ 중소기업

2006.12.31. 이전 배정분		2007.1.1. 이후 배정분	
과세인출주식 보유기간	과세대상 근로소득	과세인출주식 보유기간	과세대상 근로소득
5년 이상	인출금×25%	6년 이상	없음(전액 비과세)
3년 이상 5년 미만	인출금×50%	4년 이상 6년 미만	인출금×25%
3년 미만	인출금 전액	2년 이상 4년 미만	인출금×50%
		2년 미만	인출금 전액

㉡ 중소기업 이외

2006.12.31. 이전 배정분		2007.1.1. 이후 배정분	
과세인출주식 보유기간	과세대상 근로소득	과세인출주식 보유기간	과세대상 근로소득
5년 이상	인출금×25%	4년 이상	인출금×25%
3년 이상 5년 미만	인출금×50%	2년 이상 4년 미만	인출금×50%
3년 미만	인출금 전액	2년 미만	인출금 전액

③ 보유기간 산정

과세인출주식의 보유기간 산정은 먼저 배정된 자사주(동시에 배정된 자사주의 경우에는 과세인출주식 외의 자사주)를 먼저 인출하는 것으로 보아 산정(즉 자사주 수량의 인출 방식은 선입선출법 방식으로 계산함)하며, 다음과 같이 한다(조특법 §88의 4 ⑥, 조특령 §82의 4 ⑤·⑦ 5호).

2007.1.1. 이후 배정분	2006.12.31. 이전 배정분
1. 증권금융회사에서의 우리사주조합원별 계정에 의무적으로 예탁하여야 하는 기간의 종료일의 다음 날부터 인출한 날	1. 증권금융회사에서의 우리사주조합원별 계정에 자사주를 예탁한 날*1부터 인출한 날*2
2. 구주식을 신주식으로 교체하는 경우에는 구주식을 의무적으로 예탁하여야 하는 기간의 종료일의 다음 날부터 당해 신주식을 인출한 날	2. 구주식을 신주식으로 교체하는 경우에는 구주식을 예탁한 날부터 당해 신주식을 인출한 날

*1 근로자복지기본법시행령 제19조 제1항 각 호의 기준이 정하는 바에 따라 개인별 계정에 배정하는 날(서일-1499, 2006.11.6.)

*2 증권거래법에 의한 증권금융회사로부터 자사주를 인출하는 날(서일-260, 2007.2.21.)

3) 합병 또는 분할로 인한 우리사주의 변경

합병 또는 분할(분할합병을 포함)로 인하여 증권금융회사에서의 우리사주조합원별 계정에 예탁되어 있는 자사주(구주식)를 새로운 주식(신주식)으로 교체하는 경우에는 다음과 같이 적용한다(조특령 §82의 4 ⑦).

① 합병 또는 분할로 인하여 구주식을 신주식으로 교체하는 것은 인출로 보지 아니한다.

② 합병 또는 분할의 대가로 구주식에 대하여 신주식 외에 금전 등을 교부받는 경우에는 다음 산식을 적용하여 계산한 금액을 인출금으로 본다.

$$\text{신주식 외에 교부받은 금전 등의 합계액} \times \frac{\text{구주식 중 과세대상주식의 수}}{\text{구주식의 총수}}$$

③ 합병 또는 분할로 인한 다음의 경우는 인출금으로 보지 아니한다.

　　가. 1주 미만의 단주에 한하여 금전 등을 교부받은 경우 당해 금전 등

　　나. 합병 또는 분할의 대가로 구주식에 대하여 교부받는 금전 등의 합계액이 구주식의 매입가액 등을 초과하는 경우 그 초과하는 금액

④ 합병 또는 분할로 인해 교부받은 신주식의 1주당 매입가액 등은 구주식의 매입가액 등(제3호 외의 금전 등의 합계액을 차감)을 신주식의 수로 나눈 금액으로 한다.

$$\text{신주식의 1주당 매입가액 등} \times \frac{(\text{구주식의 매입가액 등} - \text{합병교부금 등})}{\text{신주식의 수}}$$

⑤ 합병 또는 분할로 인해 교부받은 신주식의 보유기간을 계산함에 있어 '증권금융회사에서의 우리사주조합원별 계정에 의무적으로 예탁하여야 하는 기간의 종료일의 다음 날부터 인출한 날'을 적용함에 있어서 신주식의 보유기간은 신주식에 대응하는 구주식을 의무적으로 예탁하여야 하는 기간의 종료일의 다음 날부터 당해 신주식을 인출한 날까지의 기간으로 한다.

⑥ 합병 또는 분할로 교부받은 신주식 중 인출하는 때에 과세대상주식은 구주식의 과세대상주식에 대응하는 것으로 하며, 과세대상신주식의 수는 다음 산식을 적용하여 산출한다. 이 경우 산출한 과세대상신주식 중 1주 미만의 주식은 이를 없는 것으로 한다.

$$신주식의 수 \times \frac{구주식 \; 중 \; 과세대상주식의 \; 수}{구주식의 \; 총수}$$

4) 인출금에 대한 원천징수

① 원천징수 수입시기

해당 우리사주의 인출일을 수입시기(귀속시기)로 한다(조특법 §88의 4 ⑤).

② 원천징수방법

근로소득 과세대상 인출금은 소득세 기본세율(소법 §55 ①에 의한 6~40% 초과누진세율)을 적용한다(조특법 §88의 4 ⑤).

③ 원천징수 관련 서류 제출

가. 우리사주조합은 우리사주조합원이 증권금융회사에 예탁된 자사주 인출 시 증권금융회사가 발급하는 주권인출내역서를 법인에게 제출한다(조특법 §88의 4 ⑫).

나. 우리사주 과세특례 적용을 받은 법인은 우리사주인출 및 과세명세서(소칙 별지 제60호의 5 서식)를 당해 자사주의 인출일이 속하는 연도의 다음 연도 2월말(휴업 또는 폐업의 경우에는 휴업일 또는 폐업일이 속하는 달의 다음다음 달 말일)까지 원천징수 관할세무서장에게 제출하여야 한다(조특법 §88의 4 ⑬).

> **저자주**
> **우리사주조합의 기장 및 통보**
>
> 우리사주조합은 우리사주조합원의 출연금 중 소득공제의 대상이 되는 금액과 그러하지 아니하는 금액을 구분하여 자사주 취득에 사용하여야 하고, 우리사주조합원별로 자사주 취득을 위한 출연내역과 자사주의 배정내역·인출내역을 기장하여야 한다.
>
> 우리사주조합은 증권금융회사에 자사주를 예탁하는 때에는 다음 각 호의 사항을 통보하여야 한다(조특령 §82의 4 ⑩).
>
> 가. 우리사주조합원에게 배정하는 자사주의 매입가액 등
>
> 나. 우리사주조합원에게 배정하는 자사주가 과세대상주식에 해당하는지 여부
>
> 또한 우리사주조합은 제10항의 규정에 의하여 증권금융회사에 자사주를 예탁한 때에 과세대상으로 통보한 자사주 중 연말정산 시 실제로 소득공제를 받지 아니한 금액에 상당하는 자사주(1주 미만의 단주는 1주로 봄)가 있는 경우에는 당해 자사주에 한하여 과세대상에서 제외하도록 증권금융회사에 즉시 통보하여야 한다(조특령 §82의 4 ⑪).

5) 퇴직으로 인한 우리사주 인출

우리사주조합원이 보유하고 있는 우리사주로서 다음의 요건을 모두 갖춘 주식을 해당 조합원이 퇴직을 원인으로 인출하여 우리사주조합에 양도하는 경우에는 소득세법상 양도소득을 적용하지 아니한다. 이 경우 그 양도차익이 3천만원을 초과할 때에는 그 초과금액에 대해서는 그러하지 아니하다(조특법 §88의 4 ⑭).

① 우리사주조합원이 우리사주를 우리사주조합을 통하여 취득한 후 1년 이상 보유할 것
② 우리사주조합원이 보유하고 있는 우리사주가 양도일 현재 증권금융회사에 1년 이상 예탁된 것일 것
③ 우리사주조합원이 보유하고 있는 우리사주의 액면가액 합계액이 1천800만원 이하일 것

(3) 대주주의 우리사주조합원에 대한 지원금의 과세

① 법인의 최대주주인 거주자가 법인의 임원·종업원인 우리사주조합원들 중 우리사주 취득을 위한 대출을 보유한 자들에게 주가하락에 따른 부담 경감 목적으로 근로조건과 관계없이 일정금액을 금전증여계약에 따라 무상으로 지급한 경우, 해당 금원은 상증법 제41조 제1항의 규정에 의하여 증여세 과세대상에 해당됨(사전법규재산-1017, 2022.11.30.)

② 법인의 대주주가 법인의 임원·종업원인 우리사주조합원들 중 우리사주 취득을 위한 대출을 보유한 자들에게 주가하락에 따른 부담 경감 목적으로 근로조건과 관계없이 일정금액을 금전증여계약에 따라 무상으로 지급한 경우, 해당 금원은 소득세법상 근로소득, 기타소득에 해당하지 않음(사전법규소득-1018, 2022.12.1.)

20. 직무발명보상금

발명진흥법 제2조 제2호에 따른 직무발명보상금 등으로서 다음의 보상금은 연 500만원 이하의 금액까지 비과세소득에 해당된다.

① 발명진흥법 제2조 제2호에 따라 종업원 등이 사용자 등으로부터 받는 보상금
② 대학의 교직원 또는 대학과 고용관계가 있는 학생이 소속대학에 설치된 산업교육진

흥및산학연협력촉진에관한법률 제25조에 따른 산학협력단으로부터 같은 법 제32조 제1항 제4호에 따라 받는 보상금

저자주
종업원 등이 회사로부터 지급받는 직무발명보상금의 소득구분

종업원 등(임원 포함)이 근무하는 회사로부터 지급받는 직무발명보상금의 소득구분이 2017년부터 변경되었으니 특히 유의하셔야 합니다. 직무발명의 정의 및 연도별 소득구분에 대해 상세히 설명드립니다.

1. 발명진흥법상 규정

(1) 발명진흥법 제2조 제1호

발명은 특허법·실용신안법 또는 디자인보호법에 따라 보호대상이 되는 발명, 고안 및 창작을 말한다.

(2) 발명진흥법 제2조 제2호

직무발명이란 종업원, 법인의 임원 또는 공무원이 그 직무에 관하여 발명한 것이 성질상 사용자·법인 또는 국가나 지방자치단체의 업무범위에 속하고 그 발명을 하게 된 행위가 종업원 등의 현재 또는 과거의 직무에 속하는 발명을 말한다.

(3) 직무발명법 제15조

① 종업원 등은 직무발명에 대하여 특허 등을 받을 수 있는 권리나 특허권 등을 계약이나 근무규정에 따라 사용자 등에게 승계하게 하거나 전용실시권을 설정한 경우에는 정당한 보상을 받을 권리를 가진다.

② 사용자 등은 상기 '①'에 따른 보상에 대하여 보상형태와 보상액을 결정하기 위한 기준, 지급방법 등이 명시된 보상규정을 작성하고 종업원등에게 문서로 알려야 한다.

③ 사용자 등은 상기 '②'에 따른 보상규정의 작성 또는 변경에 관하여 종업원 등과 협의하여야 한다. 다만, 보상규정을 종업원등에게 불리하게 변경하는 경우에는 해당 계약 또는 규정의 적용을 받는 종업원 등의 과반수의 동의를 받아야 한다.

④ 사용자 등은 상기 '①'에 따른 보상을 받을 종업원 등에게 상기 '②'에 따른 보상규정에 따라 결정된 보상액 등 보상의 구체적 사항을 문서로 알려야 한다.

⑤ 사용자 등이 상기 '③'에 따라 협의하여야 하거나 동의를 받아야 하는 종업원등의 범위, 절차 등 필요한 사항은 대통령령으로 정한다.

⑥ 사용자 등이 상기 '②'부터 '④'까지의 규정에 따라 종업원 등에게 보상한 경우에는 정당한 보상을 한 것으로 본다. 다만, 그 보상액이 직무발명에 의하여 사용자 등이 얻을 이익과 그 발명의 완성에 사용자 등과 종업원 등이 공헌한 정도를 고려하지 아니한 경우에는 그러하지 아니하다.

⑦ 공무원의 직무발명에 대하여 직무발명법 제10조 제2항에 따라 국가나 지방자치단체가 그 권리를 승계한 경우에는 정당한 보상을 하여야 한다. 이 경우 보상금의 지급에 필요한 사항은 대통령령이나 조례로 정한다.

02

2. 종업원 등이 아닌 자가 산업재산권을 양도하고 받은 대가

  (1) 산업재산권

    특허권, 실용신안권, 디자인권, 상호권 등을 말함

  (2) 기타소득에 해당

    종업원 등이 아닌 자가 산업재산권을 양도하고 받은 대가는 소득세법 제21조 제1항 제7호에 의거 기타소득에 해당됨

3. 종업원 등이 회사로부터 받는 직무발명보상금

  (1) 2016.12.31.까지 지급받은 직무발명보상금

    1) 원칙 : 근로소득에 해당(퇴직 후 수령액은 기타소득)

    2) 다음 요건 충족 시 비과세기타소득에 해당(구소법 §12 5호 라목)

      ① 종업원(임원도 포함 : 서일−311, 2006.3.8.)이 발명진흥법 제15조에 따라 사용자(회사)로부터 받는 보상금

      ② 대학 교직원이 산학협력단으로부터 산업교육진흥및산학연협력촉진에관한법률 제32조에 따라 받는 보상금

    3) 유권해석

      ① 특허권 등록 후 회사에 승계하거나 전용실시권을 설정하고 회사로부터 지급받는 직무발명보상금은 비과세기타소득에 해당되나 매출기여 인센티브로 매년 해당 매출액의 일정액을 사용료로 지급받는 경우에는 비과세기타소득에 해당되지 않음(서일−1115, 2006.8.14.)

      ② 산학협력단이 특허등록 전에 교직원에게 지급하는 보상금은 비과세기타소득에 해당되지 않음(소득−714, 2010.6.18.)

  (2) 2017.1.1. 이후 지급받는 직무발명보상금

    1) 원칙 : 근로소득에 해당(소법 §20 ① 5호)

      퇴직 후 지급받은 경우에는 기타소득에 해당(소법 §21 ① 22호의 2)

    2) 비과세소득 해당액

      ① 발명진흥법 제2조 제2호에 따른 직무발명보상금 중 연 500만원 이하의 금액(소법 §12 3호 어목, 소령 §17의 3)

      ② 연 500만원(해당 연도에 근로소득에서 비과세되는 금액이 있는 경우 해당 금액을 차감한 금액) 이하의 금액(소법 §12 5호 라목, 소령 §18 ②)

    3) 2017년 개정세법의 적용은 2017.1.1. 이후 직무발명보상금의 지급 시부터 적용하므로 2016년 연말까지 지급되지 아니한 보상금에 대해서는 개정세법의 규정(근로소득으로 과세)이 적용됨에 유의(관련 조심 2018서4230, 2018.12.14.)

21. 외국인근로자 급여

(1) 외국인근로자 단일세율 과세특례(분리과세)

외국인인 임원 또는 사용인(일용근로자는 제외)이 2023.12.31. 이전에 국내에서 최초로 근로를 제공하기 시작하는 경우 국내에서 근무(다음 1)에서 정하는 외국인투자기업을 제외한 특수관계기업에게 근로를 제공하는 경우는 제외)함으로써 받는 근로소득으로서 국내에서 최초로 근로를 제공한 날부터 20년 이내(2023.1.1. 현재 국내에서 최초 근로제공일부터 20년이 지나지 않은 경우에도 적용)에 끝나는 과세기간까지 받는 근로소득에 대한 소득세는 소득세법 제55조 제1항에도 불구하고 해당 근로소득에 100분의 19를 곱한 금액을 그 세액으로 할 수 있다(조특법 §18의 2 ②).

① 2014.1.1. 전에 국내에서 근무를 시작한 외국인근로자

　　2018.12.31.까지 적용

② 2014.1.1. 이후부터 2023.12.31. 이전에 국내에서 근무를 시작한 외국인근로자

　　국내에서 근로를 제공한 날부터 20년 이내에 끝나는 과세기간까지 특례적용

다만, 외국인투자촉진법시행령 제20조의 2 제4항 제1호에 따른 지역본부에 근무함으로써 받는 근로소득[고부가가치 외국인투자를 유치하기 위하여 외국인투자촉진법에 따라 산업통상자원부장관이 지정하는 지역본부(헤드쿼터 인증기업)에 근로를 제공하는 외국인근로자에 대한 근로소득]에 대한 과세특례에 대해서는 그 적용기한을 폐지하여 20년간 상시적으로 운영하도록 하였다(조특령 §16의 2 ③).

> **New Tax**
> 외국인근로자 근로소득의 19% 단일세율적용 과세특례 적용기한을 5년에서 20년으로 연장함. 이는 2023.1.1. 현재 국내에서 최초 근로제공일부터 20년이 지나지 않은 경우에도 적용함

> ◉ 외국인투자촉진법시행령 제20조의 2 제4항 제1호
> 2개 이상의 해외법인에 대하여 생산, 판매, 물류, 인사 등 기업의 핵심기능에 대한 지원 및 조정의 기능을 수행하는 국내법인으로서 상시근로자, 모기업의 요건 등 산업통상자원부령으로 정하는 기준 및 절차를 충족하는 지역본부를 국내에 설립하는 경우

외국인근로자에 대한 단일세율을 적용할 때 소득세법 및 이 법에 따른 소득세와 관련된 비과세, 공제, 감면 및 세액공제에 관한 규정은 적용하지 아니하며, 해당 근로소득은 소득세법 종합소득과세표준에 합산하지 아니한다.

$$근로소득세\ 결정세액 = 근로소득 \times 19\%$$

1) 단일세율 적용대상 외국인근로자(조특령 §16의 2 ① · ②)

해당 과세연도 종료일 현재 법인세, 소득세, 취득세 및 재산세를 각각 감면받는 기업 또는 외국인투자에 대한 법인세 등 감면요건을 갖춘 기업을 제외한 특수관계기업에 근로를 제공하는 경우에는 외국인근로자에 대해 과세특례를 적용하지 아니한다.

여기서 특수관계기업이란 해당 과세연도 종료일 현재 외국인근로자가 근로를 제공하는 기업과 국세기본법시행령 제1조의 2 제1항 및 제3항에 따른 친족관계 또는 경영지배관계에 있는 경우의 해당 기업을 말한다. 다만, 경영지배관계에 있는지를 판단할 때 국세기본법시행령 제4항 제1호 나목의 요건은 적용하지 아니한다.

● 국세기본법시행령 제1조의 2 제1항~제3항
① 다음 호의 어느 하나에 해당하는 관계(친족관계)
   1. 4촌 이내의 혈족
   2. 3촌 이내의 인척
   3. 배우자(사실상의 혼인관계에 있는 자를 포함)
   4. 친생자로서 다른 사람에게 친양자 입양된 자 및 그 배우자 · 직계비속
   5. 혼외출생자의 생부 · 생모(본인의 금전이나 그 밖의 재산으로 생계를 유지하는 자 또는 생계를 함께 하는 자로 한정)
② 임원 · 사용인 등 다음의 경제적 연관관계
   1. 임원과 그 밖의 사용인
   2. 본인의 금전이나 그 밖의 재산으로 생계를 유지하는 자
   3. 제1호 및 제2호의 자와 생계를 함께하는 친족
③ 주주 · 출자자 등 다음의 경영지배관계
   1. 본인이 개인인 경우
      가. 본인이 직접 또는 그와 친족관계 또는 경제적 연관관계에 있는 자를 통하여 법인의 경영에 대하여 지배적인 영향력을 행사하고 있는 경우 그 법인
      나. 본인이 직접 또는 그와 친족관계, 경제적 연관관계 또는 가목의 관계에 있는 자를 통하여 법인의 경영에 대하여 지배적인 영향력을 행사하고 있는 경우 그 법인
   2. 본인이 법인인 경우
      가. 개인 또는 법인이 직접 또는 그와 친족관계 또는 경제적 연관관계에 있는 자를 통하여 본인인 법인의 경영에 대하여 지배적인 영향력을 행사하고 있는 경우 그 개인 또는 법인

나. 본인이 직접 또는 그와 경제적 연관관계 또는 가목의 관계에 있는 자를 통하여 어느 법인의 경영에 대하여 지배적인 영향력을 행사하고 있는 경우 그 법인

다. 본인이 직접 또는 그와 경제적 연관관계, 가목 또는 나목의 관계에 있는 자를 통하여 어느 법인의 경영에 대하여 지배적인 영향력을 행사하고 있는 그 법인

라. 본인이 독점규제및공정거래에관한법률에 따른 기업집단에 속하는 경우 그 기업집단에 속하는 다른 계열회사 및 그 임원

④ '③' 제1호 각 목, 같은 항 제2호 가목부터 다목까지의 규정을 적용할 때 다음의 구분에 따른 요건에 해당하는 경우 해당 법인의 경영에 대하여 지배적인 영향력을 행사하고 있는 것으로 본다.

1. 영리법인인 경우

가. 법인의 발행주식총수 또는 출자총액의 100분의 30 이상을 출자한 경우

나. 임원의 임면권의 행사, 사업방침의 결정 등 법인의 경영에 대하여 사실상 영향력을 행사하고 있다고 인정되는 경우

2. 비영리법인인 경우

가. 법인의 이사의 과반수를 차지하는 경우

나. 법인의 출연재산(설립을 위한 출연재산만 해당)의 100분의 30 이상을 출연하고 그 중 1인이 설립자인 경우

또한 외국인 근로자란 해당 과세연도 종료일 현재 대한민국의 국적을 가지지 않은 사람만 해당된다(조특법 집행기준 18의 2-0-1).

2) 단일세율 적용대상 근로소득

외국인 근로자에 대한 단일세율 적용대상 근로소득은 외국인근로자가 근로제공으로 인해 받은 근로대가총액에서 '근로소득으로 보지 아니하는 금액'은 차감하되, 소득세법 및 조세특례제한법상 '모든 비과세근로소득'은 차감하지 아니한 금액으로 한다(조특법 §18의 2 ②).

> 근로소득*=총근로대가-근로소득으로 보지 아니하는 금액

* 당해 근로소득에는 외국인근로자의 납세조합에 가입한 근로소득 및 비거주자에 해당하는 외국인근로자의 근로소득도 적용된다(서이-2552, 2004.12.7.).

3) 적용방법

단일세율 과세특례 적용 시 유의사항은 다음과 같다.

① 단일세율 과세특례를 적용받으려는 외국인근로자(해당 과세연도 종료일 현재 대한민국의 국적을 가지지 아니한 사람만 해당)는 근로소득세액의 연말정산 또는 종합소득과세표준확정신고를 하는 때에 근로소득자 소득·세액공제신고서에 외국인근로자단일세율적용신청서(별지 제8호 서식)를 첨부하여 원천징수의무자·납세조합 또는 납세지 관할세무서장에게 제출하여야 한다(조특법 §16의 2 ③).

② 소득세법 및 조세특례제한법에서 규정한 소득세와 관련한 모든 공제·감면 및 세액공제에 관한 규정을 적용하지 않는다(조특법 §18의 2 ②).

③ 해당 근로소득은 종합소득과세표준 계산에 있어서 이를 합산하지 아니한다(조특법 §18의 2 ③). 즉 외국인근로자가 분리과세를 선택할 수 있다.

④ 과세특례대상 외국인근로자 근로소득에는 납세조합에 가입한 근로소득도 포함되므로(서이-192, 2005.1.27.) 납세조합에 가입한 근로소득이 있는 근로자도 과세특례(단일세율 19%)를 적용받을 수 있다.

⑤ 단일세율적용신청서를 제출하지 않은 경우에는 단일세율을 위한 경정청구를 할 수 없다(서이-1288, 2007.7.5.).

4) 외국인근로자 과세특례 적용 시 유의사항

① 해당 과세연도 종료일 현재 대한민국 국적보유자(영주권자, 이중국적자)는 제외된다(조특령 §16의 2).

② 일본법인의 임원으로 일본 내에서 근무하는 일본인이 당해 일본법인의 특수관계자인 내국법인의 비상근임원으로 선임되어 내국법인으로부터 임원보수지급규정에 의하여 임원보수를 지급받는 경우 동 근로소득에 대하여는 외국인근로자 과세특례 규정이 적용되지 않는다(서이-207, 2008.1.31.; 서이-137, 2007.7.16.).

③ 외국인근로자가 국내에서 근로를 제공하고 지급받는 근로소득에 대해 과세특례가 적용되므로(서이-960, 2007.5.17.; 서이-459, 2007.3.19.) 국외에서 내국법인에게 근로를 제공하고 지급받는 근로소득에 대하여는 과세특례규정이 적용되지 않는다(서일-796, 2007.6.13.).

④ 단일세율적용신청서를 제출하지 않은 경우에는 단일세율적용을 위한 경정청구를 할 수 없다(서이-1288, 2007.7.5.; 서이-497, 2007.3.23.).

⑤ 2014.1.1. 전까지 외국인근로자에 대한 과세특례제도는 기간의 제한 없이 적용되었으며 2014.1.1. 이후부터는 2014.1.1. 이후 최초로 근로를 제공한 날부터 5년

동안만 과세특례를 적용받을 수 있게 법률이 개정되었으므로 이 개정법률의 적용에 있어 2014.1.1. 전에 국내에서 근로를 제공한 적이 있는 외국인근로자가 2014. 1.1. 현재에는 국내에서 근로를 제공하지 않는 경우에는 개정법률의 적용시기는 2014.1.1. 이후 국내에서 최초로 근로를 제공한 날로 보아야 할 것임. 그러므로 2002~2007년의 기간 동안 국내에서 근무한 외국인이 2015년 이후에 다시 국내에서 근로를 제공하게 된 경우 그 시점부터 5년간 외국인근로자 과세특례규정을 적용받을 수 있는 것이다(조심 2019중4319, 2020.8.4.).

⑥ 조세특례제한법 제18조의 2 제2항에 따라 외국인근로자에게 19%의 단일세율을 적용하여 근로소득세 결정세액을 산출하는 과세특례규정에 대해 과세관청은 외국인이 입국하여 국내에서 최초로 근로를 제공한 날부터 연속적으로 5년을 계산하는 것이므로 기간 제한 없이 과세특례규정을 적용받을 수 있었던 2013.12.31. 이전에 국내에서 근로를 제공하였고 2014.1.1. 이후 다시 국내에 재취업한 외국인에 대해 과세관청이 과세특례 적용기간 5년이 이미 경과되었다는 이유로 과세특례적용규정을 배제한 것은 쟁점 제한규정(5년간만 적용) 시행 이전에 국내에서 근무하다가 경력단절이 발생된 사람들로서 쟁점 제한규정 시행부칙에 따라 종전의 규정을 적용받지 못하는 경우에는 2014.1.1. 이후 최초로 근로를 제공한 날로부터 5년 동안 단일세율 적용의 특례를 적용받을 수 있도록 하는 것이 타당하다고 판단된다(조심 2020서8572, 2021.3.29.).

⑦ 조세특례제한법 제18조의 2(외국인근로자에 대한 과세특례) 적용에 있어 2014.1.1. 전에 국내에서 근무하다가 2014.1.1. 이후에 다시 국내에 입국하여 근로하는 자는 2014.1.1. 이후 최초로 근로를 제공한 날부터 5년 동안 단일세율의 특례를 적용하는 것이 타당하다(조심 2021서2565, 2021.10.18.).

(2) 외국인근로자 급여 원천징수방법

단일과세 과세특례대상인 외국인근로자는 연말정산 시 과세특례를 적용 신청할 수 있으므로 연중에 원천징수방법도 선택할 수 있다.

즉 외국인근로자는 매월분의 근로소득을 지급할 때 근로소득간이세액표와 19%의 단일세율 중 선택할 수 있으며, 19%의 단일세율을 선택한 경우에는 원천징수의무자에게 근로를 제공한 날이 속하는 달의 다음 달 10까지 단일세율적용 원천징수신청서를 제출하고 원천징수의무자는 이를 다시 원천징수관할세무서장에게 제출하여야 한다(조특법

§18의 2, 조특령 §16의 2).

단일세율 적용을 선택한 외국인근로자가 단일세율 적용을 포기하고자 하는 경우에는 단일세율적용원천징수포기신고서를 원천징수의무자를 거쳐 원천징수관할세무서장에게 제출하며, 이 경우 제출일이 속하는 과세기간의 다음 과세기간부터 단일세율을 적용하지 않는다(조특령 §16의 2 ③).

(3) 외국인근로자 급여 관련 유의사항

1) 부임여비

① 비과세되는 경우

외국인근로자의 부임여비는 사규 또는 고용계약서 내용, 회사의 사업수행목적, 일반적인 고용관행 등을 종합적으로 판단하여 합리적인 금액의 범위 내에서 실비변상적인 성질의 급여로 보아 비과세한다. 이때 외국인근로자가 본국에서 근무하였더라면 발생하지 않았을 추가비용에 해당되어야 한다(국심 2005서1591, 2005.11.29.).

② 과세되는 경우

외국인근로자가 근로계약이행을 위하여 국내에 입국할 때 소요되는 경비(본인 및 가족 항공료와 이사비용)와 부임하는 데 소요되는 비용 중 근로자가 부담할 성격의 경비(본인 및 가족의 비자 및 여권수속 수수료, 건강진단비용 및 면역주사료, 어학연수비, 세금신고서 작성 수수료와 가재도구 창고보관료 등)를 당해 회사가 근로자를 대신하여 지급한 경우 당해 경비는 과세대상 근로소득에 해당된다(서일-456, 2006.4.10.; 서일-1071, 2005.9.8.).

2) 사택

① 외국인근로자도 내국인과 마찬가지로 비출자임원이거나 종업원에 해당되고, 동 외국인근로자에게 제공된 사택이 소득세법에서 규정하는 사택에 해당되는 경우 당해 근로자가 주택을 제공받음으로써 얻는 이익도 비과세 근로소득에 해당된다(서이-76, 2004. 1.26.). 따라서 국내 자회사로 파견된 외국인근로자에 대해 외국 모회사가 본국에서의 주거비용을 감안하여 결정되는 추정주거비용을 차감하여 연봉을 책정하여 지급하더라도 국내 자회사가 부담한 사택임차료는 비과세 근로소득에 해당된다(재소득-65, 2005.9.6.).

다만, 회사가 외국인근로자에게 사택을 제공하거나 주택임차비용을 부담하는 대신 당해 근로자가 국외에 파견되지 않았더라면 본국에서 발생하는 통상적인 추정주거비용을 차감하여 급여를 지급하는 경우 당해 추정주거비용은 근로소득금액에 포함된다(서이 46011-11067, 2002.5.22.).

② 외국인근로자 19% 단일세율 적용 시 사택제공이익

외국인근로자는 소득세를 연말정산을 통해 확정하여도 되고, 근로소득의 19% 금액으로 확정해도 되는 선택권을 갖는다. 근로소득의 19% 금액을 선택 시 회사가 외국인근로자에게 제공하는 사택제공금액(월세부담금액 등)은 2021.1.1. 이후부터 비과세 근로소득(복리후생적 급여)으로 분류되어 근로소득에 포함되어 19% 적용 대상금액에 포함되어야 하나 소득세법시행령 제31442호 부칙 제19조 제2항에 의거 2023.12.31.까지 근로소득에 포함되지 않는다.

그러나 다른 모든 비과세소득은 19% 금액 적용 시 근로소득에 해당되어 포함되는 것도 중요내용이다.

3) 해외근무에 따른 귀국휴가여비

국내에 근무하는 외국인근로자의 본국휴가에 따른 여비는 다음의 조건과 범위 내에서 실비변상적 급여로 보아 비과세한다(소법 집행기준 12-12-4, 외인 22601-3989, 1985.12.30.).

① 조건

가. 회사의 사규 또는 고용계약서 등에 본국 이외의 지역에서 1년 이상(1년 이상 근무하기로 규정된 경우 포함) 근무한 근로자에게 귀국여비를 회사가 부담하도록 되어 있을 것

나. 해외근무라고 하는 근무환경의 특수성에 따라 직무수행상 필수적이라고 인정되는 휴가일 것

② 범위

왕복교통비(항공기의 운행관계상 부득이한 사정으로 경유지에서 숙박한 경우 당해 숙박료 포함)로서 가장 합리적 또는 경제적이라고 인정되는 범위 내의 금액에 한하며, 관광여행이라고 인정되는 부분 및 동반가족의 여비금액은 제외된다.

4) 출국여비

외국인근로자가 근로의 제공을 완료한 후 출국할 때 소요되는 항공료 등을 당해 회사에서 지급하는 경우 과세대상소득으로 본다(서일-1071, 2005.9.8.).

5) 외국법에 의한 보험료 등

① 국내사업장에 근무하는 외국인근로자가 본국의 법에 따라 본국에서 가입·납부하여야 할 건강보험료를 국내 고용회사가 납부하는 경우 그 사용자가 부담하는 부담금은 그 외국인근로자의 과세대상 근로소득에 해당한다(서이 46013-10468, 2003.3.10.).

② 외국과의 사회보장협정에 따라 단기간 파견된 근로자에 대하여 그를 파견한 국가의 연금제도에 가입하고 파견근로를 하는 국가의 연금제도에서는 면제를 받도록 되어 있는 국가에서 파견된 외국인근로자가 본국의 법에 따라 납부하여야 할 연금보험료 중 사용자가 부담하는 부담금은 그 외국인근로자의 비과세근로소득에 해당한다(서이 46013-10468, 2003.3.10.).

③ 국내사업장에 근무하는 외국인근로자가 본국의 법에 따라 본국에서 가입, 납부하여야 할 국민연금 납입액 및 의료보험료를 국내 고용회사가 납부하는 경우 그 금액은 그 외국인근로자의 근로소득에 해당한다(국일 46017-320, 1996.5.29.).

6) 단기 거주 외국인 과세소득의 범위

해당 과세기간 종료일 10년 전부터 국내에 주소나 거소를 둔 기간의 합계가 5년 이하인 외국인 거주자(단기 거주 외국인)에게는 과세대상 소득 중 국외에서 발생한 소득의 경우 경우 국내에서 지급되거나 국내로 송금된 소득에 대하여만 과세한다(소법 §3 ① 단서). 외국인이 국내에 주소가 있거나 1년 이상 거소를 둔 경우에는 소득세법상 거주자에 해당되어 국내외 모든 원천소득에 대해 과세대상이나 상기 단기 거주 외국인에 해당되는 경우에는 국내에서 지급되거나 국내로 송금된 소득에 대해서만 과세한다. 또한 단기 거주 외국인이 국외에서 근로를 제공함으로 인하여 외국법인으로부터 부여받은 주식매수선택권을 2009.1.1. 이후 행사하여 발생하는 이익을 국내로 송금하지 아니하는 경우 그 행사이익 중 국내에서 제공한 근로와 관련된 국내원천소득에 대해서만 그 단기 거주 외국인의 과세소득에 포함한다(국제세원-195, 2010.4.15.).

7) 외국인등록사실증명 등 제출

외국인은 내국인의 주민등록표등본에 갈음하여 소득공제신고서에 다음 서류를 첨부하여 연말정산 시 연말정산의무자에게 제출하여야 한다.

① 관할 출입국관리사무소장(또는 출장소장)이 발행하는 '외국인등록사실증명'

② 이외 외국인은 여권번호가 기재된 여권 사본

조세특례제한법시행규칙 [별지 제8호 서식] (2019.3.20. 개정)

외국인근로자 단일세율적용신청서

❶ 신청인	성명		외국인등록번호	
	국적		직책	
	주소			

❷ 단일세율 적용신청 근로소득(과세기간 :   년도)

근 무 처	사업자등록번호	소 재 지	근 로 소 득

　위의 근로소득에 대하여 「조세특례제한법」 제18조의 2 제2항 및 같은 법 시행령 제16조의 2 제4항에 따라 외국인근로자 단일세율의 적용을 신청합니다.

년　　　월　　　일

신청인(소득자)　　　　　　　　　　　　(서명 또는 인)

　　귀하

210mm×297mm[백상지 80g/㎡ 또는 중질지 80g/㎡]

조세특례제한법시행규칙 [별지 제8호의 2 서식] (2019.3.20. 개정)

외국인근로자 단일세율적용 원천징수(포기)신청서

❶ 원천징수 의무자	법인명(상호)	대표자(성명)
	사업자등록번호	주민등록번호
	소재지(주소)	

❷ 소득자	성 명	외국인등록번호 또는 여권번호
	국 적	
	주 소	

❸ 구 분	[ ] 단일세율적용 신청 [ ] 단일세율적용 포기

위의 소득자에 대하여 「조세특례제한법」 제18조의 2 제5항 및 같은 법 시행령 제16조의 2 제5항 또는 제6항에 따라 매월분의 근로소득을 지급할 때 단일세율의 적용(포기)을 신청합니다.

년   월   일

신청인(소득자)   (서명 또는 인)

세 무 서 장   귀하

210mm×297mm[백상지 80g/㎡ 또는 중질지 80g/㎡]

(4) 외국법인 소속 파견근로자의 소득에 대한 원천징수특례

2016.7.1. 이후 사용내국법인이 파견외국법인에 지급하는 금액부터 파견외국법인의 파견근로자의 근로소득에 대해서는 다음과 같이 원천징수 및 연말정산한다(소법 §156의 7, 소령 §207의 10).

1) 매월분 근로소득에 대한 원천징수

내국법인과 체결한 근로자파견계약에 따라 근로자를 파견하는 국외에 있는 외국법인 (국내지점 또는 국내영업소 제외, 이하 "파견외국법인")의 소속 근로자(이하 "파견근로자"라 함)를 사용하는 법 소정 내국법인(이하 "사용내국법인")은 파견근로자가 국내에서 사용내국법인에 제공한 근로의 대가를 파견외국법인에 지급하는 때에 그 지급하는 금액(파견근로자가 파견외국법인으로부터 지급받는 금액을 대통령령으로 정하는 바에 따라 사용내국법인이 확인한 경우에는 그 확인된 금액을 말함)의 19%(2018.6.30.까지 대가지급분은 17% 적용)에 해당하는 금액을 소득세로 원천징수하여야 한다. 이때 사용내국법인은 원천징수이행상황신고서와 다음 서류를 원천징수 관할 세무서장에게 제출(영문으로 작성된 서류는 한글번역본과 함께 제출)하여야 한다.
① 파견근로자 근로계약 명세서(별지 제101호 서식)
② 사용내국법인과 파견외국법인 사이에 체결된 용역제공 관련 계약서

2) 사용내국법인의 요건

사용내국법인은 다음 요건을 모두 갖춘 내국법인으로 한다(소령 §207의 10 ①).
① 파견외국법인에게 지급하는 근로대가의 합계액이 다음의 어느 하나에 해당할 것
　가. 파견외국법인과 체결한 근로자 파견계약상 근로대가가 20억원을 초과할 것
　나. 직전 사업연도에 사용내국법인이 파견외국법인에 실제로 지급한 근로대가의 합계액이 20억원을 초과할 것
② 직전 사업연도 매출액이 1,500억원 이상이거나 직전 사업연도 말 현재 자산총액이 5,000억원 이상일 것
③ 한국표준산업분류에 따른 항공운송업, 건설업, 전문·과학 및 기술서비스업, 선박 및 수상부유 구조물 건조업, 금융업을 영위할 것

3) 연말정산

파견외국법인은 파견근로자에게 해당 과세기간의 다음 연도 2월분의 근로소득을 지급할 때에 소득세법 제137조에 따라 해당 과세기간의 근로소득에 대한 소득세를 연말정산하여 원천징수하여야 한다. 이 경우 파견근로자에 대한 해당 과세기간의 과세표준과 세액의 계산, 과세표준 확정신고와 납부, 결정·경정 및 징수·환급에 대해서는 이 법에 따른 거주자 및 비거주자에 대한 관련 규정을 준용하며, 사용내국법인은 파견외국법인을 대리하여 원천징수할 수 있다. 이때 파견외국법인(사용내국법인이 파견외국법인을 대리하여 원천징수하는 경우에는 사용내국법인)은 사용내국법인의 원천징수 관할 세무서장에게 근로소득지급명세서 및 원천징수이행상황신고서(별지 제102호 서식 원천징수세액 환급신청서)와 다음 서류를 제출(영문으로 작성된 서류는 한글번역본과 함께 제출)하여야 한다.

① 파견외국법인과 파견근로자 사이에 체결된 용역제공 관련 계약서
② 파견외국법인이 파견근로자에게 지급한 보수 또는 대가에 대한 증거서류

소득세법시행규칙 [별지 제101호 서식] (2016.3.16. 신설)

파견근로자 근로계약 명세서

접수번호			접수일자		

❶ 신고인	① 성명(대표자)	한글		② 주민등록번호	
		영문			
	③ 상호(법인명)			④ 사업자등록번호	
	⑤ 주소(사업장)			⑥ 전화번호	

❷ 귀속 연월(⑦)	

❸ 파견근로자 근로계약 명세   (단위 : 원)

⑧ 일련 번호	⑨소속 외국법인의 법인명 (상호)	⑩국내 근로 제공 기간	⑪성명	⑫외국인 등록번호	⑬국적	⑭담당 직무	⑮해당 기간 중 제공한 근로의 대가(지급액 또는 확인금액)
⑯계							

「소득세법 시행령」 제207조의 10 제3항에 따라 파견근로자 근로계약 명세서를 제출합니다.

년   월   일

제 출 인   (서명 또는 인)

세무서장   귀하

세무대리인	상호(성명)		사업자등록번호		전화번호	
첨부서류	1. 사용내국법인과 파견외국법인 사이에 체결된 용역제공 관련 계약서					

작성방법

1. ⑮해당 기간 중 제공한 근로의 대가는 원화 환산이 필요한 경우 사용내국법인이 파견외국법인에게 용역대가를 지급한 때의 「외국환거래법」에 의한 기준환율 또는 재정환율을 적용하여 계산합니다.

210mm×297mm[백상지(80g/㎡) 또는 중질지(80g/㎡)]

소득세법시행규칙 [별지 제102호 서식] (2016.3.16. 신설)

파견외국법인에 대한 원천징수세액 환급신청서

접수번호		접수일자				
❶ 원천징수 의무자		① 상호(법인명)		② 사업자등록번호 (납세관리번호)		
		③ 주소(사업장)		④ 전화번호		
❷ 파견외국법인		⑤ 상호(법인명)		⑥ 납세관리번호		
		⑦ 주소(사업장)		⑧ 소재지국		(코드 :)
❸ 사용내국법인		⑨ 상호(법인명)		⑩ 사업자등록번호		
		⑪ 주소(사업장)		⑫ 전화번호		

❹ 환급신청 내역 (단위 : 원)

당초 원천징수 내역			⑯파견근로자에게 지급한 근로대가 총액	⑰파견근로자의 근로대가에 대한 결정세액 총합계	⑱환급신청 세액 (⑭ − ⑰)
⑬대가지급액	⑭원천징수세액	⑮근로기간			

❺ 국세환급금 계좌 신고

⑲예입처		⑳예금 종류	㉑계좌번호
은행 본·지점		예금	

신청인은 「소득세법 시행령」 제207조의 10 제4항에 따라 파견외국법인(「소득세법」 제156조의 7 제3항에 따라 사용내국법인이 파견외국법인을 대리하여 원천징수하는 경우에는 사용·내국법인이 해당됩니다)에 대한 원천징수세액 환급신청서를 제출하며, 위 내용을 충분히 검토하였고 신청인이 알고 있는 사실 그대로를 정확하게 적었음을 확인합니다.

년 월 일

신 청 인 (서명 또는 인)

세무서장 귀하

세무대리인	상호(성명)		사업자등록번호		전화번호	

첨부서류	1. 파견외국법인과 파견근로자 사이에 체결된 용역제공 관련 계약서(계약서를 제출할 수 없는 경우 파견근로자별 인적사항, 계약기간, 지급 대가 등이 확인 가능한 서류로 대체하여 제출 가능) 2. 파견외국법인이 파견근로자에게 지급한 보수 또는 대가에 대한 증거서류

작성방법

1. ②사업자등록번호(납세관리번호)란 : 사업자등록번호, 납세관리번호, 해당 거주지국의 납세번호(Taxpayer Identification Number) 등을 적습니다.
2. ⑧소재지국과 코드는 국제표준화기구(ISO)가 정한 국가별 ISO코드 중 국명약어 및 국가코드를 적습니다.
3. ❹ 환급신청 내역의 기재사항 중에서 원화 환산이 필요한 경우 사용내국법인이 파견외국법인에게 용역대가를 각각 지급한 때의 「외국환거래법」에 의한 기준환율 또는 재정환율을 적용하여 계산합니다.
3. ⑯파견근로자에게 지급한 근로대가 총액 : 파견외국법인이 사용내국법인으로부터 지급받은 용역대가 중 파견외국법인의 소속 파견근로자에게 실제 지급한 금액을 적습니다.
4. ⑰파견근로자의 근로대가에 대한 결정세액 총합계 : 파견외국법인(또는 사용·내국법인)이 제출한 파견근로자에 대한 근로소득 지급명세서상의 결정세액을 모두 더하여 적습니다.

210㎜×297㎜[백상지(80g/㎡) 또는 중질지(80g/㎡)]

22. 기타 비과세 근로소득

(1) 군인 등이 받는 급여(소령 §12 3호 가목·나목·카목·타목·파목·하목·버목)

① 대통령령으로 정하는 복무 중인 병(兵)이 받는 급여

② 법률에 따라 동원된 사람이 그 동원 직장에서 받는 급여

③ 국가유공자등예우및지원에관한법률 또는 보훈보상대상자지원에관한법률에 따라 받는 보훈급여금 및 학습보조비

④ 전직대통령예우에관한법률에 따라 받는 연금

⑤ 작전임무를 수행하기 위하여 외국에 주둔 중인 군인·군무원이 받는 급여

⑥ 종군한 군인·군무원이 전사(전상으로 인한 사망을 포함)한 경우 그 전사한 날이 속하는 과세기간의 급여

⑦ 국군포로의송환및대우등에관한법률에 따른 국군포로가 받는 보수 및 퇴직일시금

(2) 외국정부 등에 근무하는 근로자의 급여

외국정부(외국의 지방자치단체와 연방국가인 외국의 지방정부를 포함) 또는 국제연합과 그 소속기구의 기관에서 근무하는 사람으로서 대한민국국민이 아닌 사람이 그 직무수행의 대가로 받는 급여는 비과세 근로소득에 해당된다. 다만, 그 외국정부가 그 나라에서 근무하는 우리나라 공무원의 급여에 대하여 소득세를 과세하지 아니하는 경우만 해당한다(소법 §12 3호 차목).

직무수행의 대가로 받는 급여에는 외국정부 및 국제기관(국제연합과 그 소속기구의 기관)이 일반적으로 기업이 경영하는 수익사업을 직접 경영하는 경우에 있어서 이에 종사하고 받는 급여는 포함하지 아니한다(소통 12-14…1).

(3) 노동조합 전임자 급여

노동조합및노동관계조정법 개정으로 2010.7.1.부터 사용자인 회사는 노동조합 전임자에게 급여를 지급할 수 없게 됨에 따라 노동조합이 노동조합의 재정(조합원 회비)으로 노조전임자에게 직무수행의 대가로 급여성 금원을 지급할 경우에 그 급여성 금원은 근로소득에 해당한다(소득-91, 2010.9.2.).

따라서 노동조합 전임자가 단체협약 등에 의하여 그 전임기간 동안 사용자로부터 지급

받는 금원은 그 노동조합 전입자의 근로소득에 해당하나(서일 46011-10428, 2002.3. 30.), 노동조합및노동관계조정법 제24조 제2항 및 제4항을 위반, 즉 근로시간면제한도(Time-Off)를 초과하여 지급하는 급여는 기타소득에 해당하며(소령 §41 ⑨ 2호), 2011.1.1.이 속하는 과세기간에 발생하는 소득분부터 적용한다.

✎ 근로시간 면제(Time-Off) : 노조 전임자가 노조원들을 위해 활동하거나 고충을 처리하는 일. 즉 교섭, 노조유지 관리 등의 일에 대해서 급여지급을 허용하고 있으며, 이 경우 지급하는 급여는 근로소득에 해당된다.

● 예규 및 판례

▶▶ 노동조합의 업무에만 종사하는 노동조합의 전임자가 해당 조합으로부터 직무수행 활동에 대한 대가로 급여를 지급받거나 '근로시간면제 한도'를 적용받아 그 사용자로부터 급여를 지급받는 경우 근로소득에 해당하는 것이며 사용자 또는 노동조합이 이를 지급하는 때에 원천징수하는 것임(원천-642, 2010.8.18.).

Expert Opinion Summary

1. 근로자에게 회사가 시가보다 낮은 금액으로 재화·용역 공급 시

근로소득은 소득세법 제20조에 의해 명칭여하에 불구하고 고용관계 기타 이와 유사한 계약에 의하여 근로를 제공하고 지급받는 모든 대가로 규정되어 있습니다.
회사가 근로자에게 시가보다 낮은 금액으로 재화 또는 용역을 공급 시 시가와의 차액이 근로소득에 해당되느냐에 대한 문제가 있습니다.

A법인 제품시가 1,000,000원 → A법인 근로자에게 500,000원에 할인판매

(1) 과세관청의 입장

다음의 유권해석에 의해 과세소득에 해당된다는 주장이 있습니다.
의료업을 영위하는 법인이 임직원 및 임직원 가족에게 의료용역을 제공하고 의료보험 본인부담금의 일부를 경감하여 주는 경우 그 경감액은 근로소득에 해당함(서일-298, 2007.3.6.).

(2) 저자의 의견

상기 내용에 대해 법인세법에서는 통칙 52-88…3의 제8항에 의거 부당행위에 해당되지 않는다고 판단하고 있고 부가가치세법에서도 종업원할인금액에 해당 시 부가가치세과세표준에 포함되지 않는다고 판단(법규과-1063, 2014.10.7.)하고 있습니다. 물론 이와 상관없이 소득세법에서는 근로소득으로 주장할 수 있고 저도 논리적으로는 근로소득에 해당된다고 판단되나, 동 금액에 대해 과거에 이를 근로소득으로 과세된 적이 없는 점(현재 병원 등에서 근로소득으로 과세하고 있는 법인들이 있음)과 소득세법 제20조의 내용이 이에 대하여 불분명하므로 보다 분명히 법을 보완하여 앞으로 과세됨이 타당할 것으로 판단됩니다.

2. 법인세법에 의하여 상여로 처분된 금액(인정상여)

인정상여는 법인세법상 세무조정으로 증가된 과세소득이 사외로 유출되어 사용인 또는 임원에게 귀속되었음이 분명히 인정되는 경우에 행하는 소득처분으로 법인에게는 법인세를 사용인 또는 임원에게는 근로소득에 따른 소득세를 과세하는 세법상의 처분입니다.

(1) 해당사례

① 가지급금 인정이자

가. 인정이자해당액 20,000,000원

나. 실지회사수령액 10,000,000원

다. 익금산입 · 인정이자 · 10,000,000 · 상여

② 대표이사 개인부담 벌금을 회사가 납부 시

익금산입 · 벌금 · 상여

③ 시가 50,000,000원인 재화를 대표이사에게 30,000,000원에 양도 시

익금산입 · 부당행위 · 20,000,000 · 상여

상기와 같은 세무조정은 전부 법인세법에 의한 것으로 원천징수 시 근로소득으로 과세되는 금액 역시 법인세를 담당하는 부서에서 해당 금액을 통보받아 원천징수업무를 하시면 됩니다.

(2) 인정상여의 수입시기 등

① 수입(귀속)시기 : 해당연도 2023년

② 지급시기 : 2024.3.31.

③ 소득세 계산 : 2023년 연말정산대상 근로소득에 합산하여 세액을 재계산하여 2024. 4.10.에 3월분 원천세 납부 시 함께 납부

3. 국민연금 사용자(회사) 부담분의 처리

근로소득 − 비과세 근로소득 = 총급여액

소득세법에서 근로소득으로 보지 아니하는 소득 및 비과세소득은 모두 총급여액의 계산 시 제외되어 소득세를 부담하지 않게 됩니다. 실무상 이의 구분이 중요한 이유는 다음과 같습니다.

(1) 국민연금 회사 부담분

국민연금 회사 부담분(총급여액의 4.5%)은 2013년까지 비과세소득으로 분류되었으나 2014년부터 근로소득으로 보지 않는 소득으로 분류가 변경되었습니다. 이는 비과세소득이 추후 연금소득으로 과세되는 논리상의 문제 때문이었습니다.

법인세법에서 가장 중요한 세액공제는 연구인력개발비세액공제인데 대상 금액이 기업부설연구소에 근무하는 연구전담부서의 인건비입니다. 이 인건비는 소득세법상 근로소득으로 규정되어 있어 비과세근로소득도 R&D세액공제대상에 해당되는 바 2014년부터는 국민연금 회사부담분은 근로소득으로 보지 않는 소득에 해당되어 R&D세액공제대상에서 제외됨에 유의하시기 바랍니다.

단, 최근의 조세심판원 결정사례(조심 2018중635, 2018.6.8. 등)에서 계속하여 소득의 구분과 상관없이 국민연금회사부담금은 R&D세액공제대상에 해당된다 판결한 바 있습니다.

(2) 외국인근로자 19% 단일세율적용 시 사택제공비용

외국인근로자는 소득세를 연말정산을 통해 확정하여도 되고, 근로소득의 19% 금액으로 확정해도 되는 선택권을 갖습니다. 근로소득의 19% 금액을 선택 시 회사가 외국인 근로자에게 제공하는 사택제공금액(월세부담금액 등)은 2021년부터 소득세법상으로는 비과세근로소득으로 분류되나 개정시 부칙에 의거 2023년까지 과세대상 근로소득에 포함되지 않습니다.

또한 다른 비과세소득은 19% 금액 적용 시 근로소득에 해당되어 포함되는 것도 중요 내용입니다.

4. 세무조사 시 근로소득의 귀속자 변경에 따른 경정청구

사실관계에 따른 과세관청의 소득금액변동통지 등 사유는 후발적 사유에 의한 경정청구 사유에 해당하지 않음(서면징세-1277, 2019.4.23.)

(1) 사실관계

① A는 2008~2016년 기간 동안 B법인에서 근로소득으로 신고납부하였음

② 2018년 B법인에 대한 세무조사에 의해 경정을 받은 결과(부과제척기간 10년 적용) A의 근로소득을 감하고 동 인건비를 B의 기타소득으로 소득금액 변동통지를 받음

③ A는 경정청구에 의한 환급신청을 하였고, B는 납부세액을 증가시키는 수정신고를 하였으나, 과세관청은 A의 경정청구에 대하여 2008~2012년 귀속분은 경정청구기한 5년을 경과하였다 하여 각하됨

(2) 회신

후발적 사유에 의한 경정청구 사유에 해당하는지 여부

(3) 기존 해석사례(서면법규과-1310, 2014.12.15.)

과세관청이 당초 근로소득으로 연말정산된 사장A의 급여에 대하여 회장B의 인건비로 보아 회장 B에게 상여로 소득처분 한 경우, 사장A의 근로소득으로 연말정산된 근로소득감소에 대하여는 국세기본법 제45조의 2 제2항에 따른 후발적 경정청구 사유에 해당하지 아니하는 것임.

제3절 원천징수이행상황신고서 작성사례

I 일반적인 경우

1. ㈜원천

㈜원천은 자체개발한 스마트폰 부품을 생산하는 제조업을 주업으로 한다. ㈜원천은 중소기업의 요건을 충족하며, 기업부설연구소를 운영하고 있다. 상여금은 분기(3월, 6월, 9월, 12월)에 월 급여액 100%씩 지급한다.

2. ㈜원천의 직원 및 총급여 내역

(1) 매월 급여 내역

인 원	월급여액	비과세			총급여액
		자가운전 보조금	연구개발비	보육수당	
김갑동 주임	2,400,000	200,000	–	100,000	2,100,000
이을동 과장	3,300,000	200,000	200,000	100,000	2,800,000
박병동 차장	3,800,000	200,000	–	100,000	3,500,000
최정동 부장	5,280,000	200,000	–	–	5,080,000
그 외 52명	150,000,000	8,600,000	2,800,000	2,400,000	136,200,000
합계	164,780,000	9,400,000	3,000,000	2,700,000	149,680,000

(2) 기타 사항

인 원	부양가족수		
	배우자 유무	자녀수(20세 이하)	자녀수(20세 이상)
김갑동 주임	–	–	–
이을동 과장	○	2	1
박병동 차장	–	1	1
최정동 부장	–	1	–
그 외 52명	…	…	…

3. 간이세액조견표 적용

① 상여금 없는 달(ex. 5월)의 적용례　　　　　　　　　　(단위 : 원)

월급여액(천원) [비과세 및 학자금 제외]		공제대상가족의 수									
이상	미만	①	2	③	4	5	⑥	7	8	9	10	11
770	775	–	–	–	–	–	–	–	–	–	–	–
775	780	–	–	–	–	–	–	–	–	–	–	–
…	…	…	…	…	…	…	…	…	…	…	…	…
2,090	2,100	22,420	16,600	8,380	5,010	1,630	–	–	–	–	–	–
2,100	2,110	22,740	16,810	8,580	5,210	1,830	–	–	–	–	–	–
2,110	2,120	23,060	17,020	8,780	5,400	2,030	–	–	–	–	–	–
…	…	…	…	…	…	…	…	…	…	…	…	…
2,790	2,800	66,450	48,950	24,850	19,600	15,920	12,550	9,170	5,800	2,420	–	–
2,800	2,810	67,300	49,800	25,180	19,930	16,130	12,760	9,380	6,010	2,630	–	–
2,810	2,820	68,160	50,660	25,510	20,260	16,350	12,970	9,600	6,220	2,850	–	–
…	…	…	…	…	…	…	…	…	…	…	…	…
3,480	3,500	139,770	114,770	71,400	58,270	45,150	32,020	26,510	21,260	16,980	13,610	10,230
3,500	3,520	142,220	117,220	72,960	59,840	46,710	33,590	27,130	21,880	17,390	14,010	10,640
3,520	3,540	144,660	119,660	74,530	61,400	48,280	35,150	27,760	22,510	17,790	14,410	11,040
…	…	…	…	…	…	…	…	…	…	…	…	…
5,060	5,080	358,880	330,080	260,590	241,840	223,090	204,340	185,590	166,840	148,090	129,340	110,590
5,080	5,100	361,680	332,870	263,170	244,420	225,670	206,920	188,170	169,420	150,670	131,920	113,170
5,100	5,120	364,490	335,660	265,750	247,000	228,250	209,500	190,750	172,000	153,250	134,500	115,750
…	…	…	…	…	…	…	…	…	…	…	…	…

② 상여금 지급 달(ex. 6월)의 적용례

(단위 : 원)

월급여액(천원) [비과세 및 학자금 제외]		공제대상가족의 수										
이상	미만	①	2	③	4	5	⑥	7	8	9	10	11
770	775	–	–	–	–	–	–	–	–	–	–	–
775	780	–	–	–	–	–	–	–	–	–	–	–
...		...		...		...		...		...		...
2,890	2,900	75,010	57,510	28,150	22,900	18,040	14,670	11,290	7,920	4,540	1,170	–
2,900	2,910	75,860	58,360	28,480	23,230	18,250	14,880	11,500	8,130	4,750	1,380	–
2,910	2,920	76,720	59,220	28,810	23,560	18,470	15,090	11,720	8,340	4,970	1,590	–
...	...	...		...		...		...		...		...
3,880	3,900	194,940	167,020	109,920	91,900	78,780	65,650	52,530	39,400	29,460	24,210	18,960
3,900	3,920	197,910	169,670	112,070	93,620	80,490	67,360	54,240	41,110	30,140	24,890	19,640
3,920	3,940	200,280	172,330	114,810	96,060	82,200	69,080	55,950	42,830	30,830	25,580	20,330
...	...	...		...		...		...		...		...
4,740	4,760	317,440	288,880	222,760	204,010	185,260	166,510	147,760	129,010	110,260	91,510	77,260
4,760	4,780	320,250	291,670	225,340	206,590	187,840	169,090	150,340	131,590	112,840	94,090	79,070
4,780	4,800	323,050	294,460	227,920	209,170	190,420	171,670	152,920	134,170	115,420	96,670	80,870
...	...	...		...		...		...		...		...
6,820	6,840	736,880	688,680	564,330	534,330	504,330	474,330	444,330	425,210	406,460	387,710	368,960
6,840	6,860	741,420	693,200	568,560	538,560	508,560	478,560	448,560	427,850	409,100	390,350	371,600
...	...	...		...		...		...		...		...

4. 매월 원천징수 내역

(1) 5월(상여금 없는 달)의 급여지급 시 간이세액표에 의한 원천징수세액

성 명	간이세액표 적용 월급여액	간이세액표적용	
		공제대상가족의 수	원천징수세액(㉠)
김갑동 주임	2,100,000	1	22,740
이을동 과장	2,800,000	6	12,760
박병동 차장	3,500,000	3	72,960
최정동 부장	5,080,000	3	266,620

성 명	간이세액표 적용 월급여액	간이세액표적용	
		공제대상가족의 수	원천징수세액(㉠)
그 외 52명	150,000,000	…	4,857,180
합 계	163,480,000	…	5,232,260

✎ 이을동 과장 : 20세 이하 자녀 2인의 경우 "6" 적용(별표 2의 근로소득간이세액표 주3 참조)

(2) 6월(상여금 지급 달)의 급여지급 시 간이세액표에 의한 원천징수세액

① 적용할 월급여액

성 명	매월 급여액 (비과세 제외)	상여액	간이세액표 적용 월급여액
김갑동 주임	2,100,000	2,400,000	2,900,000
이을동 과장	2,800,000	3,300,000	3,900,000
박병동 차장	3,500,000	3,800,000	4,766,667
최정동 부장	5,080,000	5,280,000	6,840,000
그 외 52명	136,200,000	150,000,000	…
합 계	149,680,000	164,780,000	314,460,000

② 원천징수할 세액

성 명	간이세액표 적용		직전 원천징수세액 (㉢='(1)'의 ㉠×2)	원천징수할 세액 (㉡×3-㉢)
	공제대상 가족의 수	원천징수세액(㉡)		
김갑동 주임	1	75,860	45,480	182,100
이을동 과장	6	67,360	25,520	176,560
박병동 차장	3	225,340	145,920	530,100
최정동 부장	3	574,060	533,240	1,188,940
그 외 52명	…	11,087,120	9,714,360	23,547,000
합 계	…	12,029,740	10,464,520	25,624,700

5. 원천징수이행상황신고서 작성례

(1) 상여금 없는 달(2023년 5월 급여)의 원천징수이행상황신고서

■ 소득세법 시행규칙 [별지 제21호 서식] (2023.3.**. 개정) (10쪽 중 제1쪽)

① 신고구분						[ ]원천징수이행상황신고서 [ ]원천징수세액환급신청서		② 귀속연월	2023년 5월
(매월)	반기	수정	연말	소득 처분	환급 신청			③ 지급연월	2023년 5월

원천징수 의무자	법인명(상호)		대표자(성명)		일괄납부 여부	여, (부)
	사업자(주민) 등록번호		사업장 소재지		사업자단위과세 여부	여, (부)
					전화번호	
					전자우편주소	@

❶ 원천징수 명세 및 납부세액 (단위: 원)

소득자 소득구분				코드	소득지급(과세 미달, 일부 비과세 포함)		징수세액				⑨ 당월 조정 환급 세액	납부세액	
					④ 인원	⑤ 총지급액	⑥ 소득세 등	⑦ 농어촌 특별세	⑧ 가산세			⑩ 소득세 등 (가산세 포함)	⑪ 농어촌 특별세
개인·거주자·비거주자	근로소득		간이세액	A01	56	155,380,000*주	5,232,260						
			중도퇴사	A02									
			일용근로	A03									
		연말 정산	합계	A04									
			분납신청	A05									
			납부금액	A06									
			가감계	A10	56	155,380,000	5,232,260					5,232,260	
	퇴직소득		연금계좌	A21									
			그 외	A22									
			가감계	A20									
	사업소득		매월징수	A25									
			연말정산	A26									
			가감계	A30									
	기타소득		연금계좌	A41									
		종교인 소득	매월징수	A43									
			연말정산	A44									
			가상자산	A49									
			그 외	A42									
			가감계	A40									
	연금소득		연금계좌	A48									
		공적연금(매월)		A45									
		연말정산		A46									
		가감계		A47									
	이자소득			A50									
	배당소득			A60									
	금융투자소득			A71									
	저축 등 해지 추징세액 등			A69									
	비거주자 양도소득			A70									
법인	내·외국법인원천			A80									
	수정신고(세액)			A90									
	총합계			A99	56	155,380,000	5,232,260					5,232,260	

❷ 환급세액 조정 (단위: 원)

전월 미환급 세액의 계산			당월 발생 환급세액				⑱ 조정대상 환급세액 계 (⑭+⑮+ ⑯+⑰)	⑲ 당월조정 환급세액 계	⑳ 차월이월 환급세액 (⑱-⑲)	㉑ 환급 신청액
⑫ 전월 미환급세액	⑬ 기환급 신청세액	⑭ 차감잔액 (⑫-⑬)	⑮ 일반환급	⑯ 신탁재산 (금융 회사 등)	⑰ 그 밖의 환급세액					
					금융 회사 등	합병 등				

원천징수의무자는「소득세법 시행령」제185조 제1항에 따라 위의 내용을 제출하며, 위 내용을 충분히 검토하였고 원천징수의무자가 알고 있는 사실 그대로를 정확하게 적었음을 확인합니다. 2023년 6월 10일 신고인 (서명 또는 인)	신고서 부표 등 작성 여부 ※ 해당란에 "○" 표시를 합니다.			
	부표(4~5쪽)	환급(7쪽~9쪽)	승계명세(10쪽)	
	세무대리인			
	성명			
	사업자등록번호			
세무대리인은 조세전문자격자로서 위 신고서를 성실하고 공정하게 작성하였음을 확인합니다. 세무대리인 (서명 또는 인) 세 무 서 장 귀하	전화번호			
	국세환급금 계좌신고			
	예입처			
	예금종류			
	계좌번호			

210mm×297mm[백상지80g/㎡ 또는 중질지80g/㎡]

*주 : 비과세 근로소득 중 제출면제되는 금액(자가운전보조금 9,400,000)을 제외한 총금액을 입력한다. 즉 연구개발비(3,000,000)+보육수당(2,700,000)+총급여(149,680,000)=155,380,000원이다.

(2) 상여금 지급 달(2023년 6월 급여)의 원천징수이행상황신고서

■ 소득세법 시행규칙 [별지 제21호 서식] (2023.3.**. 개정)　　　　　　　　　(10쪽 중 제1쪽)

① 신고구분						[ ]원천징수이행상황신고서 [ ]원천징수세액환급신청서	② 귀속연월	2023년 6월
매월	반기	수정	연말	소득 처분	환급 신청		③ 지급연월	2023년 6월
원천징수 의무자	법인명(상호)			대표자(성명)			일괄납부 여부	여, 부
							사업자단위과세 여부	여, 부
	사업자(주민) 등록번호			사업장 소재지			전화번호	
							전자우편주소	@

❶ 원천징수 명세 및 납부세액　　　　　　　　　　　　　　　　　　　　　　　　　　　　　　　　(단위: 원)

소득자 소득구분			코드	원천징수명세					⑨ 당월 조정 환급 세액	납부세액	
				소득지급(과세 미달, 일부 비과세 포함)		징수세액				⑩ 소득세 등 (가산세 포함)	⑪ 농어촌 특별세
				④ 인원	⑤ 총지급액	⑥ 소득세 등	⑦ 농어촌 특별세	⑧ 가산세			
개인 · 거주자 · 비거주자	근로소득	간이세액	A01	56	320,150,000	25,624,700					
		중도퇴사	A02								
		일용근로	A03								
		연말정산 합계	A04								
		연말정산 분납신청	A05								
		연말정산 납부금액	A06								
		가감계	A10	56	320,150,000*주	25,624,700				25,624,700	
	퇴직소득	연금계좌	A21								
		그 외	A22								
		가감계	A20								
	사업소득	매월징수	A25								
		연말정산	A26								
		가감계	A30								
	기타소득	연금계좌	A41								
		종교인소득 매월징수	A43								
		종교인소득 연말정산	A44								
		가상자산	A49								
		그 외	A42								
		가감계	A40								
	연금소득	연금계좌	A48								
		공적연금(매월)	A45								
		연말정산	A46								
		가감계	A47								
	이자소득		A50								
	배당소득		A60								
	금융투자소득		A71								
	저축 등 해지 추징세액 등		A69								
	비거주자 양도소득		A70								
법인	내 · 외국법인원천		A80								
수정신고(세액)			A90								
총합계			A99	56	320,150,000	25,624,700				25,624,700	

❷ 환급세액 조정　　　　　　　　　　　　　　　　　　　　　　　　　　　　　　　　　　(단위: 원)

전월 미환급 세액의 계산			당월 발생 환급세액					⑱ 조정대상 환급세액 (⑭+⑮+ ⑯+⑰)	⑲ 당월조정 환급세액 계	⑳ 차월이월 환급세액 (⑱-⑲)	㉑ 환급 신청액
⑫ 전월 미환급세액	⑬ 기환급 신청세액	⑭ 차감잔액 (⑫-⑬)	⑮ 일반환급	⑯ 신탁재산 (금융 회사 등)	⑰ 그 밖의 환급세액 금융 회사 등	⑰ 그 밖의 환급세액 합병 등					

원천징수의무자는 「소득세법 시행령」 제185조 제1항에 따라 위의 내용을 제출하며, 위 내용을 충분히 검토하였고 원천징수의무자가 알고 있는 사실 그대로를 정확하게 적었음을 확인합니다.

2023년　7월　10일

신고인　　　　　　　　　　(서명 또는 인)

세무대리인은 조세전문자격자로서 위 신고서를 성실하고 공정하게 작성하였음을 확인합니다.

세무대리인　　　　　　　　(서명 또는 인)

세 무 서 장 귀하

신고서 부표 등 작성 여부		
※ 해당란에 "○" 표시를 합니다.		
부표(4~5쪽)	환급(7쪽~9쪽)	승계명세(10쪽)
세무대리인		
성명		
사업자등록번호		
전화번호		
국세환급금 계좌신고		
예입처		
예금종류		
계좌번호		

210mm×297mm[백상지80g/㎡ 또는 중질지80g/㎡]

*주 : A10의 ⑤ 총급여액 : 비과세 근로소득 중 제출면제되는 금액(자가운전보조금 9,400,000)을 제외한 금액에 상여금 164,780,000이 포함된다.

6. 납부서 작성

(1) 5월(상여금 없는 달) 납부서

국세징수법시행규칙 [별지 제1호 서식] (2021.3.16. 전부개정)   (앞쪽)

영수증서(납세자용)

납부번호					수입징수관서			QR코드
분류기호	납부연월	납부구분	세목	발행번호	세무서명	서코드	계좌번호	
0126	2306	4	14					
성명(상호)	㈜원천			주민등록번호(사업자등록번호)	201-81-12345		회계연도 2023	
주소(사업장)	서울 중주 신당동 423-5				일반회계	기획재정부 소관	조씨	

연도/기분	2023년 5월분													원쪽의 금액을 한국은행 국고(수납)대리점인 은행 또는 우체국 등에 납부합니다. (인터넷 등에 의한 전자납부 가능)
세목명	납부금액													납부기한 2023년 6월 10일
	조	천	백	십	억	천	백	십	만	천	백	십	일	
근로소득세						5	2	3	2	2	6	0		년 월 일
농어촌특별세														은 행 지점 (수납인) 우체국
계						5	2	3	2	2	6	0		

납부서(수납기관용)

납부번호					수입징수관서			QR코드
분류기호	납부연월	납부구분	세목	발행번호	세무서명	서코드	계좌번호	
0126	2306	4	14					
성명(상호)	㈜원천			주민등록번호(사업자등록번호)	201-81-12345		회계연도 2023	
주소(사업장)	서울 중주 신당동 423-5				일반회계	기획재정부 소관	조씨	

연도/기분	2023년 5월분													원쪽의 금액을 한국은행 국고(수납)대리점인 은행 또는 우체국 등에 납부합니다. (인터넷 등에 의한 전자납부 가능)
세목명	납부금액													납부기한 2023년 6월 10일
	조	천	백	십	억	천	백	십	만	천	백	십	일	
근로소득세						5	2	3	2	2	6	0		년 월 일
농어촌특별세														은 행 지점 (수납인) 우체국
계						5	2	3	2	2	6	0		

◈ 납부 방법 안내
  ⊙ 인터넷뱅킹: [금융기관 홈페이지]접속 ⇒ [인터넷뱅킹, 온라인서비스, 국세납부 등] 선택 (납부 가능 시간은 각 금융기관 홈페이지 참조)
  ⊙ ARS 납부: [거래은행의 ARS전화] 접속 ⇒ [국세납부 등] 선택 ⇒ 안내에 따라 납부
  ⊙ ATM 납부: [거래은행의 ATM기] 이용 ⇒ [국세납부 등] 선택 ⇒ [납부번호입력] ⇒ [납부]
  ⊙ 홈택스(홈택스 앱 포함)(www.hometax.go.kr)나 인터넷지로(www.giro.or.kr)를 이용하면 365일 연중무휴 국세납부 가능(납부가능시간 ⇒ 07:00~23:30)
  ※ 국세계좌 납부: 우체국을 포함한 모든 은행(인터넷은행, 증권사, 산림조합중앙회 제외)에서 이체수수료 없이 납부 가능합니다.
      – 인터넷 · 모바일 뱅킹 → 계좌이체 선택 → 입금은행 메뉴에서"국세"선택 → 국세계좌번호 및 금액 입력 → 납부 실행
  ※ 신용카드 납부는 홈택스, 카드로택스(www.cardrotax.or.kr), 은행CD/ATM기, 세무서에서 납부 가능하며, 납부 후 승인 취소나 할부 개월 수 변경은 불가능합니다. 수수료(신용카드 0.8%, 체크카드 0.5%)는 납세자 부담입니다.
  ※ 국고금 취급절차에 따라 납부 후에는 수납을 취소할 수 없으며, 초과납부한 국세는 환급금 취급 절차에 따라 환급됩니다.

210mm×297mm (전산용지(특급) 90g/㎡)

(2) 6월(상여금 지급하는 달) 납부서

국세징수법시행규칙 [별지 제1호 서식] (2021.3.16. 전부개정)　　　　　　　　　(앞쪽)

영수증서(납세자용)

납부번호					수입징수관서				
분류기호	납부연월	납부구분	세목	발행번호	세무서명	서코드	계좌번호		QR코드
0126	2307	4	14						
성명 (상호)		㈜원천		주민등록번호 (사업자등록번호)	201-81-12345		회계 연도	2023	
주소 (사업장)		서울 중구 신당동 423-5			일반 회계	기획재정부 소관		조세	

연도/기분	2023년 6월분													왼쪽의 금액을 한국은행 국고(수납)대리점인 은행 또는 우체국 등에 납부합니다. (인터넷 등에 의한 전자납부 가능) 납부기한 2023년 7월 10일
세목명	납부금액													
	조	천	백	십	억	천	백	십	만	천	백	십	일	
근로소득세							2	5	6	2	4	7	0	년　월　일 은　행　　지점 우체국　　　　(수납인)
농어촌특별세														
계							2	5	6	2	4	7	0	

납부서(수납기관용)

납부번호					수입징수관서				
분류기호	납부연월	납부구분	세목	발행번호	세무서명	서코드	계좌번호		QR코드
0126	2307	4	14						
성명 (상호)		㈜원천		주민등록번호 (사업자등록번호)	201-81-12345		회계 연도	2023	
주소 (사업장)		서울 중구 신당동 423-5			일반 회계	기획재정부 소관		조세	

연도/기분	2023년 6월분													왼쪽의 금액을 한국은행 국고(수납)대리점인 은행 또는 우체국 등에 납부합니다. (인터넷 등에 의한 전자납부 가능) 납부기한 2023년 7월 10일
세목명	납부금액													
	조	천	백	십	억	천	백	십	만	천	백	십	일	
근로소득세							2	5	6	2	4	7	0	년　월　일 은　행　　지점 우체국　　　　(수납인)
농어촌특별세														
계							2	5	6	2	4	7	0	

◈ 납부 방법 안내
- ⊙ 인터넷뱅킹: [금융기관 홈페이지]접속 ⇒ [인터넷뱅킹, 온라인서비스, 국세납부 등] 선택 (납부 가능 시간은 각 금융기관 홈페이지 참조)
- ⊙ ARS 납부: [거래은행의 ARS전화] 접속 ⇒ [국세납부 등] 선택 ⇒ 안내에 따라 납부
- ⊙ ATM 납부: [거래은행의 ATM기] 이용 ⇒ [국세납부 등] 선택 ⇒ [납부번호입력] ⇒ [납부]
- ⊙ 홈택스(홈택스 앱 포함)(www.hometax.go.kr)나 인터넷지로(www.giro.or.kr)를 이용하면 365일 연중무휴 국세납부 가능(납부가능시간 ⇒ 07:00～23:30)
- ※ 국세계좌 납부: 우체국을 포함한 모든 은행(인터넷은행, 증권사, 산림조합중앙회 제외)에서 이체수수료 없이 납부 가능합니다.
  - 인터넷 · 모바일 뱅킹 → 계좌이체 선택 → 입금은행 메뉴에서"국세"선택 → 국세계좌번호 및 금액 입력 → 납부 실행
- ※ 신용카드 납부는 홈택스, 카드로택스(www.cardrotax.or.kr), 은행CD/ATM기, 세무서에서 납부 가능하며, 납부 후 승인 취소나 할부 개월 수 변경은 불가능합니다. 수수료(신용카드 0.8%, 체크카드 0.5%)는 납세자 부담입니다.
- ※ 국고금 취급절차에 따라 납부 후에는 수납을 취소할 수 없으며, 초과납부한 국세는 환급금 취급 절차에 따라 환급됩니다.

210㎜×297㎜ (전산용지(특급) 90g/㎡)

Ⅱ 원천징수이행상황신고서 수정신고

1. 수정신고 내용

'Ⅰ. 일반적인 경우'의 사례로부터 2023년 8월에 다음의 수정사항이 발생하여 이에 대한 원천징수이행상황신고서를 수정하여 제출하기로 한다. 단, 8월분 급여는 수정 후 5월 급여와 동일하다고 가정한다.

[수정사항]

2023년 5월 급여지급 시 직원 3명의 급여 총 7,300,000원과 이에 대한 원천징수세액 114,170원의 신고가 누락되었다.

2. 원천징수이행상황신고서 수정신고서 작성방법

아래의 '(1) 수정신고서'와 '(2) 당월분 신고서'를 동시에 제출한다.

(1) 수정신고서 작성

당초(2023.6.10. 제출했던 2023년 5월분) 원천징수이행상황신고서를 수정하여 제출

① 신고구분 : 수정에 표시

② 귀속연월, 지급연월 : 당초(2023.6.10. 제출했던 2023년 5월분) 제출분과 동일하게 입력

③ 수정 전의 모든 숫자는 상단에 빨간색으로, 수정 후 모든 숫자는 하단에 검정색으로 입력

④ 수정신고로 발생한 납부세액은 수정신고서의 [A90]란에 적지 아니한다.

(2) 수정신고서를 제출하는 당월분(2017년 8월분) 원천징수이행상황신고서 제출

① 당월분(2023년 8월분) 원천징수이행상황 내역을 입력

② (2023년 5월분) 수정신고서상 추가 납부할 세액을 [A90]의 (⑥소득세 등)~(⑧가산세)란에 입력하여 납부 또는 환급세액을 조정한다.

3. 원천징수이행상황신고서 수정작성 양식

(1) 수정신고서 : 당초 신고분 수정작성

■ 소득세법 시행규칙 [별지 제21호 서식] (2023.3.**. 개정) (10쪽 중 제1쪽)

① 신고구분						[ ]원천징수이행상황신고서 [ ]원천징수세액환급신청서	② 귀속연월	2023년 5월
(매월) 반기 (수정) 연말			소득 처분	환급 신청			③ 지급연월	2023년 5월

원천징 수 의무자	법인명(상호)		대표자(성명)		일괄납부 여부 / 사업자단위과세 여부	여·(부) 여·(부)
	사업자(주민) 등록번호		사업장 소재지		전화번호 전자우편주소	@

❶ 원천징수 명세 및 납부세액 (단위: 원)

소득자 소득구분				코드	원천징수명세						납부세액	
					소득지급(과세 미달, 일부 비과세 포함)		징수세액			⑨ 당월 조정 환급 세액	⑩ 소득세 등 (가산세 포함)	⑪ 농어촌 특별세
					④ 인원	⑤ 총지급액	⑥ 소득세 등	⑦ 농어촌 특별세	⑧ 가산세			
개인·거주자·비거주자	근로 소득	간이세액		A01	56 59	155,380,000 162,680,000	5,232,260 5,346,430					
		중도퇴사		A02								
		일용근로		A03								
		연말 정산	합계	A04								
			분납신청	A05								
			납부금액	A06								
		가감계		A10	56 59	155,380,000 162,680,000	5,232,260 5,346,430		0 5,735		5,232,260 5,352,165	
	퇴직 소득	연금계좌		A21								
		그 외		A22								
		가감계		A20								
	사업 소득	매월징수		A25								
		연말정산		A26								
		가감계		A30								
	기타 소득	연금계좌		A41								
		종교인 소득	매월징수	A43								
			연말정산	A44								
		가상자산		A49								
		그 외		A42								
		가감계		A40								
	연금 소득	연금계좌		A48								
		공적연금(매월)		A45								
		연말정산		A46								
		가감계		A47								
	이자소득			A50								
	배당소득			A60								
	금융투자소득			A71								
	저축 등 해지 추징세액 등			A69								
	비거주자 양도소득			A70								
법인	내·외국법인원천			A80								
수정신고(세액)				A90								
총합계				A99	56 59	155,380,000 162,680,000	5,232,260 5,346,430		0 5,735		5,232,260 5,352,165	

❷ 환급세액 조정 (단위: 원)

전월 미환급 세액의 계산			당월 발생 환급세액					⑱ 조정대상 환급세액 (⑭+⑮+ ⑯+⑰)	⑲ 당월조정 환급세액 계	⑳ 차월이월 환급세액 (⑱−⑲)	㉑ 환급 신청액
⑫ 전월 미환급세액	⑬ 기환급 신청세액	⑭ 차감잔액 (⑫−⑬)	⑮ 일반환급	⑯ 신탁재산 (금융 회사 등)	⑰ 그 밖의 환급세액						
					금융 회사 등	합병 등					

원천징수의무자는 「소득세법 시행령」 제185조 제1항에 따라 위의 내용을 제출하며, 위 내용을 충분히 검토하였고 원천징수의무자가 알고 있는 사실 그대로를 정확하게 적었음을 확인합니다.

2023년 6월 10일

신고인 (서명 또는 인)

세무대리인은 조세전문자격자로서 위 신고서를 성실하고 공정하게 작성하였음을 확인합니다.

세무대리인 (서명 또는 인)

세 무 서 장 귀하

신고서 부표 등 작성 여부 ※ 해당란에 "○" 표시를 합니다.		
부표(4~5쪽)	환급(7쪽~9쪽)	승계명세(10쪽)

세무대리인	
성명	
사업자등록번호	
전화번호	

국세환급금 계좌신고	
예입처	
예금종류	
계좌번호	

210mm×297mm[백상지80g/㎡ 또는 중질지80g/㎡]

✎ 원천징수납부지연가산세

① 과소납부세액 = 5,346,430 − 5,232,260 = 114,170

② 가산세 = Min{(미납세액×3%) + (미납세액 × $\frac{22}{100,000}$ × 미납일수), 미납세액×10%}

= Min{(114,170×3%) + (114,170 × $\frac{22}{100,000}$ × 92), 114,170×10%} = 5,735

(2) 당월분(2023년 8월) 원천징수이행상황신고서

■ 소득세법 시행규칙 [별지 제21호 서식] (2023.3.**. 개정)　　　　　　　　　　　　　　(10쪽 중 제1쪽)

① 신고구분						[　]원천징수이행상황신고서 [　]원천징수세액환급신청서		② 귀속연월	2023년 8월
매월	반기	수정	연말	소득 처분	환급 신청		③ 지급연월	2023년 8월

원천징 수 의무자	법인명(상호)		대표자(성명)		일괄납부 여부	여, (부)
					사업자단위과세 여부	여, (부)
	사업자(주민) 등록번호		사업장 소재지		전화번호	
					전자우편주소	@

❶ 원천징수 명세 및 납부세액 　　　　　　　　　　　　　　　　　　　　　　　　　　　　　　(단위: 원)

	소득자 소득구분		코드	원천징수명세					⑨ 당월 조정 환급 세액	납부세액	
				소득지급(과세 미달, 일부 비과세 포함)		징수세액				⑩ 소득세 등 (가산세 포함)	⑪ 농어촌 특별세
				④ 인원	⑤ 총지급액	⑥ 소득세 등	⑦ 농어촌 특별세	⑧ 가산세			
개인 (거주자·비거주자)	근로 소득	간이세액	A01	59	162,680,000	5,346,430					
		중도퇴사	A02								
		일용근로	A03								
		연말 정산 합계	A04								
		연말 정산 분납신청	A05								
		연말 정산 납부금액	A06								
		가감계	A10	59	162,680,000	5,346,430				5,346,430	
	퇴직 소득	연금계좌	A21								
		그 외	A22								
		가감계	A20								
	사업 소득	매월징수	A25								
		연말정산	A26								
		가감계	A30								
	기타 소득	연금계좌	A41								
		종교 인소 득 매월징수	A43								
		종교 인소 득 연말정산	A44								
		가상자산	A49								
		그 외	A42								
		가감계	A40								
	연금 소득	연금계좌	A48								
		공적연금(매월)	A45								
		연말정산	A46								
		가감계	A47								
		이자소득	A50								
		배당소득	A60								
		금융투자소득	A71								
		저축 등 해지 추징세액 등	A69								
		비거주자 양도소득	A70								
법인	내·외국법인원 천		A80								
	수정신고(세액)		A90			114,170	5,735			119,905	
	총합계		A99	59	162,680,000	5,460,600	5,735			5,466,335	

❷ 환급세액 조정 　　　　　　　　　　　　　　　　　　　　　　　　　　　　　　　　　(단위: 원)

전월 미환급 세액의 계산			당월 발생 환급세액				⑱ 조정대상 환급세액 (⑭+⑮+ ⑯+⑰)	⑲ 당월조정 환급세액 계	⑳ 차월이월 환급세액 (⑱-⑲)	㉑ 환급 신청액
⑫ 전월 미환급세액	⑬ 기환급 신청세액	⑭ 차감잔액 (⑫-⑬)	⑮ 일반환급	⑯ 신탁재산 (금융 회사 등)	⑰ 그 밖의 환급세액 금융 회사 등	⑰ 그 밖의 환급세액 합병 등				

원천징수의무자는 「소득세 시행령」 제185조 제1항에 따라 위의 내용을 제출 하며, 위 내용을 충분히 검토하였고 원천징수의무자가 알고 있는 사실 그대로를 정확하게 적었음을 확인합니다. 　　　　　　　　　　　　　2023년　　9월　　10일 　　　　　　　　신고인　　　　　　　　　　(서명 또는 인)	신고서 부표 등 작성 여부 ※ 해당란에 "O" 표시를 합니다.		
	부표(4~5쪽)	환급(7쪽~9쪽)	승계명세(10쪽)
	세무대리인		
	성명		
	사업자등록번호		
세무대리인은 조세전문자격자로서 위 신고서를 성실하고 공정하게 작성하였음 을 확인합니다. 　　　　　　　세무대리인　　　　　　　　　(서명 또는 인) 　　세 무 서 장 귀하	전화번호		
	국세환급금 계좌신고		
	예입처		
	예금종류		
	계좌번호		

210mm×297mm[백상지80g/㎡ 또는 중질지80g/㎡]

✎ 수정신고서상 추가납부세액은 '(1) 수정신고서'에 입력하지 않고 당월분 신고서의 [A90]란에 입력하여 조정한다.

Expert Opinion Summary

1. 연도 중 퇴사자 연말정산 시 신고서 작성

연도 중에 회사에서 퇴사하는 근로자에 대해서는 연말정산을 실시하여 세액의 추가징수 또는 환급을 하여야 합니다.

(1) 자료

① 2023년 8월 급여지급액 내역(②의 중도퇴사자분도 포함)

가. 인원 100명

나. 급여지급액 4억원

다. 간이세액표 원천징수액 6,000,000원

② 2023년 8월 중도퇴사 연말정산 내역

가. 인원 3명

나. 1월~8월 급여지급액 96,000,000원

다. 연말정산결과 환급해당액 500,000원

(2) 이행상황신고서 작성(2023년 8월분)

	④ 인원	⑤ 총지급액*	⑥ 소득세 등**
간이세액A01	100	400,000,000	6,000,000
중도퇴사A02	3	96,000,000	△500,000
가감계A10	103	496,000,000	5,500,000

* 총지급액은 과세근로소득과 비과세근로소득 중 지급명세서에 기재되는 금액을 합한 금액을 기재하며 급여 Program에서 대체됨

** 중도퇴사자에 대한 환급세액은 매월분 간이세액표에 의한 원천세와 상계하여 납부하고 퇴사자에게 환급지급

2. 12.31. 계속 근로자에 대한 연말정산 시 신고서 작성

12.31.에 계속 근로하는 근로자에 대한 연말정산은 다음연도 2월에 실시하며 3.10.까지 상기 '1.'에 의한 중도퇴사자 지급명세서와 함께 전자신고하며 원천세를 납부 또는 환급처리하여야 합니다.

(1) 자료

① 2023.12.31. 계속 근로자에 대한 연말정산내역

가. 인원 105명

나. 연간 급여지급액 50억원

다. 연말정산결과 환급해당액 10,000,000원

② 2024년 2월 계속근로 급여지급액 내역

가. 인원 106명

나. 급여지급액 420,000,000원

다. 간이세액표 원천징수액 7,000,000원

③ 2024년 2월 기타소득 10,000,000원 지급·원천징수 2,000,000원

(2) 이행상황신고서 작성(2024년 2월분)

	④ 인원	⑤ 총지급액	⑥ 소득세 등	⑨ 당월조정환급세액
간이세액A01	106	420,000,000	7,000,000	–
연말정산A04	105	5,000,000,000	△10,000,000	–
가감계A10	211	5,420,000,000	△3,000,000	–
기타소득A40	1	10,000,000	2,000,000	2,000,000
총합계A99	212	5,430,000,000	2,000,000*	2,000,000

⑮ 일반환급 3,000,000 ⑱ 조정대상환급세액 3,000,000

⑲ 당월조정환급세액 2,000,000 ⑳ 차월이월환급세액 1,000,000 ㉑ 환급신청액 –

* A10의 ⑥이 (−)는 절대로 A99의 ⑥에 반영하지 않고 바로 ⑮로 이동하여 기재 후 근로소득 이외의 원천징수세액 발생 시 상계처리(이를 "조정환급"이라 함)하고, 차액발생 시 이를 환급신청 하려면 ㉑에 기재하여 국세청에 환급요청하고, 환급신청없이 다음 달의 원천세납부액에서 차감하고자 하는 경우에는 ⑳에 기재하여 다음 달에 반영하면 됨

02

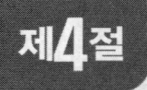

제4절 과세표준

I 총급여액

'총급여액'이란 당해 근로자의 당해 연도 근로소득총액에서 비과세근로소득을 차감한 금액을 말한다.

> 총급여액 = 근로소득총액 − 비과세근로소득

> **중점사항 – '총급여액'의 활용**
>
> 연말정산에 있어 총급여액은 매우 중요하다. 왜냐하면 다음과 같이 소득공제 적용 시 총급여액이 폭넓게 활용되기 때문이다.
> 1. 근로소득공제액 산출
> 2. 특별소득공제 중 주택임차차입금원리금상환액공제 – 거주자차입분 공제대상자 판단
> 3. 그 밖의 소득공제 중 소기업·소상공인 공제부금 소득공제 대상자 판단
> 4. 그 밖의 소득공제 중 주택마련저축공제 대상자 및 공제대상 납입액 산출
> 5. 그 밖의 소득공제 중 신용카드 등 사용금액에 대한 소득공제액 산출
> 6. 그 밖의 소득공제 중 장기집합투자증권저축 소득공제 대상자 판단
> 7. 그 밖의 소득공제 중 청년 장기집합투자증권저축 소득공제대상자 판단
> 8. 세액감면액 산출
> 9. 근로소득세액공제액 한도액 산축
> 10. 연금계좌세액공제 공제액 산출
> 11. 특별세액공제 중 의료비공제액 산출
> 12. 납세조합세액공제액 산출
> 13. 외국납부세액공제액 산출
> 14. 월세액 세액공제 대상자 판단

Ⅱ 근로소득금액

1. 의의

'근로소득금액'이란 총급여액에서 법정필요경비인 근로소득공제를 차감한 금액을 말한다.

근로소득금액＝총급여액−근로소득공제

2. 근로소득공제

근로소득공제는 다음과 같이 한다. 단, 공제액이 2천만원을 초과하는 경우에는 2천만원을 공제한다(소법 §47 ①).

총급여액	근로소득공제
～ 500만원 이하	총급여액×70%
500만원 초과 1,500만원 이하	350만원＋(총급여액−500만원)×40%
1,500만원 초과 4,500만원 이하	750만원＋(총급여액−1,500만원)×15%
4,500만원 초과 1억원 이하	1,200만원＋(총급여액−4,500만원)×5%
1억원 초과～	1,475만원＋(총급여액−1억원)×2%

이때 근로소득공제액을 계산함에 있어 과세기간이 1년 미만이거나 과세기간 중 근로자의 근로기간이 1년 미만인 근로소득이 있는 근로자의 경우에도 근로소득공제는 상기 도표에 의한 금액으로 함에 유의한다(소통 47−0…1).

Ⅲ 종합소득과세표준

1. 의의

'종합소득과세표준'이란 종합소득금액에서 소득세법 및 조세특례제한법상 소득공제를

차감한 금액을 말한다(소법 §14 ②). 따라서 연말정산의 경우 당해 근로자의 종합소득과 세표준은 다음의 금액이 된다(소령 §196 ②).

종합소득과세표준＝근로소득금액－종합소득공제－그 밖의 소득공제

2. 종합소득공제

종합소득공제

구 분		관련 세법규정	근로자만 가능
인적 공제	기본공제	소법 §50	
	추가공제	소법 §51	
연금보험료 공제	국민연금보험료 공제	소법 §51의 3	
	공적연금보험료 공제		
특별 소득 공제	보험료 : 건강보험료, 고용보험료, 노인장기요양보험료	소법 §52 ①	○
	주택임차원리금상환액공제	소법 §52 ④ 1호·2호	○
	장기주택저당차입금이자상환액공제	소법 §52 ⑤	○
	기부금 이월분	구소법 §52 ⑥·⑧, 구조특법 §73	

3. 그 밖의 소득공제

종합소득공제 외에 여러 조세정책적 목적을 달성하기 위해 조세특례제한법에서는 다음과 같은 소득공제제도를 두고 있는바, 이를 '그 밖의 소득공제'라 한다.

구 분	관련 세법규정	근로자만 가능
신용카드 등 사용금액에 대한 소득공제	조특법 §126의 2	○
개인연금저축에 대한 소득공제	조특법 §86(구법)	
소기업·소상공인 공제부금에 대한 사업소득금액공제	조특법 §86의 3	
주택마련저축에 대한 소득공제	조특법 §87 ②	○
중소기업창업투자조합출자자 등에 대한 소득공제	조특법 §16	

구　분	관련 세법규정	근로자만 가능
우리사주조합원 등에 대한 소득공제	조특법 §88의 4 ①	○
고용유지 중소기업 근로자 소득공제	조특법 §30의 3	○
장기집합투자증권저축에 대한 소득공제	조특법 §91의 16	○
청년형 장기집합투자증권저축에 대한 소득공제	조특법 §91의 20	

> **저자주** **'근로자만 가능'의 의미**
>
> 　종합소득공제 및 그 밖의 소득공제에서 근로자만 가능한 소득공제란 근로를 제공한 기간 동안에, 즉 근로자인 기간 동안에 발생한 비용 등에 대해서 공제대상이 된다는 의미입니다. 신규입사자 또는 재취업자를 예로 들면 다음과 같습니다.
>
> | 구 분 | 적용 예 |
> |---|---|
> | 신용카드사용금액 | 근로기간 동안 발생된 비용에 대해서 공제대상임. |
> | 기부금 | 1.1.~12.31. 기간 중 발생된 모든 기부금이 공제대상임. |
>
> 　그러므로 해당 연도에 처음으로 취업을 하신 분이거나 다른 회사에서 이직하였으나 연도 중 몇 달은 근로소득이 발생하지 않은 기간이 있는 분 또는 해당 연도에 퇴사하여 퇴사일 이후에 재취업이 되지 않은 분들에 대한 연말정산 및 종합소득세신고 시 근로소득이 발생하지 않은 기간에 해당하는 소득공제 및 세액공제(근로소득자만 공제 가능한 항목)는 적용받을 수 없음에 유의하셔야 합니다.

4. 소득공제 적용순서

근로소득세액의 연말정산과 관련하여 원천징수의무자가 '근로소득 지급명세서[소득세법시행규칙 별지 제24호 서식(1)]'를 작성함에 있어서는 해당 서식에서 정하는 바에 따라 순차적으로 소득공제를 적용하여 종합소득과세표준과 세액을 계산한다(법규소득 2010-395, 2010.12.31., 근로소득 지급명세서 작성방법 문단 7).

5. 종합소득공제 한도 적용(제5절 X. 참조)

거주자의 종합소득에 대한 소득세를 계산할 때 일부 공제(공적연금 보험료 등)를 제외한 공제금액의 합계액이 2천500만원을 초과하는 경우에는 그 초과하는 금액은 없는 것으로 한다(조특법 §132의 2 ①).

제5절 연말정산

I 연말정산의 의의

1. 의의

예납적 원천징수는 원천납세의무자(근로자)가 기중에 발생한 소득(급여)에 대해 원천징수로 (근로)소득세를 부담하였는바, 해당 연도의 1.1.~12.31.의 근로소득에 대해 과세표준과 세액을 새로이(정확히) 계산하고, 그 새로이 계산된 세액에서 원천징수당한 세액을 차감한 세액을 추가로 납부 · 환급(세액의 정산)하는 것이다.

이러한 예납적 원천징수의 정산은 다음 연도 5.31.에 원천납세의무자가 자진 · 납부하는 것이 원칙이나, 근로자의 경우 현실적인 어려움으로 인하여 원천징수의무자(회사)가 다음 연도 2월분 급여를 지급하는 때에 해당 근로소득에 대해서 (연말)정산을 하도록 하고 있다. 따라서 근로자는 근로소득에 대해 회사에 의해서 (연말)정산이 이루어지기 때문에 본인이 정산할 필요가 없으며, 예외적으로 회사에 의해 연말정산이 이루어지지 않은 경우 일반적인 예납적 원천징수의 방법대로 근로자 본인이 직접 다음 연도 5.31.에 연말정산을 한다.

Approach to Field Work 원천징수 및 연말정산과 종합소득세 신고와의 연관

1. 종합소득세 신고

우리나라의 소득세법에서는 열거된 6가지 소득(이자 · 배당 · 사업 · 근로 · 연금 · 기타소득)을 종합소득이라 하고 1년(1.1.~12.31. 이를 과세기간이라 함)간의 종합소득을 합산하여 내년 5.31.(성실신고사업자는 6.30.)까지 종합소득이 발생한 개인(거주자 및 비거주자)의 주소지 또는 거소지 관할 세무서에 종합소득세를 신고 · 납부하도록 하고 있습니다. 현재 근로소득이 발생하는 개인은 약 1,800만명 정도가 되며 이 분들은 다른 종합소득이 있는 경우 근로소득과 합산하여 종합소득세의 신고 · 납부의무가 있는 것입니다.

2. 원천징수

근로소득이 발생하는 개인에게 근로소득을 지급하는 개인 및 법인사업자(이를 원천징수의 무자라 함)는 매월 분 근로소득을 지급 시 소득세법에서 규정하는 간이세액표에 의해 일정금액의 소득세를 원천징수(소득세의 10%를 지방소득세로 특별징수함)하여 다음 달 10일에 관한 세무서(지방소득세는 관할 시·군·구)에 신고·납부하여야 합니다. 이러한 원천징수(특별징수)금액은 연말정산 시 결정세액에서 기납부세액으로 차감되어 연말정산 시 납부(환급)세액을 결정하게 됩니다.

3. 연말정산

'1.'에서 설명된 1,800만명의 근로소득이 발생하는 개인이 매년 5월에 본인의 주소지 관할 세무서에서 종합소득세를 신고·납부하여야 할 문제에 대해 소득세법에서는 근로소득을 지급하는 회사가 내년 2월(중도퇴사 시는 퇴사 월)에 개인을 대신하여 근로소득에 대한 종합소득세를 계산하여 과세관청(국세청)에 신고·납부하는 절차를 연말정산이라 하고 소득세법 및 조세특례제한법에서 상세히 규정하고 있으며 본 교재는 실무자님들이 연말정산업무를 정확히 수행하실 수 있게 설명드리는 내용을 담고 있습니다.

Approach to Field Work 회사가 선택하는 연말정산 방법

회사는 다음 중 하나의 방법을 선택하여 연말정산업무를 수행하실 수 있습니다.

1. 간소화자료 출력물과 개별영수증을 근로자가 직접 회사에 제출하여 회사보유시스템에서 연말정산을 하는 경우
   (1) 근로자가 '소득·세액공제신고서'를 수작업으로 작성
      ① 근로자가 홈택스에서 출력한 간소화자료를 첨부
      ② 간소화자료에 없는 소득·세액공제를 입증할 수 있는 개별영수증 첨부
   (2) 근로자는 (1)의 서류를 회사에 작성 제출
   (3) 회사는 (1)의 서류를 검토하여 타당한 소득·세액공제인지를 판단
   (4) 회사는 회사가 보유한 연말정산시스템에 근로자별로 소득·세액공제자료를 입력하여 연말정산업무를 수행함
   (5) 회사는 2월말일까지 근로자에게 근로소득원천징수영수증을 교부하고 3.10.까지 근로소득지급명세서와 의료지급명세서·기부금명세서를 국세청 홈택스에 전자신고함

2. 국세청 홈택스 '편리한 연말정산'에서 근로자가 조회한 간소화자료와 근로자가 '편리한 연말정산'에서 작성한 소득·세액공제신고서(간소화자료에 없는 소득·세액공제자료를 입력)를 온라인으로 회사에 간편제출하여 회사보유시스템에서 연말정산을 하는 경우
   (1) 회사(또는 위임받은 세무대리인)가 1월에 홈택스에 근로자 기본자료를 제출·등록함
      ① 기초자료*
      근로자 이름 및 주민번호
      * 홈택스 조회발급 → 연정산 → 편리한 연말정산 → 근로자 기초자료 등록
      ② 홈택스 내에서 세액계산을 위한 추가자료(선택 제출)

총급여액, 4대보험 납입액 및 1월~12월 기납부세액

(2) 근로자가 홈택스에서 '간소화자료' 조회

(3) 근로자가 홈택스에서 '소득ㆍ세액공제신고서' 작성

    ① 신고서작성하기 메뉴선택 시 (2)에서 조회한 '간소화자료'가 '소득ㆍ세액공제신고서'에 자동으로 채워짐

    ② 간소화자료에 없는 소득ㆍ세액공제내용을 '소득ㆍ세액공제신고서'에 근로자가 홈택스 내에서 직접 입력

    ③ 근로자는 '간소화자료' 및 '소득ㆍ세액공제신고서'를 출력하여 '간소화자료'에 없는 소득ㆍ세액공제입증 개별영수증을 회사에 제출하고 회사는 타당한 소득ㆍ세액공제인지를 판단

(4) 근로자는 홈택스에서 '간편제출'을 선택하여 (2) 및 (3)의 자료를 온라인으로 회사에 제출

(5) 회사는 홈택스 내에서 온라인으로 제출된 자료를 국세청 자료추출 프로그램(API*)을 통해 업로드하여 회사보유 연말정산시스템에서 연말정산업무를 수행함

    * 홈택스 로그인, 조회발급 → 연말정산 간소화 → 전자문서 API자료실에 등록된 자료 추출 프로그램

(6) 상기 1.의 (5)와 동일

(7) 상기 절차 중 일부기업은 (3)의 '소득ㆍ세액공제신고서' 작성하기를 하지 않고 홈택스에서 '간소화자료'만을 온라인으로 회사에 제출하고 간소화자료에 없는 개별영수증을 회사에 직접 제출하고 회사가 이를 입력하여 연말정산업무를 수행하는 경우가 있음

3. 국세청 홈택스 '편리한 연말정산'에서 근로자가 조회한 간소화자료를 PDF파일로 다운받아 회사에 제출하고 개별영수증을 회사에 직접 제출하여 회사보유시스템에서 연말정산을 하는 경우(대기업, 공무원 등의 종이없는 연말정산)

(1) 근로자가 홈택스에서 '간소화자료' 조회하고 PDF파일로 다운로드함

(2) 근로자는 PDF파일을 회사에 제출(실지로는 근로자가 회사의 보유 연말정산시스템에 접속하여 본인의 PDF파일을 시스템에 연동시키는 것임)

(3) 회사는 국세청 자료 추출 프로그램(API)을 설치하여 회사 연말정산프로그램과 연계할 수 있게 함

(4) 근로자는 '간소화자료'에 없는 소득ㆍ세액공제 개별영수증을 회사에 제출하고 회사는 타당한 소득ㆍ세액공제인지를 판단하고 입력하여 회사보유 연말정산시스템에서 연말정산업무를 수행함(실지로는 근로자 개인이 회사의 연말정산시스템에 접속하여 개별영수증자료를 직접 입력하여 본인이 연말정산업무를 수행함)

(5) 상기 1.의 (5)와 동일

(6) 종이없는 연말정산의 핵심은 근로자가 제출한 PDF파일의 내용 및 개별영수증의 내용을 회사가 검토할 것인지 아니면 근로자의 판단에 맡기고 추후 발생문제도 근로자가 책임을 지느냐에 대한 것임

4. 근로자가 회사에 간소화자료 일괄제공에 동의한 경우 회사가 국세청에 일괄제공을 신청한 명단 등록하고 근로자가 국세청에 일괄제공 확인ㆍ동의한 경우 국세청이 간소화자료를 회사에 일괄제공하고 근로자는 개별영수증을 회사에 직접 제출하여 회사보유시스템에서 연말정산을 하는 경우(연말정산 간소화 일괄제공 서비스)

(1) 근로자는 회사에 국세청의 '간소화자료' 회사로의 일괄제공에 동의

(2) 회사는 국세청이 '간소화자료'로 일괄제공을 신청하고 동의한 근로자의 명단을 등록

(3) 근로자는 홈택스에서 일괄제공 확인 및 동의(민감정보 삭제가능하며 부양가족 확인신청)

(4) 국세청은 확인한 근로자의 간소화자료를 회사에 일괄제공함(근로자는 개별 제출할 필요 없음)

(5) 상기 3.의 (3)과 동일

(6) 근로자는 '간소화자료'에 없는 소득·세액공제 개별영수증을 회사에 제출하고 회사는 타당한 소득·세액공제인지를 판단하고 입력하여 회사보유 연말정산시스템에서 연말정산 업무를 수행함(회사에 따라 근로자 개인이 회사의 연말정산시스템에 접속하여 개별영수증자료를 직접 입력하여 본인이 연말정산업무를 수행하는 경우 있음)

(7) 상기 1.의 (5)와 동일

(8) 연말정산 간소화 일괄제공 서비스의 핵심은 근로자의 동의하에 국세청이 회사에 일괄제공한 간소화자료의 내용 및 개별영수증의 내용을 회사가 검토할 것인지 아니면 근로자의 판단에 맡기고 추후 발생하는 문제도 근로자가 책임을 지느냐에 대한 것임

근로소득에 대한 과세표준 및 세액계산의 흐름을 요약하면 다음과 같다.

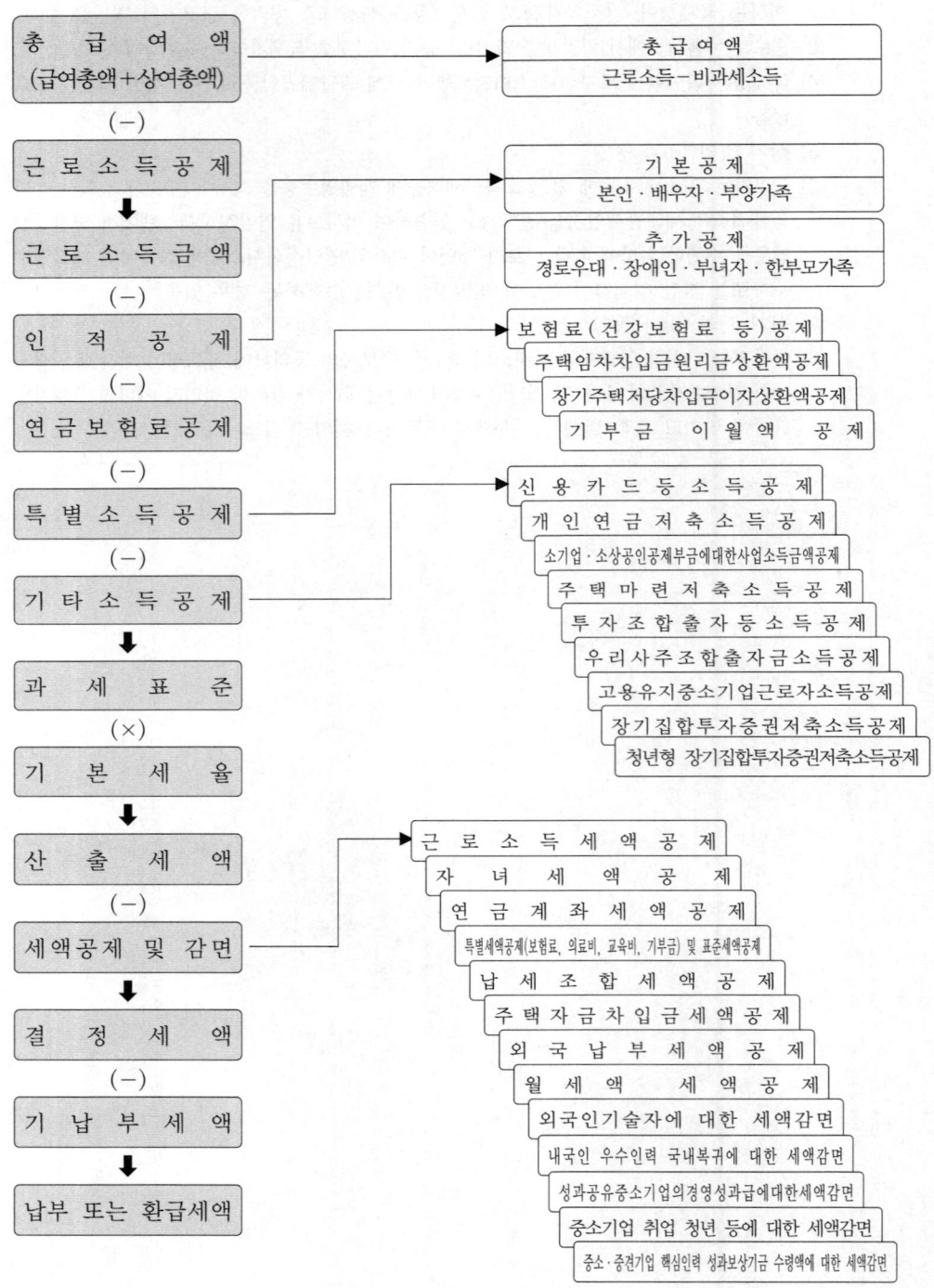

■ 소득세법 시행규칙 [별지 제24호 서식(1)] (2023.3.**. 개정)   (8쪽 중 제1쪽)

거주구분	거주자1/비거주자2	
거주지국		거주지국코드
내 · 외국인		내국인1 /외국인9
외국인단일세율적용		여 1 / 부 2
외국법인소속 파견근로자 여부		여 1 / 부 2
종교관련종사자 여부		여 1 / 부 2
국적		국적코드
세대주 여부		세대주1, 세대원2
연말정산 구분		계속근로1, 중도퇴사2

관리번호

[　]근로소득 원천징수영수증
[　]근로소득 지 급 명 세 서

([　]소득자 보관용 [　]발행자 보관용 [　]발행자 보고용)

징 수 의무자	① 법인명(상 호)		② 대 표 자(성 명)	
	③ 사업자등록번호		④ 주 민 등 록 번 호	
	③-1 사업자단위과세자 여부	여1 / 부2	③-2 종사업장 일련번호	
	⑤ 소 재 지(주소)			
소득자	⑥ 성 명		⑦ 주 민 등 록 번 호(외국인등록번호)	
	⑧ 주 소			

	구 분	주(현)	종(전)	종(전)	⑯-1 납세조합	합 계
Ⅰ 근무처별 소득명세	⑨ 근 무 처 명					
	⑩ 사업자등록번호					
	⑪ 근무기간	~	~	~	~	~
	⑫ 감면기간	~	~	~	~	~
	⑬ 급 여					
	⑭ 상 여					
	⑮ 인 정 상 여					
	⑮-1 주식매수선택권 행사이익					
	⑮-2 우리사주조합인출금					
	⑮-3 임원 퇴직소득금액 한도초과액					
	⑮-4 직무발명보상금					
	⑯ 계					
Ⅱ 비과세 및 감면 소득명세	⑱ 국외근로	M0X				
	⑱-1 야간근로수당	O0X				
	⑱-2 출산 · 보육수당	Q0X				
	⑱-4 연구보조비	H0X				
	⑱-5					
	⑱-6					
	~					
	⑱-39					
	⑲ 수련보조수당	Y22				
	⑳ 비과세소득 계					
	⑳-1 감면소득 계					

	구 분		㉙ 소 득 세	㉚ 지방소득세	㉛ 농어촌특별세
Ⅲ 세액명세	㉝ 결 정 세 액				
	기납부 세 액	㉞ 종(전)근무지 (결정세액란의 세액을 적습니다)	사업자 등록 번호		
		㉟ 주(현)근무지			
	㊱ 납부특례세액				
	㊲ 차 감 징 수 세 액(㉝-㉞-㉟-㊱)				

위의 원천징수액(근로소득)을 정히 영수(지급)합니다.

                    년 월 일

         징수(보고)의무자   (서명 또는 인)

      세 무 서 장 귀하

Ⅳ 정산명세	종합소득공제	㉑ 총급여(⑯, 외국인단일세율 적용시 연간 근로소득)					
		㉒ 근로소득공제					
		㉓ 근로소득금액					
		기본공제	㉔ 본　인				
			㉕ 배우자				
			㉖ 부양가족(　명)				
		추가공제	㉗ 경로우대(　명)				
			㉘ 장애인(　명)				
			㉙ 부녀자				
			㉚ 한부모가족				
		연금보험료공제	㉛ 국민연금보험료		대상금액		
					공제금액		
			㉜ 공적연금보험료 공제	㉮ 공무원연금	대상금액		
					공제금액		
				㉯ 군인연금	대상금액		
					공제금액		
				㉰ 사립학교교직원연금	대상금액		
					공제금액		
				㉱ 별정우체국연금	대상금액		
					공제금액		
		특별소득공제	㉝ 보험료	㉮ 건강보험료(노인장기요양보험료 포함)	대상금액		
					공제금액		
				㉯ 고용보험료	대상금액		
					공제금액		
			㉞ 주택자금	㉮ 주택임차차입금원리금상환액	대출기관		
					거주자		
				㉯ 장기주택저당차입금이자상환액	2011년 이전 차입분	15년 미만	
						15년~29년	
						30년 이상	
					2012년 이후 차입분(15년 이상)	고정금리이거나, 비거치상환 대출	
						그 밖의 대출	
					2015년 이후 차입분	15년 이상	고정금리이면서 비거치상환 대출
							고정금리이거나, 비거치상환 대출
							그 밖의 대출
						10년~15년	고정금리이거나, 비거치상환 대출
			㉟ 기부금(이월분)				
			㊱ 계				
		㊲ 차감소득금액					
		그 밖의 소득공제	㊳ 개인연금저축				
			㊴ 소기업·소상공인 공제부금				
			㊵ 주택마련저축 소득공제	㉮ 청약저축			
				㉯ 주택청약종합저축			
				㉰ 근로자주택마련저축			
			㊶ 투자조합출자 등				
			㊷ 신용카드등 사용액				
			㊸ 우리사주조합 출연금				
			㊹ 고용유지 중소기업 근로자				
			㊺ 장기집합투자증권저축				
			㊻ 청년형 장기집합투자증권저축				
			㊼ 그 밖의 소득공제 계				
		㊽ 소득공제 종합한도 초과액					

㊾ 종합소득 과세표준					
㊿ 산출세액					
세액감면	51 「소득세법」				
	52 「조세특례제한법」(53 제외)				
	53 「조세특례제한법」 제30조				
	54 조세조약				
	55 세액감면 계				
세액공제	56 근로소득				
	57 자녀		공제대상자녀(　명)		
			출산·입양자(　명)		
	연금계좌	58 「과학기술인공제회법」에 따른 퇴직연금		공제대상금액	
				세액공제액	
		59 「근로자퇴직급여 보장법」에 따른 퇴직연금		공제대상금액	
				세액공제액	
		60 연금저축		공제대상금액	
				세액공제액	
		60-1 개인종합자산관리계좌 만기 시 연금계좌 납입액		공제대상금액	
				세액공제액	
	특별세액공제	61 보험료	보장성	공제대상금액	
				세액공제액	
			장애인전용보장성	공제대상금액	
				세액공제액	
		62 의료비		공제대상금액	
				세액공제액	
		63 교육비		공제대상금액	
				세액공제액	
		64 기부금	㉮ 정치자금기부금	10만원 이하	공제대상금액
					세액공제액
				10만원	공제대상금액
					세액공제액
			㉯ 특례기부금	공제대상금액	
				세액공제액	
			㉰ 우리사주조합 기부금	공제대상금액	
				세액공제액	
			㉱ 일반기부금(종교단체 외)	공제대상금액	
				세액공제액	
			㉲ 일반기부금(종교단체)	공제대상금액	
				세액공제액	
		65 계			
		66 표준세액공제			
	67 납세조합공제				
	68 주택차입금				
	69 외국납부				
	70 월세액		공제대상금액		
			세액공제액		
	71 세액공제 계				
72 결정세액(50-55-71)					
82 실효세율(%) (72/21)×100					

428

(8쪽 중 제3쪽)

⑱ 소득·세액공제 명세[인적공제항목은 해당란에 "○"표시(장애인 해당 시 해당 코드 기재)를 하며, 각종 소득공제·세액공제 항목은 공제를 위하여 실제 지출한 금액을 적습니다.]																		
인적공제 항목					각종 소득공제·세액공제 항목													
관계코드	성 명	기본공제		경로우대	출산입양	자료구분	보험료				의료비						교육비	
내·외국인	주민등록번호	부녀자	한부모	장애인	자녀		건강	고용	보장성	장애인전용보장성	일반	미숙아·선천성이상아	난임	65세이상·장애인건강보험산정특례자	실손의료보험금		일반	장애인특수교육
인적공제 항목에 해당하는 인원수를 적습니다.						국세청 계												
						기타 계												
0			○			국세청												
(근로자 본인)						기타												
-						국세청												
						기타												
-						국세청												
						기타												

각종 소득공제·세액공제 항목											
신용카드등 사용액공제											기부금
자료구분		신용카드	직불카드등	현금영수증	도서공연등사용분(총급여7천만원이하자만기재)	전통시장사용분	대중교통이용분		소비증가분 2021년			
							1~6월	7~12월	전체	전통시장	전체	전통시장	
국세청 계												
기타 계												
국세청												
기타												
국세청												
기타												

작성방법

「소득세법」 제149조 제1호에 해당하는 납세조합이 「소득세법」 제127조 제1항 제4호 각 목에 해당하는 근로소득을 연말정산하는 경우에도 사용하며, 이 경우 "⑨ 근무처명"란 및 "⑩ 사업자등록번호"란에는 실제 근무처의 상호 및 사업자번호를 적습니다. 다만, 근무처의 사업자등록이 없는 경우 납세조합의 사업자등록번호를 적습니다.

1. 거주지국과 거주지국코드는 근로소득자가 비거주자에 해당하는 경우에만 적으며, 국제표준화기구(ISO)가 정한 ISO코드 중 국명약어 및 국가코드를 적습니다(※ ISO국가코드: 국세청홈페이지→국세정책/제도→국제조세정보→참고자료실→국제표준화기구(ISO)가 정한 국가코드에서 조회할 수 있습니다) 예) 대한민국 : KR, 미국 : US
2. 근로소득자가 외국인에 해당하는 경우에는 "내·외국인"란에 "외국인 9"를 선택하고 "국적 및 국적코드"란에 국제표준화기구(ISO)가 정한 ISO코드 중 국명약어 및 국가코드를 적습니다. 해당 근로소득자가 외국인근로자 단일세율적용신청서를 제출한 경우 "외국인단일세율 적용"란에 여1을 선택합니다. 또한, 근로소득자가 종교관련종사자에 해당하는 경우에는 "종교관련종사자 여부"란에 여1을 선택합니다.
3. 원천징수의무자가 「부가가치세법」에 따른 사업자단위 과세자에 해당할 경우 ③-1에서 여1을 선택하고, ③-2에 소득자가 근무하는 사업장의 종사업장 일련번호를 기재합니다.
4. 원천징수의무자는 지급일이 속하는 연도의 다음 연도 3월 10일(휴업 또는 폐업한 경우에는 휴업일 또는 폐업일이 속하는 달의 다음 다음 달 말일을 말합니다)까지 지급명세서를 제출해야 합니다.
5. "Ⅰ. 근무처별 소득명세"란은 비과세소득을 제외한 금액을 해당 항목별로 적고, "Ⅱ. 비과세 및 감면소득 명세"란에는 지급명세서 작성대상 비과세소득 및 감면대상을 해당 코드별로 구분하여 적습니다(적을 항목이 많은 경우 "Ⅱ. 비과세 및 감면소득 명세"란의 "⑳ 비과세소득 계"란 및 "⑳-1 감면세액 계"란에 총액만 적고, "Ⅱ.비과세 소득"란을 별지로 작성할 수 있습니다).
6. 「소득세법」 제127조제1항제4호의 각 목에 해당하는 근로소득과 그 외 근로소득[주(현)란] 더하여 연말정산하는 때에는 "⑯-1 납세조합"란에 각각 근로소득납세조합과 「소득세법」 제127조제1항제4호 각 목에 해당하는 근로소득을 적고, 「소득세법」 제150조에 따른 납세조합공제금액을 "⑰ 납세조합공제"란에 적습니다. 합병, 기업형태 변경 등으로 존속 법인 등이 연말정산을 하는 경우에는 피합병법인에서 발생한 소득과 기업형태 변경 전의 법인에서 발생한 소득은 근무처별 소득명세 종(전)란에 별도로 적습니다. 또한, 동일회사 내 사업장소재번호가 다른 곳에서 전입 등을 하여 해당 법인이 연말정산을 하는 경우에는 전입하기 전 지점 등에서 발생한 소득은 "근무처별 소득명세 종(전)란"에 별도로 적습니다.
7. "㉑ 총급여"란에는 "⑯계"란의 금액을 적되, 외국인근로자가 「조세특례제한법」(이하 이 서식에서 "조특법"이라 합니다) 제18조의2제2항에 따라 단일세율을 적용하는 경우에는 "⑯계"의 금액과 비과세소득금액을 더한 금액을 적습니다. 이 경우 소득세와 관련한 비과세·공제·감면 및 세액공제에 관한 규정은 적용하지 않습니다.
8. "종합소득 특별소득공제(㉝~㉟)"란과 "그 밖의 소득공제(㊳~㊼)"란은 근로소득자 소득·세액 공제신고서(별지 제37호서식)의 공제액을 적습니다(소득공제는 서식에서 정하는 바에 따라 순서대로 소득공제를 적용하여 종합소득과세표준과 세액을 계산합니다).
9. "연금계좌(㊽~㉠-1)"란과 "특별세액공제(㉑~㉞)"란은 근로소득자 소득·세액 공제신고서(별지 제37호서식)의 공제대상금액 및 세액공제액을 적습니다.

작 성 방 법

10. ㊽ 소득공제 종합한도 초과액은 ㉞ 주택자금공제(㉮+㉯), ㊴ 소기업·소상공인 공제부금 소득공제, ㊵ 주택마련저축 소득공제(㉮+㉯+㉰), ㊶ 투자조합출자 등 소득공제(「조세특례제한법」 제16조제1항제3호·제4호는 제외), ㊷ 신용카드등 사용액 소득공제액, ㊸ 우리사주조합 출연금 소득공제액, ㊹ 장기집합투자증권저축 소득공제액 전체를 합한 금액이 2,500만원을 초과하는 경우 적습니다.

11. ㊾ 종합소득 과세표준은 ㊲ 차감소득금액에서 ㊼ 그 밖의 소득공제 계를 차감하고 ㊽ 소득공제 종합한도 초과액을 더하여 적습니다.

12. ⑯ 납부특례세액은 「조세특례제한법」 제16조의3제1항에 따라 주식매수선택권을 행사함으로써 얻은 이익에 대하여 벤처기업 또는 벤처기업이 발행주식 총수의 100분의 30 이상을 인수한 기업의 임원 또는 종업원이 원천징수의무자에게 납부특례의 적용을 신청한 경우에는 해당 과세기간의 결정세액에서 해당 과세기간의 근로소득금액 중 주식매수선택권을 행사함으로써 얻는 이익에 따른 소득금액을 제외하여 산출한 결정세액을 뺀 금액을 적습니다.

13. 파견외국법인 소속 파견근로자의 경우 기납부세액은 해당 파견근로자 개인별 근로소득에 대한 소득세로 실제 원천징수된 세액을 확인하여 적습니다. 다만, 파견근로자별로 원천징수세액을 구분하기 어려운 경우에는 사용내국법인이 파견외국법인에게 지급한 파견근로 대가에 대한 원천징수세액(2018. 6. 30.이전 17%, 2018. 7. 1.이후 19%)에 총 파견근로자의 결정세액 합계에 대한 각 파견근로자별 결정세액의 비율을 곱하여 적습니다.

14. 이 서식에 적는 금액 중 ⑧실효세율은 소숫점 둘째자리에서 반올림하여 소숫점 첫째 자리만으로 표시하고 그 외는 소수점 이하 값만 버리며, ⑰ 차감징수세액이 소액 부징수(1천원 미만을 말합니다)에 해당하는 경우 세액을 "0"으로 적습니다.

15. "⑱ 소득·세액공제 명세"란은 다음과 같이 작성합니다.
   가. 관계코드란

구 분	관계코드	구 분	관계코드	구 분	관계코드
소득자 본인 (소득세법 §50 ① 1)	0	소득자의 직계존속 (소득세법 §50 ① 3 가)	1	배우자의 직계존속 (소득세법 §50 ① 3 가)	2
배우자 (소득세법 §50 ① 2)	3	직계비속(자녀·입양자) (소득세법 §50 ① 3 나)	4	직계비속(코드 4 제외) (소득세법 §50 ① 3 나)	5*
형제자매 (소득세법 §50 ① 3 다)	6	수급자(코드1~6제외) (소득세법 §50 ① 3 라)	7	위탁아동 (소득세법 §50 ① 3 마)	8

* 직계비속과 그 배우자가 장애인인 경우 그 배우자는 포함하되 코드 4는 제외합니다.
   ※ 관계코드 4~6은 소득자와 배우자의 각각의 관계를 포함합니다.
   나. 내·외국인란: 내국인의 경우 "1"로, 외국인의 경우 "9"로 적습니다.
   다. 인적공제항목란: 인적공제사항이 있는 경우 해당란에 "○" 표시를 합니다(해당 사항이 없을 경우 비워둡니다).
   라. 국세청 자료란: 소득·세액공제 증명서류로 국세청 홈택스 홈페이지(www.hometax.go.kr)에서 제공하는 자료를 이용하는 경우 각 소득·세액공제 항목의 금액 중 소득·세액 공제대상이 되는 금액을 적습니다.
   마. 기타 자료란: 국세청에서 제공하는 증명서류 외의 증명서류를 이용하는 경우를 말합니다(예를 들면, 시력교정용 안경구입비는 "의료비 항목"의 "기타"란에 적습니다).
   바. 각종 소득·세액 공제 항목란: 소득·세액공제항목에 해당하는 실제 지출금액을 적습니다(소득·세액공제액이 아닌 실제 사용금액을 공제항목별로 구분된 범위 안에 적습니다).
   사. 의료비(일반, 미숙아·선천성이상아, 난임, 65세이상·장애인·건강보험산정특례자)란: 해당 과세기간에 지출한 의료비 총액을 적습니다.(실손의료보험금란에는 해당 과세기간에 보험회사로부터 수령한 실손의료보험금을 적습니다)

16. 해당 근로소득자가 월세액, 거주자 간 주택임차자금 차입금 상환액을 소득·세액공제를 한 경우에는 근로소득지급명세서를 원천징수 관할 세무서장에게 제출 시 해당 명세서를 함께 제출해야 합니다.

17. 해당 근로소득자가 주택마련저축·장기집합투자증권저축 소득공제, 퇴직연금·연금저축·기부금 세액공제를 한 경우에는 근로소득지급명세서를 원천징수 관할 세무서장에게 제출 시 해당 명세서(기부금세액공제가 있는 경우에는 별지 제45호서식 기부금명세서)를 함께 제출해야 합니다.

18. ㉞ 주택자금공제의 15년 이상 29년 이하, 30년 이상에는 「소득세법 시행령」(이하 이 서식에서 "소득령"이라 합니다) 제112조제10항제5호가 해당되는 경우를 포함하여 적습니다.

19. ⑱ 소득·세액공제 명세 작성 시 인적공제 항목 중 본인 또는 부양가족이 장애인인 경우 다음의 코드를 해당 항목에 적습니다.

구분	코드
「장애인복지법」에 따른 장애인 등	1
「국가유공자 등 예우 및 지원에 관한 법률」에 따른 상이자 및 이와 유사한 자로서 근로능력이 없는 자	2
그 밖에 항시 치료를 필요로 하는 중증환자	3

20. 전통시장 사용액과 대중교통 이용액은 전통시장이나 대중교통을 이용 시 신용카드, 현금영수증, 직불카드·선불카드 등으로 사용한 금액의 합계액을 적습니다.

21. 도서·신문·공연·박물관·미술관(이하 이 서식에서 "도서·공연등 사용분"이라 합니다)은 총급여가 7천만원 이하인 근로자에 한하여 해당 도서·공연등 사용분이 전통시장 사용분에도 해당할 경우 전통시장 사용분으로 공제 받습니다(신문 사용분의 경우 2021년 1월 1일 이후 사용하는 분부터 적용합니다).

22. 총급여 7천만원 초과자의 도서·공연등 사용분은 신용카드, 현금영수증, 직불카드등 결제수단별 소득공제 금액에 포함하여 계산한 금액을 소득공제합니다.

비과세 및 감면 소득 코드

구분	법조문	코드	기재란	비과세항목	지급명세서 작성 여부
비과세	소득세법§12 3 가	A01		복무 중인 병(兵)이 받는 급여	×
	소득세법§12 3 나	B01		법률에 따라 동원 직장에서 받는 급여	×
	소득세법§12 3 다	C01		「산업재해보상보험법」에 따라 지급받는 요양급여 등	×
	소득세법§12 3 라	D01		「근로기준법」등에 따라 지급받는 요양보상금 등	×
	소득세법§12 3 마	E01		「고용보험법」 등에 따라 받는 육아휴직급여 등	×
		E02		「국가공무원법」 등에 따라 받는 육아휴직수당 등	×
	소득세법§12 3 바	E10		「국민연금법」에 따라 받는 반환일시금(사망으로 받는 것에 한함) 및 사망일시금	×
	소득세법§12 3 사	F01		「공무원연금법」 등에 따라 받는 요양비 등	×
	소득세법§12 3 아	G01	⑱-5	비과세 학자금(소득령§ 11)	○
	소득세법§12 3 자	H01	⑱-9	소득령§12 1(법령·조례에 따른 보수를 받지 않는 위원 등이 받는 수당)	○
		H02		소득령§12 2 ~ 3(일직료·숙직료 등)	×
		H03		소득령§12 3(자가운전보조금)	×
		H04		소득령§12 4, 8(법령에 따라 착용하는 제복 등)	×
		H05	⑱-18	소득령§12 9 ~ 11(경호수당, 승선수당 등)	○
		H06	⑱-4	소득령§12 12 가(연구보조비 등)-「유아교육법」, 「초·중등교육법」	○
		H07	⑱-4	소득령§12 12 가(연구보조비 등)-「고등교육법」	○
		H08	⑱-4	소득령§12 12 가(연구보조비 등)-특별법에 따른 교육기관	○
		H09	⑱-4	소득령§12 12 나(연구보조비 등)	○
		H10	⑱-4	소득령§12 12 다(연구보조비 등)	○
		H14	⑱-22	소득령§12 13 가(보육교사 근무환경개선비)-「영유아보육법 시행령」	○
		H15	⑱-23	소득령§12 13 나(사립유치원 수석교사·교사의 인건비)-「유아교육법 시행령」	○
		H11	⑱-6	소득령§12 14 (취재수당)	○
		H12	⑱-7	소득령§12 15 (벽지수당)	○
		H13	⑱-8	소득령§12 16 (천재·지변 등 재해로 받는 급여)	○
		H16	⑱-24	소득령§12 17 (정부·공공기관 중 지방이전기관 종사자 이전지원금)	○
		H17	⑱-30	소득령§12 18(종교관련종사자가 소속 종교단체의 규약 또는 소속 종교단체의 의결·승인 등을 통하여 결정된 지급 기준에 따라 종교 활동을 위하여 통상적으로 사용할 목적으로 지급받은 금액 및 물품)	○
	소득세법§12 3 차	I01	⑱-19	외국정부 또는 국제기관에 근무하는 사람에 대한 비과세	○
	소득세법§12 3 카	J01		「국가유공자 등 예우 및 지원에 관한 법률」에 따라 받는 보훈급여금 및 학습보조비	×
	소득세법§12 3 타	J10		「전직대통령 예우에 관한 법률」에 따라 받는 연금	×
	소득세법§12 3 파	K01	⑱-10	작전임무 수행을 위해 외국에 주둔하는 군인 등이 받는 급여	○
	소득세법§12 3 하	L01		종군한 군인 등이 전사한 경우 해당 과세기간의 급여	○
	소득세법§12 3 거	M01	⑱	소득령§16①1(국외 등에서 근로에 대한 보수) 100만원	○
		M02	⑱	소득령§16①1(국외 등에서 근로에 대한 보수) 300만원	○
		M03	⑱	소득령§16①2(국외근로)	○
	소득세법§12 3 너	N01		「국민건강보험법」 등에 따라 사용자 등이 부담하는 보험료	×
	소득세법§12 3 더	O01	⑱-1	생산직 등에 종사하는 근로자의 야간수당 등	○
	소득세법§12 3 러	P01		비과세 식사대(월 20만원 이하)	×
		P02		현물 급식	×
	소득세법§12 3 머	Q01	⑱-2	출산, 6세 이하의 자녀의 보육 관련 비과세 급여(월 10만원 이내)	○
	소득세법§12 3 버	R01		국군포로가 지급받는 보수 등	○
	소득세법§12 3 서	R10	⑱-21	「교육기본법」 제28조제1항에 따라 받는 장학금	○
	소득세법§12 3 어	R11	⑱-29	소득령 17의3 비과세 직무발명보상금	○
	소득세법§12 3 저	V01		사택 제공 이익	×
		V02		주택 자금 저리·무상 대여 이익	×
		V03		종업원 등을 수익자로하는 보험료·신탁부금·공제부금	×
		V04		공무원이 받는 상금과 부상(연 240만원 이내)	×
	구 조특법§ 15	S01	⑱-11	주식매수선택권 비과세	○
	조특법§16의2	U01	⑱-31	벤처기업 주식매수 선택권 행사이익 비과세	○
	조특법§ 88의4⑥	Y02	⑱-14	우리사주조합 인출금 비과세(50%)	○
		Y03	⑱-15	우리사주조합 인출금 비과세(75%)	○
		Y04	⑱-16	우리사주조합 인출금 비과세(100%)	○
	소득세법§12 3 자	Y22	⑲	소득령§12 13 다(전공의 수련보조수당)	○
감면	조특법§18	T01	⑱-12	외국인 기술자 소득세 감면(50%)	○
		T02	⑱-36	외국인 기술자 소득세 감면(70%)	○
	조특법§19	T30	⑱-33	성과공유 중소기업의 경영성과급에 대한 세액공제 등	○
	조특법§29조의6	T40	⑱-34	중소기업 청년근로자 및 핵심인력 성과보상기금 수령액에 대한 소득세 감면 등(50%)	○
		T41	⑱-37	중견기업 청년근로자 및 핵심인력 성과보상기금 수령액에 대한 소득세 감면 등(30%)	○
		T42	⑱-38	중소기업 청년근로자 및 핵심인력 성과보상기금 수령액에 대한 소득세 감면 등(청년 90%)	○
		T43	⑱-39	중견기업 청년근로자 및 핵심인력 성과보상기금 수령액에 대한 소득세 감면 등(청년 50%)	○
	조특법§18조의3	T50	⑱-35	내국인 우수인력의 국내복귀에 대한 소득세 감면	○
	조특법§30	T11	⑱-26	중소기업 취업자 소득세 감면(50%)	○
		T12	⑱-27	중소기업 취업자 소득세 감면(70%)	○
		T13	⑱-32	중소기업 취업자 소득세 감면(90%)	○
	조세조약	T20	⑱-28	조세조약상 소득세 면제(교사·교수)	○

연금 · 저축 등 소득 · 세액 공제명세서

1. 인적사항	① 상 호		② 사업자등록번호	
	③ 성 명		④ 주민등록번호	
	⑤ 주 소		(전화번호:	)
	⑥ 사업장 소재지		(전화번호:	)

2. 연금계좌 세액공제

1) 퇴직연금계좌
* 퇴직연금계좌에 대한 명세를 작성합니다.

퇴직연금 구분	금융회사 등	계좌번호 (또는 증권번호)	납입금액	세액공제금액

2) 연금저축계좌
* 연금저축계좌에 대한 명세를 작성합니다.

연금저축 구분	금융회사 등	계좌번호 (또는 증권번호)	납입금액	소득 · 세액 공제금액

3) ISA 만기시 연금계좌 납입액
* 납입 연금저축계좌 · 퇴직연금계좌에 대한 명세를 작성합니다.

연금 구분	금융회사 등	계좌번호 (또는 증권번호)	납입금액	세액공제금액

3. 주택마련저축 소득공제
* 주택마련저축 소득공제에 대한 명세를 작성합니다.

저축 구분	금융회사 등	계좌번호 (또는 증권번호)	납입금액	소득공제금액

4. 장기집합투자증권저축 소득공제
* 장기집합투자증권저축 소득공제에 대한 명세를 작성합니다.

금융회사 등	계좌번호 (또는 증권번호)	납입금액	소득공제금액

5. 중소기업 창업투자조합 출자 등에 대한 소득공제
* 중소기업창업투자조합 출자 등 소득공제에 대한 명세서를 작성합니다.

투자연도	투자구분	금융기관 등	계좌번호 (또는 증권번호)	납입금액

6. 청년형 장기집합투자증권저축 소득공제
* 청년형 장기집합투자증권저축 소득공제에 대한 명세서를 작성합니다.

가입일	계약기간	금융기관 등	계좌번호 (또는 증권번호)	납입금액

작 성 방 법

1. 연금계좌 세액공제, 주택마련저축 · 장기집합투자증권저축 · 중소기업창업투자조합 출자 · 청년형 장기집합투자증권저축 등 소득공제를 받는 소득자에 대해서는 해당 소득 · 세액 공제에 대한 명세를 작성해야 합니다. 해당 계좌별로 납입금액과 소득 · 세액 공제금액을 적고, 공제금액이 영(0)인 경우에는 적지 않습니다.
2. 퇴직연금계좌에서 "퇴직연금 구분"란은 퇴직연금(확정기여형(DC), 개인형(IRP)} · 과학기술인공제회로 구분하여 적습니다.
3. 연금저축계좌에서 "연금저축 구분"란은 개인연금저축과 연금저축으로 구분하여 적습니다.
4. 개인종합자산관리계좌 만기 시 연금계좌 납입액에서 "연금 구분"란은 연금저축계좌와 퇴직연금계좌로 구분하여 적습니다.
   - 개인종합자산관리계좌 만기 시 연금계좌 납입액 공제세액은 개인종합자산관리계좌의 계약기간이 만료되고 해당 계좌잔액의 전부 또는 일부를 연금저축계좌 · 퇴직연금계좌로 납입한 경우 그 납입한 금액을 납입한 날이 속하는 과세기간의 연금계좌 납입액에 포함합니다(전환금액의 10%, 300만원 한도).
5. 주택마련저축 소득공제의 "저축 구분"란은 청약저축, 주택청약종합저축 및 근로자주택마련저축으로 구분하여 적습니다.
6. 중소기업창업투자조합 출자 등 소득공제의 "투자 구분"란은 벤처 등(「조세특례제한법」 제16조제1항제3호 · 제4호 · 제6호), 조합1(「조세특례제한법」 제16조제1항제1호 · 제5호), 조합2(「조세특례제한법」 제16조제1항제2호) 로 구분하여 적습니다.
7. 청년형 장기집합투자증권저축에서 "계약기간" 란은 계약기간을 개월 수로 적습니다.(월수 계산 시 1월 미만은 1월로 합니다.)
8. 공제금액란은 근로소득자가 적지 않을 수 있습니다.

[ ] 월세액 · [ ] 거주자 간 주택임차차입금 원리금 상환액 소득 · 세액공제 명세서
[무주택자 해당여부 [ ]여, [ ]부]

1. 인적사항	① 상 호	② 사업자등록번호
	③ 성 명	④ 주민등록번호
	⑤ 주 소)	(전화번호:
	⑥ 사업장 소재지)	(전화번호:

2. 월세액 세액공제 명세

⑦ 임대인 성 명 (상 호)	⑧ 주민등록번호 (사업자번호)	⑨ 유형	⑩ 계약 면적(m2)	⑪ 임대차계약서 상 주소지	⑫ 계약서 상 임대차 계약기간		⑬ 연간 월세액(원)	⑭ 세액공제 금액(원)
					개시일	종료일		

※ ⑨ 유형 구분코드 – 단독주택: 1, 다가구: 2, 다세대주택: 3, 연립주택: 4, 아파트: 5, 오피스텔: 6, 고시원 : 7, 기타: 8
※ ⑫ 계약서상 임대차계약기간 – 개시일과 종료일은 예시와 같이 기재 (예시) 2013.01.01.

3. 거주자 간 주택임차차입금 원리금 상환액 소득공제 명세
1) 금전소비대차 계약내용

⑮ 대주(貸主)	⑯ 주민등록번호	⑰ 금전소비대차 계약기간	⑱ 차입금 이자율	원리금 상환액			㉒ 공제금액
				⑲ 계	⑳ 원금	㉑ 이자	

2) 임대차 계약내용

㉓ 임대인 성 명 (상 호)	㉔ 주민등록번호 (사업자번호)	㉕ 유형	㉖ 계약 면적(m2)	㉗ 임대차계약서상 주소지	㉘ 계약서 상 임대차 계약기간		㉙ 전세보증금 (원)
					개시일	종료일	

※ ㉕ 유형 구분코드 – 단독주택: 1, 다가구: 2, 다세대주택: 3, 연립주택: 4, 아파트: 5, 오피스텔: 6, 고시원 : 7, 기타: 8
※ ㉘ 계약서상 임대차계약기간 – 개시일과 종료일은 예시와 같이 기재 (예시) 2013.01.01.

작 성 방 법

1. 월세액 세액공제나 거주자 간 주택임차자금 차입금 원리금 상환액 공제를 받는 근로소득자에 대해서는 해당 소득 · 세액공제에 대한 명세를 작성해야 합니다.
2. 해당 임대차 계약별로 연간 합계한 월세액 · 원리금상환액과 소득 · 세액공제금액을 적으며, 공제금액이 "영(0)"인 경우에는 적지 않습니다.
3. ⑨, ㉕ 유형은 단독주택, 다가구주택, 다세대주택, 연립주택, 아파트, 오피스텔, 고시원, 기타 중에서 해당되는 유형의 구분코드를 적습니다.
4. ㉙ 전세보증금은 과세기간 종료일(12.31.) 현재의 전세보증금을 적습니다.

(8쪽 중 제8쪽)

관리 번호		**근로소득 원천징수영수증(매월분)** ([ ]소득자 보관용 [ ]발행자 보관용 [ ]발행자 보고용)	거주구분	거주자1/비거주자2

			거주지국	거주지국코드
내·외국인	내국인1 /외국인9
외국인단일세율적용	여 1 / 부 2
국적	국적코드

징수 의무자	① 법인명(상 호)		② 대표자(성 명)	
	③ 사업자등록번호		④ 주민등록번호	
	⑤ 소재지(주소)			
소득자	⑥ 성 명		⑦ 주민등록번호	
	⑧ 주 소			

	구 분		국 내	국 외	합 계
Ⅰ 근무처별소득명세	⑨ 근무처명				
	⑩ 사업자등록번호				
	⑪ 근무기간		~	~	~
	⑫ 감면기간		~	~	~
	⑬ 급 여				
	⑭ 상 여				
	⑮ 인정상여				
	⑮-1 주식매수선택권 행사이익				
	⑮-2 우리사주조합인출금				
	⑮-3 임원 퇴직소득금액 한도초과액				
	⑮-4				
	⑯ 계				
Ⅱ 비과세 및 감면소득명세	⑱ 국외근로	M0X			
	⑱-1 야간근로수당	O0X			
	⑱-2 출산·보육수당	Q0X			
	⑱-4 연구보조비	H0X			
	⑱-5				
	⑱-6				
	~				
	⑱-39				
	⑲ 수련보조수당	Y22			
	⑳ 비과세소득 계				
	⑳-1 감면소득 계				

			차 감 납 부 세 액	
Ⅲ 세액계산	㉑ 근로소득			
	㉒		㉗ 소득세	
	㉓ 간이세액표에 의한 소득세		㉘ 지방소득세	
	세액 공제	㉔ 외국납부		
		㉕ 납세조합 [(㉓-㉔)× 10/100]	㉙ 농어촌특별세	
	㉖ 납부특례세액			

위의 납부 세액을 영수합니다.

년 월 일
납세조합 (서명 또는 인)

세 무 서 장 귀하

작성방법

※ 1.「소득세법」제149조제1호에 해당하는 납세조합이「소득세법」제127조제1항제4호 각 목에 해당하는 근로소득에 대해 매월분의 소득세를 원천징수하는 경우에 사용합니다.
2. "⑨ 근무처명"란 및 "⑩ 사업자등록번호"란에는 실제 근무처의 상호 및 사업자번호를 적습니다. 다만, 근무처의 사업자등록이 없는 경우 납세조합의 사업자등록번호를 적습니다.

Approach to Field Work 근로소득지급명세서 ⑬~⑯란의 이해

1. ⑬ 급여(과세되는 급여해당액)
2. ⑭ 상여금(과세되는 상여금해당액)
3. ⑮ 인정상여
4. ⑮-1 주식매수선택권 행사이익
5. ⑮-2 우리사주조합인출금
6. ⑮-3 임원 퇴직소득금액 한도초과액
7. ⑮-4 직무발명보상금
8. ⑯ 총급여액(㉑)을 말함.
9. 급여대장과의 연계
   기본적으로 ⑬과 ⑭는 급여대장에서 연계되는 금액이며 ⑮~⑮-4는 급여대장에 기재되어 있지 않은 경우에는 연말정산 시 수작업으로 입력하여야 합니다.

---

2. 연말정산의무자

(1) 일반적인 경우

다음의 '(2)' 내지 '(4)'의 경우에 해당하지 아니하는 때의 연말정산에 의한 원천징수의무자는 해당 과세연도의 다음 연도 2월분의 근로소득을 지급하는 자로 한다. 이 경우 해당 과세연도의 중도에 퇴직하는 근로소득자에 대하여는 퇴직하는 달의 근로소득을 지급하는 자로 한다(소법 §137 ①).

(2) 연말정산의무자의 특례

① 근로소득자의 근무지가 같은 회사 내에서 변경된 경우

근로소득자의 근무지가 같은 회사 내에서 변경됨에 따라 월급여액이 동일한 고용주에 의하여 분할지급되는 경우에 당해 근로소득자에 대한 연말정산에 의한 원천징수는 변경된 근무지에서 변경 전의 근무지에서 지급한 근로소득을 포함한 전액에 대하여 연말정산을 하여야 한다(소법 §134 ⑤).

② 법인이 합병한 경우

법인이 합병을 함에 있어서 피합병법인의 임직원이 합병법인에 계속 취업하고 소득세법시행규칙 제17조에 규정한 현실적인 퇴직을 하지 아니한 경우에는 당해 임직원에

대한 연말정산에 의한 근로소득세의 원천징수는 합병법인이 하여야 한다(소통 137-0…2). 이 경우 법인분할의 경우에도 동일하다(소법 집행기준 137-0-2).

③ 법인 분할 시 근로소득세 연말정산

법인이 분할함에 있어서 분할법인의 임직원이 분할신설법인에 계속 취업하고 소득세법 시행규칙 제17조에 규정한 현실적인 퇴직을 하지 아니한 경우에는 당해 임직원에 대한 연말정산은 분할신설법인에서 하는 것이며, 소득세법 제164조에 의한 지급명세서의 제출은 연말정산하는 분할신설법인에서만 제출하는 것이다(소법 집행기준 137-0-2).

④ 기업형태를 변경한 경우

개인기업이 법인기업으로 기업형태를 변경하고 당해 개인기업의 종업원을 계속 고용하며, 퇴직급여충당부채를 승계한 때에는 그 종업원에 대한 연말정산에 의한 근로소득세의 원천징수는 법인이 할 수 있다(소법 집행기준 137-0-2).

⑤ 관계회사 전출입 시 연말정산 여부

사용인이 현실적인 퇴직으로 보지 아니하는 당해 법인과 직접 또는 간접으로 출자관계에 있는 법인으로 전출하는 경우에는 근로소득에 대한 연말정산을 하지 아니하고 전입법인에서 연말에 통산하여 연말정산하는 것이다(소법 집행기준 137-0-2).

⑥ 사업을 포괄적으로 양도한 경우

사업양수법인이 사용인과 해당 사용인의 퇴직급여충당부채를 승계한 경우 해당 사업양수법인에서 그 사용인에 대한 연말정산을 할 수 있다(소법 집행기준 137-0-2).

⑦ 납세조합에 의하여 소득세가 징수된 근로소득이 있는 경우

일용근로자 외의 자로서 제150조 제3항의 규정에 의하여 납세조합에 의하여 소득세가 징수된 근로소득과 다른 근로소득이 함께 있는 사람에 대해서는 주된 근무지의 원천징수의무자가 이를 모두 합한 금액에 대하여 연말정산을 할 수 있다(소법 §137의 2 ③).

(3) 원천징수의무자가 연말정산을 하지 아니한 경우

원천징수의무자가 근로소득세액의 연말정산을 하지 아니한 때에서 원천징수의무자의 소관세무서장이 즉시 연말정산을 하고 원천징수의무자로부터 연말정산에 의하여 원천징수하여 납부하여야 할 세액을 징수한다(소칙 §92 ①).

(4) 원천징수의무자가 연말정산을 하지 아니하고 행방불명된 경우

원천징수의무자가 근로소득세액의 연말정산을 하지 아니하고 행방불명이 된 때에는 연말정산의 방법에 의한 원천징수는 불가능하므로 당해 근로소득자가 종합소득세 과세표준확정신고의 방법에 의하여 납세의무를 이행하여야 한다. 다만, 이 경우에는 원천징수세액의 납세지관할세무서장이 당해 근로소득이 있는 자에게 종합소득세 과세표준확정신고를 하여야 한다는 뜻을 통지하도록 하고 있다(소칙 §92 ②).

3. 연말정산시기

(1) 일반적인 경우

다음의 '(2)' 내지 '(5)'에 해당하는 경우를 제외하고는 해당 과세기간의 다음 연도 2월분의 근로소득을 지급할 때에 연말정산에 의한 원천징수를 하여야 한다. 이 경우 당해 연도의 다음 연도 2월분 근로소득을 2월 말일까지 지급하지 아니하거나 2월분의 근로소득이 없는 경우에는 2월 말일에 연말정산에 의한 원천징수를 하여야 한다(소법 §134 ②). 또한 다음 연도의 2월분 근로소득에 대하여는 별도로 간이세액표에 의하여 근로소득세를 원천징수한다.

(2) 연도 중에 퇴직한 근로소득자의 경우

당해 연도의 중도에 퇴직한 근로자에 대하여는 퇴직하는 달의 근로소득을 지급하는 때에 연말정산에 의한 원천징수를 하여야 한다(소법 §134 ②).
원천징수의무자가 퇴직근로자의 퇴직하는 달의 급여를 분할하여 지급하는 때에는 그 급여를 처음 지급하는 때에 퇴직자의 근로소득을 연말정산하고, 근로소득원천징수영수증은 근로자가 퇴직하는 달의 급여를 처음 지급하는 날이 속하는 달의 다음 달 말일까지 교부한다(소법 집행기준 137-0-2).

> **Approach to Field Work** 중도퇴사자에 대한 연말정산
>
> 1. 중도퇴사 후 재취직하지 않은 경우
>   ① A법인에서 갑이 6.30. 퇴사하고 다른 회사에 취업하지 않음.
>   ② A법인은 1.1.~6.30. 기간에 대한 연말정산 실시하고 7.10. 6월분 원천징수이행상황신

고서상 A02(중도퇴사)란에 해당 내용을 적어서 신고함.

③ ②에 대한 지급명세서는 내년 3.10.에 전자신고함.

④ 갑의 입장에서 6.30. 연말정산 시 간소화자료 등의 미비로 연말정산 시 공제받을 수 있는 소득공제 · 세액공제 등을 적용받지 못하였고 퇴사 후 다른 법인에 취직하지 않아 내년 2월에 연말정산을 다시 할 수 없는 문제가 발생하게 됩니다. 이 경우에 A법인에게 6.30. 연말정산의 경정청구를 요청하지 말고 근로소득자 갑이 직접 주소지 관할 세무서에 경정청구를 하여 소득세 등을 환급받으시면 됩니다.

2. 중도퇴사 후 다른 회사에 재취직이 된 경우

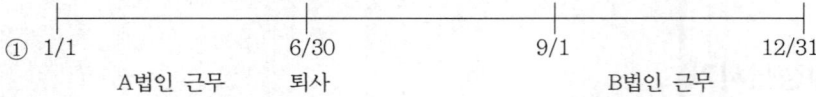

① 1/1   6/30   9/1   12/31
    A법인 근무   퇴사   B법인 근무

② A법인은 1.1.~6.30. 기간에 대한 연말정산을 실시하고 7.10. 6월분 원천징수이행상황신고서상 A02(중도퇴사)란에 해당 내용을 적어서 신고함.

③ ②에 대한 지급명세서는 내년 3.10.에 전자신고하여야 하나 홈택스를 통해 중도퇴사자 근로소득지급명세서 수시제출이 가능합니다. 원천징수의무자가 중도퇴사자의 근로소득지급명세서를 12월말까지 조기 제출한 경우 다음 연도 1월부터 근로자가 조회할 수 있습니다. 이직자가 연말정산간소화서비스를 조회하여 연말정산 합산신고가 원활하게 이루어질 수 있으므로 원천징수의무자는 지급명세서를 12월말까지 조기 제출이 가능하게 한 것입니다.

④ B법인은 내년 2월에 연말정산 시 전근무지인 A법인의 근로소득을 합산하여 연말정산을 실시하고 A법인 연말정산 시 결정세액은 B법인 연말정산 시 기납부세액으로 공제함. 만일 갑이 B법인에게 A법인의 근로소득자료를 제출하지 않으면 B법인은 B법인 소득으로만 연말정산업무를 수행하시면 됩니다.

A법인 소득에 대하여는 과세관청이 갑에게 연락하며 내년 5월에 갑이 A · B법인 소득을 합산하여 종합소득세를 신고 · 납부하여야 합니다.

3. 근로소득자가 12월 말일쯤에 퇴사하는 경우

① 원칙적으로는 상기 1.과 동일하여 A법인이 12월에 중도퇴사로 연말정산을 실시하고 갑이 경정청구로 누락된 소득공제 등을 반영하여 환급신청하여야 합니다.

② 실무적으로는 A법인이 12월 원천징수이행상황신고서작성 시 A02(중도퇴사)에 적지 말고 A01(간이세액)란에 12월분 근로소득에 대하여 간이세액표로 원천징수한 걸로 내년 1.10.에 신고하고 내년 2월에 12.31. 근무자에 대한 연말정산 시 12월에 퇴직한 갑에 대해서도 함께 연말정산을 하여 신고 · 납부하는 것이 갑에게 유리한 방법이 됩니다. 즉, 1.1.에 퇴사한 것으로 처리하자는 것이며, 4대보험은 12.31. 퇴사처리가 당연한 처리입니다.

(3) 근로소득을 연말정산한 이후에 추가로 지급하는 경우

근로소득에 대하여 연말정산에 의한 근로소득세를 원천징수한 이후 해당 과세기간의 근로소득을 추가로 지급하는 때에는 그 추가로 지급하는 때에 연말정산에 의한 원천징수를 다시 하여야 한다(소법 집행기준 137-0-2).

(4) 부당해고기간에 대한 급여를 일시에 지급하는 경우

법원의 판결 · 화해 등에 의하여 부당해고기간의 급여를 일시에 지급하는 경우 그 급여는 해고기간에 근로를 제공하고 지급받는 근로소득으로 보므로 이 경우에는 다음의 규정에 따라 근로소득세를 원천징수하면 적법하게 원천징수하는 것으로 본다(소법 집행기준 20-38-5).

① 법원의 판결이 당해 과세기간 경과 후에 있는 경우에는 그 판결이 있는 날의 다음 달 말일까지 연말정산을 하여야 한다.

② 법원의 판결이 당해 근로소득이 귀속하는 과세기간의 종료일 전에 있는 경우에는 '(1), (2)'의 내용에 따라 연말정산한다.

02

(5) 법인세법에 의하여 소득처분된 상여의 경우

① 법인소득금액의 신고에 의한 인정상여금액 : 당해 법인의 법인세 과세표준 및 세액의 신고기한 종료일(소법 §131)

② 법인소득금액의 수정신고에 의한 인정상여금액 : 당해 법인의 법인세 과세표준 및 세액의 수정신고일(소법 §131)

③ 법인소득금액의 경정 또는 결정에 의한 인정상여 : 관할세무서장으로부터 인정상여에 대한 소득금액변동통지서를 받은 날

Approach to Field Work 인정상여

1. 별지 제24호 서식(1) 근로소득 지급명세서상 ⑮ 인정상여의 의미
   인정상여란 법인세법상 회사의 법인세 계산 시 회사가 임직원 간의 거래에 있어 부당행위에 해당되어 익금산입 또는 손금불산입의 세무조정 발생 시 소득처분을 "상여"로 하여 회사에 대하여는 법인세를 개인에 대하여는 근로소득으로 과세하는 것을 말합니다.

2. 인정상여 발생 거래 유형
   ① 회사소유자산을 시가보다 낮게 양도하는 경우
   ② 임직원 개인자산을 시가보다 높게 매입하는 경우

③ 임직원에게 저리로 회사자금을 대여하는 경우(이를 가지급금 인정이자라 함)
④ 임직원에게 유형·무형자산을 적정임대료보다 낮게 매입하는 경우
⑤ 실지 근무하지 않는 인원에 대한 급여를 비용처리한 경우(대표이사에 대한 상여로 처분)

3. 인정상여의 처분

법인세법상 인정상여로 처분된 금액은 그 처분된 근로소득자의 연말정산 시 지급명세서 ⑮에 수작업으로 입력하여 연말정산을 처리합니다. 2월 연말정산 시 ⑮란에 계산되지 않고 3.31. 법인세신고 시 또는 추후 세무조사 시 상여로 처분된 금액은 해당 연도의 연말정산을 수정신고(4.10. 등)하여 소득세 등(가산세는 없음)을 납부하여야 합니다.

(6) 근로소득을 추가지급한 경우

① 원천징수의무자가 근로소득에 대한 연말정산을 한 후 해당 과세기간의 근로소득을 추가로 지급하는 때에는 추가로 지급하는 때에 근로소득세액의 연말정산을 다시 하여야 한다(소법 집행기준 137-0-2).

② 사례1 : 당해 연도 상여금을 내년도에 지급 시

가. 사업연도 : 2023.1.1.~2023.12.31.

나. 회사급여규정상 당기분 상여금지급액 : 월급여의 400%(추석 200%, 연말 200%)

다. 회사 자금사정상 연말상여금 200% 미지급(종업원에게 2024년에 지급 약속)

라. 2023년 결산 시 미지급상여금에 대해 비용의 회계처리하지 않음

마. 2024년 5월에 미지급된 상여금을 지급

　⇒ 원칙적인 방법

• 2023년 12월에 상여금 미지급액을 다음과 같이 회계처리하여야 됨

　(차) 급　여　×××　　　　　　　　(대) 미지급금　×××

• 그리고 2024년 2월 연말정산 실시 시 포함하여 연말정산하여야 됨.

• 만일 상기 처리를 하지 않은 경우에는 2024년 5월에 상여금 지급 시 2023년 연말정산을 상기 상여금을 포함하여 수정신고를 하여야 함

　⇒ 대안

• 연말정산의 수정신고는 많은 노력이 필요하므로 다음의 방법 검토

• 2023년 12월에 상여금 미지급분에 대하여 근로자와 급여삭감의 합의서를 체결 : 급여삭감이란 근로자가 본인수령분을 포기하겠다는 것임(이때 퇴직급여는 삭감 전 급여로 한다는 내용은 꼭 삽입)

• 2024년 5월에 상여금 지급 시 2024년분의 급여(성과급 등의 명목)로 처리하

면 2023년 연말정산 수정신고없이 2024년의 귀속분에 해당됨

③ 사례2 : 당해 연도분 실적에 대한 성과급을 내년도에 지급 시

가. 성과급 대상기간 : 2023.1.1.~2023.12.31.

나. 성과급 지급조건 : 세전이익이 목표금액 초과 시 초과금액의 일정비율을 성과
급으로 근로자에게 배분(또는 회사 자체의 성과급판단기준에 의해 당해 연도분 실적
에 의해 지급. 이때 성과급지급금액의 산정은 2023년에 계상됨)

다. 성과급 지급약정일 : 2024.3.10.

라. 회계처리(2023.12.31.)

(차) 급　여　　×××　　　　　　　(대) 미지급금　　×××

기업회계상으로는 성과급이 내년에 지급된다 하더라도 당해 연도 실적에 따른
것이므로 연말결산분개로 당기비용으로 계상하여야 한다.

마. 법인세법상 손금인정 여부

법인세법에서도 당해연도의 미지급금으로 계상된 성과급에 대하여도 손금으로
인정된다.

바. 근로소득 귀속시기 : 2023년

2024년에 성과급이 지급된다 하더라도 2023년의 실적을 바탕으로 지급되는
것이므로 소득세법상 근로소득도 2023년의 근로소득에 해당된다.

사. 성과상여금의 귀속시기

법인이 그 직원에 대한 성과급상여를 지급함에 있어서 직원들에 대한 직전연도
의 계량적·비계량적 요소를 평가하여 그 결과에 따라 차등지급하는 경우 당해
성과급상여의 귀속시기는 당해 직원들의 개인별 지급액이 확정되는 연도가 된
다(서일 46011－10528, 2003.4.28.).

4. 연말정산방법

(1) 일반적인 경우 연말정산방법

원천징수의무자가 연말정산을 하는 때에는 다음의 순서에 의하여 하여야 한다(소법
§137 ①).

① 총급여액(근로소득 수입금액)의 계산

근로소득 - 비과세급여 = 총급여액(근로소득 수입금액)

② 근로소득금액의 계산

총급여액 - 근로소득공제 = 근로소득금액

③ 과세표준의 계산

근로소득금액 -
- 기 본 공 제
- 추 가 공 제
- 연 금 보 험 료 공 제
- 특 별 소 득 공 제
- 신 용 카 드 등 사 용 금 액 소 득 공 제
- 개 인 연 금 저 축 소 득 공 제
- 소기업·소상공인 공제부금에 대한 소득공제 = 근로소득 과세표준
- 주 택 마 련 저 축 공 제 (단. 기본공제 등
- 투 자 조 합 출 자 등 소 득 공 제 ≤근로소득 금액)
- 우 리 사 주 조 합 출 자 금 소 득 공 제
- 고 용 유 지 중 소 기 업 근 로 자 소 득 공 제
- 장 기 집 합 투 자 증 권 저 축 소 득 공 제
- 청년형장기집합투자증권저축소득공제

✎ 기본공제 : 본인공제 · 배우자공제 · 부양가족공제
  추가공제 : 경로우대공제 · 장애인공제 · 부녀자공제 · 한부모가족공제
  특별소득공제 : 보험료(건강보험료 등)공제 · 주택임차원리금상환공제 · 장기주택저당차입이자상환공제, 기부금이월공제
* 종합소득공제 한도 : 거주자의 종합소득에 대한 소득세를 계산할 때 일부 공제(공적연금 보험료 등)를 제외한 공제금액의 합계액이 2,500만원까지 한도로 공제

④ 산출세액의 계산

근로소득 과세표준 × 기본세율 = 산출세액

⑤ 결정세액의 계산

산출세액 −
- 외 국 인 기 술 자 에 대 한 세 액 감 면
- 내국인 우수인력 국내복귀에 대한 세액감면
- 성과공유 중소기업의 경영성과급에 대한 세액감면
- 중소기업 취업 청년 등에 대한 세액감면
- 중소·중견기업 핵심인력 성과보상기금 수령액에 대한 세액감면
- 근 로 소 득 세 액 공 제
- 자 녀 세 액 공 제
- 연 금 계 좌 세 액 공 제
- 특별세액공제(보험료, 의료비, 교육비, 기부금) 및 표준세액공제
- 납 세 조 합 세 액 공 제
- 주 택 자 금 차 입 금 세 액 공 제
- 외 국 납 부 세 액 공 제
- 월 세 액 세 액 공 제

= 산출세액(단, 세액감면 및 세액공제≤산출세액)

⑥ 납부 또는 환급세액의 계산

결정세액 − 이미 원천징수하여 납부한 근로소득세액(기납부세액*) = 연말정산에 의하여 납부하거나 환급할 근로소득 세액

* 연말정산의 경우에는 근무기간 동안의 간이세액표에 의한 원천징수세액과 종전법인의 근무가 있는 경우에는 종전법인 연말정산 결정세액을 말함

(2) 근무지가 2 이상인 근로소득자에 대한 연말정산방법

① 주된 근무지와 종된 근무지를 정한 경우(소법 §137의 2)

2 이상의 근무지로부터 근로소득을 지급받는 근로소득자(일용근로자는 제외)가 주된 근무지와 종된 근무지를 정하고, 종된 근무지의 원천징수의무자로부터 근로소득원천징수영수증을 발급받아 해당 과세기간의 다음 연도 2월분의 근로소득을 받기 전에 주된 근무지의 원천징수의무자에게 제출하는 경우 주된 근무지의 원천징수의무자는 주된 근무지의 근로소득과 종된 근무지의 근로소득을 더한 금액에 대하여 연말정산한다.

이때 종된 근무지의 원천징수의무자가 근로소득 원천징수영수증을 발급하는 경우에는 해당 과세기간의 총급여액에서 근로소득공제를 한 이후의 금액인 근로소득금액에 기본세율을 적용하여 계산한 종합소득 산출세액에서 이미 해당 과세기간의 1월부터 12월

까지의 급여를 지급하는 때에 간이세액표에 의하여 원천징수한 소득세액의 합계액을 차감하여 그 차액을 원천징수하거나 환급한다.

② 주된 근무지와 종된 근무지를 정하지 않은 경우의 취급

근무지신고를 하지 아니하였거나 당해 근로소득원천징수영수증을 주된 근무지의 원천징수의무자에게 제출하지 아니한 때에는 주된 근무지 및 종된 근무지의 원천징수의무자는 해당 과세기간의 근로소득에 대하여 위 '(1)'의 일반적인 경우의 연말정산방법에 따라 각각 연말정산을 하여야 하며 당해 근로소득자 본인이 그 총급여액을 합하여 계산한 과세표준 및 세액을 그 다음해 5월에 소득세확정신고에 의하여 신고하고 납부하여야 한다.

(3) 재취직자에 대한 연말정산방법

① 재취직자에 대한 연말정산방법

해당 과세기간의 중도에 취직한 근로소득자로서 전 근무지가 있는 근로소득자에 대하여 근로소득을 지급하는 원천징수의무자는 그 근로소득자를 고용한 날이 속하는 과세기간의 다음 연도 2월분의 근로소득을 지급할 때에 이전 근무지에서 해당 과세기간의 중도에 퇴직한 날이 속하는 달까지 받은 근로소득을 포함하여 '근로소득자 세액·소득공제신고서'를 제출한 때에는 이전 근무지에서 지급받은 근로소득과 합산하여 위 '(1)'의 일반적인 경우의 연말정산방법에 따라 연말정산을 하여야 하며, 당해연도의 중도에 퇴직한 근로소득자로서 위 '(1)'의 일반적인 경우의 연말정산방법에 따라 근로소득세를 납부한 후 다시 취직하고 그 연도의 중도에 또 다시 퇴직한 자에 대한 근로소득세의 연말정산에 있어서도 동일한 방법에 의한다(소법 §138). 이 경우 해당 과세기간 중도에 퇴직한 근로소득자가 다른 근무지에 새로 취직하여 그 신 근무지에서 취직한 날이 속하는 연도의 다음 연도 2월분의 근로소득을 지급받는 때에는 신 근무지의 원천징수의무자는 당해 근로소득자로 하여금 전 근무지의 근로소득원천징수영수증과 소득자별근로소득원천징수부의 사본을 제출하게 하여 전 근무지의 근로소득을 합계한 금액에 의하여 위 '(1)'의 일반적인 경우의 연말정산방법에 따라 연말정산을 한다.

여기서 유의할 점은 전 근무지에서 연말정산에 의하여 원천징수한 결정세액은 이미 원천징수하여 납부한 세액으로서 신 근무지의 결정세액에서 공제하여야 한다(소법 집행기준 138-0-1). 이러한 사항은 근무지가 2개 이상인 근로소득자에 대한 연말정산 시에

도 동일하게 적용된다.

② 전 근무지의 근로소득원천징수영수증 등을 제출하지 아니한 경우 취급

해당 과세기간의 중도에 취직한 근로소득자로서 이전 근무지가 있는 근로소득자가 이전 근무지에서 교부받은 근로소득원천징수영수증과 소득자별근로소득원천징수부를 제출하지 아니한 때에는 신 근무지의 원천징수의무자는 자기가 지급한 근로소득에 대하여만 연말정산을 하고 당해 근로소득자 본인이 이전 근무지와 새 근무지의 근로소득을 합하여 계산한 과세표준과세액을 그 다음해 5월에 소득세확정신고에 의하여 신고하고 납부를 하여야 한다(소법 §138).

(4) 비거주자의 소득공제(연말정산)

비거주자의 국내원천 근로소득에 대한 소득세의 과세표준과 세액의 계산에 관하여는 거주자에 관한 규정을 준용한다. 다만, 인적공제(기본공제, 추가공제) 중 비거주자 본인 외의 자에 대한 공제와 특별소득공제, 자녀세액공제, 특별세액공제는 적용하지 아니한다(소법 §122).

요약하면 비거주자의 연말정산은 근로소득공제, 본인에 대한 인적공제, 연금보험료공제, 우리사주조합출자금 소득공제, 근로소득세액공제 등을 적용받을 수 있다.

■ 소득세법 시행규칙 [별지 제37호 서식(1)] 〈개정 2023.3.**.〉 (9쪽 중 제1쪽)

소득·세액 공제신고서/근로소득자 소득·세액 공제신고서(년 소득에 대한 연말정산용)

※ 근로소득자는 신고서에 소득·세액 공제 증명서류를 첨부하여 원천징수의무자(소속 회사 등)에게 제출하며, 원천징수의무자는 신고서 및 첨부서류를 확인하여 근로소득 세액계산을 하고 근로소득자에게 즉시 근로소득원천징수영수증을 발급해야 합니다. 연말정산 시 근로소득자에게 환급이 발생하는 경우 원천징수의무자는 근로소득자에게 환급세액을 지급해야 합니다.

소득자 성명		주민등록번호	–
근무처 명칭		사업자등록번호	– –
세대주 여부	[ ]세대주 [ ]세대원	국 적	(국적 코드:)
근무기간	~	감면기간	~
거주구분	[ ]거주자 [ ]비거주자	거주지국	(거주지국 코드:)
인적공제 항목 변동 여부	[ ]전년과 동일 [ ]변동	분납신청 여부	[ ]신청 [ ]미신청
원천징수세액 선택	[ ]120% [ ]100% [ ]80%	※ 근로소득자 본인이 원하는 경우 매월 원천징수하는 세액을 법령상 세액의 120%, 100%, 80% 중 선택할 수 있습니다.	

각종 소득·세액 공제 항목 (인적공제 항목)

관계코드	성 명	소득금액기준	기본공제			경로우대	출산입양	자료구분	보험료				의료비					교육비	
내·외국인	주민등록번호	(백만원) 초과 여부	부녀자	한부모	장애인				건강	고용	보장성	장애인전용보장성	일반	미숙아선천성이상아	난임시술비	65세이상·장애인건강보험산정특례자	실손의료보험금	일반	장애인
0	인적공제 항목에 해당하는 인원수를 적습니다.		○					국세청계											
	(근로자 본인)							기타 계											
								국세청											
	–							기타											
								국세청											
	–							기타											
								국세청											
	–							기타											

각종 소득·세액 공제 항목 (소득·세액공제명세)

자료구분	신용카드 등 사용액					소비증가분				기부금
	신용카드	직불카드등	현금영수증	도서공연등사용분(총급여 7천만원 이하자만 기재)	전통시장사용분	대중교통이용분		2021년	2022년	
						1~6월	7~12월	전체 / 전통시장	전체 / 전통시장	
국세청 계										
기타 계										
국세청										
기타										
국세청										
기타										

유의사항

1. "인적공제 항목 변동 여부"란에는 해당 항목에 "√"표시합니다(인적공제 항목이 전년과 동일한 경우에는 주민등록표등본을 제출하지 않습니다).

2. 관계코드

구 분	관계코드	구 분	관계코드	구 분	관계코드
소득자 본인 (「소득세법」 §50①1)	0	소득자의 직계존속 (「소득세법」, §50①3가)	1	배우자의 직계존속 (「소득세법」, §50①3가)	2
배우자 (「소득세법」 §50②)	3	직계비속(자녀·입양자) (「소득세법」 §50①3나)	4	직계비속(코드 4 제외) (「소득세법」 §50①3나)	5*
형제자매 (「소득세법」 §50①3다)	6	수급자(코드1~6제외) (「소득세법」, §50①3라)	7	위탁아동 (「소득세법」 §50①3마)	8

* 관계코드 5: 해당 직계비속과 그 배우자가 장애인인 경우 그 배우자를 말하며, 관계코드 4~6은 소득자와 배우자의 각각의 관계를 포함합니다.

3. 연령기준 및 소득기준
 – 경로우대: 기본공제 대상 부양가족이 만 70세 이상에 해당하는 경우 "√"표시합니다.
 – 소득금액기준: 부양가족의 소득금액 합계액이 100만원(근로소득만 있는 자는 총급여 500만원)을 초과하는지 여부를 "√"표시합니다.

4. "부녀자 공제"란에는 소득자 본인이 여성인 경우로서 다음의 요건을 모두 충족하는 경우에 표시합니다.
 가. 해당 과세기간의 종합소득과세표준을 계산할 때 합산하는 종합소득금액이 3천만원 이하일 것
 나. 배우자가 없는 여성으로서 「소득세법」 제50조제1항제3호에 따른 부양가족이 있는 세대주이거나 배우자가 있는 여성일 것

5. "장애인 공제"란에는 다음의 해당 코드를 적습니다.

구분	「장애인복지법」에 따른 장애인 및「장애아동 복지지원법」에 따른 장애아동 중 발달재활서비스를 지원받고 있는 사람	「국가유공자 등 예우 및 지원에 관한 법률」에 따른 상이자 및 이와 유사한 자로서 근로능력이 없는 자	그 밖에 항시 치료를 요하는 중증환자
해당코드	1	2	3

6. 내·외국인: 내국인은1, 외국인은9로 구분하여 적습니다. 종교관련종사자가 외국인에 해당하는 경우 국적을 적으며, 국적코드는 거주지국코드를 참조하여 적습니다.

7. 내·외국인: 내국인은1, 외국인은9로 구분하여 적습니다. 근로소득자가 외국인에 해당하는 경우 국적을 적으며, 국적코드는 거주지국코드를 참조하여 적습니다.

210mm×297mm[백상지 80g/㎡ 또는 중질지 80g/㎡]

구분		지출명세			지출구분	금 액	한도액	공제액
Ⅱ. 연금 보험료 공제	연금보험료 (국민연금, 공무원연금, 군인연금, 교직원연금 등)	국민연금보험료		종(전)근무지	보험료		전액	
				주(현)근무지	보험료		전액	
		국민연금보험료 외의 공적연금보험료		종(전)근무지	보험료		전액	
				주(현)근무지	보험료		전액	
		연금보험료 계						
Ⅲ. 특별소득공제	보험료	국민건강보험 (노인장기요양보험 포함)		종(전)근무지	보험료		전액	
				주(현)근무지	보험료		전액	
		고용보험		종(전)근무지	보험료		전액	
				주(현)근무지	보험료		전액	
		보험료 계						
	주택자금	주택임차차입금		대출기관차입	원리금상환액		작성방법 참조	
				거주자 차입				
		장기주택저당차입금	2011년 이전 차입분	15년 미만	이자 상환액		작성방법 참조	
				15년~29년				
				30년 이상				
			2012년 이후 차입분 (15년 이상)	고정금리이거나, 비거치상환 대출				
				기타 대출				
			2015년 이후 차입분	15년 이상	고정금리이면서, 비거치상환 대출				
					고정금리이거나, 비거치상환 대출				
					기타 대출				
				10년~15년	고정금리이거나, 비거치상환 대출				
		주택자금 공제액 계						
	기부금 (이월분)	특례기부금			기부금이월액		작성방법 참조	
		일반기부금(종교단체 기부금 제외)			기부금이월액			
		일반기부금 중 종교단체기부금			기부금이월액			
		기부금이월분(합계)						
Ⅳ. 그 밖의 소득공제		개인연금저축(2000년 이전 가입)			납입금액		납입액 40%와 72만원	
		소기업·소상공인 공제부금			납입금액		작성방법 참조	
	주택마련저축	청약저축			납입금액		작성방법 참조	
		근로자주택마련저축			납입금액		작성방법 참조	
		주택청약종합저축			납입금액		작성방법 참조	
		주택마련저축 소득공제 계						
	투자조합출자 등	2020년 출자·투자분		벤처 등	출자·투자 금액		작성방법 참조	
				조합1				
				조합2				
		2021년 출자·투자분		벤처 등	출자·투자 금액		작성방법 참조	
				조합1				
				조합2				
		2022년 출자·투자분		벤처 등	출자·투자 금액		작성방법 참조	
				조합1				
				조합2				
		투자조합 출자 등 소득공제 계						
	신용카드등 사용액	① 신용카드			사용금액			
		② 직불·선불카드			사용금액			
		③ 현금영수증			사용금액			
		④ 도서·공연사용분 등(총급여 7천만원 이하자)			사용금액			
		⑤ 전통시장사용분			사용금액			
		⑥ 대중교통이용분			사용금액			
		⑦ 연간 사용금액 전체 소비증가분 (2022년 신용카드 등 사용금액 중 2021년 대비 5%를 초과하여 증가한 금액)			증가금액			
		⑧ 전통시장 사용금액 소비증가분 (2022년 전통시장 사용금액 중 2021년 대비 5%를 초과하여 증가한 금액)			증가금액			
		계(①+②+③+④+⑤+⑥+⑦+⑧)						
		우리사주조합 출연금			출연금액		작성방법 참조	
		고용유지중소기업 근로자			임금삭감액		작성방법 참조	
		장기집합투자증권저축			납입금액		작성방법 참조	
		청년형 장기집합투자증권저축			납입금액		작성방법 참조	

210mm×297mm[백상지80g/㎡ 또는 중질지80g/㎡]

구분			세액감면·공제명세	세액감면·공제 명세					
V.세액감면및공제	세액감면	외국인근로자	입국목적	[ ]정부간 협약 [ ]조세특례제한법」상 감면 [ ]조세조약 상 감면					
			기술도입계약 또는 근로제공일	감면기간 만료일					
			외국인 근로소득에 대한 감면	접수일		제출일			
			근로소득에 대한 조세조약 상 면제	접수일		제출일			
			성과공유 중소기업 경영성과급 감면	시작일		종료일			
			중소기업 청년근로자 및 핵심인력 성과보상기금 수령액 감면	시작일		종료일			
			내국인 우수 인력 국내 복귀 감면	시작일		종료일			
			중소기업 취업자 감면	취업일		감면기간 종료일			
	세액공제		공제 종류	명세		한도액	공제대상금액	공제율	공제세액
		특별세액공제	연금계좌	「과학기술인공제회법」에 따른 퇴직연금	납입금액	작성방법 참조		12%, 15%	
				「근로자퇴직급여 보장법」에 따른 퇴직연금	납입금액				
				연금저축	납입금액				
				개인종합자산관리계좌 만기 시 연금계좌 납입액	납입금액				
				연금계좌 계					
			보험료	보장성	보험료	100만원		12%	
				장애인전용보장성	보험료	100만원		15%	
				보험료 계					
			의료비	본인·65세 이상자·장애인· 건강보험산정특례자	지출액	작성방법 참조		15%	
				난임시술비	지출액			30%	
				미숙아·선천성 이상아	지출액			20%	
				그 밖의 공제대상자	지출액			15%	
				실손의료보험금 계	수령액				
				의료비 계					
			교육비	소득자 본인	공납금(대학원 포함)	전액		15%	
				취학전 아동 (명)	유치원·학원비 등	1명당 300만원			
				초·중·고등학교 (명)	공납금	1명당 300만원			
				대학생(대학원 불포함) (명)	공납금	1명당 900만원			
				장애인 (명)	특수교육비	전액			
				교육비 계					
			기부금	정치자금 기부금 10만원 이하	기부금액	작성방법 참조		100/110	
				정치자금 기부금 10만원 초과	기부금액			15%,25%	
				특례기부금	기부금액			15% 또는 30% (2021년, 2022년의 경우 20% 또는 35%)	
				우리사주조합기부금	기부금액				
				일반기부금(종교단체 기부금 제외)	기부금액				
				일반기부금 중 종교단체기부금	기부금액				
				기부금 계					
		외국납부세액		국외원천소득					
				납세액(외화)		-			
				납세액(원화)					
				납세국명	납부일				
				신청서제출일	국외근무처				
				근무기간	직책				
		주택자금차입금이자세액공제		이자상환액	30%				
		월세액 세액공제		지출액	15% 또는 17%				

신고인은 「소득세법」 제140조에 따라 위의 내용을 신고하며, 위 내용을 충분히 검토하였고 신고인이 알고 있는 사실 그대로를 정확하게 적었음을 확인합니다.

년   월   일

신고인   (서명 또는 인)

VI. 추가 제출 서류

1. 외국인근로자 단일세율적용신청서 제출 여부(○ 또는 × 로 적습니다)			제출 ( )
2. 종(전) 근무지 명세	종(전)근무지명	종(전)급여총액	종(전)근무지 근로소득 원천징수수영증 제출 ( )
	사업자등록번호	종(전) 결정세액	
3. 연금·저축 등 소득·세액 공제명세서 제출 여부 (○ 또는 × 로 적습니다)		제출 ( ) ※ 연금계좌, 주택마련저축 등 소득·세액공제를 신청한 경우 해당 명세서를 제출해야 합니다.	
4. 월세액·거주자 간 주택임차차입금 원리금상환액 소득· 세액공제 명세서 제출여부 (○ 또는 × 로 적습니다)		제출 ( ) ※ 월세액, 거주자 간 주택임차차입금 원리금상환액 소득·세액공제를 신청한 경우 해당 명세서를 제출해야 합니다.	
5. 그 밖의 추가 제출 서류	① 의료비지급명세서 ( ), ② 기부금명세서 ( ), ③ 소득·세액공제 증명서류		

유 의 사 항

1. 근로소득자가 종(전)근무지 근로소득을 원천징수의무자에게 신고하지 않은 경우에는 근로소득자 본인이 종합소득세 신고를 해야 하며, 신고하지 않은 경우 가산세 부과 등 불이익이 따릅니다.
2. 현 근무지의 연금보험료·국민건강보험료 및 고용보험료 등은 신고인이 기재하지 않아도 됩니다.
3. "공제금액"란은 근로소득자가 원천징수의무자에게 제출하는 경우 적지 않을 수 있습니다.

210mm×297mm[백상지80g/㎡ 또는 중질지80g/㎡]

인적공제 및 소득 · 세액공제 명세 작성방법

1. 배우자 또는 생계를 같이하는 부양가족의 연간 소득금액이 100만원(근로소득만 있는 경우에는 총급여액 5백만원)을 초과하는 경우에는 인적공제 대상에 해당하지 않습니다.

2. 배우자 또는 형제자매 등이 부모 · 자녀 등을 부양가족으로 신고한 경우 부양가족공제를 중복하여 받을 수 없으므로 신고서에 적지 않습니다.

3. 부녀자공제는 기본공제대상 부양가족이 있는 세대주인 여성근로자 또는 배우자가 있는 여성근로자로서 해당 과세기간에 종합소득 과세표준을 계산할 때 합산하는 종합소득금액이 3천만원 이하인 거주자에 한해 연 50만원을 공제합니다.

4. 한부모가족 소득공제는 배우자가 없는 근로자로서 기본공제대상자인 직계비속이 있는 경우 연 100만원을 공제합니다. (부녀자공제와 중복 시 하나만을 선택하여 적용)

5. 장애인공제는 근로자의 기본공제대상자로서 「소득세법」에 따른 장애인으로 연간 소득금액이 100만원(근로소득만 있는 경우에는 총급여액 5백만원) 이하인 경우 장애인인 해당 부양가족 1명당 연 200만원을 공제합니다.

6. 인적공제항목은 해당란에 "ㅇ"표시를 하며, 각종 소득 · 세액공제 항목은 공제를 위하여 실제 지출한 금액을 적습니다.
   - 자녀세액공제 대상 자녀가 있는 경우 자녀란에 "ㅇ"표시를 합니다.
   - 각종 소득공제 항목에서 보험료에는 국민건강보험료 · 노인장기요양보험료 및 고용보험료를 포함하고, 피보험자를 기준으로 적습니다.

7. "국세청 자료"란은 국세청 홈택스(연말정산간소화 서비스)에서 제공하는 연말정산소득 · 세액공제 명세의 각 소득공제 항목의 금액을 적습니다.

8. 기타 자료란은 소득자가 국세청 홈택스(연말정산간소화 서비스)에서 제공하는 증명서류 외의 것을 제출한 소득 · 세액공제 증명서류 금액을 적습니다.

9. 소득공제는 서식에서 정하는 바에 따라 순서대로 소득공제를 적용하여 종합소득과세표준과 세액을 계산합니다.

특별소득공제명세 작성방법

주택자금	일반사항	주택자금상환등증명서 · 장기주택저당차입금이자상환증명서의 납입금액 또는 상환액을 적습니다.
	주택임차차입금	주택임차차입금 원리금 상환액: 해당 연도 주택임차차입금에 대한 원리금상환액의 40%까지 공제됩니다.
		주택임차차입금 원리금 상환액은 대출기관차입분, 거주자로부터 차입분을 구분하여 작성하며 공제금액은 「조세특례제한법」 제87조에 따른 주택마련저축 소득공제와 합하여 연 400만원을 초과할 수 없습니다.
	장기주택저당차입금	해당 과세기간에 지급한 이자상환금액(원금상환액은 제외합니다)을 적습니다. 2011년 이전 차입분은 상환기간 15년 미만, 15년 이상 29년 이하(「소득세법 시행령」 제112조제10항제5호 포함), 30년 이상(「소득세법 시행령」 제112조제10항제5호 포함)으로 구분하여 적고, 2012년 이후 차입분(상환기간 15년 이상)은 고정금리 · 비거치식 상환분과 기타 상환분으로 적고, 2015년 이후 차입분은 상환기간 15년 이상, 10년 이상 15년 미만으로 구분하여 적습니다.
	기부금(이월분)	2013년 이전 기부금 중 한도초과 등으로 공제받지 못하고 이월된 금액을 적습니다. 해당 연도 기부금액과 합하여 기부금공제 한도를 적용합니다. (2013년 이전 기부금액 중 이월된 기부금은 해당연도 기부금보다 우선하여 공제 적용합니다)

그 밖의 소득공제 작성방법

개인연금저축공제		공제금액은 개인연금저축 납입금액의 40%까지 공제됩니다.
		해당 공제를 신청할 때에는 이 서식 제8쪽의 연금 · 저축 등 소득 · 세액 공제명세서를 작성해야 합니다.
주택마련저축공제		해당 과세기간의 총급여액이 7천만원 이하인 근로소득자가 실제 납입한 금액(연 120만원 한도(2015년 이후 주택청약종합저축 납입액에 대해서는 연 240만원 한도))을 기준으로 40%까지 공제됩니다.(2014년 이전 가입자 중 총급여 7천만원을 초과하는 자는 2017년 납입 분까지 종전 규정에 따라 공제)
		해당 공제를 신청할 때에는 이 서식 제8쪽의 연금 · 저축 등 소득 · 세액 공제명세서를 작성해야 합니다.
소기업 · 소상공인 공제부금소득공제		해당 과세기간의 공제부금 납부액과 300만원(근로소득금액이 4천만 원 이하인 경우에는 500만원, 근로소득금액 1억 원 초과하는 경우에는 200만원) 중 적은 금액을 적습니다.
투자조합 출자공제	내용	「조세특례제한법」 제16조에 따라 중소기업창업투자조합 등에 출자 또는 투자한 금액을 적습니다.
		공제금액은 출자금액 등의 10%까지 공제되나, 개인투자조합 또는 벤처기업에 직접투자하는 경우 출자금액 등의 3천만원 이하분은 100%, 5천만원 이하분은 70%, 5천만원 초과분은 30%까지 공제됩니다.
		※ 벤처 등(「조세특례제한법」 제16조제1항제3호 · 제4호 · 제6호), 조합1(「조세특례제한법」 제16조제1항제1호 · 제5호), 조합2(「조세특례제한법」 제16조제1항제2호)로 구분하여 적습니다.

	공제	구 분	공제율	한 도 액
		2020년~ 2022년 출자 · 투자분	10%(100%,70%,30%)	해당 과세연도 근로(종합)소득금액의 50%. 다만, 「조세특례제한법」 제16조제1항제2호의 벤처기업투자신탁 투자에 대한 1인당 소득공제액은 최대 3백만원

신용카드등 소득공제	1. "사용금액"란에는 카드사 등에서 발급한 신용카드등 사용금액 확인서에 따른 공제대상액의 합계액(해당 연도 1월 1일부터 12월 31일까지 사용금액을 말합니다)을 적습니다. 사용금액에는 사업관련비용을 뺀 금액을 적습니다.
	2. 다른 거주자의 기본공제를 적용받지 않은 배우자와 생계를 같이하는 직계존비속의 사용금액도 포함됩니다. 다만, 연간소득금액이 100만원(근로소득만 있는 자는 총급여 5백만원) 이하인 사람에 한정합니다.
	3. 공제금액: ①+②+③+④+⑤-⑥+⑦+⑧에 해당하는 금액
	※ 도서 · 공연등 사용분은 총급여 7천만원 이하인자에 대하여 적용하며, 7천만원 초과자는 각 지불수단별 사용금액의 합계액에 해당 금액을 포함하여 계산합니다.
	① 전통시장사용분(신용카드 · 현금영수증 · 직불카드 · 선불카드) × 40%
	② 대중교통이용분(신용카드 · 현금영수증 · 직불카드 · 선불카드) × 40%(7~12월 사용분 80%)
	③ 도서 · 신문 · 공연 · 박물관 · 미술관(이하 이 서식에서 "도서 · 공연등 사용분"이라 하며, 총급여 7천만원 이하자만 기재합니다)사용분 (신용카드 · 현금영수증 · 직불카드 · 선불카드) × 30%
	④ 현금영수증, 직불 · 선불카드사용분[전통시장 · 대중교통, 도서 · 공연등 이용(사용)분에 포함된 금액 제외] × 30%
	⑤ 신용카드사용분(= 신용카드등 사용금액 합계액 - 전통시장사용분 - 대중교통이용분 - 도서 · 공연등 사용분 - 현금영수증, 직불 · 선불카드사용분) × 15%

210mm×297mm[백상지80g/㎡ 또는 중질지80g/㎡]

신용카드등 소득공제	⑥ 다음의 어느 하나에 해당하는 금액		
	최저사용금액 ≤ 신용카드사용분	최저사용금액 × 15%	
	신용카드사용분 〈 최저사용금액 ≤ 신용카드 + 현금영수증 + 직불·선불카드 + 총급여 7천만원 이하자의 도서·공연등 사용분	신용카드사용분 × 15% + (최저사용금액 − 신용카드사용분) × 30%	
	신용카드 + 현금영수증 + 직불·선불카드 + 총급여 7천만원 이하자의 도서·공연등 사용분 〈 최저사용금액 ≤ 신용카드 + 현금영수증 + 직불·선불카드 + 총급여 7천만원 이하자의 도서·공연등 사용분 + 전통시장 사용분 + 대중교통 사용분(1월~6월)	신용카드사용분 × 15% + (현금영수증 + 직불·선불카드 + 총급여 7천만원 이하자의 도서·공연등 사용분) × 30% + (최저사용금액 − 신용카드사용분 − 현금영수증 − 직불선불카드 − 총급여 7천만원 이하자의 도서·공연등 사용분) × 40%	
	신용카드 + 현금영수증 + 직불·선불카드 + 총급여 7천만원 이하자의 도서·공연등 사용분 + 전통시장 사용분 + 대중교통 사용분(1월~6월) 〈 최저사용금액	신용카드사용분 × 15% + (현금영수증 + 직불·선불카드 + 총급여 7천만원 이하자의 도서·공연등 사용분) × 30% + (전통시장 사용분 + 대중교통 사용분(1월~6월)) × 40% +(최저사용금액 − 신용카드사용분 − 현금영수증 − 직불선불카드 − 총급여 7천만원 이하자의 도서·공연등 사용분− 전통시장 사용분 − 대중교통 사용분(1월~6월))× 80%	

⑦ 2022년 신용카드등 사용금액 연간합계액에서 2021년 신용카드등 사용금액 연간합계액의 100분의 105 상당액을 차감한 금액의 20%

⑧ 2022년 전통시장 사용금액에서 2021년 전통시장 사용금액의 100분의 105 상당액을 차감한 금액의 20%

4. 공제한도: 총급여 7천만원 이하자는 300만원(2020년 과세연도의 경우 330만원)과 총급여액의 100분의 20에 해당하는 금액 중 작거나 같은 금액, 총급여 7천만원 초과~1.2억원 이하는 250만원(2020년 과세연도의 경우 280만원), 총급여 1.2억원 초과자는 200만원(2020년 과세연도의 경우 230만원)을 한도로 하되, 한도초과금액이 있는 경우 한도초과금액과 ①+②+⑦+⑧에 해당하는 금액(해당 과세기간의 총급여액이 7천만원 이하인 경우에는 ③의 금액을 추가로 합친 금액) 중 작거나 같은 금액(①,②,③,(⑦+⑧)의 금액은 각각 연간 100만원 한도)을 신용카드등 소득공제 금액에 추가합니다.

우리사주조합 출연금 소득공제	우리사주출연금 중 연 400만원(「조세특례제한법」 제16조제1항제3호의 벤처기업 등의 우리사주조합의 경우 연 1,500만원)을 한도로 소득공제합니다.

210mm×297mm[백상지80g/㎡ 또는 중질지80g/㎡]

인적공제 및 소득·세액공제 명세 작성방법

그 밖의 소득공제 작성방법

고용유지중소기업 근로자 소득공제	고용유지중소기업에 근로를 제공하는 상시근로자에 대하여 2023년 12월 31일이 속하는 과세연도까지 임금삭감액에 50%에 해당하는 금액을 해당 과세연도의 근로소득금액에서 공제합니다. 이 경우 공제할 금액이 1천만원을 초과하는 경우에는 그 초과하는 금액은 없는 것으로 합니다.
장기집합투자증권 저축	해당 과세기간에 장기집합투자증권저축 납입액(연 600만원 한도)을 기준으로 40%까지 공제됩니다. 해당 공제를 신청할 때에는 이 서식 제8쪽의 연금·저축 등 소득·세액 공제명세서를 작성해야 합니다.
청년형 장기집합 투자증권저축	해당 과세기간에 청년형 장기집합투자증권저축 납입액(연 600만원 한도)을 기준으로 40%까지 공제됩니다. 해당 공제를 신청할 때에는 이 서식 제8쪽의 연금·저축 등 소득·세액 공제명세서를 작성해야 합니다.

세액공제 작성방법

외국 납부 공제	① 외국납부세액과 ② 산출세액에 국외원천소득이 해당 과세기간의 근로소득금액에서 차지하는 비율을 곱하여 산출한 금액 중 작은 금액
연금 계좌	1. 「근로자퇴직급여 보장법」(확정급여형 퇴직연금제도 제외)、「과학기술인공제회법」에 따라 근로자가 부담한 퇴직연금 납입액, 연금저축 납입금액을 적습니다. 2. 공제한도는 연금저축계좌 납입액에 대해서는 연 600만원이고, 연금저축계좌 납입액과 퇴직연금계좌 납입액을 합한 금액에 대해서는 연 900만원 입니다. 3. 공제세액은 연금계좌 납입금액에 공제율 12%를 적용한 금액입니다.(다만, 해당 과세기간의 종합소득과세표준을 계산할 때 합산하는 종합소득금액이 4천500만원 이하(근로소득만 있는 경우 총급여 5천500만원 이하)인 거주자에 대해서는 공제율 15%를 적용합니다) 4. 개인종합자산관리계좌 만기 시 연금계좌 납입액 공제세액은 개인종합자산관리계좌의 계약기간이 만료되고 해당 계좌잔액의 전부 또는 일부를 연금저축계좌·퇴직연금계좌로 납입한 경우 그 납입한 금액을 납입한 날이 속하는 과세기간의 연금계좌 납입액에 포함합니다(전환금액의 10%, 300만원 한도). 5. 연금계좌 소득공제를 신청하는 경우 이 서식 8쪽의 연금·저축 등 소득·세액공제 명세서를 작성하여야 합니다.
보험료	보장성보험의 "보험료"란에는 자동차·생명·상해보험 등 보장성보험에 납입한 금액을 적습니다. 장애인전용보장성보험의 "보험료"란에는 장애인을 피보험자 또는 수익자로 하는 장애인전용보험에 납입한 금액을 적습니다.
의료비	의료비지급명세서의 지급금액 합계액을 적습니다. 1. 공제대상은 근로소득이 있는 거주자가 근로자 본인과 기본공제대상자(연령 및 소득금액의 제한을 받지 않습니다)를 위하여 해당연도 1월 1일부터 12월 31일까지 지급한 의료비입니다. 2. 근로자인 거주자, 과세기간 종료일 현재 65세 이상인 자와 장애인, 건강보험산정특례자를 위하여 지급한 의료비,미숙아·선천성 이상아를 위해 지출한 의료비, 난임시술비는 의료비지급액이 공제입니다. 다만, 그 밖의 기본공제대상자를 위하여 지출한 의료비가 총급여액의 3%에 미달하는 경우 그 미달하는 금액을 뺍니다. 3. 그 밖의 공제대상자를 위해 지출한 의료비는 총급여액의 3%를 초과하여 지출한 금액을 공제하되, 연 700만원 한도로 공제합니다. 4. 의료비공제금액은 근로자인 거주자와 해당 부양가족을 위하여 다음의 어느 하나에 해당하는 비용의 합계액을 말합니다(미용·성형수술을 위한 비용 및 건강증진을 위한 의약품 구입비용은 포함되지 않습니다. 가. 진찰·치료·질병예방을 위하여 「의료법」에 따른 의료기관에 지급한 비용 나. 치료·요양을 위하여 「약사법」 제2조에 따른 의약품(한약을 포함합니다)을 구입하고 지급한 비용 다. 장애인의 보장구(「조세특례제한법」 제105조 및 같은 법 시행령 제105조에 따른 보장구에 한합니다) 및 의료기기(「의료기기법」 제2조 제1항에 따른 의료기기 중 해당연도에 해당하는 것)의 구입 또는 임차비용(의료기기의 경우 의료기기를 명시한 의사의 처방전이 필요합니다) 라. 시력보정용 안경 또는 콘택트렌즈 구입비용(1명당 연 50만원 한도) 마. 보청기 구입비용 바. 「노인장기요양보험법」 제40조제1항에 따라 실제 지출한 본인 일부부담금 사. 「모자보건법」에 따른 산후조리원에 산후조리 및 요양의 대가로 지출한 비용(출산 1회당 200만원) 실손의료보험금란에는 해당 과세기간에 수령한 실손의료보험금 중 이전 과세기간에 지출한 의료비에 대한 실손의료보험금을 차감한 금액을 기재합니다.
교육비	1. 공제대상은 근로소득 있는 거주자가 근로자 본인과 기본공제대상자(연령의 제한을 받지 않습니다)를 위하여 해당 연도 1월 1일부터 12월 31일까지 입학금, 수업료, 학교·유치원·어린이집 등의 급식비·교과서대금·방과후 학교 및 방과후 과정 등의 수업료·특별활동비·도서구입비(초등학교 취학 전 아동, 초·중·고등학생), 교복구입비용(중·고등학생), 학교에서 실시하는 체험학습비, 국외교육비 등과 근로자 본인의 학자금대출 상환액을 말합니다. 2. 장애인의 특수교육비는 기본공제대상인 장애인을 위하여 사회복지시설, 보건복지부장관이 장애인재활교육을 실시하는 기관으로 인정한 비영리법인 또는 「장애아동복지지원법」 제21조제3항에 따라 지방자치단체가 지정한 발달재활서비스 제공기관에 지출한 교육비를 말합니다.
기부금	해당 기부금란에 기부금납입영수증의 기부금액 합계액을 적습니다. 1. 정치자금기부금(「조세특례제한법」 제76조) 한도액: 종합소득금액 해당 과세기간에「정치자금법」에 따라 정당(같은 법에 따른 후원회 및 선거관리위원회를 포함함)에 기부한 정치자금 중 10만원까지는 그 기부금액의 110분의 100을, 10만원을 초과하는 금액에 대해서는100분의 15(해당 금액이 3천만원을 초과하는 경우 그 초과금액에 대해서는 100분의 25)를 종합소득산출세액에서 공제합니다. 2. 우리사주조합기부금(「조세특례제한법」 제88조의4제13항) 한도액: (종합소득금액 - 정치자금기부금 - 「소득세법」제34조제2항제1호에 따른 기부금) × 30%(해당연도에 발생한 기부금으로 한정하여 해당 기부금란에 기부금납입영수증의 기부금액 합계액을 적습니다.) 3. 소득세법에 따른 기부금 ① 「소득세법」제34조제2항제1호에 따른 특례기부금 한도액: 종합소득금액 ② 「소득세법」제34조제3항제1호에 따른 일반기부금 가. 종교단체에 기부한 금액이 있는 경우: [(종합소득금액 – 정치자금기부금·특례기부금 – 우리사주조합 기부금) × 10%] + [(종합소득금액 – 정치자금기부금·특례기부금 – 우리사주조합 기부금) × 20%와 종교단체 외에 지급한 금액 중 적은 금액] 나. 종교단체에 기부한 금액이 없는 경우: (종합소득금액 – 정치자금기부금·특례기부금 – 우리사주조합 기부금) × 30% 해당 과세기간에 지급한 한도 내 특례기부금과 일반기부금을 합한 금액에서 사업소득금액을 계산할 때 필요경비에 산입한 기부금을 뺀 금액의 100분의 15(해당 금액이 1천만원을 초과하는 경우 그 초과분에 대해서는 100분의 30)에 해당하는 금액(2021년, 2022년에 지급한 기부금의 경우 100분의5에 해당하는 금액 추가)을 종합소득산출세액에서 공제합니다.
월세액	해당 과세기간의 총급여액이 7천만원 이하인 근로소득자(해당 과세기간에 종합소득과세표준을 계산할 때 합산하는 종합소득금액이 6천만원을 초과하는 사람은 제외)가 지급하는 월세액(연 750만원 한도)의 15%(총급여액 5,500만원 이하는 17%)를 종합소득산출세액에서 공제합니다.

유 의 사 항

1. 공제항목별로 연간 지출금액(보장성보험료·의료비·교육비·주택자금·신용카드·주택마련저축 등)의 경우 근로소득자가 근무기간 동안 지출한 금액) 등을 적습니다. 이 경우 소득자는 원천징수의무자가 공제한도 등을 적용하여 계산한 금액을 특별소득공제 또는 특별세액공제를 받게 되며, 특별소득공제, 특별세액공제, 월세액공제를 신청하지 않은 사람은 연 13만원을 종합소득산출세액에서 공제(표준세액공제)받게 됩니다.
2. 공제항목 중 작성란이 부족할 경우에는 신고서 서식을 수정하거나 별지를 이용하여 작성합니다.

210mm×297mm[백상지 80g/m² 또는 중질지 80g/m²]

소득 · 세액 공제신고서 첨부서류

구 분		첨부서류
기본공제		주민등록표등본*, 가족관계증명서*(부양가족이 주거를 함께 하지 않는 경우에 제출합니다), 입양관계증명서*, 수급자증명서*, 가정위탁보호확인서 등
추가공제		장애인증명서*, 장애인등록증(수첩, 복지카드) 사본*, 장애아동임을 증명할 수 있는 서류(발달재활서비스 제공기관 입소통지서등)
특별소득 공제	주택자금	1. 주택자금상환등증명서, 장기주택저당차입금이자상환증명서, 주민등록표등본 2. 장기주택저당차입금으로 취득한 주택의 건물 등기사항증명서 등
개인연금저축공제		개인연금저축납입증명서 또는 개인연금저축통장 사본
주택마련저축공제		주택마련저축납입증명서, 주민등록표등본
소기업 · 소상공인 공제부금 소득공제		공제부금납입증명서
투자조합출자공제		출자등소득공제신청서, 출자 또는 투자확인서
신용카드 사용액 소득공제		신용카드등 사용금액에 대한 소득공제신청서, 신용카드등사용금액확인서, 대중교통 이용분 증빙자료(승차권 등)
장기집합투자증권 저축 소득공제		장기집합투자증권저축 납입증명서
청년형 장기집합 투자증권 저축 소득공제		청년형 장기집합투자증권저축 납입증명서
그 밖의 공제		공제 관련 서류 등
연금계좌세액공제		연금납입확인서(세액공제용)
특별 세액 공제	보험료	보험료납입증명서 · 보험료납입영수증
	의료비	1. 의료비지급명세서 및 다음에 해당하는 영수증 가. 의료기관 · 약사 등이 확인한 것 나. 안경 등의 경우에는 안경사가 확인한 것 다. 보청기 · 장애인 보장구의 경우에는 판매자가 확인한 것 라. 의료기기 구입 또는 임차 비용의 경우에는 판매자가 확인한 것 및 의사 등의 처방전 마. 산후조리원에 산후조리 및 요양의 대가로 지출한 비용의 경우 산후조리원이 확인하는 영수증 2. 국민건강보험공단 이사장이 발행하는 의료비부담명세서
	교육비	1. 교육비납입증명서 2. 방과후 학교 수업용 도서구입 증명서(학교 외에서 구입한 초 · 중 · 고등학교의 방과후 학교 수업용 도서의 구입비가 있는 경우에 작성합니다) 3. 「사회복지사업법」에 따른 사회복지시설, 보건복지부장관으로부터 장애인 재활교육시설로 인정받은 비영리법인 또는 이와 유사한 외국시설임을 입증할 수 있는 서류 4. 국외유학인증서 등 「국외유학에 관한 규정」에 따른 자비유학자격을 입증할 수 있는 서류*
	기부금	기부금명세서 및 기부금영수증(발급기관이 기부자의 성명, 기부금액 및 기부일 등 기부명세를 적고, 확인한 것에 한정합니다)
월세액 세액공제		임대차계약서 사본, 무통장입금증 등 월세액을 지급하였음을 증명하는 서류, 주민등록표등본

유 의 사 항

※ "*"표시된 첨부서류의 경우 원천징수의무자에게 제출하고, 그 이후 변동사항이 없으면 다음 연도부터는 제출하지 않을 수 있습니다. 특히, 주민등록표등본은 공제대상배우자, 공제대상부양가족, 공제대상장애인 또는 공제대상경로우대자의 변동이 없으면 제출하지 않습니다.

※ 국세청 홈택스(연말정산간소화 서비스)에서 제공하는 연말정산소득 · 세액 공제명세를 첨부서류로서 원천징수의무자에게 제출할 수 있습니다.

※ 주민등록표등본은 정부민원포털 정부24(www.gov.kr)에서 무료로 발급받을 수 있습니다.

210mm×297mm[백상지80g/㎡ 또는 중질지80g/㎡]

연금 · 저축 등 소득 · 세액 공제명세서

1. 인적사항	① 상 호		② 사업자등록번호	
	③ 성 명		④ 주민등록번호	
	⑤ 주 소		(전화번호:)	
	⑥ 사업장 소재지		(전화번호:)	

2. 연금계좌 세액공제

1) 퇴직연금계좌
* 퇴직연금계좌에 대한 명세를 작성합니다.

퇴직연금 구분	금융회사 등	계좌번호 (또는 증권번호)	납입금액	세액공제금액

2) 연금저축계좌
* 연금저축계좌에 대한 명세를 작성합니다.

연금저축 구분	금융회사 등	계좌번호 (또는 증권번호)	납입금액	소득 · 세액 공제금액

3) 개인종합자산관리계좌 만기 시 연금계좌 납입액
* 납입 연금저축계좌 · 퇴직연금계좌에 대한 명세를 작성합니다.

연금 구분	금융회사 등	계좌번호 (또는 증권번호)	납입금액	세액공제금액

3. 주택마련저축 소득공제
* 주택마련저축 소득공제에 대한 명세를 작성합니다.

저축 구분	금융회사 등	계좌번호 (또는 증권번호)	납입금액	소득공제금액

4. 장기집합투자증권저축 소득공제
* 장기집합투자증권저축 소득공제에 대한 명세를 작성합니다.

금융회사 등	계좌번호 (또는 증권번호)	납입금액	소득공제금액

5. 중소기업 창업투자조합 출자 등에 대한 소득공제
* 중소기업창업투자조합 출자 등 소득공제에 대한 명세서를 작성합니다.

투자연도	투자 구분	금융기관 등	계좌번호 (또는 증권번호)	납입금액

6. 청년형 장기집합투자증권저축 소득공제
* 청년형 장기집합투자증권저축 소득공제에 대한 명세서를 작성합니다.

가입일	계약기간	금융기관 등	계좌번호 (또는 증권번호)	납입금액	소득공제금액

작 성 방 법

1. 연금계좌 세액공제, 주택마련저축 · 장기집합투자증권저축 · 중소기업창업투자조합 출자 등 소득공제를 받는 소득자에 대해서는 해당 소득 · 세액 공제에 대한 명세를 작성해야 합니다. 해당 계좌별로 납입금액과 소득 · 세액 공제금액을 적고, 공제금액이 영(0)인 경우에는 적지 않습니다.
2. 퇴직연금계좌에서 "퇴직연금 구분"란은 퇴직연금(확정기여형(DC), 개인형(IRP), 중소기업퇴직연금) · 과학기술인공제회로 구분하여 적습니다.
3. 연금저축계좌에서 "연금저축 구분"란은 개인연금저축과 연금저축으로 구분하여 적습니다.
4. 개인종합자산관리계좌 만기 시 연금계좌 납입액에서 "연금 구분"란은 연금저축계좌와 퇴직연금계좌로 구분하여 적습니다.
  - 개인종합자산관리계좌 만기 시 연금계좌 납입액 공제세액은 개인종합자산관리계좌의 계약기간이 만료되고 해당 계좌잔액의 전부 또는 일부를 연금저축계좌 · 퇴직연금계좌로 납입한 경우 그 납입한 금액을 납입한 날이 속하는 과세기간의 연금계좌 납입액에 포함합니다(전환금액의 10%, 300만원 한도).
5. 주택마련저축 공제의 "저축 구분"란은 청약저축, 주택청약종합저축 및 근로자주택마련저축으로 구분하여 적습니다.
6. 중소기업창업투자조합 출자 등 소득공제의 "투자 구분"란은 벤처 등(「조세특례제한법」 제16조제1항제3호 · 제4호 · 제6호), 조합1(「조세특례제한법」 제16조제1항제1호 · 제5호), 조합2(「조세특례제한법」 제16조제1항제2호) 로 구분하여 적습니다.
7. 청년형 장기집합투자증권저축에서 "계약기간" 란은 계약기간을 개월 수로 적습니다.(월수 계산 시 1월 미만은 1월로 합니다.)
8. 공제금액란은 근로소득자가 적지 않을 수 있습니다.

210mm×297mm[백상지 80g/㎡ 또는 중질지 80g/㎡]

[ ] 월세액·[ ] 거주자 간 주택임차차입금 원리금 상환액 소득·세액공제 명세서
[무주택자 해당여부 [   ]여, [   ]부]

1. 인적사항	① 상 호		② 사업자등록번호	
	③ 성 명		④ 주민등록번호	
	⑤ 주 소			
			(전화번호:)	
	⑥ 사업장 소재지			
			(전화번호:)	

2. 월세액 세액공제 명세

⑦ 임대인 성 명 (상 호)	⑧ 주민등록번호 (사업자번호)	⑨ 유형	⑩ 계약 면적(㎡)	⑪ 임대차계약서 상 주소지	⑫ 계약서 상 임대차 계약기간		⑬ 연간 월세액(원)	⑭ 세액공제금액 (원)
					개시일	종료일		

※ ⑨ 유형: **구분코드** – 단독주택: 1, 다가구: 2, 다세대주택: 3, 연립주택: 4, 아파트: 5, 오피스텔: 6, 고시원: 7 기타: 8
※ ⑫ 계약서상 임대차계약기간 – 개시일과 종료일은 예시와 같이 기재 (예시) 2017.01.01.

3. 거주자 간 주택임차차입금 원리금 상환액 소득공제 명세

1) 금전소비대차 계약내용

⑮ 대주(貸主)	⑯ 주민등록번호	⑰ 금전소비대차 계약기간	⑱ 차입금 이자율	원리금 상환액			㉒ 공제금액
				⑲ 계	⑳ 원금	㉑ 이자	

2) 임대차 계약내용

㉓ 임대인 성 명 (상 호)	㉔ 주민등록번호 (사업자번호)	㉕ 유형	㉖ 계약 면적(㎡)	㉗ 임대차계약서상 주소지	㉘ 계약서상 임대차 계약기간		㉙ 전세보증금 (원)
					개시일	종료일	

※ ㉕ 유형: **구분코드** – 단독주택: 1, 다가구: 2, 다세대주택: 3, 연립주택: 4, 아파트: 5, 오피스텔: 6, 고시원:7 기타: 8
※ ㉘ 계약서상 임대차계약기간 – 개시일과 종료일은 예시와 같이 기재 (예시) 2017.01.01.

작 성 방 법

1. 월세액 세액공제나 거주자 간 주택임차자금 차입금 원리금 상환액 공제를 받는 근로소득자에 대해서는 해당 소득·세액공제에 대한 명세서를 작성해야 합니다.
2. 해당 임대차 계약별로 연간 합계한 월세액·원리금상환액과 소득·세액공제금액을 적으며, 공제금액이 "영(0)"인 경우에는 적지 않습니다.
3. ⑨, ㉕ 유형은 단독주택, 다가구주택, 다세대주택, 연립주택, 아파트, 오피스텔, 고시원, 기타 중에서 해당되는 **유형의 구분코드**를 적습니다.
4. ㉙ 전세보증금은 과세기간 종료일(12. 31.) 현재의 전세보증금을 적습니다.

210mm×297mm[백상지 80g/㎡ 또는 중질지 80g/㎡]

5. 연말정산의 준비

(1) 근로소득자로부터 제출받아야 할 서류

① 근로소득자 소득 · 세액공제신고서

　가. 일반적인 경우의 근로소득자 소득 · 세액공제신고서 제출

　　근로소득을 받는 근로소득자가 종합소득공제 및 세액공제를 적용받으려는 경우에
　　는 해당 과세기간의 다음 연도 2월분의 근로소득을 받기 전(퇴직한 경우에는 퇴직한
　　날이 속하는 달의 근로소득을 받기 전)에 자기의 근로소득세를 원천징수하는 주된 근
　　무지의 원천징수의무자에게 해당 공제사유를 표시하는 신고서인 소득세법시행규칙
　　[별지 제37호 서식]의 근로소득자 소득 · 세액공제신고서를 제출하여야 한다(소법
　　§140).

　나. 해당 연도의 중도에 입사한 경우의 근로소득자 소득 · 세액공제신고서 제출

　　해당 과세기간의 중도에 취직한 사람은 근로소득을 최초로 받기 전에 근로소득자
　　소득 · 세액공제신고서를 제출한다.

　다. 근로소득자 소득공제신고 내용의 종된 근무지 통지

　　2 이상의 근무지에서 근로소득을 받는 근로소득자로부터 근로소득자 소득 · 세액공
　　제신고서를 제출받은 주된 근무지의 원천징수의무자는 그 신고사항을 종된 근무지
　　의 원천징수의무자에게 통보하여야 한다.

　라. 근로소득자 소득 · 세액공제신고서를 제출하지 아니한 경우의 취급

　　근로소득자 소득 · 세액공제신고서를 제출하지 아니한 때에는 기본공제 중 그 근로
　　소득자 본인에 대한 분과 표준세액공제만을 적용한다(소법 §137 ③).

② 주민등록표등본 · 가족관계증명서 · 입양증명서 및 외국인등록표등본 등

　해당 과세기간 중에 취직하거나 퇴직한 근로소득자는 근로소득자 소득 · 세액공제신고
　서에 주민등록표등본을 첨부하여 제출하여야 한다. 다만, 이전에 동일한 원천징수의무
　자에게 주민등록표등본을 제출한 경우로서 공제대상 배우자 또는 부양가족이 변동되지
　아니한 때에는 주민등록표등본을 제출하지 아니한다(소령 §198 ②).

　이 경우 주민등록표등본에 의하여 공제대상 배우자 등의 관계를 확인할 수 없는 경우
　에는 가족관계증명서를 제출할 수 있으며, 동거입양자에 대하여는 입양기관이 발행하
　는 입양자증명서 등을 제출할 수 있다(소칙 §56).

이때 납세지관할세무서장의 전산확인에 동의하는 거주자는 주민등록표등본 등을 제출하지 않아도 되며 납세지관할세무서장이 전산으로 이를 확인하여야 한다(소법 §167).

③ 일시퇴거자 동거가족상황표

근로소득자의 배우자, 직계비속 및 입양자 이외의 동거가족으로서 취학·질병의 요양·근무상 또는 사업상의 형편으로 본래의 주소 또는 거소를 일시 퇴거한 동거가족이 있는 근로소득자는 본래의 주소지와 일시퇴거지의 주민등록표등본 각 1부와 일시퇴거자 동거가족상황표에 다음 서류를 첨부하여 제출하여야 한다(소령 §198 ③).

퇴거사유별	추가로 제출하여야 할 서류	부 수
취　　학	학교(학원 등을 포함)의 장이 발행하는 재학증명서	1부
질병의 요양	의료기관의 장이 발행하는 요양증명서	1부
근　　무	근무처의 장이 발행하는 재직증명서	1부
사　　업	사업자등록증 사본	1부

④ 전 근무지에서 교부받은 근로소득원천징수영수증 등

해당 과세기간의 중도에 퇴직하고 같은 해 다른 근무지에 새로 취직한 근로소득자의 경우에는 중도퇴직한 이전 근무지의 원천징수의무자로부터 교부받은 근로소득원천징수영수증 및 소득자별근로소득원천징수부 사본 각 1부를 해당 과세기간의 다음 연도 2월분 근로소득금액을 지급하는 원천징수의무자에게 제출하여 이전 근무지에서 받은 근로소득을 합산한 근로소득에 대하여 새 근무지에서 연말정산을 받을 수 있다(소법 §138, 소령 §197).

⑤ 종된 근무지에서 교부받은 근로소득원천영수증 등

근로소득자로서 주된 근무지와 종된 근무지를 정한 자는 종된 근무지의 원천징수의무자로부터 근로소득원천징수영수증을 교부받아 주된 근무지에서 해당 과세기간의 다음 연도 2월분의 급여를 받기 전에 주된 근무지의 원천징수의무자에게 제출하여야 한다(소법 §137의 2).

(2) 원천징수의무자가 세무서에 제출하여야 할 서류

근로소득자가 제출한 서류는 그 모두를 관할세무서에 제출하는 것이 아니라 다음의 서류만을 소정기간 내에 관할세무서에 제출하면 된다.

서류명	제출처	제출기한
외국인근로소득세액감면신청서 및 증명서류	원천징수의무자 관할세무서장	감면받고자 하는 달의 다음 달 10일까지
외국인기술자의 근로소득 및 세액면제신청서 및 증명서류	원천징수의무자 관할세무서장	근로를 제공한 달의 다음 달 10일까지
중소기업 취업 청년 등 소득세 감면대상명세서 및 증명서류	원천징수의무자 관할세무서장	신청을 받은 날이 속하는 달의 다음 달 10일까지
중소·중견기업 핵심인력 성과보상기금 수령액 감면대상명세서	원천징수의무자 관할세무서장	신청을 받은 날이 속하는 달의 다음 달 10일까지
성과공유 중소기업의 경영성과급 감면대상명세서	원천징수의무자 관할세무서장	신청을 받은 날이 속하는 달의 다음 달 말일까지

(3) 대장 및 서식의 정비·비치

원천징수의무자는 능률적인 연말정산을 위하여 다음에 게기하는 대장과 서식을 준비하여야 한다.

① 소득자별 근로소득원천징수부[소득세법시행규칙 별지 제25호 서식(1)]
근로소득금액을 지급하는 모든 원천징수의무자는 근로소득자 개개인의 인적사항, 월별 총급여액의 지급액, 비과세소득 및 원천징수액 등을 기록하여 비치하는 연말정산 기본대장이다.

매월분의 근로소득을 지급하는 원천징수의무자는 근로소득원천징수부(소칙 별지 제25호 서식)를 비치·기록하여야 한다. 이 경우 근로소득원천징수부를 전산처리된 테이프 또는 디스크 등으로 수록·보관하여 항시 출력이 가능한 상태에 둔 때에는 근로소득원천징수부를 비치·기록한 것으로 본다.

② 근로소득 원천징수영수증[소득세법시행규칙 별지 제24호 서식(1)]
각 근로소득자에 대하여 소득세 등을 원천징수하였다는 영수증으로서 3부를 복사 작성하여 근로소득자와 세무서에 각각 1부씩 교부 및 제출하고 1부는 원천징수의무자가 보관하여야 한다.

③ 원천징수이행상황신고서[소득세법시행규칙 별지 제21호 서식]

④ 납부서[국세징수법시행규칙 별지 제8호 서식]
원천징수한 세액을 납부한 때에는 청색의 납부서를 사용하여야 한다.

6. 연말정산의 마감

(1) 세액의 납부

원천징수의무자는 각 근로소득자로부터 연말정산방법에 의하여 추가로 징수한 근로소득세액에서 환급할 근로소득세액을 차감 조정하여 연말정산한 날이 속하는 달의 다음 달 10일까지 국세징수법시행규칙 [별지 제8호 서식]에 의한 납부서(청색)에 의하여 원천징수관할세무서·한국은행(국고수납을 대리하는 은행 등을 포함) 또는 체신관서에 납부하여야 한다(소령 §185).

(2) 서류의 제출

원천징수의무자는 연말정산에 관련된 다음의 서류를 작성하여 위 '(1)'의 소득세액의 납부기한까지 원천징수관할세무서장에게 제출하여야 한다. 또한 원천징수이행상황신고서에는 원천징수하여 납부할 세액이 없는 자에 대한 것도 포함되어야 한다(소령 §185).

① 원천징수이행상황신고서

② 근로소득자로부터 제출받은 세액공제 및 감면 관계서류 중 세무서에 제출하여야 할 서류(상기 '5. ⑵' 해당 서류)

③ 근로소득지급명세서[근로소득원천징수영수증 중 발행자 보고용(소득세법시행규칙 [별지 제24호 서식(1)])으로 갈음할 수 있으며 연도 중에 퇴직한 근로자에 대하여 연말정산한 근로소득원천징수영수증을 포함하여 다음 연도 3월 10일까지 제출하여야 함(반기별 납부의 승인 또는 지정을 받은 자도 다음 연도 3월 10일까지 제출하여야 함)]. 지급명세서의 전산매체제출의무자 또는 전산매체로 제출하고자 하는 자는 국세청 홈택스서비스 홈페이지(www.hometax.go.kr) [과세자료제출메뉴]에서 지급명세서를 작성하여 인터넷으로 제출하거나 자가사용프로그램에 의하여 작성한 것을 제출하여야 한다.

④ 의료비지급명세서를 전산처리한 테이프 등(연말정산을 하는 때에 특별세액공제대상이 되는 의료비가 있는 근로자에 대하여 의료비지급명세서를 전산처리한 테이프 또는 디스켓을 근로소득지급명세서를 제출하는 때에 제출)

⑤ 기부금명세서를 전산처리한 테이프 등(연말정산을 하는 때에 특별세액공제대상이 되는 기부금이 있는 근로자에 대하여 기부금명세서를 전산처리한 테이프 또는 디스켓을 근로소득지급명세서를 제출하는 때에 제출)

(3) 근로소득원천징수영수증의 작성·교부

① 일반적인 연말정산의 경우

근로소득세를 연말정산한 원천징수의무자는 해당 과세기간의 다음 연도 2월 말일까지 소득세법시행규칙 [별지 제24호 서식(1)]의 근로소득원천징수영수증을 작성하여 근로소득자에게 발급하여야 한다(소법 §143).

② 중간에 퇴직한 자에 대한 연말정산의 경우

해당 과세기간의 중간에 퇴직한 사람에게는 퇴직한 날이 속하는 달의 근로소득의 지급일이 속하는 달의 다음 달 말일까지 발급하여야 한다(소법 §143 단서).

③ 일용근로자의 경우

지급일이 속하는 분기의 마지막 달의 다음 달 말일(4분기에 지급한 근로소득의 경우에는 다음 연도 2월 말일)까지 발급하여야 한다.

④ 종된 근무지의 원천징수의무자의 경우

종전 근로자의 요청이 있는 경우 종된 근무지의 원천징수의무자는 근로소득자가 주된 근무지에서 해당 과세기간의 다음 연도 2월분 급여를 지급받기 전에 주된 근무지에 제출할 수 있도록 근로소득원천징수영수증과 소득자별근로소득원천징수부를 지체없이 발급하여야 한다(소법 §143 ②).

⑤ 지급명세서제출불이행에 대한 가산세 적용

근로소득지급명세서를 그 다음 해 3월 10일(휴업, 폐업 또는 해산한 경우에는 휴업일, 폐업일 또는 해산일이 속하는 달의 다음다음 달 말일)까지 제출하지 아니하였거나 불분명한 경우 그리고 기재된 지급금액이 사실과 다른 경우에는 미제출금액, 불분명금액 그리고 사실과 다른 금액의 1%에 상당하는 금액을 가산세로서 징수하여야 한다. 다만, 미제출로 인한 가산세에 한해서 제출기한 경과 후 3개월 이내에 제출하는 경우에는 지급금액의 0.5%를 적용한다(소법 §81 ①, 법법 §76 ⑦).

7. 연말정산에 의한 근로소득세액의 징수 및 환급

(1) 근로소득세액의 징수

① 일반적인 경우

연말정산에 의하여 원천징수하여야 할 근로소득세가 지급할 근로소득을 초과하지 아니하는 때에는 그 근로소득세액은 그 근로소득을 지급하는 때에 징수하여야 한다.

② 이월징수

연말정산에 의하여 원천징수하여야 할 근로소득세가 지급할 근로소득을 초과하는 때에는 그 초과하는 세액은 그 다음 달의 근로소득을 지급하는 때에 징수한다(소법 §139).

(2) 근로소득세의 환급

① 일반적인 경우

연말정산을 하는 때에 연말정산에 의하여 원천징수하여야 할 근로소득세가 부(−)의 숫자인 경우에는 다른 근로소득자로부터 원천징수하여 납부할 근로소득세 또는 이자소득·배당소득·사업소득·연금소득·퇴직소득·기타소득 및 국내원천소득에 대하여 원천징수하여 납부하여야 할 소득세에서 조정하여 환급하여야 한다(소령 §201). 이때 조정환급순서는 근로소득세 → 퇴직소득세 → 사업소득세 → 기타소득세 → 연금소득세 → 이자소득세 → 배당소득세 → 개인연금·세금우대저축추징액 → 비거주자양도소득세 → 법인세 원천징수세액 → 수정신고에 의한 원천징수세액의 순서에 의한다. 또한 원천징수하여 납부한 세액에서 환급받을 환급세액이 있는 때에는 이를 납부하여야 할 다른 원천징수세액(법인세, 농어촌특별세)에 충당(다른 세목의 원천징수세액간의 충당은 원천징수이행상황신고서에 그 충당·조정내역을 기재하여 신고한 경우에 한함)하고 잔여금은 환급한다. 단, 원천징수의무자가 즉시 환급하여 줄 것을 요구하거나 원천징수납부하여야 할 세액이 없는 경우에는 즉시 환급한다(국기법 §51 ⑤).

• 환급방법의 예시

〈사례 1〉

근로소득자	연말정산세액
김 갑 수	8,000
이 을 호	−3,000
박 병 태	−2,000

이을호 및 박병태에게 환급하여야 할 근로소득세 5,000원은 김갑수로부터 원천징수한 근로소득세 8,000원에서 원천징수의무자가 직접 환급하고 그 차액 3,000원만 납부하면 된다.

〈사례 2〉

세 목 별	원천징수세액
이자소득세	600,000
근로소득세	−800,000
퇴직소득세	400,000

근로소득금액에 대하여 환급하여야 할 소득세액 800,000원은 이자소득세와 퇴직소득세 1,000,000원 중에 원천징수의무자가 직접 환급하고 그 차액 200,000원은 이자소득세 또는 퇴직소득세로 납부하면 된다.

〈사례 3〉

세 목 별	원천징수세액
이자소득세	600,000
근로소득세	−800,000
이자법인세	400,000

근로소득금액에 대하여 환급하여야 할 세액 800,000원은 이자소득세 600,000원 범위 내에서 원천징수의무자가 직접 환급하고 그 차액 200,000원은 이자법인세에 충당이 가능하므로 이를 충당한 후의 잔액 200,000원을 이자법인세로 납부하고 충당한 세액으로 환급하면 된다.

② 조정하여 환급할 소득세액이 없는 경우

연말정산을 하는 때에 연말정산에 의하여 원천징수하여야 할 소득세가 부(−)의 숫자인 경우로서 그 합계액이 다른 근로소득자로부터 원천징수하여 납부할 소득세 또는 이자소득·배당소득·사업소득·연금소득·퇴직소득·기타소득 및 국내원천소득에 대하여 원천징수하여 납부하여야 할 소득세의 합계액과 충당이 가능한 원천징수하여 납부하여야 할 법인세 및 농어촌특별세의 합계액보다 더 많은 때에는 그 다음 달 이후에 원천징수하여 납부하여야 할 소득세에서 조정하여 환급한다. 다만, 원천징수의무자의 환급신청이 있는 경우에는 그 초과액을 환급한다.

③ 원천징수의무자가 근로소득세를 환급신청한 후 행방불명이 된 경우

원천징수의무자가 관할세무서장에게 근로소득세를 환급신청한 후 부도 등으로 행방불명된 경우에는 그 환급하여야 할 소득세를 관할세무서장이 근로소득자에게 직접 지급할 수 있으며 이 경우 원천징수의무자에게 체납된 국세가 있는 때에도 환급하여야 할 소득세는 체납된 국세에 충당하지 아니하고 환급하여야 한다.

 **Part 2** 거주자 및 내국법인에 대한 원천징수

[근로소득자 연말정산세액 계산절차]

근로소득

(−) 비과세근로소득

- 실비변상적 급여
  1. 자가운전보조금(월 20만원 이내의 금액)
  2. 교원·연구원 등이 받은 연구보조비 등(월 20만원 이내의 금액)
  3. 기자가 받는 취재수당(월 20만원 이내의 금액) 등
- 국외(북한 포함)에서 근로제공하고 받는 급여 중 월 100만원 이내 금액(선원 및 국외건설현장 등 근로자 300만원)
- 월정액급여 210만원 이하이면서 직전 총급여액 3,000만원 이하인 생산직근로자 등의 야간·휴일·연장근무수당(연 240만원 이내. 단, 일용·광산근로자는 전액)
- 현물 식대 또는 월 20만원 이내의 식사대
- 6세 이하 자녀보육수당(월 10만원 이내의 금액)
- 고용보험법에 의한 실업급여, 육아휴직급여, 산전후휴가급여 등
- 종교인이 지급받는 종교활동비

총급여액

(−) 근로소득공제(2,000만원 한도)

총급여액	근로소득공제
~500만원 이하	총급여액×70%
500만원 초과 1,500만원 이하	500만원 초과 총급여액×40%+350만원
1,500만원 초과 4,500만원 이하	1,500만원 초과 총급여액×15%+750만원
4,500만원 초과 1억원 이하	4,500만원 초과 총급여액×5%+1,200만원
1억원 초과~	1억원 초과 총급여액×2%+1,475만원

근로소득금액

(−) 인적공제

- 기본공제(1명당 150만원)
  1. 본인, 소득 100만원 이하인 배우자(총급여액 500만원 이하의 근로소득만 있는 경우 포함), 만 20세 이하 직계비속 및 동거입양자
  2. 소득 100만원 이하(총급여액 500만원 이하의 근로소득만 있는 경우 포함), 주민등록상 동거, 직계존속(만 60세 이상) 및 형제자매(만 60세 이상 또는 만 20세 이하)
  3. 소득 100만원 이하(총급여액 500만원 이하의 근로소득만 있는 경우 포함), 주민등록상 동거, 위탁아동 및 수급자
     - → 직계존속과 형제자매에는 거주자 배우자의 직계존속과 형제자매도 포함
     - → 직계비속(또는 동거입양자)과 그 배우자 모두 장애인인 경우 그 직계비속(또는 동거입양자)의 배우자 포함
     - → 장애인은 나이제한 없음
     - → 형제자매·수급자의 경우 거주자 또는 부양가족의 일시퇴거도 공제대상
     - → 직계존속의 경우 주거형편상 별거자도 공제대상
- 추가공제(기본공제 해당자에 한함)
  1. 경로우대자공제(만 70세 이상 1명당 100만원)
  2. 장애인공제(1명당 200만원)
  3. 부녀자공제(배우자가 있거나 배우자가 없는 세대주로서 종합소득금액이 3,000만원 이하이면서 기본공제대상 부양가족이 있는 여성 50만원)
  4. 한부모가족공제(배우자가 없고 기본공제대상자인 자녀가 있는 경우 연 100만원)

(−) 연금보험료공제

- 공적연금 보험료(기여금 또는 부담금) 전액

(−) 특별소득공제

- 보험료 공제 : 건강보험료, 고용보험료, 노인장기요양보험료 본인 부담금 전액
- 주택임차차입금 원리금상환액공제
  1. 12.31. 법소정 세대주(또는 법소정 세대원)+국민주택규모 주택(주거용 오피스텔 포함)을 임차하기 위한 법소정 차입금 원리금 또는 법소정 월세액
  2. 공제액=주택임차차입금원리금상환액×40%(주택마련저축소득공제액과 합하여 400만원 한도)
- 장기주택저당차입금 이자상환액공제
  1. 12.31. 법소정 세대주(또는 법소정 세대원)+취득당시 기준시가 5억원 이하+장기차입금(만기 15년 이상, 2003.12.31. 이전분 만기 10년 이상)
  2. 공제액=Min[주택마련저축소득공제액+주택임차차입금원리금상환액공제액+장기주택저당차입금이자상환액, 500만원(600만원, 1,000만원, 1,500만원 또는 1,800만원)]
     - → 2009.2.12.~2010.2.11.에 취득하는 양도소득세 과세특례대상 미분양주택의 취득차입금(만기 5년 이상)도 공제가능
     - → 12.31. 현재 2주택 보유하는 경우 공제 제외
- 기부금 이월공제분 : 2013년 이후 지출 기부금 중 이월분(특례·일반기부금)은 종전 규정에 따른 소득공제

(-) 그 밖의 소득공제

◆ 신용카드 등 사용금액 소득공제 : Min[(사용금액-총급여액×25%)×15%, 30%, 40%, 80% 총급여액×20%, 300만원 또는 250만원]
◆ 개인연금저축공제(2000.12.31. 이전분) : Min[납입액×40%, 72만원]
◆ 소기업·소상공인 공제부금 사업소득액공제 : Min[공제부금 납입액, 200만원, 300만원, 500만원]
◆ 주택마련저축소득공제
  1. 과세기간 중 무주택세대의 12.31. 세대주+주택마련저축 가입
  2. 공제액=주택마련저축납입액×40%. 단, 주택임차차입금 원리금상환액공제액과 합하여 400만원 한도
◆ 투자조합출자공제 : Min[출자·투자금액×(10%~100%), 종합소득금액×50%]
◆ 우리사주조합출자공제 : Min[출자금, 400만원 또는 1,500만원]
◆ 고용유지중소기업 근로자소득공제 : Min[(직전년도 연간 임금총액-해당연도 연간 임금총액)×50%, 1,000만원]
◆ 장기집합투자증권저축에 대한 소득공제 : 총급여 5,000만원 이하 근로자 연납입액의 40%(240만원 한도)
◆ 청년형 장기집합투자증권저축에 대한 소득공제 : 총급여액 5,000만원 이하 또는 종합소득금액 3,800만원 이하 거주자의 연납입액(600만원 한도)×40%

과세표준 ── × 기본세율(6~45%)

과세표준	산출세액
~1,400만원 이하	과세표준×6%
1,400만원 초과 5,000만원 이하	과세표준×15%-126만원
5,000만원 초과 8,800만원 이하	과세표준×24%-576만원
8,800만원 초과 1억5천만원 이하	과세표준×35%-1,544만원
1억5천만원 초과 3억원 이하	과세표준×38%-1,994만원
3억원 초과 5억원 이하	과세표준×40%-2,594만원
5억원 초과 10억원 이하	과세표준×42%-3,594만원
10억원 초과~	과세표준×45%-6,594만원

산출세액 ── (-) 세액공제·감면

◆ 근로소득세액공제 : 산출세액 130만원 이하분 55%, 산출세액 130만원 초과분 30%
  - 한도 : 총급여액 3,300만원 이하 : 74만원
    3,300만원~ 7,000만원 : Max{74만원-(총급여액-3,300만원)×0.8%, 66만원}
    7,000만원~12,000만원 : Max{66만원-(총급여액-7,000만원)×50%, 50만원}
    12,000만원~ : Max{50만원-(총급여액-12,000만원)×50%, 20만원}
◆ 자녀세액공제 :
  1. 자녀 기본세액공제 : 기본공제대상자인 자녀(만 8세 이상 자녀만 해당) 1명인 경우 15만원, 2명인 경우 30만원, 2명 이상인 경우(30만원+2명 초과 자녀수×30만원)
  2. 출산·입양공제 : 해당과세기간에 출산 또는 입양 신고한 경우 첫째 30만원, 둘째 50만원, 셋째 이상 70만원
◆ 연금계좌세액공제 : 연금저축 및 퇴직연금 거주자가 부담하는 부담금(납입액)×(12%, 15%)
◆ 특별세액공제
  1. 보험료공제[기본공제자를 위해 지급한 보험료(일반 보장성 보험료×12%+장애인전용 보장성 보험료×15%)]
    장애인전용보장성보험료 및 보장성보험료(장애인전용보장성보험료 제외) 각 연 100만원
  2. 의료비공제[기본공제자(소득, 나이요건 배제)를 위해 지급한 법소정 의료비] : 세액공제대상 의료비×15%(난임시술비는 30%, 미숙아·선천성이상아는 20%)=Max[본인·65세 이상자·장애인·난임시술·미숙아 및 선천성이상아 및 중증질환자 등 의료비+Min[그 밖의 의료비-총급여액×3%, 700만원], 0]
  3. 교육비공제[기본공제자(나이요건 배제)를 위해 지출한 법소정 교육비] : 세액공제대상 교육비×15%
    ① 본인교육비(대학원·시간제과정 교육비, 직업능력개발훈련비, 학자금대출 원리금상환액 포함)와 장애인(소득요건 배제)특수교육비 전액
    ② 부양가족(직계존속, 수급자 제외) 교육비
      - 유치원, 영유아, 취학전아동, 초등학생, 중학생, 고등학생 : 1명당 300만원 한도
      - 대학생 : 1명당 900만원 한도
    → 중·고등학생 교복(체육복 포함) 구입비(학생 1명당 50만원 한도), 초·중·고교생의 체험학습비(1명당 30만원 한도)도 공제가능
  4. 기부금공제 : 공제대상 기부금×15%(1,000만원 초과 시 30%)
    ① 본인, 기본공제대상자가 기부한 기부금(정치자금기부금 및 우리사주조합기부금은 본인분에 한함)
    ② 공제한도액
      가. 정치자금세액공제 : 정치자금기부금 중 연 10만원 이내의 금액×100/110, 10만원 초과분은 15% 세액공제(3,000만원 초과 시 25%)
      나. 특례기부금 : (종합소득금액-정치자금기부금) → 10년간 이월공제(정치자금기부금은 이월공제 안됨)
      다. 우리사주조합기부금 : (종합소득금액-특례기부금 공제액×30%) → 이월공제 안됨
      라. 일반기부금 → 10년간 이월공제
        ⊙ 소득금액=종합소득금액-정치자금·특례·우리사주조합기부금 공제액
        ⓒ 종교단체기부금이 없는 경우 : 소득금액×30%
        ⓒ 종교단체기부금이 있는 경우 : 소득금액×10%+Min[소득금액×20%, 종교단체 외 일반기부금]
◆ 표준세액공제(특별소득공제, 특별세액공제 및 월세액 세액공제 신청하지 아니한 사람) : 연 13만원
  단, 근로소득이 없는 거주자로서 종합소득이 있는 사람은 연 7만원
◆ 외국납부세액공제 : 국외원천소득에 대한 외국납부세액공제
◆ 납세조합세액공제 : 납세조합 가입한 을종근로자의 을종근로소득에 대한 산출세액의 5%(연 100만원 한도)
◆ 주택자금차입금이자세액공제 : 주택자금차입금에 대한 해당 연도 이자상환액의 30%
◆ 월세액 세액공제
  1. 총급여 7,000만원 이하인 12.31. 현재 무주택세대의 세대주(또는 세대원)+국민주택규모주택(주거용오피스텔 포함) 또는 기준시가 4억원 이하 주택을 임차하기 위한 법소정 월세액
  2. 세액공제금액=월세액의 15%(총급여액이 5천5백만원 이하 시 17%) 단, 월세액 750만원 한도
◆ 외국인기술자 세액공제 : 해당 소득에 대한 산출세액의 50%
◆ 내국인 우수인력 국내복귀에 대한 소득세 감면 : 해당소득에 대한 산출세액의 50%
◆ 중소기업 취업하는 청년 등에 대한 소득세 감면 : 해당 소득에 대한 산출세액의 70%, 90%
◆ 성과공유 중소기업의 경영성과급에 대한 산출세액의 50%
◆ 중소·중견기업 핵심인력 성과보상기금에 대한 산출세액의 30%, 50%, 90%

결정세액 ── (-) 기납부세액

납부(환급)세액

02

Expert Opinion Summary

원천징수 실무에서 가장 중요한 서식은 이번 달에 발생된 원천징수의 대상소득·인원수·소득금액·원천징수세액을 기재하여 다음 달 10일에 국세청에 전자신고로 제출하는 원천징수이행상황신고서입니다.

이 서식 역시 당연하게 전산 Program을 이용하여 작성하여야 하며 한 달에 한 장씩 작성되니 1년에 총 12장이 작성되고 국세청에 전자신고로 제출됩니다.

그러므로 이행상황신고서 12장의 합계내용은 당연히 지급명세서 제출건별합계금액과 일치하여야 하고 이는 국세청에서도 자동적으로 확인하여 차이 발생 시 이를 해당 회사에 통보하며(이를 불명자료라 함) 회사는 이에 대한 소명절차를 이행하셔야 합니다.

1. 근로소득

(1) 이행상황신고서상 내용

① 해당연도 1월~12월분 간이세액 A01란의 합계

가. ④ 인원 : 매월 근로소득을 지급받는 자의 12개월 합계이므로 지급명세서와 check시는 의미가 없는 숫자임

나. ⑤ 총지급액 : 매월 근로소득을 지급받는 자의 과세대상 총급여액과 비과세 근로소득 중 지급명세서 기재대상 비과세소득의 1년치 합계액임

② 해당연도 1월~12월분 중도퇴사 A02란의 합계

가. ④ 인원 : 해당월에 퇴사하여 연말정산 대상인원수

나. ⑤ 총지급액 : ④ 인원에 대한 퇴사월까지의 총급여액과 비과세 근로소득 중 지급명세서 기재대상 비과세 근로소득의 합계액

③ 다음 연도 2월분 연말정산 A04란의 합계

가. ④ 인원 : 해당연도 12.31. 현재 계속 근무하여 2월 연말정산 대상인원수

나. ⑤ 총지급액 : ④ 인원에 대한 총급여액과 비과세 근로소득 중 지급명세서 기재대상 비과세 근로소득의 합계액

(2) 근로소득 원천징수영수증(지급명세서)상 내용

① 지급명세서 전자신고

다음 연도 3.10.까지 연말정산을 마감하여 전자신고하며 중도퇴사자에 대한 지급명세서도 함께 제출

② 총급여액(㉑=⑯)

지급명세서상 ⑬, ⑭, ⑮, ⑮-1, 2, 3, 4의 합계액인 ⑯은 과세대상급여인 총급여액을 의미함

③ 비과세 근로소득(⑳)

비과세 근로소득 중 지급명세서에 기재하여야 하는 것은 ⑱, ⑱-1~39(이 중 감면세액에 해당하는 ⑱-12, 26~28, 32~39는 제외), ⑲의 합계액인 ⑳임

(3) 검증방법

① 인원수

이행상황신고서상 1월~12월분 A02 ④ 합계＋내년도 이행상황신고서상 2월분 A04 ④＝3.10. 근로소득지급명세서 제출건수

② 금액

이행상황신고서상 1월~12월분 A01 ⑤ 합계

=이행상황신고서상 1월~12월분 A02 ⑤ 합계+내년도 이행상황신고서상 2월분 A04 ⑤=3.10. 근로소득지급명세서 제출건수의 ⑯+⑳

② 차이금액의 소명

차이금액의 발생요인은 주로 매월 근로소득지급 시 A01란에 기재를 누락하고 세액을 납부하지 않은 금액에 대해 연말정산 시는 이를 포함하여 연말정산이 이루어지는 경우, 전근무지가 있는 경우 및 연말정산 시 인정상여 등을 급여대장에 미포함금액을 연말정산 시 총급여액에 합산하여 신고하는 경우 등에서 발생하므로 차이금액에 대한 분명한 내용을 미리 파악·관리하여야 한다.

2. 퇴직소득의 검증방법

① 인원수

이행상황신고서상 1월~12월분 A20 ④ 합계

=3.10. 퇴직소득지급명세서 제출건수

② 금액

이행상황신고서상 1월~12월분 A20 ⑤ 합계=⑭(퇴직급여액)+⑮(비과세소득)

3. 사업소득 등 검증방법

상기 '2. 퇴직소득의 검증방법'과 동일함

02

Ⅱ 기본공제

1. 의의

소득세법에서는 근로자 본인 및 부양하고 있는 가족 중 다음 요건에 해당하는 인원에 대해서는 기본적으로 1인당 연 150만원을 소득공제하고 있다(소법 §50 · §53). 이를 '기본공제'라 한다(소법 §50 ②).

관계요건	소득요건	나이요건(장애인 제외)	생계요건
본 인	없음	없음	없음
배우자	연 소득금액 100만원 이하 (총급여액	없음	없음
본인 또는 배우자의 직계존속		만 60세 이상 (1963.12.31. 이전)	1. 주민등록표상 동거+현실적으로 생계를 같이함 2. 주거형편에 따라 별거 인정 3. 일시퇴거 인정

관계요건	소득요건	나이요건(장애인 제외)	생계요건
직계비속*	500만원 이하의 근로소득만 있는 경우 포함)	만 20세 이하 (2003.1.1. 이후)	없음
동거입양자*			
본인 또는 배우자의 형제자매		만 60세 이상 만 20세 이하	1. 주민등록표상 동거 + 현실적으로 생계를 같이함 2. 일시퇴거 인정
국민기초 생활보장법상 수급자		없음	
아동복지법상 위탁아동		없음	없음

* 기본공제대상자인 직계비속 · 동거입양자와 그 배우자가 모두 장애인인 경우 배우자도 기본공제대상자에 포함한다.

2. 공제요건 검토

(1) 판정시기

기본공제요건 해당 여부 판정은 다음 시기를 기준으로 한다(소법 §53 ④).

구 분	판정시기
원 칙	12.31.(과세기간 종료일)
12.31. 전에 사망 또는 장애가 치유된 자	사망일 전일 또는 치유일 전일

(2) 관계요건

기본공제대상자의 첫번째 기준은 관계요건으로서 다음과 같다.

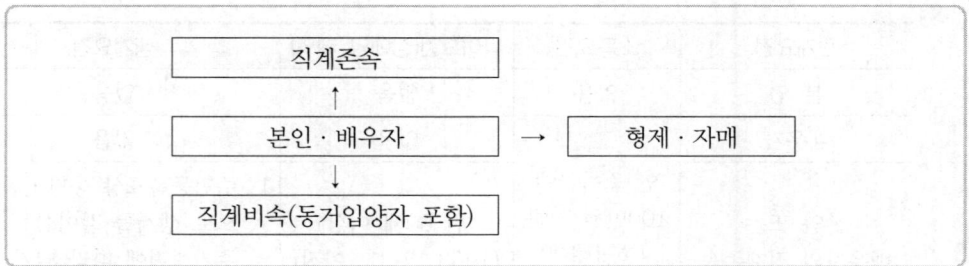

본인과 배우자는 한 사람으로 본다. 따라서 본인뿐 아니라 배우자의 직계존·비속 및 형제·자매도 관계요건에 포함된다.

또한 직계비속(동거입양자 포함) 및 형제·자매도 관계요건에 포함되어 있지 않음에 유의해야 한다. 그러나 직계비속(동거입양자 포함)과 그 배우자가 모두 장애인인 경우 예외적으로 그 배우자도 관계요건에 포함한다.

✎ 국민기초생활보장법에 따른 급여를 받는 수급자 및 위탁아동도 예외적으로 관계요건에 포함된다.

(3) 소득요건

관계요건을 충족하더라도 본인을 제외한 나머지 배우자와 부양가족은 '연소득금액이 100만원 이하'여야 한다(소법 §50 ①). 이때 '소득금액'은 '모든 개인소득금액'을 의미한다. 즉 소득세법상 개인소득으로 열거되어 있는 다음 8가지 소득금액을 모두 합한 금액으로 한다(법인 46013-371, 2001.2.16.).

1. 이자소득금액	4. 근로소득금액	7. 퇴직소득금액
2. 배당소득금액	5. 연금소득금액	8. 양도소득금액
3. 사업소득금액	6. 기타소득금액	

소득금액은 일반적으로 다음과 같은 산식에 의해 산출된 금액으로 한다(소법 §14, 서일 -186, 2006.2.10.).

$$\text{소득금액} = \text{총수입금액} - \text{필요경비} = \text{소득총액} - \text{비과세소득}^{*1} - \text{분리과세소득}^{*2} - \text{필요경비}^{*3}$$

*1 비과세소득(소법 §14 ①·③, §12, 조특법)

1. 공익신탁법에 따른 공익신탁의 이익
2. 다음의 비과세 사업소득
   (1) 논·밭을 작물생산에 이용하게 함으로써 발생하는 소득
   (2) 1개의 주택을 소유하는 자의 주택임대소득(고가주택 및 국외소재 주택 제외)
   (3) 법소정 규모 축산에서 발생하는 소득과 축산 외 연 3,000만원 이하인 소득
   (4) 법소정 전통주의 제조에서 발생하는 연 1,200만원 이하인 소득
   (5) 조림기간 5년 이상인 임지의 임목의 벌채 또는 양도로 발생하는 소득으로서 연 600만원 이하의 금액
   (6) 작물재배업에서 발생하는 소득으로서 해당 과세기간이 수입금액의 합계액이 10억원 이하인 소득(2015.1.1. 이후부터 적용)
3. 비과세 근로소득 및 퇴직소득

467

4. 비과세 연금소득
5. 비과세 기타소득(이상 소법 §12)
6. 개인연금저축을 연금으로 수령하는 경우 해당 저축에서 발생한 소득(구조특법 §86)
7. 벤처기업 주식매수선택권 행사이익 중 5,000만원 이내의 금액(조특법 §16의 2)
8. 장기주택마련저축의 이자소득·배당소득(조특법 §87 ①)
9. 청년우대형 주택청약종합저축의 이자소득(조특법 §87 ③)
10. 농어민의 농어가목돈마련저축의 이자소득과 저축장려금(조특법 §87의 2)
11. 노인·장애인 등의 생계형저축의 이자소득 또는 배당소득(조특법 §88의 2)
12. 우리사주조합원 과세인출주식(2년 이상 보유)에 대한 인출금 중 법소정 금액(조특법 §88의 4)
13. 재형저축의 이자소득·배당소득(조특법 §91의 14)
14. 법소정 개인종합자산관리계좌의 이자소득·배당소득(조특법 §91의 18)
15. 장병내일준비적금의 이자소득(조특법 §91의 19)
16. 청년희망적금의 이자소득(조특법 §91의 21)
17. 청년도약계좌의 이자소득(조특법 §91의 22)

*2 분리과세소득(완납적 원천징수)은 원천징수에 의해 납세의무가 종결되는 소득을 말한다.

1. 다음의 근로소득
   (1) 일용근로자의 급여액(6% 원천징수)
   (2) 단일세율 과세특례가 적용되는 외국인근로자 근로소득(19% 원천징수)
2. 다음의 이자소득 및 배당소득
   (1) 분리과세를 신청한 장기채권의 이자소득(30% 원천징수)
   (2) 법원에 납부한 보증금 및 경락대금에서 발생하는 이자소득(14% 원천징수)
   (3) 비실명이자소득 및 배당소득(42% 또는 90% 원천징수)
   (4) 직장공제회초과반환금(연분연승법에 따른 기본세율 원천징수)
   (5) 법인으로 보는 단체 외의 단체 중 수익을 구성원에게 배분하지 아니하는 단체로서 단체명을 표기하여 금융거래를 하는 단체가 금융회사 등으로부터 받는 이자소득 및 배당소득(14% 원천징수)
   (6) 조세특례제한법에 의하여 분리과세되는 다음 소득
       ① 부동산집합투자기구 등 집합투자증권의 배당소득(5% 원천징수)
       ② 해외자원개발투자회사 등의 주식의 배당소득(9% 원천징수)
       ③ 고위험고수익투자신탁의 이자소득·배당소득
       ④ 법소정 개인종합자산관리계좌의 이자소득·배당소득(9% 원천징수)
       ⑤ 공모부동산집합투자기구의 집합투자증권의 배당소득(9% 원천징수)
       ⑥ 특정사회기반시설 집합투자기구의 배당소득(9% 원천징수)
   (7) 상기 외 이자소득과 배당소득(출자공동사업에 따른 분배액 제외)의 합계금액이 2천만원 이하인 경우(원천징수된 경우에 한함)
3. 다음의 기타소득
   (1) 원천징수된 기타소득금액이 연 300만원 이하인 경우로서 분리과세를 선택한 경우(20% 원천징수)
   (2) 무조건 분리과세되는 다음 기타소득
       ① 복권 및 복권기금법에 따른 복권당첨금[20%(3억원 초과 30%) 원천징수]
       ② 승마투표권(경마), 승자투표권(경정, 경륜), 소싸움경기투표권, 체육진흥투표권의 환급금
       ③ 슬롯머신 및 투전기 등의 당첨금품
       ④ 연금저축계좌에서 연금외수령하는 경우(15% 원천징수)
           가. 연금계좌세액공제를 받은 금액

　　　　　나. 연금계좌의 운용실적에 따라 증가된 금액
　　　　⑤ 서화·골동품의 양도로 발생하는 소득
　　4. 다음의 연금소득
　　　　① 의료비목적 및 사망 등 부득이한 사유로 연금외수령하는 경우(3~5% 원천징수)
　　　　② 공적연금소득을 제외한 총연금액이 1,200만원 이하인 경우로서 분리과세를 선택한 경우(3~5% 원천징수) 및 1,200만원 초과 시 분리과세를 선택한 경우(15% 원천징수)
　　　　③ 퇴직소득세 과세이연규정에 따라 원천징수되지 아니한 퇴직소득을 연금수령하는 연금소득(연금외수령하는 경우 원천징수세액의 60% 또는 70%)

*3 필요경비
필요경비는 총수입금액에 대응하는 비용으로 일반적으로 용인되는 통상적인 것의 합계액을 말한다. 각 소득금액별 필요경비의 범위는 다음과 같다.

구 분	필요경비
이자소득·배당소득·퇴직소득	없음
사업소득·기타소득	총수입금액에 대응하는 비용(소법 §27·§37, 소령 §55·§87)
근로소득	근로소득공제액(소법 §47)
연금소득	연금소득공제액(소법 §47의 2)
양도소득	취득금액(기준시가), 자본적지출액 및 양도비 등(소법 §97)

결론적으로 상기 산식에 의해 산출된 8가지 소득금액의 합계액이 100만원 이하인 경우(총급여액 500만원 이하의 근로소득만 있는 경우 포함)에만 기본공제대상자가 될 수 있다.

① 이자소득금액 · 배당소득금액

현행 소득세법상 이자소득과 배당소득은 필요경비를 인정하고 있지 않기 때문에 이자소득 및 배당소득이 곧 이자소득금액 및 배당소득금액이 된다.

그러나 비과세 또는 분리과세대상(ex. 2,000만원 이하의 금융소득 분리과세)인 이자소득 및 배당소득은 소득금액이 없는 것이 되므로 소득요건에 포함한다.

② 근로소득금액

일반근로자의 경우 다음의 어느 하나에 해당하는 경우 소득요건을 충족한다.

　㉠ 근로소득금액(근로소득금액＝총급여－근로소득공제)이 100만원 이하

　㉡ 근로소득만 있는 경우로서 총급여액 500만원 이하(근로소득금액이 150만원 이하)

일용근로자의 경우 분리과세대상으로서 상기 '①'에서 언급한 바와 같이 근로소득금액이 없는 것으로 본다.

③ 연금소득금액

(연금소득금액＝연금소득－연금소득공제액)으로서 (연금소득＝총수령액－2001.12.31.

이전 납입분* – 비과세 연금소득)이다. 또한 연금소득이 연 1,200만원 이하인 경우 분리과세(3~5%)를 신청한 경우 및 연 1,200만원 초과 시 분리과세(15%)를 신청할 수 있는 바, 분리과세를 신청한 연금소득 역시 소득금액이 없는 것으로 보아 소득요건에 포함한다.

> *2001.12.31. 이전 납입분만으로 연금을 수령하는 경우에는 연금소득이 발생하지 않는다. '연금소득에 대한 원천징수'에 자세한 내용을 참조한다.

④ 퇴직소득금액

(퇴직소득금액＝퇴직소득 – 비과세퇴직소득)이므로 비과세퇴직소득이 없는 경우는 (퇴직소득금액＝퇴직소득)이며, 이 경우 퇴직소득(퇴직급여총액)이 퇴직소득금액이 된다.

⑤ 양도소득금액

(양도소득금액＝양도가액 – 취득가액 – 기타필요경비 – 장기보유특별공제)인바, 양도소득금액이 100만원이 넘는 경우 소득요건을 충족하지 못한다. 양도소득의 과세대상은 부동산 등으로 금액이 적지 않는 점을 고려한다면, 관계요건 대상자가 해당 연도에 부동산 등을 양도한 사실을 누락없이 확인하는 것 자체가 중요하다 할 것이다. 예를 들어 전년도에 농사일을 하는 부모님에 대한 소득공제를 계속 받아오던 중 부모님이 경작 중인 논밭을 매각함에 따라 일시적으로 양도소득이 발생하여 양도소득금액이 100만원을 초과하였는데 이에 대한 사실을 누락하여 전년과 동일하게 소득공제를 받는 오류를 범하게 된다.

Approach to Field Work **기본공제대상자의 소득금액 확인의무**

1. 연말정산 시 근로소득자의 기본공제대상자에 해당되기 위한 소득요건은 연간 소득금액이 100만원(근로소득만 있는 경우에는 근로소득금액 150만원) 이하여야 한다는 요건입니다. 연말정산의무자인 회사는 근로소득자가 신고하는 기본공제대상자의 소득금액을 확인할 수 있는 방법이 없으므로 근로소득자의 요구대로 기본공제를 적용하여 연말정산을 마감하고 추후 과세관청의 소명요구에 따라 소득금액요건이 구비되지 않는 경우에 해당하면 회사 또는 근로소득자가 수정신고를 하여야 합니다.

2. 배우자나 직계존속이 사업소득인 경우 사업소득에 대한 종합소득세는 5월에 신고하고 연말정산 시 기본공제신청은 1월에 이루어지므로 사업실적에 따른 결손이 발생할 것으로 판단되는 경우에는 연말정산 시 기본공제를 신청하지 말고 추후 5월에 종합소득세신고 시 결손이 확정되면 근로소득자가 경정청구로 환급을 신청하시는 것이 타당합니다.

3. 연간 소득금액은 이자·배당·사업·근로·연금·기타·퇴직·양도소득금액의 합계액으로 판단하는 것이므로 다른 소득없이 부동산 또는 비상장주식의 양도로 양도소득금액(양도가액 – 취득가액 등)이 100만원 초과 시는 공제대상에서 제외됩니다.

4. 연간 소득금액계산 시 분리과세소득(원천징수로 납세의무가 종결되는 것)이 소득금액 계산 시 합산되지 않음에 유의하시고 본 교재에서 설명하고 있는 분리과세소득에 대한 내용을 잘 숙지하시어 근로소득자의 질의가 있는 경우에 설명을 하여 주시기 바랍니다.

(4) 나이요건

나이요건은 본인 및 배우자를 제외한 나머지 부양가족에게만 적용되며, 만 20세 이하 (위탁아동은 18세 미만)이거나, 만 60세 이상이어야 한다(소법 §50 ①).

나이요건 판단 시 주의할 점은 다음과 같다.

① 장애인과 수급자는 나이요건을 적용받지 않는다(소법 §50 ①).

② 나이 판단 시 해당 과세기간의 과세기간 중에 해당 나이에 해당되는 날이 있는 경우 에는 공제대상자가 된다(소법 §53 ⑤). 예를 들어 직계비속이 12.31. 현재 만 20세 3개월 5일이 된 경우에도 해당 연도 중 만 20세 이하인 날이 있었으므로 기본공제 대상자가 될 수 있다.

(5) 생계요건

생계요건은 본인, 배우자, 직계비속 및 입양자를 제외한 나머지 부양가족에게 적용되 며, 거주자 본인과 주민등록표상 동거가족으로서 현실적으로 생계를 같이하여야 한다 (소법 §50 ① · §53 ①). 여기서 '현실적으로 생계를 같이한다'는 것은 거주자가 실제로 부양하고 있는 것을 의미한다. 다만, 다음과 같은 경우에는 주민등록표상 동거가족이 아니더라도 실제 부양하는 경우 생계요건을 충족한 것으로 본다.

① 주거형편상 별거

거주자의 부양가족 중 직계존속(배우자의 직계존속 포함)이 주거의 형편에 따라 별거하 고 있는 경우 생계를 같이하는 자로 본다(소법 §53 ③). 이때 '주거의 형편에 따라 별거 하고 있는 경우'란 거주자가 결혼으로 인한 분가 또는 취업 등으로 인하여 직계존속과 주민등록표상 동일한 주소에서 생계를 함께 하고 있지 아니하나 직계존속이 독립된 생 계능력이 없어 당해 거주자가 실제로 부양하고 있는 경우를 말하며(법인 46013−4386, 1999.12.22.), 이를 입증할 수 있는 서류 등을 원천징수의무자에게 제출하여야 한다(법 인 46013−1053, 1999.3.23.).

② 일시퇴거

거주자 또는 동거가족(배우자, 직계비속 및 입양자 제외)이 취학, 질병의 요양, 근무상 또는 사업상의 형편으로 본래의 주소 또는 거소를 일시퇴거한 경우 생계요건을 충족하는 것으로 본다(소법 §53 ②, 소령 §114 ①). 즉 '일시퇴거'는 거주자의 본 주소지에서 상기 사유로 당해 거주자 또는 동거가족이 주민등록을 일시적으로 옮긴 경우를 말하며, 이를 입증할 수 있는 서류를 원천징수의무자에게 제출하여야 한다(소령 §114 ②, 서이 46013-10021, 2002.1.4.). 따라서 취학이나 근무상의 형편이 아닌 결혼 등의 사유로 퇴거하거나, 거주자와 본 주소지에서 동거한 적이 없는 경우 일시퇴거에 해당되지 않으므로 기본공제대상자가 될 수 없다. 또한 상기 '①'의 직계존속의 주거형편상 별거는 일시퇴거로 보지 않는다(법인 46013-3579, 1996.12.21.).

> **Approach to Field Work** 생계요건의 의미
>
> 연말정산 시 기본공제적용대상자 판정시 직계존속 · 형제자매 · 수급자에 대하여는 생계요건이 구비되어야 기본공제대상자에 해당됩니다.
>
> 1. **직계존속에 대한 검토**
>   ① 이는 12.31. 현재 근로소득자와 주민등록이 함께 되어 있어 같은 주거공간에서 생활하며 근로소득자의 소득으로 생활하는 것을 의미합니다. 이때 주거형편상 근로소득자와 주민등록이 함께 되어 있지 않은 경우에도 직계존속이 독립된 생계능력이 없어 근로소득자가 실제로 부양하고 있는 경우에는 생계요건을 구비한 것으로 봅니다. 그러므로 직계존속(근로소득자 및 배우자의 부 · 모 · 조부 · 조모)에 대하여는 주민등록여부가 아닌 생활의 근거가 되는 자금을 근로소득자가 부담하였는가로 판단하며 직계존속의 재산상태 등을 함께 판단근거로 하여야 하는 사실판단의 문제입니다.
>   ② 그러나 실무상 근로소득자가 실지로 생활비를 부담하고 있는지 직계존속의 재산상태가 어떠한지에 대해 회사는 이를 파악할 수 없으므로 근로소득자의 신청에 따라 소득과 나이 요건 구비시는 직계비속 중 1인이 직계존속에 대한 기본공제를 받고 있는 상황입니다.
>   ③ 그러므로 직계존속과 함께 주민등록이 되어 있는 거주자가 아닌 다른 직계비속이 생계요건을 주장하여 직계존속에 대한 공제를 받을 수 있습니다.
>
> 2. **형제자매에 대한 검토**
>   상기 '1.'과 달리 형제자매에 대한 기본공제를 적용받기 위해서는 주거형편에 따른 별거를 인정하지 않으므로 반드시 12.31. 현재 근로소득자와 주민등록이 함께 되어 있거나 별지 제39호 서식 「일시퇴거자동거가족상황표」 제출에 의한 일시퇴거가 인정되어야만 기본공제대상자에 해당됩니다.

3. 부양가족이 2인 이상 거주자의 공제대상자에 해당하는 경우 등

(1) 원칙

거주자의 인적공제대상자가 동시에 다른 거주자의 공제대상가족에 해당되는 경우에는 해당 과세기간의 근로소득자 소득 · 세액공제신고서에 기재된 바에 따라 그중 1인의 공제대상가족으로 한다(소령 §106 ①).

(2) 적용순서

둘 이상의 거주자가 공제대상가족을 서로 자기의 공제대상가족으로 하여 신고서에 적은 경우 또는 누구의 공제대상가족으로 할 것인가를 알 수 없는 경우에는 다음의 기준에 따른다(소령 §106 ②).

① 거주자의 공제대상배우자가 다른 거주자의 공제대상부양가족에 해당하는 때에는 공제대상배우자로 한다.

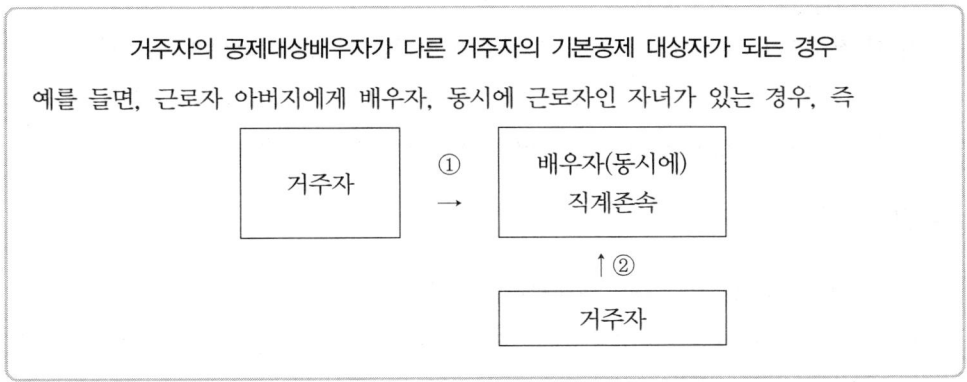

이러한 경우 배우자공제(상기의 '①')를 우선 적용하여야 한다. 배우자공제는 소득요건과 나이요건만 충족하면 되므로 생계요건은 적용받지 않는다(소법 §50 ① 2호).

② 거주자의 공제대상부양가족이 다른 거주자의 공제대상부양가족에 해당하는 때에는 직전 과세기간에 부양가족으로 인적공제를 받은 거주자의 공제대상부양가족으로 한다. 다만, 직전 과세기간에 부양가족으로 인적공제를 받은 사실이 없는 때에는 해당 과세기간의 종합소득금액이 가장 많은 거주자의 공제대상부양가족으로 한다.

③ 거주자의 추가공제대상자가 다른 거주자의 추가공제대상자에 해당하는 때에는 '①' 및 '②'의 규정에 의하여 기본공제를 하는 거주자의 추가공제대상자로 한다.

(3) 상속, 이민 등

해당 과세기간의 중도에 사망하였거나 외국에서 영주하기 위하여 출국한 거주자의 공제대상가족으로서 상속인 등 다른 거주자의 공제대상가족에 해당하는 사람에 대해서는 피상속인 또는 출국한 거주자의 공제대상가족으로 한다. 이 경우 피상속인 또는 출국한 거주자에 대한 인적공제액이 소득금액을 초과하는 경우에는 그 초과하는 부분은 상속인 또는 다른 거주자의 해당 과세기간의 소득금액에서 공제할 수 있다(소령 §106 ③·④).

4. 공제대상자별 기본공제

(1) 본인

거주자 본인은 별도요건 없이 150만원 기본공제된다(소법 §50 ① 1호).

(2) 배우자

당해 거주자의 배우자가 모든 소득금액이 100만원 이하인 경우(총급여액 500만원 이하의 근로소득만 있는 경우 포함) 당해 배우자에 대해 150만원 기본공제받을 수 있다(소법 §50 ① 2호). 이하 배우자기본공제에 있어 유의할 점에 대해 살펴보자.

1) 관계요건

기본공제를 적용받을 수 있는 배우자의 범위는 다음과 같다.
① 12.31. 현재 배우자가 법률혼(사실혼 제외)관계이어야 한다(서이 46013-12014, 2003. 11.24.). 따라서 연도 중 이혼한 배우자 또는 사실혼관계인 배우자는 공제대상에 포함되지 않는다.
② 법률혼관계 배우자가 해당 연도 중 사망한 경우 사망일 전일 상황에 의하므로 해당 연도까지 공제대상이 된다.

2) 소득요건

12.31.(사망자는 사망일) 현재 배우자의 모든 소득금액의 합계액이 100만원 이하(총급여액 500만원 이하의 근로소득만 있는 경우 포함)이어야 한다.

3) 나이요건

배우자는 나이요건을 적용받지 않는다.

4) 생계요건

배우자는 생계요건을 적용받지 않는다. 따라서 외국에 거주하고 있는 배우자도 공제가 능하다.

5) 공제적용자

거주자는 당해 거주자와 동거 여부에 불문하고 배우자공제를 받아야 한다(서일-1197, 2005.10.6.). 즉 배우자공제가 부양가족공제보다 우선 적용된다.

(3) 직계존속

거주자의 직계존속(배우자의 직계존속 포함)으로서 소득요건, 연령요건, 생계요건을 모두 충족하는 경우 당해 직계존속 1인당 연 150만원 기본공제를 받을 수 있다(소법 §50 ① 3호 가목).

1) 관계요건

직계존속의 범위는 다음과 같다.

① 직계존속은 조상으로부터 자기에 이르기까지 직계로 이어 내려온 혈족을 말한다. 즉 부모, (외)조부모, (외)증조부모, (외)고조부모 등이 모두 포함된다.

② 배우자의 직계존속도 포함된다(소법 §50 ① 3호). 즉 장인, 장모, 시부모, 시조부모도 포함된다.

③ 거주자의 직계존속과 혼인(사실혼을 제외) 중임이 증명되는 사람 및 거주자의 직계존속이 사망한 경우에는 해당 직계존속의 사망일 전날에 혼인(사실혼은 제외) 중임이 증명되는 사람도 포함된다(소법 §50 ① 3호, 소령 §106 ⑤). 즉 직계존속이 이혼하여 모두 재혼한 경우 친부모 2명과 당해 친부모의 배우자 2명을 합하여 모두 4명이 직계존속에 해당된다.

소득세법 제50조, 제51조 및 제59조의 2에 따른 공제대상 배우자, 공제대상 부양가족, 공제대상 장애인 또는 공제대상 경로우대자에 해당하는지 여부의 판정 시, 과세기간 종료일 전(1월 1일을 포함)에 사망한 사람 또는 장애가 치유된 사람에

대해서는 사망일 전날 또는 치유일 전날의 상황에 따르는 것이다(서면법령소득
-1643, 2021.10.15.).

④ 거주자가 입양된 경우 양가 또는 생가의 직계존속도 포함된다(소통 50-106 …1 ①
1호). 즉 친부모 2명과 양부모 2명 모두 공제받을 수 있다.

Approach to Field Work   새어머니·새아버지에 대한 기본공제

1. 직계존속 해당 여부

    새어머니·새아버지는 직계존속에 해당하지 않음.

2. 기본공제대상자 여부

    소득세법시행령 제106조 제5항에 따라 다음의 경우 기본공제대상자에 해당

    ① 혼인신고가 되어 있는 경우

       새어머니·새아버지 모두 공제대상임(소득·나이·생계요건 충족 시)

    ② 아버지·어머니 등(직계존속)이 사망한 경우

       혼인신고가 되어 있었던 새어머니·새아버지를 직계존속의 사망 후에도 근로소득자가
       생활비를 부담하여 생계를 유지하는 경우 공제대상임.

3. 근로소득자의 배우자가 사망한 경우

    ① 배우자가 사망일 전일 상황으로 기본공제대상자에 해당 시 사망연도에는 기본공제대상자
       에 해당함.

    ② 사망한 배우자의 직계존속 생활비를 부담하여 생계를 유지하는 경우에는 배우자의 직계
       존속(장인·장모)은 기본공제대상자에 해당함.

    ③ 근로소득자가 재혼한 경우에는 상기 '②'의 직계존속은 공제대상에 해당하지 않음.

---

2) 소득요건

12.31.(사망자는 사망일) 현재 직계존속의 모든 소득금액의 합계액이 100만원 이하(총
급여액 500만원 이하의 근로소득만 있는 경우 포함)이어야 한다.

3) 나이요건

직계존속의 나이요건은 다음과 같다.

① 12.31.(사망자는 사망일 전일) 현재 직계존속의 나이는 다음과 같아야 한다.

직계존속	나　이	출생일
남자	만 60세 이상	1962.12.31. 이전
여자	만 60세 이상	1962.12.31. 이전

② 장애인은 나이요건을 배제한다.

4) 생계요건

직계존속의 생계요건은 다음과 같다.

① 12.31.(사망자는 사망일 전일) 현재 당해 거주자와 주민등록표상 동거가족으로서 현실적으로 생계를 같이(실제로 부양)하여야 한다(소법 §50 ① · §53 ①).

② 거주자가 결혼으로 인한 분가 또는 취업 등으로 인하여 직계존속과 주민등록표상 동일한 주소에서 생계를 함께 하고 있지 아니하나, 직계존속이 독립된 생계능력이 없어 당해 거주자가 실제로 부양하고 있는 경우도 생계요건을 충족한 것으로 본다(소법 §53 ③, 법인 46013-4386, 1999.12.22.). 이때 직계존속이 해외에 거주하는 경우(이민, 영주권 취득)에는 주거형편상 별거로 보지 않음에 유의한다(서일-1360, 2007.10.5.; 소득 2201-459, 1987.2.19.).

Approach to Field Work　국내거주 외국인근로자의 기본공제대상자

1. 국내에는 많은 외국인 근로자가 국내기업 등에 취업하여 근로를 제공하고 있습니다. 이분들은 대부분 소득세법상 거주자에 해당되고 연말정산 대상 근로소득자입니다.

2. 외국인근로자(거주자인 경우)에 대한 연말정산은 내국인근로자와 기본적으로 동일합니다. 외국인 거주자의 직계존속 또는 거주자의 외국인배우자의 직계존속이 해외본국에서 거주하고 있는 경우로서 거주자가 실제 부양하고 있음이 확인되는 경우에는 소득세법 제50조에 따른 기본공제를 적용받을 수 있습니다(소득세제과-84, 2010.2.10.).

3. 외국인근로자에 대한 기본공제적용 시 배우자 · 직계존비속에 대한 공제대상 여부를 판단할 때 가장 유의하여야 할 것은 배우자 등의 연간소득금액이 100만원 이하인지의 여부입니다. 이분들이 한국에 거주 시는 소득금액을 파악할 수 있으나 외국에 거주 시 해당 외국의 과세관청에서 확인하는 소득금액증명원이 있는 경우에만 기본공제 적용 여부를 판단하셔야 합니다.
   기본공제신청은 1월에 이루어지므로 외국에 거주하는 배우자 등의 연간소득금액을 입증하는 서류를 외국인근로자가 제출할 수 없으므로 2월에 수행되는 연말정산 시는 배우자 등의 기본공제를 적용하지 않고 연말정산을 마무리한 후 추후 소득금액증명원을 해당 국가에서 발부받아 외국인근로자의 거소지 관할 세무서에 경정청구를 하여 소득세를 환급받아야 합니다.

---

(4) 직계비속

거주자의 직계비속으로서 소득요건, 연령요건을 모두 충족하는 경우 당해 직계비속

1인당 연 150만원 기본공제를 받을 수 있다(소법 §50 ① 3호 나목).

1) 관계요건

직계비속의 범위는 다음과 같다.

① 직계비속은 자기로부터 아래로 이어 내려가는 혈족을 말한다. 즉 자녀, (외)손자녀, (외)증손자녀 등이 모두 포함된다.

② 거주자의 배우자가 재혼한 경우로서 당해 배우자가 종전의 배우자와의 혼인(사실혼 제외) 중에 출산한 자도 포함된다(소령 §106 ⑥).

③ 출생신고 안한 자녀도 출생증명서에 의해 공제가능하다.

④ 혼인 외의 자로 입적된 직계비속도 포함된다(소령 §106 ⑥, 소통 50-106…1 ① 2호).

2) 소득요건

12.31.(사망자는 사망일) 현재 직계비속의 모든 소득금액의 합계액이 100만원 이하(총 급여액 500만원 이하의 근로소득만 있는 경우 포함)이어야 한다.

3) 나이요건

직계비속의 나이요건은 다음과 같다.

① 12.31.(사망자는 사망일 전일) 현재 직계비속은 만 20세 이하(2003.1.1. 이후 출생자) 이어야 한다.

② 장애인은 나이요건을 배제한다.

4) 생계요건

직계비속은 생계요건을 적용받지 않는다. 따라서 해외에 유학을 간 직계비속도 공제가 능하다.

(5) 동거입양자

거주자의 동거입양자로서 소득요건 및 나이요건을 충족하는 경우 1인당 150만원 기본 공제를 받을 수 있다(소법 §50 ① 3호 나목).

'동거입양자'란 민법 또는 입양촉진및절차에관한특례법에 따라 입양한 양자 및 사실상 입양상태에 있는 사람으로서 거주자와 생계를 같이하는 사람을 말한다.

'사실상 입양상태에 있는 사람'이란 부양할 다른 직계존속이나 친족 등이 없으며 해당 거주자가 계속적으로 부양할 사람(법인 46013-2511, 1999.7.2.)을 말한다.

(6) 형제자매

거주자의 형제자매로서 소득요건, 나이요건, 생계요건을 모두 충족하는 경우 당해 형제자매 1인당 연 150만원 기본공제를 받을 수 있다(소법 §50 ① 3호 다목).

1) 관계요건

형제자매의 범위는 다음과 같다.
① 배우자의 형제자매도 포함된다(소법 §50 ① 3호 다목). 즉 처남, 처제, 시동생 등도 포함된다.
② 입양된 경우 친가 또는 양가의 형제자매 모두 포함된다(소통 50-106…1 ① 1호).
③ 형제자매의 배우자는 공제대상이 아니다(소통 50-106…1 ②).
④ 해당 연도 중 사망한 형제자매도 해당 연도까지 공제대상이 된다.

2) 소득요건

12.31.(사망자는 사망일) 현재 형제자매의 모든 소득금액의 합계액이 100만원 이하(총급여액 500만원 이하의 근로소득만 있는 경우 포함)이어야 한다.

3) 나이요건

형제자매의 나이요건은 다음과 같다.
① 12.31.(사망자는 사망일 전일) 현재 형제자매의 나이는 다음과 같아야 한다.

나 이	출생일
만 60세 이상	1963.12.31. 이전
만 20세 이하	2003. 1. 1. 이후

② 장애인은 나이요건을 배제한다.

4) 생계요건

12.31.(사망자는 사망일 전일) 현재 당해 거주자와 주민등록표상 동거가족으로서 현실적

으로 생계를 같이하여야 한다. 다만, 거주자 또는 형제자매가 취학, 질병의 요양, 근무상 또는 사업상의 형편으로 본래의 주소 또는 거소를 일시퇴거한 경우 생계요건을 충족하는 것으로 본다.

(7) 위탁아동

소득요건 및 생계요건을 충족한 경우이며, 아동복지법에 따른 가정위탁을 받아 양육하는 만 18세 미만(2006.1.1. 이후 출생) 아동으로서 6개월 이상 직접 양육한 위탁아동(「아동복지법」 제16조 제4항에 따라 보호기간이 연장된 경우로서 20세 이하인 위탁아동을 포함함)은 1인당 연 150만원 기본공제를 받을 수 있다. 단, 직전 과세기간에 소득공제를 받지 못한 경우에는 해당 위탁아동에 대한 직전 과세기간의 위탁기간을 포함하여 계산한다(소법 §50 ① 3호 마목).

(8) 수급자

수급자가 소득요건, 생계요건을 모두 충족하는 경우 당해 수급자 1인당 연 150만원 기본공제를 받을 수 있다(소법 §50 ① 3호 라목).

수급자는 국민기초생활보장법상 보호대상자 중 동법에 의한 급여를 받는 자를 말한다(소령 §106 ⑧, 국민기초생활보장법 §2 2호).

📝 수급권자는 국민기초생활보장법에 따라 급여를 받을 수 있는 자격을 가진 사람을 말한다. 수급권자는 부양의무가 없거나 부양의무자가 있어도 부양능력이 없거나 부양을 받을 수 없는 자로서 소득인정액이 최저생계비 이하인 자로 한다.

5. 제출서류

기본공제를 적용받기 위해서는 소득·세액공제신고서에 다음 서류 등을 제출하여야 한다.

구 분	서류명	발급처
기본★	1. 주민등록표등본 2. 가족관계증명서★ *1	구청, 읍·면·주민센터
수급자★	수급자증명서	구청, 읍·면·주민센터
입양자★ *2	1. 입양사실확인서	구청, 읍·면·주민센터
	2. 입양증명서	입양기관

구 분	서류명	발급처
위탁아동	가정위탁보호확인서★ *3	
일시퇴거자★	일시퇴거자동거가족상황표[별지 제39호 서식]	근로자 작성
	본주소지 및 일시퇴거지의 주민등록표 등본*4,*5	구청, 읍·면·주민센터
	재학증명서	학교의 장
일시퇴거자★	요양증명서	의료기관의 장
	재직증명서	근무처의 장
	사업자등록증 사본*5	일시퇴거자
장애인★ *2	장애인증명서[별지 제38호 서식]	의료기관의 장(한의원 포함)
	장애인증명서·장애인등록증(복지카드) 사본	구청, 읍·면·주민센터
	상이자증명서	국가보훈처

★신규입사자 및 공제대상가족의 변동이 있는 근로자만 제출
*1 주민등록표 등본으로 가족관계가 확인되지 않는 경우에 제출
*2 서식 중 1개만 제출
*3 해당 과세기간 종료일 이후에 발급받은 것. 다만, 해당 과세기간에 가정위탁보호가 종결된 경우 종결일이 명시되어 있어야 함(소칙 §53의 4 3호).
*4 해당 일시퇴거자가 기숙사, 그 밖에 다수인이 동거하는 숙소에 거주하는 때에는 주민등록표 초본으로 갈음가능(소칙 §59)
*5 납세지관할세무서장이 전자정부구현을위한행정업무등의전자화촉진에관한법률 제21조 제1항에 따른 행정정보의 공동이용을 통하여 확인하는 것을 거주자가 거부하거나 근로소득자가 소득공제신고를 하는 경우에만 제출(소령 §114 ③)

6. 과세관청의 부양가족에 대한 정보제공

국세청장은 기본공제대상자로부터 소득공제 증빙서류의 정보제공에 대해서 다음의 방법으로 동의를 받은 경우에는 종합소득이 있는 거주자에게 그 부양가족에 대한 해당 정보를 제공할 수 있다(소법 §165 ⑥).
① 서면에 의한 동의
② 전자서명법 제2조 제3호의 공인전자서명이 있는 전자거래기본법 제2조 제1호의 전자문서에 따른 동의
③ 정보제공자에 대한 보안성 및 안정성이 확보될 수 있는 유무선통신으로서 국세청장이 정하는 것에 따른 동의

소득세법시행규칙 [별지 제39호 서식] (2006.7.5. 개정)

일시퇴거자동거가족상황표

①성　　　　　명		②주 민 등 록 번 호 (납 세 번 호)		-	
③주　　　　　소					

일 시 퇴 거 자	④성　　　　　명		⑤주 민 등 록 번 호		-	
	⑥일시퇴거지주소		⑦소 득 자 와 의 관 계			
	⑧퇴 거 사 유		⑨사 업 자 등 록 번 호			

「소득세법 시행령」 제114조 제2항에 따라 일시퇴거자동거가족상황표를 제출합니다.

　　　　　　　　　　　　년　　　　　월　　　　　일

　　　　　　　　　　　　　　　성명　　　　　　　　　(서명 또는 인)

귀하

구 비 서 류	신청인 제출서류	담당공무원 확인사항 (담당공무원의 확인에 동의하지 아니하는 경우 신청인이 직접 제출하여야 하는 서류)	수수료
	1. 재학증명서 1부(취학의 경우) 2. 요양증명서 1부(요양의 경우) 3. 재직증명서 1부(재직의 경우) 4. 주민등록표 등본 1부(근로소득자가 「소득세법」 제140조(근로소득자의 소득공제신고)에 따라 소득공제신고를 하는 경우에 한합니다)	1. 사업자등록증(사업자의 경우에 한하며, 신청인이 확인에 동의하지 아니하는 경우에는 사업자등록증 사본 1부를 제출하여야 합니다) 2. 본래의 주소지와 일시 퇴거지의 주민등록표 등본(각 1부)	없　음

　본인은 이 건 업무처리와 관련하여 「전자정부 구현을 위한 행정업무 등의 전자화촉진에 관한 법률」 제21조 제1항에 따른 행정정보의 공동이용을 통하여 담당공무원이 위의 담당공무원 확인사항을 확인하는 것에 동의합니다.

　　　　　　　　　　　　　　　신청인　　　　　　　　(서명 또는 인)

210mm×297mm(신문용지 54g/㎡(재활용품))

소득세법시행규칙 [별지 제38호 서식] (2020.3.13. 개정)

장 애 인 증 명 서

1. 증명서 발급기관

① 상 호		②사업자등록번호				-		-			
③ 대표자(성명)											
④ 소 재 지											

2. 소득자 (또는 증명서 발급 요구자)

⑤ 성 명		⑥ 주민등록번호						-			
⑦ 주 소											

3. 장애인

⑧성 명		⑨주민등록번호					-			
⑩ 소득자와의 관계	의	⑪장애예상기간 (또는 장애기간)	[ ] 영구 (. . .부터) [ ] 비영구(. . .부터 . . .까지)							
⑫장애내용	제 호	⑬용 도	소득공제 신청용							

위 사람은 「소득세법」 제51조 제1항 제2호 및 같은 법 시행령 제107조 제1항에 따른 장애인에 해당함(또는 소득공제 받으려는 과세기간 중에 장애인이었으나 치유가 되었음)을 증명합니다.

년 월 일

진 료 자 (서명 또는 인)
발 행 자 (서명 또는 인)

귀 하

작 성 방 법

⑪ 장애예상기간(또는 장애기간)란을 작성할 때 비영구적 장애로서 장애예상기간을 예측하기 어려운 경우에는 소득공제를 받으려는 과세기간의 말일을 장애예상기간의 종료일로 적습니다.
⑫ 장애내용란에는 다음의 해당 번호를 적습니다.
　1. 「장애인복지법」에 따른 장애인 및 「장애아동 복지지원법」에 따른 장애아동 중 발달재활서비스를 지원받고 있는 사람 : 1
　2. 「국가유공자 등 예우 및 지원에 관한 법률」에 따른 상이자 및 이와 유사한 자로서 근로능력이 없는 자 : 2
　3. 그 밖에 항시 치료를 요하는 중증환자 : 3

210mm×297mm[백상지 80g/㎡ 또는 중질지 80g/㎡]

Ⅲ 추가공제

1. 의의

기본공제대상자인 거주자 본인, 배우자 및 부양가족이 다음과 같이 법소정 요건을 충족하면 기본공제 외에 추가로 법소정 금액을 공제해 주는데, 이를 '추가공제'라 한다(소법 §51). 이때 '기본공제대상자'란 앞서 'Ⅱ. 기본공제'에서 언급한 여러 요건을 충족하여 거주자 본인이 기본공제를 받은 자를 의미한다(이하 같음).

추가공제	추가공제요건	1인당 공제금액
경로우대자공제	기본공제대상자가 70세 이상(1953.12.31. 이전 출생)자인 경우	100만원
장애인공제	기본공제대상자가 장애인인 경우	200만원
부녀자공제	당해 거주자 본인(종합소득금액이 3,000만원 이하)이 1. 배우자가 있는 여성인 경우 2. 배우자가 없는 여성으로서 기본공제대상 부양가족이 있는 세대주인 경우	50만원
한부모가족공제	배우자가 없고 기본공제대상자인 자녀가 있는 경우	100만원

추가공제는 상호 중복해서 적용할 수 있다. 즉 경로우대공제를 받으면서 장애인공제를 적용받을 수 있다. 다만, 거주자 본인이 부녀자공제와 한부모가족공제에 모두 해당되는 경우에는 한부모가족공제를 적용한다(소법 §51 ① 단서).

2. 공제방법

(1) 공제요건 판정시기

기본공제와 동일하다.

(2) 공제적용자

거주자의 추가공제대상자가 다른 거주자의 추가공제대상자에 해당하는 때에는 기본공제를 하는 거주자의 추가공제대상자로 한다(소령 §106 ② 3호).

3. 경로우대자공제

기본공제대상자가 70세 이상인 경우 100만원 기본공제에 추가하여 공제받을 수 있다. 다만, 경로우대자공제 적용에 있어 다음 사항에 유의한다.

① 12.31.(사망자는 사망일 전일) 현재 70세 이상이어야 한다.

② 다른 거주자의 기본공제대상자인 경우 경로우대자공제를 적용받을 수 없다.

4. 장애인공제

기본공제대상자인 다음의 장애인에 대해서는 장애인공제 200만원을 공제받을 수 있다.

① 장애인 범위

추가공제에서 장애인은 다음을 말한다(소령 §107 ①, 소통 50-107…1·50-107…2).

> 1. 장애인복지법에 의한 장애인
> 2. 장애아동복지지원법 제2조 제1호 단서에 해당하는 장애아동으로서 동법 제21조에 따른 발달재활서비스지원을 받고 있는 사람
> 3. 국가유공자등예우및지원에관한법률에 의한 상이자
> 4. 국가유공자등예우및지원에관한법률시행령 별표 3에 규정한 상이등급 구분표에 게기하는 상이자와 같은 정도의 신체장애가 있는 사람으로서 근로능력이 없는 사람
> 5. 지병에 의해 평상 시 치료를 요하고 취학·취업이 곤란한 상태에 있는 항시 치료를 요하는 중증환자

> **중점사항**
>
> "장애아동"이란 18세 미만의 사람 중 장애인복지법 제32조에 따라 등록한 장애인을 말한다. 다만, 6세 미만의 아동으로서 장애가 있다고 보건복지부장관이 별도로 인정하는 사람을 포함한다(장애아동복지지원법 §2 1호).
>
> 장애아동은 국가와 지방자치단체로부터 인지, 의사소통, 적응행동, 감각·운동 등의 기능 향상과 행동발달을 위하여 적절한 발달재활서비스를 지원받을 수 있다(장애아동복지지원법 §21 ①).

② 장애인 입증서류

장애인공제를 받기 위해서는 다음과 같은 서류를 제출하여야 한다(소령 §107 ②).

구 분	제출서류	
	원 칙	대체서류
장애인복지법에 의한 장애인으로 등록된 자	장애인 증명서	장애인등록증·장애인수첩 사본 또는 기타 장애사실을 증명할 수 있는 서류
국가유공자등예우및지원에관한법률에 의한 상이자의 증명을 받은 자		상이자증명서 또는 기타 장애사실을 증명할 수 있는 서류
이외 장애인		없음*

* 항시 치료를 요하는 중증환자인 경우 의사 등으로부터 장애인증명서를 교부받아 제출함으로써 장애인임을 입증하여야 한다(서일-848, 2007.6.20.).

5. 부녀자공제

종합소득금액이 3,000만원 이하인 거주자 본인이 다음에 해당하는 경우 부녀자공제 50만원을 공제받을 수 있다.

① 배우자가 있는 경우

배우자가 있는 여성인 경우 세대주 여부, 배우자의 소득 유무, 기본공제대상 부양가족 존재 여부에 관계없이 부녀자공제를 적용받을 수 있다.

② 배우자가 없는 경우

배우자가 없는 여성인 경우에는 반드시 ㉠ 당해 여성이 세대주이고, ㉡ 기본공제대상 부양가족(직계존비속, 형제자매, 입양자, 위탁아동 및 수급자)이 있어야 부녀자공제를 적용받을 수 있다(서일-288, 2007.3.5.).

③ 2014.1.1. 이후 발생하는 소득분부터 해당하는 과세기간에 종합소득과세표준을 계산할 때 합산하는 종합소득금액이 3,000만원 이하인 거주자인 여성만 공제대상이 된다(소법 §51 ① 3호). 따라서 연말정산할 때는 근로소득금액이 3,000만원 이하인 여성에 대해 적용하며, 근로소득 외에 다른 소득이 있어서 5월에 종합소득에 대해 신고하는 경우 근로소득과 다른 소득을 합산한 종합소득금액이 3,000만원 이하여야 한다.

6. 한부모가족공제

배우자가 없고 기본공제대상자인 자녀가 있는 거주자(세대주 여부와 상관없음)에 대하여 연 100만원을 공제받을 수 있다. 단, 부녀자공제와의 중복적용은 배제한다.

Ⅳ 연금보험료공제

1. 의의

종합소득이 있는 거주자로서 다음에 해당하는 연금보험료을 납부한 경우에는 해당 과세기간의 종합소득금액에서 그 과세기간에 납입한 연금보험료을 공제한다(소법 §51의 3 ① · ②).

공적연금 관련법은 국민연금법, 공무원연금법, 군인연금법, 사립학교교직원연금법, 별정우체국법, 국민연금과직역연금의연계에관한법률을 말하며 이에 따른 기여금 또는 개인의 부담금이 연금보험료 공제대상이다.

사용자부담금은 근로소득에 해당하지 않으므로 소득공제 대상에 해당되지 않으며 따라서 연금보험료 공제대상은 상기와 같이 거주자(근로자 등) 본인 부담금이 해당된다.

2. 공제액 및 한도

연간 보험료 등에서 다음 금액을 공제액으로 하며, 연금보험료공제의 합계액이 종합소득금액을 초과하는 경우 그 초과하는 공제액은 이를 없는 것으로 한다(소법 §51의 3 ① · ③).

구 분	공제금액
공적연금 관련법에 따른 기여금 또는 개인의 부담금	납부금액 전액

3. 공제대상

공제대상 연금보험료는 다음과 같다.

(1) 사업장가입자

근로자 임금에서의 원천공제 여부를 기준으로 판단한다(서이 46013－10459, 2003.3. 10.). 다만, 비상근 등 사업장에서 상시근로에 종사할 목적으로 고용되지 아니한 근로 자가 국민연금법의 규정에 의하여 지역가입자로서 국민연금보험료를 납부한 경우에도 공제대상 연금보험료로 본다(서이 46013－10340, 2003.2.17.).

(2) 지역가입자

본인이 전액 연금보험료를 부담하고 있으므로 본인이 국민연금을 납부한 경우에 해당 보험료를 공제대상 연금보험료로 본다(서이 46013-10340, 2003.2.17.).

(3) 두루누리 사회보험사업에 따른 국가지원금

보건복지부고시 제2012－72호(2012.7.1.)로 고시되어 시행 중인 두루누리 사회보험사 업과 관련하여 국민연금법(또는 고용보험법)에 따라 보험료의 일부를 국가가 지원하는 경우 해당 지원금은 소득세 과세대상에도 해당되지 않으며, 따라서 소득공제 또한 적 용받을 수 없다(서면법규－1491, 2012.12.14.).

(4) 기타

① 2002년에 입사한 근로자의 사업장이 2005년 중에 국민연금 가입대상에서 사립학 교 교직원연금 적용대상으로 변경됨으로 인하여 해당 근로자가 사립학교교직원연 금법의 규정에 따라 2002.1.1. 이후분의 개인부담금을 소급하여 납부하는 경우 그 소급개인부담금은 공제대상 연금보험료로 본다(서일－1559, 2005.12.19.).

② 종합소득이 있는 거주자가 사업의 중단이나 실직 등으로 인하여 국민연금법 제77조 의 2 제1항의 규정에 의하여 납부하지 아니한 2001.1.1. 이후분의 국민연금보험료 를 같은법 제77조의 3의 규정에 의하여 추후 납부하는 경우 해당 추납보험료는 소 득공제대상 연금보험료로서 이를 납부한 과세기간의 종합소득금액에서 전액(2001

년분은 50%만) 공제한다(서일-1338, 2006.9.25.; 서일-1418, 2007.10.15.).

③ 퇴직한 공무원이 공무원으로 재임용되어 공무원연금관리공단에 반납하여야 하는 반납금(퇴직당시에 수령한 퇴직급여액과 이자)은 연금보험료 공제대상에 해당하지 않는다(원천-205, 2009.3.16.).

④ 국민연금과 직역연금의 연계에 관한 법률에 따라 공무원연금과 국민연금 연계신청 시 반납하는 반납금 및 이자는 소득세법 제51조의 3 제1항에 따른 연금보험료로 볼 수 없어 연금보험료 공제대상에 해당되지 않는다(사전법령소득-60, 2019.2.15.).

> **저자주 ▼ 특별소득공제 및 특별세액공제**
>
> **1. 의의**
>
> 인적공제와 달리 '특별소득공제 및 특별세액공제'는 근로소득자가 기본공제대상자를 위해 해당 과세기간에 지급한 법소정의 비용에 대해서 소득·세액공제하는 것을 말하며(소법 §52), 이러한 소득·세액공제는 '항목별 특별소득공제, 항목별 특별세액공제 및 표준세액공제'로 구분한다.
>
> 근로소득이 있는 거주자가 기본공제대상자를 위하여 해당 과세기간에 법소정 금액을 지출하고 관련 증빙서류 등을 제출하여 공제신청을 한 경우에는 항목별 공제액의 합계액을 해당 과세기간의 근로소득금액 및 종합소득산출세액에서 공제하는데 이를 '항목별 특별소득공제 또는 항목별 특별세액공제'라 한다.
>
> 항목별 특별소득공제에는 건강보험료 등 공제, 주택임차차입금원리금상환액공제, 장기주택저당차입금이자상환액공제, 기부금이월공제가 있다.
>
> 항목별 특별세액공제에는 보장성 보험료, 의료비, 교육비 및 기부금세액공제가 있다.
>
> 그러나 항목별 특별소득공제, 항목별 특별세액공제 및 월세액 세액공제를 신청하지 않는 경우에는 연 13만원을 세액공제하는데, 이를 '표준세액공제'라고 한다(소법 §59의 4 ⑨). 따라서 특별소득공제액 및 특별세액공제액은 다음과 같다.
>
> | 항목별 특별소득공제 | 항목별 특별세액공제 |
> |---|---|
> | 건강보험료 등 공제, 주택임차차입금원리금상환액공제, 장기주택저당차입금이자상환액공제, 기부금이월공제 | 보장성 보험료, 의료비, 교육비, 기부금세액공제 |
> | 표준세액공제(항목별 특별소득공제, 항목별 특별세액공제 및 월세액 세액공제를 신청을 하지 않는 경우) : 연 13만원을 세액공제 ||
>
> 다만, 해당 과세기간의 합산과세되는 종합소득산출세액이 특별소득공제액에 미달하는 경우에는 그 종합소득산출세액을 공제액으로 한다(소법 §59의 4 ⑨).
>
> **2. 항목별 특별소득공제 및 항목별 특별세액공제**
>
> 항목별 특별소득공제 및 항목별 특별세액공제에는 다음과 같은 것이 있다.

구 분		관련 법령	근로를 제공한 기간 동안 지출한 비용만 공제되는 항목
특별 소득 공제	건강보험료등공제	소법 §52 ①	○
	주택임차차입금원리금상환액공제	소법 §52 ④	○
	장기주택저당차입금이자상환액공제	소법 §52 ⑤	○
특별 세액 공제	보장성 보험료공제	소법 §59의 4 ①	○
	의료비공제	소법 §59의 4 ②	○
	교육비공제	소법 §59의 4 ③	○
	기부금공제	소법 §59의 4 ④, 조특법 §73 · 76 ① · 88의 4 ⑬	×[*]

* 정치자금기부금의 경우 거주자인 사업자는 필요경비(이월결손금이 있는 경우 이를 공제한 후 금액)로 그 외의 경우 세액공제로 공제하고 있다(조특법 §76 ①).

이러한 항목별 공제는 다음과 같은 특징이 있다.

(1) 근로소득자만 공제가능

즉 근로를 제공한 기간(휴직기간 포함) 동안 지출한 비용에 대해서만 공제를 받을 수 있으며, 근로자가 아닌 때에 지출한 비용은 공제될 수 없다. 다만, 기부금공제는 공제대상자가 거주자이므로 근로자가 아닌 때에 지출한 기부금뿐 아니라 사업소득자가 지출한 기부금도 공제대상이 된다(서일-124, 2005.1.27.).

(2) 기본공제대상자를 위해 지출한 비용만 공제가능보험료공제 · 의료비공제 · 교육비공제 등의 경우 근로자가 '기본공제대상자'를 위해 지출한 비용에 대해서 공제가능하다. 이때 '기본공제대상자'는 다음과 같이 판단한다.

구 분	보장성 보험료공제	의료비공제	교육비공제	기부금	신용카드 등
관계요건	적용	적용	적용(직계 존속 제외)	적용	적용(형제자매, 위탁아동 제외)
소득요건	적용	배제	적용	적용	적용
나이요건	적용	배제	배제	적용	배제
생계요건	적용	적용	적용	적용	적용

① 원칙 : 타인의 기본공제대상자를 위해 지출한 보험료 · 의료비 · 교육비는 공제받을 수 없다(재소득-649, 2006.10.24.).

② 예외 : 예외적으로 기본공제대상자가 아닌 배우자(소득요건을 충족하지 못해 기본공제를 받지 못한 배우자)를 위해 지출한 의료비는 공제받을 수 있으며(서일-1752, 2006.12.27.), 과세연도 종료일 이전에 혼인 · 이혼 · 별거 · 취업 등의

사유로 인하여 본인의 기본공제대상자에 해당되지 아니하게 되는 종전의 기본공제대상자(배우자·부양가족·장애인 또는 과세기간종료일 현재 65세 이상인 사람)를 위하여 이미 지급한 금액이 있는 경우에는 그 사유가 발생한 날까지 지급한 금액에 대한 특별세액공제액을 종합소득산출세액에서 공제한다(소법 §59의 4 ⑤).

보험료공제 · 의료비공제 · 교육비공제 적용 여부

보험료·의료비·교육비 지출대상자 요건		본인 공제 적용 여부		
		보험료공제	의료비공제	교육비공제
본인의 기본공제 대상자*	기본요건 모두 충족	○	○	○
	소득요건만 불충족	×	○	×
	나이요건만 불충족	×	○	○
	소득·나이요건만 불충족	×	○	×
타인의 기본공제대상자		×	×	×

* 과세연도 종료일 이전에 혼인·이혼·별거·취업 등의 사유로 인하여 본인의 기본공제대상자가 아닌 종전의 기본공제대상자를 위해 이미 지급한 특별세액공제대상 보험료, 의료비 및 교육비도 포함한다.

(3) 본인부담분에 한하여 공제가능

근로자(기부금은 거주자)가 부담한 비용만 공제가능하다. 따라서 타인이 부담한 비용을 본인이 공제받을 수 없다. 예를 들어 보험료공제에 있어 통상 계약자가 지출자에 해당되므로 계약자가 본인명의가 아닌 경우 당해 보험료는 공제대상이 될 수 없다. 그러나 예외적으로 기본공제대상자를 피보험자로 하고 본인 또는 소득이 없는 가족명의로 계약한 것으로 근로자가 본인이 지출한 보험료는 공제대상 보험료에 포함된다(서일-65, 2006.1.18.). 이는 본인의 기본공제대상자가 계약자이며 피보험자가 기본공제대상자인 보험료는 실질적으로 근로자 본인이 부담하는 것으로 보기 때문이다.

(4) 공제증빙서류

특별소득공제 및 특별세액공제를 적용받기 위해서는 법소정 서류를 제출하여야 한다. 이때 다음의 서류들도 포함된다(소칙 §58 ①·⑤).

1) 인터넷증빙서류

국세청장이 다음 사항을 정하여 고시하는 기준에 해당하는 자로서 국세청장이 지정하는 자가 인터넷을 통하여 발급하는 서류를 말한다(소칙 §58 ④).
① 인터넷증빙서류 신청자 및 발급자의 인적사항의 표기에 관한 사항
② 소득공제 대상금액의 표기에 관한 사항
③ 암호화코드·복사방지마크 등 위조 또는 변조방지장치에 관한 사항
④ 그 밖에 인터넷증빙서류가 갖추어야 할 요건에 관한 사항

2) 국세청 소득·세액공제증빙서류

'국세청 소득·세액공제증빙서류'란 다음에 해당하는 금액에 대한 소득·세액공제증명서류를 발급하는 자가 법소정 자료집중기관에게 제출한 자료를 국세청장

이 제출받아 해당 소득공제내역을 일괄기재하여 발급하는 서류를 말한다(소령 §216의 3, 소칙 §58 ⑤).

① 연금계좌납입액(연금계좌세액공제)

② 일반보장성보험료 및 장애인전용보장성보험료(보험료세액공제)

③ 의료기관에 지급한 비용, 의약품을 구입하고 지급하는 비용 및 노인장기요양 보험법에 따라 실제 지출한 본인일부부담금, 산후조리원 비용, 안경구입비용 (의료비세액공제)

④ 영유아보육법·유아교육법·초등교육법·중등교육법·고등교육법·특별법 에 의한 교육기관(어린이집, 유치원, 학교) 및 직업능력개발훈련시설에 지급 한 교육비 및 학자금대출의 원리금상환에 지출한 교육비(교육비세액공제)

⑤ 주택임차차입금원리금상환액, 장기주택저당차입금이자상환액(주택자금공제)

⑥ 다음의 어느 하나에 해당하는 저축 또는 신탁의 납입액

　가. 개인연금저축 납입액(개인연금저축소득공제)

　나. 소기업·소상공인 공제부금(소기업·소상공인공제부금공제)

　다. 청약저축·주택청약종합저축(주택마련저축소득공제)

　라. 벤처기업투자신탁(투자조합출자 등 소득공제)

　마. 장기집합투자증권저축(장기집합투자증권저축소득공제)

　바. 청년형 장기집합투자증권저축(장기집합투자증권저축소득공제)

⑦ 월세액 중 공공주택사업자에게 지급하는 월세액

⑧ 신용카드 등 사용금액(신용카드 등 사용금액에 따라 소득공제)

⑨ 국민연금법에 따라 납입한 연금보험료

⑩ 국민건강보험법, 노인장기요양보험법 및 고용보험법에 따라 근로자가 부담하는 보험료

⑪ 장애인 증명서류

3. 표준세액공제

근로자가 '특별소득공제(건강보험료 등, 주택임차차입금원리금상환액, 장기주택저당차 입금이자상환액, 기부금[이월분]), 특별세액공제(보장성보험료, 의료비, 교육비, 특례· 일반기부금) 및 월세액 세액공제'를 신청하지 않은 경우 연 13만원을 종합소득산출세액에 서 공제한다(소법 §59의 4 ⑨).

따라서 다음 두 가지 방법에 따라 산출된 결정세액을 비교하여 결정세액이 작은 방법으 로 연말정산한다(국세청 제공 지급명세서 전자제출요령 참조).

(1) 방법 1 - 특별소득공제, 특별세액공제 및 월세액 세액공제를 적용하며, 표준세액공 제를 적용하지 않고 결정세액을 산출하는 방법

(2) 방법 2 - 특별소득공제, 특별세액공제 및 월세액 세액공제를 적용하지 않고, 표준세 액공제를 적용하여 결정세액을 산출하는 방법

이하에서 특별소득공제 중 항목별 공제에 대하여 살펴보기로 한다.

V 보험료공제(건강보험료 등)

1. 의의

다음과 같이 근로소득이 있는 거주자가 해당 과세기간에 지출한 법소정 보험료는 이를
해당 연도의 근로소득금액에서 법소정 금액을 공제한다(소법 §52 ①). 이를 '보험료공제'
라 한다.

공제대상 보험료	보험료공제액
국민건강보험료, 고용보험료, 노인장기요양보험료 근로자부담분	전액

2. 공제액 및 한도

보험료의 처리는 다음과 같다.

구 분	공제 여부
근로자 부담금	전액 보험료 공제
회사 부담금	비과세근로소득으로서 소득공제 대상이 아님

3. 공제대상

(1) 보험료 정산

국민건강보험료는 급여에서 지급한 날이 속하는 과세기간의 소득에서 공제한다(소통
52-0…1). 따라서 국민건강보험료를 다음해 3월에 정산하여 정산차액을 납부하는 경
우 해당 정산차액은 정산한 연도의 국민건강보험료로 본다.
이는 고용보험료도 마찬가지이다(원천-267, 2012.5.15.).

(2) 직장가입자의 건강보험료 추가납입분

2011.12.31. 개정된 국민건강보험법 제69조 제4항 제2호 및 동법 시행령 제41조 제2

항에 따라 근로소득 외 종합소득이 3,400만원을 초과하여 직장가입자인 근로자가 직장보험료 외에 추가부담하는 국민건강보험료(소득월액 보험료)는 소득세법 제52조 제1항 제1호에 따라 근로소득에서 공제한다(서면소득-6216, 2017.1.24.).

(3) 지역가입자로서 납입한 건강보험료

근로자가 근로제공기간 중에 국민건강보험법에 의하여 지역가입자로서 납부한 건강보험료는 납부한 연도의 근로소득세액에 대한 연말정산 시 공제받을 수 있다(원천-290, 2010.4.2.; 서일-468, 2006.4.12.; 서일-476, 2004.3.26.; 서이 46013-10340, 2003. 2.17.). 근로제공기간 외의 기간 중에 납부한 국민건강보험료는 공제대상에 포함되지 않는다(소득세집행기준 39의 4-118의 4-1).

(4) 사용자부담분

본인부담분에 한하므로 국민건강보험법, 고용보험법 또는 노인장기요양보험법에 따라 국가, 지방자치단체 또는 사용자가 부담하는 보험료는 소득공제대상 보험료가 아니며, 비과세근로소득에 해당한다(소법 §12 3호 너목). 본인부담분을 사용자가 지급하여 주는 경우에는 동 보험료상당액은 그 근로자의 급여액에 가산하고 보험료공제를 한다.

(5) 두루누리 사회보험사업에 따른 국가지원금

보건복지부고시 제2012-72호(2012.7.1.)로 고시되어 시행 중인 두루누리 사회보험사업과 관련하여 국민연금법(또는 고용보험법)에 따라 보험료의 일부를 국가가 지원하는 경우 해당 지원금은 소득세 과세대상에도 해당되지 않으며, 따라서 소득공제 또한 적용받을 수 없다(서면법규-1491, 2012.12.14.).

(6) 외국의 건강보험료

국외근로자를 위하여 법인의 비용으로 지급하는 외국의 건강보험료(해당 국가의 의무부담분 포함)는 보험료공제를 적용받을 수 없다(원천-707, 2011.11.2.).

Ⅵ 주택임차차입금 원리금상환액

근로소득이 있는 거주자(일용근로자 제외)가 주택임차와 관련된 차입금이 있어 당해 차입금의 원리금을 상환하는 경우 및 월세지급액은 법소정 요건을 충족하면 당해 금액의 일부를 공제하여 주는 제도이다.

1. 공제대상

주택임차차입금 원리금상환액공제를 적용받기 위한 요건은 다음과 같다(소법 §52 ④, 소령 §112 ①).

(1) 대출기관으로부터 차입한 주택임차차입금 원리금상환액

1. 12.31. 현재 주택을 소유하지 아니한 법소정 세대의 세대주 또는 세대원(법소정 외국인 포함)인 근로자(일용근로자 제외)
2. 법소정 국민주택규모(법소정 오피스텔도 포함)의 주택을 임차(임대차계약증서는 소득공제를 받는 세대주 또는 세대원 명의로 작성해야 함)하기 위하여 금융기관 등(저축가입한 금융기관이 아니어도 됨)에서 차입한 것으로서 다음 요건을 모두 갖춘 차입금을 말한다.
   ① 임대차계약서상 입주일과 주민등록등본상 전입일 중 빠른 일자로부터 전후 3월 이내에 차입한 차입금일 것[*]
   ② 차입금이 금융기관 등에서 임대인의 계좌로 직접 입금될 것

[*] 임대차계약을 연장하거나 갱신하면서 차입하는 경우에는 임대차계약 연장일 또는 갱신일부터 전후 3개월 이내에 차입한 자금을 포함하며, 주택임차차입금의 원리금 상환액에 대한 소득공제를 받고 있던 사람이 다른 주택으로 이주하는 경우에는 이주하기 전 주택의 입주일과 주민등록등본의 전입일(외국인의 경우에는 출입국관리법에 따른 외국인등록표의 체류지등록일 또는 재외동포의출입국과법적지위에관한법률에 따른 국내거소신고증의 거소신고일을 말함) 중 빠른 날부터 전후 3개월 이내에 차입한 자금을 포함한다(소령 §112 ④ 1호 가목 단서).

법소정 세대의 세대주 또는 세대원인 근로자란 근로소득이 있는 거주자(일용근로자 제외)로서 12.31. 현재 주택을 소유하지 아니한 세대의 세대주이어야 하나 당해 세대주가 장기주택저당차입금 이자상환액공제, 청약저축 또는 주택청약종합저축공제를 적용받지 아니한 경우 근로소득이 있는 세대원도 공제대상 근로자에 포함된다(소법 §52 ④).

저자주

주택임차차입금 원리금상환액 대상 외국인*의 범위

공제대상이 되는 외국인이란 다음 각 호의 요건을 모두 갖춘 거주자를 말한다(소령 §112 ⑤).

1. 다음 각 목의 어느 하나에 해당하는 사람일 것
   가. 출입국관리법 제31조에 따라 등록한 외국인
   나. 재외동포의출입국과법적지위에관한법률 제6조에 따라 국내거소신고를 한 외국 국적동포
2. 다음 각 목의 어느 하나에 해당하는 사람이 법 제52조 제4항·제5항 및 조세특례제한법 제87조 제2항에 따른 공제를 받지 않았을 것
   가. 거주자의 배우자
   나. 거주자와 같은 주소 또는 거소에서 생계를 같이 하는 사람으로서 다음의 어느 하나에 해당하는 사람
      1) 거주자의 직계존비속(그 배우자를 포함한다) 및 형제자매
      2) 거주자의 배우자의 직계존비속(그 배우자를 포함한다) 및 형제자매

* 장기주택저당차입금 이자공제 및 월세액 세액공제대상도 동일

중점사항

1. 무주택 세대의 세대주 VS. 무주택 세대주 차이

① 무주택 세대의 세대주 : 세대주를 포함한 세대원 전원이 주택이 없는 경우
② 무주택 세대주 : 세대원의 주택 보유 여부와는 무관하게 세대주가 주택이 없는 경우
이때 '세대'란 거주자와 그 배우자, 거주자와 같은 주소 또는 거소에서 생계를 같이 하는 거주자와 그 배우자의 직계존비속(그 배우자를 포함) 및 형제자매를 모두 포함한 세대를 말한다. 이 경우 거주자와 그 배우자는 생계를 달리하더라도 동일한 세대로 본다.

2. 법소정 국민주택규모의 주택(법소정 오피스텔)

(1) 주택법에 따른 국민주택규모의 주택
   주택법에 따른 국민주택규모의 주택이란 다음 주택을 말하며(주택법 §2 3호), 동법 시행규칙 제2조 제2항 각 호의 면적을 제외한 실제 주거전용 면적을 가지고 판단한다(법규소득 2014-112, 2014.6.2.).
   ① 국민주택기금(주택법 §60)으로부터 자금을 지원받아 건설되거나 개량되는 주택일 것
   ② 주거의 용도로만 쓰이는 면적(이를 "주거전용면적"이라 하며, 주택법 시행규칙 제2조에 따라 산정)이 1호(戶) 또는 1세대당 다음 면적 이하일 것
      가. 서울특별시, 인천광역시 및 경기도를 제외한 도시지역이 아닌 읍 또는 면지역 : 100㎡

　　　　　나. 이외 지역 : 85㎡

　　　(2) 법소정 국민주택규모의 주택(주거에 사용하는 법소정 오피스텔 포함)

　　　　주택법에 따른 국민주택규모의 주택(주거에 사용하는 오피스텔 포함)으로 해당 주택 및 오피스텔에 딸린 토지를 포함하되, 해당 토지가 건물정착면적의 다음 비율을 초과하는 경우 해당 주택 및 오피스텔은 제외한다. 다만, 다가구주택인 경우에는 가구당 전용면적을 기준으로 한다(소법 §52 ④, 소령 §112 ② · ③).

　　　　① 도시지역(국토의계획및이용에관한법률 §6 1호) 안의 토지 : 5배

　　　　② 그 밖의 토지 : 10배

　　　(3) 법소정 오피스텔

　　　　주거에 사용하는 법소정 오피스텔에 대한 주택임차차입금 원리금상환액은 2013.8.13. 이후 최초로 원리금상환액을 지급하는 분부터 적용한다(소법 부칙 §2, 2013.8.13.). 이때 법소정 오피스텔은 주택법시행령 제2조의 2 제4호에 따른 오피스텔을 말한다(소령 §112 ②).

3. 법소정 대출기관

　　주택임차자금의 대출기관은 다음과 같다(소령 §112 ④ 1호, 소령 별표 1의 2).

---

1. 한국은행 · 한국산업은행 · 한국수출입은행 · 중소기업은행 및 은행법에 따른 은행
2. 상호저축은행과 그 중앙회
3. 농업협동조합과 그 중앙회
4. 수산업협동조합과 그 중앙회
5. 신용협동조합과 그 중앙회
6. 새마을금고와 그 연합회
7. 보험회사
8. 체신관서(우체국)
9. 국민주택기금
10. 한국주택금융공사
11. 여신전문금융회사
12. 국가보훈처(2017.1.1. 이후 상환부터 적용)

---

① 임대차계약 외 연장(갱신)

　가. 신규차입

　　2014.2.21. 이후 지급하는 분부터 임대차계약을 연장하거나 갱신하면서 차입하는 경우에는 임대차계약 연장일 또는 갱신일부터 전후 3개월(거주자 차입분은 1개월) 이내에 차입한 자금에 대한 주택임차차입금 원리금상환액도 공제받을 수 있게 되었다(소령 §112 ④, 소령 부칙 §16, 2014.2.21.).

나. 기존임차차입금 대환

무주택 세대의 세대주인 근로자가 대출기관으로부터 주택임차자금을 차입하여 거주하다가 전세재계약 시 대환방식으로 동일한 금액의 주택임차자금을 차입하면서 당초 주택임차자금차입금을 상환하고 대환방식으로 차입한 주택임차자금을 상환하는 경우 주택임차차입금 원리금상환공제를 적용받을 수 없으며, 이는 대환방식으로 주택임차자금을 증액하여 차입하면서 당초 주택임차자금차입금을 상환하는 경우도 마찬가지이다(원천 – 279, 2012.5.18.).

② 다른 주택으로 이사

2014.2.21. 이후 지급하는 분부터 주택임차자금차입금 원리금상환액에 대한 소득공제를 받고 있던 사람이 다른 주택으로 이주하는 경우에는 이주하기 전 주택의 입주일과 주민등록표등본의 전입일(외국인의 경우에는 출입국관리법에 따른 외국인등록표의 체류지등록일 또는 재외동포의출입국과법적지위에관한법률에 따른 국내거소신고증의 거소신고일을 말함, 이하 전입일 등) 중 빠른 날부터 전후 3개월(거주자 차입분은 1개월) 이내에 차입한 자금에 대한 주택임차차입금 원리금상환액도 공제받을 수 있게 되었다(소령 §112 ④).

(2) 대부업 등을 경영하지 아니하는 거주자로부터 차입한 주택임차자금 원리금 상환액

다음 요건을 충족한 경우 공제된다(소법 §52 ④ 2호, 소령 §112 ①∼④, 소칙 §57).

---

1. 과세기간 종료일 현재 주택을 소유하지 아니한 법소정 세대의 세대주 또는 세대원일 것
2. 법소정 국민주택규모의 주택(법소정 오피스텔 포함)을 임차하기 위한 것일 것
3. 해당 과세기간의 총급여액이 5,000만원 이하인 사람이 대부업등의등록및금융이용자보호에관한법률 제2조에 따른 대부업 등을 경영하지 아니하는 거주자로부터 차입한 주택임차자금일 것(요건을 모두 충족해야 함)
   ① 임대차계약증서의 입주일과 주민등록표등본의 전입일 등 중 빠른 날부터 전후 1개월 이내에 차입한 자금일 것[*1]
   ② 연 1.2%[*2]보다 낮은 이자율로 차입한 자금이 아닐 것

[*1] 임대차계약을 연장하거나 갱신하면서 차입하는 경우에는 임대차계약 연장일 또는 갱신일부터 전후 1개월 이내에 차입한 자금을 포함하며, 주택임차자금차입금의 원리금상환액에 대한 소득공제를 받고 있던 사람이 다른 주택으로 이주하는 경우에는 이주하기 전 주택의 입주일과 주민등록등본의 전입일 등 중 빠른 날부터 전후 3개월 이내에 차입한 자금을 포함한다(소령 §112 ④ 2호 가목 단서).
[*2] ∼2012.2.27. 차입한 차입금 : 연 3.7%

2012.2.28.~2013.2.22. 차입한 차입금 : 연 4.0%
2013.2.23.~2014.3.13. 차입한 차입금 : 연 3.4%
2014.3.14.~2015.3.12. 차입한 차입금 : 2.9%
2015.3.13.~2016.3.15. 차입한 차입금 : 2.5%
2016.3.16.~2017.3.9. 차입한 차입금 : 1.8%
2017.3.10.~2018.3.20. 차입한 차입금 : 1.6%
2018.3.21.~2019.3.19. 차입한 차입금 : 1.8%
2019.3.20.~2019.3.12. 차입한 차입금 : 2.1%
2020.3.13.~2021.3.15. 차입한 차입금 : 1.8%
2021.3.16.~2023.3.**. 차입한 차입금 : 1.2%
2023.3.**.~ 차입한 차입금 : 2.9%

(3) 제출서류

구 분	제출서류	비 고
대출기관으로부터 차입한 경우	주택자금상환 등 증명서 [별지 제44호의 3 서식]	인터넷증빙서류 국세청 소득·세액공제증빙서류
	임대차계약서 사본	임대차계약의 연장, 갱신, 이사의 경우 연장, 갱신, 이사 전의 임대차계약서 사본 포함
대부업 등을 경영하지 아니하는 거주자로부터 차입한 경우	주택자금상환 등 증명서 [별지 제44호의 3 서식]	
	임대차계약서 사본	임대차계약의 연장, 갱신, 이사의 경우 연장, 갱신, 이사 전의 임대차계약서 사본 포함
	금전소비대차 계약서 사본	
	원리금 상환증명서류	원금 및 이자를 금전대여자에게 상환하였음을 증명할 수 있는 계좌이체영수증 또는 무통장입금증 등

2. 공제금액

상기 '1.'에 해당하는 경우 다음 금액을 공제액으로 한다(소법 §52 ④·⑤, 조특법 §87 ④).

주택임차차입금 원리금상환액공제액 = Min $\left[\begin{array}{l} \text{주택임차차입금 원리금상환액} \times 40\% \\ +\text{주택청약종합저축납입액(240만원 한도)} \times 40\% \\ 400\text{만원} \end{array}\right.$

> **New Tax**
>
> 주택임차차입금 원리금상환공제액 한도금액을 300만원에서 400만원으로 인상함(2022년분부터 적용)

상기 산식에서 '주택마련저축납입액'은 다음 'Ⅸ. 그 밖의 소득공제 5. 주택마련저축공제'에서 언급하는 저축의 납입액을 의미한다.

Approach to Field Work 원리금상환액공제 적용 사례

1. 12.31. 현재 무주택 세대의 세대주 또는 세대원일 것
   ① 당해 연도 중에는 주택을 보유하였지만 12.31. 현재 무주택인 경우 공제대상에 해당합니다. 그러므로 주택보유분에 대한 이자공제액과 원리금상환액공제가 모두 적용(한도액은 합산하여 계산)됩니다.
   ② 세대원이 공제를 받는 경우에는 해당 세대원의 명의로 차입한 임차차입금만 공제가 가능합니다.
2. 임대차계약 연장(또는 갱신) 시 차입하는 경우도 공제대상에 해당하며 전세계약만료 후 다른 주택으로 전세이전 시 종전 전세주택에 대한 차입금도 계속 공제대상에 해당됩니다.
3. 12.31. 현재 주민등록지가 다른 배우자의 경우
   배우자는 12.31. 현재의 주민등록과 관계없이 무조건 동일세대에 해당되므로 배우자가 12.31. 현재 주택보유 시 거주자 본인은 임차차입금공제를 받을 수 없습니다.
4. 개인(거주자)으로부터 차입한 경우에는 일정이자율 이상으로 차입계약을 체결하여야 하므로 그 자금을 대여한 개인은 이자수령액이 비영업대금의 이익에 해당하여 소득세 신고 · 납부의무가 있음에 유의하여야 합니다.

소득세법시행규칙 [별지 제44호의 3 서식] (2014.3.14. 개정)

주 택 자 금 상 환 등 증 명 서

① 성명				②주민등록번호				
③ 주소								
④ 대출구분	[ ]가 [ ]나 [ ]다 [ ]라 [ ]마 [ ]바 [ ]사			⑤ 저축의 종류	금융기관명			
					상품명			
					가입일			
					계좌번호			
⑥ 주택취득임차일				⑦ 대출일			⑦-1 이자율	

( )년도 주택자금 등 상환 현황

⑧ 월별	⑨ 상환일	⑩ 원금	⑪ 이자	⑫ 계	⑧ 월별	⑨ 상환일	⑩ 원금	⑪ 이자	⑫ 계
1					7				
2					8				
3					9				
4					10				
5					11				
6					12				

⑬ 연간합계액		사용목적	특별소득공제신청용
⑭ 소득공제대상액(⑬×40%)			

「소득세법」제52조 제4항 및 같은 법 시행령 제112조에 따른 주택임차자금 차입금의 원리금 상환액에 대한 특별소득공제를 받기 위하여 같은 법 시행령 제113조 제1항 및 같은 법 시행규칙 제58조 제1항 제4호에 따라 주택자금 상환등증명서를 제출합니다.

년 월 일

제출자
(서명 또는 인)

위와 같이 주택자금에 대한 원리금을 상환하였음을 증명합니다.

년 월 일

(저축취급기관장 등)
(인)

작 성 방 법

1. ④ 대출구분란은 다음에 해당하는 내용에 따라 구분한다.
  가. 1995년 12월 31일 이전 대출자
    해당 주택을 취득·임차 또는 개량하기 위하여 1995년 12월 31일 이전에 대출금을 차입한 경우
  나. 1996년 1월 1일 이후 주택마련저축에 연계한 대출자
    「소득세법 시행령」이 정하는 주택마련저축에 가입하여 해당 주택을 취득·임차하기 위하여 해당 저축의 대출요건에 따라 1996년 1월 1일 이후 대출금을 차입한 경우
  다. 「조세특례제한법」제99조에 따른 양도소득세 감면대상 신축주택을 취득하기 위한 대출자
    신축주택을 1998년 5월 22일부터 1999년 12월 31일까지 취득하기 위하여 대출금을 차입한 경우
  라. 2008년 1월 1일 이후 주택마련저축에 가입한 자가 국민주택규모의 주택을 임차하기 위해 대출기관(「소득세법 시행령」별표 1의 2)으로부터 다음의 요건을 갖춘 주택임차자금을 차입한 경우
    1) 임대차계약서상 입주일과 주민등록본상 전입일 중 빠른 날로부터 전후 3개월 이내에 차입한 자금일 것
    2) 차입금이 금융기관 등에서 임대인의 계좌로 직접 입금될 것
  마. 2010년 1월 1일 이후 국민주택규모의 주택을 임차하기 위해 대출기관(「소득세법 시행령」별표 1의 2)으로부터 "라의 1)·2) 요건"을 충족한 주택임차자금을 차입한 경우(2009.12.31. 이전 대출기관 등으로부터 차입하여 「소득세법」제52조 제4항 제1호에 따른 차입금 원리금 상환액공제를 적용받는 경우 포함)
  바. 2010년 1월 1일 이후 「대부업 등의 등록 및 금융이용자 보호에 관한 법률」제2조에 따른 대부업 등을 경영하지 않는 거주자로부터 차입하여 주택임차자금으로서 다음 각 목의 요건을 모두 갖춘 것
    1) 임대차계약증서의 입주일과 주민등록표 등본의 전입일 중 빠른 날부터 전후 1개월 이내에 차입한 자금일 것
    2) 기획재정부령으로 정한 이자율보다 낮은 이자율로 차입한 자금이 아닐 것
  사. 2014년 1월 1일 이후 국민주택규모의 주택을 임차하기 위해 대출기관(「소득세법 시행령」별표 1의 2)으로부터 "라의 1)·2) 요건"을 충족한 주택임차자금을 차입한 경우에 다음의 경우를 포함
    1) 임대차계약을 연장하거나 갱신하면서 차입하는 경우 임대차계약 연장일 또는 갱신일부터 전후 3개월 이내에 차입한 자금 포함
    2) "마"의 주택임차자금 차입에 대한 소득공제를 받던 사람이 다른 주택으로 이주하는 경우 이주하기 전 주택의 입주일과 주민등록표 등본의 전입일 중 빠른 날부터 전후 3개월 이내에 차입한 자금 포함
2. 「⑤ 저축의 종류」란은 ④ 대출구분 "나", "라"에 해당하는 경우 관련 주택마련저축 명세를 적습니다.
3. 「⑥ 주택취득임차일」란은 ④ 대출구분 "라", "마", "바"에 해당하는 경우 임대차계약서상 입주일과 주민등록본상 전입일 중 빠른 날을 적습니다.
4. 「⑦-1 이자율」란은 ④ 대출구분 "바"에 해당하는 경우 차입 이자율(연으로 환산한 이자율)을 적습니다.

210mm×297mm[백상지 60g/㎡(재활용품)]

Ⅶ 장기주택저당차입금 이자상환액공제

1. 공제대상

장기주택저당차입금 이자상환액공제를 적용받기 위한 공제대상은 다음과 같다(소법 §52 ⑤, 소령 §112).

> 1. 12.31. 현재 법소정 세대의 세대주 또는 세대원(상기 Ⅵ. 1. (1)의 외국인 포함)인 근로자(일용근로자 제외)
> 2. 세대구성원이 보유한 주택을 포함하여 과세기간종료일 현재 2주택 이상을 보유하지 않은 경우
> 3. '1.' 및 '2.'의 무주택 세대주가 취득당시 기준시가가 5억원 이하인 주택을 취득하기 위하여 금융기관 또는 국민주택기금으로부터 차입한 다음 요건을 모두 충족하는 장기주택저당차입금일 것
>   ① 차입금의 상환기간이 15년 이상일 것
>   ② 주택소유권이전등기 또는 보존등기일부터 3월 이내에 차입한 장기주택저당차입금일 것
>   ③ 장기주택저당차입금의 채무자가 당해 저당권이 설정된 주택의 소유자일 것

(1) 법소정 세대주 또는 세대원(외국인 포함)인 근로자의 범위

근로소득이 있는 거주자(일용근로자 제외)로서 주택을 소유하지 아니하거나 1주택을 보유한 세대의 12.31. 현재 세대주여야 하나 당해 세대주가 주택관련공제(주택마련저축공제, 주택임차차입금원리금상환액공제, 월세액공제, 장기주택저당차입금이자상환액공제)를 적용받지 아니한 경우 근로소득이 있는 세대원(주택 및 차입금 명의가 세대원이어야 함)도 공제대상 근로자에 포함된다(소법 §52 ③).

다만, 세대주는 실제 거주 여부에 상관없이 공제가 가능하나 세대원의 경우에는 본인이 실제 거주하는 경우만 적용한다(소법 §52 ⑤ 3호).

근로소득이 있는 거주자로서 주택을 소유하지 아니하거나 1주택을 보유한 세대의 세대주가 장기주택저당차입금 이자상환액 소득공제를 적용받지 아니한 경우, 해당 세대의 구성원 중 근로소득이 있는 자는 구소득세법(2020.12.29. 개정되기 전) 제52조 제5항에

따라 장기주택저당차입금 이자상환액 공제를 적용받을 수 있으므로, 외국인 배우자로서 해당 세대의 구성원임이 세대별 주민등록표 등본 등에 의하여 객관적으로 확인되는 근로소득이 있는 경우 거주자는 구소득세법에 따른 장기주택저당차입금 이자상환액 공제를 적용받을 수 있다(서면법령국조-583, 2021.5.7.).

(2) 주택의 요건

상기 '(1)'에 해당하는 근로자가 취득당시 기준시가 5억원 이하인 주택(오피스텔 제외, 무허가주택 포함, 농가주택 포함·거주불가능 폐가 제외, 사업용·판매목적 주택 포함)을 취득하기 위해 차입한 차입금이어야 한다(소법 §52 ③).

장기주택저당차입금의 차입시기	취득당시 기준시가	국민주택규모 (오피스텔은 제외)
~2005.12.31.	해당 사항 없음	이하일 것
2006.1.1.~2013.12.31.	3억원 이하	이하일 것
2014.1.1.~2018.12.31.	4억원 이하	해당 사항 없음
2019.1.1.~	5억원 이하	해당 사항 없음

취득당시 '기준시가'는 다음과 같이 판단한다(소법 §52 ③·④ 4호·§99 ①).

① 부동산가격공시및감정평가에관한법률에 의한 개별·공동주택가격

② 취득당시 '①'이 없는 경우 차입일 이후 부동산가격공시및감정평가에관한법률에 따라 최초로 공시된 가격

> **중점사항**
>
> **1. 공동명의로 취득하는 경우 5억원(2018.12.31. 이전은 4억원)의 판단**
>
> 공동명의로 취득하는 주택에 대하여 공제대상 주택의 기준가격 5억원 판단시에는 인명별로 안분하여 5억원(2018.12.31. 이전은 4억원)을 판단하는 것이 아니라 당해 주택의 기준시가를 기준으로 하여 '5억원(2018.12.31. 이전은 4억원) 이하'를 판단하여야 한다(서일-778, 2006.6.13.).
>
> **2. 오피스텔**
>
> 오피스텔은 건축법상 업무시설에 해당되며, 주택법상 국민주택기금의 융자대상에 포함되지 않는 것으로 장기주택저당차입금이자상환액 공제대상 주택에 해당되지 않는다(서일-567, 2004.4.19.).

(3) 보유주택수

장기주택저당차입금 이자상환액공제는 12.31. 현재 법소정 세대의 세대주(또는 세대원)인 근로자가 공제받을 수 있다. 이때 법소정 세대(세대구성원 포함)가 보유한 주택수에 따라 공제 여부가 다음과 같이 달라진다(소법 §52 ⑤ 본문·2호, 소법 부칙 §10 ⑤, 2007. 12.31., 소법 부칙 §10, 2005.12.31.).

장기주택임차차입금의 차입시기	취득당시 (이후 계속 적용)	취득 이후 (해당 과세기간별도 판단)
~2005.12.31.	해당 사항 없음	다음의 어느 하나에 해당되지 않을 것[*1] -과세기간 종료일 현재 2주택 이상
2006.1.1.~2013.12.31.	무주택	-해당 과세기간 중 2주택 이상 보유기간이 3개월을 초과
2014.1.1.~	무주택 또는 1주택	다음에 해당되지 않을 것[*2] -과세기간 종료일 현재 2주택 이상

[*1] 장기주택저당차입금의 차입시기와 무관하다.
[*2] 2014.1.1. 이후 차입한 장기주택저당차입금에 대해서만 해당 규정을 적용하며 2014.1.1. 이전 차입금에 대해서는 종전규정을 적용한다. 다만, 2014.1.1. 전에 차입한 장기주택저당차입금의 이자상환액에 대하여 종전 규정에 따라 공제를 받고 있던 자가 2014.1.1. 이후 다른 주택의 취득으로 장기주택저당차입금을 차입하거나 세대구성원이 주택을 취득함으로써 2주택 이상을 보유하게 된 경우에는 종전 규정에도 불구하고 개정된 규정에 따라 2014.1.1. 전에 차입한 장기주택저당차입금의 이자상환액을 공제한다(소법 부칙 §4 ② · §19, 2014.1.1.).

1) 공제대상 1주택자가 신규주택을 취득(매매)하는 경우

공제대상 1주택자가 신규주택을 취득(매매)하는 경우(차입금요건 충족 가정) 공제 여부는 다음과 같다.

① 기존주택 매각 후 신규주택을 취득하는 경우

해당 과세기간 중 2주택 보유기간이 없으므로 신규주택이 공제대상 주택인 경우 기존주택에 대한 차입금이자상환액뿐 아니라 신규주택에 대한 차입금이자상환액 모두 공제 가능하다. 그러나 신규주택이 공제대상 주택이 아닌 경우에는 기존주택에 대한 차입금이자상환액만 공제받을 수 있다(서일-70, 2006.1.18.).

② 기존주택 매각 전 신규주택을 취득하는 경우

해당 과세기간 중 2주택 보유기간이 있었지만 과세기간 종료일 이전에 기존주택을 매각하는 경우에는 기존주택에 대한 차입금이자 및 신규주택 취득에 대한 차입금이자상환액 모두 공제받을 수 있다(부칙 법률 제12169호, 2014.1.1. §19).

또한 신규주택에 대한 차입금이자상환액도 1주택자가 취득한 경우에는 해당(신규주택) 장기주택저당차입금에 대한 공제를 적용받을 수 있다(소법 §52 ⑤ 2호).

③ 같은 일자에 기존주택 매각하고 신규주택을 취득하는 경우

같은 일자에 1주택을 취득·양도한 경우에는 1주택을 양도한 후 다른 1주택을 취득한 것으로 보아 장기주택저당차입금이자상환액 소득공제 규정을 적용한다(원천-239, 2010.3.17.). 즉 '①'과 같이 공제를 적용한다.

2) 공제대상 1주택자가 세대합가로 인하여 2주택자가 되는 경우

장기주택저당차입금 이자상환액 공제를 적용받은 거주자가 별도 세대원의 세대합가로 2주택자에 해당되어 공제대상에서 제외되었으나, 세대원의 주택이 양도되어 과세기간 종료일 현재 1주택자(2013.12.31. 이전 차입분에 한해서 해당 과세기간에 2주택을 보유한 기간이 3개월 이하인 경우에 한함)가 된 경우에는 해당 연도의 장기주택저당차입금 이자 상환액 공제를 적용받을 수 있다(원천-623, 2010.7.29.).

✍ 공제대상 1주택자가 상속으로 인하여 2주택자가 되는 경우(차입금요건 충족 가정) 상기 '2)'와 같이 적용할 것으로 판단된다.

3) 주택을 상속받은 경우

父가 이자상환공제를 받고 있다가 사망하여 子가 주택 및 장기주택저당차입금을 상속받는 경우 상속시점에서 子가 대상자에 해당되고, 해당 차입금이 공제요건을 충족하는 경우에는 상속받은 장기주택저당차입금은 공제대상 차입금에 포함된다(서이 46013-12211, 2002.12.10.).

장기주택저당차입금 이자상환액소득공제를 적용함에 있어 상속으로 여러 사람이 공동으로 소유하는 1주택이 있는 경우 해당 공동상속주택은 다음의 자가 소유한 것으로 보아 공제 여부를 판단한다(원천-456, 2009.5.27.).

① 상속지분이 가장 큰 상속인

② '①'에 해당하는 자가 2명 이상인 경우(다음 순서)

가. 해당 주택에 거주하는 자

나. 최연장자

(4) 차입금의 범위

① 원칙

공제대상 장기주택저당차입금은 금융기관 또는 주택도시기금법에 의한 주택도시기금으로부터 차입한 금액으로서 다음과 같이 명의요건, 차입시점 요건, 상환기간 요건을 충족한 경우 적용받을 수 있으며, 해당 요건을 충족하지 못한 경우 그 사유가 발생한 날부터 이자상환액 공제를 적용받을 수 없다(소법 §52 ③, 소령 §112 ⑨).

> 1. 명의 요건 : 차입금의 채무자가 당해 저당권이 설정된 주택의 소유자일 것
> 2. 차입시점 요건 : 주택소유권이전등기 또는 보존등기일부터 3월 이내에 차입한 차입금일 것
> 3. 상환기간 요건 : 차입금의 상환기간(거치기간 포함)이 15년 이상일 것

이때 상기 요건을 충족하지 못하는 경우에는 그 사유가 발생한 날부터 장기주택저당차입금 이자상환액공제를 적용받을 수 없다(소령 §112 ⑨).

중점사항

1. 차입금의 명의

장기주택저당차입금은 본인명의 주택에 본인명의로 차입한 차입금에 대해 적용하는 것이 원칙이다. 따라서 배우자명의 주택에 본인명의로 차입한 경우 공제받을 수 없다(서일-42, 2007.1.8.). 다만, 주택 또는 차입금이 공동명의인 경우에는 다음과 같이 장기주택저당차입금이자상환액공제를 적용한다.

(1) 공동명의 주택에 본인명의로 차입한 경우

전액 본인이 공제받을 수 있다(서일-1071, 2006.7.28.).

최초 차입 시 배우자명의차입금을 근로자명의변경 또는 근로자의 신규차입금으로 배우자의 차입금을 상환하는 경우 공제대상에 해당하지 않는다(원천-468, 2009.5.29.).

(2) 본인명의 또는 공동명의 주택에 공동명의로 차입한 경우

공동명의 차입금 중 본인 채무부담분에 해당하는 이자상환액만 공제대상이 되며, 별도 약정이 없는 경우에는 공동차입자 간 채무분담비율이 균등한 것으로 본다(재경부소득 46073-12, 2001.1.16.).

2. 상환기간에 대한 경과조치

상기 요건은 2004.1.1. 이후 차입하는 장기주택저당차입금에 적용되는 요건이다. 2003.12.31. 이전 차입금은 차입금의 상환기간(거치기간 포함)이 10년 이상인 차입금이면 장기주택저당차입금이자상환액공제를 적용받을 수 있다(구소령 §112 ⑥).

즉 거치기간을 포함하여 상환기간이 10년 이상이면 상환기간이 15년 미만이더라도 소득공제를 적용받을 수 있다.

3. 거치기간에 대한 경과조치

2004.4.1. 이후 차입하는 분부터는 거치기간이 3년 이하인 경우에만 공제대상 차입금에 해당되었으나 2009년의 이자비용지출분에 대하여는 거치기간의 요건이 폐지되어 기존 차입분도 적용하도록 개정되었다(소령 §112).

② 장기주택저당차입금을 장기주택저당차입금으로 대환하는 경우

상기 '①'의 요건을 충족하는 장기주택저당차입금의 차입자가 해당 금융기관 또는 다른 금융기관에서 다음 요건을 충족하는 신규차입금을 차입하여 기존의 장기주택저당차입금의 잔액을 직접 상환하는 경우도 공제대상 차입금으로 본다(소령 §112 ⑧ 2호, 소령 부칙 §10 2002.12.30.).

1. 차입금의 상환기간이 15년 이상일 것 → 상환기간은 기존 장기주택저당차입금을 최초로 차입한 날을 기준으로 계산
2. 해당 금융회사 또는 다른 금융회사가 기존의 장기주택저당차입금의 잔액을 직접 상환하고 해당 주택에 저당권을 설정하는 형태로 장기주택저당차입금을 이전할 것
3. 차입금의 채무자가 해당 저당권이 설정된 주택의 소유자일 것
4. 대환당시 해당 주택의 기준시가는 관계없음

다만, 공제대상 차입금은 기존차입금을 한도로 한다(소령 §112 ⑩ 본문 단서). 즉 기존 차입금 잔액에 대한 이자상환액에 대해 소득공제한다(서일-574, 2008.4.25.).

③ 단기주택저당차입금을 장기주택저당차입금으로 대환·만기연장하는 경우

상환기간이 15년 미만인 것을 제외하고는 다음 요건을 모두 충족하는 단기주택저당차입금(이하 "기존차입금")의 차입자가 기존차입금의 상환기간 중 당해 주택에 저당권을 설정하고 상환기간을 15년 이상으로 하여 차입한 신규차입금으로 기존차입금을 상환하거나 기존차입금의 상환기간을 15년 이상으로 연장한 경우 당해 신규차입금을 공제대상 차입금으로 본다.

1. 차입금의 채무자가 당해 저당권이 설정된 주택의 소유자일 것
2. 주택소유권이전등기 또는 보존등기일부터 3월 이내에 차입한 차입금일 것
3. 대환 또는 연장당시 당해 주택의 기준시가가 5억원 이하일 것

이때 요건 '2.'를 판단할 때 대환의 경우에는 대환시점을 기준으로 적용하며, 만기연장의 경우에는 기존 차입금의 최초 차입일을 기준으로 적용한다. 또한 공제대상 차입금은 기존차입금의 잔액을 한도로 한다(소령 §112 ⑩ 본문 단서·4호·⑪, 원천-320, 2010.4.15., 소령 부칙 §15, 2003.12.30., 소령 부칙 §14, 2007.2.28.).

④ 주택취득과 함께 차입금을 승계(인수)하는 경우

주택취득과 관련하여 해당 주택의 양수인이 장기주택저당차입금의 채무를 승계(인수)하는 경우 해당 차입금은 다음과 같은 요건을 충족하여야 한다.

> 1. 차입금의 채무자가 당해 저당권이 설정된 주택의 소유자일 것
> 2. 해당 주택 취득당시 기준시가가 5억원 이하일 것

상환기간은 해당 주택의 전소유자가 해당 차입금을 최초로 차입한 때를 기준으로 하여 상환기간을 계산한다(소령 §112 ⑧·⑪).

⑤ 주택취득과 함께 차입금을 차입하는 경우

주택양수자가 주택취득 시 다음 요건을 충족하는 차입금을 차입하는 경우에도 공제대상 차입금으로 본다(소령 §112 ⑩ 3호).

> 1. 금융기관 또는 주택법에 의한 국민주택기금으로부터 차입할 것
> 2. 주택양도자의 주택을 담보로 상환기간(거치기간 포함)이 15년 이상인 차입금을 차입할 것
> 3. 차입금을 차입한 후 즉시 소유권을 주택양수자에게로 이전할 것
> 4. 해당 주택 취득당시 기준시가가 5억원 이하일 것

기존 차입금이 있는 경우 해당 기존 차입금 잔액을 한도로 공제대상 차입금으로 본다.

⑥ 양도소득세 과세특례대상 미분양주택 취득에 대한 차입금의 경우

양도소득세 과세특례대상 미분양주택을 2009.2.12.~2010.2.11.까지의 기간 중에 최초로 취득하는 자가 해당 주택을 취득 시 다음 요건을 충족하는 차입금을 차입하는 경우 공제대상 차입금으로 본다(소령 §112 ⑩ 5호, 조특법 §98의 3).

1. 금융기관 또는 주택법에 의한 국민주택기금으로부터 차입할 것
2. 차입금의 상환기간이 5년 이상일 것
3. 주택소유권이전등기 또는 보존등기일부터 3월 이내에 차입한 차입금일 것
4. 장기주택저당차입금의 채무자가 당해 저당권이 설정된 주택의 소유자일 것
5. 해당 주택 취득당시 기준시가가 5억원 이하일 것

사업주체는 양도소득세 과세특례대상 미분양주택의 매매계약을 체결한 즉시 시장·군수·구청장에게 미분양주택임을 확인하는 날인을 요청하여야 하며, 해당 요청을 받은 시장·군수·구청장은 미분양주택 현황 및 사업계획승인신청수류 등에 따라 미분양주택임을 확인하고 해당 매매계약서(2부)에 미분양주택임을 확인하는 날인을 하여야 한다. 한편, 시장·군수·구청장으로부터 미분양주택임을 확인하는 날인을 받은 사업주체는 매매계약서 중 1부를 해당 매매계약자에게 교부하여야 한다(조특령 §98의 3 ⑧·⑨).

⑦ 양도소득세 감면대상 신축주택 취득에 대한 차입금의 경우

조세특례제한법 제99조에 따른 양도소득세의 감면대상 신축주택을 최초로 취득하는 자가 금융회사 등 또는 주택법에 따른 국민주택기금으로부터 차입한 차입금으로 해당 주택을 취득하기 위하여 차입한 사실이 확인되는 경우에는 장기주택저당차입금 이자상환액공제대상 차입금으로 본다(소령 §112 ⑩ 1호, 조특법 §99).

⑧ 근로소득이 있는 거주자로서 주택을 소유하지 아니하거나 1주택을 보유한 세대의 세대주가 기준시가 5억원 이하의 주택을 취득하기 전에 그 주택에 저당권을 설정하여 금융기관등으로부터 만기 15년 이상의 주택자금을 차입한 후 즉시 본인에게로 소유권을 이전등기(공동소유 포함)하는 경우에는 해당 차입금은 소득세법 제52조 제5항의 규정에 의한 장기주택저당차입금에 해당된다(사전법령소득-217, 2020.4.6.).

⑨ 근로소득이 있는 거주자로서 주택을 소유하지 아니하거나 1주택을 보유한 세대의 세대주가 장기주택저당차입금 이자상환액 소득공제를 적용받지 아니한 경우, 해당 세대의 구성원 중 근로소득이 있는 자는 구소득세법(2020.12.29. 개정되기 전) 제52조 제5항에 따라 장기주택저당차입금 이자상환액 공제를 적용받을 수 있으므로, 외국인 배우자로서 해당 세대의 구성원임이 세대별 주민등록표 등본 등에 의하여 객관적으로 확인되는 근로소득이 있는 경우 거주자는 구소득세법에 따른 장기주택저당차입금 이자상환액 공제를 적용받을 수 있다(서면법령국조-583, 2021.5.7.).

(5) 이자상환액의 범위

해당 과세기간에 지급한 이자상환액으로 한다. 따라서 선급한 이자상환액은 공제대상 이자상환액에 포함되나(서일－107, 2006.1.26.), 상환하지 못한 이자 및 연체이자(제도 46013－436, 2000.11.22.)는 공제대상 이자상환액에 해당되지 않는다.

또한 차입금의 상환기간 중 차입금의 잔액을 15년 경과 후 그 상환기간 만료 전에 일시에 상환하는 경우 공제대상 이자상환액으로 보나, 상환기간요건을 충족시키지 못한 경우에는 해당 연도에 지급한 이자상환액에 대하여 공제받을 수 없다(원천－488, 2009.6.4.).

> **중점사항 － 주택분양권과 관련된 차입금**
>
> 주택분양권 취득당시 무주택자인 세대주로서 다음과 같은 요건을 충족하는 법소정 주택분양권을 취득하기 위해 차입한 법소정 차입금도 장기주택저당차입금 이자상환액 공제대상 차입금으로 본다(소법 §52 ⑤ 4호, 소령 §112 ⑮).
>
> **1. 주택분양권의 범위**
>
> 주택법에 따른 사업계획승인을 받아 건설되는 국민주택규모의 주택(주택법에 의한 주택조합 및 도시및주거환경정비법에 의한 정비사업조합의 조합원이 취득하는 주택 또는 그 조합을 통하여 취득하는 주택 포함)을 취득할 수 있는 권리를 말한다. 2021.1.1. 이후 대출분부터는 주택분양권가격이 5억원 이하여야 하며, 2014.1.1.부터 2020.12. 31.까지 대출분은 분양권가격이 4억원 이하이어야 한다.
>
> 이때 주택분양권가격은 다음 산식에 의한 금액으로 한다(소령 §112 ⑮).
>
> | 구 분 | | 주택분양권가격 |
> |---|---|---|
> | 조합원 입주권 | 청산금 납부 | 기존건물과 그 부수토지 평가액＋납부한 청산금 |
> | | 청산금 수취 | 기존건물과 그 부수토지 평가액－지급받은 청산금 |
> | 이외 | | 분양가격 |
>
> **New Tax**
>
> 2021.1.1. 이후 주택분양권을 취득하거나 차입금의 상환기간을 15년 이상으로 연장하는 경우 주택분양권과 주택의 가액을 4억원 이하에서 5억원 이하로 인상함.
>
> **2. 차입금의 범위**
>
> 다음에 해당하는 차입금은 그 차입일(차입조건 변경의 경우에는 그 변경일)부터 그 주택의 소유권보존등기일까지 장기주택저당차입금으로 본다. 이때 차입조건 변경규정은 2007.1.1. 이후 최초로 차입조건을 변경하여 지출하는 분부터 적용하며(소법 부칙 §8 ②, 2006.12.30.), 해당 주택을 취득하기 위한 중도금 대출기간(상환기간) 과는 상관없이 상기 요건만 충족하면 그 차입일부터 해당 주택의 소유권보전등기일까지 해당 차입금을 공제대상 차입금으로 본다(재소득－604, 2006.9. 22.).

> 1. 해당 주택분양권으로 국민주택규모의 주택을 취득하기 위하여 금융회사 또는 주택법에 의한 국민주택기금으로부터 차입한 것일 것
> 2. 그 주택 완공 시 장기주택저당차입금으로 전환할 조건으로 차입할 것(그 주택 완공 전에 해당 차입금의 차입조건을 그 주택 완공 시 장기주택저당차입금으로 전환할 것을 조건으로 변경하는 경우 포함)

3. 적용 사례

① 주택분양권이 2개 이상인 경우

2005.12.31. 이전 대출분은 주택분양권의 수와 관계없이 공제가능하나, 2006.1. 1. 이후 대출분부터 거주자가 주택분양권을 2개 이상 보유하게 된 경우 해당 과세기간에는 공제받을 수 없다(소법 부칙 §8 ②, 2006.12.31.).

② 주택분양권을 중도매매한 경우

주택분양권에 대한 차입금을 차입한 근로자가 해당 분양권을 해당 주택의 취득 전에 양도하는 경우에는 양도하는 날부터 장기주택저당차입금 이자상환공제를 적용받을 수 없으며, 해당 분양권의 양수인이 분양권취득과 함께 해당 차입금을 승계받는 경우 해당 차입금이 '1' 및 '2'의 기준에 해당하는 때에는 장기주택저당차입금 이자상환액공제를 적용받을 수 있다(서일-121, 2006.1.31.).

③ 분양가격이 3억원을 초과하는 국민주택규모의 주택분양권의 경우

분양가격이 3억원을 초과하므로 장기주택저당차입금 이자상환액공제를 적용받을 수 없으나, 해당 주택이 완공되어 장기주택저당차입금으로 전환함에 있어 전환당시 해당 주택의 기준시가가 3억원 이하에 해당되고 전환된 차입금이 장기주택저당차입금 요건을 충족하는 경우 전환일 이후부터 소득공제를 적용받을 수 있다(원천-514, 2009.6.16.).

④ 1주택과 주택분양권(주택을 취득할 수 있는 권리)을 동시에 보유한 경우

1주택과 주택분양권을 동시에 보유하는 경우 주택분양권(주택을 취득할 수 있는 권리)은 주택으로 보지 않으므로 해당 1주택에 대한 장기차입금이 장기주택저당차입금 이자상환액 공제요건을 모두 충족하는 경우 소득공제를 적용받을 수 있으나(소법 §52 ⑤, 서일-1740, 2007.12.26.), 주택분양권에 대한 장기차입금 이자상환액공제는 무주택자만 적용받을 수 있으므로 해당 분양권에 대한 장기차입금 이자상환액공제는 적용받을 수 없다(소법 §52 ⑤ 4호).

2. 공제금액

장기주택저당차입금 이자상환액공제액은 다음과 같다(소법 §52 ⑤).

$$
\begin{array}{l}
\text{주택자금} \\
\text{공 제 액}
\end{array}
= \text{Min}
\left[
\begin{array}{l}
\text{장기주택저당} \\
\text{차입금이자상환액} \\[4pt]
\\
\text{500만원(600만원, 1,000만원, 1,500만원 또는 1,800만원)}
\end{array}
\right.
+ \text{Min}
\left[
\begin{array}{l}
\text{주택마련저축소득공제액} \\
\text{+주택임차차입금원리금상환액공제액} \\
\text{300만원}
\end{array}
\right.
$$

공제순서는 주택임차차입금원리금상환액, 장기주택저당차입금이자상환액, 주택마련저축납입액의 순서로 한다(법규소득 2010-395, 2010.12.31.).

상기 표에서 한도액의 적용구분은 다음과 같다.

(1) 2015.1.1. 이후 최초로 차입하여 지급하는 이자

① 상환기간 10년 이상으로서 고정금리방식이거나 비거치분할상환하는 경우 : 한도 300만원

② 상환기간 15년 이상으로서 다음의 어느 한 경우 : 한도 1,500만원

ⅰ) 장기주택저당차입금의 이자를 고정금리방식으로 지급

차입금의 70/100 이상의 금액에 상당하는 분에 대한 이자를 상환기간 동안 고정금리(5년 이상의 기간 단위로 금리를 변경하는 경우 포함)로 지급하는 경우

ⅱ) 원금 또는 원리금을 비거치식 분할상환방식으로 지급

차입일이 속하는 과세기간의 다음 과세기간부터 차입금 상환기간의 말일이 속하는 과세기간까지 매년 다음의 금액 이상의 차입금을 상환하는 경우

$$
\left\{ \frac{\text{차입금의 100분의 70}}{\text{상환기간 연수}} \right\}
$$

③ 상환기간 15년 이상으로서 다음의 모두에 해당하는 경우 : 한도 1,800만원

ⅰ) 장기주택저당차입금의 이자를 고정금리방식으로 지급

차입금의 70/100 이상의 금액에 상당하는 분에 대한 이자를 상환기간 동안 고정금리(5년 이상의 기간 단위로 금리를 변경하는 경우 포함)로 지급하는 경우

ⅱ) 원금 또는 원리금을 비거치식 분할상환방식으로 지급

차입일이 속하는 과세기간의 다음 과세기간부터 차입금 상환기간의 말일이 속하는 과세기간까지 매년 다음의 금액 이상의 차입금을 상환하는 경우

$$
\left\{ \frac{\text{차입금의 100분의 70}}{\text{상환기간 연수}} \right\}
$$

(2) 2012.1.1.~2014.12.31. 이후 최초로 차입하거나 차입금의 상환기간을 연장하여 지급하는 이자

① 상환기간 15년 이상 : 한도 500만원

② 상환기간 15년 이상으로서 다음의 어느 한 경우 : 한도 1,500만원

　ⅰ) 장기주택저당차입금의 이자를 고정금리방식으로 지급

　　차입금의 70/100 이상의 금액에 상당하는 분에 대한 이자를 상환기간 동안 고정금리(5년 이상의 기간 단위로 금리를 변경하는 경우 포함)로 지급하는 경우

　ⅱ) 원금 또는 원리금을 비거치식 분할상환방식으로 지급

　　차입일이 속하는 과세기간의 다음 과세기간부터 차입금 상환기간의 말일이 속하는 과세기간까지 매년 다음의 금액 이상의 차입금을 상환하는 경우

$$\left\{ \frac{\text{차입금의 100분의 70}}{\text{상환기간 연수}} \right\}$$

(3) 2011.12.31. 이전 차입분(종전 규정에 의한 공제한도 적용)

① 2003.12.31. 이전 대출분으로서 상환기간 10년 이상 15년 미만 : 한도 600만원

② 상환기간 15년 이상 30년 미만 : 한도 1,000만원

③ 상환기간 30년 이상 : 한도 1,500만원

(4) 양도소득세 과세특례대상 미분양주택 차입금

① 상환기간 5년 이상 30년 미만 : 한도 1,000만원

② 상환기간 30년 이상 : 한도 1,500만원

3. 제출서류

구 분	제출서류	비 고
원칙	장기주택저당차입금 이자상환증명서	별지 제44호의 4 서식
		'국세청 소득·세액공제증명서류'로 갈음가능
	개별주택가격확인서	별지 제14호 서식

구 분		제출서류	비 고
원칙		공동주택가격확인서	별지 제17호 서식
		분양계약서 사본	주택분양권의 경우 제출
		건물등기부 등본	
양도세 감면대상 신축주택	자기 건설주택	다음 서류 중 하나 제출 1. 사용승인서 사본 2. 사용검사서 사본 3. 임시사용승인서 사본	감면배제 주택이 아님을 확인하는 서류
	주택건설 사업자 건설주택	1. 주택매매계약서 사본 2. 계약금납부 입증서류 3. 주택건설사업자 확인서	
대환 또는 만기 연장한 경우		1. 기존 대출계약서 사본 2. 신규 대출계약서 사본	

Approach to Field Work 주택자금 공제 적용 여부

1. 당해 연도에 주택을 처분한 경우
   (1) 자료
      ① 6.30. 주택 매매로 처분
      ② 12.31. 현재 무주택 세대
      ③ 임차차입금과 청약종합저축에 가입
   (2) 공제 여부
      ① 1.1.~6.30. 장기주택 저당 차입금이자 공제됨.
      ② 7.1.~12.31. 임차차입금 원리금상환액 공제됨.
      ③ 청약종합저축공제는 당해 연도에 주택을 보유하였으므로 공제 안됨.

2. 당해 연도에 주택을 취득한 경우
   (1) 자료
      ① 1.1.~9.30. 전세 거주
      ② 10.1. 주택 취득
      ③ 청약종합저축에 가입
   (2) 공제 여부
      ① 12.31. 현재 주택이 있으므로 임차차입금 원리금상환액 및 청약종합저축공제받을 수 없음.
      ② 10.1.~12.31. 이자공제됨.

3. 12.31. 현재 일시적 2주택인 경우(내년에 1주택 해당)
   (1) 자료
      ① 1주택인 상태에서 10.1. 다른 주택을 취득하고 12.31. 현재 2주택임.

    ② 내년에 기존 1주택 처분함.

(2) 당해 연도

    12.31. 현재 2주택이므로 둘 다 공제 안됨.

(3) 내년

    보유하고 있는 1주택에 대한 이자공제됨.

소득세법시행규칙 [별지 제44호의 4 서식] (2015.3.13. 개정)

장기주택저당차입금 이자상환증명서

① 성명				② 주민등록번호										–					
③ 주소																			
④ 대출종류				⑤ 차입금상환기간 (거치기간포함)						~ (상환기간 :　　년)									

⑤-1 상환유형	공제 한도	1,800만원	[　] 고정금리	차입금 / 고정금리방식 차입금	(　　 / 　　) 고정금리이자 지급기간 :
			[　] 비거치식	차입금 / 비거치식 분할상환 방식 차입금	(　　 / 　　) 상환기간 연수(1년미만 기간은 1년으로 봄) :
				해당 연도 상환 차입금	
		1,500만원	[　] 고정금리	차입금 / 고정금리방식 차입금	(　　 / 　　) 고정금리이자 지급기간 :
			[　] 비거치식	차입금 / 비거치식 분할상환 방식 차입금	(　　 / 　　) 상환기간 연수(1년미만 기간은 1년으로 봄) :
				해당 연도 상환 차입금	
		300만원	[　] 고정금리	차입금 / 고정금리방식 차입금	(　　 / 　　) 고정금리이자 지급기간 :
			[　] 비거치식	차입금 / 비거치식 분할상환 방식 차입금	(　　 / 　　) 상환기간 연수(1년미만 기간은 1년으로 봄) :
				해당 연도 상환 차입금	
		500만원	[　] 기타		

⑥ 주택취득일 (주택소유권이전등 기 또는 보존등기일)		⑦ 저당권설정일		⑧ 주택면적	전용면적　　 ㎡
⑧-1 주택 물건지				⑧-2 기준시가	

( )년도 장기주택저당차입금이자상환 현황

⑨월별	⑩상환일	⑪이자	⑨월별	⑩상환일	⑪이자
1			7		
2			8		
3			9		
4			10		
5			11		
6			12		
⑫ 연간합계액			사용목적		특별소득공제 신청용
⑬ 소득공제대상액(⑫ 또는 ⑲)					

금융회사 간 직접 상환하는 형태로 다른 금융회사로부터 장기주택저당차입금을 이전한 경우 및 상환기간을 연장(전환)하는 경우 아래의 ⑭ ~ ⑲란을 작성해야 합니다.

이전(연장, 전환)전 장기주택저당차입금 명세			⑰ 이전(연장, 전환) 당시 해당 금융회사에서 차입한 금액	⑱ 연장, 전환 당시 주택의 기준시가 (주택분양권의 가격)	⑲ 소득공제대상액 [⑫×(⑯/⑰과 1 중 적은수)]
⑭ 금융회사명 (점포명)	⑮ 상환기간 (거치기간포함)	⑯ 차입금의 원금잔액			
	~ (상환기간연수 :　　년)				

「소득세법 시행령」 제113조 제1항 및 같은 법 시행규칙 제58조 제1항 제4호에 따라 주택자금공제 요건을 갖추어 장기주택저당차입금에 대한 이자를 위와 같이 상환하였음을 증명해 주시기 바랍니다.

　　　　　　　　　　　　　　　　　　　　　　　　　　　　　　　　년　　　월　　　일

　　　　　　　　　　신청인　　　　　　　　　　　　　　　　　(서명 또는 인)

위와 같이 장기주택저당차입금에 대한 이자를 상환하였음을 증명합니다.

　　　　　　　　　　　　　　　　　　　　　　　　　　　　　　　　년　　　월　　　일

　　　　　　　　　　(금융회사 등의 장)　　　　　　　　　　　(서명 또는 인)

작 성 방 법

1. ④ 대출종류란에는 무주택자의 중도금대출, 기존주택구입, 주택분양권 대출 여부를 적습니다.
2. ⑤ 차입금상환기간란에는 해당 차입금의 약정에 의한 최초 차입일과 최종상환 예정일을 적습니다. 중도에 상환하는 경우 최초 차입일과 최종 상환일을 적어야 합니다. 해당 과세기간에 중도상환 등으로 장기주택저당차입금 요건을 충족하지 않은 경우에는 해당 과세기간의 이자 상환액에 대해 장기주택저당차입금 이자상환증명서를 발행할 수 없습니다.
3. 해당 금융회사 등에서 차입한 장기주택저당차입금이 있는 사람이 다른 금융회사로부터 별도의 장기주택저당차입금을 해당 금융회사로 이전한 경우에는 해당 금융회사는 기존의 장기주택저당차입금과 이전받은 장기주택저당차입금에 대한 이자상환증명서를 별도로 발행해야 합니다.

210mm×297mm[백상지 80g/㎡(재활용품)]

Ⅷ (이월분)기부금공제

2013년(2013.1.1.~12.31.)에 지출한 특례·일반기부금으로 2013년의 기부금소득공제 한도금액을 초과하여 2014년 이후로 이월된 금액으로 2022년까지 한도금액의 부족으로 공제받지 못한 금액은 2023년에 지출된 특례·일반기부금보다 우선하여 2023년 특례·일반기부금 한도금액 내에서 종합소득금액에서 소득공제한다.

2013.1.1. 이후에 지출된 기부금은 2019.1.1. 이후 신고하는 분부터 10년간 이월공제가 가능하도록 개정되었고(소법 §34 ③·§61 ②) 2013.12.31.까지 지출분은 소득공제 규정이, 2014.1.1. 이후 지출분은 세액공제규정이 적용되므로 2023년에는 2013년에 지출된 기부금 중 이월분만이 소득공제대상에 해당된다.

① 공제대상 특례기부금(가.+나.+다.) : 2023년 특례기부금 공제한도액 범위 내에서 '가.'를 먼저 (이월분) 기부금소득공제금액으로 계상함

　가. 2013년분 이월액

　나. 2014~2022년분 이월액

　다. 2023년 지출액

② 공제대상 일반기부금(가.+나.+다.) : 2023년 일반기부금 공제한도액 범위 내에서 '가.'를 먼저 (이월분) 기부금소득공제금액으로 계상함

　가. 2013년분 이월액

　나. 2014~2022년분 이월액

　다. 2023년 지출액

Ⅸ 그 밖의 소득공제

1. 의의

종합소득공제 외에 여러 조세정책적 목적을 달성하기 위해 조세특례제한법에서는 다음과 같은 소득공제제도를 두고 있는바, 이를 '그 밖의 소득공제'라 한다.

구 분	관련 세법규정	근로자만 가능
신용카드 등 사용금액에 대한 소득공제	조특법 §126의 2	○
개인연금저축에 대한 소득공제	구조특법 §86	
소기업·소상공인 공제부금에 대한 소득공제	조특법 §86의 3	
주택마련저축 소득공제	조특법 §87 ②	○
중소기업창업투자조합출자 등에 대한 소득공제	조특법 §16	
우리사주조합출연금에 대한 소득공제	조특법 §88의 4 ①	○
고용유지 중소기업 근로자 소득공제	조특법 §30의 3	○
장기집합투자증권저축 소득공제	조특법 §91의 16	○
청년형 장기집합투자증권저축 소득공제	조특법 §91의 20	

이하 그 밖의 소득공제에 대해 살펴보기로 한다.

2. 신용카드 등 사용금액 소득공제

(1) 의의

근로소득이 있는 거주자(일용근로자는 제외)가 2025.12.31.까지 법인(외국법인의 국내사업장 포함) 또는 소득세법상 사업자(비거주자의 국내사업장 포함)로부터 재화나 용역을 제공받고 신용카드 등을 사용하여 지출한 금액(이하 "신용카드 등 사용금액"라 하며, 국외에서 사용한 금액은 제외함)이 있는 경우 당해 금액 중 다음의 금액을 해당 과세연도의 근로소득금액에서 공제한다. 이를 '신용카드 등 사용금액에 대한 소득공제'라 한다(조특법 §126의 2 ①).

신용카드 등 사용금액에 대한 소득공제금액은 다음과 같이 구분한다.

신용카드 등 사용금액 소득공제	일반공제금액
	추가공제금액

(2) 신용카드 등 사용금액＝1)＋2)＋3)

1) 전통시장 사용분, 대중교통 이용분 및 도서·신문*·공연·박물관·미술관·영화상영관 사용분(도서 등 사용분)

* 영화상영관 사용분은 2023.7.1. 이후부터 적용

① 전통시장 사용분 : 전통시장및상점가육성을위한특별법 제2조 제1호에 따른 전통시장과 대통령령으로 정하는 전통시장 구역 안의 법인 또는 사업자(유통산업발전법에 따른 준대규모점포, 사업자단위 과세자로서 전통시장 안 사업장과 전통시장 밖 사업장의 신용카드 등 사용액이 구분되지 않는 사업자 제외)로부터 재화 또는 용역을 제공받은 대가를 신용카드 등으로 사용한 금액의 합계액

② 대중교통 이용분 : 대중교통의육성및이용촉진에관한법률에 따른 대중교통수단을 이용한 대가를 신용카드 등으로 사용한 금액의 합계액

③ 도서·신문·공연·박물관·미술관·영화상영관 사용분(도서 등 사용분)

　가. 출판문화사업진흥법 제2조 제3호에 따른 간행물(동법 제2조 제8호에 따른 유해간행물은 제외)을 구입하거나 신문 등의 진흥에 관한 법률 제2조 제1호에 따른 신문을 구독하거나 공연법 제2조 제1호에 따른 공연을 관람하기 위하여 문화체육관광부장관이 지정하는 법인 또는 사업자에게 지급한 금액

　이 경우 법인 또는 사업자의 규모(문화체육관광부장관이 기획재정부장관과 협의하여 정하는 매출액 등의 기준에 따름)에 따른 도서·신문·공연 사용분의 인정방법 등에 관하여는 다음에 따른다.

　• 문화체육관광부장관이 기획재정부장관과 협의하여 정하는 매출액 기준 이하의 사업자(도서 또는 신문을 취급하는 사업자의 경우 해당 매출액이 전체 매출액의 100분의 90 이상인 경우에 한정)로부터 발급받은 영수증 등에 대해서는 도서·신문·공연·박물관·미술관 사용분과 그 밖의 사용분이 명확하게 구분되지 않는 경우에도 그 전체를 도서·신문·공연·박물관·미술관·공연 사용분으로 본다.

　나. 박물관및미술관진흥법 제2조 제1호 및 제2호에 따른 박물관 및 미술관이나 영화및비디오물의진흥에관한법률 제2조 제10호에 따른 영화상영관에 입장하기 위하여 문화체육관광부장관이 지정하는 사업자(직전연도 매출액이 7,500만원 이하인 사업자)에게 지출한 금액 전체를 박물관·미술관·영화상영관 사용분으로

　　본다.

　　④ 신용카드 등 사용금액에 ①, ②, ③의 금액에 중복하여 해당하는 경우에는 그중 하나에 해당하는 것으로 보아 소득공제를 적용한다.

2) 직불카드 등 사용분

① 직불카드 등은 직불카드, 기명식선불카드, 직불전자지급수단, 기명식선불전자지급수단 또는 기명식전자화폐 및 현금영수증을 말한다.

② 전통시장 사용분, 대중교통 이용분 및 도서·신문·공연·박물관·미술관·영화상영관 사용분(도서 등 사용분)을 제외한 사용금액

3) 신용카드 사용분

'1)' 및 '2)'를 제외한 신용카드 사용금액

(3) 소득공제액 계산

신용카드 등 사용금액에 대한 소득공제금액은 일반공제금액과 추가공제금액의 합계액으로 한다(조특법 §126의 2 ②).

1) 해당 과세기간의 총급여액이 7천만원 이하인 근로자

① 일반공제금액

일반공제금액 = Min ⎡ 신용카드 등 사용분에 대한 공제금액
　　　　　　　　　　⎣ 공제한도금액

공제금액
　1. 최저사용금액[총급여×25%]≤신용카드사용분
　　=(2023.1.1.~2023.6.30. 대중교통이용분)×80%+(전통시장사용분+2023.7.1.~2023.12.31. 대중교통이용분)×40%+(도서·신문·공연·박물관·미술관·영화상영관 사용분+직불카드 등 사용분)×30%+(신용카드사용분 - 최저사용금액)×15%
　2. 신용카드사용분 ＜ 최저사용금액[총급여×25%]
　　　　　　　　　　 ≤ 신용카드사용분+직불카드 등 사용분+도서·신문·공연·박물관·미술관·영화상영관 사용분
　　=(2023.1.1.~2023.6.30. 대중교통이용분)×80%+(전통시장사용분+2023.7.1.~2023.12.

31. 대중교통이용분)×40%+(도서 · 신문 · 공연 · 박물관 · 미술관 · 영화상영관 사용분+
직불카드 등 사용분+신용카드사용분−최저사용금액)×30%

3. 신용카드사용분+직불카드 등 사용분+도서 · 신문 · 공연 · 박물관 · 미술관 · 영화상영관
사용분 < 최저사용금액[총급여액×25%] < 신용카드사용분+직불카드 등 사용분
+도서 · 신문 · 공연 · 박물관 · 미술관 · 영화상영관 사용분+전통시장사용분
+2023.7.1.~2023.12.31. 대중교통이용분(A라 함)
=2023.1.1.~2023.6.30. 대중교통이용분×80%+(A−최저사용금액)×40%

4. 신용카드사용분+직불카드 등 사용분+도서 · 신문 · 공연 · 박물관 · 미술관 ·
영화상영관 사용분+전통시장사용분+2023.7.1.~2023.12.31. 대중교통이용분(A라 함)
< 최저사용금액[총급여액×25%]
=[2023.1.1.~2023.6.30. 대중교통이용분−(최저사용금액−A)]×80%

New Tax

1. 2023.7.1. 이후부터 영화관사용료를 사용대상에 포함
2. 총급여액 1.2억 초과자에 대한 공제한도 200만원을 250만원으로 인상함
3. 적용기한을 2025.12.31.로 연장함
4. 추가공제금액의 계산방법 변경
5. 2023.1.1.~2023.6.30. 대중교통이용분에 대한 공제율을 80% 적용함

공제한도금액=Min(총급여액×20%, 300만원)

---

② **추가공제금액**

한도초과금액, 즉 신용카드 등 소득공제액이 공제한도금액을 초과하는 경우(한도초과금
액)에는 다음의 금액을 추가로 공제한다.

추가공제금액=Min(1, 2, 3)

1. 일반공제금액−공제한도(음수이면 '0')
2. 전통시장사용분×40%+2023.1.1.~2023.6.30. 대중교통이용분×80%
+2023.7.1.~2023.12.31. 대중교통이용분×40%+도서 · 공연 · 신문 · 박물관 · 미술관 ·
영화상영관 사용분×30%
3. 300만원

 사례

김원천 과장의 2023년 총급여는 50,000,000원이며, 김원천을 포함하여 신용카드공제 대상이 되는 기본공제대상자들의 2023년 신용카드 등 사용내역은 다음과 같다.

구 분	사용금액	
	사례 I	사례 II
전통시장 사용분	3,000,000	3,000,000
직불카드 등 사용분	5,000,000	10,000,000
신용카드 사용분	15,000,000	10,000,000
2023년 신용카드 등 사용금액(total)	23,000,000	23,000,000

■ 사례 I

(1) 총급여 50,000,000 → 총급여의 25%는 12,500,000

즉 총급여액×25%(12,500,000)≦신용카드 사용분(15,000,000)인 경우에 해당

(2) 공제대상금액

{23,000,000(신용카드 등 사용금액)−12,500,000(총급여의 25%)}×15%

+3,000,000(전통시장 사용분)×25%+5,000,000(직불카드 등 사용분)×15%

=3,075,000

(3) 공제액

((①+②)=3,000,000+75,000=3,075,000

① Min $\begin{Bmatrix} 3,075,000 \\ 총급여×20\%=10,000,000 \\ 3,000,000 \end{Bmatrix}$ ⇒3,000,000

② 추가공제금액 : 75,000

• 한도초과금액=3,075,000−3,000,000=75,000

• 추가공제금액

Min $\begin{Bmatrix} 75,000(한도초과금액) \\ 1,200,000\{전통시장사용분(3,000,000)×40\%\} \\ 3,000,000 \end{Bmatrix}$ ⇒75,000

■ 사례 II

(1) 총급여 50,000,000 → 총급여의 25%는 12,500,000

즉 총급여액×25%(12,500,000)>신용카드 사용분(10,000,000)인 경우에 해당

(2) 공제대상금액

전통시장 사용분 3,000,000×40%

+직불카드 등 사용분 7,500,000(10,000,000−2,500,000)×30%

=3,450,000

(3) 공제액(①+②)=3,000,000+450,000=3,450,000

$$① \ Min \begin{cases} 3,450,000 \\ 총급여 \times 20\% = 10,000,000 \\ 3,000,000 \end{cases} \Rightarrow 3,000,000$$

② 추가공제금액 : 650,000
  - 한도초과금액 = 3,450,000 − 3,000,000 = 450,000
  - 추가공제금액

$$Min \begin{cases} 450,000(한도초과금액) \\ 1,200,000\{전통시장 \ 사용분(3,000,000) \times 40\%\} \\ 3,000,000 \end{cases} \Rightarrow 450,000$$

2) 해당 과세기간의 총급여액이 7,000만원 초과인 근로자

① 일반공제금액

> 일반공제금액 = Min(공제금액, 공제한도금액)

공제금액
  1. 최저사용금액[총급여×25%]≤신용카드사용분
     = 2023.1.1.~2023.6.30. 대중교통이용분×80%
        + (전통시장사용분 + 2023.7.1.~2023.12.31. 대중교통이용분)×40%
        + 직불카드 등 사용분×30% + (신용카드사용분 − 최저사용금액)×15%
  2. 신용카드사용분 < 최저사용금액[총급여×25%] ≤ 신용카드사용분 + 직불카드 등 사용분
     = 2023.1.1.~2023.6.30. 대중교통이용분×80%
        + (전통시장사용분 + 2023.7.1.~2023.12.31. 대중교통이용분)×40%
        + (직불카드 등 사용분 + 신용카드사용분 − 최저사용금액)×15%
  3. 신용카드사용분 + 직불카드 등 사용분 < 최저사용금액[총급여액×25%] < 신용카드사용분
        + 직불카드 등 사용분 + 전통시장사용분 + 2023.7.1.~2023.12.31. 대중교통이용분(A라 함)
     = 2023.1.1.~2023.6.30. 대중교통이용분×80% + (A − 최저사용금액)×40%
  4. 신용카드사용분 + 직불카드 등 사용분 + 전통시장사용분
        + 2023.7.1.~2023.12.31. 대중교통이용분(A라 함) < 최저사용금액[총급여액×25%]
     = [2023.1.1.~2023.6.30. 대중교통이용분 − (최저사용금액 − A)]×80%

해당 과세기간의 총급여액	공제한도금액
7,000만원 초과	2,500,000

② 추가공제금액

> 추가공제금액=Min(1, 2, 3)
> 1. 일반공제금액 – 공제한도(음수이면 '0')
> 2. 전통시장 사용분×40% + 2023.1.1.~2023.6.30. 대중교통이용분×80%
>   + 2023.7.1.~2023.12.31. 대중교통이용분×40%
> 3. 200만원

(4) 신용카드 등 사용금액

1) 공제대상 신용카드 등 사용금액

소득공제대상 '신용카드 등 사용금액'은 해당 연도에 사용한 다음 금액의 합계액으로 한다(조특법 §126의 2 ①, 조특령 §121의 2 ① · ②).

> 1. 여신전문금융업법 제2조의 규정에 의한 신용카드 · 직불카드 또는 기명식선불카드를 사용하여 그 대가로 지급하는 금액
> 2. 조세특례제한법 제126조의 3의 규정에 의한 현금영수증(이하 "현금영수증")에 기재된 금액
> 3. 전자금융거래법 제2조에 따른 직불전자지급수단 · 기명식선불전자지급수단 · 기명식전자화폐를 사용하여 그 대가로 지급하는 금액

① 기명식선불카드의 범위

'기명식선불카드'는 다음 어느 하나에 의해 실지명의가 확인되는 것을 말한다.

> 1. 신청에 의하여 발급받은 선불카드 · 전자화폐 · 선불전자지급수단으로 사용자명의가 확인되는 것
> 2. 무기명 선불카드 등(무기명선불카드 · 무기명선불전자지급수단 · 무기명전자화폐)의 경우 실제사용자가 최초로 사용하기 전에 해당 무기명 선불카드 등을 발행한 신용카드업자, 전자금융거래업자 및 금융기관에 주민등록번호, 무기명 선불카드 등을 등록하여 사용자 인증을 받은 것 또는 금융기관에 개설한 실제사용자 본인의 예금계좌와 연결한 것
> 3. 실제 사용자가 사용하기 전 본인의 은행계좌와 연결하여 발급받은 것

② 현금영수증의 범위

현금영수증에는 조세특례제한법 제126조의 5의 규정에 따라 현금거래사실을 확인받은 것도 포함된다. 2009년부터는 현금영수증 발급업종대상이 확대됨에 따라 주택임차료도 공제대상에 포함된다.

• 임대사업자가 임대한 원룸이나 오피스텔을 사는 경우 : 사업자로부터 영수증 수령
• 임대사업자가 아닌 주택소유자로부터 임대 시 : 국세청 홈페이지 또는 세무서에 신청하여 영수증 수령(신고기한은 월세지급일로부터 5년임)

2) 신용카드 등 사용금액에 포함되는 금액

근로자 본인 외에 다음의 자가 사용한 신용카드 등 사용금액도 당해 근로자의 신용카드 등 사용금액에 포함시킬 수 있다(조특법 §126의 2 ③, 조특령 §121의 2 ③).

신용카드 등 사용자	요 건
배우자	연간 소득금액 합계액이 100만원 이하인 자 (총급여액 500만원 이하의 근로소득만 있는 경우 포함)
직계비속	1. 다른 거주자의 기본공제대상자가 아닐 것 2. 연간 소득금액 합계액이 100만원 이하인 자 　(총급여액 500만원 이하의 근로소득만 있는 경우 포함)
직계존속(배우자 직계존속 포함), 동거입양자	1. 다른 거주자의 기본공제대상자가 아닐 것 2. 연간 소득금액 합계액이 100만원 이하인 자 　(총급여액 500만원 이하의 근로소득만 있는 경우 포함) 3. 12.31.(사망자는 사망일 전일) 현재 　⑴ 주민등록표상 동거가족으로서 당해 거주자의 주소 또는 거소에서 현실적으로 생계를 같이하는 자 　⑵ 직계존속(배우자 직계존속 포함)은 주거형편에 따라 별거하는 경우 　⑶ 거주자 또는 동거가족이 취학 · 질병의 요양, 근무상 또는 사업상의 형편 등으로 본래의 주소 또는 거소를 일시퇴거한 경우

신용카드 등 사용금액에 포함되는 사용자의 범위 판단에 있어 다음 사항에 유의한다.

① 나이요건은 배제된다(서이 46013-10660, 2001.12.5.).
② 타인의 기본공제대상자가 사용한 신용카드 사용액은 공제대상이 아니다.
③ 배우자와 직계비속은 생계요건이 배제된다. 즉 근로자와 동거하지 않아도 소득요건을 충족하면 당해 배우자와 직계비속이 사용한 신용카드 등 사용금액은 당해 근로

자가 공제받을 수 있다.

④ 형제자매가 사용한 신용카드 등 사용금액은 공제대상이 아니다.

⑤ 본인 외의 상기의 신용카드 등 사용자에 대한 소득공제는 일반공제금액 중 일반공제율 사용분에 대해서만 공제하며, 일반공제금액 중 추가공제율 사용분에 대한 공제금액은 제외된다.

⑥ 맞벌이부부의 경우 신용카드 사용금액은 한쪽으로 몰아서 공제를 받을 수 없으며, 각각 공제하여야 한다(서이 46013-12306, 2002.12.23.).

⑦ 가족카드를 사용한 맞벌이부부의 경우 각자 사용금액을 각각 공제받아야 한다. 즉 가족카드는 대금지급자(결제자) 기준이 아니고 사용자기준으로 사용금액을 판단한다(서일-836, 2007.6.19.).

⑧ 혼인 전 배우자가 사용한 금액은 공제되지 않는다(서이 46013-10828, 2001.12.1.).

⑨ 결혼하여 별도세대를 구성하게 된 직계비속의 결혼 전 신용카드사용금액은 공제되지 않는다(서이 46013-10376, 2003.2.24.).

3) 신용카드 등 사용금액에 포함되지 않는 금액

다음 어느 하나에 해당하는 금액은 상기 '1)'의 신용카드 등 사용금액에 포함하지 아니한다(조특법 §126의 2 ④, 조특령 §121의 2 ④ · ⑥).

1. 국외에서 사용한 금액
2. 현금서비스 또는 매출이 취소된 금액
3. 사업소득과 관련된 비용 또는 법인의 비용에 해당하는 경우
4. 물품의 판매 또는 용역의 제공을 가장하는 등 다음에 해당하는 경우
   (1) 물품 또는 용역의 거래없이 이를 가장하거나 실제 매출금액을 초과하여 신용카드 등(신용카드, 직불카드, 직불전자지급수단, 기명식선불카드, 기명식선불전자지급수단, 기명식전자화폐 또는 현금영수증)으로 거래를 하는 행위
   (2) 신용카드 등을 사용하여 대가를 지급하는 자가 다른 신용카드 등 가맹점 명의로 거래가 이루어지는 것을 알고도 신용카드 등에 의한 거래를 하는 행위. 이 경우 상호가 실제와 달리 기재된 매출전표 등을 교부받은 때에는 그 사실을 알고 거래한 것으로 본다.
5. 자동차를 신용카드, 직불카드, 직불전자지급수단, 기명식선불카드, 기명식선불전자지급수단, 기명식전자화폐 또는 현금영수증으로 구입하는 경우(자동차관리법상 중고자동차 구입금액의 10%는 사용금액에 포함)

6. 다음 어느 하나에 해당하는 경우

(1) 국민건강보험법, 노인장기요양보험법 또는 고용보험법에 따라 부담하는 보험료, 국민연금법에 의한 연금보험료, 소득세법시행령 제25조 제2항의 규정에 의한 보험계약의 보험료 또는 공제료

(2) 유아교육법, 초·중등교육법, 고등교육법 또는 특별법에 의한 학교(대학원을 포함) 및 영유아보육법에 의한 보육시설에 납부하는 수업료·입학금·보육비용 기타 공납금

(3) 정부 또는 지방자치단체에 납부하는 국세·지방세, 전기료·수도료·가스료·전화료(정보사용료·인터넷이용료 등을 포함)·아파트관리비·텔레비전시청료(종합유선방송법에 의한 종합유선방송의 이용료를 포함) 및 도로통행료

(4) 상품권 등 유가증권 구입비

(5) 리스료(여객자동차 운수사업법에 의한 자동차대여사업의 자동차대여료를 포함)

(6) 지방세법에 의하여 취득세 또는 등록에 대한 등록면허세가 부과되는 재산(중고자동차는 제외)의 구입비용

(7) 부가가치세법시행령 제38조 제1호 및 제3호에 해당하는 업종 외의 업무를 수행하는 국가·지방자치단체 또는 지방자치단체조합(의료법에 따른 의료기관 및 지역보건법에 따른 보건소는 제외)에 지급하는 사용료·수수료 등의 대가

(8) 차입금 이자상환액, 증권거래수수료 등 금융·보험용역과 관련한 지급액, 수수료, 보증료 및 이와 비슷한 대가

(9) 정치자금법에 따라 정당(후원회 및 각급 선거관리위원회를 포함)에 신용카드, 직불카드, 기명식선불카드, 직불전자지급수단, 기명식선불전자지급수단 또는 기명식전자화폐로 결제하여 기부하는 정치자금(조세특례제한법 제76조에 따라 세액공제 및 소득공제를 적용받은 경우에 한함)

(10) 세액공제를 적용받은 월세액

(11) 관세법 제196조에 따른 보세판매장, 법 제121조의 13에 따른 지정면세점, 선박 및 항공기에서 판매하는 면세물품의 구입비용

(12) 그 밖에 '(1)~(11)'의 규정과 비슷한 것으로서 기획재정부령으로 정하는 것

신용카드 등 사용금액에 포함되지 않는 금액 판단 시 다음 사항에 유의한다.

① 대학교에서 재학생 또는 일반인을 대상으로 실시하는 외국어강좌를 수강하고 신용카드 등으로 지급한 수강료는 공제대상이 아니다(서일-1149, 2005.9.29.).

② 사설학원의 수강료는 신용카드 등 사용금액에 포함되나, 비데 및 정수기사용료는 공제대상이 아니다.

③ 철도공사에서 판매하는 철도승차권의 현금거래(철도이용요금)는 현금영수증 사용금액에 포함된다(서일-320, 2005.3.22.).

④ 주택신축판매업자가 발코니 확장 및 샷시설치 공사를 하고 현금영수증을 발급하였을 때 그 대가가 등록세 과세표준에 포함되는 경우 공제대상이 아니다(서삼-903, 2006.5.17.).

⑤ 종업원이 복리후생비(영어교육비, 휴가 및 레저활동비, 체력단련비, 자녀보육비, 문화활동비)를 선지출하고 해당 영수증을 회사가 제출받아 정산한 후 급여로 지급하며 원천징수하는 경우 신용카드 사용금액은 공제대상에 포함된다(서이 46013-10871, 2003.4.29.).

⑥ 법인의 임직원이 법인개별카드를 업무와 관련없이 사용하고 그 사용금액을 임직원 본인이 부담하는 경우 공제대상이 아니다(서이 46013-10033, 2004.1.7.).

⑦ 법인이 신용카드업자로부터 종업원이 사용자로 지정된 법인신용카드를 발급받아 종업원별로 일정한도를 정하여 복리후생적 목적으로 사용하게 하고 그 대금을 해당 법인이 지급하는 그 복지카드 사용대가는 해당 종업원의 신용카드 등 사용금액에 포함되지 않는다(서일-348, 2007.3.14.).

⑧ 법인이 종업원을 사용자로 지정한 여신전문금융업법 제2조에 따른 복지(신용)카드를 발급받고 그 사용에 따른 대가로 지급하는 금액이 해당 법인의 비용에 해당하는 경우, 그 신용카드사용금액은 종업원의 근로소득금액에서 공제되는 '신용카드 등 사용금액'에 포함되지 않는다(원천세과-769, 2010.10.1.).

⑨ 근로소득이 있는 거주자가 일반기부금 단체에 신용카드를 이용하여 기부하는 경우 해당 신용카드결제금액은 신용카드 등 사용금액에 해당하지 않는다(원천-305, 2011.5.25.).

⑩ 근로소득이 있는 거주자가 교통사고로 자신이 직접 부담하여야 할 의료비를 착오로 국민건강보험공단에 보험급여를 부당청구하여 해당 보험급여에 상당하는 금액을 국민건강보험법 제57조에 따라 기타징수금으로 신용카드 납부하는 경우 그 기타징수금은 신용카드 등 사용금액에 대한 소득공제를 받을 수 없다(서면법규-382, 2013.4.3.).

⑪ 근로소득이 있는 거주자가 소유차량이 손상되어 자동차 정비업소에서 정비한 후 수리비 중 일부를 가해차량 소유주가 가입한 손해보험회사에서 지급하고, 정비업소는 손해보험회사가 지급한 수리비용에 대해 청구인 명의로 현금영수증을 발급한 경우 해당 비용에 대해서 해당 거주자는 신용카드 등 사용금액에 대한 소득공제를 받을 수 없다(서면법령소득-915, 2015.12.10.).

⑫ 재난긴급생활비로 지급된 모바일상품권(조세특례제한법 시행령 제121조의 2 제1항에 따라 실지명의가 확인되는 것에 한함)으로 지급하는 대가는 신용카드 등 사용금액에 대한 소득공제 대상에 해당되는 것이다(기획재정부 소득세제과-244, 2020.5.22.).

4) 신용카드 등 사용금액에 대한 적용 시 유의사항

① 법인비용으로 처리된 신용카드 사용금액

법인비용을 법인명의가 아닌 임직원 명의로 된 신용카드로 지출한 경우 해당 임직원 명의로 지출된 내역은 법정증명서류 및 손금인정 여부와 관계없이 신용카드 등 사용금액에서 차감하여 소득공제를 적용하여야 함에 유의한다. 이는 해당 임직원 명의로 지출된 금액은 임직원 개인 용도의 사용이 아닌 법인의 비용(즉 실비정산)으로 사용된 것이기 때문이다.

② (종합소득공제 및 특별세액공제)와 (신용카드 등 사용금액에 대한 공제)의 중복공제 여부

구 분		종합소득공제 or 특별세액공제 (First)	⇒ 신용카드 등 소득공제 (Second)
국민연금		적용	배제
보험료	건강보험 등 소득공제대상	적용	배제
	소득공제 적용 미대상	적용 안 됨	적용
의료비		적용	적용
교육비*	학교 등 소득공제 적용대상	적용	배제
	소득공제 적용 미대상	적용 안 됨	적용
월세액		적용	배제
정치자금		적용	배제

* 교육비 중 취학 전 아동에 대한 체육시설 교습비, 학원교습비는 특별세액공제와 신용카드 등 소득공제가 모두 적용된다.

(5) 제출서류

신용카드 등 사용금액에 대한 소득공제를 받고자 하는 자는 다음 서류를 제출하여야 한다(조특령 §121의 2 ⑧ · ⑫, 국세청고시 제2006-33호).

제출서류	서류요건	발급처
근로자 소득 · 세액공제신고서	1. 별지 제37호 서식 2. 신용카드소득공제금액을 기재할 것	근로자
신용카드 등 소득공제신청서	별지 제74호의 6 서식	근로자
신용카드 등 사용금액확인서	별지 제74호의 5 서식	카드회사
	국세청 소득공제증명서류로 갈음 가능	국세청

이때 신용카드 등 사용금액확인서에 전통시장 사용분, 대중교통 이용분, 도서 · 공연 · 박물관 · 미술관 · 영화상영관 사용분이 누락된 경우 영수증, 승차권, 입장권 등 전통시장 사용분, 대중교통 이용분, 도서 · 공연 · 박물관 · 미술관 · 영화상영관 사용분임을 증명할 수 있는 자료를 제출함으로써 신용카드 등 사용금액에 대한 소득공제를 신청할 수 있다.

■ 조세특례제한법 시행규칙 [별지 제74호의 5 서식] 〈개정 2023.3.**.〉

신용카드등사용금액확인서

※ [ ]에는 해당되는 곳에 √표를 합니다.   (앞쪽)

사용인	성명										생년월일		
	주소												

	카드종류	[ ] 신용카드 [ ] 직불카드 등(기명식선불카드, 직불지급수단. 기명식선불전자지급수단. 기명식 전자화폐 포함)											
신용 카드 등 사용 금액	연 월	사용금액				공제제외 대상금액 등				소득공제대상금액			
		① 일반	② 도서 공연 등	③ 전통 시장	④ 대중 교통	⑤ 일반	⑥ 도서 공연 등	⑦ 전통 시장	⑧ 대중 교통	⑨ 일반 (①-⑤)	⑩ 도서 공연 등 (②-⑥)	⑪ 전통 시장 (③-⑦)	⑫ 대중 교통 (④-⑧)
	년 1월												
	년 2월												
	년 3월												
	년 4월												
	년 5월												
	년 6월												
	소 계 (1~6월)												
	년 7월												
	년 8월												
	년 9월												
	년 10월												
	년 11월												
	년 12월												
	소 계 (7~12월)												
	합 계 (연 간)												
	직전연도 사용금액												
사용목적	근로소득자 연말정산용												

　「조세특례제한법 시행령」 제121조의2제7항에 따라 위와 같이 신용카드 등을 사용하였음을 확인하여 주시기 바랍니다.

년   월   일

신청인(사용자)   (서명 또는 인)

　「조세특례제한법 시행령」 제121조의2제7항에 따라 위와 같이 신용카드 등을 사용하였음을 확인합니다.

년   월   일

(회사명)   직인

210mm× 297mm[백상지 80g/㎡ 또는 중질지 80g/㎡]

■ 조세특례제한법 시행규칙[별지 제74호의6서식] 〈개정 2023.3.**.〉   (앞쪽)

신용카드 등 소득공제 신청서

거 주 자 성 명		생년월일	
근 무 처 명 칭		사업자등록번호	− −

1. 공제대상자 및 신용카드등 사용금액 명세

공제대상자				신용카드등 사용금액											
①내·외국인 구분	②관계	③성명	④생년월일	자료구분	⑤소계 (⑥+⑦+⑧+⑨+⑩+⑪)	⑥신용카드	⑦직불·선불카드등	⑧현금영수증	⑨도서·공연 등 사용분 (총급여 7천만원 이하만 기재)	⑩전통시장 사용분	⑪대중교통 이용분		⑪-3 소비증가분			
													2021년		2022년	
											⑪-1 1~6월	⑪-2 7~12월	전체	전통시장	전체	전통시장
			−	국세청자료												
				그 밖의 자료				■								
			−	국세청자료												
				그 밖의 자료				■								
			−	국세청자료												
				그 밖의 자료				■								
			−	국세청자료												
				그 밖의 자료				■								
⑤-1 합 계 액																

2. 신용카드등 소득공제금액의 계산

⑫신용카드 사용분 공제금액 (⑥×15%)	⑬직불카드 등 사용분 공제금액 (⑦+⑧)×30%	⑭도서·공연등사용분 공제금액 (⑨×30%)	⑮전통시장 사용분 공제금액 (⑩×40%)	⑯대중교통 이용분 공제금액		⑰ 공제제외금액 계산			⑱ 2022년 신용카드 등 사용금액 중 2021년 신용카드 등 사용금액 대비 5%를 초과하여 증가한 금액의 20%	
				⑯-1 (⑪-1 ×40%)	⑯-2 (⑪-2 ×80%)	⑰-1 총급여	⑰-2 최저 사용금액 [(⑰-1)× 25%]	⑰-3 공제제외금액	⑱-1 연간 합계액 [[(2022년 신용카드 사용금액 연간 합계액) −(2021년 신용카드등 사용금액 연간 합계액×105%)]×20%	⑱-2 전통시장 사용분 [(2022년 전통시장 사용분) −(2021년 전통시장 사용분×105%)]× 20%

⑲공제가능금액 [⑫+⑬+⑭+⑮ +⑯−(⑰-3) +(⑱-1) +(⑱-2)]	⑳ 공제한도액 [총급여 수준별로 200만원, 250만원, 300만원과 (⑰-1)×20% 중 적은 금액]	㉑일반 공제금액 (⑲과 ⑳중 적은 금액)	㉒전통시장 추가 공제금액 ⑲>⑳인 경우에 (⑲−⑳)과 ⑮ (한도: 100만원) 중 적은 금액	㉓대중교통 추가 공제금액 ⑲>⑳인 경우에 (⑲−⑳−㉒)과⑯ 한도: 100만원) 중 적은 금액	㉔도서·공연등 추가 공제금액 ⑲>⑳인 경우에 (⑲−⑳−㉒−㉓)과 ⑭ (한도: 100만원) 중 적은 금액	㉕2022년 신용카드 등 사용금액 중 2021년 신용카드 등 사용금액 대비 소비 증가분에 대한 추가 공제금액 [⑲>⑳인 경우에 ⑲−⑳−㉒−㉓ −㉔과 {(⑱-1)+(⑱-2)} (한도: 100만원)중 적은 금액]	㉖최종 공제금액 (㉑+㉒+ ㉓+㉔+ ㉕

⑰-3 계산

구분	계산식	⑰-3
⑥ ≥ (⑰-2)	(⑰-2)×15%	
⑥ + ⑦ + ⑧ + ⑨ ≥ (⑰-2) 〉⑥	⑥×15% + {(⑰-2) − ⑥}×30%	
⑥ + ⑦ + ⑧ + ⑨ + ⑩ + (⑪-1) ≥ (⑰-2) 〉⑥ + ⑦ + ⑧ + ⑨	⑥×15% + (⑦+⑧+⑨)×30% + {(⑰-2)−⑥−⑦−⑧−⑨}×40%	
(⑰-2) 〉⑥ + ⑦ + ⑧ + ⑨ + ⑩ + (⑪-1)	⑥×15% + (⑦+⑧+⑨)×30% + ⑩ + (⑪-1)}×40% + {(⑰-2)−⑥−⑦−⑧−⑨−⑩ − (⑪-1)}×80%	

「조세특례제한법」 제126조의2제7항 및 같은 법 시행령 제121조의2제8항에 따라 신용카드등 사용금액에 대한 소득공제를 신청합니다.

년   월   일

신청인 :   (서명 또는 인)

귀하

첨부 서류	다음 각 호의 어느 하나에 해당하는 서류 1. 신용카드등사용금액확인서(「조세특례제한법 시행규칙」 별지 제74호의5서식을 말합니다) 및 승차권 등 대중교통이용분임을 증명할 수 있는 서류(대중교통이용분이 있는 경우로 한정합니다)	수수료
	2. 소득공제명세를 일괄적으로 기재하여 국세청장이 발급하는 서류(국세청 연말정산간소화 서비스 (www.hometax.go.kr→조회/발급→연말정산간소화)에서 제공하는 연말정산소득공제 명세를 말합니다)	없 음

210mm× 297mm[백상지 80g/㎡ 또는 중질지 80g/㎡]

(뒤쪽)

작 성 방 법

1. 이 서식은 근로소득이 있는 거주자가 원천징수의무자에게 신용카드등 사용금액에 대한 소득공제를 신청하는 경우에 사용하는 서식입니다.

2. 공제대상자는 다음 각 목의 사람을 말하며, 신용카드 · 직불카드 · 기명식선불카드 · 기명식선불지급수단 · 기명식전 자화폐의 경우에는 명의인을 기준으로 작성하고, 현금영수증의 경우에는 영수증 거래자를 기준으로 작성합니다.

    가. 근로소득이 있는 거주자 본인

    나. 연간소득금액의 합계액이 100만원(근로소득만 있는 경우에는 총급여액 5백만원) 이하인 배우자

    다. 거주자와 생계를 같이 하는 직계존비속(배우자의 직계존속과 「소득세법 시행령」 제106조제7항에 따른 동거 입양 자를 포함하되, 다른 거주자의 기본공제를 적용받은 사람은 제외합니다)으로서 연간소득금액의 합계액이 100만 원(근로소득만 있는 경우에는 총급여액 5백만원) 이하인 사람

3. "① 내 · 외국인 구분"란은 내국인은 "1", 외국인은 "9"로 표기합니다.

4. "② 관계"란은 거주자와의 관계를 본인=0, 직계존속=1, 배우자의 직계존속=2, 배우자=3, 직계비속=4 로 표기합니다.

5. "자료구분"란의 "국세청 자료"란은 거주자가 첨부 서류 2의 국세청 연말정산간소화 서비스(www.hometax.go.kr→조회 /발급→연말정산간소화)에서 제공하는 연말정산소득공제 명세를 제출하는 경우에 해당 공제항목의 금액을 적고, "그 밖의 자료"란은 거주자가 첨부 서류 1의 신용카드등사용금액확인서(별지 제74호의5서식을 말합니다)와 승차권 등 대중교통이용분임을 증명할 수 있는 서류를 제출한 경우에 해당 서류의 금액을 적습니다.

6. 신용카드등 사용금액란은 다음 각 목에 따라 적되, 신용카드등 사용금액 중 대중교통에 사용하였으나 신용카드등사 용금액확인서 또는 국세청 연말정산간소화 서비스에서 제공하는 연말정산소득공제 명세상 대중교통이용분이 아닌 일반 신용카드등 사용금액으로 분류된 금액이 있는 경우, 그 금액은 결제수단에 따라 ⑥, ⑦, ⑧, ⑨란에서 차감하고 "⑪ 대중교통이용분" 중 "그 밖의 자료"란에 적으며 첨부 서류 1의 승차권 등 대중교통이용분임을 증명할 수 있는 서류를 제출합니다.

    가. ⑥ ~ ⑪란의 금액은 부동산임대소득 · 사업소득과 관련된 비용 또는 법인의 비용에 해당하는 금액을 뺀 금액을 말합니다.

    나. "⑥ 신용카드"란, "⑦ 직불 · 선불카드등"란, "⑨ 도서 · 공연등 사용분"란, "⑩ 전통시장사용분"란, "⑪ 대중교통이 용분"란은 신용카드등사용금액확인서(별지 제74호의5서식을 말합니다) "소득공제대상금액"란 ⑨, ⑩, ⑪, ⑫의 금액을 적거나 국세청 연말정산간소화 서비스에서 제공하는 사용금액을 적습니다.

    다. "⑧ 현금영수증"란은 국세청 연말정산간소화 서비스에서 제공하는 현금영수증사용금액(전통시장사용분 · 대중 교통이용분 · 총급여 7천만원 이하인 자의 도서 · 신문 · 공연 · 박물관 · 미술관 사용분은 제외합니다)을 적습니다.

    라. "⑪-3소비증가분"란은 근무기간에 관계없이 연간 전체사용금액을 적습니다.

7. ⑧번 항목의 ■ 음영처리 부분은 적지 않습니다.

8. 원천징수의무자가 별도로 신용카드등 소득공제금액을 계산하는 경우에는 "2. 신용카드등 소득공제금액의 계산"은 작성하지 않을 수 있습니다.

9. "⑰-1 총급여"란은 비과세 소득을 제외한 근로소득을 말하며, 근로소득 원천징수영수증(「소득세법 시행규칙」 별지 제24호서식을 말합니다)의 "㉑ 총급여"란의 금액을 옮겨 적습니다.

10. "⑲ 공제가능금액" 계산시 ⑱번 금액은 신용카드 등 사용금액 합계가 최저사용금액을 초과한 경우 적용됩니다.

11. ⑳공제한도액은 총급여 7천만원 이하자는 300만원과 총급여액의 100분의 20에 해당하는 금액 중 작거나 같은 금액, 총급여 7천만원 초과~1.2억원 이하자는 250만원 총급여 1.2억원 초과자는 200만원입니다.

12. 도서 · 공연등 사용분과 도서 · 공연등 추가 공제금액은 총급여가 7천만원 이하인 근로자에 한하여 적용하고, 7천만 원 초과자의 도서 · 공연등 사용분은 신용카드, 현금영수증, 직불카드등 결제수단별 소득공제 금액에 포함하여 계산 한 금액을 소득공제합니다.

02

533

3. 개인연금저축소득공제

(1) 공제대상

거주자가 2000.12.31.까지 저축납입계약기간 만료 후 연금의 형태로 지급을 받는 다음 요건을 갖춘 '개인연금저축'에 가입한 경우로 한다(구조특법 §86 ①, 구조특령 §80 ①).

---

1. 다음의 금융기관이 취급할 것
   ① 은행법상 금융기관으로 신탁업법 제3조 규정에 의하여 신탁업인가를 받은 회사(신탁에 한해 취급가능)
   ② 증권투자신탁업법에 의한 위탁회사(종합금융회사에관한법률에 의한 종합금융회사 제외)
   ③ 보험업법에 의한 보험사업자
   ④ 우체국예금·보험에관한법률에 의한 체신관서(우체국보험에 한해 취급가능)
   ⑤ 농업협동조합법 또는 수산업협동조합법에 의하여 설립된 조합(생명공제에 한해 취급가능)
2. 가입대상이 만 20세 이상일 것
3. 저축납입기간이 10년 이상일 것. 단, 1949.12.31. 이전 출생자가 1995.12.31.까지 가입한 경우 저축납입기간은 다음 표에 의함.

가입자의 출생연도	납입기간	
	1994년 가입 시	1995년 가입 시
1949년	10년 이상	9년 이상
1948년	9년 이상	8년 이상
1947년	8년 이상	7년 이상
1946년	7년 이상	6년 이상
1945년	6년 이상	5년 이상
1944년 이전	5년 이상	5년 이상

4. '1.'의 금융기관에 가입한 저축 합계액이 분기마다 300만원 이내에서 납입할 것(당해 분기 이후 또는 이전의 저축금을 선납입 또는 후납입 불가. 다만, 보험 또는 공제에 있어 최종 납입일이 속하는 달의 말일부터 2년 2월이 경과하기 전에는 그 동안의 저축금을 납입가능)
5. 저축납입 계약기간 만료 후 가입자가 만 55세 이후부터 5년 이상 연금으로 지급받는 저축일 것

---

① 배우자명의의 개인연금저축납입액은 소득공제를 받을 수 없다(재경부소득 46073-37, 2002.1.26.).

② 근로자가 개인연금저축을 중도해지한 경우 해당 연도에 납입한 저축납입액에 대해

서는 소득공제를 받을 수 없다(서일-531, 2005.5.18.).

③ 개인연금저축가입자도 연금저축에 동시가입이 가능하며, 이 경우 개인연금저축소득 공제와 연금저축소득공제를 동시에 적용받을 수 있다. 다만 개인연금저축소득공제를 우선 적용받는다(법규소득 2010-395, 2010.12.31.; 원천-558, 2011.9.15.).

(2) 소득공제액

상기 '(1)'에 해당하는 개인연금저축의 해당 연도 납입액 중 다음 금액을 종합소득금액 에서 공제한다(구조특법 §86 ①).

$$개인연금저축소득공제액 = Min \begin{cases} 개인연금저축납입액 \times 40\% \\ 72만원 \end{cases}$$

(3) 제출서류

개인연금저축소득공제를 적용받고자 하는 경우 '개인연금저축납입증명서'를 다음과 같 이 제출하여야 한다(구조특령 §80 ④ · ⑦, 구조특칙 §33 ③~④ · §61 ①, 조특법 부칙 §40, 2013.1.1.).

제출서류	발급기관
• 개인연금저축납입증명서[조특칙 별지 제58호 서식] • 인터넷증빙서류 • 12.31. 현재의 납입액이 표시되어 있는 것 • 최초 제출연도의 다음 연도부터는 해당 저축의 납입액을 증명할 수 있는 개인연금저축통장 사본으로 가능	해당 금융기관
국세청 소득 · 세액공제증빙서류로 갈음 가능	국세청

조세특례제한법시행규칙 [별지 제58호 서식] (2015.3.13. 개정)

개인연금저축납입증명서

※ [ ]에는 해당되는 곳에 √표시를 합니다.

가입자	성명		생년월일	
	주소		(☎ : –)	

통장번호 또는 증권번호	계약기간	저축금액납입방법
	년 월 일부터 년 월 일까지	[ ] 월납 [ ] 3월납

( )년도 개인연금저축 납입현황

월별	납입일자	납입금액	비고	월별	납일일자	납입금액	비고
1				7			
2				8			
3				9			
4				10			
5				11			
6				12			
①연간합계액							
소득공제대상액 [(①×40÷100)과 72만원 중 적은 금액]			사용목적		개인연금저축소득공제신청용		

「조세특례제한법 시행령」 제80조 제4항(2013.2.15. 대통령령 제24368호로 개정되기 전)에 따라 개인연금저축금액을 위와 같이 납입하였음을 증명하여 주시기 바랍니다.

년 월 일

신청인   (서명 또는 인)

(개인연금저축취급기관장) 귀하

위와 같이 개인연금저축금액을 납입하였음을 증명합니다.

년 월 일

(개인연금저축취급기관장)   [인]

210mm×297mm[백상지 80g/㎡ 또는 중질지 80g/㎡]

4. 소기업·소상공인 공제부금 소득공제(2016.1.1. 이후 가입분은 사업소득금액공제)

(1) 공제대상

거주자가 본인명의로 중소기업협동조합법 제115조에 따른 소기업·소상공인공제(중소기업중앙회가 운영하는 노란우산공제)로서 분기별로 300만원 이하의 공제부금을 납입하는 공제에 가입하여 납부하는 공제부금으로 한다(조특법 §86의 3 ①, 조특령 §80 ①). 다만, 다음 어느 하나에 해당하는 시기에 공제부금을 납입하는 경우에는 해당 분기의 공제부금을 납입한 것으로 본다(조특령 §80의 3 ②).

> 1. 마지막 납입일이 속하는 달의 말일부터 1년 6개월이 경과하기 전에 그 기간 동안의 공제부금을 납입한 경우
> 2. 분기 이전에 해당 연도에 납부하여야 할 공제부금 중 6개월분에 해당하는 공제부금을 먼저 납입한 경우

(2) 공제금액

① 소기업·소상공인 공제부금은 다음과 같이 공제한다(조특법 §86의 3 ①)

소득공제액	Min(해당 연도 공제부금 납부액, 한도금액)	
소득공제 방법	2015.12.31.까지 가입분	종합소득금액에서 공제
	2016.1.1. 이후 가입분	• 사업소득금액에서 공제 • 단, 법인의 대표자로서 해당 과세기간의 총급여액이 7천만원 이하인 거주자의 경우 근로소득금액에서 공제

즉, 2015.12.31.까지 소기업·소상공인 공제에 가입하여 납부하는 공제부금은 종합소득금액에서 공제하며, 2016.1.1. 이후 가입하여 납부하는 공제부금은 사업소득금액(법인의 대표자로서 해당 과세기간의 총급여액이 7천만원 이하인 거주자의 경우에는 근로소득금액)에서 공제하는 방식으로 변경하였다.

다만, 2016.1.1. 전에 중소기업협동조합법에 따른 중소기업중앙회에 개정규정의 적용을 신청하는 경우에는 2016.1.1.부터 개정규정을 적용한다(법률 제12853호, 2014.12. 23. 부칙 제65조).

② 한도금액

사업소득금액/근로소득금액	공제한도
4천만원 이하	500만원
4천만원~1억원	300만원
1억원 초과	200만원

③ 부동산임대소득금액이 있는 경우

가. 사업소득금액에 부동산임대소득금액이 있는 경우에는 공제금액은 다음과 같다(조특법 §86의 3 ①).

$$공제한도 \ 내의 \ 부금납입액 \times (1 - \frac{부동산임대업소득공제}{사업소득금액})$$

나. '가.'의 규정은 2019.1.1. 이후 공제에 가입하는 경우부터 적용한다. 이전 가입자는 공제한도 전액이 공제된다.

(3) 공제부금 수령 시 과세

① 폐업 등 다음의 사유가 발생하여 소기업·소상공인 공제에서 공제금을 지급받는 경우에는 다음 계산식에 따라 계산한 금액을 퇴직소득으로 보아 소득세를 부과한다. 이 경우 소득세법 제48조 및 제55조에 따른 근속연수는 소기업·소상공인 공제의 가입기간을 고려하여 공제부금 납입월수를 12로 나누어 계산한 연수(1년 미만의 기간은 1년으로 봄)에 따라 계산한 연수로 한다.

$$퇴직소득 = 공제금 - 실제 \ 소득공제받은 \ 금액을 \ 초과하여 \ 납입한 \ 금액의 \ 누계액$$

가. 소기업·소상공인이 폐업(개인사업자의 지위에서 공제에 가입한 자가 법인을 설립하기 위하여 현물출자를 함으로써 폐업한 경우와 개인사업자의 지위에서 공제에 가입한 자가 그 배우자 또는 자녀에게 사업의 전부를 양도함으로써 폐업한 경우를 포함) 또는 해산(법인에 한함)한 때

나. 공제 가입자가 사망한 때

다. 법인의 대표자의 지위에서 공제에 가입한 자가 그 법인의 대표자의 지위를 상

실한 때

라. 만 60세 이상으로 공제부금 납입월수가 120개월 이상인 공제 가입자가 공제금의 지급을 청구한 때

마. 사회재난지역에서 재난으로 15일 이상 입원치료가 필요한 피해

② 폐업 등의 사유가 발생하기 전에 소기업ㆍ소상공인 공제계약이 해지된 경우에는 다음의 계산식에 따라 계산한 금액을 기타소득으로 보아 소득세를 부과한다. 다만, 해외이주 등 해지 전 6개월 이내에 발생한 다음의 사유로 해지된 경우에는 상기 '①'을 적용한다.

> 기타소득=해지로 인하여 받은 환급금－실제 소득공제받은 금액을 초과하여 납입한 금액의 누계액

가. 천재ㆍ지변의 발생

나. 공제 가입자의 해외이주

다. 공제 가입자의 3월 이상의 입원치료 또는 요양을 요하는 상해ㆍ질병의 발생

라. 중소기업협동조합법에 따른 중소기업중앙회의 해산

마. 사회재난지역에서 재난으로 15일 이상 입원치료가 필요한 피해

(4) 제출서류

소기업ㆍ소상공인공제부금 소득공제를 적용받기 위해서는 다음과 같이 공제부금납입증명서 등을 제출하여야 한다.

제출서류	발급기관
• 공제부금납입증명서[조특칙 별지 제58호의 4 서식] 최초 제출연도의 다음 연도부터 해당 공제의 납입액을 증명할 수 있는 공제부금 통장 사본 가능	중소기업중앙회
• 국세청 소득ㆍ세액공제증명서류 갈음 가능	국세청

(5) 중도해지 가산세

2016.12.31.까지 적용되던 소기업ㆍ소상공인 공제부금을 가입 후 5년 이내 해지 시 가산세부과규정은 2017.1.1. 이후 해지분부터 폐지되었다.

조세특례제한법시행규칙 [별지 제58호의 4 서식] (2019.3.20. 개정)

공제부금납입증명서

※ [ ] 에는 해당되는 곳에 √표를 합니다.

가입자	성명		생년월일	
	주소		(☎ : –)	

공제계약번호 또는 증서번호	대 상 기 간	공제부금납입방법
	년 월 일부터 년 월 일까지	[ ] 월납 [ ] 분기납

(   )년도 공제부금 납입현황

월별	납입일자	납입금액	비고	월별	납일일자	납입금액	비고
1				7			
2				8			
3				9			
4				10			
5				11			
6				12			
연간합계액			사용목적	공제부금 소득공제신청용			

「조세특례제한법 시행령」 제80조의 3 제5항에 따라 위와 같이 소기업·소상공인 공제부금을 납입하였음을 증명하여 주시기 바랍니다.

년   월   일

신청인   (서명 또는 인)

중소기업중앙회 회장 귀하

위와 같이 소기업·소상공인 공제부금을 납입하였음을 증명합니다.

년   월   일
중소기업중앙회 회장   [인]

210mm×297mm[백상지 80g/㎡ 또는 중질지 80g/㎡]

5. 주택마련저축소득공제

(1) 공제대상

1) 청약저축

근로소득이 있는 거주자(일용근로자 제외)로서 총급여액이 7천만원 이하이며 해당 과세기간 중 주택을 소유하지 않은 세대의 세대주(12.31. 현재)가 2025.12.31.까지 해당 과세기간에 청약저축에 납입한 금액을 말하며, 가입시기별 공제요건을 도표로 요약하면 다음과 같다.

저축 가입시기	본인명의 저축납입액		법소정 세대가 해당 과세기간 중 소유한 주택			
			무주택	국민주택규모 1주택		이외(국민주택 규모 초과 주택, 2주택 등)
	총급여 7,000만원 이하	총급여 7,000만원 초과		가입 후 취득	취득 후 가입	
~2005.12.31.	연납입액 240만원 한도로 공제가능 (2025.12. 31.까지 적용)	공제불가	없음	없음		공제불가
2006.1.1. ~2007.12.31.				저축가입당시 기준시가 3억원 이하		
2008.1.1. ~2009.12.31.				주택취득당시 기준시가 3억원 이하	저축가입당시 기준시가 3억원 이하	
2010.1.1. ~2014.12.31.				공제불가		
2015.1.1.* ~2016.8.11.						

이하 상기 요건에 대해 살펴보기로 하자.

① 공제대상 저축의 범위

근로자 본인명의로 가입한 '주택법에 따른 청약저축'을 말한다. 그리고 2009.12.31. 이전 가입분은 월 납입액이 10만원 이하인 것만 공제대상이며(구조특령 §81 ④), 2010. 1.1. 이후부터 2011.12.31.까지 가입분은 월납입액에 제한은 없지만 월납입액이 10만원을 초과하는 경우 10만원을 초과하는 금액은 공제대상으로 보지 않는다. 그리고 2012.1.1. 이후 납입분부터는 연 납입액 120만원, 2015.1.1. 이후 납입분부터는 연

납입액 240만원을 초과하는 경우 그 초과금액은 공제대상으로 보지 않는다(조특법 §87 ②).

공제대상이 아닌 청약저축 사례는 다음과 같다.

> 1. 배우자명의로 가입한 청약저축
> 2. 2009.12.31. 이전에 가입한 청약저축으로 월납입액이 10만원 초과인 것
> 3. 2010.1.1.~2011.12.31. 가입분 중 월납입액 10만원 초과한 금액
> 4. 2012.1.1. 이후 납입액 중 연 120만원을 초과한 금액
> 5. 청약예금
> 6. 청약부금(2000.10.31. 이전 가입분 포함)
> 7. 한국주택은행의 내집마련주택부금(대출용)(법인 46013-77, 1998.1.13.)

② 국민주택규모의 주택과 기준시가(가입시기 2009년 이전분만 해당)

'국민주택규모의 주택'과 '기준시가'는 각각 주택임차차입금원리금상환액공제와 장기주택저당차입금 이자상환액공제에서 살펴본 바와 동일하므로(조특법 §87 ①, 구조특법 §87 ① · ② · ③, 조특령 §81 ① · ②, 구조특령 §81 ① · ② · ⑤, 소법 §99 ①), 이를 참조하기 바란다.

다만, 청약저축 가입시기별로 '기준시가 3억원' 규정은 다음과 같이 적용한다.

가. 2005.12.31. 이전에 가입한 경우

해당 주택의 기준시가와 상관없이 적용가능하다(구소법 §52 ②, 소법 부칙 §10, 2005.12.31.). 따라서 소유하고 있는 국민주택규모 1주택의 기준시가가 3억원을 초과하더라도 공제가능하다.

나. 2006.1.1.부터 2007.12.31.까지 가입한 경우

청약저축 '가입당시'의 기준시가로만 판단한다(구소법 §52 ②, 조특법 부칙 §26, 2007.12.31., 서일-218, 2007.2.9.). 예를 들어 무주택세대의 세대주인 근로자가 2007.7.4. 청약저축에 가입하여 납입하던 중 2010.8.5. 국민주택규모 1주택을 취득하는 경우 2007.7.4. 현재 해당 주택의 기준시가로 공제 여부를 판단한다.

다. 2008.1.1.부터 2009.12.31.까지 가입한 경우

청약저축 '가입당시'의 기준시가로 판단하되 가입 후 주택을 취득하는 경우에는 '취득당시'의 기준시가로 판단한다(구조특법 §87 ②, 조특법 부칙 §73, 2010.1.1.). 예를 들어 무주택세대의 세대주인 근로자가 2008.7.4. 청약저축에 가입하여 납입하던 중 2010.8.5. 국민주택규모 1주택을 취득하는 경우 2010.8.5. 현재 해당 주택의

기준시가로 공제 여부를 판단한다. 한편, 2008.7.4. 국민주택규모 1주택을 취득한 세대의 세대주인 근로자가 2009.8.5. 청약저축에 가입한 경우 취득일 이후 해당 주택의 기준시가와 관계없이 가입일인 2009.8.5. 현재 해당 주택의 기준시가로만 판단한다.

라. 2010.1.1. 이후에 가입한 경우

무주택세대의 세대주만 공제되므로(조특법 §87 ②) 주택의 기준시가와 관계없이 주택을 소유한 경우 공제대상이 되지 않는다.

③ 법소정 세대의 세대주

'법소정 세대'란 거주자와 그 배우자, 거주자와 동일한 주소 또는 거소에서 생계를 같이 하는 거주자와 그 배우자의 직계존비속(직계존비속의 배우자 포함) 및 형제자매를 모두 포함한 세대를 말한다. 다만, 거주자와 그 배우자는 생계를 달리하더라도 동일한 세대로 보며 거주자와 배우자가 각각 세대주인 경우에는 어느 한 명만 세대주로 본다(조특령 §81 ⑩). 따라서 청약저축에 각각 가입하여 납입한 맞벌이부부가 각각 근로소득이 있는 세대주로서 무주택세대의 세대주인 경우에도 어느 한 명만 세대주로 보므로 맞벌이부부 중 어느 한 명만 주택마련저축소득공제를 적용받을 수 있다.

그리고 세대주는 과세연도 종료일 현재 상황에 의하며(조특법 §87 ④), 단독세대주도 인정된다(소법 부칙 §9 ①, 2003.12.30.). 그러므로 연도 중 세대주였다가 연도말에 세대원이 된 경우 해당 연도에는 주택마련저축소득공제를 적용받을 수 없다.

④ 소유한 주택수 및 주택규모의 판단

주택마련저축 소득공제를 적용함에 있어 소유한 주택수 및 주택규모의 판단은 '해당 연도 중' 상기 '③'에서 언급한 '법소정 세대'를 기준으로 하여 판단한다(조특법 §87 ①). 예를 들어 근로자가 부모와 함께 부친소유의 주택에서 거주하다가 결혼과 동시에 분가하여 또 다른 곳의 부친주택으로 이전하면서 배우자와 세대를 구성하고 거주하는 세대주인 경우 무주택자에 해당하므로 공제대상이 된다(소득 46074-261, 1994.10.27.). 이하 주택수 판단에 있어 유의할 점에 대해 살펴보기로 한다.

가. 부부가 별도세대의 세대주인 경우

2008년 귀속 연말정산분까지는 맞벌이부부가 각각 근로소득이 있는 세대주로서 실질적으로 별도의 세대를 구성하는 경우에는 주택자금공제대상이 되는 것이며, 이때 보유한 주택의 수는 각 세대별 주민등록표상의 동거가족을 기준으로 판단하였다(서일-1269, 2004.10.21.).

그러나 2009년 귀속 연말정산분부터는 부부가 별도세대를 구성하여 각각 세대주라 하더라도 동일한 세대로 보며 어느 한 명만 세대주로 보므로 맞벌이부부가 각각 근로소득이 있는 세대주로서 다음과 같은 경우 부부 모두 주택마련저축소득공제를 적용받을 수 없다(조특법 §87 ②, 조특령 §81 ⑨, 서일-69, 2007.1.11.; 원천-161, 2010.2.23.).

> 1. 본인(또는 배우자)은 무주택자이나, 배우자(또는 본인)가 2주택을 소유한 경우
>   → 2주택 소유자에 해당
> 2. 본인 및 배우자 모두 국민주택규모 1주택을 소유한 경우
>   → 2주택 소유자에 해당
> 3. 본인(또는 배우자)은 무주택자이나, 배우자(또는 본인)가 국민주택규모 초과 1주택을 소유한 경우 → 국민주택규모 초과 주택소유자에 해당

한편, 2010.1.1. 이후 가입분부터는 법소정 세대를 기준으로 무주택세대주만 공제받을 수 있으므로(조특법 §87 ②, 조특령 §81 ⑨) 2010.1.1. 이후에 청약저축에 가입하여 납입한 맞벌이부부가 각각 근로소득이 있는 세대주로서 본인(또는 배우자)은 무주택자이나 배우자(또는 본인)가 국민주택규모 1주택을 소유한 경우라도 주택마련저축소득공제를 적용받을 수 없다.

나. 분양권을 취득하게 된 경우

주택마련저축공제 적용 시 '주택을 취득할 수 있는 권리'는 주택으로 보지 않으므로 (서일-1740, 2007.12.26.) 분양권 보유수에 상관없이 '법소정 세대'가 보유한 주택수만으로 공제 여부를 판단하면 된다.

다. 법소정 세대가 소유한 주택수가 변동하는 경우

과세기간 중 법소정 세대가 소유한 주택수가 변동하는 경우 주택마련저축소득공제 여부를 도표로 살펴보면 다음과 같다.

주택수 변동	2009.12.31. 이전 가입분	2010.1.1. 이후 가입분
무주택에서 요건충족* 1주택 취득	공제가능	공제불가
무주택에서 요건불충족 1주택 취득	공제불가	공제불가
요건충족 1주택 매각 후 무주택	공제가능	공제불가

주택수 변동	2009.12.31. 이전 가입분	2010.1.1. 이후 가입분
요건불충족 1주택 매각 후 무주택	공제불가	공제불가
요건충족 1주택을 매각 후 요건충족 1주택 취득	공제가능	공제불가
요건충족 1주택 매각 전 요건충족 1주택 취득	공제불가	공제불가
요건충족 1주택 매각 후 요건불충족 1주택 취득	공제불가	공제불가
요건불충족 1주택 매각 후 요건충족 1주택 취득	공제불가	공제불가
2주택에서 1주택을 매각(또는 2주택 모두 매각)	공제불가	공제불가

* 국민주택규모 주택으로서 가입당시(또는 취득당시) 기준시가가 3억원 이하인 경우를 말한다.

라. 주택을 (공동)상속받게 된 경우

상속받은 주택도 소유한 주택수에 포함하여 공제 여부를 판단한다. 따라서 1주택을 소유한 법소정 세대의 세대주가 해당 연도 중 주택을 상속받은 경우 2주택자가 되어 해당 연도에는 주택마련저축소득공제를 적용받을 수 없다.

만약 주택마련저축소득공제를 적용함에 있어 상속으로 여러 사람이 공동으로 소유하는 1주택이 있는 경우 해당 공동상속주택은 다음의 자가 소유한 것으로 보아 공제 여부를 판단한다(서일－431, 2007.4.2.). 또한 공동상속주택을 재건축한 경우에도 해당 재건축주택은 공동상속주택으로 본다(원천－455, 2009.5.27.).

> 1. 상속지분이 가장 큰 상속인
> 2. '1.'에 해당하는 사람이 2명 이상인 경우에는 다음 순서에 의한다.
>   (1) 해당 주택에 거주하는 사람
>   (2) 최연장자

마. 미등기·무허가주택 및 공가상태로 방치한 건물

미등기·무허가주택도 포함하여 주택수를 판정한다(법인－777, 1991.4.17.; 원천－623, 2010.7.29.). 또한 소득세법을 적용함에 있어 주택으로 사용하던 건물을 장기간 공가상태로 방치한 경우에도 공부상의 용도가 주거용으로 등재되어 있으면 주택으로 보는 것이나, 장기간 공가상태로 방치한 건물이 건축법상 건축물로 볼 수 없을 정도로 폐가가 된 경우에는 주택으로 보지 않는다. 이때 주택으로 볼 수 있는지 여부는 관련사실 및 현장을 확인하여 판단한다(소득－569, 2009.4.16.).

2) 근로자주택마련저축

법소정 세대의 세대주인 근로소득이 있는 거주자(일용근로자 제외)가 해당 과세연도에 근로자주택마련저축에 납입한 금액을 말하며, 공제요건을 도표로 요약하면 다음과 같다.

법소정 세대가 해당 과세기간 중 소유한 주택의 요건			
무주택	1주택		이외 (국민주택규모 초과 주택, 2주택 등)
	규모	기준시가	
해당 사항 없음	국민주택규모	없음	공제불가

이하 상기 요건에 대해 살펴보기로 하자.

① 공제대상 저축

근로자 본인명의로 가입한 '근로자주택마련저축'을 말한다(구조특법 §87 ②, 구조특령 §81 ④, 구소법 §52 ②, 구소령 §112 ③). 이때 '근로자주택마련저축'은 법률 제7030호 한국주택금융공사법 부칙 제2조의 규정에 따라 폐지된 종전의 근로자의주거안정과목돈마련지원에관한법률에 의한 근로자주택마련저축(월 15만원 한도)을 말하며, 해당 저축은 주택금융기관이 취급하는 근로자주택마련저축으로 한다. 다만, 현재는 신규가입이 중지된 상태이다.

② 이외

상기 '①' 외의 모든 내용은 '1) 청약저축'과 동일하다.

3) 주택청약종합저축

법소정 근로소득이 있는 거주자(일용근로자 제외)가 2022.12.31.까지 해당 과세기간에 다음 요건을 충족하는 법소정 주택청약종합저축에 납입한 금액(연 240만원을 납입한도로 하며, 소득공제 적용 과세기간 이후에 납입한 금액만 해당)의 40%를 근로소득금액에서 공제한다. 다만, 과세기간 중에 주택당첨 및 주택청약종합저축 가입자가 청년우대형주택청약종합저축에 가입하는 것 외의 사유로 중도해지한 경우에는 해당 과세기간에 납입한 금액은 공제하지 아니한다(조특법 §87 ② · ⑤, 조특령 §81 ⑬).

> 1. 해당 과세기간의 총급여액이 7천만원 이하일 것
> 2. 해당 과세기간 중 주택을 소유하지 않은 법소정 세대의 세대주(상기 1) ③)일 것
> 3. 2009.5.6. 이후 주택법에 따른 주택청약종합저축에 납입한 금액일 것

4. 해당 저축취급기관에 주택을 소유하지 아니한 세대의 세대주임을 확인하는 무주택확
   인서를 소득공제 적용받으려는 과세기간(소득공제 적용 과세기간)의 다음 연도 2월말
   까지 제출할 것

저축 가입시기	공제요건			
	본인명의 저축납입액		법소정 세대가 해당 과세기간 중 소유한 주택	
	총급여 7,000만원 이하	총급여 7,000만원 초과	무주택	이외
2009.5.6. ~2014.12.31.	연 납입액 240만원 한도로 공제가능 (2025.12.31. 까지 적용)	공제불가	소득공제를 적용받으려는 과세기간의 다음 연도 2월말까지 무주택확인서를 해당 저축취급기관에 제출	공제불가
2015.1.1.~				국세청

① 무주택확인서 제출

주택청약종합저축에 납입한 금액에 대하여 소득공제를 적용받으려는 사람은 해당 저축
취급기관에 주택을 소유하지 아니한 세대의 세대주임을 확인하는 무주택 확인서를 소
득공제를 적용받으려는 과세기간(소득공제 적용 과세기간)의 다음 연도 2월 말까지 제출
하여야 한다(조특법 §87 ④).

② 주민등록표등본 제출의무는 폐지

주택청약종합저축에 대한 추징세액

1. 추징세액 사유

주택청약종합저축 납입액에 대하여 소득공제를 받은 사람이 다음의 어느 하나에 해당
하는 경우 해당 저축 취급기관은 소득공제적용 과세기간 이후에 납입한 금액(연 240만
원을 한도)의 누계액에 100분의 6을 곱하여 계산한 금액(추징세액)을 해당 저축을 해
지하는 때에 해당 저축금액에서 추징하여 해지일이 속하는 달의 다음 달 10일까지 원
천징수 관할세무서장에게 납부하여야 한다. 다만, 소득공제를 받은 사람이 해당 소득
공제로 감면받은 세액이 추징세액에 미달하는 사실을 증명하는 경우에는 실제로 감면
받은 세액상당액을 추징한다(조특법 §87 ⑦).
① 저축가입일부터 5년 이내에 저축계약을 해지하는 경우
② 주택법에 따른 사업계획승인을 받아 건설되는 국민주택규모를 초과하는 주택에 청
   약하여 당첨된 경우

이때 추징세액을 기한까지 납부하지 아니하거나 납부하여야 할 세액에 미달하게 납부한 경우 저축 취급기관은 그 납부하지 아니한 세액 또는 미달한 세액의 100분의 10에 해당하는 금액을 추징세액에 가산하여 원천징수 관할 세무서장에게 납부하여야 한다 (조특법 §87 ⑧).

2. 추징제외사유

다음은 추징제외사유에 해당된다(조특령 §81 ⑪).

① 저축자의 사망, 해외이주

② 주택법에 따른 사업계획승인을 받아 건설되는 국민주택규모의 주택에 청약하여 당첨된 경우

③ 해지 전 6개월 이내에 발생한 다음의 어느 하나에 해당하는 사유

천재지변 / 저축자의 퇴직 / 사업장의 폐업 / 저축자의 3개월 이상의 입원치료 또는 요양을 요하는 상해·질병의 발생 / 저축취급기관의 영업의 정지, 영업인가·허가의 취소, 해산결의 또는 파산선고

④ 주택청약종합저축 가입자가 청년우대형주택청약종합저축에 가입하기 위해 주택청약종합저축을 해지하는 경우

3. 특별해지사유신고서 제출

상기 '2. ②~④'에 해당하는 사유가 발생하여 주택청약종합저축을 해지하려는 사람은 특별해지사유신고서(별지 제58호의 3 서식)를 주택청약종합저축 취급기관에 제출하여야 한다(조특령 §81 ⑫).

■ 조세특례제한법 시행규칙 [별지 제58호의 3 서식] (2023.3.**. 개정)

특별해지사유신고서

※ [ ] 또는 ( )에는 해당되는 곳에 √표를 합니다. (3쪽 중 제1쪽)

접수번호			접수일자			처리기간	

가입자	성명		생년월일	
	주소			
			(전화번호 :)	
저축명	통장번호 또는 증권번호		계약기간	
			년 월 일부터 년 월 일 까지	

저축 해지 근거법령 및 해지 사유

	해지 근거법령	해당저축	사유 발생일	해지사유
[ ]	「조세특례제한법 시행령」§14⑫	벤처기업 투자신탁		( )사망 ( )해외이주 ( )천재 · 지변 ( )조합 · 집합투자업자의 해산
[ ]	「조세특례제한법 시행령」§24⑫	특정사회기반시설 집합투자기구		( )사망 ( )해외이주 ( )천재지변 ( )퇴직 ( )사업장의 폐업 ( )3개월 이상의 입원치료 또는 요양을 필요로 하는 상해 · 질병의 발생 ( )금융회사등의 영업의 정지, 영업인가 · 허가의 취소, 해산결의 또는 파 산선고
[ ]	「조세특례제한법 시행령」§24의2④	투융자집합 투자기구		( )사망 ( )해외이주 ( )천재지변 ( )퇴직 ( )사업장의 폐업 ( )3개월 이상의 입원치료 또는 요양을 필요로 하는 상해 · 질병의 발생 ( )금융회사등의 영업의 정지, 영업인가 · 허가의 취소, 해산결의 또는 파 산선고
[ ]	구「조세특례제한법 시행령」§80⑧	개인연금저축		( )사망 ( )해외이주 ( )천재 · 지변 ( )퇴직 ( )사업장의 폐업 ( )3개월 이상의 입원치료 또는 요양을 필요로 하는 상해 · 질병의 발생 ( )저축취급기관의 영업의 정지, 영업인가 · 허가의 취소, 해산결의 또는 파산선고
[ ]	구「조세특례제한법 시행령」§80의2⑧	연금저축		( )사망 ( )천재 · 지변 ( )퇴직 ( )해외이주 ( )사업장의 폐업 ( )3월 이상의 입원치료 또는 요양을 필요로 하는 상해 · 질병의 발생 ( )연금저축취급기관의 영업의 정지, 영업인가 · 허가의 취소, 해산결의 또는 파산선고
[ ]	「조세특례제한법 시행령」§80의3⑧	소기업 · 소상공인 공제부금		( )천재 · 지변 ( ) 해외이주 ( )3월 이상의 입원치료 또는 요양을 필요로 하는 상해 · 질병의 발생 ( )중소기업중앙회의 해산
[ ]	「조세특례제한법 시행령」§81⑦	장기주택마련 저축		( )사망 ( )해외이주 ( )천재지변 ( )퇴직 ( )사업장의 폐업 ( )3개월 이상의 입원치료 또는 요양을 필요로 하는 상해 · 질병의 발생 ( )저축취급기관의 영업의 정지, 영업인가 · 허가의 취소, 해산결의 또는 파산선고 ( )해지 전 3개월 이내 주택을 취득한 경우 ( )해지 후 3개월 이내 주택을 취득한 경우
[ ]	「조세특례제한법 시행령」§81⑦	청년우대형주택 청약종합저축		( )사망 ( )해외이주 ( )국민주택규모의 주택에 청약하여 당첨 ( )천재지변 ( )퇴직 ( )사업장의 폐업 ( )3개월 이상의 입원치료 또는 요 양을 필요로 하는 상해 · 질병의 발생 ( )저축취급기관의 영업의 정지, 영 업인가 · 허가의 취소, 해산결의 또는 파산선고
[ ]	「조세특례제한법 시행령」§81⑫	주택청약종합 저축		( )사망 ( )해외이주 ( )국민주택규모의 주택에 청약하여 당첨 ( )천재지변 ( )퇴직 ( )사업장의 폐업 ( )3개월 이상의 입원치료 또는 요 양을 필요로 하는 상해 · 질병의 발생 ( )저축취급기관의 영업의 정지, 영 업인가 · 허가의 취소, 해산결의 또는 파산선고 ( )청년우대형주택청약종합저축에 가입

210mm×297mm[백상지 80g/㎡ 또는 중질지 80g/㎡]

[ ]	「조세특례제한법 시행령」§81의4④	공모부동산집합 투자기구의 집합 투자증권	( )사망 ( )해외이주 ( )천재지변 ( )3개월 이상의 입원치료 또는 요양을 필요로 하는 상해·질병의 발생 ( )취급기관 영업의 정지, 영업인가·허가의 취소, 해산결의 또는 파산선고 ( )「자본시장과 금융투자업에 관한 법률 시행령」제223조제3호 및 제4호에 따라 집합투자업자가 해당 공모부동산집합투자기구를 해지하는 경우
[ ]	「조세특례제한법 시행령」§83⑩	세금우대종합 저축	( )사망 ( )해외이주 ( )천재지변 ( )퇴직 ( )사업장의 폐업 ( )3개월 이상의 입원치료 또는 요양을 필요로 하는 상해·질병의 발생 ( )저축취급기관의 영업의 정지, 영업인가·허가의 취소, 해산결의 또는 파산선고
[ ]	「조세특례제한법 시행령」§92의13⑤	재형저축	( )사망 ( )해외이주 ( )천재지변 ( )퇴직 ( )사업장의 폐업 ( )3개월 이상의 입원치료 또는 요양을 필요로 하는 상해·질병의 발생 ( )저축취급기관의 영업의 정지, 영업인가·허가의 취소, 해산결의 또는 파산선고
[ ]	「조세특례제한법 시행령」§93⑪	고위험고수익 투자신탁	( )사망 ( )해외이주 ( ) 천재·지변(비거주자 또는 외국법인 포함) ( )퇴직 ( )사업장의 폐업 ( )3개월 이상의 입원치료 또는 요양을 필요로 하는 상해·질병의 발생 ( )고위험고수익투자신탁 취급기관의 영업의 정지, 영업인가·허가의 취소, 해산결의 또는 파산선고
[ ]	「조세특례제한법 시행령」§93의2⑨	장기집합투자 증권저축	( )사망 ( )해외이주 ( )천재지변 ( )퇴직 ( )사업장의 폐업 ( )3개월 이상의 입원치료 또는 요양을 필요로 하는 상해·질병의 발생 ( )저축취급기관의 영업의 정지, 영업인가·허가의 취소, 해산결의 또는 파산선고 ( )최초 설립 또는 설정된 후 1년이 되는 날에 집합투자기구의 원본액이 50억원에 미달하거나 최초 설립 또는 설정된 후 1년이 지난 후 1개월간 계속하여 집합투자기구의 원본액이 50억원에 미달하여 집합투자업자가 해당 집합투자기구를 해지
[ ]	「조세특례제한법 시행령」§93의4⑮	개인종합자산 관리계좌	( )사망 ( )해외이주 ( )천재지변 ( )퇴직 ( )사업장의 폐업 ( )3개월 이상의 입원치료 또는 요양을 필요로 하는 상해·질병의 발생 ( )신탁업자의 영업의 정지, 영업인가·허가의 취소, 해산결의 또는 파산선고
[ ]	「조세특례제한법 시행령」§93의6⑪	청년형 장기집합투자증권 저축	( )사망 ( )해외이주 ( )천재지변 ( )퇴직 ( )사업장의 폐업 ( )3개월 이상의 입원치료 또는 요양을 필요로 하는 상해·질병의 발생 ( )저축취급기관의 영업의 정지, 영업인가·허가의 취소, 해산결의 또는 파산선고 ( )최초 설립 또는 설정된 날부터 1년이 지난 날에 집합투자기구의 원본액이 50억원에 미달하거나 최초 설립 또는 설정된 날부터 1년이 지난 후 1개월간 계속하여 집합투자기구의 원본액이 50억원에 미달하여 집합투자업자가 해당 집합투자기구를 해지하는 경우
[ ]	「조세특례제한법 시행령」§93의7⑨	청년희망적금	( )사망 ( )해외이주 ( )천재지변 ( )퇴직 ( )사업자의 폐업 ( )3개월 이상의 입원치료 또는 요양이 필요한 상해·질병의 발생 ( )금융회사등의 영업의 정지, 영업인가·허가의 취소, 해산결의 또는 파산선고
[ ]	「조세특례제한법 시행령」§93의8⑦	청년도약계좌	( )사망 ( )해외이주 ( )천재지변 ( )퇴직 ( )사업장의 폐업 ( )3개월 이상의 입원치료 또는 요양이 필요한 상해·질병의 발생 ( )저축취급기관의 영업의 정지, 영업인가·허가의 취소, 해산결의 또는 파산선고 ( )생애최초로 주택을 취득한 경우

위 해지 근거법령에 따라 특별해지사유신고서를 제출합니다.

제출인 (서명 또는 인)

저축지급기관장 귀하

첨부서류	1. 사망: 기본증명서 또는 사망진단서 2. 해외이주: 가족관계기록사항에 관한 증명서 및 해외이주신고확인서 등 해외이주 서류 3. 천재지변: 자연재해 피해사실확인서 등 천재지변 사실을 확인할 수 있는 서류 4. 퇴직: 퇴직소득원천징수영수증 또는 퇴직증명서 5. 폐업: 폐업증명원 6. 입원 등: 의료기관이 발급하는 진단서 7. 주택취득: 취득주택의 건물등기부 등본, 생애최초 주택취득사실을 확인할 수 있는 서류 8. 기타 사유: 해당 사유를 증명하는 서류 등	수수료 없음

유 의 사 항

「조세특례제한법」에 따른 이자·배당소득 비과세, 소득공제 등의 조세특례를 유지하려는 저축가입자는 해당 사유 발생일부터 6개월(장기주택마련저축 가입자가 주택 취득사유로 해지 시에는 주택 취득 전후 3개월) 이내에 해지하셔야 합니다.

210mm×297mm[백상지 80g/㎡ 또는 중질지 80g/㎡]

(2) 공제금액

주택마련저축소득공제액은 다음 금액으로 한다. 다만, 소득세법 제52조 제4항에 따른 공제액(주택임차차입금 원리금상환공제액)이 동시에 있는 경우에는 해당 공제액과 합하여 400만원을 한도로 하며(조특법 §87 ② · ⑤, 소법 §52 ④), 주택임차차입금원리금상환액, 주택마련저축납입액의 순서로 공제한다(법규소득 2010-395, 2010.12. 31.). 또한 주택마련저축소득공제(조특법 §87 ②)과 주택임차차입금 원리금상환액공제(소법 §52 ④), 장기주택저당차입금이자공제(소법 §52 ⑤ · ⑥)의 합계액은 500만원(소법 §52 ⑥)의 요건에 해당하는 각각의 공제한도액)을 한도로 하여 공제한다.

> 소득공제액＝주택마련저축납입액(연 240만원 한도)×40%

(3) 확인과 관리

주택청약종합저축 가입대상의 확인과 관리는 다음에 따른다(조특법 §87 ⑩, 조특령 §81 ⑯ · ⑰ · ⑱).

① 저축 취급기관은 무주택 확인서를 제출한 사람의 명단을 소득공제를 적용받으려는 과세기간의 다음 연도 3월 5일까지 국토교통부장관에게 제출하여야 한다.

② 국토교통부장관은 무주택 확인서를 제출한 사람이 소득공제를 적용받으려는 과세기간 중 주택을 소유하지 않은 세대의 세대주에 해당하는지를 확인하여 소득공제를 적용받으려는 과세기간의 다음 연도 4월 30일까지 국세청장과 저축 취급기관에 통보하여야 한다.

(4) 제출서류

주택마련저축소득공제를 적용받기 위해서는 다음과 같이 주택마련저축납입증명서 등을 제출하여야 한다(조특칙 §34, 소칙 §58 ④ · ⑤).

제출서류	발급기관
• 주택마련저축납입증명서[별지 제44호의 2 서식]	
• 인터넷증명서류 인정	해당 금융기관
• 연도말 현재의 납입액이 표시되어 있는 '주택마련저축통장' 사본 가능	

제출서류	발급기관
• 국세청소득공제 증명서류로 갈음 가능	국세청

(5) 공제 시 유의사항

주택마련저축소득공제 적용 시 다음 사항에 유의한다.

① 국민주택규모를 초과하는 주택을 공동소유하는 자는 장기주택마련저축의 소득공제를 적용받을 수 없다(서일−1501, 2005.12.8.).

② 해당 연도 이후분을 선납한 경우 해당 선납금액은 공제받을 수 없다.

③ 근로소득이 있는 세대주인 거주자가 주택법에 의한 청약저축을 하는 경우 해당 연도에 납입하지 아니한 금액은 주택자금공제대상에 포함하지 아니한다(서일−1, 2008.1.2.).

④ 연도 중에 중도해지(청년우대형 주택청약종합저축가입에 따른 것은 제외)한 경우 해당 연도 납입액에 대해서는 공제받을 수 없다(서이 46013−10790, 2001.12.21.). 다만, 주택당첨이나 만기로 인하여 해지된 경우에는 공제받을 수 있다(원천−210, 2010.3.11.; 재소득 46073−12, 2001.1.17.).

⑤ 금융기관이 장기주택마련저축에 해당하는 투자신탁의 수익증권 판매 시 일시에 투자자로부터 취득하는 선취판매수수료는 주택마련저축소득공제대상 납입금액 ['주택마련저축납입증명서'상의 '납입금액']에 포함되지 않는다(서일−1089, 2007.7.30.).

⑥ 1996.1.1. 이전에 가입한 경우에도 1996.1.1. 이후 납입분은 공제대상이다.

장기주택마련저축 경과규정

저축 가입시기	법소정 세대가 해당 과세기간 중 소유한 주택의 요건			
	무주택	국민주택규모 1주택		이외(국민주택규모 초과 주택, 2주택 등)
		저축가입 후 주택 취득	주택 취득 후 저축가입	
~2005.12.31.	없음	없음		공제불가
2006.1.1. ~2007.12.31.		저축가입당시 기준시가 3억원 이하		
2008.1.1. ~2009.12.31.		주택취득당시 기준시가 3억원 이하	저축가입당시 기준시가 3억원 이하	
2010.1.1.~	공제불가			

조세특례제한법시행규칙 [별지 제58호의 5 서식] (2015.3.13. 개정)

주택마련저축납입증명서

① 성명		② 생년월일	
③ 주소			
④ 저축의 종류		⑤ 가입일자	

(　　　　)년도 주택마련저축납입 현황

⑥ 월별	⑦ 납입일자	⑧ 납입금액	비고	⑥ 월별	⑦ 납입일자	⑧ 납입금액	비고
1				7			
2				8			
3				9			
4				10			
5				11			
6				12			
⑨ 연간합계액				사용목적		특별공제 신청용	

「조세특례제한법」 제87조 제2항에 따라 주택자금공제 요건을 갖추어 주택마련저축금액을 위와 같이 납입하였음을 증명하여 주시기 바랍니다.

년　　　월　　　일

신청인　　　　　　　　　　　　　(서명 또는 인)

위와 같이 주택마련저축금액을 납입하였음을 증명합니다.

년　　　월　　　일

(저축취급기관장)　　　　　　　　　　(서명 또는 인)

작 성 방 법

1. 같은 월에 1회 이상 납입한 경우 "⑦ 납입일자"란에는 최종 납입일을 적습니다.
2. ⑧,⑨란은 해당 과세기간에 실제 납입한 금액을 적으며, 청약저축 또는 주택청약종합저축의 "⑨ 연간합계액"이 240만원을 초과하는 경우 그 초과하는 금액은 없는 것으로 합니다.
3. 연도 중에 주택당첨 외에 중도해지한 경우에는 해당연도 납입액에 대하여 공제받을 수 없습니다.

210mm×297mm[백상지 80g/㎡ 또는 중질지 80g/㎡]

조세특례제한법시행규칙 [별지 제58호의 7 서식] (2019.3.20. 개정)

무주택 확인서

    본인은 [ ]주택청약종합저축 · [ ]청년우대형주택청약종합저축 가입자로서 이 확인서를 제출하는 과세기간(주택청약종합저축에 한함) 또는 저축의 가입 당시(청년우대형주택청약종합저축에 한함)에 주택을 소유하지 않은 세대1)의 세대주에 해당함을 확약하며,

    이 확인서를 제출한 날 이후 국민주택규모를 초과하는 주택에 청약하여 당첨된 경우 등 「조세특례 제한법」 제87조 제7항 각 호에 따른 사유가 발생한 경우(주택청약종합저축에 한함) 또는 청년우대형 주택청약종합저축 계약일로부터 2년 이내에 원금이나 이자 등을 인출하거나 계약을 해지한 경우 등 「조세특례제한법」 제87조 제6항에 따른 사유가 발생한 경우에는 같은 법 제87조 제2항 및 제3항에 따라 감면받았던 세액에 상당하는 금액이 추징되는 것에 동의합니다.

20   .   .   .

예금주(본인) : _____ (인)

    위 내용을 확약하고 자필서명(날인)하여 본인의 _____(가족관계 기재)인 _____(성명 기재)을 통해 제출합니다.

예금주(본인) : _____ (인)

위 사실을 확인합니다.

대리(수임)인 : _____ (인)

1) 본인, 배우자, 같은 주소 · 거소에서 생계를 같이하는 본인 · 배우자의 직계존비속, 형제자매를 포함한 세대를 말합니다.

210mm × 297mm(신문용지 54g/㎡)

6. 투자조합출자 등 소득공제

(1) 공제대상

거주자가 2025.12.31.까지 다음의 출자 또는 투자를 하는 경우로 하되, 타인의 출자지분이나 투자지분 또는 수익증권을 양수하는 방법으로 출자하거나 투자하는 경우는 제외한다(조특법 §16 ①, 조특령 §14 ① · ② · ③). 그러므로 설립 시 출자하거나 유상증자에 참여하는 경우가 해당된다. 벤처기업소속 임직원인 거주자가 벤처기업이 보유한 자기주식을 양수하는 방법으로 벤처기업의 주식을 취득하는 경우에는 조세특례제한법 제16조(중소기업창업투자조합 출자 등에 대한 소득공제)의 소득공제 대상에 해당하지 않는다(서면법령소득-539, 2020.12.18.).

1. 중소기업창업투자조합, 한국벤처투자조합, 신기술사업투자조합, 또는 부품 · 소재전문투자조합(이하 "투자조합")에 출자하는 경우
2. 다음 요건을 갖춘 신탁(이하 "벤처기업투자신탁")의 수익증권에 투자하는 경우
   (1) 2018.2.12. 이전에 설정된 벤처기업투자신탁에 투자하는 경우
      ① 자본시장과금융투자업에관한법률에 의한 투자신탁(동법 제135조의 규정에 의한 보험회사 특별계정 제외)으로서 계약기간이 3년 이상일 것
      ② 통장에 의하여 거래되는 것일 것
      ③ 신탁설정일부터 6월 이내에 신탁재산 50% 이상을 벤처기업육성에관한특별조치법 제2조 제2항 규정에 의해 벤처기업에 투자하여 운용하는 것일 것
   (2) 2018.2.13. 이후에 설정된 벤처기업투자신탁에 투자하는 경우
      ① 자본시장과금융투자업에관한법률에 의한 투자신탁(같은 법 제251조에 따른 보험회사 특별계정 제외)으로서 계약기간이 3년 이상일 것
      ② 통장에 의하여 거래되는 것일 것
      ③ 투자신탁의 설정일부터 6개월(자동법 §9 ⑲에 따른 사모집합투자기구에 해당하지 않는 경우에는 9개월) 이내에 투자신탁 재산총액에서 다음 '가.' 및 '나.'에 따른 비율의 합계가 50% 이상일 것. 이 경우 투자신탁 재산총액에서 '가. A.'에 따른 투자를 하는 재산의 평가액이 차지하는 비율은 15% 이상이어야 한다.
      가. 벤처기업에 다음의 투자를 하는 재산의 평가액의 합계액이 차지하는 비율
         A. 벤처기업육성에관한특별조치법 제2조 제2항에 따른 투자
         B. 타인 소유의 주식 또는 출자지분을 매입에 의하여 취득하는 방법으로 하는 투자
      나. 벤처기업이었던 기업이 벤처기업에 해당하지 아니하게 된 이후 7년이 지나지 아니한 기업으로서 자본시장과금융투자업에관한법률에 따른 코스닥시

장에 상장한 중소기업 또는 제4조 제1항에 따른 중견기업에 '가. A. 및 B'에 따른 투자를 하는 재산의 평가액의 합계액이 차지하는 비율

④ '③'의 요건을 갖춘 날부터 매 6개월마다 '③'에 따른 비율을 매일 6개월 동안 합산하여 같은 기간의 총일수로 나눈 비율이 각각 50% 이상일 것. 다만, 투자신탁의 해지일 전 6개월에 대해서는 적용하지 않는다.

(3) 투자액은 거주자 1명당 3천만원으로 한다.

3. 벤처기업육성에관한특별조치법 제13조에 따른 조합(개인투자조합)이 거주자로부터 출자받은 금액을 해당 출자일이 속하는 과세연도와 다음 과세연도 종료일까지 다음에 해당하는 기업(벤처기업 등)에 투자하는 경우

① 벤처기업

② 창업 후 3년 이내의 중소기업으로서 벤처기업육성에관한특별조치법 제2조의 2 제1항 제2호 다목(3)에 따라 기술성이 우수한 것으로 평가받은 기업

③ 창업 후 3년 이내의 중소기업으로서 개인투자조합으로부터 투자받은 날(조세특례제한법 제16조의 5의 경우에는 산업재산권을 출자받은 날)이 속하는 과세연도의 직전 과세연도에 조특령 제8조(연구 및 인력개발준비금의 범위 등)에 따른 비용을 3천만원(기초연구진흥 및 기술개발지원에 관한 법률 시행령 별표1의 업종에 해당하는 기업의 경우에는 2천만원) 이상 지출한 기업. 다만, 직전 과세연도의 기간이 6개월 이내인 경우에는 조세특례제한법 시행령 제8조에 따른 비용(연구 및 인력개발준비금의 범위에 속하는 비용)을 1천 5백만원(기초연구진흥 및 기술개발지원에 관한 법률 시행령 별표 1의 업종에 해당하는 경우에는 1천만원)이상을 지출한 중소기업

④ 창업 후 3년 이내의 중소기업으로서 신용정보의이용및보호에관한법률 제4조 제1항 제1호에 따라 금융위원회의 허가를 받고 같은 법 시행령 제2조 제1항 제5호 파목의 기술신용정보를 제공하는 신용조회회사가 평가한 기술등급(신용정보의이용및보호에관한법률시행령 제2조 제1항 제5호 파목에 따라 기업 및 법인의 기술과 관련된 기술성·시장성·사업성 등을 종합적으로 평가한 등급)이 기술등급체계상 상위 100분의 50에 해당하는 등급인 기업

4. 벤처기업육성에관한특별조치법에 의하여 벤처기업 등에 투자하는 경우

5. 창업·벤처전문 사모집합투자기구에 투자하는 경우

6. 자본시장과금융투자업에관한법률 제117조의 10에 따라 온라인소액투자중개의 방법으로 모집하는 창업 후 7년 이내의 중소기업으로서 상기 3. ②~④까지의 기업(이때 창업 후 3년 이내의 중소기업은 창업 후 7년 이내의 중소기업으로 봄)의 지분증권에 투자하여 투자일로부터 3년 이상 보유하는 경우

이때 소득공제는 투자 당시에는 상기 '(1)'의 3, 4 또는 6에 따른 기업에 해당하지 아니하였으나, 투자일부터 2년이 되는 날이 속하는 과세연도까지 상기 '(1)'의 3, 4 또는 6에 따른 기업에 해당하게 된 경우에도 적용한다(조특법 §16 ③).

(2) 소득공제방법 및 금액

상기 '(1)'의 출자 또는 투자금액 중 다음의 금액을 그 출자일 또는 투자일이 속하는 과세연도의 종합소득금액에서 공제(거주자가 출자일 또는 투자일이 속하는 과세연도부터 출자 또는 투자 후 2년이 되는 날이 속하는 과세연도까지 1과세연도를 선택하여 공제시기 변경을 신청하는 경우에는 신청한 과세연도의 종합소득금액에서 공제)한다(조특법 §16 ①).

이때 공제시기 변경신청은 거주자가 출자 또는 투자확인서를 발급받을 때 소득공제시기 변경신청서를 제출한 경우를 말하며(조특령 §14 ⑦), 거주자는 당해 연도의 다음 연도 2월분 급여를 받는 날까지 출자 또는 투자확인서를 제출하여야 한다(조특령 §14 ⑥).

$$투자조합출자 \ 등 \ 소득공제액 = Min \begin{bmatrix} 해당 \ 출자 \ 또는 \ 투자금액 \times (10\% \sim 100\%)^* \\ 종합소득금액 \times 50\% (벤처기업투자신탁 \ 공제 \\ 금액은 \ 300만원 \ 한도) \end{bmatrix}$$

* 상기 공제대상 중에서
- ‒'1. 중소기업 창업투자조합 등 출자', '2. 벤처기업투자신탁에 투자', '5. 창업·벤처전문 PEF에 출자' : 10%
- ‒'3. 벤처조합 출자', '4. 벤처기업 투자'와 '6. 크라우드펀딩을 통한 창업 후 7년 이내 기업투자'
  - · 2012.1.1.~2012.12.31. 출자(투자)분 : 20%
  - · 2013.1.1.~2013.12.31. 출자(투자)분 : 30%
  - · 2014.1.1.~2014.12.31. 투자분 : 5,000만원 이하는 50%, 5,000만원 초과분은 30%
  - · 2015.1.1. 이후 투자분 : 1,500만원 이하는 100%, 1,500만원~5,000만원까지는 50%, 5,000만원 초과분은 30%
  - · 2018.1.1. 이후 투자분 : 3,000만원 이하는 100%, 3,000만원~5,000만원까지는 70%, 5,000만원 초과분은 30%

(3) 제출서류

제출서류	발급기관
출자 등 소득공제신청서[별지 제5호 서식] 출자 또는 투자확인서[별지 제5호 서식 부표]	근로자 본인 작성 투자조합 관리자 등

 중점사항

1. 공제세액 추징

(1) 추징사유

투자조합출자 등 소득공제를 적용받은 거주자가 법소정 사유에 해당하면 다음 '(2)'에 의한 세액을 추징하는바, 당해 사유의 범위는 다음과 같다(조특법 §16 ②, 조특령 §14 ⑧).

구 분	해당 사유
추징사유	출자일 또는 투자일부터 3년이 경과되기 전에 다음에 해당하게 되는 경우 1. 출자지분 또는 투자지분을 이전하거나 회수하는 경우 2. 벤처기업투자신탁의 수익증권을 양도하거나 환매(일부 환매를 포함)하는 경우
추징 제외사유	다음 사유에 해당하여 출자지분 등을 이전(회수) 또는 양도(환매)하는 경우[원천징수의무자에게 특별해지사유신고서(별지 제58호의 3 서식)를 원천징수의무자 등에게 제출하여야 함] 1. 출자자 또는 투자자의 사망 2. 해외이주법에 의한 해외이주로 세대전원이 출국하는 경우 3. 천재지변으로 재산상 중대한 손실이 발생하는 경우 4. 중소기업창업투자조합, 한국벤처투자조합, 신기술사업투자조합, 부품·소재부품전문투자조합 또는 자본시장과금융투자업에관한법률에 의한 집합투자업자가 해산하는 경우

(2) 세액추징절차

　① 투자조합관리자 등은 추징사유 발생 시 출자지분등변경통지서(별지 제6호 서식)를 원천징수의무자에게 제출하여야 하고 원천징수의무자는 해당 세액을 추징한다.

　② 다음의 경우에는 출자지분등변경통지서를 납세지관할세무서장에게 제출하여야 한다.

　　가. 원천징수의무자의 휴업 또는 폐업

　　나. 납세조합의 해산

　　다. 근로자의 퇴직

　　라. 소득세법 제73조 제1항 제4호에 따른 사업소득만 있는 자의 휴업 또는 폐업

(3) 벤처기업투자신탁 수익증권 추징사유 발생 시 세액추징절차

　① 추징사유 발생 시 투자상품(벤처기업투자신탁) 취급금융기관이 직접 추징하여 관할세무서에 납부한다.

　② 추징세액 : 수익증권 양도액·환매액×3.5%(연 300만원 한도)

　③ 추징사유발생일이 속하는 달의 다음 달 10일까지 원천징수 관할 세무서장에게 납부하고 그 내용을 투자자에게 서면으로 통지해야 한다.

2. 다른 종합소득이 있는 경우

투자조합출자 등 소득공제의 한도액이 종합소득금액의 50%인바, 다른 종합소득이 있어 종합소득세를 확정신고하는 경우 한도액의 증가로 인해 추가공제를 받을 수 있다.

조세특례제한법 시행규칙 [별지 제5호 서식] (2022.3.18. 개정)

출자 등 소득공제 신청서

접수번호		접수일						처리기간 즉시	

① 성 명				② 생년월일					
③ 주 소									

(전화번호 :   )

출자(투자) 금액 명세

④ 출자일 (투자일)	⑤ 투자 구분 (벤처 등, 조합 등)	⑥ 벤처 등 또는 조합 등의 명칭 (위탁회사·벤처기업명·투자신탁명)	⑦벤처 등 또는 조합 등의 사업자 등록번호	⑧ 금융기관·계좌번호	⑨ 출자금액 (투자금액)	⑩ 공제대상금액 [⑨×10(30,50, 70,100)%]	⑪ 한도액 (종합소득금액 ×50%)	⑫ 공제금액 (⑩·⑪ 중 적은 금액)
. . .								
. . .								
. . .								
계								

신청인은 「조세특례제한법 시행령」 제14조제6항에 따라 출자 등 소득공제신청서를 제출하며, 위 내용을 충분히 검토하였고 신청인이 알고 있는 사실 그대로를 정확하게 적었음을 확인합니다.

년   월   일

신청인   (서명 또는 인)

세 무 서 장 귀하

첨부서류	출자 또는 투자확인서(별지 제5호서식 부표)	수수료 없음

작 성 방 법

1. ⑤ 투자 구분란은 「조세특례제한법」 제16조제1항제3호, 제4호 및 제6호의 경우에는 '벤처 등'으로, 같은 항 제1호, 제2호 및 제5호의 경우에는 '조합 등'으로 적습니다.
2. ⑦ 벤처 등 또는 조합 등의 사업자등록번호란에는 투자 대상 '벤처 등' 또는 '조합 등'의 해당 사업자등록번호를 적습니다.
3. ⑨ 출자금액(투자금액)란에는 다음의 금액을 적습니다.
   가. 벤처투자조합, 신기술사업투자조합 또는 전문투자조합에 출자하는 경우: 출자액
   나. 벤처기업투자신탁의 수익증권에 투자한 경우: 투자액
   다. 개인투자조합을 통해 벤처기업등에 투자한 경우: 다음 계산식에 따라 계산한 금액

   $$\text{거주자가 개인투자조합에 출자한 금액} \times \frac{\text{개인투자조합이 벤처기업등에 투자한 금액}}{\text{개인투자조합의 출자액 총액}}$$

   라. 벤처기업등에 직접 투자한 경우: 투자액
   마. 창업·벤처전문사모집합투자기구에 투자하는 경우: 투자액
   바. 온라인소액투자중개의 방법으로 모집하는 창업 후 7년 이내의 중소기업으로서 「조세특례제한법 시행령」 제14조제3항 제2호부터 제4호까지 기업의 지분증권에 투자하는 경우: 투자액
4. ⑩ 공제대상금액란에는 2018.1.1. 이후 「조세특례제한법」 제16조제1항제3호·제4호 또는 제6호에 해당하는 출자 또는 투자한 금액 중 3천만원 이하의 금액은 100%, 3천만원 초과분부터 5천만원 이하 금액은 70%, 5천만원 초과 금액은 30% (2015.1.1.~ 2017.12.31. 기간 중 「조세특례제한법」 제16조제1항제3호 또는 제4호에 해당하는 출자 또는 투자한 금액 중 1천5백만원 이하의 금액은 100%, 1천5백만원 초과분부터 5천만원 이하 금액은 50%, 5천만원 초과 금액은 30%)를 적용하고, 그 외의 경우 출자 또는 투자한 금액의 10%를 적용합니다.
5. ⑪ 한도액란에는 해당 과세연도의 종합소득금액의 50/100에 상당하는 금액을 적습니다. 다만, 「조세특례제한법」 제16조제1항제2호의 벤처기업투자신탁 투자에 대한 1인당 소득공제액은 최대 3백만원입니다.

210mm× 297mm[백상지 80g/㎡ 또는 중질지 80g/㎡]

조세특례제한법 시행규칙 [별지 제5호 서식 부표] (2020.3.13. 개정)

출자 또는 투자확인서

출자자 (투자자)	① 성 명		② 생년월일	
	③ 주 소		(☎ :)	

제출처	□ 원천징수의무자 □ 납세자조합	④ 법인명(상호)		
		⑤ 대표자(성명)	⑥ 사업자등록번호	
		⑦ 소재지(주소)		
	□ 세무서장	⑧ 주소지관할서	세무서장	
투자조합관리자등		⑨ 법인명(상호)	(☎ :)	

출자(투자)금액명세

출자(투자)내역						벤처기업투자내역		
	투자조합(위탁회사) 또는 투자신탁							
⑩ 출자일 (투자일)	⑪ 투자 구분	⑫ 조합명 (위탁회사명) 또는 투자신탁명	⑬ 계좌번호	⑭ 출자 총액	⑮ 출자금액 (투자금액)	⑯ 투자일	⑰ 투자기업명	⑱ 투자금액
. . .						. . .		
. . .						. . .		
. . .						. . .		
계						계		

「조세특례제한법 시행령」 제14조 제7항에 따라 위와 같이 출자(투자)하였음을 확인합니다.

년   월   일

확인자   (서명 또는 인)

세무서장   귀하

작 성 방 법

1. ⑪ "투자 구분" 란은 벤처 등(조특법 제16조 제1항 제3호·4호·6호)과 조합 등(조특법 제16조 제1항 제1호·제2호·제5호)으로 구분하여 적습니다.
2. 벤처기업투자신탁의 수익증권에 투자하는 경우에는 ⑭란은 적지 않습니다.
3. ⑯~⑱란은 개인투자조합·개인이 벤처기업에 투자한 내역을 적습니다.

210mm×297mm[백상지 80g/㎡ 또는 중질지 80g/㎡]

조세특례제한법시행규칙 [별지 제6호 서식] (2020.3.13. 개정)　　　　　(앞쪽)

출자지분등변경통지서

출자자 (투자자)	① 성 명		② 주민등록번호			
	③ 주 소		(전화번호 :　　　　　)			

출자지분 등 변경 명세

④ 출자일 (투자일)	⑤ 조합명 (위탁회사· 벤처기업명· 투자신탁명)	⑥ 출자금액 (투자금액)	⑦ 이전·회수 (양도·환매) 금액	⑧ 출자잔액 (투자잔액) (⑥ - ⑦)	⑨ 이전·회수일 (양도·환매일)	⑩ 원천징수 여부
계						

「조세특례제한법 시행령」 제14조 제8항에 따라 위와 같이 출자지분 등이 변경되었음을 통지합니다.

년　　　월　　　일

투자조합관리자 등　　　　　(서명 또는 인)

귀하

유 의 사 항

※ 이 서식은 해당 거주자가 소득공제를 신청한 원천징수의무자, 납세조합, 납세지 관할 세무서장 또는 국세청장에게 제출하여야 합니다. 다만, 다음의 경우에는 납세지의 관할 세무서장에게 제출합니다.
1. 원천징수의무자가 휴업 또는 폐업한 경우
2. 납세조합이 해산한 경우
3. 근로자가 퇴직한 경우
4. 보험모집인 또는 방문판매원이 휴업 또는 폐업한 경우

210mm×297mm[백상지 80g/㎡ 또는 중질지 80g/㎡]

7. 우리사주조합출자금 소득공제

(1) 공제대상

근로자복지기본법에 따른 우리사주조합원이 자사주를 취득하기 위하여 우리사주조합에 출자하는 경우로 한다(조특법 §88의 4 ①).

다만, 우리사주조합원이 출자금에 대한 소득공제를 받지 않을 예정으로 당해 출자금에 대해 취득한 자사주를 한국증권금융에 예탁하는 때에 '비과세대상 주식'으로 통지한 경우 해당 출자금은 소득공제받을 수 없으며(서일-134, 2007.1.23.; 서이 46013-10752, 2003.4.10.), 근로자복지기본법에 의하여 금융지주회사의 자회사 및 손자회사에 소속된 종업원이 지주회사의 우리사주조합원으로 가입하여 지주회사의 주식을 취득하기 위하여 우리사주조합에 금품을 출자하는 경우에도 소득공제를 적용받을 수 있음에 유의하기 바란다(서이 46013-11660, 2003.9.17.).

(2) 소득공제액

출자금 중 다음의 금액을 근로소득금액에서 공제한다(조특법 §88의 4 ①).

$$우리사주조합출자금\ 소득공제액 = Min \begin{bmatrix} 우리사주조합출자금 \\ 400만원^* \end{bmatrix}$$

* 벤처기업 또는 이에 준하는 창업 후 3년 이내의 중소기업(조특법 §16 ① 3호)에 대하여는 1,500만원 적용

8. 고용유지 중소기업 근로자 소득공제(조특법 §30의 3)

고용유지 중소기업에 근로를 제공하는 상시근로자는 2023.12.31.이 속하는 과세연도까지 다음 금액을 해당 과세연도의 근로소득금액에서 공제할 수 있다(조특법 §30의 3 ③, 조특령 §27의 3).

$$소득공제액 = Min \begin{bmatrix} (직전\ 과세연도\ 연간임금총액 - 해당\ 과세연도\ 연간임금총액) \times 50\% \\ 1,000만원 \end{bmatrix}$$

(1) 소득공제대상 고용유지 중소기업

중소기업기본법 제2조에 따른 중소기업으로서 다음 요건을 충족한 경우로 한다.

1) 해당 과세연도의 상시근로자의 1인당 시간당 임금이 직전 과세연도에 비해 감소하지 아니한 경우

① 해당 과세연도의 상시근로자

근로기준법에 따라 근로계약을 체결한 근로자를 말하며 다음의 어느 하나에 해당하는 자는 제외한다(조특령 §27의 3 ④, 법령 §20 ① 4호).

> - 근로계약기간이 1년 미만인 자
> - 임원
> - 해당 기업의 최대주주 또는 최대출자자(개인사업자의 경우 대표자)와 그 배우자
> - 상기 최대주주 등의 직계존비속과 그 배우자
> - 근로소득원천징수부에 의하여 근로소득세를 원천징수한 사실이 확인되지 아니하고, 국민연금법에 따른 부담금 및 기여금, 국민건강보험법에 따른 직장가입자의 보험료 등의 납부사실도 확인되지 아니하는 사람
> - 근로기준법 제2조 제1항 제8호에 따른 단시간근로자로서 1개월간의 소정근로시간이 60시간 미만인 근로자

해당 과세연도 중에 근로관계가 성립한 상시근로자도 제외(＝직전 과세연도말 현재 근로계약이 체결되어 있는 상시근로자)한다.

② 1인당 시간당 임금

> 1인당 시간당 임금＝(임금총액÷근로시간 합계)

> - 임금총액 : 직전 또는 해당 과세연도에 상시근로자에게 지급한 통상임금과 정기상여금 등 고정급 성격의 금액을 합산한 금액
> - 근로시간 합계 : 직전 또는 해당 과세연도의 상시근로자의 근로계약상 근로시간(근로기준법 제2조 제1항 제8호에 따른 단시간근로자로서 1개월간의 소정근로시간이 60시간 이상인 경우에는 실제 근로시간)의 합계

2) 해당 연도 상시근로자수가 직전 과세연도의 상시근로자수와 비교하여 감소하지 않을 것

3) 해당 과세연도의 상시근로자의 1명당 연간임금총액이 직전 과세연도에 비해 감소함

$$상시근로자\ 1명당\ 연간임금총액 = \frac{\Sigma 과세연도에\ 상시근로자에게\ 지급한\ 임금총액}{과세연도의\ 상시근로자수}$$

(2) 연간임금총액의 산정(조특령 §27의 3 ⑨)

임금총액은 통상임금이 정기상여금 등 고정급 성격의 금액을 합산한 금액을 말한다. 해당 상시근로자의 해당 과세연도의 연간 임금총액은 다음의 금액으로 한다.

직전 또는 해당 과세연도 중 근로관계가 성립하거나 종료된 상시근로자의 연간 임금총액은 다음에 따라 산정한다.

① 직전 과세연도 중에 근로관계가 성립한 상시근로자의 해당 과세연도의 연간 임금총액

$$해당\ 과세연도의\ 연간\ 임금총액 \times \frac{직전\ 과세연도의\ 총근무일수}{해당\ 과세연도의\ 총근무일수}$$

② 해당 과세연도 중에 근로관계가 종료된 상시근로자의 직전 과세연도의 연간 임금총액

$$직전\ 과세연도의\ 연간\ 임금총액 \times \frac{해당\ 과세연도의\ 총근무일수}{직전\ 과세연도의\ 총근무일수}$$

③ 상기 '① 및 ②'도 불구하고 직전 또는 해당 과세연도 중에 기업의 합병 또는 분할 등에 의하여 근로관계가 승계된 상시근로자의 직전 또는 해당 과세연도의 연간 임금총액은 종전 근무지에서 지급받은 임금총액을 합산한 금액으로 한다.

9. 장기집합투자증권저축에 대한 소득공제

(1) 소득공제 요건

근로소득이 있는 거주자(일용근로자는 제외)가 다음의 장기집합투자증권저축에 2015. 12.31.까지 가입하는 경우 가입한 날로부터 10년 동안 각 과세기간에 납입한 금액의 100분의 40에 해당하는 금액을 해당 과세기간의 근로소득금액에서 공제(240만원을 한

도로 함)한다(조특법 §91의 16).

① 장기집합투자증권저축 가입자가 가입당시 직전 과세기간의 총급여액이 5천만원 이하인 근로소득이 있는 거주자일 것(직전 과세기간에 근로소득만 있거나 근로소득 및 종합소득과세표준에 합산되지 않는 종합소득이 있는 경우로 한정)

② 자산총액의 100분의 40 이상을 국내에서 발행되어 국내에서 거래되는 주식(자본시장과금융투자업에관한법률에 따른 증권시장에 상장된 것으로 한정)에 투자하는 소득세법 제17조 제1항 제5호에 따른 집합투자기구의 집합투자증권 취득을 위한 저축일 것. 장기집합투자증권저축이 자본시장과금융투자업에관한법률에 따른 모자집합투자기구로 설립·설정된 경우에는 모집합투자기구에 투자하여 간접적으로 주식을 취득하는 경우도 주식에 투자한 것으로 보아 보유비율을 산정한다. 자산총액의 100분의 40 이상인 경우는 장기집합투자증권저축의 설정일 또는 설립일부터 국내에서 발행되어 국내에서 거래되는 주식(자본시장과금융투자업에관한법률에 따른 증권시장에 상장된 것으로 한정)의 매일의 보유비율이 자산총액의 100분의 40 이상인 경우로 한다.

다음의 어느 하나에 해당하는 경우에는 자산총액의 100분의 40 이상 보유의무(최저보유의무)를 적용하지 아니한다. 이 경우 아래 '라, 마'에 해당하는 경우에는 최저보유의무를 위반한 날부터 15일 이내에 최저보유의무를 충족하여야 한다.

가. 장기집합투자증권저축의 최초 설립일 또는 설정일부터 1개월간
나. 장기집합투자증권저축 회계기간 종료일 이전 1개월간(회계기간이 3개월 이상인 경우로 한정)
다. 장기집합투자증권저축의 해산일 또는 해지일 이전 1개월간(최초 설립일 또는 설정일부터 해산일 또는 해지일까지의 기간이 3개월 이상인 경우로 한정)라. 3영업일 동안 누적된 추가설정 또는 해지청구된 금액이 각각 장기집합투자증권저축 자산총액의 100분의 10을 초과하는 경우
마. 장기집합투자증권저축 자산의 가격변동으로 최저보유의무를 위반하게 되는 경우

③ 장기집합투자증권저축 계약기간이 10년 이상이고 저축가입일부터 10년 미만의 기간 내에 원금·이자·배당·주식 또는 수익증권 등의 인출이 없을 것

④ 적립식 저축으로서 1인당 연 600만원 이내(해당 거주자가 가입한 모든 장기집합투자증권저축의 합계액)에서 납입할 것

장기집합투자증권저축에 가입하려는 자는 세무서장으로부터 소득확인증명서를 발급받아 저축취급기관에 제출하여야 한다.

(2) 소득공제 배제

① 가입한 거주자의 요건불충족

상기 '1)'에도 불구하고 장기집합투자증권저축에 가입한 거주자가 다음의 어느 하나에 해당하는 경우에는 해당 과세기간에 소득공제를 하지 아니한다.

> ① 해당 과세기간에 근로소득만 있거나 근로소득 및 종합소득과세표준에 합산되지 않는
>   종합소득이 있는 경우로서 총급여액이 8천만원을 초과하는 경우
> ② 해당 과세기간에 근로소득이 없는 경우

② 10년 미만의 기간 내에 해지한 경우

장기집합투자증권저축 가입자가 해당 저축의 가입일부터 10년 미만의 기간 내에 해당 저축으로부터 원금·이자·배당·주식 또는 수익증권 등의 전부 또는 일부를 인출하거나 해당 계약을 해지 또는 제3자에게 양도한 경우(이하에서 "해지"라 함) 해당 과세기간부터 제1항에 따른 소득공제를 하지 아니한다.

③ 장기집합투자증권저축이 자본시장과금융투자업에관한법률에 따른 전환형집합투자기구로 설립·설정된 경우로서 가입자가 집합투자규약에 따라 다른 집합투자증권으로 전환하는 경우에는 인출 또는 해지로 보지 아니한다(조특령 §93의 2 ⑦).

(3) 소득공제의 신청절차

소득공제를 받으려는 거주자는 근로소득세액의 연말정산 또는 종합소득과세표준확정신고를 하는 때에 소득공제를 받는 데 필요한 해당 연도의 저축금 납입액이 명시된 장기집합투자증권저축 납입증명서를 장기집합투자증권저축을 취급하는 금융회사로부터 발급받아 원천징수의무자 또는 주소지 관할세무서장에게 제출하여야 한다.

(4) 추징세액

① 장기집합투자증권저축 가입자가 해당 저축의 가입일부터 5년 미만의 기간 내에 장기집합투자증권저축을 해지하는 경우 저축취급기관은 추징세액(해당 저축에 납입한 금액의 총 누계액에 100분의 6을 곱한 금액)을 추징하여 저축계약이 해지된 날이 속하는 달의 다음 달 10일까지 원천징수 관할세무서장에게 납부하여야 한다. 다만, 다음과 같이 부득이한 사유로 해지된 경우에는 그러하지 아니하며, 소득공제를 받은 자가 해당 소득공제로 감면받은 세액이 추징세액에 미달하는 사실을 증명하는 경우에는 실제로 감면받은 세액상당액을 추징한다.

1. 저축자의 사망·해외이주
2. 해지 전 6개월 이전에 발생한 다음 각 목의 어느 하나에 해당하는 사유
   가. 천재지변
   나. 저축자의 퇴직
   다. 사업장의 폐업
   라. 저축자의 3개월 이상의 입원치료 또는 요양이 필요한 상해·질병의 발생
   마. 저축취급기관의 영업의 정지, 영업인가·허가의 취소, 해산결의 또는 파산선고
   바. 최초 설립 또는 설정된 날부터 1년이 지난 날에 집합투자기구의 원본액이 50억원에 미달하거나 최초 설립 또는 설정된 날부터 1년이 지난 후 1개월간 계속하여 집합투자기구의 원본액이 50억원에 미달하여 집합투자업자가 해당 집합투자기구를 해지하는 경우

② 저축취급기관이 상기 '①'에 따라 추징세액을 징수한 경우 해당 저축취급기관은 저축자에게 그 내용을 서면으로 즉시 통보하여야 한다.

③ 저축취급기관이 상기 '①'에 따른 추징세액을 기한 내에 납부하지 아니하거나 납부하여야 할 세액에 미달하게 납부한 경우 해당 저축취급기관은 그 납부하지 아니한 세액 또는 미달하게 납부한 세액의 100분의 10에 해당하는 금액을 가산하여 원천징수 관할세무서장에게 납부하여야 한다.

(5) 조세특례 및 타 소득공제의 중복공제 배제

조세특례제한법상 조세특례 또는 연금계좌(소법 §20의 3 ① 2호)를 적용받는 저축 등의 경우에는 당해 소득공제를 적용하지 아니한다.

(6) 장기집합투자증권저축의 명시 등

① 저축취급기관은 장기집합투자증권저축만을 입금 또는 출금하는 장기집합투자증권저축통장에 의하여 장기집합투자증권저축을 취급하여야 하며, 장기집합투자증권저축통장의 표지에 '소득공제 장기집합투자증권저축'이라는 문구를 표시하여야 한다.

② 저축취급기관은 장기집합투자증권저축의 약관에 장기집합투자증권저축의 계약금액 한도·조회와 그 밖의 필요한 사항을 명시하여야 한다.

조세특례제한법시행규칙 [별지 제60호의 13 서식] (2014.3.14. 신설)

장기집합투자증권저축 납입증명서

① 성명		② 생년월일	
③ 주소			
④ 계좌번호		⑤ 가입일자	

( )년도 장기집합투자증권저축납입 현황

⑥ 월별	⑦ 납입일자	⑧ 납입금액	비고	⑥ 월별	⑦ 납입일자	⑧ 납입금액	비고
1				7			
2				8			
3				9			
4				10			
5				11			
6				12			
⑨ 연간합계액							
⑩ 소득공제대상액 (⑨×40%)			사용목적		소득공제 신청용		

「조세특례제한법」제91조의 16 제3항에 따라 장기집합투자증권저축공제 요건을 갖추어 장기집합투자증권저축납입금액을 위와 같이 납입하였음을 증명해 주시기 바랍니다.

년   월   일

신청인   (서명 또는 인)

위와 같이 장기집합투자증권저축금액을 납입하였음을 증명합니다.

년   월   일

(저축취급기관장)   (서명 또는 인)

작 성 방 법

1. 같은 월에 1회 이상 납입한 경우 "⑦ 납입일자"란에는 최종 납입일을 적습니다.
2. ⑧, ⑨란은 해당 과세기간에 실제 납입한 금액을 적으며, 장기집합투자증권저축의 "⑨ 연간합계액"이 600만원을 초과할 수 없습니다.
3. 해당 저축의 가입일로부터 10년 미만의 기간 내에 해당 저축으로부터 원금·이자·배당·주식 또는 수익증권 등의 전부 또는 일부를 인출하거나 계약을 해지 또는 제3자에게 양도한 경우에는 해당연도 납입액부터 소득공제를 받을 수 없습니다. 다만, 해당 저축의 만기로 인하여 해지된 경우에는 공제받을 수 있습니다.

210mm×297mm[백상지 80g/㎡ 또는 중질지 80g/㎡]

조세특례제한법시행규칙 [별지 제60호의 14 서식] (2014.3.14. 신설)

소득확인증명서(장기집합투자증권저축 가입용)

※ [ ]에는 해당되는 곳에 √표를 합니다.

발급번호				처리기간	즉시

소득자	① 성명		② 생년월일		
	③ 주소				

(단위 : 원)

[ ]근로소득 확인	가입당시 직전 과세기간의 총급여액이 5천만원 이하인 근로소득만 있거나 근로소득 및 종합소득과세표준에 합산되지 않는 종합소득이 있는 거주자(일용근로자 제외)로 한정

④ 귀속연도	⑤ 소득구분	원천징수의무자		⑧ 총급여(과세대상급여)액
		⑥법인명(상호)	⑦사업자등록번호	

	[ ]종합소득 신고(결정·경정) 확인				
⑨ 귀속연도	⑩ 종합(결정)소득금액	⑪ 총급여액	⑫ 근로소득 유·무		⑬ 근로 외의 소득 유·무
			[ ]유 [ ]무		[ ]유 [ ]무

	[ ]연말정산 사업·연금소득 확인	
⑭ 귀속연도	⑮ 연말정산 사업소득 유·무	⑯ 연말정산 연금소득 유·무
	[ ]유 [ ]무	[ ]유 [ ]무

「조세특례제한법 시행령」 제93조의 2 제1항에 따라 총급여액을 증명해 주시기 바랍니다.

년   월   일

신청인   (서명 또는 인)

위와 같이 소득확인증명서 발급일 현재 소득요건을 ([ ]충족, [ ]미충족) 함을 증명합니다. 다만, 발급일 현재 소득요건을 충족하더라도 발급일 이후 종합소득세 결정(경정) 등으로 직전 과세기간의 소득요건을 충족하지 못할 경우에는 부적격으로 통보되며, 통보된 장기집합투자증권저축 계좌의 납입액은 가입시부터 소득공제를 받을 수 없습니다.

년   월   일

세무서장 (직인)

유 의 사 항

※ '근로소득 확인'의 총급여(과세대상급여)액란은 근로소득 지급명세서 상 주(현)근무지의 총급여액이 표시되며, 외국인단일세율 적용 시에는 연간 근로소득이 표시됩니다

※ 증명신청일이 6.30. 이전인 경우에는 신청일의 직직전 과세기간의 총급여액 등이, 7.1. 이후인 경우에는 신청일의 직전 과세기간의 총급여액 등이 기재됩니다. 다만, 증명신청일이 6.30. 이전 일 때 근로소득만 있거나 근로소득 및 종합소득과세표준에 합산되지 않는 종합소득이 있는 경우에는 직직전 과세기간의 총급여액의 소득확인증명서를 제출하는 대신 직전 과세기간에 발생한 모든 근로소득에 대한 「소득세법 시행규칙」 별지 제24호 서식(1) 근로소득 원천징수영수증을 저축취급기관에 제출하여 소득확인을 받을 수 있습니다.

※ 매년 6.30. 이전에 직직전년 과세기간의 총급여액을 기준으로 장기집합투자증권저축에 가입한 경우 또는 본 증명서 발급 이후 경정·결정, 수정신고 등의 사유로 총급여액의 변경이 있는 경우 등에는 국세청장이 가입일 직전 과세기간의 총급여액을 확인하여 저축취급기관에 통보하고, 요건에 해당하지 않은 것으로 저축취급기관으로부터 통보받은 경우에는 그 통보된 장기집합투자증권저축 계좌의 납입액은 가입시부터 납입한 금액은 소득공제를 받을 수 없습니다.

210mm×297mm[백상지 80g/㎡ 또는 중질지 80g/㎡]

10. 청년형 장기집합투자증권저축(장기펀드) 소득공제

(1) 청년형 장기펀드에 대한 소득공제(조특법 §91의 20, 조특령 §93의 6)

① 가입 요건

　　가. 저축가입일 현재 만 19~34세인 청년일 것(최대 6년 군복무기간 차감)

　　나. 다음의 어느 하나에 해당하는 소득기준을 충족할 것

　　　　• 직전 과세기간의 총급여액이 5천만원 이하일 것(직전 과세기간에 근로소득만 있거나 근로소득과 종합소득과세표준에 합산되지 아니하는 종합소득만 있는 경우로 한정하고 비과세소득만 있는 경우는 제외한다)

　　　　• 직전 과세기간의 종합소득과세표준에 합산되는 종합소득금액이 3천8백만원 이하일 것(직전 과세기간의 총급여액이 5천만원을 초과하는 근로소득이 있는 경우 및 비과세소득만 있는 경우는 제외한다)

　　다. 계약기간 3~5년

　　　　＊ 직전 3개연도 중 1회 이상 금융소득종합과세대상자는 제외됨

② 펀드 운용요건 : 국내 상장주식에 40% 이상 투자, 최소 투자기간 3년

③ 세제지원 : 납입금액(연 600만원 한도)의 40%를 종합소득금액에서 소득공제

　　－단, 가입 중 총급여 8천만원 또는 종합소득금액 6천7백만원 초과 시 해당 과세기간은 소득공제 제외

④ 추징 : 가입 후 3년 이내 해지·인출·양도시 감면세액 상당액(납입금액의 6%) 추징

⑤ 적용기한 : 2023.12.31.까지 가입분

(2) 청년형 장기펀드 가입 연령 요건

① 가입 연령 요건 : 19세 이상 34세 이하

　　[병역 이행시 가입일 현재 연령에서 복무기간(최대 6년) 제외]

② 가입 절차 : 가입 희망자는 소득확인증명서 및 병적증명서(가입일 현재 연령이 35세 이상인 경우만)를 펀드취급기관에 제출

　　＊ 다만, 소득확인증명서를 발급받을 수 있는 시점 이전에는 국세청장이 정하여 고시하는 소득금액증명원으로 대체 가능

③ 해지 사유 : 사망·해외이주·3개월 이상 장기요양 등의 경우에는 만기 전 해지시 납입액의 6% 추징 배제

－특별해지사유신고서(기획재정부령)를 장기펀드 취급기관에 제출

(3) 제출서류

별지 제60호의 24 「소득확인증명서(청년형장기집합투자증권저축 가입 및 과세특례 신청용)」

(4) 적용시기 : 2022.1.1. 이후 납입하는 분부터 적용

■ 조세특례제한법 시행규칙 [별지 제60호의 24 서식] 〈개정 2023.3.**.〉

소득확인증명서(청년형 장기집합투자증권저축 가입 및 과세특례 신청용)

※ [　]에는 해당되는 곳에 √표를 합니다.

발급번호				처리기간	즉시

소득자	성명		생년월일		
	주소				

(단위 : 원)

[　]근로소득자용		[총급여액이 5천만원 이하인 자만 가입 가능, 근로소득 외 다른 종합소득이 있는 경우 「종합소득세 신고(결정 · 경정)자용」의 종합소득금액으로 판단]		

귀속연도	소득구분	원천징수의무자		총급여(과세대상급여)액
		법인명(상호)	사업자등록번호	

[　]종합소득세 신고(결정 · 경정)자용		(종합소득금액이 3천8백만원 이하인 자만 가입 가능, 근로소득만 있는 경우 「근로소득자용」의 총급여액으로 판단)		

귀속연도	종합(결정)소득금액	근로소득 유 · 무	근로소득 외의 소득 유 · 무
		[　]유　　[　]무	[　]유　　[　]무

[　]연말정산한 사업소득자용		[사업소득금액이 3천8백만원 이하인 자만 가입 가능, 연말정산한 사업소득 외 다른 종합소득이 있는 경우 「종합소득세 신고(결정 · 경정)자용」의 종합소득금액으로 판단]	

귀속연도	원천징수의무자		사업소득금액 (해당 연도 소득금액)
	법인명(상호)	사업자등록번호	

「조세특례제한법 시행령」 제93조의6제2항에 따라 총급여액 또는 종합소득금액을 증명해 주시기 바랍니다.

년　　　월　　　일

신청인　　　　　　　　(서명 또는 인)

위와 같이 소득확인증명서 발급일 현재 청년형 장기집합투자증권저축 소득요건(「조세특례제한법」 제91조의20제1항)을 ([　] 충족, [　] 미충족)함을 증명합니다.

다만, 매년 6월 30일 이전에 전전년도 과세기간의 총급여액 · 종합소득금액을 기준으로 청년형 장기집합투자증권저축에 가입한 경우 또는 본 증명서 발급 이후 경정 · 결정, 수정신고 등의 사유로 총급여액 · 종합소득금액이 변경되는 경우 등에는 국세청장이 가입일 직전 과세기간의 총급여액 또는 종합소득금액을 확인하여 저축취급기관에 통보하며, 소득요건을 충족하지 못하는 것으로 통보받는 경우 그 통보된 청년형 장기집합투자증권저축에서 가입 시부터 발생한 이자소득에 대해서는 과세특례를 적용받을 수 없습니다.

년　　　월　　　일

세무서장　　　| 직인 |

유 의 사 항

1. 근로소득(연말정산한 사업소득)만 있는 근로소득자(연말정산한 사업소득자) 또는 근로소득(연말정산한 사업소득)과 그 외의 소득이 있는 자가 종합소득세 신고를 한 경우 「종합소득세 신고(결정 · 경정)자용」과 「근로소득자용(연말정산한 사업소득자용)」을 모두 기재합니다.
2. 근로소득자용의 총급여(과세대상급여)액란은 외국인단일세율 적용 시에는 연간 근로소득이 표시되며, 일용근로소득자의 경우 원천징수의무자가 「소득세법」 제164조에 따라 제출한 일용근로소득지급명세서의 총지급액(과세소득)을 기재합니다.
3. 종합소득세 신고(결정 · 경정)자용의 종합소득금액은 이월결손금을 공제하지 않은 금액을 기재합니다.
4. 증명신청일이 6월 30일 이전인 경우에는 신청일의 전전년도 과세기간의 총급여액 또는 종합소득금액을, 7월 1일 이후인 경우에는 신청일의 직전 과세기간의 총급여액 또는 종합소득금액을 기재합니다.

210mm×297mm[백상지 80g/㎡ 또는 중질지 80g/㎡]

X 소득공제 등의 종합한도

거주자의 종합소득에 대한 소득세를 계산할 때 다음 공제금액의 합계액이 2,500만원을 초과하는 경우에는 그 초과하는 금액은 없는 것으로 한다(조특법 §132의 2 ①).

① 특별소득공제 중 주택임차차입금원리금상환액

② 특별소득공제 중 장기주택저당차입금이자상환액

③ 투자조합출자 등 소득공제

④ 소기업·소상공인 공제부금

⑤ 주택청약저축 등에 대한 소득공제

⑥ 우리사주조합출자공제

⑦ 장기집합투자증권저축 소득공제

⑧ 신용카드 등 사용금액에 대한 소득공제

투자조합출자 등 소득공제의 경우 법소정의 벤처기업 또는 중소기업에 투자하는 경우는 상기 규정 적용대상에서 제외된다.

Expert Opinion Summary

1. 소득공제와 세액공제의 차이

$$근로소득금액 - 소득공제 = 과세표준$$
$$과세표준 \times 세율 = 산출세액$$
$$산출세액 - 세액공제 \cdot 감면 = 결정세액$$

연말정산업무는 소득세법에 의해 개별 근로자의 해당 과세기간(1.1.~12.31.) 동안의 근로소득에 대한 결정세액을 계산하는 절차를 말합니다.

소득공제는 근로소득금액에서 차감되어 과세표준금액을 산출하고 이에 세율을 적용하여 산출세액을 계산하므로 개별 근로자의 소득세 적용세율만큼 소득세가 경감되는 것이며, 세액공제는 산출된 세액에서 바로 차감하여 결정세액을 계산하므로 세액계산 시 커다란 차이를 나타나게 되므로 실무자님들은 이에 대한 구분을 확실히 이해하셔야 합니다.

만일 소득공제액이 10,000,000원인 경우 '갑'의 근로소득자 적용세율이 15%이면 산출세액은 1,500,000원이 경감되나, 고액소득자인 '을'의 세율이 38%이면 3,800,000원이 세액이 경감되는 것입니다. 즉 소득공제제도는 동일한 소득공제금액 발생 시 세율이 높은 근로소득자에게 유리한 제도이며, 세액공제는 적용세율과 상관없이 모두 동일한

세액을 공제하므로 일반적으로 세율이 낮은 근로소득자에게 유리한 제도입니다.

2. 간소화 자료 선택

다음의 서류는 근로자 본인이 직접 회사에 제출할 필요없이 국세청에서 제공하는 간소화자료열람 등을 통해 출력하여 제출하거나 on-line으로 제출할 수 있습니다.

(1) 간소화 자료 대상

구 분	공제항목
보험료	국민연금보험료, 건강보험료(노인장기요양보험료 포함), 고용보험료
	일반보장성보험료 장애인전용보장성보험료
의료비	의료기관에 지출한 의료비
	약국에 지출한 의약품(한약 포함) 구입 비용
	노인장기요양보험법에 따라 지출한 본인 일부부담금
	시력보정용 안경구입비용, 보청기·장애인보장구·의료용구 구입(임차)비용
	실손의료보험금 수령액
	산후조리원 비용
교육비	초·중·고, 대학(원)교육비, 직업능력개발훈련비용
	유치원 교육비, 취학전 아동의 보육시설·학원·체육시설 교육비
	장애인특수교육비 납입금액
	중·고등학생 교복구입비용
	학자금 대출 원리금 상환액
신용카드, 직불카드, 현금영수증	신용카드, 직불카드, 기명식선불카드, 직불전자지급수단, 선불전자지급수단, 전자화폐 및 현금영수증 사용금액(전통시장 사용분·대중교통·도서공연박물관미술관 등 사용분)
주택자금	주택임차차입금 원리금상환액, 장기주택저당차입금 이자상환액, 공공주택사업자에게 지급한 월세 납입액
주택마련저축	청약저축, 근로자주택마련저축, 주택청약종합저축
개인연금저축/연금계좌	개인연금저축, 연금저축, 퇴직연금
소기업/소상공인 공제부금	소기업소상공인 공제부금납입금액
(청년형)장기집합투자증권저축	(청년형)장기집합투자증권저축 납입금액
벤처기업투자신탁	벤처기업투자신탁 납입금액
기부금	기부금(긴급재난기부금 포함)
장애인	장애인등록증, 상이자증명서류

* 다만, 영수증 발급기관에서 국세청에 증명서류를 제출하지 않은 경우(기부금, 교복구입비, 안경구입비 등)에는 근로자본인이 직접 영수증 발급기관에서 영수증 등 증명자료를 발급받아 원천징수의무자에게 제출하여야 함

* 주택마련저축 및 주택자금소득공제를 받으려면 무주택 세대주 등 공제요건이 충족되어야 하는데, 연말정산간소화 서비스에서는 저축납입금액 및 원리금 상환금액만 제공 → 근로자는 간소화서비스 제공 자료와 다른 공제 입증 서류를 원천징수의무자에게 제출하여야 함
* 간소화서비스에서 제공하는 의료비자료는 난임시술비가 구분 표시되지 않으므로, 의료비 금액에 난임시술비가 포함되어 있는 경우에는 병원에서 직접 증빙서류를 발급받아 제출하여야 함

(2) 열람 방법

국세청 홈택스(www.hometax.go.kr) 접속 → 간소화 자료 선택 → 비회원 로그인 (성명, 주민등록번호, 공인인증서) → 해당 간소화 자료 항목 선택 → 출력 또는 on −line으로 제출 선택

(3) 간소화자료의 의미

국세청이 제공하는 간소화자료가 무조건 근로자의 소득·세액공제자료가 아님에 유의하여야 한다. 공제요건이 충족된 자료인지를 근로자 스스로 확인하고 판단하여 회사에 제출하여야 한다.

(4) 부양가족의 자료조회

부양가족이 동의하면 근로자는 가족의 공제자료에 대해 조회가 가능하다. 동의절차는 국세청고시 제2019−28호(2020.1.10.)「국세청이 인터넷을 통하여 제공하는 소득공제 및 세액공제 증명서류」제9조(정보주체의 정보 제공 동의)에 의한다.

국세청이 인터넷을 통하여 제공하는 소득공제 및 세액공제 증명서류
(국세청고시 제2019−28호, 2020.1.10.)

제9조(정보주체의 정보 제공 동의)

① 국세청장이 정보주체의 서류상의 내용을 제3자에게 제공하고자 하는 경우에는 해당 정보주체로부터 서면, 공인전자서명이 있는 전자문서 또는 다음 각 호의 어느 하나에 해당하는 방식에 따른 동의를 얻어야 한다.

1. 국세청장으로부터 해당 정보주체 본인 명의의 이동전화 문자메시지를 통하여 받은 비밀번호를 입력하는 방식
2. 정보주체가 신용카드업자에게 등록한 비밀번호를 입력하는 방식
3. 정보주체가 홈페이지에서 제공하는 동의서와 신분증 사본 등을 지정된 팩스(Fax)로 전송하거나 또는 가까운 세무서에 우편으로 제출하는 방식
4. 정보주체 또는 정보주체의 위임을 받은 자(자료의 제공을 받는 자에 한함)가 홈택스를 통해 동의서, 위임장, 신분증 사본 등을 제출하는 방식
5. 주민등록번호를 대체하는 인터넷상 개인인증번호(아이핀)를 입력하는 방식

② 정보주체가 서면으로 동의하는 경우에는 정보주체 본인의 신분증을 지참하고 가까운 세무서를 방문하여 "연말정산간소화 서비스 소득공제정보 제공 동의 신청서(별지 2호)"를 작성·제출하여야 한다.

---

* 부양가족이 직접 스마트폰으로 홈택스 앱에 로그인(ID/비밀번호 또는 공인인증서)하여 [조회 → 발급 → 연말정산서비스 → 제공동의 신청/취소]에서 기본사항을 입력하여 제공동의를 신청할 수 있다.

19세 미만(2005.1.1. 이후)의 자녀는 동의절차없이 '부양가족 자료제공 동의신청'에서 '미성년자녀 신청'하여 조회가 가능하다.

3. 소득 · 세액공제신고서 작성

근로자가 회사에 제출하는 소득 · 세액공제신고서는 다음과 같이 국세청의 홈택스에서 작성하여 출력하여 제출하거나 on−line으로 제출할 수 있습니다.

(1) 홈택스에서 작성 방법

국세청 홈택스(www.hometax.go.kr) 접속 → 비회원 로그인 → 상기 '2.'의 간소화 자료 선택 열람 → 소득 · 세액공제신고서 작성 선택 → 간소화 자료 열람내용은 바로 소득 · 세액공제신고서에 입력됨 → 간소화 자료에 없는 기본공제 등 내용 변동분 입력 및 안경 등 의료비 등 입력 → 출력 또는 on−line으로 제출 선택

(2) 간소화 자료에 없는 소득 · 세액공제분 입력

① 휠체어, 보청기 구입비용

② 간소화 자료에 누락된 의료비

③ 취학 전 아동 학원비, 교복 등 교육비

④ 일반기부금

⑤ 벤처기업 투자금액 등

⑥ 우리사주조합출자금

⑦ 월세액

⑧ 전기대비 변동있는 기본공제내용 등

4. On−line 신고서 제출

상기 '3.'에 의해 작성된 소득 · 세액공제신고서 및 상기 '2.'에 의해 열람된 간소화 자료는 근로자가 홈택스에서 간편제출을 선택하면 on−line으로 회사로 보내지며 회사는 이를 up−load하고 자체 연말정산 프로그램에 연동하게 하면 회사에서는 연말정산 자료의 별도 입력절차 없이 바로 연말정산업무를 수행할 수 있게 됩니다.

상기의 on−line신고서가 회사로 오기 위해서는 먼저 회사가 연말정산기본자료를 홈택스에 입력해야 합니다.

(1) 신고서 등 수령만을 위한 기본자료

① 근로자 이름

② 주민등록번호

(2) 홈택스 내에서 세액계산을 위한 추가적인 기본자료

① 총급여액

② 4대보험납부액

③ 1월~12월 기납부세액

5. 연말정산 간소화 일괄제공 서비스 제공

(1) 연말정산 간소화문서를 제공하는 새로운 유형 제공

① 근로자가 본인과 부양가족의 간소화자료 일괄제공에 동의하는 경우, 국세청이 회사에 간소화자료를 일괄제공하여 회사가 연말정산 업무 수행

② 회사는 국세청으로부터 제공받은 간소화자료 등을 활용하여 공제신고서 · 지급명세서 일괄 작성 · 제출

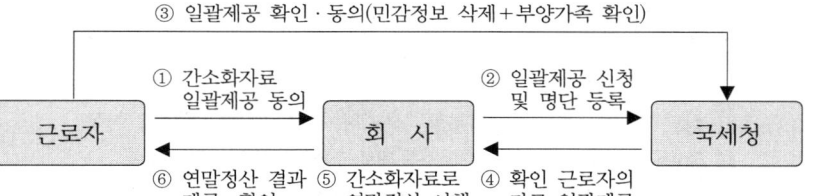

(2) 간소화자료 일괄제공을 신청한 근로자 명단 등록
① 사업자로 로그인하여 [일괄제공 신청 근로자 등록] 메뉴에서 국세청이 제공한 엑셀서식을 이용하거나 직접입력 방식으로 근로자 명단 등록

* 홈택스 조회/발급 → 연말정산간소화 → 일괄제공 서비스 → 일괄제공신청 근로자 등록

주민등록번호	성명	동의 일자

② 일괄제공될 압축파일에 비밀번호 설정 가능

(3) 근로자의 홈택스 확인(동의)하기
회사의 간소화자료 일괄제공 신청 내용을 근로자로부터 확인하기 위하여 최초 1회(동일 근무처 근무시 최초 1회 동의·확인) 홈택스를 통해 확인

* 홈택스 조회/발급 → 연말정산간소화 → 일괄제공 서비스 → 간소화자료 일괄제공 확인(동의) 및 조회

(4) 일괄제공PDF 내려받기
① 홈택스에서 1.19.까지 신청을 확인(동의)한 근로자의 간소화자료를 1회 생성하고, 인별PDF 압축파일을 1.20.부터 홈택스에서 제공
② 간소화자료 일괄제공 서비스를 선택한 근로자도 홈택스에서 본인과 부양가족의 간소화자료를 내려받을 수 있음

(5) 간소화 간편제출 서비스와 간소화 일괄제공 서비스의 비교

간소화 간편제출	간소화 일괄제공
이용기간 －회사(1.3.~3.10.) －근로자(1.15.~3.10.) 근로자가 간소화 항목을 상세 선택하여 제출 회　사 : 매년 명단 제출 근로자 : 매년 간소화 간편 제출	이용기간 －회사(10.29.~1.14.) －근로자(12.1.~1.19.) 　* 회사가 명단을 등록한 후, 근로자 이용 근로자가 민감정보 삭제(영구삭제 주의)하여 제외 가능 회　사 : 매년 명단 제출 근로자 : 동일 근무처 근무 시 　　　　　　최초 1회 동의(확인)

6. 경정청구서 작성

근로자가 소득·세액공제를 누락한 경우 경정청구를 하여야 하는데 국세청의 홈택스 내에서 편리하게 경정청구서가 작성되므로 작성된 경정청구서 및 해당 과세기간의 원천징수영수증(추가 소득·세액공제반영분)을 관련 입증서류(스캔해서 첨부)와 함께 근로자의 주소지 관할

세무서 개인납세과(소득세과)에 on−line으로 제출하면 환급받으실 수 있습니다.

국세청 홈택스(www.hometax.go.kr)에 접속하여 다음 순서로 경정청구하시면 됩니다.

① 근로자 본인의 공인인증서 로그인

② 상단의 메뉴 중 신고/납부를 "클릭하여" 신고납부 창으로 이동

③ Step 1. 세금신고 중 종합소득세로 "클릭하여" 이동

④ 근로소득자신고서(근로소득만 있는 경우)에서 경정청구서 작성 클릭

⑤ 경정청구 원하는 귀속연도 설정 후 조회 누름

⑥ 관할 세무서가 조회됨, 확인 후 다음 이동 버튼 누름

⑦ 이후 ⑥번 후 처음 나오는 소득, 세액공제, 연금저축 등, 월세액, 주택임차차입금, 의료비, 기부금 등의 메뉴 창들은 기존 신고된 내용 확인용으로, 경정청구 후 신고내용 관리를 위해 가급적이면 우측에 있는 지급명세서 출력을 통해 출력해 두는 것이 좋음.

⑧ ⑦번에서 기존의 신고내용확인 후 하단의 "다음으로 이동"버튼을 통해 경정청구서 작성 시작

⑨ 기본사항에서 본인의 주민등록번호 옆 조회버튼 눌러 주소, 이름 등 적용

⑩ 기본사항에서 저장 후 "다음 이동" 누름

⑪ 이후 나오는 근로소득신고서 수정입력(연도)에서 경정내용 수기 입력함.

⑫ 기입된 내용을 변경하기 전 ⑦번에서 출력해 두었던 지급명세서에서 기존의 결정세액 확인 후 새로 기입된 내용에 따라 현 페이지 하단에서 결정세액이 변동됨을 확인 후 현 페이지 맨 하단에 환급금 받을 계좌(본인명의)입력 후 "신고서 작성완료" 누름

⑬ 경정청구 신고서 작성, 경정청구 사유, 본인 주소지 확인, 경정 전의 내용(좌측), 경정청구 내용(우측) 비교확인 후 다음 페이지에서 근로자 본인의 관할 세무서에 신고서 제출

⑭ Step 2. 신고내역 중 조회하기 → 지방소득세 신고하기를 하여 지방소득세도 경정청구함.

Approach to Field Work   연말정산 수정신고절차

1. 수정신고의 의미

연말정산 시 근로소득자가 잘못된 소득·세액공제를 적용받은 경우 이를 취소하고 원래 납부하여야 하는 소득세 본세 및 가산세를 신고·납부하는 것을 수정신고라 합니다.

2. 2024.3.11.~2024.5.31.(종합소득세 신고기한) 사이에 수정신고하는 경우

근로소득자 본인의 주소지 관할 세무서에 별지 제40호 서식 (1)「2023년 귀속 종합소득세·농어촌특별세 과세표준확정신고 및 납부계산서」에서 과다 공제된 소득·세액공제를 취소하고 추가 계산된 소득세 본세(개인지방소득세도 포함)를 납부하시면 됩니다. 이는 실지로 수정신고에 해당하지 않으며, 원래 소득세는 5.31. 까지가 신고·납부기한이므로 연말정산 시 잘못된 것을 5월의 종합소득세신고로 정정하는 것입니다. 그러므로 가산세는 납부하지 않으며 국세청 홈택스에서 신고가 가능합니다.

3. 2024.6.1. 이후에 수정신고하는 경우

(1) 회사가 수정신고하는 경우

① 회사가 연말정산에 대한 수정신고를 하는 경우 제출하는 서류는 다음과 같

습니다.

　가. 2024년 2월분 원천징수이행상황신고서 수정분 제출

　　A04, A10, A99의 ⑥ · ⑧ · ⑨ · ⑩ 수정기재

　　⑮ · ⑱ · ⑲ · ⑳ 수정기재

　나. 해당 근로소득자의 수정된 근로소득지급명세서

② 원천징수납부지연가산세 납부 : Min(가, 나)

　가. 본세×10%

　나. 본세×3%＋본세×2.2/10,000(2019.2.12.부터 2022.2.14.까지 기간 분은 2.5/10,000, 2019.2.12. 전 기간분은 3/10,000)×미납부일수[*]

　　* 미납부일수의 기산일은 연말정산신고일 익일인 3.11.임.

(2) 근로소득자 개인이 수정신고하는 경우

① 2019년부터 근로소득자 개인이 홈택스에서 간단히 수정신고할 수 있는(이 를 "기한 후 신고"라 함)제도가 생겼습니다.

② 가산세 계산

이 제도는 회사가 아닌 근로소득자가 직접 종합소득세 신고절차를 이용하여 수정신고(기한 후 신고)하는 것이므로 가산세는 과소신고가산세와 납부지연 가산세를 부담하여야 합니다.

　가. 과소신고가산세[*]

　　본세×10%×수정신고 시 감면율[**]

　　　* 무신고가산세가 아닌 과소신고가산세에 해당 함(기준법령소득－32, 2017.4.5.).

　　　** 감면율은 10%~90%(국기법 §48 ②). 단, 과세관청의 과세예고통지에 의한 수정신고는 감면 안 됨.

　나. 납부지연가산세

　　본세×2.2/10,000×미납부일수[*]

　　　* 미납부일수의 기산일은 종합소득세신고일 익일인 6.1.임.

③ 개인이 수정신고 시 문제점

근로소득자가 직접 수정신고하는 경우 홈택스에서 상기 ②의 가산세가 계 산되지 않아 근로소득자 본인이 가산세금액을 직접 입력하여야 하는 문제 가 발생하게 됩니다.

저자의 판단으로는 회사의 연말정산담당자가 가산세를 계산하여 근로소득 자에게 이를 입력하도록 전달하고 납부서를 출력하여 주는 것이 합리적인 방안이라 판단합니다.

④ 실지 사례는 제10절 Ⅲ. 2. 'Expert Opinion Summary' 1. 참조

(3) 지방세법상 납부지연가산세 세율(지기령 §34)

납부기한 다음 날부터 2019.1.1. 전까지 기간은 3/10,000, 2019.1.1.부터 2022.6.6.까지의 기간은 2.5/10,000, 2022.6.7. 이후의 기간은 2.2/10,000 의 세율을 적용합니다.

제6절 결정세액 및 환급

1. 산출세액

(1) 산출세액의 계산

$$산출세액 = 과세표준 \times 기본세율$$

(2) 기본세율

과세표준	기본세율
1,400만원 이하	6%
1,400만원 초과 5,000만원 이하	84만원 + 1,400만원 초과액 × 15%
5,000만원 초과 8,800만원 이하	624만원 + 5,000만원 초과액 × 24%
8,800만원 초과 1억5천만원 이하	1,536만원 + 8,800만원 초과액 × 35%
1억5천만원 초과 3억원 이하	3,706만원 + 1억5천만원 초과액 × 38%
3억원 초과 5억원 이하	9,406만원 + 3억원 초과액 × 40%
5억원 초과 10억원 이하	17,406만원 + 5억원 초과액 × 42%
10억원 초과	38,406만원 + 10억원 초과액 × 45%

(3) 속산표

과세표준	세 율	누진공제액
1,400만원 이하	6%	−
1,400만원~5,000만원	15%	126만원
5,000만원~8,800만원	24%	576만원
8,800만원~1억5천만원	35%	1,544만원

과세표준	세 율	누진공제액
1억5천만원~3억원	38%	1,994만원
3억원~5억원	40%	2,594만원
5억원~10억원	42%	3,594만원
10억원 초과	45%	6,594만원

New Tax

소득세 세율적용 과세표준 구간을 일부 조정함

 6% 적용구간 :   1,200만원 이하 → 1,400만원 이하

15% 적용구간 : 1,200~4,600만원 이하 → 1,400~5,000만원 이하

24% 적용구간 : 4,600~8,800만원 이하 → 5,000~8,800만원 이하

2. 결정세액

근로소득 과세표준에 기본세율을 적용하여 산출세액이 계산되면 여기에서 감면과 세액공제를 하여 결정세액을 계산한다.

결정세액이란 근로소득자가 근로의 제공으로 인하여 받은 근로소득에 대하여 근로소득자가 부담해야 하는 소득세를 말하며 결정세액에 대하여는 10%의 개인지방소득세가 부과된다.

결정세액=산출세액－세액감면ㆍ세액공제

제7절 세액감면

세액감면이란 특정한 소득에 대하여 세금을 면제해 주거나(세액면제) 일정한 비율만큼 경감해 주는 것(세액경감)을 말한다. 소득세법과 조세특례제한법에 규정하고 있는 근로소득에 대한 조세감면을 보면 다음과 같으며 세액공제보다 우선 적용한다.

> **저자주 세액감면 · 공제 적용순서**
>
> 세액감면 → 근로소득세액공제 → 자녀세액공제 → 보장성보험료세액공제 → 의료비세액공제 → 교육비세액공제 → 정치자금기부금세액공제 → 표준세액공제 → 납세조합공제 → 주택차입금공제 → 월세액세액공제 → 법정 · 우리사주 · 일반기부금세액공제 → 외국납부세액공제 → 연금계좌세액공제
> ① 소득세법 제59조의 4 ④ : 특례기부금을 일반기부금보다 먼저 공제, 2013년에 지급한 기부금을 이월하여 소득공제하는 경우 먼저 공제
> ② 소득세법 제59조의 4 ⑨ : 특별세액공제(정치자금기부금, 우리사주조합기부금 제외), 특별소득공제, 월세액세액공제를 받지 않는 경우 표준세액공제를 적용
> ③ 소득세법 제60조 : 세액감면 · 공제는 해당 과세기간의 소득세 감면, 이월공제가 인정되지 않는 세액공제, 이월공제가 인정되는 세액공제 순서로 적용
> ④ 소득세법 제61조 : 세액감면 및 세액공제액의 합계액이 종합소득산출세액을 초과하는 경우, 초과하는 금액을 한도로 연금계좌세액공제를 받지 아니한 것으로 봄

1. 소득세법상 세액감면

정부 간 협약에 의하여 우리나라에 파견된 외국인이 그 양쪽 또는 한쪽 당사국의 정부로부터 받는 급여에 대해서는 그 세액을 감면한다(소법 §59의 2 ① 1호). 동 규정에 따라 근로소득에 대한 세액을 감면받고자 하는 자는 '외국인근로소득 세액감면신청서[별지 제18호 서식]'를 국내에서 근로소득금액을 지급하는 자를 거쳐 그 감면을 받고자 하는 달의 다음 달 10일까지 원천징수 관할세무서장에게 제출하여야 한다(소법 §75 ②, 소령 §138 ②).

감면대상이 되는 세액의 계산은 다음과 같다(소법 §59의 5 ①).

$$감면세액 = 종합소득(or\ 근로소득)^* 산출세액 \times \frac{감면대상\ 근로소득금액}{종합소득금액(or\ 근로소득금액)^*}$$

* 근로소득만 있는 경우에는 근로소득금액으로 대체하여도 무방하다.

2. 외국인기술자에 대한 세액감면

(1) 국내 연구기관 등에서 제공하는 일정요건의 외국인 기술자 연구원

다음의 일정한 요건을 갖춘 외국인기술자(대한민국의 국적을 가지지 아니한 자)가 국내에서 내국인에게 근로를 제공하고 받는 근로소득으로서 당해 외국인기술자가 국내에서 최초로 근로를 제공한 날(2023.12.31. 이전인 경우만 해당)부터 10년(2023.1.1. 당시 국내에서 최초로 근로를 제공한 날부터 5년이 지나지 아니한 외국인기술자에 대해서도 10년이 적용됨)이 되는 날이 속하는 달까지 발생한 근로소득에 대해서는 소득세의 50%를 감면한다(조특법 §18 ①). 다만, 외국인기술자 중 소재·부품·장비산업경쟁력강화를위한특별조치법 제16조에 따른 특화선도기업등에서 근무하는 외국인기술자의 경우에는 국내에서 최초로 근로를 제공한 날(2022.12.31. 이전인 경우만 해당)부터 3년이 되는 날이 속하는 달까지 발생한 근로소득에 대해서는 소득세의 70%를 감면하고, 그 다음 날부터 2년이 되는 날이 속하는 달까지 발생한 근로소득에 대해서는 소득세의 50%를 감면한다(조특령 §16 ②).

> **New Tax**
> 1. 외국인기술자에 대한 소득세 감면 기간을 5년에서 10년으로 연장
> 2. 소재·부품·장비 관련 감면우대율 적용은 일몰 종료

> **참고** – 외국인기술자의 요건(조특령 §16 ①)
> 1. 엔지니어링기술진흥법 제2조 제3호의 규정에 의한 엔지니어링기술의 도입계약(30만불 이상의 도입계약에 한함)에 의하여 국내에서 기술을 제공하는 자
> 2. 다음의 요건을 모두 갖춘 사람
>   ① 자연계·이공계·의학계 분야의 학사 학위 이상을 소지한 사람일 것
>   ② 기획재정부령으로 정하는 국외의 대학 및 연구기관 등에서 5년(박사 학위를 소

지한 사람의 경우에는 박사 학위 취득 전 경력을 포함하여 2년) 이상 연구개발
및 기술개발 경험이 있을 것
③ 해당 과세연도 종료일 현재 근로를 제공하는 기업과 국세기본법시행령 제1조의
2 제1항에 따른 친족관계 또는 같은 조 제3항에 따른 경영지배관계에 있지 않을
것. 다만, 경영지배관계에 있는지를 판단할 때 국세기본법시행령 제1조의 2 제4
항 제1호 나목의 요건은 적용하지 않는다.
④ 다음 '3. (3)'의 기관 또는 부서에서 연구원(행정 사무만을 담당하는 사람은 제외
한다)으로 근무하는 사람일 것

(2) 2020.12.31. 이전에 근로를 제공한 경우

1) 2015.1.1.~2020.12.31.에 최초 근로를 제공한 경우

다음에 해당하는 요건을 구비한 외국인 기술자에 대해 감면을 적용하였다.

① 엔지니어링기술진흥법 제2조 제3호의 규정에 의한 엔지니어링기술의 도입계약(30만불 이상의
도입계약에 한함)에 의하여 국내에서 기술을 제공하는 자

② 다음의 요건을 모두 갖춘 사람
가. 자연계·이공계·의학계 분야의 학사 학위 이상을 소지한 사람일 것
나. 기획재정부령으로 정하는 국외의 대학 및 연구기관 등에서 5년(박사 학위를 소지한
사람의 경우에는 박사 학위 취득 전 경력을 포함하여 2년) 이상 연구개발 및 기술개발
경험이 있을 것
다. 해당 과세연도 종료일 현재 근로를 제공하는 기업과 국세기본법시행령 제1조의 2
제1항에 따른 친족관계 또는 같은 조 제3항에 따른 경영지배관계에 있지 않을 것.
다만, 경영지배관계에 있는지를 판단할 때 국세기본법시행령 제1조의 2 제4항 제1
호 나목의 요건은 적용하지 않는다.
라. 다음 '3. (3)'의 기관 또는 부서에서 연구원(행정 사무만을 담당하는 사람은 제외한다)
으로 근무하는 사람일 것

2) 2010.1.1.~2014.12.31.에 최초 근로를 제공한 경우

외국인투자촉진법에 따른 기술도입계약에 의하여 근로를 제공하는 외국인기술자가 국
내에서 조세특례제한법 제121조의 2 제1항 제1호에 따라 법인세 등이 감면되는 사업[1]

을 하는 외국인투자기업에 대통령령으로 정하는 고도기술[*2]을 제공하고 받는 근로소득으로서 그 외국인투자기업에 근로를 제공한 날(2014.12.31.까지만 해당)부터 2년이 되는 날이 속하는 달까지 발생한 근로소득에 대해서는 소득세의 50%를 감면한다.

[*1] 국내산업의 국제경쟁력 강화에 긴요한 사업으로서 외국인투자촉진법 제27조에 따른 외국인투자위원회의 심의를 거쳐 정하는 다음에 해당하는 사업
　① 산업지원서비스업
　　부가가치가 높고 제조업지원 등 다른 산업의 발전을 지원하는 효과가 큰 서비스업
　② 고도의 기술을 수반하는 사업
　　국내에서의 개발수준이 낮거나 개발이 되지 아니한 기술을 수반하는 사업
[*2] 대통령령으로 정하는 고도기술
　다음에 해당하는 기술로서 기획재정부장관이 감면결정하여 통지를 한 것을 말한다
　① 국민경제에 대한 경제적 또는 기술적 파급효과가 크고 산업구조의 고도화와 산업경쟁력 강화에 긴요한 기술
　② 외국에서 국내로 최초로 도입된 날(외국인투자촉진법에 의하여 해당 기술을 수반하는 외국인투자의 신고일과 외국인투자기업이 기술도입계약상 해당 기술의 소유자에게 그 기술의 사용대가를 최초로 지급하기로 한 날 중 빠른 날)부터 3년이 경과되지 아니한 기술이거나 3년이 경과한 기술로서 이미 도입된 기술보다 경제적 효과 또는 기술적 성능이 뛰어난 기술
　③ 해당 기술이 소요되는 공정이 주로 국내에서 이루어지는 기술

3) 2009.12.31. 이전 최초 근로를 제공한 경우

2009.12.31. 이전에 신고된 기술도입계약에 따라 근로를 제공하는 외국인기술자에 대해서는 그 기술도입계약액에 관한 신고필증교부일(2009.12.31. 이전인 경우만 해당)부터 5년이 되는 날이 속하는 달까지 발생하는 소득에 대해서 면제한다.

(3) 외국인기술자 요건

① 2009.12.31.까지 외국인의 범위에는 대한민국 국적을 보유하고 있는 개인으로서 외국에 영주하고 있는 자가 국내에서 기술을 제공한 경우를 포함하였으나(국이 46523-442, 1994.8.3.), 2010.1.1. 이후부터는 대한민국의 국적을 가지지 아니한 사람이어야 한다(조특령 §16 ①, 조특령 부칙 §3, 2010.2.18.). 다만, 대한민국 국적을 가진 외국영주권자가 2010.1.1. 조세특례제한법 개정 전 규정에 따른 소득세 감면대상 외국인기술자로서 2009.12.31. 이전에 국내에서 내국인에게 최초로 근로를 제공하거나 신고된 기술도입계약에 따라 근로를 제공하여 소득세 면제대상인 경우 해당 외국인기술자는 2010.1.1. 이후의 잔여감면기간에 대하여 조세특례제한법 부칙 제70조에 따라 종전 규정을 적용하여 소득세를 면제받을 수 있다(국제세원-271, 2010.6.3.).
② 외국인기술자가 근로소득세 면제기간 도중에 대한민국 국적을 취득하는 경우 내국

인 지위에서 지급받는 근로소득은 감면대상에 포함되지 않는다(국일 46017-765, 1997.12.24.).

(4) 감면신청

감면을 받고자 하는 자는 근로를 제공한 날이 속하는 달의 다음 달 10일까지 '외국인기술자에 대한 세액면제신청서(별지 제7호 서식)'를 원천징수의무자를 거쳐 원천징수 관할 세무서장에게 제출하여야 한다(조특법 §18 ④, 조특령 §16 ③).

3. 내국인 우수 인력의 국내복귀에 대한 세액감면

(1) 내용

학위 취득 후 국외에서 5년 이상 거주하면서 연구개발 및 기술개발 경험을 가진 사람으로서 다음에서 정하는 내국인 우수 인력이 국내에 거주하면서 다음에서 정하는 연구기관 등에 취업하여 받는 근로소득으로서 취업일(2025.12.31. 이전인 경우만 해당)부터 10년이 되는 날이 속하는 달까지 발생한 근로소득에 대해서는 소득세의 50%를 감면한다. 이 경우 소득세 감면기간은 소득세를 감면받은 사람이 다른 연구기관등에 취업하는 경우에 관계없이 소득세를 감면받은 최초 취업일부터 계산한다(조특법 §18의 3 ①).

```
New Tax
1. 소득세 감면기간을 5년에서 10년으로 연장함
   2023.1.1. 현재 취업일부터 5년이 지나지 않은 경우에도 적용
2. 적용기한을 2025.12.31.까지 취업한 경우로 연장함
```

(2) 내국인 우수인력

내국인 우수인력이란 다음을 모두 충족하는 사람을 말한다. 다만, (3)에 해당하는 기관에서 연구개발과제를 직접 수행하거나 보조하지 아니하고 행정 사무를 담당하는 자는 제외한다(조특령 §16의 3 ①).
① 자연계·이공계·의학계 분야의 박사학위를 소지한 사람일 것
 • 자연과학 : 수학, 물리학, 화학, 지구과학 등
 • 생명과학 : 분자생명, 기초생명, 기반생명 등

- 의약학 : 기초 · 응용의학, 치의학, 한의학, 간호학, 약학 등
- 공학 : 기계, 건설/교통, 재료, 화공 등
- ICT-융합연구 : 전기/전자, 통신, 컴퓨터 · 소프트웨어, 정보기술융합, 바이오 · 의료융합, 에너지 · 환경융합, 산업기술융합 등

② '(3)'에 해당하는 기관 또는 부서에 취업한 날 또는 소득세를 최초로 감면받는 날이 속하는 과세기간의 직전 5개 과세기간 동안 국외에서 거주했을 것. 이 경우 1개 과세기간에 183일 이상 국외에서 체류한 경우 해당 과세기간에는 국외에서 거주한 것으로 본다.

③ 다음의 국외의 대학 및 연구기관 등에서 5년 이상 연구개발 및 기술개발 경험이 있을 것
- 국외 대학 및 연구기관의 범위 : 국외 대학 및 그 부설연구소, 국책연구기관, 기업부설연구소
- 국외 연구 · 기술개발 경험 : 국외 연구기관 등에서 연구원으로 근무한 기간이 5년 이상일 것
- 증명서 제출 : 국외에서 재직한 대학 및 연구기관 등으로부터 감면신청자의 이름, 대학 · 연구기관의 명칭 · 주소, 근무기간, 근무부서, 연구분야 및 해당 부서 책임자의 확인서명 등이 포함된 증명서를 발급받아 제출

④ 해당 과세연도 종료일 현재 근로를 제공하는 기업과 국세기본법시행령 제1조의 2 제1항 또는 제3항에 따른 친족관계 또는 경영지배관계에 있지 않을 것. 다만, 경영지배관계에 있는지 여부를 판단할 때 국세기본법시행령 제1조의 2 제4항 제1호 나목의 요건은 적용하지 않는다.

⑤ 해당 과세기간 종료일 현재 대한민국의 국적을 가진 사람일 것

(3) 연구기관 등

연구기관 등은 다음의 어느 하나에 해당하는 경우를 말한다(조특령 §16의 3 ②).

① 기초연구진흥및기술개발지원에관한법률 제14조의 2 제1항에 따라 과학기술정보통신부장관의 인정을 받은 기업부설연구소 또는 연구개발전담부서

② 정부출연연구기관등의설립 · 운영및육성에관한법률 제2조에 따른 정부출연연구기관 및 과학기술분야정부출연연구기관등의설립 · 운영및육성에관한법률 제2조에 따른 과학기술분야 정부출연연구기관과 그 부설 연구기관

③ 특정연구기관육성법 제2조에 따른 특정연구기관 및 그 부설 연구기관

④ 고등교육법 제2조에 따른 대학, 산업대학, 전문대학 또는 기술대학 및 그 부설 연구기관

⑤ 한국해양과학기술원법에 따라 설립된 한국해양과학기술원

⑥ 국방과학연구소법에 따라 설립된 국방과학연구소

⑦ 산업기술혁신촉진법 제42조에 따른 전문생산기술연구소

⑧ 산업기술연구조합육성법에 따라 설립된 산업기술연구조합

(4) 원천징수

원천징수의무자가 '(1)'에 따라 소득세가 감면되는 근로소득을 지급할 때에는 소득세법 제127조에 따라 징수할 소득세의 50%에 상당하는 세액을 원천징수한다(조특법 §18의 3 ②).

(5) 감면신청

'(1)'에 따라 소득세를 감면받으려는 사람은 근로를 제공한 날이 속하는 달의 다음 달 10일까지 원천징수의무자를 거쳐 원천징수 관할 세무서장에게 세액감면신청서를 제출해야 한다(조특령 §16의 3 ③).

4. 성과공유 중소기업의 경영성과급에 대한 세액감면

중소기업인력지원특별법 제27조의 2 제1항에 따른 성과공유 중소기업의 근로자 중 다음에 해당하는 사람을 제외한 근로자가 해당 중소기업으로부터 2024.12.31.까지 경영성과급을 지급받는 경우 그 경영성과급에 대한 소득세의 100분의 50에 상당하는 세액을 감면한다(조특법 §19 ②).

① 해당 과세기간의 총급여액이 7천만원을 초과하는 사람

② 해당 기업의 최대주주 등 다음에 해당하는 사람

　　가. 해당 기업의 최대주주 또는 최대출자자(개인사업자의 경우에는 대표자를 말함)와 그 배우자

나. '가.'에 해당하는 자의 직계존비속(그 배우자를 포함) 또는 '가.'에 해당하는 사람과 국세기본법시행령 제1조의 2 제1항에 따른 친족관계에 있는 사람

(1) 성과공유 중소기업

중소기업인력지원특별법 제27조의 2 제1항에 따른 중소기업을 말한다.

● 중소기업인력지원특별법 제27조의 2

① 정부는 중소기업에 근무하는 근로자의 임금 또는 복지 수준을 향상시키기 위하여 대통령령으로 정하는 성과공유 유형 중 어느 하나에 해당하는 방법으로 근로자와 성과를 공유하고 있거나 공유하기로 약정한 중소기업(이하 "성과공유기업"이라 한다)을 우대하여 지원할 수 있다.

● 중소기업인력지원특별법시행령 제2조【정의】

1. 중소기업이란 중소기업기본법 제2조 제1항에 따른 중소기업을 말한다.

Approach to Field Work 중소기업기본법상 중소기업판정기준

02

1. 중소기업의 판정기준(중소기업기본법 §2 ①)

다음에 해당하는 기업 또는 조합 등

① 다음 각 목의 요건을 모두 갖추고 영리를 목적으로 사업을 하는 기업

가. 업종별로 매출액 또는 자산총액 등이 일정기준에 맞을 것

나. 지분 소유나 출자 관계 등 소유와 경영의 실질적인 독립성이 일정기준에 맞을 것

② 사회적기업육성법 제2조 제1호에 따른 사회적기업 중에서 영리를 주된 목적으로 하지 아니하는 사회적기업으로서 다음의 요건을 모두 갖춘 기업

가. 매출액(규모) 기준, 자산총액기준의 요건을 모두 갖출 것

나. 소유와 경영의 실질적 독립성기준 중 '①'에 해당하지 아니할 것

③ 협동조합기본법 제2조에 따른 협동조합, 협동조합연합회, 사회적협동조합, 사회적협동조합연합회 중 일정한 자

④ 소비자생활협동조합법 제2조에 따른 조합, 연합회, 전국연합회 중 일정한 자

다만, 독점규제및공정거래에관한법률 제14조 제1항에 따른 공시대상기업집단에 속하는 회사 또는 동법 제14조의3에 따라 공시대상기업집단의 소속회사로 편입·통지된 것으로 보는 회사는 제외한다.

2. 매출액(규모)기준(같은법 시행령 §3 ①, §7 ①·②)

① 해당 기업이 영위하는 주된 업종과 해당 기업의 평균매출액 또는 연간매출액(이하 "평균매출액등"이라 한다)이 별표 1의 기준에 맞을 것

② 매출액은 손익계산서상의 매출액을 말함

③ 평균매출액등은 직전 3개 사업연도의 총매출액을 3으로 나눈 금액을 말함

[별표 1]상 중소기업의 범위

해당 기업의 주된 업종	분류기호	규모 기준
1. 의복, 의복액세서리 및 모피제품 제조업	C14	평균매출액등 1,500억원 이하
2. 가죽, 가방 및 신발 제조업	C15	
3. 펄프, 종이 및 종이제품 제조업	C17	
4. 1차 금속 제조업	C24	
5. 전기장비 제조업	C28	
6. 가구 제조업	C32	
7. 농업, 임업 및 어업	A	평균매출액등 1,000억원 이하
8. 광업	B	
9. 식료품 제조업	C10	
10. 담배 제조업	C12	
11. 섬유제품 제조업(의복 제조업은 제외한다)	C13	
12. 목재 및 나무제품 제조업(가구 제조업은 제외한다)	C16	
13. 코크스, 연탄 및 석유정제품 제조업	C19	
14. 화학물질 및 화학제품 제조업(의약품 제조업은 제외한다)	C20	
15. 고무제품 및 플라스틱제품 제조업	C22	
16. 금속가공제품 제조업(기계 및 가구 제조업은 제외한다)	C25	
17. 전자부품, 컴퓨터, 영상, 음향 및 통신장비 제조업	C26	
18. 그 밖의 기계 및 장비 제조업	C29	
19. 자동차 및 트레일러 제조업	C30	
20. 그 밖의 운송장비 제조업	C31	
21. 전기, 가스, 증기 및 공기조절 공급업	D	
22. 수도업	E36	
23. 건설업	F	
24. 도매 및 소매업	G	
25. 음료 제조업	C11	평균매출액등 800억원 이하
26. 인쇄 및 기록매체 복제업	C18	
27. 의료용 물질 및 의약품 제조업	C21	
28. 비금속 광물제품 제조업	C23	
29. 의료, 정밀, 광학기기 및 시계 제조업	C27	
30. 그 밖의 제품 제조업	C33	
31. 수도, 하수 및 폐기물 처리, 원료재생업(수도업은 제외)	E(E36 제외)	
32. 운수업 및 창고업	H	
33. 정보통신업	J	

해당 기업의 주된 업종	분류기호	규모 기준
34. 산업용기계 및 장비수리업	C34	평균매출액등 600억원 이하
35. 전문, 과학 및 기술 서비스업	M	
36. 사업시설관리 및 사업지원 및 임대 서비스업 (임대업은 제외)	N(N76 제외)	
37. 보건업 및 사회복지 서비스업	Q	
38. 예술, 스포츠 및 여가 관련 서비스업	R	
39. 수리(修理) 및 기타 개인 서비스업	S	
40. 숙박 및 음식점업	I	평균매출액등 400억원 이하
41. 금융 및 보험업	K	
42. 부동산업	L	
43. 임대업	N76	
44. 교육 서비스업	P	

비고 :

    1. 해당 기업의 주된 업종의 분류 및 분류기호는 「통계법」 제22조에 따라 통계청장이 고시한 한국표준산업분류에 따른다.

    2. 위 표 제19호 및 제20호에도 불구하고 자동차용 신품 의자 제조업(C30393) 철도 차량 부품 및 관련 장치물 제조업(C31202) 중 철도 차량용 의자 제조업 항공기용 부품제조업(C31322) 중 항공기용 의자 제조업의 규모 기준은 평균매출액등 1500억원 이하로 한다.

3. **자산총액기준(같은법 시행령 §3 ① · §7의 2 ①)**

    직전 사업연도 말일 현재 재무상태표상 자산총액이 5천억원 미만일 것

4. **소유와 경영의 실질적 독립성기준(같은법 시행령 §3 ① · §3의 2 · §7의 4)**

    소유와 경영의 실질적인 독립성이 다음의 어느 하나에 해당하지 아니하는 기업일 것

    ① 자산총액이 5천억원 이상인 법인(외국법인을 포함하되, 비영리법인 및 제3조의 2 제3항 각 호로 소유한 경우로서 최다출자자인 기업. 이 경우 최다출자자는 해당 기업의 주식등을 소유한 법인 또는 개인으로서 단독으로 또는 다음의 어느 하나에 해당하는 자와 합산하여 해당 기업의 주식등을 가장 많이 소유한 자를 말하며, 주식등의 간접소유 비율에 관하여는 국제조세조정에관한법률시행령 제2조 제2항을 준용한다.

    가. 주식등을 소유한 자가 법인인 경우 : 그 법인의 임원

    나. 주식등을 소유한 자가 '가.'에 해당하지 아니하는 개인인 경우 : 그 개인의 친족

    ② 관계기업에 속하는 기업의 경우에는 제7조의 4에 따라 산정한 평균매출액등이 [별표 1]의 기준에 맞지 아니하는 기업

    가. 관계기업에 속하는 지배기업과 종속기업의 평균매출액등의 산정은 별표 2에 따른다. 이 경우 평균매출액등은 제7조에 따라 산정한 지배기업과 종속기업 각각의 평균매출액등을 말한다.

나. 관계기업에서 지배 또는 종속의 관계란 기업이 직전 사업연도 말일 현재 다른 국내기업을 지배하는 경우 그 기업(이하 "지배기업"이라 한다)과 그 다른 국내기업(이하 "종속기업"이라 한다)의 관계를 말한다. 다만, 자본시장과금융투자업에관한법률 제9조 제15항에 따른 주권상장법인으로서 주식회사등의외부감사에관한법률 제2조 제3호 및 같은법 시행령 제3조 제1항에 따라 연결재무제표를 작성하여야 하는 기업과 그 연결재무제표에 포함되는 국내기업은 지배기업과 종속기업의 관계로 본다.

5. 주된 업종의 기준(같은법 시행령 §4)
   ① 하나의 기업이 둘 이상의 서로 다른 업종을 영위하는 경우에는 제7조에 따라 산정한 평균매출액등 중 평균매출액등의 비중이 가장 큰 업종을 주된 업종으로 본다.
   ② 지배기업과 종속기업 중 평균매출액등이 큰 기업의 주된 업종을 지배기업과 종속기업의 주된 업종으로 본다.

(2) 경영성과급

경영성과급이란 중소기업인력지원특별법시행령 제26조의 2 제1항 제1호에 따른 성과급을 말한다(조특령 §17 ②).

● 중소기업인력지원특별법시행령 제26조의 2
① 법 제27조의 2 제1항에서 "대통령령으로 정하는 성과공유 유형"이란 다음 각 호의 유형을 말한다.
1. 중소기업과 근로자가 경영목표 설정 및 그 목표 달성에 따른 성과급 지급에 관한 사항을 사전에 서면으로 약정하고 이에 따라 근로자에게 지급하는 성과급(우리사주조합을 통하여 성과급으로서 근로자에게 지급하는 우리사주를 포함한다) 제도의 운영

(3) 감면세액

감면세액은 다음 계산식에 따라 계산한 금액으로 한다(조특령 §17 ⑦).

$$종합소득산출세액 \times \frac{근로소득금액}{종합소득금액} \times \frac{경영성과급}{해당 근로자의 총급여액} \times 50\%$$

상기 규정에 불구하고 세액감면을 받으려는 자가 중소기업취업자에 대한 감면을 받는 경우 감면세액은 다음 계산식에 따라 계산한 금액으로 한다(조특령 §17 ⑧).

$$\left[\left(\text{산출세액} \times \frac{\text{근로소득금액}}{\text{종합소득금액}}\right) - \frac{\text{중소기업취업자에}}{\text{따른 감면세액}}\right] \times \frac{\text{경영성과급}}{\text{해당 근로자의 총급여액}} \times 50\%$$

(4) 감면신청

① 세액감면을 받으려는 자는 경영성과급을 지급받은 날이 속하는 달의 다음 달 말일까지 세액감면신청서(별지 제8호의 4 서식)를 원천징수의무자에게 제출해야 한다(조특령 §17 ⑨).

② '①'에 따라 세액감면신청서를 제출받은 원천징수의무자는 감면대상 명세서(별지 제8호의 5 서식)를 신청을 받은 날이 속하는 달의 다음 달 말일까지 원천징수 관할 세무서장에게 제출해야 한다(조특령 §17 ⑩).

02

조세특례제한법시행규칙 [별지 제8호의 4 서식] (2019.3.20. 신설)

성과공유 중소기업 경영성과급 소득세 감면 신청서

1. 신청인	①성명		② 주민등록번호	
	③주소			

2. 감면 요건

적용 요건	여	부
④ 총급여액 7천만원 이하		
⑤ 최대주주 및 특수관계인		

3. 감면대상 성과급

⑥ 지급확정일	년 월 일
⑦ 지급금액	원

「조세특례제한법」 제19조 제2항 및 같은 법 시행령 제17조 제9항에 따라 위와 같이 성과공유 중소기업 경영성과급 수령액에 대한 소득세 감면을 신청합니다.

년   월   일

신청인   (서명 또는 인)

원천징수의무자   귀하

유 의 사 항

1. 공제신청서를 사실과 다르게 신청하는 경우에는 부당하게 감면받은 세액에 가산세를 가산하여 추징하게 됩니다.

2. 감면을 신청한 경우 수령한 경영성과급에 대한 소득세의 50%를 감면받을 수 있습니다.

3. 지급확정일은 계량적 요소에 따라 성과급을 지급하는 경우는 계량적 요소가 확정된 날을 말하며, 계량적·비계량적 요소로 평가하여 그 결과에 따라 지급하는 경우 개인별 지급액이 확정되는 날을 말합니다.

4. "⑤ 최대주주 및 특수관계인"이란 해당 기업의 최대주주 또는 최대출자자(개인사업자의 경우 대표자)와 그 배우자 및 그 직계존속, 친족관계에 있는 사람을 의미합니다.

210mm×297mm[백상지 80g/㎡ 또는 중질지 80g/㎡]

조세특례제한법시행규칙 [별지 제8호의 5 서식] (2019.3.20. 신설)

성과공유 중소기업 경영성과급 소득세 감면 대상 명세서

1. 원천징수의무자	상 호		사업자등록번호
	사업장소재지		(전화번호 :)

2. 감면 적용 대상자 명단

성 명	주민 등록번호	경영성과급 서면약정여부	총급여액 7천만원 이하 여부	최대주주, 특수관계인 해당 여부	경영성과급 금액
		여, 부	여, 부	여, 부	
		여, 부	여, 부	여, 부	
		여, 부	여, 부	여, 부	
		여, 부	여, 부	여, 부	

「조세특례제한법」 제19조 제2항 및 같은 법 시행령 제17조 제10항에 따라 성과공유 중소기업 경영성과급 수령액에 대한 소득세 감면 대상 명세서를 제출합니다.

년   월   일

원천징수의무자   (서명 또는 인)

세무서장   귀하

작성방법

1. "성과공유 중소기업"이란 「중소기업 인력지원 특별법」 제27조의 2 제1항에 따른 성과공유 중소기업을 말합니다.
2. "최대주주 및 특수관계인"이란 해당 기업의 최대주주 또는 최대출자자(개인사업자의 경우 대표자)와 그 배우자 및 그 직계존속, 친족관계에 있는 사람을 의미합니다.

210mm×297mm[백상지 80g/㎡ 또는 중질지 80g/㎡]

5. 중소·중견기업 핵심인력 성과보상기금 수령액에 대한 세액감면

(1) 개요

중소기업인력지원특별법 제35조의 2에 따른 중소기업 청년근로자 및 핵심인력 성과보상기금의 공제사업(내일채움공제)에 2024.12.31.까지 가입한 중소기업(중소기업기본법 §2 ①) 또는 중견기업(조특령 §4 ①)의 근로자(해당 기업의 최대주주 등 제외 : 핵심인력)가 공제납입금을 5년(중소기업 또는 중견기업의 청년근로자를 대상으로 하는 공제사업에 가입하여 만기까지 납입한 후에 핵심인력을 대상으로 하는 공제사업에 연계하여 납입하는 경우에는 해당 기간을 합산하여 5년) 이상 납입하고 그 성과보상기금으로부터 공제금을 수령하는 경우에 2016.1.1. 이후 수령하는 금액부터는 해당 공제금 중 중소기업인력지원특별법 제35조의 3 제1호에 따라 중소기업 및 중견기업이 부담한 기여금 부분에 대해서는 소득세법 제20조에 따른 근로소득으로 보아 소득세를 부과하되, 중소기업은 소득세의 100분의 50(청년은 100분의 90), 중견기업은 100분의 30(청년은 100분의 50)에 상당하는 세액을 감면한다(조특법 §29의 6 ①).

> ● 중소기업인력지원특별법 제35조의 2
> 중소기업청장은 중소기업 핵심인력의 장기재직 촉진 및 중소기업 인력양성을 위하여 중소기업 핵심인력 성과보상기금을 설치한다.
>
> ● 중소기업인력지원특별법 제35조의 3
> 성과보상기금은 다음 각 호의 재원으로 조성한다.
> 1. 중소기업이 부담하는 기여금
> 2. 중소기업 핵심인력이 납부하는 공제납입금
> 3. 성과보상기금의 관리 및 운용에 필요한 차입금
> 4. 성과보상기금의 운용으로 발생하는 수익금
> 5. 중소기업 또는 그 밖의 자의 출연금
>
> ● 연구인력개발비세액공제대상에 해당
> 중소기업이 핵심인력성과보상기금에 납입하는 금액은 조특령(별표 6 2. 인력개발 '라. ④')에 해당하여 기업부설연구소 등의 설치유무와 관계없이 연구인력개발비세액공제대상비용에 포함된다.

(2) 중소기업 · 중견기업 핵심인력 및 청년근로자

중소기업 · 중견기업 '핵심인력'은 중소기업 인력지원 특별법 제2조 제6호에 따른 핵심인력을 말하며, 다음에 해당하는 해당 기업의 최대주주 등은 제외한다(조특령 §26의 6 ①).

① 해당 기업의 최대주주 또는 최대출자자(개인사업자의 경우에는 대표자)와 그 배우자

② 상기 '①'에 해당하는 사람의 직계존속 · 비속(그 배우자를 포함) 및 국세기본법 시행령 제1조의 2 제1항에 따른 친족관계인 사람

　　가. 직계존비속(그 배우자 포함)

　　나. 4촌 이내의 혈족

　　다. 3촌 이내의 인척

　　라. 친생자로서 다른 사람에게 친양자 입양된 자 및 그 배우자 · 직계비속

　　마. 혼외출생자의 생부 · 생모(본인의 금전이나 그 밖의 재산으로 생계를 유지하는 자 또는 생계를 함께 하는 자로 한정)

> ● 중소기업인력지원특별법 제2조 제6호
> 　중소기업 핵심인력이란 직무 기여도가 높아 해당 중소기업의 대표자가 장기재직이 필요하다고 지정하는 근로자를 말한다.

'청년'은 조특령 제26조의 8(통합고용세액공제) 제3항 제1호에 해당하는 다음 사람을 말한다(조특령 §26의 6 ②).

> ● 조세특례제한법시행령 제26조의 8 제3항 제1호
> 　15세 이상 34세(제27조 제1항 제1호 각 목의 어느 하나에 해당하는 병역을 이행한 사람의 경우에는 6년을 한도로 병역을 이행한 기간을 현재 연령에서 빼고 계산한 연령을 말한다) 이하인 사람 중 다음 각 목에 해당하는 사람을 제외한 사람
> 　가. 기간제및단시간근로자보호등에관한법률에 따른 기간제근로자 및 단시간근로자
> 　나. 파견근로자보호등에관한법률에 따른 파견근로자
> 　다. 청소년보호법에 따른 청소년유해업소에 근무하는 같은 법에 따른 청소년

(3) 성과보상기금

소득세 감면대상 '성과보상기금'이란 중소기업인력지원특별법 제35조의 2에 따라 중소

벤처기업부장관이 중소기업 핵심인력 및 청년근로자의 장기재직 촉진 및 중소기업 인력안정을 위하여 설치한 중소기업 핵심인력 성과보상기금을 말한다(조특법 §29의 6 ①).

(4) 기여금 및 정부지원금

① 소득세 감면대상 '기여금'이란 성과보상기금 재원 중 중소기업인력지원특별법 제35조의 3 제1호에 따라 중소기업 또는 중견기업이 부담하는 기여금을 말한다(조특법 §29의 6 ①).

이때 공제금에 포함되어 있는 해당 기여금은 공제금을 수령하는 핵심인력의 과세대상 근로소득에 해당함에 유의하기 바란다(조특법 §29의 6 ①).

② 고용정책기본법 제25조, 고용보험법 제25조 및 청년고용촉진특별법 제7조 등에 근거하여 고용노동부가 주관하는 청년내일채움공제에 가입한 거주자가 해당 공제의 만기에 지급받는 공제금 중 정부가 부담하는 정부지원금 및 정부가 지급하는 채용유지지원금에서 기업기여금으로 적립한 부분은 소득세 과세대상에 해당하지 않음(소득세제과-184, 2019.3.7.).

③ 근로자가 중소기업인력지원특별법 제35조의 2에 따른 성과보상기금으로부터 공제금을 수령하는 경우로서 그 성과보상기금의 재원이 국가 또는 지방자치단체의 지원금인 경우에는 그 지원금에 해당하는 부분은 소득세가 과세되지 아니하는 것이나, 그 밖에 그 재원이 공기업 등의 지원금인 경우에는 과세대상 근로소득에 해당하는 것임. 또한, 근로자가 수령하는 공제금 중 공기업 등이 부담한 기여금부분에 대해서는 조세특례제한법 제29조의 6에 따른 소득세 감면을 적용하지 않음(소득세제과-463, 2019.8.9.).

(5) 감면세액(조특령 §26의 6 ③)

$$\text{감면세액} = \begin{array}{c} \text{종합소득} \\ (\text{or 근로소득})^* \\ \text{산출세액} \end{array} \times \frac{\begin{array}{c}\text{감면대상} \\ \text{근로소득금액}\end{array}}{\begin{array}{c}\text{종합소득금액} \\ (\text{or 근로소득금액})^*\end{array}} \times \frac{\begin{array}{c}\text{해당 중소기업 등이} \\ \text{부담한 기여금}\end{array}}{\begin{array}{c}\text{해당 근로자의} \\ \text{총급여액}\end{array}} \times \begin{array}{c} 50\%, 90\% \\ (\text{또는 } 30\%, 50\%)\end{array}$$

(6) 감면신청

소득세 감면 신청을 하려는 근로자는 감면신청서(별지 제10호의 6 서식)를 법 제29조의 6 제1항에 따른 공제금을 수령하는 달이 속하는 달의 다음 달 말일까지 원천징수의무자에게 제출하여야 한다(조특령 §26의 6 ④).

원천징수의무자는 소득세 감면 신청을 받은 경우 신청을 받은 달이 속하는 달의 다음 달 10일까지 원천징수관할세무서장에게 중소기업핵심인력 성과보상기금수령액에 대한 감면대상 명세서(별지 제10호의 7 서식)를 제출하여야 한다(조특령 §26의 6 ⑤).

(7) 이자소득

공제금 중 핵심인력이 납부한 공제납입금과 기여금을 제외한 금액은 이자소득으로 보아 소득세를 부과한다(조특법 §29의 6 ②).

Expert Opinion Summary

내일채움공제 및 청년재직자 내일채움공제납입금에 대한 이해 및 세제혜택

(1) 내일채움공제제도의 이해
  ① 제도신설일 : 2014년 8월
  ② 가입대상기업 : 중소 · 중견기업
  ③ 가입대상근로자 : 중소 · 중견기업에 재직 중인 핵심인력(중소기업인력지원특별법 제2조에 의해 직무기여도가 높아 해당 중소 · 중견기업의 대표자가 장기재직이 필요하다고 지정하는 근로자)
  ④ 가입기간 : 5년 만기
  ⑤ 적립구조 : 기업과 핵심인력만 납입(정부지원금 없음)
     핵심인력 : 중소 · 기업 = 1 : 2(이상), 5년간 2천만원 이상 적립 필요
  ⑥ 특수관계인 가입가능(단, 세제혜택은 없음)
     특수관계인은 최대주주 또는 최대출자자(개인사업자는 대표)의 배우자, 직계비속, 형제 · 자매를 말함
(2) 청년내일채움공제(2년형)의 이해
  ① 제도신설일 : 2016년 7월
  ② 가입대상기업 : 중소 · 중견기업
  ③ 가입대상근로자 : 청년근로자(만 34세 이하) 신규채용자, 취업 후 6개월 이내 신청
  ④ 가입기간 : 2년

⑤ 적립구조 : 근로자 월 12.5만원(총 300만원)

　　　　　　기업 총 400만원

　　　　　　정부 총 900만원

(3) 청년내일채움공제(3년형)의 이해

① 제도신설일 : 2018년 6월

② 가입대상기업 : 중소ㆍ중견기업

③ 가입대상근로자 : 청년근로자(만 34세 이하) 생애 최초취업자, 취업 후 6개월 이내 신청

④ 가입기간 : 3년

⑤ 적립구조 : 근로자 월 16.5만원(총 600만원)

　　　　　　기업 총 600만원

　　　　　　정부 총 1,800만원

(4) 청년재직자내일채움공제제도의 이해

① 제도신설일 : 2018년 6월

② 가입대상기업 : 중소ㆍ중견기업

③ 가입대상근로자 : 중소ㆍ중견기업에 1년 이상 재직 중인 핵심인력(중소기업인력지원특별법 제2조에 의해 직무기여도가 높아 해당 중소ㆍ중견기업의 대표자가 장기재직이 필요하다고 지정하는 근로자) 중 청년(15~34세, 군복무기간 인정하여 최대 39세)

④ 가입기간 : 5년 만기

⑤ 적립구조 : 청년, 기업 및 정부 3자 적립

가. 청년 : 5년간 720만원 이상 적립(최소 월 12만원×60개월)

나. 기업 : 5년간 1,200만원 이상 적립(최소 월 20만원×60개월)

다. 정부 : 3년간 최대 1,080만원(정액) 적립(3년간 7회 분할적립)

⑥ 특수관계인 가입 불가

⑦ 고소득자 가입여부 : 상기 (1), (2) 고소득자에 대한 가입제한 없음

(5) 세제상 혜택

① 법인세법상 손금인정(법령 §19 20호)

중소기업기본법에 따른 중소기업 및 조세특례제한법시행령 제4조 제1항에 따른 중견기업이 중소기업인력지원특별법 제35조의 3 제1항 제1호에 따라 부담하는 핵심인력성과보상기금기여금은 손금에 산입한다. 이때 손금의 귀속시기는 해당 기여금을 불입하는 날이 속하는 사업연도로 한다(서면법령법인-1927, 2018.6.27.).

② 연구ㆍ인력개발비 세액공제대상 비용에 해당(중견기업은 제외)

조세특례제한법시행령 별표 6(2019사업연도는 별표 6의 3)

2. 인력개발 다, ④에 의해 중소기업이 납입하는 핵심인력 성과보상기금은 연구ㆍ인력개발비 세액공제대상 비용에 해당됨

③ 핵심인력(청년 포함)에 대하여 소득세감면(조특법 §29의 6 ①)

핵심인력이 공제납입금을 5년 이상 납입하고 그 성과보상기금으로부터 공제금을 수령하는 경우에 해당 공제금 중 중소기업 및 중견기업이 부담한 기여금 부분에 대하여 근로소득으로 보아 소득세를 부과하되, 중소기업은 소득세의 50%(청년은 90%), 중견기업은 30%(청년은 50%)의 세액을 감면한다. 국가로부터의 지원금은 비과세소득에 해당한다(소득세제과-463, 2019.8.9.).

Approach to Field Work 내일배움공제 감면세액 계산

1. ① A법인은 중소기업
   ② 근로자 갑(청년 아님)에 대하여 내일채움공제에 가입
   ③ 2019.1.1.~2023.12.31.(5년 만기)
   ④ 갑 부담분 : 월 20만원
      A법인 부담분 : 월 40만원
   ⑤ 2023.12.31. 만기 수령액 40,000,000원(원금 36,000,000원)

2. A법인에 갑에 대한 2023년 총급여액 40,000,000원

3. 2023년 내일채움공제 만기수령액 중 A법인 기여금 24,000,000원

4. 2023년 연말정산 시 총급여액(2.+3.)=64,000,000원

5. 2023년 연말정산 시 산출세액 4,000,000원

6. 감면세액 계산

$$4,000,000 \times \frac{24,000,000}{64,000,000} \times 50\%(중견기업은\ 30\%)$$

$$=750,000원$$

7. 만기 시 수령금액과 원금과의 차액 4,000,000원은 이자소득에 해당함.

02

조세특례제한법시행규칙 [별지 제10호의 6 서식] (2023.3.**. 개정)

중소기업 청년근로자 및 핵심인력 성과보상기금 수령액에 대한 소득세 감면신청서

1. 신청인	① 성명		② 주민등록번호	
	③ 주소		④ 근로자 유형	[ ] 청년(15세~34세) [ ] 그 외

2. 중소기업 청년근로자 및 핵심인력 성과보상기금 가입 기간(5년)

⑤ 가 입 일	년 월 일
⑥ 종 료 일	년 월 일

3. 중소기업 청년근로자 및 핵심인력 성과보상기금에서 만기시 수령한 공제금

⑦ 총 수령 금액	원
– ⑧ 중소기업이 부담한 기여금(감면대상)	원
– ⑨ 근로자가 납부한 공제납입금(旣 과세)	원
– ⑩ 그 외 금액(이자소득세 과세)	원

「조세특례제한법」 제29조의6제1항 및 같은 법 시행령 제26조의6제4항에 따라 위와 같이 중소기업 청년근로자 및 핵심인력 성과보상기금 수령액에 대한 소득세 감면을 신청합니다.

년   월   일

신청인   (서명 또는 인)

원천징수의무자   귀하

첨부서류	1. 중소기업 청년근로자 및 핵심인력 성과보상기금에서 공제납입금을 수령하였다는 것을 증명하는 서류 1부	수수료 없 음

유 의 사 항

1. 감면신청서를 사실과 다르게 신청하는 경우에는 부당하게 감면받은 세액에 가산세를 가산하여 추징하게 됩니다.

2. 감면을 신청한 경우 청년근로자 및 핵심인력 성과보상기금 만기시 수령한 공제금 중 기업이 부담한 기여금에 대해 중소기업의 경우 소득세의 50%(청년근로자 90%), 중견기업의 경우 30%(청년근로자 50%)를 감면받을 수 있습니다.

210mm×297mm[백상지 80g/㎡ 또는 중질지 80g/㎡]

조세특례제한법시행규칙 [별지 제10호의 7 서식] (2023.3.**. 개정)

중소기업 청년근로자 및 핵심인력 성과보상기금 수령액에 대한 소득세 감면 대상 명세서

1. 원천징수의무자	상 호		사업자등록번호	
	사업장소재지			
			(전화번호 :)	

2. 감면 적용 대상자 명단

성 명	주민등록번호	중소기업 청년근로자 및 핵심인력 성과보상기금 가입일	중소기업 청년근로자 및 핵심인력 성과보상기금 종료일	만기 시 수령한 공제금 중 중소기업이 부담한 기여금

「조세특례제한법」 제29조의6제1항 및 같은 법 시행령 제26조의6제5항에 따라 중소기업 청년근로자 및 핵심인력 성과보상기금 수령액에 대한 소득세 감면 대상 명세서를 제출합니다.

년   월   일

원천징수의무자   (서명 또는 인)

세무서장   귀하

작성방법

---

1. 만기시 수령한 공제금 중 중소기업이 부담한 기여금란에는 중소기업이 해당 청년근로자 및 핵심인력을 위하여 성과보상기금 가입일부터 종료일까지 성과보상기금에 부담한 기여금 총액을 적습니다.

210mm×297mm[백상지 80g/㎡ 또는 중질지 80g/㎡]

6. 중소기업 취업하는 청년 등에 대한 소득세 감면

일정요건(외국인 포함)의 청년, 60세 이상인 사람, 장애인 및 경력단절여성이 법소정의
중소기업체(비영리기업을 포함)에 2012.1.1.(60세 이상인 사람 또는 장애인의 경우 2014.
1.1., 경력단절여성의 경우 2017.1.1.)부터 2023.12.31.까지 취업하는 경우 그 중소기업
체로부터 받는 근로소득으로서 취업일부터 3년(청년의 경우에는 5년)이 되는 날(청년으로
서 병역을 이행한 후 1년 이내에 병역이행 전에 근로를 제공한 중소기업체에 복직하는 경우에는
복직한 날부터 2년이 되는 날을 말하며, 그 복직한 날이 최초 취업일부터 5년이 지나지 않은
경우에는 최초 취업일부터 7년이 되는 날을 말함)이 속하는 달까지 발생한 소득에 대해서는
소득세의 100분의 70(청년의 경우에는 90%)에 상당하는 세액을 감면한다. 이 경우 소득
세 감면기간은 소득세를 감면(과세기간별로 200만원 한도)받은 사람이 다른 중소기업체
에 취업하거나 해당 중소기업체에 재취업하는 경우 또는 합병·분할·사업 양도 등으
로 다른 중소기업체로 고용이 승계되는 경우에 관계없이 소득세를 감면받은 최초 취업
일부터 계산한다(조특법 §30).

> **New Tax**
> 청년 등의 감면한도를 150만원에서 200만원으로 인상함

(1) 일정요건의 청년, 60세 이상인 사람, 장애인 및 경력단절여성

① 청년

중소기업체에 2012.1.1. 이후 취업한 사람으로서 근로계약 체결일 현재 연령이 15세
이상 34세 이하인 사람을 말한다. 다만, 다음의 어느 하나에 해당하는 병역을 이행한
경우에는 그 기간(6년을 한도로 함)을 근로계약 체결일 현재 연령에서 빼고 계산한 연령
이 34세 이하인 사람을 포함한다(조특령 §27 ① · ②). 즉 연령요건은 군병역을 2년 이행
한 경우 36세, 군병역을 6년 이행한 경우 40세까지 연장된다.

가. 병역법 제16조 또는 제20조에 따른 현역병(같은법 제21조 · 제24조 · 제25조에 따라
   복무한 상근예비역 및 경비교도 · 전투경찰순경 · 의무소방원을 포함)

나. 병역법 제26조 제1항 제1호 및 제2호에 따른 공익근무요원

다. 군인사법 제2조 제1호에 따른 현역에 복무하는 장교, 준사관 및 부사관

> **중점사항**
>
> 2018.8.28. 개정된 법률에 따라 청년의 나이가 다음과 같이 변경되었다(조특령 §27 ① 1호).
>
> | 구 분 | 청년의 나이 |
> |---|---|
> | 개정 전 | 만 15세 이상 만 29세 이하(30세 미만) |
> | 개정 후 | 만 15세 이상 만 34세 이하(35세 미만) |
>
> 해당 개정규정은 2018.1.1. 이후부터 적용되며, 개정 전에 취업한 청년에 대해서도 적용한다(조특령 부칙 §1 · §3, 2018.8.28.).
>
> 따라서 2017.12.31. 이전에 취업한 청년 중 만 30세 이상부터 만 34세 이하(35세 미만)까지의 청년도 2018.1.1.부터 중소기업 취업자에 대한 소득세 감면규정을 적용받을 수 있다.

② **60세 이상의 사람**

중소기업체에 2014.1.1. 이후 취업한 사람으로서 근로계약 체결일 현재 연령이 60세 이상인 사람을 말한다.

③ **장애인**

중소기업체에 2014.1.1 이후 취업한 사람으로서 다음의 사람을 말한다.

가. 장애인복지법의 적용을 받는 장애인

나. 국가유공자등예우및지원에관한법률에 따른 상이자

다. 5 · 18유공자법에 따른 5 · 18민주화운동 부상자

라. 고엽제법에 따른 고엽제후유의증환자로서 장애등급 판정을 받은 자

④ **경력단절여성**

2020.1.1. 이후 중소기업에 취업한 사람(2017.1.1.~2019.12.31.까지는 퇴직했던 중소기업에 재취직한 경우에만 대상에 해당)으로서 다음 요건을 모두 충족하는 여성을 말한다(조특법 §29의 3).

가. 취업한 중소기업 또는 한국표준산업분류상의 중분류를 기준으로 동일한 업종의 기업에서 1년 이상 근로소득이 있을 것

나. 결혼 · 임신 · 출산 · 육아 및 자녀교육의 사유로 퇴직
   - 결혼 : 퇴직일부터 1년 이내에 혼인한 경우(가족관계증명원으로 확인)
   - 육아 : 퇴직일 당시 8세 이하의 자녀가 있는 경우

- 교육 : 퇴직일 당시 「초·중등교육법」 제2조에 따른 학교에 재학 중인 자녀가 있는 경우

다. 퇴직 후 2~15년 이내 '가.'의 기업에 취직한 경우 경력단절여성은 취업일로부터 3년간 감면적용함

⑤ 다음의 어느 하나에 해당하는 사람은 제외

가. 법인세법시행령 제40조 제1항 각 호의 어느 하나에 해당하는 임원

나. 해당 기업의 최대주주 또는 최대출자자(개인사업자의 경우 대표자)와 그 배우자

- 조세특례제한법 제30조(중소기업 취업자에 대한 소득세 감면)의 적용상 중소기업체에 해당하는 기업에 취업한 청년이 동법 시행령 제27조 제2항 제2호(해당 기업의 최대주주 또는 최대출자자와 그 배우자는 감면대상에서 제외)에 해당하여 중소기업 취업자에 대한 소득세 감면을 적용받지 못하던 중 동호에 해당하지 않게 된 경우에는, 감면요건이 충족된 이후 소득세를 감면받은 최초 취업일부터 계산하여 5년이 되는 날이 속하는 달까지 발생한 소득에 대해서는 소득세의 90%에 상당하는 세액을 감면하는 것이다(사전법령소득-351, 2021.8.20.).

다. 상기 '나.'에 해당하는 자의 직계존속·비속(그 배우자를 포함) 및 국세기본법시행령 제1조의 2 제1항에 따른 친족관계인 사람

라. 소득세법 제14조 제3항 제2호에 따른 일용근로자

마. 다음에 해당하는 보험료 등의 납부사실이 확인되지 아니하는 사람
다만, 국민연금법 제6조 단서에 따라 국민연금 가입 대상이 되지 아니하는 자와 국민건강보험법 제5조 제1항 단서에 따라 건강보험 가입자가 되지 아니하는 자는 제외한다.

- 국민연금법 제3조 제1항 제11호 및 제12호에 따른 부담금 및 기여금
- 국민건강보험법 제69조에 따른 직장가입자의 보험료

(2) 법소정의 중소기업

중소기업기본법 제2조에 따른 중소기업(비영리기업을 포함)으로서 다음의 어느 하나에 해당하는 사업을 주된 사업으로 영위하는 기업을 말한다. 다만, 국가, 지방자치단체(지방자치단체조합을 포함), 공공기관의운영에관한법률에 따른 공공기관 및 지방공기업법에 따른 지방공기업은 제외한다(조특령 §27 ③).

① 농업, 임업 및 어업

② 광업

③ 제조업

④ 전기, 가스, 증기 및 공기조절 공급업

⑤ 수도, 하수 및 폐기물처리, 원료재생업

⑥ 건설업

⑦ 도매 및 소매업

⑧ 운수 및 창고업

⑨ 숙박 및 음식점업(주점 및 비알코올 음료점업은 제외)

⑩ 정보통신업(비디오물 감상실 운영업은 제외)

⑪ 부동산업

⑫ 연구개발업

⑬ 광고업

⑭ 시장조사 및 여론조사업

⑮ 건축기술, 엔지니어링 및 기타 과학기술 서비스업

⑯ 기타 전문, 과학 및 기술 서비스업

⑰ 사업시설 관리, 사업 지원 및 임대 서비스업

⑱ 기술 및 직업훈련학원

⑲ 사회복지 서비스업

⑳ 개인 및 소비용품 수리업

㉑ 창작 및 예술 관련 서비스업

㉒ 도서관, 사적지 및 유사 여가 관련 서비스업

㉓ 스포츠 서비스업

청년이 민법 제32조에 따라 설립된 법인으로서 중소기업기본법 제2조에 따른 중소기업의 기준을 충족하고 조세특례제한법시행령 제27조 제3항에 해당하는 사업을 영위하는 비영리 재단법인에 취업하는 경우 조세특례제한법 제30조에 따른 중소기업에 취업하는 청년에 대한 소득세 감면을 적용받을 수 있다(원천-542, 2012.10.11.; 소득세제과-0663, 2019.12.12.).

(3) 감면기간의 적용

감면기간은 소득세를 감면받은 사람이 다른 중소기업체에 취업하거나 해당 중소기업체에 재취업하는 경우(2016.1.1. 이후 취업하여 감면대상소득을 받는 자는 합병·분할·사업양도 등으로 다른 중소기업체로 고용이 승계되는 경우도 포함)에 관계없이 다음과 같이 적용한다(조특법 §30 ①, 조특령 §27 ④).

① 60세 이상자, 장애인

소득세를 감면받은 최초 취업일부터 계산하여 3년이 되는 날이 속하는 달의 말일까지로 한다.

② 경력단절여성

소득세를 감면받은 중소기업에 취업한 날부터 계산하여 3년이 되는 날이 속하는 달의 말일까지로 한다.

③ 청년

소득세를 감면받은 최초 취업일부터 계산하여 5년이 되는 날(청년으로서 병역을 이행한 후 1년 이내에 병역 이행 전에 근로를 제공한 중소기업체에 복직하는 경우에는 복직한 날부터 2년이 되는 날을 말하며, 그 복직한 날이 최초 취업일부터 5년이 지나지 아니한 경우에는 최초 취업일부터 7년이 되는 날)이 속하는 달의 말일까지로 한다.

건설업체에 일용근로자로 고용된 후 소득세법시행령 제20조 제1항 제1호에 따라 근무기간이 1년을 경과하여 일용근로자에서 제외(상용근로자로 전환)되는 경우에는 그 일용근로자에서 제외되는 때를 취업일로 하여 중소기업 취업자 해당 여부를 판단하거나 감면기간을 계산하는 것이다(서면법령소득-22603, 2015.7.17.).

조세특례제한법 제30조(중소기업 취업자에 대한 소득세 감면)의 적용상 중소기업체에 해당하는 기업에 취업한 청년이 동조 제1항에 따라 소득세를 감면받던 중 해당 기업이 중소기업체에 해당하지 않게 되어 소득세 감면의 적용이 배제되었으나 이후 다시 중소기업체에 해당하게 되었다면, 해당 기업이 다시 중소기업체에 해당하게 된 날부터 해당 기업에 취업하여 소득세를 감면받은 최초 취업일로부터 5년이 되는 날이 속하는 달까지 발생한 소득에 대해서는 소득세의 50%를 감면한다(사전법령소득-697, 2021.6.30.).

(4) 적용절차(조특법 §30 ②~⑤, 조특령 §27 ④~⑥)

① 소득세 감면을 적용받고자 하는 근로자는 감면신청서(별지 제11호 서식)에 병역복무 기간을 증명하는 서류 등을 첨부하여 취업일이 속하는 달의 다음 달 말일까지 원천 징수의무자에게 제출하여야 한다. 이 경우 원천징수의무자는 감면신청서를 제출받은 달의 다음 달부터 감면율을 고려하여 매월분의 근로소득에 대한 소득세를 원천징수할 수 있다.

그러나 원천징수의무자에게 '감면신청서'를 신청기한까지 제출하지 않고 신청기한 경과 후 제출하는 경우에도 감면을 적용받을 수 있다(원천-428, 2012.8.17.).

② 원천징수의무자는 상기 '①'에 따라 감면신청을 받은 경우 그 신청을 한 근로자의 명단을 신청을 받은 날이 속하는 달의 다음 달 10일까지 감면 대상 명세서(별지 제 11호의 2 서식)를 원천징수 관할세무서장에게 제출하여야 한다.

③ 원천징수 관할세무서장은 상기 '②'에 따라 감면신청을 한 근로자의 명단을 받은 경우 해당 근로자가 감면요건에 해당하지 아니하는 사실이 확인되는 때에는 원천징수 의무자에게 그 사실을 통지하여야 한다.

④ 감면신청을 한 근로자가 과세특례요건을 갖추지 못한 사실을 통지받은 원천징수의 무자는 그 통지를 받은 날 이후 근로소득을 지급하는 때에 당초 원천징수하였어야 할 세액에 미달하는 금액의 합계액에 100분의 105를 곱한 금액을 해당 월의 근로 소득에 대한 원천징수세액에 더하여 원천징수하여야 한다. 다만, 해당 근로자가 퇴 직한 경우 원천징수의무자는 그 사실을 감면 부적격대상 퇴직자 명세서에 따라 원 천징수 관할세무서장에게 통지하여야 한다.

(5) 감면금액 등의 계산(조특법 §27 ⑦~⑧)

① 감면대상 근로소득과 그 외의 종합소득이 있는 경우에 해당 과세기간의 감면세액은 다음에 따라 계산한 금액으로 하며, 과세기간별로 200만원을 한도로 한다.

$$감면세액 = \frac{종합소득}{산출세액} \times \frac{근로소득금액}{종합소득금액} \times \frac{중소기업\ 등\ 감면대상\ 총급여액}{근로자의\ 총급여액} \times 감면율^{*}$$

* 산식에서 감면율은 다음과 같이 적용한다(조특법 §30 ①; 조특법 부칙 §14 · §60, 2014.1.1.; 조특 법 부칙 §1 · §14 · §47, 2015.12.15.; 조특법 부칙 §1 · §2, 2018.5.29.).

감면대상 취업자	최초취업일	감면율	감면세액 한도
청년	2012.1.1.	90%	연 200만원
60세 이상인 사람	2014.1.1.~2015.12.31.	50%	없음
장애인	2016.1.1.~	70%	연 200만원
경력단절여성	2017.1.1.~	70%	연 200만원

② 근로소득세액공제를 할 때 감면소득과 다른 근로소득이 있는 경우(감면소득 외에 다른 근로소득이 없는 경우를 포함)에는 다음에 따라 계산한 금액을 근로소득세액공제액으로 한다.

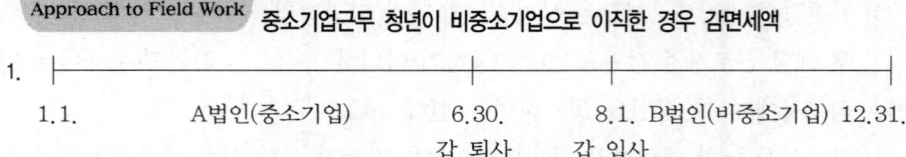

$$근로소득세액공제 = 조정\ 전\ 근로소득세액공제 \times \left(1 - \frac{중소기업\ 취업\ 등\ 감면세액}{종합소득\ 산출세액}\right)$$

Approach to Field Work 중소기업근무 청년이 비중소기업으로 이직한 경우 감면세액

1.

| 1.1. | A법인(중소기업) | 6.30. 갑 퇴사 | 8.1. B법인(비중소기업) 갑 입사 | 12.31. |

2. A법인 6.30. 연말정산
   ① 1.1.~6.30. 총급여액 30,000,000원
   ② 산출세액 1,600,000원
   ③ 중소기업 취업자 감면 1,440,000원 = Min(1,600,000 × 90%, 1,500,000)

3. B법인 연말정산
   ① 8.1.~12.31. 총급여액 40,000,000원
   ② 1.1.~12.31. 산출세액 5,000,000원
   ③ 중소기업 취업자 감면 1,928,571원

   $$= 산출세액 \times \frac{중소기업으로부터\ 받은\ 총급여액}{총급여액} \times 90\%(한도\ 2,000,000)$$

   $$= 5,000,000 \times \frac{30,000,000}{70,000,000} \times 90\%$$

   $$= 1,928,571원(한도\ 2,000,000)$$

4. 유의내용
   중소기업에 근무하던 청년이 연도 중 퇴사하여 연말정산 시 감면받은 금액이 재취업되어 비중소기업에 근무하여 연말정산하는 경우에 중도퇴사 시 연말정산에서 감면되었던 금액을 반영하는 것이 아니라 상기 '3.'처럼 다시 정산하여 감면세액을 계산하여야 하며 A법인 연말정산 시 결정세액은 B법인 연말정산 시 기납부세액으로 공제합니다.

중점사항 -중소기업 취업자에 대한 소득세 감면

1. 감면대상 판단사례

(1) 감면대상이 아닌 경우

① 2011.12.31. 이전에 중소기업체에 취업한 자(경력단절 여성 제외)가 2012.
1.1. 이후 계약기간 연장 등을 통해 해당 중소기업체에 재취업하는 경우에는
소득세 감면을 적용받을 수 없다(조특법 §30 ⑦).

② 소득세 감면대상 청년이 2011.12.31. 이전에 중소기업체에 취업하였다가 퇴사
한 후 2012.1.1. 이후 해당 중소기업체에 다시 재취업하는 경우 중소기업에 취
업하는 청년에 대한 소득세 감면을 적용받을 수 없다(원천-576, 2012.10.
25.).

③ 2011.12.31. 이전 중소기업에 취업한 자가 법인세법시행령 제87조에 따른 특
수관계 있는 다른 중소기업에 2012.1.1.부터 2013.12.31.까지 전입하여 근무
하는 경우 중소기업에 취업하는 청년에 대한 소득세를 감면받을 수 없다(원천
-480, 2012.9.13.).

④ 취업일이 속하는 과세연도에는 조세특례제한법 제30조 제1항에서 규정하는 중
소기업체에 해당하였으나, 실질적 독립성 기준 부적합으로 유예기간 없이 그
다음 연도부터 중소기업체에 해당하지 아니하게 된 경우 중소기업 취업자에 대
한 소득세 감면규정을 적용받을 수 없다(원천-471, 2013.9.6.).

⑤ 취업일이 속하는 과세연도에 중소기업체에 해당되는 기업에 취업한 청년이 취
업일 이후 3년이 되는 날이 속하는 달까지 중소기업체에 해당되는 해당 기업으
로부터 지급받은 근로소득에 대하여 소득세 감면을 받을 수 있으나, 해당 기업
이 중소기업체에 해당하지 아니하는 기간에 지급받은 근로소득에 대하여는 소
득세 감면을 적용받을 수 없다(서면법규-158, 2014.2.20. ; 서면법령소득
-22597, 2015.10.4.).

(2) 감면대상인 경우

① 소득세 감면대상 청년이 2012.1.1. 이전에 대(중소)기업 등에 정규직이나 비정
규직으로 근무한 사실 여부와 관계없이 2012.1.1.부터 2013.12.31.까지 소득
세 감면대상 중소기업체에 정규직으로 취업하여 근무하는 경우 취업일로부터
3년간 소득세 감면을 적용받을 수 있다(법규소득 2012-213, 2012.5.31.).

② 파견근로자보호등에관한법률에 따라 파견사업주에 고용되어 중소기업기본법
제2조에 따른 중소기업으로서 조세특례제한법시행령 제27조 제3항에 해당하는
중소기업에 파견근무를 하다가 퇴직한 후 2012.1.1.부터 2013.12.31.까지 해
당 중소기업의 정규직 근로자로 취업하여 근무하는 경우 그 해당 중소기업의
취업일로부터 3년간 중소기업에 취업하는 청년에 대한 소득세 감면을 적용받을
수 있다(서면법규-42, 2013.1.16.).

③ 소득세 감면대상 청년이 민법 제32조에 따라 설립된 법인으로서 중소기업기본
법 제2조에 따른 중소기업의 기준을 충족하고 조세특례제한법시행령 제27조

제3항에 해당하는 사업을 영위하는 비영리 재단법인에 2012.1.1.부터 2013. 12.31.까지 취업하는 경우 중소기업에 취업하는 청년에 대한 소득세 감면을 적용받을 수 있다(원천-432, 2012.10.11.).

④ 취업일이 속하는 과세연도에는 중소기업체에 해당하였으나 해당 중소기업체가 그 규모의 확대 등으로 그 다음 연도부터 중소기업체에 해당하지 아니하게 된 경우라도 중소기업기본법 제2조 제3항과 조세특례제한법시행령 제2조 제2항에서 규정하고 있는 유예기간까지는 중소기업으로 보고 있으므로 해당 유예기간까지는 중소기업체로 보아 조세특례제한법 제30조에 따른 감면규정을 적용받을 수 있다(법규소득 2012-213, 2012.5.31.; 원천-307, 2012.6.1.).

⑤ 중소기업기본법 제2조에 따른 중소기업이 중소기업 외의 기업과 합병하여 합병일이 속하는 과세연도부터 중소기업에 해당하지 아니하게 된 경우 합병일이 속한 과세연도 개시일 이후 합병일 전에 지급한 근로소득에 대하여는 중소기업 취업자에 대한 소득세 감면을 적용받을 수 있다(서면법규-1064, 2013.10.1.).

⑥ 조세특례제한법 제30조 제1항에 따른 중소기업에 취업하는 청년에 대한 소득세 감면을 적용받던 중소기업이 과세연도 중 대기업에 주식이 100% 인수됨에 따라 조세특례제한법시행령 제2조 제1항 제3호의 실질적인 독립성 기준에 해당하지 아니하여 중소기업 외의 기업이 된 경우 과세연도 초일(1.1.)부터 주식인수로 대기업에 편입된 전일까지 해당 중소기업에서 지급한 근로소득에 대하여는 중소기업 취업자에 대한 소득세 감면을 적용받을 수 있다(서면법규-24, 2014.1.13.).

2. 매월분 근로소득에 대한 소득세 원천징수

원천징수의무자는 감면신청서를 제출받은 달의 다음 달부터 소득세법 제134조 제1항에도 불구하고 조세특례제한법 제30조 제1항에 따른 감면율(90%, 50%, 70%)을 적용하여 매월분의 근로소득에 대한 소득세를 원천징수할 수 있다(조특령 §27 ⑤).

3. 감면대상 명단 제출(원천징수의무자 → 원천징수 관할 세무서장)

원천징수의무자는 감면 신청을 받은 경우 감면 신청을 한 근로자의 명단을 '중소기업 취업자 소득세 감면 대상 명세서[별지 제11호의 2 서식]'에 기재하여 신청을 받은 날이 속하는 달의 다음 달 10일까지 원천징수 관할 세무서장에게 제출하여야 한다(조특법 §30 ③, 조특령 §26 ⑥).

4. 감면 부적격대상자인 경우

(1) 감면 부적격대상자 통지(원천징수 관할 세무서장 → 원천징수의무자)

감면 신청을 한 근로자의 명단을 받은 원천징수 관할 세무서장은 해당 근로자가 감면대상 요건에 해당하지 아니하는 사실이 확인되는 때에는 원천징수의무자에게 그 사실을 통지하여야 한다(조특법 §30 ④).

(2) 원천징수의무자의 추가 원천징수 및 퇴직자 통지

감면신청을 한 근로자가 감면대상 요건을 갖추지 못한 사실을 통지받은 원천징수의무자는 그 통지를 받은 날 이후 근로소득을 지급하는 때에 당초 원천징수하였어야 할 세액에 미달하는 금액의 합계액에 105%를 곱한 금액을 해당 월의 근로소득에 대한 원천징수세액에 더하여 원천징수한다. 다만, 해당 근로자가 퇴직한 경우 원천징수의무자는 그 사실을 '중소기업 취업자 소득세 감면 부적격 대상 퇴직자 명세서[별지 제11호의 3 서식]'에 기재하여 원천징수 관할 세무서장에게 제출·통지하여야 한다(조특법 §30 ⑤, 조특령 §27 ⑦).

(3) 원천징수 관할 세무서장의 추가 원천징수

감면 부적격 대상 퇴직자로 통지된 근로자에 대하여는 해당 근로자의 주소지 관할 세무서장이 감면을 적용받음에 따라 과소징수된 금액에 10%를 곱한 금액을 해당 근로자에게 소득세로 즉시 부과·징수하여야 한다(조특법 §30 ⑥).

5. 중소기업 취업자에 대한 소득세 감면 홈택스(My홈택스) 조회 서비스 추가

① 근로자 : 2019. 1월부터 신청내역 조회 가능

② 원천징수의무자 : 2019. 4월부터 명세서 조회 가능

7. 외국인 교직자

(1) 감면대상

일반적으로 외국인 교직자(교수·원어민 교사 등)에게 지급하는 보수는 조세조약에 따라 용역수행지국은 면세하고 있다. 즉 국가 간의 문화·학술교류를 촉진하기 위하여 대학 등 인가된 교육기관(초·중등교육법 제2조 및 고등교육법 제2조의 학교)에 초청되어 2년(중국은 3년)을 초과하지 않는 기간 동안 강의나 연구활동 등 인적용역을 제공하고 받는 보수에 대하여 면세하도록 규정하고 있다.

다만, 대학 또는 인가된 교육기관 등에서의 강의 또는 연구활동이 공공의 이익을 위한 것이 아니고 특정인들의 개인적인 이익을 위한 것일 경우에는 면세를 배제한다. 조세조약상의 면세요건이 충족되지 않은 경우 또는 조세조약에 교수의 보수에 관한 별도의 규정이 없는 경우에는 인적용역 조항이 적용되는바, 독립적인 자격으로 교수의 용역을 수행하는 경우에는 독립적 인적용역에 관한 조항이 적용되며, 피고용인으로서 수행하는 경우는 종속적 인적용역에 관한 조항을 적용하여 과세한다.

우리나라가 체결한 조세조약별로 교수(교직자)의 보수에 관한 면세 내용을 요약하면 다음과 같다. 구체적인 면세요건은 조세조약 체결국마다 다르므로 실제 조세조약을 적용할 때에는 그 면세요건을 조약 원문을 통하여 확인하여야 한다. 교수(교직자)의 면세조

항은 일반적으로 해당 조약 제19조부터 제22조 사이에 있다.

조세조약상 교수·교직자에 대한 면세

(2012 국세청 발간, '비거주자, 외국법인의 국내원천소득 과세제도 해설' 참조)

유 형	해당 조약
면세조항 없음 (10개국)	노르웨이, 스웨덴, 아제르바이잔, 오스트리아, 우즈베키스탄, 우크라이나, 칠레, 캐나다, 튀니지, 핀란드
2년간 면세 (63개국)	그리스, 남아프리카공화국, 네덜란드, 네팔, 뉴질랜드, 덴마크, 독일*, 라오스, 라트비아, 러시아, 루마니아, 룩셈부르크, 리투아니아, 말레이시아, 멕시코, 모로코, 몰타, 몽골, 미국, 미얀마, 방글라데시, 베네수엘라, 베트남, 벨기에, 벨라루스, 불가리아, 브라질, 사우디아라비아, 스리랑카, 스위스, 스페인, 슬로바키아, 슬로베니아, 싱가포르, 아이슬란드, 아일랜드, 알제리, 에스토니아, 영국, 오만, 요르단, 이란*, 이스라엘, 이집트, 이탈리아, 인도, 인도네시아, 일본, 체코, 카자흐스탄, 쿠웨이트, 크로아티아, 태국, 터키*, 파나마, 파키스탄, 파푸아뉴기니, 포르투갈, 폴란드, 프랑스, 피지, 필리핀, 호주
3년간 면세 (3개국)	아랍에미리트, 중국, 카타르
면세기간 제한 없음(2개국)	알바니아*, 헝가리

* 독일, 이란, 터키, 알바니아 : 보수가 용역수행지국(한국)에서 취득(발생)되면 면세되지 않는다.

(2) 감면세액 계산

감면대상이 되는 세액의 계산은 다음과 같다(소법 §59의 2 ①).

$$감면세액 = 종합소득(or\ 근로소득)^* 산출세액 \times \frac{감면대상\ 근로소득금액}{종합소득금액(or\ 근로소득금액)^*}$$

* 근로소득만 있는 경우에는 근로소득금액으로 대체하여도 무방하다.

● 예규 및 판례

▶▶ 한·미조세조약 제20조 적용 시에는 강의계약별로 과세 면제 여부를 판정하는 것으로서 동일한 교수와의 매년 강의계약이 별도의 독립된 계약에 해당하지 않고 단순히 당초 계약기간 연장에 해당하는 경우 우리나라에 도착한 일자로부터 2년을 초과하는 기간의 강의대가는 우리나라에서 과세됨(국제세원-53, 2010.1.28.).

(3) 감면신청

조세조약에 따라 소득세 감면을 신청하려는 교직자는 '근로소득에 대하여 조세조약에 따른 소득세 비과세·면제신청서[소득세법시행규칙 별지 제29호의 2 서식(3)]' 3부를 작성하고 거주지국에서 발급하는 '거주자증명서'를 첨부하여 해당 소득의 지급자에게 제출하며, 해당 소득의 지급자는 근로대가를 지급하는 날이 속하는 달의 다음 달 9일까지 그 지급자의 납세지 관할 세무서장에게 2부를 제출하여야 한다.

비과세·면제신청서에는 다음의 서류를 첨부하여야 한다.
① 거주자증명서
② 학교와의 고용계약서 사본
③ 기타 비과세 또는 면제 근거서류 사본

(4) 지급명세서 작성

원어민 교사가 받는 면세혜택은 100% 세액감면에 해당하므로 근로소득원천징수영수증 작성 시 면세되는 금액을 '㊳ 조세조약란'에 기재(19% 단일세율 적용 또는 거주자의 연말정산 계산방법 중 선택하여 산출세액 계산 후 100% 세액감면)하고 다음 연도 3.10.까지 근로소득지급명세서를 제출해야 한다.

02

■ 조세특례제한법 시행규칙 [별지 제11호 서식] 〈개정 2023.3.**.〉

중소기업 취업자 소득세 감면신청서

※ [　]에는 해당되는 곳에 √표를 합니다.

1. 신청인	① 성명		② 주민등록번호	
	③ 주소		④ 취업자 유형	[ ] 청년(15세~34세) [ ] 60세 이상 사람 [ ] 장애인 [ ] 경력단절여성

2. 취업 시 연령

⑤ 중소기업에 취업한 날 연령	년　　월　　일 (취업일:　　　　. 생년월일:　　　　　　)
⑥ 병역근무기간* (6년을 한도로 함)	년　　월　　일 (입대일·소집일:　　, 전역일·소집해제일:　　)
⑦ 병역근무기간 차감 후 연령*(⑤ - ⑥)	년　　월　　일

　* ⑥ 및 ⑦은 '청년'만 작성합니다.

3. 감면기간

⑧ 시작일*:　　년　　월　　일 　* 2012. 1. 1. 이후 소득세 감면을 받은 최초 취업일	⑨ 종료일*:　　년　　월　　일 　* 시작일부터 3년(청년 5년)이 되는 날(병역이행 후 1년 이내 동일 중소기업에 복직하는 경우 복직한 날부터 2년이 되는 날을 말하며, 그 복직한 날이 최초 취업일부터 5년이 지나지 아니한 경우에는 최초 취업일부터 7년이 되는 날을 말합니다)이 속하는 달의 말일

「조세특례제한법」 제30조제1항 및 같은 법 시행령 제27조제5항에 따라 위와 같이 중소기업 취업자에 대한 소득세 감면을 신청합니다.

년　　월　　일

신청인 (서명 또는 인)

원천징수의무자　　　　　　　　　　　　　　　　　　　　　　　　　　　　　　　　귀하

첨부서류	1. 병역복무기간을 증명하는 서류 1부 2. 장애인등록증(수첩, 복지카드) 사본 1부 3. 「소득세법」 제143조에 따라 발급받은 근로소득 원천징수영수증 1부(「조세특례제한법」 제30조에 따라 중소기업 취업 감면을 적용받은 청년 등이 다른 중소기업체에 취업하거나 해당 중소기업체에 재취업하는 경우로 한정합니다)	수수료 없 음

유 의 사 항

1. 감면신청서를 사실과 다르게 신청하는 경우에는 부당하게 감면받은 세액에 가산세를 가산하여 추징하게 됩니다.
2. 장애인은 「장애인복지법」에 따른 장애인과 「국가유공자 등 예우 및 지원에 관한 법률」에 따른 상이자를 말합니다.
3. 2013. 12. 31. 이전에 취업한 청년이 해당 중소기업체에 계속하여 근무하는 경우 취업일부터 3년간 해당 중소기업체에서 받는 근로소득의 소득세 100%를 감면받을 수 있습니다.
4. 2014. 1. 1.부터 2015. 12. 31. 까지 중소기업체에 최초 취업자는 취업일부터 3년간, 재취업자는 소득세 감면기간 종료일까지 해당 중소기업체에서 받는 근로소득의 소득세 50%를 감면받을 수 있습니다
5. 2016. 1. 1. 이후 중소기업체에 최초 취업자는 취업일부터 3년간 해당 중소기업체에서 받는 근로소득의 소득세 70%를 감면(한도 200만원)받을 수 있습니다.
6. 청년의 경우 2018년 이후 귀속 근로소득부터는 취업일로부터 5년간 감면이 적용되며, 근로소득의 소득세 90%를 감면(한도 200만원)받을 수 있습니다.
7. 중소기업체 재취업자의 소득세 감면기간 ⑧ 시작일과 ⑨ 종료일은 최초 감면신청서 상 감면기간의 시작일과 종료일을 적습니다.
8. 경력단절여성은 조세특례제한법 제29의3에서 규정하고 있는 여성을 말합니다(동종업종 기업에서 1년 이상 근무하다가 결혼, 임신, 출산, 육아, 자녀교육의 사유로 퇴직하고 2년 이상 15년 이내의 기간이 경과한 후 동종업종 중소기업에 재취업하는 여성으로서 최대주주 또는 최대출자자나 그와 특수관계인이 아닌 경우).
9. 「조세특례제한법 시행령」 제27조제3항 각 호에 따른 사업을 주된 사업으로 영위하는 중소기업으로부터 받은 근로소득만 감면대상입니다.

210mm× 297mm[백상지 80g/㎡ 또는 중질지 80g/㎡]

■ 조세특례제한법 시행규칙 [별지 제11호의 2 서식] (2021.3.16. 개정)

중소기업 취업자 소득세 감면 대상 명세서

1. 원천징수의무자	상 호		사업자등록번호	
	사업장소재지	(전화번호 :)	주업종코드	

2. 감면 적용 대상자 명단

성 명	주민등록번호	취업일	취업자 유형	중소기업 취업 시 연령	병역근무기간 (6년을 한도로 함)	병역근무기간 차감 후 연령	감면기간	
							시작일	종료일
							시작일	종료일
							시작일	종료일
							시작일	종료일

「조세특례제한법」 제30조제3항 및 같은 법 시행령 제27조제6항에 따라 중소기업 취업자 소득세 감면 대상 명세서를 제출합니다.

년   월   일

원천징수의무자   (서명 또는 인)

세무서장 귀하

작성방법

1. "취업자 유형"은 '청년', '60세 이상 사람', '장애인', '경력단절여성' 으로 구분하여 적습니다.
2. "병역근무기간"과 "병역근무기간 차감 후 연령"은 취업자 유형이 '청년'인 경우 적습니다.
3. "감면기간"란에는 「조세특례제한법 시행규칙」 별지 제11호서식 「중소기업 취업자 소득세 감면신청서」의 ⑧ · ⑨란의 시작일과 종료일을 적습니다.
4. "주업종코드" 란에는 원천징수의무자의 주업종코드를 기재합니다.(「조세특례제한법 시행령」 제27조제3항 각 호에 따른 사업을 주된 사업으로 영위하는 중소기업으로부터 받은 근로소득만 감면대상입니다.)

210mm× 297mm[백상지 80g/㎡ 또는 중질지 80g/㎡]

조세특례제한법시행규칙 [별지 제11호의 3 서식] (2015.3.13. 개정)

중소기업 취업자 소득세 감면 부적격 대상 퇴직자 명세서

1. 원천징수의무자	상 호		사업자등록번호	
	사업장소재지 (전화번호 :)			

2. 감면 적용 부적격 대상 퇴직자 명세

성 명	주민등록번호	입사일	퇴직일	비 고

「조세특례제한법」 제30조 및 같은 법 시행령 제27조 제6항에 따라 중소기업 취업자 소득세 감면 부적격 대상자가 같은 법 제30조 제4항에 따른 통지일 이전에 퇴직하였음을 같은 법 제30조 제5항 단서에 따라 통지합니다.

년 월 일

원천징수의무자   (서명 또는 인)

세무서장   귀하

첨부서류	퇴직소득 지급명세서 1부	수수료 없 음

210mm×297mm[백상지 80g/㎡ 또는 중질지 80g/㎡]

세액공제

근로소득에서 공제할 수 있는 세액공제는 다음과 같다.

- 근로소득 세액공제
- 자녀 세액공제 : 자녀 기본세액공제, 출산·입양 세액공제
- 연금계좌 세액공제
- 특별세액공제 : 보험료, 의료비, 교육비, 기부금에 대한 세액공제 및 표준세액공제
- 납세조합 세액공제
- 주택자금차입금이자 세액공제
- 외국납부 세액공제
- 월세액 세액공제

I 근로소득 세액공제

근로소득이 있는 거주자에 대하여는 당해 근로소득에 대한 종합소득산출세액에서 다음의 금액을 세액공제한다(소법 §59 ①).

근로소득에 대한 종합소득산출세액[*]	세액공제액
130만원 이하	산출세액×55%
130만원 초과	715,000 + (산출세액 − 130만원)×30%

[*] 근로소득에 대한 종합소득산출세액 = 근로소득금액/종합소득금액 × 산출세액

다만, 근로소득 세액공제액은 다음을 한도로 한다(소법 §59 ②).

총급여액	세액공제 한도
3,300만원 이하	74만원
3,300만원~7,000만원	Max{74만원 − [(총급여액 − 3,300만원)×0.8%], 66만원}

총급여액	세액공제 한도
7,000만원~12,000만원	Max{66만원-[(총급여액-7,000만원)×50%], 50만원}
12,000만원 초과	Max{50만원-[(총급여액-12,000만원)×50%], 20만원}

> **New Tax**
> 근로소득 세액공제 한도액 축소
> 총급여액이 1억2천만원 초과 시 한도 규정 신설

또한 조세특례제한법 제30조에 따라 중소기업 취업자에 대한 소득세 감면규정을 적용받는 경우 근로소득세액공제액은 다음 산식과 같이 계산된다(조특령 §27 ⑧).

$$근로소득세액공제액 \times \left[1 - \frac{중소기업체로부터\ 받은\ 총급여액 \times 감면비율(70\%,\ 90\%)}{해당\ 근로자의\ 총급여액} \right]$$

Ⅱ 자녀 세액공제

1. 자녀 기본세액공제

종합소득이 있는 거주자의 기본공제대상자에 해당하는 자녀(입양자 및 위탁아동을 포함)로서 8세 이상(2015.12.31. 이전 출생자)의 사람에 대해서는 다음에 따른 금액을 종합소득산출세액에서 세액공제한다(소법 §59의 2).

기본공제대상에 해당하는 자녀수	연간 공제세액
1명	15만원
2명	30만원
3명 이상	30만원+(2명 초과 인원수×1명당 30만원)

> **New Tax**
> 자녀세액공제 대상 연령을 만 7세 이상에서 만 8세 이상으로 상향조정

2. 출산·입양 세액공제

해당 과세기간에 출산하거나 입양 신고한 기본공제대상자녀가 있는 경우 다음의 금액을 종합소득산출세액에서 세액공제한다(소법 §59의 2 ③).
① 첫째 출산·입양 시 : 30만원
② 둘째 출산·입양 시 : 50만원
③ 셋째 이상 출산·입양 시 : 70만원

Ⅲ 연금계좌 세액공제

1. 내용

(1) 연금저축(퇴직연금) 납입액

종합소득이 있는 거주자가 연금계좌에 납입한 금액 중 다음의 금액을 제외한 금액의 100분의 12에 해당하는 금액을 해당 과세기간의 종합소득산출세액에서 세액공제한다. 단, 종합소득금액이 4,000만원 이하거나 근로소득만 있는 거주자로서 총급여가 5,500만원 이하인 경우에는 100분의 15을 적용한다.
① 과세이연됨에 따라 소득세가 원천징수되지 아니한 퇴직소득 등 과세가 이연된 소득
② 연금계좌에서 다른 연금계좌로 계약을 이전함으로써 납입되는 금액
즉 연금저축계좌 및 퇴직연금계좌에 거주자 본인인 납입한 연금보험료를 의미한다.

세액공제 대상	세액공제액
연금계좌(연금저축＋퇴직연금) 납입액	납입액×(12% or 15%)

상기 연금계좌 세액공제대상인 연금저축계좌 납입액이 연 400만원(총급여액이 1억2천만원 또는 종합소득금액이 1억원 초과 시는 300만원 적용. 이하 동일함)을 초과하는 경우에는 그 초과하는 금액은 없는 것으로 하고, 연금저축계좌에 납입한 금액 중 400만원 이내의 금액과 퇴직연금계좌에 납입한 금액을 합한 금액이 연 700만원을 초과하는 경우에는 그 초과하는 금액은 없는 것으로 한다(소법 §59의 3 ①). 즉, 세액공제대상인 연금계좌 납입액의 한도는 연금계좌 세액공제 한도 400만원이며, 이와는 별도로 퇴직연

금 납입액은 한도를 연 300만원을 추가한다.

(2) ISA(개인종합자산관리) 만기계좌금액의 연금계좌로의 전환금액

개인종합자산관리계좌(조특법 §91의 18)의 계약기간이 만료되고 해당 계좌잔액의 전부 또는 일부를 다음 방법으로 연금계좌로 납입한 경우 그 납입한 금액(전환금액)을 납입한 날이 속하는 과세기간의 연금계좌납입액에 포함한다(소법 §59의 3 ③, 소령 §40의 2 ②).
① ISA계좌 만료일 현재 금융기관이 ISA계좌 사업자가 사전에 지정한 연금계좌로 이체
② ISA계좌 만기일로부터 60일 내 ISA계좌 가입자가 연금계좌로 납입
　이 경우 직전 과세기간과 해당 과세기간에 걸쳐 납입한 경우에는 ISA계좌의 계약기간 만료 시 금액에서 직전 과세기간에 납입한 금액을 차감한 금액 한도 내에서 ISA계좌로 납입한 것으로 본다.

> 연금계좌 납입한도＝연 1천800만원+ISA계좌 만기 시 연금계좌 전환금액

2. 세액공제액

연금계좌세액공제액은 다음 산식에 의한 금액으로 하며, 해당 과세기간의 종합소득산출세액에서 공제한다(소법 §59의 3 ① · ④).

> 연금계좌세액공제액＝공제대상 납입액×공제율

① 공제대상 납입액 및 세액공제율
가. 공제대상 납입액은 다음 산식에 따른 금액으로 한다(소법 §59의 3 ① · ④).

$$
\text{공제대상 납입액}=\text{Min}\begin{bmatrix}① \text{퇴직연금계좌 납입액} + \text{Min}\begin{bmatrix}\text{연금저축계좌 납입액}^* \\ 600\text{만원}\end{bmatrix} \\ ② 900\text{만원}\end{bmatrix}
$$

$$
+ \text{Min}\begin{bmatrix}③ \text{전환금액}^{**}\times 10\% \\ ④ 300\text{만원}\end{bmatrix}
$$

 * 해당 한도에서 퇴직연금으로 퇴직연금으로 공제된 금액을 차감하여 적용
** 공제대상금액은 퇴직연금 → 연금저축 → ISA퇴직연금 → ISA연금저축 순서로 공제 적용

나. 추가납입인정금액(소령 §40의 2, 소칙 §16의 2·§16의 3)

1주택 고령가구가 보유주택(연금주택)을 매각하고 가격이 더 낮은 주택(축소주택)을 취득하거나 취득하지 않은 경우 그 차액(1억원 한도)을 납입할 수 있다(2023.7.1. 이후 납입하는 분부터 적용).

구 분	내 용
대상자	연금주택 양도일 현재 부부 중 1명 60세 이상 & 부부 합산(공동소유 포함) 1주택자* * 연금주택 양도일 기준으로 판단, 축소주택을 연금주택 양도일 이전 6개월 내에 취득한 경우 포함
대상주택	기준시가 12억원 이하인 주택 * 연금주택 양도일 기준
납입금액	연금주택 양도가액에서 축소주택 취득가액(취득하지 않은 경우는 0으로 함)을 차감한 금액(주택차액) * 1억원 한도(누적 기준)
납입기간	연금주택 양도일부터 6개월 이내 납입
사후관리	연금주택보다 큰 가액의 주택을 취득하는 경우에는 납입액을 연금계좌에서 배제(5년간 사후관리)

추가납입은 2023.7.1. 이후 납입하는 분부터 적용하며 기존주택(연금주택)의 양도는 2023.7.1. 전에 양도한 경우에도 적용된다.

• 주택지분을 양도·취득하는 경우 주택 전체의 가액* 계산

= 지분의 가액÷지분비율

* 연금주택 양도가액 및 축소주택의 취득가액

• 납입 시 제출 서류

ㄱ. 연금주택·축소주택 매매계약서

ㄴ. 주택차액 연금계좌 납입 신청서(별지 제38호의 4 서식)

ㄷ. 1주택 확인서(별지 제38호의 5 서식)

ㄹ. 축소주택을 일반 매매 외의 방식으로 취득한 경우 취득가액 등을 알 수 있는 증빙서류(잔금영수증 등)

New Tax

1. 세액공제 대상 납입한도 확대 및 종합소득금액 기준 조정
   ① 50세 미만 700만원(400만원) → 900만원(600만원)
   ② 50세 이상 규정 삭제

③ 15% 세율적용 종합소득금액 4천만원을 4천5백만원으로 인상
2. 60세 이상 1주택자가 주택 매각 후 신규 취득 시 차액금액을 연금계좌에 추가납입
(1억원 한도) 가능

② 공제율

공제율은 다음과 같이 적용한다(소법 §59의 3 ①).

해당 과세기간의 종합소득금액	해당 과세기간의 총급여액 (근로소득만 있는 경우)	연금계좌세액공제 공제율
4,500만원 이하	5,500만원 이하	15%
4,500만원 초과	5,500만원 초과	12%

연금보험료 공제대상이 되는 공적연금 외의 연금가입자 요건

① 다음의 금액을 합한 금액 이내(연금계좌가 2개 이상인 경우에는 그 합계액)의 금액을 납입할 것. 이 경우 해당 과세기간 이전의 연금보험료는 납입할 수 없으나, 보험계약의 경우에는 최종납입일이 속하는 달의 말일부터 2년 2개월이 경과하기 전에는 그동안의 연금보험료를 납입할 수 있다.
　가. 연 1천800만원
　나. 소득세법 제59조의 3 제3항에 따른 전환금액(조세특례제한법 제91조의 18에 따른 개인종합자산관리계좌의 계약기간 만료 시 금액 한도 내에서 개인종합자산관리계좌에서 연금계좌로 납입한 것으로 본다. 다만, 직전 과세기간과 해당 과세기간에 걸쳐 납입한 경우에는 개인종합자산관리계좌의 계약기간 만료 시 금액에서 직전 과세기간에 납입한 금액을 차감한 금액 한도 내에서 개인종합자산관리계좌에서 연금계좌로 납입한 것으로 본다)
② 연금수령 개시를 신청한 날(연금수령 개시일 사전에 약정한 경우에는 약정에 따른 개시일) 이후에는 연금보험료를 납입하지 않을 것(소령 §40의 2 ②)

3. 공적연금 관련법 외 연금보험료 세액공제절차

① 연금계좌세액공제를 적용받으려는 자는 연금납입확인서를 해당 과세기간의 다음 연도 2월분의 급여를 받는 날(퇴직한 경우에는 퇴직한 날이 속하는 달의 급여를 받는 날)까지 원천징수의무자, 납세조합 또는 납세지 관할세무서장에게 제출하여야 한다(소령 §118의 2 ①).

② 조세특례제한법에 따른 소득공제 및 세액공제 중 소득공제 및 세액공제를 받기 위하여 필요한 증명서류를 발급하는 자로부터 정보통신망의 활용 등에 따라 소득공제 증빙자료를 국세청장에게 제출되었을 때에는 기획재정부령으로 정하는 서류를 해당 과세기간의 다음 연도 2월분의 급여를 받는 날(퇴직한 경우에는 퇴직한 날이 속하는 달의 급여를 받는 날)까지 제출할 수 있다(소법 §165 ①, 소령 §118의 2 ②).

③ 연금계좌 가입자가 이전 과세기간에 연금계좌에 납입한 연금보험료 중 연금계좌세액공제를 받지 아니한 금액이 있는 경우로서 그 금액의 전부 또는 일부를 해당 과세기간에 연금계좌에 납입한 연금보험료로 전환하여 줄 것을 연금계좌취급자에게 신청한 경우에는 연금계좌세액공제를 적용할 때 그 전환을 신청한 금액을 소득세법 시행령 제40조의 3 제2항(연금계좌의 인출순서)에도 불구하고 연금계좌에서 가장 먼저 인출하여 그 신청을 한 날에 다시 해당 연금계좌에 납입한 연금보험료로 본다. 이 경우 전환을 신청한 금액은 그 신청한 날에 연금계좌에 납입한 연금보험료로 보아 연금계좌가입자의 요건*을 충족하여야 한다(소법 §165 ①, 소령 §118의 3).

④ 연금계좌취급자는 연금소득자등이 연금계좌를 해지한 이후에도 제4항의 연금납입 확인서를 발급하기 위하여 필요한 연금납입 정보를 별도의 기간 제한 없이 보유해야 한다(소령 §201의 10 ⑤).

02

저자주

'특별공제 등 일부 소득공제'제도의 '특별세액공제'제도로의 전환

1. 종전의 소득공제제도는 같은 금액에 대하여 소득공제를 하더라도 소득수준에 따라 그 혜택에 차이가 발생하였다. 즉 소득세율이 6%, 15%, 24%, 35%, 38%(현재는 40%, 42%, 45%도 존재)임에 따라 동일한 소득공제금액이라 하더라도 고소득근로자로서 높은 세율을 적용하는 경우 세혜택 또한 높게 적용받았습니다.

2. 과세형평성 차원에서 이러한 측면을 개선하기 위하여 종전의 소득공제제도의 일부를 2014년 과세기간부터 세액공제제도로 다음과 같이 전환하였습니다.
   보장성 보험이나 연금계좌는 보험료나 연금계좌 납입액의 12%(15%)를, 의료비·교육비는 지급액의 15%(20%)를, 기부금은 기부금 2천만원 이하분(현재는 1천만원 기준으로 15%, 30% 적용)의 경우 지급액의 15%를, 기부금 2천만원 초과분의 경우 30%(2015.12.31.까지는 3,000만원 이하 15%, 3,000만원 초과 25% 적용)를 각각 종합소득산출세액에서 공제하되, 공제한도 등은 현행 수준을 유지하며, 특별공제의 하나인 표준공제는 표준세액공제로 전환하여 근로소득자는 13만원, 성실사업자는 12만원을, 근로소득이 없는 거주자로서 종합소득이 있는 사람은 7만원을 각각 종합소득산출세액에서 공제하게 됩니다.

3. 소득공제와 세액공제 적용차이 예제

[사례 1]

(1) 자녀에 대한 대학교등록금 900만원 지급

(2) 2013년까지 소득공제 적용

　① 갑(기본세율 15% 적용자)

　　가. 소득공제 : 9,000,000원

　　나. 산출세액감소액 : 9,000,000×15%＝1,350,000원

　② 을(기본세율 38% 적용자)

　　가. 소득공제 : 9,000,000원

　　나. 산출세액감소액 : 9,000,000×38%＝3,420,000원

　③ 검토

　　소득이 많은 근로자가 훨씬 유리함

(3) 2014년 이후 세액공제 적용

　① 갑·을 모두 9,000,000×15%＝1,350,000원 세액공제 적용

　② 검토

　　갑은 소득공제와 세액공제 모두 동일한 세감면효과이나 소득이 많은 을은 2,070,000원의 소득세가 증가함

[사례 2]

(1) 회사가 대학생자녀 등록금 900만원을 보조 시

(2) 2013년까지 소득공제

　갑·을 모두 근로소득에 900만원이 합산되어 총급여액·근로소득금액이 동액 증가하나 소득공제 900만원이 적용되어 과세표준증가액은 없음

(3) 2014년 이후 세액공제

　① 갑

　　산출세액증가액(9,000,000×15%) － 교육비세액공제(9,000,000×15%)

　　＝세액증가 없음

　② 을

　　산출세액증가액(9,000,000×38%) － 교육비세액공제(9,000,000×15%)

　　＝세액증가액 2,070,000원

소득세법시행규칙 [별지 제38호의 2 서식] (2023.3.**. 개정)

연금납입확인서

연금계좌 취급자	① 사업자등록번호		② 법인명(상호)		③ 대표자(성명)
	④ 법인(주민)등록번호		⑤ 소재지(주소)		
연금계좌 가입자	⑥ 성명		⑦ 주민등록번호		
	⑧ 주소		⑨ 계좌유형		⑩ 계좌번호

1. 연금계좌 납입명세 및 과세제외금액 확인 명세

확인 기간	년 월 일 ~ 년 월 일

⑪ 연도	납입액(영 제40의2 ② 1호)			⑫ 합계	⑬ 해당 과세연도 납입액 중 인출액	⑭ 순납입액 (⑫ - ⑬)	⑮ ⑬외 인출액	⑯ 영 제118조의 3에 따른 전환 금액	⑰ 총납입액 (⑭ - ⑮)	⑱ 총납입액 누계
	가목	나목	다목							

2. 이미 과세제외금액으로 확인된 명세

확인일	⑲ 사유	⑳ 확인처(계좌)	㉑ 확인금액	사유
				1. 영 제201조의 10 제2항에 따라 확인되는 분
				2. 영 제201조의 10 제3항에 따라 확인되는 분
합계				
㉒ 확인대상납입액(⑱ - ㉑)				

「소득세법 시행령」 제201조의 10 제4항에 따라 연금납입확인서를 발급해 주시기 바랍니다.

년 월 일

신청인 (서명 또는 인)

위와 같이 연금계좌 납입명세 및 과세제외금액을 확인합니다.

년 월 일

연금계좌취급자 (서명 또는 인)

작 성 방 법

1. ⑨란에는 연금저축계좌와 퇴직연금계좌를 구분하여 적습니다.
2. ⑪ ~ ⑯에서 납입액과 인출액은 이연퇴직소득을 포함하지 않습니다.
3. 「소득세법 시행령」 제40조의2제8항 및 제9항에 따른 연금납입 배제금액이 발생할 경우 '납입액 다목' 및 ⑫란의 차감항목으로 기재합니다.
4. ⑯란에는 「소득세법 시행령」 제118조의3제1항에 따라 전환 신청된 금액을 적으며, 해당 금액은 ⑫납입액에 포함하지 않습니다.
5. ⑲란에는 해당 계좌에서 이미 과세제외금액으로 확인된 금액이 있는 경우 그 확인 사유를 구분(1 또는 2)하여 적습니다.
6. ⑳란에는 다른 연금계좌의 납입확인서를 제출받아 해당 계좌에서 과세제외금액으로 확인한 금액이 있는 경우(사유 중 "2"에 해당) 다른 연금계좌의 계좌번호를 적습니다.
7. ㉒란에는 해당 계좌의 납입 중 「소득세법 시행령」 제201조의10제3항제1호에 따라 다른 계좌의 과세제외금액을 확인하기 위해 다른 계좌의 확인대상납입액에 합산될 수 있는 금액을 적습니다.

210mm×297mm[백상지 80g/㎡(재활용품)]

■ 소득세법 시행규칙 [별지 제38호의4서식] 〈신설 2023.3.**.〉

주택차액 연금계좌 납입 신청서

([ ]납입자 보관용 [ ]발행자 보관용 [ ]접수자 보관용)

※ [ ]에는 해당되는 곳에 √표를 합니다.   (앞쪽)

납입 신청자	① 성명		② 주민등록번호	
	③ 주소		④ 전화번호	
연금계좌 정보	기관	⑤ 법인명(상호)	⑥ 지점명	
	계좌	⑦ 연금계좌구분	⑧ 계좌번호	

I. 납입 한도 등 계산 명세	연금계좌 납입한도 명세	⑨ 연간 납입 한도액	⑩ 당해연도 기 납입액	⑪ 잔여 납입 한도액 (⑨-⑩)
		1,800만원		
	주택차액 추가납입 한도 명세	⑫ 납입 한도액	⑬ 기 납입액	⑭ 잔여 납입 한도액 (⑫-⑬)
		1억 원		

II. 납입하는 주택차액 명세	주택차액 계산명세	⑮ 연금주택의 양도가액(기존주택)	⑯ 축소주택의 취득가액(신규주택)	⑰ 주택차액 (⑮-⑯)
	주택차액 추가납입 대상 명세	⑱ ⑰ 중 연금계좌 납입 희망 금액	⑲ 연간 잔여 납입 한도액 차감한 금액 (⑱-⑪)	⑳ 추가납입 한도 적용 최종 납입 대상 금액 [Min(⑭,⑲)]

※ 첨부 : 연금주택 및 축소주택의 매매계약서, 1주택 확인서 등

위 내용과 같이 「소득세법 시행령」 제40조의2에 따라 주택차액을 연금계좌에 납입하기 위하여 주택차액 연금계좌 납입 신청서를 제출합니다.

년   월   일

납입 신청자   (인)

연금계좌 취급자 귀하

작 성 방 법

1. ⑩당해연도에 연금계좌에 납입한 금액 중 ISA 만기에 따라 전환납입한 금액과 주택차액 추가납입한 금액을 제외한 금액을 적습니다.
2. ⑮연금주택 매매계약서상 매매가액에서 납입 신청인의 지분율을 곱한 금액을 적습니다.
3. ⑯축소주택 매매계약서상 취득가액에서 납입 신청인의 지분율을 곱한 금액을 적습니다.
4. ⑲항목에서 차감된 금액은 연금계좌의 연간 납입 한도액 이내에서 당해연도에 연금계좌에 납입된 것으로 봅니다.

210mm×297mm[백상지80g/㎡ 또는 중질지80g/㎡]

■ 소득세법 시행규칙 [별지 제38호의5서식] 〈신설 2023.3.**.〉

1주택 확인서

    본인은 주택차액 연금계좌 납입자로서 이 확인서를 제출하는 과세기간에 본인과 그 배우자가 연금주택 외의 다른 주택을 소유하지 않았음을 확약하며,

    주택차액을 연금계좌에 납입한 날 이후 5년 이내에 연금주택의 양도가액보다 가액이 높은 주택을 취득하는 등 「소득세법 시행령」 제40조의 2 제8항에 따른 사유가 발생한 경우에는 같은 조 제10항에 따라 원천징수하였어야 할 세액이 추징되는 것에 동의합니다.

20 .   .   .

        신청인(본인):   (인)

    위 내용을 확약하고 자필서명(날인)하여 본인의 _____(가족관계 기재)인 _____(성명 기재)을 통해 제출합니다.

                      신청인(본인): _____(인)

    위 사실을 확인합니다.

                      대리(수임)인: _____(인)

210mm×297mm(신문용지 54g/㎡)

Ⅳ 보장성 보험료 특별세액공제

근로소득이 있는 거주자(일용근로자 제외)는 다음의 금액을 해당 과세기간의 종합소득산출세액에서 세액공제한다(소법 §59의 4 ①).

세액공제 대상 보험료	세액공제액
일반 보장성보험료	보험료×12%
장애인전용 보장성보험료*	보험료×15%

* 장애인전용보장성보험의 계약자에 대하여 보장성보험료와 장애인전용보장성보험료가 동시에 해당되는 경우 그 중 하나만을 선택하여 적용한다(소법 §59의 4 ① 2호).

다만, 상기의 세액공제대상 보험료별로 그 합계액이 각각 연 100만원을 초과하는 경우 그 초과하는 금액은 각각 없는 것으로 한다. 즉 세액공제액이 아닌 세액공제대상 보험료(납입액) 기준으로 100만원이 한도이므로 세액기준으로는 일반보장성보험료과 장애인전용보장성보험료는 각각 12만원과 15만원이다.

또한 보험료 특별세액공제의 합계액이 종합소득산출세액을 초과하는 경우 그 초과하는 공제액은 없는 것으로 한다(소법 §59의 4 ⑦).

1. 일반 보장성보험료

(1) 세액공제대상보험료

1) 보험계약의 범위

다음의 보험계약에 의해 보험자에게 지급하는 보험료여야 한다(소법 §59의 4 ①, 소령 §118의 4 ②).

① 생명보험

② 상해보험

③ 화재·도난 기타의 손해를 담보하는 가계에 관한 손해보험 등

④ 수산업협동조합법·신용협동조합법 또는 새마을금고법에 의한 공제

⑤ 군인공제회법·한국교직원공제회법·대한지방행정공제회법·경찰공제회법 및 대한소방공제회법에 의한 공제

⑥ 주택임차보증금의 반환을 보증하는 것을 목적으로 하는 보험. 단, 보증대상 임차보
증금이 3억원을 초과하는 경우는 제외

다만, 상기 보험계약은 다음과 같은 요건을 충족하여야 한다.

> 1. 만기에 환급되는 금액이 납입보험료를 초과하지 아니할 것(소법 §59의 4 ①)
> 2. 보험계약 또는 보험료납입영수증에 보험료공제대상임이 표시된 보험일 것(소칙 §61의 3)

2) 계약자(지출자)의 범위

원칙적으로 근로자 본인이 계약을 하고 보험료를 지급하여야 한다. 다만, 기본공제대
상인 부양가족의 명의로 계약한 경우에도 당해 근로자가 보험료를 실제로 납입한 경우
공제대상 보험료로 보나, 보험계약자가 연령 또는 소득금액의 요건을 충족하지 않아
당해 근로자의 기본공제대상자에 해당하지 않는 경우 당해 근로자가 당해 보험계약에
의한 보험료공제를 받을 수 없다(서일-1340, 2007.10.2.; 서일-65, 2006.1.18.).

3) 피보험자의 범위

피보험자에는 종피보험자를 포함하며(법인 46013-2822, 1999.7.16.), 기본공제대상자
이어야 한다. 피보험자에 따른 보장성보험료의 공제 여부 사례를 살펴보면 다음과 같다.
① 타인의 기본공제대상자를 위해 지출한 보험료는 공제받을 수 없다.

그러나 피보험자에는 종피보험자가 포함되므로 근로자 본인이 보험계약자이고 주
피보험자가 근로자 본인, 종피보험자가 배우자의 기본공제대상 자녀로 하는 보장성
보험에 가입하고 해당 연도에 본인이 지급하는 보험료는 공제대상 보험료에 해당한다.
② 맞벌이부부의 보험료는 다음과 같이 공제한다.

> 1. 근로자 본인(남편)이 계약자이고 피보험자가 부부공동인 보장성보험의 보험료는
>   근로자(남편)이 보험료공제받을 수 있다.
> 2. 남편이 직계존비속에 대하여 기본공제를 받고, 부인이 그 직계존비속에 대하여 보험료
>   를 지출한 경우 부인이 보험료공제를 받을 수 없다(재소득-649, 2006.10.24.).
> 3. 근로자 본인이 계약자 및 피보험자인 보장성보험료는 근로자 본인만이 공제를 받
>   을 수 있다.
> 4. 계약자가 근로자 본인이고 피보험자가 배우자인 경우에는 모두 공제받을 수 없다.

③ 피보험자가 태아인 경우 공제대상 보험료가 아니다.

(2) 공제한도

상기 '(1)'의 세액공제대상보험료는 연 100만원을 한도로 공제한다(소법 §59의 4 ①). 따라서 보험계약별로 100만원 한도 내에서 공제하는 것이 아니므로 다수의 보험을 가입해도 공제한도는 100만원임에 유의하기 바란다.

(3) 유의사항

① 연도 중 보험을 해약한 경우에도 해당 연도에 납부한 보험료는 공제받을 수 있다.
② 보험료의 공제대상 금액은 납입(지출)한 금액에 한하며, 미납부보험료는 제외이다.
③ 과세기간종료일 이전에 혼인·이혼·별거·취업 등의 사유로 기본공제대상자에 해당되지 아니하게 되는 종전의 배우자·부양가족·장애인 또는 과세기간종료일 현재 65세 이상인 사람을 위하여 이미 지급한 금액이 있는 경우에는 그 사유가 발생한 날까지 지급한 금액을 해당 과세기간의 근로소득금액에서 공제한다(소법 §52 ⑦).
④ 국외에서 지출한 동 건강보험료, 의료비는 특별(세액)공제를 적용받을 수 없다(원천 -707, 2011.11.2.).

2. 장애인전용 보장성보험료

상기 일반 보장성보험계약에서 언급한 보험계약에 따라 지급한 보험료로서 다음 요건을 충족하는 것으로 한다(소법 §59의 4 ①, 소령 §118의 4 ①).

> 1. 기본공제대상자 중 장애인을 피보험자 또는 수익자로 하는 장애인전용보험일 것
> 2. 만기에 환급되는 금액이 납입보험료를 초과하지 아니할 것
> 3. 보험계약 또는 보험료납입영수증에 보험료공제대상임이 표시된 보험일 것

장애인전용 보장성보험료는 연 100만원 한도로 세액공제 대상이 되며, 이외의 사항은 일반 보장성보험계약과 동일하다.

3. 제출서류

제출서류	발급기관
보험료 공제대상임이 표시되는 보험료납입증명서 또는 보험료 납입영수증	보험회사
국세청 소득·세액공제증명서	국세청

소득세법시행규칙 [별지 제42호 서식(1)] (2011.3.28. 개정)

보험료납입증명서

[　]보장성보험 [　]장애인전용보장성보험

계약자	① 성　명		② 주 민 등 록 번 호 (납 세 번 호)	
	③ 주　소			
피보험자	④ 성　　명		⑤ 주 민 등 록 번 호	⑥계약자와 관계
납입자	⑦ 성　명		⑧ 주 민 등 록 번 호 (납 세 번 호)	
	⑨ 납부방법		자동이체, 카드 등	

⑩ 보　험　종　류	⑪ 증　권　번　호	⑫ 계　약　기　간		
		년　　월　　일부터		
		년　　월　　일까지		

(　　　)년도 보험료 납입현황

⑬ 월별	⑭ 납입일자	⑮ 납 입 보 험 료	⑯ 비　　　고	⑰ 월별	⑱ 납입일자	⑲ 납 입 보 험 료	⑳ 비　　　고
1				7			
2				8			
3				9			
4				10			
5				11			
6				12			
㉑ 연간합계액				사 용 목 적		보 험 료 공 제 신 청 용	

「소득세법 시행령」 제113조 제1항에 따라 위와 같이 보험료를 납입하였음을 증명하여 주시기 바랍니다.

년　　월　　일

신청인　　　　　　　　　　　　　　　(서명 또는 인)

　귀하

위와 같이 보험료를 납입하였음을 증명합니다.

년　　월　　일

보험자　　　　　　　　　　　　　　　(서명 또는 인)

작 성 방 법

1. 납입란은 보험 계약자와 보험료 납입자가 다른 것으로 확인된 경우에 적습니다.
2. 해당 연도 중도에 납입자, 계약자 등이 변경된 경우에는 별지로 작성하여야 합니다.
3. 피보험자란은 주피보험자를 기준으로 작성하며, 주피보험자가 2명 이상인 경우에는 별지로 작성하되, 이 경우 보험료 납입료는 보험 계약에 의해 피보험자별로 구분하여 적습니다.

210mm×297mm(일반용지 60g/㎡(재활용품))

V 의료비 특별세액공제

1. 의의

근로소득이 있는 거주자가 해당 과세기간에 기본공제대상자(나이 및 소득금액의 제한을 받지 아니함)를 위하여 지출한 법소정 의료비가 해당 과세기간 총급여액의 100분의 3을 초과하는 경우 그 초과하는 금액을 해당 과세기간의 종합소득산출세액에서 다음과 같이 세액공제한다(소법 §59의 4 ②).

> 의료비 특별세액공제액=A(의료비 총액이 총급여액의 3%를 초과하는 경우 의료비공제액)
> (Case 1) 총급여×3% < 그 밖의 의료비[주1]+본인 등 의료비[주2]
> A=난임시술비[주3]×30%+미숙아 및 선천성이상아 의료비[주4]×20%
> +본인 등 의료비×15%+Min[그 밖의 의료비−총급여액×3%, 700만원]×15%
> (Case 2) 그 밖의 의료비+본인 등 의료비≤총급여×3%
> A=Max[난임시술비와 미숙아 및 선천성이상아 의료비+본인 등 의료비
> +그 밖의 의료비−총급여액×3%, 0]×30%(난임시술비부터 공제), 20%

주1) 공제대상 의료비에서 본인 등 의료비와 난임시술비와 미숙아 및 선천성이상아 의료비에 해당하는 의료비를 차감한 의료비를 말한다.

주2) 본인·과세기간 종료일 현재 65세 이상(1958.12.31. 이전 출생)인 사람·장애인·건강보험산정특례자(법 소정 중증질환자, 희귀난치성질환자 또는 결핵환자)를 위하여 지급한 의료비를 말한다.

주3) 모자보건법에 따른 보조생식술(난임시술과 관련하여 처방을 받은 약사법 제2조에 따른 의약품 구입비용 포함)에 소요된 비용을 말한다.

주4) 모자보건법에 따른 미숙아* 및 선천성 이상아** 치료를 위해 지급한 의료비를 말한다.
　　　 * 신체의 발육이 미숙한 채로 출생한 영유아
　　 ** 선천성기형 또는 변형이 있거나 염색체에 이상이 있는 영유아

> ① 아버지(63세)에 대해 지출한 의료비 5,000,000원
> ② 본인에 대해 지출한 의료비 10,000,000원
> ③ 배우자에 대한 난임시술비 5,000,000원
> ④ 총급여액 1억원
> ⑤ 의료비공제해당액
> 　 전액공제의료비 15,000,000 + Min(5,000,000 − 1억원×3%, 7,000,000)
> 　 = 17,000,000원
> ⑥ 의료비세액공제액
> 　 (5,000,000×30% + 12,000,000×15%) = 3,300,000원

또한 의료비 특별세액공제의 합계액이 종합소득산출세액을 초과하는 경우 그 초과하는 공제액은 없는 것으로 한다(소법 §59의 4 ⑦).

Approach to Field Work　중증질환자 등 및 미숙아·선천성이상아에 대한 의료비 및 난임시술비

1. 의료비세액공제 시 전액공제대상(총급여액의 3%는 차감됨)인 건강보험산정특례대상자로 등록(재등록)된 자는 다음에 해당하는 자를 말합니다.
   ① 국민건강보험법시행령 제19조 제1항에 따라 보건복지부장관이 정하여 고시하는 기준에 따라 중증질환자, 희귀난치성질환자 또는 결핵환자 산정특례대상자로 등록되거나 재등록된 자를 말합니다.
   ② 회사에 제출하여야 하는 증빙서류 : 장애인증명서 등 건강보험산정특례자로 등록된 자임을 입증할 수 있는 서류

2. 난임시술비는 모자보건법에 따른 보조생식술에 소요된 비용을 말하며, 미숙아 및 선천성이상아 의료비는 모자보건법에 따른 의료비를 말합니다.

3. '1.' 및 '2.'의 의료비는 총급여액의 3%가 초과되는 금액은 한도 없이 본인 등 의료비는 15%의 세액공제가 되는 의료비이며 미숙아·선천성이상아 의료비는 20%, 난임시술비는 30%의 세액공제를 적용받게 됩니다.

4. '1.' 및 '2.'의 의료비파악 시 가장 유의하셔야 하는 점은 국세청 간소화자료에 '1.' 및 '2.'의 내용으로 구분되어 있지 않다는 점입니다. 그러므로 근로소득자가 '2.'에 따른 의료비를 지급 시는 의료법 제17조에 따른 진단서 또는 증명서를 회사에 제출하고 별지 제43호 서식인 의료비지급명세서상 ⑥ (본인 등 해당여부)란에 "○"을 표시하고 ⑫ (난임시술비 해당여부)란에 "○"을 표시하여 회사에 제출하셔야 하고 원천징수의무자인 회사는 이의 내용을 확인하여야 합니다.

5. 난임시술비의 미숙아 및 선천성이상아 의료비의 경우 의료법 제17조에 따른 진단서 또는 증명서를 제출하여야 합니다.

---

2. 의료비 지출 대상자

근로소득이 있는 거주자가 공제받을 수 있는 의료비는 해당 과세기간에 기본공제대상자(연령 및 소득금액의 제한을 받지 아니함)를 위해 지출한 것이어야 한다. 즉 의료비공제를 적용받기 위해서는 법소정 '기본공제대상자'를 위한 의료비이어야 하므로 의료비 지출 대상자별로 공제요건을 살펴보기로 하자.

(1) 본인의 기본공제대상자

① 본인 및 배우자

본인과 소득이 없는 배우자는 당해 근로자의 기본공제대상자이므로 본인 및 배우자를 위해 지출한 의료비는 공제받을 수 있다.

② 부양가족

기본공제요건 중 소득요건과 연령요건에 제한을 받지 않는 당해 근로자의 기본공제대상자이어야 한다. 즉 관계요건과 생계요건은 충족되었으나 소득요건과 연령요건이 충족되지 않아 기본공제를 받지 못한 부양가족에 대한 의료비를 공제받을 수 있는 것이다(서일−15, 2007.1.4.). 이때 관계요건과 생계요건은 기본공제에서 언급한 바와 같다. 예를 들어 근로자와 주거형편상 별거하고 있는 직계존속이 독립적인 생계능력이 없어 근로자의 근로소득으로 당해 직계존속이 실질적으로 생계를 유지하는 경우 당해 직계존속은 관계요건과 생계요건을 모두 충족하므로 근로자가 당해 직계존속을 위해 지출한 의료비는 공제가 가능하다.

(2) 타인의 기본공제대상자

타인의 기본공제대상자를 위해 지출한 의료비는 공제받을 수 없다(재소득−649, 2006.10.24.). 다만, 예외적으로 소득이 있는 배우자를 위해 지출한 의료비는 공제 가능하다(서일−1752, 2006.12.27.; 서일−1730·1729, 2006.12.20.).

(3) 기본공제대상자의 변동

과세연도 종료일 이전에 혼인·이혼·별거·취업 등의 사유로 인하여 본인의 기본공제대상자에 해당되지 아니하게 되는 종전의 기본공제대상자(배우자·부양가족·장애인 또는 과세기간종료일 현재 65세 이상인 사람)를 위하여 이미 지급한 금액이 있는 경우에는 그 사유가 발생한 날까지 지급한 금액에 대한 특별세액공제액을 종합소득산출세액에서 공제한다(소법 §59의 4 ⑤). 예를 들어 다음과 같다.

① 배우자와 이혼한 경우

이혼일 전일까지 지급된 의료비 등은 공제된다.

② 직계비속이 결혼하여 분가한 경우

결혼일(혼인신고일) 전일까지 지급된 의료비 등은 공제된다.

Approach to Field Work

☑ 맞벌이부부 간의 의료비세액공제 적용

1. 갑과 을은 맞벌이부부임

2. 갑관련 내용
   ① 총급여액 1억원
   ② 의료비지출액
      가. 본인의료비 5,000,000원
      나. 아버지의료비 10,000,000원(의료비공제 대상자이며 65세 미만임)

3. 을관련 내용
   ① 총급여액 60,000,000원
   ② 의료비지출액
      본인의료비 20,000,000원(난임시술비 의료비임)

4. 원칙적인 의료비세액공제
   원칙적인 의료비세액공제는 근로자 본인이 직접 지출한 의료비에 대하여 적용한다.
   (1) 갑의 의료비세액공제
   $$\{5,000,000 + Min(10,000,000 - 1억원 \times 3\%, \ 7,000,000)\} \times 15\%$$
   $$= 1,800,000원$$
   (2) 을의 의료비세액공제
   $$\{20,000,000 + Min(0 - 60,000,000 \times 3\%, \ 7,000,000)\} \times 30\%$$
   $$= 5,460,000원$$

5. 부부 중 한쪽이 합산하여 공제를 받는 경우
   배우자에 대해서는 나이 및 소득의 제한을 받지 않으므로 소득이 있는 배우자에 대한 의료비를 본인이 부담한 경우에는 배우자의 의료비를 합산하여 세액공제를 받을 수 있습니다. 상당수의 맞벌이부부들은 통장을 한사람의 명의로 개설하고 여기서 의료비 지출액이 결제되므로 맞벌이부부의 경우에는 한사람이 배우자의 의료비를 합산하여 적용할 수 있다 판단되니 참조하시기 바랍니다.
   (1) 갑이 을의 의료비를 합산적용하는 경우
   $$20,000,000 \times 30\% + \{5,000,000 + Min(10,000,000 - 1억원 \times 3\%, \ 7,000,000)\} \times 15\%$$
   $$= 7,800,000원$$
   (2) 을이 갑의 의료비를 합산적용하는 경우
   $$20,000,000 \times 30\% + Min(15,000,000 - 60,000,000 \times 3\%, \ 7,000,000) \times 15\%$$
   $$= 7,050,000원$$

☑ 소득이 있는 직계존·비속에 대한 의료비 공제 여부

1. 의료비세액공제 대상
   기본공제대상자(나이 및 소득의 제한을 받지 아니함)를 위해 지급한 의료비

---

2. 소득이 있는 직계존속에 대한 의료비지출액

직계존속에 대한 기본공제대상 요건 중 생계(실질적인 부양을 의미)요건이 구비되는 직계존속에 대한 의료비지출액은 공제대상에 해당됩니다. 그러므로 적정한 소득 또는 재산이 있는 직계존속은 공제대상에 해당되지 않는데 이의 구분이 실무상 어려워 근로자가 의료비공제를 주장 시 공제대상에 포함하고 있습니다.

3. 소득이 있는 직계비속에 대한 의료비지출액

직계비속에 대한 기본공제대상 요건은 나이 및 소득요건이므로(생계요건은 없음) 소득이 있는 직계비속에 대한 의료비지출액은 공제대상에 해당됩니다.

3. 세액공제대상 의료비

세액공제대상 의료비는 당해 근로자가 상기 '2. 의료비 지출 대상자'에서 언급한 기본공제대상자(연령, 소득금액 제한 없음)를 위해 근로를 제공한 기간 동안 직접 부담한 다음의 의료비(보험회사 등으로부터 지급받은 실손의료보험금은 제외)로 한다(소법 §95의 4 ②, 소령 §118의 5 ①).

1. 진찰 · 진료 · 질병예방을 위하여 의료법 제3조에 의한 의료기관에 지급하는 비용
2. 치료 · 요양을 위하여 약사법 제2조에 의한 의약품(한약 포함)을 구입하고 지급하는 비용
3. 조세특례제한법시행령 제105조의 규정에 의한 장애인보장구 및 의사 · 치과의사 · 한의사 등의 처방에 따라 의료기기법 제2조 제1항의 규정에 의한 의료기기를 직접 구입 또는 임차하기 위하여 지출한 비용
4. 시력보정용 안경(돋보기 안경 포함) 또는 콘택트렌즈 구입을 위하여 지출한 비용 중 기본공제대상자(연령 및 소득금액 제한 없음) 1인당 연 50만원 이내의 금액
5. 보청기 구입을 위하여 지출한 비용
6. 노인장기요양보험법 제40조 제1항 및 제2항 제3호에 따라 장기요양급여에 대한 비용으로서 실제 지출한 본인일부부담금
7. 해당 과세기간의 총급여액이 7천만원 이하인 근로자가 모자보건법 제2조 제10호에 따른 산후조리원에 산후조리 및 요양의 대가로 지급하는 비용으로서 출산 1회당 200만원 이내의 금액

1. 조세특례제한법시행령 제105조의 규정에 의한 장애인 보장구

1. 의수족
2. 휠체어

3. 보청기

4. 점자판과 점필

5. 시각장애인용 점자정보단말기

6. 시각장애인용 점자프린터

7. 청각장애인용 골도전화기

8. 시각장애인용으로 특수제작된 화면낭독소프트웨어

9. 지체장애인용으로 특수제작된 키보드 및 마우스

10. 보조기(팔·다리·척추 및 골반보조기만 해당)

11. 지체장애인용 지팡이

12. 시각장애인용 흰지팡이

13. 청각장애인용 인공달팽이관시스템

14. 목발

15. 성인용 보행기

16. 욕창예방물품(매트리스·쿠션 및 침대만 해당)

17. 인공후두

18. 장애인용 기저귀

19. 텔레비전 자막수신기(국가·지방자치단체 또는 전파법 제66조에 따라 설립된 한국방송통신전파진흥원이 청각장애인에게 무료로 공급하기 위하여 구매하는 것만 해당)

20. 청각장애인용 음향표시장치

21. 시각장애인용 인쇄물 음성변환 출력기

22. 시각장애인용 전자독서 확대기

23. 시각장애인 전용 음성독서기

2. 의사 등의 처방에 따라 직접 구입하는 의료기기법 제2조 제1항에 따른 의료기기

'의료기기'라 함은 사람이나 동물에게 단독 또는 조합하여 사용되는 기구·기계·장치·재료 또는 이와 유사한 제품으로서 다음의 어느 하나에 해당하는 제품을 말한다. 다만, 약사법에 따른 의약품과 의약외품 및 장애인복지법 제65조에 따른 장애인보조기구 중 의지(義肢)·보조기(補助器)는 제외한다(의료기기법 §2 ①).

(1) 질병을 진단·치료·경감·처치 또는 예방할 목적으로 사용되는 제품

(2) 상해(傷害) 또는 장애를 진단·치료·경감 또는 보정할 목적으로 사용되는 제품

(3) 구조 또는 기능을 검사·대체 또는 변형할 목적으로 사용되는 제품

(4) 임신을 조절할 목적으로 사용되는 제품

3. 노인장기요양보험법에 따른 본인일부부담금

(1) 재가 및 시설급여비용

재가 및 시설급여비용은 다음과 같이 수급자가 부담한다. 다만, 수급자 중 의료급여법 제3조 제1항 제1호에 따른 수급자는 그러하지 않는다(노인장기요양보험법 §40 ①).

① 재가급여 : 해당 장기요양급여비용의 15%
② 시설급여 : 해당 장기요양급여비용의 20%

재가급여와 시설급여는 다음과 같다(노인장기요양보험법 §23 ①).

1. 재가급여
   가. 방문요양 : 장기요양요원이 수급자의 가정 등을 방문하여 신체활동 및 가사 활동 등을 지원하는 장기요양급여
   나. 방문목욕 : 장기요양요원이 목욕설비를 갖춘 장비를 이용하여 수급자의 가정 등을 방문하여 목욕을 제공하는 장기요양급여
   다. 방문간호 : 장기요양요원인 간호사 등이 의사, 한의사 또는 치과의사의 지시서(이하 "방문간호지시서"라 한다)에 따라 수급자의 가정 등을 방문하여 간호, 진료의 보조, 요양에 관한 상담 또는 구강위생 등을 제공하는 장기요양급여
   라. 주·야간보호 : 수급자를 하루 중 일정한 시간 동안 장기요양기관에 보호하여 신체활동 지원 및 심신기능의 유지·향상을 위한 교육·훈련 등을 제공하는 장기요양급여
   마. 단기보호 : 수급자를 보건복지부령으로 정하는 범위 안에서 일정 기간 동안 장기요양기관에 보호하여 신체활동 지원 및 심신기능의 유지·향상을 위한 교육·훈련 등을 제공하는 장기요양급여
   바. 기타재가급여 : 수급자의 일상생활·신체활동 지원 및 인지기능의 유지·향상에 필요한 용구를 제공하거나 가정을 방문하여 재활에 관한 지원 등을 제공하는 장기요양급여로서 대통령령으로 정하는 것
2. 시설급여 : 장기요양기관이 운영하는 노인복지법 제34조에 따른 노인의료복지시설 등에 장기간 동안 입소하여 신체활동 지원 및 심신기능의 유지·향상을 위한 교육·훈련 등을 제공하는 장기요양급여

---

(2) 장기요양급여의 월 한도액을 초과하는 장기요양급여

노인장기요양보험법 제28조에 따른 장기요양급여의 월 한도액을 초과하는 장기요양급여에 대한 비용은 수급자 본인이 전부 부담한다(노인장기요양보험법 §40 ② 3호).

4. 실손의료보험금 수정신고 시 가산세 감면

소득세법시행령 제118조의 5 제1항에 따라 실손의료보험금(같은 영 제216조의 3 제7항 각 호의 어느 하나에 해당하는 자로부터 지급받은 것을 말한다)을 의료비에서 제외할 때에 실손의료보험금 지급의 원인이 되는 의료비를 지출한 과세기간과 해당 보험금을 지급받은 과세기간이 달라 해당 보험금을 지급받은 후 의료비를 지출한 과세기간에 대한 소득세를 수정신고하는 경우(해당 보험금을 지급받은 과세기간에 대한 종합소득 과세표준 확정신고기한까지 수정신고하는 경우로 한정한다)에는 가산세를 감면한다(국기령 §28 ① 3호).

소득세법시행규칙 [별지 제100호의 3 서식] (2020.3.13. 신설)

실손의료보험금 지급 결과 통보서

보험사명		사업자등록번호						
문의처				(전화번호)				

① 계약 (증권) 번호	② 상품명	③보험계약자		④피보험자		⑤ 보험금 지급년월	⑥ 보험금 지급액	⑦보험금 수익자	
		성명	주민 등록번호 (사업자 등록번호)	성명	주민 등록번호 (사업자 등록번호)			성명	주민 등록번호

「소득세법」 제174조의3에 따라 실손의료보험금 지급자료를 제출합니다.

년   월   일

보험회사   (서명 또는 인)

국세청장   귀하

작성방법

1. "문의처"란은 실손의료보험금 수령 관련 상담이 가능한 해당 보험회사의 상담센터(콜센터) 및 연락처를 적습니다.
2. 외국인인 경우"주민등록번호"란에 외국인등록번호를 기재합니다.
3. 동일한 계약번호로 여러번 지급한 경우 월별로 합산하여 제출합니다.
   환수한 경우에도 별도로 구분하지 않고 월별로 합산합니다.

210mm×297mm[백상지80g/㎡ 또는 중질지80g/㎡]

(1) 의료비의 범위

공제의료비 해당 여부	해당 사례
○	1. 다음의 수술비 (1) 선천성 구순열(언청이) 수술(법인 46013-3443, 1996.12.11.) (2) 라식 수술비(근시교정시술비)(재소득 46073-203, 2000.12.28.) (3) 탈모로 인한 이식수술비(법인 46013-4396, 1995.12.1.) (4) 선천적으로 한쪽 귀가 없는 청각장애인의 청각기능회복과 귀의 성형을 위하여 지출하는 수술비(소득 46011-2140, 1994.7.26.) (5) 정신적 고통에 대한 치료목적이 확인되는(의사의 소견서 첨부) 화상흉터 및 사마귀제거 수술비 2. 기타 의료비 (1) 의료기관에 지출한 보철, 틀니, 질병예방차원의 스케일링 비용 및 예방접종비용 (2) 치열교정비(이상 법인 46013-787, 1998.3.30.) (3) 임플란트(인공치아 심는 것) 치료 (4) 임신 중 초음파·양수검사비, 출산 관련 분만비용(외국에서의 출산비용은 제외) (5) 불임으로 인한 인공수정시술을 받은 경우 검사료, 시술비 등 (6) 진료, 질병예방목적으로 지급된 MRI 촬영비 (7) 국내에서 구할 수 없는 희귀병의 의약품을 자가치료를 목적으로 식품의약품안전청고시 제1998-114호(1998.11.27.)에 의하여 국·공립병원장, 보건소장 또는 의료법상 의료기관(조산원 제외)의 진단서를 발급받아 환자의 진료병원 소재지의 시·도지사의 추천을 받고 수입하는 의약품의 구입비 (8) 의료기관에서 받는 건강진단 비용
×	1. 치료목적 등이 아닌 진단서발급비용, 임신중절수술비용 등 2. 출산과 관련한 태반 제대혈 실시비용과 보관비용 3. 건강기능식품에관한법률에 의한 건강기능식품 구입비용(서일-1085, 2007.7.30.) 4. 미용·성형수술비용 및 건강증진의약품구입비용(소령 §118의 5 ②) 5. 산후조리원에 지급한 비용(소령 §118의 5 ① 7호에 의한 비용은 해당)

(2) 지출자의 범위

의료비는 근로자 본인이 해당 과세기간에 부담(지출)한 것에 한하여 공제가능하다. 다만, 회사 등이 보조한 의료비는 다음 사항에 유의하여 의료비공제를 적용한다.

① 회사가 보조한 의료비

회사가 근로자가 부담하여야 할 의료비를 대신 부담한 경우 당해 의료비는 근로소득금액에 해당하며(서일－769, 2006.6.13.), 지출한 의료비는 당해 근로자가 의료비공제받을 수 있다.

② 사내근로복지기금에서 보조받은 의료비

사내근로복지기금으로부터 지급받은 의료비는 근로자가 부담한 것이 아니므로 공제대상 의료비로 보지 않으며(재소득 46073－206, 2001.11.8.), 해당 과세기간 공제대상 의료비에서 차감하여야 한다(서이 46013－10442, 2002.3.11.).

③ 보험금수령액

근로자가 해당 과세기간에 지급한 의료비 중 보험회사로부터 수령한 보험금으로 지급한 의료비는 당해 근로자가 부담한 의료비가 아니므로 공제대상 의료비에서 차감하여야 한다. 이에는 다음과 같은 것이 있다.

> 1. 근로자가 가입한 상해보험 등에 의하여 보험회사로부터 수령한 보험금으로 지급한 의료비(서일－1334, 2005.11.3.)
> 2. 계약자 법인, 피보험자 및 수익자가 종업원인 단체순수보장성보험 또는 단체환급부보장성보험에서 종업원의 부상·질병 또는 사망으로 인한 보험금의 지급사유가 발생하여 종업원 또는 그 유족이 지급받는 보험금(서일－68, 2006.1.18.)
> 3. 사내근로복지기금에서 근로자를 피보험자로 하여 가입한 단체상해보험에서 수령하는 보험금(서일－569, 2004.4.19.)
> 4. 소득세법시행령 제225조의 3 각 호의 어느 하나에 해당하는 자로부터 지급받은 실손의료보험금

④ 출산 전 진료비 지원금

보건복지부장관의 출산장려 정책에 따라 거주자가 국민건강보험공단으로부터 국민건강보험법 제45조에 따른 부가급여인 '출산 전 진료비' 지원금을 지원받는 경우 당해 지원금으로 지출하는 진료비는 당해 거주자의 소득공제대상 의료비에 해당하지 아니하

는 것이다(원천-471, 2009.2.12.).

(3) 지출기간 등

세액공제대상 의료비는 해당 연도 1.1.부터 해당 연도 12.31.까지 지출한 의료비의 합계액으로 한다(소법 §59의 4 ②).

이때 의료비 지출시기는 진료기간과 상관없이 실지지출일을 기준으로 판단하며, 기본공제대상자(연령, 소득금액 제한 없음)를 위한 시력보정용 안경(돋보기 안경 포함) 또는 콘택트렌즈 구입비용은 1인당 50만원을 한도로 공제대상 의료비로 보아 의료비지출액에 합산함에 유의한다(소령 §118의 5 ① 4호).

4. 제출서류

의료비공제를 적용받기 위해서는 '의료비지급명세서[별지 제43호 서식]'에 다음과 같은 서류를 첨부하여 제출하여야 한다(소칙 §58 ① 2호).

의료비항목	제출서류*	서류요건	발급처
의료기관 및 약국에 지급한 의료비	진료비(약제비) 납입확인서 계산서·영수증	국민건강보험요양급여의기준에관한규칙 [별지 제6호 내지 제12호 서식]	의료기관· 약국
	진료비(약제비) 납입확인서	국민건강보험요양급여의기준에관한규칙[별지 제12호의 2 서식]	
	장기요양급여비용 명세서	노인장기요양보험법시행규칙 [별지 제24호 서식]	
	의료비부담명세서	[별지 제43호의 2 서식]	국민건강 보험공단
	국세청 소득공제증명서류	의료비내역을 일괄 기재하여 국세청장이 발급하는 것	국세청
산후조리원비용	영수증	이용자의 성명과 이용대가를 확인한 영수증	산후조리원
실손의료보험 수령액 자료		실손의료보험금 수령액 자료	보험회사 등

의료비항목	제출서류*	서류요건	발급처
미숙아 · 선천성 이상아 의료비 및 난임시술비	진단서 또는 증명서	의료법 제17조	의료기관
안경 · 콘택트 렌즈구입비	구입영수증	사용자의 성명 및 시력교정용임을 안경사가 확인한 것 (지출대상자 각 1인당 50만원 한도)	해당 안경사
보청기 · 장애인 보장구구입비	구입영수증	사용자의 성명을 판매자가 확인한 것	당해 판매자
건강보험산정 특례대상자	–	장애인증명서 등 건강보험산정특례대상자로 등록된 자임을 증명할 수 있는 서류	
의료기기 구입 · 임차비	처방전		의사 · 치과의사 · 한의사
	의료비영수증	의료기기명이 기재된 것	의료기기 판매자 · 임대인

* 인터넷증명서류(국세청 고시기준에 해당하는 자로서 국세청장이 지정하는 자가 인터넷을 통하여 발급하는 서류)를 포함한다.

5. 의료비지급명세서 제출

원천징수의무자는 근로소득세액 연말정산을 할 때 특별세액공제 대상이 되는 의료비가 있는 근로자에 대하여는 근로소득지급명세서를 제출하는 때(2024.3.10.까지) 해당 근로자의 의료비지급명세서가 전산처리된 테이프 또는 디스켓을 관할세무서장에게 제출하여야 한다(소령 §118의 5 ③).

 사례 – 의료비 특별세액공제액

1. 자료

총급여액이 3,000만원인 이수진 씨가 해당 과세기간에 지급한 의료비내역은 다음과 같다.

구 분	난임시술비	본인 등 의료비*	그 밖의 의료비
상황 1	–	50만원	30만원
상황 2	–		1,000만원
상황 3	–	1,000만원	–
상황 4	1,000만원	–	–

2. 각 상황별 의료비 특별세액공제액

(1) 상황 1

    그 밖의 의료비+본인 등 의료비≤90만원[=총급여×3%]

    → 의료비 특별세액공제액

    =Max[공제대상 의료비-총급여액×3%, 0]×20%

    =Max[80만원-90만원, 0]×20%=0

(2) 상황 2

    90만원[=총급여×3%]≤그 밖의 의료비+본인 등 의료비

    → 의료비 특별세액공제액

    =난임시술비×30%+미숙아 및 선천성이상아 의료비×20%+본인 등 의료비×15%

      +Min[그 밖의 의료비-총급여액×3%, 700만원]×15%

    =0×30%+0×20%+0×15%+Min(1,000만원-90만원, 700만원)×15%

    =Min(910만원, 700만원)×15%=700만원×15%=1,050,000원

(3) 상황 3

    90만원[=총급여×3%]≤그 밖의 의료비+본인 등 의료비

    → 의료비 특별세액공제액

    =난임시술비×30%+미숙아 및 선천성이상아 의료비×20%+본인 등 의료비×15%

      +Min[그 밖의 의료비-총급여액×3%, 700만원]×15%

    =0×30%+0×20%+1,000만원×15%+Min(0-90만원, 700만원)×15%

    =1,000만원×15%+Min(-90만원, 700만원)×15%

    =(1,000만원-90만원)×15%=910만원×15%=1,365,000원

(4) 상황 4

    그 밖의 의료비+본인 등 의료비≤90만원[=총급여×3%]

    → 의료비 특별세액공제액

    =Max[공제대상 의료비-총급여액×3%, 0]×30%(미숙아·선천성이상아 의료비는 20%)

    =Max[1,000만원-90만원, 0]×30%=910만원×30%=2,730,000원

02

■ 의료법 시행규칙 [별지 제5호의 2 서식] 〈개정 2019. 9. 27.〉

진 단 서

등록번호
연 번 호

환자의 성명		환자의 주민등록번 호	
환자의 주소		(전화번호:)	
병 명 [ ] 임상적 추정 [ ] 최종진단	(주 질병 · 부상) (부 질병 · 부상)	질병분류기호	
발병 연월일	년 월 일	진단 연월일	년 월 일
치료 내용 및 향후 치료에 대한 소견			
입원 · 퇴원 연월일	입원일: 년 월 일부터	퇴원일: 년 월 일	
용 도			
비 고			

「의료법」 제17조 및 같은 법 시행규칙 제9조제1항에 따라 위와 같이 진단합니다.

년   월   일

의료기관 명칭:

주소:

[ ]의사   [ ]치과의사   [ ]한의사   면허번호 제   호

성 명: (서명 또는 인)

작 성 방 법

1. 환자의 인적사항은 진찰한 의사, 치과의사 또는 한의사가 주민등록증, 기간 만료 전 여권, 운전면허증, 공무원증, 국립 · 공립대학 학생증, 군무원증, 건강보험증, 외국인등록증 등 국가공인 신분증(환자가 미성년자인 경우에는 주민등록등본 · 초본, 학생증 등으로 대체 가능합니다)과 대조하여 확인하고 서명 또는 날인합니다.

2. "병명"란에는 "임상적 추정"과 "최종진단" 중 택일하여 [ ]에 √ 표시를 하고, 질병명은 한글로 적되 영어로 적을 경우에는 한글을 함께 적으며, 질병분류기호도 함께 적습니다.

210mm×297mm[백상지 80g/㎡]

소득세법시행규칙 [별지 제43호 서식] (2023.3.**. 개정)

의료비지급명세서

소득자 인적사항

① 성 명		② 주민등록번호 (또는 외국인등록번호)	
③ 상 호		④ 사업자등록번호	

( )년 의료비 지급명세

의료비 공제 대상자			지급처			지급명세				
⑤ 주민등록번호	⑥ 본인 등 해당 여부	⑦ 사업자등록번호		⑧ 상호	⑨ 의료증빙코드	⑩ 건수	⑪ 금액	⑫ 미숙아·선천성 이상아 해당 여부	⑬ 난임 시술비 해당 여부
_ _		_ _ _							
_ _		_ _ _							
_ _		_ _ _							
_ _		_ _ _							
_ _		_ _ _							
_ _		_ _ _							
_ _		_ _ _							
합 계									

「소득세법」 제59조의 4와 같은 법 시행령 제113조 제1항 및 제118조의 5 제3항에 따라 의료비를 공제받기 위하여 의료비지급명세서를 제출합니다.

년 월 일

제출자 (서명 또는 인)

세무서장 귀하

첨부서류	작성방법 5번란의 증빙자료 ( )매 (의료비 지급명세 순서와 일치되도록 편철합니다.)

작 성 방 법

(의료비 공제를 받으려는 근로자는 원천징수의무자에게 이 의료비지급명세서를 제출해야 합니다.)

1. ③항과 ④항은 「조세특례제한법」 제122조의 3에 따른 사업자의 경우에만 적으며, 2008년 1월 1일 이후 발생하는 분부터 적용합니다.
2. 의료비 지급내용 중 의료비 공제가 가능한 내용만 적고, 같은 의료비명세를 중복하여 적을 수 없습니다.
   (예) 국세청장이 연말정산간소화서비스를 통해 제공하는 의료비자료에 포함된 금액을 별도의 진료비계산서를 첨부하여 중복으로 적는 경우
3. 본인 등 해당 여부란은 본인·65세 이상자·장애인·건강보험 산정특례자인 경우에 "○"표시를 하며, 그 밖의 기본공제대상자인 경우에는 "×" 표시를 합니다.
4. 국세청장이 연말정산간소화서비스를 통해 제공하는 의료비자료의 경우에는 의료비 공제대상자 별로 의료비 지출 합계액을 적습니다. 따라서 지급처의 사업자등록번호, 건수를 적지 않습니다.
5. 의료증빙코드란에는 공제대상자 및 지급처별로 다음의 하나만을 선택하여 적습니다.
   · 국세청장이 연말정산간소화서비스를 통해 제공하는 의료비 자료 = 1
   · 국민건강보험공단의 의료비부담명세서 = 2
   · 진료비계산서, 약제비계산서 = 3
   · 「노인장기요양보험법 시행규칙」 별지 제24호 서식 장기요양급여비용 명세서 = 4
     (장기요양급여비용 명세서의 '급여 본인부담금①' 란의 금액만을 적습니다.
     장기요양비급여액은 의료비공제대상이 아니므로 적는 금액에 포함할 수 없습니다.)
   · 기타 의료비 영수증 = 5
   ※ 신용카드·현금영수증 소득공제 증명서류는 의료비 세액공제증명서류로 사용하실 수 없습니다.
6. ⑫ 미숙아·선천성이상아 해당 여부 및 ⑬ 난임시술비 해당 여부란은 의료비 지급내용이 미숙아·선천성이상아 및 난임시술비에 해당하는 경우에 각각 "○"표시를 하며, 해당하지 않는 경우에는 "×" 표시를 합니다.
7. 의료비 지급명세란이 부족할 때에는 별지로 작성합니다.

210mm×297mm[백상지 80g/㎡(재활용품)]

저자주

의료비지급명세서의 작성

의료비지급명세서는 2022년 연말정산에 대해 2023.3.10.까지 근로소득지급명세서를 전자신고로 과세관청에 제출 시 반드시 함께 제출하여야 하는 명세서입니다.

이의 작성 시 유의하여야 할 내용은 다음과 같습니다.

1. 편리한 연말정산 Program에서 작성 후 회사에 on-line으로 전송

의료비지출액이 총급여액의 3%를 초과하여 의료비세액공제금액이 발생하는 경우에만 해당 근로자는 국세청의 편리한 연말정산 Program에서 의료비지급명세서를 작성하여 회사에 on-line으로 제출하여야 합니다.

즉 회사가 근로자에 대한 의료비지급명세서를 작성하는 것이 아니라 근로자가 국세청 전산에서 작성하여 회사로 전송하여야 한다는 것입니다.

만일 근로자가 국세청전산(홈택스)에서 의료비지급명세서를 작성하지 않는 경우에는 근로자가 의료비에 대한 간소화자료는 회사에서 on-line으로 전송할 것이므로 간소화자료에 없는 의료비영수증을 회사에 제출하여 회사가 의료비지급명세서를 작성하게 될 것이며, 종이없는 연말정산을 실시하는 대기업의 경우에는 근로자가 직접 회사의 연말정산 program에 접속하여 작성하게 됩니다.

2. 명세서 작성 시 유의사항

⑤란 : 의료비공제대상자에 대한 주민등록번호를 기재합니다.

⑥란 : 본인, 장애인, 65세 이상자, 건강보험산정특례자를 위하여 지출한 의료비(난임시술비는 ×)는 ○, 그 밖의 의료비는 ×로 표시합니다.

⑦·⑧·⑩란 : 의료비공제대상자의 간소화자료에 나와 있는 의료비인 경우 기재하지 않고 ⑨란에 1.로 표시합니다.
간소화자료에 누락된 의료비 및 간소화자료에 나타나지 않는 의료기기 등은 직접 입력하고 ⑨란에 의료기관인 경우에는 2, 3, 4를, 안경 등은 5.로 표시합니다.

⑫란 : 미숙아 및 선천성이상아인 경우에만 ○으로 표시합니다.

⑬란 : 난임시술비인 경우에만 ○로 표시합니다.

Ⅵ 교육비 특별세액공제

1. 의의

근로소득이 있는 거주자가 해당 과세기간에 기본공제대상자를 위하여 법소정 교육기관에 납입한 수업료 등 법소정 교육비가 있는 경우 법소정 금액을 해당 과세기간의 종합소득산출세액에서 다음과 같이 공제한다(소법 §59의 4 ③).

구 분	지출대상자(요건)	특별세액공제대상 교육비	세액공제액
일반 교육비*1	본인	대학원 · 시간제과정 교육비, 학자금대출 원리금상환액	대상교육비×15%
	직계존속 · 수급자	없음	없음
	기본공제대상자(나이 제한 없음)인 배우자 · 직계비속 · 입양자 · 형제자매 및 위탁아동	유치원아, 보육시설의 영유아, 취학전 아동 교육비, 초 · 중 · 고등학생 교육비, 시험응시료	대상교육비 (1인당 연 300만원 한도)×15%
		대학생 교육비	대상교육비(1인당 연 900만원 한도)×15%
직업능력 개발 훈련비*2	본인	직업능력개발훈련시설에서 실시하는 직업능력개발 훈련을 위해 지급한 수강료	대상교육비×15%
장애인 특수교육비	기본공제대상자(직계 존속 포함)인 장애인 (소득금액 제한없음)*3	장애인재활교육을 위해 사회복 지시설 및 비영리법인에 지출 한 비용(외국에 있는 시설 또는 법인에 지출한 것도 해당)	대상교육비×15%

*1 소득세 또는 증여세가 비과세되는 수업료 등을 차감한 금액으로 한다.
*2 고용보험법에 의한 근로자 직무능력 향상을 위해 지원을 받는 경우 이를 차감한 금액으로 한다.
*3 장애아동복지지원법에 따라 지방자치단체가 지정한 발달재활서비스 제공기관에 대해서는 과세기간 종료일 현재 18세 미만(2006.1.1. 이후 출생)인 사람만 해당된다.

또한 교육비 특별세액공제의 합계액이 종합소득산출세액을 초과하는 경우 그 초과하는 공제액은 없는 것으로 한다(소법 §59의 4 ⑦).

2. 일반교육비

(1) 특별세액공제 교육비 지출 대상자

근로소득이 있는 거주자가 세액공제받을 수 있는 일반교육비는 해당 연도에 기본공제 대상자(나이제한 없음)를 위해 지출한 것이어야 한다(소법 §59의 4 ③).

① 본인 및 배우자

본인과 소득이 없는 배우자는 당해 근로자의 기본공제대상자이므로 본인 및 배우자를 위해 지출한 교육비는 세액공제받을 수 있다.

② 부양가족

기본공제요건 중 나이요건에 제한을 받지 않는 당해 근로자의 기본공제대상자로서 직계존속을 제외한다. 즉 관계요건, 소득요건 및 생계요건은 충족되었으나, 나이요건이 충족되지 않아 기본공제를 받지 못한 부양가족(직계존속 제외)에 대한 교육비를 공제받을 수 있는 것이다. 이때 관계요건, 소득요건 및 생계요건은 기본공제에서 언급한 바와 같다.

예를 들어 나이요건을 충족하지 못하여 근로자의 기본공제대상자가 아닌 형제자매가 학업상의 이유로 일시퇴거한 경우 당해 형제자매가 독립적인 생계능력이 없어 근로자의 근로소득으로 실질적으로 생계를 유지하는 경우 당해 형제자매는 관계요건, 소득요건 및 생계요건을 모두 충족하므로 근로자가 당해 형제자매를 위해 지출한 교육비는 공제가 가능하다(서일-16, 2007.1.4.). 그러나 생계요건을 충족하지 못하는 형제자매에 대한 교육비지출액은 세액공제받을 수 없다.

(2) 교육비 세액공제대상 교육기관

일반교육비는 다음에 해당하는 교육기관에 지출한 것에 한한다(소령 §118의 6 ①~④).

1) 영유아보육법에 의한 어린이집

영유아(6세 미만의 취학전아동)를 보육(영유아를 건강하고 안전하게 보호·양육하고 영유아의 발달 특성에 맞는 교육을 제공하는 보육시설 및 가정양육 지원에 관한 사회복지서비스)하는 곳으로서 보호자의 위탁을 받아 영유아를 보육하는 시설을 말한다(영유아보육법 §2 1호~3호). 인가에 의해 설치된 보육시설로서 종교단체 등에서 운영하나 관계기관에 인가받지 않은 보육시설은 포함되지 않는다.

> **저자주**
> **보육시설의 명칭 '~어린이집'**
>
> 보육시설은 그 명칭이 '~어린이집'으로 하되 명칭사용에 유치원, 학원 등 다른 기관으로 오인할 수 있는 별도의 명칭을 표기하거나 병기하여서는 안된다(보육시설 운영기준)

2) 학원의설립·운영및과외교습에관한법률에 의한 학원

'학원의설립·운영및과외교습에관한법률에 의한 학원'이란 사인(私人)이 같은 시간에 교습을 받거나 학습장소로 이용할 수 있는 인원이 10명(장애인 등에 대한 특수교육법 제15조 제1항 각 호의 어느 하나에 해당하는 장애가 있는 사람을 대상으로 하는 경우는 1명) 이상의 학습자 또는 불특정다수의 학습자에게 30일 이상의 교습과정(교습과정의 반복으로 교습일수가 30일 이상이 되는 경우를 포함)에 따라 지식·기술(기능을 포함)·예능을 교습(상급학교 진학에 필요한 컨설팅 등 지도를 하는 경우와 정보통신기술 등을 활용하여 원격으로 교습하는 경우를 포함)하거나 30일 이상 학습장소로 제공되는 시설을 말한다.

다만, 다음 어느 하나에 해당하는 시설은 제외한다.

1. 유아교육법, 초·중등교육법, 고등교육법, 그 밖의 법령에 따른 학교
2. 도서관·박물관 및 과학관
3. 사업장 등의 시설로서 소속직원의 연수를 위한 시설
4. 평생교육법에 따라 인가·등록·신고 또는 보고된 평생교육시설
5. 국민평생직업능력개발법에 따른 직업능력개발훈련시설이나 그 밖에 평생교육에 관한 다른 법률에 따라 설치된 시설
6. 도로교통법에 따른 자동차운전학원
7. 주택법 제2조 제2호에 따른 공동주택에 거주하는 자가 공동으로 관리하는 시설로서 같은 법 제43조에 따른 입주자대표회의의 의결을 통하여 영리를 목적으로 하지 아니하고 입주민을 위한 교육을 하기 위하여 설치하거나 사용하는 시설

3) 법소정 체육시설

'법소정 체육시설'은 다음 어느 하나에 해당하는 것을 말한다(소령 §118의 6 ⑥).

1. 국가, 지방자치단체 또는 청소년활동진흥법에 따른 청소년수련시설로 허가·등록된 시설을 운영하는 자가 운영(위탁운영 포함)하는 체육시설
2. 체육시설의설치·이용에관한법률에 따른 체육시설업자가 운영하는 체육시설
3. '2.'가 운영하는 체육시설과 유사한 체육시설(민법 제32조에 따라 설립된 비영리법인이 운영하는 체육시설 포함)을 운영하는 자로서 다음 어느 하나를 교부 또는 부여받은 자가 운영하는 체육시설
   ⑴ 사업자등록증(소법 §168 ③, 법법 §111 ③, 부법 §5 ②)
   ⑵ 고유번호(소법 §168 ⑤, 법령 §154 ③)

4) 유아교육법에 의한 학교

유아교육법에 의한 학교란 유치원을 말한다. 유치원은 국립유치원, 공립유치원(시립 또는 도립 유치원을 포함) 및 교육감에게 인가받은 사립유치원으로 구분되며, 초·중등교육법에 의한 초등학교·중학교 및 고등학교에 병설된 것도 포함된다(유아교육법 §7~§9).

5) 초·중등교육법, 고등교육법 및 특별법에 의한 학교

6) 평생교육시설 또는 과정을 위한 교육시설

① 평생교육법 제31조 제2항에 따라 고등학교 졸업 이하의 학력이 인정되는 학교형태의 평생교육시설, 같은 조 제4항에 따라 전공대학의 명칭을 사용할 수 있는 평생교육시설(전공대학)과 같은 법 제33조에 따른 원격대학 형태의 평생교육시설(원격대학)

② 학점인정등에관한법률 제3조 및 독학에의한학위취득에관한법률 제5조 제1항에 따른 과정 중 학점인정등에관한법률 제3조 제1항에 따라 교육부장관이 학점인정학습과정으로 평가인정한 교육과정 및 독학에의한학위취득에관한법률시행령 제9조 제1항 제4호에 따른 교육과정(학위취득과정)

7) 학점인정등에관한법률에 의한 교육과정

학점인정등에관한법률에 의한 교육과정은 같은법 규정에 의하여 교육부장관이 다음의 교육훈련기관이 설치·운영하는 학습과정에 대하여 학점인정학습과정으로 평가인정한 교육과정을 말한다(학점인정등에관한법률 §2·§3 및 같은법 시행령 §3).

1. 초·중등교육법 제54조 제4항 및 제56조에 따라 전공과를 둔 고등기술학교·특수학교 또는 고등교육법 제59조에 따른 대학 및 전문대학에 준하는 각종 학교 중 학력인정이 되지 아니하는 학교
2. 고등교육법 제26조 및 평생교육법시행령 제44조 제4항에 따른 공개강좌 또는 고등교육법 제49조에 따른 전공심화과정을 둔 전문대학
3. 평생교육법 제33조 제2항 및 제35조부터 제38조까지의 규정에 따른 평생교육시설
4. 학원의설립·운영및과외교습에관한법률 제6조에 따라 설립된 학원
5. 국민평생직업능력개발법 제2조 제3호에 따른 직업능력개발훈련시설
6. 산업기술혁신촉진법 제38조에 따른 한국산업기술진흥원, 같은 법 제39조에 따른 한국산업기술평가관리원, 같은 법 제39조의 2에 따른 한국세라믹기술원 및 같은 법 제42조에 따른 전문생산기술연구소

7. 문화재보호법 제41조 제2항에 따른 전수교육을 실시하는 시설
8. 국가 또는 지방자치단체가 소속직원 또는 일반인 등을 대상으로 교육훈련을 실시하기 위하여 설치한 시설로서 교육훈련기관으로서의 별도의 승인이나 신고없이 운영되고 있는 시설
9. '1'부터 '8'까지에서 규정한 교육훈련기관 외에 교육부장관이 평가인정 대상기관으로 적합하다고 인정하는 평생교육시설, 직업능력개발훈련기관 및 군의 교육 · 훈련시설

8) 독학에의한학위취득에관한법률에 의한 교육과정

독학에의한학위취득에관한법률에 의한 교육과정은 대학이 실시하는 공개강좌, 기능대학이 실시하는 기능장양성과정, 정부출연연구기관 등이 실시하는 교육과정 및 기업체가 실시하는 연수과정 중 원장이 지정하는 강좌 또는 연수과정을 말한다(독학에의한학위취득에관한법률시행령 §9 ① 4호).

9) 국외교육기관

국외에 소재하는 교육기관으로서 우리나라의 유아교육법에 의한 유치원, 초 · 중등교육법 또는 고등교육법에 의한 학교에 해당하는 것을 말한다.
국외에 소재하는 외국대학의 정규 교육과정이 아닌 해당 대학의 편 · 입학을 위해 설치된 예비교육과정에 지급한 금액과 외국의 대학부설 어학연수과정에 대한 수업료는 공제대상이 아니다(원천-934, 2009.11.12.).

10) 직업능력개발훈련시설

국민평생직업능력개발법 제2조에 따른 직업능력개발훈련시설에서 실시하는 직업능력개발훈련을 위하여 지급한 수강료. 다만, 고용보험법시행령 제43조에 따른 근로자의 직업능력 개발을 위한 지원금 등을 받는 경우에는 이를 뺀 금액으로 한다(소법 §59의 4 ③ 2호, 소령 §118의 6 ⑧).

(3) 세액공제대상 교육비

세액공제대상 교육비는 당해 근로자가 기본공제대상자(직계존속 · 수급자 제외, 연령제한 없음)[상기 '(1)']를 위하여 해당 연도에 교육비 세액공제대상 교육기관[상기 '(2)']에 지출

한 수업료·입학금·보육비용·수강료 및 그 밖의 공납금으로 한다. 다만, 세액공제대상 교육비에 있어 다음 사항에 유의한다.

1) 초등학교 취학전아동의 교육비

① 보육시설 보육비

교육비 세액공제대상이 되는 영유아 보육비용은 영유아보육법 제38조에서 규정하고 있는 보육료만을 말한다(원천-245, 2011.4.21.).

> ● 영유아보육법 제38조
> 영유아보육법에 따라 보육시설을 설치·운영하는 자는 그 보육시설의 소재지를 관할하는 시·도지사가 정하는 범위에서 그 시설을 이용하는 자로부터 보육료와 그 밖의 필요경비 등을 받을 수 있다. 다만, 시·도지사는 필요 시 보육시설 유형과 지역적 여건을 고려하여 그 기준을 다르게 정할 수 있다.

② 학원·체육시설 교습비

학원·체육시설 교습비는 취학전아동이 학원·체육시설에서 월단위로 실시하는 교습과정(1주 1회 이상 실시하는 과정에 한함)의 교습을 받고 지출한 수강료에 한한다(소령 §118의 6 ⑦). 여기서 '취학전아동'이란 초등학교 취학 전의 아동, 즉 초·중등교육법에 의하여 취학통지를 받기 전의 아동(만 6세 이하)을 말한다.

따라서 취학전아동이 미술학원, 음악학원, 영어학원, 바둑학원, 웅변학원, 서예학원, 무용학원, 태권도장, 수영장 등에서 1주 1회 이상 월단위로 실시되는 교습을 받고 지출하는 교육비는 세액공제대상이 된다.

③ 급식비, 방과후 과정 등의 수업료 등

2013.1.1. 이후부터 유치원, 어린이집, 학원 및 체육시설에 지급하는 다음의 교육비도 세액공제대상이 포함된다(소령 §118의 6의 3 ① 2호·5호, 소령 부칙 §16, 2013.2.15.).

> 1. 유아교육법, 영유아보육법 등에 따라 급식을 실시하는 유치원, 어린이집, 학원 및 체육시설(초등학교 취학전 아동의 경우만 해당)에 지급한 급식비
> 2. 유치원, 어린이집, 학원 및 체육시설(초등학교 취학전 아동의 경우만 해당)에 지급하는 방과후 과정 등의 수업료 및 특별활동비(교재구입비 포함)

2) 초·중·고등학생 교육비

다음의 금액이 세액공제대상 교육비에 포함된다.

① 학교급식법, 유아교육법, 영유아보육법 등에 따라 급식을 실시하는 학교, 유치원, 어린이집, 학원 등(초등학교 취학전 아동의 경우만 해당)에 지급한 급식비

② 초·중등교육법 제2조에 따른 학교에서 구입한 교과서대금

③ 방과후 학교수강료

초·중등교육법, 유아교육법, 영유아보육법에 따른 학교, 유치원, 어린이집, 학원 등(초등학교 취학전 아동의 경우만 해당)에서 실시하는 방과후 학교, 방과후 과정 등 수업료 및 특별활동비(학교 등에서 구입한 교재구입비 포함. 이때 교재구입비는 도서구입비만 해당됨)를 말한다(소령 §118의 6의 3 ① 5호).

④ 교복구입비용(중·고등학생의 경우에 한하며 학생 1인당 연 50만원 한도)

⑤ 초·중등교육법 제2조에 따른 학교에서 교육과정으로 실시하는 현장체험학습에 지출한 비용(학생 1명당 연 30만원 한도)

3) 고등교육법 제34조 제3항의 시험응시료

고등교육법 제34조 제3항의 대학입학전형료, 수능응시료 등

> **New Tax**
> 교육비세액공제대상에 대학입학전형료, 수능응시료를 추가

4) 대학원·시간제과정 수업료

① 본인

근로자 본인이 대학(원격대학 및 학위취득과정 포함) 또는 대학원의 1학기 이상에 상당하는 교육과정과 고등교육법 제36조 규정에 따른 시간제과정에 등록하여 지급하는 수업료 등은 공제대상 교육비로 본다. 이때 국외에 소재하는 대학 또는 대학원에 지출한 교육비도 인정된다(서일 46011-10389, 2003.3.28.). 대학원 교육비에는 대학원 박사과정 등록금을 포함하여 박사과정 심사비, 박사과정 지도비 등 정규과정에 포함되는 수업료로서 대학원에 납입된 금액을 포함한다.

② 본인 외

본인을 제외한 배우자·직계비속·형제자매·입양자·위탁아동을 위해 지출하는 대학

원 및 시간제과정 교육비용은 공제대상교육비에 포함하지 않는다.

5) 국외교육비

국외교육기관[상기 '(2) 2)']에 교육비를 지출한 경우 다음과 같이 공제대상 교육비를 판단한다(소령 §118의 6 ⑤).

① 국외근무자인 경우

근로자 본인의 기본공제대상자(연령제한 없음)인 배우자·직계비속·형제자매·입양자 및 위탁아동을 위해 공제대상 국외교육기관에 지출한 교육비는 공제된다. 이때 다음 사항에 유의한다.

> 1. 공제대상 국외교육기관에 지출한 교육비만 인정된다. 예를 들어 영유아의 보육시설 비용 및 취학전아동 학원비·체육시설 교습비는 공제대상이 아니다.
> 2. 본인 국외 대학원교육비는 인정되나, 본인 외의 자를 위한 대학원 교육비는 인정되지 않는다.

② 국내근무자인 경우

과세기간종료일 현재 대한민국 국적을 가진 거주자가 기본공제대상자(연령제한 없음)인 배우자·직계비속·형제자매·입양자 및 위탁아동을 위하여 지급한 교육비를 공제대상 국외교육기관에 지출한 경우에 공제된다.

다만, 초등학교 취학전아동과 초등학생·중학생의 경우에는 다음에 해당하는 경우에만 공제된다(소령 §118의 6 ⑤).

즉 국외유학에 관한 규정에 따른 자비유학자 요건을 충족하거나 특례유학자에 해당되는 경우를 제외한 초·중학교 조기유학자에 대해서는 학력이 인정되지 않으므로 교육비공제를 받을 수 없으며 고등학생·대학생에 대한 교육비는 자비유학자격 등과 상관없이 교육비공제를 받을 수 있다.

국외에서 취학전 아동에게 지출하는 학원·체육시설 수강료는 공제대상에서 제외된다.

> 1. 자비유학자(국외유학에관한규정 §5)
>   자비유학자는 다음 어느 하나에 해당하고 외국의 교육기관·연구기관 또는 연수기관으로부터 입학허가 또는 초청을 받은 자를 말한다.
>   (1) 중학교 졸업 이상의 학력이 있거나 이와 동등 이상의 학력이 있다고 인정되는 자

(2) 다음 어느 하나에 해당하는 자로서 당해 학교를 관할하거나 학력인정에 관한 사무를 관장하는 교육장의 유학인정을 받은 자

① 예능 또는 체능계의 중학교(이에 준하는 각종 학교를 포함)의 재학생으로서 전공분야의 실기가 뛰어난 것으로 인정되어 당해 학교장이 추천한 자(예능 또는 체능계 학교에 유학간 자에 한함)

② 중학교의 재학생 및 학적을 가졌던 자 또는 이와 동등 이상의 학력이 있다고 인정되는 자로서 자연과학·기술·예능 또는 체능분야의 특별시·광역시 또는 도규모 이상의 대회에서 입상한 실적이 있는 자(당해 입상분야와 동일 분야에 유학간 자에 한함)

③ 중학교의 재학생 및 학적을 가졌던 자 또는 이와 동등 이상의 학력이 있다고 인정되는 자로서 국가기술자격법에 의한 기술사·기사·기능장 또는 산업기사의 기술자격을 취득한 자(당해 기술자격분야와 동일분야의 학교로 유학간 자에 한함)

④ 특수교육진흥법에 의한 특수교육대상자(당해 특수교육분야의 학교로 유학간 자에 한함)

2. 특례유학자(국외유학에관한규정 §15)

특례유학자는 외국에서 1년 이상 거주하고 있는 자의 자녀 또는 손자녀 등(그 부모·조부모 또는 기타의 부양의무자와 동거할 목적으로 출국한 경우에 한함)이 그 외국에서 부모·조부모 또는 기타의 부양의무자와 동거한 기간이 1년 이상인 자로서 외국의 교육기관·연구기관 또는 연수기관에 재학 중인 자를 말한다. 이때 그 부모·조부모 또는 기타의 부양의무자가 귀국을 한 때에도 특례유학자에 해당한다.

중점사항 - 중학교 졸업 이상의 학력의 의미

종전에는 국외유학에관한규정에 대한 소관부처인 교육과학기술부(현 교육부)의 질의회신문에 근거하여 '중학교 졸업자와 동등의 학력이 있다고 인정되는 자'는 다른 것을 의미했다(재외동포교육과-287, 2009.2.10.). 예를 들어 '초중등교육법시행령 제97조 제1항'에 따른 고등학교입학자격검정고시에 합격한 자의 경우 '중학교 졸업자와 동등의 학력이 있다고 인정되는 자'에 해당되었다.

그러나 2012.2.28. 글로벌정책담당관-10419의 새로운 해석에 의하면 초중등교육법시행령 제97조는 국내 상급학교 진학 시 적용되는 규정이며 국외유학에관한규정에는 적용되지 않는다고 함으로써 종전의 해석이 바뀌었다. 즉 상기 예에서 '초중등교육법시행령 제97조 제1항'에 따른 고등학교입학자격검정고시에 합격한 자의 경우 '중학교 졸업자와 동등의 학력이 있다고 인정되는 자'에 해당되지 않게 되었다.

> **Approach to Field Work** 조기유학생에 대한 교육비공제
>
> 1. 조기유학생의 정의
>   한국에서 중학교를 졸업하지 않고 유학을 간 학생을 말합니다.
>
> 2. 조기유학생의 중학교까지의 교육비
>   교육비세액공제의 대상에 해당하지 않습니다.
>
> 3. 조기유학생의 고등학교 · 대학교의 교육비
>   소득세법상 조기유학생에 대한 교육비공제 배제규정은 중학교까지이므로 조기유학생의 고등학교 · 대학교 교육비는 국외교육비로 세액공제대상에 해당됩니다.
>
> 4. 특례유학자
>   특례유학자는 한국의 근로소득자(기본적으로 부모를 말함)가 국외근무에 따라 자녀와 함께 출국한 경우의 자녀와 근로소득자가 1년 이상 근무 후 자녀는 국외에 있고 근로소득자만 귀국한 경우의 자녀를 말하며 이 자녀에 대하여 상기 조기유학생에 해당하지 않아 교육비지 출액이 세액공제대상에 해당합니다.

6) 학자금대출 원리금상환액

근로자(대출자)가 다음의 학자금대출의 원리금상환 시 교육비세액공제대상에 포함된다 (소법 §59의 4 ③ · ⑦, 소령 §118의 6 ⑫, 소칙 §61의 6).

① 적용대상 학자금 대출의 범위(등록금 대출에 한함, 생활비 대출 제외)

　가. 한국장학재단설립등에관한법률에 따른 취업 후 상환 학자금 대출, 일반 상환 학자금 대출

　나. 농어업인삶의질향상및농어촌지역개발촉진에관한특별법에 따른 농어촌출신대학생 학자금 융자

　다. 한국주택금융공사법에 따라 한국주택금융공사가 금융기관으로부터 양수한 학자금 대출

　라. 한국장학재단설립등에관한법률 제2조 제3호의 2에 따른 전환대출

　마. 한국장학재단설립등에관한법률 제2조 제4호의 2에 따른 구상채권에 대한 대출

　바. 법률 제9415호 한국장학재단설립등에관한법률 제정 법률 부칙 제5조에 따라 승계된 학자금 대출

② 세액공제대상에서 제외되는 금액

연체금, 상환한 것으로 처리되는 원리금 상환액 감면금액(군 복무기간 이자면제 등)

③ 국세청장의 자료 요청

국세청장은 학자금대출 원리금상환액이 세액공제 대상에 해당하는지 여부를 확인하기 위하여 한국장학재단, 한국주택금융공사 및 금융회사부실자산등의효율적처리및한국자산관리공사의설립에관한법률에 따른 한국자산관리공사(이하 "한국장학재단 등"이라 함)에 다음 자료의 제공을 요청할 수 있으며, 요청을 받은 한국장학재단 등은 특별한 사유가 없으면 그 요청에 따라야 한다(소법 §59의 4 ⑦, 소령 §118의 6 ⑭ · ⑮).

가. 연도별 학자금 대출 및 원리금 상환내역

나. 교육비 공제의 적용과 관련하여 국세청장이 필요하다고 인정하는 자료

단, 2019.1.1. 이전에 본인, 직계존속 및 배우자 등이 교육비공제를 받은 경우에는 적용대상에서 제외한다.

7) 세액공제대상 교육비 차감액

소득세 또는 증여세가 비과세되는 장학금 또는 학자금으로서 다음 어느 하나에 해당하는 것은 세액공제대상 교육비에서 차감한다(소령 §110의 3 ⑤).

02

> 1. 사내근로복지기금법에 의한 사내근로복지기금으로부터 받은 장학금 등
> 2. 재학 중인 학교로부터 받은 장학금 등
> 3. 근로자인 학생이 직장으로부터 받은 장학금 등
> 4. 국외근무공무원에게 지급되는 자녀 등에 대한 장학금 등
> 5. 기타 각종 단체로부터 받은 장학금 등

보육수당으로 월 10만원 비과세 처리된 금액으로 보육기관에 지급하는 금액은 교육비 공제 가능하다(원천 – 451, 2010.6.1.).

(4) 교육비 특별세액공제액

1) 교육비 특별세액공제시기

원칙적으로 당해 거주자가 해당 과세기간에 지출한 교육비를 해당 과세기간에 대해 공제한다. 다만, 교육기간과 교육비 지출시점이 서로 일치하지 않는 경우가 발생되는 경우 다음과 같이 공제시기를 정한다.

① 근로자 본인이 대학원에 입학하기 전에 납부한 교육비는 입학하여 대학원생이 된

연도에 공제가능하다(법인 46013-335, 2001.2.10.).

② 고3학생이 해당 과세기간에 납부한 대학교입학금은 대학생이 된 연도(차년)에 공제가 가능하다(서이 46013-10624, 2001.11.28.).

③ 고등학교 진학을 위해 중학생이 12월에 지급한 고등학교 등록금 등 교육비가 있는 경우 해당 교육비는 지급한 과세기간에 공제한다(원천-180, 2010.3.3.).

2) 교육비 특별세액공제액

교육비 특별세액공제액은 다음 금액으로 한다.

지출대상자(요건)	특별세액공제대상 교육비	세액공제대상 한도액
본인	대학원 · 시간제과정 교육비, 학자금대출 원리금상환액, 직업능력개발훈련비 포함	대상교육비×15%
기본공제대상자(나이 제한 없음)인 배우자	유치원아, 보육시설의 영유아, 취학전 아동 교육비, 초 · 중 · 고등학생 교육비	대상교육비 (1인당 연 300만원 한도)×15%
직계비속 · 입양자 · 형제자매 · 위탁아동	대학생 교육비	대상교육비 (1인당 연 900만원 한도)×15%
직계존속 · 수급자	없음	없음

3) 공제대상 교육비 해당 여부 사례

공제대상 교육비 여부	해당 사례
○	1. 예능학교 등의 경우 정규 교과과정에 해당하는 실기교육을 위한 실기지도비 (법인 22601-2355, 1990.12.13.) 2. 외국어고등학교가 정규수업시간에 외국어 회화실습을 위하여 수업료와 별도로 징수하는 회화실습비(법인 46013-4371, 1995.11.28.) 3. 국외교육비 중 여름학교 수업료, 과외활동비가 정규교육과정에 해당되는 경우 4. 학교운영지원비 또는 기성회비(서일-1313, 2004.9.22.) 5. 학교 재직 근로자의 자녀에 대하여 면제한 학비상당액을 근로소득에 합산한 경우 해당 등록금 및 학비상당액(법인 46013-3351, 1996.12.3.) 6. 대학에 재학 중인 기본공제대상자를 위한 계절학기 수업료(원천-418, 2009. 5.15.)

공제대상 교육비 여부	해당 사례
○	7. 우리나라의 고등교육법에 따른 학교에 해당하는 국외 소재 대학에 재학 중인 학생(소득세법시행령 제110조의 3 제4항 각 호에 따른 학생에 한함)이 국내 대학의 계절학기과정을 수강하고 취득한 학점이 해당 대학에서 학점으로 인정되는 경우 해당 교육과정을 수강하기 위한 교육비(원천-79, 2010.1.26.) 8. 유치원 종일반 운영비(원천-148, 2009.1.14.) 9. 근로소득이 있는 거주자가 초등학생 자녀를 위하여 영재교육진흥법 제2조에 따라 고등교육법 제2조에 의한 학교에 설치·운영되는 영재교육원에 지급한 수업료(서면법규-381, 2013.4.3.) 10. 보육기관에 실제 지급한 영수증을 제출받아 월 10만원 범위 내에서 실비를 지원하고 소득세법에 따라 비과세하는 경우 해당 교육비(원천-451, 2010.6.1.) 11. 초등학교에서 실시하는 방과 후 과정의 일환으로 교육과학기술부장관 고시에 의해 실시하고 있는 돌봄교실 수강료는 교육비 공제대상임(서면법규-933, 2013.8.29.) 12. 근로자직업능력개발법 제2조 제3호에 따른 직업능력개발훈련시설에서 같은 법 제2조 제1호에 다른 직업능력개발훈련에 참여하여 납부한 수업료는 소득세법 제59조의 4 제3항에 따라 특별세액공제를 적용받을 수 있는 것임(서면법령소득-5326, 2021.4.20.)
×	1. 근로자 본인 또는 자녀의 등록금을 금융기관으로부터 융자받아 납부하고 학교 졸업 후 약정에 의하여 상환하는 경우 해당 상환액(법인 46013-616, 1996.2.24.) 2. 학교로 인가받지 않은 국내 외국인학교에 지급한 교육비(법인 46013-3984, 1998.12.19.) 3. 초등학교 취학의무가 있는 자녀가 초등학교에 입학하지 않고 비인가 대안 학교에 입학한 경우 해당 자녀를 위하여 지출하는 비인가 대안학교 교육비 및 일반학원의 학원비(서면법규-291, 2013.3.15.) 4. 학습지를 이용하고 지급한 교육비, 스쿨버스이용료·기숙사비 5. 퇴직 후 지급받은 전직연수비 및 자녀 학자금지원금을 지출한 교육비(서일-434, 2005.4.22.) 6. 소득세법에 따른 비과세 학자금을 근무 회사로부터 지원받아 교육비 소득공제를 하지 아니한 근로자가 의무복무기간 불이행으로 회사의 규정에 따라 이를 반납한 경우 해당 학교에 지급한 교육비(원천-211, 2010.3.11.) 7. 거주자가 국비로 대학을 졸업한 후 공무원으로 임용되어 의무복무기간을 불이행함으로써 「○○대학설치법」에 따라 의무복무 불이행기간에 상당하는 학비를 상환하는 경우 그 상환하는 학비(법규소득 2012-84, 2012.3.16.)

02

663

공제대상 교육비 여부	해당 사례
×	8. 대학교에 납부하는 석사·박사 학위논문심사료는 교육비공제 대상 교육비에 해당하지 않는 것임(서면법규-1267, 2013.11.19.) 9. 대학교에 납부하는 항공운항과 비행실습비는 교육비공제 대상 교육비에 해당하지 않는 것임(서면법규-282, 2014.3.26.) 10. 교육비 특별세액공제는 소득세법 제59조의 4 제3항에 따라 근로자가 근로제공기간 동안 해당 과세기간에 지출한 교육비에 대하여 적용받을 수 있는 것이므로 입사 전에 지출한 교육비는 교육비 특별세액공제를 받을 수 없는 것임(법령해석과-1210, 2018.5.3.)

3. 직업능력개발훈련비

당해 근로자를 위하여 법소정 직업능력개발훈련시설에서 실시하는 직업능력개발훈련을 위하여 지급한 수강료는 전액 특별세액공제한다. 다만, 고용보험법시행령 제30조의 2의 규정에 의한 근로자수강지원금을 받는 경우 이를 차감한 금액으로 한다(소령 §110의 3 ⑦).

국민평생직업능력개발법 제2조 제3호에 따른 직업능력개발훈련시설에서 같은 법 제2조 제1호에 따른 직업능력개발훈련에 참여하여 납부한 수업료는 소득세법 제59조의 4 제3항에 따라 특별세액공제를 적용받을 수 있다(서면법령소득-5326, 2021.4.20.).

4. 장애인특수교육비

근로소득이 있는 거주자가 기본공제대상자인 장애인(직계존속도 포함되며, 소득금액 제한 없음)을 위하여 다음 시설 또는 법인에게 지급하는 장애인의 재활교육을 위하여 지급하는 비용(장애아동복지지원법에 따라 국가지방자치단체로부터 지원받은 금액은 제외)은 전액 특별세액공제한다. 다만 ④에 해당하는 교육비는 해당 학생이 과세기간 종료일 현재 18세 미만인 사람(2006.1.1. 이후 출생한 사람)인 경우에만 해당된다(소법 §59의 4 ③ 3호, 소령 §118의 6 ⑨·⑩·⑪).

① 사회복지사업법에 의한 사회복지시설

② 민법에 의하여 설립된 비영리법인으로서 보건복지부장관이 장애인 재활교육을 실시하는 기관으로 인정한 법인

③ 상기 '①'의 시설 또는 '②'의 법인과 유사한 것으로서 외국에 있는 시설 또는 법인
④ 장애인의 기능향상과 행동발달을 위한 발달재활서비스를 제공하는 장애아동복지지
원법 제21조 제3항에 따라 지방자치단체가 지정한 발달재활서비스 제공기관

5. 제출서류

일반교육비에 대한 특별세액공제를 적용받기 위해서 제출해야 하는 서류는 다음과 같
다(소칙 §58 ① 3호~3의 5호 · ③ · ⑤, 교육비납입증명서 작성방법).

구 분		제출서류	발급처
취학전아동 학원 · 체육시설 교육비		교육비납입증명서 [별지 제44호 서식(1)]	해당 학원 • 체육시설
영유아 보육시설비, 학생 교육비, 직업능력개발훈련비		교육비납입증명서 [별지 제44호 서식(1)]	해당 보육시설 • 유치원 · 학교 • 훈련시설 • 교복판매자
		「국세청 소득 · 세액공제 증명서류」로 갈음 가능	국세청
교복구입비		교육비납입증명서	구입처
학교 외 도서구입비		방과후 학교 수업용 도서구입증명서	교육기관
장애인특수교육비		교육비납입증명서 장애인 특수 교육시설 해당 입증서류	사회복지시설 등 사회복지시설 등
학자금대출 상한액		교육비납입증명서	한국장학재단 등
학점인정 등에관한 법률의 학위취득 과정	대학 · 전문대학 이에 준하는 학교 이수과정	교육비납입증명서 [별지 제44호 서식(1)]	해당 학교
	이외	교육비납입증명서[별지 제44호 서식(1)] (인터넷 발행분 포함)	해당 교육기관
독학에의한학위취득에관한 법률의 학위취득과정		교육비납입증명서 [별지 제44호 서식(1)]	해당 교육기관

구 분			제출서류	발급처
국외 교육비	본인 국내 근무	자비 유학자	1. 교육비영수증, 재학증명서	해당 교육기관
			2. 국외교육비 대상자 입증서류 첨부 제출 (1) 고등학생, 대학생 : 없음 (2) 초등학생, 중학생 ① 국내 중학교 졸업(동등학력) : 졸업장 사본 등 학력인정 서류 ② 국내 중학교 재학(동등학력) : 국외유학인정서	해당 국내교육 기관교육장, 국립국제교육원장
		특례 유학자	1. 교육비영수증, 재학증명서	해당 교육기관
			2. 국외교육비 대상자 입증서류 첨부 제출 (1) 부양의무자가 귀국 : 유학특례확인서 (2) 부양의무자와 동거 : 동거사실증명서	국립국제 교육원장, 재외공관장
			수업료납입영수증	해당 교육기관
	본인 국외근무		수업료납입영수증	해당 교육기관

소득세법시행규칙 [별지 제44호 서식] (2018.3.21. 개정)　　　　　　　　　　　　　　　(앞쪽)

교 육 비 납 입 증 명 서

① 상　호		② 사업자등록번호	
③ 대표자		④ 전 화 번 호	
⑤ 주　소			
신청인	⑥ 성명	⑦ 주민등록번호	
	⑧ 주소		
대상자	⑨ 성명	⑩ 신청인과의 관계	

Ⅰ. 교육비 부담 명세

⑪ 납부연월	⑫ 종 류	⑬ 구 분	⑭ 총교육비(A)	⑮ 장학금 등 수혜액(B)		⑯ 공제대상 교육비 부담액(C=A－B)
				학비감면	직접지급액	
．						
．						
．						
．						
계						

Ⅱ. 교복 구입 명세

⑰ 구입연월	⑱ 품 목	⑲ 수 량	⑳ 단 가	㉑ 금 액
．				
．				
．				
계				

사용목적	교육비공제 신청용

「소득세법 시행령」 제113조 제1항에 따라 위와 같이 교육비를 지출하였음을 증명해 주시기 바랍니다.

년　　　월　　　일

신청인　　　　　　　　　　　　　　　　　　(서명 또는 인)

위와 같이 교육비를 지출하였음을 증명합니다.

년　　　월　　　일

확인자　　　　　　　　　　　　　　　　　　(서명 또는 인)

210mm×297mm[백상지 80g/㎡(재활용품)]

Ⅶ 기부금 특별세액공제

1. 의의

거주자[사업소득만 있는 자는 제외(사업소득금액계산 시 기부금은 일정 한도 내에서 필요경비에 산입되어 사업소득금액에서 차감됨)하며, 원천징수되는 사업소득, 즉 보험모집인, 방문판매원, 음료품 배달원의 사업소득만 있는 자는 포함]가 해당 과세기간에 기부한 법소정 기부금과 소득세법에 따라 이월된 기부금이 있는 경우 법소정의 기부금한도 내에서 다음과 같이 종합소득금액에서 소득공제하거나 종합소득산출세액에서 세액공제한다(소법 §59의 4 ④, 소령 §118의 7 ③).

(1) 2013년에 지급한 것으로 이월된 기부금

2014.1.1. 이후에 개시하는 과세기간에 10년간 이월하여 종합소득금액에서 소득공제한다.

(2) 2014년 이후에 지급한 기부금

① 근로소득만 있는 거주자 또는 원천징수되는 사업소득(보험모집인, 방문판매원, 음료품 배달원)만 있는 자

해당 과세기간의 종합소득산출세액에서 세액공제하며 이월분은 10년간 이월하여 세액공제한다.

② 사업소득과 사업소득 외의 소득이 동시에 있는 거주자

사업소득을 계산할 때 필요경비에 산입한 기부금이 있는 경우에는 해당 기부금은 차감한 후 기부금을 세액공제대상 기부금으로 한다.

③ 소득·세액공제 적용순서

근로소득지급명세서상의 번호 순서대로 소득·세액공제를 적용한다. 즉 기부금(2013년 이월분) 소득공제를 먼저 적용한 후 정치자금기부금(10만원 이하분), 정치자금기부금(10만원 초과분), 특례기부금·우리사주조합기부금·일반기부금의 순서로 세액공제를 적용한다.

(3) 세액공제대상 기부금 한도

세액공제대상 기부금의 한도는 다음과 같다.

구 분	세액공제대상 기부금
정 치 자 금 기 부 금	공제액 = Min $\left[\begin{array}{l}\text{정치자금기부금}^{*1} \\ \text{종합소득금액}^{*2}\text{(연말정산 시는 근로소득금액, 이하 동일)}\end{array}\right.$
특 례 기 부 금	공제액 = Min $\left[\begin{array}{l}\text{특례기부금 해당액}^{*3} \\ \text{종합소득금액}^{*2} - \text{정치자금기부금 공제금액}\end{array}\right.$
우 리 사 주 조합기부금	공제액 = Min $\left[\begin{array}{l}\text{우리사주조합기부금 해당액}^{*5} \\ (\text{종합소득금액}^{*2} - \text{정치자금기부금 공제금액} \\ \quad - \text{특례기부금 공제금액}^{*4}) \times 30\%\end{array}\right.$

일 반 기 부 금	1. 소득금액 = 종합소득금액^{*2} - 정치자금 · 특례 · 우리사주조합기부금 공제금액^{*4}
	2. 한도액^{*6}
	  (1) 종교단체기부금이 있는 경우
	    한도액 = 소득금액 × 10% + Min(소득금액 × 20%, 종교단체 외 일반기부금)
	  (2) 종교단체기부금이 없는 경우
	    한도액 = 소득금액 × 30%
	3. 공제액 = Min(일반기부금 해당액^{*7}, 한도액)

*1 2023년에 기부한 공제대상 정치자금기부금(코드 20)을 말한다.

*2 연말정산 시에는 근로소득금액을 의미하며, 종합소득신고 시에는 소득세법 제62조에 따른 원천징수세율을 적용받는 이자 · 배당소득은 제외한다.

*3 2023년에 기부한 공제대상 특례기부금(코드 10) 중 기부장려금 신청금액을 제외한 금액과 2022년 · 2021년 · 2020년 · 2019년 · 2018년 · 2017년 · 2016년 · 2015년 · 2014년에 기부한 특례기부금(코드 10) 중 공제받지 못하여 2023년으로 이월된 금액의 합계액을 말한다.

*4 해당 금액은 앞선 산식에 따라 이미 공제금액에 포함된 기부금을 의미한다.

*5 2023년에 기부한 공제대상 우리사주조합기부금(코드 42)을 말한다.

*6 해당 산식에서 '종교단체기부금이 있는 경우/없는 경우'와 '종교단체 외 일반기부금'에는 해당 과세기간에 기부한 공제대상 종교단체기부금(코드 41) 및 종교단체 외 일반기부금(코드 40) 중 기부장려금 신청금액을 제외한 금액뿐 아니라 기부금 이월공제 규정에 따라 2023년으로 이월된 종교단체기부금(코드 41) 및 종교단체 외 일반기부금(코드 40)도 포함하여 판단함에 유의한다(원천-69, 2012.2.10).

*7 2023년에 기부한 공제대상 일반기부금(코드 40, 코드 41) 중 기부장려금 신청금액을 제외한 금액과 2022년 · 2021년 · 2020년 · 2019년 · 2018년 · 2017년 · 2016년 · 2015년 · 2014년에 기부한 일반기부금(코드 40, 코드 41) 중 공제받지 못하여 2023년으로 이월된 금액의 합계액을 말한다.

New Tax

법정 · 지정기부금 명칭 변경
1. 소득세법 제34조 제2항 제1호에 의한 단체에 기부한 기부금 → 특례기부금
2. 소득세법 제34조 제3항 제1호에 의한 단체에 기부한 기부금 → 일반기부금

① 특례·일반기부금(2013년 지출분)

　특례·일반기부금 공제금액에 포함된 2013년 지출분(이월분)에 해당하는 금액은 종전 규정에 따라 종합소득금액에서 소득공제된다.

② 정치자금기부금(2023년 지출분)

　정치자금기부금은 다음과 같이 종합소득산출세액에서 세액공제된다(조특법 §76 ①).

정치자금기부금 공제금액	세액공제액
10만원 이하	해당 정치자금기부금 공제금액×100/110
10만원 초과 3,000만원 이하	해당 정치자금기부금 공제금액×15%
3,000만원 초과	해당 정치자금기부금 공제금액×25%

③ 우리사주조합기부금(2023년 지출분)·특례기부금(2014년 이후 지출분)·일반기부금(2014년 이후 지출분)

　우리사주조합기부금 공제금액과 특례·일반기부금 공제금액에 포함된 2014년 이후 기부분에 해당하는 금액은 다음과 같이 종합소득산출세액에서 세액공제된다(소법 §59의 4 ④, 구소법 §59의 4 ④; 소법 부칙 §1·§5, 2015.12.15.; 조특법 §88의 4 ⑬).

　이 경우 특례기부금, 우리사주조합기부금, 일반기부금이 함께 있으면 상기 기부금 순서대로 세액공제를 적용한다.

구 분		세액공제액
특례·일반기부금 (2014년·2015년)	3,000만원 이하분	해당 공제금액 합계액×15%
	3,000만원 초과분	해당 공제금액 합계액×25%
특례·우리사주·일반기부금 (2016년·2017년·2018년)	2,000만원 이하분	해당 공제금액 합계액×15%
	2,000만원 초과분	해당 공제금액 합계액×30%
특례·우리사주·일반기부금 (2019년·2020년)	1,000만원 이하분	해당 공제금액 합계액×15%
	1,000만원 초과분	해당 공제금액 합계액×30%
특례·우리사주·일반기부금 (2021년·2022년)	1,000만원 이하분	해당 공제금액 합계액×20%
	1,000만원 초과분	해당 공제금액 합계액×35%
특례·우리사주·일반기부금 (2023년 이후)	1,000만원 이하분	해당 공제금액 합계액×15%
	1,000만원 초과분	해당 공제금액 합계액×30%

(4) 사업소득만 있는 거주자

사업소득만 있는 거주자는 기부금을 필요경비로 공제한다. 단, 추계에 의한 연말정산 대상 사업소득자 등(보험모집인, 방문판매원, 음료품배달원으로서 간편장부대상자)은 기부금을 세액공제로 공제할 수 있다. 이 경우 공제율은 근로소득자와 동일하며, 2015. 1.1. 이후 연말정산 또는 과세표준 확정신고하는 분부터 세액공제를 받을 수 있다.

2. 기부금 구분

기부금은 다음과 같이 정치자금기부금, 특례기부금, 우리사주조합기부금 및 일반기부금으로 구분된다.
기부금단체는 해당 단체를 기부금공제대상 기부금단체로 규정하고 있는 소득세법 또는 법인세법 등 관련법령을 적어 기부금영수증을 발행하여야 한다.

(1) 정치자금기부금

거주자가 정치자금법에 따라 정당(같은 법에 따른 후원회 및 선거관리위원회를 포함)에 기부한 정치자금은 이를 지출한 해당 과세연도의 소득금액에서 10만원까지는 그 기부금액의 100/110을 종합소득산출세액에서 공제한다(조특법 §76 ①).
정치자금기부금 중 10만원 초과한 금액에 대해서는 해당 금액의 100분의 15(해당 금액이 3천만원을 초과하는 경우 그 초과분에 대해서는 100분의 25)에 해당하는 금액을 기부금세액공제액으로 종합소득산출세액에서 공제한다. 다만, 사업자인 거주자가 정치자금을 기부한 경우 10만원을 초과한 금액에 대해서는 이월결손금을 뺀 후의 소득금액의 범위에서 필요경비에 산입한다.

(2) 특례기부금(코드 10)

특례기부금은 다음과 같다(소법 §34 ②, 법법 §24 ②, 법령 §38).

① 국가나 지방자치단체(지방자치단체조합 포함)에 무상으로 기증하는 금품의 가액 및 국방헌금과 위문금품

② 천재지변이나 특별재난지역으로 선포된 재난으로 생긴 이재민을 위한 구호금품의 가액 및 특

별재난지역을 복구하기 위하여 자원봉사(8시간에 5만원)한 경우 그 용역의 가액

③ 다음(병원 제외)에 시설비 · 교육비 · 장학금 또는 연구비로 지출하는 기부금

> 1. 사립학교법에 따른 사립학교
> 2. 비영리 교육재단(국립 · 공립 · 사립학교의 시설비, 교육비, 장학금 또는 연구비지급을 목적으로 설립된 비영리 재단법인으로 한정)
> 3. 국민평생직업능력개발법에 따른 기능대학
> 4. 평생교육법에 따른 전공대학의 명칭을 사용할 수 있는 평생교육시설 및 원격대학 형태의 평생교육시설
> 5. 경제자유구역및제주국제자유도시의외국교육기관설립 · 운영에관한특별법에 따라 설립된 외국교육기관 및 제주특별자치도설치및국제자유도시조성을위한특별법에 따라 설립된 비영리법인이 운영하는 국제학교
> 6. 산학협력단
> 7. 한국과학기술원, 광주과학기술원, 대구경북과학기술연구원, 울산과학기술원
> 8. 서울대학교, 인천대학교, 울산과학기술대학교 및 이와 유사한 다음의 학교한국개발연구원에 설치된 국제대학원, 한국중앙연구원에 설치된 대학원, 과학기술분야정부출연연구기관등의설립 · 운영에관한법률 제33조에 따라 설립된 대학원대학
> 9. 재외국민의교육지원등에관한법률 제2조 제3호에 따른 한국학교
> 다만, 다음 요건을 모두 갖춘 학교에 한한다.
> (1) 기부금 모금액 및 그 활용실적을 공개할 수 있는 인터넷 홈페이지가 개설되어 있을 것
> (2) 법인세법시행령 제36조의 2 제14항에 따라 지정이 취소된 경우에는 그 취소된 날부터 3년, 같은 항에 따라 재지정을 받지 못하게 된 경우에는 그 지정기간의 종료일로부터 3년이 지났을 것

④ 다음 병원에 시설비 · 교육비 또는 연구비로 지출하는 기부금

> 1. 국립대학병원
> 2. 국립대학치과병원
> 3. 서울대학교병원
> 4. 서울대학교치과병원
> 5. 사립학교가 운영하는 병원
> 6. 국립암센터
> 7. 지방의료원
> 8. 국립중앙의료원
> 9. 대한적십자사가 운영하는 병원
> 10. 한국보훈복지의료공단이 운영하는 병원
> 11. 한국원자력의학원
> 12. 국민건강보험공단이 운영하는 병원
> 13. 산업재해보상보험법 제43조 제1항 제1호에 따른 의료기관

⑤ 사회복지사업, 그 밖의 사회복지활동의 지원에 필요한 재원을 모집·배분하는 것을 주된 목적으로 하는 다음 요건을 모두 갖춘 비영리법인(사회복지공동모금회, 재단법인 바보의 나눔)에 지출하는 기부금(법령 §38)

> 1. 기부금 모금액 및 그 활용실적을 공개할 수 있는 인터넷 홈페이지가 개설되어 있을 것
> 2. 주식회사의외부감사에관한법률 제3조에 따른 감사인에게 회계감사를 받을 것
> 3. 상속세및증여세법 제50조의 3(제5호는 제외)에 따른 결산서류 등을 인터넷 홈페이지 또는 국세청 홈페이지를 통하여 공시할 것
> 4. 상속세및증여세법 제50조의 2에 따른 전용계좌를 개설하여 사용할 것
> 5. 제6항에 따른 신청일 직전 5개 사업연도[설립일부터 신청일 직전 사업연도 종료일까지의 기간이 5년 미만인 경우에는 해당 법인의 설립일부터 신청일이 속하는 달의 직전 달의 종료일까지의 기간(1년 이상인 경우만 해당)을 말한다. 이하 제6호에서 같다] 평균 기부금 배분지출액이 총지출금액의 100분의 80 이상이고 기부금의 모집·배분 및 법인의 관리·운영에 사용한 비용이 기부금 수입금액의 100분의 10 이하일 것. 이 경우 총지출금액, 배분지출액 등의 계산에 관하여는 기획재정부령으로 정한다.
> 6. 신청일 직전 5개 사업연도 평균 개별 법인(단체를 포함한다. 이하 이 호에서 같다)별 기부금 배분지출액이 전체 배분지출액의 100분의 25 이하이고, 상속세및증여세법시행령 제38조 제10항에 따른 출연자 및 같은 영 제12조의 2 제1항에 따른 출연자의 특수관계인으로서 같은 항 제4호·제5호 또는 제8호에 해당하는 비영리법인에 대해서는 기부금 배분지출액이 없을 것
> 7. 제14항에 따라 지정이 취소된 경우에는 그 취소된 날부터 3년, 같은 항에 따라 재지정을 받지 못하게 된 경우에는 그 지정기간의 종료일부터 3년이 지났을 것

(3) 우리사주조합기부금(코드 42)

우리사주조합원이 아닌 거주자가 우리사주조합에 지출하는 기부금으로 한다(조특법 §88의 4 ⑬).

(4) 일반기부금(코드 40)

일반기부금은 다음과 같다(소법 §34 ③, 소령 §80 ①, 법법 §24 ③, 법령 §39 ①).

① 다음 공익단체 등의 고유목적사업비로 지출하는 기부금

> 1. 사회복지법인(사회복지사업법)

2. 어린이집, 유치원, 초·중등교육법 및 고등교육법에 의한 학교, 법소정의 기능대학, 평생교육시설, 원격대학형태의 평생교육시설
3. 의료법인(의료법)
4. 기획재정부장관이 지정하여 고시하는 공익성기부금대상단체

② 다음의 기부금

1. 유치원의 장, 초·중등교육법·고등교육법에 의한 학교의 장, 기능대학의 장 또는 원격대학의 장이 추천하는 개인에게 교육비·연구비 또는 장학금으로 지출하는 기부금
2. 상속세및증여세법시행령 제14조 각호의 요건을 갖춘 공익신탁으로 신탁하는 기부금
3. 사회복지·문화·예술·교육·종교·자선·학술 등 공익목적으로 지출하는 기부금으로서 기획재정부장관이 지정하여 고시하는 기부금
4. 사회복지사업법에 따른 사회복지시설 중 무료 또는 실비로 이용할 수 있는 것으로서 다음 어느 하나에 해당하는 시설에 기부하는 금품의 가액
   (1) 아동복지시설(아동복지법 §52 ①)
   (2) 노인복지시설(노인복지법 §31). 다만, 다음 시설을 제외한다.
      ① 노인주거복지시설(노인복지법 §32 ①) 중 입소자 본인이 입소비용의 전부를 부담하는 양로시설·노인공동생활가정 및 노인복지주택
      ② 노인의료복지시설(노인복지법 §34 ①) 중 입소자 본인이 입소비용의 전부를 부담하는 노인요양시설·노인요양공동생활가정 및 노인전문병원
      ③ 재가노인복지시설(노인복지법 §38) 중 이용자 본인이 재가복지서비스에 대한 이용대가를 전부 부담하는 시설
   (3) 장애인복지시설(장애인복지법 §58 ①). 다만, 다음 시설을 제외한다.
      ① 비영리법인(사회복지사업법 제16조 제1항에 따라 설립된 사회복지법인 포함) 외의 자가 운영하는 장애인 공동생활가정
      ② 장애인생산품 판매시설(장애인복지법시행령 §36)
      ③ 장애인 유료복지시설
   (4) 한부모가족복지시설(한부모가족지원법 §19 ①)
   (5) 정신요양시설 및 정신재활시설(정신보건법 §3 6호·7호)
   (6) 지원시설 및 성매매피해상담소(성매매방지및피해자보호등에관한법률 §6 ②·§10 ②)
   (7) 가정폭력 관련 상담소 및 보호시설(가정폭력방지및피해자보호등에관한법률 §5 ②·§7 ②)
   (8) 성폭력피해상담소 및 성폭력피해자보호시설(성폭력범죄의처벌및피해자보호등에관한법률 §10 ②·§12 ②)
   (9) 사회복지시설(사회복지사업법 §34) 중 사회복지관과 부랑인·노숙인 시설

⑩ 재가장기요양기관(노인장기요양보험법 §32)

⑪ 다문화가족지원센터(다문화가족지원법 §12)

⑫ 건강가족지원센터(건강가족기본법)

⑬ 청소년복지시설(청소년복지지원법)

5. 다음 요건을 모두 갖춘 국제기구로서 기획재정부장관이 지정하여 고시하는 국제기구
   에 지출하는 기부금

  (1) 사회복지 · 문화 · 예술 · 교육 · 종교 · 자선 · 학술 등 공익을 위한 사업을 수행할 것

  (2) 우리나라가 회원국으로 가입하였을 것

③ **다음의 회비**

1. 노동조합(공무원 노동조합 포함)에 가입한 사람이 납부한 회비
2. 교원단체(교육기본법 §15)에 가입한 사람이 납부한 회비
3. 공무원직장협의회에 가입한 자가 납부한 회비

④ 상속세및증여세법에 따른 공익법인에 기부할 법소정의 신탁기부금

⑤ 비영리민간단체지원법에 따라 등록된 단체 중 기획재정부장관이 지정한 기부금대상민간단체
에 지출하는 기부금

(5) 일반기부금(종교단체기부금, 코드 41)

종교의 보급, 그 밖의 교화를 목적으로 민법 제32조에 따라 문화체육관광부장관 또는
지방자치단체의 장의 허가를 받아 설립한 비영리법인(그 소속단체 포함)의 고유목적목적
사업비로 지출하는 기부금을 말한다(법령 §39 ①).

3. 세액공제대상 기부금

세액공제대상 기부금은 거주자 본인 및 기본공제대상자(나이의 제한을 받지 않음)가 해당
과세기간에 지급한 상기 '2.'의 기부금으로 한다(소법 §59의 4 ④). 또한 세액공제대상
기부금은 근로자만 공제받는 것이 아니므로 근로를 제공한 기간 외의 기간에서 지출한
기부금도 공제된다(서일-124, 2005.1.27.).

사업소득이 있는 거주자는 기부금에 대해 필요경비 산입을 할 수 있으나 근로자는 필요경비를 인정하지 않으므로 반드시 기부금 세액공제(이월분 기부금은 소득공제)를 받아야 한다. 기부금 세액공제금액이 거주자(사업소득만 있는 자는 제외)의 해당 과세기간의 종합소득 산출세액을 초과하는 경우 그 초과한 금액에 상당하는 기부금은 해당 과세기간의 다음 과세기간의 개시일부터 10년 이내(2013.1.1. 이후 개시하는 과세연도에 지출한 분부터 적용)에 끝나는 각 과세기간에 이월하여 세액공제대상 기부금으로서 세액공제한다(소법 §59의 4 ⑧).

다만, 다음에 언급하는 기부금은 본인 명의로 기부한 것만 공제되며, 이월공제되지 않는다.

---

1. 정치자금기부금
2. 우리사주조합기부금

---

(1) 이월공제되는 기부금

해당 연도 이전에 지급한 기부금이더라도 기부금 이월공제 규정에 따라 이월된 기부금액은 특별소득공제 중 기부금(이월분) 소득공제와 특별세액공제(특례·일반기부금 세액공제)를 적용받을 수 있다.

기부금 이월공제 규정에 따라 2023년도에 소득·세액공제를 적용받을 수 있는 기부금에는 다음과 같은 것이 있다(소법 §61 ②, 구소법 §52 ⑧, 기부금명세서 작성방법 문단 11; 소법 부칙 §1·§23, 2014.1.1.; 소법 부칙 §8, 2014.12.23.).

기부금의 구분발생분	2022년도 공제대상 이월공제 기부금의 지출연도	
	소득공제 대상	세액공제 대상
특례기부금(법정, 코드 10)	2013년	2014년, 2015년, 2016년, 2017년, 2018년, 2019년, 2020년, 2021년, 2022년
일반기부금(지정, 코드 40) 일반기부금(종교단체, 코드 41)	2013년	2014년, 2015년, 2016년, 2017년, 2018년, 2019년, 2020년, 2021년, 2022년

이때 기부금 이월공제를 받고자 하는 근로자는 전년도의 기부금명세서를 원천징수의무자에게 제출(계속근로 등으로 인해 원천징수의무자가 변동이 없는 경우 제출하지 않을 수 있음)하여야 한다(기부금명세서 작성방법 문단10).

또한 다음 연도로 이월된 기부금은 해당 과세기간 이후 기본공제대상자의 변동에 영향을 받지 아니한다.

(2) 인·허가 중인 일반기부금단체에 지급하는 기부금

정부로부터 인·허가를 받기 이전의 설립 중인 장학단체에 지급하는 일반기부금은 그 장학단체가 인·허가를 받은 날이 속하는 과세기간의 일반기부금에 해당되며(원천-240, 2010.3.17.), 종교의 보급, 그 밖에 교화를 목적으로 민법 제32조에 따라 지방자치단체의 장의 허가를 받기 이전에 설립 중인 교회 등에 지급한 일반기부금도 허가를 받은 연도의 기부금영수증 발급대상에 해당한다(원천-201, 2010.3.5.).

(3) 공제대상 일반기부금 판단사례

① 활동내용이 실질적으로 불우이웃돕기를 영위하는 이웃사랑복지회에 월회비로 지출하는 기부금(서이-1328, 2005.8.18.)

② 불우이웃을 돕기 위하여 지출하는 기부금은 부양의무자가 없는 노인·아동 또는 심신장애로 근로능력이 없거나 사회통념상 경제적 능력의 부족 등으로 생활이 어려운 불우이웃을 돕기 위한 기부금을 말한다(원천-697, 2009.8.24.; 서이-1266, 2007.6.26.; 법인 46013-1374, 1995.5.19.).

③ 불우이웃에 해당하는지 여부는 사실판단할 사항이며 불우이웃에 해당하여 기부금공제를 받기 위해서는 기부금을 지급받는 자로부터 기부금영수증을 발급받아 원천징수의무자에게 제출하여야 한다(원천-850, 2009.10.15.).

④ 사내 봉사단을 결성하여 급여에서 공제한 회비를 불우이웃을 돕기 위하여 지출하고 기부받는 자의 기부목적·기부일자 등이 기재된 영수증에 의하여 기부사실이 확인되는 경우(서일-1546, 2004.11.19.)

(4) 현물기부 시 기부금액계산

기부금을 금전 외의 자산으로 제공한 경우 해당 자산의 가액은 이를 제공한 때의 시가(시가가 장부가액보다 낮은 경우에는 장부가액)에 의한다(소령 §81 ③).

특례·일반기부금 = Max(시가, 장부가액)

(5) 기부금세액공제액 계산

1) 2013년 특례 · 일반기부금이월금액에 대해 소득공제 우선적용

기부금공제적용 시 해당 연도 한도금액에서 해당 연도에 기부한 기부금을 우선 공제하고 추후 이월된 기부금을 공제하는 것이 원칙이나 2013년 특례 · 일반기부금 중 2021년으로 이월된 금액은 세액공제가 아닌 소득공제가 적용되므로 2021년 특례 · 일반기부금 한도금액 내에서 우선적으로 2013년 이월된 금액을 소득공제하고 남은 한도금액에서 다음 '2)'의 계산순서에 의해 세액공제해당액을 계산한다.

2) 기부금세액공제액 계산순서

기부금세액공제액의 계산순서는 다음과 같이 변경된다. ① 정치자금기부금 → ② 이월 특례기부금(2014~2022) → ③ 해당 연도 특례기부금 → ④ 우리사주조합기부금 → ⑤ 이월 종교단체 외 일반기부금(2014~2022) → ⑥ 해당 연도 종교단체 외 일반기부금 → ⑦ 이월 종교단체 일반기부금(2014~2022) → ⑧ 해당 연도 종교단체 일반기부금

3) 특례 · 일반기부금 세액공제율 적용

① 특례기부금 세액공제율 적용
　가. 2014 · 2015년 이월분 : 상기 '2)'의 공제순서에 따라 기부금누계액이 3천만원 이하 시 15%, 초과 시 25%
　나. 2016 · 2017 · 2018년 이월분 : 상기 '2)'의 공제순서에 따라 기부금누계액(상기 가. 포함)이 2천만원 이하 시 15%, 초과 시 30%
　다. 2019 · 2020년 이월분 : 상기 '2)'의 공제순서에 따라 기부금누계액(상기 '가. 나.' 포함)이 1천만원 이하 시 15%, 초과 시 30%
　라. 2021년 · 2022년 이월분 : 상기 '2)'의 공제순서에 따라 기부금누계액(상기 '가. 나. 다.' 포함)이 1천만원 이하 시 20%, 초과 시 35%
　마. 2023년 특례기부금 : 상기 '2)'의 공제순서에 따라 기부금누계액(상기 '가. 나. 다. 라.' 포함)이 1천만원 이하 시 15%, 초과 시 30%
　바. 사례
　　• 2023년 기부 특례기부금　　8,000,000원
　　• 2015년 이월 특례기부금　　17,000,000원

- 2017년 이월 특례기부금   10,000,000원
- 2018년 이월 특례기부금   10,000,000원
- 2023년 특례기부금 한도액 40,000,000원
- 사례에 대한 세액공제액＝9,000,000원

  1. 2015년 이월분 17,000,000×15%＝2,550,000원
  2. 2017년·2018년분 중 2천만원 이하분 3,000,000×15%＝450,000원
  3. 2017년·2018년분 중 2천만원 초과분 17,000,000×30%＝5,100,000원
  4. 2023년분 1천만원 초과분 3,000,000×30%＝900,000원
  5. 2024년 이월분 : 2022년분 5,000,000원

② 일반기부금 세액공제율 적용

가. 2014·2015년 이월분 : 상기 '2)'의 공제순서에 따라 기부금 누계액(상기 '①의 가. 나. 다. 라. 마.' 포함)이 3천만원 이하 시 15%, 초과 시 25%

나. 2016·2017·2018년 이월분 : 상기 '2)'의 공제순서에 따라 기부금 누계액(상기 '①의 가. 나. 다. 라. 마.' 및 '②의 가.' 포함)이 2천만원 이하 시 15%, 초과 시 30%

다. 2019·2020년 이월분 : 상기 '2)'의 공제순서에 따라 기부금 누계액(상기 '①의 가. 나. 다. 라. 마.' 및 '②의 가. 나.' 포함)이 1천만원 이하 시 15%, 초과 시 30%

라. 2021·2022년 이월분 : 상기 '2)'의 공제순서에 따라 기부금 누계액(상기 '①의 가. 나. 다. 라. 마.' 및 '②의 가. 나. 다.' 포함)이 1천만원 이하 시 20%, 초과 시 35%

마. 2023년 일반기부금 : 상기 '2)'의 공제순서에 따라 기부금 누계액(상기 '①의 가. 나. 다. 라. 마.' 및 '②의 가. 나. 다. 라.' 포함)이 1천만원 이하 시 15%, 초과 시 30%

단, 상기 공제순서를 적용할 때 '2)'에서 설명한 바와 같이 일반기부금의 세액공제 적용 순서는 1. 이월 종교단체 외 일반기부금(2014~2022, 코드 40) → 2. 해당 연도 종교단체 외 일반기부금(2023) → 3. 이월 종교단체 일반기부금(2014~2022) → 4. 해당 연도 일반기부금(2023) 순서로 공제되므로 상기 '가.~라.' 적용 시도 종교단체 외 일반기부금부터 적용하고 다시 종교단체 일반기부금순서로 적용하여야 한다.

가. 2023년 근로소득금액 300,000,000원

나. 2023년 기부 기부금

- 특례기부금 12,000,000원
- 종교단체외 일반기부금 2,000,000원
- 종교단체 일반기부금 20,000,000원

다. 이월기부금

- 2015년분 이월 특례기부금 10,000,000원
- 2016년분 이월 특례기부금 3,000,000원
- 2013년분 이월 일반기부금 1,000,000원
- 2015년분 이월 종교단체외 일반기부금 4,000,000원
- 2016년분 이월 종교단체 일반기부금 10,000,000원

라. 특례기부금 세액공제액

1. 한도액 : 300,000,000원

2. 세액공제액 : 5,500,000원

   가. 2015년분 : $10,000,000 \times 15\% = 1,500,000$(기부금 누계액 3천만원 이하)

   나. 2016년분 : $3,000,000 \times 15\% = 400,000$(기부금 누계액 2천만원 이하)

   다. 2023년분 : $12,000,000 \times 30\% = 3,600,000$(기부금 누계액 1천만원 초과)

마. 일반기부금 소득공제ㆍ세액공제액

1. 한도액 : $29,500,000원 = (300,000,000 - 25,000,000^{*}) \times 10\% + 2,000,000$

   * 근로소득금액에서 차감하는 정치자금ㆍ특례ㆍ우리사주조합기부금은 당기 한도 내에서 세액공제받은 금액(이월금액 포함)을 말함

2. 소득공제 대상액 : 1,000,000원(2013년 이월분 중)

3. 세액공제액 : 7,950,000원

   가. 2015년분 종교단체 외 : $4,000,000 \times 15\% = 600,000$(특례기부금과 합산하여 기부금 누계액이 3천만원 이하)

   나. 2023년분 종교단체 외 : $2,000,000 \times 30\% = 600,000$(기부금 누계액 1천만원 초과)

   다. 2016년분 종교단체 : $10,000,000 \times 30\% = 3,000,000$(기부금 누계액 2천만원 초과)

   라. 2023년분 종교단체 : $12,500,000 \times 30\% = 3,750,000$(기부금 누계액 1천만원 초과)

4. 2024년 이월분 : 7,500,000원(2023년분 종교단체 기부금)

4. 제출서류

기부금 세액공제를 적용받기 위해서는 다음 서류를 제출하여야 한다(소칙 §58 ① 5호).

제출서류	서식요건(발급방법)	발급처
기부금명세서	1. 별지 제45호 서식 2. 기부금영수증 첨부	근로자
기부금영수증	1. 별지 제45호의 2 서식 (원칙 : 서일-568, 2006.5.1.)	기부대상단체 및 근로자
	2. 특별재난지역에서 자원봉사활동을 한 경우 기부금확인서[별지 제36호의 2 서식] 제출	지방자치단체장 or 자원봉사센터장
	3. 회사 일괄징수 기부금(본인 별도 납부분 제외) 제출 안함(서일-1208, 2007.8.30.)	N/A
	4. 정치자금기부금 정치자금법에 의한 영수증(당비영수증, 정액영수증, 기탁금수령액, 무정액영수증)	후원회 등
	5. 종교단체기부금 소속증명서를 첨부 제출(법인 46013-2028, 1998. 7.21.)	종교단체

5. 기부금명세서 제출

원천징수의무자는 연말정산 시 세액공제대상이 되는 기부금이 있는 근로자에 대하여는 근로소득 지급명세서를 제출하는 때에(2024.3.10.까지) 당해 근로자의 기부금지급명세서가 전산처리된 테이프 또는 디스켓을 관할 세무서장에게 제출하여야 한다(소령 §118의 7 ②).

6. 기부금영수증 발급명세 작성 · 보관의무

(1) 발급명세

거주자 또는 비거주자가 필요경비 산입 또는 기부금세액공제를 받거나 내국법인이 손금에 산입하기 위하여 필요한 다음의 내용이 모두 포함된 기부금영수증을 발급하는 자는 다음의 기부자별 발급명세를 작성하여 발급한 날부터 5년간 보관하여야 한다. 다만, 전자기부금영수증을 발급한 경우에는 그러하지 아니하다(소법 §160의 3 ①, 소령 §208의 3, 소칙 §58 ① 5호).

---

1. 기부자의 성명, 주민등록번호 및 주소
2. 기부금영수증을 발급하는 단체의 단체명, 사업자등록번호·고유번호 및 소재지(지점 또는 분사무소에서 기부금영수증을 발급하는 경우 지점 또는 분사무소기준의 단체명 등을 추가로 포함할 수 있음)
3. 기부금액
4. 기부금 기부일자
5. 기부금영수증 발급일자

기부금 영수증을 발급하는 자는 국세청장·지방국세청장 또는 관할세무서장이 요청하는 경우 '기부자별 발급명세서(법인세법시행규칙[별지 제75호의 2 서식], 소득세법시행규칙 [별지 제29호의 7 서식(1)])'를 제출하여야 하며, 해당 과세기간의 기부금영수증 총발급건수 및 금액 등을 기재한 기부금영수증 발급명세서(법인세법시행규칙 [별지 제75호의 2 서식], 소득세법시행규칙 [별지 제29호의 7 서식(2)])를 해당 과세기간의 다음 연도 6.30.까지 관할세무서장에게 제출하여야 한다. 다만, 전자기부금영수증을 발급한 경우에는 그러하지 아니하다(법법 §112의 2 ②·③, 소법 §160의 3 ②·③).

(2) 가산세

기부금을 필요경비 또는 손금에 산입하거나 기부금 세액공제를 받기 위하여 필요한 기부금영수증(전자기부금영수증 포함)을 발급하는 자가 기부금영수증을 사실과 다르게 적어 발급(기부금액 또는 기부자의 인적사항 등 주요사항을 적지 아니하고 발급하는 경우를 포함)하거나 기부자별 발급내역을 '(1)'에 의해 작성·보관하지 아니한 경우에는 다음의 금액을 가산세로 부담하여야 한다(소법 §81의 7 ①).

① 기부금영수증의 경우

가. 기부금액이 사실과 다른 경우 : 사실과 다르게 발급된 다음의 금액의 5%

영수증에 실제 적힌 금액(영수증에 금액이 적혀 있지 아니한 경우에는 기부금영수증을 발급받은 자가 기부금을 필요경비에 산입하거나 기부금세액공제를 받은 해당 금액)과 건

별로 발급하여야 할 금액과의 차액

나. 기부자의 인적사항 등이 사실과 다르게 적어 발급하는 등의 경우 : 영수증에 적힌 금액의 5%

② 기부자별 발급명세를 작성·보관하지 아니한 경우

작성·보관하지 아니한 금액의 0.2%

7. 기부금 공제에 대한 표본조사 실시

과세관청은 기부금 세액공제를 받은 거주자(기부금세액공제 또는 필요경비산입금액이 100만원 이상인 자)에 대해 세액공제의 적정성을 검증하기 위해 해당 과세기간 종료일부터 2년 이내에 표본조사(조사대상의 0.5%에 상당하는 인원조사, 기본계획제출일은 8월말까지)를 하여야 한다(소법 §175, 소령 §226).

8. 기부장려금 제도(2016.1.1. 이후 기부하는 분부터 적용)

기부금장려금 제도란 진정한 기부문화를 정착시키고 기부금단체의 재정을 확충하기 위하여 기부자가 기부금 세액공제상당액을 신청에 따라 본인이 공제받는 대신 기부금단체가 지급받을 수 있도록 한 제도이다(조특법 §75, 조특령 §71).

1) 개요

소득세법 제59조의 4 제4항에 따라 기부금 세액공제를 신청할 수 있는 거주자(기부자)는 본인이 기부금 세액공제를 받는 대신 그 기부금에 대한 세액공제상당액(기부장려금)을 당초 기부금을 받은 자가 지급받을 수 있도록 기부장려금을 신청할 수 있다.
다만, 기부금 세액공제와 기부장려금을 중복하여 신청한 경우에는 기부금 세액공제를 신청한 것으로 본다.

2) 기부장려금단체의 지정

기획재정부장관은 소득세법 제160조의 3 또는 법인세법 제112조의 2에 따른 기부금 영수증을 발급하는 자로서 기부금영수증 발급명세서의 작성·보관 의무 등 납세협력의

무의 이행과 회계 투명성 등 다음의 요건을 갖춘 것으로 인정되어 국세청장이 추천하는 자를 기부장려금단체로 지정할 수 있다.

① 기부금영수증을 사실과 다르게 발급하지 아니할 것

② 기부자별 발급명세를 소득세법 제160조의 3(기부금영수증 발급명세의 작성·보관의무 등) 또는 법인세법 제112조의 2(기부금영수증 발급명세의 작성·보관의무 등)에 따라 작성·보관하며, 기부금영수증 발급명세서를 소득세법 제160조의 3 제3항 또는 법인세법 제112조의 2 제3항에 따라 제출할 것

③ 소득세법 제165조(소득공제 및 세액공제 증빙서류의 제출 및 행정지도)에 따라 기부금 세액공제 증명서류를 국세청장에게 제출할 것

④ 인터넷 홈페이지를 개설하고 연간 기부금 모금액 및 그 활용실적을 다음 연도 3월 31일까지 기획재정부령으로 정하는 기부금 모금액 및 활용실적 명세서를 통하여 해당 인터넷 홈페이지 및 국세청의 인터넷 홈페이지에 공개할 것

⑤ 주식회사의외부감사에관한법률 제3조에 따른 감사인에게 회계감사를 받을 것

⑥ 상속세및증여세법 제50조의 2(공익법인 등의 전용계좌 개설·사용의무)에 따른 전용계좌를 개설하여 사용할 것

⑦ 상속세및증여세법 제50조의 3 제1항(공익법인 등의 결산서류 등의 공시의무 등)에 따른 결산서류 등(주식보유 현황 등 서류는 제외함)을 상기 '④'에 따른 인터넷 홈페이지 또는 국세청의 인터넷 홈페이지를 통하여 공시할 것

⑧ 조세특례제한법 제75조 제8항 제1호·제2호 또는 제4호에 따라 지정이 취소된 경우에는 그 취소된 날부터 5년이 지났을 것

3) 기부장려금단체 지정신청서 제출

상기 '2)'에 따라 지정된 기부장려금단체는 기부자에게 기부금영수증을 발급할 때 기부장려금 신청 여부를 확인하여 소득세법 제160조의 3 제3항 또는 법인세법 제112조의 2 제3항에 따라 기부금영수증 발급명세서를 납세지 관할세무서장에게 제출할 때 기부장려금단체 지정신청서에 다음의 서류를 첨부하여 매반기(半期) 마지막 달의 직전월의 1일부터 말일까지의 기간 동안 국세청장에게 신청하여야 한다.

① 법인설립허가서(법인의 경우로 한정)

② 최근 5년간의 결산서 및 해당 사업연도 예산서

③ 최근 5년간의 결산서에 대한 회계감사 보고서

다음 달 말일(2019년의 경우 3월 1일부터 3월 31일까지의 기간 동안 기부장려금 단체 지정을 신청한 경우 2019년 5월 31일)까지 기획재정부장관에게 기부장려금단체 지정 추천을 하여야 하며, 추천을 받은 기획재정부장관은 추천을 받은 날부터 2개월이 되는 날이 속하는 달의 말일까지 기부장려금단체의 지정 여부를 결정하여야 한다. 이 경우 지정을 받은 기부장려금단체의 지정기간은 지정일이 속하는 연도의 1월 1일부터 6년간으로 한다. 또한 기부장려금단체로 지정된 기부장려금단체는 요건 충족 여부를 국세청장에게 보고하여야 한다. 이 경우 해당 기부장려금단체가 요건충족 여부를 보고하지 아니하면 국세청장은 보고하도록 요구하여야 한다.

4) 기부장려금의 신청 및 결정

기부자가 기부금에 대한 세액공제 상당액을 당초 기부금을 받은 기부장려금단체가 지급받을 수 있도록 하기 위해서는 기획재정부령으로 정하는 기부장려금 신청서(별지 제53호의 4 서식)를 해당 기부장려금단체에 제출하여야 한다.

납세지 관할세무서장은 기부장려금을 신청한 기부자의 해당 과세연도의 종합소득 결정세액[*]과 소득세법 제59조의 4 제4항에 따른 기부금 세액공제액 중 적은 금액을 기부장려금으로 결정한다. 이 경우 소득세법 제59조의 4 제4항에 따른 기부금 세액공제액을 계산할 때 기부장려금을 신청한 기부금에 대해서는 일반기부금의 한도액을 적용하지 아니한다.

[*] 종합소득 결정세액은 다음의 산출세액은 제외하여 계산한다.

$$\text{기부자의 해당 과세연도의 종합소득산출세액} \times \frac{\text{원천징수세율을 적용받는 이자소득금액 및 배당소득금액의 합계액}}{\text{종합소득금액}}$$

5) 기부장려금의 추징

납세지 관할세무서장은 기부장려금을 결정한 후 그 결정에 탈루나 오류가 있을 때에는 기부장려금을 경정하여야 한다.

납세지 관할세무서장은 기부장려금단체가 기부장려금 신청명세를 사실과 다르게 작성하여 경정으로 기부장려금이 줄어든 경우에는 초과하여 지급받은 기부장려금(초과지급금)에 다음의 금액을 합한 금액을 징수하여야 한다.

① 초과지급금의 100분의 3에 상당하는 금액

② (초과지급금×기부장려금을 환급받은 날의 다음 날부터 자진납부일 또는 납부고지
일까지의 기간)×(25/100,000)

6) 기부장려금단체 지정취소

기획재정부장관은 기부장려금단체가 다음의 어느 하나에 해당하는 경우에는 대통령령
으로 정하는 바에 따라 기부장려금단체의 지정을 취소할 수 있다.

① 기부장려금단체가 기부장려금 신청명세를 사실과 다르게 작성한 경우

② 국세기본법 제85조의 5에 따라 불성실기부금수령단체로 명단이 공개된 경우

③ 기부장려금단체가 해산한 경우

④ 그 밖에 법령을 위반하거나 목적 외 사업을 하는 등 다음의 사유가 있는 경우

　　가. 상기 '②'의 기부장려금단체 지정요건을 충족하지 못한 경우 또는 기부잘려금단
체 지정을 위한 요건충족 여부를 국세청장에 보고하지 아니한 경우

　　나. 기부장려금단체의 대표자, 대리인, 사용인 또는 그 밖의 종업원이 기부금품의
모집및사용에관한법률을 위반하여 같은 법 제16조에 따라 법인 또는 개인이 벌
금 이상의 형을 받은 경우

　　다. 상속세및증여세법 제48조 제2항 및 제3항에 따라 1천만원 이상의 상속세 또는
증여세를 추징당한 경우

　　라. 목적 외의 사업을 하거나 설립허가의 조건을 위반하는 등 공익목적을 위반한
사실이 있는 경우

　　마. 해당 사업연도의 수익사업의 지출을 제외한 지출액의 100분의 80 이상을 직접
고유목적사업에 지출하지 아니한 경우

이 경우 ①·②·④에 따라 기부장려금단체의 지정이 취소된 경우 그 지정이 취소된
날이 속하는 과세연도부터 5년간 기부장려금단체로 지정하지 아니한다.

또한 기획재정부장관은 기부장려금단체의 지정을 취소하는 경우 해당 기부장려금단체
의 명칭과 지정 취소사실 및 기부장려금단체 지정배제기간(지정이 취소된 날이 속하는 과
세연도부터 5년간)을 지정취소일이 속하는 연도의 12월 31일(지정취소일이 속하는 달이
12월인 경우에는 다음 연도 1월 31일)까지 관보에 공고하여야 한다.

■ 소득세법 시행규칙 [별지 제45호 서식] 〈개정 2023.3.**.〉

기 부 금 명 세 서

※ 뒤쪽의 작성방법을 읽고 작성하여 주시기 바랍니다. (앞쪽)

❶ 인적사항

① 근무지 또는 사업장 상호		② 사업자등록번호	
③ 성 명		④ 주민등록번호	
⑤ 주 소		(전화번호 :)	
⑥ 사업장 소재지		(전화번호 :)	

❷ 해당 연도 기부 명세

⑦ 코드	⑧ 기부내용	기 부 처		⑪ 기부자			기부 명세				
		⑨ 상호 (법인명)	⑩ 사업자 등록번호 등	관계 코드	성명	주민 등록번호	건수	기부금액		공제 제외 기부금	
								⑫ 합계 (⑬+⑭)	⑬ 공제대상 기부금액	⑭ 기부 장려금 신청금액	⑮ 기타

❸ 구분코드별 기부금의 합계

기부자 구 분	총 계	공제대상 기부금					공제제외 기부금	
		특례기부금	정치자금 기부금	일반기부금 (종교단체 외)	일반기부금 (종교단체)	우리사주조합 기 부 금	기부장려금 신청금액	기타
코 드		10	20	40	41	42	10,40,41	50
합 계								
본 인								
배우자								
직계비속								
직계존속								
형제자매								
그 외								

❹ 기부금 조정 명세

기부금 코드	기부 연도	⑯ 기부금액	⑰ 전년까지 공제된 금액	⑱ 공제대상 금액(⑯-⑰)	해당 연도 공제금액		해당 연도에 공제받지 못한 금액	
					필요경비	세액(소득) 공제	소멸금액	이월금액

210mm×297mm[백상지 80g/㎡ 또는 중질지 80g/㎡]

작성방법

※ 기부금을 특별소득공제 · 특별세액공제 또는 필요경비로 산입하는 경우에는 원천징수의무자 · 납세조합 또는 납세지관할세무서장에게 이 기부금명세서를 제출해야 합니다.

1. ⑦ 코드란: 다음을 참고하여 적습니다. 이 경우 「조세특례제한법」 제75조에 따라 기부장려금단체에 기부장려금으로 신청한 기부금도 아래의 기부금 유형 구분에 따라 적습니다.
   가. 「소득세법」 제34조제2항제1호에 따른 특례기부금: 코드번호 "10"
   나. 「조세특례제한법」 제76조에 따른 기부금: 코드번호 "20"
   다. 「소득세법」 제34조제3항제1호에 따른 일반기부금(공익단체에 대한 기부금을 포함하고, 종교단체 기부금은 제외): 코드번호 "40"
   라. 「소득세법」 제34조제3항제1호에 따른 일반기부금 중 종교단체 기부금: 코드번호 "41"
   마. 「조세특례제한법」 제88조의4에 따른 우리사주조합기부금: 코드번호 "42"
   바. 그 밖의 기부금으로서 필요경비 및 소득공제 · 세액공제금액 대상에 해당하지 않는 기부금(미지급분 기부금 포함): "공제제외 기타", 코드번호 "50"
2. ⑧ 기부내용에는 금전기부의 경우 "금전"으로, 금전 외의 현물기부의 경우에는 "현물"로 표시하고 자산명세를 간략히 적습니다. 현물의 경우 기부금액 산정은 「소득세법 시행령」 제81조제3항에 따른 금액을 적습니다.
3. ⑨ 상호(법인명)란: 상호 · 법인명 · 단체명 · 성명을 적습니다(「조세특례제한법」 제76조에 따른 정치자금기부금은 제외합니다).
4. ⑩ 사업자등록번호 등란: 기부처의 사업자등록번호 · 고유번호를 적습니다(「조세특례제한법」 제76조에 따른 정치자금 기부금은 제외합니다). 다만, 기부처의 사업자등록번호 · 고유번호가 없는 경우에는 기부처의 대표자 주민등록번호를 적습니다.
5. 「조세특례제한법」 제76조에 따른 정치자금 기부금은 기부처 구분 없이 과세연도 합계액을 "2. 해당연도 기부명세"의 최상단에 적고, ⑨ 상호(법인명)란과 ⑩ 사업자등록번호 등란은 적지 않습니다. ⑫ 기부 명세 합계란에는 「정치자금법」에 따라 정당(같은 법에 따른 후원회 및 선거관리위원회를 포함)에 기부한 정치자금을 적습니다.
6. ⑪ 기부자란: 관계코드(1. 거주자, 2. 배우자, 3.직계비속, 4. 직계존속, 5. 형제자매, 6. 그 외), 성명, 주민등록번호를 정확히 적습니다.
7. ⑬ 공제대상기부금액란: 필요경비 및 소득공제 · 세액공제 대상에 해당(코드번호 "10", "20", "40" ~ "42")하는 기부금액을 적습니다. 이 경우 가지급금으로 처리한 기부금액은 포함되나, 「조세특례제한법」 제75조에 따라 기부장려금단체에 기부장려금으로 신청한 기부금액은 공제대상기부금액은 포함되지 않습니다.
8. ⑭ 기부장려금 신청금액란: 코드번호 "10", "41", "42" 중 「조세특례제한법」 제75조에 따라 기부장려금단체에 기부장려금으로 신청한 기부금액을 적습니다.
9. ⑮ 기타란: 그 밖의 기부금으로서 필요경비 및 소득공제 · 세액공제금액 대상에 해당되지 않는 기부금액을 적습니다. 이 경우 미지급분 기부금액의 경우도 기타란에 적습니다.
10. "3. 구분코드별 기부금의 합계"는"2. 해당 연도 기부 명세'의 ⑬ 공제대상 기부금액을 코드별로 집계하여 적으며 사업자의 경우 기부금조정명세서(별지 제56호서식)의 각 해당란에 옮겨 적습니다.
11. 아래의 기부금 중 종합소득금액에서 공제되지 아니하거나 손금에 산입되지 않은 금액은 해당 과세연도의 다음 과세연도의 개시일부터 다음에 해당하는 기간 이내에 끝나는 과세연도에 이월하여 종합소득금액에서 공제하거나 손금에 산입합니다.

(2013년 이후 기부금부터)

구 분	특례기부금	정치자금 기부금	우리사주 조합기부금	일반기부금 (종교단체 외)	일반기부금 (종교단체)
코 드	10	20	42	40	41
이월공제가능기간	10년	–	–	10년	10년

12. '4. 기부금 조정 명세' 작성 방법
   가. 전년 이월 기부금액과 '3. 구분코드별 기부금 합계'의 기부금액에 대해 기부금코드 및 기부연도별로 작성하며 해당 연도 공제금액 및 이월금액(소멸금액)을 계산합니다.
   나. 공제받지 못한 기부금 중 이월가능 기간이 지난 기부금에 대해서는 소멸금액란에 적습니다.
   다. 근로소득자가 원천징수의무자에게 제출하는 기부금명세서는 기부금코드, 기부연도, ⑯ 기부금액, ⑰ 전년까지 공제된 금액, ⑱ 공제대상금액 까지 작성할 수 있습니다.
   라. 전년도에 이월된 기부금액에 대해 공제를 받으려는 근로소득자는 전년도의 기부금명세서를 제출해야 합니다(계속근로 등으로 인해 원천징수의무자가 변동이 없는 경우 제출하지 아니할 수 있습니다).
   마. 정치자금기부금, 특례기부금, 우리사주조합기부금 순서로 공제하고, 일반기부금에 종교단체 기부금과 종교단체 외 기부금이 함께 있는 경우 우선 종교단체 외 기부금부터 공제합니다.
   바. 2013.12.31.이전 지출 기부금 중 이월된 기부금은 소득공제로 우선하여 공제하며, 2014년 이후 이월된 기부금은 기부연도가 빠른 기부금부터 세액공제를 적용합니다.
   사. 이월기부금 공제 후 남은 기부금 공제한도 내에서 해당연도에 지출한 기부금을 공제합니다.
   아. 다음 연도로 이월된 기부금은 해당 과세기간 이후 기본공제대상자의 변동에 영향을 받지 않습니다.

210mm×297mm[백상지 80g/㎡ 또는 중질지 80g/㎡]

■ 소득세법 시행규칙 [별지 제45호의 2 서식] 〈개정 2023.3.**.〉

일련번호	

기 부 금 영 수 증

※ 뒤쪽의 작성방법을 읽고 작성하여 주시기 바랍니다.

(앞쪽)

❶ 기부자

성명(법인명)		주민등록번호 (사업자등록번호)	
주소(소재지)			

❷ 기부금 단체

단 체 명		사업자등록번호(고유번호)	
(지점명)		(지점 사업자등록번호 등)	
소 재 지		기부금공제대상	
(지점 소재지)		기부금단체 근거법령	

* 기부금 단체의 지점(분사무소)이 기부받은 경우, 지점명 등을 추가로 기재할 수 있습니다.

❸ 기부금 모집처(언론기관 등)

단 체 명		사업자등록번호	
소 재 지			

❹ 기부내용

코 드	구 분 (금전 또는 현물)	연월일	내 용			금 액
			품명	수량	단가	

「소득세법」 제34조, 「조세특례제한법」 제76조·제88조의4 및 「법인세법」 제24조에 따른 기부금을 위와 같이 기부하였음을 증명하여 주시기 바랍니다.

년 월 일

신청인

(서명 또는 인)

위와 같이 기부금을 기부받았음을 증명합니다.

년 월 일

기부금 수령인

(서명 또는 인)

210mm×297mm[백상지 80g/㎡ 또는 충질지 80g/㎡]

(뒤쪽)

작 성 방 법

1. ❷ 기부금 단체는 해당 단체를 기부금공제대상 기부금단체로 규정하고 있는 「소득세법」 또는 「법인세법」 등 관련 법령을 적어 기부금영수증을 발행해야 합니다.

기부금공제대상 기부금단체 근거법령	코드
「법인세법」 제24조제2항제1호가목(국가 · 지방자치단체), 나목(국방헌금과 국군장병 위문금품)	101
「법인세법」 제24조제2항제1호다목 (천재지변으로 생기는 이재민을 위한 구호금품)	102
「법인세법」 제24조제2항제1호라목 (「사립학교법」에 따른 사립학교, 비영리 교육재단, 산학협력단 등 각 목에 열거된 기관 (병원은 제외한다)에 시설비 · 교육비 · 장학금 또는 연구비로 지출하는 기부금)	103
「법인세법」 제24조제2항제1호마목 (각 목에 열거된 병원에 시설비 · 교육비 또는 연구비로 지출하는 기부금)	104
「법인세법」 제24조제2항제1호바목 (사회복지사업, 그 밖의 사회복지활동의 지원에 필요한 재원을 모집 · 배분하는 것을 주된 목적으로 하는 비영리법인(일정 요건을 충족하는 법인만 해당)으로서 기획재정부장관이 지정 · 고시하는 법인)	105
「소득세법」 제34조제2항제1호나목 (「재난 및 안전관리 기본법」에 따른 특별재난지역을 복구하기 위하여 자원봉사를 한 경우 그 용역의 가액에 대해 기부금영수증을 발급하는 단체)	116
「정치자금법」에 따른 정당	201
「법인세법 시행령」 제39조제1항제1호가목 (「사회복지사업법」에 따른 사회복지법인)	401
「법인세법 시행령」 제39조제1항제1호나목 (「영유아보육법」에 따른 어린이집)	402
「법인세법 시행령」 제39조제1항제1호다목 [「유아교육법」에 따른 유치원, 「초 · 중등교육법」 및 「고등교육법」에 따른 학교, 「근로자직업능력개발법」에 따른 기능대학, 「평생교육법」 제31조제4항에 따른 전공대학 형태의 평생교육시설 및 같은 법 제33조제3항에 따른 원격대학 형태의 평생교육시설]	403
「법인세법 시행령」 제39조제1항제1호라목 (「의료법」에 따른 의료법인)	404
「법인세법 시행령」 제39조제1항제1호마목 (종교의 보급, 그 밖에 교화를 목적으로 「민법」 제32조에 따라 문화체육관광부장관 또는 지방자치단체의 장의 허가를 받아 설립한 비영리법인(그 소속단체를 포함한다)]	405
「법인세법 시행령」 제39조제1항제1호바목 (기획재정부장관이 지정하여 고시한 법인)	406
「법인세법 시행령」 제39조제1항제2호가목 (「유아교육법」에 따른 유치원의 장 등이 추천하는 개인에게 지출하는 교육비 · 연구비 · 장학금)	407
「법인세법 시행령」 제39조제1항제2호나목 (공익신탁으로 신탁하는 기부금)	408
「법인세법 시행령」 제39조제1항제2호다목 (기획재정부장관이 지정하여 고시하는 기부금)	409
「법인세법 시행령」 제39조제1항제4호 (각 목에 열거된 사회복지시설 또는 기관 중 무료 또는 실비로 이용할 수 있는 시설 또는 기관)	410
「법인세법 시행령」 제39조제1항제6호 (일정 요건을 갖춘 국제기구)	411
「소득세법 시행령」 제80조제1항제2호(노동조합 등의 회비)	421
「소득세법 시행령」 제80조제1항제5호 (공익단체)	422
「조세특례제한법」 제88조의4 (우리사주조합)	461
「조세특례제한법」 제58조 (고향사랑 기부금)	462

2. ❸ 기부금 모집처(언론기관 등)는 방송사, 신문사, 통신회사 등 기부금을 대신 접수하여 기부금 단체에 전달하는 기관을 말하며, 기부금단체에 직접 기부한 경우에는 적지 않습니다.

3. ❹ 기부내용의 코드는 다음 구분에 따라 적습니다.

기부금 구분	코드
「소득세법」 제34조제2항제1호, 「법인세법」 제24조제2항제1호에 따른 특례기부금	10
「조세특례제한법」 제76조에 따른 기부금	20
「소득세법」 제34조제3항제1호(종교단체 기부금 제외), 「법인세법」 제24조제3항제1호에 따른 일반기부금	40
「소득세법」 제34조제3항제1호에 따른 일반기부금 중 종교단체기부금	41
「조세특례제한법」 제88조의4에 따른 기부금	42
「조세특례제한법」 제58조에 따른 기부금	43
필요경비(손금) 및 소득공제금액대상에 해당되지 아니하는 기부금	50

4. ❹ 기부내용의 구분란에는 "금전기부"의 경우에는 "금전", "현물기부"의 경우에는 "현물"로 적고, 내용란은 현물기부의 경우에만 적습니다. 현물기부 시 단가란은 아래 표와 같이 기부자, 특수관계여부 등에 따라 장부가액 또는 시가를 적습니다.

구 분	기부자		기부받는 공익법인
	법인	개인	
특수관계가 있는 경우	Max(장부가액,시가)	Max(장부가액,시가)	시가
특수관계가 없는 경우	장부가액		장부가액*

* 기부한 자의 기부 당시 장부가액, 개인이 사업소득과 관련 없는 자산을 기부한 경우 : 개인의 최초 취득가액

210mm×297mm[백상지 80g/㎡ 또는 중질지 80g/㎡]

조세특례제한법시행규칙 [별지 제53호의 4 서식] (2021.3.16. 개정)

기 부 장 려 금 신 청 서

❶ 기부장려금 신청인

성명	주민등록번호
주소(소재지)	

❷ 기부장려금단체

단체(법인)명	비영리민간단체 (사업자)등록번호
소 재 지	

❸ 기부장려금 신청대상 기부내용

유 형	코 드	구 분	연월일	내 용			금 액
				품명	수량	단가	

본인은 「소득세법」 제59조의 4 제4항에 따라 기부금 세액공제를 신청할 수 있는 거주자(사업소득만 있는 자는 제외하되, 「소득세법」 제73조 제1항 제4호에 따른 사업자는 포함)로서 본인이 기부금 세액공제를 받는 대신 그 기부금에 대한 세액공제 상당액을 상기 기부장려금단체가 지급받을 수 있도록 위와 같이 신청합니다.

년 월 일

신청인 (서명 또는 인)

귀하

작성방법 및 유의사항

1. 「소득세법」 제34조제2항제1호에 따른 기부금, 「소득세법」 제34조제3항제1호에 따른 기부금에 대해 기부장려금을 신청할 수 있으며, ❸ 기부내용의 코드는 다음 구분에 따라 적습니다.

기부금 구분	코드
「소득세법」 제34조제2항제1호에 따른 기부금	10
「소득세법」 제34조제3항제1호(종교단체 기부금 제외)에 따른 기부금	40
「소득세법」 제34조제3항제1호에 따른 기부금 중 종교단체기부금	41

2. ❸ 기부장려금 신청대상 기부내용의 구분란에는 "금전기부"의 경우에는 "금전", "현물기부"의 경우에는 "현물"로 적고, 내용란은 현물기부의 경우에만 적습니다.

3. 기부금 세액공제와 기부장려금을 중복하여 신청한 경우에는 기부금 세액공제를 신청한 것으로 봅니다.

210mm×297mm[백상지 80g/㎡(재활용품)]

Ⅷ 고향사랑 기부금에 대한 세액공제 등(2023.1.1. 시행)

1. 거주자가 「고향사항 기부금에 관한 법률」에 따라 고향사랑 기부금을 지방자치단체에 기부한 경우, 다음에 따라 계산한 금액을 이를 지출한 해당 과세연도의 종합소득 산출세액에서 공제한다. 다만, 사업자인 거주자의 경우 10만원 이하의 금액에 대해서는 '①'을 따르되, 10만원을 초과하는 금액에 대해서는 이월결손금을 뺀 후의 소득금액의 범위에서 손금에 산입한다(조특법 §58, 2023.1.1. 시행).

   ① 10만원 이하의 금액을 기부한 경우 : 고향사랑 기부금×110분의 100
   ② 10만원 초과 5백만원 이하의 금액을 기부한 경우 : 10만원×110분의 100＋(고향사랑 기부금－10만원)×100분의 15

2. '1.'에 따라 세액공제 받는 금액은 해당 과세기간의 종합소득산출세액을 한도로 하며, 사업자인 거주자가 필요경비에 산입하는 경우 해당 과세기간의 소득금액에서 소득세법 제45조에 따른 이월결손금을 뺀 금액을 한도로 한다.

3. 이 법에 따라 세액공제 받거나 필요경비에 산입한 고향사랑 기부금과 제2항의 한도를 초과한 고향사랑 기부금에 대해서는 소득세법 제34조 제2항 또는 같은 법 제59조의 4 제4항을 적용하지 아니한다.

4. 2022.12.31. 조특법 개정 시 2021년 12월 28일자 조특법 부칙의 개정으로 고향사랑 기부금의 시행 시기가 2025년으로 연장되었으나 다시 2023년 조특법 부칙의 개정으로 2023년부터 적용할 예정이다.

Ⅸ 표준세액공제

근로소득이 있는 거주자로서 특별소득공제, 특별세액공제(기부금세액공제는 특례·일반 기부금 세액공제만을) 및 월세액 세액공제 신청을 하지 아니한 사람에 대해서는 연 13만원을 종합소득산출세액에서 공제한다.
또한 소득세법 제160조의 5 제3항에 따른 사업용계좌의 신고 등 대통령령으로 정하는 요건에 해당하는 사업자로서 조세특례제한법 제122조의 3에 따른 성실사업자에 대한 의료비 등 세액공제 신청을 하지 아니한 사업자에 대해서도 연 12만원을 종합소득산출세액에서 공제한다.

다만, 근로소득이 없는 거주자로서 종합소득이 있는 사람(성실사업자는 제외)에 대해서는 연 7만원을 종합소득산출세액에서 공제한다(소법 §59의 4 ⑨).

Ⅹ 납세조합세액공제

납세조합에 가입된 을종근로소득자에 대해 연말정산을 하는 때에는 해당 납세조합에 의하여 원천징수된 근로소득에 대한 종합소득산출세액의 5/100에 상당하는 금액을 산출세액에서 공제한다(소법 §150 ③). 공제금액은 연간 100만원(해당 과세기간이 1년 미만이거나 해당 과세기간의 근로제공기간이 1년 미만인 경우에는 100만원에 해당 과세기간의 월수 또는 근로제공 월수를 곱하고 이를 12로 나누어 산출한 금액)을 한도로 한다(소법 §150 ④).

1. 을종근로소득만 있는 경우

근로자가 을종근로소득만 있는 자에 해당하므로 납세조합은 다음 금액을 산출세액에서 공제한다(소법 §150 ③).

> 납세조합세액공제액＝산출세액×5%(연간 100만원 한도)

이때 다음 사항에 유의한다.

① 을종근로소득납세조합공제는 급여수령 시 원천징수대상 근로소득에 대한 원천징수의 예에 의하여 원천징수하여 납세조합공제를 한 금액을 익월 10일까지 실제로 납부한 때에 한하여 납세조합공제를 받을 수 있는 것으로, 납세조합에 신고하지 아니한 소득 또는 가입 전에 발생한 근로소득을 연말정산 시 신고하여 납세조합이 소득세를 원천징수하는 경우에는 납세조합공제를 적용하지 않는다(서이-192, 2005.1.27.).

② 을종근로소득에 대하여 납세조합이 연말정산을 한 후 추가로 을종근로소득(성과급 등)이 지급되어 납세조합이 이를 포함하여 해당 연말정산을 재정산하여 익월 10일까지 납부하는 경우에는 납세조합공제를 적용한다(서이 46013-10355, 2003.2.18.).

2. 원천징수대상 근로소득도 함께 있는 경우

(1) 합산하여 연말정산하지 않는 경우

납세조합은 상기 '(1)'과 같이 납세조합세액공제를 적용하며, 원천징수대상 근로소득에 대한 원천징수의무자는 납세조합세액공제를 적용하지 않는다.

(2) 합산하여 연말정산하는 경우

납세조합은 상기 '(1)'과 같이 납세조합세액공제를 적용하여 연말정산하고, 근로자에게 원천징수대상 근로소득을 지급하는 원천징수의무자가 을종근로소득을 합산하여 연말정산할 수 있도록 근로자가 해당 원천징수의무자로부터 다음 연도 2월분 급여를 지급받기 전까지 원천징수영수증 등 연말정산서류를 발급한다.

한편, 원천징수대상 근로소득에 대한 원천징수의무자는 근로자의 을종근로소득을 해당 원천징수의무자가 지급한 원천징수대상 근로소득에 합산하여 연말정산한다. 이때 다음 사항에 유의한다.

① 지급명세서상 '근무처별 소득명세'란에 다음과 같이 원천징수대상 근로소득과 을종 근로소득을 반드시 구분하여 기재하고, 납세조합의 사업자등록번호(고유번호)도 기재하여야 한다.

근로소득 지급자	근로소득 구분	기재방법
주(현)근무지	원천징수대상 근로소득	주(현)근무지란에 기재
종(전)근무지	원천징수대상 근로소득	종(전)근무지란에 기재
을종근로소득지급자	을종근로소득	납세조합란에 기재

② 납세조합세액공제액은 다음 금액으로 한다(서이 46013-10751, 2003.4.10.).

---

1. 을종근로소득금액 산출

$$을종근로소득 = 해당\ 연도\ 근로소득금액 \times \frac{을종근로소득\ 총급여액}{(원천징수대상\ 근로소득\ 총급여액 + 을종근로소득\ 총급여액)}$$

* 총급여액 = 연간급여액 - 비과세소득
* 해당 연도 소득금액 = (원천징수대상 근로소득 총급여액 + 을종근로소득 총급여액) - 근로소득공제

---

2. 납세조합세액공제액(연간 100만원 한도)

$$납세조합세액공제액 = 종합소득산출세액 \times \frac{을종근로소득금액}{종합소득금액} \times 5\%$$

③ 을종근로소득 납세조합에 가입한 근로자가 을종근로소득을 해당 월에 납세조합을 통하여 신고하였으나 근로소득간이세액표에 의하여 계산한 해당 월의 소득세가 없는 경우에도 종합소득과세표준 확정신고(소법 §70) 또는 연말정산(소법 §137 · §137의2 · §138)시에 해당 을종근로소득에 대해 납세조합세액공제를 적용받을 수 있다(서일 −530, 2008.4.15.).

XI 주택자금차입금이자 세액공제

무주택 세대주 또는 1주택만을 소유하는 세대주(이 경우에는 대체취득, 즉 미분양주택 취득일부터 1년 이내에 종전 주택을 양도하는 경우에 한함)인 거주자가 1995.11.1.부터 1997.12.31.까지의 기간 중에 미분양주택을 취득(1997.12.31.까지 매매계약을 체결하고 계약금을 납부한 경우를 포함)하는 경우에는 그 취득과 관련된 차입금에 대한 이자상환액의 30%에 상당하는 금액을 당해 과세연도의 종합소득 산출세액에서 공제한다.
장기주택저당차입금 이자상환액공제와 주택자금차입금이자 세액공제가 동시에 적용되는 경우에는 하나만 선택 적용한다(소령 §112 ⑫).

XII 외국납부세액공제

1. 공제요건

근로자의 소득금액에 국외원천소득(국외근로소득)이 합산되어 있는 경우에는 그 국외원천소득에 대하여 외국정부에 다음의 세액(가산세 및 가산금은 제외)을 납부했거나 납부할 것이 있을 때에는 그 외국소득세액을 공제한다. 다만, 해당 세액이 조세조약에 따른 비과세 · 면제 · 제한세율에 관한 규정에 따라 계산한 세액을 초과하는 경우에는 그 초과하는 세액은 제외한다(소법 §57 ①, 소령 §117 ①).

① 개인의 소득금액을 과세표준으로 하여 과세된 세액과 그 부가세액

② 위 '①'과 유사한 세목에 해당하는 것으로서 소득 외의 수입금액 또는 기타 이에 준
하는 것을 과세표준으로 하여 과세된 세액

이 경우 가산세 및 가산금은 공제대상 외국납부세액에서 제외한다(소령 §117 ①). 반면
국외원천소득이 있는 거주자가 조세조약의 상대국에서 그 국외원천소득에 대하여 소득
세를 감면받은 세액의 상당액은 그 조세조약이 정하는 범위에서 세액공제의 대상이 되
는 외국소득세액으로 본다(소법 §57 ③).

2. 공제금액

외국에서 납부하였거나 납부할 세액을 다음의 금액을 한도로 하여 산출세액에서 공제
한다(소법 §57 ① 1호, 소법 §117 ②).

$$공제한도금액 = A \times \frac{B}{C}$$

A : 제55조에 따라 계산한 해당 과세기간의 종합소득산출세액
B : 국외원천소득(조세특례제한법이나 그 밖의 법률에 따라 세액감면 또는 면제를 적용받는 경우
   에는 세액감면 또는 면제대상 국외원천소득에 세액감면 또는 면제 비율을 곱한 금액은 제외)
C : 해당 과세기간의 종합소득금액

이때 공제한도를 계산함에 있어서 국외사업장이 둘 이상의 국가에 있는 경우에는 사업
자가 국가별로 구분하여 계산한다.

(1) 외국납부세액

① 조세특례제한법, 그 밖의 법률에 의한 면제 또는 세액감면의 대상이 되는 국외원천
소득이 있는 경우에는 상기 국외근로소득금액을 '국외근로소득−(면제 또는 세액감
면의 대상이 되는 국외원천소득×면제 또는 감면비율)'로 한다.

② 외국납부세액의 원화환산납부할 때의 외국환거래법에 따른 기준환율(재정환율)로 환
산하며(소칙 §60 ②), 국내에서 공제받은 외국납부세액을 외국에서 환급받아 국내에
서 추가로 세액을 납부할 경우의 원화환산은 종전의 외국납부세액을 납부한 때의

외국환거래법에 따른 기준환율(재정환율)에 따른다. 다만, 환급받는 세액의 납부일이 분명하지 않은 경우에는 해당 과세기간 동안 해당 국가에 납부한 외국납부세액의 원화환산합계액을 해당 과세기간 동안 해당 국가에 납부한 외국납부세액의 합계액으로 나누어 계산한 환율에 따른다(소칙 §60 ④).

③ 거주자는 외국정부의 국외원천소득에 대한 소득세의 결정통지의 지연이나 과세기간의 상이 등의 사유로 외국납부세액의 귀속 과세연도가 불분명한 때는 다음 금액을 해당 과세연도 외국납부세액으로 본다(서이-366, 2004.3.4.).

$$해당\ 과세연도\ 외국납부세액 = 귀속불분명\ 외국납부세액 \times \frac{해당\ 과세연도\ 소득금액}{국외원천소득에\ 대한\ 외국정부의\ 과세연도\ 총소득금액}$$

외국정부의 국외원천소득에 대한 소득세의 결정통지의 지연이나 과세기간의 상이 등의 사유로 외국납부세액공제신청서를 과세표준확정신고와 함께 제출할 수 없는 때에는 그 결정통지를 받은 날부터 3개월 이내에 이를 제출할 수 있다(소령 §117 ④).

02

(2) 국외원천소득금액

국외원천소득은 국외에서 발생한 소득으로서 거주자의 종합소득금액 또는 퇴직소득금액의 계산에 관한 규정을 준용해 산출한 금액으로 한다. 외국납부세액의 세액공제방법이 적용되는 경우의 국외원천소득은 해당 과세기간의 종합소득금액을 계산할 때 필요경비에 산입된 금액(국외원천소득이 발생한 국가에서 과세할 때 필요경비에 산입된 금액은 제외)으로서 국외원천소득에 대응하는 다음의 비용을 뺀 금액으로 한다(소령 §117 ②, 소칙 §60 ③).

① 직접비용 : '②'에 따른 간접비용에 해당하지 않는 비용으로서 해당 국외원천소득에 직접적으로 관련된 비용

② 간접비용 : 해당 국외원천소득과 그 밖의 소득에 공통적으로 관련된 비용 중 법인세법시행규칙 제76조 제6항을 준용하여 안분계산한 국외원천소득 관련 비용

• 동일 업종 : 수입금액에 비례하여 안분

• 다른 업종 : 개별손금액에 비례하여 안분

또한 국내근로소득과 국외근로소득이 모두 있는 경우에는 다음과 같이 계산한다(국제

세원-381, 2012.8.23.).

$$국외근로소득금액 = 근로소득금액(총급여 - 근로소득공제) \times \frac{국외근로소득}{총급여}$$

3. 공제절차

세액공제를 받고자 하는 자는 외국납부세액공제신청서(별지 제11호 서식) 국외근로소득이 산입된 연도의 연말정산을 할 때에 원천징수의무자에게 제출하여야 한다(소령 §117 ③). 신청서 제출 시에는 해당 정부나 세무당국의 확인서류로서 외국원천소득에 대한 외국 납부세액임을 증명할 수 있는 외국납부세액공제계산서, 외국납부세액영수증을 증빙서 류로 첨부하여야 한다.

다만, 외국정부의 국외원천소득에 대한 소득세의 결정통지의 지연, 과세기간의 상이 등의 사유로 연말정산을 할 때에 신청서를 제출할 수 없는 때에는 그 소득세의 결정통 지를 받은 날로부터 3개월 이내에 이를 제출할 수 있다(소령 §117 ③·④). 또한 외국정 부가 국외원천소득에 대한 소득세의 결정을 경정함으로써 외국납부세액에 변동이 생긴 경우에도 이를 준용한다.

4. 이월공제

외국정부에 납부하였거나 납부할 외국소득세액이 해당 과세기간의 공제한도금액을 초 과하는 경우 그 초과하는 금액은 해당 과세기간의 다음 과세기간부터 10년(종전은 5년, 2020년까지 공제되지 않은 금액에 대하여부터 10년 적용) 이내에 끝나는 과세기간으로 이 월하여 그 이월된 과세기간의 공제한도 범위 내에서 공제받을 수 있다(소법 §57 ②). 상기 '2.'의 공제한도금액을 초과하는 외국소득세액 중 직·간접비용과 관련된 외국소 득세액(①-②)에 대하여는 이월공제규정이 배제된다. 이 경우 해당 외국소득세액은 세 액공제를 적용받지 못한 과세기간의 다음 과세기간 소득금액을 계산할 때 필요경비에 산입할 수 있다(소령 §117 ⑩).

① 상기 '2. (2)'에 따라 산출한 국외원천소득을 기준으로 계산한 공제한도금액

② 상기 '2.'에 따른 공제한도금액

XIII 월세액 세액공제

월세액(사글세액 포함)은 다음 요건을 충족한 경우 공제된다(조특법 §95의 2 ①).

> 1. 다음 요건을 모두 충족하는 근로자(일용근로자 제외)일 것
>   (1) 과세기간 종료일 현재 주택을 소유하지 아니한 법소정 세대의 세대주 또는 세대원('제2장 Ⅵ. 1. (1)'의 외국인 포함)일 것
>   (2) 해당 과세기간의 총급여액이 7,000만원 이하인 사람(해당 과세기간에 종합소득과 세표준을 계산할 때 합산하는 종합소득금액이 6,000만원을 초과하는 사람 제외)일 것
> 2. 국민주택규모의 주택이거나 기준시가 4억원 이하인 주택(주거에 사용하는 법소정 오피스텔 및 고시원업의 시설 포함)을 임차하기 위한 것일 것. 이때 해당 주택이 다가구주택이면 가구당 전용면적을 기준으로 함
> 3. 임대차계약증서의 주소지와 주민등록표 등본의 주소지(외국인인 경우에는 출입국관리법 제32조 제4호에 따른 국내체류지 또는 재외동포의출입국과법적지위에관한법률 제6조에 따라 신고한 국내거소를 말함)가 같을 것
> 4. 해당 거주자 또는 해당 거주자의 기본공제대상자가 임대차계약을 체결하였을 것

1. 법소정 세대의 세대주 또는 세대원

(1) 법소정 세대

거주자와 그 배우자, 거주자와 같은 주소 또는 거소에서 생계를 같이하는 거주자와 그 배우자의 직계존비속(그 배우자를 포함) 및 형제자매를 모두 포함한 세대를 말한다. 이 경우 거주자와 그 배우자는 생계를 달리하더라도 동일한 세대로 본다.

(2) 세대주 또는 세대원

근로소득이 있는 거주자(일용근로자 제외)로서 주택을 소유하지 아니한 세대주이어야 하나 당해 세대주가 주택자금공제(주택마련저축공제, 주택임차차입금원리금상환액공제, 장기주택저당차입금이자상환액공제) 및 월세액 세액공제를 적용받지 아니한 경우 근로소득이 있는 세대원도 공제대상 근로자에 포함된다.

2. 세액공제대상 월세액

다음의 요건을 충족하는 주택(주택법시행령 제2조의 2 제4호에 따른 오피스텔 및 건축법시
행령 별표 1 제4호 거목에 따른 고시원업의 시설 포함)을 임차하기 위하여 지급하는 월세액
(사글세액 포함)을 말한다(조특령 §95의 2).
① 주택법 제2조 제3호에 따른 국민주택규모의 주택 또는 기준시가가 4억원 이하인
   주택일 것. 이 경우 해당 주택이 다가구주택이면 가구당 전용면적을 기준으로 한다.
② 주택에 딸린 토지가 다음 각 목의 구분에 따른 배율을 초과하지 아니할 것
   가. 국토의계획및이용에관한법률 제6조 제1호에 따른 도시지역의 토지 : 5배
   나. 그 밖의 토지 : 10배
③ 주택임대차보호법 제3조의 2 제2항에 따른 임대차계약증서의 주소지와 주민등록표
   등본의 주소지가 같을 것
④ 해당 거주자 또는 해당 거주자의 기본공제대상자가 임대차계약을 체결하였을 것

3. 제출서류

월세액 세액공제를 적용받기 위해서 주민등록표등본과 함께 다음의 서류를 제출하여야
한다.
① 임대차계약서 사본(확정일자 제출요건은 없음)
② 월세액 지출증빙 : 현금영수증, 계좌이체 영수증, 무통장입금증 등 주택임대인에게
   월세액을 지급하였다는 사실을 증명할 수 있는 서류

4. 월세액 세액공제금액

① 월세액에 대한 세액공제금액은 다음과 같으며, 해당 과세기간의 종합소득세산출세
   액에서 공제한다(조특법 §95의 2 ①).

$$공제대상\ 월세액 = \frac{임대차계약증서상\ 주택임차기간\ 중}{지급할\ 월세액\ 합계액} \times \frac{해당\ 과세기간\ 임차일수}{임대차\ 계약기간\ 해당\ 일수}$$

> 월세액 세액공제금액＝Min(공제대상 월세액, 750만원)×15%(총급여액이 5천5백만원 이하,
> 종합소득금액이 4천5백만원 이하인 경우에는 17%)

New Tax

1. 월세액 세액공제율을 10% → 15%, 12% →17%로 인상함
2. 대상주택을 기준시가 3억원 이하에서 4억원 이하로 인상함

② 임차인이 월세세액공제를 적용받던 중 임대차 목적물인 주택에 대한 강제집행절차가 개시되자 월세액의 지급을 중단하였고 이후 해당 주택에 대한 매각절차가 종결됨에 따라 임차보증금 중 미지급월세를 공제한 금액을 배당받은 경우 월세액에 대한 세액공제를 적용받을 수 있는 것이다(사전법령소득－1120, 2021.11.25.).

02

소득세법시행규칙 [별지 제24호 서식(1)] (2022.3.18. 개정)   (8쪽 중 제7쪽)

[ ] 월세액 · [ ] 거주자 간 주택임차차입금 원리금 상환액 소득 · 세액공제 명세서

1. 인적사항	① 상 호		② 사업자등록번호	
	③ 성 명		④ 주민등록번호	
	⑤ 주 소		(전화번호 :	)
	⑥ 사업장 소재지		(전화번호 :	)

2. 월세액 세액공제 명세

⑦ 임대인 성 명 (상 호)	⑧ 주민등록번호 (사업자번호)	⑨ 유형	⑩ 계약 면적(m²)	⑪ 임대차계약서 상 주소지	⑫ 계약서 상 임대차 계약기간		⑬ 연간 월세액(원)	⑭ 세액공제금액 (원)
					개시일	종료일		

※ ⑨ 유형 구분코드 - 단독주택 : 1, 다가구 : 2, 다세대주택 : 3, 연립주택 : 4, 아파트 : 5, 오피스텔 : 6, 고시원 : 7, 기타 : 8
※ ⑫ 계약서상 임대차계약기간 - 개시일과 종료일은 예시와 같이 기재 (예시) 2013.01.01.

3. 거주자 간 주택임차차입금 원리금 상환액 소득공제 명세

1) 금전소비대차 계약내용

⑮ 대주(貸主)	⑯ 주민등록번호	⑰ 금전소비대차 계약기간	⑱ 차입금 이자율	원리금 상환액			㉒ 공제금액
				⑲ 계	⑳ 원금	㉑ 이자	

2) 임대차 계약내용

㉓ 임대인 성 명 (상 호)	㉔ 주민등록번호 (사업자번호)	㉕ 유형	㉖ 계약 면적(m²)	㉗ 임대차계약서 상 주소지	㉘ 계약서 상 임대차 계약기간		㉙ 전세보증금 (원)
					개시일	종료일	

※ ㉕ 유형 구분코드 - 단독주택 : 1, 다가구 : 2, 다세대주택 : 3, 연립주택 : 4, 아파트 : 5, 오피스텔 : 6, 고시원 : 7, 기타 : 8
※ ㉖ 계약서상 임대차계약기간 - 개시일과 종료일은 예시와 같이 기재 (예시) 2013.01.01.

작 성 방 법

1. 월세액 세액공제나 거주자 간 주택임차자금 차입금 원리금 상환액 공제를 받는 근로소득자에 대해서는 해당 소득 · 세액공제에 대한 명세를 작성해야 합니다.
2. 해당 임대차 계약별로 연간 합계한 월세액 · 원리금상환액과 소득 · 세액공제금액을 적으며, 공제금액이 "영(0)"인 경우에는 적지 않습니다.
3. ⑨, ㉕ 유형은 단독주택, 다가구주택, 다세대주택, 연립주택, 아파트, 오피스텔, 고시원, 기타 중에서 해당되는 유형의 구분코드를 적습니다.
4. ㉙ 전세보증금은 과세기간 종료일(12.31.) 현재의 전세보증금을 적습니다.

210mm×297mm[백상지 80g/㎡ 또는 중질지 80g/㎡]

세액감면 및 세액공제의 산출세액 한도

1. 보험료, 의료비, 교육비 특별세액공제 및 월세액 세액공제 한도

보험료, 의료비, 교육비에 대한 특별세액공제 및 월세액에 대한 세액공제의 합계액이 다음을 초과하는 경우 그 초과하는 금액은 없는 것으로 한다(소법 §61, 소령 §118의 7 ①).

$$한도액 = 해당\ 과세기간\ 종합소득산출세액 \times \frac{해당\ 과세기간의\ 근로소득금액}{종합소득금액(or\ 근로소득금액)^*}$$

* 근로소득만 있는 경우에는 근로소득금액으로 대체하여도 무방하다.

2. 공제기준산출세액 한도

(1) 한도

자녀세액공제액, 연금계좌세액공제액, 특별세액공제, 정치자금세액공제 및 우리사주조합에 대한 기부금세액공제액의 합계액이 공제기준산출세액을 초과하는 경우 그 초과하는 금액은 없는 것으로 한다.

이 경우 공제기준산출세액이란 그 거주자의 해당 과세기간의 합산과세되는 종합소득산출세액으로서 다음의 금액을 제외한 금액으로 한다(소령 §118의 7 ②).

$$한도액 = 해당\ 과세기간\ 종합소득산출세액 \times \frac{이자소득금액과\ 배당소득금액금액^*}{종합소득금액}$$

* 이자소득금액과 배당소득금액은 원천징수세율을 적용받는 이자소득과 배당소득이다.

(2) 공제기준산출세액을 초과금액에 기부금 세액공제액이 포함되어 있는 경우

공제기준산출세액을 초과한 금액에 기부금 세액공제액이 포함되어 있는 경우 해당 기부금과 일반기부금 한도초과로 공제받지 못한 일반기부금은 해당 과세기간의 다음 과세기간의 개시일부터 10년 이내에 끝나는 각 과세기간에 이월하여 기부금 특별세액공제율을 적용한 세액공제액을 계산하여 그 금액을 공제기준산출세액에서 공제한다.

3. 종합소득산출세액 한도

소득세법 또는 조세특례제한법에 따른 감면액 및 세액공제액의 합계액이 해당 과세기간의 합산과세되는 종합소득산출세액을 초과하는 경우 그 초과하는 금액은 없는 것으로 보고, 그 초과하는 금액을 한도로 연금계좌세액공제를 받지 아니한 것으로 본다. 다만, 재해손실세액공제액이 종합소득산출세액에서 다른 세액감면액 및 세액공제액을 뺀 후 가산세를 더한 금액을 초과하는 경우 그 초과하는 금액은 없는 것으로 본다.

연말정산 작성실무

Ⅰ 연말정산 관련 서식

1. 연말정산 관련 서식

2023년 근로소득에 대한 연말정산은 2024년 2월까지 실시하여 다음 달인 3월 10일까지 근로소득지급명세서를 제출한다. 따라서 연말정산과 관련하여 3월 10일까지 제출하는 관련서식은 다음과 같다.

근로소득지급명세서[별지 제24호 서식(1)] : 2023년 근로소득 연말정산
  * 의료비지급명세서[별지 제43호 서식], 기부금명세서[별지 제45호 서식] 포함
원천징수이행상황신고서[별지 제21호 서식] 2024년 2월 근로소득 원천징수분
                                            2023년 근로소득 연말정산분

2. 관련 서식의 이해

근로소득 관련 세법조문과 관련서식인 근로소득지급명세서[24(1)], 원천징수이행상황 신고서[21] 서식상의 내용을 정리·요약하면 다음과 같다.

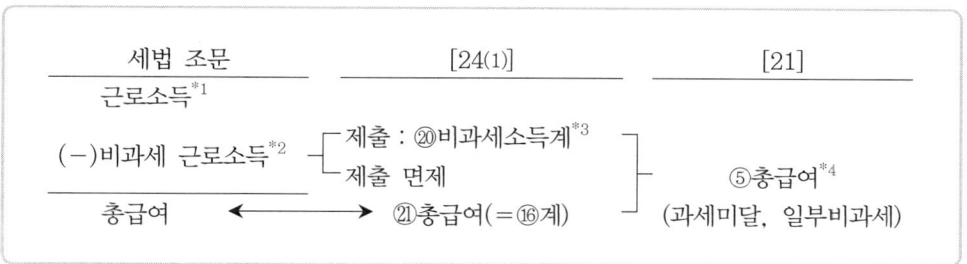

*1 근로소득 : (소령 §38 ①), 예시적 조문
*2 비과세 근로소득 : (소법 §2, 조특법 §88의 4·§30, 구조특법 §15), 열거적(제한적) 조문
*3 비과세 근로소득 중 일부는 제출 면제 : 제출면제 비과세는 소득세법시행령 제214조 제1항 제2호의 2, 제2호의 3으로써 자가운전 보조금, 국민건강보험법에 따른 사용자가 부담하는 부담금 등이다.
*4 [21]서식의 ⑤총급여에 적용하는 법규(일부 비과세 즉 비과세 일부 제출면제)는 [24(1)]서식에 적용하는 법규와 동일하다.

3. 그 밖의 서식 작성 유의사항

(1) 법인의 본점에서 일괄적으로 근로소득지급명세서[24(1)]를 제출하는 경우에도 일괄 납부 승인을 받지 않은 법인은 각 지점별로 원천징수이행상황신고서[21]를 신고하 여야 한다.

(2) 조정환급은 그 조정환급 내역을 원천징수이행상황신고서상에 입력한 경우에만 가능 하다. 따라서 원천징수이행상황신고서에 적지 아니하고 임의 조정하여 충당한 경우 에는 무납부로 처리된다.

(3) [21]서식의 ⑳차기이월 환급세액 중 환급받고자 하는 금액은 ㉑환급신청액에 입력

하며 "신고서 부표 등 작성 여부"에 "환급(7쪽~9쪽)"을 ○ 표시하고 해당 부표를 작성 제출한다.

(4) 반기별 납부자

① 일반적인 경우

반기별 연말정산세액을 납부·또는 조정환급하는 경우에는 연말정산일이 속하는 신고·납부하는 자가 반기의 마지막 달의 10일까지 원천징수관할세무서장에게 [21]서식을 제출한다(소법 §128 ②, 소령 §185 ① · §201 ①).

－신고구분 : "반기"와 "연말"에 ○표시

－귀속연월은 반기개시월(1월), 지급연월은 반기종료월(6월), 제출일은 다음 달 10일(7월 10일)을 기재한다.

② 연말정산 결과 납부할 세액이 발생하는 경우(즉 [21]서식의 A04, ⑥소득세 등이 (+)금액인 경우)에는 해당 연말정산금액을 포함하여 1월~6월분에 대해 7월 10일에 신고·납부한다.

③ 연말정산결과 환급할 세액이 발행하여(즉 [21]서식의 A04, ⑥소득세 등이 △금액인 경우) [24(1)]서식을 작성하여 제출한다. 환급신청한 경우에는 다음과 같다.

3월 10일 환급신청	[21]서식에 연말정산분과 1월, 2월 지급된 소득을 기재하여 환급신청한다. －신고고분 : "반기"와 "연말" 표시 －귀속연월(1월), 지급연월(2월), 제출일(3월 10일) －㉑환급신청액을 기재한다.
7월 10일	[21]서식에 3.10.에 이미 신고한 연말정산분과 1월, 2월 원천징수내역을 제외하고 기재하여 제출한다. －신고구분 : "반기" －귀속연월(1월), 지급연월(6월), 제출일(7월 10일)

Ⅱ 연말정산의 환급

1. 일반적인 경우

근로소득에 대한 연말정산 시 원천징수의무자가 이미 원천징수하여 납부한 소득세에 과오납이 있어 근로소득자에게 환급하는 때에는 그 환급액은 원천징수의무자가 원천징수하여 납부할 소득세에서 조정하여 환급한다(소령 §201 ①).

원천징수의무자가 환급신청한 후 폐업·부도 등으로 연말정산 환급세액을 관할세무서장으로부터 지급받기 어려운 경우에는 근로자가 관할세무서장에게 직접 환급신청을 할 수 있다(소칙 §93 ②).

사례

1. 자료

근로소득자	2023년 연말정산세액	2024년 2월분 근로소득세
A	−1,000	800
B	200	300
C	−300	400
	−1,100	1,500

2. 2024.3.10. 납부액

근로소득자	납부(환급)액
A	−200
B	500
C	100
	400

A에 대하여는 2024년 2월 급여 지급 시 B·C의 근로소득세 원천징수금액 중에서 200을 추가하여 지급하면 된다.

2. 2024.3.10. 납부금액 (−)인 경우

2023년 연말정산금액에 대한 환급세액이 2024년 2월분 급여지급분에 대한 원천징수금액보다 많은 경우에는 2024년 2월분 급여지급분에 대한 원천징수금액에서 조정하여

환급한다. 다만, 원천징수의무자의 환급신청이 있는 경우에는 원천징수관할세무서장이 그 초과액을 환급한다(소칙 §93 ②). 이때에는 원천징수세액환급신청서를 원천징수관할세무서장에게 제출하여야 한다(소칙 §93 ②).

 사례

1. 자료

근로소득자	2023년 연말정산세액	2024년 2월분 근로소득세
A	−1,000	400
B	200	100
C	−300	200
	−1,100	700

2. 2024.3.10. 납부액 : (−)

차액 400은 2024.4.10., 2024년 3월분 근로소득에 대한 원천징수 납부세액에서 차감하여 환급받게 된다.

3. 환급신청하는 경우

연말정산의무자가 원천징수세액환급신청을 하는 경우에는 상기 '2.'에 불구하고 환급된다. 그러므로 회사에서는 회사의 자금으로 2024년 2월분 급여 지급 시 환급예상액을 미리 지급해도 되고 2024.3.10. 환급신청 후 환급세액을 수령하여 근로자에게 지급하여도 된다.

3. 다른 원천징수세액이 있는 경우

2024년 2월에 근로소득 이외에 다른 원천징수대상소득을 지급하여 원천징수세액이 있는 경우 그 금액을 연말정산 환급세액으로 충당할 수 있는지에 대한 문제가 발생한다. 이는 상기의 '일반적인 경우의 환급'에서 설명한 바와 같이 환급세액을 원천징수하여 납부할 소득세에서 조정하여 환급하라고 소득세법시행령에 규정되어 있으므로 당연히 2024년 2월에 퇴직소득, 이자·배당소득, 연금소득, 기타소득 등에서 발생된 원천징수소득세액에서 차감하면 된다.

또한 법인세법 및 농어촌특별세법에 의한 원천징수세액이 있는 경우에도 국세기본법 제51조 제4항의 규정에 의해 조정환급할 수 있음에 유의하여야 한다.

사례

1. 자료

   ① 2023년 연말정산 환급세액 : 1,000

   ② 2024년 2월 근로소득 원천징수세액 : 500

   ③ 2024년 2월 퇴직소득 원천징수세액 : 300

2. 2024.3.10. 신고세액 : △200

   $500 + 300 - 1,000 = △200$

3. 원천징수이행상황신고서의 작성

Ⅲ 연말정산 작성사례

1. 연말정산을 포함한 달의 원천징수 사례

⑴ ㈜원천은 2023년 귀속분 근로소득에 대한 연말정산을 다음과 같이 실시하였다.

   ① 근로소득 귀속연도 : 2023.1.1.~2023.12.31.

   ② 연말정산 시기 : 2024년 2월

   ③ ㈜원천의 2024년 2월분 급여 및 연말정산 내역은 다음과 같다.

구 분	인 원	총지급액(과세미달, 일부 비과세 포함)	징수세액	
			소득세	농특세
2월 급여	100	250,000,000	19,000,000	
연말정산	115	2,800,000,000	-79,000,000	5,000,000

   ④ ㈜원천은 2월중에 관계회사로부터 차입한 자금에 대한 이자를 50,000,000원에 대해 원천징수하고 지급하였다.

   ⑤ 연말정산 Sample : 연말정산대상 근로자중 김갑동의 연말정산 신고내역은 다음과 같다.

구　분		2023년
급　여		108,000,000
상　여		42,000,000
비과세대상	자가운전보조금	2,400,000
	출산, 보육수당	1,200,000
	식사대	1,200,000
기본공제 대상 부양가족		본인, 배우자
		아버지(75세 이상), 어머니(73세, 장애인)
		딸(15세), 아들(8세)
연금보험료	국민연금보험료	1,987,200
	연금저축	3,000,000
보험료	건강보험료	4,807,320
	고용보험료	879,996
	보장성보험료	1,700,000
의료비	본인	2,000,000
	기타 부양가족	7,000,000
교육비	딸(15세)	600,000
	아들(8세)	1,400,000
장기주택저당차입금 이자상환액 (2013년 이전 차입분, 20년 상환)		15,000,000
기부금 – 종교단체		11,600,000
신용카드 등 사용액(전액 신용카드사용분)		60,000,000

(2) 원천징수이행상황신고서 작성

소득세법시행규칙 [별지 제21호 서식]　　　　　　　　　　　　　　　　　　　(10쪽 중 제1쪽)

①신고구분				소득처분	환급신청	[✔]원천징수이행상황신고서 [ ]원천징수세액환급신청서			②귀속연월	2024년 2월
매월	반기	수정	연말						③지급연월	2024년 2월
원천징수 의무자	법인명(상호)	㈜원천		대표자(성명)		최원천			일괄납부 여부	여, ⓑ
									사업자단위과세 여부	여, ⓑ
	사업자(주민) 등록번호	201-81-12345		사업장 소재지		서울시 강남구 청담동			전화번호	
									전자우편주소	@

❶ 원천징수 명세 및 납부세액　　　　　　　　　　　　　　　　　　　　　　　　　　　　　　　(단위 : 원)

소득자 소득구분			코드	원천징수명세					⑨ 당월 조정 환급세액	납부 세액	
				소득지급 (과세 미달, 일부 비과세 포함)		징수세액				⑩ 소득세 등 (가산세 포함)	⑪ 농어촌 특별세
				④ 인원	⑤총지급액	⑥소득세등	⑦농어촌 특별세	⑧가산세			
개인 (거주자·비거주자)	근로소득	간이세액	A01	100	250,000,000	19,000,000					
		중도퇴사	A02								
		일용근로	A03								
		연말정산 합계	A04	115	2,800,000,000	-79,000,000					
		연말정산 분납신청	A05								
		연말정산 납부금액	A06								
		가감계	A10	215	3,050,000,000	-60,000,000					
중략											
법인	내·외국법인원천		A80	1	50,000,000	12,500,000			12,500,000		
수정신고(세액)			A90								
총합계			A99	216	3,100,000,000	12,500,000			12,500,000	-	

❷ 환급세액 조정　　　　　　　　　　　　　　　　　　　　　　　　　　　　　　　　　　　　　(단위 : 원)

전월 미환급 세액의 계산			당월 발생 환급세액					⑱ 조정대상 환급세액계 (⑭+⑮+ ⑯+⑰)	⑲ 당월조정 환급세액계	⑳ 차월이월 환급세액 (⑱-⑲)	㉑환급 신청액
⑫전월 미환급 세액	⑬기환급 신청세액	⑭차감 잔액 (⑫-⑬)	⑮ 일반환급	⑯신탁 재산(금융 회사 등)	⑰그 밖의 환급세액						
					금융 회사 등	합병 등					
-	-	-	60,000,000	-	-	-		60,000,000	12,500,000	47,500,000	-

(3) 김갑동 지급명세서 작성

[근로소득지급명세서]　　　　　　　　　　　　　　　　　　　　　　　　　　(8쪽 중 제1쪽)

	구 분		주(현)	종(전)	종(전)	⑯-1 납세조합	합 계
Ⅰ 근무처별소득명세	⑨ 근 무 처 명		㈜원천				
	⑩ 사업자등록번호		201-81-12345				
	⑪ 근무기간		2023.1.1.~12.31.	~	~	~	~
	⑫ 감면기간		~	~	~	~	~
	⑬ 급　　　　　여		108,000,000				108,000,000
	⑭ 상　　　　　여		42,000,000				42,000,000
	⑮ 인 정 상 여						
	⑮-1 주식매수선택권 행사이익						
	⑮-2 우리사주조합인출금						
	⑮-3 임원 퇴직소득금액 한도초과액						
	⑮-4 직무발명보상금						
	⑯ 계		150,000,000				150,000,000
Ⅱ 비과세및감면소득명세	⑱ 국외근로	M0X					
	⑱-1 야간근로수당	O0X					
	⑱-2 출산·보육수당	Q0X	1,200,000				1,200,000
	⑱-4 연구보조비	H0X					
	⑱-5						
	⑱-6						
	~						
	⑱-39						
	⑲ 수련보조수당	Y22					
	⑳ 비과세소득 계		1,200,000				1,200,000
	⑳-1 감면소득 계						

	구 분			⑱ 소 득 세	⑲ 지방소득세	⑳ 농어촌특별세
Ⅲ 세액명세	⑫ 결 정 세 액			16,416,419	1,641,641	
	기납부세액	⑬ 종(전)근무지 (결정세액란의 세액을 적습니다)	사업자 등록 번호			
		⑭ 주(현)근무지		20,421,636	2,042,163	
	⑮ 납부특례세액					
	⑯ 차 감 징 수 세 액(⑫-⑬-⑭-⑮)			-4,005,217	-400,522	

㉑ 총급여(⑯, 외국인단일세율 적용시 연간 근로소득)					150,000,000
㉒ 근로소득공제					15,750,000
㉓ 근로소득금액					134,250,000

IV 정산명세

종합소득공제

기본공제	㉔ 본 인			1,500,000
	㉕ 배 우 자			1,500,000
	㉖ 부양가족 (명)			6,000,000
추가공제	㉗ 경로우대 (명)			2,000,000
	㉘ 장애인 (명)			2,000,000
	㉙ 부 녀 자			
	㉚ 한부모가족			

연금보험료공제	㉛ 국민연금보험료		대상금액	1,987,200
			공제금액	
	㉜ 공적연금보험료공제	㉮ 공무원연금	대상금액	
			공제금액	
		㉯ 군인연금	대상금액	
			공제금액	
		㉰ 사립학교교직원연금	대상금액	
			공제금액	
		㉱ 별정우체국연금	대상금액	
			공제금액	

특별소득공제	㉝ 보험료	㉮ 건강보험료(노인장기요양보험료 포함)	대상금액	4,807,320
			공제금액	
		㉯ 고용보험료	대상금액	879,996
			공제금액	
	㉞ 주택자금	㉮ 주택임차차입금 원리금상환액	대출기관	
			거주자	
		㉯ 장기주택저당차입금이자상환액 / 2011년 이전 차입분	15년 미만	
		15년~29년		10,000,000
		30년 이상		
		2012년 이후 차입분 (15년 이상)	고정금리이거나, 비거치상환 대출	
			그 밖의 대출	
		2015년 이후 차입분 / 15년 이상	고정금리이면서 비거치상환 대출	
			고정금리 이거나, 비거치상환 대출	
			그 밖의 대출	
		10년~15년	고정금리 이거나, 비거치상환 대출	
	㉟ 기부금(이월분)			
	㊱ 계			

㊲ 차 감 소 득 금 액				103,575,484

그 밖의 소득공제

㊳ 개인연금저축			
㊴ 소기업·소상공인 공제부금			
㊵ 주택마련저축소득공제	㉮ 청약저축		
	㉯ 주택청약종합저축		
	㉰ 근로자주택마련저축		
㊶ 투자조합출자 등			
㊷ 신용카드등 사용액			2,000,000
㊸ 우리사주조합 출연금			
㊹ 고용유지 중소기업 근로자			
㊺ 장기집합투자증권저축			
㊻ 청년형 장기집합투자증권저축			
㊼ 그 밖의 소득공제 계			

㊽ 소득공제 종합한도 초과액			

㊾ 종합소득 과세표준				101,575,484
㊿ 산출세액				20,651,419

세액감면

(51) 「소득세법」			
(52) 「조세특례제한법」(�53 제외)			
(53) 「조세특례제한법」 제30조			
(54) 조세조약			
(55) 세 액 감 면 계			

세액공제

(56) 근로소득			500,000
(57) 자녀	공제대상자녀 (명)		300,000
	출산·입양자 (명)		

연금계좌

(58) 「과학기술인공제회법」에 따른 퇴직연금	공제대상금액	
	세액공제액	
(59) 「근로자퇴직급여 보장법」에 따른 퇴직연금	공제대상금액	
	세액공제액	
(60) 연금저축	공제대상금액	3,000,000
	세액공제액	360,000
�60-1 개인종합자산관리계좌 만기 시 연금계좌 납입액	공제대상금액	
	세액공제액	

특별세액공제

㉖ 보험료	보장성	공제대상금액	1,000,000
		세액공제액	120,000
	장애인전용 보장성	공제대상금액	
		세액공제액	
㉒ 의료비		공제대상금액	4,500,000
		세액공제액	675,000
㉓ 교육비		공제대상금액	2,000,000
		세액공제액	300,000

기부금

㉔	㉮ 정치자금기부금	10만원 이하	공제대상금액	
			세액공제액	
		10만원 초과	공제대상금액	
			세액공제액	
	㉯ 특례기부금		공제대상금액	
			세액공제액	
	㉰ 우리사주조합 기부금		공제대상금액	
			세액공제액	
	㉱ 일반기부금(종교단체 외)		공제대상금액	
			세액공제액	
	㉲ 일반기부금(종교단체)		공제대상금액	11,600,000
			세액공제액	1,980,000
㉕ 계				1,980,000
㉖ 표준세액공제				

㉗ 납세조합공제			
㉘ 주택차입금			
㉙ 외국납부			
㉚ 월세액	공제대상금액		
	세액공제액		
㉛ 세 액 공 제 계			4,235,000

㉜ 결 정 세 액(㊿-�55-㉛)			16,416,419
82 실효세율(%) (㉜/㉑)×100			

02

2. 연말정산 수정신고

(1) 수정신고 방법

근로소득 연말정산을 실시하고 3월 10일까지 근로소득지급명세서[24⑴]를 제출한 회사가 연말정산업무에 오류가 발생하여 과세관청에 세액을 과소신고·납부한 경우에는 과세관청이 해당 세액을 결정·경정하여 통지하기 전까지 수정신고서를 작성하여 과소신고·납부한 세액과 (원천징수불이행가산세 등) 가산세를 수정 신고·납부하여야 한다(국기법 §45).

수정신고 시에는 다음의 서류를 작성하여 제출한다.

① 과세표준수정신고서 및 추가자진납부계산서[국기칙 별지 제16호 서식] : 서면제출

② 원천징수이행상황신고서[21] 서식 : 전자신고 또는 서면제출

　　－3월 10일 제출한 [21] 서식에 수정신고서 작성

　　－수정신고하는 달의 [21] 서식에 수정된 과소신고 세액을 포함하여 작성

③ 근로소득지급명세서[24⑴] 서식 : 서면제출

　　－3월 10일 제출한 [24⑴] 서식에 수정신고서 작성

근로자가 부당하게 소득공제를 받아 과소신고·납부한 경우에도 상기와 같이 수정신고할 수 있다. 이 경우 과소신고한 소득세와 (부당)신고납부불성실가산세 및 납부지연가산세를 추가 자진납부하여야 한다.

Expert Opinion Summary

1. 수정신고

　⑴ 과세관청이 2024.3.11.~2024.5.31. 사이에 잘못된 소득·세액공제내용을 회사에 통보하는 경우

　　2023년 근로소득 연말정산의 지급명세서 제출기한은 2024.3.10.까지이며 종합소득세 신고기한은 2024.5.31.까지입니다. 회사가 지급명세서를 제출한 날 이후부터 종합소득세 신고기한인 2024.5.31. 사이에 근로자의 소득·세액공제 항목 중 잘못된 내용을 회사에 통보하면 회사는 이를 근로자에게 사실 여부를 확인하고 사실인 경우 근로자가 본인의 주소지 관할 세무서에 종합소득세 신고·납부를 하도록 하여야 합니다. 이 경우에는 소득세법상 신고불성실·납부지연가산세가 부과되지 않으므로 회사가 연말정산을 수정신고·납부하지 않고 근로자 본인이 종합소득세신고를 하여 추가 세액만을 납부하도록 하는 것입니다.

(2) 과세관청이 2024.6.1. 이후에 잘못된 소득·세액공제내용을 회사에 통보하는 경우

이 경우에 근로자가 직접 소득세를 수정신고하는 경우에는 과소신고불성실가산세(추가납부세액의 10% 또는 40%)와 납부지연가산세(미납일수에 1일 22/100,000, 연 8.03%)를 납부하여야 합니다. 그러나 회사가 수정신고를 하는 경우에는 회사가 원천징수납부지연가산세만을 적용받게 되므로 회사가 수정신고하는 것이 근로자에게 유리할 수 있으나 근로소득자의 잘못된 신청으로 회사가 수정신고하여야 하는 문제가 있어 2019년부터 근로소득자가 홈택스를 통해 수정신고할 수 있도록 하고 있습니다(현재 과세관청의 입장은 회사가 수정신고를 하는 것입니다).

1) 사례

① A법인 근로자 이수진이 2023년 연말정산 시 배우자공제 대상이 아닌 자에 대해 배우자공제를 적용받음. 이수진의 2023년 연말정산 적용 세율은 24%임.

② A법인이 이수진에 대한 연말정산 수정신고를 하는 경우 세액의 납부는 2024.10.31.에 이루어짐

가. 본세

$1,500,000 \times 24\% = 360,000$원

나. 원천징수납부지연가산세 = Min(1, 2) = 29,412원

1. $360,000 \times 3\% + 360,000 \times 2.2/10,000 \times 235$일(3.11.~10.31.)

$= 10,800 + 18,612 = 29,412$원

2. $360,000 \times 10\% = 36,000$원

다. 추가납부세액합계 : 389,412원

라. 개인지방소득세$(360,000 + 29,412) \times 10\% = 38,941$원

③ 근로자 개인이 수정신고를 하는 경우, 세액의 납부는 2024.10.31.에 이루어짐(수정신고절차는 다음 '2)'에 의함)

가. 본세

$1,500,000 \times 24\% = 360,000$원

나. 과소신고가산세

$360,000 \times 10\% \times 50\%$(수정신고 시 감면율) = 18,000원

---

1. 무신고가산세 또는 과소신고가산세 적용 여부

근로소득만 있는 자가 그 소득에 대하여 연말정산을 받은 후 소득금액 변동통지 (인정상여) 처분을 받았음에도 불구하고 소득세법 제70조의 확정신고를 하지 아니한 경우, 이는 무신고가산세대상이 아닌 과소신고가산세 부과대상임(기준법령소득-32, 2017.4.5.).

2. 수정신고 시 감면율(국기법 §48 ②)

① 1개월 이내 : 90% 감면

② 1~3개월 이내 : 75% 감면

③ 3~6개월 이내 : 50% 감면

---

④ 6개월~1년 이내 : 30% 감면

⑤ 1년~1년 6개월 이내 : 20% 감면

⑥ 1년 6개월~2년 이내 : 10% 감면

다. 납부지연가산세

360,000 × 2.2/10,000 × 153일(6.1.*~10.31.) = 12,117원

* 기한 후 신고이므로 가산세기산일은 2024.6.1.이 됨.

라. 소득세 추가납부세액 합계 : 390,117원

마. 개인지방소득세(360,000 + 30,117) × 10% = 39,011원

2) 근로자 개인이 연말정산 수정신고하는 절차

① 본인 공인인증서로 홈택스 로그인

② 신고·납부 메뉴의 Step 1. 세금신고 중

③ 일반신고서 중 "기한후신고작성" 선택

④ 연도설정 후 조회버튼 누르고 상단 부분의 "새로 작성하기" 선택 후 본인의 소득에 대한 구분을 지정(팝업창에서) 후 소득의 종류와 금액을 기재하여 소득금액명세서를 확정

⑤ 이후 진행하는 단계에서는 본인의 기존에 연말정산으로 신고된 소득과 간소화 자료 등이 자동적용되어 표시됩니다. 추가해야 하는 공제·감면이 있다면 각 좌측메뉴를 통해 이동 후 입력란의 등록하기/직접입력하기를 통해 추가로 등록

⑥ 이후 좌측에 펼쳐진 메뉴들 순서대로 본인의 정정되어야 할 소득공제, 기부금, 세액공제 및 감면 등을 알맞게 정정

⑦ 가산세 메뉴의 가산세항목 검토 후 입력

기한후신고서를 통해 수정신고할 경우 과소신고가산세와 납부지연가산세를 부담하여 합니다.

가산세는 상기 '1). ③. 나.' 및 '다.'에 의해 계산된 과소신고가산세(무신고가산세란에 입력) 및 납부지연가산세를 입력해야 합니다.

⑧ 기납부세액명세서 메뉴에서 기존 근로소득원천징수내용(기납부세액＝연말정산 결정세액) 필히 확인 후 저장하고 다음으로 이동

⑨ 세액 계산내용 최종 확인 후 최종신고서 근로자본인의 관할 세무서에 제출하고 Step 2. 신고내역 중 납부서를 출력하여 세액을 납부함.

⑩ Step 2. 신고내역 중 조회하기

→ 지방소득세 신고하기를 하여 지방소득세도 수정신고 및 납부함.

3) 연말정산 수정신고의 주체

현행 규정상 소득세법의 연말정산에 대한 수정신고는 원천징수의무자인 회사가 하는 방법과 납세의무자인 근로자가 직접하는 방법이 모두 적용되고 있습니다.

(3) 과세관청의 통보시점에 이미 근로자가 퇴사한 경우

상기 '(1), (2)'의 통보시점에 해당 근로자가 이미 퇴사한 경우 회사는 수정신고를 할

수 없게 됩니다. 해당 세액 및 가산세를 근로자에게 수령할 수 없기 때문입니다. 이 경우에는 회사가 과세관청에 근로자의 퇴사를 전하고 과세관청이 근로자에게 직접 소득세 및 가산세를 부과하게 되는데 이때에도 회사에 원천징수납부지연가산세가 부과되는 것이 타당하다는 점도 유의하시기 바랍니다.

2. 소득세 경정청구

연말정산에 대한 경정청구를 근로자가 직접하는 경우에는 다음의 서류를 주소지 관할 세무서 개인납세과(소득세과)에 제출하여 소득세 및 환급가산금을 환급받습니다.

① 경정청구서(국기법 별지 제16호의2 서식)
② 당초분·정정분 원천징수영수증
③ 당초분·정정분 소득·세액공제신고서
④ 그 밖의 관련 증명서류

3. 지방소득세 경정청구

(1) 회사가 연말정산 경정청구할 경우
위택스에서 회사가 원천징수이행상황신고서를 수정된 내용으로 신고하거나 지방세 기본법 별지 제23호 서식을 팩스로 제출하는 것임.

(2) 근로자가 직접 경정청구하는 경우
국세청에 경정청구한 내용이 전산연계되므로 별도 신고가 필요 없음.

(2) 연말정산 수정신고 사례

'1. 연말정산을 포함한 달의 원천징수 사례'와 같이 신고한 내용에 대해 2023.6.10.(5월분 원천징수 내역)에 2023년 귀속 연말정산 신고 시에 근로자 김갑동에 대한 과세대상 근로소득(상여) 10,000,000원이 누락된 것을 발견하고 이를 수정신고·납부한다.
5월분 원천징수이행상황신고서상 조정대상 환급세액은 없다.

1) 근로소득 지급명세서[24(1)] 서식 수정

① 수정내역

구 분	금 액	계산근거
총급여액	160,000,000	150,000,000 + 10,000,000
근로소득공제	15,950,000	14,750,000 + (160,000,000 − 100,000,000) × 2%
근로소득금액	144,050,000	

구 분		금 액	계산근거
인적공제		13,000,000	연말정산과 동일
연금보험료공제		1,987,200	연말정산과 동일
특별소득 공제	건강보험료	4,807,320	연말정산과 동일
	고용보험료	879,996	연말정산과 동일
	장기주택저당 차입금이자상환액	10,000,000	연말정산과 동일
	소계	15,687,316	
차가감소득금액		113,375,484	
그 밖의 소득공제	신용카드 등 소득공제	2,000,000	$(60,000,000 - 160,000,000 \times 25\%) \times 15\%$ $= 3,000,000$ 2,000,000한도
종합소득과세표준		111,375,484	
산출세액		24,081,419	$(111,375,484 \times 35\%) - 14,900,000$
근로소득세액공제		500,000	한도 500,000원
자녀세액공제		300,000	자녀2명 × 150,000
연금계좌세액공제		360,000	$3,000,000 \times 12\%$
특별세액 공제	보험료	120,000	$1,000,000 \times 12\%$
	의료비	630,000	$[9,000,000 - (160,000,000 \times 3\%)] \times 15\%$
	교육비	300,000	$2,000,000 \times 15\%$
	기부금	1,980,000	$10,000,000 \times 15\% + 1,600,000 \times 30\%$
	소계	3,030,000	
결정세액		19,891,419	
기납부세액		16,416,419	
소득세 미납부세액		3,475,000	
지방소득세 미납부세액		347,500	

② 가산세
- 원천징수세액 납부지연가산세([21] 서식 A10, ⑧가산세에 기재)

$\text{Min}\{(3,475,000 \times 3\%) + (3,475,000 \times 22/100,000 \times 92), \ (3,475,000 \times 10\%)\}$
$= 174,584$

- 지급명세서 부실기재가산세(2023년 귀속 법인세 신고 시 납부)

$10,000,000 \times 1\% = 100,000$

－지방소득세 특별징수세액 납부지연가산세(6월 10일에 함께 납부)

$$Min\{(347,500 \times 3\%) + (347,500 \times 22/100,000 \times 92), \ (347,500 \times 10\%)\}$$
$$= 17,458$$

③ 근로소득 지급명세서[24(1)] 서식 수정작성

3.10.에 제출한 김갑동에 대한 지급명세서를 수정하여 수정신고와 동시에 제출한다. 이때 수정신고하는 지급명세서 작성방법은 다음과 같다.

당초 제출사항은 붉은색으로 상단에 기입(또는 부($\triangle$, －)의 기호로 표시)하고, 정정된 사항은 같은 칸 하단에 검정색으로 기입한다. 원칙적으로 정정사항이 없는 칸도 동일한 방법으로 작성하여야 하나, 수정사항이 있는 칸만 작성하여도 무방하다. 상기 사례에서 김갑동의 수정된 지급명세서(일부)는 다음과 같다.

	구 분		주(현)	종(전)	종(전)	⑯-1 납세조합	합 계
I 근무처별 소득명세	⑨ 근 무 처 명		㈜원천				
	⑩ 사업자등록번호		201-81-12345				
	⑪ 근무기간		2023.1.1.~12.31.	~	~	~	~
	⑫ 감면기간		~	~	~	~	~
	⑬ 급 여		108,000,000				108,000,000
	⑭ 상 여		42,000,000 52,000,000				42,000,000 52,000,000
	⑮ 인 정 상 여						
	⑮-1 주식매수선택권 행사이익						
	⑮-2 우리사주조합인출금						
	⑮-3 임원 퇴직소득금액 한도초과액						
	⑮-4 직무발명보상금						
	⑯ 계		150,000,000 160,000,000				150,000,000 160,000,000
II 비과세 및 감면소득명세	⑱ 국외근로	M0X					
	⑱-1 야간근로수당	O0X					
	⑱-2 출산·보육수당	Q0X	1,200,000				1,200,000
	⑱-4 연구보조비	H0X					
	⑱-5						
	⑱-6						
	~						
	⑱-39						
	⑲ 수련보조수당	Y22					
	⑳ 비과세소득 계		1,200,000				1,200,000
	⑳-1 감면소득 계						

	구 분		⑲ 소 득 세	⑳ 지방소득세	㉛ 농어촌특별세
III 세액명세	㉓ 결 정 세 액		16,416,419 19,891,419	1,641,641 1,989,141	
	기납부세액	㉔ 종(전)근무지 (결정세액란의 세액을 적습니다)	사업자 등록 번호			
		㉕ 주(현)근무지	20,421,636	2,042,163	
	㉖ 납부특례세액				
	㉗ 차 감 징 수 세 액(㉓-㉔-㉕-㉖)		-4,005,217 -530,217	-400,522 -53,022	

02

(8쪽 중 제2쪽)

구분					금액
㉑ 총급여(⑯, 외국인단일세율 적용시 연간 근로소득)					150,000,000 / 160,000,000
㉒ 근로소득공제					15,750,000 / 15,950,000
㉓ 근로소득금액					134,250,000 / 144,050,000
IV 정산명세	종합소득공제	기본공제	㉔ 본인		1,500,000
			㉕ 배우자		1,500,000
			㉖ 부양가족(명)		6,000,000
		추가공제	㉗ 경로우대(명)		2,000,000
			㉘ 장애인(명)		2,000,000
			㉙ 부녀자		
			㉚ 한부모가족		
		연금보험료공제	㉛ 국민연금보험료	대상금액	1,987,200
				공제금액	
			㉜ 공적연금보험료공제 ㉮ 공무원연금	대상금액	
				공제금액	
			㉯ 군인연금	대상금액	
				공제금액	
			㉰ 사립학교교직원연금	대상금액	
				공제금액	
			㉱ 별정우체국연금	대상금액	
				공제금액	
		특별소득공제	㉝ 보험료 ㉮ 건강보험료(노인장기요양보험료포함)	대상금액	4,807,320
				공제금액	879,996
			㉯ 고용보험료	대상금액	879,996
				공제금액	
			㉞ 주택자금 ㉮ 주택임차차입금 원리금상환액	대출기관	
				거주자	
			㉯ 장기주택저당차입금이자상환액 2011년 이전 차입분	15년 미만	
				15년~29년	10,000,000
				30년 이상	
			2012년 이후 차입분(15년 이상)	고정금리이거나, 비거치상환 대출	
				그 밖의 대출	
			2015년 이후 차입분 15년 이상	고정금리이면서 비거치상환 대출	
				고정금리이거나, 비거치상환 대출	
				그 밖의 대출	
			10년~15년	고정금리이거나, 비거치상환 대출	
			㉟ 기부금(이월분)		
			㊱ 계		
	㊲ 차감소득금액				103,575,484 / 113,375,484
	그 밖의 소득공제	㊳ 개인연금저축			
		㊴ 소기업·소상공인 공제부금			
		㊵ 주택마련저축소득공제	㉮ 청약저축		
			㉯ 주택청약종합저축		
			㉰ 근로자주택마련저축		
		㊶ 투자조합출자 등			
		㊷ 신용카드등 사용액			2,000,000
		㊸ 우리사주조합 출연금			
		㊹ 고용유지 중소기업 근로자			
		㊺ 장기집합투자증권저축			
		㊻ 청년형 장기집합투자증권저축			
		㊼ 그 밖의 소득공제 계			
	㊽ 소득공제 종합한도 초과액				

구분					금액
㊾ 종합소득 과세표준					101,575,484 / 111,375,484
㊿ 산출세액					20,651,419 / 24,081,419
세액감면	51 「소득세법」				
	52 「조세특례제한법」(53 제외)				
	53 「조세특례제한법」 제30조				
	54 조세조약				
	55 세액감면 계				
세액공제	56 근로소득				500,000
	57 자녀		공제대상자녀 (명)		300,000
			출산·입양자 (명)		
	연금계좌	58 「과학기술인공제회법」에 따른 퇴직연금		공제대상금액	
				세액공제액	
		59 「근로자퇴직급여 보장법」에 따른 퇴직연금		공제대상금액	
				세액공제액	
		60 연금저축		공제대상금액	3,000,000
				세액공제액	360,000
		60-1 개인종합자산관리계좌 만기 시 연금계좌 납입액		공제대상금액	
				세액공제액	
	특별세액공제	61 보험료	보장성	공제대상금액	1,000,000
				세액공제액	120,000
			장애인전용보장성	공제대상금액	
				세액공제액	
		62 의료비		공제대상금액	4,500,000 / 4,200,000
				세액공제액	675,000 / 630,000
		63 교육비		공제대상금액	2,000,000
				세액공제액	300,000
		64 기부금 ㉮ 정치자금기부금	10만원 이하	공제대상금액	
				세액공제액	
			10만원 초과	공제대상금액	
				세액공제액	
		㉯ 특례기부금		공제대상금액	
				세액공제액	
		㉰ 우리사주조합 기부금		공제대상금액	
				세액공제액	
		㉱ 일반기부금(종교단체 외)		공제대상금액	
				세액공제액	
		㉲ 일반기부금(종교단체)		공제대상금액	11,600,000
				세액공제액	1,980,000
		65 계			1,980,000
		66 표준세액공제			
	67 납세조합공제				
	68 주택차입금				
	69 외국납부				
	70 월세액			공제대상금액	
				세액공제액	
	71 세액공제 계				4,235,000 / 4,190,000
72 결정세액(50-55-71)					16,416,419 / 19,891,419
82 실효세율(%) (72/21)×100					

2) 원천징수이행상황신고서[21] 서식 수정

① 3.10.에 제출한 원천징수이행상황신고서를 다음과 같이 수정하여 신고한다.

소득세법시행규칙 [별지 제21호 서식]   (10쪽 중 제1쪽)

①신고구분						☑ 원천징수이행상황신고서 □ 원천징수세액환급신청서			②귀속연월	2024년 2월
매월	반기	수정	연말	소득 처분	환급 신청				③지급연월	2024년 2월
원천징수 의무자	법인명(상호)		㈜원천			대표자(성명)		최원천	일괄납부 여부	여. 부
									사업자단위과세 여부	여. 부
	사업자(주민) 등록번호		201-81-12345			사업장 소재지		서울시 강남구 청담동	전화번호 전자우편주소	@

❶ 원천징수 명세 및 납부세액   (단위 : 원)

소득자 소득구분				코드	원천징수명세					⑨ 당월 조정 환급세액	납부 세액	
					소득지급 (과세 미달, 일부 비과세 포함)		징수세액				⑩ 소득세 등 (가산세 포함)	⑪ 농어촌 특별세
					④ 인원	⑤총지급액	⑥소득세등	⑦농어촌 특별세	⑧가산세			
개인 (거주자·비거주자)	근로소득	간이세액		A01	100 100	250,000,000 250,000,000	19,000,000 19,000,000					
		중도퇴사		A02								
		일용근로		A03								
		연말정산	합계	A04	115 115	2,800,000,000 2,810,000,000	-79,000,000 -75,525,000		0 174,584			
			분납신청	A05								
			납부금액	A06								
		가감계		A10	215 215	3,050,000,000 3,060,000,000	-60,000,000 -56,525,000		0 174,584	△3,475,000	0 3,649,584	
중략												
법인	내·외국법인원천			A80	1 1	50,000,000 50,000,000	12,500,000 12,500,000			12,500,000 12,500,000	0	
수정신고(세액)				A90								
총합계				A99	216	3,100,000,000 3,110,000,000	12,500,000 12,500,000		0 174,584	12,500,000 9,025,000	0 3,649,584	

❷ 환급세액 조정   (단위 : 원)

전월 미환급 세액의 계산			당월 발생 환급세액					⑱ 조정대상 환급세액 (⑭+⑮+ ⑯+⑰)	⑲ 당월조정 환급세액계	⑳ 차월이월 환급세액 (⑱-⑲)	㉑환급 신청액
⑫전월 미환급 세액	⑬기환급 신청세액	⑭차감 잔액 (⑫-⑬)	⑮ 일반환급	⑯신탁 재산(금융 회사 등)	⑰그 밖의 환급세액						
					금융 회사 등	합병 등					
-	-	-	60,000,000 56,525,000				60,000,000 56,525,000	12,500,000 9,025,000	47,500,000 47,500,000	

* 3,649,584(납부세액) = 3,475,000(원천징수 미납부세액) + 174,584(원천징수세액 납부지연가산세)

② 6.10.에 제출하는 5월분 원천징수이행상황신고서에 상기 수정사항을 다음과 같이
반영하여 신고한다.

①신고구분						☑원천징수이행상황신고서 □ 원천징수세액환급신청서			②귀속연월	2024년 5월
매월	반기	수정	연말	소득 처분	환급 신청				③지급연월	2024년 5월
원천 징수 의무자	법인명(상호)		㈜원천			대표자(성명)		최원천	일괄납부 여부	여. 부
									사업자단위과세여부	여. 부
	사업자(주민) 등록번호		201-81-12345			사업장 소재지		서울시 강남구 청담동	전화번호 전자우편주소	@

1. 원천징수 명세 및 납부세액   (단위 : 원)

소득자 소득구분	코드	원천징수명세					⑨ 당월 조정 환급세액	납부 세액	
		소득지급(과세 미달, 일부 비과세 포함)		징수세액				⑩ 소득세 등 (가산세 포함)	⑪ 농어촌 특별세
		④인원	⑤총지급액	⑥소득세 등	⑦농어촌 특별세	⑧가산세			
수정신고(세액)	A90			3,475,000		174,584		3,649,584	

* 상기 '①'에서 알 수 있듯이 실제 미납한 세액(3,649,584원)은 근로소득세(3,475,000원)와 원천징수세 액 납부지연가산세(174,584원)이므로 납부서 작성 시 근로소득으로 납부하면 된다.

3. 연말정산 경정청구

(1) 경정청구

연말정산을 종료한 후에 근로자들이 제출한 소득공제·세액공제 관련 자료에서 누락된 자료가 있어 추가로 소득공제를 신청하는 경우를 경정청구라 한다.

1) 경정청구 대상자

연말정산 법정기일인 3월 10일까지 근로소득지급명세서를 제출하고 세액을 납부하여 야 한다.

2) 경정 청구자

원천징수의무자인 회사뿐 아니라 근로자 본인도 경정청구가 가능하다.

3) 경정청구기한

경정청구기한은 법정신고기한(3.10.) 이후부터 5년 이내이다. 따라서 2018년도 연말 정산분에 대해서는 2024.3.10.까지 추가 소득공제·세액공제로 인한 소득세를 환급 신청할 수 있다.

4) 경정청구 제출서류

다음의 경정청구자는 경정청구서(국기법 [별지 제16호의 2 서식])에 다음의 서류를 첨부 하여 관할세무서장에게 제출한다(국기법 §45의 2 ④).

경정청구자	경정청구사유 증명자료
원천징수의무자 (회사)	① (수정)원천징수이행상황신고서[21] 서식 ② (수정)근로소득지급명세서[24⑴] 서식 ③ 당초분·정정분 근로소득·세액공제신고서(연말정산 대상 소득만 해당) ④ 그 밖의 관련 증명서류

경정청구자		경정청구사유 증명자료
원천 징수 대상자 (근로자)	거주자	① 당초분 · 정정분 근로소득원천징수영수증[21] 서식
		② 당초분 · 정정분 근로소득 · 세액공제신고서(연말정산 대상 소득만 해당)
		③ 그 밖의 관련 증명서류
	비거주자	① 당초분 · 정정분 근로소득원천징수영수증[21] 서식
		② 그 밖의 관련 증명서류

5) 경정청구로 인한 환급세액이 발생하는 경우 환급세액에 추가하여 환급가산금을 지급받게 된다(국기법 §52, 국기령 §43의 3, 국기칙 §19의 3)

$$국세환급가산금 = 국세환급금 \times 이자율^{*} \times 일수$$

* 이자율 : 국세환급금 이자율은 기간별로 다음과 같다.

기간	이자율(연)
2023. 3.**.~	2.9%
2021. 3.16.~2023. 3.**.	1.2%
2020. 3.13.~2021. 3.15.	1.8%
2019. 3.20.~2020. 3.12.	2.1%
2018. 3.21.~2019. 3.19.	1.8%
2017. 3.10.~2018. 3.20.	1.6%
2016. 3. 7.~2017. 3. 9.	1.8%
2015. 3. 1.~2016. 3. 6.	2.5%
2014. 3.14.~2015. 2.28.	2.9%
2013. 3. 1.~2014. 3.13.	3.4%
2012. 3. 1.~2013. 2.28.	4.0%
2011. 4.11.~2012. 2.28.	3.7%
2010. 4. 1.~2011. 4.10.	4.307%
2009. 4.17.~2010. 3.31.	3.3945%
2007.10.15.~2009. 4.16.	5.0005%

(2) 회사(원천징수의무자)가 경정청구하는 사례

1) '1. 연말정산을 포함한 달의 원천징수 사례'와 같이 신고한 내용에 대해 2023.6.10.(5월분 원천징수 내역)에 2023년 귀속 연말정산 신고 시에 근로자 김갑동에 대한 소득공제 중 장모(73세)에 대한 인적공제를 받지 못한 것을 발견하고 이를 경정청구한다.

장모님에 대한 인적공제 누락 외의 추가적인 공제내역은 없다.

2) 근로소득지급명세서[21⑴] 서식 수정 사례

① 수정내역

구 분		금 액	계산근거
총급여액		150,000,000	150,000,000
근로소득공제		15,750,000	$14,750,000+(150,000,000-100,000,000)\times2\%$
근로소득금액		134,250,000	
인적공제		15,500,000	장모님(기본공제 150만원+경로우대공제 100만원) 추가
연금보험료공제		1,987,200	연말정산과 동일
특별소득공제	건강보험료	4,807,320	연말정산과 동일
	고용보험료	879,996	연말정산과 동일
	장기주택저당차입금 이자상환액	10,000,000	연말정산과 동일
	소계	15,687,316	
차가감소득금액		101,075,484	
그 밖의 소득공제	신용카드등 소득공제	2,000,000	$(60,000,000-150,000,000\times25\%)\times15\%=3,000,000$ 2,000,000 한도
종합소득과세표준		99,075,484	
산출세액		19,776,419	$(99,075,484\times35\%)-14,900,000$
근로소득세액공제		500,000	한도500,000원
자녀세액공제		300,000	자녀 2명×150,000
연금계좌세액공제		360,000	$3,000,000\times12\%$
특별세액공제	보험료	120,000	$1,000,000\times12\%$
	의료비	675,000	$[9,000,000-(150,000,000\times3\%)]\times15\%$
	교육비	300,000	$2,000,000\times15\%$
	기부금	1,980,000	$10,000,000\times15\%+1,600,000\times30\%$
	소계	3,075,000	
결정세액		15,541,419	
기납부세액		16,416,419	
소득세 미납부세액		-875,000	
지방소득세 미납부세액		-87,500	

② 근로소득 지급명세서[24⑴] 서식 수정 작성

3월 10일 제출한 김갑동에 대한 근로소득 지급명세서를 수정하여 경정청구 시에 제출한다.

당초 제출사항은 붉은색으로 상당에 기입(또는 부(△, −)의 기호로 표시)하고, 정정된 사항은 같은칸 하단에 검정색으로 기입한다. 원칙적으로 정정사항이 없는 칸도 동일한 방법으로 작성하여야 하나, 수정사항이 있는 칸만 작성하여도 무방하다.

	구 분		주(현)	종(전)	종(전)	⑯−1 납세조합	합 계
I 근무처별소득명세	⑨ 근 무 처 명		㈜원천				
	⑩ 사업자등록번호		201-81-12345				
	⑪ 근무기간		2023.1.1.~12.31.	~	~	~	~
	⑫ 감면기간		~	~	~	~	~
	⑬ 급 여		108,000,000				108,000,000
	⑭ 상 여		42,000,000				42,000,000
	⑮ 인 정 상 여						
	⑮−1 주식매수선택권 행사이익						
	⑮−2 우리사주조합인출금						
	⑮−3 임원 퇴직소득금액 한도초과액						
	⑮−4 직무발명보상금						
	⑯ 계		150,000,000				150,000,000
II 비과세및감면소득명세	⑱ 국외근로	M0X					
	⑱−1 야간근로수당	O0X					
	⑱−2 출산·보육수당	Q0X	1,200,000				1,200,000
	⑱−4 연구보조비	H0X					
	⑱−5						
	⑱−6						
	~						
	⑱−39						
	⑲ 수련보조수당	Y22					
	⑳ 비과세소득 계		1,200,000				1,200,000
	⑳−1 감면소득 계						

	구 분			⑱ 소 득 세	⑲ 지방소득세	⑳ 농어촌특별세
III 세액명세	⑫ 결 정 세 액			16,416,419 15,541,419	1,641,641 1,554,141	
	기납부세액	⑬ 종(전)근무지 (결정세액란의 세액을 적습니다)	사업자등록번호			
		⑭ 주(현)근무지		20,421,636	2,042,163	
	⑮ 납부특례세액					
	⑯ 차 감 징 수 세 액(⑫−⑬−⑭−⑮)			−4,005,217 −4,880,217	−400,522 −488,022	

왼쪽(Ⅳ 정산명세)

항목				금액
㉑ 총급여(⑯, 외국인단일세율 적용시 연간 근로소득)				150,000,000
㉒ 근로소득공제				15,750,000
㉓ 근로소득금액				134,250,000
기본공제	㉔ 본 인			1,500,000
	㉕ 배 우 자			1,500,000
	㉖ 부 양 가 족(명)			6,000,000 / 7,500,000
추가공제	㉗ 경 로 우 대(명)			2,000,000 / 3,000,000
	㉘ 장 애 인(명)			2,000,000
	㉙ 부 녀 자			
	㉚ 한 부 모 가 족			
연금보험료공제	㉛ 국민연금보험료		대상금액	1,987,200
			공제금액	
	㉜ 공적연금보험료공제	㉮ 공무원연금	대상금액	
			공제금액	
		㉯ 군인연금	대상금액	
			공제금액	
		㉰ 사립학교교직원연금	대상금액	
			공제금액	
		㉱ 별정우체국연금	대상금액	
			공제금액	
특별소득공제	㉝ 보험료	㉮ 건강보험료(노인장기요양보험료포함)	대상금액	4,807,320
			공제금액	879,996
		㉯ 고용보험료	대상금액	
			공제금액	
	㉞ 주택자금	㉮ 주택임차차입금원리금상환액 — 대출기관		
		㉮ 주택임차차입금원리금상환액 — 거주자		
		㉯ 장기주택저당차입금이자상환액 2011년 이전 차입분 — 15년 미만		
		2011년 이전 차입분 — 15년~29년		10,000,000
		2011년 이전 차입분 — 30년 이상		
		2012년 이후 차입분(15년 이상) — 고정금리이거나, 비거치상환 대출		
		2012년 이후 차입분(15년 이상) — 그 밖의 대출		
		2015년 이후 차입분 15년 이상 — 고정금리이면서 비거치상환 대출		
		2015년 이후 차입분 15년 이상 — 고정금리이거나, 비거치상환 대출		
		2015년 이후 차입분 15년 이상 — 그 밖의 대출		
		2015년 이후 차입분 10년~15년 — 고정금리이거나, 비거치상환 대출		
	㉟ 기부금(이월분)			
	㊱ 계			
㊲ 차 감 소 득 금 액				103,575,484 / 113,375,484
그 밖의 소득공제	㊳ 개인연금저축			
	㊴ 소기업·소상공인 공제부금			
	㊵ 주택마련저축소득공제	㉮ 청약저축		
		㉯ 주택청약종합저축		
		㉰ 근로자주택마련저축		
	㊶ 투자조합출자 등			
	㊷ 신용카드등 사용액			2,000,000
	㊸ 우리사주조합 출연금			
	㊹ 고용유지 중소기업 근로자			
	㊺ 장기집합투자증권저축			
	㊻ 청년형 장기집합투자증권저축			
	㊼ 그 밖의 소득공제 계			3,000,000
㊽ 소득공제 종합한도 초과액				

오른쪽

항목			금액
㊾ 종합소득 과세표준			101,575,484 / 99,075,484
㊿ 산출세액			20,651,419 / 19,776,419
세액감면	51 「소득세법」		
	52 「조세특례제한법」(53 제외)		
	53 「조세특례제한법」 제30조		
	54 조세조약		
	55 세액감면 계		
세액공제	56 근로소득		500,000
	57 자녀	공제대상자녀 (명)	300,000
		출산·입양자 (명)	
연금계좌	58 「과학기술인공제회법」에 따른 퇴직연금	공제대상금액	
		세액공제액	
	59 「근로자퇴직급여 보장법」에 따른 퇴직연금	공제대상금액	
		세액공제액	
	60 연금저축	공제대상금액	3,000,000
		세액공제액	360,000
	60-1 개인종합자산관리계좌 만기 시 연금계좌 납입액	공제대상금액	
		세액공제액	
특별세액공제	61 보험료	보장성 공제대상금액	1,000,000
		보장성 세액공제액	120,000
		장애인전용보장성 공제대상금액	
		장애인전용보장성 세액공제액	
	62 의료비	공제대상금액	4,500,000 / 4,200,000
		세액공제액	675,000 / 630,000
	63 교육비	공제대상금액	2,000,000
		세액공제액	300,000
기부금	정치자금기부금	10만원 이하	
		10만원 이하 세액공제액	
		10만원 초과	
		10만원 초과 세액공제액	
	64 특례기부금	공제대상금액	
		세액공제액	
	우리사주조합 기부금	공제대상금액	
		세액공제액	
	㉮ 일반기부금(종교단체 외)	공제대상금액	
		세액공제액	
	㉯ 일반기부금(종교단체)	공제대상금액	11,600,000
		세액공제액	1,980,000
	65 계		1,980,000
66 표준세액공제			
67 납세조합공제			
68 주택차입금			
69 외국납부			
70 월세액	공제대상금액		
	세액공제액		
71 세 액 공 제 계			4,235,000
72 결 정 세 액(50-55-71)			16,416,419 / 15,541,419
82 실효세율(%) (72/21)×100			

3) 원천징수이행상황신고서[21] 서식 수정 작성

소득세법시행규칙 [별지 제21호 서식]   (10쪽 중 제1쪽)

①신고구분						원천징수이행상황신고서 ☑ 원천징수세액환급신청서 ☐		②귀속연월	2024년 2월
매월	반기	수정	연말	소득 처분	환급 신청			③지급연월	2024년 2월

원천징수 의무자	법인명(상호)	㈜원천	대표자(성명)	최원천	일괄납부 여부	여, 부
					사업자단위과세 여부	여, 부
	사업자(주민) 등록번호	201-81-12345	사업장 소재지	서울시 강남구 청담동	전화번호	
					전자우편주소	@

❶ 원천징수 명세 및 납부세액 　　　　　　　　　　　　　　　　　　　　　　　　　　　　　　　　(단위 : 원)

소득자 소득구분				코드	원천징수명세					⑨ 당월 조정 환급세액	납부세액	
					소득지급 (과세 미달, 일부 비과세 포함)		징수세액				⑩ 소득세 등 (가산세 포함)	⑪ 농어촌 특별세
					④ 인원	⑤총지급액	⑥소득세등	⑦농어촌 특별세	⑧가산세			
개인 (거주자·비거주자)	근로소득		간이세액	A01	100 100	250,000,000 250,000,000	19,000,000 19,000,000					
			중도퇴사	A02								
			일용근로	A03								
		연말정산	합계	A04	115 115	2,800,000,000 2,800,000,000	-79,000,000 -79,875,000					
			분납신청	A05								
			납부금액	A06								
		가감계		A10	215 215	3,050,000,000 3,050,000,000	-60,000,000 -60,875,000			0 0	0 0	
중략												
법인	내·외국법인원천			A80	1 1	50,000,000 50,000,000	12,500,000 12,500,000				12,500,000 12,500,000	0 0
수정신고(세액)				A90	216							
총합계				A99	216 216	3,100,000,000 3,100,000,000	12,500,000 12,500,000			0 0	12,500,000 12,500,000	0 0

❷ 환급세액 조정 　　　　　　　　　　　　　　　　　　　　　　　　　　　　　　　　　　　　　(단위 : 원)

전월 미환급 세액의 계산			당월 발생 환급세액					⑱ 조정대상 환급세액 (⑭+⑮+ ⑯+⑰)	⑲ 당월조정 환급세액계	⑳ 차월이월 환급세액 (⑱-⑲)	㉑환급 신청액
⑫전월 미환급 세액	⑬기환급 신청세액	⑭차감 잔액 (⑫-⑬)	⑮ 일반환급	⑯신탁 재산(금융 회사 등)	⑰그 밖의 환급세액						
					금융 회사 등	합병 등					
-	-	-	60,000,000 60,875,000	-	-	-	60,000,000 60,875,000	12,500,000 12,500,000	47,500,000 48,375,000	

(3) 원천징수 대상자(근로자)가 경정청구하는 사례

'(2) 회사가 경정청구하는 사례'의 내용을 전제로 근로자가 직접 경정청구하는 사례는
다음과 같다.

1) 당초분 · 정정분 근로소득 원천징수영수증(＝근로소득지급명세서)[21] 서식

상기 '(2)의 2)의 ②' 수정작성된 하나의 [24(1)] 서식을 당초 신고분과 새로 작성된 정정
분으로 각각 구분하여 작성 제출한다.

2) 근로소득 공제신고서[37] 서식

당초 2024년 2월에 작성된 [37] 서식과 인적공제 누락분이 반영된 [37] 서식을 작성하
여 제출한다.

3) 경정청구

국세기본법시행규칙 [별지 제16호의 2 서식]에 상기 '(2), 1), ②'에 의해 새로 작성된
근로소득지급명세서와 소득 · 세액공제 등을 입증할 수 있는 서류를 첨부하여 근로소득
자관할세무서 소득세과에 경정청구(환급신청)한다.

■ 국세기본법 시행규칙 [별지 제16호의 2 서식] 〈개정 23.3.**.〉 (앞쪽)

과세표준 및 세액의 결정(경정)청구서

	처리기간
	2개월

청구인	① 성 명		② 주 민 등 록 번 호	③ 사 업 자 등 록 번 호
			–	
	④ 주소(거소) 또는 영업소		⑤ 전화번호	
	⑥ 상 호			

신 고 내 용

⑦ 법 정 신 고 일		⑧ 최 초 신 고 일	
⑨ 결정(경정)청구이유			
구 분	최 초 신 고	결 정 (경 정) 청 구	
⑩ 세 목			
⑪ 과 세 표 준 금 액			
⑫ 산 출 세 액			
⑬ 가 산 세 액			
⑭ 공제 및 감면세액			
⑮ 납 부 할 세 액			
⑯ 국세환급금 계좌신고	거래은행 은행 지점	계좌번호	
⑰ 환 급 받 을 세 액			

「국세기본법」 제45조의2, 같은 법 시행령 제25조의3, 「소득세법」 제118조의15 및 같은 법 시행령 제178조의11에 따라 위와 같이 신고합니다.

년 월 일

청구인 (서명 또는 인)

세무서장 귀하

첨부서류	결정(경정)청구 사유 증명자료	수 수 료 없 음

청구인의 위임을 받아 대리인이 경정청구를 하는 경우 아래 사항을 적어 주시기 바랍니다.

위임장	위임자 (신청인)					(서명 또는 인)
	대리인	사업장	상호	사업자등록번호	사업장 소재지	전자우편
			(서명 또는 인)		(郵)	
		수행자	구분	성 명	생년월일	전화번호 (휴대전화번호)
			[ ]세 무 사 [ ]공인회계사 [ ]변 호 사			

접수증(과세표준 및 세액의 결정(경정)청구서)

성 명		주 소		
첨부서류	결정(경정)청구사유 증명자료 [ ]		접 수 자	
			접 수 일 인	

210mm×297mm[백상지(80g/㎡) 또는 중질지(80g/㎡)]

Expert Opinion Summary

1. 수정신고

(1) 과세관청이 2023.3.11.~2023.5.31. 사이에 잘못된 소득·세액공제내용을 회사에 통보하는 경우

2022년 근로소득 연말정산의 지급명세서 제출기한은 2023.3.10.까지이며 종합소득세 신고기한은 2023.5.31.까지입니다. 회사가 지급명세서를 제출한 날 이후부터 종합소득세 신고기한인 2023.5.31. 사이에 근로자의 소득·세액공제 항목 중 잘못된 내용을 회사에 통보하면 회사는 이를 근로자에게 사실여부를 확인하고 사실인 경우 근로자가 본인의 주소지관할세무서에 종합소득세 신고·납부를 하도록 하여야 합니다. 이 경우에는 소득세법상 신고불성실·납부지연가산세가 부과되지 않으므로 회사가 연말정산을 수정신고·납부하지 않고 근로자 본인이 종합소득세신고를 하여 추가세액만을 납부하도록 하는 것입니다.

(2) 과세관청이 2023.6.1. 이후에 잘못된 소득·세액공제내용을 회사에 통보하는 경우

이 경우에 근로자가 직접 소득세를 수정신고 하는 경우에는 신고불성실가산세(추가납부세액의 10% 또는 40%)와 납부지연가산세(미납일수에 1일 22/100,000, 연 8.05%)를 납부하여야 합니다. 그러나 회사가 수정신고를 하는 경우에는 회사가 원천징수납부지연가산세만을 적용받게 되므로 회사가 수정신고하는 것이 근로자에게 유리할 수도 있음을(미납일수가 길수록 회사가 수정신고하는 것이 유리함) 알고계셔야 합니다. 만일 연말정산 종료 후 짧은 기간 내에 수정신고가 이루어지는 경우에는 근로자가 직접 수정신고해도 가산세 부담이 회사가 수정신고를 하는 것과 비교하여 차이가 크지 않습니다.

그러므로 상기 '제2장 제5절 X. 뒤의 Expert Opinion Summary 5.'에서 설명하고 있는 바와 같이 연말정산 수정신고를 회사가 근로자를 대신하여 종합소득세 "기한후신고"방법을 적용하여 수정신고하고 신고불성실가산세를 적용하지 않고 있으므로 상기의 "기한후신고"요령을 숙지하시기 바랍니다.

(3) 과세관청의 통보시점에 이미 근로자가 퇴사한 경우

상기 '(1), (2)'의 통보시점에 해당 근로자가 이미 퇴사한 경우 회사는 수정신고를 할 수 없게 됩니다. 해당 세액 및 가산세를 근로자에게 수령할 수 없기 때문입니다. 이 경우에는 회사가 과세관청에 근로자의 퇴사를 전하고 과세관청이 근로자에게 직접 소득세 및 가산세를 부과하게 되는데 이 때에도 회사에 원천징수납부지연가산세가 부과되는 것이 타당하다는 점도 유의하시기 바랍니다.

2. 경정청구

연말정산에 대한 경정청구는 근로자가 직접 다음의 서류를 주소지관할세무서 소득세과에 제출하여 소득세 및 환급가산금을 환급받습니다.

① 경정청구서(국기법 별지 제16호의 2 서식)

② 당초분·정정분 원천징수영수증

③ 당초분·정정분 소득·세액공제신고서

④ 그 밖의 관련 증명서류

경정신고방법도 상기 '1. (2)'의 Expert Opinion Summary를 참조하시기 바랍니다.

03 Chapter 퇴직소득에 대한 원천징수

I 퇴직소득의 의의

1. 의의

퇴직소득이란 근로자가 현실적으로 퇴직함으로 인하여 지급받는 퇴직급여 기타 이와 유사한 성질의 급여를 말한다.

퇴직소득의 본질을 인식하는 관점에는 공로보상설, 임금후불설, 생활보장설 등이 있으나, 학설과 판례는 임금후불설을 인용하고 있는 추세이다. 임금후불설이란 퇴직금을 근로조건의 일환으로 보는 것으로 근로자의 근로존속기간에 근로자에게 지급할 임금의 일부를 적립하였다가 퇴직 시에 지급하는 것이라는 견해이다.

> 1. 퇴직금제도의 설정
>
>   퇴직금제도를 설정하고자 하는 사용자는 계속근로기간 1년에 대하여 30일분 이상의 평균임금을 퇴직금으로 퇴직하는 근로자에게 지급할 수 있는 제도를 설정하여야 한다(근로자퇴직급여보장법 제8조 제1항).
>
> 2. 퇴직금산정과 관련하여 사용자가 급여규정상 평균임금산정대상에서 정한 항목 중 일부를 제외하여 산정한 퇴직금이 법정퇴직금기준을 상회하였다 하더라도 퇴직당시 시행 중인 급여규정에 따라 산정한 퇴직금을 지급하여야 한다(대법원 2016다228802, 2018.8.30.).
>
>   (1) 내용
>   회사의 퇴직급여규정에 의한 금액보다 퇴직금을 적게 지급하였으나 근로자퇴직급여보장법상 평균임금보다는 많이 산정된 퇴직금을 지급한 경우 위법 여부에 대한 내용임.
>
>   (2) 기존판결
>   노사 간에 근로기준법이 정하는 평균임금에 포함될 수 있는 급여를 퇴직금산정에 포함하지 않기로 하는 합의가 있고 그 내용에 따라 산정한 퇴직금액이 근로기준법이 보장한 하한선을 상회한 금액이라면 그 합의가 무효는 아님(대법원 2005다25113, 2007.7.12.).

(3) 판결의 의미

기존판결은 노사합의로 퇴직금산정 시 일부 금액을 제외하고 퇴직금을 산정 시 근로기준법이 정하는 하한금액을 초과 시는 문제가 되지 않는다 판결하고 있었는바 금번 판결은 회사가 임의로 평균임금에서 일부 금액을 제외하여 퇴직금을 산정한 것은 부당하다고 판결한 것임.

퇴직금과 관련한 중요한 내용은 다음과 같다.

① 퇴직소득의 범위 : 범위 외의 소득은 퇴직소득으로 보지 않는다.

즉 근로소득 등으로 보아 원천징수한다.

② 세법상 퇴직금 : 현실적인 퇴직 등에 해당되어 퇴직금으로 보는지 여부

③ 퇴직소득의 계산 및 원천징수

④ 퇴직금연금제도

퇴직소득을 지급하는 때에 원천징수 대상 퇴직소득과 원천징수 대상이 아닌 퇴직소득으로 구분한다. 즉 다음의 어느 하나에 해당하는 근로소득이 있는 사람이 퇴직함으로써 받는 소득은 퇴직소득에서 제외한다(소령 §127 ① 4호 · 7호).

① 외국기관 또는 우리나라에 주둔하는 국제연합군(미군은 제외)으로부터 받는 근로소득

② 국외 비거주자 또는 외국법인(국내지점 · 영업소는 제외)으로부터 받는 근로소득. 단, 국내사업장의 국내원천소득금액 계산 시 필요경비 또는 손금으로 계상되는 소득은 제외

■ **중점사항** – 퇴직금과 관련된 규정

1. 관련 법률

근로기준법, 근로자퇴직급여보장법, 소득세법 및 법인세법

2. 관련 제도

1) 퇴직급여충당부채(퇴직급여충당금)

퇴직급여충당부채는 보고기간말 현재 전종업원이 일시에 퇴직할 경우 지급하여야 할 퇴직금에 상당하는 금액으로 한다(일반기업회계기준).

2) 퇴직일시금

근로자가 퇴직할 경우에 퇴직위로금, 퇴직수당, 퇴직공로보상금 등 명칭 여하에 불문하고 일시금으로 지급하는 것으로서 소득세법상 퇴직소득으로 본다.

3) 퇴직금 중간정산제도

사용자는 주택구입 등 대통령령으로 정하는 사유로 근로자가 요구하는 경우에는 근

로자가 퇴직하기 전에 해당 근로자의 계속근로기간에 대한 퇴직금을 미리 정산하여 지급할 수 있다. 이 경우 미리 정산하여 지급한 후의 퇴직금 산정을 위한 계속근로기간은 정산시점부터 새로 계산한다(근로자퇴직급여보장법 §8 ②).

4) 퇴직연금

퇴직연금과 관련된 근로자퇴직급여보장법이 2005.12.1.부터 시행되었으며, 확정기여형(DC) 퇴직연금제도, 확정급여형(DB)퇴직연금제도, 개인퇴직연금제도(IRP) 및 중소기업퇴직연금제도(2022.4.14. 이후부터)가 있다(근로자퇴직급여보장법).

* 퇴직보험제도 : 사용자가 근로자를 피보험자(또는 보험수익자)로 하여 퇴직보험 또는 퇴직일시금신탁에 가입하여 근로자의 퇴직시에 일시금 또는 연금으로 수령하게 되는 경우 퇴직금제도를 설정한 것으로 본다. 2005년 1월 근로자퇴직급여보장법이 제정됨에 따라 도입되는 퇴직연금제도의 실시로 새로운 사업장은 2005.12.1.부터는 퇴직보험 및 퇴직일시금신탁에 가입할 수 없으며, 기존에 가입한 사업자도 2010.12.31.까지만 효력이 있다.

5) 임금채권 보장제도

경기 변동과 산업구조 변화 등으로 사업을 계속하는 것이 불가능하거나 기업의 경영이 불안정하여, 임금 등을 지급받지 못하고 퇴직한 근로자에게 그 지급을 보장하는 제도이다(임금채권보장법).

2. 퇴직소득과 근로소득의 구분

근로자가 사용자로부터 받는 소득이라는 점에서 퇴직소득은 근로소득과 유사한 점이 있다. 이에 대해 세법에서는 퇴직소득을 다음과 같이 구분하고 있다.

(1) 퇴직소득에 해당하는 경우

퇴직소득은 근로자(임원 포함)가 현실적인 퇴직으로 인하여 퇴직급여지급규정, 취업규칙 또는 노사합의에 의해 실제로 받는 일시금을 말한다(소법 §22 ①).

(2) 근로소득에 해당하는 경우

① 근로자가 퇴직함으로써 받는 소득으로서 퇴직소득에 속하지 아니하는 소득
② 근로자가 퇴직함으로써 받는 소득으로서 법인세법에 따라 손금에 산입되지 아니하고 지급받는 퇴직급여

(3) 구분 예

1) 퇴직소득에 해당하는 경우 사례

① 근로기준법에 의한 퇴직금중간정산 후 법인이 노사합의에 의하여 급여인상분을 소급적용하여 추가로 지급하는 경우 동 퇴직금상당액(서일-290, 2005.3.15.)

② 불특정다수의 근로자에게 적용되는 퇴직급여지급규정 또는 노사합의 등에 의하여 퇴직 시 지급받는 학자금(서일-1522, 2004.11.11.)

③ 근무부서의 통·폐합으로 인하여 자진퇴사하거나 해고되었을 때 퇴직급여지급규정에 의하여 근로기준법에서 정한 퇴직금 이외에 일정액을 추가로 지급받는 금액(서일-266, 2007.2.22.)

④ 퇴직금지급규정 개정을 예고하였으나 노사합의가 이루어지지 아니한 상태에서 예정규정에 의해 중간정산한 종업원이 실제 퇴직하는 때 또는 실제 퇴직한 종업원이 퇴직한 이후에 노사합의에 의한 퇴직금지급규정에 의해 보상으로 받는 추가금액(서일460011-10495, 2003.4.21.)

⑤ 임원급여를 연봉제로 전환하며 임원퇴직금을 중간정산하여 지급한 후 임원의 급여를 다시 연봉제 이전의 방식으로 환원하고 임원이 현실적으로 퇴직하는 때에 그 환원일부터 기산해 지급하는 퇴직금 또는 퇴직연금(서면법규-170, 2014.2.25.; 서이-100,2007.1.12.; 서이 46012-10546, 2001.11.16.)

⑥ 법인의 대주주인 상근임원이 비상근임원으로 전환하면서 퇴직금을 포기한 경우 임원이 포기한 퇴직금(임원 퇴직금 한도 내 금액에 한함)(서이 46012-12368, 2002.12.30.)

⑦ 중간정산 퇴직금의 분할지급으로 인하여 퇴직금의 지급이 지연됨에 따라 중간정산 기준일과 실제 지급일간의 기간에 대하여 소정의 보상액을 추가로 지급하는 경우 해당 보상액(서일-1093, 2005.9.16.)

⑧ 사립학교교직원이 퇴직으로 인하여 지급받는 급여 중 사립학교법 제60조의 3 제1항의 규정에 의하여 일정요건에 해당하는 불특정다수의 교직원을 대상으로 하는 교직원 명예퇴직운영준칙에 따라 지급받는 명예퇴직금(서일-494, 2008.4.7.)

⑨ 전근무지에서 퇴직하고 현근무지에서 근무하다 퇴직하는 경우로서 퇴직금지급규정에 근속기간을 통산한 후 전근무지의 퇴직금을 제외하고 지급하는 경우 그 퇴직금(서일 -1467, 2007.10.26.)

⑩ 임용결격공무원등에대한퇴직보상금지급등에관한특례법 제4조에 따라 임용결격공무원 또는 당연퇴직공무원이 국가 및 지방자치단체로부터 지급받는 퇴직보상금(원

천-2370, 2008.10.29.)

⑪ 법인이 다수의 사업장이 있는 경우로서 노동조합이 설립되어 있지 않은 사업장에서 근무하던 불특정다수의 퇴직자에게 노동조합이 설립되어 있는 다른 사업장의 노사 합의사항(불특정다수의 퇴직자에게 적용되는 것을 말함)에 준하여 퇴직위로금을 지급하는 경우 해당 퇴직위로금(소법 집행기준 22-0-3)

⑫ 회사가 경영성과에 따른 경영성과금의 일부 또는 전부를 근로자에게 지급하지 아니하고 근로자와 합의한 퇴직연금규약에 따라 확정기여형퇴직연금의 사용자부담금으로 추가납입하고, 근로자가 현실적인 퇴직을 원인으로 해당 추가납입금을 포함한 사용자 부담금을 기초로 하여 지급받는 소득(원천-10, 2014.1.14.)

⑬ 회사가 위로금의 일부 또는 전부를 근로자에게 지급하지 아니하고 근로자와 합의한 퇴직연금규약에 따라 확정기여형퇴직연금의 사용자 부담금으로 추가납입하고, 근로자가 현실적인 퇴직을 원인으로 해당 추가납입금을 포함한 사용자 부담금을 기초로 하여 지급받는 소득(원천-650, 2013.12.24.)

⑭ 쟁점법인의 정관에 '퇴직한 임원의 퇴직금은 주주총회의 결의로 정한다'라고 규정하고 있고, 쟁점법인의 주주총회에서 전회장인 피상속인의 유지에 따라 상속인들이 퇴직금에 대한 권리를 주장하지 않기로 뜻을 밝힘에 따라 쟁점 퇴직금을 지급하지 않기로 결의한 경우에 이는 퇴직소득에 해당하지 아니하고 상속재산에 포함되지 않음(조심 2018서3886, 2019.6.20.).

2) 근로소득에 해당하는 경우 사례

① 정관상에 퇴직금 등의 지급액이 정하여지지 않고 위임된 퇴직급여지급규정도 없이 단지 주주총회의 결의에 의해 지급하는 퇴직금액 중 임원퇴직금한도액을 초과하는 금액(법인 46012-1043, 1997.4.14.)

② 주주총회에서 정한 퇴직급여규정이 있음에도 불구하고 이사회에서 정한 퇴직급여규정에 의해 지급된 퇴직금액 중 임원퇴직금한도액을 초과하는 금액(법인 46012-3548, 1998.11.19.)

③ 법인이 임원으로 등재만 되어 있을 뿐 그 직무에 종사하지 아니한 비상근임원에게 퇴직금을 지급함으로써 조세의 부담을 부당히 감소시킨 것으로 인정되는 경우 그 퇴직금(법인 46012-2912, 1998.10.8.)

④ 불특정다수의 퇴직자에게 적용되는 퇴직급여지급규정에 의하지 아니하고 법원의 임

의조정결과에 따라 퇴직한 임원에게 지급한 금액(법규소득 2009 – 79, 2009.4.23.)

⑤ 해외 모법인의 자회사인 내국법인이 해외 모법인으로부터 파견된 외국인근로자에 대해 본국의 법에 따라 해외 모법인이 납부하여야 할 퇴직연금부담금을 부담하는 경우 해당 퇴직연금부담금(원천 – 5, 2010.1.4.)

⑥ 확정기여형 퇴직연금규약에 부담금의 산정방법, 지급시기, 납입방법 등을 구체적으로 명시하지 않고 납입하는 경영성과급(원천 – 10, 2014.1.14.)

Ⅱ 퇴직소득의 범위

1. 퇴직소득의 범위

퇴직소득은 근로대가로서 현실적인 퇴직을 원인으로 지급하는 소득으로 해당 과세기간에 발생한 다음의 소득금액 합계액으로 한다(소법 §22 ① · ③).

① 공적연금 관련법에 따라 받는 일시금

② 사용자 부담금을 기초로 하여 현실적인 퇴직을 원인으로 지급하는 소득

③ 그 밖에 퇴직소득

따라서 근로대가의 명칭여하에 관계없이 퇴직을 원인으로 지급받는 대가(명예퇴직금, 퇴직위로금, 해고급여 등)는 원칙적으로 모두 퇴직소득에 해당한다.

> **예규 및 판례**
>
> ▶▶ 자회사로 전출하는 직원에게 퇴직금을 지급하면서 추가로 해당 법인과 자회사와의 연봉 · 성과급 등의 급여차액을 산정하여 이를 일시금으로 지급하는 전적격려금은 「소득세법」 제22조의 퇴직소득에 해당하는 것임(서면법령소득 – 655, 2015.10.13.).
>
> ▶▶ 회사가 경영성과에 따른 경영성과금의 일부 또는 전부를 근로자에게 지급하지 아니하고 근로자와 합의한 퇴직연금규약(혼합형의 경우 포함)에 따라 확정기여형 퇴직연금의 사용자 부담금으로 추가납입하고, 근로자가 현실적인 퇴직을 원인으로 해당 추가납입금을 포함한 사용자 부담금을 기초로 하여 지급받는 소득은 「소득세법」 제22조 제1항 제2호(2013.1.1. 법률 제11611호로 일부 개정된 것)에 따른 퇴직소득에 해당하는 것임(원천세과 – 260, 2014.7.15.).

2. 퇴직소득의 내용

(1) 공적연금 관련법에 따라 받는 일시금

공적연금 관련법[*]에 따라 받는 일시금은 2002.1.1. 이후에 납입된 연금기여금 및 사용자 부담금을 기초로 하거나 2002.1.1. 이후 근로의 제공을 기초로 하여 받은 일시금으로서 다음의 금액으로 한다(소법 §22 ① 1호, 소령 §42의 2 ①).

> [*] 공적연금 관련법(소법 §12 4호 가목)
> 국민연금법, 공무원연금법, 군인연금법, 사립학교교직원연금법, 별정우체국법, 국민연금과직역연금의연계에관한법률

1) 국민연금법 또는 국민연금과직역연금의연계에관한법률에 따른 반환일시금은 다음의 금액 중 적은 금액

① 2002.1.1.(과세기준일) 이후 납입한 기여금 또는 개인부담금(사용자부담분 포함)의 누계액과 이에 대한 이자 및 가산이자

② 실제 지급받은 일시금에서 2002.1.1.(과세기준일) 이전에 납입한 기여금 또는 개인부담금을 뺀 금액

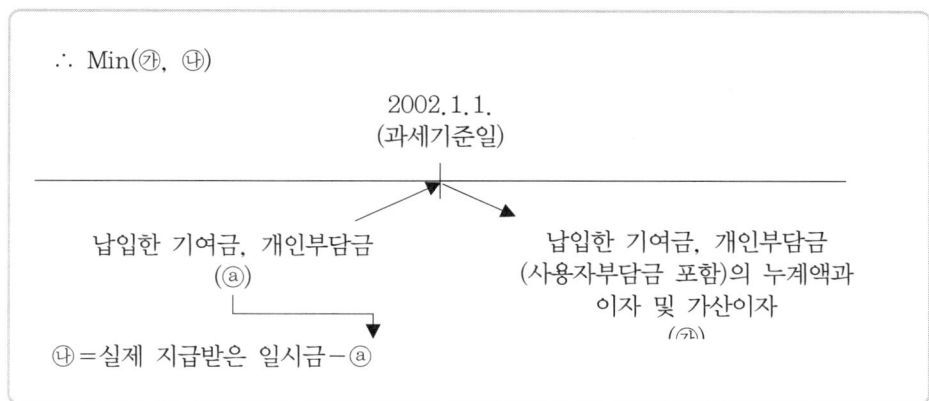

2) 상기 '1)' 이외의 일시금은 다음의 금액

$$\text{과세기간 일시금수령액} \times \frac{\text{과세기준일 이후 기여금 납입월수}}{\text{총기여금 납입월수}}$$

공적연금 관련법에 따라 받는 일시금(퇴직소득세가 과세되었거나 비과세 소득인 경우만 해당)을 반납하고 공적연금 관련법에 따라 재직기간, 복무기간 또는 가입기간을 합산한 경우에는 재임용일 또는 재가입일을 과세기준일로 보아 계산한다(소령 §42의 2 ②). 이 경우 과세제외기여금 등[*]이 있는 경우에는 과세기준금액에서 과세제외기여금을 뺀 금액을 공정연금관련법에 따라 받는 일시금으로 한다(소령 §42의 2 ③).

*과세제외기여금 등
  가. 실제 소득공제받은 부분을 초과하여 납입한 누계액
  나. 공적연금 관련법에 따라 받는 일시금으로서 퇴직소득세가 과세되었거나 비과세 소득을 반납하고 연금으로 수령하는 경우 반납한 일시금

저자주

공적연금 관련법에 따라 받는 일시금

1. **국민연금법에 의하여 지급받는 반환일시금**
   (1) 반환일시금 : 가입자 또는 가입자였던 자가 다음의 어느 하나에 해당하게 되면 본인이나 그 유족의 청구에 의하여 반환일시금을 지급받을 수 있다(국민연금법 §77 · §80).
      ② 가입자 또는 가입자였던 자가 사망한 때. 다만, 가입자 또는 가입기간이 10년 이상인 가입자였던 자가 사망한 때에는 법소정의 유족연금이 지급되지 아니하는 경우만 해당한다.
      ③ 국적을 상실하거나 국외로 이주한 때
   (2) 반환일시금의 액수는 가입자 또는 가입자였던 자가 납부한 연금보험료(사업장가입자 또는 사업장가입자였던 자의 경우에는 사용자의 부담금을 포함)에 법소정의 이자를 더한 금액으로 한다.

2. **공무원연금법 · 군인연금법 · 사립학교교직원연금법 · 별정우체국법에 의하여 지급받는 일시금**

---

(2) 사용자 부담금을 기초로 하여 현실적인 퇴직을 원인으로 지급하는 소득

'현실적인 퇴직'이란 고용관계 내지 근로관계가 종료됨으로써 퇴직하는 것을 의미한다. 즉 '현실적으로 퇴직'의 해당 여부에 따라 다음과 같이 구분된다.

구 분	퇴직급여 지급 시
현실적인 퇴직	퇴직소득으로 원천징수
현실적인 퇴직이 아닌 경우	대여금 등으로 보아 부당행위계산 부인규정에 해당되어 인정상여(인정이자) 계산

(3) 소기업 · 소상공인 공제금 지급액

1) 퇴직소득

일정한 사유가 발생하여 소기업 · 소상공인 공제에서 공제금을 지급받는 경우에는 퇴직소득으로 보아 소득세를 부과한다. 이 경우 소득세법 제48조(퇴직소득공제) 및 제55조(세율)에 따른 근속연수는 소기업 · 소상공인 공제의 가입기간을 고려하여 공제부금 납입월수를 12로 나누어 계산한 연수(1년 미만의 기간은 1년으로 봄)에 따라 계산한 연수로 한다.

① 퇴직소득으로 보는 사유

가. 소기업 · 소상공인이 폐업(개인사업자의 지위에서 공제에 가입한 자가 법인을 설립하기 위하여 현물출자를 함으로써 폐업한 경우와 개인사업자의 지위에서 공제에 가입한 자가 그 배우자 또는 자녀에게 사업의 전부를 양도함으로써 폐업한 경우를 포함) 또는 해산(법인에 한함)한 때

나. 공제가입자가 사망한 때

다. 법인의 대표자의 지위에서 공제에 가입한 자가 그 법인의 대표자의 지위를 상실한 때

라. 만 60세 이상으로 공제부금 납입월수가 120개월 이상인 공제가입자가 공제금의 지급을 청구한 때

마. 천재 · 지변의 발생

바. 공제가입자의 해외이주

사. 공제가입자의 3월 이상의 입원치료 또는 요양을 요하는 상해 · 질병의 발생

아. 중소기업협동조합법에 따른 중소기업중앙회의 해산

② 퇴직소득 금액

> 퇴직소득 = (공제금 − 실제 소득공제받은 금액을 초과하여 납입한 금액의 누계액)

2) 기타소득

상기 '1)' 퇴직소득으로 보는 사유가 발생하기 전에 소기업 · 소상공인 공제계약이 해지된 경우(해지가산세는 부과되지 아니함)에는 기타소득으로 보아 소득세를 부과한다(원천징수세율 : 15%, 2018.1.1. 이후 해지분부터).

> 기타소득=(해지로 인하여 받은 환급금−실제 소득공제받은 금액을 초과하여 납입한 금액의 누계액)

(4) 그 밖에 퇴직소득

다음의 어느 하나에 해당하는 금액은 퇴직소득으로 본다(소령 §42의 2 ④).

① 공적연금 관련법에 따른 퇴직소득을 지급하는 자가 퇴직소득의 일부 또는 전부를 지연하여 지급하면서 지연지급에 대한 이자를 함께 지급하는 경우 해당 이자

② 과학기술인공제회법 제16조 제1항 제3호에 따라 지급받는 과학기술발전장려금

③ 건설근로자의고용개선등에관한법률 제14조에 따라 지급받는 퇴직공제금건설근로 자의 고용안정과 직업능력의 개발·향상을 지원·촉진하고 건설근로자에게 퇴직공 제금을 지급하는 등의 복지사업을 실시함으로써 건설근로자의 고용개선과 복지증 진을 도모하고 건설산업의 발전에 이바지하는 것을 목적으로 설립된 공제회로서 사 업주가 건설근로자를 피공제자로 하여 건설근로자공제회에 공제부금(共濟賦金)을 내고 그 피공제자가 건설업에서 퇴직하는 등의 경우에 건설근로자공제회가 퇴직공 제금을 지급하는 것을 말한다.

④ 종교관련종사자가 현실적인 퇴직을 원인으로 종교단체로부터 지급받는 소득

(5) 해고예고수당

사용자가 30일 전에 예고를 하지 아니하고 근로자를 해고하는 경우 근로자에게 지급하는 근로기준법 제26조의 규정에 의한 해고예고수당은 퇴직소득으로 본다(소통 22-0…2).

> ● 근로기준법 제26조
>
> 사용자는 근로자를 해고(경영상 이유에 의한 해고를 포함)하려면 적어도 30일 전에 예 고를 하여야 하고, 30일 전에 예고를 하지 아니하였을 때에는 30일분 이상의 통상임금 을 지급하여야 한다. 다만, 천재·사변, 그 밖의 부득이한 사유로 사업을 계속하는 것 이 불가능한 경우 또는 근로자가 고의로 사업에 막대한 지장을 초래하거나 재산상 손해 를 끼친 경우로서 고용노동부령으로 정하는 사유에 해당하는 경우에는 그러하지 아니 하다.

(6) 퇴직금전환금

이러한 퇴직금전환금은 퇴직급여로 보며, 근로자가 현실적인 퇴직에 해당할 때 받는 것으로 본다.

퇴직금전환금이란 1993.1.1.부터 1999.3.31.까지 시행되었던 제도로서 사용자는 근로자의 퇴직를 위해 적립한 퇴직준비금 중에서 일정부분을 국민연금보험료로 납부하였다. 따라서 근로자는 퇴직 시 납부된 퇴직금전환금을 공제한 나머지 금액에 대해서 퇴직금을 받고, 동 퇴직금전환금은 향후 연금이나 일시금으로 지급된다.

(7) 소득이연퇴직소득을 세액이연퇴직소득으로 전환 특례

2012.12.31. 이전 퇴직하여 지급받은 퇴직소득을 퇴직연금계좌에 입금 시 이후 수령할 때까지 퇴직소득으로 보지 않는 소득이연퇴직소득개념을 2013.1.1. 이후부터 적용하고 있는 다음의 세액이연퇴직소득개념으로 전환한다(2012.12.31. 이전 퇴직소득이 2014.12.31.에 퇴직연금계좌에 있는 경우)(소법 §146의 2).

퇴직소득을 퇴직연금계좌에 불입하여 퇴직소득에 대한 세액이 이연된 경우 추후 연금으로 수령하거나 연금외수령하는 경우 소득의 구분 및 원천징수방법은 다음과 같다(소법 §14 ③ 9호 가목·§129 ① 5호의 3, 소령 §187의 3).

① 퇴직소득을 퇴직연금계좌에 불입하여 수령하는 연금소득은 다음 '④'에 의해 원천징수 후 전액 분리과세

② 퇴직소득을 퇴직연금계좌로 입금 시(이연퇴직소득) 이연퇴직소득세 계산

$$= \text{퇴직소득 산출세액} \times \frac{\text{이연퇴직소득}}{\text{퇴직소득}}$$

③ 이연퇴직소득을 연금외수령 시 연금소득 원천징수세액(다음 가.)

　가. 연금외수령 당시 이연퇴직소득세 $\times \dfrac{\text{연금외수령한 이연퇴직소득}}{\text{연금외수령당시 이연퇴직소득}}$

　나. 연금외수령 당시 이연퇴직소득세
　　 = 해당 연금외수령 전까지의 이연퇴직소득세 누계액
　　　 − 인출한 이연퇴직소득의 누계액에 대한 세액

　　다. 인출한 이연퇴직소득의 누계액

$$= 이연퇴직소득세누계액 \times \frac{인출퇴직소득누계액}{이연퇴직소득누계액}$$

④ 이연퇴직소득을 연금수령 연금소득 원천징수세액(소법 §129 ① 5의 3호)

$$= 이연퇴직소득세 \times \frac{연금수령액}{이연퇴직소득} \times 60\% \sim 70\%^{*}$$

　(즉 퇴직소득으로의 원천징수세액의 70%란 의미)

　* 연금 실제 수령연차가 10년 이하 시 70%, 10년 초과 시 60%

(8) 관련 사례

① 회사가 경영성과에 따른 경영성과금의 일부 또는 전부를 근로자에게 지급하지 아니하고 근로자와 합의한 퇴직연금규약에 따라 확정기여형퇴직연금의 사용자 부담금으로 추가납입하고, 근로자가 현실적인 퇴직을 원인으로 해당 추가납입금을 포함한 사용자 부담금을 기초로 하여 지급받는 소득은 소득세법 제22조 제1항 제2호에 따른 퇴직소득에 해당하는 것이다(원천-364, 2013.6.20.).

② 근로자퇴직급여보장법에 따른 퇴직연금규약에서 근로자가 퇴직연금계좌에 확정기여형부담금을 추가부담하면 사용자도 일정비율의 확정기여형부담금을 추가부담하는 조건을 명시하여 적법하게 확정기여형퇴직연금제도를 설정한 경우 사용자의 추가부담금에서 발생하는 소득은 근로자퇴직급여보장법에 따른 연금 또는 퇴직일시금에 해당하여 연금소득 또는 퇴직소득에 해당한다(소법 집행기준 22-42의 2-3).

③ 확정기여형 퇴직연금규약에 부담금의 산정방법, 지급시기, 납입방법 등을 구체적으로 명시하여 이에 따라 납입하는 경영성과급은 근로소득에 해당하지 않는 것이며, 확정기여형 퇴직연금규약에 명시하지 않고 납입하는 경영성과급은 근로소득에 해당하는 것이다(서면법규-1069, 2013.9.30.).

　(사실관계)

　－갑, 을, 병 법인은 2012년의 경영성과에 대하여 2013.2.20.에 법인의 주주총회 결의에 따라 경영성과급을 근로자에게 지급하기로 의결하고 2013.3.15.에 동 경영성과급을 지급함.

　－갑 법인은 확정기여형 퇴직연금제도(이하 "DC형 퇴직연금")를 도입한 법인으로 퇴직연금규약상에 근로자에 대하여 경영성과급을 DC형 퇴직연금에 입금하는 것으로 규정하고 있음. 따라서 퇴직연금규약에 따라 동 법인은 모든 근로자에 대하여

경영성과급을 DC형 퇴직연금에 납입하여 지급하였음.

- 을 법인은 DC형 퇴직연금을 도입한 법인으로 퇴직연금규약상에 경영성과급을 근로자의 선택에 따라 DC형 퇴직연금에 입금하는 것으로 규정함. 을 법인의 근로자는 A, B가 있으며 개별 근로자의 선택에 따라 A는 DC형 퇴직연금에 납입하였고, B는 일반상여금으로 경영성과급을 수령함.

- 병 법인은 DC형 퇴직연금을 도입한 법인으로 퇴직연금규약상에 경영성과급 관련 규정이 명시되어 있지 않음. 병 법인은 모든 근로자에 대하여 경영성과급을 DC형 퇴직연금에 납입하여 지급함.

(질의내용)

경영성과급을 DC형 퇴직연금에 납입 시 퇴직연금규약의 규정 여부에 따른 소득구분

(회신)

확정기여형 퇴직연금규약에 부담금의 산정방법, 지급시기, 납입방법 등을 구체적으로 명시하여 이에 따라 납입하는 경영성과급은 소득세법시행령 제38조 제2항에 따라 근로소득에 해당하지 않는 것이며, 확정기여형 퇴직연금규약에 명시하지 않고 납입하는 경영성과급은 소득세법 제20조 제1항에 따라 근로소득에 해당하는 것이다.

④ 거주자가 퇴직으로 인하여 지급받은 소득세법 제22조 제1항 제1호에 해당하는 금원을 기업구조조정약정에 따른 자구계획의 일환으로 반납하는 경우에도 당해 금원은 퇴직소득에 해당하는 것이다(원천-516, 2009.6.17.).

3. 비과세 퇴직소득

다음에 해당하는 퇴직소득은 비과세한다.

(1) 산업재해보상보험법에 따라 수급권자가 받는 요양급여 등

산업재해보상보험법에 따라 수급권자가 받는 요양급여, 휴업급여, 장해급여, 간병급여, 유족급여, 유족특별급여, 장해특별급여, 장의비 또는 근로의 제공으로 인한 부상·질병·사망과 관련하여 근로자나 그 유족이 받는 배상·보상 또는 위자(慰藉)의 성질이 있는 급여를 말한다(소법 §12 3호 다목).

① 요양급여(산업재해보장법 §40)

요양급여는 근로자가 업무상의 사유로 부상을 당하거나 질병에 걸린 경우에 그 근로자에게 지급하는 급여이다.

공단이 설치 또는 지정한 의료기관에서 요양을 하고 비용을 의료기관에 직접 지급하는 것을 원칙으로 하고 있지만, 부득이한 사유로 인해 근로자가 요양을 먼저하고 진료를 부담한 경우 및 급여의 성격상 근로자에게 직접 지급하여야 할 비용을 근로자에게 직접 지급한다. 이 경우에 부상 또는 질병이 3일 이내의 요양으로 치유될 수 있으면 요양급여를 지급하지 아니한다.

요양급여의 범위는 다음과 같다.

가. 진찰 및 검사

나. 약제 또는 진료재료와 의지(義肢) 그 밖의 보조기의 지급

다. 처치, 수술, 그 밖의 치료

라. 재활치료

마. 입원

바. 간호 및 간병

사. 이송

아. 그 밖에 고용노동부령으로 정하는 사항

② 휴업급여(산업재해보상법 §52)

휴업급여는 업무상 재해를 당하거나 업무상 질병에 걸린 근로자가 요양으로 인하여 취업하지 못한 기간에 대하여 피재근로자와 그 가족의 생활보호를 위하여 지급하는 보험급여이다.

휴업급여는 업무상 사유로 부상을 당하거나 질병에 걸린 근로자에게 요양으로 취업하지 못한 기간에 대하여 지급하되, 1일당 지급액은 평균임금의 100분의 70에 상당하는 금액으로 한다. 다만, 취업하지 못한 기간이 3일 이내이면 지급하지 아니한다.

③ 장해급여(산업재해보상법 §57)

장해급여는 업무상 재해를 당한 근로자가 요양 후 치유되었으나 정신적 또는 신체적 결손이 남게 되는 경우 그 장해로 인한 노동력손실보전을 위하여 지급되는 보험급여이다. 이러한 장해급여는 장해등급에 따라 장해보상연금 또는 장해보상일시금으로 하되 그 수령은 수급권자의 선택에 따라 지급한다.

④ **간병급여**(산업재해보상법 §61)

요양을 종결한 산재근로자가 치유 후 의학적으로 상시 또는 수시로 간병이 필요하여 실제로 간병을 받는 자에게 지급하는 보험급여이다.

⑤ **유족급여**(산업재해보상법 §62)

근로자가 업무상 사유로 사망 시 또는 사망으로 추정되는 경우 그 근로자와 생계를 같이 하고 있던 유족들의 생활보장을 위하여 지급되는 보험급여이며, 장의비는 그 장제에 소요되는 비용으로 실비의 성질을 가진다.

⑥ **유족특별급여**(산업재해보상법 §79)

유족특별급여는 보험가입자의 고의 또는 과실로 발생한 업무상의 재해로 근로자가 사망한 경우에 수급권자가 민법에 따른 손해배상청구를 갈음하여 유족특별급여를 청구하면 산업재해보상법 제62조의 유족급여 또는 제91조의 4의 진폐유족연금 외에 법소정의 특별급여를 지급하는 것을 말한다.

⑦ **장해특별급여**(산업재해보상법 §78)

장해특별급여는 보험가입자의 고의 또는 과실로 발생한 업무상의 재해로 근로자가 법소정의 장해등급 또는 진폐장해등급에 해당하는 장해를 입은 경우에 수급권자가 민법에 따른 손해배상청구를 갈음하여 장해특별급여를 청구하면 산업재해보상법 제57조의 장해급여 또는 제91조의 3의 진폐보상연금 외에 법소정의 특별급여를 지급하는 것을 말한다. 다만, 근로자와 보험가입자 사이에 장해특별급여에 관하여 합의가 이루어진 경우에 한한다. 수급권자가 해당 장해특별급여를 받으면 동일한 사유에 대하여 보험가입자에게 민법이나 그 밖의 법령에 따른 손해배상을 청구할 수 없다.

⑧ **장의비**(산업재해보상법 §71)

장의비는 근로자가 업무상의 사유로 사망한 경우에 지급하되, 평균임금의 120일분에 상당하는 금액을 그 장제(葬祭)를 지낸 유족에게 지급한다. 다만, 장제를 지낼 유족이 없거나 그 밖에 부득이한 사유로 유족이 아닌 자가 장제를 지낸 경우에는 평균임금의 120일분에 상당하는 금액의 범위에서 실제 드는 비용을 그 장제를 지낸 자에게 지급한다.

⑨ **상병보상연금**(산업재해보상법 §66)

요양개시 후 2년이 경과하여도 치유되지 아니하고 요양이 장기화됨에 따라 해당 피재근로자와 그 가족의 생활안정을 도모하기 위하여 휴업급여 대신에 보상수준을 향상시

커 지급하게 되는 보험급여이다.

(2) 근로기준법 또는 선원법에 따라 근로자·선원 및 그 유족이 받는 요양보상금 등

근로기준법 또는 선원법에 따라 근로자·선원 및 그 유족이 받는 요양보상금, 휴업보
상금, 상병보상금(傷病補償金), 일시보상금, 장해보상금, 유족보상금, 행방불명보상금,
소지품 유실보상금, 장의비 및 장제비를 말한다(소법 §12 3호 라목).

① 요양보상금(근로기준법 §78, 선원법 §94)

근로자가 업무상 부상 또는 질병에 걸리면 사용자는 그 비용으로 필요한 요양을 행하
거나 필요한 요양비를 부담하여야 한다.

선박소유자는 선원이 직무상 부상하거나 질병에 걸린 때에는 그 부상이나 질병이 치유
될 때까지 선박소유자의 비용으로 용약을 시키거나 요양에 필요한 비용을 지급하여야 한다.

② 휴업보상금(근로기준법 §79)

사용자는 업무상 부상 또는 질병으로 인해 요양 중에 있는 근로자에게 그 근로자의 요
양 중 평균임금의 100분의 60의 휴업보상을 하여야 한다. 이때 휴업보상을 받을 기간
에 그 보상을 받을 자가 임금의 일부를 지급받은 경우에는 사용자는 평균임금에서 그
지급받은 금액을 뺀 금액의 100분의 60의 휴업보상을 하여야 한다.

③ 상병보상금(선원법 §96)

선박소유자는 직무상 부상하거나 질병으로 인한 요양중에 있는 선원에게 4월의 범위
안에서 그 부상 또는 질병이 치유될 때까지 매월 1회 통상임금에 상당하는 금액의 상
병보상을 행하여야 하며, 4월이 지나도 치유되지 아니하는 경우에는 치유될 때까지 매
월 1회 통상임금의 70퍼센트에 상당하는 금액의 상병보상을 행하여야 한다.

④ 일시보상금(선원법 §98)

선박소유자는 제94조 제1항 및 제96조 제1항에 따라 보상을 받고 있는 선원이 2년이
지나도 그 부상이나 질병이 치유되지 아니하는 경우에는 산업재해보상보험법에 따른
제1급의 장해보상에 상당하는 금액을 선원에게 한꺼번에 지급함으로써 제94조 제1항,
제96조 제1항 또는 제97조에 따른 보상책임을 면할 수 있다.

⑤ 장해보상금(근로기준법 §80, 선원법 §97)

근로자가 업무상 부상 또는 질병에 걸리고, 완치된 후 신체에 장해가 있으면 사용자는

그 장해 정도에 따라 평균임금에 별표에서 정한 일수를 곱한 금액의 장해보상을 하여야 한다. 이미 신체에 장해가 있는 자가 부상 또는 질병으로 인하여 같은 부위에 장해가 더 심해진 경우에 그 장해에 대한 장해보상금액은 장해 정도가 더 심해진 장해등급에 해당하는 장해보상의 일수에서 기존의 장해등급에 해당하는 장해보상의 일수를 뺀 일수에 보상청구사유 발생당시의 평균임금을 곱하여 산정한 금액으로 한다.

선원이 직무상 부상이나 질병이 치유된 후에도 신체에 장해가 남는 경우에는 선박소유자는 지체없이 산업재해보상보험법에서 정하는 장해등급에 따른 일수에 승선평균임금을 곱한 금액의 장해보상을 하여야 한다.

⑥ 유족보상금(근로기준법 §82, 선원법 §99)

근로자가 업무상 사망한 경우에는 사용자는 근로자가 사망한 후 지체없이 그 유족에게 평균임금 1,000일분의 유족보상을 하여야 한다.

선박소유자는 선원이 직무상 사망(직무상 부상 또는 질병으로 인한 요양 중의 사망을 포함)하였을 때에는 지체 없이 대통령령으로 정하는 유족에게 승선평균임금의 1천300일분에 상당하는 금액의 유족보상을 하여야 한다. 선박소유자는 선원이 승무 중 직무 외의 원인으로 사망(제94조 제2항에 따른 요양 중의 사망을 포함)하였을 때에는 지체없이 대통령령으로 정하는 유족에게 승선평균임금의 1천일분에 상당하는 금액의 유족보상을 하여야 한다. 다만, 사망원인이 선원의 고의에 의한 경우로서 선박소유자가 선원노동위원회의 인정을 받은 경우에는 그러하지 아니하다.

⑦ 행방불명보상금(선원법 §101)

선박소유자는 선원이 해상에서 행방불명된 경우에는 법소정의 피부양자에게 1개월분의 통상임금과 승선평균임금의 3개월분에 상당하는 금액의 행방불명보상을 하여야 한다.

⑧ 소지품 유실보상금(선원법 §102)

선박소유자는 선원이 승선하고 있는 동안 해양사고로 소지품을 잃어버린 경우에는 통상임금의 2개월분의 범위에서 그 잃어버린 소지품의 가액(價額)에 상당하는 금액을 보상하여야 한다.

⑨ 장의비 및 장제비(근로기준법 §83, 선원법 §100)

근로자가 업무상 사망한 경우에는 사용자는 근로자가 사망한 후 지체없이 평균임금 90일분의 장의비를 지급하여야 한다.

선박소유자는 선원이 사망하였을 때에는 지체없이 대통령령으로 정하는 유족에게 승선평균임금의 120일분에 상당하는 금액을 장제비(葬祭費)로 지급하여야 한다.

(3) 고용보험법에 따라 받는 실업급여 등

고용보험법에 따라 받는 실업급여, 육아휴직급여, 육아기 근로시간 단축급여, 출산전후휴가 급여 등, 제대군인지원에관한법률에 따라 받는 전직지원금, 국가공무원법 · 지방공무원법에 따른 공무원 또는 사립학교교직원연금법 · 별정우체국법을 적용받는 사람이 관련 법령에 따라 받는 육아휴직수당(소법 §12 3호 마목)을 말한다.

① 고용보험법상 실업급여, 육아휴직급여, 육아기 근로시간 단축급여, 출산전후휴가 급여 등

가. 실업급여

실업급여는 구직급여와 취업촉진수당으로 구분하며 취업촉진수당의 종류는 조기(早期)재취업 수당, 직업능력개발 수당, 광역 구직활동비, 이주비가 있다. 이러한 실업급여를 받을 권리는 양도 또는 압류하거나 담보로 제공할 수 없으며, 실업급여로서 지급된 금품에 대하여는 국가나 지방자치단체의 공과금(국세기본법 제2조 제8호 또는 지방세기본법 제2조 제1항 제26호에 따른 공과금)을 부과하지 아니한다.

나. 육아휴직급여

고용노동부장관은 남녀고용평등과일 · 가정양립지원에관한법률 제19조에 따른 육아휴직을 30일(근로기준법 제74조에 따른 출산전후휴가기간과 중복되는 기간은 제외) 이상 부여받은 피보험자 다음의 요건을 모두 갖춘 피보험자에게 육아휴직 급여를 지급한다.

- 육아휴직을 시작한 날 이전에 제41조에 따른 피보험 단위기간이 통산하여 180일 이상일 것
- 같은 자녀에 대하여 피보험자인 배우자가 30일 이상의 육아휴직을 부여받지 아니하거나 남녀고용평등과일 · 가정양립지원에관한법률 제19조의 2에 따른 육아기 근로시간 단축을 30일 이상 실시하지 아니하고 있을 것

다. 육아기 근로시간 단축급여

고용노동부장관은 육아기 근로시간 단축을 30일(근로기준법 제74조에 따른 출산전후휴가기간과 중복되는 기간은 제외) 이상 실시한 피보험자 중 다음의 요건을 모두 갖춘 피보험자에게 육아기 근로시간 단축급여를 지급한다.

- 육아기 근로시간 단축을 시작한 날 이전에 제41조에 따른 피보험 단위기간이 통

산하여 180일 이상일 것

－같은 자녀에 대하여 피보험자인 배우자가 30일 이상의 육아휴직을 부여받지 아니하거나 육아기 근로시간 단축을 30일 이상 실시하지 아니하고 있을 것

라. 출산전후휴가 급여

고용노동부장관은 남녀고용평등과일·가정양립지원에관한법률 제18조에 따라 피보험자가 근로기준법 제74조에 따른 출산전후휴가 또는 유산·사산휴가를 받은 경우로서 다음의 요건을 모두 갖춘 경우에 출산전후휴가 급여 등을 지급한다.

－휴가가 끝난 날 이전에 제41조에 따른 피보험 단위기간이 통산하여 180일 이상일 것

－휴가를 시작한 날[제19조 제2항에 따라 근로자의 수 등이 대통령령으로 정하는 기준에 해당하는 기업이 아닌 경우는 휴가 시작 후 60일(한 번에 둘 이상의 자녀를 임신한 경우에는 75일)이 지난 날로 봄] 이후 1개월부터 휴가가 끝난 날 이후 12개월 이내에 신청할 것. 다만, 그 기간에 대통령령으로 정하는 사유로 출산전후휴가 급여 등을 신청할 수 없었던 자는 그 사유가 끝난 후 30일 이내에 신청하여야 한다.

② 제대군인지원에관한법률에 따라 받는 전직지원금

국가는 중·장기복무 제대군인의 생활안정을 도모하고 취업과 창업을 촉진하기 위하여 전직지원금을 지급한다.

③ 국가공무원법·지방공무원법에 따른 공무원 또는 사립학교교직원연금법·별정우체국법을 적용받는 사람이 관련 법령에 따라 받는 육아휴직수당

(4) 국민연금법에 따라 받는 반환일시금(사망으로 받는 것만 해당) 및 사망일시금

① 반환일시금(국민연금법 §77)

가입자 또는 가입자였던 자가 다음의 어느 하나에 해당하게 되면 본인이나 그 유족의 청구에 의하여 반환일시금을 지급받을 수 있다.

가. 가입기간이 10년 미만인 자가 60세가 된 때

나. 가입자 또는 가입자였던 자가 사망한 때. 다만, 가입자 또는 가입기간이 10년 이상인 가입자였던 자가 사망한 때에는 제72조 제1항 각 호 외의 부분 단서 또는 제85조에 따라 유족연금이 지급되지 아니하는 경우만 해당한다.

다. 국적을 상실하거나 국외로 이주한 때

② 사망일시금(국민연금법 §80)

사망일시금은 가입자 또는 가입자였던 자의 반환일시금에 상당하는 금액으로 하되, 그 금액은 사망한 가입자 또는 가입자였던 자의 최종 기준소득월액을 국민연금법 제51조 제1항 제2호에 따른 연도별 재평가율에 따라 사망일시금 수급 전년도의 현재가치로 환산한 금액과 같은 호에 준하여 산정한 가입기간 중 기준소득월액의 평균액 중에서 많은 금액의 4배를 초과하지 못한다.

(5) 공무원연금법 등에 따라 받는 요양비 등

공무원연금법, 군인연금법, 사립학교교직원연금법 또는 별정우체국법에 따라 받는 요양비·요양일시금·장해보상금·사망조위금·사망보상금·유족보상금·유족일시금·유족연금일시금·유족연금부가금·유족연금특별부가금·재해부조금·재해보상금 또는 신체·정신상의 장해·질병으로 인한 휴직기간에 받는 급여를 말한다.

① 공무원연금법

가. 공무원요양비

공무원이 공무상 질병 또는 부상으로 인하여 진단, 약제·치료제 및 보철구의 지급, 처치·수술 그 밖의 치료, 병원 또는 요양소에 수용되어 하는 요양, 간호, 이송의 경우에는 공무상요양비를 지급한다.

나. 재해보조금

공무원이 수재나 화재 그 밖의 재해로 재산에 손해를 입었을 때에는 공무원 전체의 기준소득월액의 4배에 상당하는 금액의 범위에서 재해부조금을 지급한다.

다. 사망조위금

공무원의 배우자나 부모(배우자의 부모를 포함) 또는 자녀가 사망한 경우에는 그 공무원에게 사망조위금을 지급한다. 이 경우 사망조위금 지급대상이 되는 공무원이 2명 이상일 때에는 대통령령이 정하는 1명의 공무원에게 지급하되, 부양하던 공무원이 따로 있으면 그 공무원에게 지급한다.

공무원이 사망한 경우에는 그 배우자에게 사망조위금을 지급하되, 배우자가 없는 경우에는 대통령령으로 정하는 바에 따라 장례와 제사를 모시는 자에게 지급한다. 전자에 따른 사망조위금은 공무원 전체의 기준소득월액의 평균액의 100분의 65에 상당하는 금액으로 하고, 후자에 따른 사망조위금은 해당 공무원의 기준소득월액의 100분의 195에 상당하는 금액으로 한다.

라. 장해보상금

공무원이 공무상 질병 또는 부상으로 인하여 장애상태로 되어 퇴직한 때 또는 퇴직 후에 그 질병 또는 부상으로 인하여 장애상태로 된 때에는 대통령령이 정하는 장애의 정도에 따라 본인이 원하는 바에 의하여 장애연금 또는 장해보상금을 지급한다.

마. 유족연금일시금

공무원 또는 공무원이었던 자가 다음의 어느 하나에 해당하게 된 때에는 유족연금을 지급한다.

－퇴직연금 또는 조기퇴직연금을 받을 권리가 있는 자가 사망한 때

－장해연금을 받을 권리가 있는 자가 사망한 때

－재직 중 공무로 사망하거나 공무상 질병 또는 부상으로 사망한 경우(재직 중 공무상 질병에 걸리거나 공무상 부상을 당하여 퇴직 후 3년 이내에 그 질병 또는 부상으로 사망한 경우를 포함하되, 순직공무원의 경우는 제외)

바. 유족연금부가금

20년 이상 재직한 공무원이 재직 중 사망하면 유족연금 외에 유족연금부가금을 따로 지급하며, 공무원이었던 자가 연금의 지급이 시작되기 전에 사망하거나 퇴직연금 또는 조기퇴직연금의 수급자가 퇴직한 날의 전날이 속하는 달의 다음 달부터 3년 이내에 사망하면 유족연금 외에 유족연금특별부가금을 따로 지급한다.

사. 유족연금특별부가금

퇴직연금 또는 조기퇴직연금을 받을 권리가 있는 자가 사망한 경우로서 공무원이 재직 중 사망한 때에는 유족연금 외에 유족연금부가금을 따로 지급하며, 공무원이 었던 자가 연금의 지급이 시작되기 전에 사망하거나 퇴직연금 또는 조기퇴직연금의 수급자가 퇴직한 날의 전날이 속하는 달의 다음 달부터 3년 이내에 사망하면 유족연금 외에 유족연금특별부가금을 따로 지급한다.

아. 유족일시금

공무원이 20년 미만 재직하고 사망한 경우(공무원연금법 제56조 제1항 제3호에 해당하는 경우 중 유족이 유족연금을 갈음하여 유족일시금을 원하는 경우를 포함)에는 그 유족에게 유족일시금을 지급한다.

자. 유족보상금

공무원이 재직 중 공무로 사망한 경우 또는 재직 중 공무상 질병 또는 부상으로 사망하거나 퇴직 후 3년 이내에 질병 또는 부상으로 사망한 경우에는 그 유족에게

02

유족보상금을 지급한다.

② 군인연금법

　가. 유족연금

　　군인이 20년 이상 복무 중 사망한 경우에는 그 유족에게 유족연금부가금을 지급한다.

　나. 유족연금일시금

　　퇴역연금을 받을 권리가 있는 자가 군복무 중 사망한 경우에 유족이 원하는 때에는 그 유족에게 유족연금과 유족연금부가금에 갈음하여 유족연금일시금을 지급한다.

　다. 유족일시금

　　군인이 20년 미만 복무하고 사망한 때에는 그 유족에게 유족일시금을 지급한다.

　라. 유족연금특별부가금

　　퇴역연금 또는 상이연금을 받을 권리가 있는 자(20년 이상 복무한 자에 한함)가 퇴직한 날의 전날이 속하는 달의 다음 달부터 3년 이내에 사망한 때에는 유족연금특별부가금을 지급한다.

　마. 공무상요양비

　　국인이 공무상 질병 또는 부상으로 인하여 다음 각 호의 요양을 하는 경우로서 대통령령으로 정하는 사유에 해당하여 군병원에서 그 요양을 할 수 없는 경우에는 공무상요양비를 지급할 수 있다.

　　－진단

　　－약제·치료제 및 보철구의 교부

　　－처치·수술 기타의 치료

　　－병원 또는 요양소에의 수용

　　－간호

　　－이송

　바. 사망보상금

　　군인이 공무를 수행하다가 사망한 경우에는 그 유족에게 사망보상금을 지급한다.

　사. 장애보상금

　　군인이 군복무 중 질병에 걸리거나 부상으로 인하여 심신장애 판정을 받고 퇴직하는 경우(퇴직 후 6개월 이내에 심신장애 판정을 받은 경우를 포함)에는 다음 각 호의 구분에 따라 장애보상금을 지급한다. 다만, 장해보상금은 공무상 부상 또는 질병으로 인하여 퇴직하는 경우에만 지급한다.

　　　　－제1급 : 기준소득월액의 10분의 78

　　　　－제2급 : 기준소득월액의 10분의 52

　　　　－제3급 : 기준소득월액의 10분의 39

　　　　－제4급 : 기준소득월액의 10분의 26

　아. 사망조위금

　　　㉠ 군인이 다음의 어느 하나에 해당하는 경우 사망조위금을 지급한다. 이 경우 사망조위금 지급대상이 되는 군인이 2명 이상일 때에는 대통령령으로 정하는 1명의 군인에게 지급하되, 부양하던 군인이 따로 있으면 그 군인에게 지급한다.

　　　　－배우자나 자녀가 사망한 경우

　　　　－본인이나 배우자의 직계존속(부모 외의 직계존속은 부양한 경우로 한정)이 사망한 경우

　　　㉡ 군인이 사망한 경우에는 그 배우자에게 사망조위금을 지급하며, 배우자가 없는 경우에는 장례와 제사를 모시는 사람에게 지급한다.

　　　㉢ '㉠'에 다른 사망조위금은 군인 전체의 기준소득월액 평균액의 100분의 65에 상당하는 금액으로 한다.

　　　㉣ '㉡'에 따른 사망조위금은 해당 군인의 기준소득월액의 100분의 195에 상당하는 금액으로 한다.

　자. 재해부조금

　　　군인이 수재(水災)나 화재 또는 그 밖의 재해로 인하여 재산에 손해를 입은 경우에는 군인 전체의 기준소득월액 평균액의 4배에 상당하는 금액의 범위에서 재해부조금을 지급한다.

③ 사립학교교직원연금법

사립학교교직원연금법은 공무원연금법을 준용한다.

④ 별정우체국법

　가. 유족연금

　　　퇴직연금이나 조기퇴직연금을 받을 권리가 있는 사람이 사망하면 그 유족에게 유족연금을 지급한다.

　나. 유족연금특별부가금

　　　직원이 재직 중에 사망하면 유족연금 외에 유족연금부가금을 따로 지급하며, 직원

이었던 사람이 연금의 지급이 시작되기 전에 사망하거나 퇴직연금 또는 조기퇴직연금의 수급자가 퇴직한 날의 전날이 속하는 달의 다음 달부터 3년 이내에 사망하면 유족연금 외에 유족연금특별부가금을 따로 지급한다.

다. 유족연금일시금

유족연금특별일시금의 경우 유족이 원하면 유족연금과 유족연금부가금을 갈음하여 유족연금일시금을 지급한다.

라. 사망조위금

직원의 배우자나 부모(배우자의 부모를 포함) 또는 자녀가 사망한 경우에는 그 직원에게 사망조위금을 지급한다.

마. 재해보조금

직원이 수재(水災)·화재 또는 그 밖의 재해로 재산상 손해를 입은 경우에는 기준소득월액의 4배에 상당하는 금액의 한도에서 재해부조금을 지급한다.

(6) 국가유공자등예우및지원에관한법률 또는 보훈보상대상자지원에관한법률에 따라 받는 보훈급여금·학습보조비

(7) 전직대통령예우에관한법률에 따라 받는 연금

(8) 국군포로의송환및대우등에관한법률에 따른 국군포로가 받는 보수 및 퇴직일시금

Ⅲ 세법상 퇴직금

1. 현실적인 퇴직 여부

다음의 현실적인 퇴직사유가 발생하여 퇴직급여를 실제로 지급받는 경우 퇴직소득에 해당하나, 다음의 현실적인 퇴직사유가 발생하였으나 퇴직급여를 실제로 받지 아니한 경우에는 퇴직으로 보지 아니할 수 있다(소법 §22 ① 2호).

현실적인 퇴직의 사유는 다음과 같다(소령 §43 ①, 소통 22-0…1, 법령 §44 ① · ②, 법통 26-44…1).

---

1. 종업원(직원)이 임원이 된 경우
2. 법인의 합병 · 분할 등 조직변경, 사업양도 또는 직 · 간접으로 출자관계에 있는 법인으로의 전출 또는 동일한 사업자가 경영하는 다른 사업장으로의 전출이 이루어진 경우
3. 법인의 상근임원이 비상근임원이 된 경우
4. 비정규직 근로자(기간제및단시간근로자보호등에관한법률에 따른 기간제근로자 또는 단시간근로자를 말한다)가 정규직 근로자(근로기준법에 따라 근로계약을 체결한 근로자로서 비정규직 근로자가 아닌 근로자를 말한다)로 전환된 경우
5. 근로자퇴직급여보장법 제8조 제2항에 따라 퇴직급여를 중간정산하여 지급한 때(종전에 퇴직급여를 중간정산하여 지급한 적이 있는 경우에는 직전 중간정산 대상기간이 종료한 다음 날부터 기산하여 퇴직급여를 중간정산한 것을 말함)
6. 법인의 임원에 대한 급여를 연봉제로 전환함에 따라 향후 퇴직급여를 지급하지 아니하는 조건으로 그 때까지의 퇴직급여를 정산하여 지급한 때(2016.1.1. 이후부터 폐지)
7. 정관 또는 정관에서 위임된 퇴직급여지급규정에 따라 장기요양 등 법소정의 사유로 그때까지의 퇴직급여를 중간정산하여 임원에게 지급한 때(종전에 퇴직급여를 중간정산하여 지급한 적이 있는 경우에는 직전 중간정산 대상기간이 종료한 다음 날부터 기산하여 퇴직급여를 중간정산한 것을 말함)
8. 법인의 직영차량 운전기사가 법인소속 지입차량의 운전기사로 전직하는 경우
9. 임원 또는 직원(근로자)이 사규 또는 근로계약에 의하여 정년퇴직을 한 후 다음 날 당해 사용자의 별정직사원(촉탁)으로 채용된 경우
10. 합병으로 소멸하는 피합병법인의 임원이 퇴직급여지급규정에 따라 퇴직급여를 실제로 지급받고 합병법인의 임원이 된 경우

02

(1) 종업원이 임원이 된 경우

임원이라 함은 그 직책에 관계없이 법인세법시행령 제42조 제1항 각 호에 규정하는 직무에 종사하는 자를 말하는 것으로 임원에 해당하는지 여부는 종사하는 직무의 실질에 따라 사실판단할 사항이다(서면2팀-20, 2008.1.7.; 서면2팀-173, 2004.2.6.). 따라서 이사대우도 그 직위에 관계없이 이사로서의 직무에 종사하면 임원에 해당한다(법인 22601-3294, 1987.12.10.).

법인의 종업원이 임원으로 취임함에 따라 퇴직금을 실제로 지급받은 때 퇴직소득의 귀속시기는 주주총회에서 임원으로 선임되는 날이다(서면1팀-113, 2005.1.25.).

법인의 종업원이 당해 법인의 임원으로 취임한 때 퇴직급여지급규정에 의하여 퇴직금을 실제로 지급받는 경우에는 현실적인 퇴직에 해당하는 것이나, 퇴직금을 지급받지 아니하는 경우에는 그러하지 아니한다(서이46013-10620, 2001.11.28.).

반대로 법인의 임원이 주주총회 결의에 의하여 퇴임하고 사용인으로 계속 근무 시 법인이 퇴직금지급규정에 따라 실지로 퇴직금을 지급하는 경우에도 현실적인 퇴직에 해당하는 것이다(법인 46012-2688, 1998.9.21.).

법인의 임원이 사용인이 되거나 법인의 임원 임기가 만료되어 사용인으로 재 채용되는 경우 실제로 퇴직금을 지급하지 아니하고 미지급금으로도 계상하지 아니한 경우에는 현실적인 퇴직에 해당하지 아니하는 것이므로 원천징수 및 지급조서 제출의무가 없다(법인 46013-3186, 1998.10.29.).

(2) 법인의 합병·분할 등 조직변경, 사업양도 또는 직·간접으로 출자관계에 있는 법인으로의 전출이 이루어진 경우

법인의 분할 또는 합병 및 사업의 양도·양수로 퇴직급여지급규정에 의하여 퇴직금을 실제로 받는 경우에는 현실적인 퇴직으로 보는 것이나, 고용승계 및 근속기간을 통산하기로 하여 퇴직금을 지급받지 아니하는 경우에는 그러하지 아니한다(소득 46011-210, 1999.10.21.).

사업장별로 사업의 포괄적인 양도·양수가 이루어지고 당해 종업원에게 퇴직금을 실제로 지급하지 아니한 경우에는 현실적인 퇴직으로 보지 아니하는 것이나, 자산양수도방식에 의하여 종전 사업장의 자산만을 양수하는 경우로서 사업이 포괄적인 양도·양수로 볼 수 없는 때에는 현실적인 퇴직으로 보는 것이다(서이 46013-11324, 2002.7.9.).

사업의 양도의 현실적인 퇴직 여부를 구분하면 다음과 같다.

세법상 포괄적 사업양도·양수	현실적인 퇴직에 해당 안됨
이 외의 사업양도	현실적인 퇴직

법인의 조직변경으로 퇴직급여지급규정에 의하여 퇴직금을 실제로 지급받는 경우에는 현실적인 퇴직으로 보며 전근무지에서의 퇴직이 세법상의 현실적인 퇴직에 해당하여 퇴직금을 지급받고 퇴직소득세를 납부한 근로자가 현근무지에서 퇴직 시 전근무지 근속기간을 통산하여 계산한 퇴직금을 지급받는 경우에는 퇴직소득산출세액을 계산함에 있어 적용되는 근속연수는 현근무지의 근속기간으로 하는 것이다(법인 46013-2776,

1998.9.26.).

(3) 법인의 상근임원이 비상근임원이 된 경우

법인의 상근임원이 당해 법인의 비상근임원으로 경우에는 현실적인 퇴직에 해당하는 것이며, 당해 임원이 현실적으로 퇴직하는 때에 지급한 퇴직금은 퇴직소득에 해당된다 (서면2팀－800, 2007.5.1.; 법통 26－44…1).

(4) 세법상 퇴직소득 중간정산으로 인정되는 경우

다음의 내용은 근로자 및 임원의 중간정산과 관련된 내용으로서 '2. 세법상 퇴직소득 중간정산'에서 구체적으로 살펴본다.

① 근로자퇴직급여보장법 제8조 제2항에 따라 퇴직급여를 중간정산하여 지급한 때(종전에 퇴직급여를 중간정산하여 지급한 적이 있는 경우에는 직전 중간정산 대상기간이 종료한 다음 날부터 기산하여 퇴직급여를 중간정산한 것을 말한다)

② 법인의 임원에 대한 급여를 연봉제로 전환함에 따라 향후 퇴직급여를 지급하지 아니하는 조건으로 그때까지의 퇴직급여를 정산하여 지급한 때(2015.12.31. 이전 퇴직까지만 적용)

③ 정관 또는 정관에서 위임된 퇴직급여지급규정에 따라 장기요양 등 법소정의 사유로 그때까지의 퇴직급여를 중간정산하여 임원에게 지급한 때(종전에 퇴직급여를 중간정산하여 지급한 적이 있는 경우에는 직전 중간정산 대상기간이 종료한 다음 날부터 기산하여 퇴직급여를 중간정산한 것을 말한다)

(5) 현실적인 퇴직에 해당하지 않는 경우

퇴직급여를 지급한 사유가 다음에 해당하는 경우 퇴직급여의 명칭에 불구하고 현실적인 퇴직에 해당되지 않으므로 퇴직소득으로 보지 아니한다(소통 22－0…1).

> 1. 임원이 연임된 경우
> 2. 법인의 대주주 변동으로 인하여 계산의 편의, 기타 사유로 전 근로자에게 퇴직금을 지급한 경우
> 3. 기업의 제도·기타 사정 등을 이유로 퇴직금을 1년 기준으로 매년 지급하는 경우
> 4. 비거주자의 국내사업장 또는 외국법인의 국내지점의 근로자가 본점(본국)으로 전출하

　　는 경우
　5. 정부 또는 산업은행 관리기업체가 민영화됨에 따라 전근로자의 사표를 일단 수리한
　　 후 재채용한 경우
　6. 2 이상의 사업장이 있는 사용자의 근로자가 한 사업장에서 다른 사업장으로 전출하는
　　 경우

(6) 관련 사례

① 임원이 퇴직하고 사용인으로 재입사하면서 당해 법인이 임원 퇴직급여를 실제 지급
한 경우 법인세법시행령 제44조 제1항에 따라 현실적인 퇴직에 해당하는 것으로,
같은 조 제3항 각 호의 어느 하나에 해당하는 금액 이내의 퇴직급여는 손금에 산입
하는 것이다. 다만, 임원에서 퇴직하고 사용인으로 재입사하는 과정을 통하여 퇴직
급여를 지급한 것이 그 임원에게 자금을 대여하기 위한 목적이라고 인정되는 경우
에는 업무무관 가지급금으로 보는 것으로 사실판단할 사항이다(법인-1083, 2010.
11.22.).

② 기업 간 사업용 자산의 양도·양수 시 종업원도 함께 승계하기로 하는 경우 당해
종업원의 승계가 '현실적인 퇴직'에 해당하지 않기 위한 요건(재소득 46073-162,
2002.12.4.)

(질의)

－A회사와 B회사 채권자들이 공동출자하여 새로운 내국법인 갑회사를 설립한 후
　갑회사가 B회사의 일부사업장의 자산을 인수

－아울러 갑회사가 자산을 인수한 B회사 사업장의 종원업들에 대한 고용계약을 포
　괄적으로 승계하고 B회사는 고용승계 시점에 종업원들에게 퇴직금을 지급하지
　않으며, 승계된 종업원들이 갑회사에 퇴직하는 시점에 갑회사가 B회사와 갑회사
　에서의 근무시간을 통산하여 퇴직금을 지급

(회신)

기업 간 자산매매계약에서 ① 자산양수기업이 자산양도기업 종업원의 고용을 승계
하면서 당해 종업원에 대한 퇴직급여충당금을 동시에 승계하고 ② 고용승계 이후에
자산양수기업이 당해 종업원에 대하여 근속기간을 통산하여 임금·퇴직금 등을 지
급하며 ③ 고용승계시점에서는 자산양수기업이 종업원에게 실제로 퇴직금을 지급

하지 않으며 ④ 자산양수기업이 고용승계이전에 발생한 종업원의 임금·퇴직금 등에 관한 자산양도기업의 세법상의 각종 의무를 승계하는 특약이 있는 경우 당해 계약에 따른 회사 간 종업원의 승계는 소득세법시행규칙 제17조에서 규정한 '종업원의 현실적인 퇴직'에 해당하지 않는다.

③ 당사는 회사정리법에 의거 정리절차 중에 있는 회사로 일부 사업장은 자산양수도방식에 의하여 다른 법인(외국법인 등)에게 양도하여 새로운 법인(외투법인 등)이 설립되고, 일부 사업장은 사업장별로 회사정리법 제226조의 규정에 의하여 새로운 법인이 설립될 예정이다. 이때 당사의 종업원과 함께 당해 종업원의 퇴직급여상당액을 인수법인에 승계하는 경우 현실적인 퇴직으로 처리하여야 하는지 여부(서이 46013-11324, 2002.7.9.)

(회신)

사업장별로 사업의 포괄적인 양도·양수가 이루어지고 당해 종업원에게 퇴직금을 실제로 지급하지 아니한 경우에는 소득세법시행규칙 제17조 제5호의 규정에 따라 현실적인 퇴직으로 보지 아니하는 것이나, 자산양수도방식에 의하여 종전 사업장의 자산만을 양수하는 경우로서 사업이 포괄적인 양도·양수로 볼 수 없는 때에는 현실적인 퇴직으로 보는 것이다.

④ 임원급여의 연봉제전환 시 퇴직금정산 지급 후 임원의 급여를 연봉제 이전의 방식으로 환원하여 임원의 현실적인 퇴직 시 그 환원일부터 기산해 퇴직금 지급가능하다(서이 46012-10546, 2001.11.16.).

(질의)

임원에 대한 급여를 연봉제로 전환함에 따라 향후 퇴직금을 지급하지 아니하는 조건으로 그때까지의 퇴직금을 정산하여 지급한 법인이 추후 주주총회에서 임원의 급여를 연봉제 이전의 방식으로 전환하되 그 전환일로부터 기산하여 퇴직금을 지급하기로 한 경우 당초 지급하였던 퇴직금에 대하여는 '법인의 업무와 관련 없이 지급한 가지급금 등'으로 보지 아니한다는 법인예규 46012-541(2001.3.13.)과 관련하여 이로서 지급하는 임원에 대한 퇴직금이 법인의 손금에 해당하는지 여부

(회신)

임원에 대한 급여를 연봉제로 전환함에 따라 그때까지의 퇴직금을 정산하여 지급한 법인이 추후 주주총회에서 임원의 급여를 연봉제 이전의 방식으로 환원하여 임원의 현실적인 퇴직 시 그 환원일부터 기산하여 퇴직금을 지급하는 경우에도 법인세법시

행령 제44조 제3항 각호에서 규정한 범위 내의 금액은 퇴직금으로서 각 사업연도의 소득금액 계산상 손금에 산입하는 것이다.

⑤ 개인사업자가 법인으로 전환 시 종업원에 대한 퇴직금을 법인이 승계받지 않았다면 현실적인 퇴직으로 보아 개인사업의 필요경비에 산입한다(심사소득 2000-365, 2001.1.12.).

⑥ 퇴직금제도를 변경하면서 변경 시까지의 근속기간에 대한 변경전·후의 퇴직금차액을 지급하는 경우 현실적인 퇴직으로 보지 않고, 업무무관가지급금으로 본다(법인 46012-271, 2000.1.27.).

(질의)

－당사는 계속된 회사경영 악화에 따른 경영을 개선하고 경영정상화의 일환으로 전 임직원들의 동의하에 직원들의 적극적인 동참으로 5년 이상 근무 시 지급하기로 되어 있는 퇴직금 누진제도를 폐지하고 제도변경 이전에 발생한 누진부분에 대한 퇴직금을 노사합의에 따라 지급하고자 한다.

－퇴직금 변경 전 제도와 변경 후 제도에 대한 퇴직금과의 차액을 변경 시 지급하는 경우 동 지급액은 퇴직금의 선급(소득 46011-225)으로 보도록 되어 있다. 이런 경우 퇴직금차액 지급 시 법인세법 제52조의 부당행위계산의 부인대상 및 동법 제28조 지급이자 손금불산입 대상소득인지 여부를 질의한다.

(회신)

법인이 종업원에 대한 퇴직금제도를 변경하면서 입사일부터 변경 시까지의 근속기간에 대한 변경 전 제도에 의한 퇴직금과 변경 후 제도에 의한 퇴직금과의 차액을 지급하는 경우에는 이를 현실적인 퇴직으로 보지 아니하는 것으로 이 경우 동 지급액은 종업원에 대한 업무와 관련없는 가지급금에 해당하는 것이다.

⑦ 퇴직금제도를 변경하면서 변경 전 제도에 의한 퇴직금과 변경 후 제도에 의한 퇴직금과의 차액을 제도 변경 시 지급하는 경우 퇴직금의 선급으로 본다(소득 46011-225, 1999.10.22.).

(질의)

기업 경영혁신과 구조조정의 일환으로 과중한 퇴직금 누진율을 하향조정하여 1999.1.1.부터 시행해 오고 있다. 그런데 퇴직금 지급률을 하향조정함에 따라 1998년 12월말 기준 개정 전과 개정 후의 퇴직금 차액이 발생하여 이를 1999년과 2000년 중 2회에 걸쳐 분산지급하기로 노사 간 합의하였다. 따라서 퇴직금 지급률 변경으로 인한 차액분 정산 시 소득세 부과 여부에 대해 질의한다.

(회신)

퇴직금제도를 변경하면서 변경 후 제도에 의하여 입사일부터 퇴직일까지의 근속기간에 대한 퇴직금을 퇴직 시 지급하되, 입사일부터 변경 시까지 근속기간에 대한 변경 전 제도에 의한 퇴직금과 변경 후 제도에 의한 퇴직금과의 차액을 제도 변경 시 지급하는 경우 동 지급액은 퇴직금의 선급으로 보는 것이다.

⑧ 비주주 임원이 개인의 사정에 의해 임원직을 사임하고 주주총회에서 사임이 수리되어 퇴직하였다가 약 15일 이후에(퇴직소득에 대한 원천세 납부되었음) 회사의 요청에 의해 직함은 종전대로 회사전무이사로 근무하게 될 경우(주주총회에서 선임된 것은 아니어 등기부에는 등재되지 아니하였음) 동인의 퇴직금 지급에 관련하여 의문이 있어 질의한다.

　－동인의 임원직 사임이 '법인세법시행령 제34조 제1항, 법인세법시행규칙 제13조 제4항'의 현실적인 퇴직으로 볼 수 있는지 여부

　－동인의 퇴직이 현실적인 퇴직으로 보지 않는다면 지급된 명목금액이 소득세법 제20조 제1항의 근로소득(상여)에 해당되는지 아니면 법인세법상 가지급금에 해당되는지 여부를 질의한다.

(회신)

임원이 주주총회의 결의에 의해 퇴임한 후 15일만에 재취임한 사유가 불분명하여 정확한 회신을 할 수 없으나, 법인의 임원이 사실상 계속 근무하는 것으로 인정되는 경우에는 당해 임원이 현실적으로 퇴직할 때까지 업무와 관련없이 지출한 가지급금으로 보는 것이다(법인 46012－3777, 1998.12.5.).

⑨ 법인의 임원이 사용인이 되거나 법인의 임원 임기가 만료되어 사용인으로 재 채용되는 경우 실제로 퇴직금을 지급하지 아니하고 미지급금으로도 계상하지 아니한 경우에는 법인세법시행령 제34조 제1항의 현실적인 퇴직에 해당하지 아니하는 것이므로 원천징수 및 지급조서 제출의무가 없는 것이다(법인 46013－3186, 1998.10. 29.).

⑩ 근로자가 업무와 관련없는 사망으로 퇴직한 경우 근로자나 그 유가족이 사용자로부터 받는 금액은 소득세법 제22조 제1항에 의하여 퇴직소득에 해당하는 것이다(소득 22601－534, 1991.3.18.).

다만, 근로의 제공으로 인한 부상·질병·사망과 관련하여 근로자나 그 유족이 받

　는 배상·보상 또는 위자(慰藉)의 성질이 있는 급여는 비과세 소득(소법 §12 3호)에 해당되어 소득세가 과세되지 않는 것이다.

⑪ 재입사를 사전약정하고 퇴직금 명목으로 지급받는 소득은 현실적인 퇴직으로 인하여 지급받는 소득이 아니므로 소득세법 제22조 제1항에 규정한 퇴직소득이 아니다 (소득 22601-2065, 1990.10.30.).

⑫ 퇴직금산정과 관련하여 사용자가 급여규정상 평균임금산정대상에서 정한 항목 중 일부를 제외하여 산정한 퇴직금이 법정퇴직금기준을 상회하였다 하더라도 퇴직당시 시행 중인 급여규정에 따라 산정한 퇴직금을 지급하여야 함(대법원 2016다 228802, 2018.8.30.).

2. 세법상 퇴직소득 중간정산

세법상 퇴직소득 중간정산이란 계속근로기간 중에 다음의 어느 하나에 해당하는 사유로 퇴직급여를 미리 지급받은 경우(임원인 근로소득자 포함)를 말하며, 해당 퇴직급여를 지급받은 날에 퇴직한 것으로 본다(소령 §43 ②, 법령 §44 ②).

---

1. 근로자 중간정산
   근로자퇴직급여보장법시행령 제3조 제1항(중간정산 사유)에 해당하는 경우
2. 근로자퇴직급여보장법 제38조에 따라 퇴직연금제도가 폐지되는 경우
   근로자퇴직급여보장법 제38조에 따라 사용자와 퇴직연금사업자는 퇴직연금제도가 폐지되어 가입자에게 급여를 지급하는 경우에 가입자가 지정한 개인형퇴직연금제도 (IRA)의 계정으로 이전하는 방법으로 지급하여야 한다. 이에 따라 급여를 받은 경우에는 근로자퇴직급여보장법 제8조 제2항에 따라 중간정산되어 받은 것으로 본다.
3. 임원의 중간정산
   ① 법인의 임원이 향후 퇴직급여를 지급받지 아니하는 조건으로 급여를 연봉제로 전환하는 경우(2016.1.1 이후부터 폐지)
   ② 정관 또는 정관에서 위임된 퇴직급여지급규정에 따라 장기요양 등 법소정의 사유 (법칙 §22 ③)로 그때까지의 퇴직급여를 중간정산하여 임원에게 지급한 때(종전에 퇴직급여를 중간정산하여 지급한 적이 있는 경우에는 직전 중간정산 대상기간이 종료한 다음 날부터 기산하여 퇴직급여를 중간정산한 것을 말한다)

---

(1) 근로자의 요구에 의한 중간정산

근로자퇴직급여보장법시행령 제3조 제1항에 따라 사용자는 주택구입 등 대통령령으로 정하는 사유로 근로자가 요구하는 경우에는 근로자가 퇴직하기 전에 해당 근로자의 계속근로기간에 대한 퇴직금을 미리 정산하여 지급할 수 있다. 이 경우 미리 정산하여 지급한 후의 퇴직금 산정을 위한 계속근로기간은 정산시점부터 새로 계산한다(근로기준법 §8 ②).

여기서 주택구입 등 대통령령으로 정하는 사유란 다음의 하나에 해당하는 경우를 말한다(근로기준법시행령 §3 ①).

1. 무주택자인 근로자가 본인명의로 주택을 구입하는 경우
2. 무주택자인 근로자가 주거를 목적으로 민법 제303조에 따른 전세금 또는 주택임대차보호법 제3조의 2에 따른 보증금을 부담하는 경우. 이 경우 근로자가 하나의 사업 또는 사업장에 근로하는 동안 1회로 한정한다.
3. 근로자, 근로자의 배우자 또는 소득세법 제50조 제1항에 따른 근로자 또는 근로자의 배우자와 생계를 같이하는 부양가족이 질병 또는 부상으로 6개월 이상 요양을 하는 경우
4. 퇴직금 중간정산을 신청하는 날부터 역산하여 5년 이내에 근로자가 채무자회생및파산에관한법률에 따라 파산선고를 받은 경우
5. 퇴직금 중간정산을 신청하는 날부터 역산하여 5년 이내에 근로자가 채무자회생 및파산에관한법률에 따라 개인회생절차개 시 결정을 받은 경우
6. 고용보험법시행령 제28조 제1항 제1호 및 제2호에 따른 임금피크제를 실시하여 임금이 줄어드는 경우
7. 그 밖에 천재지변 등으로 피해를 입는 등 고용노동부장관이 정하여 고시하는 사유와 요건에 해당하는 경우

(고용노동부 고시) 퇴직연금제도 수급권의 담보제공 및 퇴직금 중간정산의 사유와 요건

근로자퇴직급여보장법시행령 제2조 제1항 제5호, 제3조 제1항 제7호에 따른 퇴직연금제도 수급권의 담보제공 및 퇴직금 중간정산의 사유와 요건은 다음 각 호의 규정에 따른다.
① 천재지변 등 : 태풍, 홍수, 호우, 강풍, 풍랑, 해일, 조수, 대설, 낙뢰, 가뭄, 지진(지진해일을 포함), 그 밖에 이에 준하는 자연현상으로 인하여 발생하는 재해
② 가입자 또는 부양가족이 입은 피해의 기준(이 경우 퇴직금제도 중간정산의 경우 "가입자"는 "근로자"로 봄)

피해 종류	내 용
물적피해	피해유형 : 주거시설 등이 완전 침수 · 파손 · 유실 · 매몰되거나 일부 침수 · 파손 · 유실 · 매몰된 경우 피해정도 : 주거시설 등이 50% 이상 피해를 입어 피해 시설의 복구가 거의 불가능하거나 복구에 오랜 시간이 걸리는 피해를 입은 경우
인적피해	피해유형 －가입자의 배우자, 소득세법 제50조 제1항 제3호에 따른 가입자(그 배우자를 포함)와 생계를 같이하는 부양가족이 사망하거나 실종된 경우 －가입자, 가입자의 배우자 또는 소득세법 제50조 제1항에 따른 가입자(그 배우자를 포함)와 생계를 같이하는 부양가족이 15일 이상 입원 치료가 필요한 피해를 입은 경우

* 피해 정도는 자연재해대책법시행규칙 제29조 별지 제16호 서식의 피해사실확인서 또는 재난구호및재난복구비용부담기준등에관한규정 제9조 별지 제1호 서식의 자연재난 피해신고서 등에 따라 이루어진 관련 행정기관의 피해조사 또는 확인자료 등을 근거로 판단한다.

퇴직급여 중간정산과 관련하여 유의할 점은 다음과 같다.

① 근로자의 요구가 있어야 한다. 즉 사용자는 근로자의 중간정산을 요청에 의해 이를 지급하는 경우여야 한다. 따라서 반드시 근로자로부터 중간정산 신청서(요청서)를 받아야 한다.

② 근로자퇴직급여보장법의 중간정산퇴직급여 중 1997.4.23. 이후 최초로 근로기준법 제34조 제3항의 규정에 의하여 근무한 기간에 대한 퇴직급여를 미리 정산받는 분부터는 퇴직소득으로 보고 과세한다.

③ 중간정산기간에 제한이 없으므로 중간정산 후 근속연수를 다시 기산한다면 매년 중간정산하는 것도 가능하다.

④ 현실적인 퇴직의 범위에 해당하는 소득세법시행규칙 제17조 제7호의 규정(퇴직급여 중간정산)은 근로연수가 1년 미만인 근로자에게는 적용되지 아니한다(소득 46011-21092, 2000.8.24.).

⑤ 근로자퇴직급여보장법 제8조 제2항 규정에 의한 중간정산하는 퇴직급여를 지급받는 경우에는 중간정산시점을 소득세법시행규칙 제17조의 규정에 의하여 현실적인 퇴직으로 보아 퇴직소득에 대한 세액을 계산하며, 중간정산 이후의 근속기간은 새로운 입사로 보아 퇴직소득에 대한 세액을 별도로 계산한다(재경부 소득 46073-128, 1997.7.22.).

⑥ 퇴직급여제도 변경 전·후의 차액분만을 중간정산하는 경우에는 퇴직급여제도 변경 시 변경 전 퇴직급여의 일부를 선급하는 것으로 보아 선급금으로 처리 후 실제 퇴직 시 합산하여 원천징수한다(서일 46011-10989, 2003.7.23.).

⑦ 중간정산퇴직급여의 지급지연에 따른 이자 및 추가지급액

소득세법시행규칙 제17조 제7호의 규정에 의하여 중간정산한 퇴직급여를 자금사정 등으로 2회 이상 분할지급하되 미지급금잔액에 대하여 소정의 이자상당액을 가산하여 지급하는 경우 가산하여 지급하는 이자상당액은 퇴직소득에 해당한다(재경부 소득 46073-83, 2002.5.20.).

● 2011.7.25. 근로자퇴직급여보장법 제8조 제2항 개정의 의미

특별한 사유, 즉 주택구입 등 대통령령으로 정하는 사유(근로자퇴직급여보장법 제3조 제1항)에 한해서 중간정산을 인정하는 것으로 2011.7.25. 근로자퇴직급여보장법이 개정되었으며 2012.7.26. 이후 최초로 근로자가 중간정산을 요구하는 경우부터 적용하도록 하였다.

이러한 법개정의 취지는 근로자들의 퇴직 후 소득보장을 위한 중요한 재원인 퇴직급여가 중간정산으로 인해 소비됨으로써 제 기능을 하지 못하는 점을 방지하기 위한 것이다. 따라서 연봉제하에서 1년 단위로 통상 지급하던 퇴직급여는 중간정산으로 인정되지 않는다.

결과적으로 회사가 종전과 같이 1년 단위로 퇴직급여를 지급하고자 하는 경우에는 퇴직연금이라는 제도적 장치를 활용하도록 유도하게 되며 근로자에게는 퇴직급여를 노후보장의 재원으로 활용할 수 있게 될 것이다(근로기준법 §8 ②, 2011.7.25. 개정, 2012.7.26. 이후 최초로 근로자가 중간정산을 요구하는 경우부터 적용).

● 예규 및 판례

▶▶ 중간정산의 방법(법인세과-1181, 2010.12.27.; 법인 46012-563)

퇴직금의 중간정산에 있어서 중간정산의 단위기간을 분할하는 경우 예컨대 근속연수 10년 중 6년분을 중간정산하여 퇴직금을 지급한 경우에도 현실적인 퇴직으로 보고 당해 중간정산 이후의 퇴직금을 중간정산 이후부터 계산하도록 하고 기타의 근로조건(승진, 승급, 호봉, 상여, 연차, 유급휴가 등)에는 변함이 없도록 한 경우에도 현실적인 퇴직으로 봄.

▶▶ 실제 퇴직시점에 중간정산 퇴직금을 차감하여 정산하는 방식(재경부 법인 46012-168, 2001.9.25.)

근로자가 실제 퇴직 시에 최초 입사일부터 계산한 퇴직급여에서 중간정산 명목으로 지급한 퇴직급여를 차감하고 지급하는 경우 당해 중간정산금액은 근로자가 실제로 퇴직

할 때까지 가지급금으로 보아 손금에 산입할 수 없음.

▶▶ 퇴직소득을 이자소득으로 기원천징수한 원천징수의무자는 이자소득을 퇴직소득으로 소득종류를 정정하여 퇴직소득수입시기를 '약정에 의하여 중간정산퇴직급여를 최초로 지급받기로 한 날(지급일에 관한 약정이 없는 경우에는 실제로 중간정산퇴직급여를 최초로 지급받은 날)'로 하여 수정지급명세서를 작성하여 원천징수대상자에게 교부하여야 하며, 수정분 원천징수이행상황신고서를 귀속연월 및 징수연월별로 제출하고 소득세법시행규칙 제9조의 규정을 준용하여 조정환급하거나 환급신청에 의하여 환급을 받는 것임. 그리고 당해 소득자가 이자소득으로 근로소득 등과 합산하여 당해 연도 과세표준확정신고를 한 경우 또는 당해연도분에 대하여 납세지관할세무서장이 결정 또는 경정한 경우에는 당해 소득자가 수정 발급받은 지급명세서를 근거로 경정청구를 하거나 수정신고를 하여야 함(서일 46011-11308, 2002.10.9.).

(2) 퇴직연금제도의 폐지 및 중단에 의한 중간정산

사용자와 퇴직연금사업자는 퇴직연금제도가 폐지 또는 운영이 중단되어 가입자에게 급여를 지급하는 경우 근로자퇴직급여보장법 제8조 제2항에 따라 중간정산되어 지급받은 것으로 본다(근로자퇴직급여보장법 §38 ⑤).

● 근로자퇴직급여보장법 제38조(퇴직연금제도의 폐지·중단 시의 처리)
① 퇴직연금제도가 폐지되거나 운영이 중단된 경우에는 폐지된 이후 또는 중단된 기간에 대하여는 제8조 제1항에 따른 퇴직금제도를 적용한다.
② 사용자는 퇴직연금제도가 폐지된 경우 지체없이 적립금으로 급여를 지급하는 데에 필요한 조치로서 미납 부담금의 납입 등 대통령령으로 정하는 조치를 하여야 한다.
③ 사용자와 퇴직연금사업자는 제35조 제2항에 따른 사유 등으로 퇴직연금제도가 중단된 경우에 적립금 운용에 필요한 업무 등 대통령령으로 정하는 기본적인 업무를 유지하여야 한다.
④ 사용자와 퇴직연금사업자는 퇴직연금제도가 폐지되어 가입자에게 급여를 지급하는 경우에 가입자가 지정한 개인형퇴직연금제도의 계정으로 이전하는 방법으로 지급하여야 한다. 다만, 가입자가 개인형퇴직연금제도의 계정을 지정하지 아니한 경우에는 제17조 제5항을 준용한다.
⑤ 가입자가 제4항에 따라 급여를 받은 경우에는 제8조 제2항에 따라 중간정산되어 받은 것으로 본다. 이 경우 중간정산 대상기간의 산정 등에 필요한 사항은 대통령령으로 정한다.

퇴직연금제도가 폐지 또는 운영이 중단됨에 따라 급여가 중간정산되어 지급되는 것으로 보는 경우의 중간정산금(확정급여형퇴직연금제도만 해당) 및 중간정산 대상기간은 다음에 따른다.

① 확정급여형퇴직연금제도의 경우

중간정산금은 사업별로 적립된 금액을 가입자별 근속기간 · 평균임금과 근로자퇴직급여보장법 제13조 제4호에 따른 급여수준을 고려하여 안분(按分) · 산정하고, 중간정산 대상기간은 중간정산금을 기준으로 환산한다.

② 확정기여형퇴직연금제도와 근로자퇴직급여보장법 제25조 제1항에 따른 개인형퇴직연금제도의 경우

중간정산 대상기간은 가입자별로 퇴직연금에 가입한 날부터 사용자가 납입한 부담금에 대응하는 기간의 마지막 날까지로 환산한다.

(3) 임원의 중간정산

1) 2015.12.31. 이전에 퇴직소득을 중간지급받는 경우

2015.12.31. 이전에 법인이 법인세법시행령 제44조 제2항 제4호(2015.2.3. 대통령령 제26068호로 개정되기 전의 것)에 따라 임원에 대한 급여를 향후 퇴직금을 지급하지 아니하는 조건으로 그때까지의 퇴직금을 지급한 때에는 현실적인 퇴직에 해당한다.
여기서 퇴직금의 지급이란 2015.12.31.까지 퇴직금 전액을 지급하는 경우에만 해당하므로 자금사정 등을 이유로 퇴직금을 임원과 합의에 따라 분할하여 지급하는 경우에는 현실적인 퇴직에 해당하지 아니한다(서면 2016-법인-3280, 2016.6.10.).
따라서 2016.1.1. 이후 퇴직금을 정산하여 지급하는 경우부터 현실적인 퇴직에 해당하지 아니하여 법인세법상 가지급금에 해당된다.

임원은 근로기준법상의 근로자가 아니므로 현실적인 퇴직으로 보는 근로자퇴직급여보장법에 따른 중간정산대상이 아니다. 하지만 법인의 임원이 급여의 연봉제 전환에 따라 향후 퇴직금을 지급받지 아니하는 조건으로 그때까지의 퇴직금을 정산하여 받은 경우에는 현실적인 퇴직으로서 퇴직소득에 해당한다.
1998년까지는 근로기준법상 근로자에 해당하지 않는 임원에 대하여 퇴직급여를 중간정산지급하면 현실적인 퇴직에 해당하지 않아 손금에 산입되지 못하였다(법인 46012-

279, 1998.2.3.). 이로 인한 문제가 많이 발생하자 1998.12.29. 법인세법 개정 시 연봉제를 도입하고 추후 퇴직급여를 지급하지 않는 경우에는 중간정산을 허용하도록 하였다(법령 §44 ②).

일부 임원에 대하여 퇴직급여를 중간정산하는 경우에도 현실적인 퇴직에 해당된다(서이 46012-11540, 2003.8.25.).

연봉제 전환 이후 임원에게 퇴직급여를 지급하면 당초에 지급된 중간정산금액을 가지급금으로 보아 인정이자 계산 및 지급이자부인의 문제점이 발생하므로 유의하여야 하며(법인 46012-2176, 1999.6.8.), 임원 중 일부 임원에 대하여 중간정산을 실시하고 급여를 연봉제로 전환하는 경우도 인정된다(법인 46012-4450, 1999.12.30.).

또한 임원에 대한 급여를 연봉제로 전환함에 따라 향후 퇴직급여를 지급하지 아니하는 조건으로 그때까지의 퇴직급여를 정산하여 지급한 법인이 추후 주주총회에서 임원의 퇴직급여제도를 연봉제 이전의 방식으로 전환하고 그 전환일부터 기산하여 퇴직급여를 지급하기로 결의한 경우 당초 지급하였던 퇴직급여에 대하여는 가지급금으로 보지 아니하였으나(법인 46012-541, 2001.3.13.), 최근의 해석(서이 46012-10826, 2003.4.21.)에 의하면 법인이 임원에 대한 연봉제로 전환함에 따라 향후 퇴직급여를 지급하지 않는 조건으로 퇴직급여를 지급한 후 연봉제하에서의 임원의 퇴직급여지급규정을 개정하여 동 임원에게 퇴직급여를 지급하는 경우에는 당초 연봉제로의 전환 시 지급한 퇴직급여와 그 후 퇴직급여 명목으로 지급한 금액은 당해 임원의 실제 퇴직 시까지 업무무관가지급금으로 보고 있다. 또한 퇴직급여의 지급액에 대하여도 법인세법시행령 제44조 제3항 각 호에서 규정한 범위 내의 금액은 퇴직급여로 손금에 산입된다(서이 46012-10546, 2001.11.16.). 이때 당초 연봉제 전환을 통하여 퇴직급여를 지급한 것이 임원에게 자금을 대여하기 위한 목적이라고 인정되는 경우에는 중간정산금액은 가지급금에 해당되는데, 이는 실제내용에 따라 사실판단하도록 하고 있다(서이 46012-10622, 2003.3.26.).

실무적으로 임원에 대한 퇴직급여중간정산금액에 대한 판단은 대단히 신중해야 될 것으로 생각되며, 중간정산 후 다시 퇴직급여 지급이 손금산입되기는 어려울 것으로 생각된다.

● **예규 및 판례**

▶▶ 법인이 과거 사업연도에 현실적인 퇴직이 아닌 임의의 퇴직금 중간정산을 통해 임원에게 금전을 지급한 것은 업무무관가지급금으로 보자 세법상 경정(지급연도의 손금불산입, 인정이자의 계상 및 지급이자의 손금불산입 등)을 하여야 하는 것이지 그 유출자금을 퇴직금으로 보아 퇴직금 한도초과액을 재계산 하는 것은 세법해석상 무리가 있으므로 과세관청이 기존의 중간정산금액을 퇴직금으로 보아 임의 중간정산기간을 제외하고 그 다음 날부터 실지 퇴직일까지의 퇴직금을 계산하여 총퇴직금지급금액에서 이를 차감한 금액을 손금불산입하여 법인세를 과세한 처분은 잘못이 있음. 이는 과거에 법인세법시행령 제44조 제1항에 의한 현실적인 퇴직에 해당하지 않는 금액을 청구법인이 임원에게 퇴직금명목으로 지급하고 이를 비용계상하고 원천세를 납부하였다 하더라도 이는 법인세법상 가지급금에 해당하므로 추후 실지 퇴직시 전체 근속기간에 대한 퇴직금지급액이 손금으로 인정된다는 결정사례임(조심 2020중8018, 2021.4.14.).

▶▶ 청구법인은 1971.6.1. 입사한 임원에 대하여 2001.2.3.자로 퇴직금 중간정산을 실시하여 퇴직금을 지급하였는바 이 당시 정관상 요구되는 주주총회의 결의가 없었으며 퇴직금지급 후 연봉제로 전환되었다고 볼 수도 없는 상황이었음. 회사는 2015.12.31. 상기 임원에 대해 입사일을 1971.6.1.부터 기산하여 구 법인세법시행령 제44조 제2항 제4호에 의한 퇴직금중간정산 퇴직금의 산정기산일을 1971.6.1.이 아닌 종전 퇴직금지급일인 2001.2.3.로 보아 기간 초과분에 해당되는 금액을 손금불산입하여 과세함. 청구법인은 2001.2.3.에 지급한 퇴직금은 손금으로 인정될 수 있는 중간정산금액에 해당하지 않고 가지급금에 해당되는 금액으로 이에 해당되는 지급이자 손금불산입액과 인정이자에 대한 조정은 별도로 하더라도 회사가 2015.12.31. 지급한 퇴직금금액은 전액 손금으로 인정되어야 한다는 주장이며 과세관청은 청구법인의 주장을 인정하면 신의측에 반하는 것으로 인정될 수 없다는 주장임. 이에 대하여 조세심판원은 회사가 2001.2.3.에 지급한 퇴직금은 세법상 인정되는 퇴직금에 해당하지 않아 이는 업무무관가지급금으로 보아 이에 대한 세법상 경정을 하여야 하는 것이지 그 퇴직금을 손금으로 보아 2015.12.31. 퇴직금의 기산일을 2001.2.3.로 보아서는 안 된다 결정하고 이는 신의측에 반하지 않는다고 결정한 사례임(조심 2020인72826, 2021.12.20.).

2) 2016.1.1. 이후 퇴직소득을 중간지급받는 경우

일반근로자와의 형평을 도모하기 위해 계속적인 근로에 해당함에도 불구하고 퇴직으로 보아 퇴직소득으로 인정하는 사유에서 임원이 급여를 연봉제로 전환함에 따라 향후 퇴직급여를 지급받지 아니하는 조건으로 퇴직급여를 정산하여 지급받는 경우를 2016.1.1. 이후 퇴직소득을 중간지급받는 때부터 제외한다. 즉 중간정산명목으로 지급한 경우

769

법인세법상 가지급금으로 보아 손금불산입(유보)되어 실지 퇴직 시 손금으로 인정된다. 따라서 임원도 세법상 퇴직소득으로 인정되는 중간정산의 사유가 아래 '3)'에 의한 경우로만 한정된다.

3) 정관 또는 정관에서 위임된 퇴직급여지급규정에 따라 장기요양 등 법소정의 사유로 그때까지의 퇴직급여를 중간정산하여 임원에게 지급한 때

정관 또는 정관에서 위임된 퇴직급여지급규정에 따라 장기요양 등 다음의 사유로 그때까지의 퇴직급여를 중간정산하여 임원에게 지급한 때에 현실적인 퇴직으로 본다. 이 경우 중간정산시점부터 새로 근무연수를 기산하여 퇴직급여를 계산하는 경우에 한정한다(법령 §44 ②, 법칙 §22 ③).

> 1. 중간정산일 현재 1년 이상 주택을 소유하지 아니한 세대의 세대주인 임원이 주택을 구입하려는 경우(중간정산일부터 3개월 내에 해당 주택을 취득하는 경우만 해당)
> 2. 임원(임원의 배우자 및 소득세법 제50조 제1항 제3호에 따른 생계를 같이하는 부양가족을 포함)이 3개월 이상의 질병치료 또는 요양을 필요로 하는 경우
> 3. 천재·지변, 그 밖에 이에 준하는 재해를 입은 경우

3. 임원의 퇴직급여지급규정에 따른 퇴직소득 여부

임원퇴직금의 경우 법인세법상 임원퇴직급여지급규정에 따라 손금으로 인정되지 아니하는 경우에는 근로소득에 해당하며(소령 §38 ①, 법령 §44 ④), 따라서 법인세법상 손금으로 인정되는 범위까지 퇴직소득에 해당한다.

(1) 임원에 대한 퇴직급여지급규정이 정하여진 경우

1) 임원

법인세법상 임원이란 다음과 같이 규정하고 있다(소령 §42의 2 ⑤, 법령 §40 ① 각 호).
① 법인의 회장, 사장, 부사장, 이사장, 대표이사, 전무이사 및 상무이사 등 이사회의 구성원 전원과 청산인
② 합명회사, 합자회사 및 유한회사의 업무집행사원 또는 이사

③ 유한책임회사의 업무집행자

④ 감사

⑤ 그 밖에 '①'부터 '④'까지의 규정에 준하는 직무에 종사하는 자

임원에 해당하는지 여부는 종사하는 직무의 실질에 따라 사실판단할 사항이다. 즉 직책의 명칭에 의하지 않고 실질적인 임원인지 여부로 판단한다.

> ● **예규 및 판례**
>
> ▶ 법인의 임원이라 함은 그 직책에 관계없이 법인세법시행령 제40조 제1항 각 호에 규정하는 직무에 종사하는 자를 말하는 것으로 임원에 해당하는지 여부는 종사하는 직무의 실질에 따라 사실 판단할 사항이다(서면2팀 - 173, 2004.2.6.).
> (질의)
> 법인의 임원의 범위와 관련하여 다음과 같은 직원이 법인세법시행령 제40조 제1항 규정에 의한 임원에 해당하는지
> 1. 지역본부장(미등기 이사, 부장)
> 2. 감사팀장(차장)
> 3. 영업팀장(부장)
> 4. 등기이사, 등기감사
> 5. 지사장(과장)

2) 퇴직급여지급규정

퇴직급여지급규정이란 다음을 말한다.

① 정관에 지급할 금액이 정하여진 경우에는 정관에 정하여진 금액(정관에 임원의 퇴직급여를 계산할 수 있는 기준이 기재된 경우를 포함)

② 정관에서 위임하여 주주총회 등에서 정한 퇴직급여지급규정이 따로 있는 경우에는 해당 규정에 의한 금액

3) 관련사례

① 정관에 의해 정하여진 금액을 지급하거나, 정관에서 위임된 퇴직급여지급규정에 정하여진 금액을 지급하는 경우 퇴직소득에 해당한다(원천 - 325, 2012.6.12.; 서면1팀 - 666, 2005.6.15.).
(사실관계)
• 당사는 회계법인이며 당사의 소속 임직원은 임원(파트너 및 Principal)과 일반직원

으로 분류할 수 있음.

- 당사는 파트너의 퇴직금 지급과 관련하여 별도의 파트너 퇴직금 지급규정(사원총회 결의로 제정)으로 두고 있으며, 위의 규정에는 다음과 같이 퇴직금을 산정하고 있음.
  ㉠ 각 직급 재임당시의 보수월액에 퇴직금 적립률(직급별로 1~3.5배)을 승하여 매년 산출한 금액의 누적금액
  ㉡ '㉠'의 규정에 의하여 매년 산출한 금액에 각 적립사업연도의 다음 사업연도 개시일부터 퇴직일까지의 기간에 대하여 연 4%를 승하여 계산한 금액의 합계액

(질의내용)

- 임원(파트너) 퇴직 시 임원퇴직금 지급규정에 따라 매년 퇴직금적립액에 일정율을 가산하여 지급하는 금액이 퇴직소득에 해당하는지 여부

(회신내용)

- 법인세법시행령 제44조 제4항에 따라 정관에 의해 정하여진 금액을 지급하거나, 정관에서 위임된 퇴직급여지급규정에 정하여진 금액을 지급하는 경우 퇴직소득에 포함되는 것임.
  ㉠ '정관에 정하여져 있는 임원 퇴직금'의 경우란 정관에 임원의 퇴직금을 계산할 수 있는 기준이 정하여져 있는 경우의 퇴직금
  ㉡ '정관에서 위임된 퇴직금 지급규정'은 당해 위임에 의한 임원퇴직금 지급의 의결내용 등이 정당하여야 하고 당해 지급규정에 따라 임원 퇴직 시마다 계속·반복적으로 적용되는 것이어야 하는 것

② 법인이 모든 임원에게 일관성 있게 적용되는 퇴직급여지급규정을 정관에서 위임한 바에 따라 퇴직급여로 지급할 금액을 주주총회의 결의로 정한 경우에는 '정관에서 위임된 퇴직급여지급규정'에 해당하는 것이다(법인-704, 2010.7.26.).

③ 주주인 임원 2인(감사 제외)에 대하여만 퇴직급여 지급규정을 두면서 지급배율을 세분하여 정한 경우 정관에서 위임된 적정한 퇴직급여지급규정으로 볼 수 없다(법인-570, 2010.7.2.).

④ 내국법인이 개별 임원별 퇴직급여 한도액을 정관에 정하되 재임 기간, 재임 시 성과 및 임원 취임 시 약정내용 등을 감안하여 이사회에서 개별 임원별 퇴직급여를 정하는 경우에는 정관에 퇴직급여로 지급할 금액이 정하여진 경우에 해당하지 아니한다(법인-580, 2010.6.25.).

⑤ 임원의 퇴직급여에 대하여 정관과 퇴직급여지급규정을 개정할 경우 당해 규정의 개정 전까지의 근속기간에 대하여도 개정된 규정을 적용할 수 있다(법인-461, 2010. 5.19.; 서이 46012-11540, 2003.8.25.).

⑥ 특수관계에 있는 법인의 대표이사를 겸직하고 있는 임원에게 퇴직급여를 지급하는 경우 법인별로 정관에 정하여진 퇴직급여(퇴직위로금 등을 포함)로 지급할 금액 또는 정관에서 위임된 퇴직급여지급규정에 의한 금액을 한도로 손금에 산입한다(법인-104, 2010.2.2.).

⑦ 임원에게 지급할 퇴직급여에 관한 기준 또는 규정을 이사회에서 정하도록 정관에서 포괄적으로 위임하고 있는 법인이 이사회결의에 의하여 임원퇴직급여액을 일시적 또는 일회적으로 정할 수 있는 경우 이에 따라 퇴직 임원에게 지급한 퇴직급여는 정관에 퇴직급여로 지급할 금액이 정하여진 경우에 해당하지 아니한다(법인-1226, 2009.11.5.).

⑧ 임원보수 총액 및 퇴직금 지급률을 산정한 일반적이고 구체적인 기준이 마련되지 아니한 퇴직금지급규정은 정관에서 위임된 퇴직금지급규정으로 볼 수 없다(조심 2008서3862, 2009.1.8.).

⑨ 정관의 위임에 따라 이사회에서 정한 퇴직금지급규정에 의하여 지급한 퇴직금은 정관에 퇴직급여로 지급할 금액이 정하여진 경우에 해당하지 아니한다(서면2팀-1505, 2007.8.10.).

(2) 임원에 대한 퇴직급여지급규정이 없는 경우

상기 '(1)'에 의한 퇴직급여지급기준이 없는 경우 임원에 대한 퇴직급여금액은 다음과 같이 산정한다(법령 §44 ④ 2호).

$$임원퇴직일로부터 직전 1년간 임원에게 지급한 총급여액 \times \frac{1}{10} \times 근속연수$$

1) 총급여액

총급여액은 다음과 같다.

> (+) 근로를 제공함으로써 받는 봉급·급료·보수·세비·임금·상여·수당과 이와 유사한 성질의 급여
> (+) 법인의 주주총회·사원총회 또는 이에 준하는 의결기관의 결의에 따라 상여로 받는 소득
> (−) 소득세법 제12조에 따른 비과세소득
> (−) 임원에게 지급한 상여금 중 손금불산입된 금액*

* 임원에게 지급한 상여금 중 손금불산입된 금액(법령 §43 ①~⑤)
  ① 법인이 그 임원 또는 직원에게 이익처분에 의하여 지급하는 상여금
  ② 법인이 임원에게 지급하는 상여금 중 정관·주주총회·사원총회 또는 이사회의 결의에 의하여 결정된 급여지급기준에 의하여 지급하는 금액을 초과하여 지급한 경우 그 초과금액
  ③ 법인이 지배주주 등(특수관계에 있는 자 포함)인 임원 또는 직원에게 정당한 사유없이 동일 직위에 있는 지배주주 등 외의 임원 또는 직원에게 지급하는 금액을 초과하여 보수를 지급한 경우 그 초과금액
  ④ 상근이 아닌 법인의 임원에게 지급하는 보수는 부당행위계산부인규정에 해당하는 경우를 제외하고 이를 손금에 산입한다.
  ⑤ 법인의 해산에 의하여 퇴직하는 임원 또는 직원에게 지급하는 해산수당 또는 퇴직위로금 등은 최종사업연도의 손금으로 한다.

① 총급여를 적용함에 있어 유의할 점은 법인세법에 따라 상여로 처분된 금액과 퇴직함으로써 받는 소득으로서 퇴직소득에 속하지 아니함에 따라 근로소득에 해당된 금액은 포함하지 않는다.

② 총급여에는 근무기간 중 해외현지법인에 파견되어 국외에서 지급받는 급여를 포함한다. 다만, 정관 또는 정관의 위임에 따른 임원의 급여지급규정이 있는 법인의 주거보조비, 교육비수당, 특수지수당, 의료보험료, 해외체재비, 자동차임차료 및 실의료비 및 이와 유사한 급여로서 임원이 국내에서 근무할 경우 국내에서 지급받는 금액을 초과해 받는 금액은 제외한다(소령 §42의 2 ⑦).

2) 근속연수

근속연수의 계산은 역년에 의하며 1년 미만의 기간은 월수로 계산하되 1개월 미만의 기간은 이를 산입하지 아니한다(법칙 §22 ⑤).

> ● 역년에 의한 계산
> 역년에 의한 계산은 그 기산일에 해당한 날의 전일을 기준으로 연수를 계산하는 것을 의미한다. 즉 2017.3.10.이 기산일이라면 2018.3.9.이 1년이 되는 것이다. 세법에서는 기산일은 0시부터 시작하는 경우와 연령계산의 경우를 제외하고는 초일은 불산입한다.

① 해당 임원이 직원에서 임원으로 된 때에 퇴직금을 지급하지 아니한 경우에는 직원으로 근무한 기간을 근속연수에 합산할 수 있다.

② 임원에 대한 퇴직금지급기준을 정관 등에 정하고 있지 아니하는 법인의 임원이 1년 동안 급여수령을 포기하고 무급여로 근로를 제공한 후 퇴직하는 경우에 당해 임원에 대한 퇴직금을 계산함에 있어서 근속연수는 무급여로 근무한 기간을 포함할 수 있으며, 이 경우 임원퇴직금의 손금용인한도액을 계산하기 위한 총급여액은 급여수령을 포기하기 전 1년 동안 지급한 총급여액으로 할 수 있는 것이다(법인 46012-487, 1998.2.26.).

(3) 임원퇴직금에 대한 퇴직소득 한도

1) 임원퇴직소득 한도 및 한도초과금액

상기 '(1) 임원에 대한 퇴직급여지급규정이 정하여진 경우'와 '(2) 임원에 대한 퇴직급여지급규정이 없는 경우'에 불구하고 임원의 퇴직소득금액이 다음 계산식에 따라 계산한 금액을 초과하는 경우에는 그 초과하는 금액은 근로소득으로 본다(소법 §22 ③ 단서).

> 임원퇴직소득 한도(①+②)
> ① 2019.12.31.부터 소급하여 3년(2012.1.1.~2019.12.31.까지의 근무기간이 3년 미만인 경우 해당 근무기간)동안 지급받은 총급여액의 연평균환산액×1/10×2012.1.1.~2019.12.31.까지 근무기간*/12×3
> ② 퇴직일부터 소급하여 3년(2020.1.1.~퇴직일까지의 근무기간이 3년 미만인 경우 해당 근무기간)동안 지급받은 총급여액의 연평균환산액×1/10×2020.1.1. 이후 근무기간*/12×2

* 1년 미만의 기간은 개월 수로 계산하며, 1개월 미만의 기간이 있는 경우에는 이를 1개월로 본다(소법 §22 ④).

이때 한도적용대상이 되는 임원의 퇴직소득금액은 다음의 금액을 뺀 금액으로 한다.

① 공적연금 관련법에 따라 받는 일시금

② 다음의 금액 중 선택한다.

　㉠ 근속연수에 따라 안분한 금액

　　퇴직소득금액에 2011.12.31. 이전 근무기간(개월 수로 계산하며, 1개월 미만의 기간이 있는 경우에는 1개월로 봄)을 전체 근무기간으로 나눈 비율을 곱한 금액

$$전체\ 퇴직소득금액 \times \frac{2011.12.31.\ 이전\ 근무기간}{전체\ 근무기간}$$

ⓛ 2011.12.31.에 퇴직하였다고 가정할 때 지급받을 퇴직소득금액

2011.12.31.에 정관 또는 정관의 위임에 따른 임원 퇴직급여지급규정이 있는 법인의 임원이 2011.12.31.에 퇴직한다고 가정할 때 해당 규정에 따라 지급받을 퇴직소득금액을 적용하기로 선택한 경우에는 해당 퇴직소득금액을 적용한다.

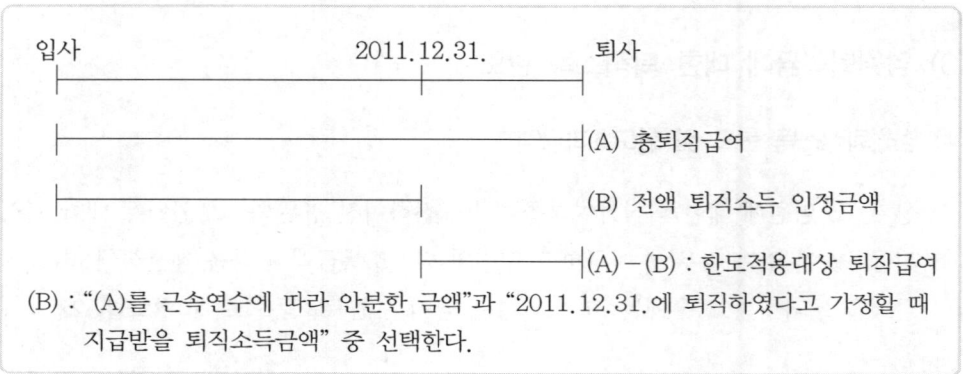

(B) : "(A)를 근속연수에 따라 안분한 금액"과 "2011.12.31.에 퇴직하였다고 가정할 때 지급받을 퇴직소득금액" 중 선택한다.

2) 관련 사례

① 회사의 종업원이 임원으로 취임하여 퇴직금을 지급받은 후 임원으로 근무하던 중 퇴직하는 경우 소득세법 제22조 제3항에 따른 총급여의 연평균환산액을 산정함에 있어 임원으로 근무한 기간이 3년 미만인 경우 '근무기간'은 임원으로 실제 근무한 기간으로 계산하는 것이며, '2011.12.31. 퇴직하였다고 가정할 때 지급받을 퇴직소득금액'은 불특정다수에게 적용되는 퇴직금지급규정에 따라 2011.12.31. 퇴직 시 실제 지급받을 수 있는 퇴직소득금액을 말하는 것이다(법규소득 2013-246, 2013.7.25.).

← 관련 사례는 상기 '1)'의 '②'이 조문화되면서 규정이 변경됨.

② 임원에 대한 퇴직급여지급규정이 없었던 법인이 2012.1.1. 이후 임원퇴직금 지급규정을 신설한 경우 2011.12.31.에 퇴직하였다고 가정할 때 지급받을 퇴직소득금액은 상기 '(2) 임원에 대한 퇴직급여지급규정이 없는 경우(법령 §44 ④ 2호)'에 따라 계산하는 것이다(원천세과-60, 2014.2.28.; 원천-705, 2012.12.20.).

　← 관련 사례는 상기 '1)'의 '②'이 조문화되면서 규정이 변경됨.

③ 회사가 1년 이상 근무한 임직원에 대하여 정관에 위임된 인건비지급규정에 따라 근속연수에 따라 계량화된 조기퇴직금을 지급하는 경우 소득세법 제22조 제3항에 따른 '2011.12.31. 퇴직하였다고 가정할 때 지급받을 퇴직소득금액'은 2011.12.31. 현재 회사의 퇴직금지급규정 등에 따라 해당 임직원이 지급받을 수 있는 퇴직소득금액을 말하는 것이다(서면법규-71, 2014.1.27.).

　← 관련 사례는 상기 '1)'의 '②'이 조문화되면서 규정이 변경됨.

④ 법인의 대주주인 상근임원이 비상근임원으로 전환하면서 임원퇴직금지급규정에 규정된 퇴직금의 수령을 주주총회에서 전액 포기한 경우에는 당해 대주주가 퇴직금 포기 시에 퇴직금을 수령한 것으로 보아 동 포기금액에 대하여는 퇴직소득세를 원천징수하는 것이다(소법 집행기준 127-0-9). 이 경우 당해 법인은 각 사업연도 소득금액 계산상 임원 퇴직금 한도내의 금액을 손금에 산입하되 동 포기금액을 익금에 산입하여야 하는 것이다(서이 46012-12368, 2002.12.30.).

⑤ 거주자가 특수관계 있는 2 이상의 법인(A, B)에 임원으로 재직하면서 각각의 법인으로부터 급여를 지급받다가 A법인에서 퇴직함으로써 퇴직급여를 지급받는 경우 소득세법 제22조 제3항에 따른 퇴직한 날부터 소급하여 3년 동안 지급받은 총급여의 연평균환산액은 A법인으로부터 지급받은 총급여액으로 계산한다(원천세과-578, 2012.10.25.).

⑥ 임원퇴직금 중 퇴직소득금액을 계산하는 소득세법 제22조 제3항의 계산에서 해외현지법인에 파견되어 지급받은 금액으로 우리나라에서 소득신고대상에 포함된 금액은 퇴사 전 3년 동안 지급받은 총급여액이 포함된다(법령해석소득-0099, 2017.5.2.).

사례

1. 김원천 이사는 2011.1.1. 입사하여 2023.12.31.에 퇴사하였다.

　① 회사의 임원퇴직급여지급규정 : 직전 1년간 총급여 $\times \dfrac{1}{10} \times$ 근속연수 $\times 4$(적용배수)

　② 김원천 이사의 퇴직 전 총급여 내역은 다음과 같다.

총급여	총급여
2017.1.1.~2017.12.31.	85,000,000
2018.1.1.~2018.12.31.	90,000,000
2019.1.1.~2019.12.31.	95,000,000
2021.1.1.~2021.12.31.	100,000,000

총급여	총급여
2022.1.1.~2022.12.31.	110,000,000
2023.1.1.~2023.12.31.	120,000,000

③ 2011.1.1.~2011.12.31.까지의 총급여액 60,000,000원

2. 2023.12.31. 퇴사시점의 퇴직소득과 근로소득의 구분은 다음과 같다.

① 임원 총퇴직급여(A)

$$120,000,000 \times \frac{1}{10} \times \frac{156}{12} \times 4$$

$$=624,000,000원$$

② 임원 총퇴직급여 중 전액 퇴직소득 인정금액(B)=Max(가, 나)=48,000,000원

가. 임원퇴직소득금액 $\times \dfrac{\text{입사일}\sim 2011.12.31.\ \text{이전 근무기간}}{\text{전체 근무기간}}$

$$=624,000,000 \times \frac{12}{156}$$

$$=48,000,000원$$

나. 회사 임원퇴직급여지급규정상 2011.12.31. 퇴직가정 시 퇴직소득금액

$$60,000,000 \times \frac{1}{10} \times \frac{12}{12} \times 4$$

$$=24,000,000원$$

③ 한도적용대상 퇴직급여(①-②)

총퇴직급여 중 2012.1.1. 이후 퇴직일까지의 퇴직급여해당액

$$624,000,000-48,000,000=576,000,000원$$

④ '③' 중 퇴직소득해당액(가. + 나.)

가. $\dfrac{(95,000,000+90,000,000+85,000,000)}{3} \times \dfrac{1}{10} \times \dfrac{96}{12} \times 3$

$$=216,000,000원$$

나. $\dfrac{(120,000,000+110,000,000+100,000,000)}{3} \times \dfrac{1}{10} \times \dfrac{36}{12} \times 2$

$$=66,000,000원$$

가. + 나. =282,000,000원

⑤ '③' 중 근로소득해당액

③ - ④

=576,000,000 - 282,000,000

=294,000,000원

⑥ 근로소득과 퇴직소득의 구분

가. 퇴직소득 : 48,000,000 + 282,000,000 = 330,000,000원

나. 근로소득   294,000,000원

합 계   624,000,000원

(4) 임원에 대한 확정기여형(DC, Defined Contribution) 퇴직연금 부담금

직원에 대한 확정기여형 퇴직연금에 대한 부담금은 전액 손금으로 산입한다. 그러나 임원의 경우 법인의 퇴직 시까지 부담한 확정기여형 퇴직연금부담금의 합계액을 퇴직급여로 보아 상기 '(3) 임원퇴직금에 대한 퇴직소득 한도(법령 §44 ④)'를 적용하도록 하였다.

① 법인세법상 임원의 퇴직 시까지 임원에 대한 확정기여형 퇴직연금부담금 합계액이 손금산입한도액을 초과하는 경우에는 퇴직일이 속하는 사업연도의 부담금 중 손금산입한도 초과액상당액을 손금불산입하고 손금산입한도초과액이 퇴직일이 속하는 사업연도의 부담금을 초과하는 경우의 그 초과액은 퇴직일이 속하는 사업연도의 익금에 산입한다(법령 §44의 2 ③ 단서).

② 법인세상 손금으로 인정되지 아니하는 금액은 근로소득에 해당하며, 법인세법상 손금으로 인정되는 범위까지 퇴직소득에 해당한다(소령 §38 ①, 법령 §44 ④ · §44의 2 ③).

③ 법인세법상 임원에 대한 확정기여형퇴직연금부담금의 손금귀속시기

임원에 대한 확정기여형퇴직연금은 임원퇴직급여지급기준이 정당하지 않더라도 납입일이 속하는 사업연도에 손금산입 후 퇴직하는 사업연도에 한도초과액을 손금불산입하며, 특정 사업연도에 납입한 퇴직연금부담금만으로 조세부담을 부당히 감소시킨 경우에 해당하는지 단정하기 어려우므로 부당행위계산부인을 적용할 수 없다(서울고법 2015누62349, 2016.7.7.).

④ 임원에 대한 퇴직연금가입여부 및 법인세법상 손금인정 여부

노동부 질의회신(퇴직급여보장팀-846, 2006.3.16.)에 의하면 근로자가 아닌 임원이

퇴직연금에 가입할 수 있는지에 대하여 사용자는 근로자퇴직급여보장법 제2조 제1호에 의한 근로자에 대해서는 의무적으로 퇴직급여제도(퇴직금 또는 퇴직연금제)를 설정하여야 하나, 그 이외의 자에 대해서는 설정할 의무는 없다. 그러므로 근로자가 아닌 임원에 대하여 퇴직연금 적용대상으로 할지 여부는 사업장별로 자유로이 정할 수 있을 것으로 하였다. 또한 연금운용사업자의 표준규약 작성가이드에 따르면 가입대상자에는 대표이사, 이사, 감사 등이 사업장 내의 직책에 불구하고 근로를 제공하고 임금을 받는 자를 포함한다고 규정하여 대표이사를 퇴직연금 가입대상으로 삼고 있음을 규정하고 있다.

조세심판원에서는 상기내용 및 법인세법시행령 제44조의 2 제2항에서 내국법인이 임원 또는 직원의 퇴직을 퇴직급여의 지급사유로 하고 임원 또는 직원을 수급자로 하는 연금으로 지출하는 금액은 손금에 산입한다 규정하고 있어 대표이사에 대해 확정기여형 퇴직연금제도 가입에 따른 연금금액 납입액은 손금산입대상에 해당된다 결정하였다(조심 2018서3844, 2019.4.18.).

저자주

1. 임원에 대한 급여지급규정

법인세법에서는 사용인에 대한 급여 및 상여금은 내용 및 명칭 여하에 불구하고 손금으로 인정됨을 원칙으로 한다. 반면 임원에 대하여는 급여지급규정을 초과하여 지급하는 금액에 대하여는 손금불산입을 적용하고 있다.

(1) 상법상 주주총회결의에 의한 임원보수한도 승인

상법상 등기임원에 대하여는 주주총회결의로 연간 임원보수를 총액으로 승인받도록 하고 있으므로 비상장법인의 경우에도 반드시 주주총회결의로 임원보수한도를 정하여 승인받도록 해야 한다.

(2) 이사회결의에 의한 임원급여지급규정

주주총회결의 후에 이사회를 개최하여 임원보수한도 내에서 다음과 같은 임원별 급여지급기준을 정하여야 한다. 이때 지급기준이 없거나 지급기준을 초과하는 경우에는 상여금, 복리후생적 급여 및 성과급 등이 전부 손금불산입처리됨에 유의하여야 하며 이는 법인세법상 규정이므로 미등기임원에 대하여도 급여지급규정을 만들어야 할 것이다. 물론 미등기임원에 대하여는 상기 '(1)'의 한도액과는 상관없다.

〈임원별 급여지급규정〉

임원명	연봉액	복리후생적 급여	성과급 총액	비 고
①	②	③	④	⑤

① 직급별 임원성함을 기입한다.

② 임원별 당해 사업연도의 연봉액을 기입한다.

③ 임원별 교육비지원액, 의료비지원액 등의 복리후생적급여를 해당 내용별로 기입한다.

④ 임원에게 지급하는 성과급의 지급기준을 상세히 기입한다.

⑤ 임원별 전기대비 급여상승률 등 내용을 기입한다.

상기 규정 중 특히 유의할 점은 기업의 지배주주이자 대표이사인 임원과 특수관계인들이 다른 임원에 비교하여 월등히 많은 급여 및 상여금을 수령하는 경우 그 금액에 대한 타당한 이유가 없다면 손금불산입의 처분을 받을 수 있다는 점이다.

현재 법인세법에서는 대표이사의 연봉에 대하여 얼마까지 손금인정한다는 한도금액이 명시되어 있지 않고 사실판단에 따르고 있는바 상기 규정들이 있는 경우에도 그 근거가 명확하지 않다면 얼마든지 과세관청에서 이를 부인할 수 있음에 유의하여 분명한 근거 등을 기재하여 규정을 만들어야 한다.

2. 임원에 대한 퇴직급여지급규정

기업의 정관에서는 임원에 대한 퇴직급여는 주주총회결의에 의한다라고 규정되어 있으며 대다수의 회사에서는 주주총회결의로 임원에 대한 퇴직급여규정을 만들어 놓고 있다.

〈임원퇴직급여지급규정〉

임원직위(①)	퇴직급여 계산방법(②)	적용시기(③)
대표이사	평균급여액 × 근속연수 × 5	입사일부터 소급적용
전무이사	평균급여액 × 근속연수 × 3	
상무이사	평균급여액 × 근속연수 × 2	
이사	평균급여액 × 근속연수 × 1.5	

① 임원의 직위별로 퇴직급여 계산방법이 차이가 나므로 임원의 직위별로 구체적으로 규정을 만들어야 하며 절대로 임원 이름을 기재하면 안되는 점에 유의하여야 한다. 즉 상기 규정은 모든 임원에 대하여 적용하는 것이므로 특정한 임원에 대하여만 누진제를 적용하는 경우에는 부당행위에 해당되어 손금불산입처리된다.

② 임원퇴직급여지급규정상 평균급여액과 근속연수의 계산은 다음과 같은 두 가지 경우로 구분된다.

　가. 임원퇴사 시 마지막 직위에 해당하는 배수를 해당 직위의 근속연수가 아닌 임원으로 최초로 선임된 날부터 퇴직일까지의 전체 근속연수에 대해 적용하는 경우이다. 이 경우에는 당연 평균급여액계산을 퇴직일 3개월간의 월평균급여액 또는 1년간의 월평균급여액으로 계산하며 해당 기간의 성과급을 포함하는지 여부에 대한 언급이 있어야 한다.

　나. 임원퇴사 시 그동안 역임했던 임원직위별 평균급여액과 해당 직위기간의 근속연수와 해당 직위별 배수를 적용하여 퇴직급여를 계산하는 경우이다.
　　이 경우에 평균급여는 해당직위의 마지막 3개월간 월평균급여액 또는 1년간의 월평균급여액으로 계산하며 해당기간의 성과급을 포함하는지 여부에 대한 당연한 언급이 있어야 한다.

다. 특히 '가.'의 적용에 있어 임원에 대해 확정기여형(DC)퇴직연금을 가입하고 있는 경우 매년 DC에 납입한 금액의 합계액과 '가.'에 의하여 임원재직 전체 근속연수에 대하여 퇴직일 현재의 평균급여액을 적용하여 산출한 금액과는 상당한 차이가 발생하여 임원 퇴직연도에 많은 추가퇴직급여지급액이 발생할 수 있음에 유의하여야 한다.

③ 최근의 유권해석에서 임원퇴직금누진제에 대한 구체적인 사례를 언급한 해석이 나와 이를 설명하면 다음과 같다.

정관의 위임에 따라 정기주주총회에서 대표이사에 대한 퇴직금을 다른 임원보다 차등적(대표이사 기준금액의 20배, 기타 임원 5배)으로 지급하는 임원퇴직금지급규정을 의결하여 지급한 경우로서 대표이사가 최대주주로서 임의적으로 퇴직금지급규정을 의결하여 건전한 사회통념과 상관행에 비추어 일반적으로 적용될 것으로 인정되지 아니하고 차등 지급한 것으로 인정되는 경우에는 법인세법 제26조에 따라 각 사업연도의 소득금액을 계산할 때 손금에 산입하지 않는다(법규법인 2012-389, 2012.11.30.).

④ 기존에 퇴직급여규정이 없던 법인이 주주총회결의에 의한 퇴직급여규정을 신설하는 경우에는 적용시기를 임원의 입사일부터 적용한다는 규정을 같이 결의하면 소급적으로 누진제를 적용할 수 있고 법인세법에서도 이를 인정하고 있다(법인-461, 2010.5.19.; 서이 46012-11540, 2003.8.25.)

단, 소득세법상 퇴직소득한도액계산 시에는 임원퇴직급여지급규정이 없었던 법인이 2012.1.1. 이후 임원퇴직급여지급규정을 신설한 경우 2011.12.31.에 퇴직하였다고 가정할 때 지급받을 퇴직소득금액은 법인세법시행령 제44조 제4항 제2호에 의한 다음의 금액으로 하여 퇴직소득 해당액을 산출함에 유의하여야 한다(원천-705, 2012.12.20.; 원천-60, 2014.2.28.).

> 2011.12.31.로부터 직전 1년간 임원에게 지급한 총급여액 × 1/10 × 근속연수

3. 임원에 대한 퇴직급여 중간정산(2016.1.1. 이후부터는 특수상황에만 인정)

임원은 근로자에 해당하지 않아 중간정산을 금지하고 있는 근로자퇴직급여보장법을 적용받지 않는다. 그러므로 임원에 대하여는 퇴직급여중간정산을 기업의 선택으로 할 수 있는데 법인세법에서는 연봉제로 전환하고 향후 퇴직급여를 지급하지 않는 조건인 경우에만 현실적인 퇴직으로 인정되어 손금산입이 허용된다. 만일 중간정산 이후의 근무기간에 대한 퇴직급여를 지급하고자 하는 경우에는 중간정산 이후 일정기간 경과 후에 주주총회를 개최하여 동일부터 퇴직급여를 지급하도록 결의가 있는 경우에는 다시 퇴직급여를 지급해도 손금인정이 가능하며, 이것이 실질적인 임원에 대한 가지급금(자금대여)에 해당된다고 판단되면 중간정산 시 지급금액을 가지급금으로 보아 인정이자 계산 등의 여러 가지 세무상 불이익을 받게 되므로 이의 처리에 신중을 기하여야 할 것이다.

Ⅳ 퇴직소득세 계산

1. 퇴직소득 소득세 계산구조

퇴직소득에 대한 소득세의 계산구조는 다음과 같다.

구 분	내 용
퇴직소득 금액	퇴직소득(비과세 퇴직소득은 제외)
퇴직소득 공제	근속연수에 따른 공제 1. 환산급여액＝(퇴직소득금액－근속연수공제)×12/근속연수 2. 환산급여공제
과세표준	(환산급여액－환산급여공제)
산출세액	① 기본세율 적용 세액 　＝과세표준×기본세율 ② 산출세액 　＝기본세율 적용 세액 　　÷12×근속연수
퇴직소득 결정세액	산출세액(10% 개인지방소득세)

2. 퇴직소득공제

퇴직소득이 있는 거주자에 대해서는 퇴직소득금액에서 근속연수에 따른 공제금액을 차감한 금액으로 환산급여액을 산출하고 이에 환산급여액에 따른 산정금액을 공제하여 과세표준금액을 산정한다.

(1) 근속연수에 따른 공제

근속연수에 따라 정한 다음의 금액을 공제한다.

근 속 연 수	공 제 액
~5년 이하	100만원×근속연수

근 속 연 수	공 제 액
5년 초과 10년 이하	500만원＋200만원×(근속연수－5년)
10년 초과 20년 이하	1,500만원＋250만원×(근속연수－10년)
20년 초과~	4천만원＋300만원×(근속연수－20년)

* 근속연수 : 1년 미만의 기간이 있는 경우에는 이를 1년으로 본다.
   구체적인 내용은 아래 "(3) 근속연수의 계산" 참조

> **New Tax**
> 퇴직소득의 근속연수공제금액을 인상함

(2) 환산급여액에 따른 공제

우선 환산급여액을 계산하고 해당 환산급여액을 소정의 산식에 적용하여 산정된 금액을 환산급여액에서 공제하여 퇴직소득과세표준액을 계산한다.

① 환산급여액 및 환산급여액에 따른 공제액

　가. 환산급여액

　　환산급여액은 해당 과세기간의 퇴직소득금액에서 근속연수에 따른 금액을 공제하고, 그 금액을 근속연수로 나누고 12를 곱한 후의 금액이다.

$$환산급여액 = \frac{(퇴직소득금액 - 근속연수에\ 따른\ 공제)}{근속연수} \times 12$$

* 근속연수 : 1년 미만의 기간이 있는 경우에는 이를 1년으로 본다.
   구체적인 내용은 아래 '(3) 근속연수의 계산' 참조

　나. 환산급여액에 따른 공제액

　　환산급여에 따라 다음의 금액으로 정한 금액을 공제한다.

환산급여액	공제액
800만원 이하	환산급여액의 100%
800만원 초과~7,000만원 이하	800만원＋(800만원 초과분×60%)
7,000만원 초과~1억원 이하	4,520만원＋(7,000만원 초과분×55%)
1억원 초과~3억원 이하	6,170만원＋(1억원 초과분×45%)
3억원 초과	1억5,170만원＋(3억 초과분×35%)

◆ 사례 - 퇴직소득 공제 사례

근속연수(입사 2009.2.~퇴사 2023.6. / 14년 4개월) : 15년
퇴직급여액(비과세 퇴직소득 없음) : 71,000,000원

퇴직급여액	71,000,000	
근속연수에 따른 공제	27,500,000	← 15년, 15,000,000+2,500,000×(15년-10년)
환산급여액	34,800,000	
환산급여액에 따른 공제	24,080,000	← 아래 '①과 ②' 참조
퇴직소득 과세표준	10,720,000	

① 환산급여액 = {(퇴직소득금액-근속연수에 따른 공제)/근속연수}×12

퇴직급여액	71,000,000	
근속연수에 따른 공제	27,500,000	
차감액	43,500,000	
÷ 근속연수(15)	2,900,000	
× 12	34,800,000	환산급여액

② 환산급여액에 따른 공제금액

환산급여액	공제액
800만원 이하	환산급여액의 100%
800만원 초과~7,000만원 이하	800만원+(800만원 초과분×60%)
7,000만원 초과~1억원 이하	4,520만원+(7,000만원 초과분×55%)
1억원 초과~3억원 이하	6,170만원+(1억원 초과분×45%)
3억원 초과	1억5,170만원+(3억원 초과분×35%)

☞ 8,000,000+(34,800,000-8,000,000)×60%=24,080,000

(3) 근속연수의 계산

근속연수는 근로를 제공하기 시작한 날 또는 퇴직소득중간지급일의 다음 날부터 퇴직한 날까지로 한다. 다만 퇴직급여를 산정할 때 근로기간에 포함되지 아니한 기간은 근속연수에서 제외한다(소령 §105 ①).

1) 일반적인 근속연수

근속연수공제 적용 시 1년 미만의 기간이 있는 경우에는 이를 1년으로 본다. 즉 근속연수가 5년 6개월인 경우 근속연수공제의 적용은 6년을 적용한다(소법 §48 ① 1호).

2) 공적연금 관련 퇴직급여의 근속연수

공적연금 관련법에 따라 받는 일시금으로 퇴직급여에 해당하는 경우에는 다음에 따라 계산한 연수를 적용하며, 납입연수 또는 재직기간이 1년 미만인 경우에는 1년으로 본다(소법 §48 ① 1호, 소령 §105 ②).

① 국민연금법에 의하여 지급받는 일시금 : (연금보험료 총납입월수÷12)

② 공무원연금법·군인연금법·사립학교교직원연금법 또는 별정우체국법에 의하여 지급받는 일시금 : 각 해당 법률의 퇴직급여산정에 적용되는 재직기간

③ 공적연금 관련법에 의한 퇴직소득 중 공무원연금법·군인연금법·사립학교교직원연금법 또는 별정우체국법에 따른 일시금 및 공적연금 관련법 외의 퇴직소득을 함께 지급받는 경우 : Max{각 해당 법률의 퇴직급여 산정에 적용되는 재직기간, 실제 재직기간}

④ '②' 및 '③'에도 불구하고 일시금을 반납하고 재직기간, 복무기간 또는 가입기간을 합산한 후 지급받는 일시금 : 재임용일 또는 재가입일 이후의 재직기간

3) 건설근로자의고용개선등에관한법률에 따라 지급받는 퇴직공제금 근속연수

건설근로자의고용개선등에관한법률 제14조 제4항에 따라 계산된 공제부금의 납부월수를 12로 나누어 계산한 납입연수로 한다(소령 §105 ③).

   * 건설근로자의고용개선등에관한법률 제14조 제4항 따른 퇴직공제금 지급의 기준이 되는 납부 월수는 납부일수 21일분을 1개월로 보아 공제부금의 총납부일수를 21로 나누어 산정한다.

4) 퇴직소득에 대한 세액정산 시 근속연수

퇴직자가 퇴직소득을 지급받을 때 이미 지급받은 다음의 퇴직소득에 대한 원천징수영수증을 원천징수의무자에게 제출하는 경우 원천징수의무자는 퇴직자에게 이미 지급한 퇴직소득과 자기가 지급할 퇴직소득을 합계한 금액에 대하여 정산한 소득세를 원천징수한다.

① 해당 과세기간에 이미 지급받은 퇴직소득

② 근로제공을 위하여 사용자와 체결하는 계약으로서 사용자가 같은 하나의 계약에서 이미 지급받은 퇴직소득. 이때 ㉠ 종업원이 임원이 된 경우, ㉡ 합병·분할 등 조직변경, 사업양도 또는 직·간접으로 출자관계에 있는 법인으로의 전출이 이루어진 경우, ㉢ 법인의 상근임원이 비상근임원이 된 경우, ㉣ 비정규직 근로자가 정규직근

로자로 전환된 경우와 같은 현실적인 퇴직사유가 발생하여 퇴직급여를 지급받은 경우를 포함한다.

이러한 퇴직소득에 대한 세액정산 시 근속연수는 이미 지급된 퇴직소득에 대한 근속연수와 지급할 퇴직소득의 근속연수를 합산한 월수에서 중복되는 기간의 월수를 뺀 월수에 따라 계산한다(소법 §148, 소령 §203).

5) 퇴직소득지급명세서 작성방법

구분		⑱ 입사일	⑲ 기산일	⑳ 퇴사일	㉑ 지급일	㉒ 근속월수	㉓ 제외월수	㉔ 가산월수	㉕ 중복월수	㉖ 근속연수
근속연수	중간지급 근속연수									
	최종 근속연수									
	정산 근속연수									
안분	2012.12.31. 이전									
	2013.1.1. 이후									

⑱ 입사일란 : 해당 근무처에서 근로를 제공하기 시작한 날을 적습니다.

⑲ 기산일란 : 해당 근무처에서 근로를 제공하기 시작한 날을 적습니다. 다만, 중간지급을 받은 경우 중간지급 받은 날의 다음 날을 적습니다.

⑳ 퇴사일란 : 퇴직한 날(소득세법시행령 제43조 제2항에 따라 퇴직한 날로 보는 경우를 포함합니다)을 적습니다.

㉓ 제외월수란 : 퇴직금 산정 시 근속연수에서 제외된 기간의 월수를 적습니다.

㉔ 가산월수란 : 소득세법시행령 제105조 제2항에 따른 근속연수가 입사일·퇴사일로 계산한 근속연수와 다른 경우 가산해야 하는 월수를 적습니다.

㉖ 근속연수란의 작성방법은 다음과 같습니다.
   ㉠ 기산일부터 2012.12.31.까지의 근속연수를 2012.12.31. 이전의 근속연수로 합니다.
   ㉡ 정산 근속연수에서 가목의 근속연수를 뺀 기간을 2013.1.1. 이후의 근속연수로 합니다.

6) 관련 사례

① (사실관계)

대표이사 등 임원이 회사형편을 고려하여 창업초기 때 수년간을 무보수로 근무하였으며 그 후 급여를 받다가 퇴직금을 지급받았으며, 임원퇴직금 지급 시 무보수근무기간을 포함한 총근속연수로 퇴직금을 계산함.

(질의내용)

퇴직소득세를 계산함에 있어 무보수 근무기간을 포함한 전체근속기간을 기준으로 퇴직소득공제를 하는지

(회신)

임원 등의 거주자가 창업초기 때는 무보수로 수년간 근무하고 그 이후로는 급여를 받다가 실제 퇴직하여 임원퇴직금지급규정에 따라 퇴직소득을 지급받는 경우 근속연수에 의한 퇴직소득공제금액 계산은 해당 법인에 직접 고용되어 실제 근로를 계속 제공한 총기간으로 하는 것이나, 다만 법인세법 제52조의 규정에 의하여 부당행위계산의 부인 대상이 되는 경우에는 그러하지 아니한다(원천-768, 2009.9.18.).

무보수로 근무한 기간이 재직기간에 포함된 경우의 근속연수 계산(소법 집행기준 22-105-4).

임원 등의 거주자가 창업초기 때는 무보수로 수년간 근무하고 그 이후로는 급여를 받다가 실제 퇴직하여 임원퇴직금지급규정에 따라 퇴직소득을 지급받는 경우 근속연수에 의한 퇴직소득공제금액 계산은 해당 법인에 직접 고용되어 실제 근로를 계속 제공한 총기간으로 하는 것이나, 법인세법 제52조에 따른 부당행위계산의 부인 대상이 되는 경우에는 그러하지 않는다.

② 사업을 양수함에 있어 퇴직급여충당금을 승계받지 않은 경우 다른 사업체에서 근무한 기간을 통산하여 퇴직급여추계액을 계산할 수 없다(서면1팀-994, 2005.8.19.).

(질의)

2004.2. 자동차완성차업체내의 소사장제 개인기업으로 설립한 A사의 퇴직급여충당금 설정 가능 여부 질의

(사실관계)

A사는 기존협력회사 B사의 종업원을 고용 승계하는 조건으로 설립되었으며 고용 승계된 종업원 중 일부는 B사로부터 퇴직금 중간정산받았으며, 중도정산 받지 않은 종업원의 퇴직금 추계액상당액을 A사가 승계받음. 고용승계조건에 B사로부터 승계된 종업원이 퇴직 시 B사 근무기간을 포함하여 퇴직금을 지급하고 B사로부터 중도정산한 종업원의 경우 A사에서 1년 미만 근무 시도 B사 근속연한을 포함하여 1년 이상이면 A사 근무기간에 해당하는 퇴직금지급조건을 명시함.

(질의내용)

A사의 2004년 결산 시 B사로부터 고용 승계한 종업원의 퇴직급여충당금을 설정가

능 여부 및 B사에서 중도정산한 종업원의 경우 퇴직급여충당금 설정가능 여부

(회신)

사업자가 다른 사업자로부터 사업을 포괄적으로 양도·양수함에 따라 종업원의 고용이 승계되고 그 종업원의 퇴직급여추계액을 퇴직급여충당금 또는 부채로 승계한 경우에는 사업의 양수자가 당해 종업원의 종전 근속기간을 통산하여 소득세법시행령 제57조 제1항에 규정하는 퇴직급여추계액을 계산할 수 있는 것이나, 사업의 포괄적 양도·양수에 해당하지 않거나, 퇴직급여충당금을 승계받지 않은 경우는 다른 사업체에서 근무한 기간을 통산할 수 없는 것이다.

③ 퇴직금 중간정산 후 동일연도에 현실적인 퇴직을 하는 경우 퇴직소득과세표준은 중간정산 시 이미 지급한 퇴직소득금액과 현실적인 퇴직으로 인하여 지급할 퇴직소득금액의 합계액에서 퇴직소득공제를 하여 계산하며, 납부할 퇴직소득세액계산은 퇴직소득과세표준에 세율을 곱하여 산출한 세액에서 세액공제 및 기지급된 퇴직소득금액에 대하여 징수한 세액을 공제한 금액으로 계산하며, 이때 적용하는 근속연수(중간정산 시 계산한 근속월수＋중간정산 이후 근속월수)로 계산하며 근속연수가 1년 미만인 때에는 1년으로 하는 것이다(법인 46013－315, 1998.2.6.).

④ 무기계약직으로 근무 중 정규직으로 전환(신규채용 형식)하고 퇴직하는 경우 근속연수의 계산은 정규직 입사일을 기산일로 한다(조심 2017전1427, 2017.5.18.).

　가. 내용

　　은행에 무기계약직으로 재직하던 중 2014.1.1. 정규직으로 전환하였고 2015. 6.17. 희망퇴직하면서 수령한 퇴직금에 대한 세액계산 시 근속연수를 은행입사일부터 기산할지 정규직 전환일부터 기산할지 여부

　나. 결정

　　청구인들은 사무직 근로계약을 종료하고 신규채용되면서 퇴직금, 연차휴가 등을 적용하기 위한 계속 근로기간은 2014.1.1.부터 새로이 기산되는 것에 동의하고, 근로개시일을 2014.1.2부터 새로이 기산되는 것에 도의하고, 근로개시일을 2014.1.로 한 근로계약서를 새로 작성한 점 등에 비추어 사무직 근로계약을 종료하고 다시 입사한 날을 근속연수 기산일로 봄이 타당하다.

⑤ ‘④’에 대한 법원의 판결(청구인의 주장 인용판결)

정규직 전환 전후를 합산한 근속연수가 10년 이상인 점, 업무의 중단없이 동일한 장소에서 동일한 내용의 업무를 수행한 점을 고려하면 전환 전 기간도 특별퇴직금에

대한 퇴직소득세 소득공제에 있어 근속연수에 포함되어야 한다(광주지법 2017구합 1223, 2018.8.16.; 대구지법 2017구합22505, 2018.9.20.).

가. 내용

- 2001.4.6. 계약직 사무직원으로 입사
- 2008.1.1. 무기계약직 사무직원으로 전환
- 2014.1.1. 본인선택에 의해 기존 근로계약 종료, 신규채용형식으로 퇴직금을 정산받고 정규직으로 전환
- 2015.6.18. 희망퇴직으로 법정퇴직금 외에 97,650,000원의 특별퇴직금을 수령함

회사는 2014.1.1.을 입사일로 하여 퇴직소득 원천징수를 하였으며 해당 근로자는 최초 입사일을 기준으로 원천징수를 하여야 한다 주장하여 경정청구를 하였으나 과세관청이 이를 거부한 처분에 대한 타당성 여부

나. 판결

회사가 2014.1.1.~2015.6.18. 기간에 대한 대가로 97,650,000원의 특별퇴직금을 지급하였다 볼 수 없고 특별퇴직금과 법정퇴직금이 서로 구분되고 법정퇴직금과 달리 특별퇴직금에 대하여 중간정산되었다고 볼 아무런 사정이 없으므로 퇴직소득공제 시 신규채용일인 2014.1.1.을 근속연수의 기산점으로 삼은 처분은 위법하다 판결한 내용이다.

⑥ 계열회사에서 퇴직금중간정산 후 입사한 근로자의 퇴사 시 지급한 퇴직위로금의 퇴직소득세 계산 시 근속연수는 최종 근무자의 입사일부터 기산한다(조심 2017중1491, 2017.6.8.).

가. 내용

계열회사에서 퇴직금중간정산 후 입사한 근로자가 퇴사 시 퇴직위로금을 지급하고 이를 퇴직소득으로 원천징수 시 근속연수의 기산일을 계열회사의 입사일로 할지 최종 근무지의 입사일로 할지 여부

나. 결정

소득세법시행령 제105조에서 중간정산을 한 자의 근속연수는 퇴직소득 중간지급일의 다음 날부터 기산하도록 정한 점, 2013.1.1. 소득세법 제148조의 개정 당시 부칙에서 별도의 경과규정 없이 2013.1.1. 이후 발생하는 소득분부터 개정 내용을 적용하도록 정하였고, 쟁점퇴직위로금은 청구인의 2015년 귀속 퇴직소

득으로서 적용대상이 되는 점, 청구인은 쟁점퇴직위로금이 ○○○○○○ 입사 이후 △△△△△ 퇴사일까지의 근로에 대한 대가로 지급되었다는 주장을 입증할 수 있는 자료를 제출하지 않은 점 등에 비추어 쟁점퇴직위로금에 대한 근속연수의 기산일은 △△△△△ 입사일로 보는 것이 타당하다.

⑦ 모회사에서 근무하던 직원이 모회사의 자회사로 전출되면서 모회사근무 기간에 대한 퇴직금이 지급된 경우 자회사의 근무기간에 대한 퇴직금지급 시 명예퇴직금이 지급된 경우 퇴직소득세 산출 시 근속연수의 기산일은 자회사의 입사일로 보는 것이 타당하며 이는 소득세법시행령 제203조에 의한 퇴직소득세액의 정산사유에도 해당하지 않는다(조심 2019서4103, 2020.2.18.).

⑧ 외국법인에 근무하고 한국의 관계회사에 전출(외국에서 국내 퇴직연금 성격의 퇴직소득을 지급받았음)되어 근로를 제공하고 있는 거주자에 대해 국내법인의 퇴사 시 해외 관계회사에서 근무한 기간까지 포함한 기간에 대한 합의 퇴직금을 수령한 경우로서 소득세법 제148조에 의한 퇴직소득세액정산을 받지 아니하는 경우(해외에서 받은 퇴직소득은 비거주자의 소득으로 퇴직소득세액의 정산을 받을 수 없음) 퇴직소득세액 계산 시 근속연수는 합의 퇴직금 산정의 기초가 되는 출자관계에 있는 법인에서 재직한 기간을 모두 합산하여 계산한다(서면법령소득－2857, 2020.5.28.).

3. 퇴직소득 과세표준

퇴직소득 과세표준은 퇴직소득금액에서 퇴직소득공제를 차감한 금액으로 한다.

(1) 법정퇴직금과 법정외퇴직금이 함께 있는 경우 과세표준

2013년 이전에는 법정퇴직금과 법정외퇴직금(퇴직위로금, 명예퇴직금 등)에 대한 퇴직소득이 함께 있는 경우 퇴직소득 과세표준 및 세액계산 시 적용되는 근속연수는 법정퇴직금과 법정외퇴직금으로 각각 구분하였다.

그러나 2013년 퇴직소득에 대한 세법 개정에 따라 퇴직소득의 범위가 현실적 퇴직을 원인으로 지급하는 소득으로 규정되었다. 따라서 현실적인 퇴직을 원인으로 지급하는 경우 법정퇴직금과 법정외퇴직금(퇴직위로금, 명예퇴직금 등)에 대한 구분이 없어져서 종전과 달리 근속연수에 따라 퇴직소득공제를 별도로 적용하는 규정이 없어졌다.

(2) 퇴직소득에 대한 세액정산의 경우 과세표준

퇴직자가 퇴직소득을 지급받을 때 이미 지급받은 다음의 퇴직소득에 대한 원천징수영수증을 원천징수의무자에게 제출하는 경우 원천징수의무자는 퇴직자에게 이미 지급한 퇴직소득과 자기가 지급할 퇴직소득을 합계한 금액에 대하여 정산한 소득세를 원천징수한다.

① 해당 과세기간에 이미 지급받은 퇴직소득

② 근로제공을 위하여 사용자와 체결하는 계약으로서 사용자가 같은 하나의 계약[*]에서 이미 지급받은 퇴직소득

> [*] 아래의 사유로 체결하는 계약을 포함한다(소령 §43 ①).
> 가. 종업원이 임원이 된 경우
> 나. 합병·분할 등 조직변경, 사업양도 또는 직·간접으로 출자관계에 있는 법인으로의 전출이 이루어진 경우
> 다. 법인의 상근임원이 비상근임원이 된 경우
> 라. 비정규직 근로자(「기간제 및 단시간근로자 보호 등에 관한 법률」에 따른 기간제근로자 또는 단시간근로자를 말함)가 정규직 근로자(「근로기준법」에 따라 근로계약을 체결한 근로자로서 비정규직 근로자가 아닌 근로자를 말함)로 전환된 경우

- 퇴직자가 퇴직소득을 지급받을 때 소득세법시행령 제43조 제1항 제4호[비정규직 근로자(기간제 및 단시간근로자 보호 등에 관한 법률에 의한 기간제근로자 또는 단시간근로자를 말함)가 정규직 근로자로 전환된 경우]에 해당하는 사유로 체결하는 계약에서 이미 지급받은 퇴직소득(정규직 전환 시 신규 근로계약을 체결하기로 약정하고 퇴직금을 지급한 경우)에 대한 원천징수영수증을 2016.2.17. 이후 원천징수의무자에게 제출하는 경우, 원천징수의무자는 소득세법 제148조(퇴직소득에 대한 세액정산 등) 제1항에 따라 퇴직자에게 이미 지급된 퇴직소득과 자기가 지급할 퇴직소득을 합계한 금액에 대하여 정산한 소득세를 원천징수하여야 한다(서면법령소득-4335, 2021.8.30.).

- 계약직에서 정규직으로 전환되며 퇴직금을 수령한 자가 정규직 상태에서 희망퇴직을 함에 따라 지급받는 특별퇴직금에 대하여 원천징수대상 퇴직소득세액을 산정함에 있어서, 정규직 전환 시 지급받은 퇴직소득과 세액정산이 가능(기존의 퇴직소득에 대한 원천징수영수증을 원천징수의무자에게 제출하는 경우)하며, 이때 근속연수의 산정은 이미 지급된 퇴직소득에 대한 근속연수와 지급할 퇴직소득의 근속연수를 합산한 월수에서 중복되는 기간의 월수를 뺀 월수에 따라 계산하는 것이다(사전법규소득-1818, 2022.3.22.).

이러한 퇴직소득에 대한 세액정산 시 근속연수는 이미 지급된 퇴직소득에 대한 근속연

수와 지급할 퇴직소득의 근속연수를 합산한 월수에서 중복되는 기간의 월수를 뺀 월수에 따라 계산한다(소법 §148, 소령 §203).

중간정산 이후 퇴직소득에 대한 세액정산 시 과세표준 및 세액계산을 요약하면 다음과 같다.

구 분	퇴직소득에 대한 세액정산이 없는 경우	퇴직소득에 대한 세액정산이 있는 경우
퇴직소득 금액	현실적인 퇴직으로 지급받는 금액	이미 지급된 퇴직소득 (+) 지급할 퇴직소득
퇴직소득공제 및 세액계산을 위한 근속연수	중간정산 이후부터	이미 지급된 퇴직소득의 근속연수 (+) 지급할 퇴직소득의 근속연수 (−) 중복된 근속연수
결정세액		산출세액 (−) 이미 지급된 퇴직소득에 대한 세액

최종 퇴직 시 지급받은 퇴직소득을 중간정산한 퇴직소득과 세액을 정산하는 규정 적용 시 2012.12.31. 이전 중간정산 퇴직금을 퇴직연금계좌에 입금한 경우 종전에는 세액정산이 불가했으나 2015.1.1. 이후 세액정산신청분부터 세액정산을 허용한다(소법 §148 ②).

 사례　　퇴직소득 세액정산

1. 이수진 부장은 1997.4.1. 입사하여 2016.9.1. 임원으로 승진하였다.
   ① 퇴직금지급액 1억원
   ② 퇴직소득원천징수액 2,880,000원
   　가. 과세표준＝1억원−40,000,000원−12,000,000원*＝48,000,000원
   　　* 근속연수 : 19년 6월 → 20년

   　나. 산출세액＝$\dfrac{48,000,000}{20} \times 6\% \times 20 = 2,880,000$원

2. 이수진 임원은 2023.7.20. 퇴사하였다.
   ① 퇴직금지급액 232억원
   ② 임원퇴직소득한도초과액 3억원(퇴사 시 근로소득으로 원천징수 완료)
   ③ 퇴직소득해당금액 20억원

3. 퇴직소득세 정산을 하지 않는 경우 퇴직소득세 계산
   ① 환산급여액＝$\dfrac{(\text{퇴직소득금액 20억원} - \text{근속연수공제 9,000,000원})}{\text{근속연수 } 7^{*}} \times 12$
   　　＝3,413,142,857원
   　* 근속연수 : 6년 11월 → 7년

② 환산급여공제액＝1,241,300,000원

③ 과세표준＝3,413,142,857－1,241,300,000＝2,171,842,857

④ 산출세액＝2,171,842,857×기본세율×7/12＝531,643,749원(퇴직금대비 26.69%)

4. 퇴직소득세 정산을 하는 경우 퇴직소득세 계산

   (1) 합산 퇴직소득세

      ① 환산급여액＝(퇴직소득금액 21억원－근속연수공제 61,000,000원)×12/27

             ＝906,222,222원

       * 근속연수 : 26년 5월 → 27년

      ② 환산급여공제액＝363,877,777원

      ③ 과세표준＝906,222,222－363,877,777＝542,344,445원

      ④ 산출세액＝542,344,445×기본세율×27/12＝431,650,500원

   (2) 납부세액＝431,650,500－2,880,000(기납부세액)

             ＝428,770,500원(퇴직금대비 21.4%)

5. 세액차이

   ① 정산하지 않은 경우 : 531,643,749원

   ② 정산한 경우 : 428,770,500원

   ③ 차이금액(①－②) : 102,873,249원(①대비 19.4% 감소)

   ④ 개인지방소득세 포함 차이금액 : 113,160,573원(③×1.1)

4. 퇴직소득세 계산

(1) 퇴직소득 세율

퇴직소득에 대한 소득세의 산출세액은 해당 연도의 퇴직소득 과세표준에 다음의 세율을 적용하여 계산한 금액으로 한다(소법 §55).

세 율 표

과세표준	기본세율
~1,400만원 이하	6%
1,400만원 초과 5,000만원 이하	84만원＋1,400만원 초과액×15%
5,000만원 초과 8,800만원 이하	624만원＋5,000만원 초과액×24%
8,800만원 초과 1억5천만원 이하	1,536만원＋8,800만원 초과액×35%
1억5천만원 초과 3억원 이하	3,706만원＋1억5천만원 초과액×38%
3억원 초과 5억원 이하	9,406만원＋3억원 초과액×40%
5억원 초과 10억원 이하	17,406만원＋5억원 초과액×42%
10억원 초과~	38,406만원＋10억원 초과액×45%

(2) 퇴직소득 산출세액 요약

구 분	내 용
퇴직소득금액	퇴직소득(비과세 퇴직소득은 제외)
퇴직소득공제	근속연수에 따른 공제

환산급여액에 따른 공제

① 환산급여액 $= \dfrac{(\text{퇴직소득금액} - \text{근속연수에 따른 공제})}{\text{근속연수}} \times 12$

② 환산급여액에 따른 공제액

환산급여액	공제액
~800만원 이하	환산급여액의 100%
800만원 초과~7,000만원 이하	800만원 + (800만원 초과분×60%)
7,000만원 초과~1억원 이하	4,520만원 + (7,000만원 초과분×55%)
1억원 초과~3억원 이하	6,170만원 + (1억원 초과분×45%)
3억원 초과~	1억5,170만원 + (3억원 초과분×35%)

구 분	내 용
과세표준	환산급여액 - 환산급여공제액
산출세액	① 기본세율 적용 세액 = 과세표준×기본세율 ② 산출세액 = (기본세율 적용 세액)÷12×근속연수

(3) 외국납부세액공제

퇴직소득에 국외원천소득이 합산되어 있는 경우에는 그 국외원천소득에 대하여 외국에서 납부하였거나 납부할 세액을 다음 금액을 한도로 산출세액에서 공제한다.

$$\text{한도액} = \text{퇴직소득 산출세액} \times \dfrac{\text{국외퇴직소득금액}}{\text{퇴직소득금액}}$$

Ⅴ 퇴직소득 원천징수

1. 원천징수의무자

(1) 퇴직소득세 원천징수의무자

퇴직소득을 지급하는 자는 그 퇴직소득 과세표준에 원천징수세율을 적용하여 계산한 소득세를 원천징수하여야 한다(소법 §146 ①).

(2) 퇴직소득세 원천징수의무의 대리 및 위임

퇴직소득을 지급할 때 금융회사 등(공적연금 관련법에 따른 연금공단 및 연금관리단과 연금계좌취급자)과 사용자 간에는 원천징수의무의 대리 또는 위임의 관계가 있는 것으로 보아 원천징수의무의 대리 또는 위임(소법 §127 ②)규정을 적용한다(소령 §184의 3). 하지만 확정급여형(DB, Defined Benefit) 퇴직연금을 취급하는 금융회사는 원천징수의무의 대리 및 위임규정을 적용하지 않는다.

원천징수를 대리하거나 그 위임을 받은 금융회사 등과 사용자가 각각 퇴직소득을 지급하는 경우 퇴직소득세액의 정산 등에 관하여는 '퇴직소득에 대한 세액정산' 규정을 준용한다.

퇴직소득에 대한 원천징수의무자를 구분하면 다음과 같다.

구 분	원천징수의무자
퇴직금 제도	사용자(회사)
확정급여(DB)형 퇴직연금	
확정기여(DC)형 퇴직연금	퇴직연금일시금*을 지급하는 사업자(퇴직연금 사업자)

* 확정기여형 퇴직연금을 퇴직연금일시금이 아닌 연금형태로 지급하는 경우에는 연금소득으로 이에 대한 원천징수를 연금소득을 지급하는 사업자가 원천징수한다.

2. 퇴직소득 원천징수 수입시기(귀속시기) 및 지급시기

(1) 퇴직소득 수입시기(귀속시기)

퇴직소득의 수입시기(귀속시기), 즉 어떤 과세기간의 퇴직소득으로 보는지의 기준은 원칙적으로 퇴직한 날로 한다(소령 §50 ②).

퇴직소득의 수입시기와 관련하여 유의할 사항은 다음과 같다.

1) 현실적인 퇴직(소령 §43)에 해당하는 경우

현실적으로 퇴직한 날

2) 공적연금 관련법에 따라 받는 일시금 중 국민연금법에 따른 일시금과 건설근로자의고용개선등에관한법률에 따라 받는 퇴직공제금(소령 §50 ②)

소득을 지급받는 날(분할하여 지급받는 경우에는 최초로 지급받는 날)

> **중점사항 – 이연퇴직소득의 수입시기 등에 관한 경과조치**
>
> 2013.2.15. 소득세법시행령 개정 전에 다음과 같이 과세이연된 퇴직소득을 2013.2.15. 이후 연금외수령하는 경우에는 개정규정에도 불구하고 종전의 규정에 따라 소득을 지급한 날을 수입시기로 한다(소령 부칙 §37 법률 제24315호, 2013.1.16.).
> ① 확정기여형 퇴직연금제도 및 개인형 퇴직연금제도에서 중도인출되는 금액
> ② 연금을 수급하던 자가 연금계약의 중도해지 등으로 지급받는 일시금
> ③ 과세이연계좌로 이체 또는 입금된 퇴직급여액을 다시 지급받는 경우

3) 중간정산퇴직급여를 분할지급하는 경우의 과세문제

기업이 종업원에게 중간정산퇴직급여를 분할지급하는 경우

① 분할지급받는 퇴직소득의 수입시기

약정에 의하여 중간정산퇴직급여를 최초로 지급받기로 한 날(지급일에 관한 약정이 없는 경우에는 실제로 중간정산퇴직급여를 최초로 지급받은 날)

② 원천징수방법

가. 원천징수의무자가 퇴직소득을 1차로 지급하는 때 1차 지급분에 대해 원천징수

나. 2차 이후의 지급분
- 1차 지급일과 동일한 연도에 지급하는 경우에는 당해 지급분을 지급하는 때
- 1차 지급일과 동일한 연도에 미지급한 경우에는 소득세법 제147조(퇴직소득지급 시기의 의제)를 적용하여 원천징수(소법 집행기준 22-50-3)

4) 관련 사례

① 중간정산 퇴직금을 지급받은 거주자가 동일연도 중 노사합의에 따라 당초 지급받은 금액에 추가하여 중간정산퇴직금을 지급받는 경우의 수입시기는 당초 중간정산 퇴직금을 지급받은 날이다(원천-573, 2011.9.16.).

② (질의요지)

기간제 근로자가 계약기간을 만료하고 퇴직한 경우 퇴직소득의 수입시기는 계약기간 만료일인지 아니면 만료일 다음 날인지 여부

소득세법시행령 제50조 제2항에 따르면 '퇴직소득의 수입시기는 퇴직한 날'로 되어 있음.

기간제 근로자가 2009.1.1 입사 후 동년 12.31.까지 근무하고 12.31.을 재직기간 만료일로 퇴직하였다면 소득세법상 퇴직급여의 수입시기는 언제인지에 대한 답변을 구함.

노동부의 행정해석은 '근로자의 퇴직은 근로계약의 종료를 의미하는 것으로 퇴직일은 근로기준법 제34조에 규정한 계속근로연수에 포함되지 아니함이 타당'하다고 해석하면서 "당일 소정근로를 제공한 후 사용자에게 퇴직의 의사표시를 행하여 사용자가 이를 즉각 수리하였더라도 '근로를 제공한 날은 고용관계가 유지되는 기간'으로 보아야 할 것이므로 별도의 특약이 없는 한 그 다음 날을 퇴직일로 간주함"이라고 해석하고 있음(근기 68201-3910, 2000.12.22).

(회신)

소득세법시행령 제50조 제2항에 따른 퇴직한 날(퇴직일)은 고용기간을 약정한 경우에는 고용계약 만료일이다(원천-331, 2011.6.8.).

③ (사실관계)

- 2008.12.31.까지 근무 후 2009.1.1.부로 퇴직을 하게 되었음.
- 퇴직금은 2009.1.15. 지급되었으며 퇴직자 근무일은 2008.1.1.~2008.12.31.임.

(질의내용)

퇴직일이 근무종료일인지, 아니면 퇴직처리한 날인지.

(회신)

귀 질의의 경우 퇴직소득 귀속시기는 근로계약이 해지되어 실제로 퇴직을 한 날이 며, 실제 퇴직일은 근로계약 종료시기에 대한 계약 유무 등을 고려하여 사실판단할 사항이다(원천-432, 2009.5.21.).

④ 퇴직소득 귀속시기는 근로계약이 해지되어 실제로 퇴직을 한 날이며 실제 퇴직일은 근로계약 종료시기에 대한 계약유무 등을 고려하여 사실판단할 사항이다(원천-432, 2009.5.21.).

⑤ 중간정산 퇴직금의 수입시기는 약정에 의하여 최초로 지급받기로 한 날이며, 지급 일에 관한 약정이 없는 경우에는 실제로 퇴직금을 최초로 지급받은 날이 되는 것이 다(원천-434, 2009.5.21.; 서면1팀-328, 2006.3.13.).

⑥ 종업원의 복리증진을 위해 우리사주신탁을 설립하여 종업원의 퇴직하는 때에 신탁 배당금을 지급하는 경우 개인별 지급금액이 확정되는 날이 소득의 귀속시기이다(소 득-3141, 2008.9.8.).

⑦ 종업원의 퇴직으로 인하여 지급하는 퇴직금은 퇴직한 날이 속하는 사업연도의 손금 으로 계상하여야 하는 것이다(서면2팀-778, 2008.4.28.).

(사실관계 및 질의요지)

－2002년 노사합의(2002년에 지급하기로 함)에 의하여 퇴직하였으나 2002년 결산 시 장부상 미지급퇴직금으로 계상하여야 하였으나 당시 전 직원 퇴직으로 인하 여 장부 미계상함.

－2007년도에 2회에 걸쳐 퇴직금 지급하고 지급시점인 2007년 귀속으로 보아 원 천징수함.

－이 경우 종업원 퇴직금의 손금산입 귀속시기가 언제인지(2002년, 2007년)

⑧ 임원이 주주총회 결의에 따라 해임되거나 종업원이 임원으로 취임한 경우로서 퇴직 금을 실제 지급받는 때에는 주주총회 결의일을 수입시기로 본다(서면1팀-1034, 2006.7.24.; 서면1팀-113, 2005.1.25.).

⑨ 학자금을 퇴직급여지급규정 등에 의하여 지급받는 경우에는 퇴직소득에 해당하지만 근로의 제공으로 인한 사망과 관련한 위자의 성격이 있는 경우 비과세 퇴직소득에 해당하며, 동 학자금이 사내근로복지기금으로부터 사내근로복지기금법 제14조에

02

의하여 지급되는 경우에는 과세대상 소득이 아니다(서면1팀－1522, 2004.11.11.).

(질의)

당 법인은 근로자가 사망하거나 부상·질병으로 근로능력을 상실하여 퇴직하는 경우로서 일정기간 이상 근속한 경우에 한하여 근로자나 그 유가족에게 자녀의 대학 졸업 시까지 학자금을 지원해 주는데, 아래 질의의 경우에 있어서 과세대상 여부·소득구분·신고방법 그리고 법인세법상 손금산입 여부

이때 법인은 불특정다수의 퇴직자에게 적용되는 퇴직급여지급규정·취업규칙·노사합의에 의하여 사내근로복지기금은 노동부장관의 인가를 받은 정관의 목적사업에 의하여 지원하는 것임.

－근로자의 사망 등이 근로의 제공으로 인한 경우로서 당 법인 또는 사내근로복지기금에서 지원하는 경우

－근로자의 사망 등이 근로의 제공과 관계없는 경우로서 당 법인 또는 사내근로복지기금에서 지원하는 경우

(회신)

㉠ 사용자로부터 지급받는 학자금이 퇴직으로 인하여 받는 소득으로서 불특정다수의 근로자에게 적용되는 퇴직급여지급규정 또는 노사합의 등에 의하여 지급되는 경우에는 퇴직소득에 해당하는 것이고, 동 학자금이 근로의 제공으로 인한 사망과 관련하여 근로자나 그 유족이 지급받는 보상 또는 위자의 성질을 가지는 경우에는 비과세되는 퇴직소득에 해당하는 것임.

㉡ 사내근로복지기금법에 의한 사내근로복지기금으로부터 지급받는 학자금이 사내근로복지기금법 제14조 및 동법시행령 제19조의 규정에 의하여 지급되는 경우에는 과세대상 소득에 해당하지 아니하는 것임.

㉢ 퇴직소득의 수입시기는 소득세법시행령 제50조 제2항 규정에 의하여 퇴직을 한 날이 되는 것이며, 퇴직소득에 대한 원천징수는 퇴직소득을 지급하는 때에 하는 것이나 퇴직급여를 일시에 지급하지 아니하고 분할하여 지급하는 경우에는 소득세법 제147조에서 규정한 날을 지급하는 날로 보아 원천징수하는 것임.

㉣ 퇴직한 근로자나 그 유가족에게 지원하는 학자금이 법인의 손금으로 인정되는지에 대하여는 현재 관련법령을 검토하고 있어 답변이 지연되고 있음을 양해하여 주기 바라며, 관련부서에서 검토가 끝나는 대로 조속히 회신할 예정임.

㉤ 귀 질의와 관련된 기질의회신문(소득 22601－534, 1991.3.18.; 재소득－67, 2003.

12.13.; 재산 46300-2032, 1999.11.29.; 법인 46013-2620, 1998.9.16.)을 참고하기 바람.

⑩ 법원판결에 의해 근로소득이나 퇴직소득이 추가지급되는 경우 당초에 근로를 제공한 날이나 퇴직한 날에 귀속되며, 판결일의 다음 달 말까지 원천징수하여 그 다음 달 10일까지 납부한다(법인 46013-2620, 1998.9.16.).

(질의)

1996년 6월 해고하면서 퇴직금을 지급하지 아니한 후 법원판결에 의하여 1998년 8월에 퇴직금을 지급할 경우

당해 법인이 지급하는 퇴직금을 1998년 8월 귀속사업연도 손금인지 아니면 1996년 6월 귀속사업연도 손금인지 여부

퇴직소득세 원천징수는 언제의 세법규정을 적용하는지, 이 경우 퇴직소득 원천징수 영수증 작성 및 제출은 어떤 방법으로 하는지 질의

(회신)

퇴직시기 등 내용이 불분명하여 정확한 답변을 할 수 없으나, 근로소득자가 법원의 판결에 의하여 급여 및 퇴직급여를 추가로 지급받는 경우 급여는 근로를 제공한 날이 속하는 연도의 근로소득으로, 퇴직급여는 퇴직한 날이 속하는 연도의 퇴직소득으로 보아 이를 지급하는 자가 소득세를 원천징수하는 것이며, 법원의 판결이 당해 과세기간 경과 후에 있는 경우 그 판결이 있은 날이 속하는 달의 다음 달 말일까지(다음 달 말일 이전에 지급하는 경우에는 지급하는 때까지) 소득세를 원천징수하여 원천징수한 날이 속하는 달의 다음 달 10일까지 납부한 때에는 소득세법 제128조에 규정하는 기한 내에 납부한 것으로 보아 같은법 제158조의 규정을 적용하지 아니하는 것이다.

(2) 퇴직소득 지급시기

원칙적으로 퇴직소득의 지급시기, 즉 원천징수시기는 퇴직소득을 지급하는 때이다.

1) 퇴직소득 원천징수시기 특례(지급시기 의제)

다음의 경우에는 원천징수시기 특례(지급시기 의제)를 적용한다. 이 경우 공적연금 관련 법에 따라 받는 일시금은 원천징수시기 특례(지급시기 의제) 규정을 적용하지 아니한다(소법 §147).

구 분	내 용	지급시기 의제일(원천징수시기)
미지급 퇴직급여	1.1.~11.30. 미지급 퇴직급여	12.31.
	12.1.~12.31. 미지급 퇴직급여	다음 연도 2월 말일
이익처분에 의한 상여 미지급분	1.1.~10.30. 처분된 상여	처분결정일*로부터 3개월이 되는 날
	11.1.~12.31. 처분된 상여	다음 연도

*처분결정일 : 잉여금의 처분결정은 주주의 고유권한으로 주총 결의일을 의미한다.

2) 관련 사례

① 성과금이 확정됨에 따라 재산정한 퇴직금을 퇴직한 다음 해에 추가지급하는 경우 퇴직소득세 원천징수는 실제 퇴직한 날을 귀속연도로 하고 퇴직 시 지급된 퇴직소득금액과 합산하여 지급하는 때에 하는 것이다(원천-766, 2009.9.18.).

공공기관 퇴직금규정에 기본금과 성과금을 포함한 급여액을 기준으로 퇴직금 산정하도록 되어 있고 성과금은 퇴직한 다음 해 정부의 경영평가에 따라 공시확정되면 지급할 수 있으며, 성과금이 확정됨에 따라 재산정한 퇴직금을 퇴직한 다음 해에 추가지급하는 경우 퇴직금에 대한 퇴직소득세 원천징수는 실제 퇴직한 날을 귀속연도로 하고 퇴직 시 지급된 퇴직소득금액과 합산하여 지급하는 때에 하는 것이다.

② 거주자가 퇴직으로 인하여 지급받은 퇴직급여의 80% 이상을 개인퇴직계좌(과세이연계좌)에 퇴직한 날부터 60일 이내에 이체 또는 입금하는 경우 퇴직소득으로 보지 아니하고 퇴직연금일시금을 수령하는 경우에 과세하는 것이며, 과세이연한 퇴직금에 대한 소득세는 원천징수의무자가 퇴직근로자에게 환급하는 것이다(원천-727, 2009.9.7.).

③ 중간정산퇴직금의 분할, 지연지급으로 인한 추가보상액은 지급시기에 관계없이 '퇴직소득'에 해당하는바, 그 수입시기 및 원천징수 방법과 '이자소득'으로 기 원천징수 또는 확정신고 시 처리방법(서면1팀-1552, 2005.12.16.; 서일 46011-11308, 2002.10.9.)

이 경우 기업이 종업원에게 중간정산 퇴직금을 분할지급하는 경우

㈎ 분할지급 받는 퇴직소득의 수입시기는 '약정에 의하여 중간정산 퇴직금을 최초로 지급받기로 한 날(지급일에 관한 약정이 없는 경우에는 실제로 중간정산 퇴직금을 최초로 지급받은 날)'이 되는 것이며,

(나) 원천징수방법은

    ① 원천징수의무자가 퇴직소득을 1차로 지급하는 때에 1차 지급분에 대하여 원천징수하고

    ② 2차 이후의 지급분에 대하여는

        ① 1차 지급일과 동일한 연도에 지급하는 경우에는 당해 지급분을 지급하는 때에 원천징수하며

        ② 1차 지급일과 동일한 연도에 미지급한 경우에는 퇴직소득지급시기의 의제를 적용하여 원천징수하는 것임.

④ 확정기여형퇴직연금을 설정한 사용자가 근로자의 퇴직사실을 퇴직연금사업자에게 지연통보한 경우 원천징수대상이나 원천징수불성실가산세는 부과하지 않는다(재소득-240, 2008.7.21.).

⑤ 관계회사로 전출한 임원에 대해서 전출 시 퇴직금을 지급하지 아니하는 경우 현실적인 퇴직금에 해당하지 아니하는 것이며, 퇴직소득 지급시기의 의제의 규정은 퇴직소득을 지급하여야 할 원천징수의 의무자가 퇴직한 자의 퇴직급여액을 지급하지 아니한 때에 적용하는 것이다(서면1팀-1609, 2006.11.29.).

⑥ 근로소득자가 법원의 판결에 의하여 급여 및 퇴직급여를 추가로 지급받는 경우 급여는 근로를 제공한 날이 속하는 연도의 근로소득으로, 퇴직급여는 퇴직한 날이 속하는 연도의 퇴직소득으로 보아 이를 지급하는 자가 소득세를 원천징수하는 것이며, 법원의 판결이 당해 과세기간 경과 후에 있는 경우 그 판결이 있은 날이 속하는 달의 다음 달 말일까지(다음 달 말일 이전에 지급하는 경우에는 지급하는 때까지) 소득세를 원천징수하여 원천징수한 날이 속하는 달의 다음 달 10일까지 납부한 때에는 기한 내에 납부한 것으로 보아 원천징수납부불성실 규정을 적용하지 아니하는 것이다(법인 46013-2620, 1998.9.16.).

3. 퇴직소득 원천징수방법

(1) 일반적인 퇴직소득 원천징수

원천징수의무자가 퇴직소득을 지급할 때에는 그 퇴직소득과세표준에 원천징수세율을 적용하여 계산한 소득세를 징수한다(소법 §146 ①).

퇴직소득을 지급하는 자는 그 지급일이 속하는 달의 다음 달 말일까지 퇴직소득 원천
징수영수증을 퇴직소득을 지급받는 사람에게 발급하여야 한다.

(2) 이연퇴직소득세의 원천징수

1) 이연퇴직소득대상 퇴직소득

거주자의 퇴직소득이 다음의 어느 하나에 해당하는 경우(이연퇴직대상 퇴직소득)에는 상
기 '(1) 일반적인 퇴직소득 원천징수'에 불구하고 해당 퇴직소득에 대한 소득세를 연금
외수령하기 전까지 원천징수하지 아니한다.
① 퇴직일 현재 연금계좌에 있거나 연금계좌로 지급되는 경우
② 퇴직하여 지급받은 날부터 60일 이내에 연금계좌에 입금되는 경우
이 경우 '(1) 일반적인 퇴직소득 원천징수'에 따라 소득세가 이미 원천징수된 경우 해당
거주자는 원천징수세액에 대한 환급을 신청할 수 있으며, 환급을 신청하려는 사람(환급
신청자)은 퇴직소득이 연금계좌에 지급 또는 입금될 때 과세이연계좌신고서를 연금계
좌취급자에게 제출하여야 한다(소법 §146 ②, 소령 §202의 3 ①).

연금계좌취급자는 환급신청자로부터 제출받은 과세이연계좌신고서를 원천징수의무자
에게 제출하여야 하고 원천징수의무자는 환급할 세액을 아래의 '2), 3)'에 따라 계산한
세액을 환급할 세액으로 하되, 환급할 소득세가 환급하는 달에 원천징수하여 납부할
소득세를 초과하는 경우에는 다음 달 이후에 원천징수하여 납부할 소득세에서 조정하
여 환급한다. 다만, 원천징수의무자가 원천징수세액 환급신청서를 원천징수관할세무
서장에게 제출하는 경우에는 원천징수관할세무서장이 그 초과액을 환급한다. 환급되
는 세액은 과세이연계좌신고서에 있는 연금계좌에 이체 또는 입금하는 방법으로 환급
하며, 해당 환급세액은 이연퇴직소득에 포함한다. 다만, 원천징수의무자의 폐업 등으
로 연금계좌취급자가 과세이연계좌신고서를 원천징수자의 원천징수 관할세무서장에게
제출한 경우에는 원천징수 관할세무서장이 해당 환급세액을 환급신청자에게 직접 환급
할 수 있다.

> **중점사항** −근로소득으로 포함하지 아니하는 퇴직급여 적립금의 적립요건 신설
> 퇴직급여로 지급하기 위해 적립되는 급여는 근로소득에 포함되지 아니하고, 퇴직소득
> 으로 전환될 수 있다.

다만, 근로자가 적립금액 등을 선택할 수 없는 것으로서 다음의 요건을 모두 충족하는 적립방법에 따라 적립되는 경우에 한정한다(소령 §38 ②). 반면, 요건을 충족하지 않고 퇴직급여로 지급하기 위해 적립되는 급여는 근로소득에 포함된다.

1) 근로자퇴직급여보장법 제4조 제1항에 따른 퇴직급여제도의 가입대상이 되는 근로 자 전원이 적립할 것. 다만, 각 근로자는 다음에 해당하는 날에 향후 적립하지 아니 할 것을 선택할 수 있을 것

① 사업장에 아래 '2)'의 적립방식이 최초로 설정되는 날(해당 사업장에 최초로 근무 하게 된 날에 아래 '2)'의 적립방식이 이미 설정되어 있는 경우에는 근로자퇴직급 여보장법 제4조 제1항에 따라 최초로 퇴직급여제도의 가입대상이 되는 날)

② 아래 '2)'의 적립방식이 변경되는 날

2) 적립할 때 근로자가 적립금액을 임의로 변경할 수 없는 적립방식을 설정하고 그에 따라 적립할 것

3) 상기 '2)'의 적립방식이 근로자퇴직급여보장법 제6조 제2항에 따른 퇴직연금규약, 같은 법 제19조에 따른 확정기여형퇴직연금규약 또는 과학기술인공제회법 제16조 의 2에 따른 퇴직연금급여사업을 운영하기 위하여 과학기술인공제회와 사용자가 체 결하는 계약에 명시되어 있을 것

4) 사용자가 소득세법시행령 제40조의 2 제1항 제2호 가목 및 다목의 퇴직연금계좌 (DC 확정기여형 퇴직연금계좌, IRP개인형 퇴직연금제도)에 적립할 것

02

2) 이연퇴직대상 퇴직소득의 이연퇴직소득세 계산

퇴직소득의 과세이연에 따라 원천징수하지 아니하거나 환급하는 퇴직소득세(이연퇴직 소득세)는 다음과 같이 계산한다(소령 §202의 2 ①). 이때 환급하는 경우의 퇴직소득금액 은 이미 원천징수한 세액을 뺀 금액으로 한다.

$$\text{퇴직소득산출세액} \times \frac{\text{이연퇴직소득세 대상 퇴직소득}}{\text{퇴직소득금액}}$$

3) 이연퇴직소득을 연금외수령한 경우

과세이연된 이연퇴직소득을 연금외수령하는 경우 원천징수의무자는 다음과 같이 계산 한 이연퇴직소득세를 원천징수한다(소령 §202의 2 ② · ③).

$$연금외수령당시 \ 이연퇴직소득세^{*} \times \frac{연금외수령한 \ 이연퇴직소득}{연금외수령당시 \ 이연퇴직소득}$$

* '연금외수령당시 이연퇴직소득세'란 해당 연금외수령 전까지의 이연퇴직소득의 누계액에서 인출한 이연
  퇴직소득의 누계액(인출퇴직소득누계액)에 대한 세액을 뺀 금액을 말하며, 인출퇴직소득누계액에 대한
  세액은 다음과 같이 계산한 금액으로 한다.

$$연금외수령당시 \ 이연퇴직소득세 = 이연퇴직소득세 \ 누계액 \times \frac{(1 - 인출퇴직소득 \ 누계액)}{이연퇴직소득 \ 누계액}$$

4) 소득이연퇴직소득의 소득발생과 소득세의 징수이연 특례

2012.12.31. 이전에 퇴직하여 지급받은 퇴직소득을 퇴직연금계좌에 이체 또는 입금함
에 따라 그 퇴직연금계좌에서 가입자가 실제로 지급받을 때까지 소득이 발생하지 아니
한 것으로 보는 금액(소득이연퇴직소득)(운용실적에 따라 추가로 지급받는 금액이 있는 경우
그 금액을 포함)이 2014.12.31.에 퇴직연금계좌에 있는 경우 2014.12.31.에 해당 소
득이연퇴직소득 전액을 퇴직소득으로 지급받아 즉시 해당 퇴직연금계좌에 다시 납입한
것으로 본다.

이 경우 지급받아 다시 납입한 것으로 보는 퇴직소득에 대한 소득세는 소득세법 제146
조 제2항 전단에 따라 원천징수되지 아니한 것으로 본다(소법 §146의 2).

5) 퇴직소득세의 환급절차

① 환급신청

이연퇴직소득에 대한 퇴직소득세가 이미 원천징수된 경우 해당 거주자는 원천징수세액
에 대한 환급을 신청할 수 있다(소령 §202의 3 ①).

이때 환급을 신청하려는 사람(환급신청자)은 과세이연계좌신고서[소칙 별지 제24호의 3
서식]를 원천징수의무자에게 제출하여야 한다.

② 환급세액의 계산

상기 '①'의 환급신청을 받은 원천징수의무자는 상기 '2) 이연퇴직대상 퇴직소득의 이
연퇴직소득세 계산'에 따라 계산한 세액을 환급할 세액으로 하되, 환급할 소득세가 환
급하는 달에 원천징수하여 납부할 소득세를 초과하는 경우에는 다음 달 이후에 원천

징수하여 납부할 소득세에서 조정하여 환급한다. 다만, 원천징수의무자가 원천징수세액 환급신청서[소칙 별지 제21호 서식]를 원천징수관할세무서장에게 제출하는 경우에는 원천징수관할세무서장이 그 초과액을 환급한다(소령 §202의 3 ②).

③ 환급세액의 환급

상기 '①'에 따라 환급되는 세액은 과세이연계좌신고서에 있는 연금계좌에 이체 또는 입금하는 방법으로 환급하며, 해당 환급세액은 이연퇴직소득에 포함한다. 다만, 원천징수의무자의 폐업 등으로 환급신청자가 과세이연계좌신고서를 원천징수관할세무서장에게 제출한 경우에는 원천징수 관할세무서장이 해당 환급세액을 환급신청자에게 직접 환급할 수 있다(소령 §202의 3 ③).

> * 종전의 경우 본인에게 직접 이체 또는 입금하였으나, 개정(2013.2.15.) 이후에는 본인의 연금계좌로 이체 또는 입금하여 환급하여야 한다.

④ 통보

소득세법 제146조 제2항에 따라 퇴직소득세를 원천징수하지 않거나 환급한 경우 원천징수의무자는 소득세법 제164조에 따른 지급명세서를 연금계좌취급자에게 즉시 통보하여야 한다(소령 §202의 3 ④).

6) 이연퇴직소득에 대한 원천징수영수증 발급 및 지급명세서 통보

① 이연퇴직소득에 대한 원천징수영수증 발급

퇴직소득을 지급하는 자는 그 지급일이 속하는 달의 다음 달 말일까지 퇴직소득원천징수영수증을 퇴직소득을 지급받는 사람에게 발급하여야 한다. 다만, 이연퇴직소득에 해당되어 퇴직소득에 대한 소득세를 원천징수하지 아니한 때에는 그 사유를 함께 적어 발급하여야 한다(소법 §146 ③).

또한 이연퇴직소득을 연금외수령하는 경우로서 이연퇴직소득을 지급하는 원천징수의무자는 이연퇴직소득 지급일이 속하는 달의 다음 달 말일까지 원천징수영수증을 연금외수령한 사람에게 발급하여야 한다(소령 §202의 2 ④).

② 이연퇴직소득에 대한 지급명세서 통보

이연퇴직소득에 대해 원천징수하지 않거나 환급한 경우 원천징수의무자는 지급명세서를 연금계좌취급자에게 즉시 통보하여야 한다(소령 §202의 3 ④).

7) 관련 사례

① 국립대학법인서울대학교설립·운영에관한법률에 따라 종전 서울대학교 소속 공무원에서 퇴직하고 국립대학법인 서울대학교 교직원으로 임용되면서 같은 법 부칙 제7조 제5항에 의하여 퇴직수당을 공무원연금공단에서 사학연금공단으로 이체한 후 교직원이 퇴직함에 따라 같은 법 제7조 제4항에 의하여 공무원 재직기간을 합산하여 퇴직수당을 지급받는 경우 퇴직수당에 대한 퇴직소득세를 계산함에 있어 적용되는 근속연수는 종전 서울대학교 공무원 임용일로부터 기산하는 것이다(원천세과−579, 2012.10.25.).

② 거주자가 특수관계 있는 2 이상의 법인(A, B)에 임원으로 재직하면서 각각의 법인으로부터 급여를 지급받다가 A법인에서 퇴직함으로써 퇴직급여를 지급받는 경우 소득세법 제22조 제3항에 따른 퇴직한 날부터 소급하여 3년 동안 지급받은 총급여의 연평균환산액은 A법인으로부터 지급받은 총급여액으로 계산하는 것이다(원천세과−578, 2012.10.25.).

③ 그룹사간 인력교류된 임·직원이 퇴직하는 경우 근속연수 계산방법(원천−2690, 2008.11.27.)

전출일 현재 퇴직하는 것으로 보아 지급하여야 할 퇴직급여추계액 전액을 전입법인이 전출법인으로부터 현금으로 인수하고 퇴직급여충당금으로 계산한 때에는 근속연수의 계산에 있어서 전출법인의 근무기간 중 중소기업에 해당되는 기간을 통산할 수 있는 것이나 현실적으로 퇴직한 직원이 재입사한 경우에는 최종입사일부터 근속연수를 계산하는 것이다.

④ 퇴직금제도를 변경하면서 퇴직금제도 변경 전·후의 퇴직금차액분만을 중간정산하는 경우 '선급금'으로 처리한 후 실제 퇴직 시 합산해 원천징수한다(서일 46011−10989, 2003.7.23.; 소득 46011−520, 1999.12.21.).

4. 퇴직소득 지급명세서 및 원천징수영수증

(1) 퇴직소득 지급명세서 제출

퇴직소득의 지급명세서 제출기한은 다음 연도 3월 10일이다.

소득세 납세의무가 있는 개인에게 퇴직소득을 국내에서 지급하는 자는 지급명세서를

그 지급일(퇴직소득 원천징수시기에 대한 특례를 적용받는 소득에 대해서는 과세기간 종료일)
이 속하는 과세기간의 다음 연도 3월 10일(휴업 또는 폐업한 경우에는 휴업일 또는 폐업일
이 속하는 달의 다음 다음 달 말일)까지 원천징수 관할세무서장, 지방국세청장 또는 국세
청장에게 제출하여야 한다.

(2) 퇴직소득 원천징수영수증 교부

퇴직소득을 지급하는 원천징수의무자는 그 지급일이 속하는 달의 다음 달 말일까지 퇴
직소득원천징수영수증[소칙 별지 제24호 서식(2)]을 퇴직소득을 받는 자에게 교부하여야
한다. 다만, 과세이연된 퇴직소득에 대한 소득세를 원천징수하지 아니한 때에는 그 사
유를 함께 적어 발급하여야 한다(소법 §146 ③).

5. 퇴직소득 과세표준확정신고

(1) 퇴직소득 과세표준확정신고

해당 과세기간의 퇴직소득금액이 있는 거주자는 그 퇴직소득과세표준을 그 과세기간의
다음 연도 5월 1일부터 5월 31일까지 납세지 관할세무서장에게 신고하여야 한다(소법
§71 ①). 이때 해당 과세기간의 퇴직소득 과세표준이 없을 때에도 확정신고하여야 한다.

(2) 퇴직소득 과세표준확정신고 예외

퇴직소득에 대한 원천징수 등에 따라 퇴직소득세를 납부한 자에 대해서는 확정신고를
하지 아니할 수 있다.

소득세법시행규칙 [별지 제24호 서식(2)] (2020.3.13. 개정)   (2쪽 중 제1쪽)

퇴직소득원천징수영수증/지급명세서

([ ]소득자 보관용 [ ]발행자 보관용 [ ]발행자 보고용)

거주구분	거주자1 / 비거주자2
내 · 외국인	내국인1 / 외국인9
종교관련종사자 여부	여 1 / 부 2
거주지국	거주지국코드
징수의무자 구분	사업장1/공적연금사업자3

관리번호

징수 의무자	① 사업자등록번호		② 법인명(상호)		③ 대표자(성명)
	④ 법인(주민)등록번호		⑤ 소재지(주소)		
소득자	⑥ 성　명		⑦ 주민등록번호		
	⑧ 주　소			⑨ 임원 여부	[ ]여 [ ]부
	⑩ 확정급여형 퇴직연금제도 가입일			⑪ 2011.12.31.퇴직금	

귀 속 연 도	부터 까지	⑫ 퇴직사유	[ ]정년퇴직 [ ]정리해고 [ ]자발적 퇴직 [ ]임원퇴직 [ ]중간정산 [ ]기 타

퇴직 급여 현황	근 무 처 구 분	중간지급 등	최종	정산
	⑬ 근무처명			
	⑭ 사업자등록번호			
	⑮ 퇴직급여			
	⑯ 비과세 퇴직급여			
	⑰ 과세대상 퇴직급여(⑮-⑯)			

근속 연수	구　분	⑱ 입사일	⑲ 기산일	⑳ 퇴사일	㉑ 지급일	㉒ 근속월수	㉓ 제외월수	㉔ 가산월수	㉕ 중복월수	㉖ 근속연수
	중간지급 근속연수									
	최종 근속연수									
	정산 근속연수									

과세표준 계산	계 산 내 용	금　액
	㉗ 퇴직소득(⑰)	
	㉘ 근속연수공제	
	㉙ 환산급여 [(㉗-㉘)× 12배/정산근속연수]	
	㉚ 환산급여별공제	
	㉛ 퇴직소득과세표준(㉙-㉚)	

퇴직소득 세액계산	계 산 내 용	금　액
	㉜ 환산산출세액(㉛× 세율)	
	㉝ 퇴직소득 산출세액(㉜× 정산근속연수/12배)	
	㉞ 세액공제	
	㉟ 기납부(또는 기과세이연) 세액	
	㊱ 신고대상세액(㉝-㉞-㉟)	

이연 퇴직 소득 세액 계산	㊲ 신고대상세액(㊱)	연금계좌 입금명세					㊳ 퇴직급여(⑰)	㊴ 이연 퇴직소득세 (㊲×㊳/㊳)
		연금계좌취급자	사업자등록번호	계좌번호	입금일	㊳계좌입금금액		
		㊶ 합 계						

납 부 명 세	구　분	소득세	지방소득세	농어촌특별세	계
	㊷ 신고대상세액(㊱)				
	㊸ 이연퇴직소득세(㊴)				
	㊹ 차감원천징수세액(㊷-㊸)				

위의 원천징수세액(퇴직소득)을 정히 영수(지급)합니다.

년　월　일

징수(보고)의무자   (서명 또는 인)

세 무 서 장   귀하

210mm×297mm[백상지80g/㎡ 또는 중질지80g/㎡]

작 성 방 법

1. 퇴직소득자가 「소득세법」 제12조제5호아목에 따른 "종교관련종사자"에 해당하며, 원천징수의무자가 「소득세법」 제22조 제1항 제3호 및 동법 시행령 제42조의2 제4항 제4호의 퇴직소득을 원천징수하는 경우에만 "종교관련종사자 여부"란에 여 1을 선택합니다.

2. 거주지국과 거주지국코드는 비거주자에 해당하는 경우에만 적으며, 국가표준화기구(ISO)가 정한 국가별 ISO코드 중 국명약어 및 국가코드를 적습니다.

3. 원천징수의무자가 근로를 제공받은 사업장의 지위로서 원천징수하는 경우에는 '사업장1'을, 공적연금 관련법에 따른 연금사업자의 경우에는 '공적연금사업자3'을 체크합니다. 연금계좌 취급자가 지급하는 퇴직소득은 연금계좌 원천징수영수증을 제출해야 합니다.

4. 원천징수의무자는 퇴직소득 해당 과세기간의 다음 연도 3월 10일까지(휴업 또는 폐업한 경우에는 휴업일 또는 폐업일이 속하는 달의 다음 다음 달 말일을 말합니다)까지 이 서식을 제출합니다.

5. 징수의무자란의 ④ 법인(주민)등록번호는 소득자 보관용에는 적지 않습니다.

6. 소득자란의 임원 여부 ⑨에서 임원은 「법인세법 시행령」 제40조제1항 각 호의 어느 하나의 직무에 종사하는 사람을 말합니다. ⑨에서 임원으로 표시하는 경우 ⑪ 2011.12.31.퇴직금 란에 해당 임원이 "2011년 12월 31일에 퇴직하였다고 가정할 때 지급받을 퇴직소득금액"을 적습니다.

7. ⑩ 확정급여형 퇴직연금제도 가입일란: 해당 퇴직자가 확정급여형 퇴직연금제도의 가입자인 경우만 적습니다.

8. 퇴직급여현황(⑬~⑰)의 작성방법은 다음과 같습니다.

   가. ⑬ 근무처명 및 ⑭ 사업자등록번호란: 해당 퇴직자의 근무처를 적습니다. 중간지급 등란에는 현 근무처의 퇴직 전 중간지급, 퇴직금의 분할지급 또는 퇴직으로 해당 연도에 이미 발생한 퇴직금이 있는 경우 그 퇴직금이 발생한 근무처 및 사업자등록번호를 적습니다.

   나. ⑮ 퇴직급여, ⑯ 비과세퇴직급여, ⑰ 과세대상 퇴직급여란: 사용자에게 퇴직으로 지급받은 퇴직소득(임원의 경우 임원퇴직소득 한도초과금액은 제외합니다)과 퇴직소득 중 비과세퇴직소득을 적습니다.

9. 근속연수(⑱~⑳)의 작성방법은 다음과 같습니다.

   가. ⑱ 입사일란: 해당 근무처에서 근로를 제공하기 시작한 날을 적습니다.

   나. ⑲ 기산일란: 해당 근무처에서 근로를 제공하기 시작한 날을 적습니다. 다만, 중간지급을 받은 경우 중간지급 받은 날의 다음 날을 적습니다.

   다. ⑳ 퇴사일란: 퇴직한 날(「소득세법 시행령」 제43조제2항에 따라 퇴직한 날로 보는 경우를 포함합니다)을 적습니다.

   라. ㉓ 제외월수란: 퇴직금 산정 시 근속연수에서 제외된 기간의 월수를 적습니다.

   마. ㉔ 가산월수란: 「소득세법 시행령」 제105조제2항에 따른 근속연수가 입사일 · 퇴사일로 계산한 근속연수와 다른 경우 가산해야 하는 월수를 적습니다.

10. 퇴직소득세액 계산방법(㉗~㊱)의 작성방법은 다음과 같습니다.

    가. ㉗ 퇴직소득란: ⑰ 과세대상 퇴직급여를 적습니다.

    나. ㉚ 환산급여별공제란: 환산급여에 따라 아래의 공제액을 적습니다.

구분 \ 환산급여	8백만원 이하	8백만원 초과 7천만원 이하	7천만원 초과 1억원 이하	1억원 초과 3억원 이하	3억원 초과
환산급여공제	환산급여의 100%	8백만원+ (8백만원 초과분의 60%)	4천520만원+ (7천만원 초과분의 55%)	6천170만원+ (1억원 초과분의 45%)	1억5천170만원+ (3억원 초과분의 35%)

    다. ㉜ 환산산출세액란: ㉛ 퇴직소득과세표준에 세율을 적용하여 산출한 값을 적습니다.

    라. ㉞ 세액공제란: 「소득세법」 제57조에 따라 거주자의 퇴직소득금액에 국외원천소득이 합산되어 있는 경우로서 그 국외원천소득에 대하여 외국에서 외국소득세액을 납부하였거나 납부할 것이 있을 때에는 해당 금액을 기재합니다.

11. 이연퇴직소득세액 계산(㊲~㊶)은 「소득세법」 제146조제2항에 따라 퇴직급여액을 연금계좌에 입금(이체)하여 퇴직소득세 징수를 하지 않은 경우에 작성합니다.(거주자인 경우만 작성합니다)

    가. ㊳ 계좌입금액란: 과세이연계좌에 입금(이체)한 금액을 적습니다. 다만, 징수 후 환급하는 경우 해당 거주자가 과세이연계좌신고서에 입금금액으로 표기한 금액을 적습니다.

    나. ㊴ 퇴직급여란: ⑰ 퇴직급여를 적습니다. 다만, 징수 후 환급하는 경우 퇴직급여액에서 처음 원천징수한 소득세 등을 차감한 금액을 적습니다.

    다. ㊵ 이연퇴직소득세란: ㊲ 신고대상세액에 연금계좌 입금비율(㊳ 계좌입금금액 / ㊴ 퇴직급여)을 곱하여 산정합니다.

12. 납부명세(㊷~㊹)의 작성방법은 다음과 같습니다.

    가. ㊷ 신고대상세액란: 퇴직소득세액계산에서 산출된 ㊱ 신고대상세액을 적습니다.

    나. ㊸ 이연퇴직소득세란: 이연퇴직소득세로 계산된 세액(㊵)을 적습니다.

    다. ㊹ 차감원천징수세액란: ㊷ 신고대상세액에서 ㊸ 이연퇴직소득세를 차감한 값을 적습니다.

Ⅵ 퇴직연금제도

1. 의의

근로자의 퇴직급여를 규정하고 있는 근거법은 근로기준법이며, 2005년 1월 근로기준법으로부터 근로자퇴직급여보장법이 신설되어 2005.12.1.부터 시행되고 있다.

근로자퇴직급여보장법의 근로자 퇴직급여 관련규정에 의하면 사용자는 퇴직하는 근로자에게 급여를 지급하기 위하여 퇴직급여제도 중 하나 이상의 제도를 설정하여야 한다. 다만, 계속근로기간이 1년 미만인 근로자, 4주간을 평균하여 1주간의 소정근로시간이 15시간 미만인 근로자에 대하여는 그러하지 아니하다(근로자퇴직급여보장법 §4 ①).

퇴직급여제도는 다음과 같이 구분한다.

구 분	내 용	
퇴직금제	퇴직금제도를 설정하고자 하는 사용자는 계속근로기간 1년에 대하여 30일분 이상의 평균임금을 퇴직금으로 퇴직하는 근로자에게 지급할 수 있는 제도를 설정하여야 한다(근로자퇴직급여보장법 §8 ①).	
퇴직연금제	퇴직급여의 지급에 소요되는 재원을 사용자가 퇴직연금사업자(보험회사, 은행, 금융투자회사 등)에 사전에 납입하고 근로자가 퇴직 시 퇴직연금사업자가 근로자에게 퇴직급여를 연금 또는 일시금의 형태로 지급하는 사외적립제도이다.	확정급여(DB)형 (근로자퇴직급여보장법 §12)
		확정기여(DC)형 (근로자퇴직급여보장법 §13)

퇴직급여를 위한 재원을 어떻게 적립하느냐에 따라 사내적립과 사외적립으로 구분할수 있다.

사업자가 퇴직급여의 재원을 사내적립제도만으로 적립한다면 임직원의 퇴직급여 지급에 대한 확실성이 보장되지 않는다. 따라서 이러한 단점을 보완하기 위해 사외적립제도를 운영하고 있는바, 사외적립제도는 퇴직급여 지급의무와 수반하여 동시에 사외에동 금액을 적립함에 따라 퇴직급여 지급에 대한 확실성을 확보할 수 있다.

이러한 점을 고려하여 세법에서도 임직원에 대한 퇴직급여의 사외적립을 유도하고 있으며 법인세법의 내용을 요약하면 다음과 같다.

구 분	내 용
퇴직급여충당부채만 설정한 경우	손금한도가 없다.
퇴직급여충당부채의 설정과 동시에 사외적립(퇴직연금)한 경우	퇴직금추계액 비용설정액에 대하여 부인된 손금은 사외적립(퇴직연금)된 범위 내에서 추가로 (신고조정)손금 가능

* 동 비율은 단계적으로 매년 5%씩 감소하여 2016년 이후 개시하는 사업연도부터는 0%를 적용한다. 즉 사내적립에 의한 퇴직급여충당금은 전액 손금불산입한다.

이러한 사외적립제도는 종전에 퇴직보험, 퇴직일시금신탁제도가 있었으나, 2005.12. 1.부터 근로자퇴직급여보장법의 시행으로 퇴직연금제도로 전환되었다.

퇴직연금은 종전의 일시금으로 지급받던 퇴직급여를 퇴직 후 일정연령(현재 55세)부터 연금의 형태로 받을 수 있도록 하는 제도이다. 따라서 퇴직연금에 가입·납입 후 지급 사유가 발생한 경우 일시금으로 받으면 퇴직소득으로 과세(원천징수)하며, 연금으로 받으면 연금소득으로 과세(원천징수)한다.

2. 퇴직연금제도의 구분

(1) 퇴직연금의 적용범위

근로자퇴직급여보장법에는 퇴직연금의 가입대상을 근로자로 규정하고 있다. 하지만, 임원의 경우 근로자퇴직급여보장법의 적용을 받지 않지만 퇴직급여를 지급해야 하는 대상임에는 분명하다.

따라서 임원은 근로자퇴직급여보장법상 퇴직연금의 의무적인 적용대상은 아니나, 사업장별로 자율적으로 퇴직연금의 가입자로 할 수 있는 것으로 해석하고 있다(노동부 퇴직연금 FAQ 13).

또한 법인세법상 임원은 퇴직급여의 지급대상이며, 퇴직연금의 가입대상으로 규정하고 있다(법령 §60·§44의 2).

퇴직연금에 가입하는 경우, 즉 퇴직연금제도를 신규로 가입하거나 또는 기존의 퇴직급여제도를 퇴직연금제도로 전환하고자 하는 경우에는 근로자대표의 동의를 얻어 법소정의 사항을 기재한 관련 퇴직연금규약을 작성하여 고용노동부장관에게 신고하여야 한다(근로자퇴직급여보장법 §12·§13).

(2) 퇴직연금형태의 구분

퇴직연금은 (연금의 납입액±동 납입액의 운용수익)이 연금(퇴직)급여의 재원이 되며, 확정급여형 퇴직연금(Defined Benefit Retirement Pension)과 확정기여형 퇴직연금 (Defined Contribution Retirement Pension)으로 구분한다.

확정급여(DB)형 퇴직연금은 근로자가 지급받을 연금(퇴직)급여를 미리 확정하는 제도이며, 확정기여(DC)형 퇴직연금은 연금(퇴직)급여 지급을 위한 사용자의 부담금이 미리 확정되는 제도이다.

1) 확정급여(DB)형 퇴직연금

확정급여(Defined Benefit)형의 급여(Benefit)는 임직원에게 지급할 연금(퇴직)급여를 의미하는 것으로 해당 연금(퇴직)급여를 확정한 연금의 형태로서 다음과 같다.

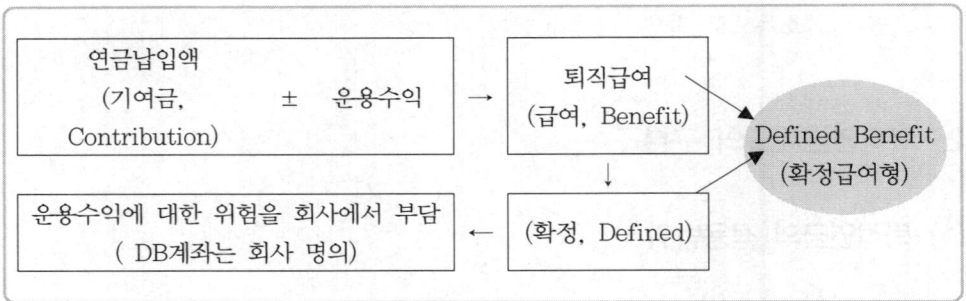

2) 확정기여(DC)형 퇴직연금

확정기여(Defined Contribution)형의 기여(Contribution)란 연금의 납입액을 의미하는 것으로 해당 연금의 납입액을 확정한 연금의 형태이다.

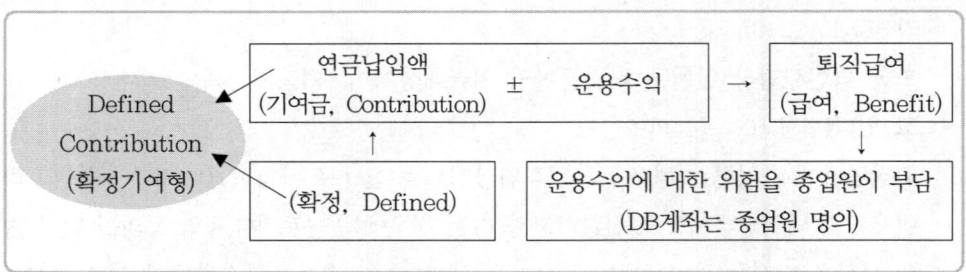

3) 확정급여(DB)형과 확정기여(DC)형 퇴직연금의 비교

구 분	확정급여(DB)형	확정기여(DC)형
기여금 (납입액, Contribution)	• 법인부담금 　－의무적립제도 　－계속근로기간 1년에 대해 30일 　　분×60% 　－퇴직급여예상액의 100% 이상 • 개인부담금 　－없음	• 법인부담금 　－확정(Defined) 　－Min(연간 임금총액×1/12) • 개인부담금 　－근로자 개인이 추가납입 가능
적립금 운용	• 사용자(회사)가 운용 • 운용책임(위험부담) : 사용자	• 근로자가 운용 • 운용책임(위험부담) : 근로자
퇴직연금액 (Benefit)	• 확정(Defined)	• 운영실적에 따라 달라짐
연금수급 급여종류	• 연금수급요건만 55세 이상 and 납입기간 5년 이상. 단, 연금수령 개시 후 해당 연금계좌에 대한 추가납입 불가 • 급여종류 : 일시금 선택 가능	
기타	• 가입기간 　－원칙 : 연금설정 이후 근로제공기간 　－예외 : 연금설정 전 근로기간도 　　가능	• 기여금 납부 　－매년 1회 이상 정기적 납부 　－종업원이 탈퇴 시 미납한 기여금 　　은 14일 이내 납부

4) 개인형퇴직연금제도(IRP, Individual Retirement Pension)

개인형퇴직연금제도(IRP)라 함은 퇴직급여제도의 일시금을 수령한 자 등이 그 수령액을 적립·운용하기 위하여 퇴직연금사업자에게 설정한 저축계정으로서 퇴직급여제도로부터 수령한 일시금을 통산하여 근로자의 은퇴 시까지 적립을 유도하기 위한 제도이다. 직장이동성 및 단기 근속자 증가, 중간정산제 및 연봉제의 확산 등으로 퇴직일시금이 노후자금으로 활용되지 못하고 소액생활자금으로 수령·소진되는 문제점이 발생한다. 이에 따라 직장을 옮기더라도 일시금을 계속 적립했다가 은퇴 시에 연금 또는 일시금으로 받을 수 있도록 하는 장치 마련이 필요하다.

개인형퇴직연금제도(IRP)에 일시금을 적립하는 경우 연금을 수급할 때까지 과세가 이연되고, 수급권 보장 등 안전장치가 다른 퇴직연금제도와 같이 동일하게 적용된다.

개인형퇴직연금제도(IRP)의 적립금 운용은 가입자가 직접 행하며 매반기 1회 이상 운

용방법의 변경이 가능하며, 퇴직연금사업자와 체결하는 계약내용 및 적립금 운용 방법
은 확정기여(DC)형 퇴직연금과 동일하다.

개인형퇴직연금제도(IRP)에서 퇴직급여의 수급요건은 기본적으로 퇴직연금의 요건과
유사하나 통산계좌로서의 취지에 비추어볼 때 가입기간에 대한 요건은 불필요하다. 연
금이든 일시금이든 모두 55세 이후에 지급받을 수 있도록 하여 근로자의 노후소득으로
활용되도록 하고 있다. 또한 개인형퇴직연금제도(IRP)의 경우에도 확정기여형 퇴직연
금과 마찬가지로 일정한 사유가 있을 경우 가입자는 자기 계좌로부터 중도인출이 가능
하다.

5) 10인 미만 사업에 대한 특례(기업형 IRP)

기업형 IRP제도의 내용은 DC형과 유사하다. 특례적용을 받아 근로자 전원의 개인형퇴
직연금제도(IRP)를 설정하고자 하는 사용자가 퇴직연금사업자를 선정할 경우 근로자
대표의 동의를 받아야 한다.

사용자 부담금은 확정기여형 퇴직연금과 동일하게 최소 가입자 연간 임금총액의 12분
의 1에 해당하는 금액이며, 매년 1회 이상 정기적으로 납부한다. 단, 가입자 탈퇴 시
부담금 미납금은 가입자 탈퇴일로부터 14일 이내에 납부해야 한다.

DC의 경우와 같이 근로자가 사용자의 부담금 외에 추가로 납입하는 것이 허용된다.
가입자 추가납입 한도에 대해서는 법령에서 특별히 정하고 있는 바는 없고, 소득세법
상 근로자 추가납입에 대해서는 연 700만원까지의 납입한도 내에서 12%(15%)를 연금
계좌세액공제하고 있다.

소득세법시행규칙 [별지 제24호의 3 서식] (2017.3.10. 개정)

과세이연계좌신고서

(앞쪽)

접수번호	접수일자		처리기간 즉시

❶ 퇴직자 인적사항	성명	주민등록번호
	주소	

❷ 과세이연계좌 신고사항

(1) 과세이연계좌

과세이연계좌 취급기관명		사업자등록번호	
계좌번호 (예금주)			

(2) 입금내역

일자		금액	
① 퇴사일		④ 세후 퇴직급여액	
② 과세이연계좌 입금일		⑤ 입금액	
③ 퇴직금 수령일로부터 경과일수		⑥ 입금비율(⑤÷④×100)	

상기 본인은 「소득세법 시행령」 제202조의 3 제1항 및 제3항에 따라 퇴직급여액 과세이연 계좌를 신고합니다.

년   월   일

신고인   (서명 또는 인)

세무서장   귀하

첨부서류	뒤쪽 참조	수수료 없 음

210mm×297mm(백상지 80g/㎡)

(뒤쪽)

첨부서류	1. 과세이연계좌 통장사본 또는 입금증 1부 2. 퇴직소득 원천징수영수증 1부 3. 금융회사가 원천징수의무자에게 과세이연계좌신고서를 제출할 수 있도록 퇴직한 회사의 퇴직소득세 환급 담당자 연락처 등을 기재한 서류	수수료 없 음

작 성 방 법

1. 이 서식은 퇴직자가 퇴직급여액을 과세이연계좌로 이체(입금)함으로써 이미 원천징수된 퇴직소득세를 환급받으려는 경우에 사용합니다.
2. ②과세이연계좌 (이체)입금일란은 퇴직금을 수령한 날부터 60일을 경과하여서는 안 됩니다.

처 리 절 차

이 신고서는 아래와 같이 처리됩니다.

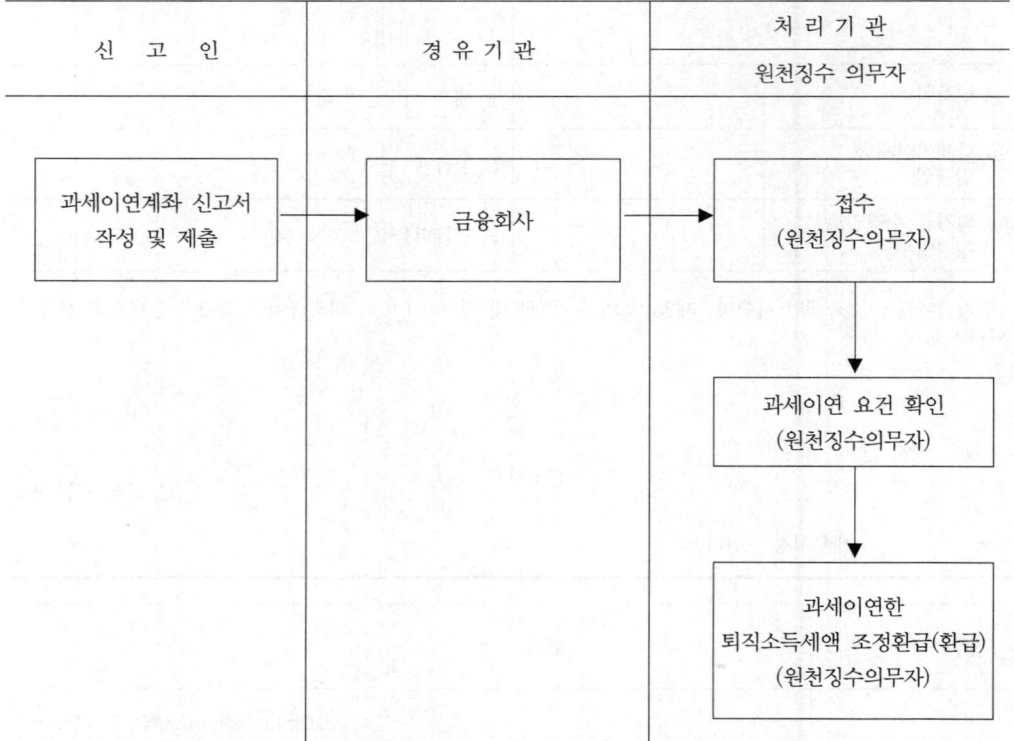

신 고 인	경 유 기 관	처 리 기 관
		원천징수 의무자
과세이연계좌 신고서 작성 및 제출 →	금융회사 →	접수 (원천징수의무자) ↓ 과세이연 요건 확인 (원천징수의무자) ↓ 과세이연한 퇴직소득세액 조정환급(환급) (원천징수의무자)

3. 확정급여(DB)형 퇴직연금제도 처리

(1) 일반기업회계기준에 의한 회계처리

1) 종업원이 근무하는 경우

① 퇴직급여의 설정

재무상태표일 현재 종업원이 퇴직할 경우 지급하여야 할 퇴직일시금에 상당하는 금액 (청산가치기준에 의한 금액)을 측정하여 퇴직급여충당부채로 계상한다.

즉 종전과 동일하게 퇴직급여추계액 해당액을 퇴직급여충당부채로 계상하면 된다.

(차) 퇴　직　급　여　　×××　　(대) 퇴직급여충당부채　　×××
　　　　(비용)　　　　　　　　　　　　　(비유동부채)

✎ 용어의 구분
- 법인세법 : 퇴직급여충당금
- 일반기업회계기준 : 퇴직급여충당부채
- 한국채택국제회계기준(K-IFRS) : 확정급여부채(확정급여채무)

② 퇴직연금 부담금의 납입

확정급여형 퇴직연금제도에서 운용되는 자산은 기업이 직접 보유하고 있는 것으로 보아 회계처리한다. 납입 시 운용관리회사(보험, 증권회사 등)에 납부하는 운용관리수수료는 납입 시에 당기비용으로 처리한다(매년 적립금의 일정률에 해당하는 운용관리수수료 및 자산관리수수료의 처리도 동일).

(차) 퇴직연금운용자산　　×××　　(대) 현금및현금성자산　　×××
　　　지급수수료　　　　　×××

재무상태표에는 운용되는 자산을 하나로 통합하여 퇴직연금운용자산으로 표시하고, 그 구성내역을 주석으로 공시한다. 이 경우 주석으로 공시하는 구성내역이라 함은 재무상태표에 하나로 통합하지 않고 각각 구분하여 표시할 경우에 계상될 계정과목과 금액을 말한다.

✎ 용어의 구분 : 퇴직연금으로 운용되는 자산
- 일반기업회계기준 : 퇴직연금운용자산
- 한국채택국제회계기준(K-IFRS) : 사외적립자산

일반기업회계기준에서는 확정급여형 퇴직연금제도에서 퇴직급여와 관련된 자산과 부채를 재무상태표에 표시할 때에는 퇴직급여와 관련된 부채(퇴직급여충당부채와 퇴직연금

미지급금)에서 퇴직급여와 관련된 자산(퇴직연금운용자산)을 차감하는 형식으로 표시한다. 퇴직연금운용자산이 퇴직급여충당부채와 퇴직연금미지급금의 합계액을 초과하는 경우에는 그 초과액을 투자자산의 과목으로 표시한다.

(차) 퇴직연금운용자산	×××	(대) 현금및현금성자산	×××
(퇴직급여충당부채에서 차감)			
지급수수료	×××		

〈재무상태표상 표시〉

퇴직급여충당부채	×××
(−)퇴직연금운용자산	×××

③ 부담금의 결정

DB의 경우 최종적으로 종업원의 퇴직급여에 대하여 회사가 책임을 진다 하더라도 도산 등 사실상 책임을 질 수 없는 경우를 대비하여 매년 의무적으로 사외에 적립해야 하는 기준을 근로자퇴직급여보장법에서 규정하고 있다(근로자퇴직급여보장법 §12 5호). 기준금액은 다음의 금액 중 큰 금액이 적립되어야 한다.

> 1. 기준책임준비금＝Max[(1)보험수리적 기준, (2)퇴직급여추계액 기준]
>   (1) {매 사업연도 말일 현재 급여에 소요되는 비용예상액의 현재가치−(장래 근무기간 분에 대하여 발생하는 급여지급을 위하여 산정되는 부담금 수입예상액의 현재가치 ＋과거 근무기간분에 대한 급여지급을 위하여 산정되는 부담금 수입예상액의 현재 가치)}
>   (2) 당기말 퇴직급여추계액
> 2. 최소적립금＝기준책임준비금×100%[*1]
> 3. 추가납입액＝최소적립금−기말적립금평가액[*2]

*1 2014~2015년 : 70%, 2016~2018년 : 80%, 2019년~2021년 : 90%, 2022년 이후 : 100%
*2 기말적립금평가액＝기초적립금평가액−당기퇴직급여지급액＋당기운용수익증가액

상기 적립금액의 의미는 매년 DB로 납입하는 금액을 말하는 것이 아님에 유의하여야 한다. 납입된 적립금의 운용에서 적립금의 증감이 발생하게 되므로 재무건전성 평가일 (보통 결산일과 근접된 일일 것임) 현재 적립금의 평가금액이 상기 적립금액 해당액 이상 이어야 한다는 것이다. 그러므로 적립금의 평가금액이 부족한 경우에는 차액 해당액을

추가로 적립하여야 한다.

적립금액의 결정에 있어 발생되는 문제는 현재가치를 계산하여 해당 금액을 산출하는 공식에 있다. 이는 보험수리적인 접근에 의한 방식인데 회사에서는 산출할 능력이 없고 DB운용회사에서 산출하여 회사에 통보해 줄 수밖에 없는 현실이다.

④ 적립금 운용수익의 처리

DB제도에서의 적립금 운용수익은 회사에 귀속된다. 즉 운용수익이 많이 발생할수록 상기 '2)'에 의한 적립금액에 해당되도록 납입하여야 하는 금액이 감소하게 되는 것이다. 그러므로 적립금 운용수익은 DB에 가입한 회사의 영업외수익으로 계상하여야 한다. 이때 운용수익에 관한 자산관리수수료를 운용회사에 지급하여야 한다.

(차) 퇴직연금운용자산 ××× (대) 퇴직연금운용수익 ×××
지급수수료 ××× (영업외수익)

⑤ 매년 퇴직연금추가납입액의 결정＝(㉠－㉡)

㉠ 기준 적립금 해당액의 산출 : 당기말 퇴직급여추계액×80% 이상
㉡ 기말적립금 평가액
＝기초 적립금평가액－당기 퇴직급여지급액＋당기 운용수익증가액

2) 종업원이 퇴사하는 경우

① 일시금을 선택한 경우

종업원이 퇴직 시 일시금의 수령을 선택한 경우에는 회사와 DB운용업자가 각각 지급해당 금액을 종업원에게 지급한다. 이때 가장 유의할 점은 DB에서 운용되고 있는 적립금총액에서 종업원의 퇴직급여해당액이 전액 지급되지 않는 것이다. 이는 상당수의 기업이 DB적립금을 추계액의 100%로 적립하지 않을 것으로 추정되기 때문에 종업원의 퇴직급여를 DB적립금에서 전액 지급하면 근무하고 있는 종업원이 추후 불이익을 받을 수 있기 때문이다.

그러므로 종업원이 퇴직하는 경우에는 DB운용사업자는 전기의 재무건전성 평가기준일 현재 종업원의 퇴직급여추계액에 전기의 적립비율(최소한 추계액의 70% 이상)을 곱한 금액만을 종업원에게 지급하며 나머지 차액은 회사에서 지급하여야 한다. DB에서의 퇴직급여원천징수의무자는 회사이므로 회사에서 퇴직급여전액에 대한 원천징수를 하여 차액을 지급하면 된다.

(차) 퇴직급여충당부채	×××	(대) 퇴직연금운용자산	×××[1]
		현금 및 현금성자산	×××[2]
		예수금	×××[3]

[1] 전기말 퇴직급여추계액×DB적립비율
[2] DB운용사업자가 지급하는 금액외에 추가로 회사에서 지급하는 금액
[3] DB에서의 퇴직급여 원천징수의무자는 회사이므로 연금에서 지급하는 금액과 회사에서 추가로 지급하는 금액의 합계액, 즉 전체 퇴직급여에 대해서 퇴직소득 원천징수금액을 계산한다.

실지로는 IRP(개인퇴직연금)계좌로 이체되어 퇴직소득세는 과세이연되므로 회사의 원천징수의무는 없게 된다.

또한 사업연도말 현재 퇴직은 하였으나(ex. 12월 결산법인의 11월 또는 12월 퇴사자) 퇴직급여를 지급하지 아니한 경우에도 동 금액을 다음과 같이 퇴직급여충당금에서 차감하면서 퇴직연금운용자산 및 미지급금으로 계상하여야 함에 유의하여야 한다.

| (차) 퇴직급여충당부채 | ××× | (대) 퇴직연금운용자산 | ××× |
| | | 미지급금 | ×××[*] |

[*] 해당 미지급금은 법인세 퇴직급여충당금조정명세서[제32호 서식]상의 '⑧기중퇴직금지급액'에 포함한다.

② 연금을 선택한 경우

종업원이 퇴직연금에 대한 수급요건 중 가입기간요건을 갖추고 퇴사하였으며 퇴직연금의 수령을 선택한 경우에는 재무상태표일 이후 퇴직종업원에게 지급하여야 할 예상퇴직연금합계액의 현재가치를 측정하여 '퇴직연금미지급금'으로 계상한다. 예상퇴직연금합계액은 퇴직 후 사망률과 같은 보험수리적 가정을 사용하여 추정하고, 그 현재가치를 계산할 때에는 만기가 비슷한 국공채의 매 재무상태표일 현재 시장이자율에 기초하여 할인한다. 사망률과 같은 보험수리적 가정이 바뀌거나 할인율이 바뀜에 따라 발생하는 퇴직연금미지급금 증감액과 시간의 경과에 따른 현재가치 증가액은 퇴직급여(비용)로 회계처리한다. 퇴직연금미지급금 중 결산일로부터 1년 이내의 기간에 지급되는 부분이 있더라도 유동성대체는 하지 아니한다. 다만, 결산일로부터 1년 이내의 기간에 지급이 예상되는 퇴직연금합계액과 부담금을 주석으로 공시한다.

확정급여형 퇴직연금제도가 설정되었음에도 불구하고 종업원이 퇴직한 이후에 회사가 연금지급의무를 부담하지 않는다면 상기 내용을 적용하지 아니한다. 예를 들어, 확정급여형 퇴직연금제도의 규약에서 종업원이 연금수령을 선택할 때 회사가 퇴직일시금상당액으로 일시납 연금상품을 구매하도록 정하는 경우가 이에 해당한다. 이 경우에는

회사가 퇴직일시금을 지급함으로써 연금지급에 대한 책임을 부담하지 않는다고 본다.

가. 퇴직시점

종업원에 대해 기설정된 퇴직급여충당부채를 차감하고, 종업원이 수령하게 될 퇴직연금의 현재가치를 '퇴직연금미지급금'의 계정과목으로 비유동부채로 회계처리한다. 이때 대차차액이 발생하는 경우 전액 퇴직급여로 비용처리한다.

(차) 퇴직급여충당부채 $\times\times\times$ [*3] (대) 퇴직연금미지급금 $\times\times\times$ [*1]

(비유동부채) (비유동부채)[*2]

퇴직급여 $\times\times\times$ [*4]

(판매비와관리비 등)

[*1] 종업원이 지급받게 될 퇴직연금의 현재가치. 이때 사망률과 같은 보험수리적 가정을 사용하여 추정하되 할인율은 재무상태표일 현재 만기가 비슷한 국공채 시장이자율로 한다.
[*2] 재무상태표일로부터 1년 이내에 지급될 퇴직연금이라 하더라도 비유동부채로 분류한다.
[*3] 종업원에 대하여 기설정된 퇴직급여충당부채 잔액
[*4] 대차차액

나. 퇴직연금 지급시점

종업원에게 퇴직연금이 지급되는 경우 퇴직연금미지급금과 퇴직연금운용자산을 동액을 차감하여 상계한다.

(차) 퇴직연금미지급금 $\times\times\times$ (대) 퇴직연금운용자산 $\times\times\times$ [*]

(비유동부채) (퇴직연금미지급금($-$))

[*] 퇴직연금운용자산은 퇴직급여충당부채 또는 퇴직연금미지급금의 차감항목으로 표시한다.

다. 매 결산일

매 결산일마다 종업원이 수령하게 될 퇴직연금에 대한 현재가치를 다시 추정하여 발생된 퇴직연금미지급금 변동액을 퇴직급여로 비용처리한다.

(차) 퇴직급여 $\times\times\times$ (대) 퇴직연금미지급금 $\times\times\times$ [*]

(판매비와관리비 등) (비유동부채)

[*] 퇴직연금미지급금의 변동은 다음 세 가지 요인에 의해 발생될 수 있다.
1. 추정사망률이 변동되는 경우
2. 할인율(국공채 시장이자율)이 변동되는 경우
3. 시간경과에 따른 현재가치 증가

상기의 퇴직연금미지급금을 계상하는 회계처리는 종업원이 연금신청 시 연금지급금액은 회사에서 납입한 DB적립금에서 지급된다는 전제이다. 그러나 당분간 한국에서의 DB제도에서는 종업원이 연금신청 시 일단 DB적립금에서 종업원에게 일시

금으로 지급이 되고 종업원이 이를 DB운용사업자의 연금상품을 구매하는 형태로 운용이 될 것이다. 그러므로 실지로는 퇴직연금미지급금의 계상은 발생하지 않고 일시금지급 시의 회계처리를 하여야 한다.

(차) 퇴직급여충당부채 ××× (대) 퇴직연금운용자산 ×××
현금 및 현금성자산 ×××

3) 퇴직급여제도와 확정급여형 퇴직연금제도가 병존하는 경우

① 각 제도의 퇴직급여충당부채는 합산하여 재무상태표에 표시한다. 그러나 퇴직급여 제도에서 경과적으로 존재하는 퇴직보험예치금은 확정급여형 퇴직연금제도의 퇴직 연금운용자산과 구분하여 퇴직급여충당부채에서 차감하는 형식으로 표시하고 퇴직 보험에 대한 주요 계약내용을 주석으로 공시한다.

② 어떤 제도에서 초과자산이 발생하는 경우 다음의 요건 중 하나 이상을 충족한다면 다른 제도의 부채와 상계한다.

가. 회사에는 어떤 제도의 초과자산을 다른 제도의 부채를 결제하는데 사용할 수 있는 법적 권한이 있고 실제로 사용할 의도도 있다.

나. 회사에는 어떤 제도의 초과자산을 다른 제도의 부채를 결제하는데 사용하여야 하는 법적 의무가 있다.

4) 퇴직급여제도의 변경

기존 퇴직급여제도에서 확정급여형 퇴직연금제도 또는 확정기여형 퇴직연금제도로 변경하는 경우 기존 퇴직급여충당부채에 대한 회계처리는 다음과 같다.

① 퇴직급여제도를 변경하면서 기존 퇴직급여충당부채를 정산하는 경우 기존 퇴직급여 충당부채의 감소로 회계처리한다.

(차) 퇴직급여충당부채 ××× (대) 현금 및 현금성자산 ×××
예수금 ××× *

* 퇴직소득 원천징수금액

② 확정기여형 퇴직연금제도가 장래근무기간에 대하여 설정되어 과거근무기간에 대하여는 기존 퇴직급여제도가 유지되는 경우 임금수준의 변동에 따른 퇴직급여충당부채의 증감은 퇴직급여(비용)로 인식한다.

(차) 퇴직급여 ××× (대) 퇴직급여충당부채 ×××

(2) K-IFRS(한국채택 국제회계기준)에 의한 회계처리

1) 종업원이 근무하는 경우

① 퇴직급여상당액

K-IFRS에서는 확정급여부채로 인식하는 금액은 재무상태표일 현재 확정급여채무의 현재가치에 미인식된 보험수리적손익을 가감하고 미인식된 과거 근무원가와 사외적립자산의 공정가치를 차감하여 측정한다.

> K-IFRS 제1019호에 의해 퇴직급여로 인식할 비용은 다음과 같다.
>
> > 퇴직급여인식액 = 당기근무원가 + 확정급여채무 현재가치에 대한 이자원가
> > − 사외적립자산의 이자수익 + 과거 근무원가 ± 축소나 청산의 효과
>
> ㉠ 당기 근무원가
> 당기에 종업원이 근무용역을 제공함에 따라 발생하는 확정급여채무의 현재가치 증가액
> ㉡ 확정급여채무 현재가치에 대한 이자원가
> 확정급여의 결제일에 한 기간만큼 더 가까워짐에 따라 발생하는 한 기간 동안의 확정급여채무 현재가치의 증가액(기초 확정급여채무 × 할인율)
> ㉢ 사외적립자산의 이자수익
> 사외적립자산에 대한 회사의 할인율을 곱한 금액
> ㉣ 과거 근무원가
> 퇴직급여나 기타장기종업원급여를 당기에 새로 도입하거나 변경함에 따라 종업원의 과거기간 근무용역에 대한 확정급여채무의 현재가치가 변동하는 경우 그 변동액

〈확정급여채무의 현재가치〉

① 당기근무원가 인식

(차) 퇴직급여　　　　　×××*　　(대) 확정급여채무　　　×××

*당해 연도에 귀속되는 급여의 현재가치

② 이자원가 인식

(차) 퇴직급여　　　　　×××*　　(대) 확정급여채무　　　×××

*확정급여채무 기초장부금액 × 할인율

③ 과거근무원가 인식

(차) 퇴직급여　　　　　×××*　　(대) 확정급여채무　　　×××

또는

(차) 확정급여채무	××	(대) 퇴직급여	×××

* 제도의 개정이나 축소로 인해 발생하는 확정급여채무 현재가치의 변동

〈사외적립자산〉

① 출연 시

(차) 사외적립자산	×××*	(대) 현금	×××

② 이자수익 인식

(차) 사외적립자산	×××^{*1}	(대) 퇴직급여	×××^{*2}
재측정요소	×××^{*3}	재측정요소	×××^{*3}
(⊖기타포괄손익)		(⊕기타포괄손익)	

*1 당해 연도말 사외적립자산의 공정가치(실제수익반영)−장부상 사외적립자산금액
*2 기초 사외적립자산 장부금액×할인율=이자수익이는 실제수익과 차이가 나며 퇴직급여에서 차감
　　처리
*3 재측정요소=실제수익−이자수익이는 기타포괄손익에 해당하며 다음으로도 설명됨.
　　기말공정가치−(기초공정가치+당기출연금−퇴직금지급+이자수익)

〈퇴직금의 지급〉

(차) 확정급여채무	×××	(대) 사외적립자산	×××
		현금 ×××	

〈확정급여채무의 재측정요소(보험수리적손익)〉

> 재측정요소=기말확정급여채무−(기초확정급여채무+당기근무원가+이자원가+과거근무원가
> 　　−퇴직금지급)

이는 당기 중에 변동된 보험수리적 가정이나 경험조정의 반영에 따른 차이임.

(차) 재측정요소	×××	(대) 확정급여채무	×××
(⊖기타포괄손익)			

또는

(차) 확정급여채무	×××	(대) 재측정요소	×××
		(⊕기타포괄손익)	

〈손익계산서상 퇴직급여(비용) 계산〉

> 퇴직급여＝당기근무원가＋이자원가±과거근무원가－사외적립자산의 이자수익

〈재무상태표상 표시〉

> $$\begin{matrix} 확정급여채무의 \\ 현재가치 \end{matrix} - \begin{matrix} 사외적립자산의 \\ 공정가치 \end{matrix} = \begin{matrix} (+)인\ 경우\ 순확정급여부채(과소적립액) \\ (-)인\ 경우\ 순확정급여자산(초과적립액) \end{matrix}$$

〈순확정급여자산인식 시 자산인식상한〉

(1) 재무상태표상 순확정급여자산＝Min(①, ②)

　　① 상기 〈재무상태표상 표시〉의 초과적립액

　　② 자산인식상한

　　　　자산인식상한은 제도로부터의 환급이나 제도에 대한 미래기여금절감의 형태로

　　　　이용가능한 경제적효익의 현재가치(할인율 사용)

(2) 자산인식상한효과 인식

(차)	재측정요소	×××	(대)	사외적립자산조정	×××
	(⊖기타포괄손익)			(⊖사외적립자산)	

　　• 확정급여채무의 현재가치　1,000

　　• 사외적립자산의 공정가치　1,300

　　• 자산인식상한　　　　　　　200

(차)	재측정요소	100	(대)	사외적립자산조정	100

재무상태표

순확정급여자산	200	재측정요소	100
		(⊖기타포괄손익누계액)	

〈기타포괄손익으로 인식되는 순확정급여부채(자산)의 재측정요소〉

　　① 확정급여채무의 보험수리적손익

　　② 사외적립자산의 실제수익－이자수익

　　③ 자산인식상한효과의 변동액

기타포괄손익에 포함되는 재측정요소는 후속기간에 당기손익으로 재분류하지 않으며

자본 내의 다른 항목으로 대체할 수 있음.

2) 종업원이 퇴사하는 경우

① 일시금을 선택한 경우

(차) 확정급여채무	×××	(대) 사외적립자산	×××
		현금및현금성자산(or 미지급금)	×××
		예수금	×××*

* 퇴직소득 원천징수금액

② 연금을 선택한 경우

상기 '일반회계기준으로 처리하는 경우'와 동일하게 처리한다.

(3) 법인세법상 처리

확정급여형 퇴직연금제도에 가입하여 납입한 금액은 다음 중 적은 금액을 한도로 손금산입한다(법령 §44의 2 ④).

1) 퇴직급여추계액기준 손금한도

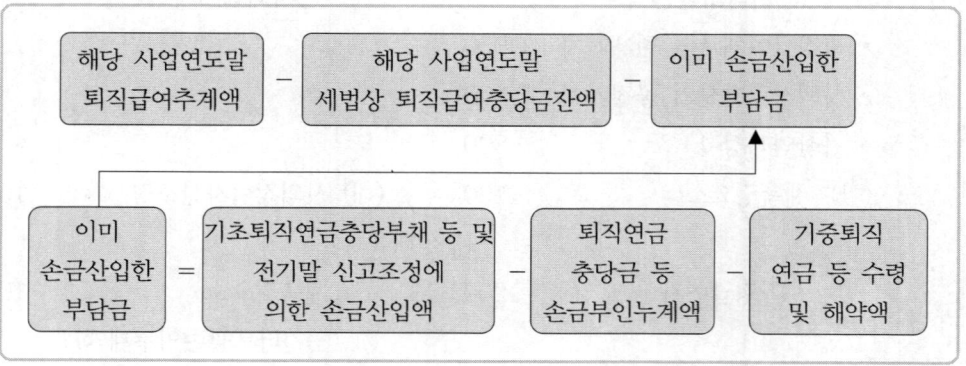

① **해당 사업연도 말 퇴직급여추계액**(다음 '가.'와 '나.' 중 큰 금액. 단, DB가입 안되어 있는 경우에는 '가.' 적용)

　가. 일시퇴직기준 퇴직급여추계액

　　이는 해당 사업연도 종료일 현재 재직하는 임원 및 사용인(확정기여형 퇴직연금 등이

설정된 사람은 제외)의 전원이 퇴직할 경우에 퇴직급여로 지급되어야 할 금액의 추계
액을 말한다.

나. 보험수리기준 퇴직급여추계액

근로자퇴직급여보장법에 따라 매 사업연도 말일 현재 급여에 소요되는 비용예상액
의 현재가치와 부담금 수입예상액의 현재가치를 추정하여 산정된 금액을 말한다.

② 해당 사업연도말 세법상 퇴직급여충당금 잔액

이는 법인의 장부상 계상되어 있는 퇴직급여충당금 기말잔액에서 세무상 손금부인누계
액과 확정기여형퇴직연금자의 퇴직급여충당금 잔액을 차감한 잔액을 말한다.

> 퇴직급여충당금 기말잔액 = 기말 장부상 퇴직급여충당금 잔액 - 기말 현재 DC형 퇴직연금자의
> 퇴직급여충당금 - 기말 현재 세법상 부인누계액

장부상 기말잔액과 손금부인누계액은 해당 사업연도분 퇴직급여충당금 설정액 및 부인
액을 포함한 금액을 의미한다. 따라서 퇴직연금 등과 관련된 세무조정을 하기 이전에
퇴직급여충당금(내부적립)과 관련된 세무조정이 선행되어야 한다.

③ 이미 손금산입한 부담금 등

이는 전기까지 손금산입된 퇴직연금의 합계액에서 세무상 손금부인누계액과 당기 중에
퇴직연금 등의 수령 및 해약액과 확정기여형 퇴직연금 등으로 전환된 금액을 차감한
금액을 말한다(법칙 §24 ②). 이는 전기까지 손금으로 산입된 부담금 중 당기말까지 퇴
직급여지급 등에 사용하고 남은 부담금을 말하는 것이다.

2) 퇴직연금예치금 등 기준 손금한도

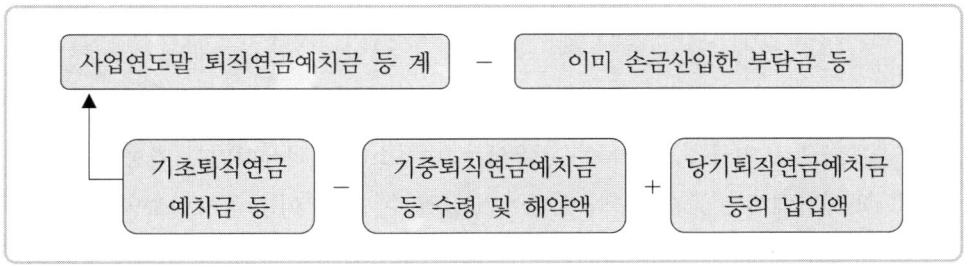

① 사업연도 말 퇴직연금예치금 등 계

이는 기초퇴직연금예치금 등 잔액에서 기중에 퇴직연금예치금 등의 수령 및 해약액을 차감하고 당기에 납입한 퇴직연금예치금 등을 합산한 금액을 말한다.

② 이미 손금산입한 부담금 등

'(1)의 ③'과 동일하다.

(4) 소득세법상 처리

1) 일시금을 선택한 경우

퇴직소득에 해당되어 회사에서 퇴직소득으로 원천징수한다(소령 §203 ⑤).

2) 연금을 선택한 경우

연금소득에 해당되어 연금수령 시 DB사업자가 연금소득으로 퇴직소득 시 해당되는 소득세액의 60%~70%를 원천징수한다.

3) 개인퇴직연금(IRP)으로 입금을 신청한 경우

① 과세이연에 해당되어 퇴직소득 등으로 보지 않는다.
② 종업원은 회사에 과세이연계좌신고서를 제출하여야 한다.
③ 회사는 퇴직소득이연명세서와 퇴직소득원천징수예상대장을 IRP연금사업자에게 통보하여야 한다.
④ 회사는 퇴사일의 다음 연도 2월 말일까지 '③'의 서류를 관할세무서장에게 제출하여야 한다.

4) 기타

① 기존의 퇴직급여제도에서 퇴직급여중간정산을 하는 경우 근로자가 개인퇴직연금(IRP)으로 입금을 신청하는 경우에는 퇴직소득의 과세이연이 가능하다.
② DB제도에서는 중간정산의 개념이 도입될 수 없다. 이는 중도인출의 적용이 배제되기 때문이다. 단, DB가입 후 중단 또는 폐지하는 경우에는 근로자에게 퇴직일시금을 지급하고 이는 중간정산으로 간주하도록 근로자퇴직급여보장법에서 규정하고 있으므로 실질적으로는 중단 등을 결정하여 근로자에게 퇴직급여를 지급할 수 있고

추후 다시 DB를 가입하는 방법이 있을 수 있어 중간정산이 가능하다 할 것이다. 이때 중간정산 대상기간의 산정은 다음과 같다.

가. DB에서 수령한 퇴직일시금

나. 중단일 등 시점의 평균임금

다. 중간정산 대상기간 = 가 ÷ 나

③ 개인형 IRP제도에서의 개인부담금 소득공제 여부

DC연금제도에서는 근로자 개인이 자금을 납입하는 경우 연 700만원까지 12% (15%)의 연금계좌세액공제를 받을 수 있다.

그러나 개인형 IRP제도에서는 개인부담금이 없어 세액공제를 받을 수 없음에 유의하여야 한다. 반면 기업형 IRP제도(10인 이하의 사업장)는 기본적으로 DC연금제도와 동일하므로 개인부담금의 세액공제가 가능하다.

④ 개인형 IRP제도에서의 일시금 또는 연금수령

개인형 IRP제도는 근로자 본인의 자유의사로 가입할 수 있으며 연금수령요건도 가입기간이 10년 이상이어야 하는 요건이 적용배제되는 장점이 있다. 반면에 일단 가입 후에는 55세 이전에는 연금수령은 물론 일시금수령도 불가능한 점에 유의하여야 한다. 다만, 중도인출은 가능하므로 IRP제도 가입 시 신중하게 가입결정을 하여야 할 것이다.

⑤ 2006년도 이후에 퇴직연금을 수령받을 수 있는 방안

가. DB 및 DC연금제도에 소급 가입한 경우

2005년 이전 근무분에 대하여 2006년 이후에 소급가입하는 경우에는 그 근무연수가 5년 이상이고 근로자의 나이가 55세 이상인 경우에는 연금신청 시 연금의 수령이 가능하다.

나. IRP제도에 가입한 경우

IRP제도에 가입하고 근로자의 나이가 55세 이상인 경우에는 연금신청 시 연금의 수령이 가능하다.

02

4. 확정기여(DC)형 퇴직연금제도 처리

(1) 회계처리

확정기여형 퇴직연금제도를 설정한 경우에는 당해 회계기간에 대하여 회사가 납부하여야 할 부담금(기여금)을 퇴직급여(비용)로 인식하고, 퇴직연금운용자산, 퇴직급여충당부채 및 퇴직연금미지급금은 인식하지 아니한다.

즉 DC의 경우에는 퇴직급여해당액 100%를 사외에 적립하는 것이며 종업원의 실지 퇴직 시 추가납입해당액은 14일 이내에 회사에서 지급되어야 한다.

또한 적립금운용결과 증가된 금액도 종업원에게 귀속되므로 이는 퇴직 후 퇴직소득 또는 연금소득으로 과세된다.

(차) 퇴직급여(비용)	×××	(대) 현금 및 현금성자산 ×××
지급수수료	×××	

(2) 법인세법상 처리

확정기여형 퇴직연금에 대한 부담금은 사용인(임원 제외)의 경우 당기의 퇴직급여지급으로 보아 전액 손금으로 인정된다.

임원의 경우에도 2010.2.18. 개정 전까지는 전액 손금산입하였으나 2010.2.18. 개정 이후 퇴직분부터는 임원에 대한 확정기여형 퇴직연금의 손금산입한도를 다음과 같이 신설하였다. 즉 임원이 법인의 퇴직 시까지 부담한 부담금의 합계액을 퇴직급여로 보아 법인세법시행령 제44조 제4항[상기 II의 3. 2) 퇴직급여지급규정 참조, 즉 임원퇴직급여 규정이 있는 경우와 없는 경우에 따른 세법상 한도]을 적용하도록 하였다. 따라서 임원의 퇴직 시까지 임원에 대한 확정기여형 퇴직연금부담금 합계액이 손금산입한도액을 초과하는 경우에는 퇴직일이 속하는 사업연도의 부담금 중 손금산입한도 초과액상당액을 손금불산입하고 손금산입한도초과액이 퇴직일이 속하는 사업연도의 부담금을 초과하는 경우의 그 초과액은 퇴직일이 속하는 사업연도의 익금에 산입한다(법령 §44의 2 ③ 단서).

만일 전기분까지 소급해서 DC에 가입하는 경우에는 전기까지 퇴직급여충당부채로 손금산입된 금액을 제외한 금액만 손금산입된다.

퇴직보험료·퇴직연금 등의 손금산입규정을 적용함에 있어서 법인이 임원 또는 사용인에 대하여 확정기여형 퇴직연금 등을 설정하면서 설정 전의 근무기간분에 대한 부담금을 지출한 경우 그 금액은 다음의 규정에 따라 퇴직급여충당부채의 누적액에서 차감된 퇴직급여충당부채에서 먼저 지출한 것으로 본다(법칙 §24 ①).

상기 내용에서 퇴직급여충당부채의 누적액은 확정기여형 퇴직연금 등이 설정된 임원 또는 사용인에 대하여 그 설정 전에 계상된 퇴직급여충당부채로서 '①'의 금액에 '②'의 비율을 곱하여 계산한 금액을 차감한 금액으로 한다(법칙 §31 ②).

① 직전 사업연도 종료일 현재 퇴직급여충당부채의 누적액

② 직전 사업연도 종료일 현재 재직한 임원 또는 사용인의 전원이 퇴직한 경우에 퇴직급여로 지급되었어야 할 금액의 추계액 중 해당 사업연도에 확정기여형 퇴직연금 등이 설정된 자가 직전 사업연도 종료일 현재 퇴직한 경우에 퇴직급여로 지급되었어야 할 금액의 추계액이 차지하는 비율

(3) 소득세법상 처리

1) 일시금을 선택한 경우

종업원의 퇴직이 발생한 경우 및 종업원에 퇴직연금을 중도 인출하는 경우 퇴직일시금을 선택한 경우에는 적립금의 운용수익까지 포함하여 전액 퇴직소득에 해당되어 DC연금사업자가 퇴직소득으로 원천징수한다. 이때 회사는 DC연금사업자에게 근로자퇴직 등 통지서를 통보하여야 한다(소령 §203 ④).

즉 DC와 IRP에 있어서는 퇴직소득의 원천징수의무자는 DC와 IRP의 연금운용사업자가 되는 것이다(소령 §203 ⑤).

DC제도에서는 중도인출이 특정사유 시 허용되는데 이는 중간정산에 해당되어 퇴직소득의 원천징수가 발생된다. 중도인출은 전액 또는 일부가 가능한데 퇴직소득원천징수에 있어서는 중도인출시점까지 기간을 근속연수공제로 적용하여 세액을 계산하여야 한다.

2) 연금을 선택한 경우

연금소득에 해당되어 DC연금사업자가 연금소득으로 원천징수한다.

3) 타회사의 DC로의 이체나 IRP로의 입금을 신청한 경우

① 과세이연에 해당되어 퇴직소득 등으로 보지 않는다.

② 퇴직자는 DC연금사업자에게 과세이연계좌신고서를 제출하여야 한다.

③ DC연금사업자는 퇴직소득과세이연명세서와 퇴직소득원천징수예상대장을 타회사 DC연금사업자 또는 IRP연금사업자에게 통보하여야 한다.

④ DC연금사업자는 퇴사일의 다음 연도 2월 말일까지 '③'의 서류를 관할세무서장에게 제출하여야 한다.

중점사항 – 각각의 퇴직제도에서 퇴직일시금, 연금, 타연금제도로의 전환에 따른 처리내용

구　분		처 리 내 용
퇴직급여 제도	일시금 선택	회사가 퇴직소득으로 원천징수
	타회사의 DC연금제도로 이체 신청	① 과세이연에 해당 ② 종업원은 회사에 과세이연계좌신고서를 제출 ③ 회사는 퇴직소득이연명세서와 퇴직소득원천징수예상대장을 DC연금사업자에게 통보 ④ 회사는 퇴사일의 다음 연도 2월 말일까지 '③'의 서류를 관할세무서장에게 제출
	IRP제도로 입금 신청	상기 '타회사의 DC연금제도로 이체를 신청'과 동일하게 처리하되 '③'의 서류를 IRP연금사업자에게 통보하는 것만 다름
확정급여형 연금제도	일시금 선택	퇴직소득에 해당되어 회사에서 퇴직소득으로 원천징수
	연금 선택	연금소득에 해당되어 연금수령 시 DB사업자가 연금소득으로 원천징수
	IRP제도로 입금 신청	상기 '퇴직급여제도 중 IRP제도로 입금 신청'과 동일하게 처리
확정기여형 연금제도	일시금 선택	DC연금사업자가 일시금의 원천별로 퇴직소득으로 원천징수. 이때 회사는 DC연금사업자에게 근로자퇴직통지서를 통보
	연금 선택	연금소득에 해당되어 DC연금사업자가 연금소득으로 원천징수
	타회사의 DC연금 제도로 이체를 신청	① 과세이연에 해당 ② 퇴직자는 DC연금사업자에게 과세이연계좌신고서를 제출 ③ DC연금사업자는 퇴직소득과세이연명세서와 퇴직소득원천징수예상대장을 타회사 DC연금사업자에게 통보

구　분		처 리 내 용
확정기여형 연금제도		④ DC연금사업자는 퇴사일의 다음 연도 2월 말일까지 '③'의 서류를 관할세무서장에게 제출
	개인퇴직 연금(IRP) 으로 입금을 신청	① 과세이연에 해당 ② 퇴직자는 IRP연금사업자에게 과세이연계좌신고서를 제출 ③ IRP연금사업자는 퇴직소득과세이연명세서와 퇴직소득 　 원천징수예상대장을 타회사 IRP연금사업자에게 통보 ④ IRP연금사업자는 퇴사일의 다음 연도 2월 말일까지 　 '③'의 서류를 관할세무서장에게 제출
IRP	일시금 선택	IRP연금사업자가 퇴직소득으로 원천징수
	연금 선택	IRP연금사업자가 연금소득으로 원천징수

Expert Opinion Summary

1. 퇴직위로금의 소득구분

　회사의 정해진 퇴직금지급규정 이외에 추가로 지급되는 명예퇴직금, 퇴직위로금의 소득세법상 소득구분에 대하여 논란이 있을 수 있습니다. 2012.12.31.까지는 불특정다수의 근로자에게 지급되는 명예퇴직금 등은 퇴직소득에 해당되며 특정의 근로자에게 지급되는 명예퇴직금 등은 분명히 근로소득으로 해석되었습니다.

　그러나 2013.1.1. 이후에 소득세법 제22조가 개정되어 근로대가의 명칭여하에 관계없이 퇴직을 원인으로 지급받는 대가는 퇴직소득에 해당된다는 규정이 신설되었습니다. 현재 이 규정에 의해 특정의 근로자에게 지급된 명예퇴직금 등도 퇴직소득에 해당되고 있습니다.

2. 임원에 대한 퇴직금의 소득 구분

(1) 주주총회에서 결의된 임원퇴직금 규정이 없는 경우

　다음 금액만 퇴직소득으로 인정됩니다.

$$\text{퇴사일 직전 1년간 지급된 총 급여액} \times \frac{1}{10} \times \text{근속연수}$$

　상기 금액 초과지급금액은 근로소득에 해당됩니다.

(2) 주주총회에서 결의된 임원퇴직금규정이 있는 경우

　이는 원칙적으로 법인세법에서도 손금으로 인정되고 소득세법에서도 퇴직소득으로 인정되는데 다음과 같은 문제점들도 있습니다.

① 퇴직금누진배수가 너무 높은 경우

임원들은 퇴직금의 누진제가 적용되는데 그 누진배수가 20배 또는 30배인 경우 등이 있습니다. 이럴 경우 주주총회의 결의는 있었지만 이는 사회통념상 인정될 수 없어 대부분의 경우 조사 시 부인될 것으로 판단됩니다.

이때 몇 배까지의 누진제가 인정될 것인가에 대한 문제에서 세법에서는 특정한 배수를 규정하고 있지 않고 건별로 판단하고 있어 논란이 되고 있는 것이며 저자로서는 보통 5~6배가 가장 적합하지 않을까 하는 의견을 제시하고 싶습니다.

② 이사회결의로 명예퇴직금을 추가지급하는 경우

주주총회에서 정한 규정에 명시된 퇴직금 이외에 재직기간 중의 공로에 따라 이사회의 결의로 추가 명예퇴직금을 지급하도록 하는 경우 이는 세법에서 요구하는 규정에 의한 퇴직금으로 보지 않아 법인세법에서도 손금불산입되고 소득세법에서도 근로소득으로 과세됨에 유의하여야 합니다.

③ 퇴직금규정을 개정하는 경우 소급적용 여부

임원퇴직금규정을 주주총회에서 개정하는 경우에 그 적용을 임원의 입사일부터 소급적용한다고 결의하면 소급적용이 가능하므로 특히 유의하시기 바랍니다(서이 46012-11540, 2003.8.25.).

3. 임원의 퇴직금중간 가능 여부

2016.1.1.부터 임원의 퇴직금중간정산은 다음 사유에만 가능하며 이에 해당하지 않는데 지급된 중간정산지급금액은 법인세법상 가지급금에 해당되어 지급이자손금불산입, 인정이자계산 등의 불이익을 받게 되므로 유의하셔야 합니다.

① 중간정산일 현재 1년 이상 주택을 소유하지 아니한 세대의 세대주인 임원이 주택을 구입하려는 경우(정산일로부터 3개월 이내에 주택취득 시만)

② 임원(배우자 및 부양가족 포함)이 3개월 이상의 질병치료 또는 요양을 필요로 할 때

③ 천재·지변 그 밖에 이에 준하는 재해를 입은 경우

이자소득에 대한 원천징수

I 원천징수의무

국내에서 거주자나 비거주자에게 소득세가 과세되는 이자소득을 지급하는 자는 그 거주자나 비거주자에 대한 소득세를 원천징수하여 다음 달 10일까지 납부하여야 한다(소법 §127 ①). 또한 내국법인(법인세법시행령 제111조 제1항의 금융회사 등은 제외)에게 이자소득금액(금융보험업을 하는 법인의 수입금액 포함) 및 소득세법 제17조 제1항 제5호에 따른 집합투자기구로부터의 이익 중 투자신탁의 이익을 지급하는 자도 동일하게 법인세를 원천징수하여 납부하여야 한다(법법 §73 ①). 거주자는 당해 과세연도(1.1.~12.31.)의 금융소득(이자소득＋금융소득)이 2천만원을 초과하는 경우에는 금융소득을 다른 종합소득과 합산하여 종합소득세를 신고·납부하여야 하며 2천만원 이하 시는 원천징수로 분리과세된다. 특히 2004.1.1. 이후부터는 2003년까지 금액에 관계없이 종합과세되었던 비영업대금의 이익, 상장법인의 대주주배당소득, 비상장법인의 배당소득 등에 대하여도 다른 이자·배당소득과 합산하여 2천만원이 초과하는 경우에만 종합과세된다. 단, 2천만원 이하인 경우에도 원천징수되지 않았던 이자·배당소득은 무조건 종합과세대상소득에 해당된다.

II 이자소득의 범위

1. 이자소득

'이자소득'이란 해당 과세기간에 발생한 다음의 소득을 말한다(소법 §16 ①).

(1) 국가 · 지방자치단체 · 내국법인 · 외국법인이나 외국법인의 국내지점 또는 국내영업소에서 발행한 채권 또는 증권의 이자와 할인액

국채 등의 이자소득의 범위는 다음과 같다.

1) 원금이자분리국채(국채스트립, STRIPS)

국가가 발행한 채권이 원금과 이자가 분리되는 경우에는 원금에 해당하는 채권 및 이자에 해당하는 채권의 할인액도 포함한다(소령 §22의 2 ①).

> ● 국채 원리금 분리(국채스트립, STRIPS)제도
> 국채스트립(STRIPS, Separate Trading of Registered Interest and Principal of Securities)제도는 장기채권시장을 육성하기 위해서 이표채로 발행된 국고채를 원금부분과 이자부분으로 분리해 각각의 채권으로 유통되도록 하는 제도로 우리나라는 지난 2006년부터 도입되었다.
> ① 이표채권에 대해서는 이표가 이자로 인식되어서 이표의 실제 지급시점에 이자소득세가 원천징수
> ② 원금이자분리국채(국채스트립)는 원금분리국채, 이자분리국채에 관계없이 각 종목별 할인액을 이자소득으로 인식하여 이자소득세를 원천징수한다.

2) 통합발행 채권

다음의 채권을 공개시장에서 통합발행(일정기간 동안 추가하여 발행할 채권의 표면금리와 만기 등 발행조건을 통일하여 발행하는 것)하는 경우 해당 채권의 매각가액과 액면가액과의 차액은 소득세법 제16조 제1항 제1호 또는 제2호에 따른 이자 및 할인액에 포함되지 아니하는 것으로 한다(소령 §22의 2 ②).

① 국채
② 한국산업은행법 제25조에 따른 산업금융채권 및 한국정책금융공사법 제23조에 따른 정책금융채권
③ 예금자보호법 제26조의 2 및 동법 제26조의 3의 규정에 따른 예금보험기금채권과 예금보험기금채권상환기금채권
④ 한국은행법 제69조에 따른 한국은행통화안정증권

3) 물가연동국고채

국가가 발행한 채권으로서 그 원금이 물가에 연동되는 채권의 경우 해당 채권의 원금 증가분은 소득세법 제16조 제1항 제1호에 따른 이자 및 할인액에 포함된다(소령 §22의 2 ③).

> ● **물가연동국고채(TIPS)**
>
> 물가연동국고채(TIPS, Treasury Inflation Protected Securities)은 투자원금에 물가상승률을 반영한 뒤 그에 대한 이자를 지급하는 채권으로, 인플레이션이 일어나더라도 채권의 실질가치를 보전해준다는 점에서 대표적인 인플레이션 헤지 상품이다. 국채처럼 입찰을 통해 발행수익률이 정해지며 수익률은 만기까지 불변이지만, 원금이 물가에 연동해 있어서 물가가 오르면 채권의 원금도 따라서 올라가고 물가가 내리면 원금도 떨어지게 된다.

2013.2.25. 소득세법 개정으로 2014.12.31. 전에 발행되는 물가연동채권의 원금상승분에 대해서는 과세대상 이자소득에서 제외하였으나, 2015.1.1. 이후 발행하는 분부터는 물가연동채권의 원금상승분도 최초 차입금의 물가상승에 따른 가치하락을 보상한 것으로 보아 금전사용 대가임을 감안하여 과세대상 이자와 할인액에 포함한다. 다만, 2015.1.1. 이전에 발행된 채권에 대해서는 소득세법시행령 제22조의 2 제3항의 개정 규정에도 불구하고 종전의 규정에 따라 원금증가분은 과세대상 이자소득에서 제외한다(2013.2.15. 소령 개정 부칙 §34).

(2) 국내 또는 국외에서 받는 예금(적금·부금·예탁금 및 우편대체 포함)의 이자

1) 개인연금저축 가입자가 법소정 사유로 해지 및 연금외 형태로 받는 소득

개인연금저축의 가입자가 저축계약내용에 따라 연금을 지급받는 경우 당해 저축에서 발생한 소득에 대하여는 소득세를 부과하지 아니하며, 납입계약기간 만료 전에 해지(다른 금융기관의 개인연금저축으로 계좌이체를 통해 이전하는 경우를 제외)하거나 납입계약기간 만료 후 연금외의 형태로 지급받는 경우에는 당해 저축에서 발생한 소득을 소득세법 제16조 제1항 제3호에 규정된 이자소득으로 보아 소득세를 부과한다(구조특법 §86 ②). 이때 당해 저축에서 발생한 이자소득에 대해 원천징수의무자가 소득세를 원천징수하는 때에는 당해 이자소득이 발생한 연도의 원천징수세율을 적용한다(원천세과−879, 2009.10.23.).

다만, 다음의 사유로 해지하거나 연금외의 형태로 지급받는 경우에는 이자소득으로 보지 아니한다(구조특법 §86 ②, 구조특령 §80 ⑤).

① 사망 · 해외이주

② 해지전 6개월 이내에 발생한 다음의 어느 하나에 해당하는 사유가 발생한 경우

　　가. 천재 · 지변

　　나. 저축자의 퇴직

　　다. 사업장의 폐업

　　라. 저축자의 3개월 이상의 입원치료 또는 요양을 요하는 상해 · 질병의 발생

　　마. 저축취급기관의 영업의 정지, 영업인가 · 허가의 취소, 해산결의 또는 파산선고

또한 다음의 어느 하나에 해당하는 경우에는 제86조(구조특법) 개인연금저축 · 연금저축의 해지로 보지 아니한다(구조특법 §86 ②, 구조특령 §80 ⑥).

　　가. 자본시장과금융투자업에관한법률 제193조에 따른 투자신탁의 합병 및 제204조에 따른 투자회사의 합병의 경우

　　나. 자본시장과금융투자업에관한법률 제192조 제1항 단서에 따라 집합투자업자가 투자신탁을 해지하고 해당 투자신탁의 투자자가 같은 종류의 저축으로 해당 자금을 이체하는 경우

　　다. 법률 제6987호 간접투자자산운용업법 부칙 제2조에 따라 폐지된 증권투자신탁업법 제23조 제1항에 따라 투자신탁을 해지하고 다른 투자신탁으로 해당 자금을 이체하는 경우

2) 사업자의 이자소득

개인사업자가 예금 등에 대해 받은 이자소득은 사업소득이 아닌 이자소득에 해당된다. 또한 사업소득사업자가 부동산 또는 부동산상의 권리 등을 대여하고 보증금 또는 전세금을 받아 은행에 예입하거나 채권을 취득하여 받는 이자 등도 부동산임대업에 따른 사업소득의 총수입금액에 산입하지 아니하고 이자소득으로 본다(소통 25-53…1, 보증금 등에 대한 예금이자의 사업소득 총수입금액불산입).

● 중도해지로 인한 이자소득금액 계산의 특례

　종합소득과세표준 확정신고 후 예금 또는 신탁계약의 중도해지로 이미 지난 과세기간에 속하는 이자소득금액이 감액된 경우 그 중도해지일이 속하는 과세기간의 종합소득

> 금액에 포함된 이자소득금액에서 그 감액된 이자소득금액을 뺄 수 있다. 다만, 국세기본법 제45조의 2에 따라 과세표준 및 세액의 경정(경정)을 청구한 경우에는 그러하지 아니하다(소법 §46의 2).

(3) 상호저축은행법에 의한 신용계 또는 신용부금으로 인한 이익

1) 상호저축은행법에 의한 신용계

일정한 계좌수와 기간 및 금액을 정하고 정기적으로 계금(契金)을 납입하게 하여 계좌마다 추첨·입찰 등의 방법으로 계원(契員)에게 금전을 지급할 것을 약정하여 행하는 계금의 수입과 급부금의 지급을 말한다.

2) 신용부금

일정한 기간을 정하고 부금(賦金)을 납입하게 하여 그 기간 중에 또는 만료 시에 부금자에게 일정한 금전을 지급할 것을 약정하여 행하는 부금의 수입과 급부금의 지급을 말한다.

(4) 채권·증권의 환매조건부 매매차익

금융회사 등(금융실명거래및보장에관한법률에 따른 금융회사와 법인세법시행령 제111조 제2항 각 호의 법인)이 환매기간에 따른 사전약정이율을 적용하여 환매수 또는 환매도하는 조건으로 매매하는 채권 또는 증권의 매매차익을 말한다(소령 §24).

1) 환매조건부매매

환매조건부매매라 함은 매도인이 장래 목적물을 환매할 수 있다는 특약에 따른 매매, 즉 매도인이 매매계약과 동시에 한 특약에 의하여 원칙적으로 매수인이 지급한 대금과 계약비용(특약이 있으면 그 약정에 의함)을 반환하고 그 매매를 해체하며 물건을 도로 찾는 것을 조건으로 한 매매를 말하는데, 환매약관부매매 또는 매려약관부매매(買戾約款附賣買)라고도 한다.

2) 환매조건부매매차익

매도인이 매매계약과 동시에 한 특약에 의하여 원칙적으로 매수인이 지급한 대금과 계약비용을 반환하고 그 매매를 해제하여 물건을 도로 찾는 것을 조건으로 한 매매인 환매조건부매매에 있어서 매도인이 당초의 매매계약을 해제할 때 매수인에게 반환하여야 하는 매수인이 지급한 대금과 계약비용은 그에 관한 특약이 있는 경우에는 그 약정에 의하여야 하는바, 매도인이 매매계약을 해제하여 매수인에게 반환하는 약정에 의한 금액이 당초에 매수인이 지급한 대금과 계약비용을 초과하는 경우의 그 차액을 환매조건부차익이라고 한다.

(5) 저축성보험의 보험차익

1) 이자소득 과세대상 보험차익

저축성보험의 보험차익이란 다음의 보험계약에 따라 만기 또는 보험의 계약기간 중에 받는 보험금·공제금 또는 계약기간 중도에 해당 보험계약이 해지됨에 따라 받는 환급금(피보험자의 사망·질병·부상 그 밖의 신체상의 상해로 인하여 받거나 자산의 멸실 또는 손괴로 인하여 받는 것이 아닌 것으로 한정 : 보험금)에서 납입보험료 또는 납입공제료(보험료)를 뺀 금액을 말한다(소령 §25).

① 보험업법에 따른 생명보험계약 또는 손해보험계약
② 다음의 어느 하나에 해당되는 기관이 당해 법률에 의하여 영위하는 생명공제계약 또는 손해공제계약
   가. 수산업협동조합법에 의한 수산업협동조합중앙회 및 조합
   나. 신용협동조합법에 의한 신용협동조합중앙회
   다. 새마을금고법에 의한 새마을금고중앙회
③ 우체국예금·보험에관한법률에 의한 우체국보험계약

즉 보험차익은 다음과 같이 계산한다.

> 보험차익＝보험금(환급금)－납입보험료총액

✎ 저축성보험 비과세 연혁
민영보험제도의 육성·발전을 통해 사회보장기능을 보완하기 위한 측면에서 저축성보험 보험차익에 대하여 비과세
① 2004.1.1. 이후 보험계약 또는 공제계약 체결분 10년 이상 비과세

　② 2001.1.1. 이후 보험계약 또는 공제계약 체결분 7년 이상 비과세

　③ 1998.4.1. 이후 보험계약 또는 공제계약 체결분 5년 이상 비과세

또한 보험료를 계산함에 있어서 보험계약기간 중에 보험계약에 의하여 받은 배당금 기타 이와 유사한 금액(배당금 등)은 이를 납입보험료에서 차감하되, 그 배당금 등으로 납입할 보험료를 상계한 경우에는 배당금 등을 받아 보험료를 납입한 것으로 본다. 외화 저축성보험의 보험차익은 외화로 지급받은 지급보험금에서 외화로 지출한 납입보험료를 차감한 금액을 보험금 지급일 현재 환율로 환산하여 계산한다(기획재정부 금융세제과-84, 2021.3.8.; 서면법령소득-3694, 2021.3.19.).

2) 이자소득 과세제외 보험차익

다음의 어느 하나에 해당하는 보험계약이나 보험금의 보험차익은 제외한다. 즉 이자소득에 포함되지 아니한다.

① 계약자 1명당 납입할 보험료 합계액[계약자가 가입한 모든 저축성보험계약(아래 '②' 및 '③'에 따른 저축성보험과 종신형 연금보험은 제외)의 보험료 합계액을 말함]이 다음의 구분에 따른 금액 이하인 저축성보험. 다만, 최초로 보험료를 납입한 날(이하 "최초납입일"이라 함)부터 만기일 또는 중도해지일까지의 기간은 10년 이상이지만 납입한 보험료를 최초납입일부터 10년이 경과하기 전에 확정된 기간 동안 연금형태로 분할하여 지급받는 경우는 제외한다.

　가. 2017.3.31.까지 체결하는 보험계약의 경우 : 2억원

　나. 2017.4.1.부터 체결하는 보험계약의 경우 : 1억원

② 다음의 요건을 모두 충족하는 월적립식 저축성보험계약

　가. 최초납입일로부터 납입기간이 5년 이상인 월적립식 보험계약일 것

　나. 최초납입일부터 매월 납입하는 기본보험료가 균등(최초 계약한 기본보험료의 1배 이내로 기본보험료를 증액하는 경우를 포함)하고, 기본보험료의 선납기간이 6개월 이내일 것

　다. 계약자 1명당 매월 납입하는 보험료 합계액[계약자가 가입한 모든 월적립식 보험계약(만기에 환급되는 금액이 납입보험료를 초과하지 아니하는 보험계약으로서 기획재정부령으로 정하는 것 *1은 제외)의 기본보험료, 추가로 납입하는 보험료 등 월별로 납입하는 보험료를 기획재정부령으로 정하는 방식 *2에 따라 계산한 합계액을 말함]이 150만원 이하일 것(2017.4.1.부터 체결하는 보험계약으로 한정)

　*1 다음의 요건을 모두 갖춘 보험계약을 말한다(소칙 §12의 2 ①).

1. 저축을 목적으로 하지 않고 피보험자의 사망·질병·부상 그 밖의 신체상의 상해나 자산의 멸실 또는 손괴만을 보장하는 계약일 것

2. 만기 또는 보험계약기간 중 특정시점에서의 생존을 사유로 지급하는 보험금·공제금이 없을 것

*2 '기획재정부령으로 정하는 방식에 따라 계산한 합계액'이란 계약자가 가입한 모든 월적립식 보험계약의 보험료(이하 "보험료"라 하며, 피보험자의 사망·질병·부상 그 밖의 신체상의 상해나 자산의 멸실 또는 손괴를 보장하기 위한 특약에 따라 납입하는 보험료 및 상법 제650조의 2에 따른 보험계약의 부활을 위해 납입하는 보험료는 제외하되, 납입기간이 종료되었으나 계약기간 중에 있는 보험계약의 기본보험료는 포함)를 기준으로 다음 계산식에 따라 계산한 금액을 말한다(소칙 §12의 2 ②).

$$\frac{\text{해당 연도의 기본보험료와 추가로 납입하는 보험료의 합계액}}{\text{보험계약기간 중 해당 연도에서 경과된 개월 수}}$$

③ 다음의 요건을 모두 충족하는 종신형 연금보험계약

가. 계약자가 보험료 납입 계약기간 만료 후 55세 이후부터 사망 시까지 보험금·수익 등을 연금으로 지급받을 것

나. 연금 외의 형태로 보험금·수익 등을 지급하지 아니할 것

다. 사망 시[통계법 제18조에 따라 통계청장이 승인하여 고시하는 통계표에 따른 성별·연령별 기대여명 연수(소수점 이하는 버림) 이내에서 보험금·수익 등을 연금으로 지급하기로 보증한 기간이 설정된 경우로서 계약자가 해당 보증기간 이내에 사망한 경우는 해당 보증기간의 종료] 보험계약 및 연금재원이 소멸할 것

라. 계약자와 피보험자 및 수익자가 동일하고 최초 연금지급 개시 이후 사망일 전에 중도해지할 수 없을 것

마. 매년 수령하는 연금액[연금수령 개시 후에 금리변동에 따라 변동된 금액과 이연(移延)하여 수령하는 연금액은 포함하지 아니함]이 다음의 계산식에 따라 계산한 금액을 초과하지 아니할 것

$$\frac{\text{연금수령 개시일 현재 연금계좌 평가액}}{\text{연금수령 개시일 현재 기대여명 연수}} \times 3$$

④ 상기 '①~③'의 보험계약을 체결한 후 해당 요건을 충족하지 못하게 된 경우에는 그 보험계약은 '①~③'의 보험계약에서 제외한다. 다만, '②'에 해당하는 보험계약이 그 보험계약을 체결한 후 해당 요건을 충족하지 못하게 된 경우라도 '①'의 요건을 충족하는 경우 그 보험계약은 '①'의 보험계약에 해당하는 것으로 보며, '③'에 해당하는 보험계약이 그 보험계약을 체결한 후 해당 요건을 충족하지 못하게 된 경

우라도 '①, ②'의 어느 하나에 해당하는 요건을 갖춘 경우 그 보험계약은 '①, ②'의 보험계약에 해당하는 것으로 본다.

상기 '①', '②'의 보험계약과 2013.2.15. 전에 체결된 보험계약(대통령령 제24356호 소득세법시행령 일부개정령 부칙 제35조에 따라 종전의 제25조 제1항을 적용하는 보험계약*, 이하 '종전의 보험계약'이라 함)에 대하여 다음의 어느 하나에 해당하는 변경(종전의 보험계약에 대해서는 상기 '③'의 변경으로 한정)이 있는 때에는 그 변경일을 해당 보험계약의 최초 납입일로 한다. 다만, 상기 '②'의 보험계약에 대하여 아래 'ㄱ' 또는 'ㄴ'에 해당하는 변경이 있을 때에는 계약변경일까지의 보험료 납입기간은 상기 '②'의 최초납입일부터의 납입기간에 포함하고, 계약변경 전에 납입한 보험료는 계약변경 이후에도 상기 '②'의 기본보험료의 선납기간 요건을 충족한 것으로 본다.

> * 대통령령 제24356호 소득세법시행령 일부개정령 부칙 제35조에 따라 종전의 제25조 제1항을 적용하는 보험계약
> ㉠ 계약자 명의가 변경(사망에 의한 변경은 제외)되는 경우
> ㉡ 보장성보험을 저축성보험으로 변경하는 경우
> ㉢ 최초 계약한 기본보험료의 1배를 초과하여 기본보험료를 증액하는 경우

보험계약 변경 시 '①' 및 '②' 다목에 의한 보험료합계액의 계산방식은 다음과 같다(소칙 §12의 2 ③).

가. 2017.4.1.부터 체결하는 영 제25조 제3항 제2호에 해당하는 계약으로서 계약변경 이후에도 같은 호 가목 및 나목의 요건을 충족하는 계약 : 계약변경 이후 보험료를 기준으로 제2항에 따라 계산한 금액을 영 제25조 제3항 제2호 다목의 보험료합계액에 포함한다.

나. 2017.4.1.부터 체결하는 제1호에 해당하지 않는 계약 : 계약변경 전 납입한 보험료 및 계약변경 이후 납입하는 보험료의 합계액을 영 제25조 제3항 제1호의 보험료 합계액에 포함한다.

다. 2013.2.15.부터 2017.3.31.까지 체결하는 영 제25조 제3항 제1호에 해당하는 계약 : 계약변경 전 납입한 보험료 및 계약변경 이후 납입하는 보험료의 합계액을 영 제25조 제3항 제1호의 보험료 합계액(다만, 같은 호 가목의 금액을 기준으로 함)에 포함한다.

라. 그 밖의 경우 : 계약변경 전 납입한 보험료 및 계약변경 이후 납입하는 보험료 모두 영 제25조 제3항 제1호 및 같은 항 제2호 다목의 보험료 합계액에서 제외한다.

(6) 직장공제회초과반환금(분리과세이자소득임)

1) 직장공제회

직장공제회란 민법 제32조 또는 그 밖의 법률에 따라 설립된 공제회·공제조합(이와 유사한 단체를 포함)으로서 동일직장이나 직종에 종사하는 근로자들의 생활안정, 복리증진 또는 상호부조 등을 목적으로 구성된 단체를 말한다(소령 §26 ①). 예를 들면 군인공제회, 경찰공제회, 교원공제회 등이다.

2) 이자소득대상 초과반환금

직장공제회 초과반환금으로서 이자소득대상은 근로자가 퇴직하거나 탈퇴하여 그 규약에 따라 직장공제회로부터 받는 반환금에서 납입공제료를 뺀 금액(납입금 초과이익)과 반환금을 분할하여 지급하는 경우 그 지급하는 기간 동안 추가로 발생하는 이익(반환금 추가이익)으로 한다(소법 §16, 소령 §26 ②).

직장공제회 초과반환금은 1999년 가입자부터 과세로 전환되었으므로 그 이전 가입자는 비과세가 대상이다.

> 직장공제회 초과반환금 = 반환금 – 납입공제료

(7) 비영업대금의 이익

비영업대금의 이익은 금전의 대여를 사업목적으로 하지 아니하는 자가 일시적·우발적으로 금전을 대여함에 따라 지급받는 이자 또는 수수료 등으로서(소령 §26 ③) 일반적으로 사채이자(私債利子)를 말한다고 할 수 있다. 반면 금전의 대여를 사업목적으로 하는 영업대금에서 발생하는 이익은 사업소득으로 과세한다.

1) 비영업대금의 이익과 금융업의 구분

대금업을 하는 거주자임을 대외적으로 표방하고 불특정다수인을 상대로 금전을 대여하는 사업을 하는 경우에는 소득세법 제19조 제1항 제11호에 규정하는 금융업으로 본다. 하지만 대외적으로 대금업을 표방하지 아니한 거주자의 금전대여는 소득세법 제16조 제1항 제11호에 규정하는 비영업대금의 이익으로 본다.

이 경우 일시적으로 사용하는 전화번호만을 신문지상에 공개하는 것은 대금업의 대외적인 표방으로 보지 아니한다(소통 16-26…1).

2) 비영업대금의 이익의 총수입금액 계산

① 일반적인 비영업대금의 이익의 총수입금액

소득세법 제16조 제1항 제11호에 규정한 비영업대금의 이익에 대한 총수입금액의 계산은 대금으로 인하여 지급받았거나 지급받기로 한 이자와 할인액상당액으로 한다. 이 경우 원금의 반제 및 이자지급의 기한경과 등의 사유로 지급받는 추가금액도 비영업대금의 이익에 포함한다(소통 16-26…2).

② 회수할 수 없는 경우에 해당하는 경우 비영업대금의 이익의 총수입금액

금전을 대여하였으나 채무자가 도산으로 재산이 전무하거나 잔여재산 없이 사망한 경우 등 객관적으로 원금과 이자의 전부 또는 일부를 받지 못하게 된 것이 분명한 경우의 받지 아니한 이자소득은 소득세법 제24조 제1항의 '당해 연도에 수입하였거나 수입할 금액'으로 보지 아니한다.

즉 비영업대금의 이익의 총수입금액을 계산할 때 해당 과세기간에 발생한 비영업대금의 이익에 대하여 소득세법 제70조에 따른 과세표준확정신고 전에 해당 비영업대금이 법인세법시행령 제19조의 2 제1항 제8호에 따른 채권에 해당되어 채무자 또는 제3자로부터 원금 및 이자의 전부 또는 일부를 회수할 수 없는 경우에는 회수한 금액에서 원금을 먼저 차감하여 계산한다. 이 경우 회수한 금액이 원금에 미달하는 때에는 총수입금액은 이를 없는 것으로 한다(소령 §51 ⑦).

> ● 법인세법시행령 제19조의 2 제1항 제8호
>
> 채무자의 파산·강제집행·형의 집행·사망·실종 또는 행방불명으로 회수할 수 없는 채권

> ● 법인에 대한 이자소득 지급 시
>
> 법인에 대한 이자소득 지급 시 원천징수규정을 적용함에 있어서 차입금과 이자의 변제에 관한 특별한 약정이 없이 차입금과 그 차입금에 대한 이자에 해당하는 금액의 일부만을 변제한 경우에는 이자를 먼저 변제한 것으로 본다. 다만, 비영업대금의 이익의 경우로서 회수할 수 없는 경우에 해당할 때에는 상기와 같이 원금을 먼저 회수한 것으로 본다(법칙 §56).

> 부당이득 반환 시 지급받는 이자계약의 위약 또는 해약으로 인하여 받는 소득으로서 부당이득 반환 시 지급받는 이자는 이자소득으로 보지 아니하고 기타소득으로 본다(소법 §21 ① 10호).

3) 관련 사례

① 부동산투자회사의 자금투자에 대한 이익금의 소득구분

거주자가 부동산투자회사에 자금을 투자하고 투자수익금 명목으로 원금과 이익분배금을 지급받는 경우 당해 이익분배금은 소득세법 제16조 제1항 제12호의 이자소득에 해당하는 것이다(서일 – 1351, 2006.9.26.).

② 부실채권 처분이익의 소득구분

부실채권 매매를 업으로 하지 아니하는 개인이 민법상 채권양도의 방식으로 부실채권을 매수하였다가 매각함에 따라 발생한 처분이익은 과세대상소득에 해당되지 않는 것이나 상기 개인이 민법상 채권양도의 방식으로 외형상으로 부실채권을 매수하였으나 실질에 있어 당해 거래가 금전소비대차에 해당하는 것이면 동 금전소비대차로 인하여 발생한 이익은 이자소득에 해당된다(소득세제과 – 271, 2006.1.11.).

③ 채무자의 사망으로 받지 못한 이자소득의 과세 여부

채무자의 도산이나 사망 등으로 객관적인 원금과 이자의 전부 또는 일부를 받지 못한 것이 분명한 경우의 받지 아니한 이자소득에 대하여는 소득세를 과세하지 아니하며, 원금 및 이자의 전부 또는 일부를 회수할 수 없는 경우에는 회수한 금액에서 원금을 먼저 차감하여 계산하고 회수한 금액이 원금에 미달한 때에는 수입금액은 없는 것으로 하는 것이다(서일 – 970 2005.8.17.).

④ 법원으로부터 지급받는 경락배당금의 소득구분 및 귀속수입시기

거주자가 채무자의 금전채무불이행으로 인하여 채무자의 부동산 등을 경매신청하여 법원으로부터 대여금을 초과하여 지급받는 배당금은 소득세법 제16조 제1항 제12호의 비영업대금의 이익으로서 이자소득에 해당하는 것이며 이 경우 이자소득의 수입시기는 약정에 의한 이자지급일로 하는 것이나 변제기일 이후의 기간에 대한 이자상당액은 실제로 배당금을 지급받은 날이 속하는 연도를 귀속연도로 하는 것이다(서일 – 865, 2004. 6.25.).

⑤ 법원의 화해권고 결정에 따라 지급받은 이익금

투자약정을 체결하고 지급받기로 한 이익금을 지급받지 못하여 법원의 화해권고 결정에 따라 지급받은 경우 그 이익금은 이자소득에 해당하는 것이며, 법원의 화해권고 결정에 따른 변제기일까지 지급받지 못한 금액을 초과하여 지급받은 금액은 기타소득에 해당하는 것이다(기준법령소득 – 434, 2020.5.28.).

(8) 상기의 '(1)~(7)'의 소득과 유사한 소득으로서 금전의 사용에 따른 대가의 성격이 있는 것(소법 §16 ① 12호)

2002.1.1. 소득세법의 개정으로 소득세의 유형별 포괄과세제도가 도입되었다. 이 중 이자소득과 관련된 포괄적 과세제도로서 상기의 '(1)~(7)'의 소득과 유사한 소득으로서 금전의 사용에 따른 대가의 성격이 있는 것은 이자소득에 포함된다.

(9) 채권대차거래로 인한 보상액

거주자가 일정기간 후에 같은 종류로서 같은 양의 채권을 반환받는 조건으로 채권을 대여하고 해당 채권의 차입자로부터 지급받는 해당 채권에서 발생하는 소득(소령 §26 ④)

(10) 이자소득 발생상품과 파생상품의 결합으로 인한 이익

'(1)~(8)' 중 어느 하나에 해당하는 소득을 발생시키는 거래 또는 행위와 자본시장과금융투자업에관한법률 제5조에 따른 파생상품이 다음에 따라 결합된 경우 해당 파생상품의 거래 또는 행위로부터의 이익(소법 §16 ① 13호, 소령 §26 ⑤)

이는 개인이 이자소득이 발생하는 상품("이자부상품")과 자본시장과금융투자업에관한법률 제5조에 따른 파생상품을 함께 거래하는 경우로서 다음의 어느 하나에 해당하는 경우를 말한다.

① 다음의 요건을 모두 갖추어 실질상 하나의 상품과 같이 운영되는 경우

　　가. 금융회사 등이 직접 개발 · 판매한 이자부상품의 거래와 해당 금융회사 등의 파생상품 계약이 해당 금융회사 등을 통하여 이루어질 것

　　나. 파생상품이 이자부상품의 원금 및 이자소득의 전부 또는 일부나 이자소득등의 가격 · 이자율 · 지표 · 단위 또는 이를 기초로 하는 지수 등에 따라 산출된 금전이나 그 밖의 재산적 가치가 있는 것을 거래하는 계약일 것

　　다. '가.'에 따른 금융회사 등이 이자부상품의 이자소득등과 파생상품으로부터 이익을 지급할 것

② 다음의 요건을 모두 갖추어 장래의 특정 시점에 금융회사 등이 지급하는 파생상품(자본시장과금융투자업에관한법률 제166조의 2 제1항 제1호에 해당하는 경우에 한정)으로부터의 이익이 확정되는 경우

　　가. 금융회사 등이 취급한 이자부상품의 거래와 해당 금융회사 등의 파생상품의 계약이 해당 금융회사 등을 통하여 이루어질 것(이자부상품의 거래와 파생상품의 계약이 2 이상의 금융회사 등을 통하여 별도로 이루어지더라도 파생상품의 계약을 이행하기 위하여 이자부상품을 질권으로 설정하거나 자본시장과금융투자업에관한법률시행령 제103조에 따른 금전신탁을 통하여 이루어지는 경우를 포함)

　　나. 파생상품이 이자부상품의 이자소득등이나 이자소득등의 가격·이자율·지표·단위 또는 이를 기초로 하는 지수 등에 따라 산출된 금전이나 그 밖의 재산적 가치가 있는 것을 거래하는 계약일 것

　　다. 파생상품으로부터의 확정적인 이익이 이자부상품의 이자소득보다 클 것

자본시장과금융투자업에관한법률 제5조에 따른 파생상품

1. 파생상품이란 다음의 어느 하나에 해당하는 계약상의 권리를 말한다. 다만, 해당 금융투자상품의 유통 가능성, 계약당사자, 발행사유 등을 고려하여 증권으로 규제하는 것이 타당한 것으로서 대통령령으로 정하는 금융투자상품은 그러하지 아니하다.
　① 기초자산이나 기초자산의 가격·이자율·지표·단위 또는 이를 기초로 하는 지수 등에 의하여 산출된 금전등을 장래의 특정 시점에 인도할 것을 약정하는 계약
　② 당사자 어느 한쪽의 의사표시에 의하여 기초자산이나 기초자산의 가격·이자율·지표·단위 또는 이를 기초로 하는 지수 등에 의하여 산출된 금전 등을 수수하는 거래를 성립시킬 수 있는 권리를 부여하는 것을 약정하는 계약
　③ 장래의 일정기간 동안 미리 정한 가격으로 기초자산이나 기초자산의 가격·이자율·지표·단위 또는 이를 기초로 하는 지수 등에 의하여 산출된 금전 등을 교환할 것을 약정하는 계약
　④ 제1호부터 제3호까지의 규정에 따른 계약과 유사한 것으로서 대통령령으로 정하는 계약
2. 장내파생상품이란 다음의 어느 하나에 해당하는 것을 말한다.
　① 파생상품시장에서 거래되는 파생상품
　② 해외 파생상품시장(파생상품시장과 유사한 시장으로서 해외에 있는 시장과 대통령령으로 정하는 해외 파생상품거래가 이루어지는 시장을 말함)에서 거래되는 파생상품

③ 그 밖에 금융투자상품시장을 개설하여 운영하는 자가 정하는 기준과 방법에 따라 금융투자상품시장에서 거래되는 파생상품
3. 장외파생상품이란 파생상품으로서 장내파생상품이 아닌 것을 말한다.

③ 이익참가부사채를 소유한 거주자가 이익배당에 참가하여 지급받은 분배금은 이자소득에 해당하며 해당 이자소득은 보유기간이자상당액에 대한 원천징수대상금액에 해당하지 않는 것이다(서면법령소득 – 5970, 2017.3.14.).

2. 이자소득으로 보지 아니하는 사례

1) 원천징수대상이 되는 이자소득의 범위(소통 127-0…4)

① 법 제33조 제1항 제11호의 규정에 의하여 채권자가 불분명한 차입금의 이자로서 필요경비 불산입된 이자는 법 제127조의 규정에 의하여 원천징수대상이 되는 이자소득으로 한다. 이 경우 가공차입금에 대한 이자임이 명백한 것은 제외한다.
② 법원의 판결에 의하여 지급하는 손해배상금에 대한 법정이자는 '①'의 규정에 의한 원천징수대상이 되는 이자소득에 해당하지 아니하는 것으로 한다.

2) 이자소득으로 보지 않는 범위(소법 집행기준 16-0-1)

① 물품을 매입할 때 대금의 결제방법에 따라 에누리되는 금액
② 외상매입금이나 미지급금을 약정기일 전에 지급함으로써 받는 할인액
③ 물품을 판매하고 대금의 결제방법에 따라 추가로 지급받는 금액
④ 외상매출금이나 미수금의 지급기일을 연장하여 주고 추가로 지급받는 금액이 경우 그 외상매출금이나 미수금이 소비대차로 전환된 경우에는 예외로 한다.
⑤ 장기할부조건으로 판매함으로써 현금거래 또는 통상적인 대금의 결제방법에 의한 거래의 경우보다 추가로 지급받는 금액. 다만, 당초 계약내용에 의하여 매입가액이 확정된 후 그 대금의 지급지연으로 실질적인 소비대차로 전환되어 발생되는 이자는 이자소득으로 본다.
⑥ 법원의 판결 및 화해에 의하여 지급받는 손해배상금에 대한 법정이자. 다만, 위약 또는 해약을 원인으로 법원의 판결에 의하여 지급받는 손해배상금에 대한 법정이자는 기타소득으로 본다.

3) 기타

① 부동산임대업을 영위하는 자가 법인세법시행령 제111조 제2항 각 호에서 규정한 금융보험업을 영위하는 법인과 부동산임대차계약을 맺고 동 계약내용에 따라 반환하여야 할 임대보증금을 반환하지 못하여 이를 실질적인 소비대차로 전환하여 금융보험업영위법인에게 지급하는 이자상당액은 당해 금융보험업자의 사업수입금액으로서 원천징수대상소득에 해당하지 아니하다(법인 46012-1400, 2000.6.20.).

② 어음할인료의 소득구분수급업자가 원사업자로부터 하도급대금을 어음으로 지급받는 경우에 하도급거래공정화에관한법률 제13조 제6항 단서의 규정에 의하여 추가로 지급받는 목적물의 수령일부터 60일을 초과한 날 이후 만기일까지의 기간에 대한 어음의 할인료는 당해 사업의 총수입금액에 산입하는 것이며 원천징수대상소득에 해당하지 아니한다(소득 46011-306, 2000.3.3.).

③ 공급대가의 지급지연으로 받은 이자상당액법인이 재화나 용역을 공급하고 거래상대방이 대가를 지연지급함에 따라 지급받는 연체료는 당해 법인의 각사업연도소득금액 계산상 익금에 산입하는 것이나 소비대차로 전환된 경우 외에는 원천징수대상소득에 해당하지 아니한다(법인 46013-785, 2000.3.24.).

④ 외화예금 거래와 선물환 거래가 하나의 통합된 거래로 운영되어 금융기관에게는 금전사용의 기회가 제공되고, 고객에게는 이에 따른 대가가 지급된다면 당해 외화예금 및 선물환 거래로부터 발생하는 이익 전체는 소득세법 제16조 제1항 제13호의 규정에 따른 이자소득에 해당한다(서일-370, 2005.4.4.).

⑤ 국가가 발행한 채권의 원금과 이자지급액이 물가에 연동되는 경우 해당 채권의 원금이 물가에 연동되어 증가한 분은 이자소득에 포함되지 않는다(소령 §22의 2 ③).

⑥ 청구인이 체결한 금전대여약정을 해당 종합소득세 과세기간이 경과되지 아니한 때에 소급하여 해제하고 투자약정으로 전환하면서 상대방에게 수령한 이자금액을 모두 반환한 경우에는 해당 과세기간에 발생한 이자소득금액은 없는 것으로 종합소득세를 과세할 수 없다(조심 2018중2739, 2018.11.2.).

Ⅲ 비과세 이자소득

1. 소득세법상 비과세 소득

1) 공익신탁의 이익(소법 §12 1호)

> ● 공익신탁의 이익
>
> 공익신탁이란 학술, 종교, 제사, 자선, 기예 등 공익을 목적으로 하는 신탁을 말하며, 이때 수탁자가 수익자에게 당초의 신탁원본을 초과하는 지급하는 것을 공익신탁의 이익이라 한다.

02

2) 10년 이상 장기 저축성보험의 보험차익(소령 §25)

2004.1.1. 이후 가입분으로 최초 보험료 납입일로부터 만기일 또는 중도해지일까지의 기간이 10년 이상인 저축성 보험의 보험차익은 비과세한다.

비과세대상인 장기저축성보험의 보험유지기간 경과규정

구 분	~1995.12.31.	~1996.5.12.	1998.3.31.	~2000.12.31.	~2003.12.31.
보험유지기간	3년 이상	5년 이상	7년 이상	5년 이상	7년 이상

즉 다음의 어느 하나에 해당하는 보험계약이나 보험금의 보험차익은 제외한다.

① 계약자 1명당 납입할 보험료 합계액(아래 '나' 및 '다'에 따른 저축성보험을 제외한 계약자가 가입한 모든 저축성보험의 보험료합계액)이 2억원 이하인 저축성보험계약으로서 최초로 보험료를 납입한 날(최초납입일)부터 만기일 또는 중도해지일까지의 기간이 10년 이상인 것(최초납입일부터 만기일 또는 중도해지일까지의 기간은 10년 이상이지만 최초납입일부터 10년이 경과하기 전에 납입한 보험료를 확정된 기간 동안 연금형태로 분할하여 지급받는 경우를 제외)

② 다음의 요건을 모두 충족하는 월적립식 저축성보험계약

　　가. 최초납입일부터 만기일 또는 중도해지일까지의 기간이 10년 이상일 것

　　나. 최초납입일로부터 납입기간이 5년 이상인 월적립식 계약일 것

　　다. 최초납입일부터 매월 납입하는 기본보험료가 균등(최초 계약한 기본보험료의 1배 이

내로 기본보험료를 증액하는 경우를 포함)하고, 기본보험료의 선납기간이 6개월 이내일 것

③ 다음의 요건을 모두 충족하는 종신형 연금보험계약

　　가. 계약자가 보험료 납입 계약기간 만료 후 55세 이후부터 사망 시까지 보험금·수익 등을 연금으로 지급받는 계약일 것

　　나. 연금 외의 형태로 보험금·수익 등을 지급하지 아니하는 계약일 것

　　다. 사망 시[통계법 제18조에 따라 통계청장이 승인하여 고시하는 통계표에 따른 성별·연령별 기대여명 연수(소수점 이하는 버림) 이내의 보증기간이 설정된 경우로서 계약자가 해당 보증기간 이내에 사망한 경우는 해당 보증기간의 종료] 보험계약 및 연금재원이 소멸할 것

　　라. 계약자와 피보험자 및 수익자가 동일한 계약으로서 최초 연금지급 개시 이후 사망일 전에 계약을 중도해지할 수 없을 것

　　마. 매년 수령하는 연금액[연금수령 개시 후에 금리변동에 따라 변동된 금액과 이연(移延)하여 수령하는 연금액은 포함하지 아니함]이 다음의 계산식에 따라 계산한 금액을 초과하지 아니할 것

$$\frac{연금수령\ 개시일\ 현재\ 연금계좌\ 평가액}{연금수령\ 개시일\ 현재\ 기대여명\ 연수} \times 3$$

④ 피보험자의 사망·질병·부상 그 밖의 신체상의 상해로 인하여 받거나 자산의 멸실 또는 손괴로 인하여 받는 보험금

이때 계약체결시점부터 상기 '①, ②, ③'의 어느 하나에 해당하는 보험계약으로 한정하며, 그 보험계약을 체결한 후 해당 요건을 충족하지 못하게 된 경우의 보험계약은 제외한다. 또한 상기 '②' 및 '③'에 해당하는 보험계약이 그 보험계약을 체결한 후 해당 요건을 충족하지 못하게 된 경우라도 상기 '①'의 요건을 충족하는 경우 그 보험계약은 포함한다.

상기 '①', '②'의 보험계약과 2013.2.15. 전에 체결된 보험계약(대통령령 제24356호 소득세법시행령 일부개정령 부칙 제35조에 따라 종전의 제25조 제1항을 적용하는 보험계약[*], 이하 '종전의 보험계약'이라 함)에 대하여 다음의 어느 하나에 해당하는 변경(종전의 보험계약에 대해서는 상기 '③'의 변경으로 한정)이 있는 때에는 그 변경일을 해당 보험계약의 최초납입일로 한다. 다만, 상기 '②'의 보험계약에 대하여 아래 'ㄱ' 또는 'ㄴ'에 해당하

는 변경이 있을 때에는 계약변경일까지의 보험료 납입기간은 상기 '②'의 최초납입일부터의 납입기간에 포함하고, 계약변경 전에 납입한 보험료는 계약변경 이후에도 상기 '②'의 기본보험료의 선납기간 요건을 충족한 것으로 본다.

* 대통령령 제24356호 소득세법시행령 일부개정령 부칙 제35조에 따라 종전의 제25조 제1항을 적용하는 보험계약
  ㉠ 계약자 명의가 변경(사망에 의한 변경은 제외)되는 경우
  ㉡ 보장성보험을 저축성보험으로 변경하는 경우
  ㉢ 최초 계약한 기본보험료의 1배를 초과하여 기본보험료를 증액하는 경우

3) 비거주자 · 외국법인의 국채 등 이자소득 비과세(소법 §119의 3, 법법 §93의 3 신설)

비거주자 · 외국법인의 국채 및 통화안정증권 이자소득*은 비과세한다.

* 국내사업장이 없거나 국내사업장에 귀속되지 않는 비거주자 · 외국법인의 이자소득

① 대상채권 : 국채(국채법 §5 ①), 통화안정증권

② 투자방법

　가. 직접 투자 : 국내 보관기관에 직접 계좌를 개설하고 국채 등 투자

　나. 간접 투자 : 적격외국금융회사*를 통해 국채 등 투자

　　* 적격외국금융회사 자격, 승인절차 등은 소령 §179의 5에서 규정

③ 신청절차 : 납세지 관할 세무서장에 비과세 적용 신청

> 비거주자의 비과세 적용 신청은 다음 각 호의 구분에 따른 절차에 따른다. 이 경우 해당 신청에 따라 비과세 적용을 받은 후 국채등으로 발생한 다른 이자 · 양도소득에 대해 비과세 적용을 받으려고 할 때 당초의 신청 내용에 변경사항이 없으면 다음 각 호의 구분에 따른 절차를 다시 거치지 않을 수도 있다(소령 §179의 4 ①).
> 1. 법 제119조의 3 제1항 각 호의 소득이 국외투자기구(법 119조의 2 제1항 각 호의 어느 하나에 해당하여 국외투자기구를 실질귀속자로 보는 경우의 국외투자기구 및 법 제119조의 3 제4항 각 호의 어느 하나에 해당하는 국외투자기구는 제외한다)를 지급하는 경우 : 다음 각 목의 순서에 따른 절차
>   가. 비거주자가 다음의 서류를 국외투자기구에 제출한다.
>   1) 기획재정부령으로 정하는 세무서장제출용 비과세 신청서(이하 "세무서장제출용 비거주자비과세신청서"라 한다)
>   2) 해당 비거주자 거주지국의 권한 있는 당국이 발급하는 거주자증명서 또는 국세청장이 정하여 고시하는 서류
>   나. 국외투자기구가 가목에 따라 제출받은 서류를 소득지급자에게 제출한다.
>   다. 소득지급자가 기획재정부령으로 정하는 소득지급자용 거래 · 보유 명세서(이하 "소득지급자용 거래 · 보유 명세서"라 한다)를 작성하여 나목에 따라 제출

받은 서류와 함께 해당 소득을 지급한 날이 속하는 달의 다음 달 9일까지 납세지 관할 세무서장에게 제출한다.

2. 제1호 외의 경우: 다음 각 목의 순서에 따른 절차

가. 비거주자(법 제119조의 2 제1항 각 호의 어느 하나에 해당하여 국외투자기구를 실질귀속자로 보는 경우의 국외투자기구 및 법 제119조의 3 제4항 각 호의 어느 하나에 해당하는 국외투자기구를 포함한다. 이하 이 호에서 같다)가 다음의 서류를 소득지급자에게 제출한다.

1) 세무서장제출용 비거주자비과세신청서(법 제119조의 2 제1항 각 호의 어느 하나에 해당하여 국외투자기구를 실질귀속자로 보는 경우의 국외투자기구 또는 법 제119조의 3 제4항 각 호의 어느 하나에 해당하는 국외투자기구가 외국법인인 경우에는 「법인세법 시행령」 제132조의 4 제1항 제1호 가목 1)에 따른 세무서장제출용 외국법인비과세신청서를 말한다)

2) 해당 비거주자 거주지국의 권한 있는 당국이 발급하는 거주자증명서 또는 국세청장이 정하여 고시하는 서류

나. 소득지급자가 소득지급자용 거래 · 보유 명세서를 작성하여 가목에 따라 제출받은 서류와 함께 해당 소득을 지급한 날이 속하는 달의 다음 달 9일까지 납세지 관할 세무서장에게 제출한다.

④ 원천징수의무 특례 : 국외공모펀드의 투자자 중 거주자 · 내국법인이 포함되어 있는 경우

원천징수의무자가 원천징수하지 않고 해당 투자자가 직접 신고 · 납부

⑤ 적용시기 : 2023.1.1. 이후 이자를 지급받거나 국채 등을 양도하는 경우부터 적용한다.

2. 조세특례제한법상 비과세 소득

(1) 재형저축에 대한 비과세(조특법 §91의 14)

거주자가 재형저축에 2015.12.31.까지 가입하는 경우 해당 저축에서 발생하는 이자소득과 배당소득에 대해서는 소득세를 부과하지 아니한다.

1) 재형저축의 요건

① 재형저축 가입자가 가입당시 다음의 어느 하나에 해당하는 거주자일 것

가. 직전 과세기간의 총급여액이 5천만원 이하인 경우(직전 과세기간에 근로소득만 있

거나 근로소득 및 종합소득과세표준에 합산되지 않는 종합소득이 있는 경우로 한정)

나. '가'에 해당하는 거주자를 제외하고 직전 과세기간의 종합소득과세표준에 합산
되는 종합소득금액이 3천500만원 이하인 경우(직전 과세기간에 근로소득 또는 사
업소득이 있는 경우로 한정)

② 다음의 어느 하나에 해당하는 금융회사등(금융실명거래및비밀보장에관한법률 제2조 제
1호 각 목)이 취급하는 적립식 저축으로서 소득세가 비과세되는 재형저축임이 표시
된 통장으로 거래될 것

가. 은행법에 따른 은행

나. 중소기업은행법에 따른 중소기업은행

다. 한국산업은행법에 따른 한국산업은행

라. 한국수출입은행법에 따른 한국수출입은행

마. 한국은행법에 따른 한국은행

바. 자본시장과금융투자업에관한법률에 따른 투자매매업자 · 투자중개업자 · 집합
투자업자 · 신탁업자 · 증권금융회사 · 종합금융회사 및 명의개서대행회사

사. 상호저축은행법에 따른 상호저축은행 및 상호저축은행중앙회

아. 농업협동조합법에 따른 조합과 그 중앙회 및 농협은행

자. 수산업협동조합법에 따른 조합 및 중앙회

차. 신용협동조합법에 따른 신용협동조합 및 신용협동조합중앙회

카. 새마을금고법에 따른 금고 및 중앙회

타. 보험업법에 따른 보험회사

파. 우체국예금 · 보험에 관한 법률에 따른 체신관서

하. 그 밖에 대통령령으로 정하는 기관

③ 계약기간이 7년일 것

④ 1명당 분기별 300만원 이내(해당 거주자가 가입한 모든 재형저축의 합계액)에서 납입할
것. 이 경우 해당 분기 이후의 저축금을 미리 납입하거나 해당 분기 이전의 납입금
을 후에 납입할 수 없으나 보험 또는 공제의 경우에는 최종납입일이 속하는 달의
말일부터 2년 2개월이 지나기 전에는 그 동안의 저축금을 납입할 수 있다.

2) 재형저축의 가입, 통보, 연장

① 재형저축에 가입하려는 거주자는 세무서장으로부터 소득확인증명서를 발급받아 저
축취급기관에 제출하여야 한다. 이 경우 아래 '3) 다목'에 해당하는 거주자는 최종

학력, 중소기업 재직 여부 등을 확인할 수 있는 청년층 재형저축 가입요건 확인서를 함께 제출하여야 한다.

② 국세청장은 재형저축 가입자가 가입 요건을 갖추었는지를 확인하여 그 결과를 가입 자의 저축 가입연도(저축 가입자에 대하여 소득세법 제80조에 따른 결정 또는 경정이 있 는 경우는 결정 또는 경정이 있는 해당 연도)의 다음 연도 2월 말일까지 해당 저축취급 기관에 통보하여야 한다.

③ 저축취급기관이 재형저축 가입자가 가입요건에 해당하지 아니한 것으로 통보받은 경우에는 그 통보를 받은 날에 재형저축이 해지된 것으로 보며, 해당 저축취급기관 은 이를 재형저축 가입자에게 통보하여야 한다. 이 경우 해지 및 추징세액의 규정은 적용하지 아니한다.

④ 재형저축 가입자는 최초로 재형저축의 계약을 체결한 날로부터 7년이 도래하는 때 에 해당 저축의 계약기간을 한 차례만 3년 이내의 범위에서 추가로 연장할 수 있다. 이 경우 연장한 계약기간까지 해당 저축에서 발생하는 이자소득과 배당소득에 대해 서는 소득세를 부과하지 아니한다.

3) 해지 및 추징세액

재형저축의 계약을 체결한 거주자가 다음에 따른 날 이전에 해당 저축으로부터 원금이 나 이자 등을 인출하거나 해당 계약을 해지 또는 제3자에게 양도한 경우 그 저축을 취 급하는 금융회사등은 이자소득과 배당소득에 대하여 소득세가 부과되지 아니함으로써 감면받은 세액을 추징하여야 한다. 다만, 사망·해외이주 등 조세특례제한법시행령 제 81조 제6항에 따른 대통령령으로 정하는 사유로 인한 경우에는 그러하지 아니하다.

① 가입당시 다음의 어느 하나에 해당하는 거주자의 경우 : 최초로 계약을 체결한 날부 터 3년이 되는 날

　가. 직전 과세기간의 총급여액이 5천만원 이하인 경우(직전 과세기간에 근로소득만 있 거나 근로소득 및 종합소득과세표준에 합산되지 않는 종합소득이 있는 경우)에 해당하 는 거주자로서 직전 과세기간의 총급여액이 2천500만원 이하인 거주자

　나. 직전 과세기간의 종합소득과세표준에 합산되는 종합소득금액이 3천500만원 이하인 경우(직전 과세기간에 근로소득 또는 사업소득이 있는 경우로 한정)에 해당하 는 거주자로서 직전 과세기간의 종합소득과세표준에 합산되는 종합소득금액이 1천600만원 이하인 거주자

다. 중소기업기본법 제2조에 따른 중소기업(비영리법인을 포함)으로서 법소정 기업[*1]
에 근무하고 있는 법소정 청년[*2](가목 및 나목에 해당하는 거주자는 제외)

> [*1] 중소기업기본법 제2조에 따른 중소기업(비영리기업을 포함)으로서 농업, 임업 및 어업, 광업,
> 제조업, 전기·가스·증기 및 수도사업, 하수·폐기물처리·원료재생 및 환경복원업, 건설
> 업, 도매 및 소매업, 운수업, 숙박 및 음식점업(주점 및 비알콜 음료점업은 제외), 출판·영
> 상·방송통신 및 정보서비스업(비디오물 감상실 운영업은 제외), 부동산업 및 임대업, 연구개
> 발업, 광고업, 시장조사 및 여론조사업, 건축기술·엔지니어링 및 기타 과학기술서비스업, 기
> 타 전문·과학 및 기술 서비스업, 사업시설관리 및 사업지원 서비스업, 기술 및 직업훈련 학
> 원, 사회복지 서비스업, 수리업을 주된 사업으로 영위하는 기업을 말한다. 다만, 국가, 지방자
> 치단체(지방자치단체조합을 포함), 공공기관의운영에관한법률에 따른 공공기관 및 지방공기
> 업법에 따른 지방공기업은 제외한다(조특령 §27 ③).
> [*2] 근로계약 체결일 현재 연령이 15세 이상 29세 이하인 사람을 말한다. 다만, 다음의 어느 하나
> 에 해당하는 병역을 이행한 경우에는 그 기간(6년을 한도로 함)을 근로계약 체결일 현재 연령
> 에서 빼고 계산한 연령이 29세 이하인 사람을 포함한다(조특령 §27 ①·②). 즉 연령요건은 군병
> 역을 2년 이행한 경우 31세, 군병역을 6년 이행한 경우 35세까지 연장된다.
> ① 병역법 제16조 또는 제20조에 따른 현역병(같은법 제21조·제24조·제25조에 따라 복무
> 한 상근예비역 및 경비교도·전투경찰순경·의무소방원을 포함)
> ② 병역법 제26조 제1항 제1호 및 제2호에 따른 공익근무요원
> ③ 군인사법 제2조 제1호에 따른 현역에 복무하는 장교, 준사관 및 부사관

② '①' 외의 거주자의 경우 : 최초로 계약을 체결한 날부터 7년이 되는 날

저축취급기관이 제3항에 따라 추징세액을 징수한 경우 해당 저축취급기관은 저축
자에게 그 내용을 서면으로 즉시 통보하여야 한다.

또한 저축취급기관이 제3항에 따른 추징세액을 기한 내에 납부하지 아니하거나 납부하
여야 할 세액에 미달하게 납부한 경우 해당 저축취급기관은 그 납부하지 아니한 세액
또는 미달하게 납부한 세액의 100분의 10에 해당하는 금액을 가산하여 원천징수 관할
세무서장에게 납부하여야 한다.

(2) 고위험고수익채권투자신탁 등에 대한 과세특례

① 대상
거주자가 2024.12.31.까지 고위험고수익채권투자신탁에 가입하여 지급받는 이자소
득·배당소득은 분리과세로 과세종결

② 투자금액
각 금융회사를 통하여 가입한 고위험고수익채권투자신탁 투자금액의 합계액 3천만원
까지 분리과세적용

③ 계약기간 및 적용기간

　　가. 계약기간 : 1년 이상

　　나. 분리과세 적용기간 : 가입일로부터 3년까지 발생한 소득

④ 추징

가입일로부터 1년 이내에 해약·환매 또는 그 권리를 이전하는 경우 감면세액(종합과세 해당세액－분리과세 세액)을 추징

⑤ 적용시기

　　가. 시행일(2023.1.1.) 이후 가입하는 경우부터 적용

　　나. 시행일 전에 종전 제91조의 15에 따른 고위험고수익투자신탁에 가입한 경우의 과세특례는 종전의 규정을 따름

(3) 개인연금저축의 이자(구조특법 §86, 2013.1.1. 삭제)

① 가입대상 : 만 20세 이상(2000.12.31. 이전 가입자)

② 납입금액 : 매분기 300만원 이내 적립식

③ 저축계약기간 : 10년 이상

　*세제혜택 : 비과세 외에 납입금액의 40%(연 72만원 한도)를 소득공제한다.

> 조세특례제한법상 비과세소득에 해당되는 다음의 저축은 가입기간이 만료되어 신규가입을 할 수 없으나 경과규정에 의해 기 가입한 저축에 대해서는 법령에 규정하는 일정기간 동안 발생하는 이자소득에 대하여는 비과세를 적용한다.
> ① 장기증권저축(구조특법 §87의 3) : 가입기한 2002.3.31.
> ② 근로자우대저축(구조특법 §88) : 가입기한 2002.12.31.
> ③ 근로자주식저축(구조특법 §88의 6) : 가입기한 2001.12.31.
> ④ 비과세신탁저축(구조특법 §88의 3) : 가입기한 2000.12.31.

(4) 장기주택마련저축의 이자(조특법 §87 ①)

다음의 장기주택마련저축으로서 2012.12.31.까지 가입한 저축의 이자소득과 배당소득에 대해서는 소득세를 부과하지 아니한다.

1) 가입요건

① 가입대상이 만 18세 이상의 거주자로서 가입당시 다음의 어느 하나에 해당될 것

　가. 주택을 소유하지 아니한 대통령령으로 정하는 세대의 세대주

　나. 소득세법 제99조 제1항에 따른 주택의 기준시가가 5천만원 이하인 주택 또는 국민 주택규모 이하의 주택으로서 기준시가가 3억원 이하인 주택을 한 채만 소유한 세대의 세대주

② 저축 납입한도, 계약기간 등 대통령령으로 정하는 요건을 갖출 것

　근로소득이 있는 거주자(일용근로자는 제외)로서 소득세법 제20조 제2항에 따른 해당 과세기간의 총급여액이 7천만원 이하이며 해당 과세기간 중 주택을 소유하지 않은 세대의 세대주가 해당 과세기간에 다음의 어느 하나에 해당하는 저축에 납입한 금액(연 납입액이 240만원을 초과하는 경우 그 초과금액은 없는 것으로 하고, 주택청약종합저축의 경우 무주택 확인서를 제출한 과세기간 이후에 납입한 금액만 해당)의 100분의 40에 상당하는 금액을 해당 과세기간의 근로소득금액에서 공제한다. 다만, 과세기간 중에 주택당첨 외의 사유로 중도해지한 경우에는 해당 과세기간에 납입한 금액은 공제하지 아니한다.

　가. 주택법에 따른 청약저축

　나. 주택법에 따른 주택청약종합저축

2) 해지

장기주택마련저축의 계약을 체결한 자가 해당 저축의 계약일부터 7년 이내에 원금이나 이자 등을 인출하거나 계약을 해지한 경우 그 저축을 취급하는 금융기관은 이자소득과 배당소득에 대하여 소득세가 부과되지 아니함으로써 감면받은 세액을 추징하여야 한다. 다만, 저축자의 사망, 해외이주 또는 조세특례제한법시행령 제81조 제6항에 따른 대통령령으로 정하는 사유로 저축계약을 해지하는 경우에는 그러하지 아니하다.

조세특례제한법시행령 제81조 제6항에 따른 대통령령으로 정하는 사유

> 대통령령으로 정하는 사유란 해지 전후 3개월 이내에 주택을 취득한 경우와 해지 전 6개월 이내에 발생한 다음의 어느 하나에 해당하는 사유를 말하며, 조세특례제한법 제87조 제5항 단서에 따른 사유가 발생하여 해지하려는 자는 특별해지사유신고서를 장기주택마련 저축기관에 제출하여야 한다.
> ① 천재지변
> ② 저축자의 퇴직

> ③ 사업장의 폐업
> ④ 저축자의 3개월 이상의 입원치료 또는 요양을 요하는 상해·질병의 발생
> ⑤ 저축취급기관의 영업의 정지, 영업인가·허가의 취소, 해산결의 또는 파산선고

(5) 청년우대형 주택청약종합저축의 이자(조특법 §87 ③)

다음의 청년우대형주택청약종합저축에 2023.12.31.까지 가입하는 경우 해당 저축에서 발생하는 이자소득의 합계액에 대해서는 500만원까지 소득세를 부과하지 아니한다. 이 경우 비과세를 적용받을 수 있는 납입금액은 모든 금융회사에 납입한 금액을 합하여 연 600만원을 한도로 한다.

1) 가입요건

① 가입 당시 청년에 해당하고 주택을 소유하지 아니하는 세대의 세대주로서 다음의 어느 하나에 해당하는 거주자를 가입대상으로 할 것

　가. 직전 과세기간의 총급여액이 3천6백만원 이하인 근로소득자(직전 과세기간에 근로소득만 있거나 근로소득 및 종합소득과세표준에 합산되지 아니하는 종합소득이 있는 자로 한정하고, 비과세소득만 있는 자는 제외)

　나. 직전 과세기간의 종합소득과세표준에 합산되는 종합소득금액이 2천6백만원 이하인 사업소득자(직전 과세기간의 총급여액이 3천만원을 초과하는 근로소득이 있는 자 및 비과세소득만 있는 자는 제외)

② 계약기간이 2년 이상일 것

2) 청년

청년이란 청년우대형주택청약종합저축 가입일 현재 19세 이상 34세 이하인 사람[제27조 제1항 제1호 각 목의 어느 하나에 해당하는 병역을 이행한 경우에는 그 기간(6년을 한도로 함)을 청년우대형주택청약종합저축 가입일 현재 연령에서 빼고 계산한 연령이 34세 이하인 사람을 포함]을 말한다(조특령 §81 ⑭).

3) 절차

① 청년우대형주택청약종합저축의 이자소득에 대한 비과세를 적용받으려는 사람은 해

당 저축 취급기관에 주택을 소유하지 아니한 세대의 세대주임을 확인하는 무주택확인서를 저축가입 후 2년 이내에 제출하여야 한다(조특법 §87 ④).

② 청년우대형주택청약종합저축에서 발생하는 이자소득에 대한 비과세를 적용받으려는 거주자는 해당 저축을 가입하는 때에 다음 각 호의 자료를 저축 취급기관에 제출해야 한다(조특령 §81 ⑮).

　가. 세무서장으로부터 발급받은 소득확인증명서. 다만, 가입 당시 직전 과세기간에 사업소득 또는 근로소득이 최초로 발생하여 소득확인증명서로 상기 '1) ①'의 요건을 갖추었는지 여부를 확인하기 어려운 경우에는 소득확인증명서 대신 사업소득·근로소득의 지급확인서, 사업자등록증명원 또는 원천징수영수증을 제출할 수 있다.

　나. 병역복무기간을 증명하는 병역법시행규칙 별지 제5호 서식에 따른 병적증명서를 제출하여야 한다(가입일 현재 연령이 35세 이상인 경우에 한정).

4) 해지

① 청년우대형주택청약종합저축의 계약을 체결한 자가 해당 저축의 계약일부터 2년 이내에 원금이나 이자 등을 인출하거나 계약을 해지한 경우 그 저축을 취급하는 금융기관은 이자소득과 배당소득에 대하여 소득세가 부과되지 아니함으로써 감면받은 세액을 추징하여야 한다. 다만, 저축자의 사망, 해외이주 또는 다음의 사유로 저축계약을 해지하는 경우에는 그러하지 아니하다(조특법 §87 ⑥).

② 감면추징 예외사유

주택법에 따른 사업계획승인을 받아 건설되는 국민주택규모의 주택에 청약하여 당첨된 경우 및 해지 전 6개월 이내에 발생한 다음의 어느 하나에 해당하는 사유를 말한다(조특령 §81 ⑥).

　가. 천재지변

　나. 저축자의 퇴직

　다. 사업장의 폐업

　라. 저축자의 3개월 이상의 입원치료 또는 요양을 요하는 상해·질병의 발생

　마. 저축취급기관의 영업의 정지, 영업인가·허가의 취소, 해산결의 또는 파산선고

③ 추징세액을 기한까지 납부하지 아니하거나 납부하여야 할 세액에 미달하게 납부한 경우 저축 취급기관은 그 납부하지 아니한 세액 또는 미달한 세액의 100분의 10에

해당하는 금액을 추징세액에 가산하여 원천징수 관할 세무서장에게 납부하여야 한다(조특법 §87 ⑧).

④ 저축 취급기관은 청년우대형주택청약종합저축을 해지하는 때까지 가입자가 주택을 소유하지 않은 세대의 세대주에 해당하는지를 국토교통부장관으로부터 통보받지 못한 경우와 상기 '1) ①'의 요건을 갖추었는지를 국세청장으로부터 통보받지 못한 경우에는 해당 저축을 해지하는 때에 이자소득에 대하여 소득세가 부과되지 아니함으로써 감면받은 세액에 해당하는 금액을 추징한다. 다만, 다음 각 호의 요건을 모두 충족하는 경우에는 추징된 세액을 환급한다(조특령 §81 ㉑).

가. 해당 저축을 해지한 후 1개월 이내에 기획재정부령으로 정하는 환급신청서를 해당 저축 취급기관에 제출할 것

나. 가입자가 주택을 소유하지 않은 세대의 세대주에 해당하고, 상기 '1) ①'의 요건을 갖춘 것으로 확인될 것

5) 확인과 관리

청년우대형주택청약종합저축의 가입대상의 확인과 관리는 다음에 따른다(조특법 §87 ⑩).

① 저축 취급기관은 무주택 확인서를 제출한 사람의 명단을 가입자가 무주택 확인서를 제출한 날이 속하는 반기의 말일부터 5일이 되는 날까지 국토교통부장관에게 제출하여야 한다.

② 국토교통부장관은 무주택 확인서를 제출한 사람이 가입일 현재에 주택을 소유하지 않은 세대의 세대주에 해당하는 지를 확인하여 가입자가 무주택 확인서를 제출한 날이 속하는 반기의 말일부터 2개월이 되는 날까지 국세청장과 저축 취급기관에 통보하여야 한다.

③ 국세청장은 청년우대형주택청약종합저축의 가입자가 상기 '1) ①'의 요건을 갖추었는지를 확인하여 청년우대형주택청약종합저축 가입연도(소득세법상 결정 · 경정이 있는 경우에는 그 해당 연도)의 다음 연도 2월 말일까지 저축 취급기관에 통보하여야 한다.

6) 기타

① 요건충족 시 주택청약종합저축에 대한 소득공제도 적용이 가능하다.

② 농어촌특별세는 비과세된다(농특세법 §4).

■ 조세특례제한법 시행규칙 [별지 제60호의 22 서식] 〈개정 2023.3.**.〉

소득확인증명서(청년우대형주택청약종합저축 가입 및 과세특례 신청용)

※ [ ]에는 해당되는 곳에 √표를 합니다.

발급번호			처리기간	즉시
소득자	성명		생년월일	
	주소			

(단위 : 원)

[ ]근로소득자용 [총급여액이 3천6백만원 이하인 자만 비과세 적용 가능. 근로소득 외 다른 종합소득이 있는 경우 「종합소득세 신고(결정·경정)자용」의 종합소득금액으로 판단]

귀속연도	소득구분	원천징수의무자		총급여(과세대상급여)액
		법인명(상호)	사업자등록번호	

[ ]종합소득세 신고(결정·경정)자용 (종합소득금액이 2천6백만원 이하인 자만 비과세 적용 가능. 근로소득만 있는 경우 「근로소득자용」의 총급여액으로 판단)

귀속연도	종합(결정)소득금액	근로소득 유·무	근로소득 외의 소득 유·무
		[ ]유 [ ]무	[ ]유 [ ]무

[ ]연말정산한 사업소득자용 [사업소득금액이 2천6백만원 이하인 자만 비과세 적용 가능. 연말정산한 사업소득 외 다른 종합소득이 있는 경우 「종합소득세 신고(결정·경정)자용」의 종합소득금액으로 판단]

귀속연도	원천징수의무자		사업소득금액 (해당 연도 소득금액)
	법인명(상호)	사업자등록번호	

「조세특례제한법 시행령」 제81조제15항에 따라 총급여액 또는 종합소득금액을 증명해 주시기 바랍니다.

년   월   일

신청인   (서명 또는 인)

위와 같이 소득확인증명서 발급일 현재 청년우대형주택청약종합저축 소득요건(「조세특례제한법」 제87조제3항제1호)을 ([ ]충족, [ ]미충족)함을 증명합니다.

다만, 매년 6월 30일 이전에 전전년도 과세기간의 총급여액·종합소득금액을 기준으로 청년우대형주택청약종합저축에 가입한 경우 또는 본 증명서 발급 이후 경정·결정, 수정신고 등의 사유로 총급여액·종합소득금액이 변경되는 경우 등에는 국세청장이 가입일 직전 과세기간의 총급여액 또는 종합소득금액을 확인하여 저축취급기관에 통보하며, 소득요건을 충족하지 못하는 것으로 통보받는 경우 그 통보된 청년우대형주택청약종합저축에서 가입 시부터 발생한 이자소득에 대해서는 과세특례를 적용받을 수 없습니다.

년   월   일

세무서장   [직인]

유 의 사 항

1. 근로소득(연말정산한 사업소득)만 있는 근로소득자(연말정산한 사업소득자) 또는 근로소득(연말정산한 사업소득)과 그 외의 소득이 있는 자가 종합소득세 신고를 한 경우 「종합소득세 신고(결정·경정)자용」과 「근로소득자용(연말정산한 사업소득자용)」을 모두 기재합니다.
2. 근로소득자용의 총급여(과세대상급여)액란은 외국인단일세율 적용 시에는 연간 근로소득이 표시되며, 일용근로소득자의 경우 원천징수의무자가 「소득세법」 제164조에 따라 제출한 일용근로소득지급명세서서의 총지급액(과세소득)을 기재합니다.
3. 종합소득세 신고(결정·경정)자용의 종합소득금액(결정소득금액)은 이월결손금을 공제하지 않은 금액을 기재합니다.
4. 증명신청일이 6월 30일 이전인 경우에는 신청일의 전전년도 과세기간의 총급여액 또는 종합소득금액을, 7월 1일 이후인 경우에는 신청일의 직전 과세기간의 총급여액 또는 종합소득금액을 기재합니다.

210mm×297mm[백상지 80g/m² 또는 중질지 80g/m²]

(6) 비과세종합저축(노인·장애인 등의 생계형저축이자)(조특법 §88의 2)

거주자가 1명당 저축원금이 5천만원(조세특례제한법 제89조에 따른 세금우대종합저축에 가입한 거주자로서 세금우대종합저축을 해지 또는 해약하지 아니한 자의 경우에는 5천만원에서 해당 거주자가 가입한 세금우대종합저축의 계약금액 총액을 뺀 금액) 이하인 비과세종합저축(노인·장애인 등의 생계형저축)에 2025.12.31.까지 가입하는 경우 해당 저축에서 발생하는 이자소득 또는 배당소득에 대해서는 소득세를 부과하지 아니한다. 이때 다음에 해당하는 자(2020.1.1. 이후 신규가입자부터 적용)에 대하여는 비과세규정을 적용하지 않는다.

가. 직전 3개연도 내 1회 이상 금융소득 종합과세 대상자 제외

금융소득 종합과세 대상자에 대한 과세특례제한대상은 다음과 같다(조특법 §129의 2).

1. 비과세종합저축(§88의 2)
2. 청년우대형 주택청약종합저축(§87 ③)
3. 농어가목돈마련저축(§87의 2)
4. 공모부동산펀드(§87의 7)
5. 우리사주조합 출자금(§88의 4)
6. 조합 등 출자금(§88의 5)
7. 조합 등 예탁금(§89의 3)
8. 개인종합자산관리계좌(§91의 18)
9. 장병내일준비적금(§91의 19)
10. 청년희망적금(§91의 21)
11. 청년도약계좌(§91의 22)

나. 직전 3개년 내 금융소득 종합과세 대상 여부 확인
   • 국세청장은 가입 다음 연도 4월 말까지 확인 후 납세자에게 통보
     * 국세청장 → 은행연합회 → 금융기관 → 가입자
   • 확인 결과에 대해 납세자 이의제기 가능
     가입자는 통보받은 날로부터 14일 이내에 관할 세무서장에게 의견서 제출.
     다만, 부득이한 사유가 있는 경우 그 사유 종료 후 7일 이내 의견서 제출
     * 가입자의 사망, 해외 장기출장, 그 밖의 부득이한 사유

1) 가입대상 거주자 요건

① 65세 이상인 거주자

② 장애인복지법 제32조에 따라 등록한 장애인

③ 독립유공자예우에관한법률 제6조에 따라 등록한 독립유공자와 그 유족 또는 가족

④ 국가유공자등예우및지원에관한법률 제6조에 따라 등록한 상이자(상이자)

⑤ 국민기초생활보장법 제2조 제2호에 따른 수급자

⑥ 고엽제후유의증환자지원등에관한법률 제2조 제3호에 따른 고엽제후유의증환자

⑦ 5·18민주유공자예우에관한법률 제4조 제2호에 따른 5·18민주화운동부상자

2) 비과세종합저축(노인·장애인 등의 생계형저축)

금융실명거래및비밀보장에관한법률 제2조 제1호 각목의 금융회사 등 및 다음에 해당하는 공제회가 취급하는 저축(투자신탁·보험·공제·증권저축·채권저축 등을 포함)으로서 가입당시 저축자가 비과세 적용을 신청한 것을 말한다.

① 군인공제회법에 의하여 설립된 군인공제회

② 대한교원공제회법에 의하여 설립된 대한교원공제회

③ 대한지방행정공제회법에 의하여 설립된 대한지방행정공제회

④ 경찰공제회법에 의하여 설립된 경찰공제회

⑤ 대한소방공제회법에 의하여 설립된 대한소방공제회

⑥ 과학기술인공제회법에 따라 설립된 과학기술인공제회

또한 비과세종합저축을 취급하는 금융회사 등 및 공제회는 비과세종합저축만을 입금 또는 출금하는 비과세종합저축통장 또는 거래카드의 표지·속지 또는 거래명세서 등에 '비과세종합저축'이라는 문구를 표시하여야 한다.

3) 비과세종합저축 원금 계산 및 인출순서

비과세대상이 되는 기준금액인 저축원금은 모든 금융회사등 및 공제회에 가입한 비과세종합저축의 계약금액의 총액으로 한다. 이 경우 비과세종합저축에서 발생하여 원금에 전입되는 이자 및 배당 등은 비과세종합저축으로 보되, 계약금액의 총액을 계산할 때에는 산입하지 아니한다.

이때 비과세종합저축에서 일부 금액이 인출되는 경우 저축원금부터 인출되는 것으로 본다.

4) 비과세종합저축 만료일 이후 소득

비과세종합저축의 계약기간의 만료일 이후 발생하는 이자소득 및 배당소득에 대해서는 비과세를 적용하지 아니한다.

(7) 조합 등 예탁금이자소득(조특법 §89의 3)

농민·어민 및 그 밖에 상호 유대를 가진 거주자를 조합원·회원 등으로 하는 조합 등에 대한 예탁금으로서 가입당시 19세 이상인 거주자가 가입한 대통령령으로 정하는 예탁금(1명당 3천만원 이하의 예탁금만 해당)에서 2007.1.1.부터 2025.12.31.까지 발생하는 이자소득에 대해서는 비과세하고, 2026.1.1.부터 2026.12.31.까지 발생하는 이자소득에 대해서는 소득세법 제129조에도 불구하고 100분의 5의 세율을 적용하며, 그 이자소득은 소득세법 제14조 제2항에 따른 종합소득과세표준에 합산하지 아니하며, 지방세법에 따른 개인지방소득세를 부과하지 아니한다.

2027.1.1. 이후 조합등예탁금에서 발생하는 이자소득에 대해서는 소득세법 제129조에도 불구하고 100분의 9의 세율을 적용하고, 같은 법 제14조 제2항에 따른 종합소득과세표준에 합산하지 아니하며, 지방세법에 따른 개인지방소득세를 부과하지 아니한다.

대통령령으로 정하는 예탁금이란 다음에 해당하는 조합 등의 조합원·준조합원·계원·준계원 또는 회원의 예탁금으로서 같은 해당 조합 등에 예탁한 금액의 합계액이 1인당 3천만원 이하인 예탁금을 말한다(조특령 §83의 3).

① 농업협동조합법에 의한 조합
② 수산업협동조합법에 의한 수산업협동조합
③ 산림조합법에 의한 조합
④ 신용협동조합법에 의한 신용협동조합
⑤ 새마을금고법에 의한 금고

(8) 장기회사채형저축의 이자소득(구조특법 §91의 10, 2014.12.23. 삭제)

① 거주자가 2009.12.31.까지 장기회사채형저축을 가입한 경우
② 저축계약기간이 3년 이상일 것
③ 거치식 저축으로서 1인당 5천만원 이내에서 납입할 것
④ 저축가입일로부터 3년 이내에 발생한 이자소득에 대해 비과세 처리

(9) 농어가 목돈마련저축의 이자(조특법 §87의 2)

농어민이 농어가목돈마련저축에관한법률에 따른 농어가목돈마련저축에 2022.12.31. 까지 가입한 경우 해당 농어민 또는 그 상속인이 저축계약기간이 만료되거나 가입일부터 1년 이후 다음의 어느 하나에 해당하는 사유로 저축을 해지하여 받는 이자소득과 저축장려금에 대해서는 소득세 · 증여세 또는 상속세를 부과하지 아니한다.

① 농어민이 사망한 때

② 농어민이 해외로 이주한 때

③ 천재지변 그 밖에 다음의 사유가 발생한 때

　　가. 농어민이 상해 · 폐질 등으로 노동력을 상실하여 매월 납입하는 저축의 경우는 저축금액을 계속하여 6개월 이상, 매 분기 납입하는 저축 및 매 반년 납입하는 저축의 경우는 저축금액을 계속하여 1년 이상 납입하지 못하는 경우

　　나. 5년 만기 저축에 가입하여 3년 이상 저축을 한 농어민이 계약을 해지하는 경우

　　다. 병충해 · 설해 · 풍해 · 수해 또는 가격하락 등으로 소득이 감소되어 정부의 소득세 감면대상으로 지정되거나 정부보조금의 지급대상으로 지정된 사람이 계약을 해지하는 경우

(10) 비거주자 등의 정기외화예금(조특법 §21의 2)

① 비과세 요건

비거주자 또는 외국법인(비거주자 또는 외국법인의 국내사업장은 제외)이 계약기간 1년 이상인 것으로 외국환업무취득기관이 취급하는 정기외화예금으로서 금융감독원의 장의 약관심사를 거친 정기외화예금에 2015.12.31.까지 가입하는 경우 해당 예금에서 계약기간 내에 발생하는 이자에 대해서는 소득세 또는 법인세를 부과하지 아니한다(조특령 §18의 2 ①).

이 경우 비거주자 및 외국법인이 예금계약을 변경하거나 갱신하여 예금이 법 제21조의 2 제1항이 적용되는 정기외화예금에 해당하게 되는 경우에는 그 변경 · 갱신일에 새로이 가입한 것으로 본다(조특령 §18의 2 ④).

② 비과세 신청

정기외화예금에 대해 비과세를 적용받으려는 경우 비거주자 또는 외국법인은 국세청장

이 정하는 바에 따라 비거주자 및 외국법인임을 증명하는 서류를 외국환업무취급기관에 제출하여야 한다(조특령 §18의 2 ③).

③ 해지 시 추징세액

예금의 가입자가 계약기간 내에 계약을 해지하거나 예금의 전부 또는 일부를 인출하는 경우 해당 예금을 취급하는 외국환업무취급기관은 부과되지 아니한 소득세 또는 법인세에 상당하는 세액을 추징하여 해지 또는 인출한 날이 속하는 달의 다음 달 10일까지 원천징수 관할세무서장에게 납부하여야 한다. 이 경우 그 기한까지 납부하지 아니하거나 납부하여야 할 세액에 미달하게 납부한 경우에는 그 납부하지 아니한 세액 또는 미달하게 납부한 세액의 100분의 10에 해당하는 금액을 추가로 납부하여야 한다(조특령 §18의 2 ②).

소득세 및 법인세의 추징은 다음과 같다. 다만, 예금의 인출없이 1년 이상 예치한 경우에는 그 1년 동안 발생한 이자에 대해서는 소득세 또는 법인세를 부과하지 아니한다.
가. 계약을 해지한 경우 : 발생한 이자에 대해 부과하지 아니한 소득세 또는 법인세
나. 예금을 인출한 경우 : 계약일로부터 인출일까지 인출한 예금에 대하여 발생한 이자에 대해 부과하지 아니한 소득세 또는 법인세

(11) 국제금융거래에 따른 이자소득 등에 대한 법인세 등의 면제(조특법 §21)

다음의 소득을 받는 자(거주자, 내국법인 및 외국법인의 국내사업장은 제외)에 대해서는 소득세 또는 법인세를 면제한다.

① 국가·지방자치단체 또는 내국법인이 국외에서 발행하는 외화표시채권의 이자 및 수수료

② 외국환거래법에 따른 외국환업무취급기관이 같은 법에 따른 외국환업무를 하기 위하여 외국금융기관으로부터 차입하여 외화로 상환하여야 할 외화채무에 대하여 지급하는 이자 및 수수료

③ 다음의 금융회사 등이 외국환거래법에서 정하는 바에 따라 국외에서 발행하거나 매각하는 외화표시어음과 외화예금증서의 이자 및 수수료(조특령 §18)
가. 은행법에 의하여 은행업의 인가를 받은 은행
나. 한국산업은행법에 의하여 설립된 한국산업은행
다. 한국수출입은행법에 의하여 설립된 한국수출입은행
라. 중소기업은행법에 의하여 설립된 중소기업은행

　　마. 농업협동조합법에 따른 농협은행

　　바. 수산업협동조합법에 의하여 설립된 수산업협동조합중앙회(신용사업에 한함)

　　사. 한국정책금융공사법에 따라 설립된 한국정책금융공사

　　아. 자본시장및금융투자업에관한법률에 따른 종합금융회사

④ 국가·지방자치단체 또는 내국법인이 발행한 다음의 유가증권을 비거주자 또는 외국법인이 국외에서 양도함으로써 발생하는 소득

　　가. 국외에서 발행한 유가증권 중 외국통화로 표시된 것 또는 외국에서 지급받을 수 있는 것으로서 외국환거래에 관하여 기획재정부장관이 정하는 기준에 따라 발행된 외화증권. 다만, 주식·출자증권 또는 그 밖의 유가증권(과세대상 주식 등)을 기초로 발행된 예탁증서를 양도하는 경우로서 예탁증서를 발행하기 전 과세대상 주식 등의 소유자가 예탁증서를 발행한 후에도 계속하여 해당 예탁증서를 양도하기 전까지 소유한 경우는 제외한다.

　　나. 자본시장과금융투자업에관한법률에 따른 유가증권시장 또는 코스닥시장과 기능이 유사한 외국의 유가증권시장에 상장 또는 등록된 내국법인의 주식 또는 출자지분으로서 당해 유가증권시장을 통하여 양도되는 것. 다만, 해당 외국의 유가증권시장에서 취득하지 아니한 과세대상 주식 등으로서 해당 외국의 유가증권시장에서 최초로 양도하는 경우는 제외하되, 외국의 유가증권시장의 상장규정상 주식분산요건을 충족하기 위해 모집·매출되는 과세대상 주식 등을 취득하여 양도하는 경우에는 그러하지 아니하다.

(12) 녹색예금의 이자소득(구조특법 §91의 13, 2014.1.1. 삭제)

1) 가입요건

거주자가 다음의 요건을 모두 갖춘 예금에 2014.12.31.까지 가입하는 경우 그 예금에서 발생하는 이자소득에 대해서는 소득세를 부과하지 아니한다. 다만, 녹색예금의 계약기간 만료일 이후 발생한 소득에 대해서는 그러하지 아니하다.

① 은행법에 따른 은행업을 경영하는 법인 또는 우체국예금·보험에관한법률에 따른 체신관서가 취급하는 예금으로 그 법인 또는 체신관서가 예금을 통해 조달한 자금의 100분의 40 이상을 대통령령으로 정하는 녹색산업 관련 자산에 투자(대출을 포함)할 것(자산운용명세 등을 대통령령으로 정하는 바에 따라 구분하여 경리할 것)

② 계약기간이 3년 이상 5년 이하이고, 계약기간 만료일 이전에 원금 또는 이자의 인출이나 이체가 없을 것

③ 1명당 가입한도를 2천만원(해당 거주자가 가입한 모든 녹색예금의 합계액) 이내로 할 것

2) 해지 및 추징세액

녹색예금에 가입한 거주자가 계약기간 만료일 이전에 예금의 원금 또는 이자를 인출 또는 이체하는 경우 녹색예금을 취급하는 금융회사 등은 이자소득에 대하여 소득세가 부과되지 아니함으로써 감면받은 세액을 추징하여 인출일 또는 이체일이 속하는 달의 다음 달 10일까지 원천징수 관할세무서장에게 납부하여야 한다. 다만, 사망·해외이주 등 조세특례제한법시행령 제81조 제6항에 따른 대통령령으로 정하는 사유로 인한 경우에는 그러하지 아니하다. 이 경우 녹색예금을 취급하는 금융회사 등 세액을 추징한 경우 해당 가입자에게 그 내용을 서면으로 통보하여야 한다.

저축취급기관이 추징하여야 할 세액을 기한까지 납부하지 아니하거나 납부하여야 할 세액에 미달하게 납부한 경우 해당 저축취급기관은 그 납부하지 아니한 세액 또는 미달하게 납부한 세액의 100분의 10에 해당하는 금액을 추가로 원천징수 관할세무서장에게 납부하여야 한다.

3) 가입 후 요건미달

거주자가 소득세를 감면받은 후 녹색예금 가입요건을 갖추지 못한 경우 해당 저축취급기관은 해당 녹색저축의 이자소득 또는 배당소득에 대하여 비과세된 소득세 상당액을 원천징수 관할세무서장에게 납부하여야 한다.

평균보유비율이 100분의 60 미만인 경우 저축취득기관은 녹색저축의 설정일 또는 판매개시일부터 매 3년이 되는 날이 속하는 달의 다음 달 말일까지 해당 3년간 감면된 소득상당액을 원천징수 관할세무서장에게 납부하여야 한다. 이 경우 비과세된 해당 이자소득은 소득세법 제14조 제3항 제1호에 따른 비과세소득으로 본다.

저축취득기관이 녹색저축의 설정일 또는 판매개시일부터 매 3년이 되는 해에 구분경리한 내용 또는 결산서류를 정해진 기간에 원천징수 관할세무서장에게 제출하지 아니하는 경우 요건을 충족하지 못하는 것으로 본다.

녹색산업 관련 자산(구조세특례제한법시행령 제92조의 12)

1. 저탄소녹색성장기본법 제32조에 따라 확인된 녹색전문기업이 발행한 채권 또는 그 녹색전문기업에 대한 자금의 대출
2. 저탄소녹색성장기본법 제32조에 따라 인증된 녹색사업으로부터 발생하는 수익을 분배받을 수 있는 계약상의 출자지분 또는 권리
3. 저탄소녹색성장기본법 제32조에 따라 인증된 녹색사업의 시행만을 목적으로 존속기간을 정하여 설립된 법인이 발행한 증권 또는 그 법인에 대한 자금의 대출
4. 저탄소녹색성장기본법 제32조에 따라 인증된 녹색사업을 시행하려는 법인에 대한 자금의 대출(저탄소녹색성장기본법 제32조에 따라 인증된 녹색사업의 시행을 위한 자금의 대출에 한정)
5. 다음의 어느 하나에 해당하는 채권이 포함된 유동화자산을 기초로 발행된 유동화증권. 이 경우 녹색산업 관련 자산에 대한 투자금액 계산은 유동화증권에 투자한 금액에 해당 유동화증권의 기초가 된 유동화자산 중 채권이 차지하는 비중을 곱하여 계산한 금액으로 한다. 이 경우 해당 유동화증권의 기초가 된 유동화자산은 액면가액 또는 대출원금으로 평가하다.
   가. 저탄소녹색성장기본법 제32조에 따라 확인된 녹색전문기업이 발행한 채권
   나. 저탄소녹색성장기본법 제32조에 따라 확인된 녹색전문기업에 대한 대출채권

(13) 녹색채권의 이자소득(구조특법 §91의 13, 2014.1.1. 삭제)

거주자가 다음의 요건을 모두 갖춘 채권으로서 2014.12.31.까지 발행한 채권을 매입하여 발생한 이자소득에 대해서는 소득세를 부과하지 아니한다.

① 은행법에 따른 은행업을 경영하는 법인이 발행한 채권으로, 채권의 발행법인이 채권을 통하여 조달한 자금의 100분의 40 이상을 대통령령으로 정하는 녹색산업 관련 자산의 투자(대출을 포함)할 것(자산운용명세 등을 대통령령으로 정하는 바에 따라 구분하여 경리할 것)
② 만기 3년 이상 5년 이하인 채권이고, 만기 이전에 상환되거나 제3자에게 양도되지 않을 것
③ 1명당 매입한도를 3천만원(해당 거주자가 매입한 모든 녹색채권의 합계액) 이내로 할 것

거주자가 소득세를 감면받은 후 녹색채권 가입요건을 갖추지 못한 경우 해당 저축취급기관은 해당 녹색채권의 이자소득에 대하여 비과세된 소득세상당액을 원천징수 관할세무서장에게 납부하여야 한다.

평균보유비율이 100분의 60 미만인 경우 저축취득기관은 녹색채권의 설정일 또는 판매개시일부터 매 3년이 되는 날이 속하는 달의 다음 달 말일까지 해당 3년간 감면된 소득상당액을 원천징수 관할세무서장에게 납부하여야 한다. 이 경우 비과세된 해당 이자소득은 소득세법 제14조 제3항 제1호에 따른 비과세소득으로 본다.

저축취득기관이 녹색채권의 설정일 또는 판매개시일부터 매 3년이 되는 해에 구분경리한 내용 또는 결산서류를 정해진 기간에 원천징수 관할세무서장에게 제출하지 아니하는 경우 요건을 충족하지 못하는 것으로 본다.

(14) 해외주식투자전용집합투자기구에 대한 과세특례(조특법 §91의 17)

1) 개요 및 가입요건

거주자가 국외에서 발행되어 국외에서 거래되는 주식(해외상장주식)에 자산총액의 100분의 60 이상을 투자하는 소득세법 제17조 제1항 제5호에 따른 집합투자기구(해외주식투자전용집합투자기구)의 자본시장과금융투자업에관한법률 제9조 제21항에 따른 집합투자증권(집합투자증권)에 다음의 요건을 모두 갖추어 2017.12.31.까지 투자하는 경우에는 해외주식투자전용집합투자증권저축에 가입한 날부터 10년이 되는 날까지 해당 해외주식투자전용집합투자기구가 직접 또는 집합투자증권(자본시장과금융투자업에관한법률 제279조 제1항에 따른 외국 집합투자증권을 포함)에 투자하여 취득하는 해외상장주식의 매매 또는 평가로 인하여 발생한 손익(환율변동에 의한 손익을 포함)을 소득세법 제17조 제1항 제5호에도 불구하고 해당 해외주식투자전용집합투자기구로부터 받는 배당소득금액에 포함하지 아니한다.

① 법소정의 해외주식투자전용집합투자증권저축에 가입하여 해당 해외주식투자전용집합투자증권저축을 통하여 해외주식투자전용집합투자기구의 집합투자증권에 투자할 것

② 거주자 1명당 해외주식투자전용집합투자증권저축에 납입한 원금*이 3천만원(금융실명거래및비밀보장에관한법률 제2조 제1호 각 목에 따른 모든 금융회사등에 가입한 해외주식투자전용집합투자증권저축에 납입한 금액의 합계액) 이내일 것

  * 해외주식투자전용집합투자증권저축에 납입한 금액의 합계액이란 각 전용저축의 원금(각 전용저축의 원금(각 전용저축별 납입원금의 한도액을 설정한 경우에는 해당 한도액)을 모두 합한 금액으로 하되 다음에 따라 계산한 금액으로 한다(조특령 §93의 8 ⑤).
    ㉠ 해외주식투자전용집합투자증권저축의 투자기간 만료일까지
       각 전용저축에 보유중인 집합투자증권을 일부 또는 전부 환매하여 전용저축에서 인출하지 아니하

고 전용집합투자기구의 집합투자증권에 재투자하는 경우 해당 재투자금액은 전용저축의 원금에 가산하지 아니하며 전용저축에서 일부 금액이 인출되는 경우 저축의 원금부터 인출된 것으로 본다.

ⓛ 해외주식투자전용집합투자증권저축의 투자기간 경과 후

각 전용저축에 보유중인 집합투자증권을 일부 또는 전부 환매하여 전용집합투자기구의 집합투자증권(투자기간 중에 투자하여 전용저축에 보유 중인 집합투자 증권을 말함)에 재투자하는 경우 해당 재투자금액은 전용저축의 원금에 가산하며 전용저축에서 일부 또는 전부 금액이 인출되더라도 저축 원금의 인출이 없는 것으로 본다.

ⓒ 상기 'ⓐ' 및 'ⓛ'를 적용할 때 전용 집합투자기구에서 발생한 이익금을 자본시장과 금융투자업에 관한 법률 제242조에 따라 재투자하는 경우에는 해당 이익금은 전용저축의 원금에 가산하지 아니한다.

투자기간 중에 투자하여 보유 중인 전용집합투자기구의 집합투자증권을 해당 투자기간 경과 후 추가로 투자하는 경우 해당 추가 투자는 해외주식투자전용집합투자에 따른 투자로 본다.

2) 해외주식투자전용집합투자증권저축(조특령 §93의 3 ①)

해외주식투자전용집합투자증권저축이란 다음의 요건을 모두 갖춘 저축을 말한다.

① 금융실명거래및비밀보장에관한법률 제2조 제1호 각 목의 어느 하나에 해당하는 금융기관이 취급하는 저축으로서 해외주식투자전용집합투자증권저축임이 표시된 통장으로 거래될 것

② 조세특례제한법 제91조의 17 제1항에 따른 해외주식투자전용집합투자기구(전용집합투자기구)의 집합투자증권에 대한 투자만을 위한 저축으로서 저축계약기간이 10년 이내일 것

3) 해외상장주식(조특령 §93의 3 ② · ③)

해외상장주식이란 다음의 요건을 모두 갖춘 주식을 말한다.

① 외국법령에 따라 설립된 외국법인이 발행한 주식일 것. 다만, 집합투자 목적으로 설립된 법인의 주식은 제외한다.

② 증권거래세법 제2조 제1호에 따른 외국에 있는 시장(외국증권시장)에 상장된 주식일 것

또한 다음의 요건을 모두 갖춘 주식예탁증서는 상기의 해외상장주식의 요건을 모두 갖춘 주식으로 본다.

① 상기의 해외상장주식의 요건을 모두 갖춘 개별 주식을 기초로 하여 발행된 주식예탁증서일 것

② 외국유가증권시장에 상장된 주식예탁증서일 것

4) 해외상장주식에 대한 투자비율(조특령 §93의 3 ④)

상기 '3)'의 해외상장주식의 보유비율(전용집합투자기구가 직접 해외상장주식에 투자한 비율과 해외상장주식에 직접 투자하는 다른 집합투자기구를 통해 해외상장주식에 투자한 비율의 합계)이 매일 자산총액의 100분의 60 이상(최저보유의무)이 되도록 투자하여야 한다. 다만, 다음의 기간 동안은 보유비율이 100분의 60 미만이라 하더라도 100분의 60 이상인 것으로 본다.

① 전용집합투자기구의 최초 설정일 또는 설립일로부터 1개월

② 전용집합투자기구의 회계기간(회계기간이 3개월 이상인 경우로 한정) 종료일 이전 1개월

③ 전용집합투자기구의 해산일 또는 해지일(최초 설립일 또는 설정일부터 해산일 또는 해지일까지의 기간이 3개월 이상인 경우로 한정) 이전 1개월

④ 3영업일 동안 누적된 추가설정 또는 해지청구된 금액이 각각 전용집합투자기구 자산총액의 100분의 10을 초과하여 최저보유의무를 위반하게 된 날로부터 1개월

⑤ 전용집합투자기구가 투자한 자산의 가격변동으로 최저보유의무를 위반하게 된 날로부터 1개월

5) 전용집합투자기구의 외국납부세액공제금 한도계산

전용집합투자기구의 외국납부세액공제금액 한도계산에 대하여는 법인세법 시행령 제94조의 2를 준용한다. 이 경우 조세특례제한법 제91조의 17 제1항에 따라 배당소득금액에 포함하지 아니하는 손익은 법인세법 시행령 제94조의 2 제1항 제1호의 "당해 사업연도 소득금액 중 과세대상소득금액"으로 본다.

6) 해외주식투자전용집합투자증권저축의 환매(조특령 §93의 3 ⑧)

전용저축의 가입자는 전용저축을 통하여 보유 중인 전용집합투자기구의 집합투자증권을 해당 전용저축의 계약기간 만료일까지 환매하여야 한다.

(15) 장병내일준비적금의 이자소득(조특법 §91의 19)

① 가입 당시 현역병 등 장병내일준비적금에 2023.12.31.까지 가입하는 경우 가입일부터 병역법에 따른 복무기간 종료일(가입자가 계약의 만기일 전에 전역하는 경우에는 해당 적금의 계약만기일)까지 해당 적금(모든 금융회사에 납입한 금액의 합계액 기준으로 월 40만원을

한도로 함)에서 발생하는 이자소득에 대해서는 소득세를 부과하지 아니한다. 다만, 복무기간이 24개월을 초과하는 경우 비과세 적용기간은 24개월을 초과하지 못한다(조특법 §91의 19 ①).

② 현역병 등

다음 각 호의 어느 하나에 해당하는 사람으로서 적금 가입 당시 잔여 복무기간이 6개월 이상인 사람을 말한다(조특령 §93의 5 ①).

가. 병역법 제5조 제1항 제1호 가목에 따른 현역병

나. 병역법 제5조 제1항 제3호 나목 1)에 따른 사회복무요원

다. 병역법 제2조 제1항 제8호에 따른 상근예비역

라. 병역법 제25조에 따라 전환복무를 하는 사람

마. 병역법에 따른 대체복무요원

③ 장병내일적립금

장병내일준비적금이란 다음 각 호의 요건을 모두 갖춘 적금을 말한다(조특령 §93의 5 ②).

가. 금융실명거래및비밀보장에관한법률 제2조 제1호에 따른 금융회사등(이하 이 조에서 "금융회사등"이라 함)이 국방부장관·병무청장·경찰청장·소방청장·해양경찰청장·군인공제회와 협약을 체결하여 취급하는 적금일 것

나. 적금통장의 표지에 '장병내일준비적금통장'이라는 문구를 표시할 것

④ 절차

이자소득에 대한 비과세를 적용받으려는 사람은 장병내일준비적금의 가입 시 적금을 취급하는 금융회사등에 기획재정부령으로 정하는 장병내일준비적금 가입자격 확인서(별지 제60호의 23 서식)를 제출해야 한다(조특령 §93의 5 ③).

⑤ 해지 및 추징

가. 금융회사는 장병내일준비적금의 가입자가 계약의 만기일 전에 해당 적금의 계약을 해지하는 경우에는 가입자가 비과세를 적용받은 소득세에 상당하는 세액을 추징하여 해지한 날이 속하는 달의 다음 달 10일까지 원천징수 관할 세무서장에게 납부하여야 한다(조특법 §91의 19 ②).

나. 금융회사는 제2항에 따라 추징세액을 징수한 경우 해당 적금의 가입자에게 그 내용을 즉시 통보하여야 한다(조특법 §146의 2 ②).

다. 금융회사가 제2항에 따른 추징세액을 기한 내에 납부하지 아니하거나 납부하여야

할 세액에 미달하게 납부한 경우 해당 금융회사는 그 납부하지 아니한 세액 또는 미달하게 납부한 세액의 100분의 10에 해당하는 금액을 추가로 납부하여야 한다 (조특법 §146의 2 ③).

⑥ 농어촌특별세는 비과세된다.

(16) 청년희망적금 이자소득(조특법 §91의 21, 조특령 §93의 7)

1) 청년희망적금* 이자소득 비과세 특례

 * 저소득 청년에 대해 시중이자에 더하여 정부에서 저축장려금(2~4%p 수준의 가산이자)을 지급

① 가입요건

　가. 적금만기일 현재 연령이 만 19~34세일 것

　나. 직전 과세기간의 총급여 3,600만원 또는 종합소득금액 2,600만원 이하일 것

　다. 계약기간 2년으로 2022.12.31.까지 가입할 것

　　 * 직전 3개연도 중 1회 이상 금융소득종합과세 대상자 제외

② 세제지원 : 이자소득 비과세

　(한도) 연간 전용계좌 납입액 600만원

③ 적용기한 : 2022.12.31.까지 가입(적용기한 종료)하여 2024.12.31.까지 받는 이자소득

2) 청년희망적금 가입 연령 요건 등

① 가입 연령 요건 : 19세 이상 34세 이하

　[병역 이행 시 가입일 현재 연령에서 복무기간(최대 6년) 제외]

② 가입절차 : 가입희망자는 소득확인증명서 및 병적증명서를 펀드취급기관에 제출

　 * 다만, 소득확인증명서를 발급받을 수 있는 시점 이전에는 국세청장이 정하여 고시하는 소득금액증명원으로 대체 가능

③ 해지사유 : 사망 · 해외이주 · 3개월 이상 장기요양등의 경우에는 만기 전 해지 시 감면세액 추징 배제

　－특별해지사유신고서(기획재정부령)를 적금 취급기관에 제출

3) 농어촌특별세는 비과세

4) 적용시기 : 2022.1.1. 이후 지급하는 소득분부터 적용

(17) 청년도약계좌* 과세특례(조특법 §91의 22, 조특령 §93의 8)

* 청년의 저축금액에 대해 정부에서 매칭지원금을 지급하는 상품

1) 가입요건

① 만 19~34세(6년을 한도로 병역을 이행한 기간을 차감한 연령)

② 직전 과세기간 총급여액 7,500만원 또는 종합소득금액 6,300만원 이하

* 직전 3개연도 중 1회 이상 금융소득종합과세 대상자 제외

2) 세제지원

계좌에서 발생하는 손익을 통산하고 계좌 만기 해지 시 이자 · 배당소득 비과세

3) 운용재산

① 예 · 적금, 펀드, 국내상장주식 등

② 환매조건부매수 계약으로 운용하는 채권 · 증권

③ 부동산투자회사법상 부동산투자회사 주식

④ 계좌 내 상장주식을 통하여 배정받은 신주인수권증서

⑤ 내국법인이 발행한 회사채, 국채 및 지방채

4) 납입한도 : 연 840만원

5) 청년도약계좌

① 금융실명거래및비밀보장에관한법률에 따른 금융회사등이 서민의금융생활지원에관
한법률 제3조에 따른 서민금융진흥원과 협약을 체결하여 취급하는 계좌일 것

② 계약기간이 5년일 것

* 의무가입기간 경과 전 인출 · 해지 시 감면세액 추징

6) 제출서류

① 세무서장으로부터 발급받은 소득확인증명서(별지 제60호의 28 서식)

② 병역법시행령 제155조의 7 제2항에 따른 병적증명서(가입일 현재 연령이 35세 이상인 경우에만 해당)

7) 특별중도해지사유* : 감면세액 추징 배제되는 해지 사유

* ①의 사유는 사유 발생 후 해지가 가능하며, ②의 사유는 사유 발생 후 6개월 내로 해지 가능

① 가입자의 사망, 해외 이주

② 천재지변, 가입자의 퇴직, 사업장의 폐업, 가입자의 3개월 이상 입원치료·요양이 필요한 상해·질병 발생, 생애최초 주택* 구입 등

   * 국민주택규모 이하이면서, 기준시가 5억원 이하인 주택

③ ①·② 사유발생 시 특별해지사유신고서를 저축취급기관에 제출

8) 농어촌특별세는 비과세

9) 적용기한 : 2025.12.31.까지 가입분에 대해 적용

■ 조세특례제한법 시행규칙 [별지 제60호의 25 서식] 〈개정 2023.3.**.〉

소득확인증명서(청년희망적금 가입 및 과세특례 신청용)

※ [ ]에는 해당되는 곳에 √표를 합니다.

발급번호				처리기간	즉시
소득자	성명		생년월일		
	주소				

(단위 : 원)

[ ]근로소득자용 [총급여액이 3천6백만원 이하인 자만 비과세 적용 가능. 근로소득 외 다른 종합소득이 있는 경우「종합소득세 신고(결정 · 경정)자용」의 종합소득금액으로 판단]

귀속연도	소득구분	원천징수의무자		총급여(과세대상급여)액
		법인명(상호)	사업자등록번호	

[ ]종합소득세 신고(결정 · 경정)자용 (종합소득금액이 2천6백만원 이하인 자만 비과세 적용 가능. 근로소득만 있는 경우 「근로소득자용」의 총급여액으로 판단)

귀속연도	종합(결정)소득금액	근로소득 유 · 무	근로소득 외의 소득 유 · 무
		[ ]유 　 [ ]무	[ ]유 　 [ ]무

[ ]연말정산한 사업소득자용 [사업소득금액이 2천6백만원 이하인 자만 비과세 적용 가능. 연말정산한 사업소득 외 다른 종합소득이 있는 경우 「종합소득세 신고(결정 · 경정)자용」의 종합소득금액으로 판단]

귀속연도	원천징수의무자		사업소득금액 (해당 연도 소득금액)
	법인명(상호)	사업자등록번호	

「조세특례제한법 시행령」 제93조의7제3항에 따라 총급여액 또는 종합소득금액을 증명해 주시기 바랍니다.

년 　 월 　 일

신청인 (서명 또는 인)

위와 같이 소득확인증명서 발급일 현재 청년희망적금 소득요건(「조세특례제한법」 제91조의21제1항)을 ([ ]충족, [ ]미충족)함을 증명합니다.

다만, 매년 6월 30일 이전에 전전년도 과세기간의 총급여액 · 종합소득금액을 기준으로 청년희망적금에 가입한 경우 또는 본 증명서 발급 이후 경정 · 결정, 수정신고 등의 사유로 총급여액 · 종합소득금액이 변경되는 경우 등에는 국세청장이 가입일 직전 과세기간의 총급여액 또는 종합소득금액을 확인하여 금융회사등에 통보하며, 소득요건을 충족하지 못하는 것으로 통보받는 경우 그 통보된 청년희망적금에서 가입 시부터 발생한 이자소득에 대해서는 과세특례를 적용받을 수 없습니다.

년 　 월 　 일

세무서장 [직인]

유 의 사 항

1. 근로소득(연말정산한 사업소득)만 있는 근로소득자(연말정산한 사업소득자) 또는 근로소득(연말정산한 사업소득)과 그 외의 소득이 있는 자가 종합소득세 신고를 한 경우 「종합소득세 신고(결정 · 경정)자용」과 「근로소득자용(연말정산한 사업소득자용)」을 모두 기재합니다.
2. 근로소득자용의 총급여(과세대상급여)액란은 외국인단일세율 적용 시에는 연간 근로소득이 표시되며, 일용근로소득자의 경우 원천징수의무자가 「소득세법」 제164조에 따라 제출한 일용근로소득지급명세서의 총지급액(과세소득)을 기재합니다.
3. 종합소득세 신고(결정 · 경정)자용의 종합소득금액(결정소득금액)은 이월결손금을 공제하지 않은 금액을 기재합니다.
4. 증명신청일이 6월 30일 이전인 경우에는 신청일의 전전년도 과세기간의 총급여액 또는 종합소득금액을, 7월 1일 이후인 경우에는 신청일의 직전 과세기간의 총급여액 또는 종합소득금액을 기재합니다.

210mm×297mm[백상지 80g/㎡ 또는 중질지 80g/㎡]

■ 조세특례제한법 시행규칙 [별지 제60호의 28 서식] 〈신설 2023.3.**.〉

소득확인증명서(청년도약계좌 가입 및 과세특례 신청용)

※ [ ]에는 해당되는 곳에 √표를 합니다.

발급번호				처리기간	즉시
소득자	성명		생년월일		
	주소				

(단위 : 원)

[ ]근로소득자용 [총급여액이 7천5백만원 이하인 자만 비과세 적용 가능. 근로소득 외 다른 종합소득이 있는 경우「종합소득세 신고(결정ㆍ경정)자용」의 종합소득금액으로 판단]

귀속연도	소득구분	원천징수의무자		총급여(과세대상급여)액
		법인명(상호)	사업자등록번호	

[ ]종합소득세 신고(결정ㆍ경정)자용 (종합소득금액이 6천3백만원 이하인 자만 비과세 적용 가능. 근로소득만 있는 경우「근로소득자용」의 총급여액으로 판단)

귀속연도	종합(결정)소득금액	근로소득 유ㆍ무		근로소득 외의 소득 유ㆍ무	
		[ ]유 [ ]무		[ ]유 [ ]무	
		[ ]유 [ ]무		[ ]유 [ ]무	
		[ ]유 [ ]무		[ ]유 [ ]무	

[ ]연말정산한 사업소득자용 [사업소득금액이 6천3백만원 이하인 자만 비과세 적용 가능. 연말정산한 사업소득 외 다른 종합소득이 있는 경우「종합소득세 신고(결정ㆍ경정)자용」의 종합소득금액으로 판단]

귀속연도	원천징수의무자		사업소득금액 (해당 연도 소득금액)
	법인명(상호)	사업자등록번호	

「조세특례제한법 시행령」 제93조의8제5항에 따라 총급여액 또는 종합소득금액을 증명해 주시기 바랍니다.

년   월   일

신청인   (서명 또는 인)

위와 같이 소득확인증명서 발급일 현재 청년도약계좌 소득요건(「조세특례제한법」 제91조의22제1항)을 ([ ]충족, [ ]미충족)함을 증명합니다.

다만, 매년 6월 30일 이전에 전전년도 과세기간의 총급여액ㆍ종합소득금액을 기준으로 청년도약계좌에 가입한 경우 또는 본 증명서 발급 이후 경정ㆍ결정, 수정신고 등의 사유로 총급여액ㆍ종합소득금액이 변경되는 경우 등에는 국세청장이 가입일 직전 과세기간의 총급여액 또는 종합소득금액을 확인하여 금융회사등에 통보하며, 소득요건을 충족하지 못하는 것으로 통보받는 경우 그 통보된 청년도약계좌에서 가입 시부터 발생한 이자소득에 대해서는 과세특례를 적용받을 수 없습니다.

년   월   일

세무서장   직인

유 의 사 항

1. 근로소득(연말정산한 사업소득)만 있는 근로소득자(연말정산한 사업소득자) 또는 근로소득(연말정산한 사업소득)과 그 외의 소득이 있는 자가 종합소득세 신고를 한 경우「종합소득세 신고(결정ㆍ경정)자용」과「근로소득자용(연말정산한 사업소득자용」을 모두 기재합니다.
2. 근로소득자용의 총급여(과세대상급여)액란은 외국인단일세율 적용 시에는 연간 근로소득이 표시되며, 일용근로소득자의 경우 원천징수의무자가「소득세법」 제164조에 따라 제출한 일용근로소득지급명세서의 총지급액(과세소득)을 기재합니다.
3. 종합소득세 신고(결정ㆍ경정)자용의 종합소득금액(결정소득금액)은 이월결손금을 공제하지 않은 금액을 기재합니다.
4. 증명신청일이 6월 30일 이전인 경우에는 신청일의 전전년도 과세기간의 총급여액 또는 종합소득금액을, 7월 1일 이후인 경우에는 신청일의 직전 과세기간의 총급여액 또는 종합소득금액을 기재합니다.

210mm×297mm[백상지 80g/㎡ 또는 중질지 80g/㎡]

3. 개인종합자산관리계좌에 대한 과세특례(조특법 §91의 18)

2016.1.1. 이후부터 영세 자영업자와 근로소득자의 재산형성을 지원하기 위하여 개인 종합자산관리계좌를 신설하여 과세특례를 적용한다.

(1) 개요 및 적용대상

다음의 어느 하나에 해당하는 거주자가 개인종합자산관리계좌에 가입 또는 연장하는 경우 해당 계좌에서 발생하는 이자소득과 배당소득(이자소득 등)의 합계액에 대해서는 200만원까지는 소득세를 부과하지 아니하며, 200만원을 초과하는 금액에 대해서는 9%의 원천징수세율을 적용하고 분리과세(종합소득과세표준에 합산하지 않음)한다(조특법 §91의 18 ①).

> ① 가입일 또는 연장일 기준 19세 이상인 자
> ② 가입일 또는 연장일 기준 15세 이상인 자로서 가입일 또는 연장일이 속하는 과세기간에 근로소득이 있는 자(비과세소득만 있는 자는 제외)

그러나, 개인종합자산관리계좌에 가입한 거주자가 가입일 또는 연장일 당시 다음의 어느 하나에 해당하는 경우에는 이자소득과 배당소득의 합계액에 대해서 400만원까지는 소득세를 부과하지 아니하며, 400만원을 초과하는 금액에 대해서는 9%의 원천징수세율을 적용하고 분리과세한다(조특법 §91의 18 ②).

> ① 직전 과세기간의 총급여액이 5천만원 이하인 거주자(직전 과세기간에 근로소득만 있거나 근로소득 및 종합소득과세표준에 합산되지 아니하는 종합소득이 있는 자로 한정)
> ② 직전 과세기간의 종합소득과세표준에 합산되는 종합소득금액이 3천8백만원 이하인 거주자(직전 과세기간의 총급여액이 5천만원을 초과하지 아니하는 자로 한정)
> ③ '①, ②'에 해당하지 않는 농업·농촌및식품산업기본법 제3조 제2호의 농업인 또는 수산업·어촌발전기본법 제3조 제3호의 어업인에 해당하는 자(직전 과세기간의 종합소득과세표준에 합산되는 종합소득금액에 3천5백만원을 초과하는 자는 제외)

02

(2) 개인종합자산관리계좌

개인종합자산관리계좌란 다음의 요건을 모두 갖춘 계좌를 말한다(조특법 §91의 18 ③, 조특령 §93의 4, 조특칙 §42의 3).

① 1명당 1개의 계좌만 보유할 것
② 계좌의 명칭이 개인종합자산관리계좌이고 다음 각 목의 어느 하나에 해당하는 계좌일 것
   가. 자본시장과금융투자업에관한법률 제8조 제3항에 따른 투자중개업자와 대통령령으로 정하는 계약을 체결하여 개설한 계좌
   나. 자본시장과금융투자업에관한법률 제8조 제6항에 따른 투자일임업자와 대통령령으로 정하는 계약을 체결하여 개설한 계좌
   다. 자본시장과금융투자업에관한법률 제8조 제7항에 따른 신탁업자와 특정금전신탁계약을 체결하여 개설한 신탁계좌
③ 다음의 재산으로 운용할 것
   가. 예금 · 적금 · 예탁금 및 그 밖에 이와 유사한 것으로서 다음의 금융상품
      ㉠ 자본시장과금융투자업에관한법률 시행령 제106조 제2항 각 호의 금융기관에의 예치금(자본시장과금융투자업에관한법률 제3조에 따른 금융투자상품을 제외)
      ㉡ 소득세법시행령 제24조에 따른 환매수 또는 환매도하는 조건으로 매매하는 채권 또는 증권
   나. 소득세법 제17조 제1항 제5호에 따른 집합투자기구의 집합투자증권
   다. 소득세법 제17조 제1항 제5호의 2에 따른 파생결합증권 또는 파생결합사채
   라. 소득세법 제17조 제1항 제9호에 따라 과세되는 증권 또는 증서
   마. 소득세법 제88조 제3호에 따른 주권상장법인의 주식
   바. 부동산투자회사법 제2조 제3호 가목 중 부동산투자회사의 주식
   사. 개인종합자산관리계좌에 보유하고 있는 투자대상자산을 통해 취득한 상법 제420조의 2 제1항에 따른 신주인수권증서
   아. 국공채 · 회사채 및 K-OTC(중소 · 중견기업) 주식
④ 계약기간이 3년일 것
⑤ 총납입한도가 1억원(제91조의 14에 따른 재형저축 또는 제91조의 16에 따른 장기집합투자증권저축에 가입한 거주자는 재형저축 및 장기집합투자증권저축의 계약금액 총액을 뺀 금액으로 한다) 이하이고, 연간 납입한도가 다음의 계산식에 따른 금액일 것

> 2천만원×[1+가입 후 경과한 연수(경과한 연수가 4년 이상인 경우에는 4년으로 한다)]

개인종합자산관리계좌의 계좌보유자는 계약기간 만료일 전에 해당 계좌의 계약기간을 연장할 수 있다.

(3) 과세특례적용 대상금액의 계산

과세특례적용대상이 되는 이자소득과 배당소득의 합계액은 개인종합자산관리계좌의 계약기간 만료일 또는 계약 해지일 중 빠른 날을 기준으로 하여 개인종합자산관리계좌 해당 재산에서 발생한 이자소득과 배당소득에서 개인종합자산관리계좌 해당 재산에서 발생한 손실(소령 제26조의 2와 소령 제26조의 3에 따라 계산한 손실)을 다음의 순서에 따른 소득에서 차감하는 방법으로 계산한다(조특법 §91의 18 ⑤, 조특령 §93의 4 ⑩).
① 각 투자대상자산별 소득에서 같은 종류의 투자대상자산에서 발생한 손실을 차감
② 소득세법 제17조에 따른 배당소득에서 차감
③ 소득세법 제16조에 따른 이자소득에서 차감

이때 이자소득과 배당소득의 합계액은 상기의 손실을 차감하여 계산한 금액에서 자본시장과금융투자업에관한법률에 따른 각종 보수·수수료 등을 뺀 금액으로 한다(조특령 §93의 4 ⑪).

(4) 과세특례적용 금액 중 일정금액(200만원 또는 400만원) 이상에 대한 원천징수

신탁업자 등은 소득세법 제155조의 2에도 불구하고 개인종합자산관리계좌의 계약기간 만료일 또는 계약 해지일 중 빠른 날에 이자소득 등에 대한 소득세를 원천징수하여야 한다(조특법 §91의 18 ⑤).

02

(5) 개인종합자산관리계좌의 가입 및 과세특례신청

1) 개인종합자산관리계좌의 가입

개인종합자산관리계좌에 가입하거나 계약기간을 연장하려는 거주자는 다음의 구분에 따른 자료를 신탁업자 등에게 제출하여야 한다(조특령 §93의 4 ①).
① 거주자로서 직전 과세기간 또는 해당 과세기간에 소득세법 제19조에 따른 사업소득이 있는 자(비과세소득만 있는 자는 제외) 또는 직전 과세기간 또는 해당 과세기간에 소득세법 제20조에 따른 근로소득이 있는 자(비과세소득만 있는 자는 제외)
세무서장으로부터 발급받은 소득확인증명서. 다만, 가입당시 직전 3개 과세기간 또는 해당 과세기간에 사업소득 또는 근로소득이 최초로 발생하여 소득확인증명서로 가입요건을 갖추었는지 여부를 확인하기 어려운 경우에는 소득확인증명서 대신 사

업소득·근로소득의 지급확인서, 사업자등록증명원 또는 원천징수영수증을 제출할
수 있다.

② 상기 '①'에 해당하지 않는 거주자로서 농어업·농어촌및식품산업기본법 제3조 제2
호 가목 또는 같은 호 나목에 해당하는 농어민

    가. 국립농산물품질관리원의 지원장 또는 사무소장으로부터 발급받은 농업인확인서

    나. 지방해양수산청장 또는 제주해양수산관리단장으로부터 발급받은 어업인확인서

    다. 국립농산물품질관리원장으로부터 발급받은 농업경영체 등록 확인서 또는 지방
       해양수산청장으로부터 발급받은 어업경영체 등록 확인서(농어업경영체육성및지
       원에관한법률 제4조 제1항에 따라 농어업 경영정보를 등록한 농어업경영체의 경영주인
       농업인 또는 어업인의 경우로 한정)

③ 법소정 청년 및 자산형성지원금을 받은 거주자

법소정 청년 거주자로서 가입일 현재 연령이 30세 이상인 자는 병역복무기간을 증
명하는 서류를 상기 '①' 및 '②'와 함께 제출하여야 한다.

법소정 청년이란 개인종합자산관리계좌 가입일 현재 연령이 15세 이상 29세 이하
인 사람을 말한다. 다만, 다음의 어느 하나에 해당하는 병역을 이행한 경우에는
그 기간(6년을 한도로 함)을 개인종합자산관리계좌 가입일 현재 연령에서 빼고 계산
한 연령이 29세 이하인 사람을 포함한다(조특령 §27 ①·②). 즉 연령요건은 군병역
을 2년 이행한 경우 31세, 군병역을 6년 이행한 경우 35세까지 연장된다.

> ① 병역법 제16조 또는 제20조에 따른 현역병(같은법 제21조·제24조·제25조에 따
>   라 복무한 상근예비역 및 경비교도·전투경찰순경·의무소방원을 포함)
> ② 병역법 제26조 제1항 제1호 및 제2호에 따른 공익근무요원
> ③ 군인사법 제2조 제1호에 따른 현역에 복무하는 장교, 준사관 및 부사관

④ 국민기초생활보장법 제18조의 4에 따른 자산형성지원을 신청하여 지원금을 지급받
은 자

국민기초생활보장법 제18조의 4에 따른 자산형성지원을 신청하여 지원금을 지급받
은 거주자는 근로장려지원금을 지급받은 확인서를 시장·군수·구청장으로부터 발
급받아 함께 제출하여야 한다.

2) 개인종합자산관리계좌에 대한 과세특례 요건확인

신탁업자 등은 과세특례규정을 적용받으려는 가입자에 대해서는 가입당시 제출하는 소득확인증명서를 통하여 과세특례요건을 갖추었는지 여부를 확인하여야 한다(조특령 §93의 4 ④).

3) 개인종합자산관리계좌에 대한 과세특례 요건 통보 및 이의제시

국세청장은 개인종합자산관리계좌 가입자가 가입 당시 가입요건을 갖추었는지 여부를 확인하여 법소정에 따른 기간까지 해당 신탁업자 등에게 통보하여야 한다(조특령 §93의 4 ⑤). 개인종합자산관리계좌 가입자는 국세청장이 신탁업자 등에게 통보한 내용에 이의가 있는 경우 기획재정부령으로 정하는 바에 따라 국세청장에게 의견을 제시할 수 있으며 국세청장은 의견제시를 받은 날부터 14일 이내에 신탁업자 등에게 수용 여부를 통보하여야 한다(조특령 §93의 4 ⑥).

(6) 해지 및 세액의 추징

1) 해지 및 추징

신탁업자 등은 개인종합자산관리계좌의 가입자가 다음의 구분에 따른 날 이전에 해당 개인종합자산관리계좌의 계약을 해지(가입자의 사망ㆍ해외이주 등 부득이한 사유로 계약을 해지하는 경우는 제외)하는 경우에는 가입자가 과세특례를 적용받은 소득세에 상당하는 세액을 추징하여 해지한 날이 속하는 달의 다음 달 10일까지 원천징수 관할 세무서장에게 납부하여야 한다. 이 경우 그 기한 내에 납부하지 아니하거나 납부하여야 할 세액에 미달하게 납부한 경우에는 해당 신탁업자 등은 그 납부하지 아니한 세액 또는 미달하게 납부한 세액의 100분의 10에 해당하는 금액을 추가로 납부하여야 한다(조특법 §91의 18 ⑥).

① 개인종합자산관리계좌 가입 당시 다음의 어느 하나에 해당하는 거주자의 경우 : 최초로 계약을 체결한 날부터 3년이 되는 날

　가. 법소정 청년

　　개인종합자산관리계좌 가입일 현재 연령이 15세 이상 29세 이하인 사람을 말한다. 다만, 다음의 어느 하나에 해당하는 병역을 이행한 경우에는 그 기간(6년을 한

887

도로 함)을 개인종합자산관리계좌 가입일 현재 연령에서 빼고 계산한 연령이 29세 이하인 사람을 포함한다(조특령 §27 ① · ②). 즉 연령요건은 군병역을 2년 이행한 경우 31세, 군병역을 6년 이행한 경우 35세까지 연장된다.

> ① 병역법 제16조 또는 제20조에 따른 현역병(같은법 제21조 · 제24조 · 제25조에 따라 복무한 상근예비역 및 경비교도 · 전투경찰순경 · 의무소방원을 포함)
> ② 병역법 제26조 제1항 제1호 및 제2호에 따른 공익근무요원
> ③ 군인사법 제2조 제1호에 따른 현역에 복무하는 장교, 준사관 및 부사관

나. 다음에 해당하는 거주자

　　㉠ 직전 과세기간의 총급여액이 5천만원 이하인 거주자(직전 과세기간에 근로소득만 있거나 근로소득 및 종합소득과세표준에 합산되지 아니하는 종합소득이 있는 자로 한정)

　　㉡ 직전 과세기간의 종합소득과세표준에 합산되는 종합소득금액이 3천5백만원 이하인 거주자(직전 과세기간의 총급여액이 5천만원을 초과하지 아니하는 자로 한정)

　　㉢ '㉠, ㉡'에 해당하지 않는 농어민(직전 과세기간의 종합소득과세표준에 합산되는 종합소득금액이 3천5백만원을 초과하는 자는 제외)

다. 국민기초생활보장법 제18조의 4에 따른 자산형성지원을 신청하여 지원금을 지급 받은 자

② 상기 '①' 외의 거주자의 경우 : 최초로 계약을 체결한 날부터 3년이 되는 날

신탁업자 등은 개인종합자산관리계좌에 가입하려는 거주자에게 가입 당시 직전 과세기간에 소득세법 제14조 제3항 제6호에 따른 소득(금융소득종합과세기준금액)의 합계액이 2천만원을 초과하는 경우에는 해당 계좌의 계약이 해지되며 과세특례를 적용받은 소득세에 상당하는 세액이 추징된다는 것을 설명하여야 한다.

개인종합자산관리계좌의 가입자가 계약기간의 만료일 전에 납입원금(가입일부터 납입한 금액의 합계액을 말함)을 초과하는 금액을 인출하는 경우에는 해당 인출일에 개인종합자산관리계좌의 계약이 해지된 것으로 보아 규정을 적용한다.

2) 해지 시 추징 제외

해지 전 6개월 이내에 발생한 가입자의 사망 · 해외이주 등 다음의 어느 하나에 해당하는 부득이한 사유로 계약을 해지하는 경우는 제외한다(조특령 §93의 4 ⑫).

① 천재지변

② 저축자의 퇴직

③ 사업장의 폐업

④ 저축자의 3개월 이상의 입원치료 또는 요양을 요하는 상해 · 질병의 발생

⑤ 저축취급기관의 영업의 정지, 영업인가 · 허가의 취소, 해산결의 또는 파산선고

상기의 부득이한 사유가 발생하여 개인종합자산관리계좌의 계약을 해지하려는 자는 법소정의 특별해지사유신고서를 신탁업자등에게 제출하여야 한다(조특령 §93의 4 ⑬).

(7) 기타 절차

① 신탁업자 등은 상기 추징세액을 징수한 경우 해당 개인종합자산관리계좌 가입자에게 그 내용을 서면으로 즉시 통보하여야 한다(조특법 §91의 18 ⑦).

② 국세청장은 개인종합자산관리계좌의 가입자가 가입 당시 일정요건을 갖추었는지를 확인하여 신탁업자 등에게 통보하여야 한다(조특법 §91의 18 ⑧).

③ 신탁업자 등이 국세청으로부터 개인종합자산관리계좌의 가입자가 일정 요건을 갖추지 아니한 것으로 통보받은 경우에는 그 통보를 받은 날에 개인종합자산관리계좌가 해지된 것으로 보며, 해당 신탁업자 등은 이를 개인종합자산관리계좌의 가입자에게 통보하여야 한다(조특법 §91의 18 ⑨).

④ 신탁업자 등은 개인종합자산관리계좌의 약관에 개인종합자산관리계좌의 계약금액 한도, 계약기간 및 운용방식 등을 명시하여야 한다(조특법 §91의 18 ⑮).

■ 조세특례제한법시행규칙 [별지 제60호의 19 서식] (2022.3.18. 개정)

소득확인증명서(개인종합자산관리계좌 가입용)

※ [ ]에는 해당되는 곳에 √표를 합니다.

발급번호				처리기간	즉시

소득자	성명		생년월일	
	주소			

(단위 : 원)

[ ]근로소득자용 (서민형은 총급여액이 5천만원 이하인 자만 가입 가능, 근로소득 외 다른 종합소득이 있는 경우 「종합소득세 신고(결정·경정)자용」의 종합소득금액으로 판단)

귀속연도	소득구분	원천징수의무자		총급여(과세대상급여)액
		법인명(상호)	사업자등록번호	

[ ]종합소득세 신고(결정·경정)자용 (서민형은 종합소득금액이 3천8백만원 이하인 자만 가입 가능, 근로소득만 있는 경우 「근로소득자용」의 총급여액으로 판단)

귀속연도	종합(결정)소득금액	근로소득 유·무	사업소득 유·무	근로·사업소득 외의 소득 유·무
		[ ]유　[ ]무	[ ]유 [ ]무	[ ]유　[ ]무
		[ ]유　[ ]무	[ ]유 [ ]무	[ ]유　[ ]무
		[ ]유　[ ]무	[ ]유 [ ]무	[ ]유　[ ]무
		[ ]유　[ ]무	[ ]유 [ ]무	[ ]유　[ ]무

[ ]연말정산한 사업소득자용 (서민형은 사업소득금액이 3천8백만원 이하인 자만 가입 가능, 연말정산한 사업소득 외 다른 종합소득이 있는 경우 「종합소득세 신고(결정·경정)자용」의 종합소득금액으로 판단)

귀속연도	원천징수의무자		사업소득금액
	법인명(상호)	사업자등록번호	(해당 연도 소득금액)

「조세특례제한법 시행령」 제93조의4에 따라 총급여액 또는 종합소득금액을 증명해 주시기 바랍니다.

년　　월　　일

신청인 　　　　　　　　　　 (서명 또는 인)

　위와 같이 소득확인증명서 발급일 현재 개인종합자산관리계좌 소득요건 (「조세특례제한법」 제91조의18제1항제2호 및 같은 조 제2항제1호)을 ([ ] 충족, [ ] 미충족)함을 증명합니다.
　다만, 매년 6월 30일 이전에 직전 과세기간이 아닌 전전년도 과세기간의 총급여액·종합소득금액을 기준으로 개인종합자산관리계좌에 가입한 경우 또는 본 증명서 발급 이후 경정·결정, 수정신고 등의 사유로 증명서상 총급여액·종합소득금액이 변경되는 경우와 「조세특례제한법」 제129조의2에 따른 요건을 충족하지 못하는 경우 등에는 국세청장이 확인하여 신탁업자 등에게 통보하며, 가입(연장)요건을 충족하지 못하는 것으로 통보받는 경우 그 통보된 개인종합자산관리계좌에서 가입(연장) 시부터 발생한 이자소득과 배당소득에 대해서는 과세특례를 적용받을 수 없습니다.

년　　월　　일

세무서장　[직인]

유의사항

1. 근로소득(연말정산한 사업소득)만 있는 근로소득자(연말정산한 사업소득자) 또는 근로소득(연말정산한 사업소득)과 그 외의 소득이 있는 자가 종합소득세 신고를 한 경우 「종합소득세 신고(결정·경정)자용」과 「근로소득자용(연말정산한 사업소득자용)」을 모두 기재합니다.
2. 근로소득자용의 총급여(과세대상급여)액란은 외국인단일세율 적용 시에는 연간 근로소득이 표시되며, 일용근로소득자의 경우 원천징수의무자가 「소득세법」 제164조에 따라 제출한 일용근로소득지급명세서의 총지급액(과세소득)을 기재합니다.
3. 종합소득세 신고(결정·경정)자용의 종합소득금액(결정소득금액)은 이월결손금을 공제하지 않은 금액을 기재합니다.
4. 증명신청일이 6월 30일 이전인 경우에는 신청일의 전전년도 과세기간의 총급여액 또는 종합소득금액부터 기재하고, 7월 1일 이후인 경우에는 신청일의 직전 과세기간의 총급여액 또는 종합소득금액부터 기재합니다.

210mm×297mm[백상지 80g/㎡ 또는 중질지 80g/㎡]

Ⅳ 종합과세대상 이자소득

1. 당연종합과세 이자소득

원천징수규정이 적용되지 않는 이자소득은 언제나 종합소득과세표준에 합산된다. 따라서 거주자의 이자소득과 배당소득 등 금융소득의 합계액이 2천만원 이하인 경우에도 모두 종합소득과세표준에 합산하여 과세한다(소법 §14 ③ 6호).

원천징수규정이 적용되지 않는 이자소득이란 국내·외에서 받는 이자소득으로서 원천징수되지 않는 것을 말한다. 따라서 국외에서 받는 이자소득이라 할지라도 국내에서 그 이자 등의 지급대행자가 소득세를 원천징수한 경우에는 당연종합과세이자소득에서 제외되며, 포괄주의 소득개념에 따라 이자소득으로 보는 소득 중 원천징수의무자가 없거나 사실상 원천징수가 되지 않는 경우는 당연종합과세대상이 된다. 또한 원천징수의무가 있는 이자소득에 대하여는 원천징수의무자가 원천징수를 하지 않는 경우에도 당연종합과세 대상이 아니라 조건부종합과세대상이 된다. 단, 비영업대금 이익의 경우에는 종합과세 대상에 해당된다.

원천징수의무규정이 적용되지 않는 국외금융소득 등의 종합과세 여부
(서일-492, 2005.5.10.)

1. 소득세법 제27조의 원천징수의무규정이 적용되지 않는 국외금융소득 등은 금융소득종합과세기준금액(2천만원) 이하인 경우에도 종합과세(지급대리인이 국내에 있는 경우는 제외)하는 것이며, 국내에서 원천징수의무자가 원천징수의무를 이행하지 않은 금융소득은 조건부금융소득으로 종합과세기준금액 초과 시에만 금융소득종합과세되고 종합과세기준금액 이하인 경우에는 원천징수의무자가 원천징수를 이행(원천징수 납부지연가산세 포함)함으로써 납세의무가 종결되는 것이다.
2. 또한 소득세법시행규칙 제101조[별지 제40호 서식(1)]를 작성함에 있어 종합소득산출세액계산서(금융소득자용)의 ㉛란에는 국내에서 원천징수되지 않은 국외금융소득 등을 기재하는 것이며, 국내에서 원천징수의무자가 원천징수하지 않은 금융소득을 기재하는 것이 아니다.

2. 조건부종합과세 이자소득

다음에 해당하는 이자소득은 금융소득의 2천만원 초과 여부 및 납세자의 신청 여부에
따라 종합소득과세표준에 합산한다.

(1) 금융소득종합과세대상 이자소득

거주자의 이자소득 및 배당소득 중 비과세소득 및 분리과세이자(배당)소득 등을 제외한
이자소득 등으로서 이자소득 및 배당소득의 합계액(Gross-up대상 배당소득의 경우에는
Gross-up하지 않는 배당금)이 2천만원(이자소득 등의 종합과세기준금액)을 초과하는 당해
이자소득금액은 종합소득과세표준에 합산한다(소법 §14 ③ 6호). 이 경우 2천만원 초과
여부를 판단할 때 국외에서 지급받아 원천징수되지 않는 이자·배당소득도 포함하여
판단한다.

이는 2001년부터 시행되는 금융소득종합과세대상 이자소득으로 2천만원이 초과되는
경우에만 종합과세되고 2천만원 이하인 경우는 분리과세되는 일반적인 금융기관의 이
자소득 등을 말한다.

① 일본거주자(재일교포)가 지급받는 이자소득에 대한 과세방법(서이 46017-11602, 2002.8.28.)

　가. 국내에서 부동산임대소득이 있는 일본국 거주자가 국내의 투자기업으로부터 배당
　　및 근로소득이 발생하고, 또한 동 국내원천소득을 금융기관에 예치하여 이자소득
　　이 각각 발생되는 경우 당해 근로소득과 국내의 임대사업장에 실질적으로 관련되
　　는 이자소득은 소득세법 제121조 제2항 및 한·일조세조약 제10조 제3항의 규정
　　에 의하여 당해 부동산임대소득과 종합과세되는 것이며, 국내사업장과 실질적으로
　　관련되지 않는 배당 및 이자소득은 한·일조세조약에서 정하는 제한세율로 분리과
　　세되는 것이다.

　나. 다만, 소득세법 제1조 및 동법 시행령 제2조의 규정에 의하여 국내에 주소 또는
　　1년 이상의 거소를 두거나 한국에서 계속하여 1년 이상 거주할 것을 통상 필요로
　　하는 직업을 가진 경우에는 국내거주자에 해당하므로 동 거주자에 대한 소득은 소
　　득세법 제14조의 규정에 의하여 종합과세되는 것이다.

② 비거주자의 금융소득종합과세 여부(국업 46017-42, 2001.1.29.)

소득세법 제120조에 규정하는 국내사업장 및 동법 제119조 제3호에 규정하는 소득이
없는 비거주자가 수취하는 근로소득, 이자소득, 배당소득은 소득세법 제121조 제2항

및 제3항의 규정에 따라 근로소득, 이자소득, 배당소득을 각각 분리하여 과세함으로써 납세의무가 종결되므로 이때의 이자소득, 배당소득은 금융소득종합과세대상에 해당하지 아니한다.

(2) 분리과세를 신청하지 아니한 장기채권 등의 이자와 할인액

장기채권 등의 이자와 할인액은 당해 소득자의 신청에 의하여 분리과세를 선택하여 적용받을 수 있다. 그러나 분리과세를 신청하지 아니한 경우에는 일반 채권 등의 이자와 할인액과 같이 위 '(1)'의 종합과세대상 이자소득에 해당되어 금융소득이 2천만원을 초과할 경우 종합과세된다.

Ⅴ 이자소득금액의 계산

이자소득은 소득세법상 필요경비가 인정되지 아니하므로 총수입금액 자체가 이자소득금액이 된다(소법 §16 ②).

> 이자소득금액 = 이자소득총수입금액

Ⅵ 원천징수의 시기

1. 원칙적인 경우(소법 §127)

원천징수의 시기는 소득금액 또는 수입금액을 실제로 지급하는 때이며, 다음에 해당하는 경우에는 다음에 규정하는 날을 실제로 지급하는 때로 한다(소통 127-0…5).
① 계약의 위약 또는 해약으로 인하여 이미 지급한 계약금 또는 계약보증금이 기타소득으로 되는 경우에는 그 계약의 위약 또는 해약이 확정된 날
② 원천징수대상이 되는 소득금액을 어음으로 지급한 때에는 당해 어음이 결제된 날

③ 원천징수대상이 되는 소득금액으로 지급할 금액을 채권과 상계하거나 면제받은 때에는 상계한 날 또는 면제받은 날

④ 원천징수대상이 되는 소득금액을 대물로 변제하는 경우에는 그 변제하는 날

⑤ 원천징수대상이 되는 소득금액을 당사자 간의 합의에 의하여 소비대차로 전환한 때에는 그 전환한 날

⑥ 원천징수대상이 되는 소득금액을 법원의 전부명령에 의하여 귀속자가 아닌 제3자에게 지급하는 경우는 그 제3자에게 지급하는 날

⑦ 부동산신탁회사 명의로 발생한 이자소득의 원천징수 시기실질소유자(위탁자)의 금전을 부동산신탁회사와 자금관리대리사무계약에 의하여 부동산신탁회사 명의로 금융기관에 예치하여 발생한 이자소득의 경우는 그 소득을 지급받는 날에 실질소득자에게 이자소득이 발생되는 것으로 보아 부동산신탁회사가 원천징수를 하여야 하는 것이며, 이 경우 '소득을 지급받는 날'은 예치금융기관이 신탁회사 명의의 계좌에 입금하는 날이 되는 것이다(서일-929, 2005.7.28.).

2. 지급시기의 의제 및 이자소득의 수입시기(소법 §131, 소령 §45 · §190, 법법 §73, 법령 §11)

① 금융기관 등이 정기예금 이자를 실제로 지급하지 아니하고 납입할 부금에 대체하는 정기예금 연결 정기적금에 가입한 경우 그 정기예금 이자는 그 정기예금 또는 정기적금이 해약되거나 정기적금의 저축기간이 끝나는 날

② 금융기관이 매출 또는 중개하는 어음, 전자단기사채등의발행및유통에관한법률 제2조에 따른 전자단기사채 등과 은행 및 상호저축은행이 매출하는 표지어음으로서 보관통장으로 거래되는 것(은행이 매출한 표지어음의 경우에는 보관통장으로 거래되지 아니하는 것 포함)의 이자와 할인액은 할인매출하는 날. 다만, 어음 및 전자단기사채 등의 자본시장과금융투자업에관한법률 제294조에 따른 한국예탁원에 발행일부터 만기일까지 계속하여 예탁된 경우로서 해당 어음 및 전자단기사채 등의 이자와 할인액을 지급받는 자가 할인매출일에 원천징수하기를 선택한 경우(만기일 선택 허용)에 한한다.

③ 비거주자의 국내원천소득에 대하여 원천징수를 함에 있어 외국법인 또는 비거주자로부터 지급받는 이자소득으로서 당해 외국법인 또는 비거주자의 국내사업장의 소

득금액 계산상 손금산입된 것은 당해 소득을 지급하는 외국법인 또는 비거주자의 당해 사업연도 또는 과세기간의 소득에 대한 과세표준의 신고기한의 종료일(신고기한을 연장한 경우에는 그 연장한 기한의 종료일)

④ 금전의 사용에 따른 대가의 성격이 있는 이자소득 : 약정에 의한 상환일. 다만, 기일 전에 상환 시는 그 상환일

⑤ 무기명인 채권 등의 이자와 할인액 : 그 지급을 받은 날

⑥ 기명인 채권 등의 이자와 할인액 : 약정에 의한 지급일

⑦ 보통예금 · 정기예금 · 적금 또는 부금의 이자

- 실제로 이자를 지급받는 날
- 원본에 전입하는 뜻의 특약이 있는 이자는 그 특약에 의하여 원본에 전입된 날
- 해약으로 인하여 지급되는 이자는 그 해약일
- 계약기간을 연장하는 경우에는 그 연장하는 날
- 정기예금연결 정기적금의 경우 정기예금의 이자는 정기예금 또는 정기적금이 해약되거나 정기적금의 저축기간이 만료되는 날

⑧ 통지예금의 이자

- 인출일

⑨ 동업기업의 소득배분액

- 소득을 지급받은 날. 다만, 동업기업의 과세기간 종료 후 3개월이 되는 날까지 지급하지 않은 경우에는 그 3개월이 되는 날

⑩ 채권 또는 증권의 환매조건부매매차익약정에 의한 당해 채권 또는 증권의 환매수일 또는 환매도일. 다만, 기일 전에 환매수 또는 환매도하는 경우에는 그 환매수일 또는 는 환매도일

⑪ 저축성보험의 보험차익보험금 또는 환급금의 지급일. 다만, 기일 전에 해지하는 경우에는 그 해지일

⑫ 직장공제회초과반환금

약정에 따른 납입금 초과이익 및 반환금 추가이익의 지급일. 다만, 반환금을 분할하여 지급하는 경우 원본에 전입하는 뜻의 특약이 있는 납입금 초과이익은 특약에 따라 원본에 전입된 날로 한다.

⑬ 비영업대금의 이익

약정에 의한 이자지급일. 다만, 약정이 없거나 약정일 이전에 지급받는 경우 또는

채무자로부터 회수한 금액이 원금에 미달하여 총수입금액계산에서 제외되었던 이자를 지급받는 경우에는 그 이자지급일

⑭ 채권 등의 보유기간이자 등 상당액

해당 채권의 매도일 또는 이자 등의 지급일

⑮ 특정금전신탁 등의 원천징수의 특례집합투자기구 외의 신탁의 경우에는 상기의 원천징수 시기에도 불구하고 원천징수를 대리하거나 위임을 받은 자가 이자소득 및 배당소득이 신탁에 귀속된 날부터 3개월 이내의 특정일(동일 귀속연도 이내로 한정)에 그 소득에 대한 소득세를 원천징수하여야 한다(소법 §155의 2).

⑯ 만기에 원리금 일시지급 약정한 기명채권의 만기가 2016.12.31.로 도래하였으나, 2017.1.2. 당해 채권의 이자를 수령한 경우 이자소득의 수입시기는 약정에 의한 지급일인 2016.12.31.이다(사전법령소득-644, 2017.3.9.).

즉, 기간의 계산은 법령, 재판상의 처분 또는 법률행위에 다른 정한 바가 없으면 기간의 말일이 토요일 또는 공휴일에 해당한 때에는 기간은 그 익일로 만료하고(민법 §161) 기명채권의 이자소득 수입시기는 약정에 의한 지급일인바(소령 §45 3호), 약정에 의한 이자지급일(2016.12.31.)이 토요일이라서 민법 규정에 따라 그 다음 다음 날인 월요일(2017.1.2.)에 이자를 지급받는 경우에 이자소득의 수입시기는 2016.12.31.이다.

Ⅶ 원천징수세율(소법 §129 ① · ②)

1. 장기채권의 이자와 할인액(선택적 분리과세, 2018.1.1. 이후 발행분부터 적용 폐지)

장기채권이란 채권 등의 발행일로부터 원금 전부를 일시에 상환하기로 약정한 날까지의 기간이 10년 이상인 채권 등(그 기간이 지나기 전에 주식으로 전환 또는 교환하거나 중도상환을 할 수 있는 조건부 채권은 제외)을 말한다(소령 §187 ①).

이러한 장기채권을 3년 이상 계속하여 보유한 거주자가 해당 금융회사 등 또는 그 지급자에게 분리과세를 신청한 경우 해당 거주자가 그 장기채권을 매입한 날부터 3년이 지난 후에 발생하는 이자와 할인액에 대해서 100분의 30의 세율로 원천징수하여 납세

의무를 종결할 수 있다(소법 §129 ① 1호). 단, 2018.1.1. 이후 발행분부터는 분리과세 규정의 적용이 폐지되었다.

분리과세를 적용받으려는 자는 이자소득의 수입시기까지 장기채권이자소득분리과세신청서를 해당 금융회사 등 또는 이자 등의 지급자에게 제출하여야 한다. 다만, 이자를 2회 이상 나누어 지급받는 경우에는 해당 금융회사 등 또는 이자 등의 지급자에게 장기채권이자소득분리과세신청서를 다시 제출하지 아니하더라도 분리과세적용을 신청한 것으로 보며, 분리과세를 적용받지 아니하려는 때에는 다음 이자소득의 수입시기까지 장기채권분리과세철회신청서를 제출하여야 한다(소령 §187 ②).

2. 비영업대금의 이익

비영업대금의 이익에 대한 원천징수세율은 100분의 25이다.

단, 자금을 대출받으려는 차입자와 자금을 제공하려는 투자자를 온라인을 통하여 중개하는 자로서 관련 법률에 따라 금융위원회에 등록하거나 금융위원회로부터 인·허가를 받는 등 이용자 보호를 위한 대통령령으로 정하는 요건을 갖춘 자[온라인투자연계금융업및이용자보호에관한법률 제5조에 따라 온라인투자연계금융업(P2P)의 등록을 한 자를 말함]를 통하여 지급받는 이자소득에 대해서는 14%로 한다(소법 §129 ① 1호 나목, 소령 §187). 온라인투자연계금융업및이용자보호에관한법률에 따라 금융위원회에 등록한 온라인투자연계금융업자가 법인에게 소득세법 제16조 제1항 제11호의 비영업대금의 이익을 지급하는 경우에는 그 지급하는 금액에 25%를 적용하여 계산한 금액에 상당하는 법인세를 원천징수한다(개인투자자들에게 지급하는 투자수익금은 소득세법 제129조 제1항 제1호 나. 단서규정에 의해 14%의 세율로 원천징수)(서면법령소득-5495, 2021.11.25.).

또한 여신 금융업을 영위하는 내국법인으로서 온라인투자연계금융업및이용자보호에관한법률에 따라 금융위원회에 등록한 온라인투자연계금융업자가 자기가 실행할 연계대출에 대해 같은 법 제12조 제4항 각 호 외의 부분단서에 따라 연계대출 모집미달 금액의 범위 내에서 자기의 계산으로 연계투자를 함으로써 취득한 원리금수취권으로부터 발생하는 소득은 소득세법 제19조 제1항의 사업소득에 해당하는 것으로서 법인세법 제73조 제1항에 따른 원천징수대상소득에 해당하지 않는다(사전법령소득-1588, 2021.12.16.).

3. 법원 보관금 등의 이자(분리과세)

민사집행법 제113조 및 제142조의 규정에 의하여 법원에 납부한 보증금 및 경락대금에서 발생하는 이자소득에 대한 원천징수세율은 100분의 14이다.

4. 비실명이자(분리과세)

(1) 세율

① 지급시기까지 실지명의가 확인되지 아니한 소득은 100분의 45
② 실명에 의하지 아니하고 거래한 비실명금융자산에서 발생한 이자소득은 100분의 90
③ 금융실명법 제5조의 실명에 의하지 아니하고 거래한 금융자산에는 금융자산의 실제 소유자인 거래자 본인의 실명에 의하지 아니하고 거래한 금융자산이 포함되는 점, 금융실명법의 주무부처인 금융위원회도 명의인이 실소유자가 아닌 것으로 밝혀진 금융자산이 금융실명법 제5조에서 규정하는 비실명자산에 포함된다고 명확히 밝히고 있는 점 등에 의해 검찰의 수사, 국세청의 조사 또는 금융감독원의 검사결과에 의해 명의인이 실소유자가 아닌 것으로 밝혀진 금융자산에서 발생한 이자 및 배당소득에 대하여는 90%의 원천징수세율이 적용되는 것임(조심 2019서2751, 2019.10. 10.).

(2) 비실명자산소득에 대한 원천징수 특례

① 원천징수의무자가 금융실명거래및비밀보장에관한법률 제5조에 따른 차등과세가 적용되는 이자 및 배당소득에 대하여 고의 또는 중대한 과실 없이 같은 조에서 정한 세율이 아닌 기본세율(14%)로 원천징수한 경우에는 해당 계좌의 실질 소유자가 소득세 원천징수 부족액(국세기본법 제47조의 5 제1항에 따른 가산세를 포함)을 납부하여야 한다(소법 §155의 7).
② '①'에 따른 소득세 원천징수 부족액에 관하여는 해당 계좌의 실질 소유자를 원천징수의무자로 본다.

5. 직장공제회 초과반환금(분리과세)

1) 직장공제회 초과반환금에 대한 세액 계산의 특례

직장공제회 초과반환금에 대해서는 그 금액에서 다음의 금액을 순서대로 공제한 금액을 납입연수(1년 미만인 경우에는 1년으로 함)로 나눈 금액에 기본세율을 적용하여 계산한 세액에 납입연수를 곱한 금액을 그 산출세액으로 한다(소법 §63).

$$\left\{ \frac{(\text{초과반환금} - \text{기본공제} - \text{납입연수에 따라 정한 금액})}{\text{납입연수}} \times \text{기본세율} \right\} \times \text{납입연수}$$

직장공제회 초과반환금은 1999년 가입자부터 과세로 전환되었으므로 그 이전 가입자는 비과세가 대상이다.

① 기본공제

$$\text{기본공제} = (\text{가} + \text{나})$$

$$\text{가} = \text{직장공제회 초과반환금} \times \frac{2010.12.31. \text{ 이전 공제료 납입월수}}{\text{총납입월수}} \times 50\%$$

$$\text{나} = \text{직장공제회 초과반환금} \times \frac{2010.12.31. \text{ 이전 공제료 납입월수}}{\text{총납입월수}} \times 50\%$$

② 납입연수에 따라 정한 금액

납입연수	금 액
5년 이하	100만원×납입연수
5년 초과~10년 이하	500만원+200만원×(납입연수−5년)
10년 초과~20년 이하	1,500만원+250만원×(납입연수−10년)
20년 초과	4,000만원+300만원×(납입연수−20년)

2) 직장공제회 초과반환금을(2015.2.3. 이후부터) 분할하여 지급하는 경우

① 납입금 초과이익

직장공제회 초과반환금을 분할하여 지급하는 경우에는 납입금 초과이익에 대한 산출세액은 상기에 따라 계산한 금액으로 한다(소령 §120).

② 반환금 추가이익(분할지급기간 동안 추가로 발생하는 이익)

직장공제회 납입금 초과이익을 분할하여 지급받을 때마다 발생하는 반환금 추가이익에 대한 산출세액은 다음과 같이 계산한다.

$$\text{반환금 추가이익에 대한 산출세액} = \text{분할하여 지급받을 때마다 그 기간 동안 발생하는 반환금 추가이익} \times \frac{\text{납입금 초과이익 산출세액}}{\text{납입금 초과이익}}$$

> ● 직장공제회 초과반환금 세액계산의 경과조치
>
> 2015.2.3. 이전에 직장공제회 반환금을 분할하여 지급받고 있는 근로자의 납입금 초과이익에 대한 수입시기, 세액계산의 방법 및 원천징수시기는 제45조 제9호, 제120조 제1항 및 제190조 제1호의 4의 개정규정에도 불구하고 종전의 규정을 따른다.
> 종전에는 이자소득으로 분리과세되는 직장공제회 초과반환금의 범위가 상기 '2)의 ① 납입금 초과이익'이었다.

6. 법인격 없는 단체의 이자소득(분리과세)

법인으로 보는 단체 외의 단체 중 수익을 구성원에게 배분하지 아니하는 단체로서 단체명을 표기하여 금융거래를 하는 단체가 금융기관으로부터 받는 이자소득의 원천징수세율은 100분의 14이다(소법 §14 ③ 4호).

7. 사회기반시설채권 등의 이자(분리과세)

발행일부터 최종 상환일까지의 기간이 7년 이상인 사회기반시설(SOC)채권으로서 2014. 12. 31.까지 발행된 채권의 이자소득의 원천징수세율은 100분의 14이다(조특법 §29).

8. 세금우대종합저축의 이자소득 및 배당소득(분리과세)

다음의 요건을 갖춘 세금우대종합저축이자소득 및 배당소득에 대한 원천징수세율은 9%로 하며, 이에 대하여는 지방세법에 의한 지방소득세를 부과하지 아니한다(조특법 §89).

① 20세 이상인 거주자가 가입한(2014.12.31.까지 가입한 분에 한함) 적립식 또는 거치식 저축(집합투자증권저축·공제·보험·증권저축 및 채권저축 등을 포함)으로서 세금우대적용을 신청할 것

② 계약기간이 1년 이상일 것

③ 금융기관에 가입한 세금우대종합저축의 계약금액 총액이 다음 금액 이하일 것

  가. 20세 이상인 자 : 1인당 1천만원

  나. 60세 이상인 노인 등(조특법 §88의 2 ① 각 호 해당자) : 1인당 3천만원

9. 기타의 이자소득 : 14%

02

Expert Opinion Summary   가지급금 인정이자에 대한 원천징수의무

1. 이자소득에 대한 원천징수의무

내국법인에게 이자소득을 지급하는 자는 내국법인으로부터 다음의 법인세를 원천징수하여 다음 달 10일에 납부하여야 한다(법 §73 ①).

- 예금이자 : 14%
- 비영업대금이자 : 25%

또한 2015.1.1. 이후 이자소득을 지급하는 분부터는 법인세의 10%를 법인지방소득세로 특별징수하여야 한다(지법 §103의 29 ①, 지법 부칙 §1 단서).

이때 문제는 내국법인에게 이자소득을 지급하는 자의 범위가 제한되어 있지 않다는 점이다. 즉 개인이 법인으로부터 자금을 대여받고 법인에 이자를 지급 시에도 개인이 원천징수하여 법인세를 신고·납부하여야 한다. 이에 해당하는 것이 임직원이 회사로부터 주택자금대출을 받고 매월 급여에서 차감하여 이자를 지급하거나 대표이사가 회사로부터 차입한 가지급금의 인정이자 해당액을 지급하는 경우가 해당된다.

2. 원천징수관련서식

① 원천징수이행상황신고서(별지 제21호 서식)

  A80 법인(내·외국법인원천)란에 기재

② 납부서(별지 제9호 서식)

　세목 : 이자소득세 11(코드)

③ 이자 · 배당소득 지급명세서(별지 제23호 서식 (1))

　징수의무자(①~⑤)

　소득자(⑥~⑬)

3. 이자소득의 귀속시기

　가지급금 인정이자는 비영업대금의 이익에 해당하므로 약정에 의한 이자지급일이 익금의 귀속시기가 된다. 약정이 없거나 약정일 전에 지급 시는 이자지급일이 속하는 연도의 익금으로 한다.

4. 상황 1(매월 이자를 수령하는 경우)

① A법인은 사용인 이수진에게 2023.7.1. 주택자금대출로 50,000,000원을 대여하고 (이자율 3.6%, 만기상환 10년) 매월 말 150,000원의 이자를 수령하기로 약정함.

② 기존의 회계처리(2023년 7월~12월 합계)

　(차) 현　　　　　　　금　　　900,000　　(대) 이　자　수　익　　　900,000

　→ 원천징수없이 총액을 현금으로 수령

《발생되는 문제점》

　일반개인인 이수진에게 현행법상 25%의 원천징수의무가 있는데 이를 이행하지 않았으므로 다음의 가산세가 부과될 수 있다.

1. 지급명세서미제출가산세

　이자지급금액 × 1%

2. 원천징수납부지연가산세

　미납부세액 × 3% + 미납부세액 × 22/100,000 × 미납일수[*]

　* 미납일수는 각각 해당월의 다음 달 11일부터 과세관청의 결정일까지임

《대응방안》

　법인세법 제73조 제4항에 따라 이자를 지급받는 A법인은 원천징수의무자인 이수진과 원천징수의무의 대리 · 위임계약을 체결하여 이수진을 대리하여 A법인이 원천징수를 할 수 있다.

　즉 A법인이 지급하고 A법인이 수령하는 개념으로 원천징수이행상황신고서에 지급액과 세액을 기재하여 제출하고 지급명세서도 동일하게 제출하고 세액은 1년치를 모아 내년 1월 10일에 납부하면 된다.

③ 앞으로의 회계처리 및 서식제출

　가. 매월

　　(차) 현　금　　　　　　×××　　(대) 이자수익　　　　　　×××

　나. 2024.1.10. 원천세 납부

　　(차) 선납법인세　　　　225,000[*]　(대) 현　금　　　　　225,000

　　* 6개월치 이자소득 900,000 × 25% = 225,000(지방소득세 특별징수분도 합산해야 함)

다. 2024.1.10.

2023년 12월 원천징수이행상황신고서에 이자소득 기재 제출

A80 · 1 · 900,000 · 225,000

라. 2024.2.28.

2023.12.31. 이자소득 지급에 따른 이자소득지급명세서 제출

④ 결론

가. A법인과 이수진간에 원천징수 대리 · 위임계약 체결

나. 이자는 매연말에 지급된 것으로 간주

다. 당해 연도 원천세해당액을 내년 1.10.에 회사가 납부하고 기납부세액으로 공제

라. 원천징수이행상황신고서와 지급명세서를 회사가 제출

(회사가 징수의무자 · 회사가 소득자)

5. 상황 2(대표이사에 대한 인정이자를 내년말에 수령하기로 약정)

① A법인은 대표이사 이수진에게 2023.7.1. 5억원을 대여하였고 이자는 당좌대출이자율 (4.6%)을 적용하여 다음 연도 말일(상환 시는 상환일)에 이자를 수령하기로 약정함

② 인정이자해당액

500,000,000 × 4.6% × 184/365 = 11,594,520

③ 2023.12.31. 회계처리 및 세무조정

(차) 미수수익　　　　11,594,520　　(대) 이자수익　　　　11,594,520

• 익금불산입 · 미수수익 · 11,594,520 · △유보

→ 비영업대금의 이익은 약정일이 속하는 연도의 익금임

④ 2024.12.31.

(차) 보통예금*　　　　11,594,520　　(대) 미수수익　　　　11,594,520

* 반드시 금융자료로 입금처리되어야 함에 유의하여야 한다.

만일 현금입금처리하고 바로 가지급금으로 대체되며 회수로 보지 않아 익금산입 · 상여로 소득처분될 수 있기 때문이다.

• 익금산입 · 미수수익 · 11,594,520 · 유보

⑤ 2025.1.10.

(차) 선납법인세　　　　3,179,781[주]　　(대) 현　금　　　　3,179,781*

* 법인세 원천징수세액 11,594,520 × 25% = 2,898,630

법인지방소득세 특별징수세액 2,898,630 × 10% = 289,863

→ 2015.1.1. 이후부터 법인에 대한 특별징수가 실시

⑥ 서식 등 제출

상기 '4. 상황 1'의 제출과 동일

Ⅷ 원천징수의 방법

1. 일반적인 경우 원천징수

원천징수의무자가 이자소득을 지급하는 때에는 다음 산식에 의하여 계산한 세액을 원천징수한다(소법 §130).

> 원천징수세액 = 이자소득금액 × 원천징수세율

● 관련 기본통칙

▶▶ **외국납부세액이 있는 경우 원천징수세액의 계산**(소통 129 – 117…1)

① 원천징수세액을 계산할 때 이자소득 및 배당소득에 대해서 외국에서 아래의 외국소득세액을 납부한 경우에는 소득세법 제129조 제1항에 따라 계산한 원천징수세액에서 그 외국소득세액을 뺀 금액을 원천징수세액으로 한다.

외국정부가 과세한 외국납부세액(가산세 및 가산금은 제외)의 범위

1. 개인의 소득금액을 과세표준으로 하여 과세된 세액과 그 부가세액

2. 제1호와 유사한 세목에 해당하는 것으로서 소득 외의 수입금액 기타 이에 준하는 것을 과세표준으로 하여 과세된 세액

② 이 경우 외국소득세액이 원천징수세액을 초과할 때에는 그 초과하는 금액은 없는 것으로 한다.

▶▶ **분리과세 신청대상 장기채권의 범위 등**(소통 129 – 187…1)

① 분리과세되는 장기채권은 해당 채권 등의 발행일부터 원금 전부를 일시에 상환하기로 약정한 날까지의 기간이 10년 이상인 채권 등을 말하며, 그 기간이 지나기 전에 주식으로 전환·교환하거나 중도상환을 할 수 있는 조건부 채권은 제외한다.

② 장기채권 등의 경우 만기일 이후에 지급되는 이자와 할인액에 대하여도 분리과세 신청이 가능하다.

③ 장기채권이자소득에 대하여 분리과세를 신청하여 분리과세를 적용받고 있는 거주자가 다음번 이자소득을 지급받을 때까지 장기채권이자소득분리과세 철회신청서를 제출한 경우에도 철회신청서 제출 전에 이미 분리과세 세율로 원천징수가 완료된 것에 대해서는 분리과세가 철회되지 않는다.

▶▶ **금융소득의 실명확인 방법 및 시기**(소통 129 – 188…1)

① 금융실명거래에관한법률 제4조 제2항의 금융자산에 대한 차등과세 시에 실명확인방

법은 개인인 경우에는 주민등록표상에 기재된 성명 및 주민등록번호에 의하고 법인의 경우에는 사업자등록증에 기재된 법인명 및 등록번호에 의한다.

② 배당소득에 대한 실명확인 시기는 현금배당은 해당 소득금액을 실제로 지급한 날 (잉여금의 처분일로부터 3월이 되는 날까지 지급하지 아니한 때에는 그 3월이 되는 날)이고, 이익준비금의 자본전입에 따른 무상주의 배당은 자본전입을 결정한 날까지 해야 된다.

③ 정기예금에 대한 실명여부를 결정하는 시기는 약정에 의한 이자지급일(또는 원본 전입특약이 있는 경우 원본전입일, 해약의 경우 해약일)이므로 이때까지 실명 여부가 확인되지 않는 이자소득은 차등세율을 적용하여 원천징수한다. 다만, 계약기간 만료 후의 기간에 대한 이자는 그 지급일까지 실지명의가 확인될 경우는 차등세율을 적용하지 않는다.

④ 무기명정기예금의 증서는 이자지급 · 원리금상환 등 금융거래 시마다 실명을 확인받아야 하는 것이므로 해당 예금증서의 소지인이 원리금 등을 금융기관으로부터 지급받을 때에 실명임이 확인된다면 금융실명거래및비밀보장에관한긴급재정경제명령 제9조에 따른 차등과세는 적용하지 않는다.

2. 채권 등에 대한 소득금액의 계산 특례

거주자가 다음에 해당하는 채권 등(채권, 증권, 타인에게 양도가능한 증권)의 발행법인으로부터 해당 채권 등에서 발생하는 이자 또는 할인액을 지급받거나 해당 채권 등을 매도하는 경우에는 거주자에게 그 보유기간별로 귀속되는 이자 등 상당액을 해당 거주자의 소득세법 제16조에 따른 이자소득으로 보아 소득금액을 계산한다(소법 §46 ①). 아래의 '⑤'에 해당하는 증권이 신탁재산 등에 편입된 경우에도 동일하게 적용한다(소령 §102 ① · ②).

① 국가나 지방자치단체가 발행한 채권 또는 증권의 이자와 할인액
② 내국법인이 발행한 채권 또는 증권의 이자와 할인액
③ 외국법인의 국내지점 또는 국내영업소에서 발행한 채권 또는 증권의 이자와 할인액
④ 외국법인이 발행한 채권 또는 증권의 이자와 할인액
⑤ 타인에게 양도가 가능한 증권으로서 이자 또는 할인액을 발생시키는 다음의 증권으로 하되, 법률에 따라 소득세가 면제된 채권 등은 제외한다.
　가. 금융회사 등이 발행한 예금증서 및 이와 유사한 증서. 다만, 소득세법시행령 제24조에 따른 금융회사 등이 해당 증서의 발행일부터 만기까지 계속하여 보유

하는 예금증서(양도성예금증서는 제외)는 제외한다.

나. 어음(금융회사 등이 발행·매출 또는 중개하는 어음을 포함하며, 상업어음은 제외)

(1) 전환사채의 주식전환 등으로 인해 이자 또는 할인액을 지급받는 경우

① 거주자가 채권 등의 발행법인으로부터 해당 채권 등에서 발생하는 이자 또는 할인액을 지급받는 경우에는 전환사채의 주식전환, 교환사채의 주식교환 및 신주인수권부사채의 신주인수권행사의 경우를 포함하되, 신주인수권부사채의 신주인수권행사의 경우 신주발행대금을 해당 신주인수권부사채로 납입하는 경우만 해당한다.

② 내국법인이 제3자에 대하여 보유한 이자채권이 채무자회생및파산에관한법률에 따른 회생계획인가의 결정에 따라 주식으로 출자전환된 경우, 제3자는 출자전환의 효력이 발생한 때에 상기 주식의 시가를 기준으로 법인세법 제73조에 따른 원천징수의무를 부담하는 것이다(사전법령소득-1206, 2021.12.14.).

(2) 증여·변제 등에 의해 채권 등을 매도하는 경우

거주자가 해당 채권 등을 매도하는 경우에는 증여·변제 및 출자 등으로 채권 등의 소유권 또는 이자소득의 수급권의 변동이 있는 경우와 매도를 위탁하거나 중개 또는 알선시키는 경우를 포함한다.

(3) 환매조건부채권

환매조건부채권매매거래로서 다음의 어느 하나에 해당되거나 또는 혼합된 거래의 경우는 '채권 등에 소득금액의 계산 특례'를 적용하지 아니한다(소법 §46 ①, 소령 §102 ④).

① 거주자가 일정기간 후에 일정가격으로 환매수할 것을 조건으로 하여 채권 등을 매도하는 거래(해당 거래가 연속되는 경우를 포함)로서 그 거래에 해당하는 사실이 자본시장과금융투자업에관한법률 제294조에 따른 한국예탁결제원의 계좌를 통하여 확인되는 경우

② 거주자가 일정기간 후에 같은 종류로서 같은 양의 채권을 반환받는 조건으로 채권을 대여하는 거래(해당 거래가 연속되는 경우를 포함)로서 그 거래에 해당하는 사실이 채권대차거래중개기관(자본시장과금융투자업에관한법률에 따른 한국예탁결제원, 증권금융회사, 투자매매업자 또는 투자중개업자)이 작성한 거래원장(전자적 형태의 원장을 포

함)을 통하여 확인되는 경우

따라서 상기의 환매조건부채권 등을 매도 또는 대여한 날부터 환매수 또는 반환받은 날까지의 기간 동안 그 채권 등으로부터 발생하는 이자소득에 상당하는 금액은 매도자[*] 또는 대여자[*]에게 귀속되는 것으로 보아 소득세법 제46조(채권 등에 대한 소득금액의 계산 특례) 및 소득세법 제133조의 2(채권 등에 대한 원천징수 특례)를 적용한다(소령 §102 ⑤).

[*] 해당 거래가 연속되는 경우나 상기 '①' 및 '②'의 거래가 혼합되는 경우에는 최초 매도자 또는 최초 대여자를 말한다.

(4) 보유기간별로 귀속되는 이자 등 상당액

채권 등의 발행법인으로부터 해당 채권 등에서 발생하는 이자 또는 할인액을 지급받거나 해당 채권 등을 매도하는 경우에는 거주자에게 그 보유기간별로 귀속되는 이자 등 상당액은 보유기간이자등상당액 중 해당 거주자에게 그 보유기간별로 귀속되는 이자 등 상당액을 말한다(소법 §46 ①, 소령 §102 ③).

(5) 보유기간이자등상당액

보유기간이자등상당액이란 해당 채권 등의 매수일부터 매도일까지의 보유기간에 대하여 이자 등의 계산기간에 약정된 이자 등의 계산방식에 따라 다음의 어느 하나에 해당하는 율을 적용하여 계산한 금액(물가연동국고채의 경우에는 기획재정부령으로 정하는 계산방법에 따른 원금증가분을 포함)을 말한다(소령 §102 ③, 소령 §193의 2 ③).

① 소득세법시행령 제22조의 2 제1항 및 제2항 각 호의 채권(원금이자분리국채 및 통합발행 국채 등)을 공개시장에서 발행하는 경우에는 표면이자율

② '①' 외의 채권 등의 경우에는 해당 채권 등의 표면이자율에 발행 시 할인율을 더하고 할증률을 뺀 율

(표면이자율＋할인율－할증률)

③ 전환사채 · 교환사채 또는 신주인수권부사채에 대한 이자율을 적용
전환사채 · 교환사채 또는 신주인수권부사채에 대한 이자율을 적용할 때 만기보장수익률이 별도로 있는 경우에는 그 만기보장수익률을 이자율로 하되, 조건부 이자율이 있

907

는 경우에는 그 조건이 성취된 날부터는 그 조건부 이자율을 이자율로 하며, 전환사채 또는 교환사채를 발행한 법인의 부도가 발생한 이후 주식으로 전환 또는 교환하는 경우로서 전환 또는 교환을 청구한 날의 전환 또는 교환가액보다 주식의 시가가 낮은 경우에는 전환 또는 교환하는 자의 보유기간이자등상당액은 없는 것으로 한다. 상기의 전환사채 또는 교환사채가 주식으로 전환청구 또는 교환청구된 이후에는 이를 소득세법 제46조 제1항에 따른 채권 등이 아닌 것으로 본다.

다만, 소득세법시행령 제193조의 2 제3항 단서에 따라 주식으로 청구를 한 후에도 이자를 지급하는 약정이 있는 경우에는 해당 이자를 지급받는 자에게 청구일 이후의 약정이자가 지급되는 것으로 보아 청구일(청구일이 분명하지 아니한 경우에는 해당 전환사채 등 발행법인의 사업연도 중에 최초로 청구된 날과 최종으로 청구된 날의 가운데에 해당하는 날)부터 해당 전환사채 등 발행법인의 사업연도 말일까지의 기간에 대하여 약정이자율을 적용한다(소칙 §88의 2).

(6) 보유기간 입증방법

보유기간 입증방법은 다음의 방법에 따른다(소령 §102 ⑧).

① 채권 등을 금융회사 등에 개설된 계좌에 의하여 거래하는 경우
  해당 금융회사 등의 전산처리체계 또는 통장원장으로 확인하는 방법

② '①' 외의 경우
  법인으로부터 채권 등을 매수한 때에는 당해 법인이 발급하는 기획재정부령이 정하는 채권등매출확인서에 의하며, 개인으로부터 채권 등을 매수한 경우에는 공증인법의 규정에 의한 공증인이 작성한 공정증서(거래당사자의 성명 · 주소 · 주민등록번호 · 매매일자 · 채권 등의 종류와 발행번호 · 액면금액을 기재한 것에 한함)에 의하여 확인하는 방법

(7) 채권 등을 보유한 기간을 입증하지 못한 경우

해당 거주자가 해당 채권 등을 보유한 기간을 소득세법시행령 제102조 제1항으로 정하는 바에 따라 입증하지 못하는 경우에는 소득세법 제133조의 2 제1항에 따른 원천징수기간의 이자 등 상당액이 해당 거주자에게 귀속되는 것으로 보아 소득금액을 계산한다(소법 §46 ②).

> **● 소득세법 제133조의 2 제1항에 따른 원천징수기간**
>
> 거주자 또는 비거주자가 채권 등의 발행법인으로부터 이자 등을 지급받거나 해당 채권 등을 발행법인 또는 대통령령으로 정하는 법인(발행법인 등)에게 매도하는 경우 그 채권 등의 발행일 또는 직전 원천징수일을 시기(始期)로 하고, 이자 등의 지급일 등 또는 채권 등의 매도일 등을 종기(終期)로 하여 대통령령으로 정하는 기간계산방법(해당 채권 등의 발행일 또는 직전 원천징수일의 다음 날부터 매도일 또는 이자 등의 지급일까지의 보유기간을 일수로 계산하는 방법)에 따른 원천징수기간의 이자 등 상당액을 소득세법 제16조에 따른 이자소득으로 보고, 해당 채권 등의 발행법인 등을 원천징수의무자로 하며, 이자 등의 지급일 등 또는 채권 등의 매도일 등 대통령령으로 정하는 날(해당 채권 등의 이자 등 상당액의 지급일 또는 매도일, 상속되거나 증여되는 경우에는 상속개시일과 증여일)을 원천징수하는 때로 한다.

(8) 금융회사 등의 매도간주

소득세법 제46조(채권 등에 대한 소득금액의 계산 특례)를 적용할 때 금융회사 등의 승낙을 받아 채권 등을 매도하는 경우에는 해당 금융회사 등이 매도를 중개한 것으로 본다(소령 §102 ⑩).

> ### Expert Opinion Summary
>
> **전환사채 보장수익률에 의한 보유기간 이자상당액에 대한 원천징수 및 익금(취득가액 계산) 해당 여부**
>
> #### 1. 원천징수 해당 이자소득 여부
>
> 법인세법 제73조의 2(내국법인의 채권 등의 보유기간 이자상당액에 대한 원천징수) 규정 및 시행령 제113조(내국법인의 채권 등의 보유기간 이자상당액에 대한 원천징수) 제2항 제2호 나목에 의해 만기상환일에 각 이자계산기간에 대한 보장이율을 추가로 지급하는 조건이 있는 전환(신주인수권부)사채의 경우에는 표면이자율에 당해 추가지급이율을 가산한 이자율을 적용하여 보유기간이자상당액을 원천징수대상소득으로 한다. 이때 원천징수의 시기는 집행기준 73−111−1 ③에서 해당 전환청구일을 원천징수 시기로 규정하고 있다.
>
> #### 2. 유권해석
>
> (1) 기재부 법인세제과−704, 2004.12.22.
>
> 만기상환일에 표면이자에 추가하여 상환할증금을 지급하는 약정이 있는 전환사채를 보유하던 법인이 만기일 전에 전환사채를 주식으로 전환청구하는 경우 법인세법 제

73조 및 동법 시행령 제111조 제4항의 규정에 의하여 원천징수된 만기보장 수익률에 대한 이자상당액은 전환권 행사법인의 익금에 해당되는 것임.

(2) 기재부 법인세제과-323, 2005.10.27.

전환사채보유자의 주식으로 전환에 따른 주식의 취득가액은 전환사채 실제 매입가액에 상환할증률에 의한 보유기간이자상당액(익금산입분)이다. 이때 전환사채 발행법인의 경우 전환사채보유자의 익금해당액인 상환할증률에 의한 보유기간이자상당액에 해당되는 전환권조정의 상각(이자비용계상액)은 기본통칙 40-71…2에 따라 손금으로 인정되지 않는 것임.

(3) 기재부 법인세제과-305, 2015.4.20.

내국법인이 법인세법 제73조 및 같은 법 시행령 제111조에 따라 신주발행대금을 해당 신주인수권부사채로 납입하는 경우는 당해 신주인수권부사채의 이자를 지급받는 것으로 보는 것이며, 같은 법 제113조 제2항 제2호 나목에 따라 보장이율을 추가로 지급하는 조건이 있는 경우에는 이를 가산한 이자율을 기준으로 원천징수를 하는 것임.

(4) 서면2팀이-23, 2006.1.5.

법인이 보유하는 전환사채를 상법 제515조의 규정에 따라 전환의 청구를 행사하는 경우 당해 전환권 행사로 인한 만기보장수익이자(표면이자＋상환할증금)는 이자소득으로 발행법인은 원천징수납부하여야 하며 전환권을 행사하는 법인은 만기보장수익이자(표면이자＋상환할증금)에 대하여 이자소득으로 익금에 산입하는 것임.

3. 사례

(1) 자료

① A법인 2022.1.1. 전환사채 100억원 액면가액으로 발행

② 만기 2024.12.31. 이자지급일은 매년 12.31.

③ 표면이자율 연 3%(보장수익률 연 7%, 만기시 연 4% 복리계산 추가 지급)

④ 2023.12.31. 보유법인 B가 주식으로 전환청구

⑤ A법인은 비상장법인이고 B법인은 보유 전환사채에 대해 공정가치 평가하지 않음.

(2) 2023.12.31. 원천징수 해당 이자상당액

① 표면이자

100억원×3%＝3억원

② 보장수익률에 의한 보유기간이자상당액

100억원×4%×2＝8억원

③ 원천징수 등 금액

11억원×15.4%＝1.694(법인세 1.54, 법인지방소득세 0.154)

(3) 2023.12.31. B법인 회계처리 및 세무조정

(차) 현　금	1.306	(대) 이자수익	3
선납법인세	1.694		
(차) 매도가능증권(주식)	100	(대) 매도가능증권(채권)	100

　　　　• 익금산입 · 매도가능증권(주식) · 8 · 유보

　　　　보유기간이자상당액을 익금산입하고 유가증권 취득가액에 합산

　　(4) B법인은 일반기업회계기준 적용법인이고 2022.12.31.에 공정가치평가를 한 경우 2022.12.31.에 공정가치금액과 취득금액과의 차이는 기타포괄손익으로 계상하고, 2023.12.31. 주식전환시 주식의 공정가치를 측정하여 매도가능증권(주식)으로 계상하고 기계상된 기타포괄손익과 취득가액과의 차액을 전환손익(당기손익)으로 계상함.

　　　　(차) 매도가능증권(주식)　　　120　　(대) 매도가능증권(채권)　　　100
　　　　　　　매도가능증권평가이익　　　10　　　　　 매도가능증권전환이익　　 20
　　　　　　　(⊕OCI)　　　　　　　　　　　　　　　　　(영업외수익)

　　　　• 익금불산입 · 매도가능증권(주식) · 12* · (−)유보

　　　　* 전환이익 20 − 보유기간이자상당액 8 = 12

　　(5) B법인이 K−IFRS 적용법인인 경우(수치는 (4)와 동일 전제)

　　　　(차) FVOCI금융자산　　　　　120　　(대) FVPL금융자산　　　　　　110
　　　　　　　　　　　　　　　　　　　　　　　　　　FVPL전환이익　　　　　　 10
　　　　　　　　　　　　　　　　　　　　　　　　　　(기타수익)

　　　　• 익금산입 · FVPL금융자산 · 10 · 유보(전기 평가이익계상 유보정리)

　　　　• 손금산입 · FVOCI금융자산 · 20 · (−)유보

　　　　• 익금산입 · FVOCI금융자산 · 8 · 유보

　　　　* 전체로 손금산입(−)2는 전환이익 10과 이자상당액 8과의 차이임.

3. 원천징수대상 채권 등 이자소득에 대한 원천징수 대리

(1) 의의

1) 일반적인 원천징수

일반적인 원천징수는 소득을 지급하는 자가 원천징수의무자가 되며, 원천징수대상채권 등에 대한 이자 등의 경우에는 해당 이자 등을 지급하는 자는 원천징수대상채권 등을 매수하는 자이다.

2) 원천징수대상 채권 등의 이자 등에 대한 원천징수

① 매도자가 법인인 경우

원천징수대상채권 등 이자소득의 경우는 일반적인 원천징수와는 다르게 처리한다. 이

는 원천징수대상채권 등의 보유기간에 대한 이자 등을 계산하기 위해서는 매입과정에서의 정보가 필요하므로 매도법인이 자신의 채권보유기간의 이자 등에 대한 원천징수를 대리하는 규정을 두고 있는 것이다.

② 매도자가 개인인 경우

상기 '①'의 규정에도 불구하고 개인이 법인에게 원천징수대상채권 등을 매도한 경우 매수법인은 개인의 보유기간의 이자 등 상당액에 대하여 원천징수하여야 한다(소법 §133의 2 ①). 즉 상기 '1) 일반적인 원천징수' 규정을 적용한다.

③ 매도자와 매수자가 모두 개인인 경우

개인이 개인에게 채권을 매도한 경우 채권을 매수한 개인은 원천징수의무가 없다(소법 §46 ②). 왜냐하면, 채권보유기간에 대한 이자 등 상당액은 일반적인 이자와 달리 그 계산구조가 복잡하여 개인이 원천징수를 하기 곤란하므로 매수자(이자 등을 지급하는 자)가 개인인 경우에는 원천징수의무를 면제한다.

원천징수대상채권 등의 이자 등에 대한 원천징수의무자를 정리하면 다음과 같다.

매도자	매수자 (이자지급)	원천징수의무자	원천징수
법인	개인	매도법인(대리)	매도법인이 자신의 보유기간의 이자 등에 대하여 원천징수
법인	법인	매도법인(대리)	매도법인이 자신의 보유기간의 이자 등에 대하여 원천징수
개인	법인	매수법인	매수법인이 매도개인의 보유기간의 이자 등에 대하여 원천징수
개인	개인	−	원천징수의무 없음

(2) 원천징수대상 채권 등의 이자 등에 대한 원천징수대리

내국법인이 원천징수대상채권 등에서 발생하는 이자, 할인액 및 투자신탁의 이익의 계산기간 중에 해당 원천징수대상채권 등을 타인에게 매도하는 경우 원천징수대상채권 등의 보유기간에 따른 이자 등에 대하여는 해당 법인이 원천징수의무자를 대리하여 원천징수하여야 한다. 이 경우 그 법인에 대하여는 원천징수의무자로 보아 원천징수규정을 적용한다(법법 §73의 2).

1) 원천징수대상채권 등

원천징수대상채권 등이란 소득세법 제46조 제1항에 따른 채권 등 또는 투자신탁의 수익증권을 말한다.

그러나 법인세가 비과세되거나 면제되는 채권·증권 등 다음의 채권·증권 등은 제외한다.

① 법인세가 부과되지 아니하거나 면제되는 소득

② 신고한 과세표준에 이미 산입된 미지급 소득

③ 법령 또는 정관에 의하여 비영리법인이 회원 또는 조합원에게 대부한 융자금과 비영리법인이 당해 비영리법인의 연합회 또는 중앙회에 예탁한 예탁금에 대한 이자수입

④ 법률에 따라 설립된 기금을 관리·운용하는 법인으로서 기획재정부령으로 정하는 법인(기금운용법인)과 법률에 따라 공제사업을 영위하는 법인으로서 기획재정부령으로 정하는 법인 중 건강보험·연금관리 및 공제사업을 영위하는 비영리내국법인(기금운용법인의 경우에는 해당 기금사업에 한정)이 국채법 또는 공사채등록법에 따라 등록한 다음의 국공채 등을 발행일부터 이자지급일 또는 상환일까지 계속하여 등록·보유함으로써 발생한 이자 및 할인액

가. 국가 또는 지방자치단체가 발행한 채권 또는 증권

나. 한국은행 통화안정증권법에 의하여 한국은행이 발행한 통화안정증권

다. 기획재정부령이 정하는 채권 또는 증권

> 1. 법률에 따라 설립된 기금을 관리·운용하는 법인으로서 기획재정부령으로 정하는 법인(법칙 §56의 2 ①)
>   ① 공무원연금법에 따른 공무원연금관리공단
>   ② 사립학교교직원연금법에 따른 사립학교교직원연금관리공단
>   ③ 국민체육진흥법에 따른 서울올림픽기념국민체육진흥공단
>   ④ 신용보증기금법에 따른 신용보증기금
>   ⑤ 기술신용보증기금법에 따른 기술신용보증기금
>   ⑥ 수출보험법에 따른 한국수출보험공사
>   ⑦ 중소기업협동조합법에 따른 중소기업중앙회
>   ⑧ 농림수산업자신용보증법에 따른 농림수산업자신용보증기금을 관리·운용하는 농업협동조합중앙회
>   ⑨ 한국주택금융공사법에 따른 한국주택금융공사
>   ⑩ 문화예술진흥법에 따른 한국문화예술위원회

> 2. 법률에 따라 공제사업을 영위하는 법인으로서 기획재정부령으로 정하는 법인
> (법칙 §56의 2 ①)
>   ① 한국교직원공제회법에 따른 한국교직원공제회
>   ② 군인공제회법에 따른 군인공제회
>   ③ 신용협동조합법에 따른 신용협동조합중앙회(공제사업에 한정)
>   ④ 건설산업기본법에 따라 설립된 건설공제조합 및 전문건설공제조합
>   ⑤ 전기공사공제조합법에 따른 전기공사공제조합
>   ⑥ 정보통신공사업법에 따른 정보통신공제조합
>   ⑦ 대한지방행정공제회법에 따른 대한지방행정공제회
>   ⑧ 새마을금고법에 따른 새마을금고연합회(공제사업에 한정)
>   ⑨ 과학기술인공제회법에 따른 과학기술인공제회

⑤ 다음에 해당하는 조합의 조합원인 법인(한국표준산업분류상 금융보험업을 영위하는 법인을 제외)이 해당 조합의 규약에 따라 조합원 공동으로 예탁한 자금에 대한 이자수입
 가. 상장유가증권에 대한 투자를 통한 증권시장의 안정을 목적으로 설립된 조합으로서 기획재정부령으로 정하는 조합
 나. 채권시장의 안정을 목적으로 설립된 조합으로서 기획재정부령이 정하는 조합
⑥ 한국토지주택공사법에 따른 한국토지주택공사가 주택법 제61조 제2항의 규정에 의하여 국민주택기금에 예탁한 자금(국민연금법에 의한 국민연금 및 우체국예금·보험에 관한법률에 의한 우체국예금으로부터 사채발행을 통하여 조성한 자금을 예탁한 것으로서 이자소득 지급당시 국민연금 및 우체국예금이 그 사채를 계속 보유하고 있는 경우에 한함)에 대한 이자수입

2) 원천징수대상채권 등을 타인에게 매도

원천징수대상채권 등을 타인에게 매도하는 경우란 중개·알선과 그 밖에 대통령령으로 정하는 경우를 포함한다.

그러나 다음의 환매조건부 채권매매 등의 경우에는 제외하며, 이 경우 채권 등을 매도 또는 대여한 날부터 환매수 또는 반환받은 날까지의 기간 동안 그 채권 등으로부터 발생하는 이자소득에 상당하는 금액은 매도자 또는 대여자에게 귀속되는 것으로 원천징수한다.

① 금융실명거래및비밀보장에관한법률 제2조 제1호 각 목의 어느 하나에 해당하는 금융회사 등과 소득세법시행령 제111조 제2항 각 호의 어느 하나에 해당하는 법인이

일정기간 후에 일정가격으로 환매수 또는 환매도할 것을 조건으로 하여 채권 등을 매도 또는 매수하는 거래로서 그 거래에 해당하는 사실이 자본시장과금융투자업에 관한법률 제294조에 따른 한국예탁결제원의 계좌 또는 같은 법 제373조에 따른 한 국거래소의 거래원장(전자적 형태의 거래원장을 포함)을 통하여 확인되는 경우

② 금융실명거래및비밀보장에관한법률 제2조 제1호 각 목의 어느 하나에 해당하는 금 융회사 등과 소득세법시행령 제111조 제2항 각 호의 어느 하나에 해당하는 법인이 일정기간 후에 같은 종류로서 같은 양의 채권을 반환받는 조건으로 채권을 대여하 는 거래로서 그 거래에 해당하는 사실이 채권대차거래중개기관(자본시장과금융투자 업에관한법률에 따른 한국예탁결제원, 증권금융회사, 투자매매업자 또는 투자중개업자)이 작성한 거래 원장(전자적 형태의 원장을 포함)을 통하여 확인되는 경우

또한 원천징수대상채권 등을 타인에게 매도하는 경우에는 법인의 고유재산에서 취득하 여 보유하는 채권등을 법인이 관리하는 재산으로 유상이체하는 경우와 관리하는 재산 간에 유상이체하는 경우 및 관리하는 재산에서 고유재산으로 유상이체하는 경우를 포 함한다. 다만, 자본시장과금융투자업에관한법률시행령 제103조 제1호에 따른 특정금 전신탁이 중도해지되거나 그 신탁계약기간이 종료됨에 따라 해당 특정금전신탁에서 운 용하던 채권 등을 위탁자에게 유상이체하는 경우에는 그러하지 아니한다(법령 §113 ③, 법칙 §59 ②). 따라서 채권 등의 매도로 보는 경우 관리하는 재산의 보유기간이자상당액 에 대한 원천징수에 관하여는 당해 재산을 관리하는 법인이 채권 등을 매도하는 것으 로 본다(법령 §113 ⑬).

3) 원천징수대상채권 등의 보유기간이자상당액

원천징수대상채권 등의 이자 등(채권 등의 이자 등을 지급받기 전에 매도하는 경우에는 채권 등을 매도하는 경우의 이자 등)에 대한 원천징수대상소득은 내국법인이 채권 등(자본시장 과금융투자업에관한법률에 따른 신탁업자가 운용하는 신탁재산에 귀속되는 채권 등을 포함)을 취득하여 보유한 기간에 발생한 소득으로 한다(법령 §113 ①).

보유기간이자상당액, 즉 채권 등을 취득하여 보유한 기간에 발생한 소득은 채권 등의 액면가액 등에 보유기간과 이자율 등을 적용하여 계산한다.

> 보유기간의 이자 등 상당액=채권 등의 액면가액 등×보유기간×적용이자율

① 보유기간

가. 채권 등의 이자소득금액을 지급받기 전에 매도하는 경우에는 당해 채권 등을 취득한 날 또는 직전 이자소득금액의 계산기간종료일의 다음 날부터 매도하는 날(매도하기 위하여 알선·중개 또는 위탁하는 경우에는 실제로 매도하는 날)까지의 기간으로 한다. 다만, 취득한 날 또는 직전 이자소득금액의 계산기간종료일부터 매도하는 날 전일까지로 기간을 계산하는 약정이 있는 경우에는 그 기간으로 한다.

나. 채권 등의 이자소득금액을 지급받는 경우에는 당해 채권 등을 취득한 날 또는 직전 이자소득금액의 계산기간종료일의 다음 날부터 이자소득금액의 계산기간종료일까지의 기간으로 한다. 다만, 취득한 날 또는 직전 이자소득금액의 계산기간종료일부터 매도하는 날 전일까지로 기간을 계산하는 약정이 있는 경우에는 그 기간으로 한다.

다. 법인이 취득일이 서로 다른 동일종목의 채권 등을 매도하는 경우 법인세법시행령 제74조 제1항 제1호 가목 내지 다목(평균법, 선입선출법, 후입선출법)을 준용하는 방법 또는 기획재정부령이 정하는 방법* 중 하나를 선택하여 적용할 수 있으며, 당해 법인은 이를 다음의 기한 내에 납세지 관할세무서장에게 신고하여 계속적으로 적용하여야 한다. 이 경우 법인이 보유기간의 계산방법을 신고하지 아니하거나 신고한 방법과 상이한 방법을 적용하여 계산한 경우에는 법인세법시행령 제74조 제1항 제1호 나목(선입선출법)의 방법을 준용하여 보유기간을 계산한다(법령 §113 ⑦, 법칙 §59 ③).

• 보유기간이자상당액에 대한 원천징수세액납부일

• 보유기간이자상당액에 대한 법인세과세표준신고일

* 기획재정부령이 정하는 방법
　① 채권 등을 매도할 때마다 그 매도일 현재의 보유채권 등 및 매도채권 등의 취득일별 채권 등의 수에 당해 채권 등의 취득일부터 매도일까지의 보유기간을 곱하여 계산한 기간의 합계를 채권 등의 총수로 나누어 계산하는 방법. 이 경우 직전 매도일 현재의 보유채권 등에 대하여는 직전 매도시에 계산한 평균 보유기간에 직전 매도일부터 당해 매도일까지의 기간을 합한 기간을 취득일부터 매도일까지의 보유기간으로 한다.
　② 가목의 기간에서 나목의 평균경과기간을 차감한 기간을 보유기간으로 하는 방법
　　가. 채권 등의 발행일(발행일 이전에 매출하는 경우에는 매출일)부터 매도일까지의 보유기간
　　나. 채권 등의 매도일 직전에 취득한 채권 등의 취득수에 발행일(발행일 이전에 매출하는 경우에는 매출일)부터 취득일까지의 기간(이하 이 목에서 "경과기간"이라 함)을 곱한 기간과 당해 채권 등의 취득 직전에 보유한 채권 등의 경과기간을 평균한 기간에 보유채권수를 곱한 기간의 합계를 채권 등의 수로 나누어 계산한 평균경과기간
　③ 채권 등을 취득할 때마다 계산한 평균보유기간에 매도일까지의 기간을 합하는 방법

② 적용이자율

　가. 당해 채권 등의 이자계산기간에 대하여 약정된 이자계산방식에 의한 이자율에 발행 시의 할인율을 가산하고 할증률을 차감한 이자율로 한다. 다만, 공개시장에서 발행하는 소득세법시행령 제22조의 2 제1항 및 제2항의 채권의 경우에는 발행 시의 할인율과 할증률을 가감하지 아니한다.

　나. 만기상환일에 각 이자계산기간에 대한 보장이율을 추가로 지급하는 조건이 있는 전환사채 · 교환사채 또는 신주인수권부사채의 경우에는 가목의 이자율에 당해 추가지급이율을 가산한 이자율로 한다. 다만, 전환사채 또는 교환사채를 주식으로 전환청구 또는 교환청구한 경우로서 이자지급의 약정이 있는 경우에는 전환청구일 또는 교환청구일부터는 기획재정부령이 정하는 바에 따라 당해 약정이자율로 한다.

③ 당사자 간 약정이 있는 경우

　다음의 법인에 채권 등을 매도하는 경우 보유기간이자상당액에 대한 원천징수에 관하여는 당사자 간의 약정이 있는 때에는 해당 약정에 따라 원천징수의무자를 대리하거나 그 위임을 받은 자의 행위는 수권 또는 위임의 범위안에서 본인 또는 위임자의 행위로 본다(법령 §113 ⑫).

　가. 법인세법시행령 제61조 제2항 각 호에 규정된 법인

　나. 자본시장과금융투자업에관한법률에 따른 집합투자업자

4) 보유기간이자상당액 계산의 예외

　원천징수의무의 대리를 적용할 때 자본시장과금융투자업에관한법률에 따른 집합투자증권 중 소득세법시행령 제26조의 2 제4항의 증권을 취득한 법인이 투자신탁의 이익 계산기간 중도에 매도(자본시장과금융투자업에관한법률에 따른 집합투자업자가 취득하여 매도하는 증권의 경우를 포함)한 경우의 보유기간이자상당액은 제2항의 규정에 불구하고 소득세법시행령 제26조의 2 제4항부터 제10항까지의 규정에 의하여 계산한다(법령 §113 ⑤).

　또한 법인이 선이자지급방식의 채권 등(채권 등의 매출 시 세금을 원천징수한 채권 등에 한정)을 이자계산기간 중에 매도하는 경우 해당 법인(금융회사 등이 해당 채권 등의 매도를 중개하는 경우에는 해당 금융회사 등)은 중도매도일에 해당 채권 등을 새로이 매출한 것으로 보아 이자 등을 계산하여 세액을 원천징수하여야 한다(법령 §113 ⑪).

5) 선이자지급방식 채권 등

소득세법시행령 제190조 제1호에 규정하는 날에 원천징수하는 채권 등(선이자지급방식의 채권 등)을 취득한 후 사업연도가 종료되어 원천징수된 세액을 전액 공제하여 법인세를 신고하였으나 그 후의 사업연도 중 해당 채권 등의 만기상환일이 도래하기 전에 이를 매도함으로써 해당 사업연도 전에 공제한 원천징수세액이 상기 '3)'에 의해 계산된 보유기간이자상당액에 대한 세액을 초과하는 경우에는 그 초과하는 금액을 해당 채권 등을 매도한 날이 속하는 사업연도의 법인세에 가산하여 납부하여야 한다(법령 §113 ⑥).

6) 보유기간 입증방법

원천징수대상채권 등의 보유기간 확인에 관하여는 소득세법시행령 제102조 제8항을 준용한다(법령 §113 ⑧).

> ● 소득세법시행령 제102조 제8항
> 보유기간 입증방법은 다음의 방법에 따른다.
> ① 채권 등을 금융회사 등에 개설된 계좌에 의하여 거래하는 경우
>   해당 금융회사 등의 전산처리체계 또는 통장원장으로 확인하는 방법
> ② '①' 외의 경우
>   법인으로부터 채권 등을 매수한 때에는 당해 법인이 발급하는 기획재정부령이 정하는 채권등매출확인서에 의하며, 개인으로부터 채권 등을 매수한 경우에는 공증인법의 규정에 의한 공증인이 작성한 공정증서(거래당사자의 성명·주소·주민등록번호·매매일자·채권 등의 종류와 발행번호·액면금액을 기재한 것에 한한다)에 의하여 확인하는 방법

7) 신탁업자의 신탁재산

자본시장과금융투자업에관한법률에 따른 신탁업자는 해당 신탁재산에 귀속되는 채권 등의 보유기간이자상당액에 해당하는 원천징수세액에 대한 확인서를 작성하여 소득세법 제155조의 2에 따른 특정일이 속하는 달의 다음 달 말일까지 납세지 관할세무서장에게 제출하여야 한다(법령 §113 ⑩).

신탁재산에 속한 채권 등을 이자등의 계산기간 중에 매도하는 경우 같은 법에 따른 신탁업자와 해당 신탁재산의 수익자 간에 대리 또는 위임의 관계가 있는 것으로 본다(법령 §113 ⑭).

4. 금융회사 등의 이자소득금액에 대한 원천징수 제외

내국법인의 원천징수대상 이자소득금액에는 금융보험업을 하는 법인의 수입금액을 포함하되, 법인세법시행령 제111조 제1항으로 정하는 금융회사 등에 지급되는 다음의 소득에 대하여는 원천징수를 제외한다(법법 §73 ①).

① 소득세법 제16조 제1항에 따른 이자소득의 금액(금융보험업을 하는 법인의 수입금액을 포함)

② 소득세법 제17조 제1항 제5호에 따른 집합투자기구로부터의 이익 중 자본시장과금융투자업에관한법률에 따른 투자신탁의 이익의 금액

내국법인인 금융회사 등에 이자소득을 지급하는 경우 원천징수대상에서 제외되나 다음의 금융기관에 지급하는 이자소득은 원천징수대상에 포함한다(법령 §111 ①).

가. 법인세법 제73조의 2 제1항에 따른 원천징수대상채권등(「주식·사채 등의 전자등록에 관한 법률」 제59조 따른 단기사채등 중 같은 법 제2조 제1호 나목에 해당하는 것으로서 만기 1개월 이내의 것은 제외)의 이자 등을 「자본시장과 금융투자업에 관한 법률」에 따른 투자회사 및 법인세법 제16호의 자본확충목적회사가 아닌 법인에 지급하는 경우

나. 「주식·사채 등의 전자등록에 관한 법률」 제59조 따른 단기사채등 중 같은 법 제2조 제1호 나목에 해당하는 것으로서 만기 1개월 이내의 것은 법률 제14096호 「주식·사채 등의 전자등록에 관한 법률」의 시행일 전까지는 "전자단기사채 등의 발행 및 유통에 관한 법률"에 따라 발행되는 만기 1개월 이내의 전자단기사채로 봄(부칙 §5, 2017.7.1.)

다. 상기 가.의 개정규정은 2019.1.1. 이후 개시하는 사업연도부터 적용

법인세법시행령 제111조 제1항으로 정하는 금융회사 등은 다음과 같다.

① 법인세법시행령 제61조 제2항 제1호부터 제28호까지의 법인

② 한국은행법에 의한 한국은행

③ 자본시장과금융투자업에관한법률에 따른 집합투자업자

④ 자본시장과금융투자업에관한법률에 따른 투자회사, 투자목적회사, 투자유한회사 및 투자합자회사(같은 법 제9조 제18항 제7호의 사모투자전문회사는 제외)

⑤ 농업협동조합법에 의한 조합

⑥ 수산업협동조합법에 따른 조합

⑦ 산림조합법에 따른 조합

⑧ 신용협동조합법에 따른 조합 및 신용협동조합중앙회

⑨ 새마을금고법에 따른 금고

⑩ 자본시장과금융투자업에관한법률에 따른 증권금융회사

⑪ 한국거래소(위약손해공동기금에 한정)

⑫ 자본시장과금융투자업에관한법률에 따른 한국예탁결제원

⑬ 한국투자공사법에 따른 한국투자공사

⑭ 국가재정법의 적용을 받는 기금(법인 또는 법인으로 보는 단체에 한정)

⑮ 법률에 따라 자금대부사업을 주된 목적으로 하는 법인 또는 기금(다른 사업과 구분경리되는 것에 한정)

⑯ 조세특례제한법 제104조의 3 제1항에 따른 자본확충목적회사

⑰ 그 밖에 다음의 금융보험업을 영위하는 법인

　가. 수산업협동조합법에 따른 수산업협동조합중앙회(같은 법 제138조 제1항 제4호 및 제5호의 사업에 한정)

　나. 산림조합법에 따른 산림조합중앙회(같은 법 제108조 제1항 제4호 및 제6호의 사업에 한정)

5. 원천징수 제외소득

법인세가 부과되지 아니하거나 면제되는 소득 중 다음의 소득에 대하여는 법인세를 원천징수하지 않는다(법법 §73 ②, 법령 §111 ②).

① 법인세가 부과되지 아니하거나 면제되는 소득

② 신고한 과세표준에 이미 산입된 미지급소득

③ 법령 또는 정관에 의하여 비영리법인이 회원 또는 조합원에게 대부한 융자금과 비영리법인이 당해 비영리법인의 연합회 또는 중앙회에 예탁한 예탁금에 대한 이자수입

④ 법률에 따라 설립된 기금을 관리·운용하는 법인으로서 기획재정부령으로 정하는 법인(기금운용법인)과 법률에 따라 공제사업을 영위하는 법인으로서 기획재정부령으로 정하는 법인 중 건강보험·연금관리 및 공제사업을 영위하는 비영리내국법인(기금운용법인의 경우에는 해당 기금사업에 한정)이 국채법 또는 공사채등록법에 따라 등록한 다음의 국공채 등을 발행일부터 이자지급일 또는 상환일까지 계속하여 등록·

보유함으로써 발생한 이자 및 할인액

가. 국가 또는 지방자치단체가 발행한 채권 또는 증권

나. 한국은행 통화안정증권법에 의하여 한국은행이 발행한 통화안정증권

다. 기획재정부령이 정하는 채권 또는 증권

> 1. 법률에 따라 설립된 기금을 관리 · 운용하는 법인으로서 기획재정부령으로 정하는 법인(법칙 §56의 2 ①)
>   ① 공무원연금법에 따른 공무원연금관리공단
>   ② 사립학교교직원연금법에 따른 사립학교교직원연금관리공단
>   ③ 국민체육진흥법에 따른 서울올림픽기념국민체육진흥공단
>   ④ 신용보증기금법에 따른 신용보증기금
>   ⑤ 기술신용보증기금법에 따른 기술신용보증기금
>   ⑥ 수출보험법에 따른 한국수출보험공사
>   ⑦ 중소기업협동조합법에 따른 중소기업중앙회
>   ⑧ 농림수산업자신용보증법에 따른 농림수산업자신용보증기금을 관리 · 운용하는 농업협동조합중앙회
>   ⑨ 한국주택금융공사법에 따른 한국주택금융공사
>   ⑩ 문화예술진흥법에 따른 한국문화예술위원회
> 2. 법률에 따라 공제사업을 영위하는 법인으로서 기획재정부령으로 정하는 법인(법칙 §56의 2 ①)
>   ① 한국교직원공제회법에 따른 한국교직원공제회
>   ② 군인공제회법에 따른 군인공제회
>   ③ 신용협동조합법에 따른 신용협동조합중앙회(공제사업에 한정)
>   ④ 건설산업기본법에 따라 설립된 건설공제조합 및 전문건설공제조합
>   ⑤ 전기공사공제조합법에 따른 전기공사공제조합
>   ⑥ 정보통신공사업법에 따른 정보통신공제조합
>   ⑦ 대한지방행정공제회법에 따른 대한지방행정공제회
>   ⑧ 새마을금고법에 따른 새마을금고연합회(공제사업에 한정)
>   ⑨ 과학기술인공제회법에 따른 과학기술인공제회
> 3. 기획재정부령이 정하는 채권 또는 증권(법칙 §57)
>   ① 한국산업은행법에 의하여 한국산업은행이 발행하는 산업금융채권
>   ② 중소기업은행법에 의하여 중소기업은행이 발행하는 중소기업금융채권
>   ③ 한국수출입은행법에 의하여 한국수출입은행이 발행하는 수출입금융채권
>   ④ 은행법에 의한 국민은행이 발행하는 국민은행채권(1998.12.31. 은행법에 의한 국민은행과 장기신용은행법에 의한 장기신용은행이 합병되기 전의 장기신용은행이 발행한 장기신용채권의 상환을 위하여 발행하는 채권에 한함)

02

> ⑤ 주택저당채권유동화회사법에 의하여 주택저당채권유동화회사가 발행하는
> 주택저당증권 및 주택저당채권담보부채권
> ⑥ 한국주택금융공사법에 따라 설립된 한국주택금융공사가 발행하는 주택저
> 당채권담보부채권 · 주택저당증권 · 학자금대출증권 및 사채

⑤ 다음에 해당하는 조합의 조합원인 법인(한국표준산업분류상 금융보험업을 영위하는 법인
을 제외)이 해당 조합의 규약에 따라 조합원 공동으로 예탁한 자금에 대한 이자수입
　가. 상장유가증권에 대한 투자를 통한 증권시장의 안정을 목적으로 설립된 조합으
　　로서 다음의 조합
　　　증권시장의 안정을 위하여 조합원이 공동으로 출자하여 주권상장법인의 주식을
　　　취득하는 조합으로서 기획재정부장관이 정하는 조합을 말한다(법칙 §58 ①).
　나. 채권시장의 안정을 목적으로 설립된 조합으로서 기획재정부령이 정하는 조합
⑥ 한국토지주택공사법에 따른 한국토지주택공사가 주택법 제61조 제2항의 규정에 의
하여 국민주택기금에 예탁한 자금(국민연금법에 의한 국민연금 및 우체국예금 · 보험에
관한법률에 의한 우체국예금으로부터 사채발행을 통하여 조성한 자금을 예탁한 것으로서 이
자소득 지급당시 국민연금 및 우체국예금이 그 사채를 계속 보유하고 있는 경우에 한함)에
대한 이자수입

Ⅸ 세금우대저축자료의 제출 등

① 다음 각 호의 어느 하나에 해당하는 저축을 취급하는 금융회사 등(세금우대저축 취급
기관)은 각 저축별로 저축자별 성명 및 주민등록번호와 저축계약의 체결 · 해지 · 권
리이전 및 그 밖의 계약 내용의 변경 사항[제2호에 따른 저축성보험의 보험금 · 공제
금 · 해지환급금 · 중도인출금(보험금등) 지급금액과 제4호에 따른 연금계좌의 납입금액 · 인
출금액 및 소득세법 제20조의 3 제1항 제2호 각 목에 해당하지 아니하는 금액을 포함하며,
이하 "세금우대저축자료"라 한다]을 컴퓨터 등 전기통신매체를 통하여 사단법인 전국은
행연합회(세금우대저축자료 집중기관)에 즉시 통보하여야 한다(조특법 §89의 2).
　1. 제26조의 2, 제27조, 제87조, 제87조의 7, 제88조의 2, 제88조의 5, 제89조,
　　제89조의 3, 제91조의 14부터 제91조의 21까지의 규정에 따른 특정사회기반시
　　설 집합투자기구의 증권, 투융자집합투자기구의 증권, 장기주택마련저축, 청년

제4장 이자소득에 대한 원천징수

우대형주택청약종합저축, 공모부동산집합투자기구의 집합투자증권, 비과세종합저축, 출자금, 세금우대종합저축, 조합등예탁금, 재형저축, 고위험고수익투자신탁, 장기집합투자증권저축, 해외주식투자전용집합투자증권저축, 개인종합자산관리계좌, 장병내일준비적금, 청년형장기집합투자증권저축 및 청년희망적금

2. 소득세법 제16조 제1항 제9호에 따른 저축성보험

3. 농어가목돈마련저축에관한법률에 따른 농어가 목돈마련저축

4. 소득세법 제20조의 3 제1항 제2호에 따른 연금계좌

② 세금우대저축 취급기관은 저축별로 가입자 수, 계좌 수, 저축 납입금액, 보험금등 지급금액을 매 분기 종료일의 다음 달 20일까지 세금우대저축자료 집중기관에 통보하여야 한다.

③ 국세청장은 세금우대저축자료 집중기관에 저축자의 세금우대저축자료의 조회·열람 또는 제출을 요구할 수 있다.

④ 세금우대저축 취급기관은 세금우대저축자료 집중기관에 저축자(신탁의 경우에는 수익자를 포함하며, 보험의 경우에는 피보험자와 수익자를 포함)가 다른 세금우대저축 취급기관에 가입한 세금우대저축의 계약금액 총액, 보험금등 지급금액을 조회할 수 있으며, 저축자가 서면으로 요구하거나 동의할 때에는 계약금액 총액, 보험금등 지급금액의 명세를 조회하여 저축자에게 알려줄 수 있다.

⑤ 세금우대저축자료 집중기관은 세금우대저축 취급기관으로부터 통보된 세금우대저축자료를 즉시 처리·가공하여 저축별·저축자별로 세금우대저축의 계약금액, 보험금등 지급금액 및 그 명세에 관한 정보망을 구축하고, 제3항 또는 제4항에 따른 요구 또는 조회를 받으면 이에 따라야 한다.

⑥ 세금우대저축자료 집중기관은 세금우대저축자료를 개별 세금우대저축이 해지된 연도의 다음 연도부터 5년간 보관하여야 하며, 세금우대저축 취급기관 및 세금우대저축자료 집중기관에 종사하는 자(금융기관 등 종사자)은 저축자의 서면에 의한 요구나 동의를 받지 아니하고는 세금우대저축에 관련된 정보 또는 자료를 타인에게 제공하거나 누설해서는 아니되며, 누구든지 금융기관 등 종사자에게 자료 등의 제공을 요구해서는 아니된다. 다만, 제3항 및 금융실명거래및비밀보장에관한법률 제4조 제1항 각 호의 경우는 제외한다.

X 원천징수영수증의 교부 등

① 국내에서 이자소득을 지급하는 원천징수의무자는 이를 지급할 때 그 이자소득 기타 필요한 사항을 기재한 원천징수영수증을 그 받는 자에게 교부하여야 한다. 다만, 원천징수의무자가 지급한 날이 속하는 과세기간의 다음 과세기간 3월말까지 이자소득을 받는 자에게 그 이자소득 기타 필요한 사항을 통지하는 경우에는 해당 원천징수영수증을 교부한 것으로 본다(소법 §133 ①).

② 원천징수의무자는 지급하는 이자소득이 계좌별로 1년간 발생한 금액이 1백만원 이하인 경우에는 원천징수영수증을 교부하지 아니할 수 있다. 다만, 채권 등에 대한 소득금액계산특례규정에 의하여 원천징수영수증을 교부하는 경우 및 이자소득 또는 배당소득을 지급받는 자가 원천징수영수증의 발급을 요구하는 경우에는 원천징수영수증을 교부하거나 통지하여야 한다(소법 §133 ②).

③ 인터넷을 통한 원천징수영수증의 발급 가능 여부금융기관이 이자소득이나 배당소득을 받는 자로부터 신청을 받아 그 지급내용과 원천징수의무자의 사업자등록번호 등을 우편, 전자계산조직을 이용한 정보통신 또는 모사전송으로 통보하여 주는 경우도 원천징수영수증을 발급한 것으로 보는 것이다(서일-927 2005.7.27.).

XI 법인세법상 원천징수세율(법법 §73 ①)

① 일반이자소득금액 : 14%
② 비영업대금의 이익 : 25%
   단, 온라인투자연계(P2P)금융업자를 통해 내국법인에 지급하는 비영업대금의 이익은 14%

■ 소득세법 시행규칙 [별지 제23호 서식(1)] (2023.3.**. 개정)

[ ]이자·배당소득 원천징수영수증   [ ] 소득자 보관용
[ ]이자·배당소득 지 급 명 세 서   [ ] 발행자 보관용
                                                    [ ] 발행자 보고용

※ 제2쪽, 제3쪽의 작성방법을 읽고 작성하여 주시기 바라며, [ ]에는 해당되는 곳에 √표를 합니다.   (4쪽 중 제1쪽)

접수번호	접수일	관리번호	처리기간 즉시

징수 의무자

① 법 인 명 (상 호)	①-1 영문법인명(상호)	② 대표자(성명)	③ 사업자등록번호
④ 주민(법인)등록번호	⑤ 소재지 또는 주소		

소득자

⑥ 성명(상호)	⑦ 주민(사업자)등록번호	⑦-1 비거주자 생년월일	⑧ 소득자구분코드
⑨ 주 소	⑩ 거주구분 [ ]거주자 [ ]비거주자	⑪ 거주지국 ⑪-1 거주지국코드	⑫ 계좌번호(발행번호) ⑬ 신탁이익 여부 [ ]여 [ ]부

지 급 명 세

⑭ 지급일			⑮ 귀속연월		⑯ 과세구분	⑰ 소득의 종류	⑱ 조세특례등	⑲ 금융상품코드	⑳ 유가증권표준코드 (유가증권 발행사업자 등록번호)	㉑ 채권이자구분	㉒ 지급대상기간	㉓ 이자율등	㉔ 지급액 (소득금액)	㉕ 세율 (%)	원 천 징 수 세 액				
연	월	일	연	월											㉖ 소득세	㉗ 법인세	㉘ 지방소득세	㉙ 농어촌특별세	㉚ 계

위의 원천징수세액(수입금액)을 정히 영수(지급)합니다.

                                        년   월   일

       징수(보고)의무자   (서명 또는 인)

세무서장 귀하

유 의 사 항

※ ⑯ 과세구분란의 코드가 "E, L, H, R, O, B, N"인 경우 종합소득과세표준을 계산할 때 합산하지 않으며, "G"인 경우 「소득세법」 제17조제3항 단서(Gross-up)의 적용대상 배당소득에 해당합니다.

※ ⑰ 소득의 종류가 "11~49"인 경우 이자소득, "51~99"인 경우 배당소득입니다.

※ ⑳ 유가증권표준코드란은 유가증권표준코드가 없는 경우 소득이 발생한 유가증권을 발행한 사업자의 사업자등록번호 등을 적습니다(제3쪽의 작성방법 참고).

※ 「조세특례제한법」 제21조(국제금융거래에 따른 이자소득 등에 대한 법인세 등의 면제)제1항제1호에 따라 소득세 또는 법인세를 면제하고, 「법인세법 시행령」 제162조의2제1항제1호가목에 따라 지급명세서를 제출할 때, 국외에서 발행하는 외화표시채권의 이자 및 수수료를 외국에 소재하는 국제증권예탁결제기관 등을 통해 지급하면서 외국의 개인정보 보호 규제 등에 따라 최종적으로 소득을 지급받는 자(비거주자, 외국법인 등)의 인적사항 등을 파악할 수 없는 경우에는 이에 대한 기재를 생략하거나, 확인되는 중간 지급자를 소득자로 대신 기재하여 제출할 수 있습니다.

                                210mm×297mm[백상지80g/㎡ 또는 중질지80g/㎡]

작성방법

1. 서식제목: 해당 자료(이자·배당소득 원천징수영수증 또는 이자·배당소득 지급명세서)명 [　]안에 "√"표시를 하며, 관리번호란에는 적지 않습니다.

2. ① 법인명(상호)란: 징수의무자가 법인인 경우에는 법인명을 적고, 개인사업자인 경우에는 상호를 적습니다.

3. ①-1 영문법인명(상호)란: 지급받는 자가 비거주자(외국법인을 포함합니다)인 경우에 한정하여 징수의무자의 법인명(상호)을 영문으로 적습니다.

4. ② 대표자(성명)란: 대표자 및 사업자의 성명을 적습니다.

5. ③ 사업자등록번호란: 사업자등록번호를 적습니다.

6. ④ 주민(법인)등록번호란: 징수의무자가 법인인 경우에는 부동산등기용 법인등록번호를 적고, 개인인 경우에는 사업자의 주민등록번호를 적습니다. 다만, 소득자보관용에는 적지 않습니다.

7. ⑤ 소재지 또는 주소란: 징수의무자인 본점(사업장)소재지를 적고, 사업장이 없는 경우에는 주소지를 적습니다.

8. ⑥ 성명(상호)란: 소득을 지급받는 자의 성명을 적고, 소득을 지급받는 자가 법인인 경우에는 법인명을 적습니다. 다만, 외국인은 성명을 영문으로 적되, 여권에 기록된 영문성명 전부를 적어야 합니다. 외국법인인 경우에는 상호 등 명칭을 영문으로 적되, 머리글자(Initial)를 적지 않고 정식 명칭 전부를 적습니다. 일반적으로 머리글자를 사용하는 경우에는 머리글자 뒤에 괄호로 정식 명칭 전부를 적습니다.

9. ⑦ 주민(사업자)등록번호란: 아래의 표를 참조하여 적습니다.

구　분		기 재 번 호
(1)	원　칙	주민등록번호 또는 사업자등록번호
(2)	(1)의 기재번호를 부여받지 않은 경우	[개인] 국내거소신고증상의 국내거소신고번호(재외국민, 외국국적동포인 경우) 또는 외국인등록표상의 외국인등록번호(외국인인 경우)를 적고, 그 번호가 없는 경우 여권상의 여권번호를 적습니다.
(3)	(1),(2)의 기재번호를 부여받지 않은 경우	투자등록증상의 투자등록번호를 적고, 그 번호가 없는 경우 해당 거주지국의 납세번호(Taxpayer Identification Number)를 적습니다.

10. ⑦-1의 생년월일란: 주민등록번호, 국내거소신고번호 또는 외국인등록번호가 없어 여권번호 등을 적은 경우에는 반드시 생년월일을 적어야 합니다. (예: 생년월일이 2006년 1월 1일인 경우는 "20060101"을 적습니다.)

11. ⑧ 소득자구분코드란: 이자·배당소득을 지급받는 자의 유형을 구분하기 위한 것으로서 아래의 표를 참조하여 적습니다.

실 지 명 의 구 분			명　의	번 　 호	코 드
개 인	내 국 인	주민등록번호 부여자	성 명	주민등록번호	111
		주민등록번호 미부여자	성 명	의료보호증관리번호	112
	재외국민 및 외 국 인 등	재외국민등록증 소유자	성 명	재외국민등록번호	122
		외국인등록증 소유자	성 명	외국인등록번호	131
		주민등록증(재외국민) 소유자	성 명	주민등록번호	123
		국내거소신고증 소유자	성 명	국내거소신고번호	141
		기타	성 명	여권번호, 거주지국의 납세번호	121
법 인	국내 사업자등록번호(법인으로 보는 단체의 경우 고유번호)가 부여된 내·외국 법인		법인명	사업자등록번호(고유번호)	211
	사업자등록번호가 미부여된 외국 법인		법인명	거주지국의 납세번호	222
단 체	개인단체	개인단체 고유번호 부여자	단체명	고유번호	311
	외국단체		단체명	외국단체등록번호 또는 거주지국의 납세번호	321
	기타임의단체	개인으로 보는 단체	대표자성명(단체명)	대표자 주민등록번호	331
기 타	비거주 외국인(단체)인 증권거래자		성명, 단체명	투자등록증 고유번호	411
	투자기업설립을 위한 외국인(단체)		성명, 단체명	관련문서번호	413
명의 또는 번호 등이 빈칸 또는 비실명인 경우				빈칸	999

12. ⑨ 주소란: 주소가 외국인 경우 번지(Number), 거리(Street), 시(City), 도(State), 우편번호(Postal Zone), 국가(Country)순으로 영문으로 적습니다. 우편사서함은 적지 않습니다.

13. ⑩ 거주구분란: □안에 "√"표시를 하여 거주자와 비거주자를 구분합니다.

14. ⑪ 거주지국과 ⑪-1 거주지국코드란: 소득자가 비거주자(외국법인을 포함합니다)에 해당하는 경우에만 적으며, 국제표준화기구(ISO)가 정한 국가별 ISO코드 중 국명약어 및 국가코드를 적습니다. 다만, 소득자의 거주지가 말레이시아 라부안인 경우에는 라부안 코드(사전승인을 받은 경우에는 LM, 사전승인을 받지 않은 경우에는 LN)를 적습니다.

15. ⑫ 계좌번호(발행번호)란: 숫자만 적고, 저축과 같이 반복적인 금융거래를 위하여 금융회사별로 부여된 고유관리번호(계좌번호)에 의하여 소득자의 거래명세를 확인할 수 있는 기능을 갖고 있는 번호를 적습니다(배당소득 및 비영업대금의 이익을 소득자의 금융계좌에 입금시키는 경우에도 소득자의 금융계좌번호를 적습니다). 이자·배당소득자가 채권·주권 등을 실물로 보유하는 경우 해당 채권등의 발행번호를 수록하며, 채권등의 종류, 발행일, 이자지급일이 동일하고 보유수량이 다량인 경우에는 대표발행번호를 적습니다.

16. ⑬ 신탁이익 여부란: "[　]"안에 "√"표시를 하여 「소득세법」 제4조제2항 각 호 외의 신탁의 이익에 해당하는지 여부를 구분합니다.

210mm×297mm[백상지80g/㎡ 또는 중질지80g/㎡]

작성방법

17. ⑭ 지급일란: 이자·배당소득을 지급하는 날짜를 적으며, 「소득세법」 제131조가 적용되는 경우에는 해당 일자를 적습니다.

18. ⑮ 귀속연월란: 이자·배당소득을 지급받은 자의 「소득세법 시행령」 제45조 및 제46조에 따른 이자·배당소득의 수입시기를 적습니다.

19. ⑯ 과세구분, ⑰ 소득의 종류, ⑱ 조세특례 등란: 지급하는 이자·배당소득의 과세유형 및 소득의 종류, 적용되는 조세특례 등을 구분하기 위한 것으로 아래의 표를 참조하여 적습니다. 아래 분리과세는 무조건 분리과세되는 경우에만 기재합니다.

⑯ 과세구분														
개인								법인						과세제외 (「소득세법」상 미열거 소득 / 법인세 납세의무 없는 법인 소득)
비과세, 면제	분리과세				종합과세		원천징수 대상소득 (소액 부징수 포함)	원천징수대상 외의 소득				
	저율 과세 ((14%)	고율 과세 ()14%)	비 실명	일반 세율 (14%)	기본 세율 (6~ 45%)	일반 과세	일반과세 (Gross-up)		비과세 면제	투자신탁재 산 귀속 소득	신탁재산 귀속 소득	그 밖의 원천징수대 상 외의 소득	
							기타 세율	일반 세율						
E	L	H	R	O	B	T	D	G	C	X	F	I	W	N

⑰ 소득의 종류			
이자소득(11~49)		배당소득(51~99)	
국가·지방자치단체가 발행한 채권·증권의 이자와 할인액(소득세법§16①1)	11	내국법인 배당·분배금, 건설이자의 배당(소득세법§17①1)	51
내국법인이 발행한 채권·증권의 이자와 할인액(소득세법§16①2)	12	법인으로 보는 단체로부터 받는 배당·분배금(소득세법§17①2)	52
국내에서 받는 예금(적금·부금·예탁금 등 포함)의 이자(소득세법§16①3)	13	의제배당(소득세법§17①3, 법인세법§16)	53
신용계·신용부금으로 받은 이익(소득세법§16①4)	14	「법인세법」에 따라 배당으로 처분된 금액(소득세법§17①4)	54
외국법인 국내지점 등의 회사채의 이자와 할인액(소득세법§16①5)	15	집합투자기구로부터의 이익(소득세법§17①5)	55
외국법인이 발행한 채권·증권의 이자와 할인액(소득세법§16①6)	16	외국법인 배당·분배금, 건설이자의 배당, 이와 유사한 성질의 배당(소득세법§17①6)	56
국외에서 받는 예금의 이자(소득세법§16①7)	17	「국제조세조정에 관한 법률」 제27조에 따라 배당받은 것으로 간주된 금액(소득세법§17①7)	57
환매조건부 매매차익(소득세법§16①8)	18	「국제조세조정에 관한 법률」 제13조 및 제22조에 따라 배당으로 처분된 금액(소득세법§119 2호, 법인세법§93 2호)	58
저축성보험의 보험차익(10년 미만 등)(소득세법§16①9)	19		
저축성보험의 보험차익(계약기간 10년 이상) (소득세법§16④8)	20	출자공동사업자의 손익분배비율에 해당하는 금액(소득세법§17①8)	59
직장공제회 초과반환금(소득세법§16①10)	21	주가연계증권(소득세법 시행령§26③1, ELS)	60
비영업대금의 이익(소득세법§16①11)	22	기타 파생결합증권(소득세법 시행령§26③2, DLS)	61
채권대차거래에 따른 이자상당액(소득세법 시행령§26④)	23	주식대차거래에 따른 배당상당액(소득세법 시행령§26③2)	62
환매조건부채권매매차익에 따른 이자상당액(법인세법§114의2)	24	그 밖의 수익분배의 성격이 있는 것(소득세법§17①9)	63
그 밖에 금전사용에 따른 대가로서의 성격이 있는 것(소득세법§16①12)	25	배당소득을 발생시키는 상품과 결합된 파생상품의 이익(소득세법§17①10)	64
이자소득을 발생시키는 상품과 결합된 파생상품의 이익(소득세법§16①13)	26	상장지수증권(소득세법 시행령§26③3, ETN)	65
외국법인의 이자소득으로 상기 이외의 대금의 이자 및 신탁의 이익(법인세법§93 1호)	27		

⑱ 조세특례 등			
조세특례 등을 적용받지 않고 원천징수한 경우	NN	중소기업창업투자조합등에 지급하는 배당소득(조특법§14④)	PA
소기업·소상공인 공제부금(조특법§86의3)	SB	중소기업창업투자조합이 조합원에게 지급하는 배당소득(조특법§14④)	PB
장기주택마련저축(조특법§87)	SC	공공차관 도입에 따른 과세특례(조특법§20①)	PC
주택청약종합저축(조특법§87)	SD	외국인투자에 대한 법인세 등의 감면(조특법§121의2③)	PD
농어가목돈마련저축(조특법§87의2)	SE	외화표시채권의 이자(조특법§21①1)	PE
선박투자회사 배당(조특법§87의5)	SF	외국환업무취급기관의 외화채무등에 대한 이자(조특법§21①2)	PF
부동산집합투자기구·부동산투자회사 배당 (조특법§87의6)	SG	금융기관 국외발행(매각) 외화표시어음과 예금증서의 이자(조특법§21①3)	PG
비과세종합저축(조특법§88의2)	SH	비거주자등의 정기외화예금에 대한 이자소득세 비과세(조특법§21의2①)	PU
우리사주조합 배당(조특법§88의4③)	SI	사회기반시설채권 이자(조특법§29)	PH
농협 근로자의 자사주지분 배당(조특법§88의4④)	SJ	영농조합법인 배당(조특법§66②,③)	PI
조합 등 출자금(조특법§88의5)	SK	영어조합법인 배당(조특법§67②,③)	PJ
세금우대종합저축(조특법§89)	SL	농업회사 배당(조특법§68④)	PK
조합 등 예탁금(조특법§89)	SM	동업기업에 지급하는 소득 중 법인세 납세의무가 있는 동업자에 귀속되는 소득	PL
재외동포전용 투자신탁(조특법§91의12)	SU	동업기업에 지급하는 소득 중 법인세 납세의무가 없는 동업자에 귀속되는 소득	PM
재형저축(조특법§91의14)	SW	「신탁법」 제65조에 따른 공익신탁의 이익(소득세법§12 1)	PN
고위험고수익투자신탁(조특법§91의15)	SX	발행일~상환일(약정일)이 10년 이상으로 분리과세 신청한 장기채권구 소법§129①1가, 조건부채권 제외) 근거법조항 중 구는 「소득세법(2017.12.19., 법률 제15225호로 개정되기 전의 것)에 따른 적용을 의미합니다.	PO
개인종합자산관리계좌(조특법§91의18)	SZ	법원에 납부한 보증금 및 경락대금 이자소득(소득세법§129①1)	PP
청년우대형 주택청약종합저축(조특법§87)	TA	실지명의가 확인되지 않는 소득(소득세법§129②2본문)	PQ
장병내일준비적금(조특법§91의19)	TB	금융실명거래 및 비밀보장에 관한 법률에 따른 비실명 소득(소득세법§129②2 단서)	PR
공모부동산집합투자기구 집합투자증권 배당 (조특법§87의7)	TC	외국소득세액을 뺀 금액을 원천징수한 경우(소득세법§129④)	PS
청년희망적금(조특법§91의21)	TD	외국법인의 국채등 이자소득에 대한 법인세 비과세(법인세법§93의2)	PV
청년도약계좌(조특법§91의22)	TE	해외채권으로 'PO'와 'PS'가 동시에 적용되는 경우	PW
		비거주자·외국법인에 대하여 조세조약에 따라 제한세율을 적용한 경우	PT
		비거주자·외국법인에 대하여 조세조약에 따라 비과세·면제된 경우	PY
		거주자·내국법인에 대하여 조세조약에 따라 국내에서 과세되지 않는 경우	PZ
		특정사회기반시설 집합투자기구 투자자에 대한 과세특례(조특법§26의2)	QA
		투융자집합투자기구 투자자에 대한 과세특례(조특법§27)	QB
		기타	ZZ

210mm×297mm[백상지80g/㎡ 또는 중질지80g/㎡]

작성방법

20. ⑲ 금융상품코드란: 국세청에서 정한 금융상품코드표를 참조하여 적습니다.

21. ⑳ 유가증권표준코드란:「소득세법」제46조(외국법인의 경우에는「법인세법」제98조의3제1항)에 따른 채권등의 이자 또는「소득세법」제17조제1항에 따른 배당소득의 원천징수에만 한국거래소, 한국예탁결제원 및 한국금융투자협회에서 부여한 증권 등 관련 상품코드를 적으며, 유가증권표준코드를 부여받지 않은 경우에는 유가증권발행사업자의 사업자등록번호를 적습니다[외국법인 발행 유가증권으로 유가증권표준코드가 없는 경우 해당 국가코드(2자리)와 관리번호(현지 부여번호 등, 10자리)를 적음]. 다만,「공직자윤리법」제14조의4에 따라 백지신탁중인 주식은 유가증권표준코드가 아닌 백지신탁코드(BLINDTRUST)를 기입하고, 백지신탁계약이 해지된 이후에 해당 유가증권표준코드를 기재하여 수정 제출합니다.

22. ㉑ 채권이자구분란:「소득세법」제46조(외국법인의 경우에는「법인세법」제98조의3)에 따른 채권등의 이자의 원천징수인 경우에만 아래와 같이 구분하여 적습니다.

보유기간원천징수 적용 채권등	00	채권등의 이자지급기간 중 매입·매도 시 또는 채권등의 이자지급 시 원천징수한 보유기간 이자상당액
의제원천징수 적용 채권등 ('95.12.31.이전 또는 '01.7.1. ~ '05.6.30. 사이에 취득한 채권의 이자소득을 '05.7.1. 이후 최초로 지급받거나, 매도하는 경우 등)	55	구「소득세법」(법률 제7319호로 개정되기 전의 것) 제46조제7항에 따른 낮은 세율이 적용되는 채권등으로 금융회사 등이 환급세액을 대신 지급하는 경우
	66	채권등의 이자등을 지급받는 경우 이자등 지급총액[구「소득세법 시행령」(대통령령 제18705호로 개정되기 전의 것) 제102조제11항제2호]
	77	구「소득세법」(법률 제7319호로 개정되기 전의 것) 제46조제2항에 따라 채권등의 중도매도 시 원천징수한 것으로 보는 보유기간이자상당액[구「소득세법 시행령」(대통령령 제18705호로 개정되기 전의 것) 제102조제11항제1호]
	88	구「소득세법」(법률 제7319호로 개정되기 전의 것) 제46조제3항(외국법인의 경우「법인세법」제98조의3제1항)에 따른 높은 세율 적용 시 원천징수한 보유기간이자상당액[구「소득세법 시행령」(대통령령 제18705호로 개정되기 전의 것) 제102조제11항제1호]
	99	채권등의 이자등을 지급받는 경우에는 해당 채권등의 보유자의 보유기간이자상당액[구「소득세법 시행령」(대통령령 제18705호로 개정되기 전의 것) 제102조제11항제2호]

※ 채권이자구분란에 "66"을 적는 경우에는 해당 보유자의 채권등의 보유기간 이자상당액을 "99"로 반드시 적어야 합니다.

23. ㉒ 지급대상기간란: 이자·배당소득 계산 시 사용된 이자·배당소득의 지급대상이 되는 기간을 적습니다. 다만, 집합투자기구로부터의 이익 및「소득세법 시행령」제26조의3(파생결합증권)에 따른 배당소득 외의 배당소득의 경우에는 적지 않습니다.

24. ㉓ 이자율 등란:「소득세법」제127조제1항제1호 및 제2호에 따른 이자소득 및 배당소득(같은 법 제17조제1항제5호에 따른 집합투자기구로부터의 이익만 해당함) 계산 시 사용된 이자율(할인율, 만기보장수익률 등) 및「소득세법 시행규칙」제13조에 따른 좌(주)당 배당소득금액(투자신탁의 경우 1,000좌당 배당소득금액)을 적습니다(㉒지급대상기간에 원금, 이자율 등의 변동이 있는 경우 지급하는 이자소득을 해당 소득 지급 당시의 최종 원금으로 나눈 비율에 100을 곱한 숫자를 연환산하여 소수점 5자리까지 적습니다).

25. ㉕ 세율란: 실제 세액계산 시 적용된 원천징수세율을 적습니다(소액 부징수로 세액이 "0"인 경우에도 0%가 아닌 적용된 세율 등).

26. ㉖ 소득세·㉗ 법인세·㉘ 지방소득세 및 ㉙ 농어촌특별세란은 원단위 이하는 적지 않고, 소액 부징수(거주자인 경우 배당소득 1천원 미만, 내국법인인 경우 이자·배당소득 1천원 미만을 말합니다)에 해당하는 경우에는 세액을 "0"으로 적습니다.

210mm×297mm[백상지80g/㎡ 또는 중질지80g/㎡]

Expert Opinion Summary

1. 금융소득종합과세(계산사례는 제5장 Ⅷ. 4. Expert Opinion Summary 참조)

1년 동안의 과세기간 내에 이자·배당소득금액의 합계액이 2천만원 초과 시 금융소득 종합과세대상에 해당되어 원천징수세율보다 높은 소득세를 부담하게 됩니다. 그러나 기준금액인 2천만원까지는 원천징수세율로 소득세를 계산하게 되므로 무조건 종합과세에 해당된다 하여 높은 세금을 부담하는 것은 아님에 유의하여야 합니다.

> 2천만원×14%+(2천만원 초과 금융소득+다른소득)×누진세율

(1) 다른 소득은 없고 금융소득만 3천만원이 있는 경우

소득세=Max(①, ②)=4,200,000원

① 원천징수에 의한 세액

30,000,000×14%=4,200,000원

② 종합과세에 의한 세액

20,000,000×14%+(10,000,000−기본공제 1,500,000)×6%=3,310,000원

이 경우 금융소득종합과세에 해당되어도 원천징수세액 이외의 추가적인 세금부담액은 없게 됩니다.

(2) 다른 소득이 3억원 있는 경우

이 경우에도 기준금액 2천만원을 초과하는 1천만원에 대해서는 높은 세율 38%가 부담되어 원천징수세율 14%보다 많은 세금을 부담하게 되나 기준금액 2천만원까지는 추가적인 소득세부담액이 없습니다.

2. 본인의 금융소득 확인방법

실지로 대다수의 납세자는 본인의 금융소득을 확인하는 방법을 모르고 있습니다. 이는 5월에 국세청의 홈택스에 들어가서 간편히 확인하실 수 있습니다.

국세청 홈택스(www.hometax.go.kr) 접속 → 비회원 로그인(성명, 주민등록번호, 공인인증서) → 조회서비스 → 지급명세서

3. 비영업대금의 이익과 원금회수의 구분

금융기관이 아닌 개인이나 법인에게 자금을 대여하고 수령하는 이자를 비영업대금의 이익이라 하여 이자소득으로 과세됩니다. 금전의 대여 이후 채무자의 도산 등으로 원금과 이자를 못받게 되는 경우 소득세법에서는 원칙적으로 회수된 금액은 이자를 먼저 수령한 것으로 보아 이자소득으로 과세되는 문제가 발생하게 됩니다.

이때 다음의 경우에만 원금을 먼저 회수한 경우로 보아야 세금발생문제가 안 생기므로 항상 이를 입증할 방법을 검토하셔야 합니다.

> 채무자의 파산·강제집행·형의 집행·사망·실종 또는 행방불명으로 회수할 수 없는 채권(법령 19의 2 ① 8호)

4. 직계비속에게 자금대여 시 이자수령 여부

부모님이 자식에게 결혼 시 전세자금 5억원을 지원 시 다양한 세금문제가 발생하게 됩니다.

(1) 증여한 경우

증여세 = 1억원 × 10% + 4억원 × 20%

= 90,000,000원

만일 무신고 후 추가 적발 시는 무신고가산세(20%)와 납부지연가산세(연 8.03%)까지 납부하여야 합니다.

(2) 자금대여계약을 맺고 무이자로 대여한 경우

무이자로 대여한 경우에는 상속세및증여세법상 금전무상대출 등에 따른 증여세가 부과됩니다. 상속세및증여세법에서는 2016년부터 증여금액에 해당하는 적정이자율을 법인세법상 당좌대출이자율 4.6%를 적용하여 1년 단위로 증여금액을 계산합니다.

① 1년간 증여금액 = 5억원 × 4.6%

= 23,000,000원

② 증여세 = 23,000,000 × 10%

= 2,300,000원

그러므로 상기 '(2)'의 계약을 맺고 증여세액을 부담하고 자식이 빨리 해당 금액을 부모님에게 상환하는 것이 세금부담면에서 유리하게 됩니다.

이때 자금대여계약서를 반드시 자금전달 시 작성하여 공증 또는 확정일자를 받아놓는 것이 필요합니다.

배당소득에 대한 원천징수

Ⅰ 원천징수의무

국내에서 거주자나 비거주자에게 배당소득금액을 지급하는 경우에는 그 거주자나 비거주자에 대한 소득세를 원천징수하여 다음 달 10일까지 납부하여야 한다(소법 §127 ① 2호).

> ● 증권회사가 지급하는 배당금에 대한 원천징수의무자(소통 127-0…1)
>   상장법인주식의 신용거래로 인하여 한국증권금융주식회사 또는 증권회사 명의로 되어 있는 주식의 배당금에 대한 소득세의 원천징수의무자는 상장법인 또는 한국증권금융주식회사로부터 배당금을 수령하여 사실상의 주주에게 지급하는 증권회사로 한다.

Ⅱ 배당소득의 범위

1. 배당소득

소득세법상 소득세 과세대상 배당소득은 다음과 같다(소법 §17 ①).

(1) 내국법인으로부터 받는 이익이나 잉여금의 배당 또는 분배금

1) 상법상 이익배당(상법 §462)

회사는 대차대조표의 순자산액으로부터 다음의 금액을 공제한 액을 한도로 하여 이익배당을 할 수 있다.

① 자본금의 액

② 그 결산기까지 적립된 자본준비금과 이익준비금의 합계액

③ 그 결산기에 적립하여야 할 이익준비금의 액

④ 상법 제446조의 2의 회계 원칙에 따른 자산 및 부채에 대한 평가로 인하여 증가한 대차대조표상의 순자산액으로서 미실현손실과 상계(相計)하지 아니한 미실현이익. 다만, 다음의 어느 하나에 해당하는 경우에는 각각의 미실현이익과 미실현손실을 상계할 수 있다.

　　가. 자본시장과금융투자업에관한법률 제4조 제2항 제5호에 따른 파생결합증권의 거래를 하고, 그 거래의 위험을 회피하기 위하여 해당 거래와 연계된 거래를 한 경우로서 각 거래로 미실현이익과 미실현손실이 발생한 경우

　　나. 자본시장과금융투자업에관한법률 제5조에 따른 파생상품의 거래가 그 거래와 연계된 거래의 위험을 회피하기 위하여 한 경우로서 각 거래로 미실현이익과 미실현손실이 발생한 경우

이익배당은 주주총회의 결의로 정한다. 다만, 상법 제449조의 2 제1항에 따라 재무제표를 이사회가 승인하는 경우에는 이사회의 결의로 정한다. 이를 위반하여 이익을 배당한 경우에 회사채권자는 배당한 이익을 회사에 반환할 것을 청구할 수 있다.

2) 상법상 주식배당(상법 §462의 2)

회사는 주주총회의 결의에 의하여 이익의 배당을 새로이 발행하는 주식으로써 할 수 있다. 그러나 주식에 의한 배당은 이익배당총액의 2분의 1에 상당하는 금액을 초과하지 못한다. 이때 배당은 주식의 권면액으로 하며, 회사가 종류주식을 발행한 때에는 각각 그와 같은 종류의 주식으로 할 수 있다.

주식으로 배당을 받은 주주는 제1항의 결의가 있는 주주총회가 종결한 때부터 신주의 주주가 된다.

3) 상법상 중간배당(상법 §462의 3)

연 1회의 결산기를 정한 회사는 영업년도 중 1회에 한하여 이사회의 결의로 일정한 날을 정하여 그 날의 주주에 대하여 이익을 배당(중간배당)할 수 있음을 정관으로 정할 수 있다.

중간배당은 직전 결산기의 대차대조표상의 순자산액에서 다음의 금액을 공제한 액을

한도로 한다.

① 직전 결산기의 자본금의 액

② 직전 결산기까지 적립된 자본준비금과 이익준비금의 합계액

③ 직전 결산기의 정기총회에서 이익으로 배당하거나 또는 지급하기로 정한 금액

④ 중간배당에 따라 당해 결산기에 적립하여야 할 이익준비금

회사는 당해 결산기의 대차대조표상의 순자산액이 제462조 제1항 배당가능이익의 합계액에 미치지 못할 우려가 있는 때에는 중간배당을 하여서는 안 된다. 당해 결산기 대차대조표상의 순자산액이 제462조 제1항 배당가능이익의 합계액에 미치지 못함에도 불구하고 중간배당을 한 경우 이사는 회사에 대하여 연대하여 그 차액(배당액이 그 차액보다 적을 경우에는 배당액)을 배상할 책임이 있다. 다만, 이사가 회사의 당해 결산기 대차대조표상의 순자산액이 제462조 제1항 배당가능이익의 합계액에 미치지 못할 우려가 없다고 판단함에 있어 주의를 게을리하지 아니하였음을 증명한 때에는 그러하지 아니한다.

(2) 법인으로 보는 단체로부터 받는 배당 또는 분배금

법인으로 보는 단체는 국세기본법 제13조에 의한 단체이며 이러한 법인으로 보는 단체로부터 받는 배당 또는 분배금은 배당소득으로 보고 있다.

법인으로 보는 단체(국기법 §13)는 다음과 같다.

① 법인으로 보는 단체법인(법인세법 제1조 제1호 및 제3호에 따른 내국법인 및 외국법인)이 아닌 사단, 재단, 그 밖의 단체(법인 아닌 단체) 중 다음의 어느 하나에 해당하는 것으로서 수익을 구성원에게 분배하지 아니하는 것은 법인으로 보아 이 국세기본법과 세법을 적용한다.

　　가. 주무관청의 허가 또는 인가를 받아 설립되거나 법령에 따라 주무관청에 등록한 사단, 재단, 그 밖의 단체로서 등기되지 아니한 것

　　나. 공익을 목적으로 출연(出捐)된 기본재산이 있는 재단으로서 등기되지 아니한 것

② 법인으로 보는 법인 아닌 단체

상기 '①(법인으로 보는 사단, 재단, 그 밖의 단체)' 외의 법인 아닌 단체 중 다음의 요건을 모두 갖춘 것으로서 대표자나 관리인이 관할세무서장에게 신청하여 승인을 받은 것도 법인으로 보아 이 국세기본법과 세법을 적용한다. 이 경우 해당 사단, 재단, 그 밖의 단체의 계속성과 동질성이 유지되는 것으로 본다. 이 경우 법인으로

02

보는 법인 아닌 단체는 그 신청에 대하여 관할세무서장의 승인을 받은 날이 속하는 과세기간과 그 과세기간이 끝난 날부터 3년이 되는 날이 속하는 과세기간까지는 소득세법에 따른 거주자 또는 비거주자로 변경할 수 없다. 다만, 다음의 요건을 갖추지 못하게 되어 승인취소를 받는 경우에는 그러하지 아니하다.

가. 사단, 재단, 그 밖의 단체의 조직과 운영에 관한 규정(規定)을 가지고 대표자나 관리인을 선임하고 있을 것

나. 사단, 재단, 그 밖의 단체 자신의 계산과 명의로 수익과 재산을 독립적으로 소유 · 관리할 것

다. 사단, 재단, 그 밖의 단체의 수익을 구성원에게 분배하지 아니할 것

(3) 법인과세 신탁재산으로부터 받는 배당금 또는 분배금

법인세법 제5조 제2항에 따라 내국법인으로 보는 신탁재산으로부터 받는 배당금 또는 분배금을 말한다.

(4) 의제배당

상법상의 이익배당은 아니지만 실질적으로 이익배당과 같은 성경의 소득을 얻는 경우 그 소득을 배당으로 보아 소득세 또는 법인세를 부과하는바, 이를 의제배당이라 한다.

(5) 법인세법에 의하여 배당으로 처분된 금액(인정배당)

법인이 법인세과세표준을 신고하거나 정부가 법인세의 과세표준을 결정 또는 경정함에 있어서 익금에 산입하는 금액 또는 손금불산입할 금액의 귀속이 주주나 출자자에 귀속됨이 분명한 경우 해당 주주 등에게 귀속시켜 과세하는 금액이다.

(6) 국내 또는 국외에서 받는 집합투자기구로부터의 이익

① 집합투자기구란 다음의 요건을 모두 갖춘 집합투자기구를 말한다(소령 §26의 2).

가. 자본시장과금융투자업에관한법률에 따른 집합투자기구(같은법 제251조에 따른 보험회사의 특별계정은 제외하되, 금전의 신탁으로서 원본을 보전하는 것을 포함함. 이하 "집합투자기구")일 것

나. 해당 집합투자기구의 설정일부터 매년 1회 이상 결산 · 분배할 것. 다만, 다음

각 목의 어느 하나에 해당하는 이익금은 분배를 유보할 수 있으며, 자본시장과
금융투자업에관한법률 제242조에 따른 이익금이 0보다 적은 경우에도 분배를
유보할 수 있다(같은법 제9조 제22항에 따른 집합투자규약에서 정하는 경우에 한정함).

- 자본시장과금융투자업에관한법률 제234조에 따른 상장지수집합투자기구가
  지수 구성종목을 교체함에 따라 계산되는 이익
- 자본시장과금융투자업에관한법률 제238조에 따라 평가한 집합투자재산의
  평가이익
- 자본시장과금융투자업에관한법률 제240조 제1항의 회계처리기준에 따른 집
  합투자재산의 매매이익(2016.2.17. 전에 발생한 집합투자재산의 매매이익으로서
  2016.2.17. 이후 결산 및 분배하는 경우에도 적용함)

다. 금전으로 위탁받아 금전으로 환급할 것(금전 외의 자산으로 위탁받아 환급하는 경
우로서 당해 위탁가액과 환급가액이 모두 금전으로 표시된 것을 포함함)

② '①'을 적용할 때 국외에서 설정된 집합투자기구는 '①'의 각 호의 요건을 갖추지 아
니하는 경우에도 '①'에 따른 집합투자기구로 본다.

③ 집합투자기구가 '①'의 각 호의 요건을 갖추지 아니하는 경우에는 다음 각 호의 구분
에 따라 과세한다.

가. 자본시장과금융투자업에관한법률 제9조 제18항에 따른 투자신탁 · 투자조합 ·
투자익명조합으로부터의 이익은 소득세법 제4조 제2항에 따른 집합투자기구
외의 신탁의 이익으로 보아 과세한다.

나. 자본시장과금융투자업에관한법률 제9조 제18항에 따른 투자회사 · 투자유한회
사 · 투자합자회사 및 경영참여형 사모투자전문회사(조세특례제한법 제100조의
15에 따른 동업기업과세특례를 적용받지 않는 경우에 한정함)로부터의 이익은 소득
세법 제17조 제1항 제1호의 배당 및 분배금으로 보아 과세한다.

④ '①'에 따른 집합투자기구로부터의 이익(이하 "집합투자기구로부터의 이익")에는 집합
투자기구가 제1호 각 목의 방법으로 취득한 제2호 각 목의 증권(제1호 다목의 방법으
로는 제2호 나목의 증권을 취득하는 경우로 한정한다) 또는 장내파생상품증권(자본시장
과금융투자업에관한법률에 따른 장내파생상품을 말한다. 이하 같다)의 거래나 평가로 인
하여 발생한 손익을 포함하지 아니한다. 다만, 비거주자 또는 외국법인이 자본시장
과금융투자업에관한법률 제9조 제19항 제2호에 따른 일반 사모집합투자기구나 조
세특례제한법 제100조의 15에 따른 동업기업과세특례를 적용받지 않는 기관전용

사모집합투자기구를 통하여 취득한 주식 또는 출자증권(자본시장과금융투자업에관한 법률 제8조의 2 제4항 제1호에 따른 증권시장(이하 "증권시장"이라 한다)에 상장된 주식 또 는 출자증권으로서 양도일이 속하는 연도와 그 직전 5년의 기간 중 그 주식 또는 출자증권을 발행한 법인의 발행주식 총수 또는 출자총액의 100분의 25 이상을 소유한 경우로 한정한다) 의 거래로 발생한 손익은 집합투자기구로부터의 이익에 포함한다.

---

1. 취득 방법 :
   가. 집합투자기구가 직접 취득
   나. 집합투자기구가 자본시장과금융투자업에관한법률 제9조 제21항에 따른 집합 투자증권에 투자(제26조의 3 제1항 제2호 본문에 따른 상장지수증권에 투자 한 경우에는 그 상장지수증권의 지수를 구성하는 기초자산에 해당하는 증권 에 투자하는 것을 말한다)하여 취득
   다. 집합투자기구가 벤처투자촉진에관한법률에 따른 벤처투자조합 또는 여신전 문금융업법에 따른 신기술사업투자조합의 출자지분에 투자하여 취득
2. 취득 대상 :
   가. 증권시장에 상장된 증권(다음의 것은 제외한다. 이하 이 항에서 같다)
      1) 법 제46조 제1항에 따른 채권등
      2) 외국 법령에 따라 설립된 외국 집합투자기구의 주식 또는 수익증권
   나. 벤처기업육성에관한특별조치법에 따른 벤처기업의 주식 또는 출자지분
   다. 가목의 증권을 대상으로 하는 장내파생상품증권

---

⑤ 집합투자기구가 자본시장과금융투자업에관한법률에 따른 집합투자증권만을 투자하 여 취득하는 증권은 '④'에 따른 '집합투자기구가 직접 취득한 증권'으로 본다.

⑥ 집합투자기구로부터의 이익은 자본시장과금융투자업에관한법률에 따른 각종 보 수·수수료 등을 뺀 금액으로 한다.

⑦ 집합투자기구로부터의 이익은 법률 제7379호 근로자퇴직급여보장법 부칙 제2조 제 1항에 따른 퇴직일시금신탁의 이익 또는 분배금을 포함하지 아니한다.

⑧ 자본시장과금융투자업에관한법률 제9조 제19항에 따른 사모집합투자기구로서 다 음 각 호의 요건을 모두 갖춘 집합투자기구에 대하여는 '①'의 각 호의 요건을 모두 충족하는 경우에도 '①'에 따른 집합투자기구로 보지 아니하고 법 제4조 제2항을 적용한다.
   가. 투자자가 거주자(비거주자와 국내사업장이 없는 외국법인을 포함) 1인이거나 거주 자 1인 및 그와 국세기본법시행령 제20조의 규정에 의한 친족 그 밖의 특수관

계에 있는 자(비거주자와 외국법인인 경우에는 다음의 어느 하나에 해당하는 관계에 있는 자를 말함)

- 비거주자와 그의 배우자·직계혈족 및 형제자매인 관계
- 일방이 타방의 의결권 있는 주식의 100분의 50 이상을 직접 또는 간접으로 소유하고 있는 관계
- 제3자가 일방 또는 타방의 의결권 있는 주식의 100분의 50 이상을 직접 또는 간접으로 각각 소유하고 있는 경우 그 일방과 타방 간의 관계

나. 투자자가 사실상 자산운용에 관한 의사결정을 하는 경우

⑨ 집합투자기구로부터의 이익에 대한 과세표준 계산방식 등은 기획재정부장관이 정하여 고시하는 바에 따른다.

⑩ 수익증권 펀드계좌에서 발생한 투자손실금액은 배당소득금액 계산 시 공제할 수 없는 것이다(조심 2017중1330, 2017.5.18).

현행 소득세법상 쟁점수익증권과 같은 펀드계좌에서 발생한 투자손실액을 배당소득 또는 종합소득금액에서 공제할 근거 규정이 없는 점, 소득세법 제17조 제1항 제5호가 펀드와 같은 집합투자기구로부터의 배당소득 과세표준을 '손익'이 아닌 '이익'으로 규정하고 있는 점, 집합투자기구로부터의 이익에 대한 과세표준 계산방식을 규정한 소득세법 시행규칙 제13조 각 항에서 발생한 이익을 계산할 때 손실을 반영하도록 규정하고 있지 않은 점 등에 비추어, 청구인의 쟁점수익증권의 배당소득금액을 산정함에 있어 이익과 손실을 통산하여 달라는 경정청구를 거부한 처분청의 처분은 잘못이 없다.

(7) 국내 또는 국외에서 받는 자본시장과금융투자업에관한법률에 따른 파생결합 증권 또는 파생결합사채로부터의 이익(2025.1.1. 이후부터는 삭제)

'파생결합증권 또는 파생결합사채로부터의 이익'이란 다음 각 호의 어느 하나에 해당하는 이익을 말한다(소령 §26의 3 ①).

① 자본시장과금융투자업에관한법률 제4조 제7항에 따른 파생결합증권(이하 "파생결합증권"이라 함)으로부터 발생한 이익. 다만, 당사자 일방의 의사표시에 따라 증권시장 또는 이와 유사한 시장으로서 외국에 있는 시장에서 매매거래되는 특정 주권의 가격이나 주가지수 수치의 변동과 연계하여 미리 정해진 방법에 따라 주권의 매매나 금전을 수수하는 거래를 성립시킬 수 있는 권리를 표시하는 증권 또는 증서로부터

발생한 이익은 제외한다.

② 파생결합증권 중 자본시장과금융투자업에관한법률 제4조 제10항에 따른 기초자산의 가격·이자율·지표·단위 또는 이를 기초로 하는 지수 등의 변동과 연계하여 미리 정해진 방법에 따라 이익을 얻거나 손실을 회피하기 위한 계약상의 권리를 나타내는 것으로서 증권시장에 상장되어 거래되는 증권 또는 증서(이하 "상장지수증권"이라 함)를 계좌 간 이체, 계좌의 명의변경, 상장지수증권의 실물양도의 방법으로 거래하여 발생한 이익. 다만, 증권시장에서 거래되는 주식의 가격만을 기반으로 하는 지수의 변화를 그대로 추적하는 것을 목적으로 하는 상장지수증권을 계좌 간 이체, 계좌의 명의변경 및 상장지수증권의 실물양도의 방법으로 거래하여 발생한 이익은 제외한다.

③ 상법 제469조 제2항 제3호에 따른 사채로부터 발생한 이익

상장지수증권으로부터의 이익에 대한 과세표준 계산방식(소칙 §14)

1. 소득세법시행령 제26조의 3 제1항 제2호에 따른 상장지수증권으로부터의 이익을 분배받는 경우 투자자가 보유하는 상장지수증권의 증권당 배당소득금액은 다음의 구분에 따른 금액으로 한다.
   ① 소득세법시행령 제26조의 3 제1항 제2호에 따른 증권시장에서 거래되는 주식의 가격만을 기반으로 하는 지수의 변화를 그대로 추적하는 것을 목적으로 하는 상장지수증권
   상장지수증권을 발행하는 자가 투자자에게 증권당 분배하는 금액(소득세법시행령 제26조의 2 제4항 각 호의 증권 또는 장내파생상품의 평가로 발생한 손익은 제외)
   ② '①' 외의 상장지수증권
   상장지수증권의 분배 시 과세표준기준가격(상장지수증권의 기초자산을 구성하는 가격·이자율·지표·단위 또는 이를 기초로 하는 지수 등의 증권당 평가금액에서 영 제26조의 2 제4항 각 호의 증권 또는 장내파생상품의 평가로 발생한 손익을 제외하여 산정한 금액을 말함. 이하 이 조에서 같음)에서 매수 시 과세표준기준가격을 뺀 후 직전 분배 시 발생한 과세되지 아니한 투자자별 손익을 더하거나 뺀 금액. 이 경우 상장지수증권으로부터의 이익으로서 상장지수증권을 발행한 자가 투자자에게 분배하는 금액을 한도로 한다.
2. 상장지수증권의 환매 및 매도 또는 상장폐지(환매 등)를 통하여 상장지수증권으로부터의 이익을 받는 경우 상장지수증권의 증권당 배당소득금액은 다음의 구분에 따른 금액으로 한다.

    ① 상기 '1.의 ①'에 해당하는 상장지수증권

       환매 등(상장지수증권의 매도는 제외)이 발생하는 시점의 과세표준기준가격에서 직전 분배 직후의 과세표준기준가격(최초 설정 후 분배가 없었던 경우에는 최초 설정 시 과세표준기준가격)을 뺀 금액

    ② '①' 외의 상장지수증권

       환매 등이 발생하는 시점의 과세표준기준가격에서 매수 시 과세표준기준가격을 뺀 후 직전 분배 시 발생한 과세되지 아니한 투자자별 손익을 더하거나 뺀 금액

3. 상장지수증권(상기 '1.의 ①'에 해당하는 상장지수증권은 제외)을 증권시장에서 매도하는 경우의 증권당 배당소득금액은 상기 '2.의 ②'에도 불구하고 같은 호에 따라 계산된 금액과 매수·매도 시의 과세표준기준가격을 실제 매수·매도가격으로 하여 같은 호에 따라 계산된 금액 중 적은 금액으로 한다.

4. 투자자별 배당소득금액은 다음 계산식에 따라 계산한 금액으로 한다.

   (상기 '1.'부터 상기 '3.'까지의 규정에 따른 증권당 배당소득금액×분배 시 보유하고 있는 증권수 또는 환매 등이 발생하는 증권수)－자본시장과금융투자업에관한법률에 따른 각종 보수·수수료 등

   이때 같은 계좌 내에서 같은 상장지수증권을 증권시장에서 두 차례 이상 매수한 경우 매수 시의 과세표준기준가격은 소득세법시행규칙 제13조 제8항 제2호의 이동평균법을 준용하여 산정하고, 투자자별 배당소득금액은 같은 시점에서 분배 또는 환매 등이 발생하는 상장지수증권 전체를 하나의 과세단위로 하여 계산한다. 다만, 같은 날 매도되는 상장지수증권은 전체를 하나의 과세단위로 하여 투자자별 배당소득금액을 계산한다.

(8) 외국법인으로부터 받는 이익이나 잉여금의 배당 또는 분배금

해외법인주식에 대한 배당금수령 시 배당소득금액의 계산 시 적용되는 환율은 외국법인의 잉여금 처분결의일의 환율을 적용하며 개인이 그 외화금액을 원화로 환전함으로써 발생하는 환차손익은 과세대상 소득으로 가산하거나 차감하지 않음(사전법령소득－250, 2018.5.11.).

(9) 국제조세조정에관한법률 제17조에 따라 배당받은 것으로 간주된 금액

법인의 부담세액이 실제발생소득의 100분의 15 이하인 국가 또는 지역에 본점 또는 주사무소를 둔 외국법인에 대하여 내국인이 출자한 경우에는 그 외국법인 중 내국인과 특수관계가 있는 법인(특정외국법인)의 각 사업연도말 현재 배당가능한 유보소득(留保所

得) 중 내국인에게 귀속될 금액은 내국인이 배당받은 것으로 본다.

1) 특정외국법인 판단

특정외국법인(국조법 §2 ① 8호 가목)의 관계에 해당하는지를 판단할 때에는 내국인 그리고 본인과 다음의 어느 하나에 해당하는 관계에 있는 자가 직접 또는 간접으로 보유하는 주식을 포함한다.

① 다음의 혈족·인척 등 관계

　　가. 4촌 이내의 혈족

　　나. 3촌 이내의 인척

　　다. 배우자(사실상의 혼인관계에 있는 자를 포함)

　　라. 친생자로서 다른 사람에게 친양자 입양된 자 및 그 배우자·직계비속

　　마. 혼외출생자의 생부·생모

② 다음의 임원·사용인 등 경제적 연관관계

　　가. 임원과 그 밖의 사용인

　　나. 본인의 금전이나 그 밖의 재산으로 생계를 유지하는 자

　　다. '가' 및 '나'의 자와 생계를 함께하는 친족

● 국제조세조정에관한법률 제2조 제1항 제8호 가목

특수관계란 다음의 어느 하나에 해당하는 관계를 말하며 그 세부기준은 국제조세조정에관한법률시행령 제2조에서 정한다.

① 거래당사자의 어느 한 쪽이 다른 쪽의 의결권 있는 주식(출자지분을 포함한다. 이하 같다)의 100분의 50 이상을 직접 또는 간접으로 소유하고 있는 관계

② 제3자가 거래당사자 양쪽의 의결권 있는 주식의 100분의 50 이상을 직접 또는 간접으로 각각 소유하고 있는 경우 그 양쪽 간의 관계

③ 자본의 출자관계, 재화·용역의 거래관계, 자금의 대여 등에 의하여 거래당사자 간에 공통의 이해관계가 있고 거래당사자의 어느 한 쪽이 다른 쪽의 사업방침을 실질적으로 결정할 수 있는 관계

④ 자본의 출자관계, 재화·용역의 거래관계, 자금의 대여 등에 의하여 거래당사자 간에 공통의 이해관계가 있고 제3자가 거래당사자 양쪽의 사업방침을 실질적으로 결정할 수 있는 경우 그 거래당사자 간의 관계

● 국제조세조정에관한법률시행령 제2조

국제조세조정에관한법률 제2조 제1항 제8호에 따른 특수관계는 다음의 어느 하나에 해당하는 관계로 한다.

① 외국에 거주하거나 소재하는 자("외국주주", 주주 및 출자자를 포함)가 내국법인 또는 국내사업장을 두고 있는 외국법인의 의결권 있는 주식(출자지분을 포함)의 100분의 50 이상을 직접 또는 간접으로 소유한 경우 그 내국법인 또는 국내사업장과 외국주주의 관계

② 거주자 · 내국법인 또는 국내사업장을 두고 있는 외국법인이 다른 외국법인의 의결권 있는 주식의 100분의 50 이상을 직접 또는 간접으로 소유한 경우 그 거주자 · 내국법인 또는 국내사업장과 다른 외국법인의 관계

③ 내국법인 또는 국내사업장을 두고 있는 외국법인의 의결권 있는 주식의 100분의 50 이상을 직접 또는 간접으로 소유하고 있는 자가 제3의 외국법인의 의결권 있는 주식의 100분의 50 이상을 직접 또는 간접으로 소유한 경우 그 내국법인 또는 국내사업장과 제3의 외국법인(그 외국법인의 국내사업장을 포함한다)의 관계

④ 거주자 · 내국법인 또는 국내사업장과 비거주자 · 외국법인 또는 이들의 국외사업장의 관계에서 어느 한 쪽과 다른 쪽 간에 자본의 출자관계, 재화 · 용역의 거래관계, 자금의 대여 등에 의하여 소득을 조정할 수 있는 공통의 이해관계가 있고, 어느 한 쪽이 다음의 어느 하나의 방법으로 다른 쪽의 사업방침 전부 또는 중요한 부분을 실질적으로 결정할 수 있는 경우 그 어느 한 쪽과 다른 쪽의 관계

　㉠ 다른 쪽 법인의 대표임원이나 총임원수의 절반 이상에 해당하는 임원이 어느 한 쪽 법인의 임원 또는 종업원의 지위에 있거나 사업연도 종료일부터 소급하여 3년 이내에 어느 한 쪽 법인의 임원 또는 종업원의 지위에 있었을 것

　㉡ 어느 한 쪽이 조합이나 신탁을 통하여 다른 쪽의 의결권 있는 주식의 100분의 50 이상을 소유할 것

　㉢ 다른 쪽이 사업활동의 100분의 50 이상을 어느 한 쪽과의 거래에 의존할 것

　㉣ 다른 쪽이 사업활동에 필요한 자금의 100분의 50 이상을 어느 한 쪽으로부터 차입하거나 어느 한 쪽에 의한 지급보증을 통하여 조달할 것

　㉤ 다른 쪽이 어느 한 쪽으로부터 제공되는 지식재산권에 100분의 50 이상을 의존하여 사업활동을 할 것

⑤ 거주자 · 내국법인 또는 국내사업장과 비거주자 · 외국법인 또는 이들의 국외사업장의 관계에서 어느 한 쪽과 다른 쪽 간에 자본의 출자관계, 재화 · 용역의 거래관계, 자금의 대여 등에 의하여 소득을 조정할 수 있는 공통의 이해관계가 있고 제3자, 어느 한 쪽 및 다른 쪽 간의 관계가 다음 각 목의 어느 하나에 해당하는 경우 그 어느 한 쪽과 다른 쪽의 관계

　㉠ 거주자 · 내국법인 또는 국내사업장이 의결권 있는 주식의 100분의 50 이상을 직접 또는 간접으로 소유하는 어느 한 쪽과 그 거주자 · 내국법인 또는 국내사업장과 제4호 각 목의 어느 하나에 해당하는 관계에 있는 다른 쪽의 관계

    ⓒ 비거주자·외국법인 또는 이들의 국외사업장이 의결권 있는 주식의 100분의 50 이상을 직접 또는 간접으로 소유하는 어느 한 쪽과 그 비거주자·외국법인 또는 이들의 국외사업장과 제4호 각 목의 어느 하나에 해당하는 관계에 있는 다른 쪽의 관계

    ⓒ 독점규제및공정거래에관한법률시행령 제3조 각 호의 어느 하나에 해당하는 기업집단에 속하는 계열회사인 어느 한 쪽과 그 기업집단 소속의 다른 계열회사가 의결권 있는 주식의 100분의 50 이상을 직접 또는 간접으로 소유하는 다른 쪽의 관계

    ⓔ 제3자가 거래당사자 양쪽의 사업 방침을 제4호 각 목의 어느 하나의 방법으로 전부 또는 중요한 부분을 실질적으로 결정할 수 있는 경우 그 거래당사자 양쪽 간의 관계

⑥ 주식의 간접소유비율은 다음 각 호의 방법으로 계산한다.

    ㉠ 어느 한 쪽 법인이 다른 쪽 법인의 주주인 법인(주주법인)의 의결권 있는 주식의 100분의 50 이상을 소유하고 있는 경우에는 주주법인이 소유하고 있는 다른 쪽 법인의 의결권 있는 주식이 그 다른 쪽 법인의 의결권 있는 주식에서 차지하는 비율(주주법인의 주식소유비율)을 어느 한 쪽 법인의 다른 쪽 법인에 대한 간접소유비율로 한다. 다만, 주주법인이 둘 이상인 경우에는 주주법인별로 계산한 비율을 합계한 비율을 어느 한 쪽 법인의 다른 쪽 법인에 대한 간접소유비율로 한다.

    ㉡ 어느 한 쪽 법인이 다른 쪽 법인의 주주법인의 의결권 있는 주식의 100분의 50 미만을 소유하고 있는 경우에는 그 소유비율에 주주법인의 주식소유비율을 곱한 비율을 어느 한 쪽 법인의 다른 쪽 법인에 대한 간접소유비율로 한다. 다만, 주주법인이 둘 이상인 경우에는 주주법인별로 계산한 비율을 합계한 비율을 어느 한 쪽 법인의 다른 쪽 법인에 대한 간접소유비율로 한다.

    ㉢ 다른 쪽 법인의 주주법인과 어느 한 쪽 법인 사이에 하나 이상의 법인이 개재되어 있고 이들 법인이 주식소유관계를 통하여 연결되어 있는 경우에도 제1호와 제2호의 계산방법을 준용한다.

2) 배당받는 것으로 적용받는 내국인의 범위

배당받는 것으로 적용받는 내국인의 범위는 특정외국법인의 각 사업연도말 현재 발행주식의 총수 또는 출자총액의 100분의 10 이상을 직접 또는 간접으로 보유한 자로 한다. 이 경우 발행주식의 총수 또는 출자총액의 100분의 10을 판단할 때에는 본인과 다음의 어느 하나에 해당하는 관계에 있는 자가 직접 보유하는 발행주식 또는 출자지분을 포함한다.

① 다음의 혈족 · 인척 등 관계

　가. 6촌 이내의 혈족

　나. 4촌 이내의 인척

　다. 배우자(사실상의 혼인관계에 있는 자를 포함)

　라. 친생자로서 다른 사람에게 친양자 입양된 자 및 그 배우자 · 직계비속

② 다음의 임원 · 사용인 등 경제적 연관관계

　가. 임원과 그 밖의 사용인

　나. 본인의 금전이나 그 밖의 재산으로 생계를 유지하는 자

　다. '가' 및 '나'의 자와 생계를 함께하는 친족

3) 배당으로 간주 배제

특정외국법인의 각 사업연도말 현재 실제 발생 소득이 다음의 금액 이하인 경우에는 제1항을 적용하지 아니한다.

즉 국제조세조정에관한법률 제29조 제1항부터 제3항까지의 규정에 따라 계산한 금액 (실제발생소득)을 각 사업연도말 현재 외국환거래법에 따른 기준환율 또는 재정환율로 환산한 금액이 2억원 이하인 경우 그 금액을 말한다. 이 경우 사업연도가 1년 미만인 경우에는 다음에 따라 산출한 금액으로 한다.

$$\frac{2억원}{12} \times 해당\ 사업연도의\ 개월수$$

(10) 공동사업에서 발생한 소득금액 중 출자공동사업자의 손익분배비율에 상당하는 금액

1) 공동사업

공동사업이란 사업소득이 발생하는 사업을 공동으로 경영하고 그 손익을 분배하는 사업으로 경영에 참여하지 아니하고 출자만 하는 출자공동사업자가 있는 공동사업을 포함한다. 출자공동사업자란 다음의 어느 하나에 해당하지 아니하는 자로서 공동사업의 경영에 참여하지 아니하고 출자만 하는 자를 말한다.

① 공동사업에 성명 또는 상호를 사용하게 한 자

943

② 공동사업에서 발생한 채무에 대하여 무한책임을 부담하기로 약정한 자

2) 출자공동사업자의 손익분배비율에 해당하는 금액

공동사업에서 발생한 소득금액은 해당 공동사업을 경영하는 각 거주자(출자공동사업자를 포함) 간에 약정된 손익분배비율(약정된 손익분배비율이 없는 경우에는 지분비율)에 의하여 분배되었거나 분배될 소득금액에 따라 각 공동사업자별로 분배한 금액이다.

(11) 상기 '(1)~(9)'의 소득과 유사한 소득으로서 수익분배의 성격이 있는 것

2002.1.1. 소득세법의 개정으로 소득세의 유형별 포괄과세제도가 도입되었다. 이 중 배당소득과 관련된 포괄적 과세제도로서 상기 '(1)~(9)'의 소득과 유사한 소득으로서 수익분배의 성격이 있는 것은 배당소득에 포함된다.

거주자가 일정기간 후에 같은 종류로서 같은 양의 주식을 반환받는 조건으로 주식을 대여하고 해당 주식의 차입자로부터 지급받는 해당 주식에서 발생하는 배당에 상당하는 금액은 법 제17조 제1항 제9호에 따른 배당소득에 포함된다(소령 §26의 3 ④).

(12) 배당부상품과 파생상품이 결합된 거래 또는 행위로부터의 이익

상기 '(1)부터 (11)까지의 규정 중 어느 하나에 해당하는 소득을 발생시키는 거래 또는 행위와 파생상품이 다음의 요건을 모두 갖춘 경우로서 실질상 하나의 상품과 같이 운용되는 방식으로 결합된 경우 해당 파생상품의 거래 또는 행위로부터의 이익

이는 개인이 배당소득이 발생하는 상품("배당부상품")과 파생상품을 함께 거래하는 경우로서 다음의 어느 하나에 해당하는 경우를 말한다.

① 다음의 요건을 모두 갖추어 실질상 하나의 상품과 같이 운영되는 경우

   가. 금융회사 등이 직접 개발·판매한 배당부상품의 거래와 해당 금융회사 등의 파생상품의 계약이 해당 금융회사 등을 통하여 이루어질 것

   나. 파생상품이 배당부상품의 원금 및 배당소득의 전부 또는 일부나 배당소득등의 가격·이자율·지표·단위 또는 이를 기초로 하는 지수 등에 따라 산출된 금전이나 그 밖의 재산적 가치가 있는 것을 거래하는 계약일 것

   다. '가.'에 따른 금융회사 등이 배당부상품의 배당소득 등과 파생상품으로부터 이익을 지급할 것

② 다음의 요건을 모두 갖추어 장래의 특정 시점에 금융회사 등이 지급하는 파생상품(자본시장과금융투자업에관한법률 제166조의 2 제1항 제1호에 해당하는 경우에 한정)으로부터의 이익이 확정되는 경우

　　가. 금융회사 등이 취급한 배당부상품의 거래와 해당 금융회사 등의 파생상품의 계약이 해당 금융회사 등을 통하여 이루어질 것(배당부상품의 거래와 파생상품의 계약이 2 이상의 금융회사 등을 통하여 별도로 이루어지더라도 파생상품의 계약을 이행하기 위하여 배당부상품을 질권으로 설정하거나 자본시장과금융투자업에관한법률시행령 제103조에 따른 금전신탁을 통하여 이루어지는 경우를 포함)

　　나. 파생상품이 배당부상품의 배당소득등이나 배당소득등의 가격 · 이자율 · 지표 · 단위 또는 이를 기초로 하는 지수 등에 따라 산출된 금전이나 그 밖의 재산적 가치가 있는 것을 거래하는 계약일 것

　　다. 파생상품으로부터의 확정적인 이익이 배당부상품의 배당소득보다 클 것

2. 배당소득에 포함하지 아니하는 것

상법 제461조의 2에 따라 자본준비금을 감액하여 받은 배당(소득세법 제17조 제2항 제2호 각 목에 해당하지 아니하는 자본준비금을 감액하여 받은 배당은 제외)은 소득세법 제17조 제1항에 따른 배당소득에 포함하지 아니한다(소령 §26의 3 ⑥).

1) 상법 제461조의 2에 따라 자본준비금을 감액하여 받은 배당

회사는 적립된 자본준비금 및 이익준비금의 총액이 자본금의 1.5배를 초과하는 경우에 주주총회의 결의에 따라 그 초과한 금액 범위에서 자본준비금과 이익준비금을 감액할 수 있다.

2) 소득세법 제17조 제2항 제2호 각 목의 배당

① 상법 제459조 제1항에 따른 자본준비금으로서 법인세법 제17조 제1항 각 호에 해당하는 금액을 말한다. 다만, 법인세법시행령 제12조 제1항 각 호의 어느 하나에 해당하는 금액은 제외한다.

> ● 법인세법 제17조 제1항 각 호
> 　① 주식발행액면초과액
> 　　액면금액 이상으로 주식을 발행한 경우 그 액면금액을 초과한 금액(무액면주

식의 경우에는 발행가액 중 자본금으로 계상한 금액을 초과하는 금액을 말한다). 다만, 채무의 출자전환으로 주식 등을 발행하는 경우에는 그 주식 등의 법인세법 제52조 제2항에 따른 시가를 초과하여 발행된 금액은 제외한다.

② 주식의 포괄적 교환차익

상법 제360조의 2에 따른 주식의 포괄적 교환을 한 경우로서 상법 제360조의 7에 따른 자본금 증가의 한도액이 완전모회사의 증가한 자본금을 초과한 경우의 그 초과액

③ 주식의 포괄적 이전차익(移轉差益)

상법 제360조의 15에 따른 주식의 포괄적 이전을 한 경우로서 같은 법 제360조의 18에 따른 자본금의 한도액이 설립된 완전모회사의 자본금을 초과한 경우의 그 초과액

④ 감자차익(減資差益)

자본감소의 경우로서 그 감소액이 주식의 소각, 주금(株金)의 반환에 든 금액과 결손의 보전(補塡)에 충당한 금액을 초과한 경우의 그 초과금액

⑤ 합병차익

상법 제174조에 따른 합병의 경우로서 소멸된 회사로부터 승계한 재산의 가액이 그 회사로부터 승계한 채무액, 그 회사의 주주에게 지급한 금액과 합병 후 존속하는 회사의 자본금증가액 또는 합병에 따라 설립된 회사의 자본금을 초과한 경우의 그 초과금액

⑥ 분할차익

상법 제530조의 2에 따른 분할 또는 분할합병으로 설립된 회사 또는 존속하는 회사에 출자된 재산의 가액이 출자한 회사로부터 승계한 채무액, 출자한 회사의 주주에게 지급한 금액과 설립된 회사의 자본금 또는 존속하는 회사의 자본금증가액을 초과한 경우의 그 초과금액

● 법인세법시행령 제12조 제1항 각 호

① 법인세법 제17조 제1항 제1호 단서(채무의 출자전환으로 인한 주식발행)에 따른 초과금액

② 자기주식 또는 자기출자지분을 소각하여 생긴 이익(소각당시 법인세법 제52조 제2항에 따른 시가가 취득가액을 초과하지 아니하는 경우로서 소각일부터 2년이 지난 후 자본에 전입하는 금액은 제외)

③ 법인세법 제44조 제2항 또는 제3항에 해당하여 양도손익이 없는 것으로 하는 합병(적격합병)을 한 경우 법인세법 제17조 제1항 제5호에 따른 금액(합병차익)에 달할 때까지 다음의 순서에 따라 순차로 계산하여 산출한 가목, 다목(법인세법 제16조 제1항 제2호 각 목 외의 부분 본문에 따른 잉여금으로 한정) 및 라목의 금액(주식회사 외의 법인인 경우에는 이를 준용하여 계산한 금액)

가. 법인세법 제44조의 3 제1항 및 법인세법시행령 제80조의 4 제1항에 따른 자산조정계정의 합계액

> 나. 법인세법 제16조 제1항 제5호에 따른 합병대가의 총합계액(주식의 경우에는 액면가액에 의하여 평가한 금액)이 피합병법인의 자본금에 미달하는 경우 그 미달하는 금액
> 다. 피합병법인의 기획재정부령으로 정하는 자본잉여금 중 법 제16조 제1항 제2호 각 목 외의 부분 본문에 따른 잉여금 외의 잉여금부터 순차로 계산한 금액
> 라. 피합병법인의 이익잉여금에 상당하는 금액

- 상법 제360조의 15에 따른 주식의 포괄적 이전에 의하여 설립된 완전모회사가 위 주식의 포괄적 이전과정에서 발생한 자본잉여금(주식의 포괄적 이전차익)을 재원으로 금전배당(회사는 적립된 자본준비금의 총액이 자본금의 1.5배를 초과하고 있으며 정기주주총회에서 위 주식의 포괄적 이전과정에서 발생한 자본잉여금을 재원으로 금전배당실시를 결의함)을 실시하는 경우(상법 제461조의 2에 따라 감액하여 지급받는 배당)에는 소득세법 제17조 제1항에 따른 배당소득에 포함하지 않음(사전법령소득-716, 2021.8.26.).

② 자산재평가법에 따른 재평가적립금(자산재평가법 제13조 제1항 제1호에 따른 토지의 재평가차액에 상당하는 금액은 제외)

02

3. 법인과세 신탁재산으로부터 보는 배당금 또는 분배금

(1) 신탁소득에 대한 과세방식 다양화(법법 §5, 법령 §3의 2)

1) 신탁소득에 대한 과세

① 납세의무자

　가. 원칙 : 수익자

　나. 예외 : 위탁자

　　위탁자가 실질 수익자*인 경우

> * 수익자가 특정되지 않거나 존재하지 않는 경우, 위탁자가 신탁을 통제·지배하는 경우로서 다음에 정하는 경우
> 　1. 위탁자가 신탁재산을 실질적으로 통제
> 　　* 위탁자가 ① 신탁계약 해지권, ② 수익자 지정·변경권, ③ 신탁 해지시 신탁재산 귀속권 등을 보유하는 경우
> 　2. 원본과 수익의 이익에 대한 수익자를 구분하여 설정
> 　　-원본의 이익 : 위탁자

－수익의 이익 : 위탁자의 지배주주등의 배우자 또는 직계존비속

② 과세방식 : 소득원천별로 납세의무자에게 과세

* 신탁은 도관으로 간주

2) 신탁재산 법인세 과세방식 선택 허용

① 대상 : ㉠ ～ ㉣의 신탁(자본시장법에 따른 투자신탁 제외) 중 수탁자*가 선택(위탁자가 신탁을 통제·지배하는 경우 제외)

* 내국법인 및 거주자인 경우에 한정

㉠ 신탁법 제3조에 따른 목적신탁

㉡ 신탁법 제78조에 따른 수익증권발행신탁

㉢ 신탁법 제114조에 따른 유한책임신탁

㉣ 수탁자가 신탁재산 처분권 및 수익의 유보·배분액 결정권을 갖는 경우(시행령 규정)

② 과세방식 : 신탁재산의 소득에 대해 수탁자에게 과세

* 수탁자가 수익자에게 배분 시 배당소득세 과세

(2) 신탁소득 과세방식 다양화에 따른 원천징수 규정 보완(법법 §73의 2 ④)

1) 채권 등 보유기간 이자상당액에 대한 원천징수의무

① 채권 등 매도 시 보유기간 이자상당액에 대해 매도법인에게 원천징수의무 부여

② 수익자 과세신탁의 신탁재산에 속한 채권 등 매도 시 : 신탁업자와 수익자 간 대리·위임 간주

③ 위탁자 과세신탁의 신탁재산에 속한 채권 등 매도 시 : 신탁업자와 위탁자 간 대리·위임 간주

※ 법인과세 신탁재산의 경우 별도 특례규정(75의16) 신설

(3) 신탁재산 법인세 과세에 대한 특례(법법 §75의 11)

① 수탁자의 지위 : 신탁재산의 수탁자(법인과세 수탁자)는 별도 구분

② 수탁자의 납세의무 : 고유소득과 분리된 신탁재산 귀속 소득에 한해 납세의무 부담

③ 수익자의 보충적 납세의무 : 신탁재산으로 법인세 등을 충당하지 못하는 경우

－분배받은 재산가액 및 수익을 한도로 수익자에게 제2차 납세의무 부과

④ 수익 분배 : 법인과세 신탁재산의 수익 분배 시 배당으로 간주

⑤ 요건 미충족 시 과세방법 : 신탁계약 변경 등으로 법인과세 적용이 가능한 신탁 요건을 미충족*하는 경우

   * (예) 신탁재산 처분권 등이 수탁자 → 위탁자로 이전된 경우

   －미충족 사유가 발생한 날이 속하는 사업연도분부터 법인세 과세 특례 미적용

(4) 법인과세 신탁재산으로부터 받는 배당에 대한 과세근거(소법 §17)

1) 배당소득의 유형

① 배당소득의 유형

   내국법인으로부터 받는 이익 또는 잉여금의 배당 · 분배금 등

② 법인과세 신탁재산으로부터 받는 배당금 · 분배금

2) 배당소득가산(Gross-up) 적용 제외되는 배당

① 외국법인으로부터 받는 배당, 출자공동사업자가 받는 분배금 등

② 법인과세 신탁재산으로부터 받는 배당금 · 분배금

(5) 법인과세 신탁재산에 대한 기본규정(법법 §75의 12)

① 설립 : 신탁이 설정된 날 설립한 것으로 간주

② 해산 : 신탁이 종료된 날* 해산한 것으로 간주

   * 단, 종료일이 분명하지 않은 경우 부가가치세법상 폐업일

③ 사업연도 : 신탁재산별로 별도로 사업연도 신고

④ 납세지 : 수탁자의 납세지와 동일

(6) 공동수탁자가 있는 경우에 대한 규정(법법 §75의 13)

수탁자가 둘 이상인 경우의 법인과세 신탁재산에 대한 규정

① 1개의 신탁재산으로 간주하여 해당 신탁의 신탁사무를 주로 처리하는 수탁자(주수탁자)로 신고한 자가 납세의무 부담

② 주수탁자 외 수탁자도 연대납부 책임 부과

(7) 법인과세 신탁재산 이중과세 조정(법법 §18의 2 · 3, §75의 14)

① 법인과세 신탁재산 배당 소득공제 신설

　가. 내용 : 수익자에게 배당한 금액에 대해 법인과세 신탁재산에게 소득공제 적용

　나. 소득공제 적용시기 : 해당 배당을 결의한 잉여금 처분의 대상이 되는 사업연도

② 수익자 배당에 대한 중복조정 배제

소득공제를 적용받는 신탁재산으로부터 배당을 받는 경우 수입배당금 익금불산입 규정 배제

(8) 법인과세 신탁재산의 합병 · 분할에 대한 규정(법법 §75의 15)

① 합병 : 신탁의 합병은 합병으로 간주

종전의 신탁재산 → 피합병법인

새로 합병된 신탁재산 → 합병법인

② 분할 : 신탁의 분할은 분할로 간주

이전하는 신탁재산 → 분할법인

이전되는 신탁재산 → 분할신설법인

(9) 법인과세 신탁재산의 소득금액 계산 특례(법법 §75의 16)

수탁자 변경에 따라 법인과세 신탁재산의 자산 및 부채를 이전하는 경우 변경 후 수탁자에게 장부가액으로 이전한 것으로 간주

(10) 법인과세 신탁재산의 신고 및 납부, 원천징수에 대한 특례(법법 §75의 17 · 18)

① 법인과세 신탁재산의 신고 및 납부에 대한 특례

성실신고확인서 제출 및 중간예납 의무 배제

② 법인과세 신탁재산 원천징수에 대한 특례

　가. 법인과세 신탁재산에 이자소득을 지급하는 자의 이자소득 등에 대한 원천징수 : 법인과세 수탁자가 금융회사인 경우 제외

　나. 법인과세 신탁재산에 속하는 채권 등 보유기간 이자상당액에 대한 원천징수 : 신탁재산에 속하는 채권 등 매도 시에 대한 원천징수의무자는 법인과세 수탁자에 해당

(11) 법인과세 신탁재산의 설립신고(법법 §109)

법인과세 신탁재산의 설립 신고내용 규정

① 설립일로부터 2개월 이내
② 법인과세 신탁재산 기재내용
　　가. 수탁자 명칭 등 추가
　　나. 수탁자의 본점 소재지
　　다. 사업 목적 등

(12) 법인과세 신탁재산의 수탁자 변경 신고(법법 §109의 2)

① 신고사유 : 신수탁자가 선임, 수탁자의 임무종료로 승계, 주수탁자가 변경된 경우
② 신고기한 : 사유 발생 후 2개월 이내에 신고
③ 제출서류 : 변경 신고서, 변경사실 증명서류
④ 기재내용 : 新수탁자, 승계한 수탁자, 변경·전·후 主수탁자의 명칭, 납세지 등

(13) 법인과세 신탁재산의 사업자등록 특례(법법 §111)

① 신설법인은 납세지 관할 세무서장에게 사업자등록
② 부가가치세법에 따라 사업자등록을 한 경우 사업자등록을 한 것으로 간주
③ 부가가치세법에 따라 법인과세 신탁재산의 수탁자가 별도의 사업자등록을 한 경우 법인과세 신탁재산에 대한 사업자등록을 한 것으로 간주

(14) 법인과세 신탁재산의 구분경리(법법 §113)

① 비영리법인은 수익사업과 비영리사업을 각각 구분경리
② 신탁재산 귀속 소득과 그 밖의 소득을 각각 구분경리
③ 법인과세 수탁자는 신탁재산별로 귀속 소득을 각각 다른 회계로 구분경리

(15) 법인과세 신탁재산의 간접투자 외국납부세액공제 적용(법법 §57의 2 ①)

① 특례내용 : 법인세액에서 외국납부세액을 공제[*](외국납부세액이 법인세액 초과 시 환급)

　　* 국외소득 × 국내원천징수세율(14%) 한도

② 적용대상

　가. 자본시장법에 따른 투자회사 등

　나. 부동산투자회사법에 따른 기업구조조정 부동산투자회사 등

　다. 법인과세 신탁재산

4. 의제배당

상법상의 이익배당은 아니지만 실질적으로 이익배당과 같은 성격의 소득을 얻는 경우 그 소득을 해당 주주, 사원, 그 밖의 출자자에게 배당한 것으로 보아 소득세 또는 법인세를 부과하는바, 이를 의제배당이라 한다(소법 §17 ②, 소령 §27).

(1) 의제배당의 유형

1) 주식소각, 자본감소, 퇴사·탈퇴, 출자감소

주식의 소각이나 자본의 감소로 인하여 주주가 취득하는 금전, 그 밖의 재산의 가액(가액) 또는 퇴사·탈퇴나 출자의 감소로 인하여 사원이나 출자자가 취득하는 금전, 그 밖의 재산의 가액이 주주·사원이나 출자자가 그 주식 또는 출자를 취득하기 위하여 사용한 금액을 초과하는 금액

2) 잉여금의 자본전입

법인의 잉여금의 전부 또는 일부를 자본 또는 출자의 금액에 전입함으로써 취득하는 주식 또는 출자의 가액

다만, 다음의 어느 하나에 해당하는 금액을 자본에 전입하는 경우는 제외한다.

① 상법 제459조 제1항에 따른 자본준비금으로서 법인세법 제17조 제1항 각 호에 해당하는 주식발행액면초과액, 주식의 포괄적 교환차익, 주식의 포괄적 이전차익(移轉差益), 감자차익(減資差益), 합병차익, 분할차익. 다만, 법인세법시행령 제12조 제1항 각 호의 어느 하나에 해당하는 금액은 제외한다.

② 자산재평가법에 따른 재평가적립금(자산재평가법 제13조 제1항 제1호에 따른 토지의 재평가차액에 상당하는 금액은 제외)

3) 법인해산

해산한 법인(법인으로 보는 단체를 포함)의 주주·사원·출자자 또는 구성원이 그 법인의 해산으로 인한 잔여재산의 분배로 취득하는 금전이나 그 밖의 재산의 가액이 해당 주식·출자 또는 자본을 취득하기 위하여 사용된 금액을 초과하는 금액. 다만, 내국법인이 조직변경하는 경우로서 다음의 어느 하나에 해당하는 경우는 제외한다(2014.1.31. 이후 조직변경하는 분부터 적용).

① 상법에 따라 조직변경하는 경우
② 특별법에 따라 설립된 법인이 해당 특별법의 개정 또는 폐지에 따라 상법에 따른 회사로 조직변경하는 경우
③ 그 밖의 법률에 따라 내국법인이 조직변경하는 경우로서 다음의 경우
　　가. 변호사법에 따라 법무법인이 법무법인(유한)으로 조직변경하는 경우
　　나. 관세사법에 따라 관세사법인이 관세법인으로 조직변경하는 경우
　　다. 변리사법에 따라 특허법인이 특허법인(유한)으로 조직변경하는 경우
　　라. 협동조합기본법 제60조의 2 제1항에 따라 법인등이 협동조합으로 조직변경하는 경우

4) 합병

합병으로 소멸한 법인의 주주·사원 또는 출자자가 합병 후 존속하는 법인 또는 합병으로 설립된 법인으로부터 그 합병으로 취득하는 주식 또는 출자의 가액과 금전의 합계액이 그 합병으로 소멸한 법인의 주식 또는 출자를 취득하기 위하여 사용한 금액을 초과하는 금액

5) 자기주식에 해당하는 무상주배정

법인이 자기주식 또는 자기출자지분을 보유한 상태에서 잉여금의 자본전입을 함에 따라 그 법인 외의 주주 등의 지분비율이 증가한 경우 증가한 지분비율에 상당하는 주식 등의 가액

6) 분할

법인이 분할하는 경우 분할되는 법인(분할법인) 또는 소멸한 분할합병의 상대방법인의 주주가 분할로 설립되는 법인 또는 분할합병의 상대방법인으로부터 분할로 취득하는 주

식의 가액과 금전, 그 밖의 재산가액의 합계액(분할대가)이 그 분할법인 또는 소멸한 분할합병의 상대방 법인의 주식(분할법인이 존속하는 경우에는 소각 등으로 감소된 주식에 한정)을 취득하기 위하여 사용한 금액을 초과하는 금액

(2) 의제배당의 계산(소령 §27)

1) 의제배당에 있어서 금전 외의 재산의 가액

① 취득한 재산이 주식 또는 출자지분(주식 등)인 경우에는 다음의 어느 하나에 해당하는 금액

　가. 잉여금의 자본전입 : 액면가액 또는 출자금액

　　이 경우 신·구주식등의 1주 또는 1좌당 장부가액은 다음에 의한다.

$$1주\ 또는\ 1좌당\ 장부가액 = \frac{구주식\ 등\ 1주\ 또는\ 1좌당\ 장부가액}{(1 + 구주식등\ 1주\ 또는\ 1좌당\ 신주\ 등\ 배정수)}$$

　　이때 무액면주식의 가액은 법인의 자본금에 전입한 금액을 자본금 전입에 따라 신규로 발행한 주식수로 나누어 계산한 금액으로 한다.

　나. 합병 및 분할에 따른 주식

　　합병 및 분할에 따른 주식 등으로서 법인세법 제44조 제2항 제1호 및 제2호의 요건(합병평가차익상당액의 손금산입요건. 단, 주식 등의 보유와 관련된 부분은 제외) 또는 법인세법 제46조 제2항 제1호 및 제2호의 요건(분할평가차익상당액의 손금산입요건. 단, 주식 등의 보유와 관련된 부분은 제외)을 갖추거나 법인세법 제44조 제3항(적격 합병 시 합병법인에 대한 과세특례)에 해당하는 경우

　　피합병법인, 분할법인 또는 소멸한 분할합병의 상대방법인(피합병법인 등)의 주식 등의 취득가액. 다만, 합병 또는 분할로 법 제17조 제2항 제4호 또는 제6호에 따른 주식 등과 금전, 그 밖의 재산을 함께 받은 경우로서 해당 주식 등의 시가가 피합병법인 등의 주식 등의 취득가액보다 작은 경우에는 시가로 한다.

　　이때 무액면주식의 가액은 법인의 자본금에 전입한 금액을 자본금 전입에 따라 신규로 발행한 주식수로 나누어 계산한 금액으로 한다.

● 법인세법 제44조 제2항 제1호 및 제2호의 요건

① 합병등기일 현재 1년 이상 사업을 계속하던 내국법인 간의 합병일 것. 다만, 다른 법인과 합병하는 것을 유일한 목적으로 하는 법인으로서 자본시장과금융투자업에관한법률시행령 제6조 제4항 제14호에 따른 기업인수목적회사로서 같은 호 각 목의 요건을 모두 갖춘 법인의 경우는 제외한다.

② 피합병법인의 주주 등이 합병으로 인하여 받은 합병대가의 총합계액 중 합병법인의 주식 등의 가액이 100분의 80 이상이거나 합병법인의 모회사의 주식 등의 가액이 100분의 80 이상인 경우로서 그 주식 등이 대통령령으로 정하는 바에 따라 배정[*2]되고, 대통령령으로 정하는 피합병법인의 주주[*1] 등이 합병등기일이 속하는 사업연도의 종료일까지 그 주식 등을 보유할 것

  *1 대통령령으로 정하는 피합병법인의 주주
      피합병법인의 지배주주 등 중 다음의 어느 하나에 해당하는 자를 제외한 주주 등 중 다음의 어느 하나에 해당하는 자를 제외한 주주 등
      가. 법인세법시행령 제43조 제8항 제1호 가목의 친족 중 4촌 이상의 혈족 및 인척
      나. 합병등기일 현재 피합병법인에 대한 지분비율이 100분의 1 미만이면서 시가로 평가한 그 지분가액이 10억원 미만인 자
      다. 자본시장과금융투자업에관한법률시행령 제6조 제4항 제14호 각 목의 요건을 갖춘 기업인수목적회사와 합병하는 피합병법인의 지배주주 등인 자
  *2 대통령령으로 정하는 바에 따라 배정
      피합병법인의 주주 등에 합병으로 인하여 받은 주식 등을 배정할 때에는 해당 주주 등에 (피합병법인의 주주 등이 지급받은 합병교부주식 등의 가액의 총합계액×각 해당 주주 등의 피합병법인에 대한 지분비율) 이상의 주식 등을 각각 배정하여야 한다.

● 법인세법 제46조 제2항 제1호 및 제2호의 요건

① 분할등기일 현재 5년 이상 사업을 계속하던 내국법인이 다음의 요건을 모두 갖추어 분할하는 경우일 것(분할합병의 경우에는 소멸한 분할합병의 상대방법인 및 분할합병의 상대방법인이 분할등기일 현재 1년 이상 사업을 계속하던 내국법인일 것)

  가. 분리하여 사업이 가능한 독립된 사업부문을 분할하는 것일 것
  나. 분할하는 사업부문의 자산 및 부채가 포괄적으로 승계될 것. 다만, 공동으로 사용하던 자산, 채무자의 변경이 불가능한 부채 등 분할하기 어려운 자산과 부채 등으로서 법인세법시행령 제82조의 2 제4항으로 정하는 것은 제외한다.
  다. 분할법인 등만의 출자에 의하여 분할하는 것일 것

② 분할법인 등의 주주가 분할신설법인 등으로부터 받은 분할대가의 전액(분할합병의 경우에는 법인세법 제44조 제2항 제2호의 비율 이상)이 주식으로서 그 주식이 분할법인 등의 주주가 소유하던 주식의 비율에 따라 배정(분할합병의 경우에는 대통령령으로 정하는 바에 따라 배정[*2]한 것을 말한다)되고 대통령령으로 정하는 분할법인 등의 주주[*1]가 분할등기일이 속하는 사업연도의 종료일까지 그 주식을 보유할 것

> *1 대통령령으로 정하는 피합병법인의 주주
>   피합병법인의 지배주주 등 중 다음의 어느 하나에 해당하는 자를 제외한 주주 등
>   중 다음의 어느 하나에 해당하는 자를 제외한 주주 등
>   가. 법인세법시행령 제43조 제8항 제1호 가목의 친족 중 4촌 이상의 혈족 및 인척
>   나. 합병등기일 현재 피합병법인에 대한 지분비율이 100분의 1 미만이면서 시가로
>   평가한 그 지분가액이 10억원 미만인 자
>   다. 자본시장과금융투자업에관한법률시행령 제6조 제4항 제14호 각 목의 요건을
>   갖춘 기업인수목적회사와 합병하는 피합병법인의 지배주주 등인 자
> *2 대통령령으로 정하는 바에 따라 배정
>   피합병법인의 주주 등에 합병으로 인하여 받은 주식 등을 배정할 때에는 해당 주주
>   등에 (피합병법인의 주주 등이 지급받은 합병교부주식 등의 가액의 총합계액×각
>   해당 주주 등의 피합병법인에 대한 지분비율) 이상의 주식 등을 각각 배정하여야
>   한다.

다. 상법 제462조의 2의 규정에 의한 주식배당의 경우

   발행금액

라. '가.'부터 '다.'까지의 규정에 해당하지 아니하는 주식 등의 경우

   취득당시의 시가

② '①' 외의 경우에는 그 재산의 취득당시의 시가

2) 주식소각, 자본감소, 퇴사·탈퇴, 출자감소

① 단기주식소각이란 의제배당일부터 역산하여 2년 이내에 자본준비금의 자본전입에 따라 취득한 주식 등으로서 의제배당으로 보지 아니하는 무상주를 소각하는 것으로 본다. 여기서 의제배당으로 보지 아니하는 무상주는 주식발행액면초과액, 주식의 포괄적 교환차익, 주식의 포괄적 이전차익(移轉差益), 감자차익(減資差益), 합병차익, 분할차익, 자산재평가법에 따른 재평가적립금의 자본전입으로 인한 무상주를 말한다.

② 이러한 단기주식소각이 있는 경우에는 단기소각주식 등이 먼저 감소 또는 소각된 것으로 보며, 당해 단기소각주식 등의 취득가액은 이를 없는 것으로 본다. 이 경우 단기소각주식 등을 취득한 후 의제배당일까지의 기간 중에 주식 등의 일부를 양도하는 경우에는 단기소각주식등과 다른 주식 등을 각 주식 등의 수에 비례하여 양도되는 것으로 보아 계산하며, 주식소각 등이 있은 이후의 1주 또는 1좌당 장부가액은 다음의 산식에 의한다.

$$1주\ 또는\ 1좌당\ 장부가액 = \frac{주식소각\ 등이\ 있은\ 이후의\ 취득가액합계}{주식소각\ 등이\ 있는\ 이후의\ 주식\ 등\ 수의\ 합계}$$

3) 재평가적립금

자산재평가법에 따른 재평가적립금을 자본전입함에 따른 무상주교부는 의제배당에 해당하지 않는다. 이 경우 재평가적립금의 일부를 자본금 또는 출자금에 전입하는 경우 자산재평가법 제13조 제1항 제1호의 규정에 의한 토지의 재평가차액에 상당하는 금액은 다음 산식에 의하여 계산한다.

$$당해\ 자본금\ 또는\ 출자금에\ 전입된\ 재평가적립금 \times \frac{자산재평가법\ 제13조\ 제1항\ 제1호\ 규정에\ 의한\ 재평가차액}{주식소각\ 등이\ 있는\ 이후의\ 주식\ 등\ 수의\ 합계}$$

4) 주식의 취득가액 등

해당 주식을 취득하기 위하여 소요된 금액을 계산함에 있어서 주주가 소득세법시행규칙으로 정하는 소액주주에 해당하고, 해당 주식을 보유한 주주의 수가 다수이거나 해당 주식의 빈번한 거래 등에 따라 해당 주식을 취득하기 위하여 소요된 금액의 계산이 불분명한 경우에는 액면가액을 해당 주식의 취득에 소요된 금액으로 본다. 다만, 제3항이 적용되는 경우 및 해당 주주가 액면가액이 아닌 다른 가액을 입증하는 경우에는 그러하지 아니하다(소령 §27 ⑦, 소칙 §14).

> ● 소득세법시행규칙 제14조에 따른 소액주주
> 소액주주란 다음 각 호의 구분에 따른 주주 또는 출자자(이하 "주주등"이라 한다)를 말한다. 다만, 은행법에 따른 은행의 경우에는 발행주식총액 또는 출자총액의 100분의 1에 해당하는 금액 미만의 주식을 소유하는 주주 등을 말한다.
> 1. 자본시장과금융투자업에관한법률 제9조 제15항 제3호에 따른 주권상장법인(이하 "주권상장법인"이라 한다)으로서 법인세법시행령 제161조 제2항에 해당하는 법인 : 법인세법시행령 제161조 제3항에 따른 지배주주등 외의 주주등
> 2. 제1호 외의 법인 : 법인세법시행령 제161조 제4항에 따른 소액주주

(3) 의제배당의 요약

의제배당 유형 및 의제배당금액을 요약하면 다음과 같다.

구 분		의제배당금액
① 감자·해산·합병·분할로 인한 의제배당	주식소각, 자본감소·퇴사·탈퇴, 출자감소	감자 등으로 받는 재산가액 −소멸하는 주식 등의 취득가액
	법인해산[*1]	잔여재산분배로 받는 재산가액 −소멸하는 주식 등의 취득가액
	법인합병	합병대가−소멸하는 주식 등의 취득가액
	법인분할	분할대가−소멸하는 주식 등의 취득가액
② 잉여금의 자본전입[*2]	자본잉여금의 자본전입	교부받은 주식수×액면가액
	이익잉여금의 자본전입	
③ 채무의 출자전환으로 인한 의제배당		채무의 출자전환으로 인한 발행가액−시가
④ 자기주식 몫의 무상주배정		추가 배정받은 무상주가액

[*1] 상법 등의 조직변경에 의한 해산 시는 의제배당에서 제외된다.
[*2] 잉여금의 자본전입에 따른 의제배당 여부

자본전입의 재원				의제배당금액
자 본 잉여금	① 주식발행초과금	일반적인 주식발행초과금		×
		채무면제익에 해당하는 주식발행초과금		○
	② 주식의 포괄적 교환차익			×
	③ 주식의 포괄적 이전차익			×
	④ 감자차익	일반적인 감자차익		×
		자기주식소각	2년 후에 자본전입 — 시가≦취득가액	×
			2년 후에 자본전입 — 시가>취득가액	○
			2년 이내 자본전입	○
	⑤ 합병차익·분할차익	일반적인 합병차익·분할차익		×
		합병평가차익 등 및 분할평가차익 등		○
	⑥ 재평가적립금	일반적인 재평가적립금(3%)		×
		익금에 산입되는 재평가차액상당액(1%)		○
	⑦ 기타 자본잉여금(자기주식처분이익 등)			×
이 익 잉여금	① 법정적립금			○
	② 임의적립금			○
	③ 미처분이익잉여금			○

* 주식발행초과금, 합병차익, 분할차익 등의 자본전입의 경우에도 법인이 보유한 자기주식에 대한 무상주를 주주가 배정받은 경우에는 예외적으로 의제배당에 해당된다.

(4) 사례

① 자기주식을 소각함으로써 주식을 소각하지 아니한 잔여주주의 지분비율이 증가하는
경우 의제배당 여부(서일-1550, 2006.11.15.)

비상장법인이 상법 제343조 제1항의 규정에 의한 자본감소 또는 이익소각의 방식
으로 증권거래법 제21조의 규정에 의한 공개매수방법에 준하여 소액주주들로부터
자기주식을 취득하여 소각함으로써 주식을 소각하지 아니한 잔여주주의 지분비율
이 증가하는 경우 당해 잔여주주의 지분비율 증가는 소득세법 제17조의 규정에 의
한 의제배당에 해당되지 아니하는 것이다.

② 주주가 주식매수청구권 행사대가로 받는 금액의 의제배당 여부(서일-225, 2006.2.20.)

법인이 합병에 반대하는 주주로부터 주식을 매입하고 매입한 자기주식에 대해 합병
신주를 교부하지 않기로 합병신고서 등을 통해 외부공시한 경우 동 주식매수청구권
을 행사한 주주가 얻는 소득이 주식의 양도로 인한 양도소득에 해당하는지 자본의
환급으로 인한 배당소득(의제배당)에 해당하는지 여부는 그 매매의 경위와 목적, 계
약체결과 대금결제의 방법, 거래의 경과 등 거래의 전체과정을 실질적으로 판단하
여 그 매매가 법인의 주식소각이나 자본감소의 절차의 일환으로 이루어진 것인 경
우에는 의제배당에 해당하는 것이며, 그 매매가 단순한 주식매매인 경우에는 양도
소득에 해당하는 것이다.

③ 공개매수방법으로 자기주식을 취득하여 소각 시 발생하는 이익의 소득구분(서이
46013-11898, 2003.10.31.)

증권거래법에 의한 공개매수방법으로 유가증권시장 밖에서 당해 법인이 주주로부
터 주식소각 목적으로 자기주식을 취득하여 상법 제343조 제1항 단서의 규정에 의
하여 주식을 소각하는 경우에 주주가 취득하는 금전 등의 가액이 그 주식의 취득가
액을 초과하는 금액은 소득세법 제17조 제2항 제1호의 규정에 의하여 배당소득(의
제배당)에 해당하는 것이다.

④ 자기주식 몫의 무상주의 배정(소법 §17 ② 5호)

법인이 자기주식 또는 자기출자지분을 보유한 상태에서 의제배당으로 보지 아니하
는 자본준비금이나 재평가적립금의 자본전입을 함에 따라 당해 법인 외의 주주 등
의 지분비율이 증가한 경우 증가한 지분비율에 상당하는 주식 등의 가액

> 의제배당금액=추가 배정받은 무상주 가액

⑤ 자기주식 양도 이후 약 8개월 뒤에 주식소각이 이루어졌을 경우 당초 주식거래에 대해 자기주식 소각에 따른 의제배당으로 보아 과세할 수 없다(조심 2016부0334, 2016.10.19.).

⑥ 주권상장법인이 증권거래소에서 일반적인 매매방법으로 불특정다수로부터 자기주식을 취득하여 소각하는 경우에는 의제배당에 해당하지 않는다(서면법령법인-1349, 2020.3.31.).

⑦ 청구인들은 쟁점법인의 설립부터 출자에 참여하여 사내이사로 재직하던 중 대표이사로부터 쟁점법인의 경영적자 해소를 위한 직원의 구조조정목적으로 사직을 권유받자 기존에 보유하던 회사주식을 회사에 자기주식의 양도로 매도하였고 1년쯤 후에 회사는 이의 자기주식을 소각하였다. 이 주식의 양도에 대해 청구인 등은 양도소득으로 신고ㆍ납부하였다.

주식의 매도가 자산거래인 주식양도에 해당하는지 또는 자본거래인 주식소각이나 자본환급에 해당하는지는 법률행위 해석의 문제로서 거래의 내용과 당사자의 의사를 기초로 판단하되 실질과세의 원칙상 단순히 계약서의 내용이나 형식에만 의존할 것이 아니라 당사자의 의사와 계약체결의 경위, 대금의 결정방법, 거래의 경과 등 거래의 전체과정을 실질적으로 파악하여 판단해야 하는 것이다.

주식의 매각과정에서 그 소각을 합의하였어야만 그 주식의 양도 및 소각을 의제배당으로 볼 수 있는 것이 아니라 주식의 발행법인이 자본감소의 일환으로 자사주를 매입하고 소각함으로써 주주에게 그 실질이 배당소득인 양도차익이 발생하였다면 이는 곧 의제배당에 해당하는 것이다(조심 2020중2537, 2021.1.12.).

5. 신탁재산 원천징수

집합투자기구 외의 신탁의 경우에는 소득세법 제130조(이자소득 또는 배당소득에 대한 원천징수시기 및 방법)에도 불구하고 소득세법 제127조 제2항(원천징수 대리 및 위임규정)에 따라 원천징수를 대리하거나 위임을 받은 자가 소득세법 제127조 제1항 제1호 및 제2호의 소득(이자소득과 배당소득)이 신탁에 귀속된 날부터 3개월 이내의 특정일(동일 귀속연도 이내로 한정)에 그 소득에 대한 소득세를 원천징수하여야 한다(소법 §155의 2).

Ⅲ 비과세 · 면제 · 과세특례 배당소득

현행 세법상 비과세 등의 배당소득은 조세특례제한법에서만 규정하고 있는데 그 내용을 살펴보면 다음과 같다.

1. 중소기업창업투자회사 등의 벤처기업 등으로부터 지급받는 배당소득
(조특법 §13 ④)

중소기업창업투자회사, 창업기획자, 벤처기업출자유한회사 또는 신기술사업금융업자가 다음에 따른 출자로 인하여 창업자, 신기술사업자, 벤처기업, 신기술창업전문회사 또는 코넥스상장기업으로부터 2022.12.31.까지 받는 배당소득에 대해서는 법인세를 부과하지 아니한다.

① 중소기업창업지원법에 따른 중소기업창업투자회사 및 창업기획자가 같은 법에 따른 창업자, 벤처기업 또는 벤처기업육성에관한특별조치법에 따른 신기술창업전문회사(중소기업기본법 제2조에 따른 중소기업에 한정)에 2022.12.31.까지 출자함으로써 취득한 주식 또는 출자지분

② 여신전문금융업법에 따른 신기술사업금융업자가 기술신용보증기금법에 따른 신기술사업자, 벤처기업 또는 신기술창업전문회사에 2022.12.31.까지 출자함으로써 취득한 주식 또는 출자지분

③ 중소기업창업투자회사, 벤처기업육성에관한특별조치법 제4조의 3 제1항 제3호에 따른 상법상 유한회사(벤처기업출자유한회사) 또는 신기술사업금융업자가 다음의 어느 하나에 해당하는 조합(창투조합 등)을 통하여 창업자, 신기술사업자, 벤처기업 또는 신기술창업전문회사에 2022.12.31.까지 출자함으로써 취득한 주식 또는 출자지분

　가. 중소기업창업지원법에 따른 중소기업창업투자조합

　나. 벤처기업육성에관한특별조치법 제4조의 3에 따른 한국벤처투자조합 및 개인투자조합

　다. 여신전문금융업법에 따른 신기술사업투자조합

　라. 부품 · 소재전문기업등의육성에관한특별조치법에 따른 부품 · 소재전문투자조합

　　마. 농림수산식품투자조합결성및운용에관한법률에 따른 농식품투자조합

④ 기금을 관리·운용하는 법인 또는 공제사업을 하는 법인(기금운용법인 등)으로서 다음의 법인이 창투조합 등을 통하여 창업자, 신기술업자, 벤처기업 또는 신기술창업전문회사에 2022.12.31.까지 출자함으로써 취득한 주식 또는 출자지분

　　가. 공무원연금법에 따른 공무원연금관리공단

　　나. 사립학교교직원연금법에 따른 사립학교교직원연금관리공단

　　다. 국민체육진흥법에 따른 서울올림픽기념국민체육진흥공단

　　라. 신용보증기금법에 따른 신용보증기금

　　마. 기술신용보증기금법에 따른 기술신용보증기금

　　바. 수출보험법에 따른 한국수출보험공사

　　사. 중소기업협동조합법에 따른 중소기업중앙회

　　아. 농림수산업자신용보증법에 따른 농림수산업자신용보증기금을 관리·운용하는 농업협동조합중앙회

　　자. 한국주택금융공사법에 따른 한국주택금융공사

　　차. 문화예술진흥법에 따른 한국문화예술위원회

　　카. 한국교직원공제회법에 따른 한국교직원공제회

　　타. 군인공제회법에 따른 군인공제회

　　파. 신용협동조합법에 따른 신용협동조합중앙회(공제사업에 한정)

　　하. 건설산업기본법에 따라 설립된 건설공제조합 및 전문건설공제조합

　　거. 전기공사공제조합법에 따른 전기공사공제조합

　　너. 정보통신공사업법에 따른 정보통신공제조합

　　더. 대한지방행정공제회법에 따른 대한지방행정공제회

　　러. 새마을금고법에 따른 새마을금고연합회(공제사업에 한정)

　　머. 과학기술인공제회법에 따른 과학기술인공제회

⑤ 중소기업창업투자회사 또는 신기술사업금융업자가 코넥스시장(자본시장과금융투자업에관한법률 및 같은 법 시행령에 따른 코넥스시장)에 상장한 중소기업(코넥스상장기업)에 2022.12.31.까지 출자함으로써 취득한 주식 또는 출자지분

⑥ 중소기업창업투자회사, 벤처기업출자유한회사 또는 신기술사업금융업자가 창투조합 등을 통하여 코넥스상장기업에 2022.12.31.까지 출자함으로써 취득한 주식 또는 출자지분

2. 해외자원개발투자 배당소득세에 대한 법인세의 면제(조특법 §22)

내국법인의 2015.12.31. 이전에 끝나는 각 사업연도의 소득에 외국환거래법에 따라 해외자원개발사업(자원보유국의 외자도입 조건에 따른 자원의 가공업을 포함)에 투자함으로써 받은 배당소득이 포함되어 있는 경우에는 해당 자원보유국에서 그 배당소득에 대하여 조세를 면제받은 부분에 대해서만 법인세를 면제한다.

1) 해외자원개발사업

해외자원개발사업이란 국외에서 다음의 자원을 개발하는 사업(자원보유국의 외자도입조건에 의한 자원의 가공사업을 포함)을 말한다.
① 농산물
② 축산물
③ 수산물
④ 임산물
⑤ 광물

2) 해외자원개발사업에 대한 감면범위(조특통 22-0…1)

조세특례제한법 제22조 제1항에서 해외자원개발사업에 대해 "그 배당소득에 대하여 조세를 면제한다"라 함은 자원보유국이 해외자원개발에 투자를 한 내국법인의 배당소득에 대하여 법인세 또는 이와 유사한 성질의 조세를 면제하는 경우를 말하며, 그 내국법인이 투자하고 있는 당해 사업체에 대한 조세의 면제 등은 이에 해당되지 아니한다.

3. 특정사회기반시설 집합투자기구 투자자에 대한 배당소득 분리과세 (조특법 §26의 2)

거주자가 전용계좌를 통하여 다음의 요건을 모두 갖춘 집합투자기구("특정사회기반시설 집합투자기구")로부터 2022년 12월 31일까지 지급받는 배당소득(적용기한 종료)은 9%의 세율을 적용하고 분리과세한다.

(1) 다음의 집합투자기구일 것

① 부동산투자회사법 제2조 제1호에 따른 부동산투자회사

② 사회기반시설에대한민간투자법 제41조 제2항에 따른 투융자집합투자기구

③ 자본시장과금융투자업에관한법률 제229조 제2호에 따른 부동산집합투자기구

④ 자본시장과금융투자업에관한법률 제229조 제3호에 따른 특별자산집합투자기구

(2) 다음의 투자대상에 집합투자재산의 100분의 50 이상으로서 50% 이상을 투자할 것

투자대상이란 '①'의 자산 중 '②'의 산업과 관련된 것으로 기획재정부령으로 정하는 바에 따라 인정된 사회기반시설 및 부동산("특정사회기반시설")에 관한 자산("투자대상자산")을 말한다.

① 특정사회기반시설 관련 자산

　가. 사회기반시설에대한민간투자법 제43조 제1항 제1호 및 제2호에 따른 주식 · 지분 · 채권(대출채권을 포함한다)

　나. 사회기반시설에대한민간투자법 제43조 제1항 제3호 및 제4호에 따라 취득한 자산

　다. 사회기반시설에대한민간투자법 제2조 제1호에 따른 사회기반시설에 해당하는 부동산 등 기획재정부령으로 정하는 자산

② 특정사회기반시설 관련 산업

　가. 정보통신산업진흥법 제2조 제2호에 따른 정보통신산업

　나. 저탄소녹색성장기본법 제2조 제4호에 따른 녹색산업

　다. 그 밖에 기획재정부령으로 정하는 산업

(3) 자본시장과금융투자업에관한법률 제9조 제19항에 따른 사모집합투자기구에 해당하지 아니할 것

상기의 조세특례는 다음의 요건을 모두 갖춘 계좌("전용계좌")를 통하여 투자하는 경우에 적용한다.

① 1명당 1개의 전용계좌만 가입할 것

② 납입한도가 2억원 이하일 것

③ 특정사회기반시설 집합투자기구의 자본시장과금융투자업에관한법률 제4조에 따른 지분증권 또는 수익증권에만 투자할 것

4. 투융자집합투자기구 투자자에 대한 배당소득 분리과세(조특법 §27)

거주자가 다음의 요건을 모두 갖추어 2025.12.31.까지 사회기반시설에대한민간투자법 제41조 제2항에 따른 투융자집합투자기구(자본시장과금융투자업에관한법률 제9조 제19항에 따른 사모집합투자기구에 해당하는 투융자집합투자기구는 제외)로부터 받는 배당소득은 분리과세한다.

① 1명당 1개의 투융자집합투자기구전용계좌(이하 이 조에서 "전용계좌"라 한다)만 가입할 것

② 전용계좌를 통하여 투융자집합투자기구의 자본시장과금융투자업에관한법률 제9조 제21항에 따른 집합투자증권에 투자하여 배당소득을 지급받을 것

③ 전용계좌의 납입한도가 1억원 이하일 것

5. 영농조합법인의 일정배당소득(조특법 §66 ②)

영농조합법인의 조합원이 영농조합법인으로부터 2023.12.31.까지 받는 배당소득 중 식량작물재배업소득에서 발생한 배당소득 전액과 식량작물재배업소득 외의 소득에서 발생한 배당소득 중 법소정 범위의 금액에 대해서는 소득세를 면제한다.

1) 식량작물재배업소득에서 발생한 배당소득과 식량작물재배업 외의 작물재배업소득에서 발생한 배당소득

각 배당 시마다 다음의 구분에 따른 계산식에 따라 계산한 금액으로 한다. 이 경우 각 소득금액은 배당확정일이 속하는 사업연도의 직전 사업연도에 해당하는 분으로 하며, 각 소득금액이 음수(陰數)인 경우에는 영으로 본다.

① 식량작물재배업소득에서 발생한 배당소득

$$\text{영농조합법인으로부터 지급받은 배당소득} \times \frac{\text{식량작물재배업에서 발생하는 소득금액}}{\text{총소득금액}}$$

② 식량작물재배업(곡물 및 기타식량작물재배업) 외의 작물재배업에서 발생하는 소득금액으로 법인세가 면제되는 소득*에서 발생한 배당소득

$$\text{영농조합법인으로부터 지급받은 배당소득} \times \frac{\text{식량작물재배업 외의 작물재배업에서 발생하는 소득금액}}{\text{총소득금액}}$$

* 작물재배업에서 발생하는 소득금액으로 법인세가 면제되는 소득

$$\text{식량작물재배업 외의 작물재배업에서 발생하는 소득금액} \times \frac{\{6억원 \times 조합원수 \times (사업연도\ 월수 \div 12)\}}{\text{식량작물재배업 외의 작물재배업에서 발생하는 수입금액}}$$

③ 전체소득에서 식량작물재배업소득과 식량작물재배업 외의 작물재배업에서 발생하는 소득금액으로 법인세가 면제되는 소득을 제외한 소득에서 발생한 배당소득

$$\text{영농조합법인으로부터 지급받은 배당소득} \times \frac{\{1-(\text{식량작물재배업에서 발생하는 소득금액}+\text{식량작물재배업 외에서 발생하는 소득금액으로서 법인세가 면제되는 소득금액})}{\text{총소득금액}}$$

2) 소득세 면제내용

① 조세특례제한법 제63조 제1항 제1호에 따라 법인세가 면제되는 소득*에서 발생한 배당소득
   배당소득 전액
   * 작물재배업에서 발생하는 소득금액으로 법인세가 면제되는 소득

$$\text{식량작물재배업 외의 작물재배업에서 발생하는 소득금액} \times \frac{\{6억원 \times 조합원수 \times (사업연도\ 월수 \div 12)\}}{\text{식량작물재배업 외의 작물재배업에서 발생하는 수입금액}}$$

② 영농조합법인의 전체 소득에서 식량작물재배업에서 발생하는 소득과 조세특례제한법 제63조 제1항 제1호에 따라 법인세가 면제되는 소득을 제외한 소득에서 발생한 배당소득, 즉 다음의 배당소득

$$\text{영농조합법인으로부터 지급받은 배당소득} \times \frac{\{1-(\text{식량작물재배업에서 발생하는 소득금액}+\text{식량작물재배업 외에서 발생하는 소득금액으로서 법인세가 면제되는 소득금액})}{\text{총소득금액}}$$

그 배당소득 중 과세연도별로 1,200만원 이하의 금액

3) 배당소득세 면제 신청

배당소득에 대한 소득세를 면제받으려는 자는 해당 배당소득을 지급받는 때에 세액면제신청서를 영농조합법인에 제출하여야 한다. 이 경우 영농조합법인은 배당금을 지급한 날이 속하는 달의 다음 달 말일까지 조합원이 제출한 세액면제신청서와 해당 영농조합법인의 농어업경영체 등록확인서를 원천징수 관할세무서장에게 제출하여야 한다.

4) 배당소득세 면제초과금액의 저율분리과세 및 지방소득세 면제

영농조합법인이 조합원에게 지급하는 배당소득 중 소득세가 면제되는 금액(1,200만원)을 제외한 배당소득으로서 2023. 12. 31.까지 받는 소득에 대한 소득세의 원천징수세율은 소득세법 제129조에도 불구하고 100분의 5로 하고, 이에 대해서는 개인지방소득세를 부과하지 아니하며, 그 배당소득은 소득세법 제14조 제2항에 따른 종합소득과세표준에 합산하지 아니한다.

6. 영어조합법인의 일정배당소득(조특법 §67 ②)

1) 면제대상 배당소득

영어조합법인의 조합원이 영어조합법인으로부터 2023. 12. 31.까지 받는 배당소득 중 과세연도별로 1,200만원 이하의 금액에 대해서는 소득세를 면제한다.

2) 배당소득세 면제 신청

배당소득에 대한 소득세를 면제받으려는 자는 해당 배당소득을 지급받는 때에 세액면제신청서를 영어조합법인에 제출하여야 한다. 이 경우 영어조합법인은 배당금을 지급한 날이 속하는 달의 다음 달 말일까지 조합원이 제출한 세액면제신청서와 해당 영어조합법인의 농어업경영체 등록확인서를 원천징수 관할세무서장에게 제출하여야 한다.

3) 배당소득세 면제초과금액의 저율분리과세 및 지방소득세 면제

영어조합법인이 조합원에게 지급하는 배당소득 중 소득세가 면제되는 금액(1,200만원)을 제외한 배당소득으로서 2023.12.31.까지 받는 소득에 대한 소득세의 원천징수세율은 소득세법 제129조에도 불구하고 100분의 5로 하고, 이에 대해서는 개인지방소득세를 부과하지 아니하며, 그 배당소득은 분리과세한다(소득세법 제14조 제2항에 따른 종합소득과세표준에 합산하지 아니함).

7. 농업회사법인의 출자한 거주자의 배당소득에 대한 소득세 면제
(조특법 §68 ④)

1) 식량작물재배업에서 발생한 배당소득

농업회사법인에 출자한 거주자가 2023.12.31.까지 받는 배당소득 중 식량작물재배업소득에서 발생한 다음의 배당소득은 그 배당소득 전액에 대해서는 소득세를 면제한다.

$$농업회사법인으로부터\ 지급받은\ 배당소득 \times \frac{식량작물재배업에서\ 발생하는\ 소득금액}{총소득금액}$$

2) 식량작물재배업소득 외의 작물재배소득에서 발생한 배당소득

식량작물재배업소득 외의 작물재배업에서 발생하는 소득 중 부대사업 등 소득 및 식량작물재배업 외의 작물재배업에서 발생하는 소득에서 발생한 다음의 배당소득은 분리과세한다(소득세법 제14조 제2항에 따른 종합소득과세표준에 합산하지 아니함).

$$\text{농업회사법인으로부터} \atop \text{지급받은 배당소득} \times \frac{\text{(부대사업 등 소득금액+식량작물재배업 외의 작물재배업에서 발생하는 소득금액)}}{\text{총소득금액}}$$

3) 배당소득세 면제 신청

배당소득에 대한 소득세를 면제받으려는 자는 해당 배당소득을 지급받는 때에 세액면제신청서를 농업회사법인에 제출하여야 한다. 이 경우 농업회사법인은 배당금을 지급한 날이 속하는 달의 다음 달 말일까지 조합원이 제출한 세액면제신청서와 해당 농업회사법인의 농어업경영체 등록확인서를 원천징수 관할세무서장에게 제출하여야 한다.

8. 선박투자회사의 배당소득(조특법 §87의 5)

거주자가 선박투자회사법 제2조 제1호에 따른 선박투자회사로부터 2015.12.31. 이전에 받는 선박투자회사별 액면가액(額面價額) 5천만원 이하 보유주식의 배당소득에 대해서는 소득세법 제129조에도 불구하고 100분의 9의 세율을 적용한다. 이 경우 액면가액이 2억원 이하인 보유주식의 배당소득은 분리과세한다(소득세법 제14조 제2항에 따른 종합소득과세표준에 합산하지 아니함).

1) 선박투자회사의 배당결의 통보

선박투자회사의 주권이 투자매매업자 또는 투자중개업자에게 예탁된 경우 선박투자회사가 그 배당소득을 지급하려면 배당결의를 한 후 즉시 주식보유자별, 투자매매업자 또는 투자중개업자별로 분리과세대상소득의 명세를 직접 또는 자본시장과금융투자업에관한법률 제294조에 따른 한국예탁결제원을 통하여 주식보유자가 위탁매매하는 투자매매업자 또는 투자중개업자에게 통지하여야 하며, 통지를 받은 투자매매업자 또는 투자중개업자는 통지받은 내용에 따라 원천징수하여야 한다.

이 경우 선박투자회사의 주권이 투자매매업자 또는 투자중개업자에게 예탁되어 있지 아니한 경우 해당 선박투자회사는 직접 또는 해당 선박투자회사의 명의개서대행기관을 통하여 주식보유자별로 과세대상소득과 소득세법 제129조에 따른 세율(일반적인 원천징수세율)을 적용하는 과세대상소득을 구분하여 원천징수하여야 한다.

2) 선박투자회사 분리과세 명세서 제출

상기 '1)'의 원천징수의무자가 직접 선박투자회사의 배당소득을 지급할 때에는 그 배당소득을 지급하는 날이 속하는 분기의 종료일의 다음 달 말일까지 기획재정부령으로 정하는 선박투자회사 분리과세명세서를 원천징수 관할세무서장에게 제출하여야 한다.

9. 비과세종합저축(노인·장애인 등의 생계형저축이자)(조특법 §88의 2)

거주자(직전 3개 과세기간 동안 금융소득의 연간 합계액이 1회 이상 2천만원을 초과한 자 제외)가 1명당 저축원금이 5천만원(조세특례제한법 제89조에 따른 세금우대종합저축에 가입한 거주자로서 세금우대종합저축을 해지 또는 해약하지 아니한 자의 경우에는 5천만원에서 해당 거주자가 가입한 세금우대종합저축의 계약금액 총액을 뺀 금액) 이하인 비과세종합저축(노인·장애인 등의 생계형저축)에 2025.12.1.까지 가입하는 경우 해당 저축에서 발생하는 이자소득 또는 배당소득에 대해서는 소득세를 부과하지 아니한다. 2014.12.23. 이후 가입분부터 적용한다.

1) 가입대상 거주자 요건

① 65세 이상인 거주자
② 장애인복지법 제32조에 따라 등록한 장애인
③ 독립유공자예우에관한법률 제6조에 따라 등록한 독립유공자와 그 유족 또는 가족
④ 국가유공자등예우및지원에관한법률 제6조에 따라 등록한 상이자(상이자)
⑤ 국민기초생활보장법 제2조 제2호에 따른 수급자
⑥ 고엽제후유의증등환자지원및단체설립에관한법률 제2조 제3호에 따른 고엽제후유의증환자
⑦ 5·18민주유공자예우및단체설립에관한법률 제4조 제2호에 따른 5·18민주화운동부상자

2) 비과세종합저축(노인·장애인 등의 생계형 저축)

금융실명거래및비밀보장에관한법률 제2조 제1호 각목의 금융회사 등 및 다음에 해당하는 공제회가 취급하는 저축(투자신탁·보험·공제·증권저축·채권저축 등을 포함)으로

서 가입당시 저축자가 비과세 적용을 신청한 것을 말한다.

① 군인공제회법에 의하여 설립된 군인공제회

② 대한교원공제회법에 의하여 설립된 대한교원공제회

③ 대한지방행정공제회법에 의하여 설립된 대한지방행정공제회

④ 경찰공제회법에 의하여 설립된 경찰공제회

⑤ 대한소방공제회법에 의하여 설립된 대한소방공제회

⑥ 과학기술인공제회법에 따라 설립된 과학기술인공제회

비과세대상이 되는 기준금액인 저축원금은 모든 금융회사 등 및 공제회에 가입한 비과세종합저축의 계약금액의 총액으로 한다. 이 경우 비과세종합저축에서 발생하여 원금에 전입되는 이자 및 배당 등은 비과세종합저축으로 보되, 계약금액의 총액을 계산할 때에는 산입하지 아니한다.

또한 비과세종합저축을 취급하는 금융회사등 및 공제회는 비과세종합저축만을 입금 또는 출금하는 비과세종합저축통장 또는 거래카드의 표지·속지 또는 거래명세서 등에 '비과세종합저축'이라는 문구를 표시하여야 한다.

3) 비과세종합저축 만료일 이후 소득

비과세종합저축의 계약기간의 만료일 이후 발생하는 이자소득 및 배당소득에 대해서는 비과세를 적용하지 아니한다.

4) 가입대상자 확인

국세청장은 비과세종합저축 가입자가 가입 당시 조세특례제한법 제88조의 2 제1항 각호 외의 부분에 해당하는지 여부를 가입연도의 다음 연도 4월 15일까지 확인하여 해당 금융회사등에게 통보하여야 하며, 비과세종합저축 가입자가 조세특례제한법 제88조의 2 제1항 각 호 외의 부분에 해당하는 것으로 통보받은 금융회사 등은 그 사실을 해당 가입자에게 가입연도의 다음 연도 4월 30일까지 통보하여야 한다.

5) 이의제기

비과세종합저축 가입자는 '4)'에 따라 국세청장이 금융회사 등에게 통보한 내용에 이의가 있는 경우에는 금융회사를 통해 국세청장에게 의견을 제시할 수 있으며, 국세청장은 의견제시를 받은 날부터 14일 이내에 금융회사등에게 수용 여부를 통보해야 한다.

10. 우리사주조합원의 배당소득(조특법 §88의 4)

① 근로복지기본법 제36조에 따른 우리사주조합기금에서 발생하거나 우리사주조합이 보유하고 있는 우리사주에서 발생하는 소득에 대해서는 소득세를 부과하지 아니한다.

② 우리사주조합원이 우리사주조합을 통하여 취득한 후 증권금융회사에 예탁한 우리사주의 배당소득에 대해서는 다음의 요건을 갖춘 경우에 소득세를 과세하지 아니한다. 다만, 예탁일부터 1년 이내에 인출하는 경우 그 인출일 이전에 지급된 배당소득에 대해서는 인출일에 배당소득이 지급된 것으로 보아 소득세를 과세한다.

　가. 증권금융회사가 발급한 주권예탁증명서에 의하여 우리사주조합원이 보유하고 있는 우리사주가 배당지급 기준일 현재 증권금융회사에 예탁되어 있음이 확인될 것

　나. 우리사주조합원이 소득세법시행령 제27조 제7항에 따른 소액주주(상기 '4. 의제배당 (2), 4)'에 규정)

　다. 우리사주조합원이 보유하고 있는 우리사주의 액면가액의 개인별 합계액이 1천800만원 이하일 것

③ 농업협동조합 및 수산업협동조합의 우리사주 배당소득농업협동조합법 및 수산업협동조합법 관련법에 따라 출자지분을 취득한 근로자가 보유하고 있는 자사지분의 배당소득에 대해서는 다음의 요건을 갖춘 경우 소득세를 과세하지 아니한다. 다만, 취득일부터 1년 이상 보유하지 아니하게 된 자사지분의 경우에는 그 사유가 발생하기 이전에 받은 배당소득에 대하여 그 사유가 발생한 날에 배당소득이 지급된 것으로 보아 소득세를 과세한다.

　가. 근로자가 소액주주일 것

　나. 근로자가 보유하고 있는 자사지분의 액면가액의 개인별 합계액이 1천800만원 이하일 것

　다. 원천징수의무자는 우리사주조합원 및 근로자의 배당소득에 대한 비과세명세서를 원천징수 관할세무서장에게 제출하여야 한다.

④ 원천징수의무자가 우리사주조합원의 배당소득에 대하여 비과세하거나 원천징수세액을 환급하는 경우에는 우리사주배당비과세 및 원천징수세액환급명세서(별지 제60호 서식)를 비과세한 날 또는 환급일이 속하는 사업연도의 다음 연도 2월 말일까지 원천징수 관할세무서장에게 제출하여야 한다(조특령 §82의 4 ⑮).

■조세특례제한법 시행규칙 [별지 제60호 서식] (2021.3.16. 개정)

(앞 쪽)

| 기 간 | . . ~ . . | 우리사주배당비과세및
원천징수세액환급명세서 | 법인명 | |

| *관리번호 | | | 사업자등록번호 | □□□ - □□ - □□□□□ |

*란은 적지 않습니다.

일련번호	① 성명	② 주민등록번호	③ 유가증권표준코드	④ 우리사주취득일	⑤ 배당금지급기준일	⑥ 증권금융회사예탁일	⑦ 우리사주인출일	⑧ 취득주식액면가액합계	⑨ 배당소득	⑩ 납부세액	⑪ 환급세액

「조세특례제한법 시행령」 제82조의4제15항에 따라 우리사주배당비과세및원천징수세액 환급명세서를 제출합니다.

년   월   일

제출인   (서명 또는 인)

세무서장 귀하

210mm×297mm[백상지 80g/㎡ 또는 중질지 80g/㎡]

11. 조합 등 출자금의 배당소득(조특법 §88의 5)

농민·어민 및 그 밖에 상호 유대를 가진 거주자를 조합원·회원 등으로 하는 금융기관에 대한 1명당 1천만원 이하의 출자금에 대한 배당소득과 그 조합원·회원 등이 그 금융기관으로부터 받는 사업 이용 실적에 따른 배당소득(2025.12.31.까지 받는 것만 해당) 등에 대해서는 소득세를 부과하지 아니한다.

① 농업협동조합법에 의한 조합

② 수산업협동조합법에 의한 수산업협동조합

③ 산림조합법에 의한 조합

④ 신용협동조합법에 의한 신용협동조합

⑤ 새마을금고법에 의한 금고

그러나 2026.1.1. 이후 받는 상기의 배당소득 등에 대해서는 다음의 원천징수세율을 적용하여 원천징수하고 분리과세 즉, 종합소득과세표준에 합산하지 아니한다.

① 2026.1.1.~2026.12.31.에 받는 배당소득 등 : 100분의 5

② 2027.1.1 이후 받는 배당소득 등 : 100분의 9

12. 해외자원개발투자회사 등의 배당소득(조특법 §91의 6)

2016.12.31.까지로 분리과세 적용규정 종료

13. 재형저축에 대한 배당소득 비과세(조특법 §91의 14)

거주자가 재형저축에 2015.12.31.까지 가입하는 경우 해당 저축에서 발생하는 이자소득과 배당소득에 대해서는 소득세를 부과하지 아니한다.

1) 재형저축의 요건

① 재형저축 가입자가 가입당시 다음의 어느 하나에 해당하는 거주자일 것

　가. 직전 과세기간의 총급여액이 5천만원 이하인 경우(직전 과세기간에 근로소득만 있거나 근로소득 및 종합소득과세표준에 합산되지 않는 종합소득이 있는 경우로 한정)

　나. '가'에 해당하는 거주자를 제외하고 직전 과세기간의 종합소득과세표준에 합산

되는 종합소득금액이 3천500만원 이하인 경우(직전 과세기간에 근로소득 또는 사업소득이 있는 경우로 한정)

② 다음의 어느 하나에 해당하는 금융회사 등(금융실명거래및비밀보장에관한법률 제2조 제1호 각 목)이 취급하는 적립식 저축으로서 소득세가 비과세되는 재형저축임이 표시된 통장으로 거래될 것

　가. 은행법에 따른 은행

　나. 중소기업은행법에 따른 중소기업은행

　다. 한국산업은행법에 따른 한국산업은행

　라. 한국수출입은행법에 따른 한국수출입은행

　마. 한국은행법에 따른 한국은행

　바. 자본시장과금융투자업에관한법률에 따른 투자매매업자 · 투자중개업자 · 집합투자업자 · 신탁업자 · 증권금융회사 · 종합금융회사 및 명의개서대행회사

　사. 상호저축은행법에 따른 상호저축은행 및 상호저축은행중앙회

　아. 농업협동조합법에 따른 조합과 그 중앙회 및 농협은행

　자. 수산업협동조합법에 따른 조합 및 중앙회

　차. 신용협동조합법에 따른 신용협동조합 및 신용협동조합중앙회

　카. 새마을금고법에 따른 금고 및 중앙회

　타. 보험업법에 따른 보험회사

　파. 우체국예금 · 보험에관한법률에 따른 체신관서

　하. 그 밖에 대통령령으로 정하는 기관

③ 계약기간이 7년일 것

④ 1명당 분기별 300만원 이내(해당 거주자가 가입한 모든 재형저축의 합계액)에서 납입할 것. 이 경우 해당 분기 이후의 저축금을 미리 납입하거나 해당 분기 이전의 납입금을 후에 납입할 수 없으나 보험 또는 공제의 경우에는 최종납입일이 속하는 달의 말일부터 2년 2개월이 지나기 전에는 그 동안의 저축금을 납입할 수 있다.

2) 재형저축의 가입, 통보, 연장

① 재형저축에 가입하려는 거주자는 세무서장으로부터 소득확인증명서를 발급받아 저축취급기관에 제출하여야 한다. 이 경우 아래 '3) ① 다목'에 해당하는 거주자는 최종학력, 중소기업 재직 여부 등을 확인할 수 있는 청년층 재형저축 가입요건확인서

를 함께 제출하여야 한다.

② 국세청장은 재형저축 가입자가 가입요건을 갖추었는지를 확인하여 그 결과를 가입자의 저축 가입연도(저축가입자에 대하여 소득세법 제80조에 따른 결정 또는 경정이 있는 경우는 결정 또는 경정이 있는 해당 연도)의 다음 연도 2월 말일까지 해당 저축취급기관에 통보하여야 한다.

③ 저축취급기관이 재형저축 가입자가 가입요건에 해당하지 아니한 것으로 통보받은 경우에는 그 통보를 받은 날에 재형저축이 해지된 것으로 보며, 해당 저축취급기관은 이를 재형저축 가입자에게 통보하여야 한다. 이 경우 해지 및 추징세액의 규정은 적용하지 아니한다.

④ 재형저축 가입자는 최초로 재형저축의 계약을 체결한 날로부터 7년이 도래하는 때에 해당 저축의 계약기간을 한 차례만 3년 이내의 범위에서 추가로 연장할 수 있다. 이 경우 연장한 계약기간까지 해당 저축에서 발생하는 이자소득과 배당소득에 대해서는 소득세를 부과하지 아니한다.

3) 해지 및 추징세액

재형저축의 계약을 체결한 거주자가 다음에 따른 날 이전에 해당 저축으로부터 원금이나 이자 등을 인출하거나 해당 계약을 해지 또는 제3자에게 양도한 경우 그 저축을 취급하는 금융회사등은 이자소득과 배당소득에 대하여 소득세가 부과되지 아니함으로써 감면받은 세액을 추징하여야 한다. 다만, 사망·해외이주 등 조세특례제한법시행령 제81조 제6항에 따른 대통령령으로 정하는 사유로 인한 경우에는 그러하지 아니하다.

① 가입당시 다음의 어느 하나에 해당하는 거주자의 경우 : 최초로 계약을 체결한 날부터 3년이 되는 날

　가. 직전 과세기간의 총급여액이 5천만원 이하인 경우(직전 과세기간에 근로소득만 있거나 근로소득 및 종합소득과세표준에 합산되지 않는 종합소득이 있는 경우)에 해당하는 거주자로서 직전 과세기간의 총급여액이 2천500만원 이하인 거주자

　나. 직전 과세기간의 종합소득과세표준에 합산되는 종합소득금액이 3천500만원 이하인 경우(직전 과세기간에 근로소득 또는 사업소득이 있는 경우로 한정)에 해당하는 거주자로서 직전 과세기간의 종합소득과세표준에 합산되는 종합소득금액이 1천600만원 이하인 거주자

　다. 중소기업기본법 제2조에 따른 중소기업(비영리법인을 포함)으로서 법소정 기업[1]에

근무하고 있는 법소정 청년[*2](가목 및 나목에 해당하는 거주자는 제외)

*1 법소정 기업

중소기업기본법 제2조에 따른 중소기업(비영리기업을 포함)으로서 농업, 임업 및 어업, 광업, 제조업, 전기·가스·증기 및 수도사업, 하수·폐기물처리·원료재생 및 환경복원업, 건설업, 도매 및 소매업, 운수업, 숙박 및 음식점업(주점 및 비알콜 음료점업은 제외), 출판·영상·방송통신 및 정보서비스업(비디오물 감상실 운영업은 제외), 부동산업 및 임대업, 연구개발업, 광고업, 시장 조사 및 여론조사업, 건축기술·엔지니어링 및 기타 과학기술서비스업, 기타 전문·과학 및 기술 서비스업, 사업시설관리 및 사업지원 서비스업, 기술 및 직업훈련 학원, 사회복지 서비스업, 수리 업을 주된 사업으로 영위하는 기업을 말한다. 다만, 국가, 지방자치단체(지방자치단체조합을 포함), 공공기관의운영에관한법률에 따른 공공기관 및 지방공기업법에 따른 지방공기업은 제외한다 (조특령 §27 ③).

*2 법소정 청년

근로계약 체결일 현재 연령이 15세 이상 29세 이하인 사람을 말한다. 다만, 다음의 어느 하나에 해당하는 병역을 이행한 경우에는 그 기간(6년을 한도로 함)을 근로계약 체결일 현재 연령에서 빼 고 계산한 연령이 29세 이하인 사람을 포함한다(조특령 §27 ①·②). 즉 연령요건은 군병역을 2년 이행한 경우 31세, 군병역을 6년 이행한 경우 35세까지 연장된다.

① 병역법 제16조 또는 제20조에 따른 현역병(같은법 제21조·제24조·제25조에 따라 복무한 상 근예비역 및 경비교도·전투경찰순경·의무소방원을 포함)

② 병역법 제26조 제1항 제1호 및 제2호에 따른 공익근무요원

③ 군인사법 제2조 제1호에 따른 현역에 복무하는 장교, 준사관 및 부사관

② '①' 외의 거주자의 경우 : 최초로 계약을 체결한 날부터 7년이 되는 날

저축취급기관이 제3항에 따라 추징세액을 징수한 경우 해당 저축취급기관은 저축자에 게 그 내용을 서면으로 즉시 통보하여야 한다.

또한 저축취급기관이 제3항에 따른 추징세액을 기한 내에 납부하지 아니하거나 납부하 여야 할 세액에 미달하게 납부한 경우 해당 저축취급기관은 그 납부하지 아니한 세액 또는 미달하게 납부한 세액의 100분의 10에 해당하는 금액을 가산하여 원천징수 관할 세무서장에게 납부하여야 한다.

14. 고위험고수익채권투자신탁에 대한 과세특례(조특법 §91의 15)

① 대상 : 거주자가 2024.12.31.까지 고위험고수익채권투자신탁에 가입하여 지급받는 이자소득·배당소득은 분리과세로 과세종결

② 투자금액 : 각 금융회사를 통하여 가입한 고위험고수익채권투자신탁 투자금액의 합 계액 3천만원까지 분리과세적용

③ 계약기간 및 적용기간

가. 계약기간 : 1년 이상

　　　나. 분리과세 적용기간 : 가입일로부터 3년까지 발생한 소득

　④ 추징 : 가입일로부터 1년 이내에 해약·환매 또는 그 권리를 이전하는 경우 감면세
　　　액(종합과세 해당세액 - 분리과세 세액)을 추징

　⑤ 적용시기

　　　가. 시행일(2023.1.1.) 이후 가입하는 경우부터 적용

　　　나. 시행일 전에 종전 제91조의 15에 따른 고위험고수익투자신탁에 가입한 경우의
　　　　　과세특례는 종전의 규정을 따름

15. 해외주식투자전용집합투자기구에 대한 과세특례(조특법 §91의 17)

거주자가 국외에서 발행되어 국외에서 거래되는 주식(해외상장주식)에 자산총액의 100
분의 60 이상을 투자하는 소득세법 제17조 제1항 제5호에 따른 집합투자기구(해외주식
투자전용집합투자기구)의 자본시장과금융투자업에관한법률 제9조 제21항에 따른 집합
투자증권(집합투자증권)에 다음의 요건을 모두 갖추어 2017.12.31.까지 투자하는 경우
에는 해외주식투자전용집합투자증권저축에 가입한 날부터 10년이 되는 날까지 해당
해외주식투자전용집합투자기구가 직접 또는 집합투자증권(자본시장과금융투자업에관한
법률 제279조 제1항에 따른 외국 집합투자증권을 포함)에 투자하여 취득하는 해외상장주식
의 매매 또는 평가로 인하여 발생한 손익(환율변동에 의한 손익을 포함)을 소득세법 제17
조 제1항 제5호에도 불구하고 해당 해외주식투자전용집합투자기구로부터 받는 배당소
득금액에 포함하지 아니한다.

　① 대통령령으로 정하는 해외주식투자전용집합투자증권저축(이하 "해외주식투자전용집
　　　합투자증권저축"이라 함)에 가입하여 해당 해외주식투자전용집합투자증권저축을 통
　　　하여 해외주식투자전용집합투자기구의 집합투자증권에 투자할 것

　② 거주자 1명당 해외주식투자전용집합투자증권저축에 납입한 원금이 3천만원(금융실
　　　명거래및비밀보장에관한법률 제2조 제1호 각 목에 따른 모든 금융회사등에 가입한 해외주
　　　식투자전용집합투자증권저축에 납입한 금액의 합계액) 이내일 것

16. 동일기업에 대한 조세특례(조특법 §100의 14~§100의 26)

동업기업에 대해서는 소득세법 제2조 제1항 및 법인세법 제2조 제1항·제2항에도 불

구하고 소득세법 제3조 및 법인세법 제3조 제1항 각 호의 소득에 대한 소득세 또는
법인세를 부과하지 아니한다.

그러나 동업자는 배분받은 동업기업의 소득에 대하여 소득세 또는 법인세를 납부할 의
무를 진다.

17. 고배당기업 주식의 배당소득에 대한 과세특례(조특법 §104의 27)

(1) 고배당기업 주식의 배당소득에 대한 저율 원천징수(2019년부터 적용 폐지)

고배당기업의 주식을 보유한 거주자가 해당 고배당기업으로부터 2017.12.31.이 속하
는 사업연도까지 결산기의 잉여금 처분결의에 따라 지급받는 배당소득으로서 해당 고
배당기업의 사업연도의 결산배당 중 금전으로 배분받은 배당소득에 대한 원천징수세율
은 100분의 9로 한다.

(2) 고배당기업

자본시장과금융투자업에관한법률에 따른 주권상장법인으로서 다음의 어느 하나에 해
당하는 법인(자본시장과금융투자업에관한법률 제9조 제18항 제2호에 따른 투자회사, 선박투
자회사법에 따른 선박투자회사, 기업구조조정투자회사법에 따른 기업구조조정투자회사, 부동
산투자회사법에 따른 부동산투자회사는 제외)을 말한다.

① 배당성향과 배당수익률이 각각 거래소에서 고시된 시장평균 배당성향과 시장평균 배
   당수익률의 100분의 120 이상이고, 총배당금액 증가율이 100분의 10 이상인 법인
② 배당성향과 배당수익률이 각각 제7항에 따라 고시된 시장평균 배당성향과 시장평균
   배당수익률의 100분의 50 이상이고, 총배당금액 증가율이 100분의 30 이상인 법인

1) 배당성향, 배당수익률, 총배당금액 증가율 계산

① 배당성향

$$\frac{(해당\ 사업연도\ 배당금+직전\ 사업연도\ 배당금+직전\ 2년\ 사업연도\ 배당금)}{(해당\ 사업연도\ 당기순이익+직전\ 사업연도\ 당기순이익+직전\ 2년\ 사업연도\ 당기순이익)}$$

② 배당수익률

$$\frac{(해당\ 사업연도\ 주당배당금÷해당\ 사업연도\ 주가)}{3}$$
$$+(직전\ 사업연도\ 주당배당금÷직전\ 사업연도\ 주가)$$
$$+(직전\ 2년\ 사업연도\ 주당배당금÷직전\ 2년\ 사업연도\ 주가)$$

③ 총배당금액 증가율

가. 직전 사업연도 배당금이 직전 3개 사업연도 배당금의 평균보다 큰 경우

$$\frac{(해당\ 사업연도\ 배당금-직전\ 사업연도\ 배당금)}{직전\ 사업연도\ 배당금}$$

나. 직전 사업연도 배당금이 직전 3개 사업연도 배당금의 평균보다 작은 경우

$$\frac{(해당\ 사업연도\ 배당금-직전\ 3개\ 사업연도\ 배당금의\ 평균)}{직전\ 3개\ 사업연도\ 배당금의\ 평균}$$

④ 배당금 및 주당 배당금의 의미

배당성향, 배당수익률, 총배당금 증가율을 계산함에 있어서 배당금은 주권상장법인의 배당금으로서 사업연도 중의 상법 제462조의 3에 따른 중간배당, 자본시장과금융투자업에관한법률 제165조의 12에 따른 분기배당과 사업연도의 결산기 잉여금처분에 따른 결산배당 중 금전으로 배분하는 배당금의 합계액으로 한다.

주당 배당금은 주권상장법인의 배당금으로서 보통주 1주당 금전으로 배분하는 배당금(중간배당, 분기배당 및 결산배당을 포함)으로 한다.

2) 신규상장법인 등의 고배당기업 요건

자본시장과금융투자업에관한법률에 따른 증권시장에 신규로 상장한 법인 및 직전 3개 사업연도의 배당실적이 없는 법인은 다음의 요건을 모두 갖춘 경우에만 고배당기업으로 본다.

① 다음에 따라 계산한 신규상장법인 등의 배당성향(음수이거나 거래소에서 고시된 시장평균 배당성향의 10배 이상인 경우에는 영으로 봄)이 거래소에서 고시된 시장평균 배당성향의 100분의 130 이상일 것

$$\frac{\text{해당 사업연도 배당금}}{\text{해당 사업연도 주가}}$$

② 다음에 따라 계산한 신규상장법인 등의 배당수익률이 거래소에서 고시된 시장평균 배당수익률의 100분의 130 이상일 것

$$\frac{\text{해당 사업연도 주당 배당금}}{\text{해당 사업연도 주가}}$$

(3) 금융소득종합과세 대상자에 대한 세액공제

소득세법 제62조에 따른 이자소득 등이 종합과세기준금액을 초과하는 과세기간 중 거주자의 이자소득 등에 고배당기업 주식의 배당소득이 포함되어 있는 경우 종합과세기준금액을 초과하는 해당 배당소득 금액의 100분의 5에 해당하는 금액을 해당 과세기간의 종합소득산출세액에서 공제한다. 다만, 해당 공제금액이 2천만원을 초과하는 경우 그 초과하는 금액은 없는 것으로 한다(조특법 §104의 27 ②). 이때 농어촌특별세는 비과세된다(농특세법 §4).

(4) 저율 원천징수에 대한 대리

고배당기업의 주권이 자본시장과금융투자업에관한법률 제8조 제2항에 따른 투자매매업자 또는 같은 법 제8조 제3항에 따른 투자중개업자에게 예탁된 경우 그 고배당기업은 배당결의를 한 후 즉시 해당 법인의 배당명세를 직접 또는 자본시장과금융투자업에관한법률 제294조에 따라 설립된 한국예탁결제원을 통하여 주식보유자가 위탁매매하는 투자매매업자 또는 투자중개업자에게 통지하여야 한다(조특령 §104의 24 ⑪).

(5) 고배당기업 배당명세서 제출

고배당기업은 배당을 결의한 날의 다음 날까지 고배당기업 배당명세서를 납세지 관할 세무서장에게 제출하여야 한다(조특법 §104의 27 ③).

(6) 고배당기업 배당소득 원천징수 명세서 제출

원천징수의무자는 고배당기업 배당소득 원천징수 명세서를 그 배당소득을 지급하는 날이 속하는 분기의 종료일의 다음 달 말일까지 원천징수 관할 세무서장에게 제출하여야 한다(조특법 §104의 27 ④).

18. 경과규정에 의한 배당소득 특례규정

조세특례제한법상 비과세소득에 해당되는 다음의 금융상품은 과세특례대상 가입기간이 만료되었으나 경과규정에 의해 기존의 금융상품에 대해서는 법령에 규정하는 일정기간 동안 발생하는 배당소득에 대하여는 비과세를 적용한다.
① 장기주택마련저축(구조특법 §87) : 가입기한 2012.12.31.
② 생계형저축(구조특법 §88의 2) : 가입기한 2014.12.31.
③ 장기주식형저축(구조특법 §91의 9) : 가입기한 2009.12.31.
④ 장기회사채형저축(구조특법 §91의 10) : 가입기한 2009.12.31.
⑤ 녹색투자신탁 등(구조특법 §91의 13) : 가입기한 2014.12.31.
⑥ 재형저축에 대한 배당소득 비과세(조특법 §91의 14) : 가입기한 2015.12.31.
⑦ 고위험고수익투자신탁에 대한 과세특례(조특법 §91의 15) : 가입기한 2017.12.31.
⑧ 해외주식투자전용집합투자기구에 대한 과세특례(조특법 §91의 17) : 가입기한 2017.12.31.

Ⅳ 원천징수의 수입시기

배당소득의 수입시기는 다음 각 호에 따른 날로 한다(소령 §46).

① 무기명주식의 이익이나 배당

그 지급을 받은 날

② 잉여금의 처분에 의한 배당

당해 법인의 잉여금처분결의일

③ 소득세법 제17조 제1항 제8호에 따른 출자공동사업자의 배당

과세기간 종료일

④ 소득세법 제17조 제1항 제9호 및 10호(기타 유사한 소득으로서 수익분배의 성질이 있는 것과 소정의 파생상품의 거래 또는 행위로부터의 이익)의 배당 또는 분배금

그 지급을 받은 날

⑤ 의제배당

주식의 소각, 자본의 감소 또는 자본에의 전입을 결정한 날(이사회의 결의에 의하는 경우에는 상법 제461조 제3항의 규정에 의하여 정한 배당기준일)이나 퇴사 또는 탈퇴한 날

⑥ 법인의 해산, 합병 및 분할에 따른 의제배당

가. 법인이 해산으로 인하여 소멸한 경우에는 잔여재산의 가액이 확정된 날

나. 법인이 합병으로 인하여 소멸한 경우에는 그 합병등기를 한 날

다. 법인이 분할 또는 분할합병으로 인하여 소멸 또는 존속하는 경우에는 그 분할등기 또는 분할합병등기를 한 날

⑦ 법인세법에 의하여 처분된 배당(인정배당)

당해 법인의 당해 사업연도의 결산확정일

⑧ 집합투자기구로부터의 이익

집합투자기구로부터의 이익을 지급받은 날. 다만, 원본에 전입하는 뜻의 특약이 있는 분배금은 그 특약에 따라 원본에 전입되는 날로 한다.

⑨ 파생결합증권 또는 파생결합사채로부터의 이익

그 이익을 지급받은 날. 다만, 원본에 전입하는 뜻의 특약이 있는 분배금은 그 특약에 따라 원본에 전입되는 날로 한다.

02

Ⅴ　원천징수의 지급시기 및 지급시기 의제

배당소득에 대한 원천징수시기는 실제 배당소득금액을 지급하는 때이다. 그러나 다음과 같이 실제로 지급이 없는 경우에는 지급시기의 의제로 보는 때에 원천징수하여야 한다(소법 §131, 소령 §191 · §192).

1. 미지급배당

법인의 이익 또는 잉여금의 처분에 따른 배당 또는 분배금을 그 처분을 결정한 날로부터 3월이 되는 날까지 지급하지 아니한 경우에는 그 3개월이 되는 날에 지급한 것으로 본다(소법 §131 ①).

다만, 11.1.부터 12.31.까지의 사이에 결정된 처분에 따라 다음 연도 2월 말일까지 배당소득을 지급하지 아니한 경우에는 그 처분을 결정한 날이 속하는 과세기간의 다음 연도 2월 말일에 그 배당소득을 지급한 것으로 보아 소득세를 원천징수한다.

> **저자주**
>
> 　법인이 주주에게 주주총회에서 배당을 결의 후 배당금을 지급하지 않은 경우에 상기의 지급시기의제 내용에 따라 원천징수의무가 발생하고 그 금액이 금융소득종합과세기준금액 2천만원을 초과 시는 내년 5월에 배당금을 미수령 시에도 종합소득세를 신고 · 납부하여야 합니다.
>
> 　이때 추후 회사의 부도 등 사유로 배당금이 지급되지 못하는 사유 발생 시 다음 판례에 따라 경정청구에 의해 소득세납부액을 돌려받을 수 있음에 유의하시기 바랍니다.
>
> • 미수령 배당금에 대해 소득세 신고 · 납부 후 배당결의회사의 파산으로 배당금지급 불능 시 경정청구사유에 해당됨(대법원 2014.1.29. 선고, 2013두18810 판결).

2. 의제배당

다음에 해당하는 날에 지급한 것으로 본다(소령 §191 1호).

① 주식의 소각 등의 경우

주식의 소각, 자본의 감소 또는 자본에의 전입을 결정한 날(이사회의 결의에 의하는 경우

에는 상법 제461조 제3항 규정에 의하여 정한 날)이나 퇴사 또는 탈퇴한 날

② 해산·합병 또는 분할로 인한 의제배당

- 법인이 해산으로 인하여 소멸한 경우에는 잔여재산의 가액이 확정된 날
- 법인이 합병으로 인하여 소멸한 경우에는 그 합병등기를 한 날
- 법인이 분할 또는 분할합병으로 인하여 소멸 또는 존속하는 경우에는 그 분할등기 또는 분할합병등기를 한 날

3. 법인세법에 의하여 처분되는 배당(인정배당)

① 법인의 소득금액을 결정 또는 경정함에 있어서 처분되는 배당은 소득금액변동통지서를 받은 날에 지급하거나 회수한 것으로 본다(소법 §131 ②).
② 법인의 소득금액을 신고함에 있어서 처분되는 배당은 당해 법인의 법인세과세표준 및 세액의 신고기일에 지급한 것으로 본다. 이때 신고기일은 당해 법인의 과세표준과 세액의 신고기한 종료일을 말한다(소통 132-192…1).
③ 내국법인이 비거주자인 주주의 사망으로 해당 주주와의 특수관계가 소멸한 경우로서, 해당 주주에 대한 가지급금을 회수할 수 없어 해당 가지급금 및 특수관계가 소멸한 날이 속하는 사업연도의 인정이자 상당액을 법인세법에 따라 배당소득으로 처분한 경우, 해당법인은 동 배당소득에 대해 원천징수하지 아니하는 것이다(서면법령기본-2110, 2019.2.8.).

4. 출자공동사업자의 배당소득

지급된 날로 하되, 과세기간 종료 후 3월이 되는 날까지 지급되지 않을 때에는 3월이 되는 날에 지급한 것으로 본다(소령 §191 2호).

5. 무기명주식의 이익·배당의 지급시기의제일

지급받은 날

6. 유사배당소득 지급시기의제일

지급받은 날

7. 집합투자기구로부터의 이익 지급시기의제일

집합투자기구로부터의 이익을 지급받은 날. 다만, 원본에 전입하는 뜻의 특약이 있는 분배금은 그 특약에 따라 원본에 전입되는 날로 하며, 신탁계약기간을 연장하는 경우에는 그 연장하는 날로 한다.

8. 특정금전신탁 등의 원천징수의 특례

집합투자기구 외의 신탁의 경우에는 상기의 원천징수시기에도 불구하고 원천징수를 대리하거나 위임을 받은 자가 이자소득 및 배당소득이 신탁에 귀속된 날부터 3개월 이내의 특정일(동일 귀속연도 이내로 한정)에 그 소득에 대한 소득세를 원천징수하여야 한다 (소법 §155의 2).

Ⅵ 원천징수세율

1. 소득세법

① 일반적인 원천징수세율 : 14%
② 출자공동사업자의 배당소득 : 25%
③ 비실명배당소득 : 42%(실명법 적용 시 90%)
④ 특례세율(분리과세)
  • 세금우대종합저축의 배당소득 : 9%(조특법 §89)
  • 영농·영어조합법인의 조합원의 배당소득 : 5%(조특법 §66·§67)
  • 국내사업장이 없는 비거주자의 배당소득 : 20%[*](소법 §156)
    [*] 조세조약이 체결되어 있는 경우는 제한세율 적용

2. 법인세법

집합투자기구로부터의 이익 : 14%

① 법인주주에 대한 배당소득지급에 대하여는 원천징수를 하지 않으며, 지급명세서는 제출하여야 한다(법법 §120 ①). 이때 제출방법 등은 소득세법 제164조를 준용한다(법법 §120 ②).

② 내국법인에 이자소득 또는 배당소득을 지급하는 자는 법인세법시행령 제162조에 따라 그 제출의무가 면제되지 않는 한 그 지급의 상대방이 법인세 납세의무가 있는지를 불문하고 그에 관한 지급명세서를 제출할 의무가 있다(대법원 2017두62997, 2019.2.28. ; 부산고법 2018누10821, 2018.10.31.).

Ⅶ 금융소득 종합과세(계산사례는 Ⅷ. 4. Expert Opinion Summary 참조)

금융소득 종합과세란 거주자의 종합소득과세표준에 포함된 이자소득과 배당소득이 종합과세기준금액을 초과하는 경우에는 해당 금융소득을 다른 종합소득과 합산하여 소득세 누진세율을 적용하여 종합과세하는 제도를 말한다.

금융소득에 대한 종합과세 기준금액(종합과세기준금액)은 2012.12.31.까지 4,000만원이었으나, 2013.1.1. 이후 지급받은 금융소득부터는 2,000만원을 초과하는 경우에 종합과세한다.

금융소득 종합과세는 실질적으로 종합과세기준금액이 초과하는 분에 대해서만 타소득과 합산하여 종합과세, 즉 소득세 누진세율을 적용한다. 즉 금융소득이 종합과세기준금액에 미달하거나, 초과하더라도 종합과세기준금액(2,000만원)까지는 결과적으로 원천징수세율에 따른 세부담만 발생한다.

1. 금융소득 종합과세방법(소법 §62)

(1) 금융소득이 종합과세기준금액 2,000만원을 초과하는 경우

거주자의 종합소득과세표준에 포함된 이자소득과 배당소득이 종합과세기준금액을 초과하는 경우에는 그 거주자의 종합소득 산출세액은 다음의 금액으로 한다.

$$Max = \{①, ②\}$$

① = (가+나)

　가. {(이자소득과 배당소득 중 2,000만원을 초과하는 금액[*1]+이자소득과 배당소득을 제외한 다른 종합소득금액)−종합소득공제}×기본세율

$$\left\{ \left(\begin{array}{c} \text{금융소득 중} \\ \text{2,000만원 초과금액}^{*1} \end{array} \right) + \left(\begin{array}{c} \text{금융소득 외} \\ \text{종합소득} \end{array} \right) - (\text{종합소득공제}) \right\} \times \text{기본세율}$$

　나. {2,000만원×14%}

② = (가+나)

　가. 이자소득과 배당소득×원천징수세율(14%, 25%)
　　　다만, 원천징수되지 아니하는 소득은 14% 세율 적용

　나. {(이자소득과 배당소득을 제외한 다른 종합소득금액)−종합소득공제}×기본세율
　　　다만, 그 세액이 종합소득 비교세액[*2]에 미달하는 경우 종합소득 비교세액으로 한다.

[*1] Gross−up 배당소득이 있는 경우 : Gross−up 배당소득(11%)을 가산한 금액
　즉 2,000만원까지는 Gross−up을 하지 않는 배당소득금액이며, 2,000만원을 초과하는 금액에 대해서만 Gross−up 배당소득(11%)을 가산한다.
[*2] 종합소득 비교세액={(출자공동사업자 배당소득을 제외한 다른 종합소득금액−종합소득공제)×14%}
　　　　　　　　　　　 +(출자공동사업자 배당소득×14%)

(2) 금융소득이 종합과세기준금액 2,000만원을 초과하지 않는 경우

거주자의 종합소득과세표준에 포함된 이자소득과 배당소득이 종합과세기준금액을 초과하지 않는 경우에는 그 거주자의 종합소득 산출세액은 다음의 금액으로 한다. 이 경우 출자공동사업자 배당소득이 있을 때에는 그 배당소득금액은 이자소득과 배당소득으로 보지 아니한다.

∴ (가+나)

　가. 이자소득과 배당소득×원천징수세율(14%, 25%)
　　　다만, 원천징수되지 아니하는 소득은 14% 세율 적용

　나. {(이자소득과 배당소득을 제외한 다른 종합소득금액)−종합소득공제}×기본세율

다만, 그 세액이 종합소득 비교세액*에 미달하는 경우 종합소득 비교세액으로 한다.

*종합소득 비교세액=｛(출자공동사업자 배당소득을 제외한 다른 종합소득금액－종합소득공제)×14%｝
＋(출자공동사업자 배당소득×14%)

2. 당연종합과세 배당소득

① 배당소득으로서 원천징수규정이 적용되지 아니하는 것(소법 §14 ③ 6호)

국내·외에서 받는 배당소득으로서 원천징수되지 않는 배당소득은 금융소득이 2천만
원 이하인 경우에도 종합과세한다. 따라서 국외에서 받는 배당소득이라 할지라도 국내
에서 그 배당 등의 지급대행자가 소득세를 원천징수한 경우에는 당연종합과세배당소득
에서 제외되며, 포괄주의 소득개념에 따라 배당소득으로 보는 소득 중 원천징수의무자
가 없거나 사실상 원천징수가 되지 않는 경우는 당연종합과세대상이 된다.

② 특례대상 인적회사 배당소득(조특법 §104의 11)

지식기반산업을 영위하는 인적회사의 배당소득

③ 출자공동사업자의 배당소득(소법 §14 ③ 6호)

공동사업에서 발생한 소득금액 중 출자공동사업자에 대한 손익분배비율에 상당하는 금
액(소법 §17 ① 8호)

3. 조건부종합과세 배당소득－금융소득종합과세대상 배당소득

거주자의 이자소득 및 배당소득 중 비과세소득 및 분리과세배당(이자)소득과 출자공동
사업자의 배당소득을 제외한 배당소득 등의 합계액(Gross－up대상 배당소득의 경우에는
Gross－up하지 않은 배당소득을 기준으로 함)이 2천만원(이자소득과 배당소득의 종합과세기
준금액)을 초과하는 경우 당해 배당소득금액은 종합소득과세표준에 합산한다(소법 §14
③ 4호).

4. 분리과세대상 이자소득과 배당소득

다음의 배당소득금액은 2천만원 초과 여부에 관계없이 종합소득과세표준 계산에 있어

서 이를 합산하지 아니한다(소법 §14 ③).

(1) 분리과세신청한 장기채권의 이자와 할인액

장기채권이란 채권 등의 발행일로부터 원금 전부를 일시에 상환하기로 약정한 날까지의 기간이 10년 이상인 채권 등(그 기간이 지나기 전에 주식으로 전환 또는 교환하거나 중도상환을 할 수 있는 조건부채권은 제외)을 말한다(소령 §187 ①).

이러한 장기채권을 3년 이상 계속하여 보유한 거주자가 해당 금융회사 등 또는 그 지급자에게 분리과세를 신청한 경우 해당 거주자가 그 장기채권을 매입한 날부터 3년이 지난 후에 발생하는 이자와 할인액에 대해서 100분의 30의 세율로 원천징수하여 납세의무를 종결할 수 있다(소법 §129 ① 1호).

(2) 법원보증금 및 경락대금 이자

민사집행법 제113조 및 같은 법 제142조에 따라 법원에 납부한 보증금 및 경락대금에서 발생하는 이자소득은 14%를 적용하여 원천징수하며 분리과세한다.

(3) 비실명배당소득

금융실명거래및비밀보장에관한법률 제2조 제4호의 규정에 의한 실지명의가 확인되지 아니하는 자에게 지급하는 소득에 대해서는 42%를 적용하여 원천징수하며 분리과세한다. 다만, 금융실명거래및비밀보장에관한법률 제5조가 적용되는 경우에는 90% 세율로 한다.

(4) 직장공제회 초과반환금

(5) 법인격 없는 단체의 배당소득(14% 원천징수)

법인으로 보는 단체 외의 단체 중 수익을 구성원에게 배분하지 아니하는 단체로서 단체명을 표기하여 금융거래를 하는 단체가 금융회사로부터 받는 배당소득(소법 §14 ③ 4호)

(6) 조세특례제한법에 따라 분리과세되는 소득

1) 특정사회기반시설 집합투자기구의 배당소득 과세특례(조특법 §26의 2)

2022.12.31.까지 특정사회기반시설 집합투자기구에 투자하여 가입 후 3년간 지급받는 배당소득 및 금융투자소득은 9%를 적용하여 원천징수하고 분리과세한다.

2) 사회기반시설채권 등의 이자소득(조특법 §29)

발행일부터 최종 상환일까지의 기간이 7년 이상인 사회기반시설에대한민간투자법 제58조 제1항의 규정에 의한 사회기반시설채권으로서 2014.12.31.까지 발행된 채권의 이자소득은 15%를 적용하여 원천징수하고 분리과세한다.

3) 부동산집합투자기구 등 집합투자증권의 배당소득 과세특례[*](조특법 §87의 6)

* 2018.12.31.로 분리과세 적용기한 만료 : 2019.1.1. 이후 배당소득은 일반과세

거주자가 다음 '①'에서 정하는 임대주택에 자산총액 중 50% 이상을 투자하는 자본시장과금융투자업에관한법률에 따른 부동산집합투자기구(집합투자재산의 100분의 50 이상을 같은 법 제229조 제2호에서 정한 부동산에 투자하는 같은 법 제9조 제19항에 따른 사모집합투자기구를 포함) 또는 부동산투자회사법에 따른 부동산투자회사(부동산집합투자기구등)로부터 2018.12.31.까지 받는 부동산집합투자기구등별 액면가액 합계액이 2억원 이하인 보유주식 또는 수익증권(집합투자증권)의 배당소득은 소득세법 제14조 제2항에 따른 종합소득과세표준에 합산하지 아니한다. 이 경우 부동산집합투자기구등별 액면가액 합계액이 5천만원 이하인 집합투자증권의 배당소득에 대해서는 소득세법 제129조에도 불구하고 100분의 5의 세율을 적용한다(조특법 §87의 6 ①).

① '임대주택'이란 민간임대주택에관한특별법 제2조에 따른 민간임대주택과 공공주택특별법 제2조 제1호 가목에 따른 공공임대주택에 해당하는 주택으로서 해당 주택 및 이에 부수되는 토지의 기준시가의 합계액이 취득당시 6억원 이하이고 주택의 연면적(공동주택의 경우에는 전용면적)이 149제곱미터 이하인 임대주택을 말한다(조특령 §81의 3 ①).

② 투자비율은 부동산집합투자기구등의 설정일 또는 설립일(부동산투자회사의 경우 영업인가일을 말하며, 설정일·설립일 또는 영업인가일 이후 결산·분배가 있었던 경우에는 직전 결산·분배일 다음 날을 말함) 이후 결산·분배일까지 다음 계산식에 따른 매일의 비율을 합산하여 해당 기간의 총 일수로 나누어 계산한다. 이 경우 부동산집합투자

기구등의 설정일·설립일 또는 영업인가일부터 최초 3개월 및 해지일 또는 해산일 이전 3개월은 제외하고 계산한다(조특령 §81의 3 ③).

$$\frac{\text{부동산집합투자기구등이 임대주택에 투자한 자산 또는 자금의 총액} + \text{부동산집합투자기구등이 다른 부동산집합투자기구등을 통하여 임대주택에 투자한 자산 또는 자금의 총액}^*}{\text{부동산집합투자기구등의 자산총액}}$$

$$^* \quad \frac{\text{부동산집합투자기구등이 다른 부동산집합투자기구등에 투자한 금액}}{\text{다른 부동산집합투자기구등의 자산총액}} \times \text{다른 부동산집합투자기구등이 임대주택에 투자한 자산 또는 자금의 총액}$$

③ 부동산집합투자기구등이 액면가액을 초과하여 집합투자증권을 발행하는 경우 액면가액 합계액은 발행가액 합계액으로 한다(조특령 §81의 3 ⑤).

④ 부동산집합투자기구등의 집합투자증권이 투자매매업자 또는 투자중개업자에게 전자등록되거나 예탁된 경우 부동산집합투자기구등은 그 배당소득을 지급하기로 결정한 후 즉시 집합투자증권보유자별·투자매매업자별·투자중개업자별 분리과세대상소득의 명세를 직접 또는 전자등록기관 또는 한국예탁결제원을 통하여 집합투자증권 보유자가 위탁매매하는 투자매매업자 또는 투자중개업자에게 통지하여야 하며, 통지받은 투자매매업자 또는 투자중개업자는 통지받은 내용에 따라 원천징수하여야 한다(조특법 §87의 6 ②).

⑤ 부동산집합투자기구등의 집합투자증권이 투자매매업자 또는 투자중개업자에게 예탁되어 있지 아니한 경우에는 그 부동산집합투자기구등은 직접 또는 그 부동산집합투자기구등의 명의개서대행기관을 통하여 집합투자증권 보유자별로 분리과세대상소득을 구분하여 원천징수하여야 한다(조특법 §87의 6 ③).

⑥ 원천징수의무자가 직접 부동산집합투자기구등의 배당소득을 지급할 경우에는 그 배당소득을 지급하는 날이 속하는 분기의 종료일의 다음 달 말일까지 부동산집합투자기구등 배당소득분리과세명세서를 원천징수 관할 세무서장에게 제출하여야 한다(조특법 §87의 6 ④).

⑦ 거주자가 자본시장과금융투자업에관한법률에 따른 신탁업자와 신탁계약을 통하여 부동산집합투자기구등의 집합투자증권에 투자하는 경우에는 해당 신탁업자와 부동

산집합투자기구등 간에 원천징수의무의 대리 또는 위임의 관계가 있는 것으로 본다 (조특법 §87의 6 ⑤).

4) 공모부동산집합투자기구의 집합투자증권의 배당소득에 대한 과세특례(조특법 §87의 7)

① 거주자가 다음에 해당하는 신탁, 회사 또는 조합(공모부동산집합투자기구)의 지분증권 또는 수익증권(공모부동산집합투자기구의 집합투자증권)에 2023.12.31.까지 투자하는 경우 해당 거주자가 보유하고 있는 공모부동산집합투자기구의 집합투자증권 중 거주자별 투자금액의 합계액이 5천만원을 초과하지 않는 범위에서 지급받는 배당소득(투자일부터 3년 이내에 지급받는 경우에 한정)에 대해서는 소득세법 제14조 제2항에 따른 종합소득과세표준에 합산하지 아니하고 소득세법 제129조에도 불구하고 100분의 9의 세율을 적용한다.

　가. 자본시장과금융투자업에관한법률 제229조 제2호에 따른 부동산집합투자기구 (같은 법 제9조 제19항에 따른 사모집합투자기구를 제외)

　나. 부동산투자회사법 제49조의 3 제1항에 따른 공모부동산투자회사

　다. 집합투자재산의 투자액 전부를 제1호 또는 제2호에 투자(투자대기자금의 일시적인 운용 등을 위하여 다음의 경우*를 제외)하는 자본시장과금융투자업에관한법률 제9조 제18항에 따른 집합투자기구(같은 법 제9조 제19항에 따른 사모집합투자기구를 제외) 및 부동산투자회사법 제49조의 3 제1항에 따른 공모부동산투자회사

　　* 집합투자재산을 자본시장과금융투자업에관한법률시행령 제241조 제1항 각 호의 어느 하나에 해당하는 단기금융상품 중 남은 만기가 1년 이내인 상품에 투자하는 경우(집합투자재산의 100분의 10을 초과하여 투자하는 경우는 제외)를 말한다.

② '①'을 적용받으려는 거주자는 다음에서 정하는 바*에 따라 '①'의 적용대상이 되는 공모부동산집합투자기구의 집합투자증권의 내역을 해당 거주자가 매매를 위탁한 투자매매업자 또는 투자중개업자(공모부동산집합투자기구의 집합투자증권이 예탁되어 있지 아니한 경우에는 해당 공모부동산집합투자기구로 한다)에게 제출하여야 한다.

　* 과세특례를 신청하려는 자는 기획재정부령으로 정하는 공모 리츠·부동산펀드 과세특례신청서를 해당 거주자가 매매를 위탁한 투자매매업자 또는 투자중개업자(공모부동산집합투자기구의 집합투자증권이 예탁되어 있지 않은 경우에는 해당 공모부동산집합투자기구로 한다)에게 제출해야 한다.

③ '②'에 따른 투자매매업자·투자중개업자 또는 공모부동산집합투자기구(원천징수의무자)는 1을 적용받는 배당소득을 구분하여 원천징수하여야 한다.

④ '①'에도 불구하고 원천징수의무자는 거주자가 투자일부터 3년이 되는 날 이전에 '①'을 적용받는 공모부동산집합투자기구의 집합투자증권의 소유권을 이전하는 경

02

우(다음의 부득이한 사유[*]가 있는 경우는 제외)에는 '①'에 따라 거주자가 과세특례를 적용받은 소득세에 상당하는 세액을 추징하여 소유권을 이전한 날이 속하는 달의 다음 달 10일까지 원천징수 관할 세무서장에게 납부하고 그 내용을 해당 거주자에게 즉시 통보하여야 한다. 이 경우 그 기한 내에 납부하지 아니하거나 납부하여야 할 세액에 미달하게 납부한 경우에는 해당 원천징수의무자는 그 납부하지 아니한 세액 또는 미달하게 납부한 세액의 100분의 10에 해당하는 금액을 추가로 납부하여야 한다.

[*] 부득이한 사유가 있는 경우란 다음의 어느 하나에 해당하는 사유를 말한다.
1. 거주자의 사망 또는 해외이주
2. 소유권을 이전하기 전 6개월 이내에 발생한 다음 각 목의 어느 하나에 해당하는 사유
   가. 천재지변
   나. 거주자의 3개월 이상의 입원치료 또는 요양이 필요한 상해·질병의 발생
   다. 공모부동산집합투자기구 취급기관의 영업의 정지, 영업 인가·허가의 취소, 해산결의 또는 파산선고
   라. 자본시장과금융투자업에관한법률시행령 제223조 제3호 및 제4호에 따라 집합투자업자가 해당 공모부동산집합투자기구를 해지하는 경우

5) 세금우대종합저축(조특법 §89)

거주자가 세금우대종합저축에 2014.12.31.까지 가입하는 경우 해당 저축에서 발생하는 이자소득 및 배당소득에 대한 원천징수세율은 9%로 하고 분리과세하며, 지방세법에 따른 개인지방소득세를 부과하지 아니한다.

세금우대종합저축이란 다음의 요건을 모두 갖춘 저축을 말한다.

① 금융실명거래및비밀보장에관한법률 제2조 제1호 각 목의 어느 하나에 해당하는 금융회사 등이 취급하는 적립식 또는 거치식 저축(집합투자증권저축·공제·보험·증권저축 및 대통령령으로 정하는 채권저축 등을 포함)으로서 저축 가입당시 저축자가 세금우대 적용을 신청할 것

② 계약기간이 1년 이상일 것

③ 모든 금융회사 등에 가입한 세금우대종합저축의 계약금액 총액이 다음에 해당하는 금액 이하일 것. 다만, 세금우대종합저축에서 발생하여 원금에 전입되는 이자 및 배당 등은 세금우대종합저축으로 보되, 계약금액 총액의 1명당 한도를 계산할 때에는 산입하지 아니한다.

가. 20세 이상인 자 : 1명당 1천만원

나. 다음에 해당하는 자 : 1명당 3천만원

　㉠ 65세 이상인 거주자

　㉡ 장애인복지법 제32조에 따라 등록한 장애인

  ⓒ 독립유공자예우에관한법률 제6조에 따라 등록한 독립유공자와 그 유족 또는 가족

  ⓔ 국가유공자등예우및지원에관한법률 제6조에 따라 등록한 상이자(상이자)

  ⓜ 국민기초생활보장법 제2조 제2호에 따른 수급자

  ⓗ 고엽제후유의증환자지원등에관한법률 제2조 제3호에 따른 고엽제후유의증 환자

  ⓢ 5·18민주유공자예우에관한법률 제4조 제2호에 따른 5·18민주화운동부상자

6) 고수익투자신탁 등에 대한 과세특례

① 거주자

다음의 요건을 충족하는 고위험고수익투자신탁에 2017.12.31.까지 가입하는 경우 1명당 투자금액 3천만원(모든 금융회사에 투자한 투자신탁 등의 합계액) 이하인 투자신탁 등에서 받는 이자소득 또는 배당소득에 대해서는 소득세 종합소득과세표준에 합산하지 아니하고 분리과세한다(조특법 §91의 15 ①).

> ① 투자대상
> －비우량채 : 신용등급이 BBB+ 이하인 사채권
> －코넥스 상장주식 : 코넥스시장에 상장된 주권
> ② 펀드요건 : 다음의 요건을 모두 충족
> －비우량채와 코넥스 상장주식을 합한 평균보유비율이 30% 이상
> －국내채권과 비우량채와 코넥스 상장주식을 합한 평균보유비율이 60% 이상
> ③ 국내 자산에만 투자

② 비거주자

소득세법 제121조 제2항 또는 제5항에 따라 종합과세되는 비거주자가 고위험고수익투자신탁에 2017.12.31.까지 가입하는 경우 1명당 투자금액 3천만원(모든 금융회사에 투자한 투자신탁 등의 합계액) 이하인 투자신탁 등에서 받는 이자소득 또는 배당소득에 대해서는 소득세 종합소득과세표준에 합산하지 아니한다.

③ 고위험고수익투자신탁의 계약기간은 1년 이상 3년 이하로 하고, 계약일부터 3년이 지나 발생한 소득에 대해서는 상기 '①'과 '②'를 적용하지 아니한다.

④ 고위험고수익투자신탁의 가입자가 계약체결일부터 1년 이내에 고위험고수익투자신탁을 해약 또는 환매하거나 그 권리를 이전하는 경우 상기 '①'과 '②'를 적용하지

아니한다. 다만, 가입자의 사망, 해외이주, 그 밖에 대통령령으로 정하는 부득이한
사유가 있는 경우에는 그러하지 아니한다.

5. 배당소득금액의 계산

(1) 배당소득금액

배당소득은 이자소득과 같이 필요경비가 인정되지 아니하고 해당 과세기간의 수입금액
자체가 배당소득금액이 된다(소법 §17 ③).

> 배당소득금액＝배당소득 총수입금액

그러나 배당소득이 종합소득에 합산되는 경우에는 법인단계에서 부담한 것으로 간주하
는 귀속법인세액을 배당소득 총수입금액에 가산한다(소법 §17 ③ 단서).

> 배당소득금액＝배당소득 총수입금액＋귀속법인세(배당소득가산액)

(2) 배당소득가산액(Gross-up금액)의 계산

배당소득가산액은 배당소득의 100분의 11에 상당하는 금액으로 한다. 따라서 배당소
득금액은 해당 과세기간 배당소득에 대한 총수입금액에 동 배당소득의 100분의 11에
상당하는 금액을 가산한 금액이 되는 것이다(소법 §17 ③).

(3) Gross-up대상 배당소득

종합과세되는 배당소득으로서 다음에 해당되는 배당소득이 Gross-up대상이 된다.
① 내국법인으로부터의 이익처분에 의한 배당 또는 분배금과 건설이자의 배당
② 법인으로 보는 단체로부터 받는 배당 또는 분배금
③ 의제배당. 다만, 아래의 Gross-up대상이 아닌 의제배당은 제외한다.
④ 법인세법에 의하여 배당으로 처분된 금액
⑤ 집합투자기구의 이익 중 자본시장과금융투자업에관한법률 제9조 제19항 제1호에
   따른 경영참여형 사모집합투자기구(다음 '(5) 2) 1.'에 해당하지 아니하는 회사만 해당)로

부터 받는 배당소득

(4) Gross-up대상이 아닌 배당소득

다음의 배당소득은 Gross-up을 하지 아니하므로 지급받는 배당수입금액 자체가 배당소득금액이 된다(소법 §17 ③ 단서).

① 의제배당 중 다음의 배당소득

- 자기주식 또는 자기출자지분의 소각이익의 자본전입(소법 §17 ② 2호 가목)
- 토지의 재평가차액(재평가세율 1% 적용대상)의 자본전입(소법 §17 ② 2호 나목)
- 법인이 자기주식 등을 보유한 상태에서 자본준비금·재평가적립금을 자본에 전입하는 경우에 법인 외의 다른 주주 등의 증가한 지분비율에 상당하는 주식 등의 가액(소법 §17 ② 5호)

② 집합투자기구의 이익(상기 '(3) ⑤' 제외)

③ 파생결합증권 또는 파생결합사채로부터의 이익

④ 외국법인으로부터 받는 배당소득

⑤ 국제조세조정에관한법률 제17조에 따라 배당받은 것으로 간주된 금액

⑥ 공동사업발생 소득 중 출자공동사업자의 수익분배비율에 해당하는 금액

⑦ 배당소득과 유사한 소득으로서 수익분배의 성격이 있는 것

⑧ 분리과세배당소득

⑨ 법인과세 신탁재산으로부터 받는 배당금·분배금

(5) 면제법인 등의 배당소득에 대한 특례

1) 개요

Gross-up제도는 주주가 법인으로부터 받는 배당소득에 대한 과세 시 이중과세를 방지하기 위한 것이므로 최저한세 적용배제로 법인세를 전혀 납부하지 않는 소득에 대하여는 법인·주주단계에서 이중적 과세문제가 발생하지 않는 데도 불구하고, 법인이 실제 부담하지 않는 세액까지 공제해 주는 것은 동 제도의 기본취지에 맞지 않는다. 따라서 법인세부담을 하지 않는 소득부분은 Gross-up적용을 배제하도록 한 규정으로 조세특례제한법 규정에 의한 최저한세가 적용되지 아니하는 법인세의 비과세·면제·감면 또는 소득공제(조세특례제한법 외의 법률에 의한 비과세·면제·감면 또는 소득공제를 포

함)를 받은 법인 중 다음의 법인으로부터 받은 배당소득이 있는 경우에는 당해 배당소득금액에 일정률을 곱하여 산출한 금액에 대하여는 Gross-up적용을 배제한다(소법 §17 ③ 4호).

2) 법인세의 면제 등을 받는 법인의 범위

법인세의 면제 등을 받는 법인의 범위는 다음에 해당하는 법인을 말한다(소령 §27의 3).

1. 배당금에 대한 소득공제를 적용받는 다음의 법인(법법 §51의 2) 또는 조세특례제한법 제100조의 16(동업기업 및 동업자의 납세의무) 규정을 적용받는 법인

　① 자산유동화에관한법률에 의한 유동화전문회사

　② 자본시장과금융투자업에관한법률에 따른 투자회사, 투자목적회사, 투자유한회사, 투자합자회사(사모투자전문회사는 제외) 및 투자유한책임회사

　③ 기업구조조정투자회사법에 의한 기업구조조정투자회사

　④ 부동산투자회사법에 의한 기업구조조정부동산투자회사 및 위탁관리부동산투자회사

　⑤ 선박투자회사법에 따른 선박투자회사

　⑥ 민간임대주택에관한특별법 또는 공공주택특별법에 따른 특수 목적 법인 등으로서 대통령령으로 정하는 법인

　⑦ 문화산업진흥기본법에 따른 문화산업전문회사

　⑧ 해외자원개발사업법에 따른 해외자원개발투자회사

　⑨ '①'부터 '⑧'까지와 유사한 투자회사로서 다음 각 목의 요건을 갖춘 법인일 것

　　가. 회사의 자산을 설비투자, 사회간접자본 시설투자, 자원개발, 그 밖에 상당한 기간과 자금이 소요되는 특정사업에 운용하고 그 수익을 주주에게 배분하는 회사일 것

　　나. 본점 외의 영업소를 설치하지 아니하고 직원과 상근하는 임원을 두지 아니할 것

　　다. 한시적으로 설립된 회사로서 존립기간이 2년 이상일 것

　　라. 상법이나 그 밖의 법률의 규정에 따른 주식회사로서 발기설립의 방법으로 설립할 것

　　마. 발기인이 기업구조조정투자회사법 제4조 제2항 각 호의 어느 하나에 해당하지 아니하고 대통령령으로 정하는 요건을 충족할 것

　　바. 이사가 기업구조조정투자회사법 제12조 각 호의 어느 하나에 해당하지 아
　　　니할 것

　　사. 감사는 기업구조조정투자회사법 제17조에 적합할 것. 이 경우 '기업구조조
　　　정투자회사'는 '회사'로 본다.

　　아. 자본금 규모, 자산관리업무와 자금관리업무의 위탁 및 설립신고 등에 관하
　　　여 대통령령으로 정하는 요건을 충족할 것

2. 다음의 감면규정을 적용받는 법인

　① 조세특례제한법 제63조의 2(법인의 공장 및 본사를 수도권 밖으로 이전하는 경우 감면)

　② 조세특례제한법 제121조의 2(외국인투자에 대한 감면)

　③ 조세특례제한법 제121조의 8(제주첨단과학기술단지 입주기업 감면)

　④ 조세특례제한법 제121조의 9(제주투자진흥지구 또는 제주자유무역지역 입주기업 감면)

3) 적용배제비율

① 위 '2)의 1.'에 해당하는 법인의 경우에는 100분의 100

② 위 '2)의 2.'에 해당하는 법인의 경우에는 다음의 산식에 의한 비율(감면규정을 적용
　받는 사업연도가 1개 사업연도인 경우에는 당해 사업연도의 소득금액을 기준으로 계산하며,
　당해 비율이 100분의 100을 초과하는 경우에는 100분의 100으로 함)

$$\text{적용배제비율} = \frac{\text{직전 2개 사업연도의 감면대상소득금액의 합계액} \times \text{감면비율}}{\text{직전 2개 사업연도의 총소득금액의 합계액}}$$

4) 배당소득가산액(Gross-up금액)

$$\text{배당소득가산액} = \text{배당소득 총수입금액} \times (1 - \text{적용배제비율}) \times \frac{11}{100}$$

02

Ⅷ 배당세액공제

거주자가 내국법인으로부터 받는 배당금에 대하여는 그 배당금에 대한 귀속법인세를 가산하여 배당소득금액을 계산하고 또한 그 가산한 귀속법인세를 종합소득산출세액에서 공제하는바, 이를 배당세액공제라 한다(소법 §56).

1. 공제대상

거주자의 종합소득금액에 Gross-up되는 배당소득금액이 합산되어 있는 경우에는 해당 과세기간의 총수입금액에 가산한 금액에 상당하는 금액을 종합소득산출세액에서 공제한다.

2. 공제금액 및 결정세액의 계산

(1) 공제금액

Gross-up되는 배당소득으로서 종합소득과세표준에 포함된 배당소득 총수입금액의 11/100, 즉 가산된 귀속법인세를 공제한다.

$$공제액 = 배당소득\ 총수입금액 \times \frac{11}{100}$$

(2) 배당세액공제 적용 시 결정세액의 계산

배당세액공제가 있는 때에는 다음 '①'과 '②' 중 큰 금액에서 기타의 세액공제를 한 금액을 세액으로 하고, 감면되는 세액이 있는 때에는 이를 공제하여 결정세액을 계산한다(소법 §15 2호 후단).

① Gross-up방식 = 종합소득산출세액 - 배당세액공제
② 금융소득분리과세방식 = [(다른 종합소득금액 - 종합소득공제) × 기본세율] + [금융소

득금액[*1] × 원천징수세율[*2]]

    *1 Gross-up하기 전의 배당소득과 이자소득
    *2 원천징수세율 : 14% 또는 25%

3. 공제대상이 아닌 배당소득

상기 'Ⅶ. 5. (4) 및 (5)'의 배당소득은 Gross-up되는 배당소득이 아니므로(소법 §17 ③ 단서) 배당세액공제를 적용할 수 없다.

4. 금융소득 종합과세 시의 배당세액공제

① 배당세액공제대상 배당소득금액의 계산방법

이자소득 등에 대한 종합과세 시 이자소득 등의 종합과세기준금액을 초과하는 배당소득금액은 이자소득 등의 금액을 다음에 따라 순차적으로 합산하여 계산한 금액에 의한다(소령 §116의 2).

- 이자소득과 배당소득이 함께 있는 경우에는 이자소득부터 먼저 합산
- 배당가산(Gross-up)이 적용되지 않는 배당소득을 합산
- 배당가산(Gross-up)이 적용되는 배당소득을 합산
- 조세특례제한법 제104조의 27에 따른 고배당기업 주식의 배당소득

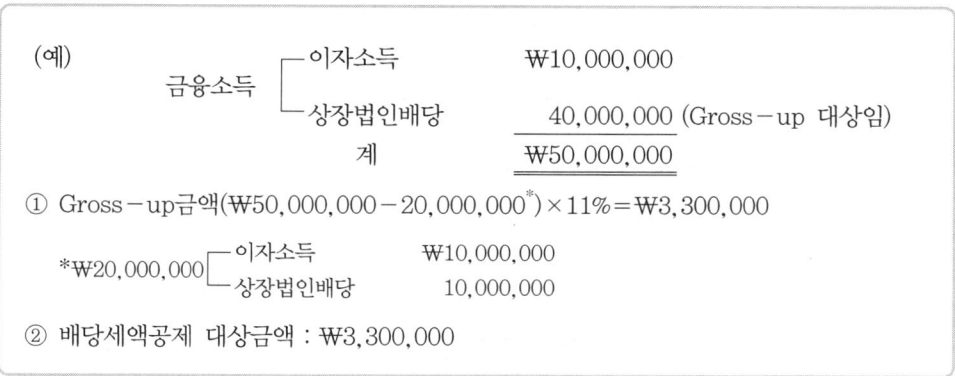

(예)   금융소득 ┌ 이자소득   ₩10,000,000
              └ 상장법인배당   40,000,000 (Gross-up 대상임)
                 계   ₩50,000,000

① Gross-up금액(₩50,000,000 − 20,000,000[*]) × 11% = ₩3,300,000

     *₩20,000,000 ┌ 이자소득   ₩10,000,000
                └ 상장법인배당   10,000,000

② 배당세액공제 대상금액 : ₩3,300,000

② 배당세액공제대상 배당소득

배당세액공제의 대상이 되는 배당소득금액은 종합소득과세표준에 포함된 배당소득 금

액으로서 종합과세기준금액(2천만원)을 초과하는 배당소득에 대하여 배당가산(Gross-up)된 배당소득금액이 공제대상이다(소법 §56 ④). 즉 2,000만원을 초과하는 배당소득금액에 대하여 Gross-up을 하고 다시 동 금액을 배당세액공제한다.

(예) 비상장배당소득 6,000만원인 경우 : 4,000만원(6,000만원−2,000만원)에 대하여
① Gross-up금액 : 4,000만원×11%=440만원
② 배당세액공제 대상금액 : 440만원

Expert Opinion Summary

금융소득 종합과세 시 세액계산의 특례

1. 금융소득(이자소득+배당소득) 종합과세기준금액(소법 §14 ③ 6호)
(1) 다음의 금융소득은 종합과세기준금액 계산 시 제외
   ① 분리과세신청한 장기채권의 이자와 할인액(30% 원천징수)
   ② 민사집행법 제113조 및 같은 법 제142조에 따라 법원에 납부한 보증금 및 경락대금에서 발생하는 이자소득(14% 원천징수)
   ③ 실지명의가 확인되지 아니하는 소득(42% 원천징수)
      다만, 금융실명거래및비밀보장에관한법률 제5조가 적용되는 경우에는 같은 조에서 정한 세율(90%)로 함
   ④ 직장공제회 초과반환금
   ⑤ 법인으로 보는 단체 외의 단체 중 수익을 구성원에게 배분하지 아니하는 단체로서 단체명을 표기하여 금융거래를 하는 단체가 금융실명거래및비밀보장에관한법률 제2조 제1호 각 목의 어느 하나에 해당하는 금융회사 등으로부터 받는 이자소득 및 배당소득
   ⑥ 조세특례제한법에 따라 분리과세되는 소득
   ⑦ 소득세법 제43조에 따른 공동사업에서 발생한 소득금액 중 출자공동사업자의 손익분배비율에 해당하는 금액(금융소득에서 제외함)
(2) 금융소득 종합과세기준금액(배당소득 중 Gross-up금액을 제외한 금액으로 판단)
   연간 2천만원[상기 '(1)'의 금융소득을 제외한 금액기준]
(3) 원천징수되지 아니한 금융소득은 무조건 종합과세대상에 포함됨

2. 금융소득이 종합과세기준금액 이하인 경우 산출세액 계산(소법 §62 2호)
   원천징수되지 않은 이자·배당소득×14%+원천징수되지 않은 비영업대금이익×25%
   +(금융소득 외의 다른 종합소득−소득공제)×기본세율(6%~45%)
   =종합소득산출세액

3. 금융소득이 종합과세기준금액을 초과 시 산출세액 및 결정세액 계산(소법 §62)

   (1) 금융소득의 구분(다음 숫자는 소득세법 금융소득 신고서식상의 숫자임)

      ① 비영업대금이익(25%)

        (a) 비영업대금이익(14%)

      ② 원천징수되지 않은 이자소득

      ③ 원천징수되지 않은 비영업대금이익

      ④ 위 '①·②·③' 외의 이자소득

      ⑤ 이자소득합계(①+②+③+④)

      ⑥ 배당가산(Gross-up)대상 배당소득

      ⑦ 원천징수되지 않은 배당소득

      ⑧ 위 '⑥·⑦' 외의 배당소득

      ⑨ 배당소득합계(⑥+⑦+⑧)

   (2) 산출세액의 계산 = Max(Ⅰ, Ⅱ)

    Ⅰ. 금융소득과 다른 종합소득을 합산과세하는 방법 = 1. + 2.

      1. 종합과세기준금액을 초과하는 금융소득과 다른 종합소득의 합산금액에 대한 산출세액

        (1) 종합과세기준금액(2천만원)의 구성(우선순서)(소령 §116의 2)

          ① 이자소득

          ② 배당가산액(Gross-up) 제외대상 배당소득

          ③ '②' 이외의 배당소득

        (2) 산출세액의 계산

          ⑩ 금융소득금액(⑤+⑨)

          ⑪ 종합과세기준금액(2천만원)

          ⑫ 기준초과금액(⑩-⑪)

          ⑬ 배당가산액(Gross-up 11%)

          ⑭ 금융소득 외의 다른 종합소득

          ⑮ 기준금액 외의 종합소득금액(⑫+⑬+⑭)

          ⑯ 소득공제

          ⑰ 과세표준(⑮-⑯)

          ⑱ 기본세율(6%~45%)

          ⑲ 산출세액

      2. 종합과세기준금액에 대한 산출세액(⑳)

        2천만원×14%(비영업대금이익에 대하여도 14% 적용)

      3. 비교산출세액 계(㉑=⑲+⑳)

        1.+2.

02

Ⅱ. 금융소득 전체에 대해 원천징수세율을 적용하여 계산하는 방법＝1.＋2.

1. 금융소득 전체에 대해 다음 원천징수세율을 적용한 산출세액

㉒ 비영업대금이익((①＋③)×25%＋(a)×14%

㉓ '㉒' 외의 금융소득 : ⑩－[①＋(a)＋③]

㉔ ㉓에 대한 원천징수세율 적용 산출세액

㉓×14%

2. 금융소득 외의 다른 종합소득에 대한 산출세액

㉕ 금융소득 외의 다른 종합소득(⑭)

㉖ 소득공제

㉗ 과세표준(㉕－㉖)

㉘ 기본세율(6%～45%)

㉙ 산출세액

3. 비교산출세액 계(㉚＝㉒＋㉔＋㉙)

1.＋2.

Ⅲ. 종합소득 산출세액(㉛)

Max[Ⅰ(㉑), Ⅱ(㉚)]

(3) 결정세액의 계산

산출세액(Ⅲ)－Gross－up 배당세액공제 : Min(⑬, ㉛－㉚)

－다른 세액공제·세액감면

＝결정세액

예제 1. 원천징수되지 않은 비영업대금이익이 2천만원 이하인 경우

1. 자료

① 과세기간 : 2023.1.1.～2023.12.31.

② 비영업대금이익 10,000,000원(원천징수되지 않음)

③ 사업소득금액 3억원

2. 산출세액의 계산

10,000,000×25%＋3억원×기본세율＝2,500,000＋94,600,000

＝97,100,000원

예제 2. 금융소득이 2천만원 이상인 경우

1. 자료

① 이자소득　　　　10,000,000원

가. 은행이자　　5,000,000원

나. 비영업대금이익 5,000,000원(2,000,000원은 원천징수되지 않음)

② 배당소득　　　　40,000,000원

가. Gross－up 제외대상 배당소득 2,000,000원

나. Gross－up 대상 배당소득 38,000,000원

③ 사업소득금액 3억원

2. 산출세액의 계산 = Max(Ⅰ, Ⅱ)

Ⅰ. 금융소득과 다른 종합소득을 합산과세하는 방법 = 1.+2.

1. 종합과세기준금액을 초과하는 금융소득과 다른 종합소득의 합산금액에 대한 산출세액

(1) 종합과세기준금액(2천만원)의 구성

① 이자소득 10,000,000원

② Gross-up 제외대상 배당소득 2,000,000원

③ Gross-up대상 배당소득 8,000,000원

(2) 산출세액의 계산

⑩ 금융소득금액 50,000,000원

⑪ 종합과세기준금액 20,000,000원

⑫ 기준초과금액 30,000,000원(Gross-up 대상 배당소득 30,000,000)

⑬ 배당가산액 3,300,000원(⑫×11%)

⑭ 사업소득금액 3억원

⑮ 기준금액 외의 종합소득금액 333,300,000원

⑲ 산출세액 107,920,000원

2. 종합과세기준금액에 대한 산출세액(⑳)

20,000,000×14% = 2,800,000원

3. 산출세액 계(⑲+⑳)

110,720,000원(㉑)

Ⅱ. 금융소득 전체에 대해 원천징수세율을 적용하여 계산하는 방법 = 1.+2.

1. 금융소득 전체에 대해 원천징수세율을 적용한 산출세액

비영업대금이익 5,000,000×25%+기타 이자·배당소득금액 45,000,000 ×14% = 7,550,000원(㉒+㉔)

2. 금융소득 외의 다른 종합소득에 대한 산출세액

3억원×기본세율 = 94,600,000원(㉙)

3. 산출세액 계(㉒+㉔+㉙)

102,150,000원(㉚)

Ⅲ. 종합소득 산출세액(㉛)

Max[Ⅰ(㉑), Ⅱ(㉚)] = 110,720,000원(㉛)

3. 배당세액공제액의 계산

Min[3,300,000, (110,720,000−102,150,000)] = 3,300,000원

소득세법시행규칙 [별지 제40호 서식(1)] 中 내용임 (2023.3.**. 개정)

❺ 이자소득명세서 작성방법

1. 「소득세법」 및 「조세특례제한법」에 따라 비과세 또는 분리과세되는 이자소득은 이 서식의 작성대상에서 제외되며, 개인별 금융소득(이자 · 배당소득의 합계액)이 연간 2천만원을 초과하는 경우로서 이자소득이 있는 때에 작성해야 합니다. 다만, 개인별 금융소득이 연간 2천만원 이하인 경우에도 국내에서 원천징수되지 않은 이자소득(국외금융소득 등)이 있는 때에는 그 이자소득에 대하여 작성해야 합니다.
   * 금융소득 종합과세기준금액: 2천만원

2. ① 소득구분 코드란: 다음 중 해당되는 소득구분 코드(11 ~ 17)를 코드순으로 적습니다.
   가. 「소득세법」 제16조제1항제11호에 따른 비영업대금의 이익(私債이자) 중 원천징수 된 것: 11
       다만, 「소득세법」 제129조제1항제1호 나목에 따라 온라인투자연계금융업자를 통해 지급받은 이자소득 중 원천징수(14% 세율) 된 것: 18
   나. 「소득세법」 제127조에 따라 원천징수되지 않은 이자소득: 12
       다만, 원천징수되지 않은 비영업대금의 이익은 17 코드를 적습니다.
   다. 그 밖의 이자소득 중 원천징수 된 것: 13
   라. 국내에서 원천징수 되지 않은 국외에서 지급받는 이자소득: 15
   마. 「조세특례제한법」 제100조의18에 따라 동업기업에서 배분받은 이자소득: 16
   바. 「소득세법」 제127조에 따라 원천징수되지 않은 비영업대금의 이익(私債이자): 17

3. ② 일련번호란은 소득구분 코드별로 일련번호를 적으며, 코드별 일련번호가 둘 이상인 경우에는 마지막 일련번호 다음 줄에 코드별 합계를 적습니다.

4. ③ 상호(성명)란 · ④ 사업자등록번호(주민등록번호)란: 이자를 지급하는 자의 상호(성명)와 사업자등록번호(주민등록번호)를 적습니다.

5. ⑤ 이자소득금액란: 이자의 지급자별로 원천징수세액을 차감하기 전의 총 이자액을 적습니다.

6. ⑥ 원천징수된 소득세란: 이자를 지급하는 자에게 원천징수된 소득세를 적습니다. 지방소득세는 「지방세법」 제95조 및 제96조에 따라 신고하므로 적지 않습니다.

210mm×297mm(백상지 80g/㎡)

❺ 이자소득명세서

① 소득 구분 코드	② 일련 번호	이자 지급자		⑤ 이자소득금액	⑥ 원천징수된 소득세
		③ 상호(성명)	④ 사업자등록번호 (주민등록번호)		

02

210㎜×297㎜(백상지 80g/㎡)

❻ 배당소득명세서 작성방법

1. 「소득세법」 및 「조세특례제한법」에 따라 비과세 또는 분리과세되는 배당소득은 이 서식의 작성대상에서 제외되며, 개인별 금융소득(이자·배당소득의 합계액)이 연간 2천만원을 초과하는 경우로서 배당소득이 있는 때에 작성해야 합니다. 다만, 개인별 금융소득이 연간 2천만원 이하인 경우에도 국내에서 원천징수되지 않은 배당소득(국외금융소득 등)이 있는 때에는 그 배당소득에 대하여 작성해야 합니다.
   * 금융소득 종합과세기준금액: 2천만원(2012년 귀속까지는 4천만원)

2. ① 소득구분 코드란: 다음 중 해당되는 소득구분 코드(21 ~ 29)를 코드순으로 적습니다.
   가. 종합과세기준금액(2천만원) 초과분에 대하여 배당가산(Gross-Up) 하는 배당소득: 21
   나. 배당가산(Gross-Up) 하지 않은 배당소득: 22
      - 23 ~ 29 코드에 해당하는 배당소득은 해당 코드로 분류합니다.
      - 집합투자기구로부터의 이익, 자기주식 또는 자기출자지분의 소각이익으로 인한 자본전입 또는 토지의 재평가차액(재평가세율 1% 적용 대상)의 자본전입에 따른 의제배당, 법인이 자기주식 또는 자기출자지분을 보유한 상태에서 자본준비금이나 재평가적립금을 자본전입함에 따라 해당 법인 외의 주주 등의 증가한 지분비율에 상당하는 주식 등의 가액은 전체 배당소득을 이 코드로 분류합니다.
      - 21코드에 해당하는 배당소득 중 「조세특례제한법」 제132조에 따른 최저한세가 적용되지 아니하는 법인세의 비과세·면제·감면 또는 소득공제(「조세특례제한법」 외의 법률에 의한 비과세·면제·감면 또는 소득공제를 포함합니다)를 받은 법인 중 대통령령으로 정하는 법인으로부터 받은 배당 등은 감면비율을 곱하여 산출한 금액을 이 코드로 분류합니다.
   다. 「소득세법」 제127조에 따라 원천징수되지 않은 배당소득: 23
   라. 국내에서 원천징수되지 않은 국외에서 지급받는 배당소득: 26
   마. 「소득세법」 제17조제1항제8호에 따른 출자공동사업자의 배당소득: 28
   바. 「조세특례제한법」 제100조의18에 따라 동업기업에서 배분받은 배당소득: 29

3. ② 일련번호란: 소득구분 코드별로 일련번호를 적으며, 코드별 일련번호가 둘 이상인 경우에는 마지막 일련번호 다음 줄에 코드별 합계를 적습니다.

4. ③ 법인명란·④ 사업자등록번호란: 배당을 지급하는 법인 또는 단체의 명칭과 사업자등록번호를 적습니다.

5. ⑤ 배당액란: 지급자별로 원천징수세액을 차감하기 전의 총배당액을 적습니다.

6. ⑥ 대상금액란: "21"코드에 해당하는 배당소득이 다른 코드의 배당소득 및 이자소득과 합산하여 2천만원을 초과하는 경우에는 그 초과하는 배당액만을 적습니다.
   (예) 이자소득 1천만원, 배당소득 1천5백만원(Gross-Up 대상)인 경우 ⑤ 배당액란은 1천5백만원을, ⑥ 대상금액란은 5백만원을 적음

7. ⑦ 배당가산액란: [⑥ 대상금액 × 가산율(2011. 1. 1. 이후의 배당소득은 100분의 11, 2009. 1. 1.부터 2010. 12. 31.까지의 배당소득은 100분의 12)]의 방법으로 산정한 금액을 적습니다.

8. ⑧ 배당소득금액란: [⑤ 배당액 + ⑦ 배당가산액]의 방법으로 산정한 금액을 적습니다.

9. ⑨ 원천징수된 소득세란: 배당을 지급하는 자에게 원천징수된 소득세를 적습니다. 지방소득세는 「지방세법」 제95조 및 제96조에 따라 신고하므로 적지 않습니다.

210mm×297mm(백상지 80g/㎡)

❻ 배당소득명세서

① 소득구분코드	② 일련번호	배당 지급법인 ③ 법 인 명 ④ 사업자등록번호	⑤ 배당액	배당가산액(Gross–Up) ⑥ 대상금액	⑦ 가산액 (⑥× 가산율)	⑧ 배당소득금액 (⑤+⑦)	⑨ 원천징수된 소득세

210㎜×297㎜(백상지 80g/㎡)

⑰ 종합소득산출세액계산서(금융소득자용) 작성방법

※ 개인별 금융소득이 「소득세법」·「조세특례제한법」에 따른 비과세 및 분리과세 이자·배당소득만 있는 경우에는 이 서식을 작성하지 않습니다.

1. 용어의 정의
   가. "금융소득"은 「소득세법」·「조세특례제한법」에 따라 비과세 또는 분리과세되는 이자·배당소득 이외에 종합과세되는 이자·배당소득을 말합니다.
   나. "원천징수되지 않은 이자·배당소득"(②,③,⑦)은 「소득세법」 제127조에 따라 원천징수되지 않은 이자·배당소득(국외금융소득 등)을 말하고, 그 중 이자소득은 비영업대금이익(③)과 그 외의 이자소득(②)으로 구분합니다.
   다. "⑫기준초과금액"은 과세대상금융소득에서 종합과세기준금액(2천만원)을 공제한 금액을 말합니다.
   * 금융소득 종합과세기준금액: 2천만원(2012귀속까지는 4천만원)

2. **2** 또는 **3**의 작성란 선택은 다음과 같습니다.
   가. 개인별 연간 금융소득 합계액이 2천만원을 초과하는 경우에는 "**2** 금융소득금액(⑤＋⑨)이 종합과세기준금액(2,000만원)을 초과하는 경우"란에 작성합니다.
   나. 「소득세법」 제127조에 따라 원천징수되지 않은 이자·배당소득(국외금융소득 등)의 개인별 연간 합계액이 2천만원 이하인 경우에는 "**3** 금융소득금액(⑤＋⑨)이 종합과세기준금액(2,000만원) 이하인 경우"란에 작성합니다.

3. ① 비영업대금이익란부터 ④ 위 ①·(a)·②·③ 외의 이자소득란까지: 제5쪽 **❺** 이자소득명세서의 ⑤ 이자소득금액을 소득구분 코드별로 구분하여 해당 구분란 합계액을 적습니다.
   (예: 이자 소득구분코드 "11"코드는 ①, "18"코드는 (a), "12·15"코드는 ②, "17"코드는 ③, "13·16"코드는 ④란에 적습니다)

4. ⑥ 배당가산(Gross-Up)대상배당소득란: 제7쪽 **❻** 배당소득명세서의'21'코드 "⑥ 대상금액"란의 합계액을 적으며, "⑦ 원천징수되지 않은 배당소득"란은 제7쪽 **❻** 배당소득명세서의'23'코드·'26'코드 "⑤ 배당액"란의 합계액을 적습니다.

5. ⑧ 위 ⑥·⑦ 외의 배당소득란: 제7쪽 **❻** 배당소득명세서의 '21'코드, '22'코드, '29'코드 배당소득의 "⑤ 배당액" 합계액에서 "⑥ 대상금액"의 합계액을 뺀 금액(⑤ 배당액 － ⑥ 대상금액)을 적습니다.

6. ⑬ 배당가산액란: 제7쪽 **❻** 배당소득명세서의 '21' 코드 ⑦ 가산액의 합계액(= ⑥ 배당가산액(Gross-Up)대상금액× 가산율)을 적습니다.

7. ⑭·㉕·㉞ 금융소득 외의 다른 종합소득란: 제13쪽 **❾** 종합소득금액 및 결손금·이월결손금공제명세서의 ⑤ 결손금·이월결손금 공제 후 소득금액 중 이자소득금액과 배당소득금액을 제외한 소득금액의 합계액을 적습니다. 다만, 이자소득 등에서 사업소득의 결손금 또는 이월결손금을 공제한 경우에는 그 공제액을 차감하여 적습니다.

8. ㉙·㉟의 산출세액 계산 시 다른 종합소득금액에 출자공동사업자의 배당소득(제7쪽 **❻** 배당소득명세서의 '28'코드)이 포함되어 있는 경우에는 다음 ㉠, ㉡ 중 큰 금액을 적습니다.
   ㉠ (출자공동사업자의 배당소득을 포함한 다른 종합소득금액－소득공제) × 기본세율
   ㉡ 출자공동사업자의 배당소득 × 14% ＋ [(다른 종합소득금액－출자공동사업자의 배당소득) － 소득공제] × 기본세율

9. ⑯·㉖·㉟ 소득공제란: 제15쪽 **⓫** 소득공제명세서의 ㉒ 소득공제합계에서 ㉓ 소득공제종합한도초과액을 뺀 금액을 적습니다.

10. ⑳·㉔ 세액란: 2005년 1월 1일 이후 발생한 금융소득은 14/100(2004년 12월 31일 이전 발생한 금융소득은 15/100)의 세율을 적용하여 원천징수되거나 원천징수하지 않은 세액의 합계액을 적습니다.

11. ㉜ 세액란 : 2005년 1월 1일 이후 발생한 금융소득은 14/100(2004년 12월 31일 이전 발생한 금융소득은 15/100)의 세율을 적용하여 원천징수되거나 원천징수하지 않은 세액의 합계액을 적습니다.

12. ㉒·㉝ 세액란: 비영업대금의 이익은 25/100(또는 14/100)의 세율을 적용합니다.

13. **4** 배당세액공제: ㊵란은 ⑬와 (㉛－㉚) 중 적은 금액을 적습니다.

210mm×297mm(백상지 80g/㎡)

⑰ 종합소득산출세액계산서(금융소득자용)

1 금융소득 명세

구 분	금 액	구 분	금 액
① 비영업대금이익(25%)		⑥ 배당가산(Gross-Up)대상배당소득	
(a) 비영업대금이익(14%)			
② 원천징수되지 않은 이자소득		⑦ 원천징수되지 않은 배당소득	
③ 원천징수되지 않은 비영업대금이익			
④ 위 ①·(a)·②·③ 외의 이자소득		⑧ 위 ⑥·⑦ 외의 배당소득	
⑤ 이자소득 합계(①+(a)+②+③+④)		⑨ 배당소득 합계(⑥+⑦+⑧)	

2 금융소득금액(⑤+⑨)이 종합과세기준금액(2,000만원)을 초과하는 경우		**3 금융소득금액(⑤+⑨)이 종합과세기준금액(2,000만원) 이하인 경우**	
구 분	금 액	구 분	금 액
⑩ 금융소득금액(⑤+⑨)		㉜ [(②+⑦)× (14/100)]	
⑪ 종합과세기준금액	20,000,000	㉝ [③× (25/100)]	
⑫ 기준초과금액(⑩-⑪)		㉞ 금융소득 외의 다른 종합소득	
⑬ 배당가산액		㉟ 소득공제	
⑭ 금융소득 외의 다른 종합소득		㊱ 과세표준(㉞-㉟)	
⑮ 기준금액 외의 종합소득금액 (⑫+⑬+⑭)		㊲ 기본세율	
⑯ 소득공제		㊳ 산출세액	
⑰ 과세표준(⑮-⑯)		㊴ 종합소득산출세액(㉜+㉝+㊳)	
⑱ 기본세율			
⑲ 산출세액			
⑳ [⑪× (14/100)]			
㉑ 비교산출세액계(⑲+⑳)			
㉒ 비영업대금이익[(①+③)×25/100 + (a)×14/100]			
㉓ 비영업대금이익 외의 금융소득 [⑩-(①+(a)+③)]			
㉔ [㉓× (14/100)]			
㉕ 금융소득 외의 다른 종합소득(⑭)			
㉖ 소득공제			
㉗ 과세표준(㉕-㉖)			
㉘ 기본세율			
㉙ 산출세액			
㉚ 비교산출세액 계(㉒+㉔+㉙)			
㉛ 종합소득산출세액(㉑와 ㉚ 중 큰 금액)			
4 배당세액공제			
㊵ [⑬와 (㉛-㉚) 중 작은 금액]			

210mm×297mm(백상지 80g/㎡)

Ⅸ 사례

1. 우리사주조합명의로 등재된 우리사주의 조합원에 대한 원천징수

주식에 대한 배당을 받을 권리를 행사할 자는 일정한 날(배당기준일)에 주주명부에 기재된 주주로 보는 것이나 우리사주조합원이 취득한 우리사주를 업무편의상 조합장명의로 주주명부에 등재하는 경우에는 우리사주조합원이 배당을 받을 권리자인 것으로, 배당기준일 현재 조합장 명의로 주주명부에 등재된 퇴직한 조합원의 주식에 대한 배당금을 당해 퇴직조합원에게 지급하지 못한 경우에는 지급의제시기에 동 퇴직조합원의 명의로 소득세를 원천징수한다(법인 46013-1269, 1997.5.7.).

2. 주가연계증권(ELS)의 매매, 만기 시 발생소득에 대한 과세 여부

주가연계증권(ELS)에서 발생하는 소득은 소득의 성질상 배당소득으로 보아 지급 시(발행회사에서 매입하는 경우 포함)에 원천징수하는 것이며, 조세특례제한법상의 비과세, 저율과세저축에 동 증권을 편입하는 경우 동 증권에서 발생한 소득은 비과세, 저율과세를 적용받을 수 있다. 또한 증권투자신탁 및 증권투자회사의 이익과 배당에는 상장되거나 등록된 동 증권의 매매, 평가차손익은 포함되지 않으며, 동 증권의 만기 시에 소득을 주권으로 지급하는 경우에는 주권의 지급예정일의 직전 개장일 종가를 기준으로 소득금액을 계산한다(재경부소득 46073-41, 2003.3.24.).

3. 네티즌 등으로부터 투자자금을 공모한 펀드가 분배하는 수익의 이자소득 및 배당소득 여부

네티즌 등으로부터 투자자금을 공모한 펀드가 분배하는 수익은 소득세법 제17조 제1항 제7호의 규정에 의한 배당소득에 해당된다. 다만, 당해 펀드가 익명조합의 형태로 설립된 경우에는 기질의회신문(법인 46012-11, 2002.1.16.)에 따라 이자소득(2007. 1.1. 이후부터는 배당소득임)에 해당된다(재경부소득 46073-173, 2002.12.13.).

✎ 참고예규 : 법인 46012-11(2002.1.16.)

법인이 자신의 영업을 위하여 다른 법인과 상법 제78조에 해당하는 익명조합계약을 체결하고 익명조합원 으로부터 출자받은 금액에 대하여 같은법 제82조의 규정에 따라 그 영업으로 인한 이익을 분배한 경우 동 이익분배금은 당해 법인의 각사업연도소득금액 계산상 손금(이자비용)에 산입하는 것이며, 이에 따른 원천징수방법은 법인세법 제73조의 규정을 참고하기 바란다.
 * 익명조합은 당사자의 일방이 상대방의 영업을 위하여 출자하고 상대방은 그 영업으로 인한 이익을 분배 할 것을 약정함으로써 그 효력이 생긴다.

4. 우리사주조합원의 배당소득 비과세요건

① 우리사주조합원이 받는 자사주 배당소득이 비과세에 해당되기 위해서는 조세특례제 한법 제88조의 4 제7항 각 호의 요건을 충족하여야 하나, 결산일 현재 증권금융회 사에서 인출된 경우에는 위의 요건을 충족한 것으로 볼 수 없다.

② 우리사주조합원이 퇴직하는 경우 우리사주조합원자격을 상실하게 되나, 결산일 이 후에 퇴직하고 지급받은 자사주 배당소득이 비과세에 해당되기 위해서는 조세특례 제한법 제88조의 4 제7항 각 호의 요건을 충족하여야 한다.

③ 우리사주조합을 통하여 취득하지 않은 주식의 배당소득은 조세특례제한법 제88조 의 4 제7항 각 호의 요건을 충족할 수 없으므로 비과세에 해당되지 아니한다(서이 46013-10176, 2003.1.24.).

5. 주주가 아닌 외부투자자가 받는 이익분배금의 소득구분

법인이 그 법인의 자금과 외부투자자들의 자금으로 외국의 영화를 수입하여 국내에 배 급, 상영 등의 사업을 영위하는 경우에 있어서 외부투자자들이 당해 사업에서 발생한 손실에 대하여는 그 투자비율에 따라 책임(투자금액한도)을 지고 수익의 발생 시에는 투 자원금과 일정비율의 추가이익 및 투자금액에 대한 일정률의 이자를 받기로 약정한 경 우로서 당해 사업에서 수익이 발생하여 약정에 따라 외부투자자들이 지급받는 금액은 소득세법 제17조 제1항 제7호에 규정된 배당소득에 해당하는 것이다(서이 46013-11202, 2002.7.3.).

> **Expert Opinion Summary** 상법상 배당관련 규정
>
> **1. 상법 제462조【이익의 배당】**
> ① 회사는 대차대조표(재무상태표를 의미)의 순자산액(자본총액을 의미)으로부터

다음의 금액을 공제한 액을 한도로 하여 이익배당을 할 수 있다.

1. 자본금의 액
2. 그 결산기까지 적립된 자본준비금과 이익준비금의 합계액
3. 그 결산기에 적립하여야 할 이익준비금의 액
4. 대통령령으로 정하는 미실현이익

② 이익배당은 주주총회의 결의로 정한다. 다만, 제449조의 2 제1항에 따라 재무제표를 이사회가 승인하는 경우에는 이사회의 결의로 정한다.

2. 상법 제459조【자본준비금】

① 회사는 자본거래에서 발생한 잉여금을 대통령령으로 정하는 바에 따라 자본준비금으로 적립하여야 한다.

② 합병이나 제530조의 2에 따른 분할 또는 분할합병의 경우 소멸 또는 분할되는 회사의 이익준비금이나 그 밖의 법정준비금은 합병·분할·분할합병 후 존속되거나 새로 설립되는 회사가 승계할 수 있다.

> ※ 상법시행령 제18조 [적립할 자본준비금의 범위]
> 상법상 자본준비금은 상법시행령 제15조에서 정한 회계기준에 따른 자본잉여금을 의미함.
> • 외감법대상법인 : K-IFRS 및 일반기업회계기준
> • 공공기관 : 공기업·준정부기관의 회계원칙
> • 중소기업 : 중소기업회계기준

3. 상법 제458조【이익준비금】

회사는 그 자본금의 2분의 1이 될 때까지 매 결산 시 이익배당액의 10분의 1 이상을 이익준비금으로 적립하여야 한다. 주식배당의 경우에는 그러하지 아니하다.

4. 상법시행령 제19조【미실현이익의 범위】

① 법 제462조 제1항 제4호에서 "대통령령으로 정하는 미실현이익"이란 법 제446조의 2의 회계원칙에 따른 자산 및 부채에 대한 평가로 인하여 증가한 대차대조표상의 순자산액으로서 미실현손실과 상계(相計)하지 아니한 금액을 말한다(2014.2.24. 개정).

② 제1항에도 불구하고 다음 각 호의 어느 하나에 해당하는 경우에는 각각의 미실현이익과 미실현손실을 상계할 수 있다(2014.2.24. 신설).

1. 자본시장과금융투자업에관한법률 제4조 제2항 제5호에 따른 파생결합증권의 거래를 하고, 그 거래의 위험을 회피하기 위하여 해당 거래와 연계된 거래를 한 경우로서 각 거래로 미실현이익과 미실현손실이 발생한 경우
2. 자본시장과금융투자업에관한법률 제5조에 따른 파생상품의 거래가 그 거래와 연계된 거래의 위험을 회피하기 위하여 한 경우로서 각 거래로 미실현이익과 미실현손실이 발생한 경우

1) 현행 회계기준상 자산·부채 평가규정

   ① 유형자산 재평가모형적용 시 재평가잉여금(기타포괄손익) 및 재평가손실(비용)

   ② 유가증권관련 평가손익

     가. 단기매매증권 평가손익 : 당기손익 반영

     나. 매도가능증권 평가손익 : 기타포괄손익 반영

     다. 만기보유증권 평가손익 : 당기손익 반영

     라. 지분법적용투자주식 평가손익 : 당기손익 및 기타포괄손익 반영

   ③ 외화자산·부채 평가손익 : 당기손익 반영

   ④ 파생상품평가손익 : 당기손익 및 기타포괄손익 반영

   ⑤ 기타 평가손익

2) 상기 평가 시 발생한 평가이익은 당기수익 및 (+)기타포괄손익으로 반영되어 당기 말 현재 순자산의 (+)로 표시되어진다. 이를 당기의 배당가능이익 계산 시 차감하여야 한다는 규정으로 평가 시 발생되는 평가손실은 배당가능이익 계산시반영대상이 아님에 유의하여야 한다.

즉 평가손실은 당기말 순자산에서 이미 차감되어 있으니 이는 무시하고 미실현이익만 차감하여 배당가능이익을 계산하여야 한다.

3) 2014.2.24. 상법시행령 개정내용

시행령 개정 이전에는 미실현이익과 관련하여 발생한 미실현손실에 대하여 배당가능이익 계산 시 가산하지 못하는 문제점이 있어 위험을 회피하기 위한 연계거래 상호 간에 발생하는 파생상품평가손실을 평가이익과 상계할 수 있도록 개정하였다. 이의 개정내용은 2014.2.24. 이후 주주총회 또는 이사회결의로 이익배당을 정하는 경우부터 적용된다(부칙 2014.2.24 대통령령 제2521호).

5. 상법 제449조의 2【재무제표 등의 승인에 대한 특칙】

  ① 제449조에도 불구하고 회사는 정관으로 정하는 바에 따라 제447조의 각 서류를 이사회의 결의로 승인할 수 있다. 다만, 이 경우에는 다음 각 호의 요건을 모두 충족하여야 한다.

    1. 제447조의 각 서류가 법령 및 정관에 따라 회사의 재무상태 및 경영성과를 적정하게 표시하고 있다는 외부감사인의 의견이 있을 것

    2. 감사(감사위원회 설치회사의 경우에는 감사위원을 말한다) 전원의 동의가 있을 것

  ② 제1항에 따라 이사회가 승인한 경우에는 이사는 제447조의 각 서류의 내용을 주주총회에 보고하여야 한다.

이익배당은 주주총회의 결의로 하여야 하나 상기 내용처럼 정관에 의해 이사회결의로 배당할 수 있다는 규정과 외부감사의견이 적정의견이고 감사전원의 동의가 있는 경우 이사회결의로 배당결의를 할 수 있다는 내용이다.

6. 자본준비금의 배당가능 여부

상법 제460조【법정준비금의 사용】

　제458조 및 제459조의 준비금은 자본금의 결손보전에 충당하는 경우 외에는 처분하지 못한다.

상법 제461조【준비금의 자본금 전입】

　회사는 이사회의 결의에 의하여 준비금의 전부 또는 일부를 자본금에 전입할 수 있다. 그러나 정관으로 주주총회에서 결정하기로 정한 경우에는 그러하지 아니하다.

상법 제461조의 2【준비금의 감소】

　회사는 적립된 자본준비금 및 이익준비금의 총액이 자본금의 1.5배를 초과하는 경우에 주주총회의 결의에 따라 그 초과한 금액 범위에서 자본준비금과 이익준비금을 감액할 수 있다.

해설

1) 법정준비금(준비금)의 의미

이익준비금과 자본준비금(기업회계상 자본잉여금)을 뜻함.

2) 법정준비금의 처분 등

① 결손보전

(차) 이 익 준 비 금　　×××　(대) 미 처 리 결 손 금　　×××
　　자 본 준 비 금
　　(주식발행초과금 등)

② 자본전입 (무상주라 표현)

(차) 이 익 준 비 금　　×××　(대) 자　　본　　금　　×××
　　자 본 준 비 금

③ 배당금재원으로 사용

(차) 이 익 준 비 금　　×××　(대) 현　　　　　금　　×××
　　자 본 준 비 금

3) 법정준비금의 배당금재원으로의 사용

법정준비금은 배당금의 재원으로 사용할 수 없었으나 2012.4.15.부터 시행된 상법의 개정으로 인하여 2012.4.15. 이후 최초배당분부터 자본준비금과 이익준비금의 합계가 자본금의 150%를 초과하는 경우에는 초과하는 금액에 대하여 배당금의 재원으로 사용이 가능하다.

이때 자본준비금의 대부분을 차지하고 있는 주식발행초과금을 배당금의 재원으로 사용하는 경우에는 소득세법상 배당소득으로 보지 않아 원천징수의무도 없고 소득세도 납부하지 않는다. 법인세법에서도 전액 익금불산입의 세무조정을 실시하여 법인세의 부담의무도 없게 된다.

7. 상법 제462조의 2 【주식배당】

① 회사는 주주총회의 결의에 의하여 이익의 배당을 새로이 발행하는 주식으로써 할 수 있다. 그러나 주식에 의한 배당은 이익배당총액의 2분의 1에 상당하는 금액을 초과하지 못한다.

② 제1항의 배당은 주식의 권면액으로 하며, 회사가 종류주식을 발행한 때에는 각각 그와 같은 종류의 주식으로 할 수 있다.

[해설]

1) 주권상장법인의 경우 주식배당

상법상 주식배당은 이익배당총액의 50%를 초과하지 못하나 주권상장법인의 경우에는 이익배당총액상당액까지 주식배당이 가능하다.

2) 회계처리

(차) 미처분이익잉여금　　×××　　(대) 자　　본　　금　　×××

→ 액면금액으로 자본에 전입하여야 하므로 주식발행초과금은 계상할 수 없음에 유의

8. 상법 제462조의 3 【중간배당】

① 연 1회의 결산기를 정한 회사는 영업연도 중 1회에 한하여 이사회의 결의로 일정한 날을 정하여 그 날의 주주에 대하여 이익을 배당(이하 이 조에서 "중간배당"이라 한다)할 수 있음을 정관으로 정할 수 있다.

② 중간배당은 직전 결산기의 대차대조표상의 순자산액에서 다음 각호의 금액을 공제한 액을 한도로 한다.

　　1. 직전 결산기의 자본금의 액

　　2. 직전 결산기까지 적립된 자본준비금과 이익준비금의 합계액

　　3. 직전 결산기의 정기총회에서 이익으로 배당하거나 또는 지급하기로 정한 금액

　　4. 중간배당에 따라 당해 결산기에 적립하여야 할 이익준비금

③ 회사는 당해 결산기의 대차대조표상의 순자산액이 제462조 제1항 각호의 금액의 합계액에 미치지 못할 우려가 있는 때에는 중간배당을 하여서는 아니된다.

④ 당해 결산기 대차대조표상의 순자산액이 제462조 제1항 각호의 금액의 합계액에 미치지 못함에도 불구하고 중간배당을 한 경우 이사는 회사에 대하여 연대하여 그 차액(배당액이 그 차액보다 적을 경우에는 배당액)을 배상할 책임이 있다. 다만, 이사가 제3항의 우려가 없다고 판단함에 있어 주의를 게을리하지 아니하였음을 증명한 때에는 그러하지 아니하다.

[해설]

1) 중간배당 시 현금·현물·주식배당이 모두 가능함.

2) 중간배당액에 대한 이익준비금 해당액도 추후 적립해야 함.

9. 상법 제462조의 4 【현물배당】

회사는 정관으로 금전 외의 재산으로 배당을 할 수 있음을 정할 수 있다.

10. 상법 제464조의 2 【이익배당의 지급시기】

① 회사는 제464조에 따른 이익배당을 제462조 제2항의 주주총회나 이사회의 결의 또는 제462조의 3 제1항의 결의를 한 날부터 1개월 내에 하여야 한다. 다만, 주주총회 또는 이사회에서 배당금의 지급시기를 따로 정한 경우에는 그러하지 아니하다.

② 제1항의 배당금의 지급청구권은 5년간 이를 행사하지 아니하면 소멸시효가 완성한다.

11. 배당기산일

① 구주 : 사업연도 초일

② 유상신주 발행 : 납일기일의 다음 날

③ 무상신주 : 각각 규정에 의해 귀속

Expert Opinion Summary

1. 감자 시 의제배당

자본의 감소로 인하여 주주가 취득하는 금전 그 밖의 재산의 가액이 주주가 그 주식을 취득하기 위하여 사용한 금액을 초과한 금액은 소득세법상 실질적인 이익배당과 같은 성격의 소득으로 보아 배당소득으로 과세하고 있습니다.

(1) 고액배당 시 소득세 세율

① 배당소득 20억원 전제 시

② Gross-up 시 기준금액 2천만원 무시 및 세율적용 시도 전액 45% 전제

③ 종합소득금액 = 20억원 + 20억원 × 11%(Gross-up)

            = 22.2억원

④ 산출세액 = 22.2억원 × 45%

          = 9.99억원

⑤ 결정세액 = 9.99억원 - 배당세액공제 2.2억원

          = 7.79억원(배당소득대비 38.95%)

⑥ 지방소득세액 = 7.79억원 × 10%

            = 0.779억원(배당소득대비 3.89%)

⑦ 총 부담세액 = 8.569억원(배당소득대비 42.84%)

소득세 최고세율은 45%(과세표준 10억원 초과 시)이어서 지방소득세를 반영하여 총 49.5%의 세율이 계산됩니다. 그러나 배당소득에 대하여는 이중과세방지를 위해 Gross-up 제도에 의한 배당세액공제가 적용되어 총 42.84%(실지로는 구간별 세율이 적용되므로 42.84%보다는 낮게 됨)의 세율이 적용됨에 유의하시기 바랍니다.

(2) 감자 시 증여의제에 대한 증여세의 부과

자본금의 감자 시 모든 주주가 균등하게 감자하지 않고 일부주주 등에 대해서만 감자가 이루어지는 경우 감자대가가 시가와 균등하지 않은 경우 다음과 같은 증여세가 부과됩니다(상증법 §39의 2).

① 감자대가 < 시가

　감자주주의 특수관계인에 해당하는 대주주가 얻은 이익

② 감자대가 > 시가

　대주주의 특수관계인에 해당하는 감자주주가 얻은 이익

그러므로 감자 시 시가대로 감자대가를 결정하는 것이 좋은데 이 시가는 상속세및증여세법에 의하여 평가된 시가임에 유의하셔야 합니다.

2. 자기주식의 처리

2012.4.15.부터 개정 상법에 의해 배당가능이익범위 내에서 자기주식의 취득이 전면 허용되어 많은 세무상 문제가 발생하고 있습니다.

이는 상법에서는 자기주식의 취득에 대해서만 규정하고 있고 처분시기 및 방법에 대해서는 규정하고 있지 않음에 기인합니다.

현재 자기주식은 다음과 같이 사용할 수 있습니다.

① 자기주식의 매각

　기업외부의 제3자 등에 매각하는 것으로서 회계상으로는 처분손익이 발생하며 이는 자본잉여금 및 (−)자본조정으로 처리하고 있습니다.

② 자기주식의 소각

　자본금의 감소로 처리하고 감자차손익이 발생하며 자본잉여금 및 (−)자본조정으로 처리하고 있습니다.

③ 상여금의 지급

　기업의 임직원에게 성과급 등의 상여금을 지급 시 자기주식으로 지급하고 이를 급여와 자기주식처분손익으로 처리하고 있습니다.

④ 합병 · 분할 시 대가의 지급

　합병 및 분할 시 그 대가를 자기주식으로 지급하고 피합병법인 등의 순자산가액과 자기주식의 공정가치해당액과의 차이를 영업권 또는 염가매수차익으로 처리하고 있습니다.

이러한 자기주식의 취득에 대해 현재 세무상 문제가 되고 있는 것은 다음과 같습니다.

(1) 취득목적에 따른 소득세법상 소득의 구분

　자기주식거래가 매매목적에 해당되면 양도자에 대해서는 소득세법상 양도소득으로 분류되어 양도차익의 20%(중소기업은 10%)의 소득세가 부과되며 소각목적에 해당되면 의제배당에 해당하여 기본세율(6%~45%, 실지로는 Gross−up에 해당되어 최대 42% 정도의 소득세 부과)에 의해 과세됩니다.

　이에 대한 과세관청의 입장은 다음과 같이 그 거래의 실질내용에 따라 판단하도록 하고 있습니다.

　① 법인이 자기주식을 취득하는 경우 해당 법인에게 주식을 양도하는 주주의 소득이 양도소득에 해당하는지 배당소득에 해당하는지 여부는 그 거래의 실질내용에 따라 판단하는 것으로서 그 매매가 단순한 주식매매인 경우에는 양도소득에 해당하

는 것이나, 주식소각이나 자본감소 절차의 일환인 경우에는 배당소득(의제배당)에 해당하는 것입니다(상속증여세과-479, 2013.8.14. 등).

② 주식양도 이후 8개월 뒤에 주식소각이 이루어졌을 경우 당초 주식거래에 대해 의제배당으로 과세할 수 없습니다(조심 2016부0334, 2016.10.19.).

③ 청구법인이 자기주식을 취득한 후 3년 여가 경과한 현재까지도 쟁점주식을 소각한 사실이 확인되지 아니하는 반면, 쟁점주식의 취득이 실질적으로 소각을 통한 자본의 환급을 목적으로 하였다는 사실을 인정할만한 객관적인 과세근거가 제시된 사실이 없는 점 등에 비추어 이 건 배당소득으로의 처분은 잘못이 있습니다(조심 2017중4926, 2018.2.5.).

④ 개정상법 시행 이후 주주간 경영권분쟁 해소과정에서 회사가 특정주주의 주식을 자기주식으로 취득한 경우 의제배당(배당소득)으로 과세함이 타당합니다(대법원 2018두48144, 2018.10.4.).

⑤ 관련서류 중에서 자기주식의 취득목적이 경영상 필요 등으로 되어 있고, 자기주식을 소각한 시점이 자기주식을 취득한 날부터 약 11개월이나 경과된 점과 청구인이 자기주식을 회사에 양도한 사유가 회사와의 분쟁해결 방법으로 양도가 이루어진 것으로 판단되므로 이건 주식의 양도는 소득세법상 배당소득이 아닌 양도소득으로의 과세가 타당합니다(조심 2018중3318, 2018.11.15.).

⑥ 자기주식의 취득에 대한 해당주주의 양도차익 소득구분에 있어 회사의 자기주식 취득목적(이사회의사록 기재사항)이 중요하다 판단된다. 다음의 자기주식 취득목적 기재내용을 업무에 참조하길 바라며 가급적이면 모든 주주의 양도가 있는 것이 양도소득으로 구분될 가능성이 클 것으로 판단된다.

"매출과 이익이 급증하고 있는 회사상황에 따라 추후 기업공개에 대비한 다양한 주주구성이 필요하다 판단된다. 현재 회사는 소수의 개인주주로만 구성되어있고 많은 개인과 법인들로부터 주주로의 참여를 요청받고 있는 현재 제3자배정에 의한 증자보다 기존주주의 주식양도로 회사가 필요로 한 주주들을 영입하는 것이 현실적인 방안으로 판단되어 회사는 기존주주로부터 주식을 매입하고 회사의 주식을 양도하여 회사의 성장에 도움을 줄 수 있는 주주들을 영입하기로 결정하여 다음과 같이 회사의 주주들로부터 상법상의 자기주식을 취득하기로 결정한다."

⑦ 청구인들은 쟁점법인의 설립부터 출자에 참여하여 사내이사로 재직하던 중 대표이사로부터 쟁점법인의 경영적자 해소를 위한 직원의 구조조정목적으로 사직을 권유받자 기존에 보유하던 회사주식을 회사에 자기주식의 양도로 매도하였고 1년쯤 후에 회사는 이의 자기주식을 소각하였다. 이 주식의 양도에 대해 청구인 등은 양도소득으로 신고·납부하였다. 주식의 매도가 자산거래인 주식양도에 해당하는지는 법률행위 해석의 문제로서 거래의 내용과 당사자의 의사를 기초로 판단하되 실질과세의 원칙상 단순히 계약서의 내용이나 형식에만 의존할 것이 아니라 당사자의 의사와 계약체결의 경위, 대금의 결정방법, 거래의 경과 등 거래의 전체과정을 실질적으로 파악하여 판단해야 하는 것이다. 주식의 매각과정에서

그 소각을 합의하였어야만 그 주식의 양도 및 소각을 의제배당으로 볼 수 있는 것이 아니라 주식의 발행법인이 자본감소의 일환으로 자사주를 매입하고 소각함으로써 주주에게 그 실질이 배당소득인 양도차익이 발생하였다면 이는 곧 의제배당에 해당하는 것임(조심 2020중2537, 2021.1.12.).

(2) 자기주식 취득금액에 대한 가지급금 해당 여부

① 2012.4.15. 이전 상법상 자기주식취득요건을 구비하지 못한 자기주식취득은 당연 무효행위에 해당되어(대법원 2001다44109, 2003.5.16.) 매매대금을 회수하기 전까지 가지급금에 해당되어 인정이자계산 및 지급이자손금불산입규정을 적용하여야 합니다.

그러나 개정 상법 이후에는 가지급금에 해당하지 않음을 과세관청에서 분명히 밝히고 있습니다(법규법인 2013-422, 2013.11.28.).

그러나 일부 법원의 판결에 의하여 상법 개정 전의 자기주식취득도 인정되어 가지급금에 해당되지 않는다는 사례가 있으므로 반드시 자기주식취득 상황을 잘 검토하여야 합니다(2013가합19454, 조심 2016중1465, 2016.6.29.).

그리고 개정상법 이후에는 적법한 상법절차에 의한 자기주식의 취득은 가지급금에 해당하지 않음을 과세관청에서 분명히 밝히고 있습니다(법규법인 2013-422, 2013.11.28.).

② 최근의 조세심판원 판결에서 개정된 상법에 따라 적법한 절차를 취한 후 취득한 자기주식에 대하여 특정주주만 자기주식을 처분하는 경우에는 상법상 자기주식의 취득에 해당되지 아니하고 업무무관가지급금에 해당된다 하여 엄청난 과세 및 불복이 일어날 것으로 판단된다. 현재 고등법원의 판결에서도 과세관청의 주장대로 동 사건의 자기주식 취득대금을 업무무관가지급금으로 보아 이에 따른 과세처분을 합당하다고 판결하였다(서울고법 2017누35631, 2017.8.30.). 단, 동 사건은 자기주식 취득의 목적을 주주들에게 통지하지 않은 절차적인 위법과 배당가능이익으로 자기주식을 취득한 것이 아니라는 점에서 일반적인 특정주주의 자기주식취득과 다름이 있음도 유의하여야 한다.

* 청구법인이 쟁점주식을 자기주식으로 취득하는 과정에서 개정된 상법에 따른 절차를 위배한 것으로 보이지 아니하나, 대표이사를 제외한 나머지 모든 주주는 주식양도를 청구하지 아니하여 결국 대표이사만 쟁점주식을 양도하게 되었고, 이는 실질적으로 청구법인이 특정주주만 선택하여 그 주식만 취득한 것이 되어 상법을 위배하였다고 볼 수 있는 점, 청구법인의 쟁점주식 취득은 고령의 대표이사가 상속에 대비하기 위하여 자기주식으로 취득하도록 한 것으로 보이는 점 등에 비추어 처분청이 쟁점주식 취득대금을 업무무관가지급금으로 보아 과세한 처분은 잘못이 없음(조심 2016서1700, 2016.7.7.; 서울행정법원 2016구합3658, 2017.1.20.).

상기 사례에 대해 행정·고등법원에서도 자기주식의 취득을 가지급금으로 보아야 한다고 판결하였으나(서울행정법원 2016구합3658, 2017.1.20.; 서울고법 2017누35631, 2017.8.30.), 최근 대법원에서 이는 적법한 자기주식의 취득으로 판결하였음에 유의하여야 한다(대법원 2017두63337, 2021.7.29.).

③ 청구법인의 자기주식취득에 대해 과세관청이 자기주식취득 이후 자기주식 취득 가액보다 낮은 가액으로 청구법인의 주식이 거래되었고 청구법인이 자기주식을 이익잉여금으로 소각하였음을 이유로 자기주식의 취득을 무수익자산의 취득으로 보아 과세한 건은 부당하다(조심 2018서327, 2019.2.15.).

(3) 주식평가 시 발행주식총수에 포함 여부

상속세및증여세법 및 소득세법상 주식평가에 있어서 자기주식의 취득에 대해서는 자기주식의 취득이 소각목적인 경우에는 발행주식총수에서 차감하여 계산하고 일시 보유목적인 경우에는 발행주식총수에 포함하여 계산하도록 하고 있습니다(재산세과 −240, 2012.6.26.).

(4) 자기주식취득으로 과점주주가 된 경우 간주취득세대상 해당 여부

지방세법에서는 주식의 취득으로 과점주주가 된 경우에는 기업보유재산에 대한 간주취득세가 부과된다. 법인이 자기주식 취득을 통해 특정주주가 과점주주가 된 경우 해당주주에 대한 간주취득세 부과 여부에 대하여 법원에서는 주식의 취득으로 과점주주가 된 것이 아니어서 간주취득세대상에 해당하지 않는다 판결하고 있습니다(대법원 2010두8669, 2010.9.30.).

(5) 가업상속공제 적용 시 상속인 지분율판단 시 자기주식 포함 여부

상속세및증여세법 제18조에 따른 가업상속공제를 적용함에 있어 같은법 제18조 제5항 제1호 다목 본문 및 같은법 시행령 제15조 제10항의 "상속인의 지분이 감소한 경우"의 지분율 판단 시 주식발행법인이 보유하는 자기주식은 발행주식총수에서 제외하는 것이며, 이 경우 주식발행법인이 자기주식을 처분한 후에도 상속인이 최대주주 등에 해당하는 경우에는 위 "상속인의 지분이 감소한 경우"에 해당하지 않습니다(서면법규과−763, 2014.7.18.).

(6) 주식평가 시 자기주식 취득금액이 자본의 (−)인지 자산인지의 여부

상증법상 주식평가 시 다음의 문제가 발행하게 된다.

재무상태표

자 산	1,000억원	부 채	400억원
		자 본 금	200억원
		(액면가 @5,000, 주식수 4,000,000주)	
		이 익 잉 여 금	400억원
	1,000억원		1,000억원

① 수익가치를 무시하고 자산가치만 가지고 주식평가전제 시

$$주당 평가금액 = \frac{600억원}{4,000,000주}$$

$$= 15,000원$$

② 자기주식 20%를 120억원에 취득

(차) 자기주식 120억원   (대) 현금 120억원
    (⊖자본조정)

③ 자기주식 취득 후 재무상태표

자 산	880억원	부 채	400억원
		자 본 금	200억원
		이 익 잉 여 금	400억원
		(−)자 본 조 정	120억원
	880억원		880억원

④ 자기주식 취득 후에 주식평가를 하는 경우 상기 '3.'과 동일하게 자기주식 취득이 소각목적인 경우에는 발행주식총수에서 차감하고 일시보유목적인 경우에는 발행주식총수에 포함하여 계산하면 될 것입니다.

　　가. 소각목적인 경우 주당 평가금액

$$\frac{480억원}{3,200,000주} = 15,000원$$

　　나. 일시보유목적인 경우 주당 평가금액

$$\frac{600억원^*}{4,000,000주} = 15,000원$$

　　　*　자기주식취득금액을 자산에 합산하여 자본금액을 계산

⑤ 많은 분들이 상기 '④'에서 주당 평가금액을 다음과 같이 구해 추후 많은 문제점에 부딪혀 세금을 추징당할 수 있음에 유의하기 바랍니다.

$$\frac{480억원}{4,000,000주} = 12,000원$$

⑥ 자기주식을 일시보유목적으로 취득 시 추후 상속세및증여세법에 따른 주식평가를 하는 경우 자기주식은 자산에 해당하므로 평가기준일현재로 자기주식금액을 평가하여 자산가액에 합산하고 총발행주식수에도 포함하여야 한다. 자기주식 취득이 전체주식의 10% 이하인 경우에도 상증령 제54조 제3항 규정(비상장주식평가 시 다른 비상장주식보유비율이 10% 이하 시 취득가액으로 평가가능)을 적용할 수 없고 자기주식금액을 평가하여야 합니다(조심 2014서3784, 2015.2.10.).

(7) 자기주식을 시가보다 고가매입한 경우

　1) 자본감소목적인 경우

　　① 법인 : 부당행위계산규정을 적용하지 않음.

　　② 주주 : 의제배당으로 과세

　2) 자본감소목적이 아닌 경우

　　① 법인 : 부당행위계산규정을 적용

　　② 주주 : 양도소득으로 과세(상기 '1.' 검토)

(8) 자기주식을 시가보다 저가매입한 경우

　1) 자본감소목적인 경우

　　① 법인 : 부당행위계산규정을 적용하지 않음.
　　　유가증권시가미달 익금산입규정을 적용하지 않음.

② 주주 : 의제배당으로 과세
2) 자본감소목적이 아닌 경우
　① 법인 : 부당행위계산규정을 적용하지 않음.
　　유가증권시가미달 익금산입규정을 적용할 것으로 판단됨.
　② 주주 : 양도소득으로 과세(상기 '1.' 검토)
　　소득세법상 양도소득에 대한 부당행위계산규정 적용할 것으로 판단됨(소득세법상 법인이 개인주주의 특수관계인(국기령 1의 2 적용)에 해당 시 검토).

3. 차등배당 시 증여세 부과
2021.1.1. 이후 발생되는 차등배당에 대하여 차등배당액을 수령한 주주는 증여세를 부담하여야 하니 유의하셔야 합니다.
(1) 차등배당 해당금액
　① 수증자 : 법인의 최대주주 등의 특수관계인인 주주로서 본인이 균등하게 받을 배당금액보다 높은 금액의 배당금을 받은 주주
　② 최대주주 등 : 주주 등 1인과 그의 특수관계인의 보유주식 등을 합하여 그 보유주식 등의 합계가 가장 많은 경우의 해당주주 등 1인과 그의 특수관계인 모두를 말함.
　③ 초과(차등)배당금액

$$특정주주(수증자)의\ (배당금액-균등배당액)\times\frac{최대주주\ 등의\ (균등배당액-배당금액)}{과소배당\ 받은\ 주주\ 전체의\ (균등배당액-배당금액)}$$

(2) 증여세 계산
　① 차등(초과)배당에 대해 소득세 과세
　② (차등배당-소득세상당액)에 대해 증여세 과세
　　차등배당을 지급받는 시점에서 소득세과 확정되지 않은 경우 가계산하여 증여세를 신고하고, 추후 소득세가 확정되면 증여세를 정산(환급·차액납부)함
　③ 증여세 정산
　가. 정산금액(2.-1.)의 납부(+인 경우) 및 환급(-인 경우)
　　1. (초과배당금액-소득세상당액)×증여세율

초과배당금액	소득세상당액
~5,220만원 이하	초과배당금액×100분의 14
5,220만원 초과 8,800만원 이하	731만원+(5,220만원을 초과하는 초과배당금액×100분의 24)
8,800만원 초과 1억5천만원 이하	1천590만원+(8,800만원을 초과하는 초과배당금액×100분의 35)
1억5천만원 초과 3억원 이하	3천760만원+(1억5천만원을 초과하는 초과배당금액×100분의 38)

초과배당금액	소득세상당액
3억원 초과 5억원 이하	9천460만원＋(3억원을 초과하는 초과배당금액×100분의 40)
5억원 초과 10억원 이하	1억7천460만원＋(5억원을 초과하는 초과배당금액×100분의 42)
10억원 초과~	3억8천460만원＋(10억원을 초과하는 초과배당금액×100분의 45)

　　2. 초과배당금액에 대한 실제 소득세액을 반영한 정산증여재산가액을 기준으
　　　로 계산한 증여세

　나. 실제 소득세액(상증칙 §10의 3)

　　1. 초과배당금액이 분리과세된 경우 : 해당세액

　　2. 초과배당금액이 종합과세된 경우

　　　종합소득세액 − 해당 초과배당금액을 제외하고 계산한 종합소득세액

구 분	소득세액
초과배당금액이 비과세된 경우*	0
초과배당금액이 분리과세된 경우	해당세액
초과배당금액이 종합과세된 경우	Max[ⓐ−ⓑ, 초과배당금액×14%] ⓐ 해당 수증자의 종합소득과세표준에 종합소득세율을 적용한 금액 ⓑ (종합소득과세표준−초과배당금액)에 종합소득세율을 적용한 금액

　　* 소득세법시행령 제26조의 3 제6항에 따라 자본준비금을 감액하여 받은 배당으
　　　로서 배당소득과세대상에서 제외한 경우 등

　다. 신고기한

　　　초과배당금액이 발생한 연도의 다음 연도 5.1.~5.31.까지의 관할세무서장
　　　에게 신고 · 납부

(3) 배당을 포기한 법인주주에 대한 부당행위계산부인 여부

　　배당을 포기한 법인주주와 배당을 수령하는 주주가 법인세법상 특수관계인에 해당
　　하는 경우 부당행위계산 부인규정에 해당할 것으로 판단됨

(4) 증여합산규정 적용 여부

　① 차등배당에 대한 증여세액이 차등배당에 대한 소득세상당액보다 적은 경우 상속
　　세및증여세법을 적용할 수 없으므로 증여세과세대상에 해당하지 않아 합산할 증
　　여재산가액도 없는 것임(서면법령재산−4195, 2016.10.25.).

　② 초과배당금액에 대한 소득세 상당액과 비교하는 초과배당금액에 대한 증여세액
　　은 해당 증여일 전 10년 이내에 동일인으로부터 증여받은 재산을 합하여 계산하

며, 초과배당에 따른 이익 증여 후 다른 증여가 발생한 경우 합산하는 증여재산가액은 초과배당금액 전액이며, 공제하는 납부세액은 직전 증여의 산출세액 상당액임(서면법령재산-6076, 2017.6.30.).

③ 내국법인의 주주들에게 차등배당을 지급 시 초과배당금액에 대한 증여세액과 소득세상당액과의 차액을 증여세로 과세하는 규정적용 시 해당 차등배당일 전 10년 이내에 동일인으로부터 받은 증여재산가액은 가산하여 초과배당금액에 대한 증여세액을 계산(기존 증여세액은 차감한 금액)하는 것이 타당함(조심 2019서 1081, 2020.6.16.).

④ 차등배당일로부터 1년 이내에 차등배당이 발생하는 경우에는 증여세액의 산출 시 이를 합산하여 계산한다(상증법 §43).

(5) 차등배당액 50억원 전제 시 계산

  가. 주주 2명(부자 관계)

  나. 10년 이내 다른 증여 없음 전제

  다. 차등배당액 50억원

    1. 초과배당금액에 대한 소득세 상당액 : 21.8억원 전제

    2. 1.에 의한 증여세액 : 9.68억원

    3. 초과배당금액에 대한 실제 소득세액 : 18억원 전제

    4. 3.에 의한 증여세액 : 11.4억원

    5. 추가 정산 증여세액 : 1.72억원

Chapter 06

연금소득에 대한 원천징수

I 연금소득의 범위

2001년 이전에는 연금기여금을 납입하는 경우에 소득공제를 인정하지 않고 나중에 연금을 수령하는 경우에도 이를 과세하지 아니하였으나 연금인구가 증가하고 연금소득의 비중이 커짐에 따라 2002년 이후부터는 소득종류 간 과세형평을 위하여 연금기여금을 납입하는 경우 그 납입액전액을 소득공제하고 연금을 수령하는 경우에는 연금소득으로 과세하도록 하였다.

구 분	2001년 이전	2002년 이후
연금기여금 납입시점	소득공제 불인정	소득공제 및 세액공제 인정
연금 수령시점	비과세	부분적 과세

이러한 연금소득은 국민연금, 공무원연금 등 '공적연금소득'과 퇴직연금, 개인연금(조세특례제한법상 연금저축) 등 '공적연금소득 외 연금소득'으로 분류할 수 있다. 연금소득 또한 근로소득과 마찬가지로 실제 소요된 필요경비를 계산하기 어렵기 때문에 일정한 금액을 필요경비로 인정(연금소득공제라 함)하여 총연금액에서 동 연금소득공제액을 차감한 금액인 연금소득금액을 종합소득에 합산하여 과세하도록 하고 있다.

1. 공적연금소득

공적연금 관련법에 따라 받는 각종 연금으로서 다음과 같다(소법 §20의 3 ① 1호, 소령 §40 ①).
① 국민연금법에 따라 받는 각종 연금
② 공무원연금법, 군인연금법, 사립학교교직원연금법, 별정우체국법에 따라 받는 각종 연금

> **저자주**
>
> **중소기업퇴직연금기금제도**
>
> **제2조【정의】**
>
> 14. "중소기업퇴직연금기금제도"란 중소기업(상시 30명 이하의 근로자를 사용하는 사업에 한정한다. 이하 같다) 근로자의 안정적인 노후생활 보장을 지원하기 위하여 둘 이상의 중소기업 사용자 및 근로자가 납입한 부담금 등으로 공동의 기금을 조성·운영하여 근로자에게 급여를 지급하는 제도를 말한다.
>
> **제23조의 6【중소기업퇴직연금기금제도의 설정】**
>
> ① 중소기업의 사용자는 제23조의 5에 따른 중소기업퇴직연금기금표준계약서에서 정하고 있는 사항에 관하여 제4조 제3항 또는 제5조에 따라 근로자대표의 동의를 얻거나 의견을 들어 공단과 계약을 체결함으로써 중소기업퇴직연금기금제도를 설정할 수 있다.
>
> **제23조의 7【부담금의 부담수준 및 납입 등】**
>
> ① 중소기업퇴직연금기금제도를 설정한 사용자는 매년 1회 이상 정기적으로 가입자의 연간 임금총액의 12분의 1 이상에 해당하는 부담금(이하 "사용자부담금"이라 한다)을 현금으로 가입자의 중소기업퇴직연금기금제도 계정(이하 "기금제도사용자부담금계정"이라 한다)에 납입하여야 한다. 이 경우 사용자가 정하여진 기일(중소기업퇴직연금기금표준계약서에서 납입 기일을 연장할 수 있도록 한 경우에는 그 연장된 기일을 말한다)까지 부담금을 납입하지 아니한 경우에는 그 다음 날부터 부담금을 납입한 날까지 지연 일수에 대하여 제20조 제3항 후단에 따라 대통령령으로 정하는 이율에 따른 지연 이자를 납입하여야 한다.

2. 연금계좌에서 연금형태로 인출하는 연금소득(공적연금소득 외 연금소득)

연금계좌에서 연금형태로 인출하는 연금소득(공적연금소득외 연금소득)이란 그 소득의 성격에도 불구하고 연금계좌(연금저축계좌 또는 퇴직저축계좌)에서 법소정의 연금형태로 인출하는 다음의 소득이다(소법 §20의 3 ① 2호, 소령 §40의 2).

① 퇴직소득의 과세이연으로 인하여 퇴직소득세가 원천징수되지 않는 금액

② 연금계좌세액공제를 받은 연금계좌 납입액

③ 연금계좌의 운용실적에 따라 증가된 금액

④ 그 밖에 연금계좌에 이체 또는 입금되어 해당 금액에 대한 소득세가 이연된 기타의 소득

(1) 연금저축계좌

다음의 금융회사 등과 체결한 계약에 따라 '연금저축'이라는 명칭으로 설정하는 계좌를 말한다.

① 자본시장과금융투자업에관한법률 제12조에 따라 인가를 받은 신탁업자와 체결하는 신탁계약

② 자본시장과금융투자업에관한법률 제12조에 따라 인가를 받은 투자중개업자와 체결하는 집합투자증권 중개계약

③ 소득세법시행령 제25조 제2항에 따른 보험계약을 취급하는 기관과 체결하는 보험계약

(2) 퇴직연금계좌

퇴직연금을 지급받기 위하여 가입하여 설정하는 다음의 어느 하나에 해당하는 계좌를 말한다(소령 §40의 2 ① 2호).

① 근로자퇴직급여보장법 제2조 제9호의 확정기여형퇴직연금제도에 따라 설정하는 계좌(DC)

② 근로자퇴직급여보장법 제2조 제10호의 개인형퇴직연금제도에 따라 설정하는 계좌(IRP)

③ 근로자퇴직급여보장법에 따른 중소기업퇴직연금기금제도에 따라 설정하는 계좌(2022.4.14. 시행)

④ 과학기술인공제회법 제16조 제1항에 따른 퇴직연금급여를 지급받기 위하여 설정하는 계좌

(3) 연금계좌 가입요건

① 다음의 금액을 합한 금액 이내(연금계좌가 2개 이상인 경우에는 그 합계액)의 금액을 납입할 것. 이 경우 해당 과세기간 이전의 연금보험료는 납입할 수 없으나, 보험계약의 경우에는 최종납입일이 속하는 달의 말일부터 3년 2개월이 경과하기 전에는 그 동안의 연금보험료를 납입할 수 있다.

　가. 연 1천800만원

　나. 소득세법 제59조의 3 제3항에 따른 전환금액(조세특례제한법 제91조의 18에 따른 개인종합자산관리계좌의 계약기간 만료 시 금액 한도 내에서 개인종합자산관리계좌에

서 연금계좌로 납입한 것으로 본다. 다만, 직전 과세기간과 해당 과세기간에 걸쳐 납입한 경우에는 개인종합자산관리계좌의 계약기간 만료 시 금액에서 직전 과세기간에 납입한 금액을 차감한 금액 한도내에서 개인종합자산관리계좌에서 연금계좌로 납입한 것으로 본다)

다. 60세 이상의 1주택자가 보유주택을 매각하고 가격이 더 낮은 주택을 취득한 경우 그 차액(1억원 한도)을 연금계좌에 납입한 금액

② 연금수령 개시를 신청한 날(연금수령 개시일을 사전에 약정한 경우에는 약정에 따른 개시일) 이후에는 연금보험료를 납입하지 않을 것

3. 그 밖의 연금소득

연금계좌를 통해 연금수령하는 경우의 연금에 따른 소득과 유사하고 연금형태로 받는 것으로서 그 밖의 소득을 말한다.

국외에서 국제연합 산하기관에 근무하던 자가 퇴직 후 소득세법 제1조의 2 제1항 제1호 거주자의 지위에서 국제연합으로부터 지급받은 연금은 소득세법 제20조의 3 제1항 각호에 해당하지 아니하므로 연금소득 과세대상에 해당하지 않는다(사전법규소득-1087, 2022. 1. 20.).

Ⅱ 비과세 연금소득

연금소득 중 어느 하나에 해당하는 소득에 대하여는 소득세를 과세하지 않는다(소법 §12 4호).

1. 공적연금 등에 따라 받는 유족연금 등

공적연금 관련법(국민연금법, 공무원연금법, 군인연금법, 사립학교교직원연금법, 별정우체국법 또는 국민연금과직역연금의연계에관한법률)에 따라 받는 유족연금, 장애연금, 장해연금, 상이연금(傷痍年金), 연계노령유족연금 또는 연계퇴직유족연금은 소득세를 과세하지 아니한다.

2. 산업재해보상보험법에 따라 받는 각종 연금

① 장해급여(산업재해보상법 §57)

장해급여는 근로자가 업무상의 사유로 부상을 당하거나 질병에 걸려 치유된 후 신체 등에 장해가 있는 경우에 그 근로자에게 지급하며, 장해급여는 장해등급에 따라 장해 보상연금 또는 장해보상일시금으로 한다.

이때 장해보상연금 또는 장해보상일시금은 수급권자의 선택에 따라 지급한다. 다만, 대통령령으로 정하는 노동력을 완전히 상실한 장해등급의 근로자에게는 장해보상연금 을 지급하고, 장해급여 청구사유 발생당시 대한민국 국민이 아닌 자로서 외국에서 거 주하고 있는 근로자에게는 장해보상일시금을 지급한다.

② 상병보상연금(산업재해보상법 §66)

요양급여를 받는 근로자가 요양을 시작한 지 2년이 지난 날 이후에 다음의 요건 모두 에 해당하는 상태가 계속되면 휴업급여 대신 상병보상연금을 그 근로자에게 지급한다.

가. 그 부상이나 질병이 치유되지 아니한 상태일 것

나. 그 부상이나 질병에 따른 폐질(廢疾)의 정도가 대통령령으로 정하는 폐질등급 기준 에 해당할 것

다. 요양으로 인하여 취업하지 못하였을 것

③ 유족보상연금(산업재해보상법 §62)

• 유족급여는 근로자가 업무상의 사유로 사망한 경우에 유족에게 지급하는 것으로 유 족보상연금이나 유족보상일시금으로 하되, 유족보상일시금은 근로자가 사망할 당시 산업재해보상보험법 제63조 제1항에 따른 유족보상연금을 받을 수 있는 자격이 있 는 자가 없는 경우에 지급한다.

• 유족보상연금을 받을 수 있는 자격이 있는 자가 원하면 별표 3의 유족보상일시금의 100분의 50에 상당하는 금액을 일시금으로 지급하고 유족보상연금은 100분의 50을 감액하여 지급한다.

• 유족보상연금을 받던 자가 그 수급자격을 잃은 경우 다른 수급자격자가 없고 이미 지급한 연금액을 지급당시의 각각의 평균임금으로 나누어 산정한 일수의 합계가 1,300일에 못 미치면 그 못 미치는 일수에 수급자격 상실 당시의 평균임금을 곱하여 산정한 금액을 수급자격 상실당시의 유족에게 일시금으로 지급한다.

3. 국군포로의송환및대우등에관한법률에 따른 국군포로가 받는 연금

Ⅲ 연금소득의 계산

1. 공적연금소득

공적연금소득은 2002.1.1. 이후에 납입된 연금 기여금 및 사용자 부담금(국가 또는 지방자치단체의 부담금을 포함)을 기초로 하거나 2002.1.1. 이후 근로의 제공을 기초로 하여 받는 연금소득으로 한다(소법 §20의 3 ②).

공적연금소득은 해당 과세기간에 수령한 공적연금에 대하여 공적연금의 지급자별로 2002.1.1.(과세기준일)을 기준으로 다음에 따라 계산한 금액(과세기준금액)으로 한다(소령 §40 ①).

(1) 국민연금법에 따른 연금소득 및 국민연금과직역연금의연계에관한법률에 따른 연계노령연금(소령 §40)

$$\text{과세기준금액} = \text{과세기간수령액} \times \frac{\text{과세기준일 이후 납입기간의 환산소득}^* \text{ 누계액}}{\text{총납입기간의 환산소득}^* \text{ 누계액}}$$

* 환산소득가입자 개인의 가입기간 중 매년의 기준소득월액을 보건복지부장관이 고시하는 연도별 재평가율에 의하여 연금수급개시 전년도의 현재가치로 환산한 금액을 말한다(국민연금법 §51 ① 2호).

✎ 상기 산식에 따른 연금소득액 계산은 2013.2.15. 이후 공적연금소득 지급을 개시하는 분부터 적용하며 2013.2.15. 전에 종전의 규정에 따라 연금지급이 개시된 공적연금소득은 개정규정에도 불구하고 다음의 산식에 따른다.

$$\text{과세대상} \atop \text{연금소득} = \text{총수령액} \times \frac{\substack{\text{2012.1.1. 이후 납입기간}\\\text{동안 환산소득 누계액}}}{\substack{\text{총납입기간 동안 환산소득}\\\text{누계액}}} \times \left(1 - \frac{\substack{\text{수급권자가 실제 공제받은 부분을}\\\text{초과하여 납입한 연금보험료 누계액}}}{\substack{\text{2012.1.1. 이후 납입기간 동안 납입한}\\\text{연금보험료 누계액}}}\right)$$

① 공적연금관련법에 따라 받는 일시금(퇴직소득세가 과세되었거나 비과세 소득인 경우만 해당)을 반납하고 공적연금 관련법에 따라 재직기간, 복무기간 또는 가입기간을 합

산한 경우에는 상기 산식을 적용할 때 재임용일 또는 재가입일을 과세기준일로 보아 계산한다(소령 §40 ②).

② 과세기준일(재임용일 또는 재가입일을 과세기준일로 보아 계산한 경우에는 재임용일 또는 재가입일) 이후에 연금보험료공제를 받지 않고 납입한 기여금 또는 개인부담금(과세제외기여금 등[*])이 있는 경우에는 과세기준금액에서 과세제외기여금 등을 **뺀** 금액을 공적연금소득으로 한다. 이 경우 과세제외기여금 등이 해당 과세기간의 과세기준금액을 초과하는 경우 그 초과하는 금액은 그 다음 과세기간부터 과세기준금액에서 **뺀다**(소령 §40 ③).

> [*] 소득세법시행령 제201조의 10(과세제외금액 확인을 위한 소득공제확인서의 발급 등)의 규정에 의해 과세제외기여금 등을 확인받은 금액

③ 공적연금소득을 지급하는 자가 연금소득의 일부 또는 전부를 지연하여 지급하면서 지연지급에 따른 이자를 함께 지급하는 경우 해당 이자는 공적연금소득으로 본다.

(2) 그 밖의 공적연금소득

$$\text{과세기준금액} = \text{과세기간수령액} \times \frac{\text{과세기준일 이후 연금수령액 기여금 납입월수}}{\text{총기여금 납입월수}}$$

> 상기 산식에 따른 연금소득액 계산은 2013.2.15. 이후 공적연금소득 지급을 개시하는 분부터 적용하며 2013.2.15. 전에 종전의 규정에 따라 연금지급이 개시된 그 밖의 연금소득은 개정규정에도 불구하고 다음의 산식에 따른다.

$$\text{과세대상 연금소득} = \text{총수령액} \times \frac{\text{2002.1.1. 이후 기여금 납입월수}}{\text{총기여금 납입월수}}$$

이때 과세기준일 이후에 연금보험료공제를 받지 않고 납입한 기여금 또는 개인부담금[*](과세제외기여금 등)이 있는 경우에는 과세기준금액에서 과세제외기여금 등을 **뺀** 금액을 공적연금소득으로 한다. 이 경우 과세제외기여금 등이 해당 과세기간의 과세기준금액을 초과하는 경우 그 초과하는 금액은 그 다음 과세기간부터 과세기준금액에서 **뺀다**.

> [*] 소득세법시행령 제201조의 10(과세제외금액 확인을 위한 소득공제확인서의 발급 등)의 규정에 의해 과세제외기여금 등을 확인받은 금액

2. 연금계좌를 통해 연금수령하는 경우 연금소득의 계산

연금계좌에서 연금형태로 인출하는 경우 공적연금 외 연금은 연금소득에 해당한다. 연금형태로 인출하는 경우란 다음의 연금인출요건과 연금인출한도를 모두 갖추어 인출하는 것을 말한다(소령 §40의 2 ③).

(1) 연금인출요건

연금소득에 해당하는 연금계좌에서 연금외 형태로 인출하는 연금이란 연금수령과 연금외수령으로 구분한다.

1) 연금수령

연금수령이란 다음의 요건(의료비인출의 경우에는 제1호와 제2호의 요건)을 모두 갖추어 인출하는 것을 말한다. 다만, 의료비인출의 경우 아래 '①'과 '②'요건만 갖추면 된다.
① 가입자가 55세 이후 연금계좌취급자에게 연금수령 개시를 신청한 후 인출할 것
② 연금계좌의 가입일부터 5년이 경과된 후에 인출할 것. 다만, 이연퇴직소득(퇴직소득이 연금계좌에서 직접 인출되는 경우를 포함)이 연금계좌에 있는 경우에는 그러하지 아니한다.
③ 연금수령한도 내에서 인출할 것(단, 의료비인출은 인출한 금액에 포함하지 않음)

2) 연금외수령

연금수령 외의 인출을 연금외수령으로 한다.

(2) 연금인출한도

1) 연금인출한도

과세기간 개시일(연금수령 개시일를 신청한 날이 속하는 과세기간에는 연금수령 개시를 신청한 날) 현재 다음의 계산식에 따라 계산된 금액(연금수령한도) 이내에서 인출한 것을 한도로 한다(소령 §40의 2 ③ · ④).

$$\frac{\text{연금계좌의 평가액}}{(11-\text{연금수령연차})} \times \frac{120}{100}$$

연금수령연차는 최초로 연금수령할 수 있는 날이 속하는 과세기간을 기산연차로 하여 그 다음 과세기간을 누적합산한 연차를 말하며, 연금수령연차가 11년 이상인 경우에는 상기 계산식을 적용하지 아니한다. 다만, 다음의 어느 하나에 해당하는 경우의 기산연차는 다음을 따른다.

① 2013.3.1. 전에 가입한 연금계좌(2013.3.1. 전에 근로자퇴직급여보장법 제2조 제8호에 따른 확정급여형퇴직연금제도에 가입한 사람이 퇴직하여 퇴직소득 전액이 새로 설정된 연금계좌로 이체되는 경우를 포함)의 경우 : 6년차

② 상속으로 인한 연금소득으로서 연금계좌를 승계한 경우 : 사망일 당시 피상속인의 연금수령연차

2) 연금인출한도 초과액

연금계좌에서 연금수령한도를 초과하여 인출하는 금액은 연금 외 수령하는 것으로 본다. 즉 연금보험료의 재원에 따라 퇴직소득(회사납입분) 또는 기타소득(본인납입분 또는 운용실적)으로 본다.

(3) 의료비인출

공적연금 외 연금이 연금소득에 해당하기 위해서는 연금형태로 인출하는 요건인 연금인출요건과 연금인출한도를 모두 갖추어야 한다.

그러나 의료비 인출의 경우에는 연금인출요건만 갖추면 되며, 연금인출한도를 적용받지 않는다. 의료비인출은 인출한 금액에도 포함하지 아니한다(소령 §40의 2 ③).

① 의료비인출이란 연금계좌 가입자가 본인을 위한 의료비(미용·성형수술을 위한 비용 및 건강증진을 위한 의약품 구입비용은 포함하지 아니함)를 직접 부담하고 그 부담한 금액을 연금계좌 가입자가 지정한 의료비연금계좌에서 인출하는 것을 말한다. 연금계좌 가입자는 1명당 하나의 연금계좌(해당 연금계좌의 연금계좌취급자가 해당 연금계좌를 의료비연금계좌로 지정하는 것에 동의하는 경우로 한정)만 의료비연금계좌로 지정할 수 있다(소령 §40의 2 ⑦·⑧).

연금계좌 가입자가 연금계좌를 의료비연금계좌로 지정하려는 경우 해당 연금계좌의 연금계좌 취급자는 해당 연금계좌를 의료비 연금계좌로 지정하는 것에 동의하기 전에 그 연금계좌 가입자의 의료비연금계좌로 지정된 연금계좌가 없는지를 확인하여야 한다. 또한 연금계좌 가입자가 연금계좌를 의료비연금계좌로 지정한 날 전에 지급한 의료비를 해당 연금계좌 가입자가 의료비연금계좌에서 인출하기 위하여 의료비인출을 신청한 경우 연금계좌 가입자가 의료비인출을 하기 전에 연금계좌취급자는 그 연금계좌 가입자가 의료비연금계좌 지정일 전에 해당 의료비연금계좌 외의 의료비연금계좌에서 그 의료비를 인출하지 아니하였는지 확인하여야 한다.

② 연금계좌 가입자가 의료비연금계좌에서 의료비인출을 하려는 경우에는 해당 의료비를 지급한 날부터 6개월 이내에 의료비인출 신청서에 부담한 의료비를 확인할 수 있는 서류를 해당 의료비연금계좌의 연금계좌취급자에게 제출하여야 한다(소령 §40의 2 ⑨).

③ 의료비연금계좌의 연금계좌취급자는 연금계좌 가입자로부터 제출받은 서류를 해당 의료비인출에 대한 원천징수세액 납부기한의 다음 날부터 5년간 보관하여야 한다(소령 §40의 2 ⑩).

(4) 연금수령개시 및 연금해지 절차

연금수령을 개시하거나 연금계좌를 해지하려는 사람은 연금수령개시 및 해지신청서를 연금개좌취급자에게 제출하여야 하며, 해당 연금계좌취급자는 그 처리내역을 다음 달 10일까지 관할세무서장에게 제출하여야 한다.

(5) 연금계좌의 인출순서 등(소령 §40의 3)

① 연금계좌에서 일부 금액이 인출되는 경우에는 다음 각 호의 금액이 순서에 따라 인출되는 것으로 본다.

가. 과세제외금액

나. 이연퇴직소득

다. 연금계좌세액공제를 받은 연금계좌 납입액, 연금계좌의 운용실적에 따라 증가된 금액, 그 밖에 연금계좌에 이체 또는 입금되어 해당 금액에 대한 소득세가 이연된 기타의 소득

② 과세제외금액은 다음의 순서에 따라 인출되는 것으로 본다. 다만, '라.'는 과세제외금액 확인을 위한 소득공제확인서의 발급 등에 따라 확인되는 금액만 해당하며, 확인되는 날부터 과세제외금액으로 본다.

가. 인출된 날이 속하는 과세기간에 해당 연금계좌에 납입한 연금보험료('나.'에 해당하는 금액은 제외)

나. 인출된 날이 속하는 과세기간에 해당 연금계좌에 납입한 전환금액

다. 해당 연금계좌만 있다고 가정할 때 해당 연금계좌에 납입된 연금보험료로서 연금계좌세액공제의 한도액을 초과하는 금액이 있는 경우 그 초과하는 금액

라. '가.'부터 '다.'까지에서 정한 금액 외에 해당 연금계좌에 납입한 연금보험료 중 연금계좌세액공제를 받지 아니한 금액

③ 인출된 금액이 연금수령한도를 초과하는 경우에는 연금수령분이 먼저 인출되고 그 다음으로 연금 외 수령분이 인출되는 것으로 본다.

④ 연금계좌에 납입한 연금보험료 중 연금계좌세액공제 한도액 이내의 연금보험료는 납입일이 속하는 과세기간의 다음 과세기간 개시일(납입일이 속하는 과세기간에 연금수령 개시를 신청한 날이 속하는 경우에는 연금수령 개시를 신청한 날)부터 연금계좌세액공제를 받은 금액으로 본다.

> ✎ 상기 '④'의 개정규정(납입일이 속하는 과세기간에 연금수령 개시를 신청한 날이 속하는 경우 다음 과세기간 개시일을 연금수령 개시를 신청한 날로 하도록 한 사항으로 한정)은 2014.5.1. 이후 연금수령 개시를 신청하고 인출하는 분부터 적용한다(소칙 §9).

⑤ 연금계좌의 운용에 따라 연금계좌에 있는 금액이 원금에 미달하는 경우 연금계좌에 있는 금액은 원금이 상기 '①'에 따른 인출순서와 반대의 순서로 차감된 후의 금액으로 본다.

(6) 연금계좌 이체(소령 §40의 4)

① 연금계좌에 있는 금액이 연금수령이 개시되기 전의 다른 연금계좌로 이체되는 경우에는 이를 인출로 보지 아니한다.

다만, 다음의 어느 하나에 해당하는 경우에는 그러하지 아니한다. 즉, 인출로 본다.

가. 연금저축계좌와 퇴직연금계좌 상호 간에 이체되는 경우

나. 2013.3.1. 이후에 가입한 연금계좌에 있는 금액이 2013.3.1. 전에 가입한 연금계좌로 이체되는 경우

다. 퇴직연금계좌에 있는 일부 금액이 이체되는 경우

② 상기 '①'에도 불구하고 다음의 어느 하나에 해당하는 경우에는 인출로 보지 아니한다.

　가. 연금수령요건[*]을 갖춘 연금저축계좌의 가입자가 근로자퇴직급여보장법 제2조 제10호의 개인형퇴직연금제도에 따라 설정하는 계좌(IRP, 연금수령이 개시된 경우를 포함)로 전액을 이체하는 경우

　나. 연금수령요건[*]을 요건을 갖춘 퇴직연금계좌[근로자퇴직급여보장법 제2조 제10호의 개인형퇴직연금제도에 따라 설정하는 계좌(IRP)에 한함]의 가입자가 연금저축계좌(연금수령이 개시된 경우를 포함)로 전액을 이체하는 경우

　　* 연금수령요건

> ㉠ 가입자가 55세 이후 연금계좌취급자에게 연금수령 개시를 신청한 후 인출할 것
> ㉡ 연금계좌의 가입일부터 5년이 경과된 후에 인출할 것. 다만, 이연퇴직소득(퇴직직소득이 연금계좌에서 직접 인출되는 경우를 포함)이 연금계좌에 있는 경우에는 그러하지 아니한다.

③ 상기 '①'을 적용할 때 일부 금액이 이체되는 경우에는 '퇴직연금계좌에 있는 일부 금액이 이체'되는 경우를 제외하고 다음 순서에 따라 이체되는 것으로 본다.

　가. 과세제외금액

　나. 이연퇴직소득

　다. 연금계좌세액공제를 받은 연금계좌 납입액, 연금계좌의 운용실적에 따라 증가된 금액, 그 밖에 연금계좌에 이체 또는 입금되어 해당 금액에 대한 소득세가 이연된 기타의 소득

④ 상기 '①'을 적용할 때 연금계좌의 가입일 등은 이체받은 연금계좌를 기준으로 적용한다. 다만, 연금계좌가 새로 설정되어 전액이 이체되는 경우에는 이체되기 전의 연금계좌를 기준으로 할 수 있다.

⑤ 연금계좌의 이체에 따라 연금계좌취급자가 변경되는 경우에는 이체하는 연금계좌취급자가 이체와 함께 연금계좌이체명세서를 이체받는 연금계좌취급자에게 통보하여야 한다.

Ⅳ 연금소득금액

1. 연금소득공제

공적연금소득총연금액에서 차감되는 연금소득공제액은 다음과 같이 계산하되, 공제한도는 900만원으로 한다(소법 §47의 2).

총 연 금 액	연 금 소 득 공 제 액
~350만원 이하	총연금액
350만원 초과 700만원 이하	350만원＋(총연금액－350만원)×40%
700만원 초과 1,400만원 이하	490만원＋(총연금액－700만원)×20%
1,400만원 초과~	630만원＋(총연금액－1,400만원)×10%

2. 연금소득금액

총연금액(연금소득)	⇒ 연금소득의 합계액(2001년 이전 납입금으로서 공적연금소득제외금액과 비과세소득은 제외)
(－) 연금소득공제액	⇒ 총연금액의 일정률, 900만원 한도
(＝) 연 금 소 득 금 액	

Ⅴ 연금에 대한 과세유형

연금소득은 기존의 연금가입자에 대하여는 기납입액에 해당하는 연금수령액을 과세대상에서 제외하고, 연금소득의 유형을 지급근거 및 소득원천에 따라 재분류하였는바, 연금소득의 과세체계는 다음과 같다.

(퇴직연금 납입형태)					(소득 구분)		
공적 연금	회사 등 기여금		→	연 금 계 좌 금 액	→	연 금	공적 연금	연금소득(2002.1.1. 이후 납입재원)
						공적 연금 외	Ⅰ. 과세제외금액
							Ⅱ. 이연퇴직 소득
							Ⅲ. 그 밖의 소득
	본인 기여금		→		→	연 금 외	공적 연금	퇴직소득(2002.1.1. 이후 납입재원)
공적 연금 외	퇴직 연금	회사 등 기여금	→				공적 연금 외	(퇴직연금)회사 등 기여금 : 퇴직소득
		본인 기여금	→					(퇴직연금과 연금저축)근로자 부담금 및 운용실적 : 기타소득(15% 분리과세)
	연금 저축	본인 기여금	→					

(이연퇴직소득 항목) 1,200만원 이내 : 분리과세 / 1,200만원 초과 : 퇴직·종합·분리과세

Approach to Field Work 3대 연금(퇴직·개인·공적)제도의 소득구분 등

1. 퇴직연금(IRP 등)
   ① 퇴직금을 전액 인출 시 : 퇴직소득
      해당 인출액이 100만원 초과 시 기본공제대상자에서 제외됨.
   ② 퇴직금을 연금(55세 이후)으로 수령 시 : 연금소득
      퇴직소득 해당 산출세액의 70%(10년 이후에는 60%)로 원천징수하며 전액 분리과세소
      득에 해당함.

2. 개인연금
   ① 전액 인출 시 : 기타소득
      인출시 종전 연금세액공제를 받았던 금액과 운용수익 해당액이 기타소득에 해당하며
      15% 원천징수(1.5% 특별징수)로 분리과세소득에 해당함.
   ② 연금(55세 이후)으로 수령 시 : 연금소득
   가. 저율분리과세
      55세~69세까지 수령액 5.5% 원천징수(특별징수)
      70세~79세까지 수령액 4.4% 원천징수(특별징수)
      80세 이후 수령액 3.3% 원천징수(특별징수)
      종신연금 수령 선택 시 수령액 4.4% 원천징수(특별징수)
   나. 연간 연금수령액이 12,000,000원 이하 시는 저율분리과세 또는 종합과세 선택
   다. 연간 연금수령액이 12,000,000원 초과 시는 15% 분리과세 또는 종합과세 선택

3. 공적(국민 · 교원 · 공무원 · 군인)연금
   ① 만기시 전액 인출 시 : 퇴직소득
     해당 인출액이 100만원 초과시 기본공제대상자에서 제외됨.
   ② 2001.12.31. 이전 납입액 해당분을 2022년에 수령 시 : 과세대상 소득에 해당하지 않음.
   ③ 2002.1.1.1. 이후 납입액 해당분을 2022년에 수령 시 : 연금소득
     가. 연말정산대상 연금소득으로 해당 관리공단에서 연말정산을 수행함.
     나. 2월 말일까지 연금소득 지급명세서가 발급됨.
     다. 전액 종합과세 대상소득에 해당함.
     라. 별지 제24호 서식(5) 연금소득 지급명세서상 ⑰ 연금소득금액이 100만원 이하 시 기본공제대상자에 해당함.

1. 연금소득

(1) 원천징수

1) 공적연금소득

원천징수의무자(지급기관)가 공적연금소득을 지급할 때에 연금소득 간이세액표를 적용하여 원천징수한다(소법 §129 ③ · §143의 2 ①).

2) 공적연금소득 외 소득

연금계좌세액공제를 받은 연금계좌 납입액, 연금계좌의 운용실적에 따라 증가된 금액을 연금수령한 연금소득에 대해서는 다음의 세율을 적용하며, 이때 '①~③'의 요건을 동시에 충족하는 때에는 낮은 세율을 적용한다(소법 §129 ① 5의 2호 · §143의 2 ②).

① 연금소득자의 나이에 따른 다음의 세율

나이(연금수령일 현재)	세 율
55세 이상 70세 미만	100분의 5
70세 이상 80세 미만	100분의 4
80세 이상	100분의 3

② 사망할 때까지 연금수령하는 종신계약[*]에 따라 받는 연금소득 : 100분의 4
  [*] 종신계약이란 사망일까지 연금수령하면서 중도 해지할 수 없는 계약을 말한다(소령 §187의 2).

③ 퇴직소득의 과세이연으로 인하여 퇴직소득세가 원천징수되지 않는 퇴직소득을 연금수령하는 연금소득(소법 §129 ① 5의 3호, 소령 §187의 3)

$$\frac{\text{연금소득을 연금외수령하였다고 가정할 때 원천징수세액}}{\text{연금외수령한 금액}} \times 60\% \text{ 또는 } 70\%$$

가. 연금소득을 연금외수령하였다고 가정할 때 원천징수세액(이연퇴직소득을 연금외수령한 경우)

과세이연된 이연퇴직소득을 연금외수령하는 경우 다음과 같이 계산한 이연퇴직소득세를 원천징수한다(소령 §202의 2 ② · ③).

$$\text{연금외수령 당시 이연퇴직소득세}^* \times \frac{\text{연금외수령한 이연퇴직소득}}{\text{연금외수령당시 이연퇴직소득}}$$

* '연금외수령당시 이연퇴직소득세'란 해당 연금외수령 전까지의 이연퇴직소득의 누계액에서 인출한 이연퇴직소득의 누계액(인출퇴직소득누계액)에 대한 세액을 뺀 금액을 말하며, 인출퇴직소득누계액에 대한 세액은 다음과 같이 계산한 금액으로 한다.

$$\text{연금외수령당시 이연퇴직소득세} = \text{이연퇴직소득세 누계액} \times \frac{(1-\text{인출퇴직소득 누계액})}{\text{이연퇴직소득 누계액}}$$

나. 원천징수세율

- 연금 실제 수령연차 10년 이하인 경우 : 70%
- 연금 실제 수령연차 10년 초과인 경우 : 60%
  연금 실제 수령연차는 다음과 같이 계산한다.
  1. 연금을 실제 수령한 연차를 누적하여 계산
  2. 연금계좌가 둘 이상인 경우에는 연금계좌별로 누적하여 계산
  3. 둘 이상의 연금계좌를 하나로 합치는 경우에는 연금계좌별 수령연차를 합산한 연차에서 중복하여 수령한 기간의 연차를 차감하여 계산
- 퇴직소득을 연금수령하는 연금소득의 원천징수세율은 소득세법 제129 제1항 제5호의 3 및 동법 시행령 제187조의 3 제1항 규정에 따라 실제로 연금을 수령한 연차를 기준으로 10년 이하인 경우에 연금외수령 원천징수세율의 70%를 적용하는 것이며, 10년을 초과하는 경우에는 그 이후 수령분에 대하여는 60%를

적용하는 것임. 또한 소득세법 제129조 제1항 제5호의 3 및 동법 시행령 제187조의 3 제1항의 개정규정은 2020.1.1. 이후 퇴직소득을 연금수령하는 분부터 적용함(소득세제과-134, 2020.3.9.).

(2) 연말정산 및 종합소득세 신고

매월분의 연금소득을 지급하는 원천징수의무자는 연금소득원천징수부를 비치·기록하여야 한다. 이 경우 연금소득원천징수부를 전산처리된 테이프 또는 디스크 등으로 수록·보관하여 항시 출력이 가능한 상태에 둔 때에는 연금소득원천징수부를 비치·기록한 것으로 본다(소령 §201의 6 ①).

1) 공적연금소득 연말정산

① 원천징수의무자(지급기관)가 해당 과세기간의 다음 연도 1월분 공적연금소득을 지급할 때에는 연말정산하여 원천징수한다(소법 §143의 2 ③).

공적연금소득에 대한 원천징수의무자가 해당 과세기간의 다음 연도 1월분의 공적연금소득을 지급할 때에는 연금소득자의 해당 과세기간 연금소득금액에 그 연금소득자가 신고한 내용에 따라 인적공제를 적용한 금액을 종합소득과세표준으로 하고, 그 금액에 기본세율을 적용하여 종합소득산출세액을 계산한 후 그 세액에서 자녀세액공제와 표준세액공제를 적용한 세액에서 그 과세기간에 이미 원천징수하여 납부한 소득세를 공제하고 남은 금액을 원천징수한다(소법 §143의 4 ①).

② 공적연금소득을 지급하는 원천징수의무자는 연금소득원천징수부에 의하여 해당 과세기간에 지급한 소득자별 연금소득의 합계액에서 연금소득공제·인적공제를 한 금액을 과세표준으로 하여 기본세율을 적용하여 종합소득산출세액을 계산한다(소령 §201의 6 ②).

③ 해당 과세기간에 이미 원천징수하여 납부한 소득세, 자녀세액공제 및 표준세액공제에 따른 공제세액의 합계액이 해당 종합소득 산출세액을 초과할 때에는 그 초과액은 해당 연금소득자에게 환급하여야 한다(소법 §143의 4 ②).

즉 원천징수의무자는 종합소득산출세액에서 다음의 금액을 공제한 금액을 소득세로 징수한다. 다만, 다음의 금액의 합계액이 종합소득산출세액을 초과하는 경우에 그 초과하는 부분은 이를 환급하여야 한다(소령 §201의 6 ③).

가. 원천징수의무자가 공적연금소득을 지급할 때에는 연금소득 간이세액표에 따라

　　원천징수하는 세액(가산세액을 제외)

　나. 연금에 대한 외국납부세액공제

　다. 자녀세액공제

　라. 표준세액공제

④ 원천징수의무자가 연금소득자 소득·세액 공제신고서에 따른 신고를 하지 아니한 연금소득자에 대해서 연말정산을 적용하여 소득세를 원천징수할 때에는 그 연금소득자 본인에 대한 기본공제와 표준세액공제만을 적용한다(소법 §143의 4 ③).

⑤ 공적연금소득을 받는 사람이 해당 과세기간 중에 사망한 경우 원천징수의무자는 그 사망일이 속하는 달의 다음 다음 달 말일까지 상기 '①~③'의 연금소득에 대한 연말정산의 규정을 준용하여 그 사망자의 공적연금소득에 대한 연말정산을 하여야 한다(소법 §143의 4 ④).

⑥ 공적연금소득의 연말정산에 따른 원천징수를 하는 경우 징수하여야 할 소득세가 지급할 공적연금소득을 초과할 때에는 그 초과하는 세액은 그 다음 달의 공적연금소득을 지급할 때에 징수한다(소법 §143의 5).

⑦ 공적연금소득만 있는 경우는 다음 연도 1월분 공적연금소득을 지급할 때 연말정산으로 납세의무를 종결한다(소법 §73 ① 3호).

2) 연금소득자의 소득공제 등 신고

① 공적연금소득을 지급받으려는 사람은 공적연금소득을 최초로 지급받기 전에 연금소득자 소득·세액 공제신고서(별지 제37호의 2 서식)를 원천징수의무자에게 제출하여야 한다(소법 §143의 6 ①).

② 공적연금소득을 받는 사람이 자신의 배우자 또는 부양가족에 대한 기본공제와 추가공제를 적용받으려는 경우에는 해당 연도 12월 31일까지 원천징수의무자에게 연금소득자 소득·세액 공제신고서를 제출하여야 한다. 다만, 해당 과세기간에 연금소득자 소득·세액 공제신고서를 제출한 경우로서 공제대상 배우자 또는 부양가족이 변동되지 아니한 경우에는 연금소득자 소득·세액 공제신고서를 제출하지 아니할 수 있으며, 연금소득자가 해당 과세기간에 사망한 경우에는 상속인이 그 사망일이 속하는 달의 다음 달 말일까지 연금소득자 소득·세액 공제신고서를 제출하여야 한다(소법 §143의 6 ②).

③ 연금소득을 지급하는 원천징수의무자는 연금소득자 소득·세액 공제신고서를 작성

하여 정보통신망에 게재할 수 있고 연금소득자는 해당 연금소득자 소득·세액 공제 신고서를 정보통신망을 통하여 제출할 수 있다. 또한 연금소득자가 원천징수의무자가 작성한 연금소득자 소득·세액 공제신고서에 오류가 없음을 확인하는 경우(오류가 있는 경우 연금소득자가 해당 오류를 수정한 경우를 포함) 원천징수의무자가 작성한 소득·세액 공제신고서는 해당 연금소득자가 직접 작성하여 제출한 신고서로 본다 (소령 §201의 7).

2. 분리과세연금소득

연금소득 중 다음에 해당하는 연금소득은 분리과세한다. 다만, 해당 소득이 있는 거주자가 종합소득 과세표준을 계산할 때 이를 합산하려는 경우는 제외한다(소법 §14 ③).

(1) 퇴직소득의 과세이연으로 인하여 퇴직소득세가 원천징수되지 않는 금액

(2) 의료목적 또는 부득이한 인출의 경우

연금계좌세액공제를 받은 연금계좌 납입액과 연금계좌의 운용실적에 따라 증가된 금액을 의료목적, 천재지변이나 그 밖에 부득이한 사유 등 다음으로 정하는 요건을 갖추어 인출하는 연금소득으로서 연금계좌에서 2015.2.3. 이후부터 인출하는 금액

1) 다음의 어느 하나에 해당하는 사유가 발생하여 연금계좌에서 인출하려는 사람이 해당 사유가 확인된 날부터 6개월 이내에 그 사유를 확인할 수 있는 서류를 갖추어 연금계좌를 취급하는 금융회사 등 연금계좌취급자에게 제출하는 경우

① 천재지변

② 연금계좌 가입자의 사망 또는 해외이주법에 따른 해외이주
　연금계좌로 입금됨에 따라 퇴직소득으로 과세되지 않는 소득(이연퇴직소득)의 경우에는 퇴직소득의 연금계좌입금일로부터 3년 이후에 해외이주하는 경우에 한하여 적용된다.

③ 연금계좌 가입자 또는 그 부양가족(기본공제대상이 되는 사람으로 하되, 소득의 제한은 받지 아니하는 사람으로 한정)이 질병·부상에 따라 3개월 이상의 요양이 필요한 경우
　이 경우 인출하는 금액은 다음의 금액으로 한정한다.

가. 의료비

나. 간병인 비용

다. 다음의 금액의 합계액에 200만원을 합한 금액

　－근로소득 연말정산 특별세액공제대상인 다음의 의료비와 간병인 비용

> 1. 진찰·진료·질병예방을 위하여 의료법 제3조에 의한 의료기관에 지급하는 비용
> 2. 치료·요양을 위하여 약사법 제2조에 의한 의약품(한약 포함)을 구입하고 지급하는 비용
> 3. 조세특례제한법시행령 제105조의 규정에 의한 장애인보장구 및 의사·치과의사·한의사 등의 처방에 따라 의료기기법 제2조 제1항의 규정에 의한 의료기기를 직접 구입 또는 임차하기 위하여 지출한 비용
> 4. 시력보정용 안경(돋보기 안경 포함) 또는 콘택트렌즈 구입을 위하여 지출한 비용 중 기본공제대상자(연령 및 소득금액 제한 없음) 1인당 연 50만원 이내의 금액
> 5. 보청기 구입을 위하여 지출한 비용
> 6. 노인장기요양보험법에 따른 장기요양급여비용 중 본인일부부담금

　－연금계좌 가입자 본인의 휴직 또는 휴업 월수(1월 미만의 기간이 있는 경우에는 이를 1월로 봄)×150만원

이때 연금계좌에서 인출하기 위하여 다음의 증명서류를 연금계좌취급자에게 제출하여야 한다.

　㉠ 진단서 등 요양기간이 3개월 이상임을 증명하는 서류

　　소득세법시행령 제202조의 2(의료목적 또는 부득이한 인출의 요건 등) 제1항 제1호 다목에 해당하는 사유가 발생하여 연금계좌에서 인출하려는 사람이, 동법시행규칙 제11조의 2 제2항 제1호에 따라 요양기관이 3개월 이상임을 증명하는 의료법시행규칙 별지 제5호의 2 서식에 따른 진단서를 제출한 경우 소득세법시행령 제202조의 2 제1항 제1호 각목 외의 부분 중 해당 사유가 확인된 날이란 동 진단서의 작성일을 의미한다(서면법령소득03560, 2021.3.31.).

　㉡ 근로소득 연말정산 특별세액공제대상인 다음의 의료비와 간병인 금액

　　의료비영수증 또는 간병인 인적사항이 기재된 간병료 영수증

　㉢ 연금계좌 가입자 본인의 휴직 또는 휴업 월수×150만원을 계산하는 경우 휴업 또는 휴직한 사실을 증명할 수 있는 서류

④ 연금계좌 가입자가 재난및안전관리기본법 제66조 제1항 제2호의 재난으로 15일 이상의 입원
치료가 필요한 피해를 입은 경우

이 경우 진단서 등 요양기관에 15일 이상임을 증명하는 서류를 연금계좌취급자에게
제출하여야 한다.

⑤ 연금계좌 가입자가 채무자회생및파산에관한법률에 따른 파산의 선고 또는 개인회생절차개시
의 결정을 받은 경우

⑥ 연금계좌취급자의 영업정지, 영업 인·허가의 취소, 해산결의 또는 파산선고

> **New Tax**
> 분리과세되는 연금계좌의 부득이한 인출요건에 사회재난지역(특별재난선포지역)에서 재
> 난으로 15일 이상 입원치료가 필요한 피해를 입은 경우를 포함

2) **연금계좌 가입자가 의료비**(본인을 위한 의료비에 한정)**를 연금계좌에서 인출하기 위하여 해
당 의료비를 지급한 날부터 6개월 이내에 기획재정부령으로 정하는 증명서류를 연금계좌
취급자에게 제출하는 경우**

이 경우에는 1명당 하나의 연금계좌만 의료비연금계좌로 지정(해당 연금계좌의 연금계좌
취급자가 지정에 동의하는 경우에 한정)하여 인출할 수 있다.

3) **연금계좌취급자는 제출받은 증명서류를 해당 인출에 대한 원천징수세액 납부기한의 다음
날부터 5년간 보관하여야 한다.**

**(3) 상기 '⑴'과 '⑵' 외의 연금소득의 합계액이 연 1천200만원 이하인 경우 그
연금소득**

3. 상속으로 인한 연금

피상속인의 소득금액에 대한 소득세로서 상속인에게 과세할 것과 상속인의 소득금액에
대한 소득세는 구분하여 계산하여야 한다.
그러나 연금계좌의 가입자가 사망하였으나 그 배우자가 연금외수령 없이 해당 연금계
좌를 상속으로 승계하는 경우에는 해당 연금계좌에 있는 피상속인의 소득금액은 상속

인의 소득금액으로 보아 소득세를 계산하며 승계방법 및 절차는 다음과 같다.

(1) 승계방법

상속인이 연금계좌를 승계하는 경우 해당 연금계좌의 소득금액을 승계하는 날에 그 연금계좌에 가입한 것으로 본다. 다만, 연금소득으로 보는 연금의 인출요건 중 '연금계좌 가입일로부터 5년이 경과 후 인출' 요건의 경우 가입일은 피상속인의 가입일로 하여 적용한다(소령 §100의 2 ①).

(2) 승계절차

연금계좌를 승계하려는 상속인은 피상속인이 사망한 날이 속하는 달의 말일부터 6개월 이내에 연금계좌취급자에게 승계신청을 하여야 한다. 이 경우 상속인은 피상속인이 사망한 날부터 연금계좌를 승계한 것으로 본다(소령 §100의 2 ②).

상속으로 인한 연금계좌의 승계신청을 받은 연금계좌취급자는 사망일부터 승계신청일까지 인출된 금액에 대하여 이를 피상속인이 인출한 소득으로 보아 이미 원천징수된 세액과 상속인이 인출한 금액에 대한 세액과의 차액이 있으면 세액을 정산하여야 한다(소령 §100의 2 ③).

연금계좌의 가입자가 사망하였으나 승계신청을 하지 아니한 경우에는 사망일 현재 다음의 합계액을 인출하였다고 보아 계산한 세액에서 사망일부터 사망확인일(연금계좌취급자가 확인한 날을 말하며, 사망확인일이 승계신청기한 이전인 경우에는 신청기한의 말일로 하고, 상속인이 신청기한이 지나기 전에 인출하는 경우에는 인출하는 날)까지 이미 원천징수된 세액을 뺀 금액을 피상속인의 소득세로 한다(소령 §100의 2 ④).

① 사망일부터 사망확인일까지 인출한 소득
② 사망확인일 현재 연금계좌에 있는 소득

Ⅵ 총수입금액의 수입시기

연금소득의 수입시기는 다음의 날로 한다(소령 §50 ⑤).
① 공적연금소득 : 공적연금 관련법에 따라 연금을 지급받기로 한 날

② 공적연금 외(연금저축계좌 및 퇴직연금계좌) 연금소득 : 연금수령한 날
③ 그 밖의 연금소득 : 해당 연금을 지급받은 날

Ⅶ 원천징수영수증 및 지급명세서

1. 원천징수영수증 발급

원천징수의무자는 연금소득을 지급할 때 원천징수영수증을 연금소득자에게 발급하여야 한다.

다만, 원천징수의무자가 연금소득을 지급한 날이 속하는 과세기간의 다음 연도 2월 말일(해당 과세기간 중도에 사망한 사람에 대해서는 그 사망일이 속하는 달의 다음 다음 달 말일)까지 연금소득을 받는 자에게 그 연금소득의 금액과 지급받은 연금소득의 연간 합계액, 원천징수세액명세 및 원천징수의무자의 사업자등록번호와 그 상호 또는 법인명을 정보통신망을 통하여 통보(연금소득자로부터 신청을 받은 경우에 한정)하거나 서면 또는 팩스로 통보하는 경우에는 해당 원천징수영수증을 발급한 것으로 본다(소법 §143의 7, 소령 §201의 8).

2. 지급명세서 제출

소득세 납세의무가 있는 개인에게 연금소득을 국내에서 지급하는 자는 지급명세서를 그 지급일이 속하는 과세기간의 다음 연도 2월 말일까지 원천징수 관할세무서장·지방국세청장 또는 국세청장에게 제출하여야 한다.

연금소득을 국내에서 지급하는 자에는 법인을 포함하여, 원천징수의무의 대리 또는 위임규정을 적용받는 자, 원천징수세액의 납세지를 본점 또는 주사무소의 소재지로 하는 자, 부가가치세법상 사업자단위과세사업자를 포함한다.

3. 과세제외금액 확인을 위한 소득·세액 공제확인서의 발급 등

다음의 연금소득자 등이 과세제외금액이 있어 이를 확인받으려는 경우에는 연금보험료 등 소득·세액공제확인서(별지 제26호의 2 서식)를 관할세무서장에게 신청하여 발급받은 후 그 확인서를 원천징수의무자에게 제출하여야 한다(소령 §201의 10).
가. 공적연금 관련법에 따른 각종 연금 및 일시금을 수령하려는 사람
나. 연금계좌에서 인출하려는 사람
다. 소기업·소상공인 공제부금의 해지일시금을 지급받으려는 사람

상기의 연금보험료 등 소득·세액공제확인서를 제출받은 원천징수의무자는 연금보험료 등의 납입액(이미 과세제외금액으로 확인된 금액은 제외)이 소득공제받은 금액을 초과하는 경우 그 초과하는 금액을 과세제외금액으로 확인한다.

연금보험료 등 소득·세액공제확인서를 제출받은 원천징수의무자(연금계좌취급자로 한정)는 조세특례제한법 제89조의 2 제1항에 따른 세금우대저축자료 집중기관을 통하여 연금소득자 등이 가입한 다른 연금계좌의 납입내역이 확인되는 경우 다음의 금액 중 적은 금액을 해당 연금계좌의 과세제외금액으로 확인하여야 한다.
가. 해당 연금계좌의 확인대상 납입액과 다른 연금계좌의 확인대상납입액의 합계액이 소득공제받은 금액을 초과하는 경우 그 초과하는 금액
나. 해당 연금계좌의 확인대상 납입액

연금소득자 등이 연금보험료 등 소득·세액공제확인서의 발급을 신청한 경우 관할세무서장은 즉시 발급하여야 한다.
연금계좌취급자는 연금소득자등이 연금계좌를 해지한 이후에도 연금납입확인서를 발급하기 위해 필요한 연금납입 정보를 별도의 기간 제한 없이 보유하여야 한다.

4. 연금수령 개시 및 해지명세서 제출

연금계좌 가입자가 연금수령 개시 또는 연금계좌의 해지를 신청하는 경우 연금계좌취급자는 기획재정부령으로 정하는 연금수령개시 및 해지명세서(별지 제3호의 2 서식)를 다음 달 10일까지 관할세무서장에게 제출하여야 한다(소령 §40의 2 ⑥).

소득세법시행규칙 [별지 제26호의 2 서식] (2014.3.14. 개정)

연금보험료 등 소득·세액 공제확인서

소득자	① 성명		② 주민등록번호
	③ 주소		

1. 과세기간별 연금보험료 등 소득·세액 공제 명세

④ 확인 기간	2001.1.1. ~ . . .

과세연도	공적연금 소득공제액	연금계좌 소득·세액 공제액	소상공인 소득공제액
2001			
2002			
2003			
2004			
2005			
2006			
2007			
2008			
2009			
2010			
2011			
2012			
2013			
소득·세액 공제 합계액		⑤	

2. 연금계좌 연금수령 개시 및 해지 명세

⑥ 연금계좌 소득·세액 공제금액 합계 (⑤)	
⑦ 연금수령개시 및 해지된 연금계좌에서 소득·세액 공제 받은 금액	
⑧ 연금계좌 소득·세액 공제금액 잔액 (⑥-⑦)	

※ ⑦란과 관련하여 2013.1.1 전에 개시되거나 해지된 연금계좌와 관련된 금액은 그 내용을 확인할 수 있는 서류를 연금계좌취급자에게 직접 제출해야 합니다.

위와 같이 「소득세법 시행령」 제201조의 10 제1항에 따라 과세제외금액 확인을 위한 연금보험료 등 소득·세액 공제 확인서를 발급합니다.

년   월   일

세 무 서 장 | 직인 |

210mm×297mm[백상지 80g/㎡(재활용품)]

소득세법시행규칙 [별지 제37호의 2 서식] (2023.3.**. 개정)

연금소득자 소득 · 세액 공제신고서

※ 뒤쪽의 작성방법을 읽고 작성하여 주시기 바랍니다.　　　　　　　　　　　(앞쪽)

관리번호			

소득자	① 성 명		② 주민등록번호	
	③ 주 소			

소 득 · 세 액 공 제 명 세 (　　년도)

공제대상	④ 기본공제 대상자				⑤ 추가공제 등 대상 여부				
	관 계	성 명	주민등록번호	주 소	경로 우대	장애인	부녀자	한부모	출산· 입양자
본 인			－						
배 우 자			－						
부양가족			－						
〃			－						
〃			－						
〃			－						
〃			－						

「소득세법」 제143조의 6 제1항에 따라 연금소득자 소득 · 세액 공제신고서를 제출합니다.

　　　　　　　　　　　　　　　　　　　　　　　　　　　　년　　　월　　　일

　　　　　　　　　　　　　　　　신고인　　　　　　　　　　　　(서명 또는 인)

　　　　　　　귀하

신고인 제출 서류	1. 기본공제 입양관계증명서*, 수급자증명서*, 가정위탁보호확인서 등 ※ "*"표시된 제출 서류의 경우 원천징수의무자에게 제출하고 그 이후 변동사항(예를 들면, 세대주·공제대상자가 변경되는 경우를 말합니다)이 없으면 다음 연도부터는 제출하지 않을 수 있습니다. 2. 추가공제 : 그 밖에 공제 관련 서류	수수료 없 음
담당 공무원 확인 사항	행정정보 공동이용 : 1. 장애인증명서 또는 장애인등록증(복지카드) 사본: 1부 　2. 주민등록표등본	
	본인정보 제공요구 : 1. 소득자 본인의 가족관계증명서(상세)	

행정정보 공동이용 동의서

　본인은 이 건 업무처리와 관련하여 담당 공무원이 「전자정부법」 제36조에 따른 행정정보의 공동이용을 통하여 위의 담당 공무원 확인 사항을 확인하는 것에 동의합니다.　*동의하지 않는 경우에는 신청인이 직접 관련 서류를 제출해야 합니다.

　　　　　　　　　　　　　　　　신청인　　　　　　　　　　　　(서명 또는 인)

본인정보 제공 요구 및 공동이용 동의 *선택사항

1. 본인은 이 건 업무처리와 관련하여 담당 공무원이 「전자정부법」 제36조에 따른 행정정보의 공동이용을 통하여 위의 담당 공무원 확인 사항을 확인하는 것에 동의합니다.
2. 본인은 이 건 업무처리와 관련하여 「민원처리에 관한 법률」 제10조의2 및 같은 법 시행령 제7조의2에 따라 위의 담당자 확인사항의 행정정보에 대하여 위의 민원처리기관으로 제공할 것을 요구하며, 민원처리기관의 담당자가 정보요구 대상기관에서 제공하는 본인에 관한 정보를 전자적으로 확인하는 것에 동의합니다.
   *동의하지 않는 경우에는 신청인이 직접 관련 서류를 제출해야 합니다.
   (정보요구 대상기관 : 법원행정처)

　　　　　　　　　　　　　　　　신청인　　　　　　　　　　　　(서명 또는 인)

　　　　　　　　　　　　　210mm×297mm[백상지 80g/㎡(재활용품)]

소득세법시행규칙 [별지 제3호의 2 서식] (2015.3.13. 개정)

연금수령개시 및 해지명세서

❶ 연금계좌 취급자	법인명	대표자(성명)
	사업자(주민)등록번호	소재지(주소)

❷ 연금계좌 연금수령 개시 및 해지 신청 내역

(1) 신청연월	년 월

(2) 연금수령 개시 내역

①계좌 구분	②신청구분	가입자명	주민등록번호	계좌번호	가입일	③과세제외금액	④과세대상 금액			⑤승계계좌여부
							세액공제분	이연퇴직소득	운용수익	

위의 연금계좌취급자는 「소득세법 시행령」 제40조의 2 제6항에 따라 연금계좌의 연금수령개시 및 해지 처리내역을 제출합니다.

년   월   일

연금계좌 취급자   (서명 또는 인)

세무서장 귀하

작성방법

1. 연금계좌취급자는 「소득세법 시행령」 제40조의 2 제6항에 따라 연금수령을 개시한 연금계좌와 해지한 연금계좌 내역을 매월 집계하여 다음 달 10일까지 관할세무서장에게 제출합니다.
2. ②신청구분란에는 신청 사유를 각각 구분(연금개시 1, 연금개시 전 해지 2, 연금개시 후 해지 3)하여 적습니다.

210mm×297mm[백상지 80g/㎡ 또는 중질지 80g/㎡]

Ⅷ 주택담보노후연금 이자비용 공제

1. 내용

연금소득이 있는 거주자가 주택담보노후연금(역모기지론)을 받은 경우에는 그 받은 연금에 대하여 발생한 이자비용상당액을 연금소득금액에서 공제하여 주는 것을 말한다 (소법 §51의 4).

2. 공제금액

공제할 이자비용상당액이 200만원 초과 시에는 200만원을 공제하고, 연금소득금액을 초과하면 공제받을 수 없다.

3. 공제요건(소령 §108의 2)

① 한국주택금융공사법 제2조 제8호의 2에 따른 주택담보노후연금보증(이하 "연금보증")을 받아 지급받은 주택담보노후연금일 것
② 연금소득이 있는 거주자의 주택담보노후연금 가입 직전연도의 연간종합소득 합계액이 1,200만원 이하일 것
③ 주택담보노후연금 가입당시 법 제99조 제1항에 따른 주택(연금소득이 있는 거주자의 배우자 명의의 주택을 포함)의 기준시가가 3억원 이하인 주택을 담보로 하여 지급받은 주택담보노후연금일 것

■ 소득세법 시행규칙 [별지 제24호 서식(5)] (2019. 3. 20. 개정)

<table>
<tr>
<td rowspan="2">관리
번호</td>
<td colspan="3">[ ]연금소득 원천징수영수증(연말정산용)
[ ]연금소득 지 급 명 세 서(연말정산용)</td>
<td>거주구분</td>
<td>거주자1 / 비거주자2</td>
</tr>
<tr>
<td colspan="3">([ ]소득자 보관용 [ ]발행자 보관용 [ ]발행자 보고용)</td>
<td>내 · 외국인</td>
<td>내국인1/ 외국인9</td>
</tr>
</table>

거주구분: 거주자1 / 비거주자2
내 · 외국인: 내국인1/ 외국인9
거주지국 / 거주지국코드

징수 의무자	① 법 인 명		② 대 표 자	
	③ 사업자등록번호	– –	④ 법인등록번호	–
	⑤ 소재지(주소)			
소득자	⑥ 성 명		⑦ 주민등록번호	
	⑧ 주 소			

⑨ 귀속연도	부터 까지	⑩ 감면기간	부터 까지

연 금 지 급 내 역	⑪ 총연금수령액	⑫ 연금제외소득 (2001.12.31.이전분)	⑬ 장애연금등 비과세연금	⑭ 총연금액(⑪-⑫-⑬)

정 산 명 세

⑮ 총연금액(=⑭)		㉖ 종합소득 과세표준(⑰-㉕)	
⑯ 연 금 소 득 공 제		㉗ 산 출 세 액	
		세액 감면	㉘ 「소득세법」
			㉙ 「조세특례제한법」
⑰ 연금소득금액(⑮-⑯)			㉚ 감면세액 계

종합 소득 공제	기본 공제	⑱ 본 인		세액 공제	㉛자녀	공제대상자녀 (명)	
		⑲ 배우자				출생 · 입양자 (명)	
		⑳ 부양가족(명)			㉜ 표준세액공제		
	추가 공제	㉑ 경로우대(명)			㉝ 외국납부		
		㉒ 장애인(명)					
		㉓ 부녀자			㉞ 세액공제 계		
		㉔ 한부모					
	㉕ 소득공제 계						

세 액 명 세	구 분	소득세	지방소득세	농어촌특별세	계
	㉟ 결 정 세 액				
	㊱ 기납부세액				
	㊲ 차감징수세액				

㊳ 부양가족공제자 명세(해당 소득자의 기본공제 또는 추가공제를 받는 자를 적으며, 본인은 적지 아니합니다)

관계	성명	주민등록번호	관계	성명	주민등록번호	관계	성명	주민등록번호
		–			–			–
		–			–			–

※ 관계코드: 소득자의 직계존속=1, 배우자의 직계존속=2, 배우자=3, 직계비속(자녀 · 입양자)=4, 직계비속(직계비속과 그 배우자가 장애인인 경우 그 배우자 포함하되
코드 4 제외) = 5, 형제자매=6, 수급자=7(코드1~6제외), 위탁아동=8 * 4~6은 소득자와 배우자의 각각의 관계를 포함합니다.

위의 원천징수세액(수입금액)을 정히 영수(지급)합니다.

년 월 일

징수(보고)의무자

[서명 또는 인]

세 무 서 장 귀하

작 성 방 법

1. 이 서식은 「소득세법」 제143조의4에 따라 연금소득세을 연말정산하는 경우에 사용하는 서식입니다.
2. 거주지국과 거주지국코드는 비거주자에 해당하는 경우에만 적으며, 국제표준화기구(ISO)가 정한 국가별 ISO코드 중 국명약어 및 국가코드를 적습니다.
3. 소득자 보관용에는 징수의무자란의 ④ 법인등록번호는 적지 않습니다.
4. 원천징수의무자는 지급일이 속하는 과세기간의 다음 연도 2월 말일까지 지급명세서를 관할세무서장에게 제출해야 합니다.
5. ㊲ 차감징수세액이 소액 부징수(1천원 미만을 말합니다)에 해당하는 경우 "0"으로 적습니다.

210mm×297mm[백상지 80g/㎡(재활용품)]

소득세법시행규칙 [별지 제24호 서식(6)] (2020.3.13. 개정) (앞쪽)

연금계좌원천징수영수증/지급명세서
([ ]소득자 보관용 [ ]발행자 보관용 [ ]발행자 보고용)

거주구분	거주자1 / 비거주자2
내 · 외국인	내국인1 / 외국인9
거주지국	거주지국코드
배우자 승계 여부	[ ]여 [ ]부
의료비연금계좌	[ ]여 [ ]부

관리번호

징수 의무자	① 사업자등록번호		② 법인명(상호)		③ 대표자(성명)	
	④ 법인(주민)등록번호		⑤ 소재지(주소)			
소득자	⑥ 성 명		⑦ 주민등록번호			
	⑧ 주 소					

계좌 명세	⑨ 계좌번호		⑩ 연금수령개시신청일		⑪ 연금계좌평가액	
	⑫ 연금수령 기산연도	⑬ 연금계좌 가입시기	⑭ 연금 수령연차	⑮ 연금수령한도 ([⑪/(11-⑭)]×120%)	⑯ 연금 실제 수령연차	
		2013.3.1. 전[ ] 이후[ ]				

소득명세	⑰ 귀속연월			⑱ 퇴직분			

				과세제외금액	이연퇴직소득		세액공제분 및 운용수익	㉓부득이한 사유	[ ]사망
	인출분	연금수령			세액이연분	전환분			[ ]해외이주
			⑲일반연금						[ ]요양
			⑳의료비인출						[ ]개인회생·파산
			㉑부득이한 사유					㉔연금외수령 사유	[ ]금융회사 영업정지 등
		㉒연금외수령							[ ]계좌해지
									[ ]일부인출
									[ ]한도초과

세액명세	구분				지급액	세액
	소득	원천		세율		
	㉕ 과세제외금액					
	연금소득	㉖ 이연퇴직소득	세액이연분			
			전환분			
		㉗ 세액공제분 및 운용수익		3%		
				4%		
				5%		
	퇴직소득	㉘ 이연퇴직소득	세액이연분			
			전환분			
		㉙ 퇴직분				
	기타소득	㉚ 연금외수령		15%		

납부명세	구 분		지급액	소득세	지방소득세	세액계
	㉛ 연금소득	종합과세				
		무조건분리과세				
	㉜ 퇴직소득					
	㉝ 기타소득					

위의 원천징수세액(수입금액)을 정히 영수(지급)합니다.

부표 작성 여부	
※ 해당란에 "○" 표시를 합니다.	
❷ 퇴직	❸ 세액이연 퇴직소득

년 월 일

징수(보고)의무자 (서명 또는 인)

세 무 서 장 귀하

210mm×297mm[백상지 80g/㎡ 또는 중질지 80g/㎡]

소득세법시행규칙 [별지 제3호의 3 서식] (2022.3.18. 개정)

[ ] 연금계좌 이체명세서

([ ]가입자 보관용 [ ]발행자 보관용 [ ]접수자 보관용)

※ [ ]에는 해당되는 곳에 √표를 합니다.   (앞쪽)

가입자		① 성명		② 주민등록번호	
		③ 주소			
금융 기관	이관	④ 법인명(상호)		⑤ 지점명	
	수관	⑥ 법인명(상호)		⑦ 지점명	

Ⅰ. 이체하는 연금계좌 명세	⑧ 연금계좌구분	[ ] 연금저축계좌 [ ] 퇴직연금계좌 ([ ] DC [ ] IRP [ ] 중소기업연금 [ ] 과학기술인연금) [ ] 연금수령 개시 전 [ ] 연금수령 개시 후
	⑨ 계좌번호	
	⑩ 가입일자	
	⑪ 납입기간 만료일	
	⑫ 연금개시일자	
	⑬ 이체일자	
	⑭ 연금 실제 수령연차	⑮ 이체연도 연금수령 여부 [ ] 여, [ ]부

Ⅱ. 이체금액 명세		구분	이체액	
	과세제외금액	⑯ 이체하는 연도의 납입액		
		⑰ 그 외		
	이연퇴직소득	⑱ 세액이연분		
		⑲ 전환분		
	⑳ 세액공제(소득공제)분			
	㉑ 운용수익		(+)	(−)
	합 계			

Ⅲ. 과세이연 정보	이연퇴직소득세	㉒ 세액이연분	
		㉓ 전환분	

※ 첨부 : 연도별 연금계좌 납입내역, 퇴직소득원천징수영수증, 연금계좌원천징수영수증

위 내용과 같이 「소득세법 시행령」 제40조의4제5항에 따라 연금계좌 이체명세서를 통보합니다.

년   월   일

이관 연금계좌 취급자   (인)

수관 연금계좌 취급자 귀하

210mm×297mm[백상지80g/㎡ 또는 중질지80g/㎡]

소득세법시행규칙 [별지 제3호의 4 서식] (2015.3.13. 개정)

의료비인출신청서

①신청자 인적사항	성 명		주민등록번호 (또는 외국인등록번호)	
②의료비연금계좌	연금계좌 취급기관명		의료비연금계좌 지정일	
	계좌번호		사업자등록번호	

의료비 지급명세

③의료기관 명칭	④사업자등록번호	⑤지급일자	⑥본인부담금액	⑦인출신청금액
합 계				

「소득세법 시행령」 제20조의 2 제1항 제2호에 따라 의료비인출을 위하여 의료비인출신청서를 제출합니다.

년   월   일

제출자   (서명 또는 인)

　　귀하

첨부서류	의료비지급명세 증빙자료 ( )매 (의료비 지급명세 순서와 일치되도록 편철합니다.)

작 성 방 법

1. 의료비 지급명세란이 부족할 때에는 별지로 작성합니다.
※ 의료비인출은 소득세법시행령 제118조의 5 제1항 각 호에 따른 의료비(미용 · 성형수술을 위한 비용 및 건강증진을 위한 의약품 구입비용은 포함하지 아니함)에 대하여 지급일로부터 6개월 이내(의료비 영수일 기준)에 신청할 수 있습니다. 의료비 인출 대상 의료비가 아닌 것이나, 지급일로부터 6개월이 초과한 의료비를 착오 또는 허위로 기재할 경우 세금이 부과될 수 있습니다.

210mm×297mm[백상지 80g/㎡(재활용품)]

Chapter
07

사업소득에 대한 원천징수

I 사업소득의 범위

사업소득의 '사업'이란 영리를 목적으로 독립적 지위에서 계속적, 반복적으로 이루지는 활동을 의미한다. 소득세법에서는 이러한 사업소득의 범위를 다음과 같이 열거하고 있으며, 특별한 규정이 있는 경우를 제외하고는 한국표준산업분류를 기준으로 한다(소법 §19 ①).

1. 농업 및 임업 및 어업에서 발생하는 소득

농업·임업 및 어업에서 발생하는 소득은 다음과 같이 구분한다(소통 19-0…1. 농업 등에서 발생한 소득의 구분).

① 통계법 제22조의 규정에 의하여 통계청장이 작성·고시하는 한국표준산업분류상의 농업 중 작물재배업에서 발생한 소득은 법에서 규정하는 과세소득에 해당되지 아니한다.

② 농지에서 재배한 작물을 판매장을 특설하여 판매하는 경우에는 판매장을 특설하여 판매함으로써 추가로 발생되는 소득은 도매업 또는 소매업에서 발생한 소득으로 본다.

③ 제조장을 특설하여 자기가 재배한 작물을 원료로 하여 제품을 생산하거나 가공하여 판매할 때에는 제조장 특설로 인하여 추가로 발생되는 소득은 제조업에서 발생한 소득으로 본다.

2. 광업에서 발생하는 소득

3. 제조업에서 발생하는 소득

제조업이란 각종 재료(물질 또는 구성요소)에 기계적(물리적) · 화학적 작용을 가하여 성질이 다른 새로운 제품으로 변형시켜 이를 다른 경제주체(제3자)에게 판매하는 산업활동을 말하며, 다음의 사업도 이를 제조업으로 본다(소령 §31).

① 위탁생산업(소법 집행기준 19-31-1)

자기가 직접 제품을 제조하지 아니하고 제조업체에 의뢰하여 제조하는 경우로서 다음의 요건을 모두 충족하는 경우에는 제조업으로 본다. 이를 위탁생산업이라고 한다.

* 생산할 제품을 직접 기획(고안 및 디자인, 견본제작 등을 포함)할 것
* 그 제품을 자기 명의로 제조할 것
* 그 제품을 인수하여 자기 책임하에 직접 판매할 것

② 농업 등에서 발생한 소득의 구분(소법 집행기준 19-0-1)

* 작물재배업에서 발생하는 소득은 사업소득에 해당하지 않는다.
* 농지에서 생산한 작물을 판매장을 특설하여 판매하는 경우에는 판매장을 특설하여 판매함으로써 추가로 발생하는 소득은 도매업 또는 소매업에서 발생한 소득으로 본다.
* 제조장을 특설하여 자기가 생산한 작물을 원료로 하여 제품을 생산하거나 가공하여 판매할 때에는 제조장 특설로 인하여 추가로 발생하는 소득은 제조업에서 발생한 소득으로 본다.

③ 축산업을 영위하는 사업자가 사업용 고정자산에 속하는 가축을 판매하고 얻은 수입금액은 축산업에서 발생한 수입금액으로 본다. 또한 축산업자가 자기사업장에서 사육한 가축을 자기소유의 도축장에서 도살 · 해체 · 냉동가공한 후 지육으로 판매할 때에는 제조업으로 구분하여 과세한다(소법 집행기준 19-0-1).

4. 전기, 가스, 증기 및 공기조절공급업에서 발생하는 소득

5. 수도, 하수 및 폐기물처리, 원료재생업에서 발생하는 소득

6. 건설업에서 발생하는 소득

건설업이란 주로 도급을 받아 건설용역을 제공하는 사업을 말한다. 그러나 건설용역 제공사업이 아닌 경우로서 주택신축판매업은 건설업으로 본다. 그러나 임대주택법에 의한 건설임대주택을 동법에 의하여 분양하는 사업은 양도소득으로 본다.

7. 도매업 및 소매업에서 발생하는 소득

① 도매업 및 소매업의 정의

도매 및 소매업은 농림수산업 · 광업 및 제조업영역에서 생산된 각종 생산품을 구입하여 다른 수요자에게 본질적인 성질을 변형하지 않고 재판매하는 사업체의 산업활동을 말한다.

따라서 본질적인 성질을 변형하는 경우는 도 · 소매업이 아닌 제조업 등으로 보아야 하며, 제조업 등에서 자기의 생산품을 직접 판매하는 경우는 도 · 소매업이 아닌 그 생산활동에 따라 업종을 구분하여야 한다.

② 도매업과 소매업의 구분

- 도매업 : 구입한 상품(소비재, 산업용재)을 가공하거나 변형하지 않고 다른 도매업자 · 소매업자 · 산업 및 상업사용자 · 단체 · 대량구매자를 대상으로 재판매하는 산업활동을 말한다.
- 소매업 : 구입한 상품(소비재)을 변형하지 않고 개인 · 가정 · 소비자를 대상으로 재판매하는 산업활동을 말한다.

8. 숙박 및 음식점업에서 발생하는 소득

① 숙박업

수수료 또는 계약에 의하여 일반대중 또는 특정회원에게 각종 형태의 단기적 숙박시설, 캠프장 및 캠핑시설 등을 제공하는 산업활동을 말하며, 숙박업에 결합 · 운영되는 음식제공설비도 포함된다.

② 음식점업
- 접객시설을 갖춘 구내에서 또는 특정장소에서 일반대중을 대상으로 개별소비자의 주문에 의하여 직접 소비할 수 있도록 조리된 음식품 또는 직접 조리한 음식품을 제공·조달하는 산업활동(일반식당)
- 특정기관(학교·회사·병원)과의 계약에 의하여 당해 그 기관구내에 접객시설을 갖추고 그 기관요원들을 대상으로 약정된 음식을 계약기간 내에 지속적으로 조리 및 제공하는 경우(구내식당 운영)
- 각종 단일행사단위로 행사장에서 직접 소비할 음식물을 출장조리 또는 조달활동과 독립적인 식당차의 운영활동 등이 포함된다.

9. 운수 및 창고업에서 발생하는 소득

10. 정보통신업에서 발생하는 소득

11. 금융 및 보험업에서 발생하는 소득

12. 부동산업에서 발생하는 소득. 다만, 공익사업을위한토지등의취득및보상에관한법률 제4조에 따른 공익사업과 관련하여 지역권·지상권(지하 또는 공중에 설정된 권리를 포함)을 설정하거나 대여함으로써 발생하는 소득(기타소득)은 제외

① 부동산업
한국표준산업분류상 부동산업은 부동산의 임대·구매·판매에 관련되는 산업활동으로서, 직접 건설한 주거용 및 비주거용 건물의 임대활동과 토지 및 기타 부동산의 개발·분양·임대활동을 포함한다(소법 집행기준 19-0-5).

② 임대업
임대업에는 자동차 등의 운송장비임대업과 건설기계·기계장치·비품 등 산업용기계장비임대업, 개인 및 가정용품임대업이 포함된다(소법 집행기준 19-0-6).

13. 전문, 과학 및 기술서비스업(다음의 연구개발업은 제외)에서 발생하는 소득

계약 등에 따라 그 대가를 받고 연구 또는 개발용역을 제공하는 것을 제외한 연구개발업

14. 사업시설관리 및 사업지원 및 임대서비스업에서 발생하는 소득

15. 교육서비스업(다음의 교육기관은 제외)에서 발생하는 소득

유아교육법에 따른 유치원, 초·중등교육법 및 고등교육법에 따른 학교와 이와 유사한 다음의 것
① 국민평생직업능력개발법에 의하여 사업주가 소속 근로자의 직업능력의 개발·향상을 위하여 설치·운영하는 직업능력개발훈련시설
② 한국표준산업분류상의 달리 분류되지 않은 기타 교육기관 중 노인학교

16. 보건업 및 사회복지서비스업(다음의 사회복지사업은 제외)에서 발생하는 소득

사회복지사업법 제2조 제1호에 따른 사회복지사업 및 노인장기요양보험법 제2조 제3호에 따른 장기요양사업

17. 예술, 스포츠 및 여가 관련 서비스업에서 발생하는 소득

자영예술가인 화가가 자신의 창작품인 미술품을 양도함으로서 발생하는 소득은 소득세법 제19조 제1항 제7호 또는 제17호에 따른 사업소득에 해당하는 것임(사전법규소득-1877, 2022.3.30.)

18. 협회 및 단체(다음의 협회 및 단체는 제외), 수리 및 기타 개인서비스업에서 발생하는 소득

　① 한국표준산업분류의 중분류에 따른 협회 및 단체
　② 수리 및 기타 개인서비스업을 부가가치세법시행령 제42조 제1호에 따른 인적용역을 포함

19. 가구 내 고용활동에서 발생하는 소득

20. 복식부기의무자가 차량 및 운반구 등 사업용 유형고정자산을 양도함으로써 발생하는 소득. 다만, 양도소득에 해당하는 경우는 제외

　① 해당 사업용 유형고정자산(소령 §62 ② 1호)
　　차량운반구, 공구·기구비품, 선박·항공기 및 기계장치 등
　② 2018.1.1. 이후 양도분부터 적용
　　단, 건설기계는 2020.1.1. 이후 양도분부터 적용

21. '1.'부터 '20.'까지의 규정에 따른 소득과 유사한 소득으로서 영리를 목적으로 자기의 계산과 책임하에 계속적·반복적으로 행하는 활동을 통하여 얻는 소득

ⅠⅠ　원천징수대상 사업소득

　원천징수의 대상이 되는 사업소득은 부가가치세가 면제되는 의료보건용역과 인적용역, 그리고 봉사료수입금액이다(소법 §127 ① 3호·8호, 소령 §184 ①).

1. 원천징수대상 사업소득의 범위

(1) 의료보건용역과 혈액

의료보건용역(수의사의 용역 포함)으로서 다음에 규정하는 것(의료법 또는 수의사법의 규정에 의하여 의료기관 또는 동물병원을 개설한 자가 제공하는 것을 포함)과 혈액(부법 §26 ① 5호, 부령 §35)

① 의료법에 규정하는 의사·치과의사·한의사·조산사 또는 간호사가 제공하는 용역

② 의료법에 규정하는 접골사·침사·구사 또는 안마사가 제공하는 용역

③ 의료기사법에 규정하는 임상병리사·방사선사·물리치료사·작업치료사·치과기공사 또는 치과위생사가 제공하는 용역

④ 약사법에 규정하는 약사가 제공하는 의약품의 조제용역. 단, 약국 사업자에 대해서 건강보험공단이 약국에 요양급여(약제비) 지급 시 조제용역의 공급으로 발생하는 사업소득 중 의약품가격상당액 및 국민건강증진법 제25조 제1항 제1호에 따른 국민건강관리사업에 따라 지급받는 약제비용은 원천징수대상 사업소득에서 제외한다 (소령 §184 ① 1호, 소칙 §88).

⑤ 수의사법에 규정하는 수의사가 제공하는 용역. 다만, 동물의 진료용역은 축산물위생관리법에 따른 가축 및 기르는어업육성법에 따른 수산물에 대한 진료용역에 한한다.

⑥ 장의업자가 제공하는 장의용역

⑦ 장사등에관한법률 제13조 및 제14조의 규정에 의하여 사설묘지·사설화장장 또는 사설 납골시설을 설치한 자가 제공하는 묘지 및 화장업 관련 용역

⑧ 지방자치단체로부터 공설묘지·공설화장장 또는 공설납골시설의 관리를 위탁받은 자가 제공하는 묘지 및 화장업 관련 용역

⑨ 응급의료에관한법률 제2조 제8호의 규정에 의한 응급환자이송업자가 제공하는 응급환자이송용역

⑩ 하수도법 제45조에 따른 분뇨수집·운반업의 허가를 받은 사업자와 가축분뇨의관리및이용에관한법률 제28조에 따른 가축분뇨수집·운반업 또는 가축분뇨처리업의 허가를 받은 사업자가 공급하는 용역

⑪ 감염병의예방및관리에관한법률 제52조에 의하여 소독업의 신고를 한 사업자가 공급하는 소독용역

⑫ 폐기물관리법 제26조의 규정에 의하여 생활폐기물 또는 감염성폐기물의 폐기물처

리업허가를 받은 사업자가 공급하는 생활폐기물 또는 감염성폐기물의 수집·운반 및 처리용역과 생활폐기물의 재활용용역

⑬ 산업안전보건법 제42조의 규정에 의한 지정측정기관이 공급하는 작업환경측정용역

⑭ 노인장기요양보험법 제2조 제4호에 따른 장기요양기관이 같은 법에 따라 장기요양 인정을 받은 자에게 제공하는 신체활동·가사활동의 지원 또는 간병 등의 용역

⑮ 사회복지사업법 제33조의 7에 따라 보호대상자에게 지급되는 사회복지서비스이용 권을 대가로 국가·지방자치단체 외의 자가 공급하는 용역

⑯ 모자보건법 제2조 제1호에 따른 산후조리원에서 분만 직후의 임산부나 영유아에게 제공하는 급식·요양 등의 용역

⑰ 사회적기업육성법 제7조에 따라 인증받은 사회적기업이 직접 제공하는 간병·산후 조리·보육용역

⑱ 정신건강증진및정신질환자복지서비스지원에관한법률 제5조 제6항에 따라 국가 및 지방자치단체로부터 정신건강증진사업 등을 위탁받은 자가 제공하는 정신건강증진 사업 등의 용역

(2) 직업상 제공하는 인적용역(부법 §26 ① 15호, 부령 §42)

① 개인이 물적시설(계속적·반복적으로 사업에만 이용되는 건축물·기계장치 등의 사업설비 – 임차포함) 없 이 근로자를 고용하지 아니하고 독립된 자격으로 용역을 공급하고 대가를 받는 다음에 규정 하는 인적용역

가. 저술·서화·도안·조각·작곡·음악·무용·만화·삽화·만담·배우·성우· 가수 또는 이와 유사한 용역

나. 연예에 관한 감독·각색·연출·촬영·녹음·장치·조명 또는 이와 유사한 용역

다. 건축감독·학술용역 또는 이와 유사한 용역

라. 음악·재단·무용(사교무용을 포함)·요리·바둑의 교수 또는 이와 유사한 용역

마. 직업운동가·역사·기수·운동지도가(심판을 포함함) 또는 이와 유사한 용역

바. 접대부·댄서 또는 이와 유사한 용역

사. 보험가입자의 모집, 저축의 장려 또는 집금 등을 하고 실적에 따라 보험회사 또는 금융기관으로부터 모집수당·장려수당·집금수당 또는 이와 유사한 성질의 대가 를 받는 용역과 서적·음반 등의 외판원이 판매실적에 따라 대가를 받는 용역

아. 저작자가 저작권에 의하여 사용료를 받는 용역

　　자. 교정·번역·고증·속기·필경·타자·음반취입 또는 이와 유사한 용역

　　차. 고용관계 없는 자가 다수인에게 강연을 하고 강연료·강사료 등의 대가를 받는 용역

　　카. 라디오·텔레비전 방송 등을 통하여 해설·계몽 또는 연기를 하거나 심사를 하고 사례금 또는 이와 유사한 성질의 대가를 받는 용역

　　타. 작명·관상·점술 또는 이와 유사한 용역

　　파. 개인이 일의 성과에 따라 수당이나 이와 유사한 성질의 대가를 받는 용역

② 개인·법인 또는 법인격 없는 사단·재단 기타 단체가 독립된 자격으로 용역을 공급하고 대가를 받는 다음에 규정하는 인적용역

　　가. 형사소송법 및 군사법원법 등에 따른 국선변호인의 국선변호, 국세기본법에 따른 국선대리인의 국선대리 및 법률구조법에 의한 법률구조와 변호사법에 의한 법률구조사업

　　나. 새로운 학술 또는 기술을 개발하기 위하여 행하는 새로운 이론·방법·공법 또는 공식 등에 관한 학술연구용역과 기술연구용역

　　다. 직업소개소가 제공하는 용역 및 상담소 등을 경영하는 자가 공급하는 용역

　　라. 장애인복지법에 의한 장애인보조견 훈련용역

　　마. 외국 공공기관 또는 국제금융기관에의가입조치에관한법률 제2조에 따른 국제금융기구로부터 받은 차관자금으로 국가 또는 지방자치단체가 시행하는 국내사업을 위하여 공급하는 용역(국내사업장이 없는 외국법인 또는 비거주자가 공급하는 것을 포함)

　　바. 민법에 따른 후견인과 후견감독인이 제공하는 후견사무용역

(3) 사업소득에 대한 원천징수 및 계산서 교부

상기 원천징수대상이 되는 사업소득을 제공한 사업자가 상기 용역을 공급받는 자로부터 원천징수 후 소득금액을 받고 동시에 원천징수영수증을 교부받은 것에 대하여는 계산서를 교부한 것으로 본다(소령 §211 ⑤).

즉 원천징수대상 사업소득은 부가가치세법상 면세용역에 해당되는 용역으로서 이에 대한 소득이 발생하는 경우에는 계산서를 작성·교부하여야 한다. 그러나 해당 사업소득을 지급하는 자가 동 소득을 지급할 때 원천징수를 하고 원천징수영수증을 교부한 경우에는 사업소득이 발생된 자가 계산서를 교부한 것으로 본다. 단, 상기 원천징수대상 사업소득인 경우에만 해당됨에 유의해야 한다.

따라서 원천징수된 사업소득이 발생한 사업자는 발생한 소득에 대해 계산서 교부를 생

략할 수 있으며, 반대로 원천징수 후 사업소득을 지급하는 사업자는 지출에 대한 증빙으로서 계산서를 수취할 필요가 없다.

2. 원천징수의무자(소법 §127 ① 3호·8호, 소령 §184 ③)

① 부동산임대소득·사업소득 또는 산림소득이 있는 거주자
② 법인세의 납세의무자
③ 국가·지방자치단체 또는 지방자치단체조합
④ 민법 기타 법률에 의하여 설립된 법인
⑤ 국세기본법에 의하여 법인으로 보는 단체

3. 원천징수세율(소법 §129 ① 3호·8호)

① 사업소득 : 3%
   다만, 외국인 직업운동가가 한국표준산업분류에 따른 스포츠 클럽 운영업 중 프로스포츠구단과의 계약(계약기간이 3년 이하인 경우로 한정)에 따라 용역을 제공하고 받는 소득에 대해서는 20%
② 봉사료수입금액 : 5%

4. 기타

원천징수의무자가 원천징수대상 사업소득에 대한 수입금액을 일시에 선지급하는 경우에는 해당 선지급금액에 대해 소득세를 원천징수해야 한다(소법 집행기준 127-0-6).

Ⅲ 사업소득세의 연말정산

1. 연말정산대상자

① 보험모집인(소령 §137 ① 1호)

독립된 자격으로 보험가입자의 모집 및 이에 부수되는 용역을 제공하고 그 실적에 따라 모집수당 등을 받는 자

② 방문판매원(소령 §137 ① 2호)

방문판매등에관한법률에 의하여 방문판매업자를 대신하여 방문판매업무를 수행하고 그 실적에 따라 판매수당 등을 받거나 후원방문판매조직에 판매원으로 가입하여 후원 방문판매업을 수행하고 후원수당 등을 받는 자

* 다단계 판매원은 제외(서이 46013-10003, 2002.1.2.)

③ 독립된 계약배달 판매용역

독립된 자격으로 일반 소비자를 대상으로 사업장을 개설하지 않고 음료품을 배달하는 계약배달 판매용역을 제공하고 판매실정에 따라 판매수당 등을 받는 자

02

2. 연말정산 신청 및 포기

① 신청

방문판매수당을 지급받는 자(방문판매원)와 독립된 계약배달 판매용역에 대한 사업소득을 지급하는 원천징수의무자가 연말정산을 하려는 경우에는 최초로 연말정산을 하려는 해당 과세기간의 종료일까지 사업소득세연말정산신청서(별지 제25호의 2 서식)를 관할 세무서장에게 제출하여야 한다(소령 §201의 11 ①).

② 포기

사업소득세액연말정산신청서를 제출한 원천징수의무자가 연말정산을 하지 아니하려는 경우에는 해당 과세기간의 종료일까지 사업소득세액연말정산포기서(별지 제25호의 2 서식)를 사업장 관할세무서장에게 제출하여야 한다(소령 §201의 11 ③).

3. 연말정산시기

사업소득세의 연말정산은 다음의 시기에 하여야 한다(소법 §144의 2 ①).

① 계속사업자

해당과세기간의 다음 연도 2월분 사업소득을 지급하는 때. 다만, 2월분 사업소득을 2월 말일까지 지급하지 아니하거나 2월분 사업소득이 없는 경우에는 2월말

② 연도 중에 계약을 해지하는 경우

계약을 해지하는 달의 사업소득을 지급하는 때

＊ 지급시기 의제(소법 §145의 5)
 • 1~11월분 사업소득수입금액을 12.31.까지 지급하지 않은 경우 : 12.31.
 • 12월분을 다음 연도 2월 말까지 지급하지 않은 경우 : 다음 연도 2월 말일

4. 연말정산 사업소득금액 계산

(1) 소득금액의 계산(소법 §144의 2 ①, 소령 §201의 11 ④, 소칙 §94의 2)

연말정산 사업소득금액은 당해 연도에 지급한 사업소득수입금액에 연말정산 사업소득의 소득률을 곱하여 계산한다.

$$사업소득금액 = 사업소득수입금액 \times (1 - 단순경비율)$$

(2) 연말정산 사업소득의 소득률(소칙 §94의 2)

참고로 2022년 귀속 단순경비율은 다음과 같다.

구 분	4천만원 이하분	4천만원 초과분
보험모집수당(코드번호 940906)	77.6%	68.6%
방문판매수당(코드번호 940908)	75.0%	65.0%
음료품배달원(코드번호 940907)	80.0%	72.0%

5. 소득공제

① 소득세액공제신고서를 제출하는 경우

방문판매수당을 지급받는 자(방문판매원)와 독립된 계약배달 판매용역에 대한 사업소득 해당하는 사업자가 연말정산을 할 때 종합소득공제, 자녀세액공제, 연금계좌세액공제 및 특별세액공제를 적용받으려는 경우에는 해당 과세기간의 다음 연도 2월분의 사업소득을 받기 전(해당 원천징수의무자와의 거래계약을 해지한 경우에는 해지한 달의 사업소득을 받기 전)에 원천징수의무자에게 연말정산 사업소득자 소득 · 세액 공제신고서(별지 제37호 서식⑴)를 주민등록표 등본 등을 첨부하여 제출하여야 한다(소법 §144의 3, 소령 §201의 12).

② 소득공제신고서를 제출하지 않은 경우

소득공제신고서를 제출하지 아니한 사업자에 대해서 원천징수할 때에는 기본공제 중 그 사업자 본인에 대한 분과 표준세액공제만을 적용한다(소령 §201의 12 ④).

6. 세액의 계산

① 사업소득금액 : 보험모집인 등의 연간수입금액×소득률
② 과세표준 : 사업소득금액−종합소득공제액−그 밖의 소득공제+특별소득 종합한도 초과액
③ 산출세액 : 과세표준×기본세율
④ 결정세액 : 산출세액−세액공제
⑤ 납부할 세액 : 결정세액−기납부세액(원천징수납부한 세액)

세액공제의 경우 소득세법과 조세특례제한법(정치자금세액공제 등)에 따른 세액공제를 적용받을 수 있다(소법 §144의 2 ①).

7. 과세표준확정신고의 특례

① 확정신고의무의 면제

연말정산대상 사업소득 외에 다른 종합소득이 없는 보험모집인, 방문판매원, 계약배달

판매원의 경우 징수의무자가 당해 사업소득에 대해 연말정산을 한 때에는 종합소득세 확정신고를 하지 않을 수 있다(소법 §73 ①).

② 2인 이상으로부터 사업소득을 지급받는 방문판매원 등의 경우

주사업장(또는 현 사업장)에서 종사업장(또는 전 사업장)의 방문판매수당 등을 합산하여 연말정산을 할 수 있으며, 합산하여 연말정산한 때에는 종합소득세확정신고를 하지 않을 수 있다.

8. 징수 또는 환급

① 징수

연말정산결과 징수할 소득세가 연말정산을 하는 달에 지급할 수당 등을 초과하는 경우 그 초과세액은 다음 달 수당 등을 지급하는 때에 징수한다. 이 경우 그 다음 달에 지급할 수당 등이 없는 경우에는 전액을 원천징수한다(소법 §144의 2 ②).

② 환급

매월 수당 등을 지급할 때 원천징수하여 납부한 세액이 종합소득산출세액을 초과하는 경우에는 다음 달 이후에 원천징수하여 납부할 소득세에서 조정하여 환급한다(소법 §144의 2 ③·§201 ①, 소령 §201의 2 ⑤). 다만, 다음 달 이후에도 원천징수하여 납부할 소득세가 없거나 원천징수하여 납부할 소득세가 환급할 금액에 미달하는 경우에는 원천징수관할세무서장이 이를 환급한다(소령 §201 ③, 소칙 §93 ①·③).

Ⅳ 봉사료의 원천징수

1. 내용

사업자 등이 유흥업소 접대부 등에 대한 봉사료를 지급하는 경우에는 사업소득에 대한 소득세를 원천징수하여야 한다. 이때 봉사료라 함은 사업자(법인을 포함)가 다음에 해당하는 용역을 제공하고 그 공급가액(간이과세자 경우에는 공급대가)과 함께 접대부·댄서와 이와 유사한 용역을 제공하는 자의 봉사료를 계산서·세금계산서·영수증 또는 신

용카드매출전표 등에 그 공급가액과 구분하여 기재하는 경우(봉사료를 자기의 수입금액으로 계상하지 아니한 경우에 한함)로서 그 구분기재한 봉사료금액이 공급가액(봉사료가 포함되지 아니한 금액)의 100분의 20을 초과하는 경우의 봉사료를 말한다(소령 §184의 2).

① 음식·숙박용역

② 안마시술소·이용원·스포츠마사지업소 및 그 밖에 이와 유사한 장소에서 제공하는 용역

③ 개별소비세의 과세대상인 과세유흥장소에서 제공하는 용역
  • 유흥주점, 외국인전용유흥음식점
  • 식품위생법에 의한 유흥주점주로 주류를 조리·판매하는 영업으로서 유흥종사자를 두거나 유흥시설을 설치할 수 있고 손님이 노래를 부르거나 춤을 추는 행위가 허용되는 영업(카바레, 나이트클럽, 디스코클럽, 룸싸롱, 요정 등)

④ 기타 기획재정부령이 정하는 용역

2. 원천징수의무자

봉사료수입금액을 사업자(법인을 포함)가 음식·숙박용역이나 서비스용역을 공급하고 그 대가와 함께 받아 이를 해당 소득자에게 지급하는 경우에는 당해 사업자가 원천징수의무자가 되며, 당해 사업자는 봉사료지급대장을 비치·기장하고 원천징수영수증 교부의무 및 지급명세서 제출의무가 발생한다. 봉사료를 고객이 접대부 등에게 직접 지급하는 경우에는 원천징수의무가 없다.

3. 원천징수세율

봉사료수입금액에 대하여 5/100의 세율로 원천징수한다.

원천징수세액＝봉사료수입금액×5%

이 경우 봉사료가 공급가액의 20%를 초과하는 경우에는 봉사료 전액에 대하여 원천징수세율로 원천징수를 하여야 하며, 20%를 초과하는 금액에 대하여만 원천징수를 하는 것이 아님을 유의하여야 한다.

4. 봉사료지급대장의 비치

사업자가 봉사료를 세금계산서·영수증 또는 신용카드매출전표 등에 그 대가와 구분하여 기재한 경우로서 봉사료를 당해 종업원에게 지급한 사실이 확인되는 경우에는 그 봉사료는 부가가치세(특별소비세) 과세표준에 포함하지 아니하며, 또한 소득세법상 총수입금액에도 산입되지 아니한다. 이때 반드시 그 봉사료의 지급사실이 확인되어야 하는바 그 지급사실의 확인은 다음의 봉사료지급대장에 의한다.

봉사료를 과세표준에서 제외하고자 하는 사업자가 지켜야 할 사항
(국세청 고시 제2021-38호, 2021.8.24.)

1. 부가가치세법시행령 제61조 제4항에 의하여 봉사료를 매출액에서 제외하고자 하는 사업자는 공급받는 자에게 신용카드매출전표 등을 교부하는 시점에서 이미 봉사료가 구분기재된 상태로 교부하여야 한다.

2. 소득세법 제127조 제1항 제8호 및 소득세법시행령 제184조의 2에 따라 봉사료에 대한 소득세를 원천징수하여야 하는 사업자는 [붙임서식 1]에 따른 봉사료지급대장을 작성하여야 하며, 소득세법 제164조 제1항 제7호에 따른 봉사료에 대한 사업소득원천징수영수증과 함께 5년간 보관하여야 한다.

3. 위 봉사료지급대장에는 봉사료를 수령하는 자가 직접 수령사실을 확인하고 서명하여야 하며, 수령자 본인의 서명임을 확인할 수 있도록 [붙임서식 2]의 예시와 같이 봉사료수령인별로 주민등록증 또는 운전면허증 등 신분증 사본의 여백에 봉사료수령자 본인이 성명, 생년월일, 연락처, 주소 등을 자필로 기재한 뒤 봉사료지급대장에 사용할 서명을 기재하여 5년간 보관하여야 한다.

4. 봉사료를 수령하는 자가 봉사료지급대장에 서명을 거부하거나 전항 3.의 확인서작성 등을 거부하는 경우에 사업자는 무통장입금영수증 등 지급사실을 직접 확인할 수 있는 다른 증빙을 대신 첨부하여야 한다.

－부   칙－

이 고시는 2021.8.24.부터 시행한다.

봉사료를 공급가액에서 제외하고자 하는 사업자가 지켜야 할 사항 서식1

봉사료지급대장

사 업 자 인적사항	사업장소재지				
	상 호		사 업 자 등록번호		
	대 표 자		생년월일		
봉사료 수령사실 확인(수령인 기재)					
연월일	수령인성명	생년월일	봉사료 금액	원천징수액	수령확인

02

봉사료를 공급가액에서 제외하고자 하는 사업자가 지켜야 할 사항 서식2

친필서명 확인서(예시)

주민등록증 또는 운전면허증 복사

지급업소 상호 :   사업자등록번호 :

수령인 성명 : _____   생년월일 : _____   연락처 : _____

주 소 : _____

위 본인 _____이(가) 봉사료지급대장에 봉사료 수령사실을 확인하는데 사용하는
서명은 아래와 같습니다.

서 명	

20 년 월 일

성 명 _____

※ 위 사항은 반드시 봉사료수령자가 자필로 기재해야만 합니다.

V 사례

1. 독립된 자격으로 실적에 따라 지급받는 수당은 사업자등록 여부에 관계 없이 사업소득으로 원천징수

① 고용관계 없이 독립된 자격으로 계속적으로 용역을 제공하고 일의 성과에 따라 지급받는 수당·기타 유사한 성질의 금액은 사업자등록 여부와 관계없이 소득세법 제19조 제1항 제15호의 규정에 의한 사업소득(인적용역소득)에 해당하는 것이며, 원천징수의무자는 인적용역사업자에게 용역제공대가 지급 시 원천징수세율 3%를 적용하여 원천징수 신고납부를 하여야 하는 것이다(원천-763, 2010.9.29.; 서면1팀-1279, 2007.9.14.).

② 거주자가 고용관계 없이 독립된 자격으로 컴퓨터프로그램 판매 및 학습지를 보급하고 그 실적에 따라 지급받는 수당은 사업자등록 여부에 관계없이 소득세법시행령 제184조 및 같은법 시행규칙 제88조 제3호 규정에 의거 사업소득으로 원천징수한다(법인 46013-841, 1997.3.25.).

2. 사업소득원천징수세액 환급방법

소득세법시행령 제201조의 2의 규정에 의한 사업소득세액에 대한 연말정산을 하는 경우에 당해 연도에 이미 원천징수하여 납부한 소득세가 사업소득에 대한 종합소득산출세액에서 세액공제를 한 금액을 초과하는 때에는 그 초과금액은 원천징수의무자가 원천징수하여 납부할 소득세에서 조정하여 환급한다(법인 46013-777, 2000.3.24.).

3. 사업소득 원천징수가액 계산

소득세법시행령 제184조 제2항에 규정된 원천징수의무자가 법무사·회계사 등에게 법무 및 회계서비스 용역을 의뢰하여 동 용역을 이행하는데 필수적으로 소요되는 수입인지대 등의 공과금을 용역수수료와 함께 지급하는 경우 동 공과금이 청구서 등에 구분표시된 경우에는 공과금을 제외한 용역수수료를 원천징수대상 수입금액으로 한다(법인 46013-3352, 1996.12.3.; 법인 46013-2584, 1998.9.14.).

4. 사업소득의 원천징수시기 및 방법

① 원천징수의무자가 사업소득에 대한 수입금액을 지급하는 때에는 그 지급금액(일시
   에 선지급하는 경우에는 선지급금액)에 대한 소득세를 원천징수하여야 한다. 이때 원
   천징수의무자가 귀속연도가 다른 사업소득에 대한 수입금액을 당해 연도분과 함께
   소득세를 원천징수하고 원천징수이행상황신고서를 제출하고자 하는 경우에 신고서
   상의 '귀속연월'란에는 당해 소득이 발생하는 연월을 기재하는 것이다(원천-3017,
   2008.12.24.; 서면1팀-637, 2008.5.7.).
② 소득세법시행령 제184조 제1항의 소득을 지급하는 자는 소득세법 제127조 제1항
   의 규정에 의거 원천징수의무를 지게 되며, 사업소득을 지급하는 거래관행이 발생
   건마다 지급할 때는 매 건별로 원천징수하고 여러 건을 정산하여 일정시점에 지급
   한다면 그 지급시점에 지급하는 금액에 대하여 원천징수한다(법인 46013-2276,
   1996.8.13.).

5. 사업소득세 원천징수의무 및 대상가액의 범위

거주자에게 소득세법시행령 제184조의 규정에 의한 원천징수대상사업소득의 수입금
액을 지급하는 법인은 당해 지급금액에 대하여 소득세법 제127조의 규정에 따라 원천
징수하여야 하며, 따라서 법인이 사업소득을 구성하는 의료용역대가 중 보험자부담분
진료비 및 검사료 등을 의뢰기관 또는 검사기관에서 각각 지급하는 경우에는 지급액
전액을 사업소득의 수입금액으로 하여 원천징수하여야 한다(법인 46013-105, 2000.
1.13.).

6. 사업소득 원천징수세율

의료법에 규정하는 안마사가 안마용역을 제공하는 안마시술소 등으로부터 그 대가로
지급받는 금액은 원천징수대상 사업소득으로서 안마시술소 등이 안마사에게 안마용역

의 대가를 지급할 때 그 대가의 3%를 사업소득세로 원천징수하고 원천징수영수증을 교부하여야 하며, 안마시술소 등은 고객에게 안마용역을 제공하고 그 대가로 지급받은 전체금액을 사업소득 수입금액으로 하는 것이며, 종합소득세신고 시 사업소득금액을 기장에 의하여 계산하는 경우에는 안마사에게 지급한 금액은 필요경비에 산입할 수 있다(법인 46013-1607, 1999.4.29.).

7. 교수 등 개인이 연구주체가 되어 연구비를 직접 관리하는 경우 연구비 과세방법

교수 등이 독립된 자격으로 연구용역을 제공하고 받는 대가는 그 재원이 어디에 있는지에 관계없이 소득세가 과세되는 것으로, 재단법인이 연구주체가 되어 기업 등 외부와 연구개발용역제공계약을 체결하고 연구비를 직접 관리하는 경우에 교수 등 개인이 고용관계 없이 독립된 자격으로 동 연구용역을 제공하고 그 대가로 받는 금액은 소득세법 제21조 제1항 제19호의 기타소득에 해당되어 소득세법 제127조의 규정에 따라 원천징수하여야 하는 것이며, 교수 등 개인이 연구주체가 되고 연구비를 직접 관리하는 경우에는 동 소득은 당해 교수 등의 사업소득이 되는 것이므로 소득세법 제127조 및 동법 시행령 제184조의 규정에 따라 원천징수 여부를 판단한다(법인 46013-933, 2000.4.12.).

8. 봉사료가 원천징수대상에 해당하는 경우에는 봉사료 전체금액에 5%의 세율을 적용

소득세법 제127조 제1항 제7호의 규정에 의한 봉사료수입 금액에 대한 원천징수는 사업자가 봉사료를 그 공급가액(부가가치세법 제25조의 규정을 적용받는 사업자의 경우에는 공급대가)과 구분기재하는 경우(봉사료를 사업자의 수입금액으로 계상하지 아니한 경우에 한함)로서 그 구분기재한 봉사료금액이 공급가액의 100분의 20을 초과하는 경우 봉사료 전체금액에 대하여 5%의 원천징수세율을 적용한다(법인 46013-861, 2000.4.4.).

9. 용역제공자에게 출연료만 지급하는 경우 원천징수대상 사업소득의 범위

방송업을 영위하는 법인이 방송프로그램 제작 시 연예인 등 인적용역 사업자로부터 용역을 제공받으면서 지방공연이나 해외촬영과 관련하여 발생하는 숙박비, 항공료, 식대 등을 사규 및 계약에 따라 당해 법인이 호텔, 항공사, 음식점 등에 직접 지급(법인명의 지출증빙 수취)하고 연예인 등에게는 출연료만 지급하는 경우 원천징수대상 사업소득의 수입금액은 소득세법 제24조 및 제144조의 규정에 의하여 당해 연예인 등에게 지급하는 출연료의 금액으로 한다. 다만, 당해 연예인 등이 부담하여야 할 비용을 법인이 대신 부담하는 경우에는 그 금액을 포함한 금액을 원천징수대상 수입금액으로 한다(서일 −750, 2006.6.9.).

10. 고용관계 없이 뮤지컬을 기획 및 디자인을 제공하고 받는 수당의 사업소득 해당 여부

① 뮤지컬의 기획 및 디자인을 영위하는 거주자가 고용관계 없이 독립된 자격으로 계속적으로 용역을 제공하고 일의 성과에 따라 지급받는 수당 및 유사한 성질의 금액은 소득세법 제19조 제1항 규정에 의한 사업소득에 해당하는 것이며, 뮤지컬 기획 및 디자인과 관련하여 직접 구입한 의상 등을 법인에게 판매하고 받는 대금은 주된 사업의 부수수입으로 당해 인적용역사업의 총수입금액에 산입한다.
② 또한 위의 인적용역사업자가 의상 등을 법인에게 판매하고 법인이 대가지급 시 소득세법 제127조 및 제129조의 규정에 의해 사업소득에 대한 원천징수세율 3%를 적용하여 원천징수납부를 하여야 하고, 원천징수대상 사업소득자로부터 용역을 공급받고 사업소득 원천징수한 것에 한하여 정규증빙 수취의무를 면제한다(서일− 108, 2006.1.26.).

11. 보험모집인이 자동차판매 대리점에 고객을 소개하고 받는 금액의 소득구분

보험모집인(인적용역 사업소득자)이 주된 사업인 보험모집 업무와 별개로 부수적으로 고용관계 없이 독립된 자격으로 자동차판매 대리점에 고객을 소개하여 주고 지급받는 수당·기타 유사한 성질의 금액은 소득세법 제19조 제1항 제15호의 규정에 의한 사업소득(인적용역소득)에 해당하는 것이다(서일-56, 2007.1.10.).

12. 특정구단 등과 FA(Free Agent) 전속용역계약을 하고 받는 전속계약금의 소득구분

① 프로운동선수 등 직업운동가가 당해 구단 등과 최초로 전속계약을 하거나 당초의 소속구단 등에서 추가로 전속계약을 하는 경우 또는 다른 구단 등으로 이전하여 전속계약을 하는 경우와 관계없이 특정구단 등과 전속으로 용역을 제공하기로 하는 계약을 하고 받는 전속계약금은 사업소득에 해당한다(서일-369, 2004.3.11.).

② 프로야구선수가 특정 구단에 입단하면서 1년 이내의 기간으로 용역을 제공하기로 계약을 체결하고 보수 외에 입단보너스를 지급받는 경우, 입단보너스의 수입시기는 용역의 대가를 지급받기로 한 날 또는 용역의 제공을 완료한 날 중 빠른 날로 하는 것이다(기준법령소득-122-2017.6.29.).

02

13. 개인이 근로자를 고용함이 없이 청소 등의 용역을 제공하는 경우의 소득구분

개인이 금융기관과의 계약에 의하여 금융기관의 무인점포를 순회하면서 근로자를 고용함이 없이 직접 당해 무인점포에 안내팜플렛의 배부·정돈, 바닥, 간판 및 벽면의 청소 등의 용역을 제공하고 무인점포당 일정액의 대가를 받는 경우 당해 용역은 부가가치세가 면제되는 것이며, 원천징수대상 사업소득(원천징수세율 3%)에 해당한다(서이 46013-12302, 2002.12.31.).

14. 프로골프선수가 지급받는 연봉 및 국내외훈련비 등의 소득구분

프로골프선수가 실질적인 고용관계 없이 특정법인의 로고가 새겨진 골프장비를 사용하기로 전속계약을 체결하고 이에 따라 지급받는 연봉, 국내외훈련비 및 포상금은 원천징수대상사업소득에 해당한다(서일 46011-11325, 2002.10.10.).

15. 헤어디자이너가 다른 사업자의 사업장에서 독립적인 용역을 제공하고 받는 대가에 대한 원천징수방법

헤어디자이너가 인적·물적 사업설비를 갖추지 아니하고 다른 사업자의 사업장에서 도급계약에 의하여 독립적으로 용역을 제공하고 일의 성과에 따라 받는 대가는 부가가치세법시행령 제35조 제1호 타목의 규정에 해당하여 소득세법시행령 제184조 제1항에서 정한 원천징수대상사업소득의 범위에 포함한다(서이 46013-10884, 2002.4.26.).

16. 판매대행용역의 부가가치세 면제 여부 및 원천징수대상 사업소득 해당 여부

인적·물적 사업설비를 갖추지 아니한 개인이 다른 사업자의 사업장에서 계약에 의하여 독립적으로 판매대행용역을 제공하고 그 판매실적에 따라 일정수수료를 받는 경우 당해 용역은 부가가치세법시행령 제35조 제1호 타목(2001.12.31., 대통령령 제17460호로 개정된 것)의 규정에 의하여 부가가치세가 면제되는 것이며, 소득세법시행령 제184조 제1항의 원천징수대상 사업소득(원천징수세율 3%)에 해당한다(서삼 46015-10664, 2002.4.24.).

17. 고문계약에 따른 원고의 자문 등 용역제공활동은 계속적·반복적으로 이루어진 것으로 그 대가로 지급받은 보수는 사업소득에 해당함(서울행법 2016구합9213, 2017.5.19.)

(1) 내용

국가정보원에서 오래 근무하다 퇴직한 뒤 특정회사와 계약일로부터 '주요 경영사항에 관한 자문', '대외기관 정책 관련 자문' 등을 제공하고, 그에 대한 보수로 월 고문료 10,000,000원을 지급하기로 하는 내용의 '고문계약'을 체결하고 42개월간 고문료를 받은 경우 기타소득에 해당하는지 여부 및 가산세부과 정당성 여부

(2) 판결

① 기타소득에 해당하는지 여부

원고는 오랜 공직 생활을 토대로 형성한 경험과 인맥을 바탕으로 회사의 요구가 있을 때 그러한 경험에 기초하여 경영에 필요한 조언을 하거나, 사업 추진에 도움을 줄 수 있는 사람을 소개하는 등의 용역을 제공하고 그 대가로 일정한 보수를 지급받고자 이 사건 고문계약을 체결하고 회사에 위와 같은 용역을 제공하였음을 알 수 있다.

한편, 통계청장이 고시한 한국표준산업분류는 구 소득세법 제19조 제1항 제13호가 사업소득의 원천 중 하나로 규정하고 있는 '전문, 과학 및 기술 서비스업'의 하위분류인 '전문서비스업'에 다시 그 하위분류의 하나로 '다른 사업체에게 사업경영문제에 관하여 자문 및 지원하는 산업활동인 경영컨설팅업(분류코드 71531)'을 포함시키고 있다(을 제9호증 참조). 이에 따르면, 이 사건 고문계약에 따른 원고의 자문 등 용역제공활동은 경영컨설팅업에 해당하는 것으로 그 활동에 대한 대가인 이 사건 소득은 구 소득세법 제19조 제1항 제13호가 사업소득의 하나로 열거하고 있는 '전문서비스업에서 발생하는 소득'에 해당할 수 있다.

그런데 독립된 자격에서 용역을 제공하고 받는 소득이 사업소득에 해당하는지 또는 일시소득인 기타소득에 해당하는지 여부는 당사자 사이에 맺은 거래의 형식·명칭 및 외관에 구애될 것이 아니라 그 실질에 따라 평가한 다음, 그 거래의 한쪽 당사자인 당해 납세자의 직업 활동의 내용, 그 활동 기간, 횟수, 태양, 상대방 등에 비추어 그 활동이 수익을 목적으로 하고 있는지 여부와 사업활동으로 볼 수 있을 정도의 계속성과 반복성이 있는지 여부 등을 고려하여 사회통념에 따라 판단하여야 하며, 그 판단을 함에 있어서도 소득을 올린 당해 활동에 대한 것뿐만 아니라 그 전후를 통한 모든 사정을 참작하여 결정하여야 한다(대법원 1987.5.26. 선고 86누96 판결, 대법원 2001.4.24. 선고 2000두5203 판결 등 참조).

이 사건 고문계약은 체결일 당시 적어도 1년간 지속될 것을 예정하였고, 실제로는 3차례 연장된 뒤 해지될 때까지 42개월 동안 장기간 유지되었으며, 원고는 그 기간 동안 회사로부터 꾸준히 매월 고문료 10,000,000원을 지급받았다.

이 사건 고문계약상 원고가 제공할 자문의 대상, 내용, 이행시기 등이 전혀 특정되어 있지 않다. 이에 비추어 보면, 계약의 양 당사자는 회사가 필요한 때에는 언제든지 원고에게 자문을 요구할 수 있고, 원고 또한 그 요구에 따라 보수에 상응하는 용역을 제공하겠다는 뜻으로 이 사건 고문계약을 체결한 것으로 보아야 한다.

원고의 주장과 같이 원고가 실제로 회사에 자문을 제공한 것이 연 1회 내지 2회에 불과하더라도, 이 사건 고문계약이 유지된 기간이 길고, 원고에게 지급된 보수가 적은 액수라 할 수 없으며, 회사가 원고로부터 실제로 용역을 제공받지 아니한 기간에도 원고에게 꾸준히 보수를 그대로 지급한 점 등에 비추어 보면, 원고가 용역을 제공한 횟수가그리 많지 않은 것은 회사의 요구가 없었던 데에서 비롯된 것일 뿐, 원고로서는 회사의요구에 따라 회사에 계속적·반복적으로 회사로부터 지급받은 보수에 상응한 용역을제공할 의사가 있었다고 보아야 하므로, 이를 일시적·우발적인 사업활동이라 보기는어렵다.

② 가산세부과 정당성 여부

가산세부과와 관련하여 단순한 법률의 부지나 오해의 범위를 넘어 세법해석상 의의(疑意)로 인한 견해의 대립이 있는 등으로 인해 납세의무자가 그 의무를 알지못하는 것이무리가 아니었다고 할 수 있어서 그를 정당시할 수 있는 사정이 있을 때 또는 그 의무의 이행을 그 당사자에게 기대하는 것이 무리라고 하는 사정이 있을 때 등 그 의무를게을리한 점을 탓할 수 없는 정당한 사유가 있는 경우에는 이러한 제재를 과할 수 없다(대법원 1992.10.23. 선고 92누2936, 2943 판결, 대법원 2016.10. 27. 선고 2016두44711판결 등 참조).

이 사건에 관하여 보건대, 앞서 본 것처럼 어떠한 소득이 사업소득인지 또는 기타소득인지 여부는 앞서 본 것처럼 일률적·획일적으로 결정할 수 있는 것이 아니라 당해 활동의 내용과 그 전후의 모든 사정을 종합하여 사회통념에 따라 가려진다. 그러므로 조세법의 문외한으로서 소득금액이 많지 않은 대부분의 납세의무자들은 조세관행, 과세관청의 안내 등에 의존하여 그 소득을 분류할 수밖에 없다.

그런데 원고가 이 사건 소득에 관한 종합소득세를 신고 납부한 2010년경부터 2014년경 사이에 이 사건 소득과 같은 고문료가 사업소득인지 기타소득인지 여부를 뚜렷이가릴 수 있는 조세관행이나 선례가 있었던 것으로는 보이지 아니하고, 이 사건 변론에나타난 원고의 납세태도 등에 비추어 원고가 과세관청 등으로부터 그 소득분류에 관한안내를 받았더라면 원고가 그에 따르지 아니하였을 이유가 없었을 것으로 보인다. 그러므로 가산세 부과부분은 위법하다.

18. 기타 사례

① 문화재보호법 제2조에 따라 무형문화재로 지정된 거주자가 고용관계 없이 독립된 자격으로 한국문화재보호재단의 요청에 의하여 다수인에게 공연·강습 등의 용역을 제공하고 해당 재단으로부터 지급받는 대가는 원천징수대상 사업소득에 해당하는 것이다(소득-1429, 2009.9.17.).

② (질의) 판매활동이 아닌 염가구매목적 등으로 다단계판매원으로 등록을 한 후 하위 판매원 없이 자가소비만 하는 판매원이 제품 구매 시 본인의 구매가격에 일정율을 곱하여 지급받는 후원수당에 대한 사업소득 해당 여부 및 지급조서 제출의무
(회신) 자가소비형 회원이 일정금액 지급받는 판매수당은 재판매 목적이 아닌 단순 자가소비용으로 최종소비자의 지위에서 받는 경우 과세소득에 해당되지 않아 원천징수 및 지급명세서 제출의무가 없다(원천-640, 2009.7.23.).

③ 당사는 상가 분양을 전문으로 하는 회사로 당사가 분양하는 상가분양 현장에서 당사와 근로계약을 체결하지 않고 계속·전문적으로 분양업무를 수행하는 거주자에게 상가분양을 알선할 때마다 지급되는 수수료에 대한 소득이 소득세법 제19조의 규정에 의한 사업소득에 해당하는 것으로 알고 있다.
(질의내용) 상기 대가를 지급받는 거주자가 미등록사업자임에도 사업자로 간주하여 원천징수하여 신고납부하여야 하는 것인지
(회신) 고용관계없이 독립된 자격으로 계속적으로 용역을 제공하고 일의 성과에 따라 지급받는 수당·기타 유사한 성질의 금액은 사업자등록 여부와 관계없이 소득세법 제19조 제1항 제15호의 규정에 의한 사업소득(인적용역소득)에 해당하는 것이며, 원천징수의무자는 인적용역사업자에게 용역제공대가 지급 시 사업소득에 대한 원천징수세율 3%를 적용하여 원천징수 신고납부를 하여야 하는 것이다(서면1팀-1279, 2007.9.14.).

④ 방문판매원이 방문판매업자로부터 그 실적에 따라 지급받는 대가는 그 명목에 관계없이 당해 판매원의 사업소득에 해당하는 것이다(서면1팀-1619, 2005.12.29.).

⑤ 프로축구선수가 실질적인 고용관계없이 기업으로부터 받는 광고모델료는 원천징수대상 '사업소득'에 해당한다(서일 46011-11325, 2002.10.10.).

⑥ 노인장기요양보험법 제23조 및 같은 법 시행령 제9조의 장기요양인정을 받은 자에게 대여한 복지용구에 대하여 국민건강보험공단에서 지급하는 복지용구 대여비용

이 부가가치세법 제12조 제1항 제4호 및 같은 법 시행령 제29조 제13호의 규정에 의한 의료ㆍ보건용역에 해당하는 경우 사업소득으로서 원천징수하여야 하는 것이다(원천-336, 2009.4.14.).

⑦ 치과에서 부가가치세법 제12조 제1항 제4호에서 규정하는 치과기공사가 제공하는 의료ㆍ보건용역을 제공받고 그에 따라 지급하는 금액은 소득세법 제127조 제1항 제3호 및 같은법 시행령 제184조 제1항의 규정에 의한 사업소득으로 원천징수하여야 하는 것이다(원천-280, 2009.4.2.).

⑧ 의사가 고용관계없이 독립된 자격으로 경찰청의 의뢰를 받아 부검 및 검안 용역을 제공하고 받는 대가는 사업소득이다(서면소득-3743, 2018.12.12.).

소득세법시행규칙 [별지 제25호의 2 서식] (2019.3.20. 개정)

사업소득세액연말정산신청(포기)서

접수번호	접수일자	처리기간	즉시

원천 징수 의무자	①법인명(상호)		②사업자등록번호	
	③대표자(성명)		④주민(법인)등록번호	
	⑤주소		(전화번호 :)	
	⑥사업장소재지		(전화번호 :)	
사업의종류	⑦업태		⑧종목	

<table>
<tr><td colspan="5" align="center">신청(포기)내용</td></tr>
<tr><td>⑨ 연말정산하고자 하는 사업소득분</td><td colspan="4" align="center">년도 소득분부터</td></tr>
<tr><td>⑩ 연말정산을 하지 않고자 하는
사업소득분</td><td colspan="2" align="center">년도 소득분부터</td><td align="center">최초로연말정산한
과세기간</td><td align="center">년도</td></tr>
<tr><td rowspan="2" align="center">세무대리인</td><td>성명</td><td></td><td align="center">전화번호</td><td></td></tr>
<tr><td>관리번호</td><td>―</td><td></td><td></td></tr>
</table>

「소득세법 시행령」 제201조의 11에 따라 사업소득세액 연말정산 신청(포기)서를 제출합니다.

년   월   일

신청인   (서명 또는 인)

세무대리인   (서명 또는 인)

세 무 서 장 귀하

유의사항

※ 이 신청(포기)서는 최초로 사업소득세액 연말정산을 하려는(연말정산을 하지 아니하려는) 해당 과세기간의
　종료일까지 제출 하여야 합니다.

210mm×297mm[일반용지 60g/㎡(재활용품)]

■ 소득세법 시행규칙 [별지 제23호서식(2)] 〈개정 2022.6.30.〉　　　　　　　　　　(5쪽 중 제1쪽)

귀속 연도	년	거주자의 사업소득 지급명세서(발행자 보고용) (사업소득 원천징수영수증 발행자 보관용 소득자별 연간집계표)	관리 번호	

❶ 원천징수의무자 인적사항 및 지급내용 합계사항

① 법인명 (상호, 성명)	②사업자 (주민) 등록번호	③ 소재지 (주소)	④ 연 간 소득인원	⑤ 연간 총 지급건수	⑥ 연간 총 지급액 계	⑦ 세액 집계현황		
						⑧ 소득세	⑨ 지방 소득세	⑩ 계

❷ 소득자 인적사항 및 연간 소득내용

일련 번호	⑪ 업종 구분	⑫ 소득자 성명(상호)	⑬ 주민 (사업자) 등록번호	⑭ 내· 외국인 (1·9)	⑮ 지급 년도	⑯ 지급 건수	⑰ (연간) 지급총액	⑱ 세율	⑲ 소득세	⑳ 지방 소득세	㉑ 계
	소득자별 연간소득 내용 합계										
	소액 부징수 연간 합계										
1											
2											
3											
4											
5											
6											
7											
8											
9											
10											
11											
12											
13											
14											
15											

210mm×297mm[백상지 80g/㎡ 또는 중질지 80g/㎡]

작성방법

1. 이 서식은 거주자가 사업소득이 발생한 경우에만 작성하며, 비거주자는 별지 제23호서식(5)를 사용해야 합니다.

2. 건별 소액 부징수(1천원 미만을 말합니다)되는 건수·금액은 "소액 부징수 연간합계"란에 적으며, 원천징 수의무자가 지급하는 "⑥ 연간 총지급액 계"와 소득자가 지급받는 "소득자별 연간소득내용(소액 부징수 포함) 합계"는 일치해야 합니다.

3. ④ 연간 소득인원란은 ⑫ 소득자 성명(상호)의 인원을, ⑤ 연간 총지급건수란은 ⑯ 지급건수(소액 부징 수를 포함합니다)의 합계를 각각 적으며, 소득자를 기준으로 합계하여 제출합니다.

4. ⑪ 업종구분란에는 소득자의 업종에 해당하는 아래의 업종구분코드를 적어야 합니다.

종목	업종코드	종목	업종코드	종목	업종코드	종목	업종코드	종목	업종코드
저술가	940100	연예보조	940500	음료배달	940907	목욕관리사	940915	대여제품 방문점검원	940922
화가관련	940200	자문·고문	940600	방문판매원	940908	행사도우미	940916	대출모집인	940923
작곡가	940301	바둑기사	940901	기타자영업	940909	심부름용역	940917	신용카드 회원모집인	940924
배우	940302	꽃꽂이교사	940902	다단계판매	940910	퀵서비스	940918	방과후강사	940925
모델	940303	학원강사	940903	기타 모집수당	940911	물품운반	940919	소프트웨어 프리랜서	940926
가수	940304	직업운동가	940904	간병인	940912	병의원	851101	관광통역 안내사	940927
성악가	940305	봉사료 수취자	940905	대리운전	940913	학습지 방문강사	940920	어린이통학 버스기사	940928
1인미디어 콘텐츠창작자	940306	보험설계	940906	캐디	940914	교육교구 방문강사	940921	중고자동차 판매원	940929

· 기타자영업 코드(940909)는 고용관계 없이 독립된 자격으로 일정한 고정보수를 받지 않고 그 실적에 따라 수당 또는 이와 유사한 성질의 대가를 지급받는 경우로서 위 표에서 기타자영업을 제외한 39개 업종코드 중 어느 하나로 분류되지 않는 업종[예: 컴퓨터 프로그래머(소프트웨어 프리랜서 제외), 전기·가스검침원 등]인 경우 적습니다.

· 근로계약에 따라 근로를 제공한 날 또는 시간에 따라 근로대가를 계산하여 받는 사람으로서, 「소득세법」 제14조제3항제2호에 따른 일용근로자(예: 식당주방보조원, 시간제 편의점근무자, 건설노동자 등)는 기재대상이 아닙니다.

5. ⑭ 내·외국인란에는 내국인인 경우는 "1"을, 외국인인 경우는 "9"를 적습니다.

6. ⑱ 세율란에는 3%를 적습니다. 다만, 직업운동가(940904) 중 프로스포츠 구단과의 계약기간이 3년 이하인 외국인 직업운동가는 20%, 봉사료 수취자(940905) 중 「소득세법 시행령」 제184조의2에 해당하 는 봉사료 수입금액은 5%를 적습니다.

210mm×297mm[백상지 80g/㎡ 또는 중질지 80g/㎡]

| 귀속연도 | 년 | **거주자의 사업소득 지급명세서(발행자 보고용) 부표**
(사업소득 원천징수영수증 발행자 보관용 소득자별 연간집계표 부표) | | 관리번호 | |

❷ 소득자 인적사항 및 연간 소득내용 (사업자등록번호 :   )

일련번호	⑪ 업종구분	⑫ 소득자성명(상호)	⑬ 주민(사업자)등록번호	⑭ 내·외국인(1·9)	⑮ 지급년도	⑯ 지급건수	⑰ (연간)지급총액	⑱ 세율	⑲ 소득세	⑳ 지방소득세	㉑ 계
16											
17											
18											
19											
20											
21											
22											
23											
24											
25											
26											
27											
28											
29											
30											
31											
32											
33											
34											
35											

210mm×297mm[백상지 80g/㎡ 또는 중질지 80g/㎡]

(5쪽 중 제4쪽)

귀속 연도	년	[ ]거주자의 사업소득 원천징수영수증 [ ]거주자의 사업소득 지급명세서 ([ ]소득자 보관용 [ ]발행자 보관용)	내 · 외국인	내국인1 외국인9
			거주 지국	거주지국 코 드

징 수 의무자	① 사업자등록번호	② 법인명 또는 상호	③ 성명
	④ 주민(법인)등록번호	⑤ 소재지 또는 주소	

소득자	⑥ 상 호		⑦ 사업자등록번호
	⑧ 사 업 장 소 재 지		
	⑨ 성 명		⑩ 주민등록번호
	⑪ 주 소		

⑫ 업종구분		※ 작성방법 참조

⑬ 지 급			⑭ 소득귀속		⑮ 지 급 총 액	⑯ 세율	원 천 징 수 세 액		
연	월	일	연	월			⑰ 소 득 세	⑱ 지방소득세	⑲ 계

위의 원천징수세액(수입금액)을 정히 영수(지급)합니다.

년   월   일

징수(보고)의무자   (서명 또는 인)

세무서장 귀하

210mm×297mm[백상지 80g/㎡ 또는 중질지 80g/㎡]

작 성 방 법

1. 이 서식은 거주자가 사업소득이 발생한 경우에만 작성하며, 비거주자는 별지 제23호서식(5)을 사용해야 합니다.

2. 징수의무자란의 ④ 주민(법인)등록번호는 소득자 보관용에는 적지 않습니다.

3. 세액이 소액 부징수(1천원 미만을 말합니다)에 해당하는 경우에는 ⑰ · ⑱ · ⑲란에 세액을 "0"으로 적습니다.

4. ⑫ 업종구분란에는 소득자의 업종에 해당하는 아래의 업종구분코드를 적어야 합니다.

종목	업종코드	종목	업종코드	종목	업종코드	종목	업종코드	종목	업종코드
저술가	940100	연예보조	940500	음료배달	940907	목욕관리사	940915	대여제품 방문점검원	940922
화가관련	940200	자문 · 고문	940600	방문판매원	940908	행사도우미	940916	대출모집인	940923
작곡가	940301	바둑기사	940901	기타자영업	940909	심부름용역	940917	신용카드 회원모집인	940924
배우	940302	꽃꽂이교사	940902	다단계판매	940910	퀵서비스	940918	방과후강사	940925
모델	940303	학원강사	940903	기타 모집수당	940911	물품운반	940919	소프트웨어 프리랜서	940926
가수	940304	직업운동가	940904	간병인	940912	병의원	851101	관광통역 안내사	940927
성악가	940305	봉사료 수취자	940905	대리운전	940913	학습지 방문강사	940920	어린이통학 버스기사	940928
1인미디어 콘텐츠창작자	940306	보험설계	940906	캐디	940914	교육교구 방문강사	940921	중고자동차 판매원	940929

· 기타자영업 코드(940909)는 고용관계 없이 독립된 자격으로 일정한 고정보수를 받지 않고 그 실적에 따라 수당 또는 이와 유사한 성질의 대가를 지급받는 경우로서 위 표에서 기타자영업을 제외한 39개 업종코드 중 어느 하나로 분류되지 않는 업종[예: 컴퓨터 프로그래머(소프트웨어 프리랜서 제외), 전기 · 가스검침원 등]인 경우 적습니다.

· 근로계약에 따라 근로를 제공한 날 또는 시간에 따라 근로대가를 계산하여 받는 사람으로서, 「소득세법」 제14조제3 항제2호에 따른 일용근로자(예: 식당주방보조원, 시간제 편의점근무자, 건설노동자 등)는 기재대상이 아닙니다.

5. ⑱ 세율란에는 3%를 적습니다. 다만, 직업운동가(940904) 중 프로스포츠 구단과의 계약기간이 3년 이하인 외국인 직업운동가는 20%, 봉사료 수취자(940905) 중 「소득세법 시행령」 제184조의2에 해당하는 봉사료 수입금액은 5%를 적습니다.

■ 소득세법 시행규칙 [별지 제23호 서식(3)] 〈개정 2023.3.**.〉

관리번호	
① 귀속 연도 　년	

[　]사업소득 원천징수영수증(연말정산용)
[　]사업소득 지 급 명 세 서(연말정산용)
([　]소득자 보관용 [　]발행자 보관용 [　]발행자 보고용)

소득자 구분	
거주구분	거주자1 / 비거주자2
내 · 외국인	내국인1 / 외국인9
거주지국	거주지국코드

징수 의무자	② 법 인 명(상호)		③ 대표자(성명)		④ 사업자등록번호
	⑤ 주민(법인)등록번호		⑥ 소재지(주소)		

소득자	⑦ 상　　호		⑧ 사업자등록번호	
	⑨ 사업장 소재지			
	⑩ 성　　명		⑪ 주민등록번호	
	⑫ 주　　소			

수 입 금 액	⑬ 발생처 구 분	⑭ 법인명 (상호)	⑮ 사업자등록번호	⑯ 발생기간 (연 · 월 · 일)	⑰ 지급액 (수입금액)
	주(현)		...... —...... —......	~ · ·　 · ·	
	종(전)			· ·　~　· ·	
	사업별 수입금액 계	보험모집 수입금액 계			
		방문판매 수입금액 계			
		음료배달 수입금액 계			
		합　계 (124)			

소 득 금 액	사 업 별	⑱ 수입금액(⑰)	⑲ 적용소득률		⑳ 소득금액			㉑ 비고
			4천만원 이하분	4천만원 초과분	4천만원 이하분	4천만원 초과분	합　계	
	보험모집							
	방문판매							
	음료배달							
	(124)합계							

인 적 공 제		㉒ 사업소득금액(⑳)		㉞ 소기업 · 소상공인 공제부금		구　분	소득세	지방 소득세	농어촌 특별세	계
기본공제	㉓ 본 인		㉟ 투자조합 출자등 소득공제			㊸ 결정세액				
	㉔ 배우자		㊱ 소득공제 등 종합한도 초과액		기납부 세액	㊹종(전) 근무지				
	㉕ 부양가족 (　명)		㊲ 종합소득과세표준			㊺주(현) 근무지				
추가공제	㉖ 경로우대 (　명)		㊳ 산출세액			㊻ 차감 납부할 세액				
	㉗ 장애인 (　명)		㊴ 자녀 세액 공제	공제대상자녀(　명)						
	㉘ 부녀자			출산 · 입양자(　명)						
	㉙ 한부모 가족		㊵연금계좌 세액공제							
㉚ 연금보험료공제			㊶ 기부금 세액 공제	정치자금	위 원천징수세액(수입금액)을 영수(지급)합니다.					
㉛ 기부금(이월분)				특례기부금						
㉜ 종합소득공제 계				우리사주조합	년　　　월　　　일					
㉝ 개인연금 저축소득공제				일반기부금	징수(보고)의무자　　　　(서명 또는 인)					
			㊷ 표준세액공제		세무서장 귀하					

51 인적공제자 명세(해당 소득자의 기본공제와 추가공제 및 부양 등으로 공제금액 계산명세가 있는 자만 적습니다. 다만, 본인은 표기하지 않습니다)								
관계	성 명	주 민 등 록 번 호	관계	성 명	주 민 등 록 번 호	관계	성 명	주 민 등 록 번 호
		...... —			...... —			...... — ......
		...... —			...... —			...... — ......

※ 관계코드: 소득자의 직계존속=1, 배우자의 직계존속=2, 배우자=3, 직계비속(자녀, 입양자)=4, 직계비속(직계비속과 그 배우자가 장애인인 경우 그 배우자를 포함하되 코드 4 제외)=5, 형제자매=6, 수급자=7(코드1~6제외), 위탁아동=8　* 4~6은 소득자와 배우자의 각각의 관계를 포함합니다.

210mm×297mm(백상지 80g/㎡)

기타소득에 대한 원천징수

Ⅰ 개요

기타소득은 배당소득·사업소득·근로소득·연금소득·퇴직소득 및 양도소득 외의 소득으로서 다음에 해당하는 것으로(소법 §21 ①) 일시적·우발적인 활동으로 발생하는 소득을 의미한다. 따라서 원천징수대상이 되는 사업소득은 계속적·반복적 활동으로 발생된다는 점에서 차이가 있다.

예를 들면, 거주자가 고용관계없이 일의성과에 따라 수당 기타 이와 유사한 성질의 대가를 받는 인적용역을 일시적으로 제공하고 지급받는 대가는 기타소득에 해당하며, 그 용역의 공급이 계속적·반복적인 경우에는 사업소득에 해당되는 것이다(소득 46011-21433, 2000.12.19.).

Ⅱ 과세대상 기타소득

1. 상금·현상금·포상금·보로금 또는 이에 준하는 금품

① 현상광고 또는 우수현상광고에 대하여 지급하는 현상금

② 특별한 공로에 대하여 지급하는 상금

③ 경진·경연·경기대회·전람회 등에서 우수한 자에게 지급하는 상금

④ 법령의 규정에 의하여 지급하는 보상금·포상금·보로금·상금 등

⑤ 국유재산법 제53조의 규정에 의하여 은닉된 국유재산 또는 무주의 부동산을 정부에 신고하고 국가로부터 지급받는 보상금

● 예규 및 판례

▶▶ 회원으로 가입한 수강생 중 일정단계 이상자로서 시험을 통해 선발하여 지급하는 해외 어학 연수비상당액은 소득세법 제21조 제1항 제1호의 상금에 준하는 금품으로 기타소득에 해당함(원천-153, 2012.3.26.).

▶▶ 우수 수강생 유치 및 회사홍보 등을 위하여 모든 수강생을 대상으로 사전공시된 안내에 따라 수강생 중에서 무료영어연수생을 시험으로 선발하여 지원하는 해외어학연수비상당액은 상금에 준하는 금품으로 기타소득에 해당함(소득-1089, 2011.12.26.; 소득-1524, 2009.10.7.).

▶▶ 카지노업을 경영하는 법인이 '바카라' 게임대회를 개최하고 수상자에게 지급한 상금은 소득세법 제21조 제1항 제1호에 따른 기타소득에 해당하는 것임(소득-667, 2010.6.5.).

▶▶ 아마추어 바둑기사가 바둑대회에 참가하고 입상하여 지급받는 상금은 소득세법 제21조 제1항 제1호에 따른 기타소득에 해당하고 바둑대회의 본선에 참가함에 따라 지급받는 대국료는 같은 항 제19호에 따른 기타소득에 해당하는 것이나, 사업활동으로 볼 수 있을 정도의 계속성과 반복성이 있는 경우에는 같은 법 제19조에 따른 사업소득에 해당하는 것임(원천-355, 2010.4.29.).

02

2. 복권 · 경품권 그 밖의 추첨권에 의하여 받는 당첨금품

① 복권

주택복권, 체육복표, 지방자치단체가 발행하는 복권 등으로서 일정금액(3억원) 이하는 20%로, 초과 시에는 30%로 원천징수하여 분리과세함으로써 납세의무가 종결된다. 즉 종합소득과세표준에 합산하지 아니한다.

② 경품권

회사에서 광고활동목적으로 경품행사를 하는 경우 경품에 대한 원천징수 및 회계처리 내용을 살펴보면 다음과 같다.

경품을 1,100,000원(VAT 100,000 포함) 구입가액(시가)에 구입하여 이를 경품을 통해 제공하는 경우

〈경품구입시점〉

 (차) 경품   1,000,000   (대) 현금 등   1,100,000
     선급부가세   100,000

   * 경품관련 선급부가세는 매입세액공제 대상임.

〈부가세와 (경품)기타소득에 대한 세액을 고객이 부담하는 경우〉

 (차) 광고선전비   1,000,000   (대) 경품   1,000,000
     현금   320,000   예수부가세   100,000
                                          예수금   220,000

   * 부가세를 고객이 부담하므로 경품에 대한 기타소득은 1,000,000이며 이에 대한 22%(주민
     세 포함)

〈부가세는 회사에서 부담하고 (경품)기타소득에 대한 세액을 고객은 부담하는 경우〉

 (차) 광고선전비   1,100,000   (대) 경품   1,000,000
     현금   242,000   예수부가세   100,000
                                          예수금   242,000

   * 부가세를 회사가 부담하므로 경품에 대한 기타소득은 1,100,000이며 이에 대한 22%(주민
     세 포함)

〈부가세와 (경품)기타소득에 대한 세액을 회사가 부담하는 경우〉

 (차) 광고선전비   1,410,256   (대) 경품   1,000,000
                                          예수부가세   100,000
                                          예수금   310,256

   * 부가세와 경품에 대한 기타소득을 회사가 부담하므로 경품에 대한 기타소득(t)은 (1,100,000+
     t)이며 이에 대한 22%(주민세 포함)
     즉 (1,100,000+t)×22%=t이며 이를 정리하면 t=242,000÷0.78=310,256
   * 회사에서 행사 시 고객이 부담하여야 할 경품에 대한 기타소득의 원천징수세액을 징수하지 아니
     하고 대신 납부한 원천징수세액 손금불산입한다(법통 21-0…1).

● 예규 및 판례

▶▶ 상품권에 의하여 지급받는 당첨금품은 기타소득에 해당하여 원천징수하는 것이나, 원
   천징수의무자인 당 법인이 고객으로부터 원천징수세액을 징수하지 아니하고 대신 납
   부하는 경우에는 법인의 각 사업연도 소득금액 계산상 이를 손금에 산입하지 아니하는
   것임(서면2팀-2207, 2005.12.28.).
▶▶ 백화점에서 상품을 구매한 고객에게 구매금액에 따라 경품권을 제공하고 추첨에 의하

> 여 당첨자에게 제공하는 경품은 소득세법 제21조 제1항 제2호의 규정에 의하여 당첨자의 기타소득에 해당되며, 기타소득의 필요경비는 같은법 제37조의 규정에 의하여 총수입금액에 대응하는 비용의 합계액으로 하는 것임(소득46011-21183, 2000. 9.29.).

3. 사행행위등규제및처벌특례법에 규정하는 행위(직접 또는 불법 여부는 고려하지 아니함)에 참가하여 얻은 재산상의 이익

4. 승마투표권 등의 구매자가 받는 환급금

한국마사회법에 따른 승마투표권, 경륜(자전거 경주)·경정(모터보트 경주)법에 따른 승자투표권, 전통소싸움경기에관한법률에 따른 소싸움경기투표권 및 국민체육진흥법에 따른 체육진흥투표권의 구매자가 받는 환급금(발생원인이 되는 행위의 적법 또는 불법 여부는 고려하지 아니함)

5. 저작자 등 외의 자가 저작권 등의 양도 또는 사용의 대가로 받는 금품

저작자 또는 실연자·음반제작자·방송사업자 외의 자가 저작권 또는 저작인접권의 양도 또는 사용의 대가로 받는 금품
이는 저작권법에 의한 저작권 또는 저작인접권을 상속·증여 또는 양도받은 자가 그 저작권 또는 저작인접권을 타인에게 양도하거나 사용하게 하고 받는 대가를 말한다(소령 §41 ①).

6. 다음의 자산 또는 권리의 양도·대여 또는 사용의 대가로 받는 금품

① 영화필름
② 라디오·텔레비전방송용 테이프 또는 필름
③ 그 밖에 '①' 및 '②'와 유사한 것으로서 대통령령으로 정하는 것

1097

> **● 예규 및 판례**
>
> ▶▶ 배우자가 사망한 남편의 공연실황 영상을 국내 광고사에게 사용하게 하고 받은 사용료
> 는 소득세법 제21조 제1항 제5호에 따른 기타소득에 해당하는 것임(소득 - 889,
> 2011. 10. 28.).

7. 광업권 등 이와 유사한 자산 또는 권리를 양도하거나 대여하고 그 대가로 받는 금품

광업권 · 어업권 · 산업재산권 · 산업정보 · 산업상 비밀, 상표권, 영업권(점포임차권 포함), 토사석의 채취허가에 따른 권리, 지하수의 개발 · 이용권 기타 이와 유사한 자산이나 권리를 양도하거나 대여하고 그 대가로 받는 금품을 말한다.

① 산업재산권

공업에 관한 지능적 작업이나 방법에 대해 일정기간 독점적 · 배타적으로 이용할 수 있는 권리로서 특허권 · 실용신안권 · 디자인권 · 상호권 및 상품명 등을 말한다.

② 상표권

상표권은 상표법에 따른 상표, 서비스표, 단체표장, 지리적 표시, 동음이의어 지리적 표시, 지리적 표시 단체표장, 등록상표 및 업무표장에 관한 권리를 말한다.

③ 영업권

영업권에는 행정관청으로부터 인가 · 허가 · 면허 등을 받음으로써 얻는 경제적 이익을 포함하되, 사업용 고정자산(토지 · 건물 및 부동산에 관한 권리)과 함께 양도하는 영업권은 포함되지 아니하는 것으로 한다. 사업용 고정자산과 함께 양도하는 영업권은 양도소득으로 과세된다(소령 §41 ③).

④ 점포 임차권

점표임차권이란 거주자가 사업소득이 발생하는 점포를 임차하여 점포임차인으로서의 지위를 양도함으로써 얻는 경제적 이익(점포임차권과 함께 양도하는 다른 영업권을 포함)을 포함한다(소령 §41 ④). 그러나 다음의 사업소득이 발생하는 점포의 점포임차권은 제외한다(소칙 §16의 2).

• 한국표준산업분류상의 사업서비스업 중 연구 및 개발업, 기타 전문 · 과학 및 기술서

비스업, 사업지원서비스업

- 한국표준산업분류상의 교육서비스업 중 유아교육법에 따른 유치원, 초·중등교육법 및 고등교육법에 의한 학교와 직업능력개발훈련시설 및 기타 교육기관 중 노인학교
- 한국표준산업분류상의 보건 및 사회복지사업 중 사회복지사업법에 의한 사회복지사업
- 한국표준산업분류상의 오락, 문화 및 운동 관련 서비스업(자영예술가 및 기타 경기전문 종사업 중 자영경기업에 한함)
- 한국표준산업분류상의 운수업 중 여행알선 및 운수 관련 서비스업(수상운송지원서)

⑤ 토사석의 채취허가에 따른 권리

토사석의 채취허가에 따른 권리에는 토지와 함께 양도하는 토사석의 채취허가에 따른 권리를 포함한다(소령 §41 ⑤).

⑥ 지하수의 개발·이용권

지하수개발·이용권에는 법 제94조 제1항 제1호에 따른 토지 등과 함께 양도하는 지하수개발·이용권을 포함한다(소령 §41 ⑥).

⑦ 이축권

건축물과 함께 양도하는 개발제한구역의지정및관리에관한특별조치법 제12조 제1항 제2호 및 제3호의 2에 따른 이축권이 양도는 양도소득으로 과세된다(소법 §94 ①). 단, 해당 이축권을 감정평가업자가 감정한 가액이 있는 경우 그 가액(감정한 가액이 둘 이상인 경우에는 그 감정한 가액의 평균액)을 구분하여 신고하는 경우에는 기타소득으로 과세한다(소령 §158의 2).

🔵 예규 및 판례

▶▶ 거주자가 사업소득이 발생하는 점포를 임차하여 점포임차인으로서의 지위를 양도함으로써 얻는 경제적 이익(점포임차권과 함께 양도하는 다른 영업권 포함)은 기타소득에 해당함(소득-1017, 2011.12.2.; 원천-483, 2011.8.12.).

▶▶ 산업재산권 임대서비업으로 사업자등록을 하고 특허권을 법인에게 장기간 대여하는 계약체결 후 특허권과 관련된 매출액의 일정비율을 사용료로 3년 이상 계속적·반복적으로 지급받은 사실이 확인되므로 사업소득에 해당함(조심 2009중2545, 2010. 10.6.).

▶▶ 주식 의결권을 사용하도록 해주는 데 대한 대가이므로 사례금으로 보기보다는 광업권 등 그 밖에 이와 유사한 자산이나 권리를 양도하거나 대여하고 대가로 받는 금품으로 보는 것이 타당함(조심 2010중1493, 2010.9.8.).

1099

▶▶ 의료업을 경영하는 공동사업장의 구성원 중 1인이 해당 공동사업장을 탈퇴하면서 자기 지분을 양도하고 받는 영업권 상당의 금액은 기타소득에 해당함(소득-773, 2010. 7.5.).

▶▶ 특허청에 등록된 특허권을 개인적으로 양도하고 받은 대가는 소득세법 제21조 제1항 제7호에 따른 기타소득에 해당함(소득-357, 2010.3.22.).

▶▶ (질의) 한강변에 등기되어 있지 않은 고정된 폐선박을 가지고 임대 및 음식점업을 영위하다 폐업 시 개별적인 자산내역 구분없이 일괄양도할 경우 영업권이 포함된 것으로 볼 수 있는데 이때 영업권에 해당하는 기타소득을 어떻게 산정하는지.
(회신) 사업용 고정자산(소득세법 제94조 제1항 제1호 및 제2호의 자산을 말함)과 함께 양도되지 않는 영업권 양도는 소득세법 제21조 제1항 제7호에 규정된 기타 소득에 해당되므로 동 기타소득에 대한 필요경비는 같은법 제21조 제2항, 같은법 시행령 제202조의 규정에 의하여 당해 연도의 총수입금액에 대응하는 비용의 합계액을 필요경비로 하여 계산된 기타소득금액에 대하여 같은 법 제145조 규정에 의한 원천징수의무를 이행하기 바람(서면1팀-297, 2008.3.7.).

▶▶ 제조업을 운영하는 개인사업자가 그 사업을 양도하는 경우 영업권(점포임차권 포함)의 양도로 인하여 발생하는 소득은 기타소득에 해당하는 것임(서면1팀-1630, 2007.11.30.).

▶▶ 법인이 점포 임차인 개인에게 소득세법 제21조 제1항 제7호(점포임차권 : 영업권)에 해당하는 기타소득을 지급하고 세금계산서를 교부받은 경우에도 해당법인은 같은 법 제127조에 따른 기타소득에 대한 소득세의 원천징수의무가 있음(원천세과-483, 2011.8.12.).

8. 물품(유가증권 포함) 또는 장소를 일시적으로 대여하고 사용료로서 받는 금품

● 예규 및 판례

▶▶ 화가가 아닌 거주자가 소장하고 있는 미술품을 일시적으로 대여하고 사용료를 받는 경우 기타소득에 해당함(서면1팀-1503, 2007.11.1.).

▶▶ 주식대차거래에 있어 대여자인 거주자가 대차거래기간 종료 시 동종·동량의 주식을 반환받는 조건으로 주식을 일시적으로 대여하고 지급받는 대가는 기타소득에 해당함(서면1팀-1576, 2005.12.22.).

8의 2. 전자상거래등에서의소비자보호에관한법률에 따라 통신판매중개를 하는 자를 통하여 물품 또는 장소를 대여하고 연간수입금액이 500만원 이하(소령 §41 ⑦)의 사용료로서 받은 금품

① 2018.12.31. 신설된 규정으로서 2019.1.1. 이후 발생하는 분부터 적용
② 필요경비율은 60% 적용

9. 공익사업을위한토지등의취득및보상에관한법률 제4조에 따른 공익사업과 관련하여 지역권·지상권(지하 또는 공중에 설정된 권리를 포함)을 설정하거나 대여함으로써 발생하는 소득

① 지역권 : 일정한 목적을 위하여 타인의 토지를 자기토지의 편익에 이용하는 권리 (ex. 인접한 토지를 이용하지 않으면 먼 길로 돌아가야 하는 불편함이 있는 경우 해당 인접 토지를 빌려 쓰는 경우)
② 지상권 : 타인의 토지에 건물, 공작물, 수목을 소유하기 위하여 그 토지를 사용하는 권리(지하 또는 공중에 설정된 권리를 포함)
  • 지하 또는 공중에 설정된 권리를 포함한다.
  • 지상권은 토지와 건물 등의 소유주가 다르다. 따라서 토지와 건물의 소유주가 동일한 자로부터 빌려 사용하는 전세권 또는 임차권과 차이가 있다.
  • 이러한 지상권은 건물 등의 내용에 따라 최단기간을 5년~30년으로 제한된다.

10. 계약의 위약 또는 해약으로 인하여 받는 위약금과 배상금 및 부당이득 반환 시 지급받는 이자

'위약금 또는 배상금'이라 함은 재산권에 관한 계약의 위약 또는 해약으로 인하여 받는 손해배상으로서 그 명목 여하에 불구하고 본래의 계약의 내용이 되는 지급 자체에 대한 손해를 넘는 손해에 대하여 배상하는 금전 또는 기타 물품의 가액을 말한다. 이러한 손해배상의 범위에는 보험금을 지급할 사유가 발생하였음에도 지급이 지체됨에 따라 보험회사로부터 받는 지연손해금이 포함된다.

또한 위약금 또는 배상금의 범위에는 계약의 해약에 따른 반환금 등에 가산하는 이자상당액이 포함되며, 어느 일방이 해약금을 상대방이 이자상당액을 서로 지급하는 때에는 이를 상계한 금액으로 한다.

한편, 계약의 위약 또는 해약으로 인하여 반환받은 금전 등의 가액이 계약에 의하여 당초 지급한 총금액을 넘지 아니하는 경우에는 지급 자체에 대한 손해를 넘는 금전 등의 가액으로 보지 아니한다(소령 §41 ⑦).

따라서 소득세가 과세되지 아니하며, 신체적 또는 정신적 피해 등 비재산적인 이익의 침해에 대한 손해배상금이나 위자료 등은 과세대상인 위약금이나 배상금으로 볼 수 없으므로 소득세가 과세되지 아니한다.

① 과세대상 적용례

계약의 위약 또는 해약으로 인하여 위약금과 배상금에는 다른 소득에 속하지 아니하는 것으로서 다음 각 호의 것을 포함한다(소통 21-0…1 ④).

• 주택을 분양함에 있어 사업주체가 승인기한 내에 입주를 시키지 못하여 입주자가 받는 지체상금
• 채권자가 채무자의 금전채무불이행에 대하여 손해배상금청구의 소를 제기하고 그 손해를 배상받게 되는 경우의 지연배상금
• 부동산매매계약 후 계약불이행으로 인하여 일방 당사자가 받은 위약금 또는 해약금
• 퇴직급여지급청구소송을 제기하여 퇴직급여와 지급지연손해배상금을 받는 경우에 있어서 당해 지급지연손해배상금
• 임기가 정하여진 법인의 임원이 임기만료 전에 정당한 이유없이 해임됨으로써 상법 제385조 제1항의 규정에 의하여 손해배상을 청구하여 퇴직급여와 별도로 손해배상을 지급받는 경우 동 손해배상금. 다만, 신분 및 인격에 대한 손해배상금은 제외한다.
• 상위행위에서 발생한 크레임(Claim)에 대한 배상으로서 현실적으로 발생한 손해의 보전 또는 원상회복을 초과하는 배상금

② 비과세대상 적용례

• 계약의 위약 또는 해약으로 인하여 받는 위약금과 배상금에는 계약의 위약 또는 해약으로 인하여 타인의 신체의 자유 또는 명예를 해하거나 기타 정신상의 고통 등을 가한 것과 같이 재산권 외의 손해에 대한 배상 또는 위자료로서 받는 금액은 포함되지 아니한다(소통 21-0…1 ⑤).

• 교통사고로 인하여 사망 또는 상해를 입은 자 또는 그 가족이 그 피해보상으로 받는 사망·상해보상이나 위자료는 소득세과세대상소득에 해당되지 아니한다(소통 21−0…2).

● 예규 및 판례

▶▶ 사용자가 근로자와의 단체협약에 따라 근로자에게 부당해고기간 동안의 임금상당액과는 별도로 지급하는 가산보상금과 이에 대한 지연이자상당액은 소득세법 제21조 제1항 제10호에 따른 기타소득에 해당하는 것임. 다만, 법원에서 가산보상금 전액 또는 일부 금액을 부당해고에 대한 위자료로 판결하는 등 신분 및 인격에 대한 손해배상금에 해당하는 금액과 이에 대한 지연이자 상당액은 과세대상에서 제외되는 것임(서면법규과−1551, 2012.12.24.).

▶▶ ○○해양이 고철의 독점판매권을 보장하는 약정내용을 위약함에 따라 지급받은 소득세법 제21조 제1항 제10호의 계약의 위약 또는 해약으로 인하여 받는 위약금과 배상금으로 기타소득으로 봄이 타당함(조심 2012서2601, 2012.9.13.).

▶▶ 아파트분양계약을 체결한 거주자가 계약조건에 따른 중도금 선납할인을 받기 위하여 중도금을 선납하였으나, 선납할인을 포기하고 선납한 중도금을 반환받으면서 이에 더하여 받는 연 5% 이자상당액은 소득세법 제21조에 따른 기타소득에 해당하는 것임(소득−654, 2012.8.27.).

▶▶ 매수자의 귀책사유로 인하여 계약이 해지되는 경우 매매대금 반환금에 대한 법정이자는 기타소득에 해당하며, 당해 계약의 위약과 관련된 직접적인 손해액은 기타소득의 필요경비로 공제할 수 있는 것임(소득−141, 2012.2.22.).
(유사예규)
귀 질의의 경우 매수자의 귀책사유로 인하여 계약이 해지되어 이에 대한 피해보상금으로 지급받은 금액은 재산권에 관한 계약의 위약 또는 해약으로 인하여 받는 위약금과 배상금으로서 소득세법 제21조 제1항 제10호의 규정에 의한 기타소득에 해당(서면1팀−1009, 2005.8.26.)
부동산매매계약의 위약으로 인하여 지급받는 손해배상금은 소득세법 제21조 제1항 제10호의 규정에 의하여 기타소득에 해당하는 것임(서면1팀−215, 2005.2.17.).

▶▶ 공익사업의 시행자가 공익사업의 시행으로 인해 휴직하거나 실직하는 근로자에게 공익사업을 위한 토지등의취득및보상에관한법률 제77조 제3항에 따라 지급하는 임금손실에 대한 보상금은 소득세법 제20조에 따른 근로소득 및 같은 법 제21조에 따른 기타소득에 해당하지 아니하는 것임(원천−655, 2011.10.13.).

▶▶ 해고기간 동안의 임금상당액과는 별도로 법원판결로 지급받는 손해배상금과 지연이자상당액의 기타소득 해당 여부(서일−543, 2006.4.28.)
해고기간 동안의 임금상당액과는 별도로 법원의 판결에 의하여 지급받는 손해배상금과 동 손해배상금을 본래의 지급기일을 초과하여 지급받음으로써 추가로 지급받는 지연이자상당액은 소득세법 제21조 제1항 제10호의 규정에 의한 기타소득에 해당하며, 다만 부당해고 등에 따른 명예훼손이나 정신적인 고통에 대한 배상 또는 위자료와 같이 신분 및 인격에 대한 손해배상금은 과세대상에서 제외되는 것임.

▶▶ **주택분양계약의 해지로 납입액 반환금과 함께 지급받는 약정이자의 기타소득 해당 여부**(서일 -350, 2006.3.17.)

거주자가 주택분양계약의 해지로 인하여 본래의 계약내용에 따라 당초 납입한 금액의 반환금과 함께 지급받는 약정이자상당액은 그 명목 여하에 불구하고 소득세법 제21조 제1항 제10호의 규정에 의한 거주자의 기타소득에 해당하는 것임.

▶▶ **보험금 지연배상금의 기타소득에 해당 여부**(서일 -1273, 2005.10.24.)

거주자가 보험금지급청구소송을 제기하여 법원의 판결에 따라 보험회사로부터 지급받는 지연배상금은 소득세법 제21조 제1항 제10호의 규정에 의한 기타소득에 해당하는 것임.

▶▶ **임차인이 받는 영업손실보상금의 소득구분**(서일 -1244, 2005.10.17.)

건물을 임차하여 사업을 영위하던 사업자가 건물이 매각됨에 따라 새로운 건물주로부터 당해 사업의 영업손실에 대한 보상금이나 사업장 이전비 명목으로 지급받는 금액은 임차인의 당해 사업의 총수입금액에 산입하는 것이며, 동 보상금이 계약의 위약 또는 해약으로 인하여 받는 금액이라면 이는 소득세법 제21조 제1항 제10호의 규정에 의한 기타소득에 해당하는 것임.

▶▶ **타인의 사망에 대한 배상금 등의 소득세과세대상 여부**(서일 -106, 2005.1.25.)

타인의 사망에 대한 배상금·보상금 또는 위자료의 성격으로 법원의 판결에 의하여 유족에게 지급되는 금액은 소득세과세대상소득에 해당하지 아니하는 것이며, 동 배상금 등은 원천징수대상소득에도 해당하지 아니하는 것임.

▶▶ **매매계약해지로 지급받은 위약금의 과세방법**(서일 -542, 2004.4.12.)

재산권에 관한 계약의 위약 또는 해약으로 인하여 받는 위약금과 배상금은 소득세법 제21조 제1항 제10호의 규정에 의하여 기타소득에 해당하는 것이며, 이 위약금 또는 배상금에 대하여는 소득세법시행령 제87조(기타소득 등의 필요경비계산)의 규정을 적용하지 아니하는 것임.

▶▶ **혼인빙자간음 관련 합의금의 소득세과세대상 여부**(서일 46011 -10309, 2003.3.14.)

정신적·육체적 손해에 대한 위자료 또는 손해배상금은 소득세법상 과세대상소득이 아닌 것임.

▶▶ **아파트신축공사로 인한 정신적·환경적 피해배상금의 소득세과세 여부**

소득세법상 기타소득에는 거주자가 건축물공사 등과 관련한 소음·분진·진동 및 일조권·조망권 등의 침해에 따른 피해에 대하여 손해배상금으로 지급받는 금액은 포함되지 아니하는 것이나, 권리 등이 침해되지 아니할 정도의 일상생활에 불편을 감수한데 대한 사례의 성격으로 받는 금액은 소득세법 제21조 제1항 제17호(사례금)의 규정에 의한 기타소득에 해당하는 것임.

▶▶ **법원의 판결에 의하여 지급하거나 지급받는 손해배상금 등**(소득−1782, 2016.2.19.)
법원의 판결에 따라 지급받은 지연손해금의 소득구분은 소득세법 제4조 제2항 및 제21조 제1항 제10호에 따라 기타소득에 해당되는 것이며, 동 지연손해금의 소득귀속시기는 법원의 판결이 확정된 날이 속하는 과세기간으로 하고, 원천징수시기는 법원의 판결이 확정된 날에 원천징수함.
이 경우 '법원의 판결이 확정된 날'이라 함은 대법원 판결일자 또는 당해 판결에 대하여 상소를 제기하지 아니한 때에는 상소제기의 기한이 종료한 날의 다음 날로 함.

▶▶ 아파트 프리미엄보장제(아파트 미분양 해소를 위해 입주 후 일정금액 이하로 시세가 하락하면 일정금액을 보장해 주는 분양방식)에 따라 지급한 금액은 기타소득에 해당하지 않음(조심 2016서1212, 2016.9.30.).

▶▶ 법인의 임원이 임기 만료 전에 정당한 이유없이 해임됨으로써 손해배상청구 결과로 지급받은 손해배상금은 소득세법 제21조 제1항 제10호의 계약의 위약 또는 해지에 따른 손해배상금에 해당되어 기타소득으로 과세됨(사전법령소득−598, 2017.3.10.).

▶▶ 이 사건 채권은 약정에 기한 금전채권이므로 금전채무의 이행지체로 인한 지연손해금은 약정에 의한 지연손해금이든 법정 지연손해금이든 불문하고 재산권에 관한 계약의 위약 또는 해약으로 인하여 받는 손해배상으로서 기타소득에 해당함(부산지법 2018구합1115, 2018.10.19.).

▶▶ 사망보험금 지급지연에 따라 보험금에 추가하여 지급받는 지연손해금은 기타소득에 해당하지 않음(기획재정부 소득세제과−27, 2019.1.3.).

▶▶ 피보험자의 사망이라는 보험사고로 인하여 보험금 지급의무가 발생한 보험회사가 그 보험금의 지급을 지연하여 추가로 지급하는 지연손해금은 소득세법 제21조 제1항 제10호에 따른 기타소득에 해당하지 아니함(기획재정부 소득세제과−27, 2019.1.3.).
상기 기획재정부 해석의 적용시기는 해석일 이후 경정하는 분부터 적용함(소득세제과−118, 2020.2.27.).

▶▶ 계약의 위약·해약을 원인으로 법원의 판결 또는 화해결정에 따라 지급받는 금원 중 소장 부본 전달 전 원금에 가산하는 법정이자는 기타소득에 해당함(소득세제과−356, 2021.6.4.).

▶▶ 계약의 위약 또는 해약이 아닌 불법행위로 인하여 발생한 배상금은 소득세법 제21조 제1항 제10호에 따른 기타소득에 해당하지 않음(서면법령소득−4710, 2021.6.30.).

11. 유실물의 습득 또는 매장물의 발견으로 인하여 보상금을 받거나 새로 소유권을 취득하는 경우 그 보상금 또는 자산

12. 소유자가 없는 물건의 점유로 소유권을 취득하는 자산

민법 제252조에 의해 무주의 동산을 소유의 의사로 점유한 자는 그 소유권을 취득한다. 다만, 거주자가 민법 제245조 제1항의 규정에 의하여 20년간 소유의 의사로 부동산을 점유하여 그 소유권을 취득함으로 인하여 얻은 소득에 대하여는 소득세가 과세되지 아니한다(소득 46011-163, 1996.1.18.).

13. 특수관계에 있는 자가 법인 등으로부터 받는 경제적 이익으로서 급여·배당 또는 증여로 보지 아니하는 금품

① 거주자·비거주자 또는 법인과 특수관계에 있는 자(소령 §98 ①, 법령 §87 또는 국조령 §2 ①에 의한 특수관계에 있는 자를 말함)가 그 특수관계로 인하여 당해 거주자·비거주자 또는 법인으로부터 받는 경제적 이익으로서 급여·배당 또는 증여로 보지 아니하는 금품. 여기서 '경제적 이익'이란 법인세법에 의하여 법인의 소득금액을 법인이 신고하거나 세무서장이 결정·경정함에 있어서 처분되는 배당·상여 외에 법인의 자산 또는 개인의 사업용으로 제공되어 소득발생의 원천이 되는 자산(이하 "사업용자산")을 무상 또는 저가로 이용함으로 인하여 개인이 받는 이익으로서 그 자산의 이용으로 인하여 통상 지급하여야 할 사용료 기타 이용의 대가(통상 지급하여야 할 금액보다 저가로 그 대가를 지급한 금액이 있는 경우에는 이를 공제한 금액으로 함)를 말한다(소령 §41 ⑩ 1호).

그러나 우리사주조합원이 당해 법인의 주식을 그 조합을 통하여 취득한 경우에 그 조합원이 소액주주에 해당하는 자인 때에는 그 주식의 취득가액과 시가와의 차액으로 인하여 발생하는 소득은 제외한다(소법 §21 ① 13호 후단).

● **예규 및 판례**

▶▶ 당좌대월이자율보다 높은 이자율로 차입금을 조달하는 법인이 특수관계인이 경영하는 개인업체에 상환기간도 없이 당좌대월이자율로 금전을 대여한 경우 인정이자계산 및 '기타소득'으로 과세함은 정당함(대법원 2002두172, 2002.10.25.).

▶▶ 당좌대월이자율보다 높은 이자율로 차입금을 조달하는 법인이 특수관계인이 경영하는 개인업체에 상환기간도 없이 당좌대월이자율로 금전을 대여한 경우 인정이자계산 및 '기타소득'으로 과세함은 정당함(대법원 2002두172, 2002.10.25.).

▶▶ 거주자가 특수관계있는 법인으로부터 부동산을 증여받은 경우 법인에게 부당행위계산 부인이 적용되어 기타소득으로 소득처분되며, 거주자는 이에 따라 소득세를 납부하여야 함(국심 2004광368, 2004.8.12.).

▶▶ 종업원이 횡령한 공금의 경우 '기타소득'에 해당하지 않으며, 사용자가 회수하였거나 또는 무재산 등으로 회수할 수 없어 대손처리한 것은 '근로소득'으로 보지 아니함(소득 46011-21326, 2000.11.14.).

② 노동조합및노동관계조정법 제24조 제2항 및 제4항(근로시간 면제, 즉 Time-Off 한도)을 위반(초과)하여 지급받는 급여는 기타소득으로 본다(소령 §41 ⑩ 2호).
- Time-Off 한도 내 지급한 급여 - 근로소득
- Time-Off 한도 초과 지급한 급여 - 기타소득

✎ 근로시간 면제(Time-Off) : 노조 전임자가 노조원들을 위해 활동하거나 고충을 처리하는 일, 즉 교섭, 노조유지, 관리 등의 일에 대해서 급여지급을 허용하고 있으며, 이 경우 지급하는 급여는 근로소득에 해당된다.

14. 슬롯머신(비디오게임을 포함) 및 투전기 기타 이와 유사한 기구를 이용하는 행위에 참가하여 받은 당첨금품·배당금품 또는 이에 준하는 금품

매건마다 당첨금품 등이 200만원 미만이 때에는 과세최저한으로 과세제외한다. 또한 테이블게임의 경우는 과세 제외한다.

15. 문예·학술 등에 대한 원작자로서 받는 소득

문예·학술·미술·음악 또는 사진에 속하는 작품(신문등의자유와기능보장에관한법률에 의한 정기간행물에 게재하는 삽화 및 만화와 우리나라의 창작품 또는 고전을 외국어로 번역하거나 국역하는 것을 포함)에 대한 원작자로서 받는 소득으로서 다음 중 하나에 해당하는 것
- 원고료
- 저작권사용료인 인세
- 미술·음악 또는 사진에 속하는 창작품에 대하여 받는 대가

상기의 소득이 계속적·반복적인 경우 사업소득으로 원천징수하며, 일시적·우발적인 경우에는 기타소득으로 원천징수한다.

● 예규 및 판례

▶▶ 강의계약서도 없이 필요 시에 강사로 선정됨에 따라 계속적인 강의가 보장되지 아니하는 것으로 나타나므로 강의용역을 계속성과 반복성이 있는 사업활동의 일환으로 보아 사업소득으로 과세한 처분은 부당함(조심 2011서224, 2011.3.30.).

▶▶ 교수 등에게 지급하는 저작권사용료의 소득구분은 일시적, 계속적 직업적 창작활동에 해당하는지 여부에 따라 기타소득 또는 사업소득으로 구분함(서면1팀-1205, 2007. 8.30.).

▶▶ 문예창작소득에 해당한다고 하더라도 그 계약기간 및 그 규모, 계속성 및 반복성 등을 감안하여 사업성이 인정되는 경우에는 먼저 사업소득으로 과세하고 사업성이 없는 경우에만 기타소득으로 과세함(국심 2007서1536, 2007.7.25.).

16. 재산권에 관한 알선수수료

재산권에 관한 알선수수료는 다른 소득에 속하지 아니하는 것으로서 재산의 매매·양도·교환·임대차계약 기타 이와 유사한 계약을 알선하고 받는 수수료를 말한다. 이 경우 사업서비스업에 속하는 중개업은 포함하지 아니한다(소통 21-0…5 ②).

● 예규 및 판례

▶▶ 부동산중개업으로 사업자등록을 하거나 다른 토지의 매입대행업을 계속적이고 반복적으로 영위한 사실도 확인되지 아니한 자가 토지매입을 알선하고 받은 대가를 사업소득이 아닌 기타소득으로 과세한 사례(조심 2011중2555, 2011.9.15.)

▶▶ 용역의 범위가 불명확하고, 용역대가 산정에 구체성이 없고, 전문지식과 경험을 이용하여 주식거래를 성사시킨 것이 아니라 주식거래를 단순히 중재한 것으로 보아 인적용역대가라기보다는 재산권에 관한 알선수수료로 보는 것이 타당한 사례(조심 2011서1651, 2011.9.1.)

▶▶ 가정주부가 일시적으로 부동산을 중개하고 받는 매매알선수수료의 소득구분(서일-303, 2006.3.7.)
사업자가 아닌 거주자가 일시적으로 부동산을 중개하고 받는 매매알선수수료는 소득세법 제21조 제1항 제16호에 의하여 기타소득에 해당하는 것이나 당해 행위가 사업활동으로 볼 수 있을 정도의 계속성과 반복성이 있는 경우에는 소득세법 제19조의 사업소득에 해당하는 것으로 사업성 유무 또는 일시적 해당 여부 등은 사실관계에 따라 판단하여야 할 사항임.

▶▶ **토지매매 알선대가의 소득구분 및 필요경비**(서일－913, 2005.7.25.)
고용관계가 없는 거주자가 부지매입계약을 알선하고 계약성립의 대가를 지급받는 경우 당해 행위가 사업활동으로 볼 수 있을 정도의 계속성과 반복성이 있는 경우에는 소득세법 제19조의 사업소득에 해당하는 것이나 일시적·우발적인 경우에는 같은법 제21조 제1항 제16호의 기타소득에 해당하는 것이며, 이때 같은법 제21조 제1항 제16호의 기타소득에 해당하는 경우 같은법 시행령 제87조의 기타소득 등의 필요경비계산 규정은 적용할 수 없는 것임.

▶▶ **공인회계사가 주식양수도에 관여하여 수령한 수수료는 소득세법 제21조 제19호 다목의 전문가가 일시적으로 제공하는 용역의 대가에 해당하지 않고 제21조 제16호의 재산권에 대한 알선수수료에 해당함**(서울고법 2016누67044, 2017.1.10.)
이 사건에서는 양수대상자가 결정되어 있었고 양도금액 역시 공인회계사가 전문적인 지식을 동원하여 계산한 금액에 해당하지 않아 해당 수수료는 재산권에 대한 알선수수료에 해당되어 수령금액의 80%가 필요경비로 공제되지 않는 기타소득에 해당함.

17. 사례금

사례금에는 다른 소득에 속하지 아니하는 것으로서 다음의 것을 포함한다(소통 21－0…5 ②).
① 의무없는 자가 타인을 위하여 사무를 관리하고 그 대가로 지급받는 금품. 다만, 그 의무없는 자가 타인을 위하여 실지로 지급한 비용의 청구액은 제외한다.
② 근로자가 자기의 직무와 관련하여 사용자의 거래선 등으로부터 지급받는 금품. 이 경우 상속세및증여세법의 규정에 의하여 증여세가 과세되는 것은 제외한다.
③ 재산권에 관한 알선수수료 외의 계약 또는 혼인을 알선하고 지급받는 금품

사례금에 대한 판단 시 다음 내용에 유의하여야 한다.
• 사례금은 사무처리 또는 역무의 제공 등과 관련하여 사례의 뜻으로 지급되는 금품을 의미하고, 여기에 해당하는지는 해당 금품 수수의 동기, 목적, 상대방과의 관계, 금액 등을 종합적으로 고려하여 판단하여야 한다(대법원 2016다17729, 2018.7.20.).
• 사례금이란 자신이 받은 재화 또는 용역 그 자체에 대한 대가로 지급하는 금원이 아

니라, 그와 별개로 고마운 뜻을 전하기 위하여 지급하는 금원을 말한다(서울행정법원 2010구합14893, 2011.1.7.).

• 일시적 용역을 제공하고 지급받은 금품이, 제공한 역무나 사무처리의 내용, 당해 금품 수수의 동기와 실질적인 목적, 금액의 규모 및 상대방과의 관계 등을 종합적으로 고려해 보았을 때, 용역제공에 대한 보수 등 대가의 성격뿐 아니라 사례금의 성격까지 함께 가지고 있어 전체적으로 용역에 대한 대가의 범주를 벗어난 것으로 인정될 경우에는 기타소득 중 사례금으로 분류하는 것이 타당하다(대법원 2017두30214, 2017.4.26.).

● 예규 및 판례

▶▶ **모니터 요원에게 지급한 대가의 소득구분**(소통 21-0…3)
방송국, 신문사, 전화국 등이 방송프로나 신문기사의 질 또는 종업원의 업무태도 등에 관하여 의견을 청취하고자 근로계약 없이 위촉한 모니터요원에게 그 의견을 청취한 대가로 지급하는 금액은 법 제21조 제1항 제17호에 규정하는 사례금에 해당함.

▶▶ 소득세법 제21조 제1항 제17호의 사례금이란 자신이 받은 재화 또는 용역 그 자체에 대한 대가로 지급하는 금원이 아니라 그와 별개로 고마운 뜻을 전하기 위하여 지급하는 금원을 의미함(서울행법 2010구합14893, 2011.1.7.).

▶▶ 거주자가 공동으로 부동산매매업을 경영하고자 공동사업약정을 체결하였으나 공동사업의 원활한 진행이 이루어지지 않은 과정에서 공동사업약정을 해제하는 조건에 합의하고 공동사업약정서의 다른 구성원으로부터 지급받는 대가는 소득세법 제21조 제1항 제17호에 따른 기타소득에 해당하는 것임(소득-1220, 2010.12.9.).

▶▶ 종중을 상대로 하여 제기한 토지에 대한 소유권보존등기의 말소청구소송을 취하하는 조건으로 지급받은 합의금을 기타소득인 사례금으로 보아 종합소득세를 부과한 것은 정당함(조심 2010중1204, 2010.6.23.).

▶▶ 군부대 이전사업과 관련하여 사업시행자가 원활한 사업추진을 위해 이전지역 이주민과의 합의에 따라 법적 지급의무 없이 지급하는 위로금 명목의 추가보상금은 소득세법 제21조 제1항 제17호의 기타소득에 해당함(법규소득 2010-123, 2010.6.3.).

▶▶ 거주자가 건물신축과 관련한 일조권 등 침해에 따른 피해에 대하여 손해배상금으로 지급받는 금액은 기타소득에 해당하지 않으나, 권리 등이 침해되지 아니하는 정도로서 일상생활의 불편을 감수한 데 따른 사례의 성격으로 받는 금액은 기타소득에 해당됨. 이는 구체적인 보상금지급사유, 보상금의 성격 및 지급금액, 상대방과의 관계 등을 종합적으로 고려하여 사실 판단할 사항임(서면인터넷방문상담1팀-1170, 2004.8.23.).

▶▶ 법인의 종업원이 직무와 관련없이 소속회사를 위하여 우수인재를 추천하고 당해 법인

으로부터 지급받은 보상금은 소득세법 제21조 제1항 제117호에 따른 기타소득에 해당하는 것임(소득-2057, 2009.12.31.).

▶▶ **당사자 간 합의에 의하여 법적의무 없이 지급하는 합의금은 소득세법 제21조 제1항의 규정에 의한 기타소득에 해당되어 지급 시 원천징수함**(원천-878, 2009.10.23.)
사업상목적으로 건물을 취득한 법인이 당해 건물의 기존 세입자들로부터 당해 건물을 원만하게 명도받기 위하여 '지급의무가 없는 합의금'을 지급하는 경우 당해 세입자들이 지급받는 건물명도 합의금은 소득세법 제21조 제1항 제17호의 규정에 의하여 기타소득에 해당하는 것이며, 이를 지급하는 자는 소득세법 제127조 제1항 제5호의 규정에 의하여 원천징수의무가 있는 것임(서일-217, 2005.2.17.).

▶▶ **마일리지 적립에 따라 지급받는 금품의 기타소득 해당 여부**(소법 해석편람 21-1-3)
온라인상 쇼핑몰을 운영하는 사업자가 그 쇼핑몰 가맹점(물품판매업자)에서 물품 등을 구매한 회원에게 사전에 공시된 일정 마일리지로 적립하여 주고, 동 적립금액이 일정 금액이 되는 때에 그에 상당하는 현금 또는 물품으로 지급하는 경우 당해 현금 또는 물품지급액은 그 구매자의 과세대상소득에 해당하지 아니함(서이 46013-12131, 2002.11.28.).

▶▶ 사업자가 사전공시의 방법으로 마일리지, 사이버머니 적립제도 등의 방법으로 일정기간 구매실적에 따라 사은품 또는 사례금을 지급하는 경우 그 사은품 등은 과세대상 기타소득에 해당하지 않음(서면1팀-356, 2007.3.14.).

▶▶ **사은품에 대한 기타소득 여부**(소법 해석편람 21-3-10)
증권회사가 동 회사와 최초로 거래를 개시하는 고객 중 예치금이 일정금액(3,000만 원) 이상인 고객에게 추첨 등 별도의 방법이 없이 핸드폰을 사은품으로 무상제공하는 경우에는 소득세법 제21조 제1항 제17호에 규정된 기타소득(사례금)에 해당함(서일 46011-11495, 2002.11.11.).

▶▶ **사전약정에 따라 분양사업자로부터 받는 금품의 과세소득 여부**(서일-1328, 2006.9.21.)
아파트 등을 분양하는 사업자로부터 사전약정에 따라 일정금액을 받는 조건으로아파트 등을 분양받는 경우 구매자가 분양사업자로부터 받는 금품은 과세소득으로 보지 아니하고 아파트 등의 취득가액에서 차감하는 것임.

▶▶ **출산장려금의 소득구분**(서일-1302, 2006.9.19.)
유아의류 제조회사가 매출액 증가 및 기업이미지 향상을 위하여 출산장려 캠페인을 시행하면서 세번째 자녀를 출산한 당사 임직원에게 지급하는 출산장려금은 근로소득에 해당하는 것이며, 당해 회사와 계약 중인 대리점, 백화점 내 판매점, 납품업체 등 거래처의 임직원 중 세번째 자녀를 출산한 임직원에게 출산에 대한 포상 내지 사례의 성격으로 지급하는 출산장려금은 소득세법 제21조의 규정에 의한 기타소득에 해당되는 것임.

▶▶ **심사위원들에게 지급하는 심사활동비의 소득구분**(서일 46011-10659, 2003.5.26.)
외부유관기관의 인사를 고용관계 없이 일시위촉하여 관련 업무의 평가를 수행하게 하고 동 위원들에게 지급하는 '평가수당'과 '교통비'는 소득세법 제21조 제1항 제17호의 사례금에 해당하는 기타소득으로 보아 소득세법 제145조에 따라 원천징수하는 것임.

▶▶ 하수급업체의 부도로 원수급자가 하수급업체의 일용근로자에 대한 노임을 지급하는 경우 그 임금은 기타소득에 해당됨(서일 - 867, 2008.6.23.).

▶▶ 임원임기 만료 이전에 사임하고 경업금지, 영업비밀 유지, 직무소송 포기 등의 의무이행계약에 따라 지급받은 정산금과 손해배상금은 기타소득 중 사례금에 해당함(대법원 2016두223, 2016.5.12.).

▶▶ 임대차 명도합의금은 소득세법상 필요경비 지출없는 사례금(기타소득)에 해당함(심사소득 - 2016 - 0013, 2016.6.20.).

▶▶ 2007년부터 2016년 2월까지 이웃 개인이 토지를 무단으로 점용하여 부당이득을 취한 것에 대해 법원 판결로 손해배상금을 지급받게 되는 바, 동 소득이 소득세 과세대상인지 여부에 관하여 보면 부동산 불법 점유에 따른 부당이득을 법원의 판결로 반환받은 경우의 손해배상금은 부동산의 대여로 발생하는 소득 및 기타소득으로 열거된 배상금, 사례금 등에 해당하지 아니함(사전법령소득 - 13, 2017.2.8.).

▶▶ 회사 최대주주에 대한 형사재판과정에서 최대주주를 위하여 여러 가지 업무를 수행한 회사 임직원이 최대주주로부터 수령한 금액은 소득세법 제21조 제1항 제17호의 사례금에 해당함 (대법원 2017두30214, 2017.4.20.)

(1) 내용

회사의 실질적인 최대주주인 소외인에 대한 구속수사 및 형사재판이 진행되는 동안 소외인 및 그 가족들과 변호인 사이의 연락 담당, 형사재판에 필요한 자료 수집, 소외인의 구치소 및 병원생활 지원 등의 일을 맡아 수행하고 소외인이 집행유예 판결에 따라 석방된 이후에 소외인으로부터 소외 회사의 주식을 양수받은 경우 동 금액이 소득세법 제21조 제1항 제17호의 사례금에 해당하는지 또는 제19호의 전문적 인적용역소득에 해당하는지 여부

(2) 판결

일시적 인적용역을 제공하고 지급받은 금품이, 제공한 역무나 사무처리의 내용, 당해 금품 수수의 동기와 실질적인 목적, 금액의 규모 및 상대방과의 관계 등을 종합적으로 고려해 보았을 때, 용역제공에 대한 보수 등 대가의 성격뿐 아니라 사례금의 성격까지 함께 가지고 있어 전체적으로 용역에 대한 대가의 범주를 벗어난 것으로 인정될 경우에는 제19호가 아니라 제17호의 소득으로 분류하는 것이 타당함.

▶▶ 불규칙, 부정기적인 금액은 이자로 보기 어렵고, 주택신축과 관련하여 투자한 금원에 대한 이익금은 사례금으로서 기타소득에 해당함(청주지법2016구합11631, 2017.5.18.)

(1) 내용

형수 명의 토지에 다세대주택을 신축하여 분양하기로 건설회사와 동업계약을 체결하고 건설회사로부터 토지대금 및 투자이익금을 수령하는 계약을 실질적으로 관

리하고 수령한 금액이 사업소득인지 기타소득인지 여부

(2) 판결

계약상 투자이익금은 실제 분양 여부와 관계없이 수령하고 이와 관련한 수행업무가 없는 점 등으로 이는 자금대여에 따른 대가로 보아 기타소득 중 사례금에 해당함.

▶▶ 노동조합의 위원장으로 재직하던 근로자가 회사에서 해고된 후 노동조합의 신분보장규정에 따라 노동조합으로부터 지급받은 상당액의 금원은 단순한 상호부조의 돈이 아니라 조합활동 등에 대한 사례의 뜻으로 지급된 것으로 기타소득 중 사례금에 해당함(대법원 2017두44244, 2017.11.9.)

(1) 내용

노동조합의 위원장으로 재직 중 회사에서 해고되어 노동조합의 신분보장규정에 따라 매월 743만원씩 5년 4개월여에 걸쳐 총 4억7,500만원을 노동조합으로 수령한 경우 소득세 과세대상 여부

(2) 판결

상기 금원은 조합원 간의 단순한 상호부조 성격의 돈이라고 보기는 어려우며 조합활동에 대한 사례의 뜻으로 지급되었다고 보는 것이 타당하여 이는 기타소득 중 사례금에 해당함.

▶▶ 주택건설사업이 원만하게 이루어지도록 협조하고 시공사를 상대로 제기한 손해배상소송을 취하하는 조건으로 시공사와 새로운 주택건설사업자가 기존 조합원에게 지급하는 합의금은 사례금성격으로 기타소득으로 해당하는 것이며, 기존 조합원이 당초 주택조합에 납입한 분담금은 합의금에 직접 대응하는 비용으로 필요경비에 산입할 수 있는 것임(서면소득-3290, 2018.11.2.).

▶▶ 청구인이 쟁점주식을 해당법인의 임직원들에게 증여한 것이 부당한 압력에 의한 것으로 주장하여 소송을 제기한 바 고소상대방과 합의하여 주식의 무상증여와 관련한 어떠한 민형사상의 이의를 제기하지 않는다는 합의서 등에 의해 수령한 금액은 소득세법상 기타소득인 사례금에 해당함(조심 2018서1523, 2018.11.15.).

▶▶ 고시 및 자격증 취득과 관련된 학원에서 고용관계 없는 수강생들에게 법적 지급의무없이 합격수기나 인터뷰·강연을 한 대가로 지급하는 금품은 기타소득인 사례금에 해당함(서면소득-3030, 2018.12.12.).

▶▶ 청구인이 해당법인의 대표이사 직책을 수행하면서 해당법인을 성장시킨 공로에 대한 감사의 표시로 해당법인의 실질소유자로부터 수령한 금액에 대해 형식적으로는 증여의 형태를 띄었으나 이는 실질상 해당법인 재직 당시의 보상성격으로 일시 지급한 사례금에 해당하여 기타소득에 해당함(조심 2019서1303, 2019.5.20.).

▶▶ 노조활동을 하다가 해고된 노조원이 해고에 대한 보상적성격 및 생계지원 차원에서 노동조합으로부터 지급받는 금품은 소득세법 제21조 제1항 제17호(사례금)의 규정에 의한 기타소득에 해당하는 것임(서면법령소득-2595, 2021.5.21.).

▶▶ 임차인이 법원의 조정결정 또는 화해권고결정에 따라 부동산임대업을 영위하는 사업
자인 임대인으로부터 건물명도 협조 및 이사비용 명목의 금전(합의금)을 지급받는 경
우, 해당 합의금이 영업손실보상금에 해당하는 경우에는 소득세법 제19조 제1항에 따
른 사업소득이고, 사업장을 원만하게 명도받기 위하여 지급받는 금전에 해당하는 경우
에는 소득세법 제21조 제1항 제17호의 기타소득(사례금)에 해당하는 것이며, 해당 합
의금의 소득구분은 당사자 간의 약정 동기와 경위, 보상금의 성격, 지급사유와 조건,
약정내용 등을 종합적으로 고려하여 사실판단할 사항임(사전법령소득－1753, 2021.
12.22.).

▶▶ 원고가 회사를 상대로 해고무효 확인과 함께 복직 시까지 매월 급여 상당액의 지급을
구하는 소송에 있어 원고는 1심에서 근로기준법상 회사의 근로자에 해당하지 않는다
는 청구기각 판결을 받고 항소하였으며 항소심법원에서는 원고와 회사에 회사는 원고
에게 ***원의 화해권고결정금액을 지급하되, 원고와 회사는 이를 제외하고는 상호 간
에 어떠한 채권, 채무도 존재하지 않음을 확인한다는 화해권고결정을 하였고 확정되었
다. 이 경우 화해권고결정금액이 소득세법 제21조 제1항 제17호상 기타소득인 사례금
에 해당하는지 여부에 대하여 이 금액은 사무처리 또는 역무의 제공 등과 관련하여
사례의 뜻으로 지급된 금품으로 보기 어려워 기타소득인 사례금에 해당하지 않는다고
대법원에서 판결하였음(대법원 2018다286390, 2022.3.31.)

18. 소기업·소상공인 공제부금의 해지일시금

폐업 등의 사유가 발생하기 전에 소기업·소상공인 공제계약이 해지된 경우 초과 납입
금액 누계액(공제부금 해지환급금－실제 소득공제받은 금액)은 기타소득으로 본다(조특법
§86의 3 ④). 그러나 폐업, 사망 등의 사유로 인한 공제부금 해지일시금은 이자소득으로
과세한다.

① 기타소득으로 보는 경우
퇴직소득으로 보는 다음의 사유가 발생하기 전에 소기업·소상공인 공제계약이 해지된
경우에는 기타소득으로 보아 소득세를 부과한다.
가. 소기업·소상공인이 폐업(개인사업자의 지위에서 공제에 가입한 자가 법인을 설립하기
위하여 현물출자를 함으로써 폐업한 경우와 개인사업자의 지위에서 공제에 가입한 자가 그
배우자 또는 자녀에게 사업의 전부를 양도함으로써 폐업한 경우를 포함) 또는 해산(법인에
한함)한 때
나. 공제 가입자가 사망한 때

다. 법인의 대표자의 지위에서 공제에 가입한 자가 그 법인의 대표자의 지위를 상실한 때

라. 만 60세 이상으로 공제부금 납입월수가 120개월 이상인 공제 가입자가 공제금의 지급을 청구한 때

마. 천재·지변의 발생

바. 공제가입자의 해외이주

사. 공제가입자의 3월 이상의 입원치료 또는 요양을 요하는 상해·질병의 발생

아. 중소기업협동조합법에 따른 중소기업중앙회의 해산

② 해지된 경우 기타소득

> 기타소득=(해지로 인하여 받은 환급금－실제 소득공제받은 금액을 초과하여 납입한 금액의 누계액)

19. 인적용역을 일시적으로 제공하고 받는 대가

다음에 해당하는 인적용역(위의 '⑮' 내지 '⑰'에 해당하는 용역을 제외)을 일시적으로 제공하고 받는 대가는 기타소득으로 본다.

• 고용관계 없이 다수인에게 강연을 하고 강연료 등의 대가를 받는 용역

• 라디오·텔레비전방송 등을 통하여 해설·계몽 또는 연기의 심사 등을 하고 보수 또는 이와 유사한 성질의 대가를 받는 용역

• 변호사·공인회계사·세무사·건축사·측량사·변리사 그 밖에 전문적 지식 또는 특별한 기능을 가진 자가 당해 지식 또는 기능을 활용하여 보수 또는 그 밖에 대가를 받고 제공하는 용역

이러한 용역에는 대학이 자체 연구관리비 규정에 따라 대학에서 연구비를 관리하는 경우에 교수가 제공하는 연구용역을 포함한다(소령 §41 ⑫).

• 그 밖에 고용관계 없이 수당 또는 이와 유사한 성질의 대가를 받고 제공하는 용역

> **예규 및 판례**
>
> ▶▶ 지방자치단체가 전문적 지식을 가진 작가 등을 고용관계 없이 독후감 감상문 발표대회 심사위원으로 위촉한 후 그 심사위원에게 일시적으로 지급하는 심사수당은 소득세법에 따른 기타소득에 해당하는 것임(소득－1070, 2011.12.21.).
>
> ▶▶ 신호체계 기술사 자격증을 소지한 기술사로서 계약서에 개인 자격으로 서명을 한 점

등으로 볼 때 고용인이 아닌 계약당사자로서 독립적이고 일시적으로 전문인적용역을 제공하고 그 대가를 수령하였으므로 쟁점금액은 기타소득에 해당함(조심 2010서 1762, 2011.8.30.).

▶▶ 대학교수가 정부유관기관에 1년 이상의 자문용역을 공급하였지만 해당 기관의 요구에 따라 대가를 분할지급한 것일 뿐 수익목적의 계속반복적 자문행위로 보기 어려워 사업소득이 아닌 기타소득으로 과세함(조심 2011서462, 2011.8.11.).

▶▶ 초등학교 재학 중에 있는 운동선수가 모자와 유니폼에 기업의 로고를 부착하고 시합에 출전하는 조건으로 국내의 기업과 후원계약을 맺고 당해 기업으로부터 지급받는 대가는 소득세법의 기타소득에 해당하는 것임(소득-1320, 2009.9.2.).

▶▶ 타법인에서 근무하면서 해당법인에 전속하여 자문을 제공한 것이 아니라 요구가 있는 경우 사안에 따라 용역을 제공한 것으로 볼 수 있는 경우 기타소득으로 봄이 타당함(심사소득 2008-162, 2008.12.3.).

▶▶ 산학협력단으로부터 연구목적의 고용관계 없이 일시적으로 연구용역을 제공하고 지급받는 대가는 기타소득에 해당함(서면1팀-1347, 2007.10.4.).

▶▶ **대학에서 중앙관리하는 연구과제에서 연구자(대학교수)에게 지급되는 간접경비의 소득구분** (서일-9, 2007.1.4.)
대학이 연구주체가 되어 연구개발용역을 위탁받아 연구비를 직접 관리(중앙관리)하는 경우 고용관계에 따른 근로제공과 관련없이 교수가 연구활동의 대가로 지급받는 금액은 연구활동비·연구수당 등 명칭 여하에 불구하고 기타소득에 해당하는 것이며, 연구목적으로 고용된 연구원 등이 고용관계에 따른 근로제공과 관련하여 연구용역을 제공하고 지급받는 대가는 근로소득에 해당하는 것임.

▶▶ **연구보조원에게 장학금명목으로 지급하는 연구비의 기타소득 해당 여부**(서일-279, 2004. 2.20.)
대학의 연구개발용역에 연구보조원으로 참여한 고용관계가 없는 대학생 및 대학원생에게 지급한 연구비가 당해 대학의 장학금지급에 관한 규정에 의하여 사실상 장학금으로 지급된 금액으로서 사회통념상 타당하다고 인정되는 것은 과세대상소득에 해당하지 아니하는 것이나 연구비업무처리지침에 의하여 장학금명목으로 지급하는 것은 과세대상 기타소득에 해당하는 것임.

▶▶ **대학과 고용계약을 맺은 시간강사의 강의료에 대한 소득구분**(제도 46011-12207, 2001. 7.18.)
거주자가 고용관계나 이와 유사한 계약에 의하여 근로를 제공하고 지급받은 대가는 소득세법 제20조 제1항 제1호에 의한 근로소득에 해당하고, 고용관계 없이 독립된 자격으로 계속적으로 용역을 제공하고 일의 성과에 따라 지급받는 수당·기타 유사한 성질의 금액은 같은법 제19조 제1항 제15호의 규정에 의하여 사업소득에 해당하는 것이며, 일시적으로 용역을 제공하고 지급받는 수당·기타 유사한 성질의 금액은 같은법 제21조 제1항 제19호의 규정에 의한 기타소득에 해당하는 것임.

▶▶ **강연료와 구분 지급하는 교재원료 등의 기타소득 해당 여부**(제도 46011－11575, 2001. 6.18.)

소득세법 제21조 제1항 제19호 가목 및 라목의 규정에 의하여 고용관계 없이 다수인에게 강연을 하고 강연료 등의 대가를 받는 용역은 기타소득에 해당하는 것으로 기타소득에는 강연료·교재원료 및 교통지원비 등 명칭 여하에 불구하고 이와 유사한 설질의 대가를 포함하는 것임.

▶▶ **연구용역대가의 소득구분**(서면법령소득－1264, 2015.7.23.)

수탁연구과제를 수행함에 있어서 해당 연구원의 고용관계와 직접 관련하여 이루어지는 경우 당해 연구활동의 대가는 근로소득으로 보는 것이고, 그러하지 아니한 경우 기타소득에 해당하는 것임.

이에 해당하는지 여부는 연구과제수행의 독립성, 연구과제 이행 여부로 해당 연구원이 영향을 받는지 여부 등을 종합적으로 사실판단할 사항임.

▶▶ 계열사 임직원들에게 신규고객 유치실적에 따라 지급한 인센티브는 소득세법 제21조 제1항 제19호(필요경비 개산공제 인정)의 기타소득에 해당함(서울행정법원 2014구합54127, 2015.3.27.; 서울고법 2015누40684, 2015.11.18.; 대법원 2015두59402, 2016.4.28.).

▶▶ 법무법인 소속 변호사가 4년 동안 파산관재인 업무를 수행하고 받은 금액은 사업소득에 해당함(조심 2016서2606, 2016.10.4.).

▶▶ 국립대학병원에 근무 중인 국립대학교 겸직교수와 임상교수요원이 제약회사 등과 대학병원 간에 체결한 임상시험 연구용역을 수행하고 대학병원으로 수령한 연구비는 80%가 필요경비로 인정되는 소득세법 제21조 제19호 다목에 해당하는 기타소득에 해당함(조심 2016부3224, 2017.2.2.)

소득세법시행령 제41조 제12항에 따라 기타소득에 해당하는 경우 교수 등이 제공한 연구용역이 연구주체와의 고용관계에 따른 근로제공과 관련이 없다는 사실이 전제가 되어야 하는 것으로 대학병원이 연구주체가 되어 계약체결 후 고용관계 있는 교수에게 연구용역을 수행하게 하고 지급하는 연구비는 근로소득에 해당한다는 해석(국세청 원천세과－316, 2010.4.15.; 원천세과－218, 2012.4.23. 등)을 하고 있다.

그러나 소득세법시행령 제41조 제12항에서 대학이 자체 연구관리비 규정에 따라 대학에서 연구비를 관리하는 경우에 교수가 제공하는 연구용역은 기타소득의 범위에 포함된다고 규정하고 있고 이 사례로 대학병원이 겸직교수 등에게 임상시험센터위탁연구비관리지침에 따라 다음과 같이 연구비를 관리·지급하고 있으므로 동일하게 수령금액의 80%가 필요경비로 인정되는 기타소득에 해당되는 것임.

① 겸직교수 등이 연구용역계약서에 서명·날인하고 책임을 부담함
② 대학병원의 별다른 통제나 간섭없이 실질적으로 연구용역을 독립적으로 수행함
③ 연구보조원의 인건비 등 간접비를 지출함

20. 법인세법에 의하여 처분된 기타소득

법인의 각 사업연도 소득금액에 대한 법인세 과세표준을 신고·결정·경정함에 있어서 익금(또는 손금불산입)에 산입한 금액은 그 귀속자 등에 따라 상여·배당·기타사외유출·유보 등으로 처분한다. 이 경우 사외 유출된 것이 분명한 것으로서 그 귀속자가 상여·배당·기타사외유출에 해당되지 아니한 경우에는 기타소득으로 처분한다.

21. 거주자의 납입과 운용실적 등에 의한 연금계좌의 일시금 등

다음과 같이 과세이연된 퇴직소득을 그 소득의 성격에도 불구하고 연금외(일시금 등) 수령한 소득은 기타소득으로 한다(소법 §21 ① 21호).
① 거주자가 연금계좌에 납입하는 금액으로서 다음과 같이 소득세가 원천징수되지 아니한 퇴직소득 등 과세이연된 소득
　가. 퇴직일 현재 연금계좌에 있거나 연금계좌로 지급되는 경우
　나. 퇴직소득을 지급받은 날부터 60일 이내에 연금계좌에 입금되는 경우
② 거주자가 연금계좌에 납입하는 금액으로서 연금계좌에서 다른 연금계좌로 계약을 이전함으로써 납입되는 금액
③ 연금계좌의 운용실적에 따라 증가된 금액

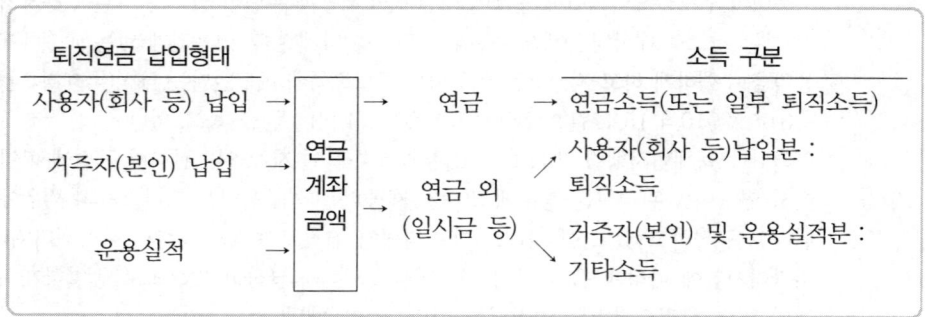

④ 경과규정 : 2013.3.1. 이전에 가입한 연금저축 해지일시금의 기타소득

2013.3.1. 이전에 가입한 연금저축의 가입자가 사망으로 인하여 계약이 해지되거나 저축 납입계약기간 만료 후 계약자가 사망하여 연금 외의 형태로 받는 경우 또는 저축가입일로부터 5년 이내에 저축계약을 해지하는 경우에는 다음의 산식에 의하여 계산한 금액을 기타소득으로 보아 소득세를 부과한다(구조특법 §86의 2 ④).

$$\text{기타소득} = \text{해지 또는 연금 외의 형태로 지급받는 금액}^{*1} \times \left\{ 1 - \frac{\text{매년 400만원을 초과하여 납입한 금액의 누계액}^{*2}}{\text{총지급액}^{*1} \text{ 또는 예상액}^{*3}} \right\}$$

*1 총지급액 : 가입자가 가입계약기간 만료 전에 해약하는 경우(구법 조특령 §80의 2 ③)
*2 2010년 이전 납입분까지는 300만원 초과납입 누계액
*3 총지급예상액 : 가입자가 가입계약기간 만료 후 연금 이외의 형태로 받는 경우
※ 매년 400만원을 초과하여 납입한 금액의 누계액이 총지급액 또는 총지급예상액보다 많은 우에는 당해 기타소득금액을 영으로 본다.
※ 기타소득에 대한 소득세는 계약의 해지로 인하여 연금저축가입자가 지급받는 환급금을 한도로 한다.

⑤ 연금계좌에서 일부금액을 인출할 때 소득세법시행령 제40조의 3 제2항 제1호 및 제2호 외에 해당 연금계좌에 납입한 연금보험료 중 소득세법 제59조의 3의 연금계좌세액공제를 받지 아니한 금액은 같은 법 시행령 제201조의 10에 따라 과세제외금액으로 확인되는 날부터 같은 법 시행령 제40조의 3 제1항에 따른 인출순서를 적용받는 것이다(서면법령소득-858, 2016.10.6.).

22. 주식매수선택권 행사이익

퇴직 전에 부여받은 주식매수선택권을 퇴직 후에 행사하거나 또는 고용관계 없이 주식매수선택권을 부여받아 이를 행사함으로써 얻는 이익은 기타소득으로 한다.

● 예규 및 판례

▶▶ 피상속인이 부여받은 주식매수선택권을 상속인이 행사하는 경우 당해 주식매수선택권을 행사함으로써 얻는 이익은 기타소득에 해당하는 것이며 주식매수선택권을 행사함으로써 얻는 이익은 행사가액에서 상속세및증여세법에 따라 상속세가 과세된 금액을 차감하는 것임(원천-315, 2010.4.15.; 서면1팀-79, 2008.1.15.).

23. 종업원 등 대학의 교직원이 퇴직한 후에 지급받는 직무발명보상금 중 연 500만원(근로소득에서 비과세되는 금액이 있는 경우 해당 금액을 차감한 금액)은 비과세됨

24. 뇌물

🔵 **예규 및 판례**

▶▶ 청탁으로 받은 사례금에 대한 형사처벌 등으로 해당 금원을 벌금으로 추징되었더라도 원 귀속자에게 반환하지 않은 이상 기타소득에 해당하므로 이에 대한 소득세를 과세하는 것은 정당함(감심 2011-129, 2011.7.21.).

▶▶ 뇌물의 수뢰일이 속하는 과세기간의 납세의무 성립일 전에 원귀속자에게 반환되어 납세의무 성립일 현재 반환된 금액만큼은 소득이 실현되었다고 볼 수 없으므로 소득세 과세대상 기타소득에서 제외함이 타당함(심사소득 2010-81, 2011.4.4.).

▶▶ 뇌물이 추징금으로 납부된 경우 후발적 경정청구 사유에 해당함(소득세제과-117, 2017. 3.2.; 대법원 2015.7.16. 선고 2014두5514)
기타소득으로 소득세가 과세된 뇌물 또는 알선수재 및 배임수재에 의하여 받는 금품에 대하여 법원의 판결에 따른 몰수 또는 추징으로 환수가 이루어진 경우 그 환수된 부분에 대하여 국세기본법 제45조의 2 제2항에 따른 후발적 경정청구 사유로 과세표준의 결정 또는 경정을 청구할 수 있음

25. 알선수재 및 배임수재에 의하여 받는 금품

🔵 **예규 및 판례**

▶▶ 법원의 판결에 의하여 배임수재에 의하여 받은 것으로 추징이 확정된 금액을 기타소득으로 보아 종합소득세를 부과한 처분은 정당함(조심 2011서880, 2011.5.18).

▶▶ 수수한 배임수재금액을 과세처분 이전에 이미 원 귀속자에게 반환된 사실이 확인되는 이상 소득이 실현되었다고 볼 수 없음(조심 2010서2141, 2010.10.29.).

🔴 **중점사항 – 원천징수의무 면제되는 기타소득**
상기의 기타소득 중 원천징수의무가 면제되는 기타소득은 다음과 같다(소법 §127 ① 5호).

1. 계약의 위약 또는 해약으로 인하여 받는 계약금이 위약금 · 배상금으로 대체되는 금액
2. 뇌물
3. 알선수재 및 배임수재에 의하여 받는 금품

26. 특정 서화 · 골동품의 양도소득

1) 기타소득에 해당되는 경우

다음의 어느 하나에 해당하는 것으로서 개당 · 점당 또는 조(2개 이상이 함께 사용되는 물품으로서 통상 짝을 이루어 거래되는 것)당 양도가액이 6천만원 이상인 것을 말한다. 다만, 양도일 현재 생존해 있는 국내 원작자의 작품은 제외한다(소법 §21 ②, 소령 §41 ⑭).

① 서화 · 골동품 중 다음 각 목의 어느 하나에 해당하는 것
　가. 회화, 데생, 파스텔[손으로 그린 것에 한정하며, 도안과 장식한 가공품은 제외] 및 콜라주와 이와 유사한 장식판
　나. 오리지널 판화 · 인쇄화 및 석판화
　다. 골동품(제작 후 100년을 넘은 것에 한정)

② 상기 '①'의 서화 · 골동품 외에 역사상 · 예술상 가치가 있는 서화 · 골동품으로서 기획재정부장관이 문화체육관광부장관과 협의하여 기획재정부령으로 정하는 것

2) 사업소득에 해당되는 경우

다음의 어느 하나에 해당하는 경우에 발생하는 소득은 사업소득에 해당된다(소령 §41 ⑱).
① 서화 · 골동품의 거래를 위하여 사업장 등 물적시설(인터넷 등 정보통신망을 이용하여 서화 · 골동품을 거래할 수 있도록 설정된 가상의 사업장을 포함한다)을 갖춘 경우
② 서화 · 골동품을 거래하기 위한 목적으로 사업장등록을 한 경우

● 서화 · 골동품 양도로 발생하는 소득의 원천징수 특례(원천징수위임대리)
기타소득에 해당하는 서화 · 골동품의 양도로 발생하는 소득에 대하여 양수자인 원천징수의무자가 국내사업장이 없는 비거주자 또는 외국법인인 경우로 원천징수를 하기 곤란하여 원천징수를 하지 못하는 경우에는 서화 · 골동품의 양도로 발생하는 소득을 지급받는 자를 원천징수의무자로 원천징수규정을 적용한다.

27. 종교인소득

2018.1.1. 이후 발생하는 과세대상 종교인소득은 종교 관련 종사자(통계법 제22조에 따라 작성된 한국표준직업분류에 따른 종교 관련 종사자)(소칙 §10의 2)가 종교의식을 집행하는 등 종교 관련 종사자로서 활동과 관련하여 종교의 보급이나 교화를 목적으로 설립된 다음의 단체(그 소속 단체를 포함)로서 해당 종교 관련 종사자가 소속된 단체(이하 "종교단체")로부터 받은 소득을 말하며 소득세법상 기타소득에 해당된다(소법 §21 ① 26호, 소령 §41 ⑭). 종교인소득에 있어서는 다음 사항에 유의한다.

① 민법 제32조에 따라 설립된 비영리법인

② 국세기본법 제13조에 따른 법인으로 보는 단체

③ 부동산등기법 제49조 제1항 제3호에 따라 부동산등기용 등록번호를 부여받은 법인 아닌 사단·재단

1) 다른 소득과의 구분

① 퇴직소득과의 구분

종교 관련 종사자가 현실적인 퇴직을 원인으로 종교단체로부터 지급받은 소득은 퇴직소득에 해당한다(소령 §42의 2 ④ 4호).

다만, 종교 관련 종사자가 그 활동과 관련하여 현실적인 퇴직 이후에 종교단체로부터 정기적 또는 부정기적으로 지급받는 소득으로서 현실적인 퇴직을 원인으로 종교단체로부터 지급받는 소득에 해당하지 않는 소득은 기타소득에 포함되는 것으로 본다(소령 §41 ⑯).

② 근로소득과의 구분

종교인소득(퇴직소득에 해당되는 경우 제외)은 원칙적으로 기타소득에 해당하나 근로소득으로 원천징수하거나 과세표준 확정신고를 한 경우에는 근로소득으로 본다(소법 §21 ③). 즉 종교 관련 종사자는 종교단체와 합의하여 본인의 소득을 기타소득 또는 근로소득으로 선택할 수 있다.

③ 종교인이 종교활동과 관련없이 받은 소득

종교인소득은 종교인이 종교활동과 관련하여 종교단체로부터 받은 소득이므로 종교활동과 관련없는 소득, 예컨대 복지단체에서 근로대가로 받은 소득은 근로소득에 해당한다.

④ 다른 종교단체에서 지급받은 사례비

종교인이 종교활동과 관련하여 다른 종교단체로부터 사례비를 지급받은 경우에도 종교 인소득에 해당한다. 이 경우 종교인은 다른 종교단체로부터 받은 소득을 소속 종교단 체로부터 받은 소득과 합산하여 종합소득세 과세표준 확정신고를 하여야 한다.

2) 비과세 기타소득

종교인소득 중 다음에 해당하는 소득은 소득세가 비과세된다(소법 §12 5호 아목, 소령 §19, 소칙 §10의 2).

① 종교 관련 종사자가 소속된 종교단체의 종교관련종사자로서의 활동과 관련있는 교 육·훈련을 위하여 소속 종교단체로부터 받는 초·중등교육법 및 고등교육법 제2 조에 따른 학교(외국에 있는 이와 유사한 교육기관을 포함)와 평생교육법 5장에 따른 평생교육시설의 입학금·수업료·수강료, 그 밖의 공납금

② 소속 종교단체가 종교 관련 종사자에게 제공하는 식사나 그 밖의 음식물 또는 그 밖의 음식물을 제공받지 아니하는 종교 관련 종사자가 소속 종교단체로부터 받는 월 20만원 이하의 식사대

③ 종교 관련 종사자가 받는 다음의 실비변상적 성질의 지급액

> 1. 일직료·숙직료 및 그 밖에 이와 유사한 성격의 급여
> 2. 여비로서 실비변상 정도의 금액(종교관련종사자가 본인 소유의 차량을 직접 운전 하여 소속 종교단체의 종교관련종사자로서의 활동에 이용하고 소요된 실제 여비 대신에 해당 종교단체의 규칙 등에 정하여진 지급기준에 따라 받는 금액 중 월 20만원 이내의 금액을 포함)
> 3. 종교관련종사자가 소속 종교단체의 규약 또는 소속 종교단체의 의결기구의 의 결·승인 등을 통하여 결정된 지급기준에 따라 종교활동을 위하여 통상적으로 사 용할 목적으로 지급받은 금액 및 물품 금액 및 물품
> 4. 종교관련종사자가 천재·지변이나 그 밖의 재해로 인하여 받는 지급액

④ 종교 관련 종사자 또는 그 배우자의 출산이나 6세 이하(해당 과세기간 개시일을 기준 으로 판단) 자녀의 보육과 관련하여 종교단체로부터 받는 금액으로서 월 10만원 이 내의 금액

⑤ 종교단체가 소유하여 종교 관련 종사자에게 무상 또는 저가로 제공하거나, 종교단 체가 직접 임차하여 종교 관련 종사자에게 무상으로 제공하는 주택을 종교 관련 종

사자가 제공받아 얻는 이익

3) 필요경비

기타소득으로 분류되는 종교인소득에 대한 필요경비는 다음과 같다. 다만, 도표에서 '종교 관련 종사자가 받은 금액'은 '2)'에서 언급한 비과세 기타소득을 제외한 금액으로 하며, 실제 소요된 필요경비가 도표에 따른 금액을 초과하면 그 초과하는 금액도 필요경비에 산입한다(소령 §87 3호).

종교 관련 종사자가 받은 금액	필요경비
~2,000만원 이하	종교 관련 종사자가 받은 금액×80%
2,000만원 초과 4,000만원 이하	종교 관련 종사자가 받은 금액×50%+600만원
4,000만원 초과 6,000만원 이하	종교 관련 종사자가 받은 금액×30%+1,400만원
6,000만원 초과~	종교 관련 종사자가 받은 금액×20%+2,000만원

4) 종교인소득에 대한 원천징수

① 매월분 소득에 대한 원천징수

종교 관련 종사자에게 종교인소득을 지급하는 원천징수의무자는 소득세법시행령 별표 3의 4 종교인소득 간이세액표 해당란의 세액을 기준으로 원천징수한다(소령 §202 ④).

[별표 3의 4] 종교인소득 간이세액표(제202조 제4항 관련)

1. 이 간이세액표의 해당세액은 종교단체가 종교인소득(기타소득)으로 지급 시 종교관련 종사자가 연간 지급받는 금액 또는 월 지급액에 대하여 필요경비, 기본공제 및 세액공제 수준을 반영하여 원천징수할 세액을 계산한 금액임

   가. 적용산식

   > [{(매월 지급하는 소득×12 또는 연간 지급하는 소득)-필요경비(80퍼센트부터 20퍼센트까지)}-기본공제-연금소득공제]×세율(20퍼센트)-총급액 구간별 기부금, 연금계좌세액공제, 표준세액공제를 반영한 세액공제 결과 계산한 세액을 12개월로 나눈 금액

   나. 연간 총지급액 구간별 기부금 등 지출수준을 반영한 세액공제 금액

   > 총지급액이 7천만원 이하인 자는 총지급액의 2.3퍼센트(총지급액 7천만원 초과자는 161만원)+결정세액의 10퍼센트(90만원 한도)

2. 공제대상 가족의 수를 산정할 때 본인 및 배우자도 각각 1명으로 보아 계산함

3. 추가공제 대상자 또는 자녀세액공제가 있는 경우 간이세액표 적용방법

공제대상 가족 중 추가공제(경로우대 및 장애인공제)가 있는 경우와 7세 이상 20세 이하의 자녀가 있는 경우 원천징수 세액은 다음의 계산식에 따른 공제대상 가족 수에 해당하는 금액으로 함

> 추가공제 적용 시 공제대상 가족의 수=실제 공제대상 가족의 수+경로우대 및 장애인공제대상 인원 수, 7세 이상 20세 이하 자녀의 수

4. 공제대상 가족의 수가 10명을 초과하는 경우 10명의 세액으로 징수함

② 원천징수세액의 반기별 납부특례

종교인소득을 지급하는 종교단체는 원천징수 관할세무서장으로부터 반기별 납부승일은 받은 경우 원천징수세액을 그 징수일이 속하는 반기(半期)의 마지막 달의 다음 달 10일까지 납부할 수 있다(소법 §128 ②, 소령 §186 ①). 이때 종교단체는 반기별로 납부특례 적용 반기의 직전월의 1일부터 말일까지 원천징수관할세무서장에게 신청하여야 한다(소령 §186 ③).

③ 원천징수의 예외

종교인소득(근로소득으로 보는 경우 포함)을 지급하는 자는 소득세의 원천징수를 하지 않을 수 있다. 이 경우 종교인소득을 지급받은 자는 종합소득과세표준을 신고하여야 한다(소법 §155의 6).

이는 종교단체와 종교 관련 종사자가 협의하여 종교단체로부터 받는 소득의 구분을 기타소득(종교인소득) 또는 근로소득으로 결정하고 원천징수 예외규정을 적용하여 원천징수(연말정산 포함)를 하지 않는다면 종교 관련 종사자가 다음 연도 5월에 기타소득 또는 근로소득으로 소득세를 신고·납부하여야 한다는 것이다.

5) 종교인소득 연말정산

기타소득으로 분류되는 종교인소득을 지급하고 그 소득세를 원천징수하는 자는 해당 과세기간의 다음 연도 2월분의 종교인소득을 지급할 때(2월분의 종교인소득을 2월 말일까지 지급하지 아니하거나 2월분의 종교인소득이 없는 경우에는 2월 말일) 또는 해당 종교 관련 종사자와의 소속관계가 종료되는 달의 종교인소득을 지급할 때 해당 과세기간의 종교인소득에 대하여 다음 산식에 따른 금액을 원천징수하여야 한다(소법 §145의 3 ①, 소령 §202의 4 ①).

> 1. 과세표준(A)=종교인소득−비과세소득−필요경비−소득공제
> 2. 연말정산 납부(환급)세액=과세표준(A)×소득세율−세액공제−기납부세액

이때 종교인소득에 대한 연말정산, 소득공제 등의 신고, 원천징수영수증의 발급 또는 원천징수 시기에 관하여는 사업소득자 관련 규정을 준용한다. 이 경우 '사업소득'은 '종교인소득'으로, '사업자' 또는 '사업소득자'는 '종교 관련 종사자'로, '거래계약'은 '소속관계'로, '해지'는 '종료'로, '사업소득세액연말정산신청서'는 '종교인소득세액연말정산신청서'로, '사업소득원천징수부'는 '종교인소득원천징수부'로 본다(소법 §145의 3 ②, 소령 §202의 4 ②).

① 공제가능 소득공제

　가. 인적공제(기본공제, 추가공제)

　나. 연금보험료공제

　다. 개인연금저축공제

　라. 투자조합출자공제

② 공제가능 세액공제

　가. 자녀세액공제

　나. 연금계좌공제

　다. 10만원 이하 정치자금공제

　라. 특례 · 일반 · 우리사주조합기부금공제

　마. 표준세액공제

③ 연말정산 절차

일 정	구 분	내 용
2023년 2월분 소득 지급 시	종교인	다음에 해당하는 서류를 종교단체에 제출 • 소득 · 세액공제신고서 작성 • 소득 · 세액공제 관련 증빙 영수증
	종교단체	종교인으로부터 제출받은 소득 · 세액공제신청내역과 관련 증빙영수증을 검토하여 세액계산
	종교단체	종교인에게 연말정산 결과 안내 • 원천징수영수증 발급 • 연말정산 결과에 따라 종교인에게 환급 또는 추가 납부

일 정	구 분	내 용
2023년 3월 10일까지	종교단체	다음에 해당하는 서류를 세무서에 제출 • 지급명세서 • 원천징수이행상황신고서

④ 근로소득으로 신고한 경우의 연말정산

일반 근로소득자에 대한 연말정산(상기 '2) ③ 중 4. 종교활동비'는 근로소득에서도 비과세됨)과 동일하다.

6) 지급명세서 제출

① 지급명세서 제출의무

종교인에게 종교인소득을 지급하는 경우에 종교단체는 원천징수 및 연말정산 여부와 상관없이 지급명세서를 다음 연도 3.10.까지 제출하여야 한다(소법 §164 ①).

관련 지급명세서 서식은 다음과 같다.

가. 기타소득으로 연말정산을 한 경우

별지 제23호 서식(6) 종교인소득지급명세서(연말정산용)

나. 기타소득으로 연말정산을 하지 아니하는 경우

별지 제23호 서식(4) 기타소득지급명세서(연간집계용)

다. 근로소득으로 구분한 경우

별지 제24호 서식(1) 근로소득지급명세서

② 지급명세서 제출 면제대상

종교인소득 중 비과세 기타소득에 대하여는 제출의무가 면제된다. 단 종교인이 지급받은 실비변상적 성질의 지급액 중 종교단체의 지급기준에 따라 종교활동비로 지급받은 금액 및 물품은 지급명세서 제출 대상에 해당된다(소령 §214 ①).

③ 지급명세서 제출불성실 가산세

미제출·불분명 지급금액의 1%(지연제출 시 0.5%)

7) 종교단체의 종교인소득 구분 기록·관리 의무

종교단체는 소속 종교 관련 종사자에게 지급한 금액 및 물품(비과세소득도 포함)과 그 밖에 종교 활동과 관련하여 지출한 비용을 구분하여 기록·관리하여야 한다(소령 §41 ⑮).

8) 세무조사 시 질문·조사

① 종교단체가 소속 종교관련종사자에게 지급한 금액 및 물품과 그 밖에 종교 활동과 관련하여 지출한 비용을 정당하게 구분하여 기록·관리하는 경우 세무에 종사하는 공무원은 질문·조사할 때 종교단체가 소속 종교관련종사자에게 지급한 금액 및 물품 외에 그 밖에 종교 활동과 관련하여 지출한 비용을 구분하여 기록·관리한 장부 또는 서류에 대해서는 조사하거나 그 제출을 명할 수 없다(소령 §222 ②).

② 세무에 종사하는 공무원은 종교인소득에 관한 신고내용에 누락 또는 오류가 있어 질문·조사권을 행사하려는 경우에는 미리 국세기본법 제45조에 따른 수정신고를 안내하여야 한다(소령 §222 ③).

9) 근로장려세제 대상

종교인소득을 근로소득 또는 기타소득 중 어떤 소득으로 신고하는지에 상관없이 일정 소득금액 이하인 경우에는 조세특례제한법 제100조의 3의 근로장려금을 신청할 수 있다(조특법 §100의 3).

10) 종교인소득 관련 서식

번호	내용	관련규정	서식명
①	매월 원천징수하는 세액을 반기별로 납부하기 위해 신청서류	소칙 21호의 2	원천징수세액 반기별 납부 승인신청서
②	원천징수하는 세액을 신고 납부하는 서식	소칙 21호	원천징수이행상황신고서
③	종교인소득세액을 연말정산 하려는(하지 아니하려는) 경우 제출	소칙 25호의 3	종교인소득세액연말정산 신청(포기)서
④	종교인소득을 연말정산하려는 종교인이 종교단체에 제출	소칙 37호(2)	소득·세액 공제신고서 (종교인소득에 대한 연말정산용)
⑤	원천징수의무자는 매월 원천징수 내역을 원천 징수부에 기록하고 보관	소칙 25호(4)	소득자별 종교인소득 원천징수부
⑥	연말정산한 종교인소득에 대한 지급명세서	소칙 23호(6)	종교인소득지급명세서 (연말정산용)
⑦	연말정산하지 않은 종교인소득에 대한 지급명세서	소칙 23호(4)	기타소득지급명세서 (연간집계표)

번호	내 용	관련규정	서식명
⑧	근로소득으로 연말정산한 경우 지급명세서	소칙 24호(1)	근로소득지급명세서
⑨	종교인소득만 있는 단일소득자의 종합소득세신고서	소칙 40호(5)	종합소득세 과세표준 확정정신고서(단일소득 – 종교인소득자용)
⑩	근로(자녀)장려금을 신청할 수 있는 신청서	조특칙 64호의 2	근로장려금 · 자녀장려금 신청서

02

■ 소득세법 시행규칙 [별지 제23호 서식(6)] 〈개정 2021. 3. 16.〉 (3쪽 중 제1쪽)

[　]종교인소득 원천징수영수증(연말정산용) [　]종교인소득 지 급 명 세 서(연말정산용) ([　]소득자 보관용 [　]발행자 보관용 [　]발행자 보고용)						소득자 구분		
관리번호						거주구분	거주자1/비거주자2	
① 귀속 연도	년					내·외국인	내국인1/외국인9	
						거주지국	거주지국코드	

징수 의무자	② 종교단체명			③ 대표자(성명)		④ 사업자등록(고유)번호		
	⑤ 주민(법인)등록번호			⑥ 소재지(주소)				
소득자	⑦ 성 명				⑧ 주민등록번호			
	⑨ 주 소							

종교인 소득	⑩ 발생처 구분	⑪ 종교 단체명	⑫ 사업자등록(고유)번호	⑬ 발생기간 (연·월·일)	⑭ 지급액 (비과세소득 제외)	⑮ 비과세소득
	주(현)		－ －	. . ~ . .		
	종(전)		－ －	. . ~ . .		
			－ －	. . ~ . .		

소득 금액	⑯ 종교인소득(⑭)	⑰ 필요경비	⑱ 소득금액(⑯-⑰)

⑲ 종교인소득 소득금액 (⑱)						구 분	소득세	지방 소득세	농어촌 특별세	계
인적공제	기본공제	⑳ 본 인		㉜ 소득공제 등 종합한도 초과액		㊵ 결정세액				
		㉑ 배우자		㉝ 종합소득과세표준		기납부세액	㊶ 종(전) 근무지			
		㉒ 부양가족 (　명)		㉞ 산출세액			㊷ 주(현) 근무지			
	추가공제	㉓ 경로우대 (　명)		㉟ 자녀세액공제	공제대상자녀(　명)	㊸ 차감 납부할 세액				
		㉔ 장애인 (　명)			출산·입양자(　명)					
		㉕ 부녀자		㊱ 연금계좌 세액공제						
		㉖ 한부모 가족		㊲ 기부금 세액공제	정치자금					
	㉗ 연금보험료공제				특례기부금	위 원천징수세액(수입금액)을 영수(지급)합니다.				
	㉘ 기부금(이월분)				우리사주조합					
	㉙ 종합소득공제 계				일반기부금	년　　　월　　　일				
	㉚ 개인연금 저축소득 공제			㊳ 표준세액공제		징수(보고)의무자　　　　　　(서명 또는 인)				
	㉛ 투자조합 출자등 소득공제			㊴ 외국납부세액공제		세무서장 귀하				

㊹ 인적공제자 명세(해당 소득자의 기본공제와 추가공제 및 부양 등으로 공제금액 계산명세가 있는 자만 적습니다. 다만, 본인은 표기하지 않습니다)

관계	성 명	주민등록번호	관계	성 명	주민등록번호	관계	성 명	주민등록번호

※ 관계코드: 소득자의 직계존속=1, 배우자의 직계존속=2, 배우자=3, 직계비속(자녀, 입양자)=4, 직계비속(직계비속과 그 배우자가 장애인인 경우 그 배우자)=5, 형제자매=6, 수급자=7(코드1~6제외), 위탁아동=8　＊ 4~6은 소득자와 배우자의 각각의 관계를 포함합니다.

작 성 방 법

1. 거주지국과 거주지국코드는 비거주자에 해당하는 경우에 한정하여 적으며, 국제표준화기구(ISO)가 정한 ISO코드 중 국명약어 및 국가코드를 적습니다(※ ISO국가코드: 국세청홈페이지→국제정보→국제조세정보→국제조세자료실에서 조회할 수 있습니다).
2. "징수의무자"란의 "⑤주민(법인)등록번호"는 소득자 보관용에는 적지 않습니다.
3. 원천징수의무자는 지급일이 속하는 과세기간의 다음 연도 3월 10일(휴업·폐업한 경우에는 휴업일·폐업일이 속하는 달의 다음다음 달 말일)까지 지급명세서를 제출해야 합니다.
4. "⑭ 지급액"란은 「소득세법」 제12조제5호아목에 따른 비과세 종교인소득을 제외하고 적습니다.
5. "⑮ 비과세소득"란에는 「소득세법 시행령」 제19조제3항제3호의 금액(종교관련종사자가 소속 종교단체의 규약 또는 소속 종교단체의 의결기구의 의결·승인 등을 통하여 결정된 지급 기준에 따라 종교 활동을 위하여 통상적으로 사용할 목적으로 지급받은 금액 및 물품)을 적습니다.
6. "㉛ 소득공제 등 종합한도 초과액"란은 종교인소득 소득·세액공제신고서(별지 제37호서식(2)) 제2쪽의 투자조합 출자 등 소득공제 항목의 "조합 등"란의 공제액이 2천5백만원을 초과하는 경우에 그 초과하는 금액을 적습니다.
7. ㊲ 기부금세액공제를 받는 소득자(종교 관련 종사자)에 대해서는 이 서식 제2쪽의 기부금명세서를 작성해야 하며, 종교인소득 지급명세서를 원천징수 관할 세무서장에게 제출 시 기부금명세서를 함께 제출해야 합니다.
8. "㊸ 차감 납부할 세액"란이 소액 부징수(1천원 미만을 말합니다)에 해당하는 경우 "0"으로 적습니다.
9. 이 서식에 적는 금액 중 소수점 이하 값은 버립니다.

210mm×297mm(백상지 80g/㎡)

■ 소득세법 시행규칙 [별지 제37호 서식(2)] (2023.3.**. 개정)

(5쪽 중 제1쪽)

소득·세액 공제신고서(　　년 종교인소득에 대한 연말정산용)

※ 2018년 1월 1일 이후 종교단체로부터 받은 종교인소득(기타소득)에 대하여 연말정산을 하려는 종교관련종사자는 소득·세액 공제신고서에 소득·세액 공제 증명서류를 첨부하여 원천징수의무자(종교단체)에게 제출하며, 원천징수의무자는 신고서 및 첨부서류를 확인하여 종교인소득(기타소득)에 대한 세액계산을 하고 종교관련종사자에게 즉시 종교인소득원천징수영수증을 발급해야 합니다. 연말정산 시 해당 종교관련종사자에게 환급이 발생하는 경우 원천징수의무자는 종교관련종사자에게 환급세액을 지급해야 합니다.

소득자 성명		주민등록번호	-
종교단체명		사업자등록번호 (고유번호)	- -
세대주 여부	[ ]세대주 [ ]세대원	국 적	(국적 코드:)
근무기간	~	거주구분	[ ]거주자 [ ]비거주자
거주지국	(거주지국 코드:)	인적공제 항목 변동 여부	[ ]전년과 동일 [ ]변동

I. 인 적 공 제 및 소 득 · 세 액 공 제 명 세	인적공제 항목						각종 소득·세액 공제 항목	
	관계코드	성 명	기본공제		경로우대	출산·입양	자료 구분	기부금
	내·외국인	주민등록번호	부녀자	한부모	장애인			
	인적공제 항목에 해당하는 인원수를 적습니다.						국세청	
							기타	
	0	(근로자 본인)		○			국세청	
							기타	
		-					국세청	
							기타	
		-					국세청	
							기타	
							국세청	
							기타	

유의사항

1. "인적공제 항목 변동 여부"란에는 해당 항목에 "√"표시합니다(인적공제 항목이 전년과 동일한 경우에는 주민등록표등본을 제출하지 않습니다).

2. 관계코드

구 분	관계코드	구 분	관계코드	구 분	관계코드
소득자 본인 (「소득세법」 §50①1)	0	소득자의 직계존속 (「소득세법」 §50①3가)	1	배우자의 직계존속 (「소득세법」 §50①3가)	2
배우자 (「소득세법」 §50①2)	3	직계비속(자녀·입양자) (「소득세법」 §50①3나)	4	직계비속(코드 4 제외) (「소득세법」 §50①3나)	5*
형제자매 (「소득세법」 §50①3다)	6	수급자(코드1-6제외) (「소득세법」 §50①3라)	7	위탁아동 (「소득세법」 §50①3마)	8

* 관계코드 5: 해당 직계비속과 그 배우자가 장애인인 경우 그 배우자를 말합니다.

※ 관계코드 4-6은 소득자와 배우자의 각각의 관계를 포함합니다.

3. 연령기준

- 경로우대: (. .) 이전 출생(만 70세 이상: 연 100만원 공제)

4. "부녀자 공제"란에는 소득자 본인이 여성인 경우로서 다음의 요건을 모두 충족하는 경우에 표시합니다.

　가. 해당 과세기간의 종합소득과세표준을 계산할 때 합산하는 종합소득금액이 3천만원 이하일 것

　나. 배우자가 없는 여성으로서 「소득세법」 제50조제1항제3호에 따른 부양가족이 있는 세대주이거나 배우자가 있는 여성일 것

5. "장애인 공제"란에는 다음의 해당 코드를 적습니다.

구분	「장애인복지법」에 따른 장애인	「국가유공자 등 예우 및 지원에 관한 법률」에 따른 상이자 및 이와 유사한 자로서 근로능력이 없는 자	그 밖에 항시 치료를 요하는 중증환자
해당코드	1	2	3

6. 내·외국인: 내국인=1, 외국인=9로 구분하여 적습니다. 종교관련 종사자가 외국인에 해당하는 경우 국적을 적으며, 국적코드는 거주지국코드를 참조하여 적습니다.

210mm×297mm[백상지 80g/㎡ 또는 중질지 80g/㎡]

(5쪽 중 제2쪽)

구분		지출명세	지출구분	금 액	한도액	공제액
Ⅱ.연금 보험료 공제	연금보험료 (국민연금)	국민연금보험료	보험료		전액	
		연금보험료 계				
Ⅲ. 소 득 공 제	기부금 (이월분)	특례기부금	기부금이월액		작성방법 참조	
		일반기부금(종교단체 기부금 제외)	기부금이월액			
		일반기부금 중 종교단체기부금	기부금이월액			
		기부금이월분(합계)				
	개인연금저축(2000년 이전 가입)		납입금액		납입액 40%와 72만원	
	투자조합 출자 등 (2017년 이전에 출자 또는 투자한 경우)	조합 등	출자·투자금액		작성방법 참조	
		벤처 등				
		투자조합 출자 등 계				

구분		세액감면·공제명세		세액감면·공제 명세				
		공제 종류		명세	한도액	공제대상금액	공제율	공제세액
Ⅳ. 세 액 감 면 및 공 제	세 액 공 제	연금 계좌	과학기술인공제	납입금액	작성방법 참조		12% 또는 15%	
			「근로자퇴직급여 보장법」에 따른 퇴직연금	납입금액				
			연금저축	납입금액				
			연금계좌 계					
		특별 세액 공제	기부금	정치 자금 기부금	10만원 이하	기부금액	작성방법 참조		100/110	
				10만원 초과	기부금액			15% 또는 30% (2021년, 2022년의 경우 20% 또는 35%)	
				특례기부금	기부금액				
				우리사주조합기부금	기부금액				
				일반기부금 (종교단체 기부금 제외)	기부금액				
				일반기부금 중 종교단체기부금	기부금액				
				기부금 계					
		외국납부세액		국외원천소득				
				납세액(외화)				
				납세액(원화)		–		
				납세국명	납부일			
				신청서제출일	국외 종교단체명 등			
				종사기간	직책			

신고인은 「소득세법」 제145조의3 제2항에 따라 위의 내용을 신고하며, 위 내용을 충분히 검토하였고 신고인이 알고 있는 사실 그대로를 정확하게 적었음을 확인합니다.

년   월   일

신고인   (서명 또는 인)

Ⅴ. 추가 제출 서류

1. 종(전) 근무지 명세	종(전)종교단체명		종(전) 종교인소득 총액		종(전)근무지 종교인소득 원천징수영수증 제출 ( )
	사업자등록번호 (고유번호)		종(전) 결정세액		
2. 연금·저축 세액 공제명세서 제출 여부 (○ 또는 ×로 적습니다)		제출 ( ) ※ 연금계좌 세액공제를 신청한 경우 해당 명세서를 제출해야 합니다.			
3. 그 밖의 추가 제출 서류		① 기부금명세서 ( ), ② 소득·세액공제 증명서류			

유 의 사 항

1. 종교관련 종사자가 종(전)근무지의 종교인소득을 원천징수의무자에게 신고하지 않은 경우에는 종교관련종사자 본인이 종합소득세 신고를 해야 합니다.
2. "공제액", "공제대상금액", "공제세액"란은 종교관련 종사자 본인이 적지 아니하고 빈칸으로 원천징수의무자에게 제출할 수 있습니다.

210mm×297mm[백상지 80g/㎡ 또는 중질지 80g/㎡]

연금계좌 소득 · 세액공제명세서

1. 인적사항	① 성 명		② 주민등록번호	
	③ 주 소			
			(전화번호:)	

2. 연금계좌 소득 · 세액공제

1) 퇴직연금계좌

★ 퇴직연금계좌에 대한 명세를 작성합니다.

퇴직연금 구분	금융회사 등	계좌번호 (또는 증권번호)	납입금액	세액공제금액

2) 연금저축계좌

★ 연금저축계좌에 대한 명세를 작성합니다.

연금저축 구분	금융회사 등	계좌번호 (또는 증권번호)	납입금액	소득 · 세액 공제금액

02

작 성 방 법

1. 연금계좌 세액공제를 받는 종교관련종사자에 대해서는 해당 세액 공제에 대한 명세를 작성해야 합니다. 해당 계좌별로 납입금액과 세액 공제 금액을 적고, 공제금액이 영(0)인 경우에는 적지 않습니다.

2. 퇴직연금계좌에서 "퇴직연금 구분"란은 퇴직연금 [확정기여형(DC),개인형(IRP)] · 과학기술인공제회로 구분하여 적습니다.

3. 연금저축계좌에서 "연금저축 구분"란은 개인연금저축과 연금저축으로 구분하여 적습니다.

4. 공제금액란은 종교관련종사자가 적지 않을 수 있습니다.

210mm×297mm[백상지 80g/㎡ 또는 중질지 80g/㎡]

■ 소득세법 시행규칙 [별지 제25호 서식(4)] <2023.3.XX. 개정>

소득자별 종교인소득 원천징수부

(「소득세법 시행령」 제202조의4 관련)

징수의무자	① 종교단체명		② 사업자등록번호(고유번호)	— —
	③ 소재지			
소득자	④ 성명		⑤ 주민등록번호	—
	⑥ 주소			

가족사항	⑦ 배우자 유·무	⑧ 20세 이하 명	⑨ 60세 이상 명	⑩ 신고서제출일	⑪ 70세 이상 명	⑫ 장애인 명	⑬ 부녀자 여·부	⑭ 한부모 여·부
부양가족								

⑮ 월별	⑯ 지급일	⑰ 지급액(비과세소득 제외)	원천징수세액 ⑱ 소득세	⑲ 지방소득세	⑳ 지급일	㉑ 지급액(비과세소득 제외)	원천징수세액 ㉒ 소득세	㉓ 지방소득세
1월분					7월분			
2월분					8월분			
3월분					9월분			
4월분					10월분			
5월분					11월분			
6월분					12월분			
					계			

㉔ 종교인소득(=⑰+㉑)

소득금액의 계산
- ㉕ 필요경비
- ㉖ 종교인소득금액 (㉔-㉕)

종합소득 소득금액 (㉖)
- ㉚ 본인 / ㉛ 배우자 / ㉜ 부양가족 (기본공제)
- ㉝ 경로우대 / ㉞ 장애인 / ㉟ 부녀자 / ㊱ 한부모가족 (추가공제)
- ㊲ 연금보험료공제
- ㊳ 일반기부금 / ㊴ 일반기부금 외 (기부금 이월분)
- ㊵ 종합소득공제계
- ㊶ 개인연금저축소득공제
- ㊷ 투자조합출자등소득공제
- ㊸ 소득공제 등 종합한도초과액
- ㊹ 종합소득과세표준
- ㊺ 산출세액
- ㊻ 자녀세액공제 / ㊼ 연금계좌 세액공제 / ㊽ 기부금세액공제 / ㊾ 표준세액공제 (세액공제)
- ㊿ 외국납부세액공제
- ⑤① 결정세액
- ⑤② 종(전)근무지에서 원천징수한 세액
- ⑤③ 주(현)근무지에서 원천징수한 세액
- ⑤④ 차감원천징수세액
- ⑤⑤ 차감환급세액

소득세	지방소득세	농어촌특별세	계

364mm×257mm (백상지(1종) 70g/㎡)

소득세법시행규칙 [별지 제25호의 3 서식] (2017.3.10. 신설)

종교인소득세액연말정산신청(포기)서

(앞쪽)

접수번호	접수일자		처리기간	즉시

원천 징수 의무자	① 종교단체명	② 사업자등록번호(고유번호)
	③ 대표자(성명)	④ 주민(법인)등록번호
	⑤ 주소 (전화번호 :)	
	⑥ 종교단체 소재지 (전화번호 :)	

신청(포기)내용

⑨ 연말정산을 하고자 하는 종교인소득분	년도 소득분부터			
⑩ 연말정산을 하지 않고자 하는 종교인소득분	년도 소득분부터		최초로 연말정산한 과세기간	년도
세무대리인	성명		전화번호	
	관리번호	−		

「소득세법 시행령」 제202조의 4 제2항에 따라 종교인소득세액 연말정산 신청(포기)서를 제출합니다.

년   월   일

신청인   (서명 또는 인)

세무대리인   (서명 또는 인)

세 무 서 장   귀하

유의사항

※ 이 신청(포기)서는 최초로 종교인소득세액 연말정산을 하려는(연말정산을 하지 아니하려는) 해당 과세기간의 종료일까지 제출 하여야 합니다.

210mm×297mm[일반용지 60g/㎡(재활용품)]

1135

28. 가상자산을 양도하거나 대여함으로써 발생하는 소득(가상자산소득) (2025.1.1. 이후 양도·대여분부터 적용)

(1) 거주자의 가상자산소득에 대한 과세방법 신설(소법 §14·§21·§37·§64의 3·§70·§84 등)

1) 과세대상 : 가상자산*을 양도·대여함으로써 발생하는 소득

> * 특정금융정보법 제2조 제3호

2) 소득구분 : 기타소득(소법 §21 ② 27호)

3) 소득금액의 계산방법 ①-②(소법 §37 ② 3호)

① 총수입금액 : 양도(매매, 교환)·대여의 대가
② 필요경비 : 실제 취득가액 등*

> * 부대비용(거래 수수료, 세무 관련 비용 등) 포함

－취득가액 평가방법 : 선입선출법*(신고수리가상자산사업자를 통한 거래는 이동평균법 적용)

> * 「법인세법」에서도 동일하게 규정

－법 시행 전 보유한 가상자산의 의제취득가액(소법 §37 ⑤, 소령 §88)

Max (법 시행일 전일의 시가*, 실제 취득가액 등)

> * 2022.12.31. 시가평가방법

가. 특정금융정보법상 신고수리가상자산사업자 중 국세청장이 고시하는 사업자(시가고시가상자산사업자)의 사업장에서 거래되는 가상자산 : 신고수리가상자산사업자 중 국세청장이 고시하는 사업자들이 2023.1.1. 0시 현재 공시한 가상자산가격의 평균액

나. '가.' 외의 가상자산 : 특정금융정보법상 시가고시가상자산사업자 외의 신고수리가상자산사업자가 공시하는 2023.1.1. 0시 현재 공시한 가상자산가격

4) 과세방법 : 분리과세(원천징수하지 않음)(소법 §14 ③ 8호 다목·§127 ① 6호 다목)

① (가상자산소득금액－250만원)×20%(소법 §64의 3 ②)
② 손익통산 : 과세기간 내 손익통산 허용
③ 과세최저한 : 과세기간별 소득금액 250만원 이하(소법 §84 3호)

④ 자진신고 · 납부 : 연 1회 신고 · 납부(5.1. ~ 5.31.)(소법 §70 ②)

5) 가상자산 거래내역 등의 제출(소법 §164의 4)

가상자산사업자는 가상자산 거래내역 등을 거래가 발생한 분기종료일의 다음 다음 달 말일까지 가상자산 거래자별 가상자산거래명세서(분기별, 연도별 거래내역 등)를 납세지 관할 세무서장에게 제출한다(소령 §251의 4).

6) 적용시기 : 2025.1.1. 이후 양도 · 대여하는 분부터 적용

(2) 비거주자 · 외국법인의 가상자산소득에 대한 과세방법(법법 §92 · §93 · §98, 법령 §129 · §132 · §137, 소법 §119 · §126 · §156, 소령 §179 · §183 · §207)

1) 과세대상

비거주자 · 외국법인이 가상자산을 양도 · 대여함으로써 발생하는 소득으로 가상자산 사업자[*]가 보관 · 관리하는 가상자산을 인출하는 경우를 포함한다.

  * 특정금융정보법 제2조 제1호 하목

2) 소득구분 : 기타소득

3) 과세방법 : 원천징수

① 원천징수 의무자 : 소득을 지급하는 자
  - 가상자산 사업자를 통하여 양도 · 대여 · 인출 시 : 가상자산 사업자
② 원천징수 금액 : Min [양도가액×10%, (양도가액 − 취득가액 등) × 20%], 필요경비 미확인 시는 양도가액의 10%
③ 원천징수 시기 : 소득을 지급하는 때
  - 가상자산 사업자가 보관 · 관리하는 가상자산을 인출하는 때 포함
④ 납부시기 : 가상자산 또는 원화(양도 · 대여 대가) 인출 시 인출일의 다음 달 10일까지
  ※ 조세조약 체결국의 거주자는 조세조약에 따라 비과세 · 면제 적용 가능(비과세 · 면제 신청서 제출 필요)
⑤ 가상자산 인출 시 원천징수하는 가상자산 소득금액 : 인출 시 가상자산 시가 − 필요경비 또는 취득가액 등[*]
  * 시가와 필요경비 등은 거주자의 계산방법을 준용. 다만, 사업자 지갑에 가상자산을 직접 입고 시 입고시의 시가로 취득가액 의제

1137

⑥ 원천징수금액 납부방법 : 현금·가상자산 인출 시마다 다음 산식으로 계산한 금액의 월간 합계액

$$\text{인별 누적 원천징수액}^* \times \frac{\text{인별 인출액}^{**}}{\text{가상자산사업자의 거래자 인별 자산총액}}$$

* 가상자산 원천징수금액 합계액−직전 인출시점까지의 납부금액 합계액
** 가상자산을 인출한 경우 인출시점에 해당 가상자산의 시가×수량

⑦ 손실발생 시 원천징수금액 합계액 계산

직전거래까지 원천징수금액 합계액−Min[직전거래까지 누적원천징수, 손실금액(20%)]

⑧ 손실발생 시 투자자에 지급하는 금액

⑨ 원천징수 대상 확인 : 가상자산사업자가 납세자 또는 과세당국에 필요한 정보 요청·확인* 가능

* 원천징수대상 변동여부 확인주기 : 3년

4) 2025.1.1. 이후 양도·대여·인출하는 분부터 적용

(3) 가상자산 평가근거 신설(상증법 §60·§65, 상증령 §60 ②)

1) 상속·증여재산 평가방법 적용원칙인 시가의 예외적용인 보충적평가방법 적용대상에 가상자산* 추가

* 특정금융정보법 제2조 제3호

2) 가상자산 평가방법

① 특정금융정보법상 가상자산사업자 중 국세청장이 고시한 사업자의 사업장에서 거래되는 가상자산 : 고시된 사업장의 평가기준일 이전·이후 1개월간 공표된 일평균가격의 평균액

② 상기 '①' 외의 가상자산 : 특정금융정보법상 가상자산사업자 및 그에 준하는 사업자의 사업장의 평가기준일의 일평균 가격 또는 종료시각에 공표된 시세가액 등 합리적으로 인정되는 가격

3) 2022.1.1. 이후 상속·증여분부터 적용

■ 소득세법 시행규칙 [별지 제30호의 3 서식] <개정 2022.12.31.>

(앞 쪽)

가 상 자 산 거 래 명 세 서
(가상자산사업자 제출용ᆞ분기별)

관리번호	①대상 기간	
★ 관리번호는 기입하지 마십시오.	년	분기

②가상자산사업자명 (제출의무자)	③사업자등록번호	④주소 (본점소재지)	⑤금융 기관코드	⑥계좌번호	⑦(출)가상자산 거래 적용 가상자산사업자 코드

가상자산 거래내역

번호	⑧거래자			⑨가상 자산 종류		⑩거래 전 잔고	⑪거래 일자	⑫거래 유형	⑬거래 수량	⑭단가	⑮양도가 등			⑯취득가 등			⑰거래상대방				⑱거래 후 잔고
	성명	주민등록번호 (여권등록번호· 외국인등록번호)	계정 관리 코드	계좌번호	코드	심볼						거래가격	수수료	거래자 수정여부	거래가격	수수료	거래자 수정여부	성명 (상호)	주민등록번호 등 (사업자등록번호 등)	가상자산주소 소재지	가상자산사업자 코드 주소	
1																					
2																					
3																					
4																					
5																					
6																					
7																					
8																					
9																					
10																					
11																					
12																					
13																					
14																					
15																					

「소득세법 시행령」 제216조의4에 따라 위와 같이 가상자산 거래명세서를 제출합니다.

년 월 일

○○○○가상자산사업자 대표이사 ○○○○가상자산사업자 (서명 또는 인)

세무서장 귀하

297㎜×210㎜(백상지 80g/㎡)

(뒤 쪽)

작성방법

1. ①란에는 해당 가상자산의 거래 등이 발생한 분기를 적습니다. 연도는 네 자리, 발생한 분기는 1부터 4까지의 숫자 기준에 해당하는 숫자를 적습니다.(예시: 2025년 1분기)

2. ②란부터 ⑦란까지에는 「소득세법」 제164조의4에 따라 가상자산 거래자의 거래자료 제출 의무가 있는 가상자산사업자의 해당사항을 적습니다.
⑤금융기관코드는 실명계좌를 발급받은 금융기관코드를 아래 표1을 참조하여 기재하고, 가상자산 간 교환거래만 가능한 사업자를 운영하는 사업자는 가격 결정을 위해 선택하는 시장(교시)가상자산사업자 코드를 ⑦기축 가상자산 거래 적용 가상자산사업자 코드 란에 아래 표2를 참조하여 기재합니다.

<표1> 실명계좌 발급 금융기관코드

금융기관	농협	신한	케이뱅크	기타
코드	01	02	03	99

3. ⑧거래자 : 가상자산 매매, 교환, 대여, 이전, 인출, 기타 취득한 자의 인적사항, 계정관리코드(예시: 동일인의 계정이 2개인 경우 '001', '002'), 금융기관코드(위 표 참조), 계좌번호를 적습니다.

4. ⑨가상자산 종류 : 홈택스-조회/발급-기타조회-"가상자산 및 가상자산사업자 코드 조회" 참조 (예시: '비트코인'의 경우 '000145', 표 안에 없는 경우 '999999')

<표2> 기축 가상자산 거래 적용 가상자산사업자 코드

가상자산사업자명	업비트	빗썸	코인원
코드	001	002	004

5. ⑩거래 전 잔고 : 매매, 교환, 대여, 이전, 인출 등의 거래가 발생하기 전의 가상자산 종류별 잔고를 적습니다.

6. ⑪거래일자 : 거래가 발생한 일자를 연도 4자리, 월 2자리, 일 2자리를 적습니다.(예시: 2025년 3월 1일 → 20250301)

7. ⑫거래유형 : 가상자산을 매도하는 경우 '매도', 가상자산을 매수하는 경우 '매수', 교환으로 가상자산을 양도하는 경우 '교환양도', 교환으로 가상자산을 취득한 경우 '교환취득', 가상자산을 대여로 소득이 발생한 경우 '대여', 다른 지급주소로 이전하는 경우 '이전', 외부에서 가상자산의 입출금인 경우 '인출', 기타 가상자산을 취득한 경우 '기타'로 구분하여, 아래 표를 참조하여 해당하는 코드를 적습니다.

※ ⑫거래유형별 ⑬양도가 등, ⑭취득가 등, ⑯거래상대방은 아래 작성방법 참조(거래유형별 해당 금액을 해당 가상자산의 거래금액으로 적습니다.)

코드	유형	거래유형	⑬양도가 등	⑭취득가 등	⑯거래상대방
01	매도	가상자산 매도(가상자산A→원화)	가상자산의 매도가액과 매도 당시 수수료를 적습니다	양도가액에 대응되는 필요경비(취득가액과 수수료 등)을 이동평균법에 따라 계산하여 적습니다	빈칸
02	매수	가상자산 매수(원화→가상자산A)	빈칸	가상자산A의 취득가액과 취득 당시 수수료를 적습니다	빈칸
03	교환양도	가상자산 교환(가상자산A→가상자산B)	가상자산A의 교환가액과 교환 당시 수수료를 적습니다	양도가액에 대응되는 필요경비(취득가액과 수수료 등)을 이동평균법에 따라 계산하여 적습니다	빈칸
04	교환취득	가상자산 교환(가상자산A→가상자산B)	빈칸	가상자산B의 취득가액과 취득 당시 수수료를 적습니다	빈칸
05	대여	가상자산 대여에 대한 대가 수령 (대여 예시: 예치서비스 등)	가상자산 대여로 인하여 수령한 대가의 발생되는 수수료를 적습니다	빈칸	대여소득 지급자의 가상자산주소(지갑 주소)와 소재지를 적습니다
06	이전	다른 가상자산주소(지갑주소)로 이전	빈칸	이전 시 이동평균법에 따라 계산한 취득가액과 수수료를 적습니다	가상자산 수취인의 인적사항과 가상자산주소(지갑 주소)와 소재지를 적습니다
07	인출	외부에서 가상자산 예입	빈칸	인입된 가상자산의 취득가액과 취득 당시 수수료를 적습니다	가상자산 송신(입)인의 인적사항과 인출된 가상자산주소(지갑 소재지와 주소)를 적습니다
99	기타	기타 가상자산 취득 (스테이킹, 하드포크, 에어드랍 등)	빈칸	가상자산 취득가액과 취득 당시 수수료를 적습니다	지급자의 인적사항과 가상자산주소(지갑 소재지와 주소)를 적습니다

8. ⑬거래수량 : 거래유형별 해당 가상자산의 최소 거래단위 까지 적습니다.(예시 : 비트코인의 단가최소 1BTC → 1.0000000000)

9. ⑭단가 : 매도, 매수, 교환양도, 교환취득, 대여, 이전, 기타 취득 시 거래시점의 단가를 각자 구분하여 적습니다.

10. ⑮양도 : 거래유형이 매도, 교환양도, 대여의 경우 자가 각자 구분하여 적습니다.

11. ⑯취득 : 거래유형이 매수, 교환취득, 교환양도, 이전, 인출, 기타의 경우 각자 구분하여 적습니다.
거래수수료란 : 거래가 장치(개인간거래, 해외거래소 등)에서 취득한 가상자산의 취득가액을 직접 입력한 경우 Y, 그 외에는 N을 적습니다.

12. ⑰거래상대방: 매매, 교환의 경우에는 빈칸으로, 대여, 이전, 인입 등 기타의 경우에 거래상대방의 코드를 기재합니다.(홈택스-조회/발급-기타조회-"가상자산사업자 코드 조회" 참조)

13. ⑱거래 후 잔고 : 매매, 교환, 대여, 이전, 인출 등 거래가 발생한 후의 가상자산 종류별 잔고(수량)를 적습니다.

■ 소득세법 시행규칙 [별지 제30호의 4 서식] <개정 2022.12.31.>

(앞 쪽)

| 관리번호 | ①대상연도 | 년 |

* 관리번호는 기입하지 마십시오.

가 상 자 산 거 래 집 계 표
(가상자산사업자 제출용_연간)

| ②가상자산사업자(제출의무자) | ③사업자등록번호 | ④주 소(본점소재지) | ⑤금융기관코드 | ⑥계좌번호 | ⑦가상자산 거래 적용 가상자산사업자 코드 |

가상자산 거래내역

일련번호	⑧거래자					⑨기타소득금액							⑭연간 변동내역(용/수량)			
	성명	주민등록번호(외국인등록번호, 여권번호)	계정관리코드	계좌번호	⑩가상자산 종류	⑪양도 등 거래내용			⑫취득 등 거래내용			⑬기타소득금액	⑮기초재고	⑯증가	⑰감소	⑱기말재고
					코드 / 식별	수량	가액	수수료	수량	가액	수수료					
1																
2																
3																
4																
5																
6																
7																
8																
9																
10																
11																
12																
13																
14																
15																
16																

「소득세법 시행령」 제216조의4에 따라 위와 같이 가상자산 거래집계표를 제출합니다.

년   월   일

○○○○가상자산사업자   대표이사   (서명 또는 인)

세무서장   귀하

297㎜×210㎜(백상지 80g/㎡)

(뒤 쪽)

작성방법

1. ①란에는 해당 가상자산의 거래가 등이 발생한 연도를 적습니다. 연도는 네 자리의 아라비아 숫자로 적습니다.(예시: 2025년)

2. ②란까지에는 '소득세법」에는 「소득세법」 제164조의4에 따라 가상자산 거래자료 제출 여부가 있는 가상자산사업자의 해당사항을 적습니다.

⑤금융기관코드는 실명계좌를 발급받은 금융기관코드를 아래 표1을 참조하여 기재하고, 가상자산 간 교환거래만 가능한 사업자는 기축 가상자산의 가격 결정을 위해 선택하는 시가고 가상자산사업자 코드를 ⑦기축 가상자산 기억 적용 가상자산사업자 코드 란에 아래 표2를 참조하여 기재합니다.

<표1> 실명계좌 발급 금융기관코드

금융기관	종합	신한	케이뱅크	기타
코드	01	02	03	99

<표2> 기축 가상자산 거래 적용 가상자산사업자 코드

가상자산사업자명	업비트	빗썸	코빗	코인원
코드	001	002	003	004

3. ⑧거래자: 대상연도 중 가상자산의 양도 등(매매, 교환, 대여) 거래가 발생한 자의 인적사항, 계정관리코드(예시: 동일인의 계정이 2개인 경우 '001', '002'), 금융기관코드(위 표 참조), 계좌번호를 적습니다.

4. ⑨기타소득금액: 인별 연간 기타소득금액(총 수입금액(양도대여 등 기액) − 총 필요경비(취득가액, 수수료 등))을 계산하기 위해 적습니다.

5. ⑩가상자산 종류: 홈택스−조회/발급−기타조회−"가상자산 및 가상자산사업자 코드 조회" 참조 (예시: '비트코인'의 경우 '000145', 표 안에 없는 경우 '999999')

6. ⑪양도 등 거래내용: 인별, 가상자산별 연간 양도 등(예매, 교환, 대여) 거래 총 수량(최소 거래단위 까지의 합계액 예시: 비트코인 1BTC → 1.0000000000), 총 기액, 총 수수료를 적습니다.

7. ⑫취득 등 거래내용: ⑩번 항목에 기재한 양도가액에 대응되는 필요경비로 이동평균법에 따라 계산한 가상자산 취득가액의 합계액과, 수수료 합계액을 적습니다.

8. ⑬기타소득금액: ⑪번 항목의 가액과 ⑫번 항목의 수수료를 차감한 금액을 적습니다.

9. ⑭연간 변동내역: 대상연도 1년간 인별, 가상자산별 변동될 수량을 적습니다.(연간 변동일자 예시: ⑮기초재고 + ⑯증가 − ⑰감소 = ⑱기말재고)

10. ⑮기초재고: 대상연도 1.1. 0시 가상자산 종류별 수량(최소 거래단위 합계액 예시: 비트코인 1BTC → 1.0000000000)을 적습니다.

11. ⑯증가: 대상연도 중 가상자산 매수, 교환취득, 대여, 인입, 기타 취득 등이 사유로 증가한 총 수량을 적습니다.

12. ⑰감소: 대상연도 중 가상자산 매도, 교환양도, 이전 등이 사유로 감소한 총 수량을 적습니다.

13. ⑱기말재고: 대상연도 12.31. 24시 가상자산 종류별 수량(최소 거래단위 까지의 합계액 예시: 비트코인 1BTC → 1.0000000000)을 적습니다.

Ⅲ 비과세되는 기타소득(소법 §12 5호) 및 산업재산권 현물출자 이익에 대한 과세특례(조특법 §16의 4)

1. 비과세기타소득

(1) 국가유공자등예우및지원에관한법률에 따라 받는 보훈급여금·학습보조비 및 북한이탈주민의보호및정착지원에관한법률에 따라 받는 정착금·보로금 및 기타 금품

(2) 국가보안법에 의하여 받는 상금과 보로금

(3) 상훈법에 따른 훈장과 관련하여 받는 부상 및 기타 다음의 상금과 부상(소령 §18 ①)

1) 상훈법

훈장을 받은 자에게는 부상을 병수할 수 있다(상훈법 §32).

2) 기타 다음의 상금과 부상(소령 §18 ①)

① 대한민국학술원법에 의한 학술원상 또는 대한민국예술원법에 의한 예술원상의 수상자가 받는 상금과 부상

② 노벨상 또는 외국정부·국제기관·국제단체 기타 외국의 단체나 기금으로부터 받는 상의 수상자가 받는 상금과 부상

③ 문화예술진흥법에 따른 대한민국 문화예술상과 같은법에 따른 한국문화예술위원회가 문화예술진흥기금으로 수여하는 상의 수상자가 받는 상금과 부상

④ 대한민국 미술대전의 수상작품에 대하여 수상자가 받는 상금과 부상

⑤ 국민체육진흥법에 의한 체육상의 수상자가 받는 상금과 부상

⑥ 미래창조과학부가 개최하는 과학전람회의 수상작품에 대하여 수상자가 받는 상금과 부상

⑦ 특별법에 의하여 설립된 법인이 관계중앙행정기관의 장의 승인을 얻어 수여하는 상

의 수상자가 받는 상금과 부상

⑧ 품질경영및공산품안전관리법에 의하여 품질명장으로 선정된 자(분임을 포함)가 받는 상금과 부상

⑨ 직장새마을운동·산업재해예방운동 등 정부시책의 추진실적에 따라 중앙행정기관 장 이상의 표창을 받은 종업원이나 관계 중앙행정기관의 장이 인정하는 국내외 기능경기대회에 입상한 종업원이 그 표창 또는 입상과 관련하여 사용자로부터 받는 상금 중 1인당 15만원 이내의 금액

⑩ 국민제안 규정 또는 공무원 제안 규정에 따라 채택된 제안의 제안자가 받는 부상

⑪ 국세기본법 제84조의 2에 따른 포상금 등 법규의 준수 및 사회질서의 유지를 위하여 신고 또는 고발한 사람이 관련 법령에서 정하는 바에 따라 국가 또는 지방자치단체로부터 받는 포상금 또는 보상금

⑫ 경찰청장이 정하는 바에 따라 범죄 신고자가 받는 보상금

⑬ '①'부터 '⑫'까지의 규정에 따른 상금과 부상 외에 국가 또는 지방자치단체로부터 받는 상금과 부상(공무원이 국가 또는 지방자치단체로부터 공무 수행과 관련하여 받는 상금과 부상은 제외)

(4) 종업원 등 또는 대학의 교직원이 퇴직한 후에 지급받거나 대학의 학생이 소속대학에 설치된 산학협력단으로부터 받는 직무발명보상금으로서 연 500만원(근로소득에서 비과세되는 금액이 있는 경우 해당금액을 차감한 금액)

(5) 국군포로의송환및대우등에관한법률에 따라 국군포로가 받는 정착금과 그 밖의 금품

(6) 문화재보호법에 따라 국가지정문화재로 지정된 서화·골동품의 양도로 발생하는 소득

해당 규정은 2009.12.31. 신설되었으며 2013.1.1.부터 시행했다.

(7) 서화·골동품을 박물관 또는 미술관에 양도함으로써 발생하는 소득

해당 규정은 2009.12.31. 신설되었으며 2013.1.1.부터 시행했다.

(8) 종교인소득 중 다음에 해당하는 소득[상기 Ⅱ. (27) 2) 참조]

🔵 **예규 및 판례**

▸▸ 울산광역시의 '2009 산불방화범 검거 포상금 지급지침'에 따라 지급하는 포상금은 소득세법시행령 제18조 제1항에 따른 비과세 기타소득에 해당하지 않는 것임(원천-429, 2012.8.17.).

▸▸ 사단법인 ㅁㅁ협회가 한국문화예술위원회의 문화예술진흥기금 공모사업에 신청하고 교부받은 지원금으로 수여하는 △△대상의 수상자에게 지급하는 상금은 소득세법 제12조 제5호 다목과 같은 법 시행령 제18조 제1항 제3호에 따른 비과세 기타소득에 해당하지 않는 것임(법규소득 2012-60, 2012.3.7.).

▸▸ 대학교 산학협력단이 정부출연 연구기관과 국가연구개발과제에 대한 협약을 체결하고 그 연구개발성과물과 그 성과물에 대한 특허를 기업체에게 이전 및 실시권을 설정한 후 그 기업체로부터 징수한 기술료의 일정액을 소속대학 교원에게 보상금(기술료 인센티브)으로 지급하는 경우 해당 보상금(기술료 인센티브)은 소득세법 제12조 제5호에 따른 비과세 기타소득에 해당하지 않는 것임(소득-62, 2012.1.19.; 소득-11, 2012.1.5.).

▸▸ 고용노동부장관이 직업안정법 제45조의 3에 따라 지급하는 포상금(불법직업소개 허위 구인광고 신고포상금)은 소득세법시행령 제18조 제1항 제11호의 비과세되는 기타소득에 해당하는 것임(원천-121, 2011.2.25.).

▸▸ 공무원 등이 직무와 관련하여 해당기관으로부터 받은 포상금 명목의 금액은 근로소득에 해당하며, 불법입찰의 징후를 포착하여 신고한 자에게 해당 기관이 지급하는 불법입찰 신고포상금은 비과세기타소득에 해당하지 아니함(법규소득 2010-375, 2011.2.18.).

---

(9) 법령·조례에 따른 위원회 등의 보수를 받지 아니하는 위원(학술원 및 예술관의 회원을 포함) 등이 받는 수당

2. 산업재산권 현물출자이익에 대한 과세특례

(1) 과세이연

다음의 특허권, 실용신안권, 디자인권, 상표권 또는 그 밖의 산업재산권(이하 '산업재산권')을 보유한 거주자가 벤처기업 등에 산업재산권을 2020.12.31. 이전에 출자(거주자가 해당 벤처기업 등의 특수관계인인 경우는 제외)하고 해당 벤처기업 등의 주식을 받은 경우에 그 현물출자에 따른 이익을 거주자가 해당 주식을 양도할 때 양도소득세(2023.1.1. 이후부터는 금융투자소득세)로 납부할 것을 신청하면 소득세법 제21조(기타소득)에도 불구하고 해당 주식의 취득 시에 소득세를 과세하지 아니할 수 있다(조특법 §16의 5 ①).

① 산업재산권의 범위(조특령 §14의 4 ①)
　가. 특허법에 따른 특허권
　나. 실용실안법에 따른 실용실안권
　다. 디자인보호법에 따른 디자인권
　라. 상표법에 따른 상표권

② 벤처기업 등의 범위(조특령 §14 ②)
　가. 벤처기업
　나. 창업 후 3년 이내의 중소기업으로서 벤처기업육성에관한특별조치법 제2조의 2 제1항 제2호 다목 (3)에 따라 기술성이 우수한 것으로 평가받은 기업
　다. 창업 후 3년 이내의 중소기업으로서 직전 과세연도에 연구개발 및 인력개발을 위한 비용을 3천만원(기초연구진흥및기술개발지원에관한법률시행령 별표 1의 업종에 해당하는 기업의 경우에는 2천만원으로 함) 이상 지출한 기업. 다만, 직전 과세연도의 기간이 6개월 이내인 경우에는 비용을 1천5백만원(기초연구진흥및기술개발지원에관한법률시행령 별표 1의 업종에 해당하는 경우에는 1천만원으로 함) 이상 지출한 중소기업

③ 특수관계인의 범위(조특령 §14의 4 ②)
　가. 산업재산권의 현물출자로 주식을 받는 경우 해당 법인의 발행주식 총수의 100분의 30을 초과하여 보유하게 되는 자(현물출자 이전에 해당 법인의 발행주식 총수의 100분의 30을 이미 초과하여 보유하고 있는 주주를 포함)

나. 해당 법인의 주주로서 법인세법시행령 제43조 제7항에 따른 지배주주 등에 해당하
　　는 자

다. 해당 법인의 발행주식 총수의 100분의 30을 초과하여 보유하는 주주와 국세기본
　　법시행령 제1조의 2 제1항에 따른 친족관계에 있는 자, 같은 조 제2항에 따른 경
　　제적 연관관계에 있는 자 또는 같은 조 제3항 제1호에 따른 경영지배관계에 있는 자

(2) 양도소득세 신고 · 납부

① 상기 '(1)'에 따라 거주자가 산업재산권의 출자로 인하여 받은 벤처기업 등의 주식을
　　양도하여 발생하는 양도소득에 대해서는 소득세법 제94조 제1항 제3호 각 목에도
　　불구하고 같은 호에 따른 주식 등에 해당하는 것으로 보아 양도소득세를 과세한다
　　(조특법 §16의 5 ②). 양도소득세를 납부하려는 자는 소득세법 제105조 및 제110조
　　에 따라 양도소득과세표준을 신고하는 경우 특례신청확인서를 납세지 관할 세무서
　　장에게 제출하여야 한다(조특령 §14의 5 ⑦).

② 양도소득세를 과세하는 경우에 주식의 취득가액은 소득세법 제97조에도 불구하고
　　출자한 산업재산권의 취득가액으로 하고, 산업재산권의 취득가액의 계산은 산업재
　　산권의 취득에 실제 소요된 비용으로서 소득세법시행령 제89조에 따른 자산의 취
　　득가액 계산방법에 따라 계산한 금액으로 한다.

③ 양도소득세를 과세하는 경우에는 조세특례제한법 제14조 제1항 제4호 및 제7호를
　　적용하지 아니한다.

(3) 금융투자소득세 신고 · 납부(2023.1.1. 이후)

① 상기 '(1)'에 따라 거주자가 산업재산권의 출자로 인하여 받는 벤처기업 등의 주식을
　　양도하여 발생하는 소득에 대해서는 금융투자소득세를 과세한다. 금융투자소득세
　　를 납부하려는 자는 소득세법 제87조의 21 제1항 및 제87조의 23 제1항에 따른
　　신고를 하는 경우에 특례신청확인서를 납세지 관할세무서장에게 제출하여야 한다.

② 제2항에 따라 금융투자소득세를 과세하는 경우에 주식의 취득가액은 소득세법 제
　　87조의 12 제1항 제1호에도 불구하고 출자한 산업재산권의 취득가액으로 하고, 산
　　업재산권의 취득가액의 계산은 산업재산권의 취득에 실제 소요된 비용으로서 대통
　　령령으로 정하는 바에 따라 계산한 금액으로 한다. 이 경우 산업재산권의 현물출자

에 따른 이익에 해당하는 소득에 대해서는 소득세법 제87조의 18에 따른 금융투자소득 기본공제를 적용하지 아니한다.

③ '①'에 따라 금융투자소득세를 과세하는 경우에는 제14조 제1항 제4호 및 제7호를 적용하지 아니한다.

(4) 과세특례 신청절차 및 자료제출

① 과세특례를 적용받으려는 자는 자본시장과금융투자업에관한법률 제8조 제1항에 따른 금융투자업자를 통하여 산업재산권 출자 주식전용계좌를 개설하고, 특례적용신청서(별지 제6호의 11 서식)에 금융투자업자가 발급하는 산업재산권 출자 전용계좌개설확인서(별지 제6호의 12 서식)를 첨부하여 출자로 인한 주식을 부여받는 날의 전날까지 해당 벤처기업 등에 제출하여야 한다.

② '①'에 따라 특례적용신청서를 제출받은 벤처기업 등은 특례신청확인서(별지 제6호의 13 서식)를 과세특례를 적용받으려는 자에게 발급하여야 한다.

③ '①'에 따라 특례적용신청서를 제출받은 벤처기업 등은 산업재산권 출자로 교부하는 주식을 산업재산권 출자 주식전용계좌로 입고하고, 산업재산권 출자 주식지급명세서(별지 제6호의 14 서식)와 특례적용대상명세서(별지 제6호의 15 서식)를 산업재산권의 출자로 인하여 주식을 교부하는 날이 속하는 달의 다음 달 10일까지 원천징수 관할 세무서장에게 제출하여야 한다.

④ 금융투자업자는 산업재산권 출자 주식 전용계좌거래현황신고서(별지 제6호의 16 서식)를 매분기 종료일의 다음 달 말일까지 본점 또는 주사무소 소재지 관할 세무서장에게 제출하여야 한다.

조세특례제한법시행규칙 [별지 제6호의 11 서식] (2022.3.18. 개정)

특례적용신청서

1. 신청인 및 원천징수의무자 현황

신 청 인		산업재산권을 출자받은 기업	
성 명		법인명	
주민등록번호		사업자등록번호	
주 소		사업장 소재지	
산업재산권 출자 전용계좌		금융투자업자	
		계좌번호	

2. 산업재산권 출자에 관한 사항

산업재산권 종류	출원번호 (등록번호)	출자일	출자시 계약금액	주식교부일	교부주식 수	교부 당시 1주당 금액

3. 적격 산업재산권 출자에 관한 사항

	출자전 보유주식비율	출자후 보유주식비율	적격 여부
가. 산업재산권 현물출자로 주식을 받은 후 해당 법인의 발행주식 총수의 30% 초과 보유 여부(현물출자 이전에 발행주식 총수의 100분의 30을 이미 초과하여 보유자 포함)			
나. 해당 법인의 주주로서 「법인세법 시행령」 제43조제7항에 따른 지배주주 등 해당 여부	발행주식 총수(출자자총액)의 1%이상 보유 여부	최대 주주 여부	적격 여부
다. 「조세특례제한법 시행령」 제14조의4제1항제4호에 따른 친족관계 또는 경영지배관계 해당 여부		본인의 해당 여부	적격 여부

4. 과세특례 신청내용

「조세특례제한법」 제16조의5제1항 및 같은 법 시행령 제14조의5제3항에 따라 위와 같이 산업재산권 현물출자 이익에 대한 과세특례 적용을 신청합니다.

년   월   일

신청인   (서명 또는 인)

산업재산권을 현물출자 받은 기업 귀하

첨부 서류	산업재산권 출자 전용계좌개설확인서(「조세특례제한법 시행규칙」 별지 제6호의12서식)	수수료 없음

작 성 방 법

벤처기업에 산업재산권을 현물출자하고 벤처기업의 주식을 받은 경우 그 현물출자에 따른 이익에 대하여 소득세를 과세받는 대신 벤처기업 주식을 양도할 때 금융투자소득세로 신고·납부하려는 경우에 작성합니다.

210mm× 297mm[백상지 80g/㎡ 또는 중질지 80g/㎡]

조세특례제한법시행규칙 [별지 제6호의 12 서식] (2019.3.20. 개정)

산업재산권 출자 전용계좌개설확인서

관리번호			처리기간	즉시

확인자	금융투자업자명		사업자등록번호	
	성명(대표자)		법인등록번호	
	사업장 소재지			

신청인	성명		주민등록번호	

전용계좌번호	

개설변경 내용		당초	변경
	금융투자업자명		
	전용계좌번호		
	변경사유		

「조세특례제한법 시행령」 제14조의 5 제3항에 따라 위와 같이 산업재산권 출자 전용계좌를 개설(변경)하였음을 확인합니다.

년   월   일

○○○○증권   대표이사   (서명 또는 인)

210mm×297mm[백상지 80g/㎡]

조세특례제한법 시행규칙 [별지 제6호의 13 서식] (2019.3.20. 개정)

특례신청확인서

관리번호			처리기간	즉시

1. 신청인

성명		주민등록번호	

2. 확인자

법인명			사업자등록번호	
사업장 소재지				

벤처기업 확인내역	번 호		평가기관	
	확인일자		유효기간	
기술성평가우수기업 확인내역	확인일자	확인기관		평가점수 합계
직전 과세연도 연구·인력개발비용 확인내역	지식기반 서비스 분야 해당 여부	조세특례제한법 시행령 제8조에 따른 연구·인력개발 비용		

3. 과세특례 신청내용 확인

특례적용신청서 제출일	산업재산권의 종류	출자일	출자계약금액	주식 교부일	교부 주식수	교부당시 1주당 금액
합계						

※ 산업재산권 출자 전용계좌 :

　「조세특례제한법 시행령」 제14조의 5 제4항에 따라 산업재산권 현물출자 이익에 대한 과세특례적용대상자임을 확인합니다.

년　　월　　일

확인자(대표자)　　　　　　　　　　　　　　　　　　　　　(서명 또는 인)

세무서장　귀하

작 성 방 법

1. 벤처기업이 산업재산권을 출자받고 주식을 교부하는 경우에 작성합니다.
2. 벤처기업 확인내역란은 출자기업이 벤처기업에 해당하는 경우에만 「벤처기업육성에 관한 특별조치법」 제25조에 따른 벤처기업확인서에 기재된 내용을 적습니다.
3. 기술성평가우수기업 확인내역란에는 중소기업청장이 고시하는 「벤처기업확인요령」 제6조에 따른 평가 내용을 적습니다.
4. 지식기반 서비스 분야 해당여부는 「기초연구진흥 및 기술개발지원에 관한 법률 시행령」 별표1에 따른 업종여부를 적습니다.

210mm×297mm[백상지 80g/㎡]

조세특례제한법시행규칙 [별지 제6호의 14 서식] (2019.3.20. 개정)

산업재산권 출자 주식지급명세서

1. 산업재산권을 출자받은 기업

법인명	
대표자	
사업자등록번호	
사업장 소재지	

	번 호	평가기관
벤처기업 확인내역	확인일자	유효기간

기술성평가우수기업확인내역	확인일자	확인기관	평가점수 합계

직전과세연도 연구·인력개발 비용 확인내역	지식기반 서비스 분야 해당 여부	조세특례제한법 시행령 제8조에 따른 연구·인력개발 비용

2. 산업재산권 출자 주식지급명세서

성 명	주민등록번호	출자일	산업재산권 종류	출원번호 (등록번호)	출자 시 계약금액	주식교부일	교부주식 수

「조세특례제한법」 제16조의 4 제4항 및 같은 법 시행령 제14조의 5 제5항에 따라 위와 같이 산업재산권 출자 주식지급명세서를 제출합니다.

년   월   일

신고인(대표자)
(서명 또는 인)

세무서장 귀하

작 성 방 법

1. 벤처기업이 산업재산권을 출자받고 주식을 교부하는 경우에 작성합니다.
2. 벤처기업 확인내역란은 「벤처기업육성에 관한 특별조치법」 제25조에 따른 벤처기업확인서에 기재된 내용을 적습니다.
3. 기술성평가우수기업 확인내역란에는 중소기업청장이 고시하는 「벤처기업확인요령」 제6조에 따른 평가 내용을 적습니다.
4. 지식기반 서비스 분야 해당여부는 「기초연구진흥 및 기술개발지원에 관한 법률 시행령」 별표 1에 따른 업종 여부를 적습니다.

210mm×297mm[백상지 80g/㎡ 또는 중질지 80g/㎡]

조세특례제한법 시행규칙 [별지 제6호의 15 서식] (2022.3.18. 개정)

특례적용대상명세서

1. 원천징수의무자

법 인 명	
대 표 자	
사업자등록번호	
사업장 소재지	(전화번호:)

2. 과세특례 적용대상명세서

성 명	주민등록번호	산업재산권 종류	출원번호 (등록번호)	출자일	출자시 계약금액	주식 교부일	교부 주식수	교부당시 1주당 금액

「조세특례제한법」 제16조의5제4항 및 같은 법 시행령 제14조의5제5항에 따라 위와 같이 산업재산권을 출자한 과세특례적용대상명세서를 제출합니다.

년   월   일

원천징수의무자   (서명 또는 인)

세무서장 귀하

작 성 방 법

벤처기업에 산업재산권을 출자하고 주식을 지급받은 경우 소득세를 과세받는 대신 해당 주식을 양도할 때 금융투자소득세로 신고·납부할 것을 선택한 출자자에 대하여 작성합니다.

210mm× 297mm[백상지 80g/㎡ 또는 중질지 80g/㎡]

조세특례제한법시행규칙 [별지 제6호의 16 서식] (2019.3.20. 신설)

산업재산권 출자 주식 전용계좌거래현황신고서

관리번호				처리기간	즉시

1. 제출자	① 법인명(상호)		② 사업자등록번호		
	③ 사업장 소재지(주소)		④ 제출대상 연도 및 분기	XXXX 년	
				X 분기	

2. 산업재산권 출자 주식 전용계좌거래명세

일련번호	전용계좌 보유자					출자받은 기업의 주식 변동내역								
	⑤ 성명	⑦ 주소(소재지)		⑩ 전용계좌번호	⑪ 기업명	⑬ 분기 초	증가	감소					⑲ 분기 말
	⑥ 주민등록번호	⑧ 거주지국	⑨ 거주지국코드		⑫ 사업자등록번호		⑭ 입고	⑮ 이체	⑯ 인출	⑰ 양도	⑱ 기타		
1													
2													
3													
4													
5													
6													
7													
8													
9													
10													

「조세특례제한법 시행령」 제14조의 5 제6항에 따라 위와 같이 산업재산권 출자 주식 전용계좌거래현황신고서를 제출합니다.

년 월 일

제출자 (서명 또는 인)

210mm×297mm[백상지 80g/㎡]

IV 기타소득의 과세최저한

기타소득이 다음 중 하나에 해당하면 그 소득에 대한 소득세를 과세하지 아니한다(소법 §84).

① 승마투표권, 승자투표권, 승자투표권, 소싸움경기투표권의 권면에 표시된 금액의 합계액이 10만원 이하로서 다음에 해당하는 경우

　가. 적중한 개별투표당 환급금이 10만원 이하인 경우

　나. 단위투표금액당 환급금이 단위투표금액의 100배 이하이면서 적중한 개별투표당 환급금이 200만원 이하인 경우

② 슬롯머신 등에 따른 당첨금품 등

　건별로 200만원 이하

③ 복권당첨금(복권당첨금을 복권 및 복권 기금법령에 따라 분할하여 지급받는 경우에는 분할하여 지급받는 금액의 합계액)

　건별로 200만원 이하

④ 기타 상기 '①'~'③' 이외의 기타소득금액(기타소득−필요경비)이 건별로 5만원 이하인 경우

　가. 소득세법 제21조의 기타소득에 해당하는 소득금액을 지급함에 있어서 소득세법 제84조 제3호에 규정하는 기타소득의 과세최저한은 당해 강의료 등을 지급하는 개별적인 사유별로 판단하는 것이므로 동일한 일자에 한 강사가 수강생이 전혀 다른 두 번의 강의를 할 경우 각각의 강의를 1건으로 보아 과세최저한 적용 여부를 판단하고, 동일과정에 대해 각기 다른 날짜에 강의를 하고 강의료를 한꺼번에 지급받거나 동일과정을 하루 8시간씩 3일간 연속강의를 할 경우 동일과정 전체에 대해 1건으로 보고 과세최저한 적용 여부를 판단해야 하는 것이며, 과세최저한 이하의 금액을 지급하는 경우에는 소득세법시행규칙 제97조의 규정에 의하여 지급명세서 제출 의무가 없는 것이다(소법 집행기준 84−0−1, 서일−369, 2005.4.4.).

　나. 위원회에게 지급하는 수당이 기타소득에 해당하는 경우 필요경비를 공제한 기타소득금액이 매건마다 5만원 이하인 때에는 소득세법 제84조에 의하여 당해 소득에 대한 소득세를 과세하지 아니하는 것으로 소득세가 과세되지 아니하는 소득을 지급하는 때에는 소득세법 제154조에 의하여 소득세를 원천징수하지 아니하는 것이

나 원천징수이행상황신고서에는 원천징수하여 납부할 세액이 없는 자에 대한 것도 포함하여 신고하여야 하는 것이다(서일-443, 2006.4.7.).

Ⅴ 기타소득의 수입시기(소령 §50 ① 1의 2호)

① 영업권 등의 양도에 따른 기타소득(자산 또는 권리를 대여한 경우의 기타소득은 제외)

대금청산일, 자산인도일 또는 사용·수익일 중 빠른 날. 단, 대금청산 전에 자산을 인도 또는 사용·수의하였거나 대금이 확정되지 않은 경우에는 그 대금지급일

② 법인세법상 기타소득으로 소득처분된 경우

당해 법인의 당해 사업연도의 결산확정일

③ 계약의 위반으로 인하여 당초 계약 시 지급한 계약금 등을 위약금으로 대체하는 경우

그 계약의 위약 또는 해약이 확정되는 날

④ 거주자의 납입과 운용실적 등에 의한 연금계좌의 일시금 등

연금외(일시금 등) 수령한 날

⑤ 그 외의 기타소득

그 지급을 받은 날

● 예규 및 판례

▶▶ 위약금의 수입시기는 그 지급을 받은 날로 하며, 그 날은 위약한 사실이 확정되는 때이자 매매계약의 해제통지일이므로 그 날을 귀속시기로 보아 과세한 처분은 정당함(조심 2011중81, 2011.10.18.).

▶▶ 잔금미지급에 따른 계약의 위약으로 매도인이 계약해제와 지급받은 계약금을 별도의 최고절차 없이 매매계약의 내용에 따라 반환하지 아니한다고 통고하였고 매수인이 해당 계약금에 대하여 부당이득금 반환청구소송을 제기한 경우 매도인의 기타소득(위약금)의 수입시기는 당초 계약해제와 계약금을 반환하지 아니한다고 통고하여 부동산매매계약의 해약이 확정된 날로 하는 것임(법규소득 2011-65, 2011.3.28.).

▶▶ 법원의 판결에 의하여 매도인이 매수인에게 계약금을 반환할 의무가 없는 것으로 확정된 경우 소득귀속연도는 법원의 판결이 확정된 날이 속하는 연도임(소득-725, 2009. 5.19.; 소득 46011-1904, 1998.7.10.; 소득-912, 2009.3.6.).

Ⅵ 기타소득금액의 계산

1. 소득금액의 계산

기타소득금액은 해당 과세기간의 총수입금액에서 이에 대응된 필요경비를 공제한 금액으로 한다(소법 §21 ②).

$$기타소득금액 = 총수입금액 - 필요경비$$

2. 수입금액의 계산

다음의 기타소득에 대한 수입금액을 장부 기타 증빙서류에 의하여 계산할 수 없는 경우 그 수입금액은 다음의 금액에 의한다(소령 §144 ②).

(1) 영업권

영업권(점포임차권을 제외)은 상속세및증여세법시행령 제59조 제2항의 규정에 의하여 평가한 금액

(2) 점포임차권

다음 '①'에 의하여 계산한 금액에서 '②'에 의하여 계산한 금액을 차감한 가액

$$점포임차권 = ① - ②$$
① 양도 시의 임대보증금상당액 + 당해 자산을 양도하는 사업자의 영업권평가액
② 취득 시의 임대보증금상당액 + (①에 의하여 계산한 금액 - 취득 시의 임대보증금상당액) × $\frac{1}{2}$

(3) 기타의 무체재산권 등

광업권 · 어업권 · 산업재산권 · 산업정보, 산업상 비밀, 상표권, 토사석의 채취허가에

1157

따른 권리, 지하수의 개발·이용권 기타 이와 유사한 자산이나 권리의 양도로 인하여 발생하는 소득(영업권 및 점포임차권을 제외)은 상속세및증여세법시행령 제59조 제4항 내지 제6항의 규정에 의하여 평가한 금액

3. 기타소득의 필요경비 계산

기타소득의 필요경비도 사업소득이나 부동산소득에 대한 필요경비와 같이 총수입금액에 대응하여 지출된 비용을 말한다(소법 §27 ①).

(1) 기타소득의 필요경비(소법 §37)

① 승마투표권 등의 구매자에게 지급하는 환급금

승마투표권·승자투표권·소싸움경기투표권·체육진흥투표권의 구매자가 받는 환급금에 대해서는 그 구매자가 구입한 적중된 투표권의 단위투표금액을 필요경비로 한다.

② 슬롯머신 등의 당첨금품 등

슬롯머신(비디오게임을 포함) 및 투전기 그 밖에 이와 유사한 기구(이하 "슬롯머신 등")를 이용하는 행위에 참가하여 받는 당첨금품·배당금품 또는 이에 준하는 금품 등에 대하여는 그 당첨금품 등의 당첨 당시에 슬롯머신 등에 투입한 금액을 필요경비로 한다.

③ 기타의 경우

위 '①'·'②' 및 아래 '(2)'의 필요경비개산규정이 적용되지 아니하는 경우에 있어서는 해당 과세기간의 총수입금액에 대응하는 비용의 합계액을 필요경비로 한다. 즉 기타소득 총수입금액에 관련되었음이 증빙서류에 의하여 확인되는 경우에만 필요경비로 인정된다. 따라서 소득금액을 추계로 결정하는 때에는 필요경비가 '0'이 된다.

또한 해당 과세기간 전의 총수입금액에 대응하는 비용으로서 그 과세기간에 확정된 것에 대해서는 그 과세기간 전에 필요경비로 계상하지 아니한 것만 그 과세기간의 필요경비로 본다.

④ 위약금의 필요경비

기타소득금액은 해당 연도의 총수입금액에서 이에 소요된 필요경비를 공제한 금액으로 하므로 동 계약파기로 인하여 입은 건물의 철거로 인한 손실 등 동 배상금에 대응하는

비용에 대해서는 필요경비로 공제할 수 있다(서일-1009, 2005.8.26.).

⑤ **지급이자의 필요경비공제 여부**

부동산매매계약의 위약으로 인하여 지급받는 손해배상금은 소득세법 제21조 제1항 제
10호의 규정에 의하여 기타소득에 해당하는 것이며, 당해 계약의 위약과 관련된 직접
적인 손해액은 기타소득의 필요경비로 공제할 수 있는 것이나 당해 부동산의 매매대금
을 지급하기 위하여 차입한 차입금의 지급이자는 같은법 제37조의 규정에 의한 총수입
금액에 대응하는 비용의 합계액에 해당하지 아니한다(서일-215, 2005.2.17.).

⑥ **매매계약의 해약으로 지급하는 위약금에 대한 필요경비**(소법 집행기준 37-87-2)

부동산매매계약의 위약으로 인하여 일방 당사자가 지급받는 위약금에 대한 필요경비는
해당 수입금액에 직접 대응되는 비용의 합계액으로 하는 것으로 해당 계약의 위약과
관련된 직접적인 손해액은 기타소득의 필요경비로 공제할 수 있다.

예를 들면 다른 부동산에 대한 매매계약을 해약함에 따라 지급하는 위약금은 해당 기
타소득의 필요경비로 산입할 수 없으며, 또한 해당 부동산의 매매대금을 지급하기 위
하여 차입한 차입금의 지급이자는 필요경비에 해당하지 않는다.

(2) 기타소득(종교인소득 제외)에 대한 필요경비 개산제도

다음의 기타소득에 대해서는 거주자가 받은 금액의 100분의 80(60)에 상당하는 금액
을 필요경비로 한다. 다만, 실제 소요된 필요경비가 100분의 80(60)에 상당하는 금액
을 초과하면 그 초과하는 금액도 필요경비에 산입한다(소령 §87).

$$기타소득금액 = 총수입금액 - \left\{ 총수입금액 \times \frac{80}{100} \right\}$$

* 다음 ②, ③, ⑤, ⑥, ⑦은 60% 적용

① 공익법인의설립·운영에관한법률의 적용을 받는 공익법인이 주무관청의 승인을 얻어 시상하
는 상금 및 부상, 다수의 사람이 순위경쟁을 통하여 상금이 주어지는 대회에서 입상한 자가
받는 상금

따라서 일반 시민을 대상으로 시민노래자랑을 개최하고 수상자에게 상금을 지급하는
경우 100분의 80에 상당하는 금액은 기타소득의 필요경비로 할 수 있다(법규소득-

317, 2009.9.14.).

② 공익사업을위한토지등의취득및보상에관한법률 제4조에 따른 공익사업과 관련된 지역권 또는 지상권(지하 또는 공중에 설정된 권리를 포함)을 설정하거나 대여하고 받는 금품

③ 다음에 해당하는 인적용역을 일시적으로 제공하고 지급받는 대가
- 고용관계 없이 다수인에게 강연을 하고 강연료 등의 대가를 받는 용역
- 라디오 · 텔레비전방송 등을 통하여 해설 · 계몽 또는 연기의 심사 등을 하고 보수 또는 이와 유사한 성질의 대가를 받는 용역
- 변호사 · 공인회계사 · 세무사 · 건축사 · 측량사 · 변리사 기타 전문적 지식 또는 특별한 기능을 가진 자가 당해 지식 또는 기능을 활용하여 보수 또는 기타 대가를 받고 제공하는 용역
- 기타의 용역으로서 고용관계 없이 수당 또는 이와 유사한 성질의 대가를 받고 제공하는 용역

④ 계약의 위약 또는 해약으로 인하여 받는 위약금과 배상금 중 주택입주지체상금
계약의 위약 또는 해약으로 인하여 받는 위약금과 배상금 중 주택입주자가 주택건설업자로부터 받은 주택입주지체상금을 말한다. 그러므로 주택입주지체상금 외의 위약금과 배상금은 필요경비의 개산규정을 적용받을 수 없다.

⑤ 일시적인 문예창작소득
문예 · 학술 · 미술 · 음악 또는 사진에 속하는 창작품(신문등의자유와기능보장에관한법률에 의한 정기간행물에 게재하는 삽화 및 만화와 우리나라의 창작품 또는 고전을 외국어로 번역하거나 국역하는 것을 포함)에 대한 원작자로서 받는 소득으로서 다음 중 하나에 해당하는 것
- 원고료
- 저작권사용료인 인세
- 미술 · 음악 또는 사진에 속하는 창작품에 대하여 받는 대가

⑥ 무체재산권 등의 양도 및 대여료
광업권 · 어업권 · 산업재산권 · 산업정보, 산업상 비밀, 상표권 · 영업권(점포임차권을 포함), 토사석의 채취허가에 따른 권리, 지하수의 개발 · 이용권 기타 이와 유사한 자산 또는 권리를 양도하거나 대여하고 그 대가로 받는 소득

⑦ 전자상거래등에서의소비자보호를위한법률에 따라 통신판매중개를 하는 자를 통하여 물품 또는 장소를 대여하고 연수입금액에 500만원 이하의 사용료로서 받은 금품

⑧ 서화·골동품의 양도로 발생하는 소득

서화·골동품의 양도로 발생하는 소득에 대해서는 거주자가 받은 금액이 1억원 이하인 경우에는 90%를 필요경비로 하고 1억원 초과금액에 대하여는 80%를 필요경비로 한다. 다만, 서화·골동품의 보유기간이 10년 이상인 경우에는 양도가액 전액에 대해 90%를 필요경비로 한다.

(3) 종교인소득에 대한 필요경비 개산제도

종교인소득에 대해서는 종교관련종사자가 해당 과세기간에 받은 금액(비과세소득 금액을 제외) 중 다음의 금액을 필요경비로 한다. 다만, 실제 소요된 필요경비가 다음의 금액을 초과하면 그 초과하는 금액도 필요경비에 산입한다(소령 §87 3호).

종교관련종사자가 받은 금액	필요경비
~2,000만원 이하	받은 금액의 80%
2,000만원~4,000만원	1,600만원＋(2,000만원 초과금액×50%)
4,000만원~6,000만원	2,600만원＋(4,000만원 초과금액×30%)
6,000만원 초과~	3,200만원＋(6,000만원 초과금액×20%)

02

Ⅶ 기타소득의 원천징수의 방법 및 세율

(1) 복권 당첨금, 승마투표권 환급금, 슬롯머신 당첨금품

복권 당첨금, 승마투표권 등의 환급금, 슬롯머신 등 당첨금품(소법 §14 ③ 7호 라목 및 마목) 등이 3억원을 초과하는 경우 그 초과금액에 대하여는 30%를 적용하여 계산한 소득세를 원천징수한다. 즉 3억원까지는 20%를 적용하며 3억원 초과분부터는 30%를 적용하여 원천징수하여 납부의무를 종결한다(소법 §129 ① 6호 가목).

(2) 세액공제받은 연금계좌 납입액 및 운영실적에 따른 금액을 연금외수령한 금액

연금계좌세액공제를 받은 연금계좌 납입액 및 연금계좌의 운용실적에 따라 증가된 금액을 그 소득의 성격에도 불구하고 연금외수령함에 따른 기타소득은 15%를 적용하여 소득세를 원천징수한다(소법 §129 ① 6호 나목).

(3) 상기 '(1)' 및 '(2)'를 제외한 기타소득

상기 '(1)' 및 '(2)'를 제외한 기타소득에 대해서는 원천징수의무자가 기타소득을 지급하는 때에는 그 기타소득금액에 원천징수세율 20%를 적용한다(소법 §129 ① 6호 라목).

$$원천징수세액=(기타소득\ 지급금액-필요경비)\times \frac{20}{100}\left\{\frac{15}{100},\ \frac{30}{100}\right\}$$

Ⅷ 기타소득의 원천징수시기

기타소득의 원천징수시기는 실제로 기타소득을 지급하는 때이며 그 소득금액을 어음으로 지급하는 때에는 당해 어음이 결제된 날이 원천징수시기이다.

다만, 법인세법에 의하여 처분된 기타소득은 당해 법인이 소득금액통지서를 받은 날 또는 법인세과세표준 및 세액의 신고기일에 지급한 것으로 본다(소령 §192 ② · ③).

Ⅸ 원천징수영수증의 교부

기타소득을 지급하는 원천징수의무자는 해당 소득을 지급받은 자의 실지명의를 확인하여 이를 지급하는 때에 그 소득금액 기타 필요한 사항을 기재한 원천징수영수증을 그 소득을 받는 자에게 교부하여야 한다(소법 §145 ②).

다만, 다음에 해당하는 기타소득으로서 필요경비를 공제한 기타소득금액을 20만원 이하 지급하는 경우에 지급받는 자가 원천징수영수증의 교부를 요구하는 경우를 제외하고는 교부하지 아니할 수 있다.

① 원고료(소법 §21 ① 15호 가목)

② 일시적인 인적용역(소법 §21 ① 19호 가목 · 나목)

　　가. 강연료

　　나. TV 등의 해설료

상기 기타소득금액 중 20만원이 초과하여 원천징수의무자가 지급명세서를 제출하는 경우에는 국세청장은 국세기본법 제2조 제19호에 따른 국세정보통신망을 이용하여 그 내역을 제공하여야 한다.

원고료 및 일시적인 인적용역에 대한 원천징수, 원천징수 영수증 교부, 지급명세서 제출을 요약하면 다음과 같다.

구 분	금 액	비 고
원천징수	기타소득금액 기준 건별 5만원	이상 : 원천징수
		이하 : 원천징수 생략
지급명세서	기타소득금액 기준 건별 5만원	이상 : 지급명세서 제출
		이하 : 지급명세서 면제 　단, 다음은 제출 　－문예 · 학술 등 창작물에 대한 원고료 및 인세 등 　－인적용역을 일시적으로 제공하고 지급받는 대가(강연료, 해설대가, 전문지식 등 활용대가)
원천징수 영수증	기타소득금액 기준 건별 20만원	원칙 : 원천징수 영수증 교부
		예외 : 원고료 및 일시적인 인적용역(강연료, TV 등의 해설료 등)은 교부 생략. 단, 교부요구 시에는 교부

X 종합과세와 분리과세

기타소득 중 다음 소득의 금액은 종합소득 과세표준을 계산할 때 합산하지 아니한다(소법 §14 ③ 8호). 즉 다음의 기타소득은 분리과세한다.

① 연금계좌세액공제를 받은 연금계좌 납입액과 연금계좌의 운용실적에 따라 증가된 금액을 그 소득의 성격에도 불구하고 연금외수령한 소득

② 서화(書畵)·골동품의 양도로 발생하는 소득(2013.1.1. 이후 거래되는 것부터 적용)

③ 복권및복권기금법 제2조에 따른 복권 당첨금

④ 승마투표권 및 승자투표권 등의 구매자가 받는 환급금

⑤ 슬롯머신 등을 이용하는 행위에 참가하여 받는 당첨금품 등

⑥ 기타소득 중 다음을 제외한 기타소득으로서 기타소득금액이 300만원 이하인 경우로서 종합소득 과세표준을 계산할 때 합산신고하지 않은 경우

　가. 연금계좌세액공제를 받은 연금계좌 납입액과 연금계좌의 운용실적에 따라 증가된 금액을 그 소득의 성격에도 불구하고 연금외수령한 소득

　나. 뇌물

　다. 알선수재 및 배임수재에 의하여 받는 금품

　라. 기타소득에 해당하는 서화(書畵)·골동품의 양도로 발생하는 소득

　마. 계약금이 대체된 위약금·배상금

　바. 종업원 등 또는 대학 교직원이 근로와 관계없거나 퇴직 후 지급받는 직무발명 보상금

소득세법시행규칙 [별지 제23호 서식(4)] (2020.3.13. 개정)   (5쪽 중 제1쪽)

귀속 연도	년

거주자의 기타소득 지급명세서(발행자 보고용)
(거주자의 기타소득 원천징수영수증 발행자 보관용 소득자별 연간집계표)

관리 번호

❶ 원천징수의무자 인적사항 및 지급내용 합계 사항

① 법 인 명 (상호,성명)	② 사업자(주민) 등 록 번 호	③ 소 재 지 (주 소)	④ 연간 소득 인원	⑤ 연 간 총지급 건 수	⑥ 연간 총지급액 계	⑦ 비과세 소득	⑧ 연간 소득금액 계	⑨ 세액 집계현황			
								⑩ 소득 세	⑪ 지방 소득세	⑫ 농어 촌특별세	⑬ 계

❷ 소득자 인적사항 및 연간 소득내용

일련 번호	⑭ 소득 구분 코드	⑮ 소득자 성명 (상호)	⑯ 주민(사업자) 등록번호	⑰ 내·외 국인	⑱ 지급 연도	⑲ 지급 건수	⑳ (연간) 지급총액	㉑ 비과 세소득	㉒ 필요경 비	㉓ 소득 금액	㉔ 세율	㉕ 소득세	㉖ 지방 소득세	㉗ 농어촌 특별세	㉘ 계
1															
2															
3															
4															
5															
6															
7															
8															
9															
10															

작 성 방 법

1. 이 서식은 거주자에게 기타소득을 지급하는 경우 작성하며, ⑭ 소득구분코드란은 제2쪽을 참조하여 해당 코드를 적습니다.
2. ㉕부터 ㉘까지 중 세액이 소액 부징수(1천원 미만을 말합니다)에 해당하는 경우에는 세액을 "0"으로 적으며, 원천징수의무자가 지급하는 ⑥ 연간 총지급액계는 소득자별 ⑳(연간)지급총액 합계와, ⑧연간 소득금액계(소액 부징수를 포함합니다)는 소득자별 ㉓소득금액 합계와 각각 일치해야 합니다.
3. ④ 연간소득인원란은 ⑮ 소득자성명(상호)란의 인원을, ⑤ 연간총지급건수란은 ⑲ 지급건수(소액 부징수를 포함합니다)의 합계를 적으며, 연간 지급한 원천징수소득 중 소득자를 기준으로 합계하여 제출합니다.
4. ⑰ 내·외국인란은 내국인의 경우 "1"을 외국인의 경우 "9"를 각각 적습니다.
5. ⑳ (연간)지급총액란은 「소득세법」 제12조제5호아목에 따라 비과세되는 종교인소득을 제외하고 적습니다.
6. ㉑ 비과세소득란에는 「소득세법 시행령」 제19조제3항제3호의 금액(종교관련종사자가 소속 종교단체의 규약 또는 소속 종교단체의 의결기구의 의결·승인 등을 통하여 결정된 지급 기준에 따라 종교 활동을 위하여 통상적으로 사용할 목적으로 지급받은 금액 및 물품)을 적습니다.
7. ㉓ 소득금액란은 ⑳ (연간)지급총액에서 ㉒ 필요경비를 뺀 금액을 적습니다.
8. 서화·골동품 양도소득(소득구분코드 64)의 경우 4쪽의 서화·골동품 양도소득 명세서를 반드시 작성하여 제출하여야 합니다.
9. ⑭ 소득구분코드의 작성은 다음 표에 따라 구분하여 적습니다.

210mm× 297mm(백상지 80g/㎡)

작성방법	
코드	소득구분
71	「공익법인의 설립·운영에 관한 법률」의 적용을 받는 공익법인이 주무 관청의 승인을 받아 시상하는 상금 및 부상과 다수가 순위 경쟁하는 대회에서 입상자가 받는 상금 및 부상(이하 "상금 및 부상"이라 함)
72	광업권·어업권·산업재산권·산업정보, 산업상비밀, 상표권·영업권(사업소득이 발생하는 점포를 임차하여 점포임차인으로서의 지위를 양도함으로써 얻는 경제적 이익인 점포 임차권을 포함한다), 토사석(土砂石)의 채취허가에 따른 권리, 지하수의 개발·이용권, 그 밖에 이와 유사한 자산이나 권리를 양도하거나 대여하고 그 대가로 받는 금품 (이하 "광업권 등"이라 함)
73	「공익사업을 위한 토지 등의 취득 및 보상에 관한 법률」 제4조에 따른 공익사업과 관련하여 지역권·지상권(지하 또는 공중에 설정된 권리를 포함한다)을 설정하거나 대여함으로써 발생하는 소득(이하 "지역권등"이라 함)
74	계약의 위약 또는 해약으로 인하여 받는 위약금과 배상금 중 주택입주지체상금(이하 "주택입주지체상금"이라고 함)
75	문예·학술·미술·음악 또는 사진에 속하는 창작품(「신문 등의 자유와 기능보장에 관한 법률」에 따른 정기간행물에 게재하는 삽화 및 만화와 우리나라의 창작품 또는 고전을 외국어로 번역하거나 국역하는 것을 포함한다)에 대한 원작자로서 받는 소득으로서 다음 각 목의 어느 하나에 해당하는 것 (이하 "원고료등"이라 함) 가. 원고료 나. 저작권사용료인 인세(印稅) 다. 미술·음악 또는 사진에 속하는 창작품에 대하여 받는 대가
63	소기업소상공인공제부금 해지 소득 * 연금저축계좌 해지 등 연금외수령 기타소득은 「소득세법 시행규칙」 별지 제24호서식(6) 연금계좌지급명세서에 별도로 적습니다.
76	다음 각 목의 어느 하나에 해당하는 인적용역(제15호부터 제17호까지의 규정을 적용받는 용역은 제외한다)을 일시적으로 제공하고 받는 대가(자문료 및 고문료를 제외하며, 이하 "강연료등"이라 함) 가. 고용관계 없이 다수인에게 강연을 하고 강연료 등 대가를 받는 용역 나. 라디오·텔레비전방송 등을 통하여 해설·계몽 또는 연기의 심사를 하고 보수 또는 이와 유사한 성질의 대가를 받는 용역 다. 변호사, 공인회계사, 세무사, 건축사, 측량사, 변리사, 그 밖에 전문적 지식 또는 특별한 기능을 가진 자가 그 지식 또는 기능을 활용하여 보수 또는 그 밖의 대가를 받고 제공하는 용역 (대학이 자체연구관리비 규정에 따라 대학에서 연구비를 관리하는 경우에 교수가 제공하는 연구용역 포함) 라. 그 밖에 고용관계 없이 수당 또는 이와 유사한 성질의 대가를 받고 제공하는 용역
61	「조세특례제한법」 제16조의2에 따라 원천징수의무자가 납부특례의 적용 신청한 경우로서 벤처기업 임원 또는 종업원이 퇴직 전 부여받은 주식매수선택권을 퇴직 후에 행사함으로써 얻는 이익 * 원천징수의무자는 기타소득세를 원천징수하지 않습니다(종합소득세 과세표준확정신고·납부).
65	퇴직한 근로자 등에게 지급하는 「발명진흥법」에 따른 직무발명보상금으로 비과세 한도를 초과한 소득
64	개당·점당 또는 조당 양도가액이 6천만원 이상인 서화·골동품 양도로 발생한 소득(양도일 현재 생존한 국내 원작자의 작품은 제외)
77	종교관련종사자가 종교의식을 집행하는 등 종교관련종사자로서의 활동과 관련하여 종교단체(「소득세법 시행령」 제41조제14항에 따른 종교단체)로부터 받은 소득
78	사례금
79	「소득세법」 제21조 제1항 제19호에 해당하는 소득으로서 자문 또는 고문 활동을 하고 보수 또는 이와 유사한 성질의 대가를 받고 제공하는 용역(이하 "자문료등"이라 함)
80	「전자상거래 등에서의 소비자보호에 관한 법률」에 따라 통신판매중개를 하는 자를 통하여 물품 또는 장소를 대여하고 연간 수입금액 500만원 이하의 사용료로서 받는 금품
68	비과세 기타소득
69	분리과세 기타소득
60	필요경비가 없는 기타소득(코드 61, 63, 65, 78코드 제외)
62	그 밖에 필요경비가 있는 기타소득(코드 64, 68, 69, 71 ~ 77, 79코드 제외)

* 64코드: 필요경비 90% 적용, 1억원 초과 분은 필요경비80% 적용, 다만, 서화·골동품 보유기간이 10년 이상인 경우 1억원 초과·분도 90% 적용하고, 실제 든 필요경비가 90(80)%를 초과하는 경우에는 그 초과하는 금액도 포함하여 작성합니다.
* 65코드: 비과세 한도는 연간 500만원(근로소득에서 비과세한 직무발명 보상금이 있는 경우에는 그 비과세금액을 더하여 연간 500만원 한도를 적용)
* 71, 74코드: 필요경비 80%를 적용. 다만, 실제 든 필요경비가 80%를 초과하는 경우에는 그 초과하는 금액도 포함하여 코드별로 구분하여 작성합니다.
* 72, 73, 75, 76, 79, 80코드: 다음 표에 따른 필요경비를 적용. 다만, 실제 든 필요경비가 다음 표에 따른 금액을 초과하면 그 초과하는 금액도 포함하여 코드별로 구분하여 작성합니다.

수입시기	필요경비
2018.3.31. 이전	받은 금액의 100분의 80
2018.4.1. ~ 2018.12.31.	100분의 70
2019.1.1. 이후	100분의 60

* 77코드: 다음 표에 따른 필요경비를 적용. 다만, 실제 든 필요경비가 다음 표에 따른 금액을 초과하면 그 초과하는 금액도 포함하여 작성합니다.

종교관련종사자가 받은 금액(비과세소득 제외)	필요경비
2천만원 이하	종교관련종사자가 받은 금액의 100분의 80
2천만원 초과 4천만원 이하	1,600만원 + (2천만원을 초과하는 금액의 100분의 50)
4천만원 초과 6천만원 이하	2,600만원 + (4천만원을 초과하는 금액의 100분의 30)
6천만원 초과	3,200만원 + (6천만원을 초과하는 금액의 100분의 20)

210mm× 297mm(백상지 80g/㎡)

귀속 연도	년

거주자의 기타소득 지급명세서(발행자 보고용) 부표
(거주자의 기타소득 원천징수영수증 발행자 보관용 소득자별 연간집계표 부표)

관리 번호

❷ 소득자 인적사항 및 연간 소득내용 (원천징수의무자 사업자(주민)등록번호 :   )

일련 번호	⑭ 소득 구분코 드	⑮ 소득자 성명(상 호)	⑯ 주민(사 업자) 등록번 호	⑰ 내·외 국인	⑱ 지급 연도	⑲ 지급 건수	⑳ (연간) 지급총 액	㉑ 비과 세소득	㉒ 필요경 비	㉓ 소득금 액	㉔ 세율	㉕ 소득세	㉖ 지방 소득세	㉗ 농어촌 특별세	㉘ 계
11															
12															
13															
14															
15															
16															
17															
18															
19															
20															
21															
22															
23															
24															
25															

210mm× 297mm(백상지 80g/㎡)

(5쪽 중 제4쪽)

서화 · 골동품 양도소득 명세서

징수 의무자	①사업자 등록번호		②법인명(상호)		③성명
	④주 민(법인) 등 록 번 호		⑤소재지(주소)		

⑥일련 번호	⑦작품 코드	⑧지급 연월일			⑨ 총 양도가액 (매매가액)	⑩지급액	⑪양도자		⑫양수자		⑬작가	⑭작품명	⑮재질	⑯크기 가로(㎜) × 세로(㎜) 또는 작품호수 등	⑰제작 연도
		연	월	일			성명	주민등록 번호	성명 (상호)	주민(사업자) 등록번호					

작 성 방 법

1. 이 서식은 거주자에게 서화 · 골동품 양도소득(소득구분코드 64)을 지급하는 경우 작성하는 명세서입니다.

2. ⑦작품코드는 아래와 같습니다.

구분	서양화	동양화	데생	파스텔	콜라주	판화	인쇄화	석판화	골동품	기타
작품코드	1	2	3	4	5	6	7	8	9	10

3. ⑯제작연도가 불분명한 경우 작성하지 않을 수 있습니다.

210mm × 297mm(백상지 80g/㎡)

(5쪽 중 제5쪽)

[　] 거주자의 기타소득 원천징수영수증
[　] 거주자의 기타소득 지급명세서
([　] 소득자 보관용 [　] 발행자 보관용)

귀속 연도	년

소득자 구분	
내·외국인 구분	내국인1 외국인9

징 수 의무자	① 사업자등록번호		② 법인명 또는 상호	③ 성명
	④ 주민(법인)등록번호		⑤ 소재지 또는 주소	
소득자	⑥ 성 명		⑦ 주민(사업자)등록번호	
	⑧ 주 소			

⑨소득구분코드

* 해당코드에 √ 표시

68 비과세 기타소득, 69 분리과세 기타소득, 63 소기업소상공인공제부금 해지 소득,
60 필요경비 없는 기타소득(61, 63, 65, 78 제외), 61 주식매수선택권 행사이익 64 서화·골동품 양도소득
65 직무발명보상금, 71 상금 및 부상 72 광업권 등 73 지역권등 74 주택입주지체상금
75 원고료등 76 강연료등 77 종교인소득 78 사례금등 79 자문료등 80 통신판매 대여소득
62 그 밖에 필요경비 있는 기타소득(64, 68, 69, 71 ~ 77, 79, 80 제외)

⑩ 지급 연월일			⑪ 귀속 연월일		⑫ 지급 총액	⑬ 비과세 소득	⑭ 필요 경비	⑮ 소득 금액	⑯ 세율	원 천 징 수 세 액			
연	월	일	연	월						⑰ 소득세	⑱ 지방소득세	⑲ 농어촌특별세	⑳ 계

위의 원천징수세액(수입금액)을 정히 영수(지급)합니다.

년　　　월　　　일

징수(보고)의무자

(서명 또는 인)

귀하

작 성 방 법
1. 이 서식은 거주자에게 기타소득을 지급하는 경우에 사용하며, 이자·배당소득원천징수영수증[별지 제23호서식(1)]의 작성방법과 같습니다.
2. 징수의무자란의 ④ 주민(법인)등록번호는 소득자 보관용에는 적지 않습니다.
3. ⑫ 지급총액란은 「소득세법」 제12조제5호아목에 따라 비과세되는 종교인소득을 제외하고 적습니다.
4. ⑬ 비과세소득란에는 「소득세법 시행령」 제19조제3항제3호의 금액(종교관련종사자가 소속 종교단체의 규약 또는 소속 종교단체의 의결기구의 의결·승인 등을 통하여 결정된 지급 기준에 따라 종교 활동을 위하여 통상적으로 사용할 목적으로 지급받은 금액 및 물품)을 적습니다.
5. ⑰란부터 ⑳란까지 중 세액이 소액 부징수(1천원 미만을 말합니다)에 해당하는 경우에는 세액을 "0"으로 적습니다.

210mm× 297mm(백상지 80g/㎡)

02

지방소득세의 특별징수

I 특별징수의무자

1. 소득세 특별징수

소득세법 또는 조세특례제한법에 따른 원천징수의무자가 거주자로부터 소득세를 원천징수하는 경우에는 대통령령으로 정하는 바에 따라 원천징수하는 소득세(조세특례제한법 및 다른 법률에 따라 조세감면 또는 중과세 등의 조세특례가 적용되는 경우에는 이를 적용한 소득세)의 100분의 10에 해당하는 금액을 소득세 원천징수와 동시에 개인지방소득세로 특별징수하여야 한다. 이 경우 원천징수의무자는 개인지방소득세의 특별징수의무자로 한다(지법 §103의 13 ①). 납세조합 및 비거주자의 국내원천소득에 대한 특별징수도 동일하게 적용한다(지법 §103의 11 · §103의 12 · §103의 17).

2. 법인세 특별징수

법인세법 제73조 및 제73조의 2에 따른 원천징수의무자가 내국법인으로부터 법인세를 원천징수하는 경우에는 원천징수하는 법인세(조세특례제한법 및 다른 법률에 따라 조세감면 또는 중과세 등의 조세특례가 적용되는 경우에는 이를 적용한 법인세)의 100분의 10에 해당하는 금액을 법인지방소득세로 특별징수하여야 한다(지법 §103의 29). 법인세에 대한 특별징수의무 규정은 2015.1.1. 이후 원천징수대상소득을 지급하는 분부터 시행한다.

Ⅱ 특별징수의 시기 및 신고 · 납부

1. 소득세의 특별징수 시기 및 신고 · 납부

특별징수의무자가 개인지방소득세를 특별징수하였을 경우에는 그 징수일이 속하는 달의 다음 달 10일까지 납세지를 관할하는 지방자치단체에 납부하여야 한다. 다만, 원천징수한 소득세를 반기(半期)별로 납부하는 경우에는 반기의 마지막 달의 다음 달 10일까지 납부할 수 있다(지법 §103의 13 ②).

특별징수의무자는 징수한 특별징수세액을 납부하는 경우에는 납부서에 지방소득세 특별징수 계산서와 명세서(별지 제42호의 2 서식)를 첨부하여야 한다(지령 §100의 5 ①). 그러나 개인지방소득세의 특별징수의무자가 징수한 특별징수세액을 납부할 때에는 근로소득, 이자소득, 연금소득(국민연금 등 공적연금), (국민건강보험공단에서 지급하는)사업소득에 대하여는 그 명세서를 첨부하지 아니할 수 있다. 다만, 과세권자가 납세증명 발급 등 민원처리를 위해 개인별 납세실적 파악이 필요하여 명세서 제출을 요구하는 경우에는 첨부하여야 한다(지령 §100의 5 ②).

2. 법인세의 특별징수 시기 및 신고 · 납부

특별징수의무자는 특별징수한 지방소득세를 그 징수일이 속하는 달의 다음 달 10일까지 대통령령으로 정하는 바에 따라 관할 지방자치단체에 납부하여야 한다(지법 §103의 29 ③).

특별징수의무자가 징수하였거나 징수하여야 할 세액을 납부기한까지 납부하지 아니하거나 과소납부한 경우에는 지방세기본법 제56조에 따라 산출한 금액을 가산세로 부과하며, 특별징수의무자가 징수하지 아니한 경우로서 납세의무자가 그 법인지방소득세액을 이미 납부한 경우에는 특별징수의무자에게 그 가산세액만을 부과한다. 다만, 국가 또는 지방자치단체와 그 밖에 대통령령으로 정하는 자가 특별징수의무자인 경우에는 특별징수 의무불이행을 이유로 하는 가산세는 부과하지 아니한다(지법 §103의 29 ③).

특별징수의무자는 납세의무자별로 행정자치부령으로 정하는 법인지방소득세 특별징수명세서(별지 제42호의 4 서식)를 특별징수일이 속하는 해의 다음 해 2월 말일(특별징수의무자가 휴업, 폐업 및 해산한 경우에는 휴업, 폐업 및 해산일이 속하는 달 말일의 다음 날부터 2개월이 되는 날)까지 특별징수의무자 소재지 관할 지방자치단체의 장에게 제출하여야 한다(지령 §100의 19 ②).

✐ 특별징수의무자 소재지 관할 지방자치단체의 장은 특별징수의무자의 소재지와 납세의무자의 사업장 소재지가 다른 경우 납세의무자의 사업장 소재지 관할 지방자치단체의 장에게 해당 지방법인소득세 특별징수명세서를 통보하여야 한다.

특별징수의무자는 법인지방소득세 특별징수명세서를 다음의 어느 하나에 해당하는 방법으로 제출하여야 한다(지령 §100의 19 ③).
① 출력하거나 디스켓 등 전자적 정보저장매체에 저장하여 인편 또는 우편으로 제출
② 지방세기본법 제2조 제1항 제28호에 따른 지방세정보통신망으로 제출

특별징수의무자는 납세의무자로부터 법인지방소득세를 특별징수한 경우에는 그 납세의무자에게 행정안전부령으로 정하는 법인지방소득세 특별징수영수증을 발급하여야 한다. 다만, 법인세법 제73조 및 제73조의 2에 따른 원천징수의무자가 같은 법 제74조에 따른 원천징수영수증을 발급할 때 법인지방소득세 특별징수액과 그 납세지 정보를 포함하여 발급하는 경우에는 해당 법인지방소득세 특별징수영수증을 발급한 것으로 본다(지령 §100의 19 ④).

법인세법 제73조 및 제73조의 2에 따른 이자소득금액 또는 배당소득금액이 계좌별로 1년간 1백만원 이하로 발생한 경우에는 법인지방소득세 특별징수영수증을 발급하지 아니할 수 있다. 다만, 납세의무자가 법인지방소득세 특별징수영수증의 발급을 요구하는 경우에는 이를 발급하여야 한다(지령 §100의 19 ⑤).

지방세법 시행규칙 [별지 제42호 서식] <개정 2022.6.7.>

(양쪽)

지방소득세 특별징수 납부서 및 영수필통지서

특별징수의무자	성명(상호명)	
	주민(법인)등록번호	
	대표자	
	사업자등록번호	
	주소(소재지)	
	전화번호	

귀속 년 월 (지급 년 월)		
① 세목 지방소득세	② 신고하는 특별자치시·특별자치도·시·군·구	
③ 납부액 일금	원정	
구분	인 원	과세표준	지방소득세
④ 이자소득		
⑤ 배당소득		
⑥ 사업소득		
⑦ 근로소득		
⑧ 연금소득		
⑨ 기타소득		
⑩ 퇴직소득		
⑪ 저축해지추징세액 등		
⑫ 비거주자 양도소득		
⑬ 법인원천 내국법인		
⑭ 외국법인		
⑮ 가감세액(조정액)		
⑯ 가산세		
계		

위의 금액을 영수하였음을 통지합니다.
년 월 일
○○○ 수납기관
특별자치시장·특별자치도지사
시장·군수·구청장 귀하

위 금액을 납부 합니다.
년 월 일
○○○ 수납기관
특별자치시장·특별자치도지사
시장·군수·구청장 귀하

※ 납부장소 : ① (방문납부) 전국우체국, 농협, 봉협, 관세금융기관 ② (인터넷납부) 위택스 www.wetax.go.kr

지방소득세 특별징수 수납의뢰서

특별징수의무자	성명(상호명)	
	주민(법인)등록번호	
	대표자	
	사업자등록번호	
	주소(소재지)	
	전화번호	

귀속 년 월 (지급 년 월)		
① 세목 지방소득세	② 신고하는 특별자치시·특별자치도·시·군·구	
③ 납부액 일금	원정	
구분	인 원	과세표준	지방소득세
④ 이자소득		
⑤ 배당소득		
⑥ 사업소득		
⑦ 근로소득		
⑧ 연금소득		
⑨ 기타소득		
⑩ 퇴직소득		
⑪ 저축해지추징세액 등		
⑫ 비거주자 양도소득		
⑬ 법인원천 내국법인		
⑭ 외국법인		
⑮ 가감세액(조정액)		
⑯ 가산세		
계		

위 금액을 수납 의뢰합니다.
년 월 일
특별자치시장·특별자치도지사
시장·군수·구청장
수납기관 귀하

지방소득세 특별징수 영수증

특별징수의무자	성명(상호명)	
	주민(법인)등록번호	
	대표자	
	사업자등록번호	
	주소(소재지)	
	전화번호	

귀속 년 월 (지급 년 월)		
① 세목 지방소득세	② 신고하는 특별자치시·특별자치도·시·군·구	
③ 납부액 일금	원정	
구분	인 원	과세표준	지방소득세
④ 이자소득		
⑤ 배당소득		
⑥ 사업소득		
⑦ 근로소득		
⑧ 연금소득		
⑨ 기타소득		
⑩ 퇴직소득		
⑪ 저축해지추징세액 등		
⑫ 비거주자 양도소득		
⑬ 법인원천 내국법인		
⑭ 외국법인		
⑮ 가감세액(조정액)		
⑯ 가산세		
계		

위의 금액을 영수합니다.
년 월 일
○○○ 수납기관
특별자치시장·특별자치도지사
시장·군수·구청장 귀하
(수입)

297㎜ × 210㎜(미색모조 80g/㎡)

02

지방세법시행규칙 [별지 제42호의 2 서식] (2015.12.31. 개정)

지방소득세 특별징수 계산서 및 명세서

※ 뒤쪽의 작성방법을 참고하시기 바라며, 색상이 어두운 란은 신청인이 적지 않습니다.　　　(앞쪽)

접수번호		접수일자		관리번호	

특별징 수 의 무 자	①성명(법인명)		②주민(법인)등록번호	
	③상호(대표자)		④사업자등록번호	
	⑤주소(영업소)			
	⑥전화번호 　(휴대전화 :　　　　　　)		⑦전자우편주소	

⑧일련 번호	⑨소득 종류	⑩ 징수연월일	⑪납세의무자		⑭과세 표준	⑮산출 세액	⑯조정액 (환급액)	⑰ 납부액 (⑮−⑯)	비고
			⑫성명	⑬주민등록번호					
		합계							

210mm×297mm[백상지 (80g/㎡) 또는 중질지(80g/㎡)]

지방세법시행규칙 [별지 제42호의 4 서식] (2016.12.30. 개정)

[ ] 법인지방소득세 특별징수명세서
[ ] 법인지방소득세 특별징수영수증

[ ] 소득자 보관용
[ ] 발행자 보관용
[ ] 발행자 보고용

※ 아래의 작성방법을 읽고 작성하여 주시기 바라며, [ ]에는 해당되는 곳에 √표를 합니다.

접수번호	접수일	관리번호

징수의무자	①법인명(상호)		①-1영문법인명(상호)	②성명(대표자)	③사업자등록번호
	④법인(주민)등록번호		⑤소재지 또는 주소		

※ 특별징수의무자가 사업자가 아닌 개인인 경우에는 ①과 ①-1 란을 생략하고 ②란부터 적습니다.

소득자	⑥법인명	⑦사업자등록번호	⑦-1비거주자 생년월일	⑧소득자구분코드
	⑨주소	⑩거주구분	⑪거주지국 / ⑪-1거주지국코드 / ⑫계좌번호(발행번호)	⑬신탁이익 여부
		① 내국법인 / ② 외국법인		① 여 / ② 부

지 급 명 세

⑭지급일			⑮귀속연월		⑯과세구분	⑰소득의종류	⑱조세특례등	⑲금융상품코드	⑳유가증권표준코드(유가증권발행사업자등록번호)	㉑채권이자구분	㉒지급대상기간	㉓이자율 등	㉔지급액(소득금액)	㉕세율(%)	특 별 징 수 세 액			
연	월	일	연	월											㉖소득세	㉗법인세	㉘법인지방소득세	㉙특별징수지(특별징수세액 납부지자체)

위의 특별징수세액을 정히 영수(지급)합니다.

년   월   일

징수(보고)의무자   (서명 또는 인)

시장 · 군수 · 구청장   귀하

작 성 방 법

※ ①~㉘ 「소득세법 시행규칙」 별지 제23호 서식의 작성방법을 준용하여 적습니다.
※ ㉙ 특별징수지(특별징수세액 납부지자체) : 법인지방소득세를 특별징수하여 납부한 시 · 군 · 구 명칭을 적습니다.
　　(예시 : ○○도 ○○시 ○○구)
※ 색상이 어두운 난은 적지 않습니다.

210mm×297mm(백상지(80g/㎡))

Ⅲ 납세지

1. 본래의 납세지

특별징수하는 지방소득세의 납세지는 소득세법 또는 법인세법상 원천징수하는 경우의 납세지와 동일하다(지법 §89).

2. 납세지에 관한 특례

① 근로소득

납세의무자의 근무지(근로자가 연도 중 근무지를 변경하여 주된 근무지의 소득세연말정산으로 지방소득세를 환부 또는 추징하여야 하는 경우 그에 대한 지방소득세납세지는 연말정산일 현재 당해 근로자의 근무지를 관할하는 시·군으로 함)를 납세지로 한다.

② 퇴직소득

퇴직소득에 대한 소득세할은 납세자의 근무지를 관할하는 시·군에서 부과한다.

③ 이자소득, 배당소득 등

이자소득, 배당소득 등에 대한 원천징수사무를 본점 또는 주사무소에서 일괄처리하는 경우 그 소득의 지급지를 납세지로 한다.

④ 복권 등 기타소득

복권및복권기금법 제2조에 따른 복권의 당첨금 중 일정 등위별 당첨금 또는 국민체육진흥법 제2조에 따른 체육진흥투표권의 환급금 중 일정 등위별 환급금을 본점 또는 주사무소에서 한꺼번에 지급하는 경우의 당첨금 또는 환급금 소득에 대한 지방소득세는 해당 복권 또는 체육진흥투표권의 판매지로 한다.

⑤ 연금소득

연금소득(국민연금 등 공적연금)은 그 소득을 지급받는 사람의 주소지로 한다.

⑥ 국민건강보험공단이 지급하는 사업소득

국민건강보험공단이 지급하는 사업소득은 그 소득을 지급받는 사람의 사업장 소재지로 한다.

Ⅳ 가산세

특별징수의무자가 징수하여야 할 세액을 법정납부기한까지 납부하지 아니하거나 과소 납부한 경우에는 납부하지 아니한 세액 또는 과소납부분 세액의 100분의 50(다음 1. 및 2.에 따른 금액을 합한 금액은 100분의 10)을 한도로 하여 다음 각 호의 금액을 합한 금액을 가산세로 부과한다. 이 경우 '3.'의 가산세로 부과하는 기간은 60개월(7일 미만 은 없는 것으로 봄)을 초과할 수 없다(지기법 §56, 지기령 §34).

1. 납부하지 아니한 세액 또는 과소납부분 세액×100분의 3

2. 납부하지 아니한 세액 또는 과소납부분 세액×법정납부기한의 다음 날부터 자진납 부일 또는 납세고지일까지의 일수×22/100,000(2022.6.7. 이후 기간부터 적용)

3. 다음 계산식에 따라 납세고지서에 따른 납부기한이 지난 날부터 1개월이 지날 때마 다 계산한 금액

$$\text{납부하지 아니한 세액 또는 과소납부분 세액(가산세는 제외한다)} \times \frac{22}{100,000}$$

이때 납세고지서별·세목별 세액이 30만원 미만인 경우에는 '3.'의 가산세를 적용 하지 아니한다.

특별징수의무자가 특별징수를 하지 아니한 경우로서 다음 각 호의 어느 하나에 해당하 는 경우에는 특별징수의무자에게 그 가산세액만을 부과한다. 다만, 국가 또는 지방자 치단체와 그 밖에 대통령령으로 정하는 자가 특별징수의무자인 경우에는 의무불이행을 이유로 하는 가산세는 부과하지 아니한다(지법 §103의 14).

① 납세의무자가 신고납부한 과세표준금액에 특별징수하지 아니한 특별징수대상 개인 지방소득금액이 이미 산입된 경우

② 특별징수하지 아니한 특별징수대상 개인지방소득금액에 대하여 납세의무자의 관할 지방자치단체의 장이 제97조에 따라 그 납세의무자에게 직접 개인지방소득세를 부 과·징수하는 경우

02

V 소액부징수

지방소득세로 징수할 세액이 고지서 1장당 2천원 미만인 경우에는 그 지방소득세를 징수하지 아니한다(지법 §103의 60).

그러므로 지방소득세 특별징수분도 소액부징수규정이 적용되어 2천원 미만 금액에 대하여는 지방소득세를 징수하지 않는다.

농어촌특별세의 원천징수

I 원천징수의무자

소득세법상 원천징수의무자

II 근로소득

1. 과세대상

주택자금차입금 이자에 대한 세액공제(구조감법 §92의 4)

2. 과세표준

상기 '1. ⑴'의 경우 : 세액공제액

3. 징수세액

농어촌특별세 과세표준×20%

4. 납부

근로소득세 납부에 부가하여 납부한다.

Ⅲ 이자소득 · 배당소득

① 조세특례제한법에 의하여 소득세가 부과되지 아니하거나 특례세율이 적용되는 경우에는 다음과 같이 계산한 세액을 소득세법의 원천징수 의례에 따라 농어촌특별세를 징수하여야 한다.

> 농어촌특별세 원천징수액＝[(이자 · 배당소득×14/100)−조특법상 소득세 원천세액]×10/100

② 비과세 규정(농특법 §4, 농특령 §4)
  가. 다음의 저축 또는 배당에 대한 감면
    ㉠ 조세특례제한법 제86조의 3(소기업 · 소상공인 공제부금)
    ㉡ 조세특례제한법 제87조(주택청약종합저축 등)
      • 장기주택마련저축의 이자 · 배당소득
      • 청년우대형주택청약종합저축 이자소득
    ㉢ 조세특례제한법 제87조의 2(농어가목돈마련저축)
    ㉣ 조세특례제한법 제87조의 5(선박투자회사로부터 받은 배당)
    ㉤ 조세특례제한법 제88조의 2(비과세종합저축)
    ㉥ 조세특례제한법 제88조의 4(우리사주조합원 등의 과세특례)
    ㉦ 조세특례제한법 제88조의 5(조합 등 출자금 등에 대한 과세특례)
    ㉧ 조세특례제한법 제91조의 14(재형저축)
    ㉨ 조세특례제한법 제91조의 16(장기집합투자증권저축)
    ㉩ 조세특례제한법 제91조의 17(해외주식투자전용집합투자증권저축)
    ㉪ 조세특례제한법 제91조의 18(개인종합자산관리계좌)
    ㉫ 조세특례제한법 제91조의 19(장병내일준비적금에 대한 비과세)
    ㉬ 조세특례제한법 제91조의 21(청년희망적금에 대한 비과세)

ⓗ 조세특례제한법 제91조의 22(청년도약계좌에 대한 비과세)

나. 조세특례제한법 제21조의 규정에 의한 이자소득 등에 대한 감면 중 비거주자 또는 외국법인에 대한 감면

다. 조세특례제한법 제89조의 3에 따른 조합등예탁금의 이자소득의 소득세에 대한 감면 중 다음의 어느 하나에 해당하는 사람에 대한 감면

   ㉠ 농어가목돈마련저축에관한법률시행령 제2조 제1항에 따른 농어민

   ㉡ 산림조합법시행령 제2조에 따른 임업인. 다만, 5헥타르 이상의 산림을 소유한 사람은 제외한다.

   ㉢ 한국주택금융공사법시행령 제2조 제1항 제1호 및 제2호에 따른 근로자

PART 3

비거주자 및
외국법인에 대한
원천징수[*]

* 출처 : 국세청, 「비거주자 · 외국법인의 국내원천소득 과세제도 해설」 2018.12.27.

Chapter 01

비거주자의 납세의무

납세의무자란 세법에 의하여 조세를 납부할 의무가 있는 자를 말하며, 소득세의 납세의무자는 개인이다(소법 §2 ①). 개인은 다시 거주자와 비거주자로 나누어진다. 거주자인지 비거주자인지에 따라 과세소득의 범위와 과세방법이 달라지므로 그 구분에 특히 유의할 필요가 있다(소법 §1의 2 ①).

구 분	개 념	납세의무의 범위
(1) 거주자	국내에 주소를 두거나 183일 이상의 거소를 둔 개인	모든 국내원천소득과 국외원천소득[주1]
(2) 비거주자	거주자가 아닌 개인	국내원천소득[주2]

주1) 해당 과세기간 종료일 10년 전부터 국내에 주소나 거소를 둔 기간의 합계가 5년 이하인 외국인 거주자에게는 과세대상 소득 중 국외에서 발생한 소득의 경우 국내에서 지급되거나 국내로 송금된 소득에 대해서만 과세한다(소법 §3 ①).
주2) 내국법인이 국내사업장이 없는 국제변호사로부터 전적으로 국외에서만 수행되는 인적용역을 제공받고 그 대가를 지급하는 경우, 동 대가는 소득세법 제119조 제6호의 규정에 의한 국내원천소득에 해당되지 않으므로 국내에서 원천징수되지 아니한다(서면국제세원-4325, 2021.7.20.).

유의할 것은 거주자 및 비거주자의 구별은 국적과는 관계가 없다는 것이다. 즉 거주자와 비거주자의 구분은 상기에서 보듯이 주소와 거소의 기준으로 판단한다.

1. 주소의 판정기준

'주소'는 국내에서 생계를 같이 하는 가족 및 국내에 소재하는 자산의 유무 등 생활관계의 객관적 사실에 따라 판정한다(소령 §2 ①). 거주자·비거주자의 구분은 거주기간, 직업, 국내에서 생계를 같이하는 가족 및 국내소재 자산의 유무 등 생활관계의 객관적 사실에 따라 판단하는 것이며, 비거주자가 거주자가 되는 시기는 소득세법시행령 제2조의 2 제1항 각 호의 시기로 하는 것이다(서면국제세원-3451, 2021.7.20.). 통상적으로는 주민등록지를 주소로 보며 그 구체적인 판정기준은 다음과 같다(소령 §2 ③·④).

국내에 주소를 가진 것으로 보는 경우 (거주자로 보는 경우)	국내에 주소가 없는 것으로 보는 경우 (비거주자로 보는 경우)
(1) 계속하여 183일 이상 국내에 거주할 것을 통상 필요로 하는 직업을 가진 때	외국국적을 가졌거나 외국법령에 의하여 그 외국의 영주권을 얻은 자로서 국내에 생계를 같이하는 가족이 없고 그 직업 및 자산상태에 비추어 다시 입국하여 주로 국내에 거주하리라고 인정되지 않는 때
(2) 국내에 생계를 같이하는 가족이 있고, 그 직업 및 자산상태에 비추어 계속하여 183년 이상 국내에 거주할 것으로 인정되는 때	

* 외항선박·항공기의 승무원의 주소(소령 §2 ⑤).

구 분		주소지
그 승무원과 생계를 같이하는 가족이 거주하는 장소 or 그 승무원이 근무기간 외의 기간 중 통상 체재하는 장소	국내	주소가 국내에 있는 것(거주자)
	국외	주소가 국외에 있는 것(비거주자)

〈주소 기준 적용 시 유의사항〉

① 해외지점 등에 파견된 임직원

국외에서 근무하는 공무원 또는 거주자·내국법인의 국외사업장 또는 해외현지법인(내국법인이 지분을 100%를 직접 또는 간접 출자한 경우) 등에 파견된 임원 또는 직원은 '계속하여 183일 이상 국외에 거주할 것을 통상 필요로 하는 직업을 가진' 경우임에도 불구하고 거주자로 본다(소령 §3).

② 계속하여 183일 이상 국외에 거주할 것을 통상 필요로 하는 직업을 가지고 출국하거나, 국외에서 직업을 갖고 1년 이상 계속하여 거주하는 때에도 국내에 가족 및 자산의 유무 등과 관련하여 생활의 근거가 국내에 있는 것으로 보는 때에는 거주자로 본다(소통 2-2…1 주소우선에 의한 거주자와 비거주자와의 구분).

③ 다음에 규정하는 자는 국내에 주소가 있는지 여부 및 국내 거주기간에 불구하고 그 신분에 따라 비거주자로 본다(소통 1-0…3 외교관 등 신분에 의한 비거주자).

가. 주한외교관과 그 외교관의 세대에 속하는 가족. 다만, 대한민국국민은 예외로 한다.

나. 한미행정협정(대한민국과 아메리카합중국 간의 상호방위조약 제4조에 의한 시설과 구역 및 대한민국에서 합중국군대의 지위에 관한 협정) 제1조에 규정한 합중국군대의 구성원·군무원 및 그들의 가족. 다만, 합중국의 소득세를 회피할 목적으로 국내에 주소가 있다고 신고한 경우에는 예외로 한다.

2. 거소의 판정기준

① 거소의 개념

거소란 주소지 외의 장소 중 상당기간에 걸쳐 거주하는 장소로서 주소와 같이 밀접한 일반적 생활관계가 형성되지 아니한 장소를 말한다(소령 §2 ②).

② 거소의 거주기간

'국내에 거소를 둔 기간'은 입국한 날의 다음 날부터 출국한 날까지로 한다(소령 §4 ①). 다만, 국내에 거소를 두고 있던 개인이 출국 후 다시 입국한 경우에 생계를 같이하는 가족의 거주지나 자산소재지 등에 비추어 그 출국목적이 명백하게 일시적인 것으로 인정되는 때에는 그 출국한 기간도 국내에 거소를 둔 기간으로 본다. 국내에 거소를 두고 있던 개인이 출국 후 다시 입국한 경우에 생계를 같이하는 가족의 거주자나 자산소재지 등에 비추어 그 출국목적이 관광, 질병의 치료 등으로서 명백하게 일시적인 것으로 인정되는 때에는 그 출국한 기간도 국내에 거소를 둔 기간으로 본다. 국내에 거소를 둔 기간이 1과세기간에 걸쳐 183일 이상인 경우에는 국내에 183일 이상 거소를 둔 것으로 본다(소령 §4 ② · ③).

또한 재외동포의출입국과법적지위에관한법률 제2조에 따른 재외동포가 입국한 경우 생계를 같이 하는 가족의 거주지나 자산소재지등에 비추어 그 입국목적이 관광, 질병의 치료 등 기획재정부령으로 정하는 사유에 해당하여 그 입국한 기간이 명백하게 일시적인 것으로 기획재정부령으로 정하는 방법에 따라 인정되는 때에는 해당 기간은 국내에 거소를 둔 기간으로 보지 아니한다(소령 §4 ④).

3. 거주자 또는 비거주자가 되는 시기

① 비거주자가 거주자로 되는 시기는 다음 각 호의 시기로 한다(소령 §2의 2)

가. 국내에 주소를 둔 날

나. 국내에 주소를 가진 것으로 보는 사유가 발생한 날

다. 국내에 거소를 둔 기간이 183일이 되는 날

② 거주자가 비거주자로 되는 시기는 다음 각 호의 시기로 한다.

가. 거주자가 주소 또는 거소의 국외 이전을 위하여 출국하는 날의 다음 날

나. 국내에 주소가 없거나 없는 것으로 보는 사유가 발생한 날의 다음 날

4. 거주자와 비거주자 구분 사례

거주자·비거주자의 구분은 거주기간, 직업, 국내에서 생계를 같이하는 가족 및 국내소재 자산의 유무 등 생활관계의 객관적 사실에 따라 판단하는 것이며, 비거주자가 거주자가 되는 시기는 소득세법시행령 제2조의 2 제1항 각 호의 시기로 하는 것이다. 비거주자가 국내에 계속 거주할 예정으로 가족과 함께 입국하는 경우 입국한 날을 주소를 가진 것으로 보는 사유가 발생한 날로 보는 것이며, 그날이 거주자로 되는 시기이다(서면국제세원-3824, 2019.11.19.).

거주자 및 비거주자의 구별은 국적과는 관계가 없다. 하지만 일반적으로 내국인은 거주자인 경우가 많고, 외국인은 비거주자인 경우가 많다. 따라서 거주자와 비거주자의 구분은 '내국인이면서 비거주자인 경우'와 '외국인이면서 거주자'인 예외적인 경우를 파악하는 것이 중요하다. 이를 요약하면 다음과 같다.

일반적	예외적	비 고
내국인(≒거주자)	내국인≠거주자 (즉 내국인=비거주자)	내국인이면서 비거주자인 경우
외국인(≒비거주자)	외국인≠비거주자 (즉 외국인=거주자)	외국인이면서 거주자인 경우

* 외국인의 범위에 대한민국 국적을 보유하는 자로서 외국에 영주하는 자는 포함되지 아니한다(국제세원-588, 2009.11.30.).

(1) 내국인이 외국에 출국하여 근무하는 경우

1) 거주자로 보는 경우

① 내국법인의 국외사업장(지점·사무소)에 근무하는 경우

소득세법시행령 제3조에 의거하여 거주자에 해당하므로 국내의 본점에서 동 근로자에 대한 연말정산을 실시해야 한다. 이때 외국에서 급여수령 시 외국세법에 의해 당연히 소득세를 부담하게 되므로 국내에서 연말정산 시 외국에서 납부한 세액을 차감하여(외국납부세액공제) 납부세액을 계산하도록 하고 있다. 이때 내국법인 중 해외현지법인은 발행주식 또는 출자지분의 100%를 출자한 경우에는 ①에 해당하지만 아닌 경우에는

국외사업장에 해당되지 않아 다음 '②'에 따라 처리하여야 한다.

② **외국법인(내국법인의 현지법인 포함)에 근무하는 경우**

계속하여 1년 이상 국외에 거주할 것을 통상 필요로 하는 직업을 가진 경우에는 비거주자에 해당하여 외국에서 지급받는 근로소득에 대하여는 한국에 소득세 신고의무가 없게 된다. 그러나 이때에도 국내에 가족 및 자산의 유무 등과 관련하여 생활의 근거가 국내에 있는 것으로 보는 때에는 거주자로 보게 되어 있어(소통 2-2…1) 국내에서 소득세 신고·납부의무가 발생하게 되며, 이때 상기 '①'과 같이 외국납부세액공제가 적용된다. 이때에는 외국에 출국한 내국인 본인이 소득발생연도의 다음 해 5월 31일까지 자진하여 신고·납부하여야 한다.

③ **내국법인과 외국법인에서 동시에 급여를 받는 경우**

근로자가 내국법인과 관련된 해외의 외국법인에 근로를 제공하고 급여를 받고 동시에 내국법인으로부터도 급여를 받는 경우가 많이 발생하게 된다. 이때 대부분의 근로자는 한국의 거주자에 해당되므로 외국법인으로부터 받은 급여도 과세되는 근로소득에 해당되어 다음과 같은 절차를 수행하여야 한다.

가. 내국법인에서 외국법인의 급여를 함께 연말정산하는 방법

내국법인에서 외국법인의 급여를 합산하여 연말정산(근로소득을 납세조합에 가입한 경우에 한함)하는 것을 말하며, 이때 월 100만원의 해외근로 비과세소득과 외국납부세액공제를 적용하여야 함에 유의하여야 한다.

나. 근로자 개인이 종합소득세 신고를 별도로 하는 방법

내국법인에서는 연말정산으로 근로자의 소득세를 신고·납부하고 근로자 개인이 5월에 외국법인의 근로소득을 합산하여 종합소득세 신고를 하는 방법이다.

흔히 내국법인의 연말정산시기인 1월에 외국법인에 납부한 세액확인 등이 이루어지지 않아 발생하는 경우가 대부분이다.

2) 비거주자로 보는 경우

① 본인 및 세대원 전체가 국외로 출국한 경우로서 국내에 생계를 같이하는 가족이 없고 그 직업 및 자산상태에 비추어 국내에 다시 입국하여 주로 국내에 거주하리라고 인정되지 아니하는 경우에는 비거주자로 보는 것이나, 이에 해당하는지는 사실관계 등을 종합적으로 조사, 확인하여 판단하며 국내 주민등록 말소 여부와는 관계없다

(소득-4257, 2008.11.18.; 서일-17, 2006.1.6.).

② 본인 및 배우자가 국외로 출국하여 시민권을 취득하고 10년 동안 계속 국외에 거주하고 있으며 그 직업 및 자산상태에 비추어 국내에 다시 입국하여 주로 국내에 거주하리라고 인정되지 아니하는 경우에는 국내에 다수의 자산을 보유하고 있다고 하더라도 비거주자로 본다(서일-468, 2006.5.25.; 서일-240, 2006.2.23.).

(2) 외국인이 한국에 입국하여 근무하는 경우

① 외국인이 한국 내에 위치한 회사에 입사하여 근로소득을 지급받는 경우에는 한국의 소득세법상 근로소득이 발생된 납세의무자에 해당되어 내국인과 동일하게 연말정산의 절차를 통해 한국에 소득세를 납부하여야 한다. 이때 물론 근로소득을 지급하는 회사가 외국인을 상대로 소득세를 징수하여 납부하여야 하는 것이다.

② 비거주자가 비거주자의 국내사업장 등에 일시체류하면서 기술지도를 행하고 국내체류기간에 제공한 근로의 대가로 지급받는 급여는 이를 외국에서 지급하는 경우에도 당해 국가와의 조세조약 등에서 별도로 규정한 경우를 제외하고는 국내원천소득으로 과세한다(소통 119-0…1 비거주자가 국내사업장에서 업무를 수행하고 대가는 국외에서 지급받는 경우 국내원천소득의 범위).

③ 외국인이 외국법인의 국내사업장에 파견되어 근로를 제공하고 수령하는 급여는 이를 본사에서 지급하거나 또는 국내사업장의 손금으로 계산하는가의 여부에 관계없이 당해 국가와의 조세조약 등에서 별도로 규정하는 것을 제외하고는 국내원천소득으로 본다(소통 119-0…2 외국법인의 국내사업장에 근무하는 외국인의 급여의 국내원천소득 판정).

④ 국내에 거주하는 외국인이 고용계약 등에 의하여 계속하여 1년 이상 국내에 거주할 것을 통상 필요로 하는 직업을 가진 경우에는 당해 직업을 가진 때부터 거주자에 해당되는 것이며, 당해 외국인이 내국법인과 용역계약(계약기간 : 1년)을 체결하고 보유하고 있는 기술용역을 제공함에 있어 내국법인의 종업원과 동일하게 복무규정을 준수해야 하는 등 사실상의 고용관계하에서 용역을 제공하는 경우 이에 따라 당해 외국인이 지급받는 금액은 소득세법 제20조에 규정하는 근로소득에 해당한다(서이 46017-11718, 2002.9.13.).

03

(3) 외국인 프로선수의 경우

국내 프로야구구단에서 활동 중인 외국인 야구선수의 국가와 우리나라가 조세조약을 체결하지 않은 경우에는 외국인 운동선수가 계속하여 183일 이상 국내에 거주할 것을 통상 필요로 하는 직업을 가진 것으로 보아 소득세법 제1조의 2 및 동법 시행령 제2조 제3항에 따라 우리나라의 거주자에 해당하며, 우리나라와 조세조약이 체결된 국가의 외국인 선수의 경우에는 해당 국가와의 조세조약에서 규정된 내용에 따라 거주자 여부를 판단하는 것이다(서면법령국조-1655, 2019.6.11.).

① 도미니카 공화국 거주자인 외국인 운동선수가 계속하여 183일 이상 국내에 거주할 것을 통상 필요로 하는 직업을 가진 때에는 국내에 주소를 가진 것으로 보아 소득세법 제1조의 2 및 같은 법 시행령 제2조 제3항에 따라 우리나라 거주자에 해당하는 것임.

② 미국인 운동선수인 경우에는 한·미 조세조약 제3조 제2항에 따라 항구적 주거, 중대한 이해관계의 중심지, 일상적 거소의 순으로 하여 거주지국을 판단하는 것이며, 그 개인이 미국에서 가족과 함께 항구적 주거를 형성하여 생활하고, 사업목적상 우리나라에 체류하다가도 업무를 마치면 미국으로 돌아가 가족과 함께 거주한 경우라면 가족과 함께 거주하는 항구적 주거는 미국에 있는 것으로 볼 수 있으므로 제3조 제2항에 따라 우리나라의 비거주자)에 해당하는 것임.

③ 네덜란드 운동선수인 경우 한·네덜란드 조세조약 제4조 제2항에 따라 중대한 이해관계 중심지, 일상적 거소의 순으로 하여 거주지국을 판단하는 것임.

④ 비거주자인 외국인 운동선수가 거주자가 되는 시기는 소득세법시행령 제2조의 2 제1항 각 호의 시기로 하는 것이며, 거주자인 외국인 운동선수가 비거주자가 되는 시기는 같은 조 제2항 각 호의 시기로 하는 것임.

5. 이중거주자에 해당 시 거주지국의 결정기준

상기 '4.'에서처럼 내국인이 외국에서 근로를 제공하고 급여를 수령 시 한국세법에 의해 한국의 거주자로 판단되어 납세의무가 발생될 수 있다. 반면 동 내국인은 외국의 세법 적용 시 또한 당해 외국의 거주자에 해당될 수 있다(반대의 경우에도 동일하게 적용 가능). 이때 어느 나라의 거주자에 해당되는지에 따라 과세대상소득의 차이가 발생하게 된다. 이렇게 양국의 세법 적용 시 각각 거주자에 해당하는 경우에는 양국이 체결한 조세조약에 의해 어느 일국의 거주자임을 결정해야 한다(서이-422, 2007.3.15.).

조세조약에 의한 거주지국의 결정은 다음 순서에 의한다.

① 항구적 주거(permanent home)

　　이는 그 개인이 자기의 가족과 함께 거주하는 장소를 말함.

② 중대한 이해관계의 중심지(center of vital interests)

③ 일상적 주소(habitual abode)

④ 국민(national)

⑤ 상호합의(mutual agreement)

상기의 판단순서에 의해 한국의 거주자로 판정이 나면 전세계소득에 대해 한국에 납세의무를 지며, 외국의 거주자로 판정이 나면 한국 내 원천소득에 대하여만 소득세 신고·납부의무가 발생한다.

● 예규 및 판례

▶▶ 내국법인의 직원이 호주 현지법인에서 근무할 경우 거주자 여부 및 동 거주자의 소득원천과 연말정산을 포함한 소득세 신고방법(서이-2426, 2004.11.24.)

1. 내국법인이 호주법인에 내국법인 소속직원을 파견함에 있어 파견된 직원이 국외에 1년 이상 거주할 직업을 가지고 출국하더라도 그 파견직원이 국내에 주소를 두고 있고 내국법인과 고용관계를 계속 유지하는 등 생활의 근거가 국내에 있는 경우 동 파견직원은 소득세법 제1조 제1항 제1호 및 같은법 시행령 제2조의 규정에 의한 거주자에 해당되는 것임.

　이때 개인이 거주자인 동시에 호주국 거주자에 해당되는 경우에는 대한민국정부와 호주정부 간의 소득에 대한 조세의 이중과세회피와 탈세방지를 위한 협약 제4조 및 제25조의 규정에 의한 상호합의절차에 의하여 거주지국을 결정하는 것임.

2. 내국법인에게 고용된 거주자가 호주법인에 파견되어 근로를 제공하고 당해 호주법인으로부터 지급받는 급여는 소득세법 제20조 제1항 제2호 (나)목에서 규정하는 을종근로소득에 해당하며, 내국법인이 거주자에게 지급하는 급여는 동법 동조 제1항 제1호에서 규정하는 갑종근로소득에 해당하는 것으로 당해 갑종근로소득은 동법 제127조 및 제137조의 규정에 의하여 원천징수 및 연말정산을 하여야 하는 것임. 한편, 당해 거주자는 갑종근로소득과 을종근로소득을 합산하여 소득세법 제70조 규정에 의하여 종합소득 과세표준확정신고를 하여야 함.

3. 거주자의 종합소득금액에 합산되어 있는 국외원천소득에 대하여 당해 소득 발생국가의 정부에 의하여 과세된 외국소득세액을 납부하였거나 납부할 것이 있는 때에는 소득세법 제57조 규정에 의하여 외국납부세액공제를 받을 수 있으며, 소득세법 제

57조의 국외원천소득에는 국내에서 지급받는 국외근로소득을 포함하는 것임.

4. 내국인인 프로축구선수가 7년간 해외에서 선수생활을 영위하여 연평균 300일 이상을 가족과 함께 해외에 체류하고 소득의 대부분이 국외에서 발생한 경우에는 국내에 부동산임대소득 등이 발생해도 소득세법상 비거주자에 해당함(조심 2016중3113, 2017.3.2.).

(1) 내용

내국인인 축구선수가 2009년부터 2010년 6월까지는 국내에서 프로선수로 활동하였고 2010년 8월부터 7년간 해외에서 프로축구선수로 활동하면서 국내 부동산임대업 영위에 따른 수입금액과 국가대표 출전수당 및 포상금 등 국내원천소득에 대하여만 국내에서 종합소득세 등을 신고하였음.

이 경우 해당 선수가 우리나라의 거주자에 해당되어 해외에서의 소득 등을 합산하여 소득세를 신고하여야 하는지 또는 비거주자에 해당되어 국내원천소득에 대하여만 신고하여야 하는지 여부

(2) 결정

청구인은 국외에서 프로축구선수로 활동하면서 연평균 300일 이상을 국외에 체류한 것으로 나타나고 국내에 청구인과 생계를 같이하고 있는 가족이 거주하고 있지 아니한 반면, 국내 체류기간의 경우 국가대표 소집 및 개인 용무로 임시로 체류한 것으로 보이는 점, 청구인의 소득 대부분이 국외에서 발생하였고, 국내에서 보유하고 있는 자산 또한 단기매매 등 수익을 목적으로 한 것으로 별도의 관리인을 두고 있는 점 등에 비추어 국내에 생활의 근거가 형성되었다고 보기 어려우므로, 처분청이 청구인을 소득세법상 거주자에 해당한다고 보아 종합소득세를 과세한 이 건 처분은 잘못이 있음.

5. 청구인은 국내에 주소를 두고 있고 국내에서 부동산을 취득, 보유하고 있는 반면 터키에서 영주권을 취득하거나 재산을 소유한 것으로 볼만한 증빙이 제시되지 아니한 점, 청구인은 터키법인에서 지급받은 소득에 대하여는 거주자로 판단하여 외국납부세액공제를 적용받는 것으로 종합소득세를 신고한 점 등에 비추어 청구주장을 받아들이기 어려움(조심 2018서2396, 2018.8.1.).

(1) 내용

한국인이 2013년부터 한국을 출국하여 터키에서 현지채용임원으로 터키법인에서 근무하고 수령한 금액에 대하여 한국에서 종합소득세를 신고하였는데 배우자도 터키에 함께 있고 자녀들도 해외에서 유학 중이라 비거주자에 해당된다 판단하여 소득세환급을 요청하는 경정청구를 제기하였고 과세관청은 거주자로 보아 경정청구를 거부한 처분의 타당성 여부

(2) 결정

조세심판원은 청구인은 소득세법상 비거주자에 해당된다 주장하나 소득세법 제1조의 2 제1항 제1호에서 "거주자란 국내에 주소를 두거나 183일 이상의 거소를 둔 개인을 말한다"고 규정하고 있고 같은 법 시행령 제2조 제1항에서 "주소는

국내에서 생계를 같이하는 가족 및 국내에 소재하는 자산의 유무 등 생활관계의 객관적인 사실에 따라 판정한다"고 규정하고 있는바 청구인은 국내에 주소를 두고 있고 국내에서 부동산을 취득, 보유하고 있는 반면 터키에서 영주권을 취득하거나 재산을 소유한 것으로 볼만한 증빙이 제시되지 아니한 점, 청구인이 객관적인 증빙없이 쟁점소득을 수령할 때 청구인의 항구적 주거지가 터키에 있다고 보기 어려운 점, 청구인이 터키법인에서 지급받은 소득에 대하여는 거주자로 판단하여 외국납부세액공제를 적용받는 것으로 종합소득세를 신고한 점 등에 비추어 청구인은 소득세법상 거주자로 봄이 타당하므로 경정청구를 거부한 처분은 타당하다고 결정한 사례임

거주자와 비거주자의 구분

소득세법의 이해 중 가장 중요한 내용이 거주자와 비거주자의 구분이다. 즉 한국인이 소득세를 납부하는 것이 아니라 국적에 관계없이 개인이 거주자에 해당되면 전세계에서 벌어들인 소득을 국내에서 신고 · 납부하여야 하며, 비거주자에 해당되면 국내에서 발생된 소득에 대하여는 국내에서 신고 · 납부하여야 한다는 것이다.

상기 내용은 소득세법에서 가장 중요한 내용이므로 기초의 실무자에게는 어려운 내용임에 분명하다. 그러나 실지의 신고방법은 어렵다 하더라도 그 개념은 분명히 이해하고 있으시길 바란다.

1. 사례 1
   • 류현진(야구선수) : 비거주자에 해당
   • 미국에서 받은 연봉 : 국내원천소득이 아니므로 우리나라 과세권 없음
   • 한국에서 촬영한 CF 출연금 : 국내원천소득이므로 우리나라에서 과세[인적용역소득에 해당되어 20%(지방소득세 2% 별도) 원천징수함]

2. 사례 2
   • 안재욱(연예인) : 거주자에 해당
   • 한국에서 벌어들인 소득 : 사업소득에 해당
   • 중국에서 벌어들인 소득 : 일단 중국에서 소득수령 시 중국세법에 의하여 과세당하며, 동 소득을 한국의 사업소득과 합쳐 우리나라에서 종합소득세 신고함
     → 이때 중국에서 납부한 세금은 외국납부세액으로 공제됨

3. 사례 3
   • Steve Kim : 홍콩에 거주하고 있는 미국인으로 비거주자에 해당
   • 내국법인 ㈜승수의 비상근임원임
   • ㈜승수로부터 연봉 2억원을 지급받고 있음

> → 상기 경우가 비거주자에 대한 국내근로소득이 발생하는 경우로서 이때에는 거주자와 동일하게 국내근로소득에 대하여 연말정산을 실시하면 된다. 단, 이때 비거주자 본인 외의 인적공제와 특별소득·세액공제는 적용되지 못함에 유의하여야 한다.

6. 비거주자가 국내근로제공대가를 외국모회사로부터 지급받는 경우

① 소득세법 제1조에 의한 거주자에 해당하지 않는 미국거주자가 외국모회사와 고용계약을 체결한 후 국내에 파견되어 근로를 제공함에 따라 외국모회사로부터 지급받는 급여는 국내원천소득으로 한·미조세협약 제19조 제2항에서 별도로 규정한 경우를 제외하고는 소득세법 제119조 제7호의 규정에 의하여 과세되는 것이다(서이 46017 −10536, 2003.3.18.).

   → 이때 비거주자이므로 외국납부세액공제는 적용받지 못함.

② 외국법인이 본사 직원을 국내에 파견하고 급여를 직접 외국법인 본사에서 지급하는 경우 을종근로소득에 해당한다(서이 46017−10287, 2003.2.10.).

③ 일본법인으로부터 파견돼 국내 외투기업에 근무하는 직원이 일본법인으로부터 받는 급여를 국내 외투기업이 일본법인에게 보상하는 부분은 갑종근로소득이다(주업 46017−608, 2000.12.28.).

7. 해외현지직원 급여의 국내원천징수 여부

비거주자가 외국에서 근무함에 따라 지급받는 급여는 비거주자의 국외원천소득에 해당되어 소득세법상 납세의무가 없다(제도 46017−12367, 2001.7.25.).

8. 비거주자에 대한 과세방법

비거주자에 대하여 과세하는 소득세는 해당 국내원천소득을 종합하여 과세하는 경우와 분류하여 과세하는 경우 및 그 국내원천소득을 분리하여 과세하는 경우로 구분하여 계산한다.

해당 비거주자에게 국내사업장이 있느냐 없느냐에 따라 다음과 같이 구분된다(소법 §121).

국내사업장이 있는 비거주자	종합과세 : 퇴직소득 및 양도소득을 제외한 소득
	분류과세 : 퇴직소득 및 양도소득
	분리과세 : 비거주자의 국내원천소득에 대한 특례 등
국내사업장이 없는 비거주자	분리과세

(1) 종합과세

국내사업장이 있는 비거주자와 국내원천 부동산소득(소법 §119 3호)이 있는 비거주자에 대하여는 다음의 소득(그 국내사업장에 귀속되지 아니하는 소득으로서 원천징수의 특례규정에 의하여 원천징수되는 소득을 제외)을 종합하여 과세하고, 퇴직소득 및 부동산 등 양도소득(소법 §119 8호·9호)이 있는 비거주자에 대하여는 거주자와 동일한 방법으로 소득별로 분류하여 과세한다(소법 §121 ②).

① 이자소득

② 배당소득

③ 부동산소득

④ 자산임대소득

⑤ 사업소득

⑥ 인적용역소득

⑦ 근로소득

⑧ 연금소득

⑨ 사용료소득

⑩ 유가증권의 양도로 인한 소득

⑪ 기타소득

국내사업장이 있음에도 불구하고 사업자등록을 하지 않은 경우에는 그 비거주자의 건축·건설, 기계장치 등의 설치·조립, 그 밖의 작업이나 그 작업의 지휘·감독 등에 관한 용역의 제공으로 발생하는 국내원천소득 또는 인적용역소득을 지급하는 자는 원천징수를 하여야 한다(소법 §156 ⑦).

국내사업장이 있는 비거주자가 공동으로 사업을 경영하고 그 손익을 분배하는 공동사업의 경우 원천징수된 세액의 배분은 거주자와 동일하게 다음과 같이 한다(소법 §121 ⑥ · §87).

① 공동사업장에서 발생한 소득금액에 대하여 원천징수된 세액은 각 공동사업자의 손익분배비율에 따라 배분한다.

② 가산세(기장불성실 가산세, 신용카드 등 가산세, 기부금영수증 불성실, 성실신고관련가산세는 제외)로서 공동사업장에 관련되는 세액은 각 공동사업자의 손익분배비율에 따라 배분한다.

③ 공동사업장에 대해서는 그 공동사업장을 1사업자로 보아 사업자등록을 하며 복식장부에 의해 기록, 보관한다.

④ 공동사업자가 그 공동사업장에 관한 사업자등록을 할 때에는 공동사업자(출자공동사업자 해당 여부에 관한 사항을 포함), 약정한 손익분배비율, 대표공동사업자, 지분 · 출자명세, 그 밖에 필요한 사항을 사업장 소재지 관할세무서장에게 신고하여야 한다.

⑤ '④'에 따라 신고한 내용에 변동사항이 발생한 경우 대표공동사업자는 그 변동 내용을 해당 사업장 소재지 관할세무서장에게 신고하여야 한다.

(2) 분리과세

① 국내사업장이 없는 비거주자에 대해서는 국내원천소득(퇴직소득 및 양도소득은 제외)의 소득별로 분리하여 과세한다(소법 §121 ③).

② 국내사업장이 있는 비거주자의 국내원천소득으로서 비거주자의 국내원천소득에 대한 원천징수의 특례규정에 의하여 원천징수되는 소득에 대해서는 소득세법 제119조 국내원천소득(퇴직소득 및 양도소득은 제외)의 소득별로 분리하여 과세한다(소법 §121 ④). 즉 국내사업장이 있는 비거주자의 국내원천소득인 경우에도 그 국내사업장과 실질적으로 관련되지 아니하거나 그 국내사업장에 귀속되지 아니한 소득은 원천징수를 통하여 분리과세한다.

③ '① · ②'에 따라 과세되는 경우로서 원천징수되는 소득 중 국내원천 인적용역소득(소법 §119 6호)이 있는 비거주자가 종합소득과세표준 확정신고를 하는 경우에는 소득세법 제119조 국내원천소득(퇴직소득 및 양도소득은 제외)에 대해서도 종합하여 과세할 수 있다(소법 §121 ⑤).

④ '① · ②'에 따른 비거주자에 대한 분리과세소득(근로 · 연금소득은 제외)에 대한 과세표준은 그 지급받는 해당 국내원천소득별 수입금액에 따라 계산한다. 다만, 다음의

소득에 대한 과세표준의 계산은 같은 호에서 정하는 바에 따라 그 수입금액에서 필요경비 등을 공제한 금액으로 할 수 있다(소법 §126 ①).

　가. 유가증권 양도소득에 대해서는 그 수입금액에서 소정의 확인된 해당 유가증권의 취득가액 및 양도비용을 공제하여 계산한 금액('5장 국내원천소득 중 9. 유가증권의 양도소득' 참조)

　나. 기타소득 중 소정의 상금·부상 등(소법 §87 1호)에 대해서는 지급받은 금액의 100분의 80에 상당하는 금액(실제 소요된 필요경비가 100분의 80에 상당하는 금액을 초과하는 경우에는 그 초과하는 금액도 포함)을 공제하여 계산한 금액

⑤ '①·②'에 따른 분리과세를 적용받는 비거주자가 다음의 소득이 있는 경우에는 감면의 신청이 없을 때에도 그 소득에 대한 소득세를 감면한다(소법 §126 ③).

　가. 정부 간의 협약에 따라 우리나라에 파견된 외국인이 그 양쪽 또는 한쪽 당사국의 정부로부터 받는 급여

　나. 거주자 중 대한민국의 국적을 가지지 아니한 자가 대통령령으로 정하는 선박과 항공기의 외국항행사업으로부터 얻는 소득. 다만, 그 거주자의 국적지국(國籍地國)에서 대한민국 국민이 운용하는 선박과 항공기에 대해서도 동일한 면제를 하는 경우만 해당한다.

⑥ 비거주자 분리과세 시 원천징수에 대하여는 소득세법 제85조 제3항(원천징수납부지연가산세) 및 제86조 제1호(소액부징수)를 준용한다(소법 §126 ④).

⑦ '①·②'에 따른 분리과세 적용을 받는 비거주자의 국내원천소득 중 근로소득 및 연금소득에 따른 국내원천소득의 과세표준과 세액의 계산, 신고와 납부, 결정·경정 및 징수와 환급에 대해서는 이 법 중 거주자에 대한 소득세의 과세표준과 세액의 계산 등에 관한 규정을 준용한다. 다만, 인적공제 중 비거주자 본인 외의 자에 대한 공제와 특별소득공제, 자녀세액공제 및 특별세액공제는 하지 아니하고, 비거주 연예인 등의 용역 제공과 관련된 원천징수 절차 특례에 따른 원천징수에 의하여 소득세를 납부한 비거주자에 대해서는 과세표준확정신고를 하지 아니할 수 있다(소법 §126 ⑤).

03

Part 3 비거주자 및 외국법인에 대한 원천징수

9. 비거주자의 국내원천소득

비거주자에 대하여는 다음의 국내원천소득에 대해서만 과세한다(소법 §3). 국내사업장
이 없는 비거주자가 다음의 어느 하나에 해당하는 파생상품을 통하여 취득한 소득은
국내원천소득으로 보지 아니한다(소령 §179 ⑫).

① 자본시장과금융투자업에관한법률 제5조 제2항에 따른 장내파생상품

② 자본시장과금융투자업에관한법률 제5조 제3항에 따른 장내파생상품으로서 같은 법
　 시행령 제186조의 2에 따른 위험회피목적의 거래인 것

국내원천소득 소득세법 제119조		국내사업장이 있는 비거주자	국내사업장이 없는 비거주자	분리과세 원천징수세율(%) (소득세법상)
1호	이자소득	종합과세, 종합소득세 신고 · 납부 (특정소득은 국내사업장 미등록 시 원천징수)	분리과세, 완납적 원천징수	20(채권이자 14%)
2호	배당소득			20
4호	선박 등 임대소득			2
5호	사업소득			2
10호	사용료소득			20
11호	유가증권양도소득			Min(양도가액×10%, 양도차익×20%)
12호	기타소득			20
7호	근로소득			거주자와 동일
8호의 2	연금소득			
6호	인적용역소득		분리과세 (종합소득 확정신고 가능)	20(3)
3호	부동산소득		종합소득세 신고 · 납부	–
9호	양도소득	거주자와 동일 (분류과세)	거주자와 동일 (다만, 양수자가 법인인 경우 예납적 원천징수)	Min(양도가액×10%, 양도차익×20%)
8호	퇴직소득	거주자와 동일(분류과세)		거주자와 동일

* 1. 국내사업장이 있는 비거주자에는 부동산소득이 있는 비거주자를 포함한다.

2. 국내사업장이 있는 비거주자의 국내원천소득으로서 제156조 제1항 및 제156조의 3부터 제156조의 6까지의 규정에 의하여 원천징수되는 소득에 대하여는 제119조 각 호(제8호 및 제9호는 제외)의 소득별로 분리하여 과세(소법 §121 ④)

3. 국내사업장 또는 부동산소득이 있는 비거주자의 경우에도 일용근로자 급여, 분리과세이자소득, 분리과세배당소득, 분리과세기타소득 등에 대하여는 거주자의 경우와 동일하게 분리과세·원천징수한다.

4. 소득세법상의 원천징수세율이 조세조약상의 제한세율보다 높은 경우에는 조세조약상의 제한세율을 적용하여야 한다(예외 : 소득세법 제156조의 4·제156조의 5(원천징수절차특례)의 규정에 따라 원천징수하는 경우).

5. 건축·건설, 기계장치 등의 설치·조립 기타의 작업이나 그 작업의 지휘·감독 등에 관한 용역의 제공 또는 소득세법 제119조 제6호에 따른 인적용역의 제공대가는(조세조약상 사업소득으로 구분하는 경우 포함) 국내사업장을 구성하더라도 사업자등록을 하지 않은 경우에는 원천징수하여야 한다.

6. 양수자가 법인인 경우 양도소득은 양수자가 양도가액의 10% 또는 양도차익의 20% 중 적은 금액을 예납적으로 원천징수·납부한 후에 양도자는 별도의 절차에 의하여 양도소득을 신고 납부하는 것이다. 양수자가 개인인 경우 원천징수의무가 면제(2007.1.1. 이후 최초 양도분부터)된다.

7. 인적용역소득이 있는 비거주자는 본인이 선택하는 때에는 분리과세·완납적 원천징수 대신 종합소득확정신고(소득세법 제119조 제1호~제7호, 제10호~제12호 합산)가 가능하다(소법 §121 ⑤).

중점사항 - 미국세법상 거주자의 판단 및 해외 금융계좌 보고의무

Ⅰ. 미국세법상 거주자의 판단

1. 한국세법상 구분

거주자	국내에 주소를 두거나 183일 이상 거소를 둔 개인	전 세계 소득에 대한 납세의무를 국내에서 부담
비거주자	거주자가 아닌 개인	국내원천소득에 대하여만 국내에서 납세의무 부담

한국 세법은 개인을 거주자와 비거주자로 구분하여 과세소득의 범위와 과세방법 등을 달리 적용하고 있다. 한국의 거주자는 전 세계 소득에 대하여 납세의무를 부담하지만, 비거주자는 국내원천소득(Domestic Source Income)에 대하여만 한국에서 납세의무를 부담한다.

거주자가 외국에서 발생한 소득에 대하여 당해 국가에서 소득세를 납부한 경우에는 한국에서 소득세를 계산할 때 외국에서 납부한 세액 중 세법에서 정한 한도 내의 금액을 외국납부세액으로 소득세액에서 공제받을 수 있다.

개인의 경우 원칙적으로 국내에 주소를 두거나 183일 이상 거소를 둔 경우 한국의 거주자로 보며, 그 외의 자는 비거주자로 본다. 여기서 주소란 생활의 근거가 되는 장소로서 국내에 생계를 같이하는 가족, 국내에 소재하는 자산의 유무 등 생활관계의 객관적 사실에 따라 판단한다. 거소는 상당한 기간 동안 계속하여 거주하는 장소로서 주소와 같이 밀접한 일반적 생활관계가 없는 장소를 말한다. 또한 계속하여 183일 이상 국내에 거주할 것을 통상 필요로 하는 직업을 가진 때 또는 국내에 생계를 같이하는 가족이 있고 그 직업 및 자산상태에 비추어 계속하여 183일 이상 국내에 거주할 것으로 인정되는 때에는 거주자로 보며, 국내에 거소를 둔 기간이 2과세기간에 걸쳐 183일

이상인 경우에도 거주자로 본다.

예를 들어, 영주권자 또는 시민권자가 한국에서 사업을 하면서 가족과 함께 183일 이상 거소를 두고 한국에 거주하는 경우에는 한국의 거주자에 해당된다.

한국세법상 한국 거주자에게는 한국 내에서 조세감면이나 비과세 등 각종 혜택도 함께 부여한다. 예를 들어 거주자는 일정한 요건을 갖춘 1세대 1주택에 대하여 비과세 혜택을 받을 수 있지만, 한국 비거주자(일반적으로 가족과 함께 미국에 거주하는 영주권자 또는 시민권자는 한국의 비거주자에 해당)는 원칙적으로 1세대 1주택 비과세 혜택을 받을 수 없다.

2. 미국세법상 구분

(1) 한국세법과의 차이

한국세법에서는 국적과 관계없이 개인의 주소(또는 거소)에 따라 거주자와 비거주자를 구분하여 과세소득 및 과세방법 등을 달리 적용하고 있다. 반면 미국세법에서는 한국과 미국이 맺은 조세조약에도 불구하고 미국의 세법에 미국시민권자는 무조건 미국의 거주자로 보아 미국에서 세금의 신고·납부의무를 부여하고 있다.

〈상황〉

1. 자료
   (1) 미국시민권자 A는 현재 한국에서 거주
   (2) 배우자와 자식 모두 한국에서 거주
   (3) 한국에 부동산, 예금, 주식 등 보유(미국에는 부동산이 없고 소액의 예금 밖에 없음)
   (4) 한미조세협약상 당연 한국거주자에 해당
   (5) 한국과세관청에 소득세 신고·납부하고 있음
2. 미국세법상 A에 대한 판단
   미국세법에서는 A가 미국의 시민권자이기 때문에 한미조세협약에도 불구하고 미국의 거주자로 보아 미국에 소득세를 신고·납부할 의무를 부여하고 있다. 물론 이때 한국에 납부한 세금은 외국납부세액공제를 허용하고 있다.
   미국세법이 한미조세협약상 한국의 거주자에도 세금신고의무를 부여할 수 있는 것은 한미조세협약 제4조 제4항에 한국과 미국은 조세협약의 내용에도 불구하고 이 협약이 효력을 발생하지 아니하였던 것처럼 각국의 시민 또는 거주자에게 과세할 수 있다는 별도의 내용에 합의하였기 때문이다.
3. 미국에서의 신고·납부
   상기 A는 미국시민권자여서 한국에서 소득세를 신고·납부하였다 하더라도 별도로 미국에 소득세를 신고하여야 하며 한국에서의 납부세액에 대해 외국납부세액공제를 허용하며 만일 세율 등의 차이로 추가 납부세액이 발생하는 경우에는 납부하여야 한다.

---

(2) 미국세법상 거주자의 구분기준

시민권자, 영주권자 및 그 밖의 거주외국인(resident alien) 등 미국 세법상의 미국인(US person)은 일반적으로 전 세계 소득에 대하여(단, 아래와 같이 미국세법 또는 조세조약에 의해 미국 거주자가 아니라고 판정되는 경우에는 미국 원천소득에 대하여만) 미국에서 납세의무를 부담한다. 전 세계소득에 대하여 미국에서 납세의무를 부담할 경우 미국에서 소득세를 계산할 때 국외원천소득과 관련하여 외국에 납부한 세금에 상당하는 금액은 외국납부세액으로 소득세액에서 공제받을 수 있다. 비거주자는 미국에서 발생한 원천소득에 대하여만 미국에서 납세의무를 부담한다. 미국 세법에서는 '1)'과 '2)'의 요건 중 어느 하나에 해당되면 미국 거주자로 보나, 예외적으로 '3)'에 해당 시 미국거주자가 아니라고 판정할 수 있다.

1) Green Card Test : 미국 시민권자나 영주권자는 미국 거주자이다.

2) Substantial Presence Test : 영주권자가 아니라 하더라도 외국인이 일정기간 이상 미국체류 요건을 충족하는 경우에는 거주외국인(resident alien)이 되며 세법상 미국거주자로 본다[2015년 소득세 신고 시의 거주자 기준 : ① 2014년에 31일 이상 체류하고, ② 미국 체류 기준일수가 2014년(체류일수의 100% Count), 2013년(1/3 Count), 2012(1/6 Count) 3년을 합하여 183일 이상인 경우].

3) 다만, 위 '2)'의 체류기준을 충족하는 경우에도 신고대상연도 중 미국에서 체류한 일수가 183일 미만이고, 당해 신고대상연도에 외국에 tax home(가족이 사는 주거지인 family home이 어디이든 관계없이 사업의 주된 장소, 고용 혹은 근무장소를 말하나, 일의 성격상 일상적인 혹은 주된 사업장소가 없는 경우에는 일상적으로 사는 장소를 말함)을 가지고 있으며, 미국보다도 tax home이 있는 외국과 보다 밀접한 관계가 있을 경우(예 : 외국이 가족거주지, 개인은행업무 수행지, 운전면허증 발급지 등임을 소명) Form 8840을 제출하여 소명하여야 한다.

더 나아가 미국세법은 영주권자 및 외국인이 미국 세법에 의해 미국거주자가 됨과 동시에 외국세법에 의해 외국거주자가 됨으로써 이중거주자에 해당하는 경우 조세조약에 의해 거주지국을 판정하는 것을 허용하고 있다.

즉 어느 개인이 미국세법에 의해 미국 거주자도 되고 한국세법에 의해 한국 거주자도 되어 이중거주자에 해당되는 경우에는 한미조세조약 제3조에 따라 ① 주거(Permanent Home)를 두고 있는 국가의 거주자, ② 양국에 주거를 두고 있거나 양국에 주거가 없는 경우 인적 및 경제적 관계가 가장 밀접한 국가(중대한 이해관계의 중심지, Center of Vital Interest)의 거주자, ③ 중대한 이해관계의 중심지가 어느 국가에도 없거나 결정될 수 없을 경우 일상적 거소(Habitual Abode)를 두고 있는 국가의 거주자, ④ 양국에 일상적 거소를 두고 있거나 어느 국가에도 일상적 거소를 두고 있지 않은 경우 시민권(Citizenship)이 있는 국가의 거주자 ⑤ 동 개인이 양국의 시민으로 되어 있거나 또는 양국 중 어느 국가의 시민도 아닌 경우에 양국의 권한 있는 당국은 상호 합의에 의하여 그 문제를 해결 등의 순으로 어느 국가의 거주자에 해당하는지를 판정한다. 한미조세 제3조에서 말하는 주거는 어느 개인이 그 가족과 함께 거주하는 장소를 말한다.
미국 시민권자의 경우에는 한미조세조약의 거주자판정기준에 의거 한국 거주자
에 해당되더라도 전세계에서 얻은 소득을 매년 미 국세청에 보고해야 한다(한미
조세조약 제4조 제4항 참조). 다만, 이중과세방지를 위해 외국납부세액공제 등
을 허용한다.

한미 조세조약에 의해 거주지를 판정한 결과 한국거주자임을 주장하는 경우 미
국 국세청에 Form 8833을 제출하여야 한다(단, 소득이 10만불을 초과하는 경
우에만 제출).

예를 들어, 미국 영주권자가 한국에서 사업을 하면서 1년 이상 한국에 거주하는
경우에는 세법상 미국 거주자와 한국 거주자에 모두 해당되나, 한국에 가족이 거
주하는 주거(Permanet Home)가 있는 경우에는 한미조세조약에 의거 한국거주
자에 해당한다.

조세조약상 한국 거주자에 해당되는 미국 영주권자는 한국에서 전세계 소득에
대하여 소득세 신고를 하고, 미국에 소득세 신고가 필요한 소득(예 : 부동산 임대
소득)이 있을 경우 Form 1040NR 또는 1040NR-EZ에 의하여 소득세 신고를
하여야 한다.

(3) 요약내용

1) 미국시민권자가 한미조세협약상 한국의 거주자에 해당 시

① 한국에서 거주자로 모든 소득세를 신고·납부하여야 한다.

② 미국에서 '①'과 별도로 다시 소득세를 신고·납부하여야 하며 한국에서 납부한
세액을 외국납부세액공제적용 후 차액 발생 시 추가 납부하여야 한다.

2) 미국영주권자가 한미조세협약상 한국의 거주자에 해당 시

① 상기 '1)·①'과 동일

② 미국에서는 영주권자가 한미조세협약상 한국의 거주자임을 주장하는 내용을
미국국세청(IRS)에 Form 8833 양식을 통해 제출(소득이 10만불 초과 시만
제출)하면 미국에 별도의 신고·납부 의무가 없게 된다. 단, 일부 미국에 소
득세신고가 필요한 소득(부동산 임대소득 등)이 있는 경우에는 신고를 하여
야 한다.

3) 외국인이 체류요건 충족 시

〈자료〉

① 2022년 한국인·갑 미국에 150일 체류

② 2021년 90일 체류

③ 2020년 60일 체류

〈2022년분 소득세신고 시 체류요건 검토〉

150일+90일×1/3+60일×1/6=190일

체류요건검토 시 183일 이상이어서 미국세법상 거주자에 해당

---

① 미국세법상 비거주자 주장 가능

　체류요건은 해당되지만 신고연도인 2022년에 미국체류일수가 183일 미만이고 한국에 Tax Home이 있고 한국과 보다 밀접한 관계가 있다고 미국국세청(IRS)에 Form 8840을 제출하여 소명하는 경우에는 비거주자로 판정될 수 있다.

② 한미조세협약상 비거주자 주장 가능

　상기 사례에서 2022년 체류일자가 183일 이상이면 상기 ①에 따른 비거주자 주장을 할 수 없게 된다. 이러한 경우에 한국인·갑이 한미조세협약상 한국거주자에 해당하는 경우에는 미국국세청에 Form 8833을 제출하여 한미조세협약상 한국거주자임을 소명하는 경우에는 비거주자로 판정될 수 있다.

3. 한미조세협약 제3조 「과세상의 주소」

(1) 이 협약에 있어서 하기 용어는 각기 다음의 의미를 가진다.

　(a) "한국의 주소자"라 함은 다음의 것을 의미한다.

　　(ⅰ) 한국법인

　　(ⅱ) 한국의 조세목적상 한국에 거주하는 기타의 인(법인 또는 한국의 법에 따라 법인으로 취급되는 단체를 제외함). 다만, 조합원 또는 수탁자로서 행동하는 인의 경우에, 그러한 인에 의하여 발생되는 소득은 거주자의 소득으로서 한국의 조세에 따라야 하는 범위에 한한다.

　(b) "미국의 거주자"라 함은 다음의 것을 의미한다.

　　(ⅰ) 미국법인

　　(ⅱ) 미국의 조세목적상 미국에 거주하는 기타의 인(법인 또는 미국의 법에 따라 법인으로 취급되는 단체를 제외함). 다만, 조합원 또는 수탁자로서 행동하는 인의 경우에, 그러한 인에 의하여 발생되는 소득은 거주자의 소득으로서 미국의 조세에 따라야 하는 범위에 한한다.

　(c) 지불을 행하는 조합의 거주지를 결정함에 있어서 조합은 조합의 설립 또는 조직에 적용된 국가의 법에 따라 그 국가의 거주자로 간주된다.

(2) 상기 '(1)'의 규정에 의한 사유로 인하여 어느 개인이 양체약국의 거주자인 경우에는 다음과 같이 취급된다.

　(a) 동 개인은 그가 주거를 두고 있는 그 체약국의 거주자로 간주된다.

　(b) 동 개인이 양 체약국 내에 주거를 두고 있거나 또는 어느 체약국에도 주거를 두고 있지 아니하는 경우에 그는 그의 인적 및 경제적 관계가 가장 밀접한 그 체약국(중대한 이해관계의 중심지)의 거주자로 간주된다.

　(c) 동 개인이 중대한 이해관계의 중심지가 어느 체약국에도 없거나 또는 결정될 수 없을 경우에 그는 그가 일상적 거주를 두고 있는 그 체약국의 거주자로 간주된다.

(d) 동 개인이 양 체약국 내에 일상적 거소를 두고 있거나 또는 어느 체약국에도 거소를 두고 있지 아니하는 경우에 그는 그가 시민으로 소속하고 있는 체약국의 거주자로 간주된다.

(e) 동 개인이 양 체약국의 시민으로 되어 있거나 또는 어느 체약국의 시민도 아닌 경우에 체약국의 권한있는 당국은 상호합의에 의하여 그 문제를 해결한다. 본항의 목적상 주거는 어느 개인이 그 가족과 함께 거주하는 장소를 말한다.

(3) 상기 '(2)'의 규정에 의한 사유로 인하여 일방체약국의 거주자로 간주되지 아니하는 개인은 제4조(과세의 일반규칙)를 포함하여 이 협약의 모든 목적상 상기 일방체약국의 거주자로서만 간주된다.

4. 한미조세협약 제4조 「과세의 일반규칙」

(1) 일방체약국의 거주자는 이 협약에서 정한 제한에 따를 것으로 하여 타방체약국 내에 원천을 둔 소득에 대하여 또한 그러한 소득에 대해서만 동 타방체약국에 의하여 과세될 수 있다. 동 목적상 제6조에 정한 제 규칙(소득의 원천)은 소득의 원천을 결정하기 위하여 적용된다.

(2) 이 협약의 제규정은 다음의 것에 의하여 현재 또는 차후에 부여되는 비과세·면제·비용공제·세액공제 또는 기타의 공제를 어떠한 방법으로도 제한하는 것으로 해석되어서는 아니된다.

(a) 일방체약국에 의하여 부과되는 조세를 결정함에 있어서 동 일방체약국의 법, 또는

(b) 양 체약국 간의 기타 합의

(3) 이 협약의 제 규정은 개정된 1973년 3월 12일자의 한국외자도입법(법률 제2598호) 또는 한국 내에 투자를 장려하기 위한 유사한 법의 규정에 따라 미국의 거주자에게 부여되는 혜택을 거부할 수 있도록 한국의 법에 영향을 주지 아니한다.

(4) 본조 하기 (5)항을 제외한 이 협약의 어떠한 규정에도 불구하고 어느 체약국은 이 협약이 효력을 발생하지 아니하였던 것처럼 동 체약국의 시민 또는 거주자에 대하여 과세할 수 있다.

(5) 상기 (4)항의 규정은 다음의 것에 대하여 영향을 주지 아니한다.

(a) 제5조(이중과세의 회피)·제7조(무차별)·제24조(사회보장지급금) 및 제27조(상호합의절차)에 따라 어느 체약국이 부여하는 혜택

(b) 제20조(교직자)·제21조(학생 및 훈련생) 및 제22조(정부기능)에 따라 어느 체약국의 시민이 아니거나 또는 동 체약국에의 이주자의 신분을 가지고 있지 아니한 개인에 대하여 동 체약국이 부여하는 혜택

(6) 양 체약국의 권한있는 당국은 이 협약의 제 규정의 시행에 필요한 규정을 제정할 수 있다.

(7) 미국의 조세목적상 미국의 거주자가 아닌 한국의 거주자(한국정부 또는 그 지방공공단체의 공무원 또는 고용원 제외)의 경우에 미국의 내국세법이 하나의 인적공제만을 규정하는 한, 이 협약의 서명일자에 유효한 내국세법 제151조 내지 제154조에 규정된 조건에 따를 것으로 하여 미국에 체재하며 과세연도 중 납세자와 언제나 미

국에 동거하는 동 납세자의 배우자 및 그 자녀에 대하여 인적공제가 허여된다. 다만, 그러한 추가공제는 동 납세의무자과세연도 중에 내국세법 제864조 (c)항의 의미 내에서 미국 내의 상업 또는 사업의 수행에 실질적으로 관련된 것으로 취급되는 소득으로서 미국 내에 원천을 둔 동 납세의무자의 총소득이 그 과세연도 중 동 납세의무자의 모든 원천으로부터 생기는 전체 소득에 차지하는 비율을 초과할 수 없다.

(8) 미국은 이 협약의 어떠한 규정에도 불구하고 개인지주회사세와 유보소득세를 부과할 수 있다. 다만, 주식의 전부가 전과세연도 중 한국의 거주자인(미국의 시민이 아닌 자) 1인 이상의 개인에 의하여 직접적으로 또는 간접적으로 소유되고 있는 경우에 한국법인은 당해 과세연도 중 미국의 개인지주회사세로부터 면제된다. 한국법인은 특정의 과세연도 중 어느 시기에 고정사업장을 통하여 미국 내에서 상업 또는 사업을 영위하지 아니하는 한 당해 과세연도 중 미국의 유보소득세로부터 면제된다.

II. 해외 금융계좌(금융자산) 보고의무

1. 해외 금융계좌 보고의무(Reports of Foreign Bank and Financial Accounts)

(1) 기본내용

미국 시민권자, 영주권자를 포함한 미 세법상의 미국 거주자(개인), 주식회사, 합자회사, 합명회사, 신탁 등은 매년 6월말까지 전년도(Calendar Year)의 어느 시점이든 모든 해외 금융계좌를 합하여 $10,000을 초과하여 보유한 적이 있었으면 그 구체적인 내용을 TD F 90−22.1(FBAR) 양식을 통하여 재무부에 보고하여야 한다. $10,000 초과 여부는 모든 해외 금융계좌의 잔고를 합산한 총액을 기준으로 하며, 보고대상 계좌는 은행계좌, 투자계좌, 뮤추얼 펀드, 연금계좌, 증권계좌 등이다. 또한 본인의 계좌가 아니라도 계좌에 대한 서명권한을 가지고 있을 경우 미국 세법상의 예외 규정에 포함이 안 되면 그 계좌 또한 보고대상이 된다.

FBAR 보고와는 별도로 미국 시민권자, 영주권자, 거주외국인을 포함한 미 세법상의 미국 거주자(개인), 주식회사, 합자회사, 합명회사, 신탁 등은 매년 소득세 신고 시에 전 세계의 모든 수입을 보고하여야 하며, 이 경우에 국외원천소득에 대해 외국에 납부한 세금이 있는 경우 외국납부세액공제를 받게 된다.

개인의 경우 매년 4월 15일, 법인의 경우 3월 15일까지 제출하는 소득세 신고서에 해외금융계좌가 있는지 여부를 밝히고(1040 양식의 경우 Schedule B Part III), 동 금융계좌에서 발생하는 이자나 배당소득 등을 세금계산에 포함시켜야 한다.

해외 금융계좌와 관련하여 소득세 신고 및 FBAR 보고를 하여야 함에도 불구하고 이를 하지 않을 경우 민사상 또는 형사상 강력한 벌칙이 가해진다.

(2) 보고의무 위반 시 제재내용

영주권자 또는 시민권자, 거주외국인 등 미국세법상 미국인이 해외에 금융계좌(은행계좌는 물론 파생상품, 뮤추얼펀드를 포함한 증권계좌, 일정한 종류의 연기금계좌 등)를 가지고 있고, 1역년(Calendar Year) 동안 어느 시점이든 모든 해외 금융계좌 잔고의 합계액이 $10,000을 초과하는 경우에는 다음 해 6월 30일까지 재무부에 Form TD F 90-22.1(Reports of Foreign Bank and Financial Accounts, FBAR)을 제출하여 그 내역을 보고하여야 한다.

4월 15일까지 미국 국세청에 소득세 신고를 할 때는 소득세 신고서식(Form 1040)의 Schedule B, Part Ⅲ에 계좌보유사실을 보고하고(Yes에 표시 및 보유국가 기재), 동 계좌에서 소득이 발생한 경우 이를 합산하여 신고하여야 한다. 또한 별도의 해외 금융자산 보고(Foreign Financial Asset Reporting) 규정의 조건에 해당하는 경우 소득세 신고 시 Form 8938을 첨부해 해외계좌 내역을 보고해야 한다.

Form TD F 90-22.1을 보고하지 않은 경우에는 고의가 없으면(Non-Willful) 계좌당 $10,000, 고의가 있으면(Willful) $100,000와 계좌 최대잔고의 50% 중 많은 금액이 Penalty로 부과된다(매년 부과).

시민권자와 영주권자 등 미국세법상 미국인은 해외 금융계좌($10,000 초과 여부에 관계없음)에서 이자소득, 배당소득, Capital Gain이 발생한 경우에는 해외에서 세금을 납부하였다 하더라도 일반적으로 다시 다음해 4월 15일까지 동 소득을 미국에 합산하여 신고하여야 한다. 소득액을 누락하여 소득세 신고를 했을 경우에는 누락된 소득에 대한 세금과 그에 대한 이자, 그리고 무신고 또는 과소신고에 따른 가산세를 부담하여야 한다.

민사상 제재(Civil Penalties) 내용은 다음과 같다.

① 소득세 신고 시 소득액을 적게 보고하여 세금액이 누락된 경우 : 누락된 세금 및 그에 대한 이자상당액

② 신고불성실 가산세(Accuracy-related Penalty) : 누락된 세금의 20% 가산세

③ 사기 기타 부정한 방법에 의하여 탈세한 경우 : 누락된 세금의 75% 이하 가산세

④ FBAR 패널티 : 고의가 없는 경우(Non-Willful) 계좌당 $10,000, 고의가 있는 경우(Willful) $100,000와 계좌 최대잔고의 50% 중 많은 금액(매년 부과)

형사상 제재(Criminal Penalties) 내용은 다음과 같다.

① 조세포탈(tax evasion) 패널티 : $250,000 이하의 벌금 및(또는) 5년 이하의 징역

② False Return(소득세 고의 허위 신고) 패널티 : $250,000 이하의 벌금 및(또는) 3년 이하의 징역

③ 소득세 고의 미신고 패널티 : $100,000 이하의 벌금 및(또는) 1년 이하의 징역

④ FBAR 패널티 : $500,000 이하의 벌금 및(또는) 10년 이하의 징역

2. 해외 금융자산 보고의무(Foreign Financial Asset Reporting)

(1) 기본내용

2010년 발효된 해외계좌 납세의무 이행법(Foreign Account Tax Compliance Act : FATCA)에 따라 미국 세법상의 미국인 중 법인이 아닌 개인(즉 시민권자, 영주권자, 거주외국인)이 정해진 한도를 초과하는 '특정 해외 금융자산'을 소유한 경우 매년 개인소득세 신고 시에 전년의 '특정해외 금융자산'에 대한 정보를 Form 8938(Statement of Specified Foreign Financial Assets)을 통해 IRS에 보고하여야 한다.

보고의무는 고용장려법이 발효된 2010년 3월 18일 후에 시작하는 과세연도분(과세연도를 달리 정하지 않은 일반적인 납세자의 경우 2011년분부터임)부터 적용되는 바, 일반적으로 2012년에 소득세신고를 할 때부터 보고한다고 보면 된다.

'특정 해외 금융자산'은 (1) 해외금융기관에서 관리되고 있는 모든 해외 금융계좌들과 (2) 금융계좌를 통해 관리되지는 않지만 투자목적으로 소유한 비미국인(외국 개인 및 법인)이 발행한 주식과 채권, 해외법인에 대한 모든 권리, 미국인이 발행인 또는 상대방(counterpart)이 아닌 금융계약이나 금융상품을 말한다. 따라서 은행계좌, 증권계좌, 주식, 채권, 합자회사에 관한 권리, 트러스트, 각종의 해외 파생상품 등이 특정 해외 금융재산에 해당한다.

즉 종전 FBAR는 금융계좌(Financial Account)만 보고대상이었으나, FATCA에 따른 해외 금융자산 보고에 있어서는 보고대상 재산의 범위가 모든 금융자산으로 확대되었다. 따라서 FBAR 보고의무가 없는 납세자의 경우에도 해외 금융자산 보고의무가 발생할 수 있다.

일반적으로 미국에 거주하는 미혼자 그리고 기혼이지만 단독으로 세무신고를 할 경우에는 세무회계연도 최종일의 특정 해외 금융자산 총액이 $50,000을 초과할 경우 또는 일 년 중 한 번이라도 그 총액이 $75,000을 초과했을 경우 Form 8938을 제출하여야 한다. 미혼자 또는 단독으로 세금신고를 하는 기혼자의 경우라도 해외에서 거주할 경우 각각의 최저 한도액이 $200,000(최종일 총액)과 $300,000(연중 최고액)으로 증가한다.

미국 거주 기혼자로 부부가 공동으로 세무신고를 할 경우에는 보유하고 있는 특정 해외 금융자산의 세무회계연도 최종일 총액이 $100,000을 초과하거나 연중 최고액이 $150,000을 초과하였을 경우 Form 8938을 제출하여야 한다.

해외에서 생활(living abroad)하면서 공동으로 세무신고를 하는 부부인 경우에는 한도액이 $400,000(최종일 총액)과 $600,000(연중 최고액)으로 증가한다. 미 시민권자의 경우 해외에서 생활(living abroad)하는 것으로 인정을 받으려면 우선 'tax home'(일반적으로 tax home이란 납세자가 일하는 직장이나 소유한 사업장이 있는 도시나 지역을 말함)이 외국에 있어야 하고, 세무회계연도 전기간 동안 타국의 '거주자'이었거나 세무회계연도의 최종일 이전 12개월 기간 중 330일을 해외에 체류하여야 한다. 미국 '거주자'의 경우에도 tax home이 외국에 있고 세무회계년도의 최종일 이전 12개월 기간 중 330일을 해외에 체류할 경우 해외에서 생활하는 것으로 인정받을 수 있다.

Form 8938 제출 시에는 다음의 점을 고려하여야 한다. ① Form 8938에 보고되어야 할 금융자산과 Form TD F 90-22.1(FBAR)에 보고되어야 할 금융자산은 동일하지 않다. ② 보고되어야 할 일부 혹은 전체 '특정 해외 금융자산'이 미국 국세청에 제출되는 다른 양식(예를 들면, Form 3520, 5471, 8621)에 기재될 경우에는 Form 8938에 기재할 필요가 없다. ③ 금융자산의 평가액 산출에 주의하여야 한다. 예를 들어, 공동 명의의 금융자산을 보유한 부부가 각각 단독으로 세무신고를 할 경우 또는 배우자 외의 다른 사람과 공동명의로 특정 해외 금융자산을 보유한 경우에는 소유권의 비율과는 관계없이 공동명의로 소유한 금융자산의 평가총액이 신고한도액 계산에 이용되어야 한다.

(2) 보고의무위반 시 제재내용

미국 세법상의 미국인(시민권자, 영주권자, 거주외국인)이 해외 금융자산 보고의무를 이행하지 않는 경우 정당한 이유가 없는 한 $10,000의 패널티가 부과되며, 미국 국세청의 제출요구에 응하지 않을 경우 각각 30일이 경과할 때마다 $10,000씩 증가하여 최고 $50,000까지의 패널티가 부과된다. 그러나 추가적인 $10,000의 패널티가 발생되기 전에 미국 국세청이 제출요구 통지를 한 날로부터 90일의 유예기간(grace period)이 있을 수 있다.

또한 보고되지 않은 해외금융자산으로부터의 소득이 세무신고에서 누락된 경우에는 세금 미납액의 40%에 해당하는 금액이 패널티로 부과될 수 있다. 세금미납이 사기(fraud)에 의한 경우 세금미납액의 75%에 해당하는 패널티가 부과될 수 있다. 더불어 Form 8938을 제출하지 않은 경우, 일부 혹은 전체 해외 금융자산을 보고에서 누락한 경우 또는 해외금융자산과 관련된 세금의 일부 또는 전부를 미납한 경우 각각 형사처벌이 가능하다. Form 8938의 제척기간(Statutes of limitation)은 Form 8938이 제출된 후 3년 후에 종료되며, 만약 제출되지 않았을 경우 제척기간은 종료되지 않는다.

3. 외국금융기관의 미국납세의무자 해외계좌 보고의무

앞서 설명한 해외 금융자산 보고 의무와는 별개로 외국금융기관(Foreign Financial Institutions : FFI)들은 FATCA 규정에 따라 그들 금융기관이 관리하는 미국 납세의무자(US Taxpayer, 이 중 개인의 경우 시민권자, 영주권자, 거주외국인 등 미국세법상 미국인을 말함)가 소유한 계좌나 미국 납세의무자가 상당한 소유권(substantial owner-ship interest)(예 : 의결권 또는 주식가치 기준으로 직간접적으로 10%를 초과하는 주식을 가지고 있는 경우)을 가지고 있는 외국법인(foreign entities)이 소유한 계좌에 대한 정보를 미국세청에 보고할 의무가 있다. 예를 들면 고객이름, 주소, 납세자번호(TIN), 계좌번호, 계좌의 잔고 또는 가치 그리고 더 나아가 계좌 소득과 이체 금액 등의 정보를 말한다.

FATCA 규정을 이행하기 위해서는 각각의 금융 기간이 미 국세청과 특별 협약을 맺어야 하고 협약을 맺은 금융기관은 '참가'(participating) FFI로서 그 FFI가 관리하는 계좌의 소유자 신원을 확인할 의무가 있고 또한 계좌의 소유자가 미국 납세의무자인 경우나 미국 납세의무자가 상당한 소유권을 가진 외국법인인 경우 그 계좌 소유자에 대한 정보를 미 국세청에 매년 보고해야 한다.

Ⅲ. 금융회사의 FATCA 이행부담 경감을 위한 규정 제정

1. FATCA 개요

미국은 자국납세자의 해외금융정보 파악을 위해 FATCA(Foreign Account Tax Compliance Act; 해외금융계좌납세협력법)를 제정(2010.3.18.)하고 시행령을 발표하였다 (2013.1.17.).

① FATCA는 2014년 6월말까지 미국外 금융회사가 美국세청과 협약을 체결하고 2014.7.1.부터 미국인 확인, 계좌정보 보고, 원천징수의무 이행을 요구
  - FATCA를 이행하지 않는 금융회사로 분류될 경우 미국원천소득(이자·배당 등)의 30%를 원천징수받게 되는 불이익이 부과됨.

② 각국은 금융회사의 부담 경감[*1]을 위해 미국과 정부 간 협정 체결을 추진 中[*2]
  *1 정부 간 협정을 체결한 국가의 금융회사에 대해서는 원천징수의무를 경감
  *2 2014.6.12.까지 36개국(영국, 스위스, 일본 등)이 협정 체결 완료, 42개국(인도, 홍콩, 싱가포르 등)은 협정문안에 합의하여 협정 체결로 간주

우리나라는 2014.3.17. 미국과 FATCA 관련 정부 간 협정(한－미 조세정보자동교환협정) 협상을 타결하여 양국 금융회사가 해당국 국세청에 계좌정보를 보고하고, 양국 국세청이 2015년 9월부터 매년 9월 계좌정보를 상호교환하기로 하였다.

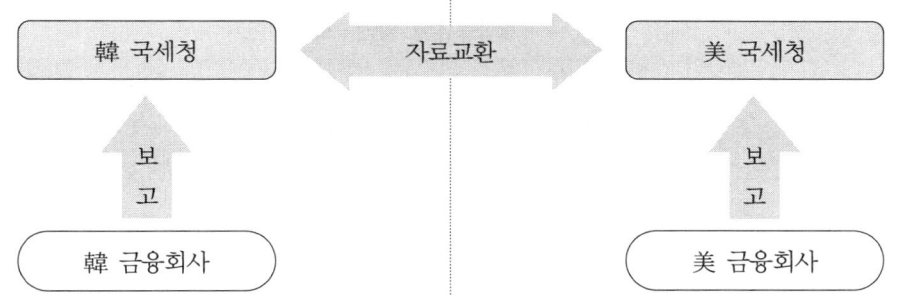

금융위원회는 정부 간 협정 협상 타결의 후속조치로 금융회사의 FATCA 이행을 위한 규정(정기 금융정보 교환을 위한 조세조약 이행규정) 제정[*]하였다.
  * 국제조세조정에 관한 법령, 한－미 이중과세 방지협정에 근거

① 금융회사의 미국인 계좌정보 확인 절차·양식 등 한－미 조세정보자동교환협정의 주요내용 및 세부사항을 규율

② FATCA 이행 관련 세부사항을 명확히 하여 금융회사 및 금융소비자의 부담이 경감될 수 있도록 가이드라인을 제시하기 위한 목적

2. 이행규정 주요내용

1) 적용대상

① 금융회사 : 은행·저축은행·상호금융 등 예금기관, 증권사 등 수탁기관, 펀드, 보험사 등
  - 다만, 소규모 금융회사[*1], 지역고객 기반 금융회사[*2] 등의 보고의무 경감

*1 대차대조표상 자산이 1.75억$ 이하이고 일정요건을 충족하는 은행·협동조합 등
*2 다음 요건을 충족하는 금융회사(주로 저축은행, 협동조합 등)
　① 해외에는 고정된 사무소가 없고 계좌유치 작업을 하지 않아야 함
　② 금융회사가 개설한 계좌잔액의 98% 이상을 한국 거주자 보유
　③ 2014.7.1.부터 한국 거주자가 아닌 미국인의 계좌를 유지하지 않음
　④ 2014.7.1. 이전 개설계좌의 미국인 여부 확인, 미국인으로 확인 시 보고 등

② 금융계좌 : 예금계좌, 신탁계좌, 펀드계좌, 보험계약(보험 해지환급금이 5만$를 초과하는 경우), 연금계약 등
　－다만, 연간 납입한도가 제한된 일부 조세특례 상품(연금저축, 재형저축, 장기주택마련저축 등) 등은 보고의무 면제

2) 이행절차
① 미국인 여부 확인 : 금융회사는 개설된 금융계좌의 전산기록* 등을 검토하여 실소유자가 미국인인지 여부를 확인
　* (개인) ① 미국 거주자 또는 미국 시민권자
　　　　　② 미국 출생지
　　　　　③ 미국 거주 주소 또는 미국 우편사서함
　　　　　④ 미국 전화번호
　　　　　⑤ 미국 계좌에 대한 이체 요청여부 등
　* (단체) 미국 내 설립지 또는 미국 내 주소 등

〈계좌종류별 확인·보고기한〉

계좌구분		실소유자의 미국인여부 확인기한	미국인여부 확인 시 보고 대상 계좌잔액	계좌정보 韓국세청 보고기한[*2]
신규계좌		2014.7.1. 이후 개설되는 계좌	계좌 개설 시	2014년말 잔액[*3] (매년말 잔액)	2015년 7월말까지[*3] (이후 매년 7월말까지)
기존계좌	고액 개인계좌	2014년 6월말 계좌잔액 100만$ 초과	2015년 6월말까지	2014년말 잔액[*3] (매년말 잔액)	2015년 7월말까지[*3] (이후 매년 7월말까지)
	소액 개인계좌	2014년 6월말 계좌잔액 5만$ 초과[*1] 100만$ 이하	2016년 6월말까지	2015년말 잔액[*4] (매년말 잔액)	2016년 7월말까지[*4] (이후 매년 7월말까지)
	단체계좌	2014년 6월말 계좌잔액 25만$ 초과			

*1 보험·연금계약의 경우 25만$ 초과
*2 양국 국세청 간 정보는 2015년 9월부터 매년 9월 교환

*3 2014년 중 미국인 여부를 확인한 경우
*4 2015년 중 미국인 여부를 확인한 경우

계좌잔액은 개별 금융회사별로 계좌주가 보유한 계좌를 합산하여 판단(다만, 전산시스템 등을 통해 합산이 가능한 범위에서 합산)한다.

〈기존계좌에 대한 미국인 여부 확인·보고 절차〉

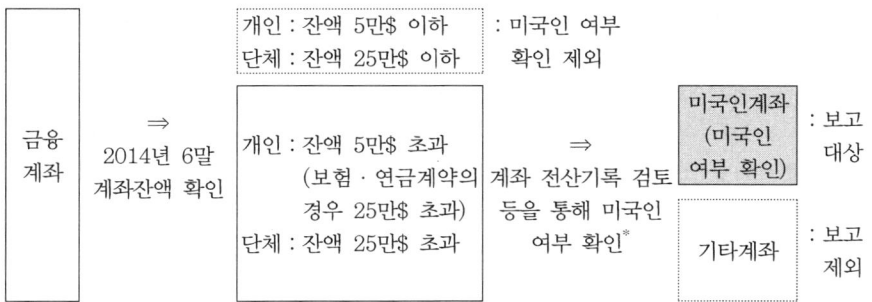

    * 계좌잔액이 100만$을 초과하는 고액계좌에 대해서는 강화된 확인절차 적용 → 계좌기록 검
      토 이외에도 고객관계담당자가 미국 납세자라는 사실을 알고 있는지 여부 점검, 계좌 관련
      5년간 수집된 문서 검토

② 계좌정보 제공 : 미국인으로 확인될 경우 계좌정보(성명, 계좌번호, 계좌잔액, 이자
  총액 등)를 한국 국세청 제공(연 1회)

    ※ 2014.7.1.~2014.12.31. 중 개설되는 단체계좌는 기존 단체계좌와 동일한 일정으로 실사
      할 수 있는 유예기간 부여(실사기한 최장 2년 유예)

3. 시행일

2014.7.1.부터 시행

Ⅳ. 미국의 국적포기세(Expatriation Tax) 과세제도

1. 적용대상

2008.6.17.부터 미국 시민권자 또는 영주권자가 시민권 또는 영주권을 포기할 경우 국적포기일 현재 보유하고 있는 전세계의 모든 재산을 양도한 것으로 가정하여 국적포기세(Expatriation Tax)를 납부하여야 한다.

적용대상은 미국 시민권자 또는 국적포기일 직전 15년 중 최소 8년 이상 세법상 미국 거주자에 해당하였던 영주권자로서 아래와 같은 기준에 해당하는 고소득자 또는 대재산가이다. 다만, 이중국적자 또는 미성년자 중 국적포기일 직전 10년 동안 미국에 연간 30일 이상 체류한 사실이 없는 자 등 사실상의 외국인은 제외한다.

여기서 고소득자는 국적포기일 직전 5년간의 평균 소득세 납부액이 일정 금액(2012년 출국자의 경우 $151,000)을 초과하는 자를 의미하며, 대재산가는 국적포기일 현재 순자산가액(Net Worth)이 $2,000,000 이상인 자를 의미한다.

소득세 납부액의 경우 매년 외국납부세액을 차감한 후의 소득세 납부액을 기준으로 하고, 순자산가액의 경우 국적포기일 현재의 시장가치(Fair Market Value)를 기준으로 현금, 예금, 증권, 부동산, 무형자산 등 전 세계에 보유하는 모든 재산(미국에 있는 재산뿐만 아니라 한국 등 외국에 있는 재산을 포함)의 가액에서 부채가액을 차감하여 계산한다.

2. 과세방법

국적포기일 현재 전 세계에 보유하는 모든 재산을 양도한 것으로 가정하여 Capital Gain을 산출한 후 Capital Gain에 대한 소득세 과세방법에 의하여 세액을 계산한다. 다만, 2011년의 경우 Capital Gain $636,000, 2012년의 경우 Capital Gain $651,000까지는 과세표준에서 제외한다.

보유기간 1년 이하 재산은 일반 소득세율(10~35%)을, 보유기간 1년 초과 재산은 우대세율(최고 15%)을 적용하여 세액을 계산하며, 일반 소득과 함께 다음해 4월 15일까지 소득세 신고를 하여야 한다. 재산별로 본인의 사망일 또는 재산의 양도일까지 과세를 연기할 수 있으나, 납세담보(Security)를 제출하여야 하고, 과세 연기일까지의 이자를 부담하여야 한다.

3. 보고의무

국적포기자는 과거 5년 동안 미국세금을 성실히 납부했음을 증명할 필요가 있다. 그러지 못할 경우 $2,000,000의 순자산기준 혹은 $151,000의 평균소득세 납부액 기준을 충족하지 못한다 하더라도 국적포기세 과세대상이 될 수 있다.

국적포기자는 이러한 성실납세를 증명하기 위하여 국적포기일이 속하는 해의 다음해 4월 15일까지 소득세 신고서(Form 1040) 및 국적포기일을 기준으로 한 Form 8854 (Expatriation Information Statement)를 보고하여야 한다.

국적포기일 현재 고소득자 또는 대자산가 기준에 해당하는 경우 실제 국적포기세 납부세액이 없는 경우에도 보고의무가 있다.

4. 유의사항

소득세 납부액 $151,000 초과, 순자산가액 $2,000,000 이상 중 어느 하나에 해당되면 국적포기세 적용대상이 된다. 따라서 소득이 적더라도 재산이 많으면($2,000,000 이상) 국적포기세 적용대상이 된다.

미국에 있는 재산뿐만 아니라 외국에 있는 재산도 국적포기세 과세대상이 된다. 따라서 이민오기 전부터 보유하고 있던 한국에 있는 재산도 순자산가액 $2,000,000 이상인지 여부를 판단할 때 포함되고, 국적포기일 현재 시장가치로 양도한 것으로 가정하여 국적포기세를 납부하여야 한다.

미국에 있는 재산으로서 국적포기세 과세대상이 된 재산을 나중에 양도하였을 경우 국적포기세를 계산할 때의 시장가치로 취득가액을 조정한다. 예를 들어 미국에 있는 주택을 2001년에 $500,000에 취득하였는데, 2012년에 국적을 포기할 때의 시장가치가 $1,000,000인 경우 Capital Gain $500,000($1,000,000 − $500,000)이 최소과세소득 $651,000보다 적으므로 국적포기세를 납부하지 않아도 된다. 이 주택을 2015년에 $1,700,000에 양도하였다고 가정할 경우 이때는 취득가액을 $1,000,000로 조정하여 Capital Gain $700,000($1,700,000 − $1,000,000)에 대하여 양도소득세를 납부하게 된다.

5. 다자간 금융정보자동교환협정

다자간 금융정보자동교환협정은 2014.10. 역외탈세방지, 국제적 납세의무촉진 등을 위해 우리나라를 포함한 51개국이 체결하였으며, 2017년 9월부터 53개국이 매년 1회 금융정보자동교환을 시작하였다.

① 자동정보교환 방식 : 상대국 금융회사가 보유한 자국 거주자 금융정보를 매년 주기적으로 상대국 과세당국으로부터 수취

② 정보교환 대상 : 식별정보(이름, 주소, 납세자 번호 등), 계좌정보(계좌번호, 금융기관 이름), 금융정보(계좌잔액, 이자 · 배당 · 기타 소득 등)

2018년 현재 협정 서명국은 2017년에 53개국, 2018년에 24개국, 협정을 약속한 국가가 22개국에 해당한다.

10. 국외투자기구에 대한 국내원천소득의 실질귀속자 특례 규정

(1) 국외투자기구에 대한 실질귀속자 특례(소법 §119의 2)

비거주자가 국외투자기구를 통하여 제119조에 따른 국내원천소득을 지급받는 경우에는 그 국외투자기구를 통하여 국내원천소득을 지급받는 비거주자를 국내원천소득의 실질귀속자(그 국내원천소득과 관련하여 법적 또는 경제적 위험을 부담하고 그 소득을 처분할 수 있는 권리를 가지는 등 해당 소득에 대한 소유권을 실질적으로 보유하고 있는 자를 말한다)로 본다. 다만, 국외투자기구가 다음의 어느 하나에 해당하는 경우(제2조 제3항에 따른 법인으로 보는 단체 외의 법인 아닌 단체인 국외투자기구는 '②' 또는 '③'에 해당하는 경우로 한정한다)에는 그 국외투자기구를 국내원천소득의 실질귀속자로 본다.

① 다음의 요건을 모두 갖추고 있는 경우

가. 조세조약에 따라 그 설립된 국가에서 납세의무를 부담하는 자에 해당할 것

나. 국내원천소득에 대하여 조세조약이 정하는 비과세 · 면제 또는 제한세율(조세조약에 따라 체약상대국의 거주자 또는 법인에 과세할 수 있는 최고세율을 말한다)을 적용받을 수 있는 요건을 갖추고 있을 것

1213

② '①'에 해당하지 아니하는 국외투자기구가 조세조약에서 국내원천소득의 수익적 소유자로 취급되는 것으로 규정되고 국내원천소득에 대하여 조세조약이 정하는 비과세·면제 또는 제한세율을 적용받을 수 있는 요건을 갖추고 있는 경우

③ '①' 또는 '②'에 해당하지 아니하는 국외투자기구가 그 국외투자기구에 투자한 투자자를 입증하지 못하는 경우(투자자가 둘 이상인 경우로서 투자자 중 일부만 입증하는 경우에는 입증하지 못하는 부분으로 한정한다)

이에 해당하여 국외투자기구를 국내원천소득의 실질귀속자로 보는 경우에는 그 국외투자기구에 대하여 조세조약에 따른 비과세·면제 및 제한세율을 적용하지 아니한다.

(2) 적용시기

2020.1.1. 이후 개시하는 과세연도분부터 적용한다.

외국법인의 납세의무

법인세법상 외국법인은 외국에 본점 또는 주사무소를 둔 단체(국내에 사업의 실질적 관리장소가 소재하지 아니하는 경우만 해당)로서 다음의 기준에 해당하는 법인을 말한다(법법 §2 3호, 법령 §2 ②).

① 설립된 국가의 법에 따라 법인격이 부여된 단체

② 구성원이 유한책임사원으로만 구성된 단체

③ 그 밖에 해당 외국단체와 동종 또는 유사한 국내의 단체가 상법 등 국내의 법률에 따른 법인인 경우의 그 외국단체

    ✎ 국세청장은 상기 사항에 따른 외국법인의 유형별 목록을 고시할 수 있으며, 이러한 외국법인 기준의 적용은 조세조약 적용대상의 판정에 영향을 미치지 아니한다.

또한 법인세법에서는 국내원천소득이 있는 외국법인에 대하여 법인세를 납부할 의무를 규정하고 있다(법법 §3).

따라서 외국에 본점 또는 주사무소를 둔 법인이라 하더라도 국내에서 실제로 사업수행에 필요한 중요한 관리가 이루어지는 경우에는 내국법인으로 본다. 여기에서 본점이란 영리법인의 영업상 본거지를 말하며, 주사무소란 비영리법인의 사업상 본거지를 말한다. 외국법인도 내국법인과 마찬가지로 영리외국법인과 비영리외국법인으로 구분 할 수 있으며, 비영리외국법인이란 외국의 정부, 지방자치단체 및 법인으로 보는 단체와 영리를 목적으로 하지 아니하는 외국법인을 말하며 그 외의 외국법인은 영리외국법인이다(법법 §2 3호·4호).

우리나라와 조세조약이 체결된 외국의 법인에 대한 국내원천소득의 과세에 대하여는 국내세법인 법인세법과 조세조약이 함께 적용된다. 이때 국내세법의 규정과 조세조약의 규정이 상충되는 경우가 발생할 수 있으며, 이때에는 조세조약이 국내세법보다 우선 적용하도록 되어 있다.

비거주자 등의 과세에 관한 소득세법·법인세법 규정

구 분	소득세법	법인세법
비거주자·외국법인 정의	제1조의 2 제2호	제2조 제3호
과세소득의 범위	제3조	제4조
과세대상소득(국내원천소득)	제119조	제93조
과세방법	제121조~제126조의 2	제92조, 제95조~제97조
원천징수	제156조, 제156조의 3~6	제98조, 제98조의 2·3·5·6
국내사업장	제120조	제94조
납세지	제6조~제11조	제9조~제12조
원천징수세액의 납세지	제7조, 영 제5조	제9조 제4항, 영 제7조

조세조약

1. 조세조약의 의의

조세조약이란 소득 및 자본에 대한 국제적 이중과세를 배제하기 위하여 체결된 조세조약을 일컫는다. 실무상으로는 조세조약(tax treaty), 조세협약(tax convention), 이중과세 방지협약(double taxation convention) 등으로 불리운다.

조세조약은 다음과 같은 성격을 갖는다.

① 조세조약은 국제적·법률적 이중과세의 배제를 그 주된 목적으로 한다.

② 조세조약은 통상 이국 간 조약(Bilateral Treaty양자조약)이다.

③ 조세조약은 직접세 중 소득 및 자본에 관한 조세를 대상으로 한다.

④ 조세조약은 서면의 형식을 취한다.

2. 조세조약의 규정내용

조세조약은 비거주자 등의 국내원천소득에 대하여 소득원천지국에 과세권을 부여하지 않거나 또는 소득원천지국의 과세권을 일정범위로 제한함으로써 거주지국과 소득원천지국 간에 과세권을 배분하는 것을 그 주된 내용으로 하며, 구체적인 과세방법·과세절차 등에 관하여는 규정하지 아니한다.

3. 조세조약의 적용범위

(1) 인적범위

조세조약은 체약국의 거주자(residents)에 대하여 적용된다. 즉 조세조약은 국적에 관계없이 일방체약국의 거주자 또는 양 체약국의 거주자에게 적용된다. 조세조약상 거주자는 일반적으로 개인과 법인을 포함하는 개념으로서 각 체약국의 과세목적상 거주자 또는 내국법인으로 취급되는 자를 말한다.

(2) 이중거주자의 거주지국 결정

1) 거주자 개념의 중요성

조세조약상 거주자는 다음과 같은 세 가지 중요한 기능을 가지고 있다.

① 조세조약의 적용대상 인적범위의 결정

② 이중거주로 인해 발생되는 이중과세문제의 해결

③ 거주지국과 원천지국 또는 소재지국의 동시과세로 인하여 발생하는 이중과세문제의 해결

2) 이중거주자 발생 이유

하나의 인이 양쪽 체약국의 거주자가 되는 경우가 발생할 수 있는 것은 거주자 정의에 관한 각국의 국내법 규정이 서로 다르기 때문이다.

개인의 경우에는 한 사람이 양쪽 체약국의 거주자로 되는 경우가 흔히 있을 수 있으나, 법인의 경우에는 하나의 법인이 양쪽 체약국의 거주자에 해당하는 경우는 현실적으로 거의 발생하지 않는다. 그러나 양쪽 체약국이 서로 다른 내·외국법인 구분기준을 채택하고 있는 경우에는 하나의 법인이 이중거주자가 될 수 있다.

내·외국법인을 구분하는 기준에는 일반적으로 본점소재지주의와 실질관리지주의가 있다. 우리나라 법인세법은 내·외국법인을 구분하는 기준으로 본점소재지주의와 실질관리지주의를 함께 채택하고 있다. 또한 영국 등은 본점소재지나 등기 등과 같은 형식적인 기준에 의하여 내·외국법인을 구분하지 않고 법인의 사업이 실제로 관리·지배되고 있는 장소(place of effective management)를 기준으로 하여 내·외국법인을 구분하는 실질관리지주의를 채택하고 있다. 여기서 실질관리지는 전반적으로 법인의 사업수행에 필요한 중요한 관리와 상업적 결정이 실질적으로 이루어지는 장소를 의미하므로 실질관리지는 통상적으로 법인의 본점소재지와 일치하나 항상 일치하는 것은 아니기 때문에 이중거주자 문제가 발생하는 것이다.

3) 이중거주자의 거주지국 결정기준

조세조약은 거주자의 개념을 1차적으로 각국의 국내법의 규정에 따르도록 하되, 하나의 인이 양쪽 체약국의 거주자에 해당되는 경우에는 아래의 기준을 순차적으로 적용하여 그의 거주지국을 결정하도록 규정하고 있다.

① 이중거주자인 개인
- 항구적 주거(permanent home)
- 중대한 이해관계의 중심지(center of vital interests)
- 일상적 거소(habitual abode)
- 국민(national)
- 상호합의(mutual agreement)

② 이중거주자인 법인
- 실질관리장소(place of effective management)
- 상호합의(mutual agreement)

(3) 대상조세

03

조세조약의 적용대상 조세는 법인세 · 소득세 · 지방소득세(소득분) 등 소득에 대한 조세이며, 부가가치세 · 개별소비세 등 간접세는 그 대상조세가 아니다.

우리나라가 체결한 대부분의 조세조약은 소득세 · 법인세 · 지방소득세(소득분)를 그 적용대상 조세로 하고 있다. 그러나 미국 · 필리핀 · 남아프리카공화국 · 베네수엘라 · 카타르, 콜롬비아, 에스토니아 및 이란의 8개국 조세조약에서는 지방세인 주민세(지방소득세)가 적용대상 조세에서 제외되어 있으므로 원천징수 시 지방소득세를 제한 세율과는 별도로 추가징수하여야 한다.

4. 조세조약과 국내세법의 관계

(1) 일반원칙

헌법에 의하여 체결 · 공포된 조약과 일반적으로 승인된 국제법규는 국내법과 같은 효력을 갖는바, 조세조약은 헌법에 우선하지 못하고 국내세법(법률)과 동일한 효력을 갖는다.

조세조약은 국내세법에 대하여 특별법의 위치에 있으므로 조세조약이 체결된 국가의 거주자에 대하여는 특별법 우선의 원칙에 의거 조세조약이 국내세법에 우선 적용된다. 다만, 조세조약은 일반적으로 소득의 종류별로 소득원천지국과 거주지국 간에 과세권을 배분하는 것을 주된 내용으로 하고 구체적인 과세방법ㆍ과세절차 등에 관하여는 규정하지 않기 때문에 과세대상 소득 여부 결정, 제한세율의 적용 등에 있어서는 조세조약이 우선 적용되는 것이나, 과세방법ㆍ과세절차 등에 있어서는 일반적으로 국내세법에 의하는 것이다.

제한세율의 적용에 있어서도 2012.7.1. 이후 원천징수분부터는 소득의 실질귀속자가 원천징수의무자에게 제한세율적용신청서를 제출하는 경우에만 제한세율 적용이 가능하고 제출이 없는 경우에는 국내세법상 원천징수세율을 적용하여야 한다.

● 예규 및 판례

▶▶ **홍콩법인에게 한ㆍ중조세조약이 적용되는지 여부**(서면2팀-1688, 2007.9.14.)
한ㆍ중조세조약은 홍콩에는 적용되지 아니하는 것이며 우리나라와 홍콩과는 조세조약이 체결되어 있지 아니하므로 홍콩법인에게 국내원천소득이 발생하는 경우에는 법인세법을 적용하여야 하는 것임.

(2) 원천징수절차 특례

원천징수의무자는 기획재정부장관이 고시하는 국가 또는 지역[조세피난처로서 말레이시아의 라부안(LABUAN)]에 소재하는 비거주자 및 외국법인의 국내원천소득 중 이자소득ㆍ배당소득ㆍ사용료소득ㆍ유가증권양도소득에 대하여 원천징수하는 경우에는 조세조약에서의 비과세ㆍ면제 또는 제한세율의 규정에 불구하고 한국세법의 규정에 따른 세율을 우선 적용하여 원천징수하여야 한다. 단, 조세조약에의 규정을 적용받을 수 있음을 국세청장이 사전승인하는 경우에는 제외로 한다(소법 §156의 4, 법법 §98의 5). 이때 소득의 귀속자는 조세조약의 규정을 적용받고자 하는 경우에는 원천징수일이 속하는 달의 말일부터 3년 이내에 원천징수의무자의 납세지관할세무서장에게 경정을 청구할 수 있다.

비거주자 · 외국법인에 대한 원천징수절차특례 적용지역 지정고시

(구 재정경제부고시 제2006-21호, 2006.6.30.)

소득세법 제156조의 4 및 법인세법 제98조의 5의 규정에 따라 원천징수절차특례가 적용
되는 지역을 다음과 같이 고시합니다.
1. 원천징수절차특례 적용지역
   말레이시아(Malaysia)의 라부안(Labuan)
2. 부칙
   이 고시는 2006년 7월 1일부터 시행한다.

(3) 비거주 연예인 등의 용역제공대가에 대한 원천징수특례(소법 §156의 5)

① 내국법인 · 거주자의 원천징수의무

비거주자인 연예인 또는 운동가 등(비거주 연예인 등)의 국내용역제공대가를 비과세 외
국연예 등 법인에게 지급하는 자는 조세조약에도 불구하고 지급금액의 20%를 원천징
수 · 납부하여야 한다.

이때 비거주 연예인 등이란 비과세외국연예 등 법인의 국내용역을 제공하는 해당 연예
인 · 운동가뿐만 아니라 그 연예인 · 운동가의 국내용역제공을 보조하는 감독, 코치, 조
명 · 촬영 · 음향 기사 및 이와 비슷한 용역을 제공하는 자를 포함한다(소령 §207의 7 ①).

제출서류
㉠ 원천징수이행상황신고서
㉡ 용역제공관련계약서(영문인 경우 한글번역본 함께 제출)

② 외국법인의 원천징수의무

비과세외국연예 등 법인이 비거주연예인 등에게 용역대가 지급 시 20%를 원천징수 ·
납부하여야 한다. 단, '①'에 의해 납부된 경우에는 제외된다.

제출서류
상기 '①'의 원천징수관할세무서장에게 제출
㉠ 비거주연예인 등의 용역제공소득지급명세서(별지 제29호의 10 서식)

> © 원천징수이행상황신고서

③ 정산

(①에 의한 납부금액 - ②에 의한 납부금액)

차액금액은 비과세외국연예인 등 법인이 환급신청 가능하다.

> **제출서류**
>
> ㉠ 비과세외국연예인 등 법인에 대한 원천징수세액환급신청서(별지 제29호의 11 서식)
> ㉡ 용역제공 관련 계약서
> ㉢ 비거주연예인 등에게 지급한 보수 또는 대가에 대한 증빙서류

④ 사례

미국연예(체육)법인에 소속된 비거주자인 개인 연예인(운동가)이 국내에서 인적용역을 제공하는 경우 원천징수절차 특례규정이 신설되어 2008.1.1. 이후 최초로 용역을 제공하여 대가를 지급하는 분부터 적용되고 있다.

동 특례규정의 요지는 국내기획사 등 소득지급자가 미국연예(체육)법인에게 국내공연(경기) 대가를 지급할 때 그 지급액의 20%(지방소득세 2% 별도)를 일단 원천징수하여 신고납부하고, 추후 미국연예(체육)법인이 소속 개인 연예인(운동가)에게 각각 미화 3,000불을 초과하는 보수 또는 대가를 지급할 때 그에 대한 세액(지급액의 20%, 지방소득세 2% 별도)을 원천징수하여 우리나라에 신고하고 정산 신청하면 관할세무서장이 관련 내용을 확인하여 과다납부된 원천징수세액을 환급하여 주는 제도이다.

예를 들어, 국내기획사가 미국연예법인에게 국내공연(30일) 대가로 100만불을 지급하고 동 미국연예법인이 100만불 중 국내에서 공연한 미국 거주 연예인에게 60만불을 지급하는 경우 원천징수세액 및 환급신청세액은 다음과 같다.

신고납부 및 환급절차 예시

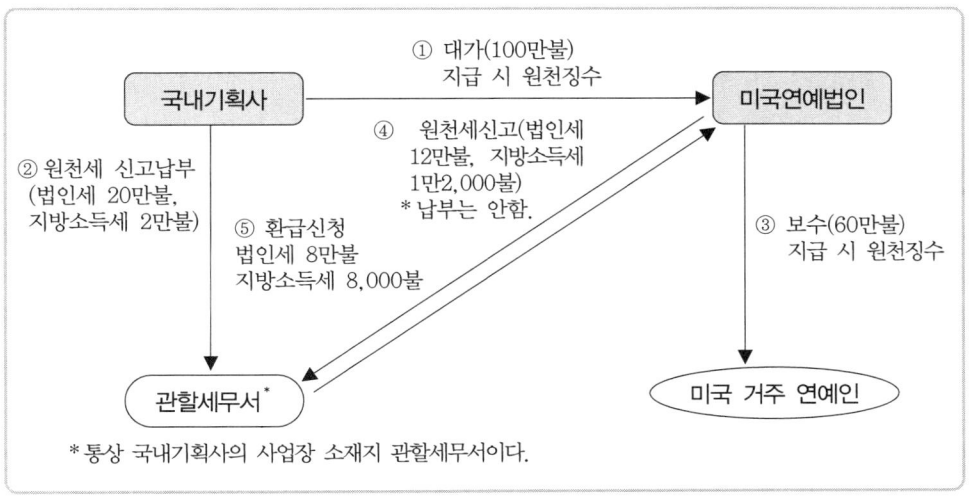

* 통상 국내기획사의 사업장 소재지 관할세무서이다.

먼저 국내기획사는 미국연예법인에게 대가지급 시 전체금액 100만불의 20%인 법인세 20만불과 지방소득세 2만불을 원천징수하여 관할세무서에 신고납부하고 78만불을 지급한다.

그 후 미국연예법인은 미국 거주 연예인에게 보수지급 시 지급액 60만불의 20%인 소득세 1만 2,000불과 지방소득세 1만 2,000불을 원천징수하여 우리나라 관할세무서에 신고하고 46만 8,000불을 지급한다. 이때 미국연예법인은 원천징수한 세액을 납부할 필요가 없다. 왜냐하면 당초 국내기획사가 미국연예법인에게 대가지급 시 법인세 20만불과 지방소득세 2만불을 원천징수한 바가 있기 때문이다.

미국연예법인은 미국 거주 연예인에게 보수지급 시 원천징수한 법인세 12만불과 지방소득세 1만2,000불을 우리나라에 납부하여야 하나, 이미 국내기획사로부터 원천징수에 의하여 납부한 법인세 20만불과 지방소득세 2만불이 있으므로 초과납부세액 법인세 8만불과 지방소득세 8,000불을 우리나라 관할세무서에 환급신청하여 돌려받으면 된다. 환급 시 국세환급가산금을 환급세액에 가산하여 돌려받을 수 있다.

이렇게 되면 국내사업장이 없는 미국연예법인은 한·미 조세조약 제8조(사업소득)에 따라 우리나라에서 세금을 전혀 부담하지 않게 된다. 왜냐하면 미국연예법인은 당초 국내기획사로부터 원천징수에 의하여 납부한 법인세 20만불과 지방소득세 2만불 중 법인세 12만불과 지방소득세 1만 2,000불은 미국 거주 연예인에게 지급할 보수에서 공제하여 회수하고, 나머지 법인세 8만불과 지방소득세 8,000불은 우리나라 관할세무서로부터 환급받아 회수하기 때문이다.

결국 국내에서 공연한 미국 거주 연예인은 국내공연 대가로 받은 보수 60만불에 대한 소득세 12만불과 지방소득세 1만 2,000불을 우리나라에 납부하게 된다. 이는 미국거주 연예인이 국내공연 대가로 미화 3,000불을 초과하여 대가를 지급받는 경우로서 한·미조세조약 제18조(독립적 인적용역) 및 제19조(근로소득)에 의하여 원천지국인 국내에 부여된 과세권에 따라 정상적으로 납부하는 세금이다.

미국 거주 연예인은 위와 같이 우리나라에 납부한 세금을 미국에서 외국납부세액으로 공제받게 되면 신설된 특례제도로 인하여 세금부담이 추가로 발생하지 않는다. 단지 자신이 받은 보수 60만불에 대한 세금을 한·미 조세조약 및 국내세법에 따라 인적용역 수행지국인 우리나라와 자신의 거주지국인 미국에 나누어 납부하는 것에 불과하다.

(4) 외국법인의 채권투자소득에 대한 원천징수특례(소법 §156 ②, 법법 §98 ②)

외국인의 국내 투자자금의 변동성이 확대되어 외환부문의 건전성을 해치는 등 금융시장에 불안을 초래하고 통화정책을 수행하는 데 어려움에 처하거나 처할 우려가 있어 긴급히 필요하다고 인정되는 때에는 비거주자 또는 외국법인의 소득 중 다음 각 호의 소득에 대하여는 원천징수세율을 대통령령으로 정하는 바에 따라 인하하거나 영의 세율로 할 수 있다. 이 경우 기획재정부장관은 인하할 세율과 그 필요성에 관한 내용을 국회 소관 상임위원회에 사전에 보고하여야 한다.

① 국채법 제5조 제1항에 따라 발행하는 국채 등에서 발생하는 소득
② 국채 등의 양도로 인하여 발생하는 유가증권양도소득

> ● **예규 및 판례**
>
> ▶▶ **비과세연예등법인이 비거주연예인 등에 지급하는 대가의 원천징수 시 원화환산시기 및 적용환율**(법규과-1782, 2008.4.23.)
> 소득세법 제156조의 5 제2항 규정을 적용함에 있어 국내 공연대가 등을 외화로 수취한 비과세외국연예등법인이 비거주연예인에게 보수 등 대가를 외화로 지급 시 원천징수하는 경우 원천징수 대상금액은 당해 지급일의 외국환거래법상 재정환율 또는 기준환율을 적용하여 산정하는 것임.
>
> ▶▶ **미국 오케스트라 공연 관련 항공료 원천징수 대상 여부**(국제세원-468, 2009.9.8.)
> 내국법인이 미국법인의 오케스트라 국내공연과 관련하여 동 미국법인의 아시아 공연투어 전세기를 운항하는 다른 미국법인(항공회사 또는 여행회사)에게 항공료를 직접 지급하는 경우 동 항공료는 소득세법 제156조의 5 제1항에 따른 원천징수대상에서 제외됨.

(5) 비거주자 · 외국법인에 대한 조세조약상 비과세 · 면제 및 제한세율 적용절차
(소법 §156의 2 · 6, 법법 §98의 4 · 6, 소령 §207의 2 · 8, 법령 §138의 4 · 7, 법칙 §68의 3 ①)

1) 신청절차 : 비과세 · 면제 및 제한세율 신청서를 소득지급자 · 원천징수의무자에게 제출 → 세무서장에게 제출

① 첨부서류 : 거주자증명서

② 첨부서류 추가(국내원천소득의 실질귀속자임을 증명하는 서류)

  외국법인 설립 및 사업, 국내원천소득 관련 서류 등

  국외투자기구 및 조세조약 체약상대국의 정부기관 등은 추가서류 제출대상에서 제외함

  가. 체약상대국의 정부

  나. 체약상대국의 지방자치단체

  다. 체약상대국의 중앙은행

  라. 체약상대국의 공공기관

③ 절차

  가. 세무서장은 비과세 등 요건 미충족 또는 신청서 내용이 사실과 다른 경우 결정 · 경정

  나. 세무서장은 요건 충족 여부 검토가 불가능한 경우 서류 보완 요청 가능

  다. 소득지급자 등은 비거주자 · 외국법인에게 자료 제출 요구 가능

2) 경정청구 : 실질귀속자 등은 원천징수된 날이 속하는 달의 말일부터 5년 이내 경정청구 가능

  ① 첨부서류 : 비과세 · 면제 등 신청서, 거주자증명서

  ② 비과세 · 면제를 적용받고자 하는 세액이 10억원 이상*인 경우는 가.~다. 추가 제출

  (국외투자기구 제외)

   * 소득지급일부터 소급하여 1년간 비과세 · 면제 적용받은 세액이 10억원 이상인 경우 포함

   가. 외국법인 설립 정보

     * 이사회 구성원 · 주주 현황 등

   나. 외국법인 사업 정보

     * 최근 3년 내 거주지국에 제출한 감사보고서 등

   다. 사용료소득의 경우 : 무형자산의 실제 소유권자 등을 확인할 수 있는 서류

     * 사용허가 계약서, 무형자산의 등록지 · 소유권자 등을 확인할 수 있는 서류 등

03

(6) 비거주자 등의 조세조약상 제한세율적용 원천징수절차 특례(소법 §156의 6, 법법 §98의 6)

① 조세조약상 제한세율 적용절차

　가. 실질귀속자인 비거주자(외국법인)는 제한세율 적용신청서(별지 제29호의 12 서식)를 원천징수의무자에게 제출하여야 한다.

　나. 국외투자기구는 실질귀속자 명세가 포함된 국외투자기구 신고서(별지 제29호의 13 서식) 및 실질귀속자 명세(별지 제29호의 13 서식 부표)를 원천징수의무자에게 제출하여야 한다.

　다. 원천징수의무자는 실질귀속자를 파악할 수 없는 경우 국내세법상 원천징수세율을 적용하고, 실질귀속자는 5년 이내에 제한세율 적용을 위한 경정청구서(별지 제29호의 14 서식)를 제출하여 경정청구가 가능하다.

② 직접투자

국내투자소득의 실질귀속자는 제한세율 적용신청서를 소득을 지급받기 전까지 원천징수의무자에게 제출(3년간 유효)한다.

　가. 해외 DR(주식예탁증서)의 경우 현지 외국인들의 투자를 저해하지 않도록 제한세율 적용신청서 제출의무를 면제

　나. 연금 · 기금 등은 하나의 실질귀속자로 보아 제한세율 적용

③ 간접투자

　가. 국외투자기구(사모) : 국외투자기구신고서에 전체 투자구조를 파악할 수 있는 실질귀속자명세를 첨부하여 원천징수의무자에게 제출

　나. 국외공모집합투자기구 : 국외투자기구신고서만 제출하되, 조약에서 조약상 혜택을 배제하도록 규정된 경우*에는 실질귀속자명세를 첨부

　　* 예 : 한 · 룩조세조약 제28조 규정에 따른 holding company 등

(7) 외국법인 소속 파견근로자의 소득에 대한 원천징수 특례(소법 §156의 7, 소령 §207의 10)

① 원천징수의무자

다음의 요건을 모두 갖춘 사용내국법인으로 한다.

　　가. 지급액 요건 : 파견외국법인에게 지급하는 근로대가의 합계액이 다음의 어느 하나
　　　　에 해당할 것

　　　　ㄱ. 파견외국법인과 체결한 근로자 파견계약상 근로대가가 20억원을 초과할 것

　　　　ㄴ. 직전 사업연도에 사용내국법인이 파견외국법인에 실제로 지급한 근로대가의 합
　　　　　　계액이 20억원을 초과할 것

　　나. 규모 요건 : 직전 사업연도 매출액이 1,500억원 이상이거나 직전사업연도말 현재
　　　　자산총액이 5,000억원 이상일 것

　　다. 업종 요건 : 한국표준산업분류에 따른 항공운송업, 건설업, 전문·과학, 기술서비
　　　　스업, 선박 및 수상부유 구조물 건조업, 금융업을 영위할 것

② 원천징수대상금액

　사용내국법인이 파견외국법인에게 지급하는 용역대가 총액으로 한다. 다만, 근로대가
　가 확인되는 경우에는 확인된 근로대가로 한다.

③ 원천징수세율

　'②'의 원천징수대상금액의 19%로 한다. 외국인근로자특례세율도 19%를 준용한다(조
　특법 §18의 2).

④ 원천징수시기

　사용내국법인이 파견외국법인에게 용역대가를 지급하는 날이 속하는 달의 다음 달 10
　일까지 원천징수관할세무서, 한국은행 또는 체신관서에 납부하여야 한다.
　이때 제출서류는 원천징수이행상황신고서, 사용내국법인과 파견외국법인 간 용역제공
　관련 계약서 사본이다.

⑤ 연말정산

　파견외국법인은 급여내역 등 증빙자료를 첨부하여 관할세무서장에게 환급신청 또는 추
　가납부를 한다. 사용내국법인은 파견외국법인을 대리하여 연말정산 가능하다.
　제출서류는 근로소득지급명세서, 사용내국법인과 파견근로자 간 근로제공 관련 계약서
　사본, 파견외국법인이 파견근로자에게 지급한 근로대가에 대한 증빙서류이다.

⑥ 적용시기

　2016.7.1. 이후 내국법인이 외국법인에게 지급하는 금액부터 적용한다.

소득세법시행규칙 [별지 제29호의 10 서식] (2010.4.30. 개정)

비거주연예인 등의 용역제공소득 지급명세서

비과세외국연예등법인		법인명 (영문법인명)				거주지국	
		소 재 지					

번호	성 명 (상 호)		주 소		제공한 용역내용	지급 일자	지급액(원)	원천징수세액	
	납세 관리 번호	생년 월일	거주지국	거주지국 코드				소득세 (원)	지방 소득세 (원)
1									
2									
3									
4									
5									
6									
7									
8									
9									
10									
계									

※ 작성방법

1. 거주지국과 거주지국코드는 국제표준화기구(ISO)가 정한 국가별 ISO코드 중 국명약어 및 국가코드를 적습니다.
2. 납세관리번호란 : 아래의 표를 참조하여 적습니다.

	구 분	기 재 번 호
(1)	원 칙	주민등록번호 또는 사업자등록번호
(2)	(1)의 기재번호를 부여받지 않은 경우	[개인] 국내거소신고증상의 국내거소신고번호(재외국민, 외국국적동포인 경우) 또는 외국인등록표상의 외국인등록번호(외국인인 경우)를 적고, 그 번호가 없는 경우 여권상의 여권번호를 적습니다.
(3)	(1),(2)의 기재번호를 부여받지 않은 경우	투자등록증상의 투자등록번호를 적고, 그 번호가 없는 경우 해당 거주지국의 납세번호(Taxpayer Identification Number)를 적습니다.

210mm×297mm(신문용지 54g/㎡(재활용품))

소득세법시행규칙 [별지 제29호의 11 서식] (2010.4.30. 개정)

비과세외국연예 등 법인에 대한 원천징수세액 환급신청서

원천징수 의무자	①상호(법인명)		②사업자등록번호							
	③사업장소재지									
비과세 외국연예등 법인	④상호(법인명)			⑤납세관리번호						
	⑥사업장소재지			거주지국		(코드 :)				
납세 관리인	⑦상 호(성명)		⑧사업자(주민)등록번호							
	⑨사업장소재지									

환 급 신 청 내 역 (단위 : 원)

당초 원천징수 내역			⑬비거주연예인등의 보수에 대한 원천징수 세액	환급신청 세액 (⑪-⑬)
⑩대가지급액	⑪원천징수 세 액	⑫납부일자		

국세환급금계좌신고		
⑭ 예 입 처	은행　　본·지점	
⑮ 예금종류	예금	
⑯ 계좌번호		

　신청인은 「소득세법 시행령」 제207조의 7 제4항에 따라 비과세외국연예등법인에 대한 원천징수세액 환급신청서를 제출하며, 위 내용을 충분히 검토하였고 신청인이 알고 있는 사실 그대로를 정확하게 적었음을 확인합니다.

년　　　월　　　일

신청인　　　　　　　　　　　　　　　(서명 또는 인)

귀하

※ 첨부서류 : 1. 비과세외국연예등법인과 비거주연예인 등 사이에 체결된 용역제공 관련 계약서
　　　　　　 2. 비거주연예인 등에게 지급한 보수 또는 대가에 대한 증거서류
　　　　　　 3. 비과세외국연예등법인이 교부받은 원천징수영수증

※ 작성방법

1. 거주지국과 거주지국코드는 국제표준화기구(ISO)가 정한 국가별 ISO코드 중 국명약어 및 국가코드를 적습니다.
2. ⑤납세관리번호, ⑧사업자(주민)등록번호란 : 아래의 표를 참조하여 적습니다.

구 분		기 재 번 호
(1)	원 칙	주민등록번호 또는 사업자등록번호
(2)	(1)의 기재번호를 부여받지 않은 경우	[개인] 국내거소신고증상의 국내거소신고번호(재외국민, 외국국적동포인 경우) 또는 외국인등록표상의 외국인등록번호(외국인인 경우)를 적고, 그 번호가 없는 경우 여권상의 여권번호를 적습니다.
(3)	(1),(2)의 기재번호를 부여받지 않은 경우	투자등록증상의 투자등록번호를 적고, 그 번호가 없는 경우 해당 거주지국의 납세번호(Taxpayer Identification Number)를 적습니다.

210mm×297mm(신문용지 54g/㎡(재활용품))

소득세법시행규칙 [별지 제29호의 12 서식] (2018.3.21. 개정)

국내원천소득 제한세율 적용신청서(비거주자용)

※ 해당되는 [ ]에 √표를 합니다. (앞쪽)

접수번호		접수일자	

1. 신청인의 인적사항

① 성명 (Last Name)	(First Name)		(Middle Name)
② 주소 (거주지국 주소)		(국내 거소)	
③ 납세자번호	④ 생년월일	⑤ 거주지국	⑥ 거주지국코드
⑦ 전화번호 (거주지 전화)		(국내 전화)	
⑧ 국내체재일 [ ]없음	(최근 1년간) _____일		(최근 2년간) _____일

2. 신청인이 적용받고자 하는 규정

⑨ 대한민국과 _____간의 조세조약 제___조 제___항 제___호   소득 세율 ___%

제___조 제___항 제___호   소득 세율 ___%

제___조 제___항 제___호   소득 세율 ___%

3. 비거주자 판정기준

항 목	예	아니오
㉮ 국내에 주소를 두고 있습니까?		
㉯ 국내에 계속하여 183일 이상 거주하고 있습니까?		
㉰ 최근 1년 동안 국내에 체재한 날이 183일 이상입니까?		
㉱ 생계를 같이하는 가족(배우자와 자녀 등)이 국내에 계속하여 183일 이상 거주하고 있습니까?		
㉲ 국내에 계속하여 183일 이상 거주할 것을 필요로 하는 직업이 있습니까?		
㉳ 대한민국의 공무원입니까?		
㉴ 대한민국 국민으로서 국내법인의 해외지점, 영업소 또는 해외현지법인에 파견된 직원입니까?		
㉵ 외국의 국적이나 영주권을 가지고 있는 경우 그 국가명을 기입하십시오.		

본인은「소득세법」제156조의 6 제1항 및 같은 법 시행령 제207조의 8 제1항에 따라 국내원천소득 제한세율 적용신청서를 제출함에 있어 아래 사항을 명확히 인지하고 있을 뿐 아니라 기재내용에 오류가 없으며 이 신청과 관련된 모든 국내원천소득의 실질귀속자(또는 실질귀속자를 대리하여 서명을 하도록 위임을 받은 자)에 해당함을 확인합니다.

1) 신청인은 위 신청서 내용이 사실과 다른 경우에는 원천징수세액이 관련 법률에 따라 원천징수되어야 할 세액에 미달할 수 있음을 인지하고 있습니다.
2) 본인이 비거주자에서 거주자로 변경되는 경우 즉시 그 사실을 귀하에게 통지하겠습니다.

년   월   일

신 청 인   (서명 또는 인)

귀하

첨부서류	출입국에 관한 사실증명(국내체재일이 있는 경우)	수수료 없음

대리인	⑩ 대리인유형 [ ]납세관리인 [ ]그 외 대리인	⑪ 성명 또는 법인명	⑫ 사업자(주민)등록번호
	⑬ 주소 또는 소재지		

※ 귀 금융기관이 본인의 법무부 출입국정보를 조회하는 것에 대하여 동의합니다.

고 객 명   (서명 또는 인)

210mm×297mm(백상지 80g/㎡)

소득세법시행규칙 [별지 제29호의 13 서식] (2022.3.18. 개정)

국외투자기구 신고서

※ 해당되는 [ ]에 √ 표를 합니다. (앞쪽)

접수번호		접수일	

1. 국외공모집합투자기구의 경우

※ 아래 세 가지 요건 중 어느 하나라도 충족시키지 못하는 경우에는 '2. 국외공모집합투자기구에 해당하지 않는 경우'의 해당란에 적습니다.

[ ] 「자본시장과 금융투자업에 관한 법률」에 따른 집합투자기구와 유사한 국외투자기구로서 체약상대국의 법률에 따라 등록하거나 승인을 받은 국외투자기구

[ ] 증권을 사모로 발행하지 않고 직전 회계기간 종료일(신규로 설립된 국외투자기구인 경우 국외투자기구 신고서 제출일) 현재 투자자가 100명(투자자가 다른 국외투자기구인 경우에는 그 국외투자기구를 1명으로 봄) 이상에 해당

[ ] 조세조약에서 조약상 혜택의 적용을 배제하도록 규정된 국외투자기구에 해당하지 아니함

1-1. 국외공모집합투자기구 일반 현황

① 명칭	② 대표자 성명	③ 설립연월일	④ 투자등록증 번호 등
⑤ 전화번호	⑥ 주소		
⑦ 등록·승인된 국가	⑧ 국가코드	⑨ 등록·승인의 근거법령	⑩ 등록·승인한 금융감독기관
⑪ 유형 [ ]법인　　　　[ ]신탁　　　　[ ]파트너십　　　　[ ]기타( )			

1-2. 국가별 총투자금액 등 현황 ㅤㅤㅤㅤ[기준일: 　년　월　일]

⑫ 국가 등	총투자 금액·비율		⑮ 실질귀속자 수	⑯ 적용세율(%)		
	⑬ 금액(단위:)	⑭ 비율(%)		소득	소득	소득
⑰ 합계		100%				

　　본인은 「소득세법 시행령」 제207조의 2 제9항 단서 또는 제207조의 8 제3항 각 호, 「법인세법 시행령」 제138조의 4 제9항 단서 또는 제138조의 7 제3항 각 호의 요건을 모두 갖춘 국외공모집합투자기구에 해당하고 위 신고내용이 틀림없음을 확인하며, 신고서 내용이 사실과 다른 경우에는 관련 법률에 따라 원천징수세액이 원천징수되어야 할 세액에 미달할 수 있거나 비과세·면제가 적용되지 않을 수 있음을 인지하고 있습니다.

년　　　월　　　일
(서명 또는 인)

신고인

귀하

첨부서류	1. 금융감독기관에 집합투자기구로 등록 또는 승인된 사실을 확인할 수 있는 서류, 투자설명서 2. 다른 국외투자기구로부터 제출받은 국외투자기구 신고서

2. 국외공모집합투자기구에 해당하지 않는 경우

⑱ 명칭	⑲ 대표자 성명	⑳ 설립연월일	㉑ 투자등록증 번호 등
㉒ 전화번호	㉓ 주소		
㉔ 설립지국		㉕ 국가코드	
㉖ 유형 [ ]법인　　　　[ ]신탁　　　　[ ]파트너십　　　　[ ]기타( )			

　　본인은 「소득세법」 제156조의 2·제156조의 6 및 같은 법 시행령 제207조의 2·제207조의 8, 「법인세법」 제98조의 4·제98조의 6 및 같은 법 시행령 제138조의 4·제138조의 7에 따라 실질귀속자 또는 다른 국외투자기구로부터 국내원천소득 제한세율 적용신청서, 국내원천소득에 대하여 조세조약에 따른 비과세·면제신청서 또는 국외투자기구 신고서를 수령하여 이를 근거로 이 국외투자기구 신고서 및 실질귀속자 명세서를 작성하였고 위 신고내용이 틀림없음을 확인하며, 신고서 내용이 사실과 다른 경우에는 원천징수세액이 관련 법률에 따라 원천징수되어야 할 세액에 미달할 수 있거나 비과세·면제가 적용되지 않을 수 있음을 인지하고 있습니다.

년　　　월　　　일
(서명 또는 인)

신고인

귀하

첨부서류	실질귀속자 명세, 다른 국외투자기구로부터 제출받은 국외투자기구 신고서	

대리인	㉗ 대리인유형 [ ]납세관리인 [ ]그 외 대리인	㉘ 성명 또는 법인명	㉙ 사업자(주민)등록번호
	㉚ 주소 또는 소재지		

210mm×297mm[백상지80g/㎡ 또는 중질지80g/㎡]

소득세법시행규칙 [별지 제29호의 13 서식 부표] (2014.3.14. 개정)

실질귀속자 명세 (_____소득)

(앞쪽)

(단위 : %)

① 구분	② 번호	③ 성명 또는 명칭	④ 납세자 번호	⑤ 주소	⑥ 거주 지국	⑦ 생년 월일	⑧ 적용세율	⑨ 지분율	⑩ 징수세율 (⑧ × ⑨)
							⑪ 합계	100%	

210mm×297mm[백상지 80g/㎡(재활용품)]

소득세법시행규칙 [별지 제29호의 14 서식] (2023.3.**. 개정)

제한세율 적용을 위한 경정청구서

※ 해당되는 [ ]에 √ 표를 합니다.   (앞쪽)

접수번호		접수일	처리기간 6개월

청구인	① 명 칭(성 명)		② 납세자번호
	③ 소재지(주소)		
	④ 전화번호		⑤ 청구인 유형 [ ]실질귀속자 [ ] 원천징수의무자

대리인	⑥ 법인명(성명)		⑦ 사업자등록번호
	⑧ 생년월일		⑨ 전화번호
	⑩ 주소		

실질 귀속자	⑪ 성 명		⑫ 납세자번호
	⑬ 생년월일		⑭ 국내 전화번호
	⑮ 거주지국		⑯ 거주지국코드
	⑰ 주소		

원천징수 의무자	⑱ 법인명(성명)		⑲ 납세자번호
	⑳ 관할 세무서		㉑ 전화번호
	㉒ 소재지		

청구내용	㉓ 청구세액(원)		㉔ 소득종류
	㉕ 청구사유		

「소득세법」 제156조의 6 제4항에 따라 위와 같이 제한세율 적용을 위한 경정청구서를 제출합니다.

년   월   일

청 구 인   (서명 또는 인)
대 리 인   (서명 또는 인)

세무서장   귀하

제출 서류	1. 「소득세법 시행령」 제207조의 8 제1항에 따른 제한세율 적용신청서 2. 실질귀속자 거주지국의 권한 있는 당국이 발급하는 거주자증명서 3. 거주자증명서를 권한 있는 당국으로부터 발급받는 것이 불가능한 경우 　가. 여권 사본 또는 그 밖에 성명, 주소가 확인되는 신분증 또는 첨부기관 발급 서류 　나. 「소득세법 시행령」 제207조의 8 제5항 각 호의 어느 하나에 해당하는 연금, 　　기금 : 해당 사실을 입증할 수 있는 서류 　다. 정부기관 및 그 밖의 경우 : 투자자의 실체를 확인할 수 있는 정부기관 발급서 　　류 또는 이에 준하는 서류 4. 「소득세법」 제164조의 2에 따른 지급명세서	수수료 없 음

210mm×297mm[백상지 80g/㎡(재활용품)]

소득세법시행규칙 [별지 제29호의 15 서식] (2023.3.**. 개정)

조세조약 상 비과세 · 면제 적용을 위한 경정청구서

※ 해당되는 [ ]에 √ 표를 합니다.   (앞쪽)

접수번호		접수일	처리기간 6개월

청구인	① 명 칭(성 명)	② 납세자번호
	③ 소재지(주소)	
	④ 전화번호	⑤ 청구인 유형 [ ]실질귀속자 [ ] 소득지급자

대리인	⑥ 법인명(성명)	⑦ 사업자등록번호
	⑧ 생년월일	⑨ 전화번호
	⑩ 주소	

실질 귀속자	⑪ 성 명	⑫ 납세자번호
	⑬ 생년월일	⑭ 국내 전화번호
	⑮ 거주지국	⑯ 거주지국코드
	⑰ 주소	

소득 지급자	⑱ 법인명(성명)	⑲ 납세자번호
	⑳ 관할 세무서	㉑ 전화번호
	㉒ 소재지	

청구내용	㉓ 청구세액(원)	㉔ 소득종류
	㉕ 청구사유	

「소득세법」 제156조의 2 제4항에 따라 위와 같이 비과세 · 면제 적용을 위한 경정청구서를 제출합니다.

년   월   일

청 구 인   (서명 또는 인)

대 리 인   (서명 또는 인)

세무서장   귀하

제출 서류	1 .「소득세법 시행령」 제207조의 2 제1항에 따른 비과세 · 면제 신청서 2. 실질귀속자 거주지국의 권한 있는 당국이 발급하는 거주자증명서 3. 거주자증명서를 권한 있는 당국으로부터 발급받는 것이 불가능한 경우 　가. 여권 사본 또는 그 밖에 성명, 주소가 확인되는 신분증 또는 첨부기관 발급 서류 　나. 「소득세법 시행령」 제207조의 8 제5항 각 호의 어느 하나에 해당하는 연금, 　　기금 : 해당 사실을 입증할 수 있는 서류 　다. 정부기관 및 그 밖의 경우 : 투자자의 실체를 확인할 수 있는 정부기관 발급서류 　　또는 이에 준하는 서류 4. 「소득세법」 제164조의 2에 따른 지급명세서	수수료 없 음

210mm×297mm[백상지 80g/㎡(재활용품)]

Chapter 04

외국법인의 과세방법

비거주자 · 외국법인의 과세체계

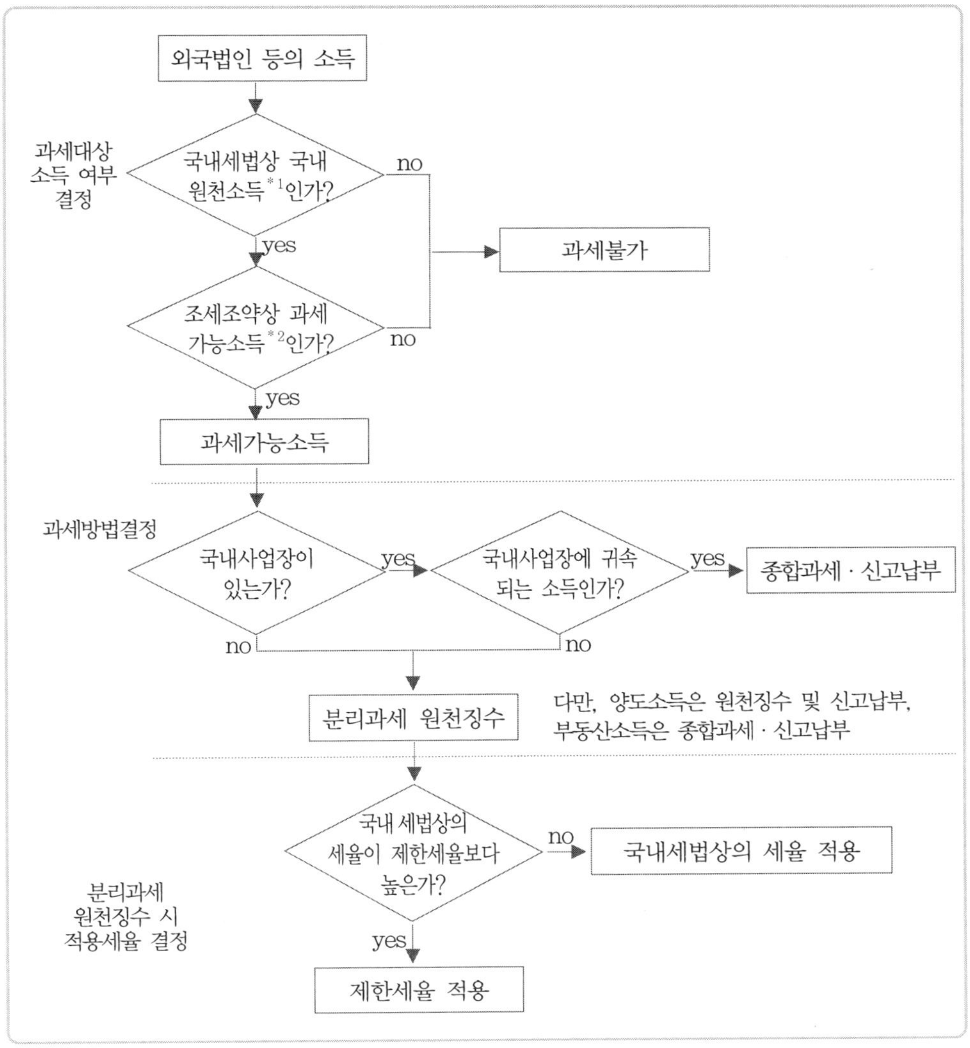
외국법인 등의 소득
과세대상 소득 여부 결정
국내세법상 국내 원천소득*1인가?
no
yes
과세불가
조세조약상 과세 가능소득*2인가?
no
yes
과세가능소득
과세방법결정
국내사업장이 있는가?
yes
국내사업장에 귀속 되는 소득인가?
yes
종합과세 · 신고납부
no
no
분리과세 원천징수
다만, 양도소득은 원천징수 및 신고납부,
부동산소득은 종합과세 · 신고납부
분리과세 원천징수 시 적용세율 결정
국내 세법상의 세율이 제한세율보다 높은가?
no
국내세법상의 세율 적용
yes
제한세율 적용

*1 국내세법상 국내원천소득 : 소득세법 제119조 및 법인세법 제93조 각 호에 열거된 소득

*2 조세조약상 과세가능소득 : 조세조약에 따라 원천지국에 과세권이 부여된 소득

중점사항 – 외국법인 과세방법

1. 조세조약이 없는 경우

국내원천소득의 종류 (법인세법 제93조)		국내사업장 등이 없는 법인	국내사업장 등이 있는 법인
1호	이자소득	분리과세 원천징수(20%)	국내사업장에 귀속되는 소득을 합하여 신고 · 납부
2호	배당소득		
3호	부동산임대소득	신고 · 납부	
4호	선박 등 임대소득	분리과세 원천징수(2%)	
5호	사업소득		
6호	인적용역소득	분리과세 원천징수(20%)	
7호	양도소득	원천징수(10%, 20%)+신고 · 납부	
8호	사용료소득	분리과세 원천징수(20%)	
9호	유가증권양도소득	분리과세 원천징수(10%, 20%)	
10호	기타소득	분리과세 원천징수(20%)	

2. 조세조약이 있는 경우

국내원천소득 법인세법 제93조		국내사업장에 귀속되는 소득	국내사업장에 귀속되지 않는 소득	분리과세 원천징수세율 (법인세법상)
1호	이자소득	법인세 신고 · 납부 (특정소득은 예납적 원천징수)	분리과세, 완 납 적 원천징수	20%(채권이자 14%)
2호	배당소득			20%
4호	선박 등 임대소득			2%
5호	사업소득			2%
8호	사용료소득			20%
9호	유가증권 양도소득			Min(양도가액×10%, 양도차익×20%)
10호	기타소득			20%
6호	인적용역소득		분리과세 (신고 · 납부 가능)	20%
7호	양도소득		법인세 신고 · 납부 (다만, 양수자가 법인인 경우 예납적 원천징수)	Min(양도가액×10%, 양도차익×20%)
3호	부동산소득		법인세 신고 · 납부	–

* 1. 국내사업장이 있는 외국법인에는 부동산소득이 있는 외국법인을 포함한다.
 2. 국내사업장에 귀속되는 소득이라 하더라도 다음의 경우에는 원천징수하여야 한다.
   (예납적 원천징수)
   −이자소득, 집합투자기구로부터의 이익 중 투자신탁의 이익
   −건축, 건설, 기계장치 등의 설치 · 조립 기타의 작업이나 그 작업의 지휘 · 감독 등에 관한 용역의 제공으로 인하여 발생하는 국내원천소득 또는 제93조 제6호에 따른 인적용역소득(다만, 당해 외국법인의 국내사업장이 사업자등록이 되어 있는 경우에는 제외)
 3. 법인세법상의 원천징수세율이 조세조약상의 제한세율보다 높은 경우에는 조세조약상의 제한세율을 적용하여야 한다[예외 : 법인세법 제98조의 5(원천징수절차특례의 규정에 따라 원천징수하는 경우].
 4. 양수자가 법인인 경우 양도소득은 양수자가 양도가액의 10% 또는 양도차익의 20% 중 적은 금액을 예납적으로 원천징수 · 납부한 후에, 양도자는 별도의 절차에 따라 양도소득을 신고납부하는 것이다. 다만, 원천징수대상이 되는 양도소득은 토지 등을 양도하는 외국법인의 국내사업장과 실질적으로 관련되지 아니하거나 국내사업장에 귀속되지 않는 소득에 한한다.
   [양수자가 개인인 경우 원천징수의무 면제(2007.1.1. 이후 최초 양도분부터)]
 5. 인적용역소득이 있는 외국법인은 신고납부도 가능하다.

1. 종합과세(자진신고납부)

(1) 종합과세대상 외국법인

다음에 해당하는 외국법인에 대하여는 국내원천소득에 대하여 내국법인과 동일하게 국내원천소득을 종합하여 소득금액과 세액을 스스로 계산하여 신고 · 납부하여야 한다(법법 §91 ①). 그러나 그 국내사업장에 귀속되지 아니하는 소득으로서 원천징수된 소득에 대하여는 합산신고하지 않는다(법법 §91 · §97 · §98 ①).

① 국내사업장을 가진 외국법인

② 법인세법 제93조 제3호에 따른 국내원천부동산소득이 있는 외국법인

국내사업장이 있는 외국법인의 국내사업장에 귀속되는 국내원천소득 중 이자소득, 집합투자기구로부터의 이익은 내국법인의 경우와 마찬가지로 원천징수 대상소득이며 그 소득에 대하여 원천징수된 세액은 신고 · 납부세액에서 공제된다(예납적 원천징수, 법법 §73 · §97 ①).

외국법인에 건축, 건설, 기계장치 등의 설치 · 조립, 그 밖의 작업이나 그 작업의 지휘 · 감독 등에 관한 용역을 제공함으로써 발생하는 국내원천소득 또는 제93조 제6호에 따라 인적용역을 제공함에 따른 국내원천소득(조세조약에서 사업소득으로 구분하는 경

1237

우를 포함)의 금액을 지급하는 자는 그 소득이 국내사업장에 귀속되는 경우에도 제1항에 따른 원천징수를 하여야 한다. 다만, 그 국내사업장이 제111조에 따라 사업자등록을 한 경우는 제외한다(법법 §98 ⑧).

(2) 과세표준의 계산

종합과세대상 외국법인의 각사업연도소득에 대한 법인세의 과세표준은 다음과 같이 계산한다(법법 §91 ①).

과세표준 = 국내원천소득의 총합계액 − { 이월결손금 / 비과세소득 / 선박 · 항공기의 외국항행소득 }

① 국내원천소득의 총합계액

국내원천소득의 총합계액이란 내국법인의 각사업연도소득계산에 관한 규정인 법인세법 중 대통령령으로 규정된 소득과 조세특례제한법 제138조를 준용하여 계산한다(법법 §92 ①).

국내원천소득의 총합계액 = 국내원천소득에 관련한 총익금 − 이에 대응하는 총손금

② 이월결손금

이월결손금이란 각 사업연도 개시일 전 10년 이내에 개시한 사업연도에 발생한 결손금(국내에서 발생한 결손금에 한함)으로서 그 후의 각 사업연도의 과세표준 계산에 있어서 공제되지 아니한 금액으로 각 사업연도 소득의 60%로 한다(법법 §91 ① 1호).

③ 비과세소득

내국법인의 경우와 동일하다(법법 §91 ① 2호).

④ 선박 · 항공기의 외국항행소득

선박 · 항공기의 외국항행으로 인하여 발생하는 소득이란 외국법인의 본점 또는 주사무소가 있는 외국이 우리나라의 법인이 운용하는 선박 · 항공기에 대하여 동일한 면세를 하는 경우 우리나라에서도 당해 외국법인의 선박 · 항공기의 외국항행소득에 대하여는 법인세를 부과하지 아니하기 위하여 공제하는 금액을 말한다(법법 §91 ① 3호).

국제운수소득은 그 소득이 다국간의 사업활동에서 이루어지게 되므로 명확한 소득의 원천을 구분하기가 어렵기 때문에 각국은 상호면세주의를 채택함으로써 국제운송사업의 활성화를 기하고 있다.

이때 상호면세란 국가 간의 조세부과에 있어서 거래상대국이 면세하는 조세에 대하여 일방당사국에서도 그와 같은 조세 또는 유사한 조세에 대하여 면세함으로써 거래당사국 상호 간 세금을 부과하지 않는 것을 말한다.

현재 우리나라에서도 법인세법은 물론 소득세법에서도 상호면세규정을 두어 외국법인의 본점 또는 주사무소가 있는 외국이 우리나라의 법인이 운용하는 선박·항공기에 대하여 동일한 면세를 하는 경우에는 우리나라에서도 당해 외국법인의 선박·항공기의 외국항행소득에 대하여는 법인세를 부과하지 아니하기 위하여 이를 공제하여 과세표준을 계산한다.

이때 외국이 우리나라의 법인이 운용하는 선박·항공기에 대하여 동일한 면세를 하는 경우라 함은 국제운수소득에 대한 상호협정이 체결된 경우와 상대국이 법적으로 면세를 보장하는 경우를 말한다(법통 91-0…1).

상술한 상호면세의 대상이 되는 선박·항공기의 외국항행소득, 즉 국제운수소득은 다음 각 호의 1에 해당하는 소득으로 하고 있다(법칙 §62).

가. 외국항행을 목적으로 하는 정상적인 업무에서 발생하는 소득

나. 자기소유 선박을 외국항행을 조건으로 정기용선계약(나용선인 경우는 제외)을 체결하고 동 계약에 의하여 자기소유 선박이 외국항행을 함으로써 지급받는 용선료수입

상기의 외국항행소득공제는 국내사업장을 가지고 있지 아니하는 외국법인에 대하여도 적용된다(법법 §91 ④).

(3) 국내사업장

국내사업장이라 함은 외국법인이 국내에 사업의 전부 또는 일부를 수행하는 고정된 장소를 말한다(법법 §94 ①). 조세조약에서는 이를 고정사업장(Permanent Establishment)이라 한다.

① 국내사업장 해당 사례

국내사업장이란 당해 외국법인이 사업의 전부 또는 일부를 수행하는 고정된 사업장소를 말하며, 외국기업의 국내활동이 다음 세 가지 요건을 모두 갖추는 경우에는 그 명칭

여하에 불구하고 고정사업장으로 보게 된다.

첫째, 사업장이 존재할 것(장소적 개념)

둘째, 그 사업장소가 고정되어 있을 것(기간적 개념)

셋째, 그 고정된 사업장소를 통해 사업이 수행될 것(기능적 개념)

다음에 해당하는 장소는 국내사업장으로 본다(법법 §94 ②).

가. 지점·사무소 또는 영업소

나. 상점 그 밖의 고정된 판매장소

다. 작업장·공장 또는 창고

라. 6월을 초과하여 존속하는 건축장소, 건설·조립·설치공사의 현장 또는 이와 관련 되는 감독활동을 수행하는 장소

마. 고용인을 통하여 용역의 제공이 계속되는 12개월 중 6월을 초과하는 기간 동안 용 역이 수행되는 장소 및 용역의 제공이 계속되는 총 6월을 초과하지 아니하는 경우 로서 유사한 종류의 용역이 2년 이상 계속적·반복적으로 수행되는 장소

바. 광산·채석장 또는 해저천연자원 기타 천연자원의 탐사 및 채취장소[국제법에 따라 우리나라가 영해 밖에서 주권을 행사하는 지역으로서 우리나라의 연안에 인접한 해저지역 의 해상(海床)과 하층토(下層土)에 있는 것을 포함]

건설공사현장 등의 존속기간 계산(법칙 §67)

국내사업장 해당 여부를 판정할 때에 외국법인이 국내에서 건축, 건설, 조립 또는 설치공 사나 이들 공사와 관련한 감리, 감독, 기술용역의 활동(이하 "건설공사 등"이라 함)을 수 행하는 경우 그 건설공사 등의 존속기간은 다음의 방법으로 계산한다.

1. 건설공사 현장의 존속기간은 당해 외국법인이 국내에서 건설공사의 작업에 착수한 날 부터 해당 작업을 완료하거나 영구적으로 포기한 날까지의 기간으로 한다.

   이 경우 건설공사의 작업에 착수한 날은 해당 공사를 위한 설계사무소를 설치하는 등 준비작업을 한 날로 한다.

2. 날씨가 고르지 못한 등 계절적 요인이나 자재 또는 노동력 부족 등으로 공사의 진행이 일시적으로 중단되는 경우의 건설공사의 존속기간은 그 일시적으로 중단된 기간을 합 하여 계산한다.

3. 건설공사 등의 도급을 받은 외국법인이 그 공사의 전부 또는 일부를 다른 법인에게 하도급한 경우 도급을 받은 외국법인의 건설공사 현장의 존속기간은 해당 외국법인이 수행한 작업기간과 외국법인으로부터 하도급 받은 다른 법인이 수행한 작업기간을 합 하여 계산한다.

② 국내사업장 제외 사례

다음에 게기하는 장소가 외국법인의 사업수행상 예비적이고 보조적인 성격을 가진 활동을 하기 위하여 사용되는 경우에는 국내사업장으로 보지 아니한다(법법 §94 ④, 소법 §120 ④).

가. 외국법인이 자산의 단순한 구입만을 위하여 사용하는 일정한 장소

나. 외국법인이 판매를 목적으로 하지 아니하는 자산의 저장 또는 보관을 위하여만 사용하는 일정한 장소

다. 외국법인이 광고 · 선전 · 정보의 수집 · 제공 및 시장조사를 하거나 그 밖에 이와 유사한 활동만을 사용되는 일정한 장소

라. 외국법인이 자기의 자산을 타인으로 하여금 가공하게 하기 위하여서만 사용하는 일정한 장소

● 관련 기본통칙

▶▶ 외국법인의 기술자가 국내에서 하천 또는 취수지점 측량 등을 하고 이에 대한 설계보고서를 작성하는 등의 역무를 수행하는 경우에는 국내사업장이 있는 것으로 본다. 다만, 단순한 자료의 수집과 기술협조만을 하는 때에는 국내사업장이 없는 것으로 본다(법통 94-0…1).

▶▶ 외국법인이 내국법인과 종업원파견에 관한 계약을 체결하고, 동 계약에 의거 내국법인에 파견되어 고용된 종업원이 오로지 내국법인만을 위하여 근로를 제공하고 외국법인이 영위하는 사업의 전부 또는 일부를 일체 수행하지 아니함에 따라 외국법인이 종업원의 파견과 관련하여 내국법인으로부터 일체의 대가(급여대지급에 따른 정산대가는 제외)를 지급받지 않는 경우 그 종업원이 근로를 제공하는 장소는 그 종업원이 외국법인과 고용계약을 유지하는지의 여부에 관계없이 법 제94조의 규정에 의한 외국법인의 국내사업장에 해당되지 아니한다(법통 94-0…6).

▶▶ 예비적 · 보조적 활동을 위한 장소와 국내사업장의 구분(법통 94-0…2)
  ① 외국법인의 국내사무소가 당해 법인의 영업활동을 보조하기 위하여 국내에서 자산의 단순구입, 업무연락, 광고 · 선전, 정보의 수집 · 제공, 시장조사 기타 사업의 예비적 · 보조적 활동만을 수행하는 경우에는 그 국내사무소는 당해 법인의 국내사업장으로 보지 아니한다. 다만, 이와 같은 활동이 당해 법인을 위한 것이 아니고 타인(영 제87조의 특수관계 있는 자를 포함)을 위하여 행해지는 경우에는 그 국내사무소를 당해 법인의 국내사업장으로 본다.
  ② 외국법인의 국내사무소가 수행하는 활동이 사업의 예비적 · 보조적 활동인지의 여부를 판단함에 있어서는 그 국내사무소가 수행하는 활동이 당해 외국법인의 전체 사업활동 중 본질적이고 중요한 부분을 구성하고 있는지 여부에 의하여 판단하여야

한다. 예컨대 외국법인 국내사무소의 일반적인 활동목적이 당해 외국법인의 전반적 사업목적과 동일한 경우에는 그 외국법인의 국내사무소가 수행하는 활동은 사업의 예비적·보조적 활동에 해당하지 아니한다.

③ 외국법인의 국내사무소가 당해 외국법인이 국내 고객에게 판매한 자산과 관련하여 부품을 공급하거나 그 판매한 자산을 유지·보수하는 등 애프터서비스 활동을 수행하는 경우에는 그 사무소는 그 애프터서비스에 대한 대가를 받는지 여부에 관계없이 그 외국법인의 국내사업장에 해당한다.

▶▶ **외국법인의 기술도입에 관련된 용역제공과 국내사업장(법통 94−0…3)**
기술도입계약에 의한 용역을 국내에서 제공하는 경우에는 외국인투자촉진법의 규정에 불구하고 다음 각 호의 예에 의한다.

1. 도입하는 기술이 법 제93조 제9호에 해당하는 '노하우(know how)'의 사용 그 자체인 때에는 국내사업장이 없는 것으로 본다.
2. 도입하는 기술이 '노하우'의 사용이 아니고 법 제93조 제5호 및 제6호에 해당하는 때에는 기술제공자의 국내사업장은 법 제94조의 규정에 따라 판단한다.

③ 간주국내사업장

외국법인이 국내에 고정된 장소를 가지고 있지 아니한 경우에도 다음의 어느 하나에 해당하는 자를 두고 사업을 경영하는 경우에는 그 자의 사업장 소재지(사업장이 없는 경우에는 주소지로 하고, 주소지가 없는 경우에는 거소지로 함)에 국내사업장을 둔 것으로 본다(법법 §94 ③, 법령 §133 ①).

가. 국내에서 그 외국법인을 위하여 다음 각 목의 어느 하나에 해당하는 계약(이하 이 항에서 "외국법인 명의 계약등"이라 함)을 체결할 권한을 가지고 그 권한을 반복적으로 행사하는 자

- 외국법인 명의의 계약
- 외국법인이 소유하는 자산의 소유권 이전 또는 소유권이나 사용권을 갖는 자산의 사용권 허락을 위한 계약
- 외국법인의 용역제공을 위한 계약

나. 국내에서 그 외국법인을 위하여 외국법인 명의 계약등을 체결할 권한을 가지고 있지 아니하더라도 계약을 체결하는 과정에서 중요한 역할(외국법인이 계약의 중요사항을 변경하지 아니하고 계약을 체결하는 경우로 한정)을 반복적으로 수행하는 자

다. 외국법인의 자산을 상시 보관하고 관례적으로 이를 배달 또는 인도하는 자

라. 중개인·일반위탁매매인 기타 독립적 지위의 대리인으로서 주로 특정 외국법인만

을 위하여 계약체결 등 사업에 관한 중요한 부분의 행위를 하는 자(이들이 자기사업의 정상적인 과정에서 활동하는 경우를 포함)

마. 보험사업(재보험사업 제외)을 영위하는 외국법인을 위하여 보험료를 징수하거나 국내 소재 피보험물에 대한 보험을 인수하는 자

(4) 국내사업장 예외 남용 방지 규정 마련(법법 §94 ⑤, 법령 §133 ③, 소법 §120 ⑤, 소령 §180)

1) 국내사업장 예외 남용 방지

특정활동 장소에서 수행하는 사업활동이 예비적 · 보조적 성격이더라도 다음의 어느 하나에 해당하는 경우에는 국내사업장에 포함한다.

① 다음의 요건을 모두 충족하는 경우

    가. 특정 활동 장소와 같은 장소 또는 국내의 다른 장소에 해당 비거주자 · 외국법인 또는 특수관계인*의 국내사업장이 존재할 것

        * 소득세법시행령 제183조의 2 제2항 및 법인세법시행령 제131조 제2항의 특수관계 준용

    나. 특정 활동 장소의 활동이 해당 비거주자 · 외국법인 또는 특수관계인의 국내사업장의 사업 활동과 상호 보완적일 것

② 비거주자 · 외국법인 또는 특수관계인의 각각의 특정 활동 장소의 활동을 결합한 전체적인 활동이 상호 보완적이며, 예비적 · 보조적 성격이 아닌 경우

2) 특수관계의 범위

① 외국법인과의 특수관계(법령 §131의 ②의 특수관계 준용)

    가. 일방이 타방의 의결권 있는 주식의 50% 이상을 직간접으로 소유하고 있는 관계

    나. 제3자가 일방 또는 타방의 의결권 있는 주식의 50% 이상을 직간접으로 소유하고 있는 관계

② 비거주자와의 특수관계(소령 §183의 2 ②의 특수관계 준용)

    가. 비거주자의 배우자 · 직계혈족 및 형제자매

    나. 비거주자가 외국법인의 의결권 있는 주식의 50% 이상을 직간접으로 소유하고 있는 관계

(5) 국내사업장 설치신고서류

① 국내지사 설치신고

외국기업이 한국 내에 지사(지점 또는 연락사무소)를 설치하여 운영하고자 하는 경우 '외국기업국내지사설치신고서'에 다음의 서류를 첨부하여 지정거래외국환은행장에게 제출하여야 한다.

다만, 자금의 융자, 해외금융의 알선·중개, 카드업무, 할부금융 등 은행업 이외의 금융관련업무 또는 증권·보험관련업무 등을 영위하기 위해 지사를 설치하고자 하는 경우에는 기획재정부장관에게 신고하여야 한다.

> **구비서류** 외국환거래규정 제7−47조, 제7−48조
> 1. 본점인 외국기업의 명칭·소재지 및 주된 영업업무의 내용을 증명하는 서류
> 2. 다른 법령규정에 의하여 그 설치에 관한 허가 등을 요하는 경우에는 그 사실을 증명하는 서류사본
> 3. 국내영위 업무내용과 범위에 관한 명세서

② 연락사무소 설치절차 및 세무신고서류

비거주자 등(외국법인 포함)이 국내에 연락사무소를 설치하고자 하는 경우에는 외국환거래규정 제7−48조(설치신고 등)의 규정에 의하여 지점의 경우와 마찬가지로 지정거래 외국환은행장에게 외국기업 국내지사 설치신고를 하여야 한다.

또한 연락사무소를 설치한 비거주자 등은 법인세(소득세 포함) 및 부가가치세 등의 납세의무는 없지만 원천징수의무, 지급명세서제출의무, (세금)계산서 수취 및 제출의무 등 각종 세법상의 의무를 이행하여야 하므로 관할세무서장으로부터 고유번호를 부여받아야 한다.

> **고유번호 신청 시 제출서류**
> 1. 법인설립신고 및 사업자등록신청서
> 2. 외국기업 국내지사 설치신고서사본 1부

③ 외국기업 국내지점 설치신고 및 사업자등록

외국기업이 국내에 사업장을 가지게 된 때에는 2월 이내에 관할세무서장에게 지점설치

신고를 하여야 하며, 국내사업장을 설치하여 신규로 사업을 개시하게 된 때에는 당해 사업의 개시일로부터 20일 이내에 사업자등록을 하여야 한다.

다만, 지점설치신고를 한 경우에는 별도의 사업자등록신청절차를 생략할 수 있다.

국내지사 설치신고 및 사업자등록 신청 시 관할세무서장에게 제출하여야 할 서류는 다음과 같다.

지점설치 신고 시 제출서류

1. 법인설립신고 및 사업자등록신청서
2. 국내사업장을 가지게 된 날의 재무상태표
3. 본점 등의 등기에 관한 서류 및 정관
4. 국내사업장의 사업영위내용을 입증할 수 있는 서류

사업자등록 신청 시 제출서류

1. 사업자등록신청서
2. 법령에 의하여 허가를 받거나 등록 또는 신고를 하여야 하는 사업의 경우는 사업허가증사본·사업자등록증사본 또는 신고필증사본 1부
3. 임대차계약서사본(사업장을 임차한 경우)
4. 상가건물의 일부분을 임차한 경우 해당 부분의 도면

---

2. 분리과세(원천징수납부)

(1) 분리과세대상 외국법인

종합과세대상 외국법인 이외의 외국법인이 각사업연도소득에 대한 법인세의 과세표준은 법인세법 제93조 각 호에 게기하는 국내원천소득을 과세표준으로 하여 이를 지급하는 자가 법인세를 원천징수하여 납부함으로써 외국법인의 납세의무가 종결된다(법법 §91 ②).

단, 부동산 등의 양도소득에 대하여는 분리과세하되 원천징수하지 아니하고 외국법인이 계산한 세액을 스스로 신고·납부하여야 한다.

(2) 국내원천소득금액의 계산

분리과세 시 국내원천소득의 계산은 다음과 같다.

① 부동산 등의 양도소득

양도소득에 대하여 양수자(개인은 원천징수의무가 면제되고 법인인 경우에만 원천징수의무가 있음)가 대가지급 시 다음에 의한 원천징수를 하고 양도자가 추후 법인세 신고를 통해 정산하도록 하고 있다(법법 §98 ① 5호).

가. 취득가액 미확인 시 : 양도가액의 10%

나. 취득가액 및 양도비용이 확인되는 경우 : 양도가액의 10%와 양도차익의 20% 중 적은 금액

> 과세표준＝양도가액－취득가액－양도비용

이때 양도가액 및 취득가액은 실지거래가액을 원칙으로 하되 실지거래가액이 불분명한 경우에는 기준시가로 계산한 가액으로 한다(법법 §92 ④). 또한 취득시가와 양도시가에 관하여는 소득세법 제98조의 규정을 준용한다(법법 §92 ⑤).

과세표준에 적용되는 세율은 법인세율을 적용하고 외국법인이 법인세 신고를 하여야 한다.

양도소득의 원천징수 시 비거주자가 세금을 미리 납부하였거나 해당 소득이 비과세 또는 과세미달되는 것임을 양도소득세 신고납부(비과세 또는 과세미달)확인서를 관할세무서장으로부터 확인받아 소득지급자에게 제출하는 경우에는 원천징수를 하지 아니한다(소법 §156 ⑮ · 소령 §207 ⑤).

② 유가증권의 양도소득

> 과세표준＝다음 중 선택 ┌ ① 양도가액－취득가액－양도비용(＝양도차익)
> └ ② 양도가액

유가증권의 취득가액이 확인되는 경우에는 양도가액기준(원천징수세율 10%)과 양도차익기준(원천징수세율 20%) 중 하나를 선택하여 적용할 수 있다.

③ 기타 국내원천소득

> 과세표준 = 소득별 수입금액

④ 지급자 세부담 경우의 과세표준

지급자가 외국법인의 세금을 부담하기로 약정한 경우 과세표준은 다음과 같이 역산하여 산출한다(법통 98-0…2). 계약서상 조세부담에 관한 언급이 없이 순액을 지급하기로 약정한 경우에도 지급자 세금부담조건과 동일하다.

$$과세표준 = 지급금액 \times \frac{1}{1-원천징수세율}$$

상기 산식에 있어 원천징수세율에는 법인세의 원천징수세율뿐만 아니라 지방소득세의 원천징수세율도 포함한다.

● **관련 기본통칙**

▶▶ 외국법인의 국내원천소득의 과세표준 계산(법통 98-0…1)
또한 국내원천소득을 지급하는 경우에는 그 지급금액(부가가치세를 포함한 수입금액 또는 판매금액을 기초로 하여 계산한 금액을 기술사용 대가로 지급하기로 약정한 경우에는 부가가치세를 포함한 금액)을 원천징수 과세표준으로 한다.

▶▶ 비거주자 등에게 지급한 사용료 등 대가의 범위(법통 19-19…27)
국내사업장이 없는 비거주자 또는 외국법인에게 지급하는 사용료 등 대가에 대하여 원천징수할 세액상당액을 내국법인이 부담하는 조건으로 계약을 체결한 경우에는, 당해 계약에 따라 내국법인이 부담한 원천징수세액 상당액을 지급대가의 일부로 보아 손금에 산입한다.

(3) 분리과세 원천징수 시 적용세율

① 적용세율

비거주자 등의 국내원천소득에 대한 세액을 계산함에 있어 일반적으로 국내세법에 규정된 원천징수세율을 적용한다. 그러나 국내세법상의 세율이 조세조약상 규정된 제한세율보다 높은 경우에는 조세조약상의 제한세율을 초과하여 과세할 수 없으므로 조세조약상의 제한세율을 적용하여야 한다.

제한세율을 적용하는 경우 조세조약의 대상이 되는 조세에 지방소득세가 포함되는지의 여부에 따라 소득세 등의 세율은 달라진다. 조세조약 대상조세에 지방소득세가 포함되어 있지 않은 경우에는 과세표준에 제한세율을 곱하여 소득세 등을 계산하고 그 소득세 등에 지방소득세율을 곱하여 지방소득세를 계산한다.

그러나 조세조약 대상조세에 지방소득세가 포함되어 있는 경우에는 소득세 등 국세의 세율과 지방소득세의 세율을 합하여 그 제한세율을 초과할 수 없으므로 그 제한세율을 소득세 등 국세의 세율과 그에 대한 지방소득세의 세율로 배분하여 소득세 등의 세율을 산출하여야 한다. 소득세 등 국세의 세율은 다음 방식에 의하여 산출한다.

$$소득세 \ 등의 \ 세율 = 제한세율 \times \frac{1}{1+0.1}$$

우리나라가 체결한 대부분의 조세조약의 경우 지방세인 지방소득세가 조세조약 적용대상 조세에 포함되나, 미국·필리핀·남아프리카공화국, 베네수엘라, 카타르, 콜롬비아, 에스토니아, 이란, 인도와 체결한 조세조약의 경우에는 지방소득세가 조세조약 적용대상이 아니다.

② 제한세율

조세조약은 비거주자와 이자·배당·사용료 등 투자소득에 대하여 그 투자소득의 수취인이 수익적 소유자인 경우 그 소득의 원천지국에서 일정한도의 세율을 초과하여 과세할 수 없도록 규정하고 있는바, 그 일정한도의 세율을 제한세율 또는 경감세율이라고 한다.

이러한 제한세율은 다음과 같은 특징을 갖는다.

가. 제한세율은 총액(gross amount)에 대하여 적용되는 것이다. 제한세율이 적용되는 과세표준은 순소득(net income)이 아닌 수입금액(지급총액)이다.

나. 제한세율은 당해 조세조약 체결국의 거주자에 대하여만 적용되는 것이며 제3국의 거주자에게는 적용되지 아니하는 것이다.

다. 제한세율은 원천지국에서 과세할 수 있는 최고한도의 세율이다. 조세조약상 제한세율이 갖는 의미는 원천지국에서 제한세율로 과세할 수 있는 권한을 부여한 것이 아니라 원천지국이 자국의 국내법상의 세율로 과세하되 당해 조약에서 규정된 세율을 초과할 수 없다는 의미이다. 따라서 원천지국의 국내법상 세율이 조세조약상 제한세율보다 낮은 경우에는 제한세율은 별다른 의미를 갖지 못한다.

라. 제한세율을 적용함에 있어서는 조약의 적용대상 조세를 모두 고려하여야 한다. 한·일조세조약의 적용대상 조세에는 지방소득세가 포함되므로 한·일조세조약상의 제한세율 10%는 소득세 또는 법인세와 지방소득세의 세액이 10%를 초과하여서는 안 되는 것이다.

③ 2023.1.1. 현재 우리나라가 체결하고 있는 조세조약상 각 체약국별 제한세율

체약국별 조세조약 대상조세 및 제한세율 요약표

(체약국별 가나다순)　　　　　　　　　　※ 조세조약 체약국별 현황(2023.1.1. 현재 94시행국가)

체약국	발효 일자	대 상 조 세		제 한 세 율 (원천징수)			적 용 기 간		비 고
		한국	대상국	이 자 소 득	배 당 소 득	사용료소득	원천징수	기타(부동산소득, 사업소득)	
가　봉	15.12. 2.	소득세 법인세 농특세 지방 소득세	• 회사세 및 단일세율최소세 • 자연인의 소득에 대한 조세 등	10%	• 25% 이상 직접소유 : 5% • 기타 : 15%	10%	16.1.1. 이후 지급분	16.1.1. 이후 개시되는 과세연도	
그 리 스	98. 7.10.	소득세 법인세 주민세	• 개인소득세 • 법인소득세	8%	• 25% 이상 법인(조합제외) : 5% • 기타 : 15%	10%	99.1.1. 이후 지급분	99.1.1. 이후 개시하는 과세연도	
나이지리아 (2017년 4월 현재 시행 정지 중)	2015.3.2.	소득세 법인세	• 지방소득세, 농특세, 소득 및 양도소득에 대한 기타 조세 • 개인소득세, 법인소득세, 석유이윤세, 양도소득세, 교육세, 소득 및 양도소득에 대한 기타 조세	7.5%	• 25% 이상 직접보유 법인(조합 제외) : 7.5% • 기타 : 10%	7.5%	2015.1.1.	2015.1.1.	의정서
남 아 프 리 카 공 화 국	96. 1. 7.	소득세 법인세 농특세	• 보통세 • 비거주자 주주세 • 제2차기업세	10% (신용판매이자 면제)	• 25% 이상 법인 : 5% • 기타 : 15%	10%	97.1.1. 이후 지급분	97.1.1. 이후 개시하는 과세연도	
네덜란드 (개정 99.4.2.)	81. 4.17.	소득세 법인세 주민세	• 소득세 • 임금세 • 법인세 • 배당세	• 7년 초과 차관 : 10% • 기타 : 15%	• 25% 이상 법인 : 10% • 기타 : 15%	• 기 타 : 10% • 저작권 : 15%	81.1.1. 이후 지급분	82.1.1. 이후 개시 사업연도	의정서
네　팔 (개정 10.1.1.)	03. 5.29.	소득세 법인세 주민세 농특세	• 소득세법에 의하여 부과되는 소득세 • 지방자치단체에 의하여 부과되는 기타조세	10%	• 25% 이상 법인 : 5% • 10% 이상 법인 : 10% • 기타 : 10%	15%	04.1.1. 이후 지급분	04.1.1. 이후 개시하는 과세연도	의정서
노르웨이	84. 3. 1.	소득세 법인세 주민세	• 소득세(중앙정부, 군, 지방) • 국가기여금(조세평형기금) • 중앙정부세 (석유관련) • 비거주예술가 소득세 • 선원세	15%	15%	• 기타 : 10% • 저작권 : 15%	82.1.1. 이후 지급분	82.1.1. 이후 개시하는 과세연도	의정서

03

체약국	발효 일자	대상조세		제한세율 (원천징수)			적용기간		비고
		한국	대상국	이자소득	배당소득	사용료소득	원천징수	기타(부동산소득, 사업소득)	
뉴질랜드	97.10.10.	소득세 법인세 주민세	• 소득세 • 초과유보세	10%	15%	10%	한국 : 81.1.1. 이후 지급분 뉴질랜드 : 81.4.1. 이후 개시하는 소득 연도에 부과되는 조세	한국 : 81.1.1. 이후 개시하는 과세연도 뉴질랜드 : 81.4.1. 이후 개시하는 소득연도에 부과되는 조세	의정서
러시아	95.8.24.	소득세 법인세 주민세	• 기업 및 유사조직체의 이윤에 대한 조세 • 은행소득에 대한 조세 • 보험활동으로 인한 소득에 대한 조세 • 개인소득에 대한 조세	거주지국 과세	• 직접 30% 이상 소유 회사 (조합 제외) & 10 만달러 이상 투자 : 5% • 기타 : 10%	5%	96.1.1. 이후 지급분	96.1.1. 이후 개시하는 과세연도	
루마니아	94.10.6.	소득세 법인세 주민세	• 개인소득세 • 법인 및 단체의 이윤에 대한 조세 • 급여·임금 및 기타 유사보수에 대한 조세 • 농업활동으로부터 실현되는 소득에 대한 조세 • 배당세	10% (산업적·과학적 장비의 신용판매 이자 면제)	• 25% 이상 법인(조합 제외) : 7% • 기타 : 10%	특허권 등 산업적 투자 : 7% 기타 : 10%	95.1.1. 이후 지급분	95.1.1. 이후 개시 사업연도	
룩셈부르크 (개정 13.9.4.)	13.9.4.	소득세, 법인세, 농특세, 지방 소득세	• 개인소득세 • 법인세 • 법인이사보수세 • 자본세	10% (은행에 지급되는 이자 5%)	• 10% 이상 법인(조합 제외) : 10% • 기타 : 15%	• 산업·상업·과학 장비 및 산업·상업·과학 정보 사용 : 5% • 기타 : 10%	의정서 발효일 또는 그 후에 부과되는 조세에 적용	의정서 발효일 또는 그 후에 부과되는 조세에 적용	
리투아니아	07.7.14.	소득세 법인세 농특세 주민세	• 법인소득세 • 개인소득세	10%	• 25% 이상 법인(조합 제외) : 5% • 기타 : 10%	• 산업상·상업상·과학적 장비 사용 : 5% • 기타 : 10%	08.1.1. 이후 지급분	84.1.1. 이후 개시 사업연도	
말레이시아	83.1.2.	소득세 법인세 주민세	• 소득세 • 초과이윤세 • 주석이윤세·개발세·산림이윤세 등의 추가소득세 • 석유소득세	15%	• 25% 이상 법인 : 10% • 기타 : 15%	• 기타 : 10% • 저작권(문학예술) : 15% • 저작권(학술) : 10%	82.1.1. 이후 지급분	82.1.1. 이후 개시과세연도 (소득연도)	의정서
멕시코	95.2.11.	소득세 법인세 주민세	• 소득세 • 사업단일세율세(08.1.1.부터) 자산세(07.12.31.까지)	• 은행 : 5%(효력을 가지는 날로부터 5년 동안은 10%) • 기타 : 15%	• 10% 이상 법인 : 0% • 기타 : 15%	10%	96.1.1. 이후 지급분	96.1.1. 이후 개시하는 과세연도	
모로코	00.7.1.	소득세 법인세 주민세 농특세	• 일반소득세 • 법인세 • 주식 또는 사회적지분 및 유사수익에 대한 소득세 • 부동산소득세 • 국가통합세 • 고정수익투자상품세 • 주식과 사회적지분의 양도 소득세	10%	• 25% 이상 직접보유 법인(조합 제외) : 5% • 기타 : 10%	• 저작권 등 : 5% • 기타 : 10%	01.1.1. 이후 지급분	01.1.1. 이후 개시 사업연도	

체약국	발효 일자	대상 조세		제 한 세 율 (원천징수)			적 용 기 간		비 고
		한국	대 상 국	이 자 소 득	배 당 소 득	사용료소득	원천징수	기타(부동산소득, 사업소득)	
몰　　타	98. 3. 21.	소득세 법인세 주민세 농특세	• 소득세	10% (신용판매이자 면제)	• 25% 이상 법인(조합 제외) : 5% • 기타 : 15%	0%	99.1.1. 이후 지급분	99.1.1. 이후 개시사업연도	의정서
몽　　골	93. 6. 6.	소득세 법인세 주민세	• 개인소득세 • 회사 및 협동조합세	5% (지연벌과금 제외)	5%	10%	92.1.1. 이후 지급분	92.1.1. 이후 개시하는 과세연도	
미　　국	79.10.20.	소득세 법인세	• 연방소득세	12%	• 10% 이상 소유법인에 게 지급하는 배당으로 서 배당금지급법인의 이자 또는 배당소득이 총소득의 25% 이하인 경우 : 10% • 기타 : 15%	• 저작권 · 필름 : 10% • 기타 : 15%	79.12.1. 이후 지급분	80.1.1. 이후 개시되는 사업연도	
덴 마 크	79. 1.17.	소득세 법인세 주민세	• 중앙행정부 소득세 • 시(군)소득세 • 노년연금기여금 • 선원세 · 특별소비세 • 배당세 • 질병기금기여금	15%	15%	• 산업적 투자 : 10% • 기타 : 15%		77.1.1. 이후	의정서
독　　일 (개정 02.10.31)	02.10.31.	소득세 법인세 주민세 농특세	• 소득세 • 법인세 • 자본세 • 영업세	10%	• 25% 이상 법인(조합 제외) : 5% • 기타 : 15%	• 장비사용 : 2% • 기타 : 10%	03.1.1. 이후 지급분	03.1.1. 이후 개시사업연도	의정서
라 오 스	06. 2. 9.	소득세 법인세 주민세 농특세	• 개인소득세 • 기업 및 단체의 이윤에 대한 소득세 • 최저세	10%	• 10% 이상 법인(조합 제외) : 5% • 기타 : 10%	5%	07.1.1. 이후 지급분	07.1.1. 이후 개시되는 과세연도	
라트비아	09.12.26.	소득세 법인세 주민세 농특세	• 법인소득세 • 개인소득세	10%	• 25% 이상 법인 : 5% • 기타 : 10%	• 산업상 · 상업상 · 과학적 장비 사용 : 5% • 기타 : 10%	10.1.1. 이후 지급분	07.1.1. 이후 개시되는 과세연도	
미 얀 마	03. 8. 4.	소득세 법인세 주민세 (소) 농특세 (소)	• 소득세 • 이익세	10%	10%	• 산업적 · 상업적 · 과학적 장비 대가 : 10% • 기타 : 15%	04.1.1. 이후 지급분	04.1.1. 이후 개시하는 과세연도	
바 레 인	13. 4. 26.	소득세 법인세 농특세 지방 소득세	1979년 국왕칙령 제22호에 따른 소득세	5%	• 25% 이상 법인(동업기 업 제외) : 5% • 기타 : 10%	10%	14.1.1. 이후 지급분	14.1.1. 이후 개시되는 과세연도분	의정서
방 글 라 데 시	84. 8. 22.	소득세 법인세 주민세	• 소득세	10% (신용판매이자 면제)	• 10% 이상 법인 : 10% • 기타 : 15%	10%	83.1.1. 이후 지급분	83.1.1. 이후 개시하는 과세연도	
베 네 수 엘 라	07. 1.15.	소득세 법인세 농특세	소득세	− 은행 5% − 일반 10% − 정부등 면제	− 10% 이상 법인 : 5% − 기타 : 10%	• 산업적 · 상업 적 · 학술적 장 비 : 5% • 기타 : 10%	08.1.1. 이후 지급분	08.1.1. 이후 개시하는 과세연도	

03

체약국	발효 일자	대상 조세		제한 세율 (원천징수)			적용 기간		비 고
		한국	대 상 국	이 자 소 득	배 당 소 득	사용료소득	원천징수	기타(부동산소득, 사업소득)	
베 트 남	21. 1. 20.	소득세 법인세 지방 소득세 농특세	• 개인소득세, • 법인소득세(외국인계약자 법인소득세 포함)	10%	10%	• 특허권 등 산업적 투자 : 5% • 기술용역대가 : 7.5% • 기타 : 10%	22.1.1. 이후 지급 · 납입되는 금액	22.1.1. 이후 개시 과세연도	의정서
벨라루스	03. 6. 17.	소득세 법인세 주민세 농특세	• 소득 및 이익에 관한 조세 • 개인소득세 • 부동산에 관한 조세	10%	• 25% 이상 법인 : 5% • 기타 : 15%	5%	04.1.1. 이후 발생분	04.1.1. 이후 개시하는 과세연도	의정서
벨 기 에 (개정 96.12.31)	15. 12. 1.	소득세 법인세 주민세	• 개인소득세 • 법인세 • 비영리단체세 • 비거주자소득세 • 개인소득세에 부과되는 특 별부과금	10%	15%	10%	97.1.1. 이후 지급분	97.1.1. 이후 개시사업연도	
불가리아	95. 6. 22.	소득세 법인세 주민세	• 총소득에 대한 조세 • 이윤에 대한 조세	10% (신용판매이자 면제)	• 15%이상 법인(조합 제외) : 5% • 기타 : 10%	5%	96.1.1. 이후 지급분	96.1.1. 이후 개시하는 과세연도	
브 라 질	18. 1. 10.	소득세 법인세 주민세	연방소득세(단, 보충소득세 및 비주요활동에 대한 조세 제외)	• 7년 이상 차관 (은행) : 10% • 기타 : 15%	10%	• 상표권 : 25% • 기타 : 10%	92.1.1. 이후 지급분	92.1.1. 이후 개시 사업연도	의정서
브루나이	16. 10. 14.	소득세 법인세 농특세 지방 소득세	• 소득세 • 석유소득세	10%	5%(25% 이상 직접소유 회사), 10%(그 외)	10%	17.1.1. 이후 지급분	17.1.1. 이후 개시되는 과세연도	의정서
사 우 디 아 라 비 아	08. 12. 1.	소득세 법인세 주민세 농특세	• 종교세 • 천연가스투자세를 포함한 소득세	5%	• 25% 이상 법인(동업관 계 제외) : 5% • 기타 : 10%	• 산업 · 상업 · 학술장비 : 5% • 기타 : 10%	09.1.1. 이후 지급분	09.1.1. 이후 개시 과세연도	의정서
세르비아	16. 11. 17.	소득세 법인세 농특세 지방 소득세	• 법인소득세 • 개인소득세	10%	5%(25% 이상 직접소유 회사), 10%(그 외)	• 문화 · 예술 · 과학적 지식 등 : 5% • 특허권 · 상표 권 등 : 10%	17.1.1. 이후 지급분	17.1.1. 이후 개시 과세연도	의정서
스리랑카	86. 6. 20.	소득세 법인세 주민세	• 소득세	10%	• 25% 이상 법인(조합 제외) : 10% • 기타 : 15%	10%	80.1.1. 이후 지급분	80.1.1. 이후 개시 과세연도	의정서
스 위 스 (개정 13.1.1.)	20. 10. 28.	소득세 법인세 지방 소득세 농특세	• 소득에 대한 연방세 • 주세 • 자치단체세	• 은행 : 5% • 기타 : 10%	• 10% 이상 법인(조합 제외) : 5% • 기타 : 15%	5%[문학예술작 품(필름 포함)의 저작권 포함]	13.1.1. 이후 지급분	13.1.1. 이후 개시사업연도	의정서
스 웨 덴	82. 9. 9.	소득세 법인세 주민세	• 중앙정부소득세(선원세 및 당첨세 포함) • 법인유보이윤과 감자 또는 청산에 따른 분배금에 대한 조세 • 지방소득세 • 연예인에 대한 조세	• 7년 초과 차관 (은행) : 10% • 기타 : 15%	• 25% 이상 법인(조합 제외) : 10% • 기타 : 15%	기 타 : 10% 저작권 : 15%	81.1.1. 이후 지급분	81.1.1. 이후 개시사업연도	

체약국	발효일자	대상조세 한국	대상국	제한세율(원천징수) 이자소득	배당소득	사용료소득	적용기간 원천징수	기타(부동산소득, 사업소득)	비고
스페인	94.11.21.	소득세 법인세 주민세	• 개인소득세·법인세 • 도시지가상승에 관련된 지방세	10% (신용판매이자 면세)	• 25% 이상 회사 : 10% • 기타 : 15%	10%	95.1.1. 이후 지급분	95.1.1. 이후 개시하는 과세연도	의정서
슬로바키아	03. 7. 8.	소득세 법인세 주민세 농특세	• 개인소득세 • 법인소득세 • 부동산세	10%	• 25% 이상 법인 : 5% • 기타 : 10%	• 10% 다만, 학술작품의 저작권은 면세	03.7.8. 이후 지급분	03.1.1. 이후 개시하는 과세연도	
슬로베니아	06. 3. 2.	소득세 법인세 농특세 주민세	• 법인소득세 • 개인소득세	5%	• 25% 이상 법인 : 5% • 기타 : 15%	5%	07.1.1. 이후 지급분	07.1.1. 이후 개시하는 과세연도	
싱가포르 (개정 19.12.31.)	19.12.31.	소득세 법인세 주민세	• 소득세	10%	• 25% 이상 법인 : 10% • 기타 : 15%	5%	79.1.1. 이후 지급분	79.1.1. 이후 개시사업연도	
아랍에미리트 연합국 (U.A.E.)	20. 2.29.	소득세 법인세 주민세 농특세	• 소득세 • 법인세	10%	• 10%이상 법인 5% • 기타 : 10%	0%	03.1.1. 이후 지급분	03.1.1. 이후 개시하는 과세연도	의정서
아이슬란드	08.10.23.	소득세 법인세 농특세 주민세	• 국가에 대한 소득세 • 국가에 대한 부유세 • 지방정부에 대한 소득세	10%	• 25% 이상 법인(조합 제외) : 5% • 기타 : 15%	10%	09.1.1. 이후 납세분	09.1.1. 이후 개시 과세연도	의정서
아일랜드	91.12.27.	소득세 법인세 주민세	• 소득세 • 법인세 • 양도소득세	0%	• 10% 이상 법인 10% • 기타 : 15%	0%	92.1.1. 이후 지급분	92.1.1. 이후 개시 사업연도	의정서
아제르바이잔	08.11.25.	소득세 법인세 농특세 주민세	• 개인소득세 • 법인이윤세 • 재산세 • 토지세	10%	7%	• 특허, 의장, 산업·상업·과학적 경험정보 : 5% • 기타 : 10%	09.1.1. 이후 발생분	09.1.1. 이후 개시 과세연도	의정서
알바니아	07. 1.13.	소득세 법인세 농특세 주민세	• 법인소득세 • 개인소득세 • 중소기업세	10%	• 25% 이상 법인(조합 제외) : 5% • 기타 : 10%	10%	08.1.1. 이후 부터의 과세분	08.1.1.부터 개시하는 과세연도	
알제리	06. 8.31.	소득세 법인세 주민세 농특세	• 종합소득세 • 기업이윤세 • 전문활동세 • 총액세 • 세습상속세 • 기타 알제리의 조세	10%	• 25% 이상 법인(조합 제외) : 5% • 기타 : 15%	장비사용대가 2% 기타 10%	07.1.1. 이후 지급분	07.1.1. 이후 개시하는 과세연도	
에스토니아	10. 5.25.	소득세 법인세 농특세	소득세	10% (단, 정부·중앙은행 등 면제)	• 25% 이상 직접소유 : 5% • 기타 : 10%	일반적으로 10% 산업·상업·과학장비의 사용 : 5%	11.1.1. 이후 지급분부터	11.1.1. 이후 개시되는 과세연도분부터	
에콰도르	13.10.16.	소득세 법인세 농특세 지방소득세	내국세제도법(Ley de Régimen Tributario Interno)에 따라 에콰도르 정부가 부과하는 소득세	12%	• 자본의 최소 10% 직접 보유시(동업기업 제외) : 5% • 기타 : 10%	• 산업적, 상업적 또는 과학적 장비의 사용 : 5% • 기타 : 12%	14.1.1. 이후 지급분	14.1.1. 이후 개시되는 과세연도분	의정서

체약국	발효일자	대상조세		제한세율(원천징수)			적용기간		비고
		한국	대상국	이자소득	배당소득	사용료소득	원천징수	기타(부동산소득, 사업소득)	
에티오피아 연방민주공화국	17.10.31.	소득세 법인세 농특세 지방소득세	• 소득 및 이윤에 대한 조세 • 광업, 석유 및 농업활동 소득에 대한 조세	7.5%	• 25% 이상 법인 : 5% • 기타 : 8%	5%	18. 1. 1. 이후 지급분	18. 1. 1. 이후 개시하는 과세연도	
영국 (개정 96.12.29)	96.12.30.	소득세 법인세 주민세 농특세	• 소득세 • 법인세 • 양도소득세	10%	• 25% 이상 법인(조합 제외) : 5% • 기타 : 15%	• 장비사용 : 2% • 기타 : 10%	97.1.1. 이후 지급분	97.1.1. 이후 개시사업연도	교환각서
오만	06. 2.13.	소득세 법인세 농특세 주민세	• 기업소득세 • 이윤세	5% (지세 가산금 제외)	• 10% 이상 소유 법인 (조합 제외) : 5% • 기타 : 10%	8%	07.1.1. 이후부터의 과세액	07.1.1. 이후부터 개시되는 사업연도	의정서
오스트리아 (개정 02.3.30)	87.12. 1.	소득세 법인세 주민세	• 소득세 · 법인세 • 이자에 대한 조세 • 이사(Director)에 대한 조세 • 자본세 • 상속세가 부과되지 아니하는 재산에 대한 조세 • 총 임금에 부과되는 조세를 포함한 상업적 · 산업적 기업에 대한 조세 • 토지세 • 농림기업에 대한 조세 • 농림기업의 가계부담형평기금에 대한 기여금 • 공한지의 가치에 대한조세	10% (신용판매이자 면제)	• 10% 이상 법인(조합 제외) : 10% • 기타 : 15%	10%	88.1.1. 이후 지급분	88.1.1. 이후 개시하는 과세연도	
	02. 3. 30.	소득세 법인세 주민세 농특세	• 소득세 · 법인세 • 토지세 • 농림기업에 대한 조세 • 공한지의 가치에 대한 조세	10% (신용판매이자 면제)	• 25% 이상 법인(조합 제외) : 10% • 기타 : 15%	• 장비사용 : 2% • 기타 : 10%	03.1.1. 이후 지급분	03.1.1. 이후 개시하는 과세연도	
요르단	05. 3. 28.	소득세 법인세 주민세 농특세	• 소득세 • 사회서비스세 • 분배세	10%	10%	10%	한국 : 06.1.1. 이후 납세분 요르단 : 06.1.1. 이후 발생분	06.1.1. 이후 개시하는 과세연도	
우루과이	13. 1.22.	소득세 법인세 농특세 지방소득세	• 사업소득세 • 개인소득세 • 비거주자소득세 • 자본세	10%	• 20% 이상 소유법인 : 5% • 기타 : 15%	10%	14.1.1. 이후 지급액	14.1.1. 이후 개시 과세연도분	
우즈베키스탄	20.10.18.	소득세 법인세 주민세 농특세	• 기업 · 조합 및 협회의 소득에 대한 조세 • 개인소득세 • 재산세	5%	• 25% 이상 법인(조합 제외) : 5% • 기타 : 15%	• 장비사용대가 : 2% • 기타 : 5%	99.1.1. 이후 지급분	99.1.1.1. 이후 개시하는 과세연도	
우크라이나	02. 3.19.	소득세 법인세 주민세 농특세	• 기업이윤세 • 개인소득세	5%	• 20% 이상 법인 : 5% • 기타 : 15%	5%	한국 : 03.1.1. 이후 지급분 우크라이나 : 배당 · 이자 · 사용료의 조세 및 개인소득세	한국 : 03.1.1. 이후 개시 과세연도 우크라이나 : 기업소득세	의정서

체약국	발효 일자	대상조세		제한세율 (원천징수)			적용기간		비고
		한국	대상국	이자소득	배당소득	사용료소득	원천징수	기타(부동산소득, 사업소득)	
							는 협약의 발효일부 터 60일째 되는 날 이후 지급분	03.1.1. 이후 개시 과세연도	
이 란	09.12. 8.	소득세 법인세	• 법인소득세 • 개인소득세	10%	10%	10%	10.1.1. 이후부터 과세분	10.1.1. 이후 개시되는 과세연도분	
이스라엘	97.12.13.	소득세 법인세 주민세 농특세	• 소득세(법인, 양도 포함) • 토지평가세법에 따른 실물 자산의 양도소득세 • 재산세법상 실물자산에 부 과되는 조세	• 금융회사 수취 : 7.5% • 기타 : 10% • 채권, 사채, 국 공채이자 : 면제	• 10% 이상 법인(조합 제외) : 5% −예외사항에 해당하 는 경우 : 10% • 기타 : 15%	• 장비사용 : 2% • 기타 : 5%	98.1.1. 이후 지급분	98.1.1. 이후 개시하는 사업연도	
이 집 트	94. 2. 5.	소득세 법인세 주민세	• 부동산소득에 대한 조세 • 동산소득에 대한 조세 • 상업적 및 산업적 이윤에 대 한 조세 • 임금·급료·배상금 및 연 금에 대한 조세 • 자유직업 기타 모든 비상업 적 직업으로부터 생기는 이 윤에 대한 조세 • 일반소득세 • 법인이윤세 • 상기 또는 다른 곳에서 언급 된 조세의 일정비율로 중앙 정부가 부과하는 추가조세	• 3년 초과 차관 : 10% • 기타 : 15%	• 25% 이상 법인(조합 제외) : 10% • 기타 : 15%	15%	92.1.1. 이후 지급분	92.1.1. 이후 개시하는 과세연도	
이탈리아	92. 7.14.	소득세 법인세 주민세	• 소득세 • 법인세 • 지방소득세	10%	• 25% 이상 법인(조합 제외) : 10% • 기타 : 15%	10%	93.1.1. 이후 지급분	93.1.1. 이후 개시 사업연도	의정서
인 도 (개정 16.9.12.)	16. 9.12.	소득세 법인세 농특세	• 소득세	10%	15%	10%	17.1.1. 이후 지급분	17.1.1. 이후 개시하는 과세연도	의정서
인 도 네 시 아	89. 5. 3.	소득세 법인세 주민세	• 소득세 • 소득세에 규정된 범위까지 의 법인세 • 이자·배당·사용료에 대한 조세	10%	• 25% 이상 법인(조합 제외) : 10% • 기타 : 15%	15%	90.1.1. 이후 지급분	90.1.1. 이후 개시 사업연도	의정서
일 본 (개정 99.11.22.)	70.10.29.	소득세 법인세 주민세 농특세	• 소득세 • 법인세 • 주민세 • 지방법인세	10%	• 직전 6개월 25% 이상 법인 5%('03년까지 10%) • 기타 : 15%	10%	00. 1.1. 이후 지급분	00.1.1. 이후 개시사업연도	의정서
조 지 아	16.11.17.	소득세 법인세 농특세 지방 소득세	• 이윤세 • 소득세	10%	5%(10% 이상 직접소유 회사, 10%(그 외)	10%	17.1.1. 이후 지급분	17.1.1. 이후 개시되는 과세연도	의정서
중 국 (홍콩, 대만, 마카오	94. 9.28.	소득세 법인세 주민세	• 개인소득세 • 외국인투자기업 및 외국 기 업에 대한 소득세 및 지방 소득세	10%	• 25% 이상 법인(조합 제외) : 5% • 기타 : 10%	10%	95.1.1. 이후 개시 지급분	95.1.1. 이후 개시 사업연도	의정서

03

1255

체약국	발효일자	대상조세		제한세율 (원천징수)			적용기간		비고
		한국	대상국	이자소득	배당소득	사용료소득	원천징수	기타(부동산소득, 사업소득)	
적용제외) (개정 06.7.4.)	06. 7. 4.	소득세 법인세 주민세 농특세	• 개인소득세 • 외국인투자기업 및 외국 기업에 대한 소득세 및 지방소득세	10%	• 25% 이상 법인(조합 제외) : 5% • 기타 : 10%	10%	07.1.1. 개시 지급분	07.1.1. 개시 사업연도	제2 의정서
체 코 (개정 19.12.31.)	95. 3. 3.	소득세 법인세 주민세	• 이윤에 대한 조세, • 임금세 • 문화 및 예술활동소식에 대한 조세 • 농업세, 주민소득에 대한 조세 • 주택세	5%	5%	10% (저작권사용료 면제)	96.1.1. 이후 지급분	96.1.1. 이후 개시하는 과세연도	
칠 레	03 .7.25.	소득세 법인세 주민세 농특세	• 소득세법에 따라 부과되는 조세	• 은행 및 보험 회사 : 5% (04.1.1. 이후), 10% (03.12.31 이전) • 기타 : 15%	• 25% 이상 법인 : 5% • 기타 : 10%	• 산업적 · 상업적 · 과학적 장비 : 5% • 기타 : 10% (04.1.1. 이후), 15%(03.12.31. 이전)	04.1.1. 이후 발생분	04.1.1. 이후 개시하는 과세연도	의정서
카 자 흐 스 탄	99. 4. 9.	소득세 법인세 주민세 농특세	• 법인 및 개인의 소득에 대한 조세	10%	• 10% 이상 법인(조합 제외) : 5% • 기타 : 15%	• 상업적 · 산업적 · 학술적 장비 : 2%(03.1.1. 이후), 10% (02.12.31. 이전) • 기타 : 10%	00.1.1. 이후	00.1.1. 이후 개시하는 사업연도	의정서
카 타 르	09. 4.15.	소득세 법인세 농특세	• 소득세	10%	10%	5%	10.1.1. 이후 원천징수	10.1.1. 이후 개시되는 과세연도	의정서
캄보디아	21. 1.29.	소득세 법인세 농특세 지방 소득세	• 원천세 • 최저한세 • 배당지급추가이윤세(정부 등 자본이득세를 포함한 소득세 수취 시 0%) • 임금소득세	10%	10%	10%	22.1.1. 이후 지급분	22.1.1. 이후 개시 과세연도	의정서
캐 나 다 (개정 06.12.18.)	80.12.19.	소득세 법인세	• 소득세	15%	15%	15%	80.1.1. 이후 지급분	80.1.1. 이후 개시하는 과세연도	의정서
	06.12.18.	소득세 법인세 주민세 농특세	• 소득세	10%	• 25% 이상 법인(조합 제외) : 5% • 기타 : 15%	10%	07.1.1. 이후 지급분	07.1.1. 이후 개시하는 과세연도	의정서
케 냐 공 화 국	17. 4. 3.	소득세 법인세 농특세 지방 소득세	• 소득세법 제470장 규정에 따라 부과되는 소득세	12%	• 25% 이상 법인 : 8% • 기타 : 10%	10%	18.1.1. 이후 지급분	18.1.1. 이후 개시하는 과세연도	
쿠웨이트	10.12.27.	소득세 법인세 주민세 농특세	• 법인소득세 • 과학진흥재단에 납부할 지주회사 순이윤의 5% • 자카트세	5%	5%	15%	98.1.1. 이후 지급분	98.1.1. 이후 개시 사업연도	의정서

체약국	발효일자	대상조세		제한세율 (원천징수)			적용기간		비고
		한국	대상국	이자소득	배당소득	사용료소득	원천징수	기타(부동산소득, 사업소득)	
콜롬비아	14. 7. 3.	소득세 법인세 농특세	소득세 및 그 보완세	10%	• 5%(20% 이상 직접 소유) • 10%(그 외)	10%	15.1.1. 이후 원천징수	15.1.1. 이후 개시하는 과세연도	의정서
크 로 아 티 아	06. 9.15.	소득세 법인세 농특세 주민세	• 이익세 • 소득세 • 지방소득세 • 관련 과징금	5%	• 25% 이상 법인(조합 제외) : 5% • 기타 : 10%	0%	07.1.1. 이후 지급분	07.1.1. 이후 개시하는 과세연도	
키르기즈	13.11.22.	소득세, 법인세, 농어촌 특별세, 지방 소득세	법인의 이윤과 그 밖의 수입에 대한 조세, 개인소득세, 부동산세	10%	• 수익적 소유자가 회사 (동업기업은 제외)로서 자본의 최소 25% 직접 보유하는 경우 : 5% • 기타 : 10%	• 산업적, 상업 적 또는 과학 적 장비의 사 용 : 5% • 기타 : 10%	14.1.1. 이후에 지급분	14.1.1. 이후 개시되는 과세연도분	의정서
타지키스탄	16. 9.28.	소득세 법인세 농특세 지방 소득세	• 개인소득세 • 법인세	8%	5%(25% 이상 직접소유 회사), 10%(그 외)	10%	17.1.1. 이후 지급분	17.1.1. 이후 개시되는 과세연도	의정서
태 국 (개정 07.6.29.)	77.10.12.	소득세 법인세 주민세	• 소득세 • 석유소득세	금융회사(보험 회사 포함) : 10%	• 산업적 업종 또는 25% 이상 법인 : 20% • 산업적 업종 & 10%이 상 법인 : 15%	15%		77.1.1. 이후 개시하는 사업연도	
	07. 6.29.	소득세 법인세 주민세 농특세	• 소득세 • 석유소득세	• 금융회사(보험 회사 포함) : 10% • 장비, 재화나 용역의 신용매 매의 결과로 얻 는 부채분 이 자 : 10% • 기타 : 15%	10%	• 소프트웨어, 방송관련 테이 프등, 과학작 품 사용권 등 : 5% • 특허권 및 상표 권 등 : 10% • 산업상, 상업 상, 과학적 장 비의 사용 및 경험에 관한 정보 : 15%	08.1.1. 이후 지급분	08.1.1. 이후 개시하는 사업연도	의정서
터 키	86. 3.27.	소득세 법인세 주민세	• 소득세 • 법인세	• 2년 초과 : 10% • 기타 : 15%	• 25% 이상 법인(조합 제외) : 15% • 기타 : 20%	10%	87.1.1. 이후 지급분	87.1.1. 이후 개시하는 과세연도	의정서
투 르 크 메니스탄	20. 2. 6.	소득세 법인세 농특세 지방 소득세	• 법인세 • 소득세	10%	10%	10%	17.1.1. 이후 지급분	17.1.1. 이후 개시하는 사업연도	
튀 니 지	89.11.25.	소득세 법인세 주민세	• 사업소득세 · 법인세 • 비상업적 직업소득세 • 급여소득세, 농업세 • 부동산자본평가세 • 신용 · 저축 · 보증 및 당좌 계정으로부터의 수입에 대 한 조세	12% (7년 이상 은행) 15%	15%	15%	90.1.1. 이후 지급분	90.1.1. 이후 개시하는 사업연도	의정서

체약국	발효 일자	대상조세		제한세율 (원천징수)			적용기간		비고
		한국	대상국	이자소득	배당소득	사용료소득	원천징수	기타(부동산소득, 사업소득)	
			• 연대특별부과금 • 양도성증권소득세 • 국가개인부과금						
파 나 마	12. 4. 1.	소득세 법인세 농특세 지방 소득세	• 세법 제4권 제1장 및 관련 법령	5%	• 25% 이상 보유법인 : 5% • 기타 : 15% • 지점세 : 2%	• 장비임대소득 : 3% • 기타 : 10%	13.1.1. 이후 지급금액	13.1.1. 이후 개시과세연도분	
파 푸 아 뉴 기 니	98. 4.21.	소득세 법인세 주민세 농특세	• 개정된 파푸아뉴기니 소득세법에 의하여 부과되는 조세 • 국민의 이익을 위하여 경제 개발을 지원하거나 조장할 목적으로 파푸아뉴기니에 의하여 부과되는 조세 또는 허용되는 조세유인책	10%	15%	10%	99.1.1. 이후 지급분	99.1.1. 이후 개시하는 과세연도	
파 키 스 탄	87.10.20.	소득세 법인세 주민세	• 소득세 • 초과세 • 부가세	12.5%	• 배당지급 법인이 산업적 기업 & 수익자가 20% 이상 소유한 법인(조합 제외) : 10% • 기타 : 12.5%	10%	87.1.1. 이후 지급분	87.1.1. 이후 개시 사업연도	
페 루	22. 9. 14.	소득세 법인세 농특세 지방 소득세	• 소득세	10%	10%	• 10% (기술적 지원 제공대가) • 15%(그 외)	15.1.1. 이후 지급금액	15.1.1. 이후 개시 과세연도	의정서
포 르 투 갈	97.12.21.	소득세 법인세 주 민 세 농특세	• 개인소득세 • 법인소득세 • 법인소득세에 부과되는 지방세	15%	• 2년 이상 25% 이상 회사 : 10% • 기타 : 15%	10%	98.1.1. 이후 지급분	98.1.1. 이후 개시하는 사업연도	
폴 란 드	92. 2.21.	소득세 법인세 주민세	• 소득세 • 임금 및 급여에 대한 조세 • 균등화세 · 법인소득세 • 농업세	10% (신용판매이자 면제)	• 10% 이상 법인(조합 제외) : 5% • 기타 : 10%	10%	92.1.1. 이후 지급분	92.1.1. 이후 개시 사업연도	
	16.10.15. (개정)	소득세 법인세 지방 소득세	• 개인소득세 • 법인소득세	변동없음 11조 3항 나호 대체	변동없음	수익적소유자 5% 조약 제12조 3항 대체	17.1.1. 이후 지급분	17.1.1. 이후 개시하는 사업연도	의정서 개정
프 랑 스 (개정 92.3.1.)	92. 3. 1.	소득세 법인세 주민세	• 소득세 • 법인세	10% (신용판매이자 면제)	• 10% 이상 법인 : 10% • 기타 : 15%	10%	92.3.1. 이후 지급분	개인 : 92.3.1. 이후 발생소득 법인 : 92.3.1. 이후 개시 사업연도	의정서
피 지	95. 2.17.	소득세 법인세 주민세	• 소득세(정상적인 소득세 및 비거주자의 배당 · 이자 · 사용료에 대한 원천세, 배당세를 포함) • 토지판매세	10%	• 25% 이상 법인(조합 제외) : 10% • 기타 : 15%	10%	96.1.1. 이후 지급분	96.1.1. 이후 개시하는 과세연도	
핀 란 드	81.12.23.	소득세 법인세 주민세	• 국가소득세 · 공동체세 • 교회세 · 선원세 • 비거주자의 소득에 대한 원천세	10%	• 25% 이상 법인(조합 제외) : 10% • 기타 : 15%	10%	82.1.1. 이후 지급분	82.1.1. 이후 개시 사업연도	

체약국	발효 일자	대상 조세		제 한 세 율 (원천징수)			적 용 기 간		비 고
		한국	대 상 국	이 자 소 득	배 당 소 득	사용료소득	원천징수	기타(부동산소득, 사업소득)	
필 리 핀	86.11. 9.	소득세 법인세	• 소득세	• 공모공사채이 자 : 10% • 기타 : 15% • 필리핀투자 촉 진법 : 10%	• 25% 이상 법인(조합 제외) 10% • 기타 25% (07.5.18 이 후 배당처분), 15% (07. 5.17 이전 배당처분) • 필리핀투자 촉진법 : 10%	• 15% • 필리핀투자촉 진법 : 10%	87.1.1. 이후 지급분	87.1.1. 이후 개시 사업연도	의정서
헝 가 리	90. 4. 1.	소득세 법인세 주민세	• 소득세 • 이윤세 • 특별법인세	0%	• 25% 이상 법인 5% • 기타 : 10%	0%	91.1.1. 이후 지급분	91.1.1. 이후 개시 사업연도	
호 주	84. 1. 1.	소득세 법인세 주민세	• 소득세(비공개법인의 분배 소득의 유보액에 대한 추가 조세 포함)	15%	15%	15%	82.1.1. 이후 발생소득	82.1.1. 이후 개시 사업연도	의정서
홍 콩	16. 9.27.	소득세 법인세 농특세 지방 소득세	• 이윤세 • 급여세 • 재산세	10%	10%(25% 이상 직접소 유회사), 15%(그 외)	10%	17.4.1. 이후 지급분	17.1.1. 이후 개시되는 과세연도	의정서

④ 지방소득세 및 농어촌특별세 징수

우선 제한세율에 지방소득세까지 포함하고 있는 조세조약과 그렇지 않은 조세조약이 있다. 미국 등 일부 국가와 체결한 조세조약은 대상조세에 지방소득세를 포함하고 있지 않으나, 그 밖의 국가와 체결한 조세조약은 지방소득세를 포함하고 있어 원천징수 세액이 다르다.

그리고 일부 조세조약에서는 농어촌특별세를 대상조세로 규정하고 있다. 이 경우 농어촌특별세까지 고려한 세율이 조약상의 제한세율을 초과하면 안 된다.

가. 미국, 필리핀, 남아프리카공화국, 베네수엘라, 카타르, 콜롬비아, 에스토니아, 이란은 지방소득세 별도

나. 가봉, 영국, 남아프리카공화국, 스위스, 이스라엘, 파나마, 포르투갈, 페루, 몰타, 파푸아뉴기니, 우즈베키스탄은 농어촌특별세가 포함된다.

한편, 만약 홍콩, 대만 등 조세조약이 없는 국가의 기업에 대한 국내원천소득을 지급하고 원천징수를 할 경우에는 국내세법의 규정에 따라 지방소득세 및 농어촌특별세를 별도로 징수하면 된다.

⑤ 제한세율 적용 시 본세와 지방소득세 구분징수방법

조세조약상 제한세율 적용대상 조세에 지방소득세가 포함되어 있지 않은 경우 제한세율에 의한 소득세 등의 징수와는 별도로 지방소득세를 징수하여야 한다.

$$법인(소득)세 = 과세표준 \times 제한세율$$
$$지방소득세 = 법인(소득)세 \times 지방소득세율(0.1)$$

조세조약상 제한세율 적용대상 조세에 지방소득세가 포함되어 있는 경우 제한세율에는 소득세(법인세)율과 지방소득세율을 합하여 그 제한세율을 초과할 수 없으므로 그 제한세율을 소득세 등 국세의 세율과 그에 대한 지방소득세의 세율로 배분하여야 한다.

$$법인(소득)세 = 과세표준 \times 제한세율 \times \frac{1}{1+지방소득세율(0.1)}$$
$$지방소득세 = 법인(소득)세 \times 지방소득세율(0.1)$$

또한 세금을 국내지급자가 부담하기로 하고 실지급액만을 계약한 경우 과세표준은 다음과 같이 계산한다(지방소득세가 포함된 경우임).

$$과세표준 = \frac{실지급액}{1 - 세율(법인세율 + 지방소득세율)}$$

사례

1. **조세조약이 체결되지 않은 국가의 경우**
   (1) 내국법인이 조세조약이 체결되지 않은 국가의 법인으로부터 780,000원에 영화필름을 도입하고 그에 대한 세액은 내국법인이 부담하기로 약정한 경우
   (2) 원천징수할 세액

   ① 과세표준 : $780,000 \times \dfrac{1}{1-원천징수세율^*} = 780,000 \times \dfrac{1}{1-0.22} = \dfrac{780,000}{0.78}$

   　　　　 $= 1,000,000$

   　* 원천징수세율 : 법인세율(0.2) + 지방소득세율(0.2 × 0.1) = 0.22

   ② 원천징수세액

법인세	1,000,000 × 0.2 =	200,000원
지방소득세	200,000 × 0.1 =	20,000원
합　계		220,000원

2. **조세조약이 체결된 국가의 경우(적용대상 조세에 지방소득세가 포함되지 않은 경우)**
   (1) 내국법인이 미국법인에게 저작권사용료 100,000원을 지급하는 경우

(2) 원천징수할 세액

① 과세표준 : $100,000 \times \dfrac{1}{1-원천징수세율^*} = 100,000 \times \dfrac{1}{1-0.11} = \dfrac{100,000}{0.89}$

$= 112,359$

* 원천징수세율 : 제한세율(0.1) + 지방소득세율(0.1×0.1) = 0.11

② 원천징수세액

법 인 세	$112,359 \times 0.1 =$	11,235원
지방소득세	$11,235 \times 0.1 =$	1,123원
합 계		12,358원

3. 조세조약이 체결된 국가의 경우(적용대상 조세에 지방소득세가 포함된 경우)

(1) 내국법인이 영국법인에게 100,000원을 지급하는 경우

(2) 원천징수할 세액

① 과세표준 : $100,000 \times \dfrac{1}{1-원천징수세율^*} = 100,000 \times \dfrac{1}{1-0.1} = \dfrac{100,000}{0.9}$

$= 111,111$

* 원천징수세율 : 제한세율 0.1(지방소득세 포함)

② 원천징수세액

법 인 세	$111,111 \times 0.1 / 0.11 ≒$	10,101원
지방소득세	$10,101 \times 0.01 / 0.11 ≒$	1,010원
합 계	$1,000,000 \times 0.1 =$	11,111원

⑥ 감면소득에 대한 제한세율 적용

제한세율은 당해 총배당액에 적용될 수 있는 최고 한도율이므로 배당액이 과세소득과 조세특례제한법 제121조의 2의 규정에 의한 감면소득으로 혼합되어 있는 경우에는 그 배당액 별로 각각 제한세율을 적용하여 계산한 세액 합계액을 납부할 세액으로 한다(국조통 29 - 0…1).

 사례 — 배당소득 중 과세소득과 감면소득이 혼합되어 있는 경우

1. 사실관계

① 조약체결국 : 독일(적용대상 조세에 지방소득세가 포함됨)

② 세율

• 조약상 당해 제한세율 10%

- 세법상 소득세(법인세) 원천징수세율 20%
- 세법상 소득분 지방소득세율 10%

③ 배당금 내역

50% 감면 해당 배당금	400,000원
과세 해당 배당금	20,000원
합 계	220,000원

④ 세율의 적용
- 소득세율 : 0.1÷(1+0.1)≒9.091%
- 지방소득세율 : 10%−9.091%=0.909%

2. 세액의 계산

① 50% 감면 해당 배당금
- 세법상 산출세액   법 인 세 : 400,000×20%=80,000원
                  지방소득세 : 80,000×10%=8,000원
- 조특법상 감면세액 법 인 세 : 80,000×50%=40,000원
                  지방소득세 : 40,000×10%=4,000원
- 국내법상 부과액   법 인 세 : 산출세액−감면세액=40,000원 ①
                  지방소득세 : 산출세액−감면세액=4,000원   ②
- 조약상 한도액   법 인 세 : 400,000×9.091%=36,364원   ①′
                  지방소득세 : 400,000×0.909%=3,636원   ②′
- 납부할 세액   법 인 세 : ①>①′ ∴36,364원   ① "
                  지방소득세 : ②>②′ ∴ 3,636원   ② "

② 100% 과세 해당 배당금
- 세법상 산출세액   법 인 세 : 200,000×20%=40,000원   ③
                  지방소득세 : 40,000×10%=4,000원   ④
- 조약상 한도액   법 인 세 : 200,000×9.091%=18,182원   ③′
                  지방소득세 : 200,000×0.909%=1,818원   ④′
- 납부할 세액   법 인 세 : ③>③′ ∴ 18,182원   ③ "
                  지방소득세 : ④>④′ ∴ 1,818원   ④ "

③ 총납부할 세액   법 인 세 : ① "+③ " =54,546원
                  지방소득세 : ② "+④ " =5,454원
                  계   :   =60,000원

(4) 비거주자에 대한 조세조약상 제한세율 적용을 위한 원천징수 절차 특례
(소법 §156의 6)

① 비거주자의 국내원천소득을 실질적으로 귀속받는 비거주자(실질귀속자)가 조세조약에 따른 제한세율을 적용받으려는 경우에는 제한세율 적용신청서를 원천징수의무자에게 제출하여야 한다.

② 국내원천소득이 투자권유를 하여 모은 금전 등을 재산적 가치가 있는 투자대상자산을 취득, 처분 또는 그 밖의 방법으로 운용하고 그 결과를 투자자에게 배분하여 귀속시키는 투자행위를 하는 기구로서 국외에서 설립된 국외투자기구를 통하여 지급되는 경우에는 그 국외투자기구가 실질귀속자로부터 제한세율 적용신청서를 제출받아 그 명세가 포함된 국외투자기구 신고서를 원천징수의무자에게 제출하여야 한다.

③ 원천징수의무자는 실질귀속자 또는 국외투자기구로부터 제한세율 적용신청서 또는 국외투자기구 신고서를 제출받지 못하거나 제출된 서류의 기재내용의 보완 요구에 응하지 아니하는 경우 또는 제출받은 신청서(신고서)를 통해서는 실질귀속자를 파악할 수 없는 경우(국외공모집합투자기구는 제외)에는 제한세율을 적용하지 아니하고 국내세법에 따라 원천징수하여야 한다.

④ 제한세율에 오류가 있거나 제한세율을 적용받지 못한 실질귀속자가 제한세율을 적용받으려는 경우에는 제한세율을 적용받지 못함에 따라 원천징수된 세액의 원천징수된 날이 속하는 달의 말일부터 5년(2017.1.1. 이후 경정청구분부터 적용. 종전은 3년) 이내에 제한세율 적용신청서, 해당 실질귀속자 거주지국의 권한있는 당국이 발급하는 거주자증명서 등을 첨부하여 원천징수의무자의 납세지 관할세무서장에게 경정을 청구할 수 있다. 다만, 국세기본법 제45조의 2 제2항 각 호의 어느 하나에 해당하는 사유가 발생하였을 때에는 그 사유가 발생한 것을 안 날부터 3개월 이내에 경정을 청구할 수 있다.

⑤ 경정을 청구받은 세무서장은 청구를 받은 날부터 6개월 이내에 과세표준과 세액을 경정하거나 경정하여야 할 이유가 없다는 뜻을 청구인에게 알려야 한다.

⑥ 다음은 제한세율 적용신청 대상에 해당하지 않는다.

- 러시아 이자소득
- 멕시코 배당소득
- 몰타 사용료소득
- 슬로바키아 사용료소득
- 아랍에미리트연합 사용료소득
- 아일랜드 이자소득 · 사용료소득
- 크로아티아 사용료소득
- 헝가리 이자소득 · 사용료소득

법인세법시행규칙 [별지 제72호의 2 서식] (2022.3.18. 개정)

국내원천소득 제한세율 적용신청서(외국법인용)

※ 해당되는 [ ]에 √표를 합니다.   (앞쪽)

접수번호		접수일자	

1. 신청인의 인적사항

① 유형	[ ] 법인, [ ] 연금, [ ] 기금, [ ] 조세조약상 실질귀속자로 인정되는 국외투자기구(조세조약 관련 규정:) [ ] 거주지국에서 납세의무를 부담하고, 국내원천소득에 대한 소득세 또는 법인세를 부담하게 감소 시킬 목적으로 설립한 것이 아닌 국외투자기구 [ ] 기타( )		
② 법인명		⑥ 주소	
③ 대표자 성명		⑦ 거주지국	
④ 납세자번호		⑧ 국가코드	
⑤ 설립 연월일		⑨ 전화번호	

2. 신청인이 적용받고자 하는 규정

⑩ 대한민국과 _____간의 조세조약   제___조 제___항 제___호 _____소득 세율 _____%
　　　　　　　　　　　　　　　　　　　제___조 제___항 제___호 _____소득 세율 _____%
　　　　　　　　　　　　　　　　　　　제___조 제___항 제___호 _____소득 세율 _____%

3. 실질귀속자 판정기준

⑪ 대한민국의 「국민연금법」, 「공무원연금법」, 「군인연금법」, 「사립학교 교직원연금법」 및 「근로자 퇴직급여 보장법」 등에 준하는 체약상대국의 법률에 따라 설립된 연금: 예 [ ], 아니오 [ ]

⑫ 체약상대국의 법률에 따라 설립된 비영리단체로서 수익을 구성원에게 분배하지 아니하는 기금: 예 [ ], 아니오 [ ]

⑬ 조세조약에 따라 그 설립된 국가에서 납세의무를 부담하는 자에 해당하고, 국내원천소득에 대하여 조세조약이 정하는 비과세·면제 또는 제한세율을 적용받을 수 있는 요건을 갖춘 국외투자기구: 예 [ ], 아니오 [ ]

⑭ ⑬에 해당하지 않는 국외투자기구가 조세조약에서 국내원천소득의 수익적 소유자로 취급되는 것으로 규정되고, 국내원천소득에 대하여 조세조약이 정하는 비과세·면제 또는 제한세율을 적용받을 수 있는 요건을 갖춘 경우: 예 [ ], 아니오 [ ]

⑮ 지급받는 국내원천소득의 실질귀속자입니까? 예 [ ], 아니오 [ ]

⑯ 본인 또는 지급받는 소득이 대한민국과 거주지국 간의 조세조약상 혜택을 배제(제한)시키는 규정의 적용을 받습니까? 예 [ ], 아니오 [ ]

본인은 「법인세법」 제98조의 6 및 「법인세법 시행령」 제138조의 7에 따라 국내원천소득 제한세율 적용신청서를 제출함에 있어 아래 사항을 명확히 인지하고 있을 뿐 아니라 기재내용에 오류가 없으며 이 신청과 관련된 모든 국내원천소득의 실질귀속자(또는 실질귀속자를 대리하여 서명을 하도록 위임을 받은 자)에 해당함을 확인합니다.

1) 신청인은 위 신청서 내용이 사실과 다른 경우에는 원천징수세액이 관련 법률에 따라 원천징수되어야 할 세액에 미달할 수 있음을 인지하고 있습니다.
2) 신청인은 위 ⑪ ~ ⑭ 중 하나의 요건에 해당하여 예로 표시한 경우 원천징수의무자가 해당 연금 등이 설립된 국가와 대한민국 간에 체결된 조세조약상 제한세율을 적용하게 됨을 인지하고 있습니다. 특히, 신청인이 ⑪ ~ ⑫의 연금, 기금 등에 해당하는 경우 그 연금, 기금 등에 투자한 투자자를 입증할 필요없이 조세조약상 제한세율을 적용하게 됨을 인지하고 있습니다.
3) 신청인은 위 ⑮에 아니오로 표시한 경우 또는 위 ⑯에 예로 표시한 경우에는 신청인의 거주지국과 대한민국 간에 체결된 조세조약상 제한세율이 적용되지 아니함을 인지하고 있습니다.

　　　　　　　　　　　　　　　　　　　　　　　　　　　　　년　　　　　월　　　　　일

　　　　　　　　　신 청 인(대표자)　　　　　　　　　　　　　　　　(서명 또는 인)
　　　　　　　귀하

붙임 서류	⑪, ⑫중 어느 하나에 해당하는 경우 해당 사실을 입증할 수 있는 서류	수수료 없음

대리인	⑰ 대리인유형 [ ]납세관리인 [ ]그 외 대리인	⑱ 성명 또는 법인명	⑲ 사업자(주민)등록번호
	⑳ 주소 또는 소재지		

210mm×297mm[백상지 80g/㎡ 또는 중질지 80g/㎡]

작 성 방 법

※ 접수번호 및 접수일자는 원천징수의무자가 실질귀속자로부터 이 신청서를 제출받아 접수한 일자 및 일련번호를 적습니다.

1. 이 신청서는 외국법인이 지급받는 국내원천소득에 대하여 조세조약에 따른 제한세율을 적용받으려는 경우에 제출하며, 조세조약에 따라 국내에서 원천징수가 면제되는 경우에는 이를 제출하지 않습니다.
   이 신청서를 제출하여 해당 국내원천소득에 대하여 조세조약에 따른 제한세율을 적용받은 이후에 다시 국내원천소득을 지급받는 경우로서 신청인의 법인명, 대표자 성명, 납세자번호, 주소, 거주지국, 전화번호 등에 변동이 있는 경우 또는 이 신청서를 제출한 날부터 3년이 경과한 경우에는 이 신청서를 다시 작성하여 제출합니다.

2. ① 유형 란에는 소득을 지급받는 신청인의 해당 유형에 '√' 표시를 하여 구분합니다. 신청인의 유형이 「법인세법 시행령」 제138조의7제5항 각 호의 어느 하나에 해당하는 연금, 기금인 경우에는 연금, 기금 란에 '√' 표시를 하고, 조세조약에 따라 그 설립된 국가에서 납세의무를 부담하는 자에 해당하고, 국내원천소득에 대하여 조세조약이 정하는 비과세·면제 또는 제한세율을 적용받을 수 있는 요건을 갖춘 국외투자기구인 경우에는 해당하는 란에 '√' 표시를 하고, 국외투자기구가 조세조약에서 국내원천소득의 수익적 소유자로 취급되는 것으로 규정되고, 국내원천소득에 대하여 조세조약이 정하는 비과세·면제 또는 제한세율을 적용받을 수 있는 요건을 갖춘 경우에는 해당하는 란에 '√' 표시를 하며, ( )안에 해당 조세조약상 관련규정을 적습니다. 정부, 지방자치단체, 중앙은행 등 기타의 유형에 해당하는 경우에는 기타 란에 '√' 표시를 하며, ( )안에 그 유형을 적습니다.

3. ② 법인명 란에는 소득을 지급받는 신청인의 상호 등 명칭을 영문으로 기재하되, 머리글자(Initial)를 적지 않고 정식 명칭 전부를 적습니다.

4. ③ 대표자 성명 란에 외국인은 성명을 영문으로 적되, 여권에 있는 영문성명 전부를 적습니다.

5. ④ 납세자번호 란에는 투자등록증상의 투자등록번호를 적고 그 번호가 없는 경우에는 거주지국의 납세번호(Taxpayer Identification Number)(사업자등록번호를 부여받은 경우에는 사업자등록번호)를 적습니다.

6. ⑤ 설립 연월일에는 신청인의 설립 연월일을 연, 월, 일(YYYY-MM-DD) 순으로 적습니다.

7. ⑥ 주소 란에는 영문주소를 번지(number), 거리(Street), 시(City), 도(State), 우편번호(Postal code), 국가(Country) 순으로 적습니다. 우편사서함은 적지 않습니다.

8. ⑦ 거주지국 및 ⑧국가코드란은 국제표준화기구(ISO)가 정한 국가별 ISO코드 중 국명(약어) 및 국가코드를 적습니다.

9. ⑨ 전화번호 란에는 연락가능한 전화번호를 국가번호와 지역번호를 포함하여 적습니다.

10. ⑩란에는 적용받고자 하는 조세조약과 해당 조문, 해당 국내원천소득 그리고 제한세율을 적습니다. 다만, 해당 조세조약의 대상조세에 지방소득세 소득분이 포함되지 않는 경우에는 「지방세법」 제103조의52의 세율을 반영한 세율을 적습니다.

11. ⑪~⑭의 어느 하나에 해당하여 예로 표시한 경우에는 해당 연금, 기금 또는 국외투자기구가 설립된 체약상대국과 대한민국간에 체결된 조세조약상 제한세율이 적용됩니다.

12. ⑬란에서 예에 √ 표시한 경우에는 '실질귀속자 특례 국외투자기구 신고서'를 제출해야 합니다.

13. ⑮의 질문에서 아니오에 √ 표시한 경우 조세조약상 제한세율이 적용되지 않습니다.

14. ⑯의 질문은 신청인 및 신청인의 소득에 대하여 대한민국과 신청인의 거주지국 간에 체결한 조세조약에 조약상 혜택의 적용이 배제 또는 제한되는 경우에 해당하는지 여부를 확인하여 표시합니다. 만약 예에 √ 표시한 경우에는 조세조약상 제한세율이 적용되지 않습니다.

15. ⑰~⑳ 란은 신청서를 본인 외에 대리인에 의하여 제출하는 경우에 적는 것으로서, 「국세기본법」 제82조에 따른 납세관리인 외의 기타 대리인에 의해서 제출하는 경우에는 그 위임관계를 증명하는 위임장을 그 국문번역문과 함께 제출하여 주시기 바랍니다.

16. 이 신청서(붙임 서류가 있는 경우 이를 포함함)를 제출받은 원천징수의무자 또는 국외투자기구는 이를 「법인세법」 제98조제1항에 따른 원천징수세액의 납부기한 다음날부터 5년간 보관해야 하며, 원천징수 의무자의 납세지 관할 세무서장이 그 제출을 요구하는 경우에는 이를 제출해야 합니다.

210mm×297mm[백상지 80g/㎡ 또는 중질지 80g/㎡]

법인세법시행규칙 [별지 제72호의 3 서식] (2023.3.**. 개정)

제한세율 적용을 위한 경정청구서

※ 해당되는 [ ]에 √ 표를 합니다. (앞쪽)

접수번호	접수일	처리기간 6개월

청구인	① 명 칭(성 명)	② 납세자번호
	③ 소재지	
	④ 전화번호	⑤ 청구인 유형 [ ]실질귀속자 [ ] 원천징수의무자

대리인	⑥ 법인명(성명)	⑦ 사업자등록번호
	⑧ 생년월일	⑨ 전화번호
	⑩ 주소	

실질 귀속자	⑪ 명 칭(성명)	⑫ 대표자 성명
	⑬ 납세자번호	⑭ 국내 전화번호
	⑮ 거주지국	⑯ 거주지국코드
	⑰ 주소	

원천징수 의무자	⑱ 법인명(성명)	⑲ 납세자번호
	⑳ 관할 세무서	㉑ 전화번호
	㉒ 소재지	

청구내용	㉓ 청구세액(원)	㉔ 소득종류
	㉕ 청구사유	

「법인세법」 제98조의 6 제4항에 따라 위와 같이 제한세율 적용을 위한 경정청구서를 제출합니다.

년   월   일

청 구 인 (서명 또는 인)

대 리 인 (서명 또는 인)

세무서장   귀하

제출서류	1. 「법인세법 시행령」 제138조의 7 제1항에 따른 제한세율 적용신청서 2. 실질귀속자 거주지국의 권한 있는 당국이 발급하는 거주자증명서 3. 거주자증명서를 권한 있는 당국으로부터 발급받는 것이 불가능한 경우 　　가. 법인등기사항증명서에 준하는 법인명, 주소가 확인되는 거주지국의 정부기관 발급 서류 　　나. 「법인세법 시행령」 제138조의 7 제5항 각 호의 어느 하나에 해당하는 연금, 　　　기금: 해당 사실을 입증할 수 있는 서류 　　다. 정부기관 및 그 밖의 경우 : 투자자의 실체를 확인할 수 있는 정부기관 발급 　　　서류 또는 이에 준하는 서류 4. 「법인세법」 제120조의 2에 따른 지급명세서	수수료 없 음

210mm×297mm[백상지 80g/㎡ 또는 중질지 80g/㎡]

국내원천소득

외국법인은 국내원천소득에 대하여 법인세를 납부할 의무가 있는바, 국내원천소득은 법인세법에서 다음과 같이 열거하고 있다(법법 §93).

그러나 법인세법상 국내원천소득으로 열거하고 있는 소득이라도 조세조약에서 국내원천소득이 아닌 경우에는 특별법우선의 원칙에 의하여 과세할 수 없음은 물론이며, 반대로 조세조약에서는 국내원천소득이라 하더라도 법인세법상 국내원천소득이 아닌 경우에도 과세할 수 없음은 물론이다.

따라서 외국법인의 소득이 우리나라에서 과세되기 위해서는 첫째로, 법인세법과 조세조약에서 다같이 국내원천소득에 해당하는 경우, 둘째로, 조세조약에서는 규정하고 있지 아니하나 법인세법에서는 국내원천소득에 해당하는 경우, 셋째로, 조세조약이 체결되지 아니한 국가의 외국법인의 소득이 법인세법에서 국내원천소득으로 규정하고 있는 경우에 한한다.

● 예규 및 판례

▶▶ 국내 조선사에 선박기자재를 제조, 공급하는 것을 주된 사업으로 하는 내국법인이 국내 조선회사에 선박건조를 발주하는 해외 선주들과 사이에 해외 선주들이 해당 법인의 기자재를 사용하도록 지정하여 납품되는 경우 해외 선주들에게 약정한 수수료를 지급하는 경우 동 지급되는 수수료는 국내원천소득에 해당되지 않으며 판매비용에 해당되어 지급법인의 손금에 해당함 (부산지법 2018구합21164, 2018.11.2.).

1. 내용

국내조선사에 선박기자재를 제조, 공급하는 것을 주된 사업으로 하는 내국법인이 국내 조선회사에 선박건조를 발주하는 해외 선주들과 사이에 해외 선주들이 해당 법인의 기자재를 사용하도록 지정하여 납품되는 경우 해외 선주들에게 약정한 수수료를 지급하는 경우 동 지급되는 수수료를 과세관청은 국내원천소득으로 보아 원천징수가 이루어져야 한다는 내용임

2. 판결

법원에서는 해외 선주들이 국내에서 사업을 영위하거나 인적용역을 제공한 것으로 볼 수 없고 건조 중인 선박도 해외선주의 국내에 있는 자산이라고 할 수 없는바 해외선주들이 받은 수수료는 법인세법상 국내원천소득에 해당하지 않는다 판결함. 그

리고 동 지급하는 수수료는 그 지급목적이 사업관계자들 사이에 친목을 두텁게 하여 거래관계의 원활한 진행을 도모하기 위한 것으로 볼 수 없고 그 직접 거래상대방인 조선사가 아닌 선주에게 지급되었다는 사정만으로 이를 접대비로 볼 수는 없고 판매부대비용으로서 손금에 해당한다고 봄이 상당함(부산지방법원 2015구합20269, 2015.7.3.; 부산고등법원 2015누22035, 2016.1.19.; 대법원 2016두33056, 2016. 4.28.).

1. 이자소득[조세조약 없는 경우 법인세 20%(채권의 이자소득은 14%), 지방소득세 2%(1.4%) 원천징수 과세]

(1) 과세대상 이자소득

소득세법상 이자소득(소법 §16 ①, 단 ②의 2, ⑦은 제외) 및 그 밖의 대금의 이자와 신탁의 이익으로서 다음에 규정하는 소득을 말한다(법법 §93 1호). 단, 거주자 또는 내국법인의 국외사업장을 위하여 그 국외사업장이 직접 차용한 이자소득은 제외한다.

① 국가·지방자치단체·거주자·내국법인·외국법인 또는 비거주자의 국내사업장으로부터 지급받는 소득

② 외국법인 또는 비거주자로부터 지급받는 소득으로서 그 소득을 지급하는 외국법인 또는 비거주자의 국내사업장과 실질적으로 관련하여 그 국내사업장의 소득금액 계산에 있어서 필요경비 또는 손금에 산입되는 것

(2) 비거주자 등의 원천징수대상채권 이자소득 과세제도

1) 요지

비거주자에게 채권 등의 이자 등을 지급하는 자 또는 비거주자로부터 채권 등을 매수(증여·변제 및 출자 등으로 채권 등의 소유권 또는 이자소득의 수급권의 변동이 있는 경우와 매도를 위탁받거나 중개·알선하는 경우를 포함하되, 환매조건부채권매매거래 등 제외)하는 자는 그 비거주자의 보유기간을 고려하여 원천징수를 하여야 한다(소법 §156의 3).

외국법인에게 원천징수대상채권 등의 이자 등을 지급하는 자 또는 원천징수대상채권 등의 이자 등을 지급받기 전에 외국법인으로부터 원천징수대상채권 등을 매수(중개·알

선, 그 밖에 대통령령으로 정하는 경우를 포함하되, 환매조건부 채권매매 거래 등은 제외)하는 자는 그 외국법인의 보유기간을 고려하여 원천징수하여야 한다(법법 §98의 3).

2) 환매조건부채권매매거래 등

'환매조건부채권매매거래 등'이란 다음의 어느 하나에 해당하는 거래를 말하며, 동 '환매조건부채권매매거래 등'에 대해서는 매도·환매 시마다 보유기간 이자에 대하여 원천징수하지 않고 이자 지급 시 일괄하여 원천징수한다. 이 경우 채권 등을 매도 또는 대여한 날부터 환매수 또는 반환받은 날까지의 기간 동안 그 채권 등으로부터 발생하는 이자소득 또는 배당소득에 상당하는 금액은 매도자 또는 대여자에게 귀속되는 것으로 본다(소령 §207의 3 ③·④, 법령 §138의 3 ②·③).

① 비거주자 외국법인이 일정기간 후에 일정가격으로 환매수 또는 환매도할 것을 조건으로 하여 채권 등을 매도 또는 매수하는 거래로서 그 거래에 해당하는 사실이 자본시장과금융투자업에관한법률 제294조에 따른 한국예탁결제원의 계좌를 통하여 확인되는 경우

② 비거주자 외국법인이 일정기간 후에 같은 종류로서 같은 양의 채권을 반환받는 조건으로 채권을 대여하는 거래로서 그 거래에 해당하는 사실이 채권대차거래 중개기관(자본시장과금융투자업에관한법률에 따른 한국예탁결제원, 증권금융회사, 투자매매업자 또는 투자중개업자를 말함)이 작성한 거래 원장(전자적 형태의 원장을 포함)을 통하여 확인되는 경우

3) 원천징수대상채권 등

원천징수대상채권 등은 소득세법 제46조 제1항에 따른 채권 등으로 다음에 해당하는 것을 포함하며, ⑤의 증권이 신탁재산 등에 편입된 경우를 포함한다(소령 §102 ①·②).

① 국가나 지방자치단체가 발행한 채권 또는 증권

② 내국법인이 발행한 채권 또는 증권

국내사업장이 없는 외국법인이 보유하는 전환사채를 만기 이전에 전환청구하는 경우, 동 전환사채로부터 발생되는 이자소득금액은 법인세법 제93조 제1호에 따른 국내원천 이자소득에 해당되며, 동 전환사채로부터 발생되는 이자소득은 법인세법 제98조의 3에 의하여 보유기간 이자상당액에 대하여 원천징수하는 것이다(서면국제세원-3767, 2021.8.4.; 서면국제세원-4983, 2016.11.10.).

③ 외국법인의 국내지점 또는 국내영업소에서 발행한 채권이나 증권

④ 외국법인이 발행한 채권 또는 증권

⑤ 타인에게 양도가 가능한 증권으로서 이자, 할인액을 발생시키는 증권(다음의 증권을 포함하되, 법률에 따라 소득세가 면제된 채권 등은 제외)

- 금융회사 등이 발행한 예금증서 및 이와 유사한 증서(다만, 금융회사 등이 당해 증서의 발행일부터 만기까지 계속하여 보유하는 예금증서는 포함하지 아니하나 양도성예금증서는 포함됨)
- 어음(금융회사 등이 발행·매출 또는 중개하는 어음을 포함하며, 상업어음은 제외)

4) 세율 적용

이자 등의 지급금액에 대하여 다음의 세율을 적용하여 계산한 금액을 원천징수하여야 한다(소령 §207의 3 ①, 법령 §138의 3 ①).

① 지급금액 중 해당 비거주자 등의 보유기간이자등상당액 : 해당 비거주자 등에 대한 적용세율

② 지급금액 중 위 '①'의 보유기간이자등상당액을 차감한 금액 : 소득세법 제129조 제1항 제1호(법인세법 제73조 제1항 제1호)의 규정에 따른 세율

이 경우 위 '①'의 세율이 '②'의 세율보다 높은 경우로서 해당 비거주자 등이 원천징수대상채권 등의 보유기간을 입증하지 못하는 경우에는 지급금액 전액을 해당 비거주자 등의 보유기간이자등상당액으로 본다.

위 '①'의 세율이 '②'의 세율보다 낮은 경우로서 당해 비거주자 등이 원천징수대상채권 등의 보유기간을 입증하지 못하는 경우에는 당해 비거주자 등의 보유기간 이자등상당액은 없는 것으로 본다.

즉, 당해 비거주자 등이 원천징수대상채권 등의 보유기간을 입증하지 못하는 경우에는 지급금액 전액에 대하여 위 '①'의 세율(예 : 제한세율 10%)과 '②'의 세율(예 : 14%)을 비교하여 높은 세율(예 : 14%)을 적용한다.

5) 지급시기 등

비거주자의 채권 등의 이자 등에 대한 지급시기에 관하여는 소득세법시행령 제190조의 규정을 준용하고, 채권 등의 보유기간계산, 보유기간이자상당액의 계산방법 및 보유기간입증방법에 관하여는 같은령 제102조 및 제193조의 2의 규정을 준용하며, 원천

징수세액납부에 관하여는 같은령 제207조 제1항의 규정을 준용한다(소령 §207의 3 ②). 외국법인의 채권 등의 이자 등에 대한 지급시기에 관하여는 법인세법시행령 제111조 제6항의 규정을 준용하고, 채권 등의 보유기간계산, 보유기간이자상당액의 계산방법 및 보유기간입증방법에 관하여는 같은령 제113조의 규정을 준용하며, 원천징수세액납부에 관하여는 같은령 제137조 제2항의 규정을 준용한다(법령 §138의 3 ⑥).

6) 환매조건부채권매매거래 등에서 제3자에게 매도 또는 대여되는 경우 원천징수 등

소득세법시행령 제207조의 3 제3항과 법인세법시행령 제138조의 3 제2항에 따른 거래(이자지급 시 일괄하여 원천징수하는 환매조건부채권매매거래 등)를 통하여 매수자 또는 차입자(이하 "매수자 등")가 매입 또는 차입한 채권 등이 제3자에게 매도 또는 대여되는 경우에는 매수자 등(제111조 제2항 각 호의 어느 하나에 해당하는 법인은 제외)에게 보유기간이자상당액에 대한 세액을 법인세법 제73조 및 제98조의 3, 소득세법 제133조의 2 및 제156조의 3에 따라 원천징수하여야 하며, 매수자 등은 원천징수당한 세액을 환급받을 수 있다.

원천징수된 세액을 환급받으려는 매수자 등은 제3자에게 매도 또는 대여한 채권 등이 환매조건부 채권매매 거래 등을 통하여 매입 또는 차입한 것임을 입증할 수 있는 환매조건부채권매매거래확인서(법칙 별지 제68호의 4 서식) 및 대차거래채권확인서(법칙 별지 제68호의 5 서식)를 첨부하여 원천징수된 세액의 납부일이 속하는 달의 다음 달 10일까지 매수자등의 납세지 관할세무서장에게 환급신청서를 제출하여야 하며, 환급신청을 받은 관할세무서장은 거래사실 및 환급신청내용을 확인한 후 즉시 환급하여야 한다(법령 §138의 3 ④ · ⑤).

법인세법시행규칙 [별지 제68호의 4 서식] (2014.3.14. 개정)

환매조건부채권매매거래 확인서

1. 인적사항

매수자	법인명		대표자 성명	
	사업자등록번호			
	소 재 지			(☎)
매도자	법인명		대표자 성명	
	사업자등록번호			
	소재지			(☎)

2. 환매조건부채권 거래명세

종목명	종목코드	거래금액	거래약정기간	거래채권 발행 정보				
				채권발행일	이자산정방법		이자율	상환일
					지급방법	계산기간		
			. . . ~ . . .					

「법인세법 시행령」 제114조의 2 및 제138조의 3에 따른 환매조건부채권매매거래임을 확인합니다.

년   월   일

한국예탁결제원   (서명 또는 인)

작 성 방 법

1. 이 확인서는 환매조건부채권매매거래로서 매수자가 제3자에게 매도한 경우에 원래 매수자가 매입한 채권이 환매조건부채권매매거래인 경우에 한국예탁결제원이 작성합니다.
2. "종목명"과 "종목코드"란에는 한국예탁결제원 또는 한국거래소에서 부여하는 증권 등 관련 상품 표준코드와 종목명칭을 적습니다.
3. "이자산정방법"란에는 지급방법(이표채, 복리채, 단리채, 할인채 등), 계산기간(1개월, 3개월, 6개월, 12개월)을 적습니다.

210mm×297mm[백상지 80g/㎡ 또는 중질지 80g/㎡]

법인세법시행규칙 [별지 제71호의 3 서식] (2010.3.31. 개정)　　　　　　　(앞　쪽)

환매조건부채권매매거래 원천세액환급신청서

※관리번호 ☐☐ – ☐☐	사업자등록번호 ☐☐☐ – ☐☐ – ☐☐☐☐☐

※ 표시란은 적지 마십시오.

법인명(상호)		법인소재지(주소)	
대표자성명 (주민등록번호)		전화번호	

환급신청내역

① 종목명 (액면가액)	② 종목코드	③ 취득일	④ 매도일	⑤ 보유 기간	⑥ 이자율	⑦=①×⑤×⑥ 보유기간이자상당액	⑧ 세율	⑨ 법인세
(　)								
(　)								
(　)								
(　)								
(　)								
(　)								
(　)								
환급신청세액								

「법인세법 시행령」 제114조의 2 제4항 및 제138조의 3 제5항에 따라 환매조건부채권매매거래 원천세액환급신청서를 제출합니다.

　　　　　　　　　　　　　　　년　　　　월　　　　일

　　　　신청인　　　　　　　　　　(서명　또는　인)

　　　　세무서장　귀하

210㎜×297㎜(신문용지 54g/㎡(재활용품))

1273

(3) 과세제외 이자소득

다음과 같은 소득은 국내원천소득으로 보지 아니한다.

① 거주자 또는 내국법인의 국외사업장을 위하여 그 국외사업장이 직접 차용한 차입금의 이자

② 외국법인이 발행한 채권 또는 증권의 이자와 할인액

③ 국외에서 받는 예금의 이자와 신탁의 이익

> ### ● 관련 기본통칙
>
> ▶▶ 손해배상금에 대한 법정이자의 소득구분(소통 16-0…2)
> 법원의 판결 및 화해에 의하여 지급받는 손해배상금에 대한 법정이자는 법 제16조에 규정하는 이자소득으로 보지 아니한다. 다만, 위약 또는 해약을 원인으로 법원의 판결에 의하여 지급받는 손해배상금에 대한 법정이자는 법 제21조 제1항 제10호에 규정하는 기타소득으로 본다.

> ### ● 예규 및 판례
>
> ▶▶ 부동산임대소득과 이자소득(임대소득과 관련 없음) 합산 여부(법규과-1075, 2005.11. 11.)
> 대한민국과 조세조약이 체결된 국가의 거주자로서 우리나라 소득세법상의 비거주자에 해당되는 자가 국내에서 부동산을 임대함으로 인하여 발생되는 소득은 국내원천소득에 해당되는 것이고, 동 소득의 발생장소는 비거주자의 국내사업장에 해당되는 것임. 이 경우 비거주자가 임대소득 이외에 이자소득이 동 임대소득과 실질적으로 관련(또는 귀속)되어 발생하지 아니하는 경우 당해 이자소득에 대하여는 임대소득과 종합하여 과세되지 아니하고 조세조약에서 정하는 제한세율로 분리과세되는 것임.
>
> ▶▶ 국제조세조정에 관한 법률 제9조에 따라 배당 처분된 이자소득과 같은 법 제14조에 따라 배당 간주된 이자소득은 한·미 조세조약 제13조 제6항에 따른 이자소득이고, 이에 대한 원천징수는 국내세법에 따라 결정하는 것임(조세정책과-523, 2019. 3.21.).

2. 배당소득(조세조약 없는 경우 법인세 20%, 지방소득세 2% 원천징수 과세)

(1) 국내원천배당소득

내국법인 또는 법인으로 보는 단체 기타 국내로부터 지급받는 배당소득(소법 §17 ①. 단, ⑥은 제외), 국제조세조정에관한법률 제9조 및 제14조의 규정에 의하여 배당 등으로 처분된 금액을 말하며, 외국법인으로부터 받는 이익이나 잉여금의 배당 또는 분배금과 당해 외국의 법률에 의한 건설이자의 배당 및 이와 유사한 성질의 배당을 제외한다(법법 §93 2호).

1) 소득세법 제17조 제1항에 따른 배당소득(6호는 제외)

① 내국법인으로부터 받는 이익이나 잉여금의 배당 또는 분배금
  • 2012.4.15. 전에 발생한 건설이자의 배당금 등에 대해서는 종전의 규정에 따름
② 법인으로 보는 단체로부터 받는 배당금 또는 분배금
③ 의제배당

구 분	과세표준
자본의 감소 등	감자 등으로 받은 대가−당해 주식 등의 취득가액
잉여금 자본전입에 의한 무상주	교부받은 무상주식 수×액면가액
해산	해산으로 받은 대가−당해 주식 등의 취득가액
합병	합병으로 받은 대가−당해 주식 등의 취득가액
분할	분할로 받은 대가−분할법인 주식 등의 취득가액
자본준비금, 재평가적립금의 자본 전입 시 자기주식에 대한 주식을 주주 등에게 배정한 경우	교부받은 주식 수×액면가액

④ 법인세법에 따라 배당으로 처분된 금액
⑤ 국내 또는 국외에서 받는 소득세법시행령 제26조의 2에서 정하는 집합투자기구로부터의 이익
⑥ 국제조세조정에관한법률 제27조에 따라 배당받은 것으로 간주된 금액
⑦ 소득세법 제43조의 규정에 따른 공동사업에서 발생한 소득금액 중 같은조 제1항에 따른 출자공동사업자에 대한 손익분배비율에 해당하는 금액
⑧ 국제조세조정에관한법률 제9조 및 제14조에 따라 배당으로 처분된 금액

⑨ 소득세법 제17조 제1호 내지 제7호까지의 규정에 따른 소득과 유사한 소득으로서 수익분배의 성격이 있는 것(소령 §26의 3 ①)

- 다음 각 호의 어느 하나에 해당하는 증권 또는 증서로부터 발생한 수익(상법 제 469조 제2항 제3호에 따른 사채로부터 발생한 수익을 포함)과 제3호에 따른 증권 또 는 증서를 계좌 간 이체, 계좌의 명의변경, 증권 또는 증서의 실물양도의 방법으 로 거래하여 발생한 수익

  1. 증권시장 또는 이와 유사한 시장으로서 외국에 있는 시장에서 매매거래되는 특정 주권의 가격이나 주가지수의 수치의 변동과 연계하여 주권 또는 금전(그 주권·증권 또는 증서의 가치에 상당하는 금전을 말함)의 지급청구권을 표시하는 증권 또는 증서(자본시장과금융투자업에관한법률 제8조의 2 제2항에 따른 거래소) 에 상장되어 거래되는 것은 제외. 이하 제2호에서 같음.

  2. 제1호의 증권 또는 증서 외에 자본시장과금융투자업에관한법률 제4조 제10 항에 따른 기초자산의 가격·이자율·지표·단위 또는 이를 기초로 하는 지 수 등의 변동과 연계하여 미리 정하여진 방법에 따라 이익을 얻거나 손실을 회피하기 위한 계약상의 권리를 나타내는 증권 또는 증서(당사자 일방의 의사표 시에 따라 증권시장 또는 이와 유사한 시장으로서 외국에 있는 시장에서 매매거래되 는 특정 주권의 가격이나 주가지수의 수치의 변동과 연계하여 미리 정하여진 방법에 따라 주권의 매매나 금전을 수수하는 거래를 성립시킬 수 있는 권리를 표시하는 증권 또는 증서는 제외)

  3. 자본시장과금융투자업에관한법률 제4조 제10항에 따른 기초자산의 가격·이 자율·지표·단위 또는 이를 기초로 하는 지수 등의 변동과 연계하여 미리 정 해진 방법에 따라 이익을 얻거나 손실을 회피하기 위한 계약상의 권리를 나 타내는 것으로서 거래소에 상장되어 거래되는 증권 또는 증서

- 상기 '제3호'에 따른 증권 또는 증서(이하 "상장지수증권"이라 함)로서 증권시장에서 거래되는 주식의 가격만을 기반으로 하는 지수의 변화를 그대로 추적하는 것을 목적으로 하는 상장지수증권을 계좌 간 이체, 계좌의 명의변경, 상장지수증권의 실물양도의 방법으로 거래하여 발생한 이익은 법 제17조 제1항 제9호에 따른 배 당소득에 포함하지 아니함.

- 거주자가 일정기간 후에 같은 종류로서 같은 양의 주식을 반환받는 조건으로 주 식을 대여하고 해당 주식의 차입자로부터 지급받는 해당 주식에서 발생하는 배당 에 상당하는 금액은 배당소득에 포함.

- 상법 제461조의 2에 따라 자본준비금을 감액하여 받은 배당(법 제17조 제2항 제2호 각 목에 해당하지 아니하는 자본준비금을 감액하여 받은 배당은 제외)은 배당소득에 포함하지 아니함.

⑩ 소득세법 제17조 제1호부터 제9호까지의 규정 중 어느 하나에 해당하는 소득을 발생시키는 거래 또는 행위와 파생상품이 대통령령으로 정하는 바에 따라 결합된 경우* 해당 파생상품의 거래 또는 행위로부터의 이익

- 결합된 경우란 다음의 요건을 모구 갖춘 경우로서 실질상 하나의 상품과 같이 운용되는 경우

  1. 금융회사 등이 직접 개발·판매한 배당소득이 발생하는 상품(이하 이 항에서 "배당부상품"이라 함)의 거래 또는 행위와 해당 금융회사 등의 파생상품의 계약이 해당 금융회사 등을 통하여 이루어질 것

  2. 파생상품이 배당부상품의 원금 및 배당소득의 전부 또는 일부(이하 이 항에서 "배당소득 등"이라 함)나 배당소득 등의 가격·이자율·지표·단위 또는 이를 기초로 하는 지수 등에 의하여 산출된 금전 등을 거래하는 계약일 것

  3. 제1호에 따른 금융회사 등이 배당부상품의 배당소득 등과 파생상품으로 부터의 이익을 지급할 것

한편, 국내사업장이 없는 비거주자 등이 자본시장과금융투자업에관한법률에 따라 국내사업장이 없는 비거주자·외국법인과 유가증권(채권 등은 제외) 대차거래를 하여 유가증권 차입자로부터 지급받는 배당 등의 보상금상당액은 국내원천소득으로 보지 않는다(소령 §179 ⑰, 법령 §132 ⑮). 유가증권 대차거래란 유가증권을 유상으로 빌려주고 대차기간 만료 시 동종·동량의 유가 증권으로 상환받는 증권소비대차거래를 말한다. 비거주자 등이 받는 배당소득이 국내원천소득이 되기 위해서는 배당소득의 지급주체가 내국법인(법인으로 보는 단체 포함)이어야 하므로 비거주자가 외국법인으로부터 받는 배당 등은 비거주자 등의 국내원천소득에 해당되지 않는다.

2) 국제조세조정에관한법률 제13조 또는 제22조에 따라 배당으로 처분된 금액

3) 2023.1.1. 이후부터 해당되는 소득

① 소득세법 제16조 제1항 제2호의 2에 따른 파생결합사채로부터의 이익

② 소득세법 제87조의 6 제1항 제4호에 따른 집합투자증권의 환매 등으로 발생한 이

익 또는 적격집합투자기구로부터의 이익

③ 소득세법 제87조의 6 제1항 제5호에 따른 파생결합증권으로부터의 이익

(2) 외국투자가의 배당소득에 대한 감면(폐지)

외국투자가(외투법 §2 ① 5호)가 감면대상사업을 영위하는 외국인투자기업(외투법 §2 ① 6호)으로부터 지급받는 배당소득에 대하여는 해당 외국인투자기업의 각 과세연도의 소득에 대하여 그 기업이 감면대상이 되는 사업을 함으로써 발생한 소득의 비율에 따라 감면하되, 조세특례제한법 제121조의 2 제2항에 따라 감면대상세액의 전액이 감면되는 동안은 세액의 전액을, 감면대상세액의 50%에 상당하는 세액이 감면되는 동안은 50%에 상당하는 세액을 감면한다[*](조특법 §121의 2 ③).

[*] 2014.1.1. 전에 조세감면신청분에 한함.

(3) 사모투자전문회사에 대한 동업기업과세특례

동업기업과세특례를 적용받는 사모투자전문회사의 수동적 동업자 중 외국 연·기금 등이 배분받는 소득은 그 원천에 따라 구분하여 과세한다(조특법 §100의 18 ③).

이에 해당하지 않는 일반 수동적 동업자는 배당(조세조약에 따라 5~15% 원천징수)으로 과세한다. 외국 연·기금 등의 구체적인 요건은 다음과 같다(조특령 §100의 18 ⑨).

다음 요건을 모두 충족하는 경우에 소득구분 특례를 적용한다.

① 우리나라와 조세조약이 체결된 국가에서 설립된 것일 것

② 다음 중 하나에 해당하는 기관 또는 연금·기금에 해당할 것

- 정부, 지방자치단체, 중앙은행 또는 우리나라의 한국투자공사법에 준하는 법률에 의해 설립된 투자기관
- 우리나라의 국민연금법, 공무원연금법, 군인연금법, 사립학교교직원연금법 및 근로자퇴직급여보장법 등에 준하는 법률에 따라 설립된 연금
- 법률에 따라 설립된 비영리단체로서 수익을 구성원에게 분배하지 않는 기금

③ PEF에서 분배받는 소득이 해당 국가에서 비과세·면제 등으로 실질적인 조세부담이 없을 것

3. 부동산소득

다음에 해당하는 소득은 국내원천소득으로 본다(법법 §93 3호).

① 국내에 있는 부동산 또는 부동산에 관한 권리와 국내에서 취득한 광업권·조광권, 흙·모래·돌의 채취에 관한 권리 또는 지하수 개발·이용권의 양도·임대 또는 그 밖의 운영으로 인하여 발생하는 소득

② 다음 '7.'의 양도소득은 제외

> ● **예규 및 판례**
>
> ▶ 미국시민권자의 국내 부동산 임대소득에 대한 납세의무(서면2팀-551, 2008.3.26.)
> 소득세법상 비거주자의 국내 부동산 임대소득에 대하여는 소득세법 제122조에 따라 거주자에 대한 소득세 과세표준과 세액의 규정을 준용하여 종합소득세 신고기간에 소득세를 신고·납부하는 것임. 다만, 제51조의 2 제3항의 규정에 의한 인적공제 중 비거주자 본인 외의 자에 대한 공제와 제52조의 규정에 의한 특별공제를 하지 않는 것임.
>
> ▶ 미국 거주자의 토사석채취 권리의 양도와 관련한 납세(서면2팀-2394, 2006.11.22.)
> 미국 거주자가 국내에서 취득한 토사석 채취에 관한 권리를 양도함으로 인하여 발생하는 소득은 소득세법 제119조 제3호 및 한·미조세조약 제15조에 규정하는 소득에 해당하는 것으로 동 소득에 대하여는 소득세법 제121조 제2항, 제122조 및 제124조에 따라 신고·납부하는 것임.

4. 선박 등의 임대소득(조세조약 없는 경우 법인세 2%, 지방소득세 0.2% 원천징수 과세)

거주자·내국법인·외국법인 또는 비거주자의 국내사업장에 선박, 항공기, 등록된 자동차나 건설기계 또는 산업상·상업상·과학상의 기계·설비·장치·운반구·공구·기구 및 비품을 임대함으로 인하여 발생하는 소득을 말한다(법법 §93 4호).

이때에 내국법인이 국내사업장이 없는 외국법인으로부터 나용선계약에 의하여 용선한 선박을 직접 외국법인에게 제3국간 국제운항조건으로 임대한 경우에도 선주에게 지급하는 용선료는 국내원천소득으로 본다(법통 93-132…16).

따라서 선박·항공기 등을 임대함으로써 발생하는 소득은 동 자산이 한국의 거주자(해외사업장 포함), 내국법인(해외지점 등 포함), 외국법인의 국내사업장 또는 비거주자의 국

내사업장에 임대한 경우 동 자산의 운용장소가 국내인지 국외인지의 장소적 제한없이 국내원천소득에 해당된다.

현재 조세조약을 체결하고 있는 대부분의 경우 산업상·상업상·과학상의 기계·설비 등의 임대소득은 사용료소득(남아프리카공화국·이란 등은 사업소득으로 규정)으로 규정되어 있는 경우가 많은데, 이때 조세조약상의 사용료소득 제한세율이 우리나라 법인세법상 원천징수세율 2%보다 높은 경우 국내 법인세법상 원천징수세율 2%가 적용됨에 유의하여야 한다. 이때 조세조약상 사업소득에 해당하여 국내고정사업장이 없어 국내에 과세권이 없는 경우에는 원천징수할 수 없다.

• 조세심판원에서는 청구법인이 외국법인에게 기계장치 임대료(리스료)를 지급하는 경우에는 법인세법 제93조 제4호(국내원천 선박등임대소득)에 해당하는 소득이며, 과세 관청에 비과세·면제신청서를 제출하는 경우에만 지급명세서 제출의무가 면제되므로 이를 제출하지 않는 청구법인에게 가산세부과는 타당하다고 결정함(조심 2018중817, 2019.3.15.).

5. 사업소득(조세조약 없는 경우 법인세 2%, 지방소득세 0.2% 원천징수 과세)

(1) 국내원천 사업소득

외국법인이 영위하는 사업에서 발생하는 소득(조세조약에 따라 국내원천사업소득으로 과세할 수 있는 소득을 포함)으로서 소득세법 제19조에 규정된 사업(인적용역소득은 제외) 중 국내에서 영위하는 사업에서 발생하는 다음의 소득을 말한다(법법 §93 5호, 법령 §132 ②~⑤).

1) 재고자산의 판매

① 외국법인이 국외에서 양도받은 재고자산을 국외에서 제조·가공·육성 기타 가치를 증대시키기 위한 제조 등의 행위를 하지 아니하고 이를 국내에서 양도하는 경우(당해 재고자산에 대하여 국내에서 제조 등을 한 후 양도하는 경우를 포함)에는 그 국내에서의 양도에 의하여 발생하는 모든 소득

이때에 당해 재고자산의 양수자에게 인도되기 직전에 국내에 있거나 또는 양도자인 당해 외국법인의 국내사업장에서 행하는 사업을 통하여 관리되고 있는 경우, 당해 재고자산의 양도에 관한 계약이 국내에서 체결된 경우 및 당해 재고자산의 양도에 관한 계

약을 체결하기 위하여 주문을 받거나 협의 등을 하는 행위 중 중요한 부분이 국내에서 이루어지는 경우에는 당해 재고자산의 양도가 이루어진 것으로 본다(법령 §132 ④).

② 외국법인이 국내에서 제조 등을 행한 재고자산을 국내에서 양도하는 경우(당해 재고자산에 대하여 국내에서 제조 등을 한 후 양도하는 경우 포함)에는 그 양도에 의하여 발생하는 소득 중 국외에서 제조 등을 행한 타인으로부터 통상의 거래조건에 따라 당해 자산을 취득하였다고 가정할 때에 이를 양도하는 경우(국내에서 행한 제조 등을 한 후 양도하는 경우 포함) 그 양도에 의하여 발생하여야 할 소득

이때에 통상의 거래조건이라 함은 당해 법인이 재고자산 등을 국제조세조정에관한법률 제5조 및 동법 시행령 제4조의 규정에서 정하는 방법을 준용하여 계산한 시가에 의하여 거래하는 것을 말한다(법칙 §65).

③ 외국법인이 국내에서 제조 등을 행한 재고자산을 국외에서 양도하는 경우(당해 재고자산에 대하여 국외에서 제조 등을 한 후 양도하는 경우 포함)에는 그 양도에 의하여 발생하는 소득 중 국내에서 제조한 당해 재고자산을 국외의 타인에게 통상의 거래조건에 따라 양도하였다고 가정할 때에 그 국내에서 행한 제조 등에 의하여 발생하여야 할 소득

당해 재고자산의 양수자에게 인도되기 직전에 국내에 있거나 또는 양도자인 당해 외국법인의 국내사업장에서 행하는 사업을 통하여 관리되고 있는 경우, 당해 재고자산의 양도에 관한 계약이 국내에서 체결된 경우 및 당해 재고자산의 양도에 관한 계약을 체결하기 위하여 주문을 받거나 협의 등을 하는 행위 중 중요한 부분이 국내에서 이루어지는 경우에는 당해 재고자산의 양도가 이루어진 것으로 본다(법령 §132 ④).

2) 건설업

외국법인이 국외에서 건설·설치·조립 기타 작업에 관하여 계약을 체결하거나 필요한 인원이나 자재를 조달하여 국내에서 작업을 시행하는 경우에는 당해 작업에 의하여 발생하는 모든 소득은 국내원천 사업소득이다.

건설업의 경우 계약의 체결이나 인원·자재조달 등은 예비적인 사업활동으로 보아 발생하지 않는 것으로 간주하고, 용역이 수행된 장소에서 모든 소득을 과세할 수 있도록 한 것이다(법령 §132 ②, 소령 §179 ② 4호).

3) 보험업

외국법인이 국내 국외에 걸쳐 손해보험 또는 생명보험사업을 영위하는 경우에는 당해

사업에 의하여 발생하는 소득 중 국내에 있는 당해 사업에 관한 영업소 또는 보험계약의 체결을 대리하는 자를 통하여 체결한 보험계약에 의하여 발생하는 소득은 국내원천 사업소득이다.

4) 출판 및 방송사업의 광고수입

출판사업 또는 방송사업을 영위하는 외국법인이 국내 및 국외에 걸쳐 타인을 위하여 광고에 관한 사업을 행하는 경우에는 당해 광고에 관한 사업에 의하여 발생하는 소득 중 국내에서 행하는 광고에 의하여 발생한 소득은 국내원천 사업소득이다.

5) 선박 및 항공기에 의한 국제운수소득

외국법인이 국내 및 국외에 걸쳐 선박에 의한 국제운수업을 영위하는 경우에는 국내에서 승선한 여객이나 선적한 화물에 관련하여 발생하는 수입금액을 기준으로 하여 판정한 그 법인의 국내업무에서 발생하는 소득은 국내원천 사업소득이다. 또한 외국법인이 국내 및 국외에 걸쳐 항공기에 의한 국제운수업을 영위하는 경우에는 국내에서 탑승한 여객이나 적재한 화물에 관련하여 발생하는 수입금액과 경비, 국내업무용 고정자산의 가액, 기타 국내업무가 당해 운송업에 대한 소득의 발생에 기여한 정도 등을 고려하여 계산한 그 법인의 국내업무에서 발생하는 소득은 국내원천 사업소득이다.

6) 기타사업

외국법인이 국내 및 국외에 걸친 전 각 호 외의 사업을 영위하는 경우에는 당해 사업에서 발생하는 소득 중 당해 사업에 관련된 업무를 국내업무와 국외업무로 구분하여 이들 업무를 각각 다른 독립사업자가 행하고 또한 이들 독립사업자 간에 통상의 거래조건에 의한 거래가격에 따라 거래가 이루어졌다고 가정할 경우 그 국내업무와 관련하여 발생하는 소득 또는 그 국내업무에 관한 수입금액과 경비, 소득 등을 측정하는데 합리적이라고 판단되는 요인을 고려하여 판정한 그 국내업무와 관련하여 발생하는 소득은 국내원천 사업소득이다.

이때에 통상의 거래조건이라 함은 당해 법인이 재고자산 등을 국제조세조정에관한법률 제5조 및 동법 시행령 제4조의 규정에 의한 방법에 준하여 계산한 시가에 의하여 거래하는 것을 말하며(법칙 §65 ①), 정상가격산출방법신고서 및 국제거래명세서를 납세지 관할세무서장에게 제출하여야 한다(법칙 §65 ②).

7) 외국법인이 발행한 주식 등에 투자 등을 함으로써 발생하는 소득

외국법인이 발행한 주식 또는 출자증권으로서 유가증권시장 등에 상장 또는 등록된 것에 투자하거나 기타 이와 유사한 행위를 함으로써 발생하는 소득은 국내원천 사업소득이다.

8) 산업상 · 상업상 또는 과학상의 기계 · 설비 등을 양도함으로써 발생하는 소득

외국법인이 산업상 · 상업상 또는 과학상의 기계 · 설비 · 장치 · 운반구 · 공구 · 기구 및 비품을 양도함으로 인하여 발생하는 소득은 국내원천 사업소득이다. 현재 우리나라와 체결된 조세조약에서는 전부 국내사업장이 없는 외국법인의 국내사업소득에 대하여는 국내에서 과세할 수 없으며, 국내사업장이 있는 경우에는 국내사업장에 귀속되는 소득에 대하여만 종합과세하도록 하고 있다.

즉 국내세법상 국내원천 사업소득은 다음과 같다.

$$
\text{국내원천 사업소득} = \text{소득세법 제19조의 사업소득} + \text{조세조약상 국내원천 사업소득} + \text{국외발생소득중 국내사업장 귀속소득} - \text{인적용역소득 (법법 §93 6호, 소법 §119 6호)}
$$

(2) 조세조약상 사업소득의 범위

국내세법에서와 같이 사업소득의 범위를 구체적으로 규정하지 아니하고 기업의 이윤(Profits of an enterprise) 또는 기업의 산업상 · 상업상 이윤(Industrial or commercial profits) 등과 같이 포괄적으로 정의하고 있다.

그러나 조세조약은 사업소득을 포괄적으로 정의하면서도 사업소득 조항 이외의 조항(articles)에서 별도로 취급되고 있는 소득에 대하여는 비록 그것이 기업의 사업활동에서 발생된 소득이라 할지라도 그 별도의 조항이 사업소득 조항에 우선하여 적용되도록 규정함으로써 사업소득의 범위를 제한하고 있다.

따라서 이자 · 배당 · 사용료 · 부동산소득, 양도소득, 인적용역소득, 국제운수소득 등은 조세조약상 사업소득과는 별도의 조항에 규정되어 있으므로 그것이 기업의 사업활동에 의하여 발생된 경우에도 사업소득으로 취급되지 않는다.

이자·배당·사용료소득 등이 국내사업장과 실질적으로 관련이 있는 경우에는 사업소득에 해당하므로 제한세율이 적용되지 않음을 유의하여야 한다.

즉 조세조약상 사업소득은 다음과 같다.

조세조약상 사업소득	=	기업의 사업활동에서 발생되는 모든 소득	−	조세조약상 별도의 조항에서 취급되고 있는 소득(다만, 고정사업장에 귀속되는 소득은 제외함)

조세조약상 사업소득의 과세원칙

번호	과세원칙	해당조약
①	고정사업장이 없으면 비과세	한국의 모든 조세조약
②	과세소득의 범위 －귀속주의	인도네시아와 멕시코를 제외한 우리나라의 모든 조세조약
③	독립기업의 원칙	한국의 모든 조세조약
④	관련경비배부의 원칙	한국의 모든 조세조약
⑤	단순구입 비과세의 원칙	한국의 모든 조세조약

1) 고정사업장이 없으면 비과세

① 국내세법상으로는 비거주자 등의 국내사업장이 없더라도 국내원천 사업소득에 대하여 과세할 수 있으나, 조세조약상으로는 그 비거주자 등이 국내에 고정사업장을 가지고 있는 경우에 한하여 사업소득에 대하여 과세할 수 있으며 국내에 고정사업장이 없으면 과세할 수 없다.

② 국내사업장이 없는 홍콩법인이 내국법인에게 나용선계약에 의한 항공기를 운용리스계약에 따라 임대하고 대가를 지급받는 경우 한·홍콩조세조약 제7조의 사업소득에 해당하여 홍콩법인이 국내에 고정사업장이 없으면 과세되지 않는다(서면국제세원 −274, 2018.4.4.).

2) 과세범위(귀속주의와 총괄주의)

비거주자 등이 국내에 고정사업장을 가지고 있는 경우 그 비거주자 등의 사업소득에 대하여 과세할 수 있는 범위를 정하는 기준에는 귀속주의와 총괄주의가 있다.

귀속주의는 비거주자 등의 고정사업장에 실질적으로 귀속되는 소득에 대하여만 고정사업장 소재지국에서 과세할 수 있는 입장을 의미하며, 총괄주의는 그 고정사업장 소재지국에서 발생한 모든 국내원천 사업소득에 대하여 그 소득이 고정사업장에 귀속되는지 여부를 불문하고 과세할 수 있는 것을 말한다.

우리나라가 체결한 조세조약 중 인도네시아와 체결한 조세조약(절충주의)을 제외하고는 국내 고정사업장(permanent establishment)에 귀속되는 소득에 대하여만 과세할 수 있도록 규정하고 있다(귀속주의).

3) 독립기업의 원칙

이 원칙은 고정사업장에 귀속될 이윤을 결정하면서 본점과 지점을 각각 독립된 기업으로 전제하여야 한다는 원칙이다.

법적으로나 경제적으로 볼 때 고정사업장은 기업의 일부분이므로 본점과 지점의 거래는 내부거래이며, 따라서 양자 간에는 독립성이 결여되어 있으므로 자의적인 조작을 통하여 조세회피를 도모할 수가 있으므로 독립기업원칙(arm's length principle)은 이러한 자의적인 조작을 배제함으로써 고정사업에 귀속될 합리적 이윤을 결정하려는 것이다.

따라서 동 원칙에 의한 고정사업장 귀속 이윤은 당해 고정사업장이 그 본점과는 완전히 별개의 분리된 기업으로서 일반시장에서 형성된 가격(일반시장가격 : ordinary market price)이나 조건(공개시장조건 : open market terms)에 의하여 본점과 거래하였다면 고정사업장이 취득하였을 이윤을 말한다.

이러한 독립기업의 원칙은 우리나라가 체결한 모든 조세조약에서 채택하고 있으며, 국제조세조정에관한법률에서 규정하고 있는 정상가격에 의한 과세조정(이전가격과세제도)은 독립기업의 원칙과 맥을 같이 하는 것이다.

4) 관련경비 배부의 원칙

① 의의

이 원칙은 고정사업장의 과세소득을 계산함에 있어서는 그 비용의 발생장소, 즉 그 비용이 본점에서 발생되었든 당해 고정사업장이 소재하는 국가에서 발생되었든 상관없이 그것이 고정사업장의 목적상 발생된 경우에는 비용으로서 공제하여야 한다는 내용으로 우리나라는 외국과 체결한 모든 조세조약에서 이 원칙을 채택하고 있다.

본점의 비용 중 직접경비는 당해 지점을 위하여 직접 발생된 경비이므로 당연히 지점의 과세소득금액 계산상 손금으로 용인된다. 본점 등에서 발생된 경영비 및 일반관리비(executive and general administrative expenses)와 같은 간접경비는 우리나라에 있는 고정사업장뿐만 아니라 그 기업의 다른 고정사업장이나 다른 부서를 위하여 공통적으로 발생된 경비이므로 우리나라에 있는 고정사업장에 귀속될 경비액을 안분계산하여야 한다.

② 공통경비 배부방법

외국기업의 과세소득 계산상 본점 등에서 발생된 본·지점 공통경비는 국내지점의 국내원천소득의 발생과 합리적으로 관련된 것은 국내지점에 배분하여 손금에 산입하여야 하며, 그 배부방법에는 국세청고시 제2001-10호(2001.2.27.)를 적용한다.

터키와 체결한 조세조약에서는 경비배부방법에 대하여 별도의 규정을 두고 있으므로 본 고시에 우선하여 당해 조약상의 규정들이 적용된다.

5) 단순구입 비과세의 원칙

고정사업장이 자기기업을 위하여 구입활동만을 하는 경우 동 고정사업장에게는 어떠한 이윤도 배분되지 않는다는 것을 의미한다.

예를 들면, 일본법인의 한국지점이 그의 해외지점(한국 이외의 국가에 소재)을 위하여 한국에서 재화나 상품을 단순히 구입하는 경우에도 한·일조세조약 제7조 제5항의 규정이 적용되며, 따라서 그 구입행위만으로 어떠한 소득도 한국 내에서 발생한 것으로 간주되지 아니한다.

재화나 상품의 구매목적만을 위하여 설립된 구매사업소(purchasing office)는 사업의 예비적이고 보조적인 활동만 수행하여 고정사업장이 될 수 없는 것이므로 단순구입(mere purchase)에 관한 이 원칙은 타사업을 수행하면서 본사를 위하여 구매활동을 하는 고정사업장의 경우에 적용되는 것이다.

6. 인적용역소득(국내사업장이 없는 경우 법인세 20%, 지방소득세 2% 원천징수 과세)

(1) 내용

인적용역소득이란 외국법인이 본인 또는 그의 피고용인 등을 통하여 국내에서 다음의 인적용역을 제공함으로 인하여 발생하는 소득(국외에서 제공하는 인적용역 중 다음의 인적용역을 제공함으로써 발생하는 소득이 조세조약에 따라 국내에서 발생하는 것으로 간주되는 소득을 포함)을 말한다(법법 §93 6호, 법령 §132 ⑥). 이 경우 인적용역을 제공받는 자 또는 인적용역을 제공하는 자가 인적용역의 제공과 관련하여 항공회사·숙박업자 또는 음식업자에게 실제로 지급한 사실이 확인되는 항공료·숙박비 또는 식사대는 소득금액에서 제외한다(법령 §132 ⑦).

① 영화·연극의 배우, 음악가와 기타 공중연예인이 제공하는 용역

② 직업운동가가 제공하는 용역

③ 변호사·공인회계사·건축사·측량사·변리사·기타 자유직업자가 제공하는 용역

④ 과학기술·경영관리·기타 분야에 관한 전문적 지식 또는 특별한 기능을 가진 자가 당해 지식 또는 기능을 활용하여 제공하는 용역

인적용역소득의 국내원천소득 해당 여부에 관하여 우리나라가 체결한 조세조약에서는 모두 용역수행지국 과세원칙을 채택하여 인적용역이 국내에서 수행된 경우에 한하여 국내원천소득에 해당되는 것으로 규정하고 있으나, 종전의 국내세법은 국내원천소득의 범위를 그 인적용역이 국내에서 수행되는 경우(용역수행지국 과세원칙)뿐만 아니라 그 용역의 결과가 국내에서 이용되는 경우(이용지국 과세원칙)까지 포함하고 있었다. 그러나 세법개정으로 2004.1.1. 이후 최초로 용역을 제공하는 분부터는 조세조약의 규정과 같이 인적용역이 국내에서 수행된 경우만을 국내원천소득으로 규정하여 과세원칙이 일원화되었다. 그러므로 국외에서 용역수행 후 그 용역결과물을 국내에서 이용한 대가지급액은 국내원천소득에 해당하지 않는다.

상기 인적용역소득 중 '④'에 해당하는 기술용역 등을 2017.1.1. 이후 제공하는 분부터는 국외에서 제공되더라도 조세조약에 따라 소득이 국내에서 발생하는 것으로 간주되는 경우에는 국내원천 인적용역소득에 포함되어 지급액의 3%를 원천징수하도록 개정되었다(소법 §119 6호, 소령 §179 ⑥).

(2) 인적용역소득에 대한 과세권의 귀속

외국법인 및 비거주자에 지급하는 용역대가는 과세·면세 여부는 동 대가 수취자의 거주지국과의 조세조약(체결 여부)에 따라 달라진다.

우리나라와 조세조약이 체결된 국가의 거주자로부터 용역을 제공받는 경우에는 국내에

서 용역이 제공되는 경우에만 과세하되, 각 조세조약에서 우리나라의 과세권을 제한하는 경우가 많으므로 조세조약의 내용을 구체적으로 살펴보아야 한다.

예를 들어, 우리나라가 체결한 조세조약 중 미국, 독일, 스리랑카, 파키스탄, 호주, 러시아, 인도, 인도네시아, 캐나다, 태국, 남아프리카공화국 등은 인적용역 조항이 법인에게는 적용되지 않는다.

이 경우 법인이 국내에서 제공하는 인적용역에 대한 대가는 인적용역소득이 아닌 사업소득으로 분류하므로 국내사업장이 없으면 우리나라에서 과세할 수 없다.

● 예규 및 판례

▶▶ **인도에서 수행하는 수출알선용역 수수료의 국내원천소득 여부**(국제세원 − 550, 2009. 11.6.)

내국법인이 국내사업장이 없는 인도의 알선업자로부터 자사 제품을 인도에 수출할 수 있도록 수출알선용역을 제공받음에 있어 당해 인도의 알선업자가 수출을 성사시키는 역할을 전적으로 인도에서 수행하는 경우에는 내국법인이 그 알선업자에게 지급하는 수수료는 소득세법 제119조 및 법인세법 제93조의 국내원천소득에 해당되지 아니함.

▶▶ **외국의 알선업자에게 지급하는 알선수수료의 국내원천소득 해당 여부**(법규과 − 1852, 2006.5.12.)

국내사업장이 없는 외국의 알선업자가 내국법인과 외국선사 간의 선박 건조에 관한 계약을 성사시키기 위한 역할을 전적으로 국외에서 수행하고 내국법인으로부터 지급받는 수수료(commission)는 소득세법 제119조 및 법인세법 제93조의 규정에 의한 국내원천소득에 해당되지 아니하는 것임.

▶▶ **비거주자가 국외에서 자문을 제공하는 경우**(서면2팀 − 434, 2008.3.13.)

국내사업장이 없는 비거주자가 독립적으로 국외에서 과학기술 · 경영관리 기타 이와 유사한 분야에 관한 전문적 지식 또는 특별한 기능을 활용하여 자문을 제공하고 지급받는 대가는 국내원천소득에 해당하지 않는 것임.

▶▶ **필리핀 알선업체가 지급받는 모집대가의 국내원천소득 해당 여부**(서면2팀 − 2237, 2007. 12.26.)

필리핀 알선업체가 국외에서 여행객을 모집 · 인솔하여 국내로 입국한 후 국내 여행업체에게 인계하는 외의 다른 사업활동을 하지 않는 경우 국내 여행업체가 필리핀 알선업체에게 지급하는 모집 · 알선대가는 국내원천소득에 해당하지 않는 것이며, 상기 알선업체가 단순히 수익의 정산만을 위하여 국내에 직원을 파견하여 업무를 수행하게 하는 장소는 국내사업장에 해당하는지 않는 것임.

▶▶ **비거주자의 국외 설문용역 및 학술연구 논문대가**(서면2팀 − 1913, 2007.10.23.)

설문조사대상 비거주자가 국외에서 자기 전문지식을 활용한 설문용역을 제공하고 지

> 급받은 대가 및 비거주자인 미국교수가 국외에서 학술논문을 집필하여 주고 지급받는 대가는 국내원천소득에 해당하지 아니하는 것임.

▶▶ 내국법인이 국내사업장이 없는 싱가포르법인으로부터 제품관련 컨퍼런스에 참석하거나, 거래처를 대상으로 제품 특성 및 효용성에 대해 설명하는 등의 단순한 해외 마케팅 관련 용역을 제공받고 대가를 지급하는 경우 그 대가는 법인세법 제93조 제6호에 따른 인적용역소득에 해당하나 한국·싱가포르 조세조약 제14조 제1항에 의해 동 용역이 국내에서 수행되지 않는다면 국내에서 과세되지 않는 것임(서면국제세원-3823, 2019.11.27.).

(3) 독립적 인적용역소득

1) 독립적 인적용역소득의 범위

조세조약상 독립적 인적용역소득이라 함은 전문직업적 용역 또는 기타 독립적 성격의 활동으로 인하여 취득하는 소득을 의미하는 것으로서 타인의 피고용인으로서 용역을 제공하고 대가를 지급받는 종속적 인적용역소득에 대응되는 개념이다.

전문직업적 용역이라 함은 의사·변호사·기사·건축가·회계사 등의 독립적 활동 및 예술·문학·미술·교육 또는 교수 등에 관한 독립적 활동을 의미한다. 위에 열거된 활동유형은 전문직업적 용역의 전형적인 것을 예시한 것에 불과하며, 모든 독립적 인적용역을 망라한 것이 아니다.

내국세법상 인적용역소득은 그 용역이 국내에서 수행되는 경우 원천징수 대상이나, 조세조약에서는 국내에서 수행된 용역이더라도 용역수행지국의 과세요건을 각 조약체결국별로 달리 규정하고 있으므로 구체적인 과세요건은 각 국가별 조세조약을 참고하여야 한다.

① 연예인·체육인의 소득

국내세법상 연예인 및 체육인의 독립적 활동은 독립적 인적용역의 범위에 포함되나, 대부분의 조세조약은 독립적 인적용역 조항과 별도로 연예인 및 체육인에 대한 조항을 두고 있다. 그 경우에는 그 연예인·체육인 조항이 우선하여 적용된다.

연예인·체육인 소득에 대한 구체적인 과세방법은 '(4) 연예인·체육인 용역소득'을 참고하시기 바란다.

1289

② 법인의 독립적 인적용역소득

우리나라가 남아프리카공화국·독일·러시아·미국·스리랑카·오스트레일리아·인도·인도네시아·캐나다·태국·파키스탄 등과 체결한 조세조약에서는 독립적 인적용역 조항이 개인에게만 적용되고 법인에게는 적용되지 않는다. 이 경우 법인이 제공하는 인적용역에 대한 대가는 사업소득에 해당한다. 따라서 이들 국가의 법인이 그 직원을 통하여 국내에서 인적용역을 제공하는 경우 그 대가는 우리나라에 고정사업장이 없으면 국내에서 과세되지 아니한다.

조세조약상 독립적 인적용역 적용 대상

적용대상	해당 조약
개인[1] (36개국)	남아프리카공화국, 네팔, 독일, 라오스, 라트비아, 러시아, 리투아니아, 멕시코, 모로코, 미국, 미얀마, 방글라데시, 베네수엘라, 벨라루스, 사우디아라비아, 스리랑카, 스위스[2], 슬로베니아, 아랍에미리트, 아이슬란드, 아제르바이잔, 알바니아, 에스토니아, 오만, 오스트리아, 요르단, 이집트[3], 인도, 인도네시아, 칠레, 캐나다, 태국, 파키스탄, 파푸아뉴기니, 페루, 호주
거주자 (개인, 법인, 단체) (43개국)	그리스, 네덜란드, 노르웨이, 뉴질랜드, 덴마크, 루마니아, 룩셈부르크, 말레이시아, 몰타, 몽골, 베트남, 벨기에, 불가리아, 브라질[4], 스웨덴, 스페인, 슬로바키아, 싱가포르, 아일랜드, 알제리, 에콰도르, 영국, 우즈베키스탄, 우크라이나, 이란, 이스라엘, 이탈리아, 일본, 중국, 체코, 카자흐스탄, 쿠웨이트, 크로아티아, 키르기즈, 터키, 튀니지, 포르투갈, 폴란드, 프랑스, 피지, 핀란드, 필리핀, 헝가리
조항 없음[5] (5개국)	바레인, 우루과이, 카타르, 콜롬비아, 파나마

[1] 개인 이외의 법인 또는 단체가 그 직원을 통하여 국내에서 인적용역을 제공하는 경우 사업소득 조항이 적용

[2] 법인의 인적용역은 사업소득 조항 적용(개정의정서 §8, 2012.7.25.)

[3] 법인의 인적용역은 사업소득 조항 적용(의정서 §4)

[4] 활동이 "용역회사"(Sociedade Civil)에 의하여 수행되는 경우에도 적용됨(의정서 §5).

[5] 바레인, 우루과이, 카타르, 콜롬비아, 파나마의 경우 독립적 인적용역 조항이 없으므로 개인, 법인, 단체 등이 국내에서 인적용역을 제공하는 경우 사업소득 조항이 적용됨.

2) 과세원칙

① 용역수행지국 과세요건

조세조약상 비거주자 등의 독립적 인적용역소득에 대하여는 조세조약에 따라 다소 상이하나 일반적으로 다음 세 가지 요건 중 어느 하나에 해당되면 용역수행지국인 국내

에서 과세할 수 있다.

- 거주자 등이 국내에 고정시설을 가지고 있는 경우
- 비거주자 등이 당해 회계연도(fiscal year) 중에 총 183일을 초과하여 국내에 체재하는 경우
- 비거주자 등이 국내에서 제공한 독립적 인적용역에 대한 대가가 국내의 거주자에 의하여 지불되거나 국내에 소재하는 고정사업장 또는 고정시설에 의하여 부담되고 당해 회계연도 중에 그 대가가 일정한 금액을 초과한 경우

② 우리나라 조세조약상 과세요건

우리나라가 체결한 조세조약별로 인적용역소득에 대한 과세요건을 보면 다음과 같다.

조세조약상 독립적 인적용역 소득의 과세요건

용역수행지국 과세요건 (하나라도 충족하면 과세)	해당 조약
① 고정시설 보유 (33개국)	그리스, 노르웨이, 뉴질랜드, 라오스, 루마니아, 모로코, 몽골, 베트남, 벨라루스, 불가리아, 스웨덴, 스페인, 슬로바키아, 슬로베니아, 아랍에미리트, 아이슬란드, 아일랜드, 영국, 오만, 우크라이나, 이란, 이스라엘, 인도, 체코, 카자흐스탄, 쿠웨이트, 크로아티아, 키르기즈, 튀니지, 폴란드, 핀란드, 헝가리, 호주
① 고정시설 보유 ② 연간 183일 이상(초과) 체재 (33개국)	남아프리카공화국, 네덜란드, 네팔, 독일, 라트비아, 러시아, 룩셈부르크, 리투아니아, 멕시코, 몰타, 방글라데시(120일), 베네수엘라, 사우디아라비아, 스위스, 아제르바이잔, 알바니아, 알제리, 에스토니아, 에콰도르, 오스트리아, 요르단, 우즈베키스탄, 이집트, 이탈리아, 인도네시아(90일), 일본, 중국, 칠레, 캐나다, 페루, 포르투갈, 프랑스, 필리핀(120일)
① 고정시설 보유(183일 이상 유지) ② 연간 183일 이상(초과) 체재 ③ 대가가 연간 일정금액 초과 (2개국)	미국(과세연도 중 미화 3,000불, 183일 이상 고정시설유지) 파푸아뉴기니(365일 중 미화 10,000불, 365일 중 6개월 초과)
① 고정시설 보유 ② 연간 183일 이상(초과) 체재 ③ 대가를 수행지국 거주자가 지급 ④ 대가를 수행지국 고정사업장이 부담	미얀마(회계연도 중 미화 12,000불) 태국(회계연도 중 미화 12,000불) 파키스탄(과세연도 중 미화 10,000불) 피지(연간 피지화 10,000불)

용역수행지국 과세요건 (하나라도 충족하면 과세)	해당 조약
* ③ · ④의 대가가 일정금액 초과 (4개국)	
① 연간 183일 이상(초과) 체재 (1개국)	스리랑카
① 연간 183일 이상(초과) 체재 ② 대가를 수행지국 거주자가 지급 ③ 대가를 수행지국 고정사업장이 부담 (4개국)	덴마크, 벨기에, 싱가포르, 터키
① 연간 183일 이상(초과) 체재 ② 대가를 수행지국 거주자가 지급 ③ 대가를 수행지국 고정사업장이 부담 * ② · ③의 대가가 일정금액 초과	말레이시아(역년 중 미화 3,000불)
① 대가를 수행지국 법인이 부담 ② 대가를 수행지국 고정사업장이 부담	브라질

※ 183일과 관련하여 조세조약에 따라 183일이 포함되는 경우도 있으므로 실제 적용 시 조세조약을 확인해야 함.

(4) 연예인 · 체육인 용역소득

1) 연예인 · 체육인의 범위

① 연예인

"연예인"이라 함은 공중 앞에서 음악, 무용, 연극, 모델, 쇼, 만담 등의 연예활동에 종사하는 자로서, 개인이 독립적 자격으로 활동하는 경우뿐만 아니라 보컬그룹, 교향악단, 연극단체 등과 같은 단체나 법인도 포함된다.

② 체육인

"체육인"이라 함은 축구, 농구, 골프, 체조 등 각종 운동경기, 체육 등의 활동을 하는 자로서, 개인이 독립적 자격으로 활동하는 경우 뿐만 아니라 축구클럽, 농구팀과 같은 단체나 법인도 포함된다.

2) 비거주 연예인 · 체육인이 제공하는 용역

"비거주 연예인, 체육인이 제공하는 용역"이라 함은 국내에 거주하지 아니하는 연예인·체육인이 국내에서 연예 및 체육활동을 수행하고 대가를 받는 용역으로서, 소득세법상 비거주자나 법인세법상 외국법인에 소속된 자가 국내사업장을 통하지 않고 제공하는 용역을 말한다.

3) 조세조약이 있는 국가의 비거주 연예인 등

① 과세원칙

국내세법과 조세조약상 규정이 상이한 때는 조세조약을 우선 적용하는 것이다.

따라서 조세조약이 체결된 국가의 거주자인 연예인·체육인의 소득은 공연 또는 경기가 국내에서 수행되는 경우에 한하여 과세되는 것이며, 이들의 용역이 국외에서 제공되고 텔레비전 프로그램 등과 같이 그 결과물을 국내에서 이용되는 것만으로는 과세할 수 없다.

한편, 조세조약상 '제3자에게 귀속되는 소득'이란 연예인·체육인의 활동에 따라 발생되는 소득이 연예인 등에게 직접 귀속되지 않고 연예회사 등과 같은 단체나 법인에게 귀속되는 경우를 말한다. 따라서 국내사업장이 없는 외국법인이더라도 고용인을 통하여 국내에서 연예·체육 용역을 제공하면 이 규정에 따라 국내에서 과세한다.

② 국가별 과세요건

대부분의 조세조약에는 연예인 및 체육인 조항이 별도로 있으며 그 조항의 주요내용은 연예인·체육인의 인적활동 소득에 대하여는 용역수행지국에서 과세할 수 있고, 그 소득이 제3자에게 귀속될 때에도 용역수행지국에서 과세할 수 있으므로 국내에서 인적활동이 수행되는 경우에는 무조건 국내에서 과세된다.

단, 미국의 경우 연예인·체육인 조항이 없으므로 인적용역 조항(제18조·제19조)을 적용하여 과세요건을 판단하며, 일본의 경우 개인 귀속 소득에 대하여는 그 소득이 어느 역년 동안 미화 1만불 상당 금액 이하이면 용역수행지국에서 면세된다.

조세조약상 연예인·체육인의 과세요건

유 형	해당 조약
용역수행지국 과세 (제3자 귀속 소득 포함) (83개국)	그리스·남아프리카공화국·네덜란드·네팔·노르웨이·뉴질랜드·덴마크·독일·라오스·라트비아·러시아·루마니아·룩셈부르크·리투아니아·말레이시아·멕시코·모로코·몰타·몽골·미얀마·바레인·방글라데시·베네수엘라·베트남·벨기에·벨라루스·불가리아·브라질·사우디

유　　형	해당 조약
용역수행지국 과세 (제3자 귀속 소득 포함) (83개국)	아라비아 · 스리랑카 · 스웨덴 · 스위스 · 스페인 · 슬로바키아 · 슬로베니아 · 싱가포르 · 아랍에미리트 · 아이슬란드 · 아일랜드 · 아제르바이잔 · 알바니아 · 알제리 · 에스토니아 · 에콰도르 · 영국 · 오만 · 오스트리아 · 요르단 · 우루과이 · 우즈베키스탄 · 우크라이나 · 이스라엘 · 이집트 · 이탈리아 · 인도 · 인도네시아 · 일본[*1] · 중국 · 체코 · 칠레 · 카자흐스탄 · 카타르 · 캐나다 · 쿠웨이트 · 콜롬비아 · 크로아티아 · 키르기즈 · 태국[*2] · 터키 · 튀니지 · 파키스탄 · 파푸아뉴기니 · 파나마 · 페루 · 포르투갈 · 폴란드 · 프랑스 · 피지 · 핀란드 · 필리핀 · 헝가리 · 호주
연예인 · 체육인 조항이 없는 조약(1개국)	미국[*3]

*1 일본 : 타방체약국에서 수행된 인적활동으로부터 일방체약국의 거주자인 개인이 취득하는 소득은, 그러한 소득이 어느 역년동안 미화 1만불 또는 그에 상당하는 대한민국 원화 또는 일본 엔화 금액을 초과하지 아니한다면, 타방체약국에서 면세(의정서 제2항)
　* 미화 1만불 상당 금액을 초과하는 경우 전체금액에 대하여 과세되고, 제3자 귀속소득은 금액에 상관없이 무조건 과세됨.
*2 태국 : 개인이 취득하는 소득이 체재 1일당 미화 50불(또는 한화 또는 태국 바트로그에 상당하는 금액)을 초과하거나, 또는 합계액이 미화 1,500불(또는 한화 또는 태국 바트로그에 상당하는 금액)을 초과하는 경우 용역수행지국에서 과세(조약개정 이전)
　* 개정조약이 적용되는 2008.1.1. 이후부터는 금액 조건에 관계없이 무조건 과세됨.
*3 미국 : '연예인 · 체육인' 조항이 없으므로 사안에 따라 독립적 인적용역(제18조), 근로소득(제19조) 또는 사업소득(제8조) 조항에 의하여 과세 여부 판단
〈개인〉
－국내에서 미국 거주자가 독립된 자격으로 수행하는 용역 소득은 다음 중 한 가지에 해당되면 국내에서 과세됨.
　• 과세연도 중 총 183일 이상 국내에서 체재하는 경우
　• 당해 용역소득이 과세연도 중 미화 $3,000을 초과하는 경우
　• 과세연도 중 총 183일 이상 국내에 고정시설이 있는 경우
－국내에서 미국 거주자가 법인의 직원으로서 수행하는 용역 소득은 다음 중 한 가지에 해당되면 국내에서 과세됨.
　• 과세연도 중 총 183일 이상 국내에서 체재하는 경우
　• 미국 거주자 또는 미국내 고정사업장의 피고용인이 아닌 경우
　• 국내 고정사업장이 보수를 부담하는 경우
　• 근로소득이 미화 3,000불을 초과하는 경우
〈법인〉
－국내에 고정사업장이 있는 경우 그 고정사업장의 사업소득으로 신고 · 납부
－국내에 고정사업장이 없는 경우 원천징수절차특례 규정에 따라 원천징수

③ 과세방법
　• 인적용역소득으로 과세
　　모든 비거주 연예인 등이 제공하는 용역은 조세조약 및 국내세법상 비거주자의 인적

용역소득에 해당되므로, 원천징수절차 및 세율 등 과세방법은 인적용역소득의 과세
방법과 동일하다.

- 사업소득 등으로 과세(미국 법인)

미국 법인이 제공하는 용역은 조세조약상 사업소득으로 분류되므로 국내에 고정사업
장이 있는 경우에는 그 고정사업장의 사업소득으로 신고·납부하여야 한다. 국내에
고정사업장이 없는 경우에는 '비거주연예인 등의 용역제공에 대한 원천징수절차 특례'
규정(소법 §156의 5 ①)에 따라 원천징수하여 납부하여야 한다.

4) 조세조약이 없는 국가의 비거주 연예인 등

① 과세원칙

우리나라와 조세조약이 체결되지 않은 국가에 거주하는 연예인 등의 용역은 국내 세법
에 의하여 과세된다.

② 과세요건

비거주 연예인·체육인이 제공하는 용역은 국내세법상 '인적용역소득'에 해당되므로
연예인 등이 직접 또는 법인을 통하여 국내에서 용역을 제공하는 경우에는 국내에서
과세된다.

5) 비거주 연예인·체육인 용역의 면세

연예인 등을 파견하는 국가의 정부나 지방공공단체가 보유하고 있는 공공기금으로 경
비를 지원하는 경우, 비영리단체가 제공하는 용역, 정부 간에 합의된 문화교류 프로그
램에 따라 이루어지는 경우 등 대부분의 조세조약에서는 면세범위, 요건을 규정하고
있는 바, 그 내용은 각 국가마다 다르므로 구체적인 면세요건은 각 국가별 조세조약을
확인하여야 한다.

조세조약상 연예인·체육인의 면세 등 규정

면세 유형	해당 국가
공공기금 지원, 비영리단체, 문화교류프로그램 등 조약요건 충족 시 용역수행지국에서 면세 (60개국)	그리스, 남아프리카공화국, 네팔, 독일, 라오스, 라트비아, 러시아, 루마니아, 룩셈부르크, 리투아니아, 멕시코, 모로코, 몽골, 미얀마, 바레인, 베네수엘라, 베트남, 벨기에, 벨라루스, 사우디아라비아, 스리랑카, 스웨덴, 스페인, 슬로바키아, 아랍에미리트, 아이슬란드, 알바니아, 알제리, 에스토니아,

면세 유형	해당 국가
조약요건 충족 시 연예인·체육인 조항 적용배제[3] (20개국)	에콰도르, 영국, 오만, 요르단, 우루과이[1], 우즈베키스탄, 우크라이나, 이란, 이스라엘, 이집트, 이탈리아[2], 인도네시아, 일본, 중국, 체코, 카자흐스탄, 카타르, 캐나다, 콜롬비아, 크로아티아, 키르기즈, 태국, 터키, 파나마, 파푸아뉴기니, 포르투갈, 프랑스, 핀란드, 필리핀, 헝가리, 호주
	네덜란드, 노르웨이, 뉴질랜드, 덴마크[2], 말레이시아, 몰타, 방글라데시, 불가리아, 브라질, 스위스, 슬로베니아, 싱가포르, 아일랜드, 아제르바이잔, 인도, 쿠웨이트, 튀니지, 파키스탄, 폴란드, 피지
면세요건 규정 없음(3개국)	오스트리아, 칠레, 페루

*1 조약조건 충족 시 연예인·체육인 조항을 적용하지 않으나, 거주지국 과세
*2 이탈리아·덴마크 : 제3자(법인 등) 귀속소득은 연예인·체육인 조항에 의하여 용역수행지국에서 과세
*3 사안에 따라 인적용역(독립적·종속적) 또는 사업소득 조항에 의하여 과세 여부 판단

(5) 종속적 인적용역소득

1) 종속적 인적용역소득의 범위

종속적 인적용역소득은 고용관계하에서 제공되는 용역에 대한 대가로서, 우리나라의 소득세법상 근로소득에 해당된다.

대부분의 조세조약은 이사의 보수, 연예인 및 체육인의 소득, 정부직원의 보수, 학생·훈련생의 소득, 교수의 급여소득 등에 대하여는 별도의 조항을 두고 있으므로 그러한 소득들이 종속적 인적용역소득에 해당하는 경우에도, 그러한 소득에 대하여는 그 별도의 조항이 적용되고 별도의 조항이 없는 경우에만 종속적 인적용역 조항이 적용된다.

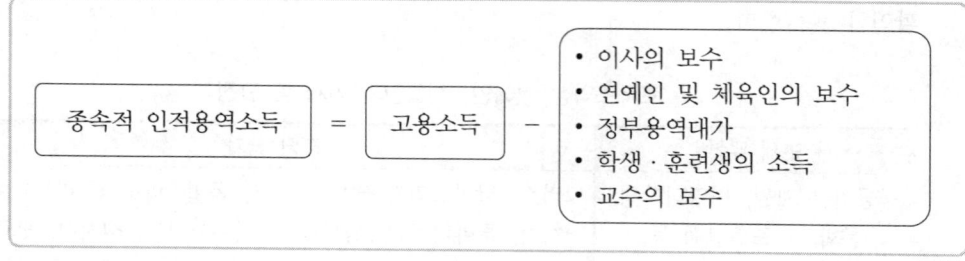

종속적 인적용역소득 ＝ 고용소득 － ・ 이사의 보수
・ 연예인 및 체육인의 보수
・ 정부용역대가
・ 학생·훈련생의 소득
・ 교수의 보수

2) 과세원칙

① 용역수행지국 과세

조세조약상 비거주자의 종속적 인적용역소득에 대하여는 그 용역이 수행된 국가에서 과세할 수 있다. 따라서 그 용역이 국내에서 수행되는 경우에는 그 보수가 국내에서 지급되는지 또는 국외에서 지급되는지에 관계없이 과세대상이 된다.

② 단기체재자의 면세

조세조약에 따라 다소 차이는 있으나 이중과세를 방지하고 국제 간의 인적교류를 원활하게 하기 위하여 일반적으로 아래의 요건을 모두 갖춘 경우에는 비거주자의 종속적 인적용역 소득에 대하여 용역수행지국에서 비과세하도록 하고 있다.

- 비거주자가 당해 역년 또는 어느 12개월 중 183일 미만 국내에 체재할 것
- 당해 소득이 우리나라 거주자가 아닌 자에 의하여 지급될 것
- 당해 소득이 고용주가 우리나라에 가지고 있는 고정사업장에 의하여 부담되지 않을 것

③ 우리나라 조세조약상 단기체재자 면세요건

우리나라가 체결한 조세조약별로 단기체재자의 면세요건은 다음과 같다.
구체적인 면세요건은 각 국가별 조세조약을 참고하시기 바란다.

조세조약상 종속적 인적용역소득의 면세요건

용역수행지국 면세요건 (다음 요건을 모두 충족하면 면세되나 하나라도 충족하지 않으면 과세됨)	해당 조약
① 과세연도 중 183일 미만 체재 ② 미국 거주자 또는 미국 내 고정사업장의 피고용인 ③ 고용주의 국내사업장이 보수를 부담하지 아니함. ④ 근로소득이 미화 3,000불 초과하지 아니함.	미국
① 연간[*1] 183일 이하 체재 ② 수행지국(한국)의 거주자가 아닌 자(고용주, 대리인)가 보수를 지급 ③ 고용주의 수행지국(한국)내 고정사업장이 보수를 부담하지 아니함	그리스 · 남아프리카공화국 · 네덜란드 · 네팔 · 노르웨이 · 뉴질랜드 · 덴마크 · 독일[*2] · 라오스 · 라트비아 · 러시아 · 루마니아 · 룩셈부르크 · 리투아니아 · 말레이시아 · 멕시코 · 모로코 · 몰타 · 몽골 · 미얀마 · 바레인 · 방글라데시 · 베네수엘라 ·

용역수행지국 면세요건 (다음 요건을 모두 충족하면 면세되나 하나라도 충족하지 않으면 과세됨)	해당 조약
(83개국)	베트남 · 벨기에 · 벨라루스 · 불가리아 · 브라질 · 사우디아라비아 · 스리랑카 · 스웨덴 · 스위스 · 스페인 · 슬로바키아 · 슬로베니아 · 싱가포르 · 아랍에미리트 · 아이슬란드 · 아일랜드 · 아제르바이잔 · 알바니아 · 알제리 · 에스토니아 · 에콰도르 · 영국 · 오만 · 오스트리아 · 요르단 · 우루과이 · 우즈베키스탄 · 우크라이나 · 이스라엘 · 이집트 · 이탈리아 · 인도 · 인도네시아 · 일본 · 중국 · 체코 · 칠레 · 카자흐스탄 · 카타르 · 캐나다 · 콜롬비아 · 쿠웨이트 · 크로아티아 · 키르기즈 · 태국 · 터키 · 튀니지 · 파나마 · 파키스탄 · 파푸아뉴기니 · 포르투갈 · 폴란드 · 페루 · 프랑스 · 피지 · 핀란드 · 필리핀 · 헝가리 · 호주

*1 조세조약 체결국에 따라 '어느 12개월', '회계연도', '과세연도', '역년' 등 그 기준이 다르므로 실제 적용 시 조세조약 원문을 확인하여야 함.

*2 독일 : 노동 외에 전문적 고용구조의 고용에 대한 보수에 대하여는 면세조항이 적용되지 아니하므로 용역수행지국에서 과세됨.

비거주자의 국내원천 근로소득에 대한 과세 여부 판정 시 각 국가와 체결한 조세조약상 체재일수별 면세 요건을 예시하면 다음과 같다.

• 수취인이 당해 과세연도(the taxable year) 중 12개월의 기간 중 총 183일을 초과하지 아니하는 단일기간 또는 통산한 기간 동안 다른 쪽 체약국에 체류(예 : 「한 · 네덜란드 조세조약」§16 ② 가.)

체재일수		과세 여부	
입국연도	익년도	입국연도	익년도
160일	150일	비 과 세	비 과 세
190일	200일	과 세	과 세
190일	90일	과 세	비 과 세
90일	200일	비 과 세	과 세

• 수취인이 해당 역년에 개시되거나 종료하는 12월(any twelve-month period commencing or ending in the calendar year) 중 총 183일을 초과하지 아니하는 단일 기간 또는 통산한 기간 동안 다른 쪽 체약국에 체류(예 : 「한 · 캐나다 조세조약」§15 ② 가.)

체재일수		과세 여부	
입국연도	익년도	입국연도	익년도
60일	50일	비 과 세	비 과 세
100일	100일	과 세	과 세
190일	200일	과 세	과 세

3) 국제운수 선박 · 항공기 승무원의 근로소득

소득세법상 비거주자가 우리나라 거주자에 의하여 운용되는 외국항행선박 · 원양어업 선박 및 항공기의 승무원으로서 근무하고 지급받는 급여는 국내원천 근로소득으로서 국내에서 과세된다.

조약체결국별 국제운수 선박 · 항공기 승무원의 근로소득 과세유형

과세유형	체약국
국제운수기업의 거주지국에서만 과세	남아프리카공화국, 네팔, 덴마크, 라오스, 라트비아, 러시아, 루마니아, 리투아니아, 모로코, 몽골, 미국(정규승무원), 미얀마, 바레인, 방글라데시, 베네수엘라, 베트남, 벨기에, 벨라루스, 불가리아, 사우디아라비아, 슬로바키아, 슬로베니아, 아랍에미리트, 아이슬란드, 아일랜드, 아제르바이잔, 알바니아, 알제리, 에콰도르, 에스토니아, 오만, 오스트리아, 요르단, 우루과이, 우크라이나, 이란, 이스라엘, 이탈리아, 인도네시아, 중국, 체코, 카자흐스탄, 카타르, 콜롬비아, 쿠웨이트, 크로아티아, 키르기즈, 태국, 튀니지, 파나마, 파키스탄, 파푸아뉴기니, 포르투갈, 폴란드, 페루, 피지, 헝가리
승무원의 거주지국에서만 과세	네덜란드, 노르웨이(항공기승무원), 뉴질랜드, 룩셈부르크, 스웨덴(항공기승무원), 스위스, 싱가포르, 이집트, 인도, 칠레, 터키, 필리핀(정규승무원), 프랑스
기업거주지국과 승무원거주지국에서 각각 과세 가능	그리스, 노르웨이(선박승무원), 독일, 말레이시아, 멕시코, 몰타, 브라질, 스리랑카, 스웨덴(선박승무원), 스페인, 영국, 우즈베키스탄, 일본, 캐나다, 핀란드, 호주

※ 베네수엘라, 알제리, 크로아티아 : 기업의 실질적 관리장소 소재지국에서 과세

그러나 우리나라가 체결한 대부분의 조세조약에서는 이러한 승무원의 보수에 관하여 국내세법과 다르게 규정하고 있는 바, 조세조약상으로는 국제운수기업의 거주지국에서만 과세할 수 있는 경우와, 승무원의 거주지국에서만 과세할 수 있는 경우 및 기업거

1299

주지국과 승무원거주지국에서 각각 과세할 수 있는 경우가 있다.

(6) 교수 · 교직자의 보수

① 용역수행지국 면세

조세조약은, 국가 간의 문화 · 학술교류를 촉진하기 위하여 대학 등 인가된 교육기관에 초청되어 2년(또는 3년)을 초과하지 않는 기간 동안 강의나 연구활동 등 인적용역을 제공하고 받는 보수에 대하여 면세하도록 규정하고 있다.

② 면세 배제

대학 또는 인가된 교육기관 등에서의 강의 또는 연구활동이 공공의 이익을 위한 것이 아니고 특정인들의 개인적인 이익을 위한 것일 경우에는 면세를 배제한다. 조세조약상의 면세요건이 충족되지 않은 경우 또는 조세조약에 교수의 보수에 관한 별도의 규정이 없는 경우에는 인적용역 조항이 적용되는 바, 독립적인 자격으로 교수의 용역을 수행하는 경우에는 독립적 인적용역에 관한 조항이 적용되며, 피고용인으로서 수행하는 경우는 종속적 인적용역에 관한 조항을 적용하여 과세한다.

③ 우리나라의 조세조약상 면세내용

우리나라가 체결한 조세조약별로 교수(교직자)의 보수에 관한 면세 내용을 요약하면 다음과 같다. 구체적인 면세요건은 조세조약 체결국마다 다르므로 실제 조세조약을 적용할 때에는 그 면세요건을 조약 원문을 통하여 확인하여야 한다. 교수(교직자)의 면세조항은 일반적으로 해당 조약 제19조부터 제22조 사이에 있다.

조세조약상 교수 · 교직자에 대한 면세

유　형	해당 조약
면세조항 없음 (12개국)	노르웨이, 스웨덴, 스위스, 아제르바이잔, 오스트리아, 우즈베키스탄, 우크라이나, 칠레, 캐나다, 튀니지, 핀란드, 페루
2년간 면세 (67개국)	그리스, 남아프리카공화국, 네덜란드, 네팔, 뉴질랜드, 덴마크, 독일[1], 라오스, 라트비아, 러시아, 루마니아, 룩셈부르크, 리투아니아, 말레이시아, 멕시코, 모로코, 몰타, 몽골, 미국, 미얀마, 바레인, 방글라데시, 베네수엘라, 베트남, 벨기에, 벨라루스, 불가리아, 브라질, 사우디아라비아, 스리랑카, 스페인, 슬로바키아, 슬로베니아, 싱가포르, 아이슬란드, 아일랜드, 알제리, 에스토니아, 에콰도르, 영국, 오만, 요르단, 우루과이, 이란[1], 이스라엘, 이집트, 이탈리아, 인도, 인도네시아, 일본, 체코, 카자흐스탄, 콜

유 형	해당 조약
	콜롬비아, 쿠웨이트, 크로아티아, 키르기즈, 태국, 터키[*1], 파나마, 파키스탄, 파푸아뉴기니, 포르투갈, 폴란드, 프랑스, 피지, 필리핀, 호주
3년간 면세 (3개국)	아랍에미리트, 중국, 카타르
면세기간 제한 없음 (2개국)	알바니아[*1], 헝가리

*1 독일 · 이란 · 터키 · 알바니아 : 보수가 용역수행지국(한국)에서 취득(발생)되면 면세되지 않음.

④ 외국인의 보수에 대한 면세

프랑스 거주자가 강의나 연구 목적으로 우리나라에서 2년을 초과하여 근로계약을 체결한 경우에도 해당 계약기간 중 최초 2년의 보수는 한 · 프랑스 조세협약 제21조 규정에 따라 면세되는 것이다(국제조세협력과－168, 2017.3.20.).

(7) 인적용역소득에 대한 신고 · 납부특례(법법 §99, 소법 §121 ⑤)

국내사업장이 없고 인적용역소득이 있는 비거주자(개인)는 본인이 원하는 경우 소득세법 제70조의 규정을 준용하여 종합소득세과세표준 확정신고를 할 수 있으며 이 경우 소득세법 제119조에 규정된 국내원천소득(퇴직 및 양도소득은 제외)에 대하여 종합하여 과세한다(소법 §121 ⑤).

국내사업장이 없고 인적용역소득이 있는 외국법인은 국내용역 제공기간(용역제공기간이 불분명하면 입국일부터 출국일까지의 기간)에 발생한 소득에서 그 소득과 관련되는 것으로 입증된 비용을 뺀 금액(과세표준)을 용역 제공기간 종료일부터 3개월 이내에 국내사업장이 없는 외국법인의 인적용역소득 신고서에 그 소득과 관련된 비용을 입증하는 서류를 첨부하여 원천징수의무자의 납세지 관할세무서장에게 신고 · 납부할 수 있다. 이 경우 과세표준에 원천징수된 소득이 포함되어 있으면 원천징수세액은 기납부세액으로 공제하며, 세액의 계산방법 · 세율 · 납부 · 결정 · 경정 및 징수방법에 관하여는 법인세법 제95조 및 제97조를 준용한다(법법 §99, 법령 §139).

7. 양도소득

(1) 부동산 등 양도소득

양도소득이란 외국법인이 국내에 소재하는 다음의 자산 · 권리를 양도 시 발생하는 소득을 말한다(법법 §93 7호).

① 토지 · 건물

② 부동산에 관한 권리

③ 기타 자산

　　가. 사업용 고정자산과 함께 양도하는 영업권

　　나. 특정시설물이용권

④ 비상장 부동산 주식 또는 출자지분비상장 내국법인의 주식 중 양도일에 속하는 사업연도 개시일 현재 자산총액 중 부동산(토지 · 건물)의 합계액이 50%인 법인의 주식 등(부동산주식등)으로서 증권시장에 상장되지 아니한 주식 등.

　　이 경우 조세조약의 해석 · 적용과 관련하여 그 조세조약 상대국과 상호협의에 따라 우리나라에 과세권한이 있는 것으로 인정되는 부동산주식등도 이에 포함한다.

(2) 법인 양수자에 대한 원천징수제도

비거주자 또는 외국법인으로부터 부동산 등을 양수하는 법인은 양수대금을 지급하면서 지급액의 10%(다만, 취득가액 및 양도비용이 확인되는 경우에는 지급액의 10%와 양도차익의 20% 중 적은 금액)를 원천징수하여 납부하여야 한다(소법 §156 ① 5호, 법법 §98 ① 5호). 양수자는 원천징수한 세액을 그 징수일이 속하는 달의 다음 달 10일까지 납부하고 원천징수이행상황신고서를 관할세무서장에게 제출하여야 한다. 만약 원천징수세액을 기간 내에 납부하지 아니하거나 미달하여 납부한 때에는 그 미납부세액 또는 미달세액의 10%를 한도로 하여 다음 각호의 금액 합계액을 원천징수 납부지연가산세로 가산하여 부과 · 징수하게 된다.

　① 무납부한 세액(미달납부세액)×납부기한의 다음 날부터 자진납부일 또는 납세고지일까지의 기간×22/100,000

　② 무납부한 세액(미달납부세액)의 3%

(3) 비거주자의 양도소득에 대한 원천징수 면제

부동산 등의 양도소득이 있는 비거주자가 그 소득에 대한 소득세를 미리 납부하였거나 그 소득이 비과세 또는 과세미달되는 것임을 입증하는 경우에는 원천징수하지 아니한다(소법 §156 ⑮).

위에서 '그 소득에 대한 소득세를 미리 납부하였거나 그 소득이 비과세 또는 과세미달되는 것임을 입증하는 경우'라 함은 비거주자가 당해 원천징수의무자의 납세지관할세무서장에게 양도소득세 신고납부(비과세 또는 과세미달) 확인신청서(소칙 [별지 제29호의3 서식])에 당해 부동산에 대한 등기부등본·매매계약서를 첨부하여 신청하고, 그 확인을 받아 이를 원천징수의무자에게 제출하는 경우를 말한다(소령 §207 ⑤).

(4) 1세대1주택 비과세 및 장기보유특별공제의 비거주자 적용배제

부동산 등의 양도소득(소법 §119 9호)이 있는 비거주자에 대해서는 거주자와 같은 방법으로 과세한다. 다만, 다음의 경우를 제외한 비거주자에게는 1세대1주택의 비과세가 적용되지 아니한다(소법 §121 ②, 소령 §180의 2).

> • 거주자였던 자가 해외이주로 세대전원이 출국하는 경우로서 출국일 현재 보유하고 있는 1주택을 출국일부터 2년 이내에 양도하는 비거주자
> • 거주자였던 자가 1년 이상 계속하여 국외거주를 필요로 하는 취학 또는 근무상의 형편으로 세대전원이 출국하는 경우로서 출국일 현재 보유하고 있는 1주택을 출국일부터 2년 이내에 양도하는 비거주자

또한 장기보유특별공제(소법 §95 ②)의 경우 모든 비거주자에 대하여 최대 80%의 장기보유특별공제는 적용되지 아니하며 최대 30%의 일반 장기보유특별공제만 적용된다(소법 §121 ②).

8. 사용료소득(조세조약이 없는 경우 법인세 20%, 지방소득세 2% 원천징수 과세)

(1) 국내원천 사용료소득

사용료소득이란 외국법인이 다음에 해당하는 권리·자산 또는 정보(권리 등)를 국내에서 사용하거나 그 대가를 국내에서 지급하는 경우의 그 대가 및 그 권리 등의 양도로

1303

발생하는 소득. 이 경우 상기 '4.'에 따른 산업상·상업상·과학상의 기계·설비·장치 등을 임대함으로써 발생하는 소득을 조세조약에서 사용료소득으로 구분하는 경우 그 사용대가를 포함한다(법법 §93·8호, 소법 §119·10호).

　가. 학술 또는 예술상의 저작물(영화필름 포함)의 저작권·특허권·상표권·디자인·모형·도면이나 비밀의 공식 또는 공정·라디오나 텔레비전방송용 필름 및 테이프 기타 유사한 자산이나 권리

　나. 산업상·상업상 또는 과학상의 지식·경험에 관한 정보 또는 노하우

　다. 사용지를 기준으로 국내원천소득 해당 여부를 규정하는 조세조약(사용지 기준 조세조약)에서 사용료의 정의에 포함되는 그 밖에 이와 유사한 재산 또는 권리(특허권, 실용신안권, 상표권, 디자인권 등 그 행사에 등록이 필요한 권리가 국내에서 등록되지 아니하였으나 그에 포함된 제조방법·기술·정보 등이 국내에서의 제조·생산과 관련되는 등 국내에서 사실상 실시되거나 사용되는 것을 말함)

① 원천지국 결정기준

비거주자 등의 사용료소득이 국내세법상 국내원천소득이 되기 위하여는 당해 소득을 발생시키는 자산·정보 및 권리가 국내에서 사용되거나 그 대가가 국내에서 지급되어야 한다. 과거에는 당해 자산 등이 국내에서 사용되는 경우에만 국내원천소득이 되었으나, 1988년 세법 개정으로 인하여 당해 자산 등을 국외에서 사용하더라도 국내에서 사용료가 지급되는 경우에는 국내원천소득이 된다.

② 내국법인의 해외지점 또는 건설공사현장에서 사용되는 기술도입대가

내국법인이 국내사업장이 없는 외국법인으로부터 사용료를 발생시키는 자산, 권리, 정보 등을 도입하여 제3국에 소재하는 동 내국법인의 해외지점 또는 건설공사현장에서 사용하고 동 법인이 지급하는 대가는 국내원천 사용료소득에 해당한다(법통 93-132…15).

③ 체재비 등에 대한 과세문제

외국기업이 국내기업과의 기술제공계약에 따라 국내기업에 기술을 제공하기 위하여 파견하는 기술자에 대한 항공료, 숙박비 등 체재비, 일당 등을 국내기업이 부담하는 경우 그 항공료, 체재비, 일당 등은 모두 그 기술제공에 대한 대가로서 사용료에 해당한다.

④ 비거주자가 창작한 저작물(콘텐츠)의 사용대가

내국법인과의 전속계약에 따라 국내사업장이 없는 비거주자가 창작한 저작물(콘텐츠)

의 사용대가로서 내국법인으로부터 분배받는 콘텐츠의 판매수익·콘텐츠를 이용하여 발생하는 수익은 저작권의 사용대가로서 사용료소득에 해당한다(사전법령국조-531, 2018.12.17.).

⑤ 미국 IT기업에게 지급하는 클라우드 서비스 이용료

국내사업장이 없는 미국법인이 국내에서 클라우드 서비스를 제공하고 지급받은 이용대가에 산업상·상업상·과학상의 지식·경험에 관한 정보 또는 노하우에 대한 대가가 포함되어 있는 경우 그 대가는 사용료소득에 해당한다(서면법령국조-2060, 2018.12.27.).

⑥ 카드사 지주회사에 지급한 수수료

미국에 있는 카드사 지주회사에 대해 국내 회원사인 내국법인이 미국 지주회사에 지급한 수수료는 카드 상표권을 사용한 대가의 지급으로 보아 사용료소득에 해당한다(조심 2018서3041, 2019.3.7.).

⑦ 청구법인은 쟁점특허권 대가는 사용료소득이 아닌 한·미조세조약 제16조에 따라 비과세·면제되는 양도소득에 해당된다 주장하나, 한·미조세조약 제14조 제4항 제(b)에서 재산 또는 권리의 처분에 따라 발생한 소득 중에서 권리의 사용에 상응하는 부분은 사용료로 보도록 되어 있는데 청구법인은 쟁점 특허권대가의 산정방법을 알 수 있는 자료를 제출하지 아니하여 쟁점특허권 대가 중 양도소득으로 볼 수 있는 금액이 얼마인지가 불분명한 점, 특허권 대가는 미래의 현금흐름을 고려하여 산정되는 것으로서 특허권을 매입하는 순간에 생산성, 사용 또는 처분에 상응하여 결국 법인의 미래의 경제적 효익을 증가시킨다고 할 것이며 그 양도대가를 정액일시불로 받는 경우라 하여 소득구분을 달리 해석할 것은 아닌 점(조심 2017중4588, 2018.1.11.) 등에 비추어 처분청이 쟁점특허권 대가를 사용료소득으로 본 점은 잘못이 없다(조심 2020중454, 2020.3.12.).

⑧ 프랑스법인의 국내지점이 본사와 체결한 기술·노하우 라이센스계약에 따라 본사가 보유한 기술·노하우를 사용하고 국내지점 매출액의 일정비율로 본사에게 기술사용료를 지급한 경우 동 지급액은 프랑스법인의 한·프조세조약 제12조 및 법인세법 제93조 제8호에 따른 국내원천 사용료소득으로 원천징수대상에 해당한다(법령해석과-1112, 2018.4.25.; 조심 2019서4195, 2020.4.16.).

⑨ 국내 거주자가 미국 법인이 운영하는 동영상 공유서비스에 디지털 콘텐츠를 업로드하고 미국 법인과의 계약에 따라 해당 디지털 콘텐츠에 대한 저작권 사용권을 미국 법인

에 부여하고 그 대가를 미국 법인으로부터 받는 경우 그 대가 중 미국 원천에 해당하는 부분은 한미 조세조약 제14조에 따른 사용료 소득에 해당한다(조세정책과-370, 2022. 5.13).

(2) 조세조약상 사용료소득

① 원천지국 결정기준

사용료의 원천지국을 정함에 있어서도 이자소득의 경우와 같이 지급지 기준과 사용지 기준이 있는바, 우리나라가 체결한 대부분의 조세조약은 사용료의 지급자가 거주하는 국가에 원천이 있는 것으로 규정하고 있으나(지급지 기준), 한·미조세조약에서는 사용료를 발생시키는 자산 등이 사용되는 국가에 원천이 있는 것으로 규정하고 있다(사용지 기준). 지급지 기준을 채택하고 있는 조세조약에 있어서도 그 사용료의 지급의무가 비거주자 등의 국내 고정사업장과 관련하여 발생되고 그 사용료가 그 고정사업장에 의하여 부담되는 경우에는 그 사용료는 그 지급인의 거주지국과 관계없이 동 고정사업장이 소재하는 국가에 원천이 있는 것으로 보도록 규정하고 있다.

② 특허권 등의 양도소득

또한 국내세법에서는 상기 자산·권리의 임대소득뿐만 아니라 양도소득까지도 사용료의 범주에 포함하고 있으나, 조세조약에서는 상기 자산·권리의 양도대가를 사용료에서 제외하고 있는 경우가 많다. 조세조약에서 이러한 자산·권리의 양도대가를 사용료에서 제외하고 있는 경우 당해 양도대가는 사업소득(고정사업장의 소득인 경우), 양도소득 또는 기타소득 중 어느 하나에 해당될 수 있다.

유 형	특별규정	해당조약
저작권·특허권·상표권·의장·모형·도면·비밀공식 또는 공정 등의 사용 또는 사용권에 대한 대가	권리 또는 재산의 양도(처분) 사용료에 포함	멕시코, 미국, 싱가포르, 일본
	문학·예술작품(필름·테이프 포함) 저작권 제한세율 적용배제	스위스 ※국내세법 세율 적용
산업상·상업상·학술상 장비의 사용 또는 사용권에 대한 대가	장비(설비)양도 사용료에 포함	멕시코
	나용선계약에 의한 선박 또는 항공기의 대여료 사용료에서 제외	네덜란드

유 형	특별규정	해당조약
산업상·상업상·학술상 장비의 사용 또는 사용권에 대한 대가	사용료에서 제외	남아프리카공화국, 네팔, 미국, 방글라데시, 스위스, 슬로베니아, 아랍에미리트, 아일랜드, 알바니아, 우루과이, 우크라이나, 이집트, 카타르, 쿠웨이트, 크로아티아, 페루
산업상·상업상·학술상 경험에 관한 정보의 대가	과학(학술)적, 지질학적 또는 기술적 성격의 연구나 조사 또는 감독용역 등의 대가 사용료에서 제외	네덜란드, 프랑스
	사용료에서 제외	이집트, 쿠웨이트
기술용역 제공대가	사용료에 포함	불가리아, 브라질, 튀니지, 콜롬비아[1], 파키스탄[2], 페루, 포르투갈
기술용역 수수료	사용료와 구분하여 정의 제한세율 적용	인도[3]
중개수수료[4]	사용료와 구분하여 정의 제한세율 적용	루마니아
소프트웨어의 사용 또는 사용권의 과세기준	다음의 어느 하나에 해당하면 사용료에 해당 ① 원시코드 이전 ② 사용자의 요구에 의해 개발·개작 ③ 대가가 생산성·사용을 참조하여 결정	독일, 캐나다, 파나마
사용지주의		미국

[1] 콜롬비아 : 자문용역의 대가로 사용료에 포함됨.
[2] 파키스탄 : 경영 또는 자문용역에 대한 대가도 사용료에 포함된다. 다만, 지급자의 피고용인 또는 개인의 독립적 인적용역에 대한 대가는 사용료에서 제외됨.
[3] 인도 : 지급자의 피고용인 또는 개인의 독립적 인적용역에 대한 대가는 기술용역수수료에서 제외됨.
[4] 수수료 : 중개인 또는 위탁매매인 등에게 지급되는 금액

(3) 사용료소득과 인적용역소득의 구분

① 원천지국 결정기준

사용료의 원천지국은 그 사용료를 발생시키는 자산·정보(기술) 등이 사용되는 국가 또는 그 사용료를 지급하는 자의 거주지국이나, 인적용역소득의 경우에는 그 용역이 수

행되는 국가가 원천지국이다.

② 세율

사용료의 경우에는 조세조약상 제한세율이 적용되나(국내세법상 원천징수세율 20%), 인적용역소득의 경우에는 조세조약상 제한세율이 없다(국내세법상 원천징수세율 20%).

③ Know-how의 개념

기술이 기술자 또는 설계도면 등을 통하여 이전되기 때문에 기술용역 계약대가로 지급하는 금액이 기술, 즉 know-how에 대한 대가로서 사용료소득에 해당하는지 또는 인적용역소득에 해당하는지의 문제가 발생한다. 따라서 그 대가가 사용료소득에 해당하는지 인적용역소득에 해당하는지를 판단하기 위하여 먼저 know-how의 개념을 파악하여야 한다.

Know-how라 함은 '특허를 받을 수 있는지 여부에 관계없이 직접적으로 그리고 동일한 조건하에서 제품의 산업적 재생산 또는 공정에 필요한 모든 공개되지 아니한 기술의 지식을 말한다. know-how는 그것이 경험에서 얻어지는 것이므로 제품의 단순한 분석·검사 및 기술 향상에 대한 단순한 지식만으로서는 알 수 없는 것'(OECD모델 조세조약 §12 주석서 11절 이하)을 말한다.

따라서 know-how의 개념 징표로서는 비공개성과 고도의 기술성을 들 수 있다. 즉 어떤 기술이 know-how에 해당하기 위하여는 그 기술이 공개되지 않아야 하고 통상적인 기술수준을 초과하는 기술이어야 한다.

Know-how계약에 있어 계약당사자의 한쪽은 다른 쪽이 독자적으로 사용할 수 있도록 그의 공개되지 아니한 특별한 지식과 경험을 다른 쪽에게 제공할 것을 약정하며, 그 제공자는 제공받는 자에게 제공된 formula를 적용함에 있어 아무 역할을 할 필요가 없고, 또 그 결과를 보증하지 않는 것으로 인식되고 있다.

이에 대하여 인적용역계약에 있어서는 계약당사자의 한쪽이 다른 쪽을 위하여 그의 직업상 통상적인 기술을 사용하여 스스로(직접) 업무를 수행할 것을 약정한다. 인적용역 제공에 있어서는 고도의 기술을 요하는 것이 아니고 통상적인 수준의 기술이 사용된다는 점에서 know-how 제공과 다르다.

④ 사용료소득(know-how대가)과 인적용역소득의 구분기준

기술자 또는 전달매체를 통하여 제공되는 기술이 know-how, 즉 비공개된 고도의 기술에 속하는 경우에는 그 대가는 know-how에 대한 대가이므로 사용료 소득에 해

당한다. 그러나 그 기술이 그 직업상 통상적인 수준의 기술에 불과한 경우 그 대가는 인적용역소득에 해당한다.

구체적인 판단기준은 법인세법기본통칙 93-132…7(노하우와 독립적 인적용역의 구분)을 참조하면 된다.

사용료소득과 인적용역소득의 구분기준(예시)

구 분	사용료소득	인적용역소득
① 개념	무형의 가치	신체에 부수되어 제공되는 노무, 기능 및 기술
② 원천지기준	사용지국(지급지국)	수행지국
③ 소득성격	창출된 가치에 대한 대가	서비스에 대한 대가
④ 제공자의 책임	결과에 대한 보증의무 없음	일정기간 동안 용역결과에 대해 보증의무 있음
⑤ 대가지급 방법	• 당해 대가가 제공된 기술이나 공업소유권을 사용한 회수, 기간, 생산 또는 사용에 의한 이익에 대응해서 산정됨 • 창출된 가치를 위하여 지출된 비용에 통상이윤을 가산한 금액을 훨씬 초과하여 지급됨	• 당해 용역에 대한 대가가 당해 용역 제공을 위하여 지출된 비용에 통상이윤을 가산한 실제가액인 경우
⑥ 설계용역 대가의 경우	• 불특정인을 위하여 작성된 설계도면을 사용하고 지급하는 반복 사용 또는 복제권리의 대가	• 설계사가 제공하는 용역과 같이 정형화된 전문직업적 용역(그 성질이 용역수행자가 통상적으로 보유하는 전문적인 지식 또는 특별한 기능을 활용하여 용역을 제공함)
	• 공개되지 않은 기술적 정보, 즉 know-how가 포함된 도면	• 설계사가 전문직업인으로서 지식을 활용하여 제작한 도면
	• 설계용역이 공개되지 않은 기술적 정보를 전수하는 경우와 같이 know-how를 제공하는 것일 경우에는 설계도면의 납품을 통해서 이루어지더라도 사용료에 해당됨	• 개발에 소요되는 직·간접적 비용을 실제 부담한 경우 • 개발의 성공 여부에 따른 위험과 책임을 도입자가 부담하는 경우

03

1309

구 분	사용료소득	인적용역소득
⑥ 설계용역 대가의 경우	• 용역의 상대적 가치가 큰 경우에는 사용료소득에 해당됨	
⑦ 기타 기술용역	특허권 등이나 know-how 제공에 필연적으로 부수되는 용역대가	용역제공에 따른 인적·물적 비용으로 실제로 소요된 비용
⑧ 인적용역 대가와 사용료가 혼합된 경우	인적용역 부분이 보조적이며 그 금액이 크지 않은 경우에는 전체를 사용료로 봄	인적용역 부분이 합리적으로 구분가능 하고 그 인적용역 부분이 사용료의 보조적이 아니며 금액이 큼
⑨ 기계장치의 도입에 따른 설치, 제작, 조립운전을 위한 부수적인 도면		기계장치에 부수되는 단순한 설계 도면은 인적용역임(단, 계약서상 기계가에 설치 및 조립, 도면, 시운전을 위한 비용이 포함된 경우에는 기계가액으로 봄)

(4) 소프트웨어 도입대가의 사용료 해당 여부

소프트웨어라 함은 특정의 결과를 얻기 위하여 컴퓨터 등 정보처리 능력을 가진 기계장치 내에 직접 또는 간접적으로 사용되는 일련의 지시 또는 명령(프로그램) 및 동 프로그램과 관련되어 사용되는 설명서·기술서 및 기타 보고서를 말한다.

소프트웨어 도입대가는 저작권의 사용대가에 해당하는 경우, know-how의 사용대가에 해당하는 경우, 상품의 수입대가에 해당하는 경우로 나눌 수 있다.

① 저작권의 사용대가

먼저 소프트웨어 국내도입자가 외국의 소프트웨어 저작권자로부터 당해 소프트웨어의 저작권을 양수하고 대가를 지급하거나 저작권자와의 사용허여계약(licence agreement)에 의해 당해 소프트웨어 저작권을 사용하고 그 대가를 지급하는 경우에는 저작권의 사용료에 해당한다.

• 내국법인이 국내 고정사업장이 없는 미국법인과 소프트웨어의 라이선스계약을 체결하고 License-key를 소프트웨어 저작권자로부터 제공받아 소프트웨어 복제·판매하고 판매된 수량에 따라 대가를 지급하는 경우 동 대가는 법인세법 및 한·미조세조약 제14조 '2.'의 저작권에 대한 사용료소득에 해당되어 당해 대가를 지급하는 내국법인은 10%의 세율로 법인세(지방소득세 별도)를 원천징수하여야 한다(서이 46017 -11457, 2003.8.4.).

② Know-how 사용대가

소프트웨어의 도입대가가 위 저작권 사용료에 해당하지 않는 경우로서 그 컴퓨터 소프트웨어에 know-how가 포함되어 있는 경우에는 그 대가는 '산업상·상업상 또는 과학상의 지식·경험 또는 숙련에 관한 정보', 즉 know-how의 사용대가 또는 사용할 권리의 대가로서 사용료로 과세된다.

• 내국법인이 국내사업장 없는 미국법인과 ERP관련 소프트웨어 및 관련 정보시스템 등을 비배타적으로 사용할 수 있는 권리를 취득하여 당해 미국법인에 지급하는 수수료가 법인세법 및 한·미조세조약 제14조에서 규정하는 사용료소득에 해당되어 그 지급총액의 15%를 원천징수하여야 한다(서이 46017-11668, 2003.9.19.).

③ 상품의 수입대가

저작권사용료 또는 know-how 사용대가에 해당하지 않는 경우에는 단순히 상품의 수입대가로 보게 된다.

• 국내고정사업장 없는 미국법인으로부터 상품화된 범용성 소프트웨어를 수입하고 그 대가를 지급 시에 이를 사업소득으로 보아 한·미조세조약에 의거 비과세하여야 한다(서이 46017-11085, 2003.6.2. 참조).

④ 특정요건을 구비한 소프트웨어의 도입대가는 사용료소득에 해당(조심 2016서4219, 2017. 6.5.)

가. 사용료소득 해당 요건

대법원 판례(2000.1.21. 선고 97누11065 판결)에서 소프트웨어의 사용료소득 해당 여부와 관련하여 '내국법인이 외국법인으로부터 도입한 소프트웨어의 기능과 도입가격, 특약내용 기타 제반 사정에 비추어 그 소프트웨어의 도입이 단순히 상품을 수입한 것이 아니라 노하우 또는 그 기술을 도입한 것이라면, 그 도입대가는 그 외국법인의 국내원천소득인 사용료소득에 해당'한다고 판단하면서, 그 판단 기준으로 ① 소프트웨어의 도입가격이 거액인 사실, ② 도입계약에 소프트웨어에 들어 있는 비밀 내용을 제3자에게 공개할 수 없다는 내용이 포함되어 있는 사실, ③ 소프트웨어에 포함된 기술이 당시 국내에서는 개발·공급이 불가능한 고도 수준의 것이었을 뿐만 아니라, 미국 등지에서 다년간 전기회사의 경영 및 관리, 핵발전소 등의 건설사업관리, 원자로의 설계 및 운용 등에 관한 기술·경험·정보가 축적되어 개발된 것들인 사실, ④ 불특정 다수인에게 판매된다거나 간단한 사용설명서에 의하여 쉽게 사용방법을 알 수 있는 것이 아니라 제공자가 소프트웨어를 직접 설치하고 사용자에 대한 교육·훈련을 실시하며 일정한 기간 동안 소프트웨어의 유

03

지·관리·오류시정·수준향상 등을 책임지고 관련기술을 지원하여야 하는 사실 등을 적시하고 있다.

나. 결정

이 소프트웨어의 종류, 라이선스의 유형, 사용 수준, 사용자 수, 패키지 구성 등에 따라 가격을 달리하고, 라이선스 유형은 Concurrent user, registered user, designatedserver, designated computer 등 다양하며 동일한 소프트웨어라 하더라도 사용 수준(level)이 높아질수록, 사용자 수가 많을수록 가격이 높아지며 쟁점지급금이 비교적 고액인 점, 청구법인과 ○○○의 이 건 배급계약에서 청구법인에게 소프트웨어와 관련된 비밀정보를 지키도록 의무를 부여하고 있는 점, ○○○의 소프트웨어들은 국내에서 개발이 어려우며, ○○○가 장기간에 걸쳐 축적한 3D 설계 및 제품 수명주기관리 등과 관련된 기술·경험·정보가 포함된 것으로 고객 수요에 맞게 장기간에 걸쳐 각 프로젝트를 수행하여 설치하고, 1년 이상 소프트웨어의 유지·관리·오류시정·업그레이드 등을 지원하는 점에 비추어 단순한 범용 소프트웨어로 보기 어려운 점, 현재와 같은 거래구조로 변경되기 전 ○○○㈜가 ○○○에 사용료를 지급한 것으로 나타나는 점, 청구법인과 동종업체인 ○○○도 모법인에게 매출액의 일정비율을 사용료로 지급하면서 원천징수를 하고 있는 점 등에 비추어 이 건 소프트웨어 도입은 단순히 상품을 수입한 것이 아니라 노하우 또는 그 기술을 도입한 것으로 봄이 상당하고, 처분청이 쟁점지급금을 사용료소득으로 보아 이 건 법인세(원천세) 등을 과세한 처분은 잘못이 없는 것으로 판단된다.

(5) 국내에 미등록된 특허권의 사용대가

2008. 12. 26. 법률 제9267호로 개정된 법인세법 제93조 제9호에서 "해당 특허권 등이 국외에서 등록되었고 국내에서 제조·판매 등에 사용된 경우에는 국내 등록 여부에 관계없이 국내에서 사용된 것으로 본다"라고 규정하였고, 쟁점금액의 지급은 법 시행 이후에 이루어졌으므로 국내에 미등록된 특허권에 대한 대가도 국내원천소득에 해당하는 것으로 봄이 타당하며 따라서 청구법인이 수취한 특허권 사용료 대가 중 국내에 등록하지 아니한 특허권 사용료 대가인 쟁점금액을 국내원천 사용료소득으로 보아 이 건 경정청구를 거부한 처분은 잘못이 없다(조심 20173892, 2017. 11. 8. ; 조심 2017중5217, 2018. 3. 16.).

① 내용

국내에 사업장이 없는 미국법인이 미국등록된 특허권과 관련하여 내국법인이 국내에서 사용한 대가에 대해 한미조세조약상 사용료소득으로 보아 15%의 원천징수한 세액에 대하여 국제조세조정에관한법률 제28조에서 외국법인의 국내원천소득 구분은 법인세법 제93조에도 불구하고 조세조약이 우선 적용되며 한미조세조약 제6조 제3항에서는 국내에 특정재산의 사용 또는 사용할 권리가 존재하는 경우에 국내원천소득에 해당한다 규정하고 있고, 국내에 등록하지 않은 특허권과 관련하여 지급받는 사용료는 국내원천소득에 해당되지 않는다는 대법원의 판결(대법원 2014.11.27. 선고, 2012두18356)에 따라 원천징수세액의 환급을 원하는 경정청구에 대하여 환급을 거부한 과세관청의 처분에 대한 타당 여부

② 결정사례

2008.12.26. 개정된 법인세법 제93조 제9호에서 국내등록 유무에 불구하고 국내에서 사실상 사용되는 경우 사용지를 국내로 보아 국내원천소득으로 과세하는 것으로 규정하고 있고, 한미조세조약 제6조 제3항에서 사용료는 어느 체약국 내의 동 재산의 사용 또는 사용할 권리에 대하여 지급되는 경우에만 동 체약국 내에 원천을 둔 소득으로 취급된다라고 규정하고 있을 뿐 사용지에 대한 판단기준은 규정하고 있지 않아 사용지에 대한 판단은 국내세법을 따르는 것이 타당하므로 경정을 거부한 처분은 타당하다(대법원 판결을 인정하지 않은 사례임).

③ 유사 결정사례

미국법인이 보유한 특허권이 국내에 등록되지 않은 상태에서 내국법인이 미국법인에게 국내에서 이를 사용하고 지급한 특허권사용료는 국내원천소득에 해당하여 원천징수대상에 해당함(감심2020-524, 2021.6.10.).

④ 후속 법원판결(서울행법 2016구합83860, 2017.11.24.)

상기 심판결정에 대하여 동일한 사안에 대한 법원의 판결에 있어서는 한미조세조약 제6조 제3항을 특허권의 속지주의 원칙상 특허권자가 특허물건을 독점적으로 생산, 사용 등 또는 전시하는 등의 특허실시에 대한 권리를 특허권이 등록된 국가의 영역 내에서만 그 효력에 미친다고 보아 미국법인이 특허권을 국외에서 등록하였을 뿐 국내에는 등록하지 아니한 경우에는 그 대가수령액은 국내원천소득에 해당하지 않음을 판결한 대법원의 판결과 동일한 판결을 하고 있다.

⑤ 대법원 판결(대법원 2019두48493, 2019.11.15.)

한·미조세조약상 특허권이 등록된 국가 외에서는 특허권을 사용하거나 그 사용대가를 지급한다는 것은 관념할 수 없으므로 국내미등록 특허권은 국내원천징수대상 소득에 해당하지 않는다.

⑥ 법인세법 제93조 제8호 및 소득세법 제119조 제10호의 개정(2019.12.31.)

국내 미등록된 특허권 등에 포함된 제조방법·기술·정보 등이 국내에서 제조·생산 등에 사용되는 경우 사용대가 지급금액은 국내원천소득에 해당되도록 법을 개정하였다.

9. 유가증권의 양도소득

(1) 내용

유가증권의 양도소득이란 내국법인이 발행한 주식 등(자본시장과금융투자업에관한법률에 따른 증권시장에 상장된 부동산주식 등 포함)과 그 밖의 유가증권, 외국법인이 발행한 주식 등(증권시장에 상장된 것에 한정)과 내국법인 또는 외국법인의 국내사업장이 발행한 그 밖의 유가증권(소득세법 제94조 제5호 규정에 의한 기타자산을 제외)의 양도로 인하여 발생한 소득 중 다음 각 호의 소득을 말한다(법법 §93 9호, 법령 §132 ⑦).

① 국내사업장을 가지고 있는 외국법인이 당해 주식 또는 출자지분을 양도함으로써 발생하는 소득

② 국내사업장을 가지고 있지 아니한 외국법인이 당해 주식 또는 출자지분을 양도함으로써 발생하는 소득

다만, 유가증권시장 등을 통하여 주식 또는 출자지분을 양도함으로써 발생하는 소득으로서 당해 양도법인 및 그와 특수관계있는 자가 당해 주식 또는 출자지분의 양도일이 속하는 연도와 그 직전 5년의 기간 동안 계속하여 그 주식 또는 출자지분을 발행한 법인의 총발행주식 또는 출자지분의 25% 미만을 소유하고 있는 경우에는 제외한다. 그러므로 비상장법인주식은 물론 상장된 주식 또는 출자증권도 증권시장을 통하지 않고 양도하는 경우에는 과세된다.

③ 국내사업장을 가지고 있는 외국법인이 주식 또는 출자지분 외의 유가증권을 양도함으로써 발생하는 소득

다만, 당해 유가증권의 양도 시에 법인세법 제93조 제1호의 규정에 의하여 과세되는

소득을 제외한다.

④ 국내사업장을 가지고 있지 아니한 외국법인이 내국법인, 거주자 또는 비거주자·외국법인의 국내사업장에 주식 또는 출자지분 외의 유가증권을 양도함으로써 발생하는 소득

다만, 당해 유가증권의 양도 시에 법인세법 제93조 제1호의 규정에 의하여 과세되는 소득을 제외한다.

(2) 유가증권양도소득 과세

현재 외국법인(또는 비거주자)은 증권시장을 통한 양도 시 양도일 직전 5년간 계속하여 25% 미만 소유 시 면세되고, 그 외는 상장주식·비상장주식에 관계없이 유가증권양도소득으로 과세된다(법령 §132 ⑧ 2호, 소령 §179 ⑪ 1호).

그러나 이러한 외국법인의 유가증권양도소득에 대한 과세는 각 체약국별 조세조약에 따라 그 과세권 배분이 달라질 수 있으며, 이를 체약국별로 구분하면 아래 '(3) 조세조약상 체약국별 과세권 배분내용'과 같다.

따라서 유가증권을 양도한 당해 외국법인이 다음에 해당하는 경우에는 우리나라에서 과세할 수 있다.

① 주식양도자가 조세조약이 체결되지 않은 국가의 거주자인 경우

② 조세조약에서 과세권을 소득원천지국(한국)에 부여한 경우

③ 조세조약에서 주식양도소득에 대한 규정을 두지 않은 경우

다만, 국내사업장이 없는 외국법인이 자본시장과금융투자업에관한법률에 따른 장내파생상품의 거래에 의한 선물거래를 통하여 취득한 소득은 국내원천소득으로 보지 아니한다.

(3) 조세조약상 체약국별 과세권 배분내용

조세조약상 일반 주식 양도소득에 대하여는 거주지국에서만 과세할 수 있는 경우가 대부분이며 원천지국에서 과세할 수 있는 경우는 별로 없다.

다만, 주식 양도소득에 대하여 거주지국에서만 과세할 수 있는 조세조약의 경우에 일정요건을 갖춘 주식의 양도소득에 대하여는 원천지국에서 과세할 수 있는 경우가 있다. 조세조약상 주식 양도소득에 대한 과세권이 소득원천지국에 배분되어 있거나 또는 주식 양도소득에 관한 규정이 없는 경우에는 소득원천지국은 자국의 세법에 따라 과세할 수 있다.

우리나라의 조세조약상 주식 양도소득에 대한 과세권 배분내용은 다음과 같다.

구 분			국 가
원천지국 과세가능 (56개국)	부동산 주식[1] (31개국)	부동산 50% 이상	네팔, 노르웨이, 뉴질랜드, 라트비아, 리투아니아, 모로코, 몰타, 몽골, 미국, 방글라데시, 베트남, 스웨덴, 슬로베니아, 아일랜드, 아제르바이잔, 알바니아, 영국, 요르단, 우크라이나, 이란, 인도, 중국, 카타르, 핀란드, 필리핀
		부동산 50% 초과	슬로베니아, 스위스, 우루과이, 바레인, 키르기즈, 에콰도르
	부동산 주식 과점주주 주식[2] (18개국)	부동산 50% 이상	독일, 멕시코, 미얀마(35%), 베네수엘라(20%), 사우디아라비아(15%), 스페인, 오스트리아, 이스라엘, 일본, 칠레(20%), 캐나다, 파키스탄, 프랑스
		부동산 50% 초과	아랍에미리트(10%), 캐나다, 태국, 파나마, 페루(20%)
	부동산 주식(75%) 비상장주식(1개국)		카자흐스탄
	과점주주 주식(1개국)		이탈리아
	1년 이하 보유주식 (1개국)		터키
	모든 주식(4개국)		룩셈부르크, 브라질, 싱가포르, 오스트레일리아
거주지국 과세 (28개국)			그리스, 남아프리카공화국, 네덜란드, 덴마크, 라오스, 러시아, 루마니아, 말레이시아[3], 벨기에, 벨라루스, 불가리아, 스리랑카, 슬로바키아, 아이슬란드[4], 알제리, 오만, 우즈베키스탄, 이집트, 인도네시아, 체코, 쿠웨이트, 크로아티아, 튀니지, 파푸아뉴기니, 포르투갈, 폴란드, 피지, 헝가리

[1] 부동산 주식 : 통상 부동산이 자산총액의 50% 이상인 법인의 주식
[2] 과점주주 주식 : 통상 25% 이상 지분 소유자의 주식
[3] 거주지가 말레이시아 라부안인 경우 원천징수절차 특례에 따라 과세(제3장 '4.' 참조)
[4] 아이슬란드 : 주식이나 권리의 양도 전에 최근 5년 중 우리나라 거주자였던 개인의 양도소득에 대해서는 국내세법에 따라 과세(조세조약 제13조 제5항)
※ 미국 거주자의 주식 양도소득은 원칙적으로 한국에서 비과세되나 다음 두 가지 요건이 모두 충족되는 경우에는 예외적으로 과세대상이 된다(한·미조세조약 제17조). 또한 미국의 개인거주자가 과세연도 중 총 183일 이상의 기간 동안 한국에 체재하는 경우 그 개인의 주식 양도소득은 한국에서 과세된다.
  ① 특별조치에 의한 이유로 미국이 주식 양도소득에 대하여 부과하는 조세가 법인소득에 대하여 일반적으로 부과하는 조세보다 실질적으로 적고,
  ② 그 주식을 양도하는 미국법인의 자본의 25% 이상이 미국의 개인 거주자가 아닌 1인 이상의 인에 의하여 직접적 또는 간접적으로 소유되는 경우
미국거주자가 자산이 주로 부동산으로 구성된 내국법인의 주식을 양도하는 경우 그 양도소득은 한국에서 과세된다.

● **예규 및 판례**

▶▶ 벨기에 법인의 내국법인 발행 주식양도에 따른 과세 여부(국제세원-467, 2009.9.8.)
벨기에 법인이 국내 비상장법인의 주식(법인세법 제93조 제7호 나목 주식 제외)을 내국법인에게 양도함으로 인하여 발생하는 소득은 법인세법 제93조 제10호의 국내원천소득(유가증권양도소득)에 해당되는 것이나, 동 벨기에 법인이 국내에 고정사업장이 없다면 당해 소득은 한·벨기에조세조약 제13조에 의하여 국내에서 과세되지 아니함. 이 경우 벨기에 법인은 법인세법 제98조의 4에 따라 당해 유가증권양도소득의 수익적 소유자(benerficial owner)임을 확인하는 서류를 첨부하여 비과세 또는 면제에 관한 신청을 하여야 하며, 그 신청내용이 사실과 다른 경우에는 국내에서 과세될 수 있음.
* 수익적 소유자(beneficial owner) : 어떤 소득의 실질적인 수취인을 가리키며, 동 개념에 의한 과세원칙은 개별 조세조약에 있어서 체약국의 거주자인 특정 소득의 수취인이 법적·형식적으로 당해 소득의 수익자일 뿐만 아니라 경제적·실질적으로 동 소득의 수익자이어야 조세조약상 혜택이 주어짐을 뜻한다(재국조 46017-37, 1996.2.23.).

▶▶ 내국법인을 100% 소유하고 있는 일본법인이 해당 일본법인의 주식을 100% 소유하고 있는 다른 일본법인에게 내국법인의 주식을 전부 현물배당하는 경우 해당 내국법인 발행주식의 현물배당은 법인세법 제93조 제9호에 따른 유가증권 양도소득에 해당하는 것이며, 국내원천소득금액은 그 수입금액(배당금액)에서 법인세법시행령 제129조 제3항이 정하는 바에 따라 확인된 해당 유가증권의 취득가액 및 양도비용을 공제하여 계산한 금액으로 할 수 있는 것이나, 그 국내원천소득이 법인세법 제92조 제2항 제2호 각 목의 요건을 모두 갖춘 경우에는 같은 법 시행령 제131조에서 정하는 정상가격을 해당 수입금액으로 하는 것임(서면법령국조-1925, 2019.5.9.).

03

(4) 유가증권양도소득 과세방법

비거주자 및 외국법인은 국내사업장이 있거나 부동산소득(비거주자에 한함)이 있는 경우 동 사업장 또는 부동산에 귀속되는 유가증권양도소득을 다른 소득과 합산하여 신고·납부하여야 하며, 그 외의 경우에는 분리과세 원천징수하게 된다.
원천징수하는 경우 그 세액은 ① 유가증권양도가액의 10% 상당액과 ② 양도차익(양도가액-취득가액 및 양도비용)의 20% 상당액 중 적은 금액이다. 다만, 그 취득가액이 확인되지 않은 경우에는 ①의 방법에 의하여 양도가액의 10% 상당액을 원천징수한다.

유가증권양도소득에 대한 세액을 원천징수하여야 할 원천징수의무자의 구분은 다음과 같다.

① 투자매매업자 또는 투자중개업자를 통하지 아니하고 양수자에게 직접 양도하는 경우
주식양도소득금액을 지급하는 자, 즉 주식을 양수한 거주자, 비거주자, 내국법인 또는

외국법인

단, 양수자(국내에 사업장이 없는 비거주자와 외국법인에 한함)가 원천징수를 하지 않는 경우에는 양도자가 원천징수 해당액을 양도대가를 지급받은 달의 다음다음 달 10일까지 신고 · 납부하여야 한다(소법 §126의 2 ③, 법법 §98의 2 ③).

② 투자매매업자 또는 투자중개업자를 통하여 양도하는 경우

당해 투자매매업자. 다만, 주식을 상장하는 경우로서 이미 발행된 주식을 양도하는 경우에는 당해 주식을 발행한 법인

(5) 특수관계인인 외국법인 등과의 거래

국내사업장이 없는 외국법인으로서 다음의 요건을 갖춘 경우에는 법소정의 정상가격을 해당 수입금액(양도금액)으로 한다(소법 §126 ⑥).

① 국내사업장이 없는 외국법인과 법소정의 특수관계가 있는 외국법인(비거주자를 포함) 간의 거래(소령 §183의 3)

이 경우 해당 유가증권의 양도가 증권시장을 통하지 아니하고 이루어진 경우에는 해당 유가증권 양도로 인하여 발생하는 소득의 지급자가 특수관계인 간 주식양도가액검토서를 원천징수세액 납부기한까지 제출하여야 한다.

② '①'의 거래에 의한 거래가격이 정상가격보다 낮은 경우(소령 §183의 2 ⑤)

정상가격과 거래가액의 차액이 3억원이거나 정상가격의 100분의 5에 상당하는 금액 이상인 경우

법소정의 정상가격은 국제조세조정에관한법률에 따른 방법을 준용하여 계산한 가액을 말한다.

> ● '국제조세조정에관한법률'에 따른 정상가격(국조법 §5 ①)
> 정상가격은 다음 각 호의 방법 중 가장 합리적인 방법으로 계산한 가격으로 한다. 다만, 제6호의 방법은 제1호부터 제5호까지의 방법으로 정상가격을 산출할 수 없는 경우에만 적용한다.
> 1. 비교가능 제3자 가격방법 : 거주자와 국외특수관계인 간의 국제거래에서 그 거래와 유사한 거래상황에서 특수관계가 없는 독립된 사업자 간의 거래가격을 정상가격으로 보는 방법
> 2. 재판매가격방법 : 거주자와 국외특수관계인이 자산을 거래한 후 거래의 어느 한 쪽인 그 자산의 구매자가 특수관계가 없는 자에게 다시 그 자산을 판매하는 경우 그

판매가격에서 그 구매자의 통상의 이윤으로 볼 수 있는 금액을 뺀 가격을 정상가격으로 보는 방법

3. 원가가산방법 : 거주자와 국외특수관계인 간의 국제거래에서 자산의 제조·판매나 용역의 제공과정에서 발생한 원가에 자산판매자나 용역제공자의 통상의 이윤으로 볼 수 있는 금액을 더한 가격을 정상가격으로 보는 방법

4. 이익분할방법 : 거주자와 국외특수관계인 간의 국제거래에 있어 거래 쌍방이 함께 실현한 거래순이익을 합리적인 배부기준에 의하여 측정된 거래당사자들 간의 상대적 공헌도에 따라 배부하고 이와 같이 배부된 이익을 기초로 산출한 거래가격을 정상가격으로 보는 방법

5. 거래순이익률방법 : 거주자와 국외특수관계인 간의 국제거래에 있어 거주자와 특수관계가 없는 자간의 거래 중 해당 거래와 비슷한 거래에서 실현된 통상의 거래순이익률을 기초로 산출한 거래가격을 정상가격으로 보는 방법

6. 대통령령으로 정하는 그 밖에 합리적이라고 인정되는 방법

> ● 법소정의 특수관계(소령 §183의 2 ②)
> 1. 비거주자와 그의 배우자 직계혈족 및 형제자매인 관계
> 2. 비거주자가 외국법인의 의결권 있는 주식의 100분의 50 이상을 직접 또는 간접으로 소유하고 있는 경우 그 양쪽 간의 관계(주식의 간접소유비율의 계산에 관하여는 국제조세조정에관한법률시행령 제2조 제2항 규정을 준용)

한편, 정상가격을 산출할 수 없는 경우에 한하여 소득세법을 준용하여 평가한 가액(상증법상 평가액)을 정상가격으로 한다(소령 §183의 2 ③, 법령 §131 ③).

(6) 유가증권양도소득에 대한 원천징수절차

국내사업장이 없는 외국법인이 국외에서 내국법인이 발행한 유가증권을 양도·양수하는 경우 당해 주식을 양수한 외국법인은 원천징수의무자로서 동 소득에 대한 원천징수세액을 그 원천징수한 날이 속하는 달의 다음 달 10일까지 납세지관할세무서 등에 납부하여야 한다.

이 경우 원천징수를 함에 있어서 원천징수의무자가 국내에 주소·거소·본점·주사무소 또는 국내사업장이 없는 외국법인인 경우에는 국세기본법 제82조의 규정에 의한 납세관리인을 정하여 이를 통해 원천징수의무를 이행하여야 한다.

(7) 비거주자의 유가증권양도소득에 대한 신고·납부 등의 특례

① 국내사업장이 없는 비거주자가 동일한 내국법인의 주식 또는 출자지분을 같은 사업 과세기간(해당 주식 또는 출자지분을 발행한 내국법인의 사업과세기간을 말함)에 2회 이 상 양도함으로써 조세조약에서 정한 과세기준을 충족하게 된 경우에는 양도당시 원 천징수되지 아니한 소득에 대한 원천징수세액상당액을 양도일이 속하는 사업연도 의 종료일부터 3개월 이내에 다음과 같이 납세지 관할세무서장에게 신고·납부하 여야 한다.

　가. 주식 또는 출자지분의 양도소득 중 원천징수되지 아니한 소득의 원천징수세액 상당액을 당해 유가증권을 발행한 내국법인의 소재지를 관할하는 세무서장에게 신고·납부하여야 한다.

　나. '가'의 규정에 의하여 주식 또는 출자지분의 양도소득 중 원천징수되지 아니한 소득의 원천징수세액상당액을 신고·납부하고자 하는 비거주자는 동일한 사업 연도에 양도한 당해 법인의 양도주식총액과 원천징수되지 아니한 양도주식총 액을 구분하여 비거주자유가증권양도소득정산신고서를 제출하여야 한다.

② 국내사업장이 있는 비거주자의 양도당시 원천징수되지 아니한 소득으로서 그 국내 사업장과 실질적으로 관련되지 아니하거나 그 국내사업장에 귀속되지 아니한 소득 에 대해서도 상기 '①'을 준용한다.

③ 국내사업장이 없는 비거주자는 주식·출자지분이나 그 밖의 유가증권(이하 "주식 등")을 국내사업장이 없는 비거주자 또는 외국법인에 양도하는 경우에는 유가증권 양도가액의 10% 상당액과 양도차익(양도가액−취득가액 및 양도비용)의 20% 상당액 중 적은 금액을 지급받은 날이 속하는 달의 다음 다음 달 10일까지 해당 주식 등 유가증권을 발행한 내국법인의 소재지를 관할하는 세무서장에게 비거주자유가증권 양도소득신고서를 작성하여 신고·납부하여야 한다. 다만, 주식 등의 양도에 따른 소득을 지급하는 자가 해당 비거주자의 주식 등 국내원천소득에 대한 소득세를 원 천징수하여 납부한 경우에는 그러하지 아니하다.

④ 비거주자 등의 유가증권양도소득 면제국가·지방자치단체 또는 내국법인이 발행한 다음의 유가증권을 비거주자 또는 외국법인이 국외에서 양도함으로써 발생하는 소 득에 대해서는 소득세 또는 법인세를 면제한다(조특법 §21 ③).

　가. 국외에서 발행한 유가증권 중 외국통화로 표시된 것 또는 외국에서 지급받을 수 있는 것으로서 외국환거래에 관하여 기획재정부령이 정하는 기준에 따라 발

행된 외화증권. 다만, 주식 · 출자증권 또는 그 밖의 유가증권을 기초로 발행된 예탁증서를 양도하는 경우로서 예탁증서를 발행하기 전 과세대상 주식 등의 소유자가 예탁증서를 발행한 후에도 계속하여 해당 예탁증서를 양도하기 전까지 소유한 경우는 제외한다.

나. 기획재정부령이 정하는 외국의 유가증권시장에 상장 또는 등록된 내국법인의 주식 또는 출자지분으로서 해당 유가증권시장에서 양도되는 것. 다만, 해당 외국의 유가증권시장에서 취득하지 아니한 과세대상 주식 등으로서 해당 외국의 유가증권시장에서 최초로 양도하는 경우는 제외하되, 외국의 유가증권시장의 상장규정상 주식분산요건을 충족하기 위해 모집 · 매출되는 과세대상 주식 등을 취득하여 양도하는 경우에는 그러하지 아니다.

⑤ 납세지 관할세무서장은 비거주자가 제1항부터 제3항까지의 규정에 따른 신고 · 납부를 하지 아니하거나 신고하여야 할 과세표준에 미달하게 신고한 경우 또는 납부하여야 할 세액에 미달하게 납부한 경우에는 결정 또는 경정을 통하여 징수하여야 한다.

예규 및 판례

▶▶ **소프트웨어 도입대가를 채권과 상계하는 경우 과세표준 계산**(국업 46017−27, 2001.1. 17.)
1. 내국법인이 국내사업장이 없는 말레이시아 법인으로부터 디지털 콘텐츠인 데이터베이스 자료와 소프트웨어를 제공받고 지급하는 대가는 법인세법 제93조 제9호 및 한 · 말레이시아 조세조약 제12조에서 규정하는 사용료소득에 해당함.
2. 한편, 내국법인이 상기 대가를 말레이시아 법인으로부터 수취할 채권과 상계하여 국내에서 대가를 지급하지 않더라도 이는 상호 간에 지급하여야 할 각각의 채권, 채무에 대한 변제과정이 생략된 것이므로 내국법인은 채권과 상계하기 전에 지급하여야 할 사용료 총액을 과세표준으로 하여 원천징수하여야 함.

▶▶ **판매촉진비, 업무대행 수수료 등의 금액을 차감하고 송금 시 과세표준 계산**(국업 46017−495, 2000.10.24.)
내국법인이 국내사업장이 없는 외국법인과 캐릭터 사용에 대한 독점적 계약체결 위임계약을 맺고 동 계약에 의거 외국법인을 대신하여 다른 내국법인과 캐릭터 사용계약을 체결한 후 다른 내국법인으로부터 수취한 캐릭터 사용료 중 일부를 한국 내 판매촉진비 지원금, 업무대행 수수료 등의 명목으로 차감하고 송금하는 것은 캐릭터 사용료 전액이 외국법인에게 송금되었다가 그 중 일부가 다시 판매촉진비, 업무대행수수료 등의 명목으로 국내로 재송금되는 과정이 생략된 것으로 내국법인은 각종 비용을 차감하기 전 캐릭터 사용료 총액을 과세표준으로 하여 원천징수하여야 함.

▶▶ 외국법인으로부터의 주식양수 시 지급명세서미제출가산세 예외사유(조심 2018서399, 2018.
4.16.)
외국법인의 주식 양도에 따른 국내원천소득에 대한 원천징수신고 및 지급명세서 제출
등은 하지 아니하였으나 이와 관련한 서류 등을 제출하였고 이에 따라 처분청도 쟁점
외국법인에게 쟁점주식 양도차손이 발생한 사실을 확인하여 원천징수 불이행에 따른
과세처분을 하지 않았던 점 등에 비추어 청구인이 쟁점 외국법인의 쟁점주식 양도에
따라 발생한 국내원천소득에 대한 지급명세서를 제출하지 아니한 것으로 지급명세서
미제출가산세를 부과한 처분은 잘못된 것임.

소득세법시행규칙 [별지 제20호의 4 서식] (2013.2.23. 개정)

비거주자 유가증권양도소득 신고서

※ 해당되는 [ ]에 √ 표를 합니다.

접수번호			접수일자	
소득(양도)자	① 성명(법인명) (국문)　　　　(영문)		② 납세관리번호	
	③ 주　　　소			
	④ 거 주 지 국		⑤ 거주지국 코드	
지급(양수)자	⑥ 성명(법인명) (국문)　　　　(영문)		⑦ 납세관리번호	
	⑧ 주　　　소			
	⑨ 거 주 지 국		⑩ 거주지국 코드	
유가증권 발행법인	⑪ 법 인 명		⑫ 사업자등록번호	
	⑬ 소 재 지			

⑭소득유형					[ ]상장주식　[ ]비상장주식　[ ]채권　[ ]기타				
⑮ 양도일자	⑯ 양도수량	⑰ 양도 가액	⑱ 취득 가액	⑲ 양도차익 (⑰－⑱)	⑳ [⑰양도가액 × 10%]	㉑ [⑲양도차익 × 20%]		㉒ 자진납부세액 [⑳과 ㉑ 중 적은 금액]	

※ 지방소득세 자진납부세액 계산서

㉓ 지방소득세 과세표준(㉒)	㉔ 세율(10%)	㉕ 지방소득세 자진납부세액 (㉓×㉔)	

「소득세법 시행령」 제183조의 4 제4항에 따라 유가증권양도소득신고서를 제출합니다.

년　　월　　일

신고인　　　　　　　　　　　　　　　　　(서명 또는 인)

세 무 서 장 귀하

첨부서류	1. 유가증권매매계약서, 주식매각신고서 또는 신고확인통지서 사본 2. 취득가액을 확인할 수 있는 서류		
대리인	대리인유형 [ ]납세관리인　[ ]그 외 대리인	성명 또는 법인명	사업자(주민)등록번호
	주소 또는 소재지		
	납세지 관할세무서		

작 성 방 법

1. 거주지국(④,⑨)과 거주지국코드(⑤,⑩)는 국제표준화기구(ISO)가 정한 국가별 ISO코드 중 국명약어 및 국가코드를 적습니다. 거주지가 말레이시아 라부안인 경우에는 라부안 코드(사전승인을 받은 경우에는 LM, 사전승인을 받지 아니한 경우에는 LN)를 적습니다.
2. 납세관리번호(②,⑦)란 : 아래의 표를 참조하여 적습니다.

	구 분	기 재 번 호
(1)	원 칙	주민등록번호 또는 사업자등록번호
(2)	(1)의 기재번호를 부여받지 않은 경우	[개인] 국내거소신고증상의 국내거소신고번호(재외국민, 외국국적동포인 경우) 또는 외국인등록표상의 외국인등록번호(외국인인 경우)를 적고, 그 번호가 없는 경우 여권상의 여권번호를 적습니다.
(3)	(1), (2)의 기재번호를 부여받지 않은 경우	투자등록증상의 투자등록번호를 적고, 그 번호가 없는 경우 해당 거주지국의 납세번호(Taxpayer Identification Number)를 적습니다.

210mm×297mm[백상지 80g/㎡ 또는 중질지 80g/㎡]

10. 기타소득(국내사업장이 없는 경우 법인세 20%, 지방소득세 2% 원천징수 과세)

(1) 국내원천 기타소득

기타소득이란 전술한 소득 이외의 소득으로서 다음에 게기하는 소득을 말한다(법법 §93 10호, 법령 §132 ⑨).

① 국내에 있는 부동산과 기타자산 또는 국내에서 경영하는 사업에 관련하여 받은 보험금·보상금 또는 손해보상금

② 국내에서 지급하는 위약금 또는 배상금으로서 재산권에 관한 계약의 위약 또는 해약으로 인하여 지급받는 손해배상으로서 그 명목 여하에 불구하고 본래의 계약내용이 되는 지급자체에 대한 손해를 넘어 배상받는 금전 또는 기타 물품의 가액

　가. 미국법인과 설비도입계약 체결한 내국법인이 계약불이행에 따른 손해배상금지급액은 기타소득에 해당하여 25%(지방소득세 별도)로 원천징수하여야 한다(국총 46017-488, 1999.7.12.).

　나. '본래의 계약의 내용이 되는 지급 자체에 대한 손해를 넘는 손해'란 계약상대방의 채무불이행으로 인하여 발생한 기존 이익의 멸실이나 감소 등 '적극적 손해'가 아닌, 위와 같은 적극적 손해를 넘어서는 손해를 의미한다(서울행법 2016구합 57083, 2017.4.7.).

　다. 내국법인이 국내에서 발생한 가격 담합행위로 인해 미국의 관련 법률을 위반하여 법원의 판결에 따라 미국 법무부에 납부하는 손해배상금은 국내원천 기타소득에 해당하나, 비영리외국법인의 수익사업에서 생기는 소득이 아니므로 국내에서 과세되지 않는다(국제조세제도과-114, 2019.3.20.).

③ 국내에 있는 자산의 수증으로 인하여 생기는 소득

④ 국내에서 지급하는 상금·현상금·포상금, 그 밖에 이에 준하는 소득

⑤ 국내에서 발견된 매장물로 인한 소득

⑥ 국내법의 규정에 의한 면허·허가, 그 밖에 이와 유사한 처분에 의하여 설정된 권리와 부동산 외의 국내자산을 양도함으로써 생기는 소득

⑦ 국내에서 발행된 복권·경품권·그 밖의 추첨권에 의하여 받는 당첨금품과 승마투표권 등 구매자가 받는 환급금

⑧ 법인세법 제67조의 규정에 의하여 기타소득으로 처분된 금액 및 국제조세조정에관한법률 제9조의 규정에 의하여 조정된 금액으로 기타소득으로 처분된 금액

⑨ 국제조세조정에관한법률상의 특수관계자가 보유하고 있는 내국법인의 주식 또는 출자지분이 불균등 증·감자, 합병 등 자본거래에 따라 발생하는 특정주주의 보유주식 가치가 증가함으로써 발생하는 소득

⑩ 사용지 기준 조세조약 상대국의 거주자가 소유한 특허권 등으로서 국내에서 등록되지 아니하고 국외에서 등록된 특허권 등을 침해하여 발생하는 손해에 대하여 국내에서 지급하는 손해배상금·보상금·화해금·일실이익 또는 그 밖에 이와 유사한 소득

이 경우 해당 특허권 등에 포함된 제조방법·기술·정보 등이 국내에서 사실상 실시되거나 사용되는 것과 관련되어 지급하는 소득으로 한정(원천징수세율은 다른 국내원천 기타소득 20%가 아닌 15%가 적용됨. 법법 §98 ① 8호, 소법 §156 ① 8호)

⑪ 소득세법 제21조 제1항 제27호에 따른 가상재산소득(외국법인이 가상자산사업자 등이 보관·관리하는 가상재산을 인출하는 경우 인출시점을 양도시점으로 보아 소득세법 제92조 제2항 제1호 나목에 따라 계산한 가상자산소득금액을 포함)

⑫ 전 항 외의 국내에서 하는 사업이나 국내에서 제공하는 인적용역 또는 국내에 있는 자산과 관련하여 제공받는 경제적 이익으로 생긴 소득(국가 또는 특별법에 따라 설립된 금융회사 등이 발생한 외화표시채권을 상환함으로써 받은 금액이 그 외화표시채권의 발행가액을 초과하는 경우에는 그 차액을 포함하지 아니함) 또는 이와 유사한 소득

- 국내사업장이 없는 미국법인 A와 국내사업장이 없는 미국법인 B가 완전모자회사 관계인 경우로서, B(완전자회사)가 A(완전모회사)로부터 내국법인이 발행한 비상장주식을 현저히 낮은 대가를 주고 이전받아 생기는 소득은 법인세법 제93조 제10호(기타소득)에 따른 국내원천소득에 해당하는 것이다(서면법령국조–2773, 2021.1.25.).
- 네덜란드법인이 완전자회사인 내국법인에 대한 채권을 출자전환하고 취득하는 주식의 취득 당시의 시가가 출자전환된 채권가액을 초과하는 경우, 동 초과액은 국내에 있는 자산과 관련하여 제공받은 경제적 이익으로 생긴 소득으로 법인세법 제93조 제10호 카목에 따른 국내원천 기타소득에 해당하고, 한·네덜란드 조세조약에 별도 규정이 없어 국내 세법에 따라 과세되는 것이다(서면국제세원–235, 2022.5.4).

⑬ 국내사업장이 없는 비거주자가 다음 각 호의 어느 하나에 해당하는 파생상품을 통하여 취득한 소득은 국내원천소득으로 보지 아니한다(소령 §179 ⑫).

가. 자본시장과금융투자업에관한법률 제5조 제2항에 따른 장내파생상품

1325

나. 자본시장과금융투자업에관한법률 제5조 제3항에 따른 장외파생상품으로서 같
은 법 시행령 제186조의 2에 따른 위험회피목적의 거래인 것

(2) 조세조약상 기타소득

① 범위

조세조약상 기타소득(other income 또는 income not expressly mentioned)이라 함은 당
해 조세조약의 각 조항에서 취급되지 않은 소득을 총칭하는 개념이다. 따라서 조세조
약상의 기타소득의 범위는 조세조약에 따라 다를 수 있다.

또한 조세조약상 기타소득은 당해 조세조약에서 명시적으로 다루지 아니한 종류의 소
득뿐만 아니라 명시적으로 다루지 아니한 원천의 소득까지도 포함하는 것으로 인정되
고 있다. 따라서 기타소득에 관한 조세조약의 조항은 양쪽 체약국에서 발생된 소득에
한정되지 않고 제3국에서 발생한 소득에 대하여도 적용된다.

그러므로 조세조약에서 기타소득의 개념은 우리나라 국내법상 기타소득과는 그 범위가
다르다. 즉 조세조약상의 기타소득은 당해 조세조약에서 명시적으로 규정되지 아니한
모든 소득을 의미하는데 비하여 국내세법상의 기타소득은 기타소득으로서 열거된 소득
에 한정되는 것이다.

② 과세원칙

기타소득의 과세에 대하여 우리나라가 체결한 조세조약의 내용을 보면 다음과 같이 규
정되어 있다.

- 거주지국에서만 과세하는 경우(원천지국 과세불가)
- 거주지국과 원천지국에서 과세하는 경우(원천지국 과세가능)
- 기타소득에 관한 규정이 없는 경우(원천지국 과세가능)

다만, 기타소득과 관련된 권리 또는 재산이 비거주자 등의 국내 고정사업장 또는 고정
시설과 실질적으로 관련이 있는 때에는 그 기타소득은 사업소득 또는 독립적 인적용역
소득으로 과세된다(OECD모델협약 §21 ②).

일반적으로 거주자의 기타소득에 대하여는 필요경비가 인정되고 있으나 비거주자의 기
타소득에 대하여는 통상 필요경비가 인정되지 않는다. 따라서 당해 지급금액에 소득세법
제156조 또는 법인세법 제98조의 규정에 의한 20%(지방소득세 별도)를 원천징수하여야
한다.

조세조약상 기타소득에 대한 과세권 배분

유 형	해당조약
거주지국에서만 과세 (원천지국 과세불가) (63개국)	그리스 · 남아프리카공화국 · 네팔 · 노르웨이 · 독일[*1] · 라오스 · 라트비아 · 러시아 · 루마니아 · 룩셈부르크[*2] · 리투아니아 · 모로코 · 몰타 · 몽골 · 미얀마 · 바레인 · 베트남 · 벨라루스 · 불가리아 · 사우디아라비아 · 스리랑카 · 스웨덴 · 스위스 · 스페인 · 슬로바키아 · 슬로베니아 · 아랍에미리트 · 아이슬란드 · 아일랜드 · 알바니아 · 에스토니아 · 에콰도르 · 영국[*1] · 오만 · 오스트리아 · 우루과이 · 우즈베키스탄 · 우크라이나 · 이란 · 이스라엘 · 이탈리아 · 인도 · 인도네시아 · 일본[*1] · 중국 · 체코 · 카자흐스탄 · 카타르 · 콜롬비아 · 쿠웨이트 · 크로아티아 · 키르기즈 · 터키 · 튀니지 · 파나마 · 파푸아뉴기니 · 포르투갈 · 폴란드 · 프랑스 · 피지 · 핀란드 · 필리핀 · 헝가리
거주지국과 원천지국 과세 (원천지국 과세가능) (17개국)	뉴질랜드 · 말레이시아 · 멕시코[*3] · 방글라데시 · 베네수엘라 · 벨기에 · 브라질 · 아제르바이잔[*4] · 알제리 · 요르단 · 이집트 · 칠레 · 캐나다 · 태국 · 파키스탄 · 호주 · 페루
기타소득 조항 없음 (원천지국 과세가능) (4개국)	네덜란드 · 덴마크 · 미국 · 싱가포르

[*1] 독일, 영국, 일본 : 특수관계자의 경우 정상적 기타소득 초과분은 원천지국에서 과세가능

[*2] 룩셈부르크 : 재산양도소득은 양도소득 조항이 없어 한 · 룩셈부르크조세조약상 기타소득에 해당하나 원천지국에서 과세가능(의정서 제3조)

[*3] 멕시코 : 소득총액의 15%를 초과하지 못함(제한세율 15% 적용)

[*4] 아제르바이잔 : 도박 및 복권 상금에 대해서만 원천지국에서 과세가능

03

06 세액계산 및 신고·납부 등

Chapter

1. 세액의 계산

(1) 종합과세되는 외국법인의 법인세 계산

종합과세되는 외국법인의 법인세는 다음과 같이 계산된다.

> 법인세＝과세표준×세율(2%, 20%, 22%)－재해손실세액공제

외국법인 국내지점의 법인세 신고 시 외국납부세액공제는 적용되지 않는다(국업 46522－223, 2000.5.4.).

(2) 분리과세되는 외국법인의 법인세 계산

① 부동산 등의 양도소득

> 법인세＝과세표준×세율(2%, 20%, 22%)

② '①' 외의 국내원천소득

> 법인세＝과세표준×원천징수세율

2. 신고·납부 등

(1) 국내법인에게 적용되는 규정의 준용

종합과세되는 외국법인과 소득세법상의 양도소득(비상장주식의 양도소득 제외)에 해당하는 소득이 있는 외국법인의 각사업연도소득에 대한 법인세의 신고(이익잉여금처분계산서는 제출의무 없음)·납부·결정·경정과 징수에 대하여는 내국법인에게 적용되는 규정을 준용한다(법법 §97 ①).

(2) 외국법인의 법인세과세표준 신고기한의 연장

① 신고기한 연장사유

본점 또는 주사무소의 결산이 확정되지 아니하였거나 부득이한 사유로 인하여 과세표준신고서를 제출할 수 없는 경우에는 세무서장의 승인을 받아 신고기한을 연장할 수 있다(법령 §136 ①).

② 신고기한 연장승인

외국법인이 당해 사업연도 종료일부터 45일 이내에 관할세무서장에게 신청하면 신청일로부터 7일 이내에 관할세무서장은 승인 여부를 결정하여 통지하여야 한다.

③ 이자상당액의 징수

신고기한 연장승인을 얻은 외국법인이 신고세액을 납부하는 때에는 기한연장일수(당초 신고기한의 다음 날부터 연장승인을 얻은 날까지의 일수)에 1일 0.03%의 율을 적용하여 계산한 금액을 가산하여 납부하여야 한다.

3. 원천징수

외국법인에 대하여 국내사업장에 귀속되지 아니하는 소득의 금액(국내사업장이 없는 외국법인에 지급하는 금액을 포함)을 지급하는 자는 그 금액을 지급하는 때에 일정한 세액을 원천징수하여 정부에 납부하여야 한다(법법 §98 ①). 원천징수세액의 납부에 관하여는 내국법인에 적용되는 규정 및 소득세법의 규정을 준용한다.

4. 외국법인의 국내원천소득에 대한 지급명세서 제출의무 특례

비거주자 또는 외국법인의 국내원천소득을 비거주자 또는 외국법인에게 지급하는 자는 납세지관할세무서장에게 지급명세서를 그 지급일이 속하는 연도의 다음 연도 2월 말일 (휴업 또는 폐업한 경우에는 휴업일 또는 폐업일이 속하는 다음 다음 달 말일)까지 제출하여야 한다(법법 §120의 2, 법령 §162의 2).

다만, 이자 · 배당 · 유가증권양도소득의 경우 지급명세서로 갈음할 수 있다. 지급명세서를 제출하지 않아도 되는 경우는 국내세법 및 조세특례제한법에 의하여 소득세 또는 법인세가 과세되지 아니하거나 면제되는 국내원천소득(비과세 · 면제신청서를 제출하지 않은 소득의 지급자는 지급명세서 제출의무 있음)으로서 다음과 같은 것이 있다.

① 국내원천 이자, 배당, 선박 · 항공기 등 임대소득, 사용료, 유가증권양도, 기타소득으로서 국내사업장과 실질적으로 관련되거나 그 국내사업장에 귀속되는 소득

② 국내원천 사업소득 및 인적용역소득(법인세법 제98조 및 소득세법 제156조의 규정에 의하여 원천징수되는 소득은 제외)

③ 국내원천 부동산소득

④ 조세조약상 비과세 · 면제소득으로서 비과세 · 면제신청서 제출 소득

⑤ 국내원천 기타소득 중 국내에서 발행된 복권 · 경품권 기타 추첨권에 의하여 받는 당첨금품과 승마투표권 및 승자투표권의 구매자가 받은 환급금 및 슬롯머신 등을 이용하는 행위에 참가하여 받는 당첨금 등

⑥ 원천징수세액이 1천원 미만인 소득(국내원천 부동산 양도소득과 유가증권 양도소득은 제외), 예금 등의 잔액이 30만원 미만으로 1년간 거래가 없는 계좌에서 발생한 이자 또는 배당소득, 계좌별로 1년간 발생한 이자소득 · 배당소득이 3만원 미만인 경우 등

5. 원천징수이행신고서 작성

비거주자 또는 외국법인에게 국내원천소득을 지급한 원천징수의무자는 지급시기에 원천징수한 세액을 그 다음 달 10일까지 납부하여야 하고 납부 시 원천징수이행상황 신고서를 납세지 관할세무서장에게 제출하여야 한다.

비거주자 또는 외국법인에게 국내원천소득을 지급한 경우에는 다음의 방법에 따라 원

천징수이행상황 신고서를 작성하여야 한다.

① 국내원천소득을 비거주자(개인)에게 지급하는 경우
- 이자소득 지급 시 : 신고서 부표 C61란에 기재하고 본표 A50란에 기재
- 배당소득 지급 시 : 신고서 부표 C62란에 기재하고 본표 A60란에 기재
- 선박 등 임대 · 사업소득 지급 시 : 신고서 부표 C63란에 기재하고 본표 A25란에 기재
- 인적용역소득 지급 시 : 신고서 부표 C64란에 기재하고 본표 A25란에 기재
- 사용료소득 지급 시 : 신고서 부표 C65란에 기재하고 본표 A25란에 기재
- 유가증권양도소득 지급 시 : 신고서 부표 C66란에 기재하고 본표 A70란에 기재
- 부동산등양도소득 지급 시 : 신고서 부표 C67란에 기재하고 본표 A70란에 기재
- 기타소득 지급 시 : 신고서 부표 C68란에 기재하고 본표 A40란에 기재

② 국내원천소득을 외국법인에게 지급하는 경우
- 이자소득 지급 시 : 신고서 부표 C81란에 기재하고 본표 A80란에 기재
- 배당소득 지급 시 : 신고서 부표 C82란에 기재하고 본표 A80란에 기재
- 선박 등 임대 · 사업소득 지급 시 : 신고서 부표 C83란에 기재하고 본표 A80란에 기재
- 인적용역소득 지급 시 : 신고서 부표 C84란에 기재하고 본표 A80란에 기재
- 사용료소득 지급 시 : 신고서 부표 C85란에 기재하고 본표 A80란에 기재
- 유가증권양도소득 지급 시 : 신고서 부표 C86란에 기재하고 본표 A80란에 기재
- 부동산등양도소득 지급 시 : 신고서 부표 C87란에 기재하고 본표 A80란에 기재
- 기타소득 지급 시 : 신고서 부표 C88란에 기재하고 본표 A80란에 기재

■ 공인회계사 **이항수**

한국외국어대학교 경영학과 졸업
삼일·신한·삼덕회계법인 근무
대한상공회의소 세무회계상담역
서울지방국세청 과세품질혁신위원회 위원
국세청 국세심사위원회 위원
국세청 국세법령해석위원회 위원
한국외국어대학교 글로벌경영대학 겸임교수
(현) AIFA경영아카데미 대표강사
　　　이나우스사이버교육원 대표강사
　　　한국공인회계사회 연수원 강사
　　　이항수세무회계사무소 개업 중

주 | 요 | 저 | 서
- 함께하는 연말정산실무
- 법인결산과 세무조정실무
- 계정과목별 회계와 세무실무
- 회계와 세무에 대한 알기 쉬운 경리실무
- 연결재무제표의 이해와 실무
- 사례중심 한국채택국제회계기준실무
- K-IFRS 주요 계정과목별 회계처리와 세무실무
- IFRS 재무회계실무
- 일반기업회계기준 재무회계실무
- 원천징수실무
- 수익인식 및 금융상품 회계처리실무

원천징수실무

저　　　자　이항수
발 행 인　서동혁
편집·교정　류현수, 박가온, 김영림
편집디자인　이인아, 이은희, 황자애
발 행 처　㈜조세통람
펴 낸 날　2011년 3월 23일 초판 발행
　　　　　　2023년 3월 31일 개정13판 발행

저자와의
협의하에
인지생략

주　　　소　서울특별시 중구 동호로 14길 5-6(신당동)
등　　　록　1976. 11. 5. 제9-81호
대 표 전 화　02) 2231-7027
F　A　X　02) 2234-1754
구 입 문 의　02) 2231-7027~9

I S B N　979-11-6064-257-5　13320
정　　　가　**90,000원**

㈜조세통람은 좋은 책을 만들기 위해 독자 여러분의 의견을 기다립니다.
- 독자 의견 및 도서 문의 메일 : josetop@inaus.co.kr

2023
원천징수실무
실무자가 반드시 읽어야 할 필독서!